최신 ISA 회계감사 2024

공경태 · 박순욱

교육과학사

머리말

이 책의 저자들인 K와 P는 한국정부가 1997년 외환위기로 IMF에 구제금융을 요청한 시기에 처음 만났다. 그 당시 아더앤더슨의 한국 member firm 회계법인인 안진회계법인이 1998년 제1차 금융구조조정 과정에서 여러 은행의 퇴출여부를 결정하는 실사프로젝트에 업수 수행 일원으로서 함께 참여하였고, 프로세스와 IT 환경 등 내부통제 실사업무를 수행하면서 수개월간을 함께 일했다. 둘 다 같은 고향과 대학원 동문이라는 인연으로 친하게 지냈다. 프로젝트 이후 K는 감사부서에서 P는 ERS(Enterprise Risk Service)부서에서 경력을 쌓게 되면서, 감사뿐만 아니라 비감사 프로젝트도 자주 협업을 하며 지냈으며, Enron사태 이후 Deloitte member firm 변경, K-SOX와 IFRS라는 큰 변곡점에도 역할에 충실하며 회계법인 파트너로서의 업무까지 적지 않은 경험을 함께 공유해 왔다.

K는 2014년 2월 안진회계법인을 퇴사하고 전주대학교 회계세무학과 교수로 임용되어 학생들에게 회계감사를 가르치고 있었다. 2022년 9월 K는 연구실에서 오랜만에 P로부터 연락을 받게 되었다. P도 그동안 Industry 임원으로 프로젝트 업무를 마무리하고 지금은 우리회계법인 Risk 및 Valuation Service 리더로 근무 중이라며, 최근 신외감법 도입 후의 회계환경 변화에 대해서 많은 이야기를 나누었다. P는 K의 초청으로 전주대학교에 와서 '재무 Data 분석' 등의 특강을 하기도 하면서 저자들은 최근 회계감사의 새로운 변화를 중심으로 다시 활발한 교류가 시작되었으며, 최신 트렌드를 반영하는 새로운 회계감사 교재 제작을 하기로 의기투합하여 이 책을 발간하게 되었다.

이 책의 특징은 다음 몇 가지가 있다.

첫째, 본서는 총 7부로 구성되어 있다. 저자들의 수험생활 시절 감사기준 분량은 현재보다 훨씬 적었고, 2차 시험 응시자는 과락만 면하는 수험전략이 가능하였다. IFRS와 더불어 함께 도입된 IAS는 지속적인 개정과 보완으로 상당한 분량을 가지고 있다. 이러한 변화는 공인회계사의 재량에 맡겼던 회계감사영역에서 감사업무의 세부영역까지 규정화함으로써 감사실패로 인한 소송 위험에 대처하기 위한 시대적 필요성이 반영된 결과이다. 이렇게 방대한 회계감사기준이다 보니, 공인회계사 2차 시험 문제가 회계감사기준 내에서 실무상 다소 지엽적인 측면의 암기력을 요구하고 있는 사례도 종종 보게 된다. 반면에 기준서에서 다룰 수 없는 실무형 문제도 최근에 점차 확대되는 경향을 보이고 있는 실정이다. 이에 본서는 회계감사기준의 전문 규정의 단순 나열보다는 핵심적인 내용 위주로 선별하였으며, 동시에 실무적인 측면도 최근 Trend를 가급적 반영하여 균형감을 가지고자 노력하였다. 실무적 사례가 기준서에 지친 독자들에게 부디 신선한 바람이 되어 주었으면 하는 바람이다.

둘째, 본서의 각 부의 말미에는 2013년부터 2023년까지 모든 기출문제와 답안이 포함되어 있다. 기출문제는 목차에 따라 주제별로 정렬하여 문제를 풀면서 이해도를 향상시킬 수 있도록 구성하였다. 회계감사 기출문제는 출제의도가 상황에 따라 다르게 해석될 수 있는 여지도 배제할 수 없다. 따라서, 본서에서 저자들의 실무경험을 기반으로 하되 감사기준서 조문에 대한 추적 또한 최대한 반영하였는바, 문제를 통해 기준서와 법령의 이해와 응용, 반복 학습효과에 중점을 두었다.

셋째, 2025년부터 공인회계사 시험에서 IT분야가 중요시되어 학점이수과목으로 정보기술(IT)과목 3학점을 반드시 이수하여야 하며 회계감사과목에는 IT분야의 출제비중이 증대할 것으로 예상되고 있다. 이러한 시대적 변화에 발맞추어 본서는 제7부 표본감사와 IT환경 감사절차의 내용을 강조사항으로 다루고자 별도의 Part로 분리하였다. 저자들의 감사, IT 및 Data Analytics 관련 실무경험을 나름 반영하였는바, 다소 부족한 면이 있더라도 본서의 내용이 표본감사와 IT환경에 대한 독자들의 이해도를 높이는 데 조금이나마 도움이 되기를 기대한다.

본 교재를 출간하는 데 많은 도움을 주신 교육과학사 이주표 부장님과 이정호 실장님께 감사드린다.

2023. 9
저자들

차 례

제5부 감사결과의 보고 / 449

제6부 그룹재무제표 감사와 기타인증업무 / 521

제7부 표본감사와 IT환경 감사절차 / 625

참고문헌 / 697

01

회계감사와 감사인 책임

1부에서는 감사의 기본 개념에 대한 내용을 소개한다. 인증업무와 회계감사의 관계, 감사인의 직업윤리와 감사인의 법적 책임, 감사인의 선임과 계약 등 회계감사에 관한 일반적인 사항에 관하여 학습한다.

제 1 장

인증업무와 회계감사

1. 감사의 정의

1) 미국회계학회의 정의

미국회계학회(American Accounting Association: AAA)는 감사의 기초개념보고서(A Statement of Basic Auditing Concepts: ASOBAC)에서 "**감사란 자질을 갖춘 독립적인 제삼자가 경제활동 및 사건에 관한 어떠한 주장에 대해 미리 설정된 평가기준과의 일치 정도를 확인하기 위해 이들 주장에 관한 증거를 객관적으로 수집하고 평가하여 그 결과를 이해관계자인 이용자에게 전달하는 체계적인 과정이다**"라고 정의하였다.

2) 자질을 갖춘 독립적인 제삼자

감사인(auditor)은 감사를 수행하기 위해 전문지식(competence, 적격성)과 경험이 있어야 하고 독립적인 자세(independence, 독립성)를 유지해야 한다. 이러한 맥락에서 외부감사를 수행하는 감사인은 "**독립된 감사인**(independent auditor)"으로 불리며, 시험, 수습 및 연수 제도 등을 통해 기본적인 **지식**과 피감사업체가 소속되어 있는 산업에 대한 **경험**이 요구된다. 주식회사 등의 외부감사에 관한 법률(외감법) 제2조에서 감사인을 회계법인(회계사 10인 이상)과 감사반(회계사 3인 이상)으로 정의하여, 개인이 감사인이 될 수 없는 점도 적격성 측면의 제도로 볼 수 있다. 이외에도 독립성과 적격성을 제고하는 다양한 감사품질제도를 두고 있다.

3) 감사대상이 되는 정보나 주장

감사대상이 되는 정보나 주장은 일반적으로 **재무제표와 재무제표가 회계기준에 따라 작성되었다는 경영진 주장을** 의미한다.

재무제표에 대한 경영진의 주장은 재무제표가 재무제보고체계에 따라 작성되었다는 것을 묵시적 · 명시적으로 거래 · 계정잔액 및 공시(COTABD: Classes of transactions, account balances or disclosures)의 인식, 측정, 표시가 적정하게 작성되었다는 것을 의미한다.

	거래 · 사건유형과 관련 공시	계정잔액 및 관련 공시
1	• **발생사실**: 기록 · 공시된 거래 · 사건은 발생	• **실재성**: 자산, 부채 및 주주지분은 실재함
2	• **완전성**: 필수적인 모든 거래 · 사건 기록 & 공시	• **완전성**: 필수 자산 · 부채 · 주주지분은 모두 기록 & 공시
3	• **기간귀속**: 거래 · 사건은 해당 보고기간에 기록	• **권리와 의무**: 자산 통제 · 권리 보유, 부채 의무
4	• **정확성**: 기록된 거래 · 사건 금액 · 데이터는 적합	• **정확성, 평가와 배분**: 자산 · 부채 · 주주지분 적합 금액 계상, 평가 또는 배분 결과는 적합 기록, 관련 공시 적합 측정과 기술
5	• **분류**: 거래 · 사건은 적절한 계정으로 기록	• **분류**: 자산 · 부채 · 주주지분은 적절한 계정으로 기록
6	• **표시**: 거래 · 사건은 적합 합계 · 세분화 · 명확하게 기술 · 공시	• **표시**: 자산 · 부채 · 주주지분은 적합 합계 · 세분화 · 명확하게 기술 · 공시

4) 미리 설정된 일정한 평가기준(준거기준, 판단기준: 재무보고체계)

미리 설정된 일정한 평가기준은 회사의 재무제표가 공정하게 표시되었는지 여부에 대한 준거기준 또는 판단기준으로 경영진이 재무제표를 작성할 때 채택한 "일반적으로 인정된 기업회계기준(Generally Accepted Accounting Principal, GAAP)" 또는 "재무보고체계(Financial Reporting Framework)"를 의미하며, 우리나라에서는 "한국채택국제회계기준" 또는 "일반기업회계기준" 등 이 법규에 의해 요구되는 재무보고체계이다.

재무보고체계는 공정표시재무보고체계와 준수재무보고체계로 구분되며, 한국채택국제회계기준 등의 공정표시재무보고체계는 준수재무보고체계와 해당체계의 요구사항 준수 외에 추가적인 인정사항 측면에서 차이가 있다(200-13).

	공정표시 재무보고체계(공정표시체계)	준수 재무보고체계(준수체계)
인정사항	• FS 공정 표시 목적 아래 사항 인정됨 • 경영진이 체계 요구사항 **범위 이상 공시** 필요성 명시·묵시적으로 인정함. • 경영진이 체계 요구사항 **이탈 필요성** 명시적으로 인정함.(극히 드문 상황)	• 인정사항은 포함되지 않음.
예시	• K-IFRS(한국채텍국제회계기준), K-GAAP(일반기업회계기준)	• 공동주택회계감사기준 등

재무제표에 대한 감사의견은 재무제표가 중요성의 관점에서 해당 재무보고체계에 따라 작성되었는지 여부를 다룬다. 이러한 의견은 모든 재무제표감사에 공통된다. 그러므로 감사의견은 예를 들어, **기업의 향후 존속가능성이나 경영진이 기업의 업무를 효과적으로 또는 효율적으로 수행하였는지 여부를 인증하는 것이 아니다.** 그러나 일부 국가의 경우, 관련 법규에서 감사인이 내부통제의 효과성이나 별도의 경영진 보고서가 재무제표와 일치하는지 여부 등 기타 특정한 사항에 대하여 의견을 제시할 것을 요구할 수도 있을 것이다. 감사기준에는 재무제표에 대한 의견형성과 연관된 범위 내에서 이러한 사항들에 관한 요구사항과 관련 지침이 포함되어 있지만, 만약 감사인이 그러한 의견을 제시할 추가적인 책임이 있는 경우에는 추가적인 업무를 수행하도록 요구될 것이다(200-A1).

재무보고와 관련하여 경영진(적절한 경우 지배기구를 포함)의 책임이 법규에서 규정될 수 있다. 그러나 그 책임의 정도 또는 책임이 기술되는 방식은 국가마다 다를 수 있다. 이러한 차이에도 불구하고, 감사기준에 따른 감사는 **경영진(적절한 경우 지배기구를 포함)**이 다음과 같은 **책임**을 지고 있다는 사실을 인정하고 이해한다는 전제 아래 수행된다(200-A2).

① 관련사항이 있는 경우 재무제표의 공정표시를 포함하여, 해당 재무보고체계에 따라 **재무제표를 작성할 책임**

② 부정이나 오류로 인한 중요한 왜곡표시가 없는 재무제표를 작성하기 위하여 경영진(적절한 경우 지배기구를 포함)이 필요하다고 결정한 **내부통제에 대한 책임**

③ **감사인에게** 다음 사항들을 **제공할 책임**

㉠ 기록, 문서, 기타사항 등 재무제표 작성과 관련하여 경영진(적절한 경우 지배기구를 포함)이 알고 있는 **모든 정보에 대한 접근**

㉡ 감사인이 경영진(적절한 경우 지배기구를 포함)에게 요청하는 **모든 추가적인 정보**

㉢ 감사인이 감사증거를 입수하기 위하여 필요하다고 판단한 **기업 내부의 관계자들에 대한 제한 없는 접근**

5) 증거의 수집과 평가(행위기준: 회계감사기준, ISA)

감사증거는 기록과 문서에 대한 검사, 관찰, 질문, 조회, 계산검증 등 여러 가지 방법으로 수집되는데, 감사증거 수집과 평가는 회계감사기준에 따라 수행되어야 하며 회계감사기준은 **국제감사기준(International Standards on Auditing, ISA)**을 의미한다. 감사기준은 감사인의 최소한의 행위기준이며, 동시에 책임한계이기도 하다. 감사**기준 준수는** 감사인은 (재무제표상 전체적 중요왜곡표시가 없다는) **합리적 확신에 대한 책임을 진다는 것을 의미한다.**

감사인은 해당 감사와 관련된 감사기준서들을 모두 준수하여야 한다. 어떤 감사기준서가 시행 중에 있고 해당 감사기준서가 다루고 있는 상황이 존재하는 경우, 해당 감사기준서는 해당 감사와 관련이 있다.

감사인은 감사기준서의 목적을 이해하고 요구사항을 적절하게 적용하기 위하여, 적용 및 기타 설명자료를 포함한 해당 감사기준서의 전체 내용을 이해하여야 한다.

감사인은 이 감사기준서 및 해당 감사와 관련성이 있는 모든 다른 감사기준서들의 요구사항을 준수하지 않는 한, 감사보고서에 감사기준을 준수하였다고 기술하여서는 안 된다.

감사인은 전반적 감사목적 달성을 위해, 기준서 간 관계를 고려하면서 관련 **기준서의 목적을 이용**하여 다음 절차를 수행하여야 한다(200-21).

① 감사기준 **요구절차 외**에 감사목적 달성하기 위한 추가적인 감사절차 수행여부 결정

② **충분 · 적합한 감사증거** 입수 여부 평가

㉠ **다른 기준서** 준수에 따라 더욱 관련 있는 증거 입수 여부 평가

㉡ **하나 이상 요구사항**을 적용할 때 수행되는 업무 확대

㉢ 그 상황에 필요할 것으로 판단되는 **다른 절차** 수행

감사기준서(200 문단 14~24)에서는 감사인에게 ① 윤리적 요구사항(재무제표감사와 관련된 독립성 요구사항 등 관련 윤리적 요구사항을 준수하여야 한다.) ② 전문가적 의구심 ③ 전문가적 판단 ④ 충분하고 적합한 감사증거와 감사위험 ⑤ 감사기준에 따른 감사수행과 같은 5가지를 감사수행 시 요구하고 있다.

(1) 윤리적 요구사항

감사인은 재무제표 감사를 수행할 때 공인회계사법 제21조 및 제33조, 동법 시행령, 주식회사 등의 외부감사에 관한 법률 제6조, 그리고 감사와 관련된 독립성 요구사항을 포함한 관련 윤리적 요구사항을 준수하여야 한다. 이러한 윤리기준은 최소한의 윤리적 지침이기 때문에 공인회계사가 지켜야 할 기본적인 윤리강령이다.

(2) 전문가적 의구심

감사인은 재무제표를 중요하게 왜곡표시되게 하는 상황이 존재할 수 있음을 인식하고, 전문가적 의구심을 가지고 감사를 계획하고 수행하여야 한다. 전문가적 의구심(Professional skepticism)이란 ① 부정이나 오류로 인한 왜곡표시 가능 상황에 유의하면서 **의문을 갖는 마음**과 ② **감사증거에 대한 비판적인 평가**를 포함하는 태도이다. 전문가적 의구심을 갖는 사례는 다음과 같다.

사례	예시
① 이미 입수한 다른 증거와 **상반**되는 감사증거	• 회계부서와 영업부서의 상반된 판매실적 답변 • 건설중인자산: 이미 완공상태임을 현업 미팅에서 확인 • 아파트 착공 초기에 투입된 주방가구 및 가전제품
② 문서 및 질의 · 답변의 **신뢰성**에 의문 존재 정보	• 인감 날인 누락된 계약서 • 등기일과 매매일 차이가 현저한 부동산 매매계약서 • 냉동 창고 보관 장기 수산물 재고 • 다수의 수정이 포함된 조회서
③ **부정**의 존재 가능 상황	• 특정 임직원 계좌와 입출금 거래 다수 • 수출신고필증 신고번호가 관세청 전자통관시스템 조회불가
④ 기준서 요구절차 외에 **추가적 감사절차** 필요 상황	• 매출채권: 조회서 회신 vs 대금회수 지연 → 평가 • 외부조회된 특수관계자 거래 발생사실에 대한 여전한 의문

감사인은 그렇지 않다고 믿을만한 사유가 없는 한 기록과 문서들은 진실하다고 인정할 수 있지만, **정보의 신뢰성에 의문이 있거나 부정가능성의 징후가 있는 경우** 그 사항을 해결하기 위해 감사절차의 변경이나 추가가 필요한지 더 검사하고 결정할 것을 요구하고 있다.

또한 감사인은 경영진과 지배기구의 정직성과 성실에 대한 과거경험을 무시할 수 없으나 합리적 확신을 얻을 때 **전문가적 의구심을 유지할 필요성이 경감**되거나 **설득력이 낮은 감사증거에 만족**할 수 있도록 허용되지 않는다.

전문가적 의구심을 유지하는 것은 다음과 같은 위험을 감소시키는 데 필요하다(200-A19).

① **비경상**적 상황의 간과

② 감사상 관찰결과에서 결론을 도출할 때의 **과도한 일반화**

③ 감사절차의 성격, 시기 및 범위를 결정하고 그 결과를 평가할 때 **부적합한 가정**의 이용

(3) 전문가적 판단

감사인은 재무제표감사를 계획하고 수행할 때 전문가적 판단을 수행하여야 한다. 전문가적 판단은 감사업무 상황에 적합한 일련의 행동에 관하여 정보에 근거한 의사결정을 내릴 때 감사기준, 회계기준 및 윤리기준에 근거하여 관련된 훈련과 지식 및 경험을 적용하는 것을 말한다.

전문가적 판단이 필요한 분야는 다음과 같다.

① **중요성과 감사위험**

② **감사절차의 성격, 시기 및 범위:** 감사기준 요구사항 충족과 감사증거 입수 시 적용

③ **충분·적합한 감사증거 입수 여부**, 각 감사목적 달성을 위한 추가 사항 여부 평가

④ 재무보고체계 적용 시 **경영진판단**에 대한 **평가**

⑤ 입수 **감사증거 기초한 결론** 도출(예: FS 작성 경영진 **추정** 합리성 평가 등).

특정 상황에서 전문가적 판단은 감사인이 알게 된 **사실과 상황**에 기초하여 수행된다. 어렵거나 논쟁여지 사항에 관해 업무팀, 회계법인 내·외부에 적합한 **자문**을 실시

하여 정보에 근거한 합리적인 판단에 도움을 준다.

전문가적 판단의 평가기준은 ① 도달된 판단의 적절한 **감사 및 회계원칙** 적용 여부, ② 알게 된 **사실·상황**에 비추어 적합·일관성 여부이다.

유의적 전문가적 판단은 ① 숙련된 **미관여 감사인**이 충분히 **이해 가능한 문서화가** 요구되며, ② **사실·상황** 또는 **충분·적합 감사증거**가 뒷받침되는 **의사결정**이어야 한다(부합되지 않는 의사결정은 정당화될 수 없음).

(4) 충분하고 적합한 감사증거 및 감사위험

감사인은 합리적 확신을 얻기 위하여 감사위험으로 수용 가능한 수준으로 감소시키고 이에 의해 감사의견의 근거가 되는 합리적인 결론을 도출할 수 있도록 충분하고 적합한 감사증거를 수집하여야 한다.

(5) 감사기준에 따른 감사수행

감사인이 **감사기준에 따라 감사**를 수행하였는지 여부 결정 기준은 다음과 같다(200-A54).

① 각 상황에서 감사인이 **수행한 감사절차**

② 이 결과 입수된 감사**증거의 충분성과 적합성**

③ 감사인의 전반적인 목적에 비추어 해당 감사증거에 대한 평가를 기초로 한 감사 **보고서의 적합성**

감사인은 감사기준서의 전체 내용을 이해하여야 하고 다음 상황을 제외하고 감사**기준서 요구사항을 모두 준수**하여야 함(200-22).

① **개별** 감사**기준서 전체**가 (무관) **관련이 없는** 경우

② **요구사항** 해당 **조건**이 (무관) 존재하지 않아 관련이 없는 경우

기준서 요구사항 이탈이 인정되는 예외적 상황(200-23)과 문서화 내용(230-12)은 다음과 같다.

① 요구사항 이탈 필요성: 기준서 요구 감사절차가 감사목적 달성에 **비효과적**일 경우 **대체적 감사절차** 수행하여야 함.

② 이탈 시 문서화 사항: ㉠ 이탈의 **이유** ㉡ 대체적 감사절차의 감사**목적 달성 방법**

6) 감사결과의 전달

감사인은 감사를 완료하면 감사결과를 감사보고서를 통해 정보이용자에게 전달한다. 그러므로 감사결과의 전달은 **감사의견이 포함된 감사보고서**를 의미한다.

감사의견은 재무제표가 중요성의 관점에서 공정하게 표시되어 있는지 여부 또는 진실되고 공정한 관점을 제시하는지 여부에 관한 것이다. 적정의견은 감사범위의 제한을 받지 아니하고 회계감사기준을 준수하여 감사를 실시한 결과 재무제표가 재무보고체계에 따라 공정하게 작성되었다고 판단되는 경우에 표명하는 감사의견이다. 재무제표에 왜곡표시가 포함되어 있는 경우나 감사범위가 제한이 중요한 경우에 적정의견이 변형된 감사의견의 변형사유 및 비적정의견의 종류는 다음과 같다.

변형사유		FS 영향 중요하지 않음	FS 영향 중요함	
			전반적이지 않은 경우	전반적인 경우
GAAS 미준수	**충분 · 적합한 감사증거 미확보** (감사범위제한)	적정	한정	의견거절
GAAP 미부합	**FS 왜곡표시** (경영진과의 의견불일치)	적정	한정	부적정

2. 감사의 목적 및 필요성

1) 감사의 목적

감사의 목적은 재무제표에 대하여 감사인이 의견(적극적인 확신 또는 합리적인 확신)을 표명함으로써 **의도된 재무제표 이용자의 신뢰수준을 향상**시키는 데 있다. 여기서 말하는 **합리적인 확신(Reasonable Assurance)이란 높은 수준의 그러나 절대적이지 아니한 수준의 확신**을 말한다.

(200-3)감사의 목적은 **의도된 재무제표 이용자의 신뢰수준을 향상**시키는 데 있다. 이 목적은 재무제표가 해당 재무보고체계에 따라 중요성의 관점에서 작성되었는지에

관해 감사인이 의견을 표명함으로써 달성된다. 대부분의 일반목적체계에서 감사의견은 재무제표가 해당 체계에 따라 중요성의 관점에서 공정하게 표시되어 있는지 여부, 또는 진실하고 공정한 관점을 제시하는지 여부에 관한 것이다.

(200-11)재무제표감사를 수행할 때, 감사인의 전반적인 목적은 다음과 같다.

① 재무제표가 전체적으로 부정이나 오류로 인하여 **중요하게 왜곡표시**되지 아니하였는지 여부에 대하여 **합리적인 확신**을 얻음. 감사인은 이에 따라 재무제표가 **중요성의 관점**에서 해당 재무보고체계에 따라 작성되었는지에 대하여 의견을 표명할 수 있다.

② 감사인의 발견사항에 근거하여 감사기준이 요구하는 바에 따라 재무제표에 대하여 보고하고 **커뮤니케이션함**.

2) 감사의 필요성

회계감사의 필요성은 정보위험을 제거하는 것이다. **정보위험**(information risk)은 정보이용자가 오류가 포함된 정보를 이용해 잘못된 의사결정으로 손해를 입을 위험을 말한다. 정보위험은 경영진이 소유주보다 기업에 관한 더 많은 정보를 가지고 있는 **정보비대칭 현상**에 의한 **도덕적 해이**(moral hazard), **거짓보고**(untruthful reporting), **역선택**(adverse selection) 등의 대리인 문제에 의해 발생한다. **회계감사는 정보생산자(대리인)와 이용자(위임자) 간의 정보비대칭 현상을 완화시키고 경영진의 도덕적 해이를 예방함으로써 대리인 비용을 감소시킨다.**

정보위험의 발생원인별 제거방법은 다음과 같다.

정보위험 발생원인	제거방법
• 이해관계 상충 (부정 가능성) • 정보 비대칭성 (부정 가능성) • 정보 복잡성과 대량화 (오류 가능성) • 정보 중요성 (정보이용자 의사결정 영향)	• 정보이용자 직접 검증 (전문성 부족) • 정보제공자와 이용자의 분담 • **독립 · 적격한** CPA (3자)**검증** → 가장 현실적으로 **효율 · 효과**적인 방법

3. 감사의 기능과 효과

감사는 회계정보 전달과정에서 정보이용자가 이용하는 정보의 품질에 대해 감사인이 **전문가적 의견을 표명하는 인증기능을 제공한다**. 감사의 **경제적 효과**는 경영진이 제공한 **회계정보에 대해 신뢰성을 높이는 효과**와 일반인에 제공되는 회계정보의 품질 검증을 통해 **부정한 재무보고 동기를 억제시키는 통제효과**가 있다.

정보이용자별 회계감사의 효익은 다음과 같다.

정보이용자	회계감사의 효익
감사대상회사	① **자금조달**에 도움: 대출(이자율↓) 및 주식발행(발행가↑) ② **내부통제 개선** ③ **부정 · 오류 예방**
(잠재)채권자	• 대출 의사결정(여신심사, 이자율 결정)
(잠재)주주	• 주식투자 의사결정(주식 매매 결정)
정부	• 조세부과, 경제지표 등 통계작성 등
상장주선인	• IPO 준비 기업 주식 공모가격(인수가격) 산정
신용평가기관	• 기업 신용등급 부여

1) IPO(Initial Public Offering): 주식 상장을 위한 기업 정보 공개 등의 절차

4. 감사의 종류

감사는 감사목적에 따라 **재무제표 감사(audit of financial statements), 업무감사(operational audit), 이행감사(compliance audit), 포괄감사(comprehensive auditing)**로 구분된다. 재무제표 감사는 재무제표가 사전에 설정된 일정한 평가기준에 따라 공정하게 작성되었는지에 대한 의견을 표명할 목적으로 수행하는 감사이다. 업무감사는 조직의 업무성과를 측정할 목적으로 수행한다. 즉 어떤 조직이나 기업의 영업활동 및 업무절차의 효율성(efficiency)과 효과성(effectiveness)을 평가할 목적으로 실시하는 감사를 말한다. 준법감사는 법률 · 절차 · 규정 등의 이행 혹은 준수 여부를 결정할 목적으로 수행하며 이행감사라고도 부른다. 전술한 세 가지 감사의 목적을 모두 포함

하는 광의의 의미로서 포괄감사가 있으며 종합감사라고도 부른다.

감사주체에 따라 **외부감사(external audit)**, **내부감사(internal audit)**, **상법상 감사 또는 감사위원회의 감사**로 구분하고, 감사의 강제성 여부에 따라 **법정감사(statutory audit)**와 **임의감사(voluntary audit)**로 나누어진다.

1) 감사의 목적에 따른 분류

감사를 실시하는 목적에 따라 재무제표감사, 업무감사, 준법감사로 구분되며 그 내용은 다음과 같다.

구분	재무제표감사	업무감사	준법감사
감사목적	재무제표의 공정표시 여부를 결정	업무의 효율성과 효과성 평가	관련 법규와 규정의 준수여부
평가기준	일반적으로 인정된 회계기준	사전에 정해진 업무 목표	법규와 규정의 지시사항
감사인	외부감사인	내부 또는 외부감사인	내부 또는 외부감사인
감사결과의 조치	감사의견 표명	개선권고	징계
사례	회계법인의 회사 외부감사	공기업 경영평가	국세청 세무조사

감사의 강제성에 따라 법정감사(statutory audit)와 임의감사(voluntary audit)로 구분된다. 법정감사는 외감법에 의한 회계감사, 공정거래법에 의한 대규모기업집단에 속한 회사의 감사, 자본시장과 금융투자업에 관한 법률에 의한 금융위원회와 거래소에 재무에 관한 서류를 제출하는 회사의 회계감사, 지방공기업에 의한 회계감사 등이 있다.

외부감사법상 감사를 의무적으로 받아야 하는 회사의 조건은 다음과 같다.

① 직전 사업연도말 자산총액이 500억 원 이상인 회사

② 직전 사업연도말 매출액(연환산기준)이 500억 원 이상인 회사

③ 다음의 사항 중 2개(유한회사는 3개) 이상에 해당하는 회사
   ㉠ 직전 사업연도말 자산총액이 120억 원 이상
   ㉡ 직전 사업연도말 부채총액이 70억 원 이상
   ㉢ 직전 사업연도말 종업원이 100명 이상
   ㉣ 직전 사업연도말 사원이 50명 이상(유한회사에 한정)
④ 주권상장법인, 해당사업연도 또는 다음 사업연도에 주권상장법인이 되려는 주식회사

2) 감사의 연속성 및 실시시기에 따른 분류

감사의 연속성 및 실시시기에 따른 분류에 대한 내용은 아래에 나타나 있다.

감사의 연속성에 따른 분류		감사의 실시시기에 따른 분류	
초도감사	계속감사	중간감사	보고기간말 감사
당기 감사인 전기 재무제표를 감사하지 않은 경우	당기 감사인과 전기 감사인이 동일한 경우	보고기간말 이전에 실시하는 감사	보고기간말 이후 실시하는 감사
기초 잔액의 적합성을 확인하기 위한 충분하고 적합한 감사증거 수집 필요	초도감사에 비해 기초 잔액의 감사범위가 상대적으로 적음	감사위험 평가로 기말 감사에서 실시할 실증 전차의 성격, 시기, 범위 계획	거래나 계정잔액의 중요성 관점에서 공정하게 표시하고 있는지에 대한 의견표명을 위해 실시

5. 인증업무와 비인증업무

인증업무란 공인회계사가 인증대상(subject matter)에 대해 준거기준에 따라 평가나 측정한 결과를 인증대상업무 책임자가 아닌 다른 의도된 이용자의 신뢰수준을 향상시키기 위하여 결론을 표명하는 업무를 말하고, **비인증업무(관련서비스)**는 공인회계사가 제공하는 업무 중에서 인증업무로 분류되지 않는 것이다.

구분	인증 업무		비인증 업무
	합리적 확신 업무	제한적 확신 업무	
정의	• CPA의 **확신(Assurance)** 제공 업무		• 인증업무 이외의 모든 업무
독립성 등	• **독립성** 충족 필수(윤리 준수 필수)		• 독립성 불필요(윤리 준수 필수)
업무 종류	• 예) **FS감사(회계감사)**, ICFR 감사 • 가장 **높은 수준** 확신 제공	• 예) 반기FS 검토, ICFR 검토 • 중간 수준의 확신 제공	• 예) FS작성자문, 세무자문, 가치평가, AUP, 경영자문 등
확신 형태	• **적극적** 확신(Positive) • "공정하게 표시하고 있음"	• **소극적** 확신(Negative) • 공정 미표시사항 "발견 안 됨"	• 확신 제공 없음 • 보고서 형태는 고객과 협의 가능

1) CPA: 공인회계사
2) FS: 재무제표
3) ICFR: 내부회계관리제도(Internal Control over Financial Reporting 재무보고내부통제)
4) AUP: 합의된 절차 수행 업무(Agreed-Upon Procedures)

인증업무는 인증대상책임자(경영자)가 작성한 인증대상정보(재무제표)에 대하여 인증인(공인회계사)가 충분하고 적합한 증거를 수집하고 평가결론(감사의견)을 서면 인증보고서(감사보고서)를 통하여 정보이용자에게 전달하는 것이다.

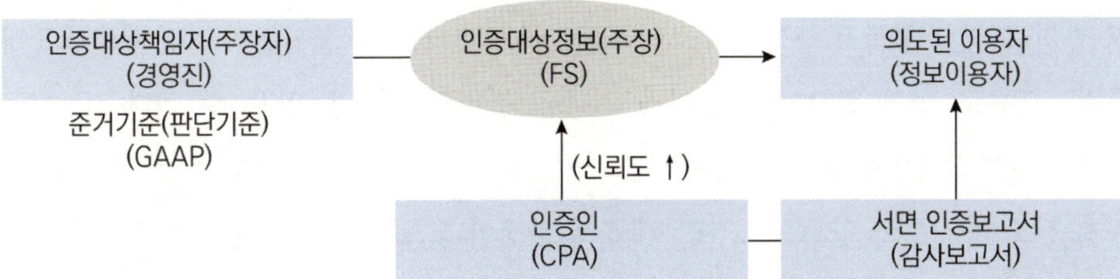

인증업무로서 회계감사와 내부회계관리제도(ICFR)검토의 관계를 구성요소별로 살펴보면 다음과 같다.

인증 업무 구성요소	회계감사	ICFR 검토
(1) 삼자관계: CPA, 인증대상업무 책임자와 의도된 이용자	• 감사인: CPA • 경영진: 감사대상회사 • 정보이용자: 회사, 주주/채권자, 정부, IPO주관사 등	• CPA • 대형비상장주식회사 등 • 정보이용자: 좌동
(2) 인증대상	• 감사대상 FS	• ICFR 운용실태 보고서
(3) 준거기준(판단기준)	• 재무보고체계(GAAP: K-IFRS, K-GAAP 등)	• ICFR 모범규준 등
(4) 행위기준(충분하고 적합한 증거)	• 회계감사기준(GAAS: ISA, 감사기준서 등)	• ICFR 검토기준
(5) 서면 인증보고서 (합리적 or 제한적 확신)	• 감사보고서(합리적 확신)	• 검토보고서(제한적 확신)

1) **GAAP**(Generally Accepted Accounting Principles): 일반적으로 인정된 회계원칙(또는 기업**회계기준**) = **재무보고체계**
2) **K-IFRS**: 한국채택 국제회계기준 / **K-GAAP**: 일반기업회계기준
3) **GAAS**(Generally Accepted Audit Standards): 일반적으로 인정된 감사기준 / **ISA**: 국제회계감사기준(23년 현재 38개의 감사기준서)

6. 회계감사의 고유한계

감사는 **고유한계가 존재**하며, (감사의견표명의 기초인 대부분의) **감사증거**는 (결정적 증거보다는) **설득적 증거이다.** 감사위험 영(0)인 경우는 불가능하므로 재무제표에 부정·오류로 인한 중요 왜곡표시가 없다는 **절대적 확신은 얻을 수 없다.**

(200-A47)감사위험을 영(0)으로 감소시키도록 감사인에게 기대할 수 없으며 또 그렇게 감소시킬 수도 없으므로, 재무제표에 부정이나 오류로 인한 중요한 왜곡표시가 없다는 절대적 확신은 얻을 수 없다. 왜냐하면 감사에는 고유한계가 존재하며, 감사인의 결론도출과 의견표명의 기초가 되는 대부분의 감사증거는 결정적 증거이기보다는 설득적 증거이기 때문이다. 감사의 고유한계는 다음에 기인한다.

감사의 고유한계 원인은 다음과 같다.

① 재무보고의 성격

② 감사절차의 성격

③ 합리적인 시간·비용으로 감사 수행 필요성

1) 재무보고의 성격

재무제표의 작성에는 경영진의 **판단**, **주관적인 결정이나 평가** 또는 **불확실성**이 존재하고 경영진의 판단이 수반된다. 이러한 **회계추정치와 같이** 추가적 절차에도 제거될 수 없는 고유한 수준의 가변성이 존재한다. 그러나 감사기준의 요구사항은 추정치의 합리성, 경영진판단의 편의가능성 징후 등 질적 측면을 고려하여야 한다.

(200-A48)기업이 해당 재무보고체계에서 요구하는 사항을 그 기업의 사실과 상황에 적용하여 재무제표를 작성할 때는 **경영진의 판단**이 수반된다. 또한 다수의 재무제표 항목에는 주관적인 결정이나 평가 또는 불확실성이 수반되며, 해석이나 판단에 있어서도 **수용 가능한 일정한 범위가 존재**할 수 있다. 그 결과, 특정 회계추정치와 같이 재무제표의 어떤 항목은 추가적인 감사절차를 적용해도 제거될 수 없는 고유한 수준의 가변성이 있다. 그럼에도 불구하고 감사기준은 회계추정치가 해당 재무보고체계 및 관련 공시의 관점에서 합리적인지 여부, 그리고 경영진판단의 편의가능성 징후 등 해당 기업 회계실무의 질적 측면을 구체적으로 고려할 것을 감사인에게 요구한다.

2) 감사절차의 성격

감사인의 감사증거 입수능력에는 다음과 같은 실무적, 법률적 한계가 존재한다.

구분	내용
실무적 한계	① 경영진은 의도·비의도적으로 FS 관련 감사요청 정보를 불완전 제공 가능 → 정보의 완전성을 확신 불가 ② 정교·치밀한 은폐계획이 수반된 부정(예: 공모로 조작된 문서 → 감사인은 문서 진위 전문가로 기대 불가)
법률적 한계	③ 감사는 공적 수사가 아님 → 수색권한 등 법적 권한 없음

(200-A49)감사인의 감사증거 입수능력에는 다음과 같은 실무적, 법률적 한계가 존재한다.

경영진이나 기타의 사람들은 의도적으로 또는 비의도적으로 재무제표 작성과 관련된 정보나 감사인이 요청한 정보를 완전하게 제공하지 않을 수 있다. 따라서, 감사인이 관련된 모든 정보를 입수했다는 확신을 얻기 위해 감사절차를 수행하였어도, 감사인은 정보의 완전성을 확신할 수 없다.

① **부정**에는 이를 은폐하기 위해 정교하고 치밀하게 구성된 계획이 수반될 것이다. 그러므로 감사증거를 입수하기 위해 적용하는 감사절차는, 예를 들어 공모를 통해 문서를 조작하여 해당 문서가 진실하지 않음에도 진실하다고 믿게 하는 것과 같은 의도적인 왜곡표시를 발견하는 데 효과적이지 않을 수 있다. 감사인은 문서의 진위에 대한 전문가로서 훈련을 받지 않았으며 그렇게 기대될 수도 없다.

② 감사는 범죄 혐의를 밝히려는 **공적 수사가 아니다**. 따라서, 감사인은 그러한 수사를 하는 경우에 필요한 수색권한과 같은 특정한 법적 권한을 부여받고 있지 않다.

3) 합리적인 시간 · 비용으로 감사 수행 필요성

정보이용자는 합리적인 기간 내에 합리적인 비용으로 재무제표에 대한 의견을 형성할 것이라고 기대한다. 이러한 합리적인 감사를 수행하기 위하여 고려할 사항은 다음과 같다.

① **효과적인 감사계획 필요: 어려움 · 시간 · 비용**의 문제는 (대체적 절차가 없는) 감사절차를 생략하거나 보다 설득력이 낮은 감사증거에 만족하는 것이 정당화될 수 없으므로 충분한 시간 · 자원을 이용하는 적합한 감사 계획 수립해야 함.

② **효익 · 비용 균형존재**: 정보 관련성 · 가치는 시간에 따라 감소하여 재무보고의 적시성이 하락한다. 정보 신뢰성과 비용 간 균형 존재한다. 따라서 정보 이용자들은 감사인이 합리적인 시간 · 비용으로 FS의견 형성을 기대하므로 **전수 조사는 불가능**함을 인식하고 있다.

③ **합리적 시간비용 투입 시 필요 감사절차**

㉠ **효과적인 감사계획**

㉡ **ROMM이 가장 높게 예상되는 분야에 감사노력 집중**하고, 기타는 상대적적은 노력 투입(위험평가절차 → FS · 경영진주장 수준의 ROMM 식별 · 평가한 근거 확보해야)

㉢ **모집단 왜곡표시 조사 테스트(표본감사)나 기타 수단(SAP, CAAT 등) 사용** (모집단 결론 도출한 합리적 근거 제시 가능한 방법 수행해야)

- ROMM: 부정이나 오류로 인한 중요왜곡표시위험(Risks of Material Misstatement)
- SAP: 실증적인 분석적 절차(Substantive Analytical Procedures)
- CAAT: 컴퓨터를 이용한 감사기법(Computer-Assisted Audit Techniques)

감사기준은 중요한 왜곡표시를 발견할 수 있는 감사인의 능력에 고유한계가 미치는 잠재적인 영향이 특히 **유의적인 분야**로 다음을 예시하고 있다.

① **부정이나 공모. 특히, 고위 경영진이 연루된 부정**(기준서 240)

② **특수관계자 거래내역의 실재성과 완전성**(기준서 550)

③ **법규위반**(기준서 250)

④ **계속기업으로서 존속을 중단시킬 미래의 사건이나 상황**(기준서 570)

감사의 고유한계 때문에 재무제표가 중요한 왜곡표시가 발견되지 않을 불가피한 위험이 존재한다. 부정·오류로 인한 재무제표의 중요 왜곡표시가 차후에 발견되었다는 사실 그 자체만으로 감사기준에 따른 감사를 수행하지 못했다는 것을 의미하는 것은 아니다. 그러나 감사 고유한계가 감사인이 설득력이 부족한 감사증거에 만족하는 것을 정당화하지 못한다. 따라서 감사인이 감사기준에 따라 감사를 수행하였는지 여부는 ① **각 상황마다 수행한 감사절차**, ② **입수된 감사증거 충분성과 적합성**, ③ **감사목적상 감사증거 평가 기초한 감사보고의 적합성에 의해 결정**된다.

제2장

감사인의 직업윤리와 법적 책임

1. 감사인의 직업윤리

공인회계사 윤리기준의 목적은 공인회계사로 하여금 그 직무를 높은 수준으로 수행하게 하고 공익에 부합되게 하여, 공인회계사에 대한 사회적 신뢰를 제고함을 목적으로 한다. 공인회계사의 5가지 윤리강령은 다음과 같다.

구분	공인회계사 직무 수행 시 윤리강령
성실	• **솔직**하고 **정직**(integrity)해야 한다. • 중대한 오류, 허위, 과장, 누락 등 보고서에 자산의 명칭 사용금지(수정보고서 제출은 성실위반이 아님).
공정	• **편견**이나 **이해의 상충** 또는 **외부의 부당한 영향**을 받아서는 안 된다(객관성>독립성).
비밀유지	• 직무 시 득한 정보에 대하여 비밀을 유지하여야 하며, **법적 또는 직업적으로 공개할 권리나 의무가 없는 경우**에 적절하고 명확한 승인 없이 어떠한 정보도 제3자에게 누설해서는 안 된다.
전문가적 적격성과 정당한 주의	• **전문가적 적격성**: 적격한 전문서비스 제공 가능한 **전문적 지식과 기술**(적격성)을 지속적 유지 • **정당한 주의**: 직무 시 **정당한 주의**를 기울여야 하며, 관련 기술적 · 전문적 기준을 준수(정당한 주의: 업무 요구에 따라 철저 · 신중 · 적시 수행할 책임을 포함)
전문가적 품위	• 관련법규를 준수하고 공인회계사의 품위 실추 행동 금지(예: 부당광고 금지)

비밀유지의 예외는 다음과 같다.

① **법규**에 의해 정보의 공개가 **허용**되고 **의뢰인**으로부터 공개를 **허락**받은 경우

② **법규**에 의해 정보의 공개가 **요구**되는 경우

③ 이미 알려진 **법규위반** 사실을 해당 **공공기관에 공개**하는 경우
④ **소송**절차에 따라 문서를 제시하거나 기타 증거로 제시하는 경우
⑤ 법규에 의해 정보**공개가 금지되지 아니한 경우**와 정보 공개에 대하여 **전문가적 권리·의무**가 있는 경우
⑥ 한공회 또는 **감독기관**의 **품질관리 감리의무** 준수하기 위한 경우
⑦ 한공회 또는 **감독기관**의 **질의 또는 검사**에 응하기 위한 경우
⑧ 소송에서 CPA의 직업상의 이해관계를 보호하기 위한 경우

2. 위협유형

공인회계사가 윤리기준을 준수하는 것을 방해하는 **위협**(threat)**요인**으로는 **이기적 위협, 자기검토위협, 변호위협, 유착위협, 압력위협**이 있다. 공인회계사는 이러한 위협이 존재하는 상황에 직면하면 위협의 심각성을 평가하고 제삼자가 합리적으로 수용 가능한 수준 이하로 감소시키는 제도적 안전장치를 강구하여야 한다.

위협	내용
① 이기적 위협	• CPA, 직계가족·측근가족이 **재무적** 또는 기타 **이해**관계가 있는 경우 발생 (예: 현저↓보수, 채권채무, 성공보수, 임차인)
② 유착 위협	• **밀접한 관계**로 인하여 타인의 이익에 지나치게 동정적이 되는 경우에 발생 (예: 근무 경력 등) → 감사인 교체제도
③ 자기검토 위협	• 과거에 **본인이 판단한 사항**에 대하여 검토를 수행하는 경우에 발생 → 감사 전 FS 제출제도
④ 압력 위협	• 현실적 또는 잠재적 **협박**의 가능성 때문에 공정하지 못 하게 되는 경우에 발생 → 감사인 유지제도
⑤ 변호 위협	• 객관성이 손상될 수 있을 정도로 어떤 입장이나 의견을 **옹호**하는 경우에 발생

1) 이기적 위협

이기적 위협은 감사업무의 수행결과가 감사인 자신의 이익에 영향을 주기 때문에 독립성 준수에 위협이 된다. 이러한 위협이 발생하는 경우는 감사의뢰인과 재무상·

사업상 이해관계(주식의 보유), 보수 관련(성공보수), 친밀한 사업관계, 고용관계가 예정된 경우가 이에 해당된다.

2) 유착위협

감사인이 의뢰인과 특수관계로부터 발생하는 동정심과 친밀성으로 인해 독립성 유지가 위협받는 것을 말한다. 유착위협이 발생하는 예는 의뢰인의 임직원과 배우자 및 직계존비속의 관계, 과거 인증업무팀 구성원이 현재 인증의뢰인의 임직원, 의뢰인과 장기간의 감사수임관계 유지, 의뢰인의 고위경영진 모집업무를 직접 수행한 경우가 이에 해당한다.

3) 자기검토위협

감사인이 의뢰인을 위해 수행한 업무의 결과가 감사의견에 영향을 미칠 경우 자기검토위협이 발생할 수 있다. 자기검토위협이 발생하는 예는 인증의뢰인과 고용관계에 있던 자가 인증업무팀의 구성원이 된 경우, 인증의뢰인의 임원으로 근무하는 경우, 인증의뢰인에게 비인증업무를 제공하는 경우(회계기록과 재무제표 작성업무, 매도목적의 가치평가업무, 내부감사업무, 재무정보기술시스템의 설계 및 구축업무, 소송지원서비스의 제공)이다.

4) 압력위협

감사인이 감사업무를 수행함에 있어 의뢰인으로부터 압력이나 위협을 받아 독립성이 훼손되는 경우를 말한다. 압력위협이 발생하는 예는 감사인 해임 또는 교체의 위협이 존재, 소송제기의 위협이 있는 경우, 업무 보수를 낮추기 위해 수행업무의 범위를 부적절하게 제한하려는 경우가 이에 해당한다.

5) 변호위협

변호위협은 의뢰인을 위하여 어떤 입장이나 의견을 옹호할 때 발생한다. 변호위협이 발생하는 예는 법률서비스제공, 기업금융과 관련 자문 지원업무를 제공하는 경우이다.

이러한 위협에 대하여 윤리강령 준수절차는 다음과 같다.

절차	내용
위협 종류 파악	• 독립성에 훼손이 될 수 있는 위협 및 상황에 대한 파악
위협 **심각성** (양적 · 질적) 평가	• 위협 존재하지만 심각하지 않음(**명백하게 경미**한 위협): 윤리강령(독립성 등) 훼손되지 않는다(예: 경미한 선물).
안전장치 적용 및 후속조치	• **위협 제거 · 수용 가능 수준 이하로 감소시키는 안전장치** 적용 • 안전장치 적용 불가 시 직무 수행(계약) **거절 · 중단**(해지) · 필요시 **의뢰인 관계중단 · 법인 사임**

위협을 감소시키는 안전장치의 예는 다음과 같다.

안전장치 구분		안전장치(예시)
외부	한공회 · 법규	① 교육, 훈련 및 실무경험 등 **CPA 등록**에 요구되는 사항(등록 및 갱신제도: 적격성) ② **계속**적 전문가적 개발에 대한 요구사항(CPA 연수제도: 적격성) ③ **내부감시기구**에 대한 규정 ④ **전문적 기준**(윤리기준) ⑤ **한공회 · 감독기관**의 **모니터링** 및 제재 절차(사후적) ⑥ 감리제도: 법적 권한을 가진 제3자가 수행하는 **외부감리**(사후적)
내부 (업무 환경 내 안전장치)	1) 법인 수준	① 윤리강령준수의 중요성을 강조하는 회계법인의 **경영방침** ② 인증 공익성 법인 전체에 확립시키는 **경영진의 의지** ③ 인증 **품질관리**의 실시와 이에 대한 **모니터링 정책 · 절차** ④ (윤리강령 위협 파악→심각성 평가→(명백하게 경미한 경우 외) 위협 제거 · 수용 가능 수준 이하 감소시키는) **안전장치 강구와 문서화된 정책** ⑤ **윤리강령의 준수**를 요구하는 문서화된 내부 **정책 · 절차**
	2) 개별업무 수준	① (수행 업무 재검토 또는 필요한 조언 제공할) CPA를 **추가로 투입** ② (독립된 이사들로 구성된 위원회, 한공회, 타 CPA 등) **독립적인 제3자 자문** 요청 ③ **내부감시기구**와 윤리적 문제에 대해 **논의** ④ **타 회계법인**으로 하여금 감사업무의 일부를 수행토록 하거나 재수행하도록 의뢰 ⑤ 인증**업무팀**의 상급자 **교체** 등
	3) 의뢰인 조직수준	① 회계법인 선임 시 **경영자 이외의 다른 사람**이 이를 추인하거나 승인하는 절차 ② 경영 의사결정을 할 수 있는 경험과 연륜을 갖춘 **적격한 인력**의 보유 ③ **비인증업무**를 수행하는 회계법인을 위촉함에 있어 **공정한 선정**을 보장하는 내부절차의 수행 ④ 회계법인이 제공하는 업무에 관하여 적절한 감독과 의사소통기능을 수행하는 **내부감시기구의 유지**

상황별 윤리기준 준수의 사례는 다음과 같다.

상황	강령/위협	안전장치 등 내용
윤리적 갈등	공정 등	• 사례: 의견변형 상황 →파트너의 적정의견 압력 • 대응: 해결시도 → 내부자문 → 문서화 → 외부자문 → 거절 · 철수 · 사임 등 ① (비)공식적 해결 시도 고려사항: 관련사실, 윤리사안, 윤리강령, 내부해결절차, 대체조치 → 조치별 초래 가능 결과 비교 → 적절 조치 결정 ② 갈등 미해결 시, (회계)법인(· 소속기관) 내 적절한 **타 구성원**에게 해결 도움 요청 → **내부감시기구**(이사회, 감사위원회 등)에 사안 **자문** ③ 갈등 관련 사안 요지, 세부 논의내용 및 결정사항 **문서화** ④ 중요 갈등 미해결 시 → **한공회 · 법률 전문가**에게 조언 요청 ⑤ 모든 방안 강구 후 미해결 시 → 해당 사안 연관 **거부**, 업무 **철수** · 거절, 법인 **사임** 결정
이해상충	공정, 비밀유지 /이기적	• 사례: 동시 자문→ 경쟁관계: SKT vs KT, 이해상충 고객: M&A 매도 vs 매수 1) 기본적 안전장치: 이해상충 사항에 대해 **모든 의뢰인**에게 **통보**하고 **동의**를 얻어야 함 2) 추가적 안전장치 ① 업무**팀 분리** 운영 ② **정보**에 대한 **접근금지**(엄격한 물리적 격리, 자료보관의 기밀과 보안유지) ③ 업무수행팀 구성원에게 **기밀**유지와 **보안**문제에 대한 명확한 **지침**제공 ④ 회계법인 파트너와 직원에게 **기밀유지약정**서에 대한 **서명** 요구 ⑤ 해당 의뢰인에 대한 업무 **미참여 상급자**가 **정기**적으로 **검토** 실시(모니터링)
제2의견	전문가적 적격성 · 정당한 주의	• 사례: 의뢰인이 유리한 의견을 구하기 위하여 제한적 정보 제공하고 유리한 해석 유도 가능 • 안전장치 ① 의뢰인에게 **기존** CPA와의 **논의**를 **허용**하여 줄 것을 **요청**함 → 거절할 때 2의견 제공 적절 고려 ② 제2의견 표명의 **한계**를 설명 ③ **기존** CPA에게 당해 제2의견의 **사본**을 제공

상황	강령/위협	안전장치 등 내용
낮은 보수	전문가적 적격성 · 정당한 주의/이기적	• 전문서비스 제안 관련 낮은 보수 제시 그 자체로는 비윤리적인 것이 아니다. ① 의뢰인에게 계약조건(특히 **보수산정 기준** 및 제시된 보수로 수행될 서비스의 구체적 내용) 인지시킴. ② 해당 업무에 대하여 적절한 **시간**과 적격한 **스태프**를 투입함. 감사 안전장치: 품질관리를 위한 모든 내 · 외부제도 및 절차
성공보수	공정/이기적, 변호	• 일부 비인증업무는 가능(인증업무는 불가 → 안전장치 없음) ① 보수 산정근거 관련 의뢰인에게 **서면 사전동의서**를 징구 ② 수행한 **업무의 내용**과 함께 **보수 산정근거를 제시**함 ③ **품질관리** 정책과 절차 ④ 수행한 업무를 **객관적인 제3자**가 **검토**함
알선수수료 (커미션)	공정, 전문가적 적격성 · 정당한 주의/이기적	• 사례: 요청업무 타인 소개 대가 수수, SW판매 알선수수료 • 안전장치 없음 → 어떠한 종류의 알선수수료도 지급 · 수령 불가 • 다른 회계법인 업무의 전부 · 일부를 인수하는 경우, 그 인수대가는 가능(외주용역 가능)
광고	전문가적 품위 /이기적	• 부당광고 사례 ① 서비스, 자격, 경력에 대한 과장 주장 ② 미입증 비교결과 인용 타CPA 업무 비난 행위
선물&접대	공정/이기적, 압력 (∵공개가능성)	• 사례: CPA, 직계 · 측근가족이 거래처로부터 선물 받음 • 원칙: 받아서는 안 됨 • 예외: 합리적인 제3자에 의해 명백하게 경미하고 의사결정 영향 없고 특별 의도가 없고 사업상 통상적 과정에서 제공된 것은 가능 (감사업무상 선물 · 접대는 **독립성**에 대한 이기적 · **유착** 위협)
자산 보관	공정, 전문가적 품위/이기적	• 법률 허용 경우에 의뢰인 자금 · 기타자산 보관 업무 수행 가능 ① 법인 자산과 **의뢰인의 자산**을 분리하여 보관함 ② 의뢰인 자산은 오로지 **의도된 목적에만 사용**하도록 함 ③ 의뢰인 자산과 발생이익, 배당 등에 대한 **수지보고서**를 **정기**적으로 **작성** 비치함 ④ 의뢰인 자산의 보관 및 회계와 관련된 모든 **법규를 준수**함

3. 감사인의 법적 책임

기업의 경영진은 재무제표를 공정하게 작성하고 공시해야 할 책임이 있다. 감사인은 기업의 경영진이 작성한 재무제표가 공정하게 표시되어 있는지에 관한 감사의견 표명에 대한 책임을 진다. 감사인의 감사의견 표명에 대한 책임은 재무제표 작성자나 발행인으로서의 책임은 아니며 재무제표의 공정성으로 보증하는 책임을 의미하지 않는다.

1) 감사실패와 감사위험

감사실패(audit failure)는 감사인이 감사기준 등을 준수하지 못해 잘못된 감사의견을 표명할 경우 발생한다. 감사위험(audit risk)은 중요하게 왜곡표시된 재무제표에 대해 감사인이 부적합한 감사의견을 표명할 경우 발생할 위험을 말한다. 기업실패(business failure)는 부도 등의 경우처럼 경영자가 기업의 목표 달성에 실패했을 때 발생하는 것으로 감사인의 책임과는 원칙적으로 무관하다. 그러나 감사인이 정당한 주의를 다하지 못한 감사실패에 해당하는 경우 책임을 부담할 수도 있다.

증권집단소송제도는 우리나라에서 2005년 1월 상장기업을 대상으로 처음 도입된 제도로서 상장회사의 주가조작, 분식회계, 허위공시 등으로 손해를 본 어느 한 투자자가 소송을 제기해 승소하면 같은 피해를 본 나머지 투자자도 소송을 거치지 않아도 동일한 보상을 받을 수 있는 제도이다. 집단소송을 제기하기 위해서는 주주 50명 이상이고 소송주주의 지분율이 1만분의 1 이상을 보유하여야 한다.

2) 법적 책임의 유형

감사인의 법적 책임은 계약당사자인 의뢰인과 감사보고서 이용자에 대한 법적 책임이 있다. 감사의뢰인에 대한 법적 책임은 감사인이 임무를 게을리하여 회사에 손해가 발생하였을 경우 외부감사법과 민법에 의한 손해를 배상할 책임이 있다.

감사보고서 이용자에 대한 법적 책임은 외부감사법, 자본시장법, 민법에 따른 배상책임이다. 이러한 제삼자에 대한 법적 책임이 성립되기 위해서는 ① **정보이용자가 감사보고서에 기재된 정보를 이용하여 의사결정을 하였고, ② 그 결과로 직접적인**

피해를 입었으며, ③ 감사인의 고의 또는 과실에 의한 기재누락 또는 허위기재가 존재해야 한다는 세 가지 요건이 존재하여야 한다.

감사인이 이러한 손해배상책임을 지지 않기 위해서는 외부감사법과 자본시장법에서는 자신이 임무를 게을리하지 아니하였음을 입증해야 하는 **피고 입증책임**이 있지만 **원고가 금융기관인 경우 원고 입증책임**이 있다.

중요한 사항을 감사보고서에 미기재하거나 허위기재한 경우 외부감사법에 의하여 형사책임을 감사인에게 제기할 수 있고, 고의적 진실은폐 및 허위보고의 경우 공인회계사 개인이 형사책임을 질 수 있다.

3) 부정발견과 법규준수 고려의 책임

부정(fraud)은 경영진이나 종업원 등이 불법적이거나 부당한 이득을 얻기 위해 의도적으로 저지른 기만행위이며, 오류(error)는 재무제표 금액이나 공시사항에 대한 비의도적인 왜곡표시를 말한다.

부정은 부정한 재무보고와 자산의 횡령으로 구분될 수 있고, 부정위험요소는 경영진이나 종업원이 부정을 행하게 하는 동기나 압력, 부정을 행할 기회를 나타내는 사건이나 상황을 의미한다.

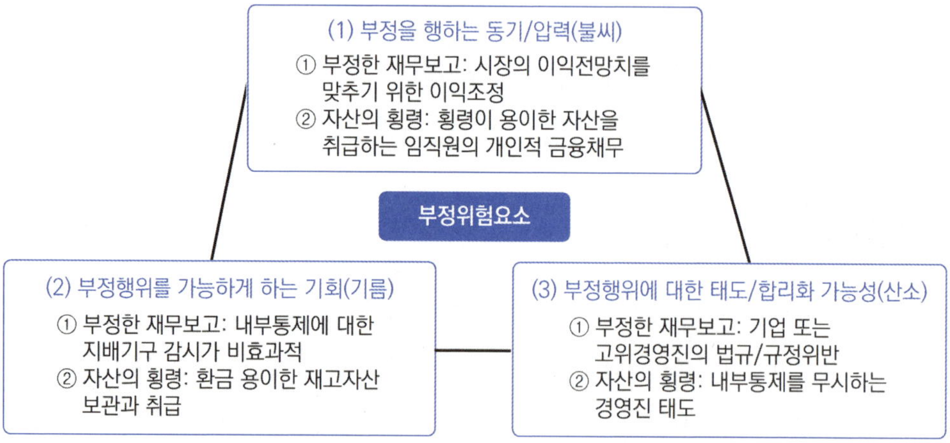

감사인은 부정유형과 부정위험요소를 기업관점에서 파악하여 **효과적으로 부정을 발견할 수 있는 감사절차를 수립**하여야 한다. 이러한 부정의 예방과 발견을 위하여

지배기구와 경영진은 윤리적 환경의 조성과 부정의 예방정책을 수립하고 부정위험요소를 평가하는 경영진의 노력을 강구하며 지배기구의 감시장치를 강화하여야 한다. 감사인은 부정발견 시 감사 또는 감사위원회에 통보하고 필요한 경우 증권선물위원회에 보고하여야 한다.

법규준수에 대하여 **경영진은** 법규에 따라 영업활동이 수행되도록 관리하고 법규위반사항을 예방하고 적발할 책임이 있다. **감사인은** 법규위반을 예방하고 적발할 책임은 없으나 법규위반사항이 재무제표에 중요한 영향을 미칠 수 있으므로 전문가적 의구심을 가지고 감사절차를 수행하여 **감사의견에 적절히 반영**하여야 한다.

감사인은 법규위반사항의 감사절차로서 위반행위의 성격 및 발생상황의 이해, 재무제표에 미치는 영향을 평가하기 위한 정보수집, 경영진과의 논의 및 발견사항의 문서화, 기업 또는 감사인의 법률고문과 협의, 위반의 시사점(경영진의 연루가능성, 서면진술의 신뢰성)의 평가 등을 수행하여야 한다.

감사인의 법규위반사항 커뮤니케이션으로서 위반사항이 명백히 경미한 경우가 아니면 **지배기구에 통지**하여야 하고 경영진이나 지배기구가 위반사항에 **연루**된 경우 **감사위원회 또는 이사회에 통지**하여야 한다. **법규위반사항이 재무제표에 적절히 반영되지 않은 경우나 감사증거를 수집할 수 없는 경우** 그 중요성에 따라 **한정의견 또는 비적정의견을 표명**하여야 한다.

4) 외감법상 감사인 책임(형사 책임)

① **감사보고서 제출**의무: **주총 1주 전, 증선위** · 한공회에는 **주총 2주 내**

② **비밀유지**의무

③ 주**주총**회 **출석**의무

④ **부정**행위 등 **보고**의무

㉠ 부정행위 등(**이사 직무** 관련 **부정**행위 또는 **법령 · 정관** 중대 **위반** 사실)을 발견 시 **감사**(위원회)에 통보하고 **주총에** 보고

㉡ **회계기준 위반** 사실 발견 시 **감사**(위원회) 통보하여야 한다(주총에 보고는 하지 않는다). 이때 통보를 받은 **감사**(위원회)는 **조사**결과 및 **시정조치결과** 등을 즉시 **증선위와 감사인**에게 제출하여야 한다(가이드라인: **부정 및 중요**

GAAP위반 시 감사의 조사는 회사비용으로 외부전문가 선임 조사 **가능**)

㉢ 부정행위 등(정관 위배사항이 아닌 경우 제외)을 발견하거나 감사(위원회)로부터 통보받은 경우 감사인은 **증선위**에 보고하여야 한다.

㉣ 외부전문가 선임 조사 필요 회계부정 예시: ⓐ 경영진/회계·자금·재무보고 담당자 ⓑ 경영진 보상·연임 목적 ⓒ 상장·차입유지 ⓓ 무자본 M&A·인수전후 자금조달·유용 ⓔ 특수관계자 ⓕ 감사방해(문서위조거짓진술 등)

5) 공인회계사법상 감사인 책임(형사 책임)

① **사무소 2개 이상 설치 금지(회계법인 지점은 가능)**

② **명의대여 금지 / 장부의 비치 / 비밀유지 / 직무 제한(감사인의 비감사업무 수임 금지)**

6) 외감법상 민사 책임(손해배상책임)

구분	감사대상 회사	제3자(정보이용자)
책임사유	• 감사인이 ⓐ **임무를 게을리**하여 ⓑ 회사에 **손해**가 발생	• 감사인이 ⓐ **중요**한 사항에 관하여 ⓑ 감사보고서에 **기재누락·허위기재**함으로써, 이를 ⓒ **믿고 이용**한 제3자에 ⓓ **손해**를 발생하게 한 경우
입증책임	• **감사대상회사**	• **감사인**(예외: 금융기관)
소멸시효	1) 해당 사실을 **안 날~1년 이내** 2) 감사보고서 **제출일~8년 이내**(=감사문서 보관기간 8년)	
손해배상 책임	1) 원칙(연대책임): 감사인과 해당 회사의 이사 및 감사(위원회)는 연대하여 손해를 배상 2) 예외(비례책임): 손해배상책임자가 **고의가 없는 경우** 법원이 정하는 귀책사유 책임 비율에 따라 손해를 배상 - 비례책임 취지: FS 작성책임은 경영진인바, 감사 고유한계 고려 시 회사와 연대책임은 형평성 문제 발생	

7) 자본시장법과 민법상 손해배상책임

손해배상 책임 대상	자본시장법	민법
감사대상 회사	해당 없음	해당 없음
제3자	• **선의의 투자자가** 감사보고서를 신뢰하여 손해를 입은 경우 감사인의 손해배상책임은 **외감법을 준용**(170조) • 입증책임: 감사인(예외: 금융기관) • 소멸시효: ⓐ 해당 사실을 안 날~1년 ⓑ 감사보고서 제출일~8년	• 고의 또는 과실로 인한 위법행위로 **타인**에게 손해를 가한 자는 그 손해를 배상할 책임이 있음.(750조) • 입증책임: **피해자**(원고) • 소멸시효: ⓐ 해당 사실을 안 날~**3년** 이내 ⓑ 불법행위를 한 날~**10년** 이내

8) 감사인 손해배상책임 보상제도

구분	외감법	CPA법
회계법인	• **손해배상공동기금** 외부 적립 (또는 **보험**가입) • 한공회에 기본적립금 & 연간적립금 적립 강제 • 보험 가입 시 연간적립금 면제	• 이익잉여금 처분 시 **손해배상준비금** 내부 적립 • 최소자본금 5억 원 이상 요구
감사반	• **손해배상공동기금** 외부 적립 (또는 보험가입) - 현실적 보험가입 위주임	

9) 증권집단소송제도

구분	내용
증권집단 소송제	• **집단소송**제도: 피해자 대표가 소송 수행하고 판결 효력은 피해자 전체 일괄 적용 • 2005년 **증권** 분야에만 도입, 허위공시 · 주가조작 · 분식회계 · 부실감사 등이 원인인 손해배상청구에 한해 적용 • **주주 50명 이상이고 총 지분율 0.01% 이상**인 경우 법원 허가를 통해 소송이 가능함.
장점	ⓐ 소액피해자 구제 가능 ⓑ 개별 중복 소송을 피해 효율성 높다 ⓒ 배상액이 크므로 분식회계 등의 예방효과가 커진다
단점	불필요한 소송 난발로 기업 소송비용이 커져 경영활동이 위축될 수 있다.

제 3 장

독립성과 감사품질

1. 독립성

독립성(independence)은 감사절차의 수행, 결과 평가 및 감사보고서 작성까지 모든 감사업무의 수행과정에서 정직하고 객관적으로 공정한 견해를 유지할 수 있는 속성을 말한다. 독립성은 **정신적 독립성**(independence in mental attitude)과 **외관상 독립성**(independence in appearance)으로 구성된다. 정신적 독립성은 ① 성실하고 ② 공정하며 ③ 전문가적 의구심을 가지고 행동함으로써 전문가적 판단을 훼손시키는 요인에 영향을 받지 않고 의견을 표명할 수 있는 정신적 상태를 의미하며 **사실상의 독립성**(independence in fact)과 동일하게 사용된다. 외관상 독립성은 제삼자 입장에서 정신적 독립성의 훼손이 의심될만한 이해관계를 가지지 않는 것을 의미한다.

외관상 독립성과 정신적 독립성의 관계는,

① **외관상 독립성은 정신적인 독립성을 확보하기 위한 최소한의 전제요건**

② **외관상 독립성이 만족되었다고 하더라도 정신적 독립성이 만족되지 않을 수 있으며 이러한 경우는 독립성이 만족되었다고 볼 수 없다.**

③ 정신적 독립성이 만족되었다고 하더라도 **외관상 독립성이 만족되지 않으면 감사보고서에 대한 사회적 신뢰도가 낮아지게 된다.**

④ 두 요소는 **상호보완적 관계**를 가진다.

1) 공인회계사법상 직무제한규정

다음에 해당하면 공인회계사는 재무제표를 감사하거나 증명하는 직무를 수행할 수 없다.

① 자기(배우자)가 임원/그에 준하는 직위에 있거나, 1년 이내에 그러한 직위에 있었던 자
② 자기(배우자)가 그 사용인이거나 과거 1년 이내 사용인이었던 자
③ 자기(배우자)가 주식 또는 출자지분을 소유하고 있는 경우
④ 자기(배우자)가 3천만 원 이상(회계법인 1억 원 이상)의 채권/채무관계가 있는 경우(공인회계사 업무와 관계된 채권과 통상적인 예 · 적금, 주택담보대출 등 금융거래는 제외)
⑤ 공인회계사가 무상으로 또는 통상 거래가격보다 현저히 낮은 대가로 사무실을 제공받는 경우
⑥ 공인회계사 업무 외의 업무로 계속적인 보수를 지급받는 경우
⑦ 감사업무의 수행대가로 주식, 신주인수권부사채, 전환사채, 주식선택권을 제공받는 것
⑧ 다음의 업무와 재무제표 감사업무는 동시 제공이 불가능
  ㉠ 회계기록과 재무제표의 작성
  ㉡ 내부감사업무의 대행
  ㉢ 재무정보체제의 구축 및 운영
  ㉣ 자산 매도를 위한 실사/재무보고/가치평가, 자산 등 매도거래/계약 타당성의 의견제시
  ㉤ 인사 및 조직 등에 관한 지원업무
  ㉥ 보험충당부채금액 산출과 관련된 보험계리업무
  ㉦ 회사의 민/형사 소송의 지원업무
  ㉧ 자금조달/투자 관련 알선 및 중개업무
  ㉨ 중요한 자산 처분 및 양도, 지배인의 선임 또는 해임 등 경영에 관한 의사결정을 하는 업무

2) 독립성의 최소유지기간

인증업무팀의 구성원과 회계법인은 인증업무수임기간에 독립성을 유지해야 한다. 업무수임기간은 원칙적으로 **업무착수일부터 인증보고서 발행일까지**이다. 단 반복적

인 인증업무의 수임기간 종료일은 계약 당사자가 전문적 관계의 종료를 발표한 일자와 최종 인증업무의 발행일자 중 더 늦은 일자까지이다.

3) 감사인이 감사대상회사와 독립성을 유지하기 힘든 이유

① 감사인 자유선임제에서는 항상 감사인은 교체압력을 받는다.

② 감사대상회사가 감사인에게 감사보수를 지급하는 형태에서는 정식적 독립성을 유지하기 어렵다(이기적 위협).

4) 독립성 판단의 절차

(step 1) **독립성에 훼손이 될 수 있는 위협 및 상황에 대한 파악**

(step 2) **독립성 훼손 위협을 줄일 수 있는 안전장치의 강구**

① 한국공인회계사회 또는 법규에 의하여 마련된 안전장치(교육, 훈련 및 실무경험 등 공인회계사 등록에 요구되는 사항 등)

② 업무환경 내의 안전장치

㉠ 회계법인 전체수준: 윤리강령준수의 중요성을 강조하는 회계법인의 경영방침 등

㉡ 개별업무 수준: 수행된 업무를 재검토하거나 필요한 조언을 제공하는 역할을 수행할 공인회계사를 추가로 투입 등

㉢ 의뢰인 조직 수준: 회계법인 선임 시 경영자 이외의 다른 사람이 이를 추인하거나 승인하는 절차

(step 3) **독립성 훼손 위협을 줄일 수 없는 경우 후속조치**

독립성이 결여된 감사인은 감사계약을 거절하거나 해지해야 한다. 감사인이 계약체결시한 내에 독립성 결여를 알게 되면 감사계약을 즉시 철회하여야 하며, 계열체결시한 이후 감사수행기간에 독립성 결여를 인지한 경우 감사계약을 해지하고 증권선물위원회에 보고한다.

시기	대응조치
법률상의 계약체결기한 이전	감사인은 감사계약의 체결을 거부 또는 해지하여야 한다. 다만 감사인 업무 착수 이전에 독립성 위반사유를 해소할 수 있는 경우에는 이를 해소한 이후 감사계약을 체결한다.
법률상의 계약체결기한 이후	감사인은 즉시 증권선물위원회에 이를 보고하고 감사계약을 취소하여야 한다. 독립성 위반사유를 감사 종결 전 단기간 내에 해소할 수 있을 때에는 감사계약을 해지하지 않아도 된다.
감사업무 수행 완료 후 감사보고서를 발행하는 시점	사업연도 중이라도 감사계약을 해지할 수 있다.

5) 공인회계사법 33조와 21조의 비교

공인회계사법 33조는 회계법인의 직무제한을 규정하고 있는 반면, 21조는 개인공인회계사, 즉 회계법인 소속공인회계사(사원(이사) 제외), 감사반 소속공인회계사의 직무제한을 규정하고 있다. 따라서 **33조의 위배 시 감사업무 수임 자체가 불가하지만 21조 위배 시 회계법인의 업무수임은 가능하나 해당 소속공인회계사는 참여가 불가**하다.

6) 5가지 위협과 독립성

(1) 이기적 위협이 발생하는 상황

감사업무를 수행할 수 없는 경우

① 회계법인, 회계법인의 사원 또는 그 배우자가 주식을 소유하고 있는 회사

사례1) A회계법인의 홍길동 이사가 B사의 주식을 1주만 보유하고 있어도 감사수행 불가능

사례2) 홍길동 이사가 펀드를 통하여 간접적인 이해관계의 경우 펀드금액이 홍이사의 재산에서 중요하지 않을 경우 감사수행 가능

사례3) 감사기간 중에 합병·상속 또는 소송 등에 따라 비자발적으로 취득 후 지체 없이 처분한 경우 감사수행 가능

② 회계법인 또는 회계법인의 사원에게 직무를 수행하는 대가로 자기 회사의 주식·신주인수권부사채·전환사채 또는 주식배수선택권을 제공하였거나 제공하기로 한 회사

③ 회계법인과 1억 원 이상, 또는 회계법인의 사원 또는 그 배우자와 채권 · 채무관계에 있는 회사

제외되는 채권 · 채무

- *공인회계사 직무와 관련된 채권(감사보수 미수금)*
- *감사기간 중에 만기를 연장한 주택담보대출, 예금담보대출, 보험상품계약 채권 · 채무*
- *신용카드채무 중 지급기일이 2월 이내인 채무 중 연체되지 아니한 채무*
- *퇴직연금 등 채권*
- *아파트집단대출*
- *기타 채권 · 채무로서 감사계약을 체결하기 전에 발생한 채권 · 채무*
- *감사계약을 체결하기 전에 표준약관에 따라 구입하거나 정상적인 가액으로 구입한 회원권 · 시설물이용권 등 채권*
- *감사기간 중 합병 · 상속 또는 소송 등에 의하여 비자발적으로 발생된 채권 · 채무*
- *기타 3천만 원 미만의 채권 · 채무*

④ 회계법인에 무상 또는 현저히 낮은 대가로 공인회계사 사무소 또는 영업용 차량을 제공하고 있는 회사

⑤ 회계법인 또는 회계법인의 사원에게 공인회계사 업무 외의 업무로 인하여 계속적인 보수를 지급하거나, 기타 경제상의 특별한 이익을 제공하고 있는 회사

⑥ 회계법인이 중요한 간접적인 재무적 이해관계를 가지고 있는 회사

⑦ 회계법인이 친밀한 사업관계에 있는 회사

친밀한 사업관계 예시

- *감사대상회사(지배주주 임원 포함)의 공동투자자에서 중요한 재무적 이해관계를 가지는 경우*
- *회계법인과 인증의뢰인의 서비스나 상품을 결합하여 일괄 판매하는 약정을 체결한 경우*
- *회계법인이나 인증의뢰인이 상대방의 상품이나 서비스를 유통하거나 마케팅을 수행하는 약정을 체결한 경우*

⑧ 회계법인이 회사에 대하여 지배력을 가지고 있는 자와 중요한 재무적 이해관계를 가지고 있는 경우 그 회사

⑨ 회계법인이 감사업무와 관련하여 성공보수를 받기로 한 회사

사례4) A사는 B회계법인으로부터 적정의견을 받아 투자유치가 성공할 경우 10%를 성공보수로 지급하기로 약속한 경우는 이기적 위협과 변호위협이 동시에 발생하여 감사를 수행할 수 없다. 이 경우는 안전장치도 존재하지 아니한다.

사례5) A사는 B회계법인과 조세불복업무와 같은 비감사업무의 경우에는 안전장치를 마련한 경우 성공보수계약이 가능하다.

감사업무를 수행할 수 있으나 안전장치가 필요한 경우

상황	안전장치
현저히 낮은 감사보수로 감사계약을 체결하는 경우	① 적절한 시간의 투입과 자질 있는 구성원을 해당 업무에 배정함을 입증함 ② 인증업무와 관련된 모든 기준, 지침 및 품질관리절차의 준수를 입증함
특정회사의 감사보수가 회계법인 보수총액의 상당한 부분을 차지하는 경우	① 감사위원회 등 내부감시기구와 보수의 범위와 성격에 관하여 논의함 ② 의뢰인에 대한 수임의존도를 줄이기 위한 조치를 취함 ③ 외부의 품질관리검토를 받음 ④ 해당 감독기관 또는 다른 공인회계사 등 제3자로부터 자문을 받음
감사보수의 연체	① 감사위원회 등 내부감시기구와 연체보수의 규모에 관하여 논의함 ② 해당 인증업무에 참여하지 않은 공인회계사를 추가로 투입하여 인증업무팀이 수행한 업무를 검토하거나 필요한 경우 조언을 제공하도록 함
감사대상회사로 이직할 예정인 경우	① 인증의뢰인과 진지하게 고용협상을 시작하는 해당 개인에게 이러한 사실을 회계법인에 통보하도록 요구하는 정책과 절차 ② 해당 개인을 해당 인증업무에서 제외시킴 ③ 해당 개인이 업무수행기간 동안 행한 중요한 판단에 대하여 독립적인 검토를 수행할 것을 고려

(2) 유착 위협이 발생하는 상황

- 감사업무를 수행할 수 없는 경우

① 회계법인의 사원이 현재 임원이나 직원으로 있거나, 그 배우자가 임원이나 재무직원으로 있는 회사

② 회계법인의 사원이 과거 1년 이내에 임원이나 직원으로 있었거나, 그 배우자가 임원이자 재무직원으로 있었던 회사

③ 과거 1년 이내에 자기의 재무제표 등에 대하여 감사업무를 행한 회계법인의 담당사원이 임원이나 재무책임자로 있거나, 그 배우자가 임원이나 재무책임자로 있는 회사

사례) A회계법인에서 퇴사한 B사원이 자기가 과거 1년 이내의 감사대상회사에 임원이나 재무책임자로 취업한 회사는 A회계법인이 감사할 수 없다.

- 직계존비속이나 측근가족이 감사대상회사의 임직원인 경우

배우자가 아닌 직계존비속이나 측근가족인 임직원이 재무정보에 심각한 영향을 미칠 수 있는 직위에 있는지 여부에 따라 다음과 같은 안전장치를 마련하여야 감사수행이 가능하다.

직계존비속과 측근가족의 직위	안전장치
재무정보에 직접적이고 심각한 영향을 미칠 수 있는 직위(재무이사)	해당 공인회계사를 업무팀원에서 제외
그러한 직위는 아니지만, 명백하게 경미하지 않은 경우	① 해당 개인을 인증업무팀에서 제외시킴 ② 가능하면 해당 구성원이 그 직계가족(또는 측근가족)의 책임하에 있는 사항들을 다루지 않도록 인증업무팀의 책임을 조정함 ③ 회계법인 소속 구성원이 독립성 및 공정의 준수와 관련된 문제를 회계법인 내의 상급자에게 전달하도록 하는 정책과 절차를 마련함

- 감사대상회사의 임직원과 친밀한 관계에 있는 경우

친족은 아니지만 친밀한 관계에 있는 경우도 적절한 안전장치를 강구하여야 한다고 하고 있지만 일반적으로 그 영향을 심각하지 않다고 판단하고 있다.

(3) 자기검토위협이 발생하는 상황

자기검토위협은 동일회사에 대하여 감사업무와 비감사업무를 동시에 수행하는 경우에 발생한다. 따라서 동시에 수행하지 않는 경우라면 자기검토위협은 심각하지 않으므로 감사수행이 가능하다.

감사업무와 비감사업무의 동시 수행에 대하여 찬성하는 주장으로 비감사업무를 통해 감사대상회사에 대한 이해도가 높아지므로 **효과적인 감사수행이 가능**하다는 논리와, 반대 주장으로 **감사업무의 염가상품화**(Loss Leader Phenomenon)로 인하여 독립성이 훼손될 가능성이 있다는 논리가 공존한다.

- 감사업무와 동시에 수행할 수 없는 비감사업무(공인회계사법 33조, 21조)

① 회계기록과 재무제표의 작성

② 재무제표에 계상되는 보험충당부채 금액 산출과 관련되는 보험계리업무

③ 재무정보체제의 구축 또는 운영

④ 자산·자본, 그 밖의 권리 등을 매도 또는 매수하기 위한 다음의 업무

㉠ 자산 등에 대한 실사·재무보고·가치평가

㉡ 자산 등의 매도·매수거래 또는 계약의 타당성에 대한 의견제시

⑤ 자금조달·투자 관련 알선 및 중개업무

⑥ 내부감사업무 대행

⑦ 중요한 자산의 처분 및 양도, 지배인의 선임 또는 해임 등 경영에 관한 의사결정으로서 임원이나 이에 준하는 직원의 역할에 해당하는 업무

⑧ 인사 및 조직 등에 관한 지원업무

⑨ 민·형사 소송에 대한 자문업무

⑩ 그 밖에 재무제표의 감사 또는 증명업무와 이해상충의 소지가 있는 것으로서 대통령령으로 정하는 업무

위 ⑧, ⑨와 유사한 개념으로 공인회계사윤리기준에서 추가적으로 금지하고 있는 행위,

① 거래를 승인, 실행, 완결하는 행위 또는 회사를 대신하여 권한을 행사 또는 그 권한을 갖는 것

② 회계법인의 권고사항 중 특정사항을 이행해야 한다고 결정해주는 행위
③ 내부감시기구에 경영자의 역할로 보고하는 행위
④ 고위경영진의 고용에 대한 의사결정(단, 최종 면접 후보자를 선발해 주는 경우 가능)

- 감사대상회사와 특수관계에 있는 회사에 비감사업무를 제공한 경우

지배회사에 감사업무를 제공하고 종속회사에 비감사업무를 제공하는 경우는 독립성 훼손되어 감사를 수행할 수 없지만, 종속회사에 감사업무를 제공하고 지배회사에 비감사업무를 제공하는 경우는 ① 비인증업무의 결과가 감사절차의 대상이 되지 않아 자기검토위협이 발생하지 않고 ② 안전장치의 적용을 통해 독립성 훼손 위협을 제거하거나 수용 가능한 수준으로 감소시킬 수 있는 경우 감사수행이 가능하다.

- 감사업무와 동시에 수행할 수 있는 비감사업무

① 세무신고서의 작성, 세액산정, 세무규정의 준수, 세무계획의 수립, 공식적인 세무의견의 제공 및 세금분쟁 해결의 지원 등
② 세무계획수립 목적의 가치평가업무
이는 자기검토위협이 발생할 수 있으므로 해당 위협이 명백하게 경미하지 않은 이상 위협의 정도에 따라 적절한 안전장치(감사위원회의 동의를 받거나 협의)를 마련하여야 한다.

- 전기에 동시에 수행할 수 없는 비감사업무 수행하고 당기에 감사업무 수행의 경우

동시수행에는 해당하지 않지만 독립성에 영향을 미칠 수 있으므로 다음의 안전장치를 강구하여야 한다.

① 당해 의뢰인의 감사위원회 등과 이미 제공된 비인증업무와 관련된 독립성 문제 논의
② 비인증업무의 결과에 대한 책임이 당해 의뢰인에게 있음을 인정하는 확인서 입수
③ 비인증업무를 제공한 구성원을 감사 업무수행팀에서 분리
④ 다른 회계법인에 비인증업무의 결과를 검토하게 하거나 재수행하도록 함으로써 다른 회계법인에게 해당 비인증업무에 대한 책임을 질 수 있도록 함

(4) 변호위협이 발생하는 상황

구분	해당 업무
수행 불가	① 재무제표상 분쟁 · 소송에서 회사를 위해 법률서비스 제공 ② 법률고문으로 선임 ③ 회사의 주식을 알선, 중개 및 인수하는 활동
수행 가능	거래집행에 관한 법률자문서비스(안전장치 필요)

(5) 압력위협이 발생하는 상황

압력위험이 발생할 수 있는 상황은,

① 감사인 해임 또는 교체의 위협이 존재하는 경우

② 소송의 위협이 있는 경우

③ 업무보수를 낮추기 위하여 수행업무의 범위를 부적절하게 제한하려는 압력이 존재하는 경우

④ 의뢰인으로부터 선물과 접대 제공을 받은 경우

회계법인과 감사대상회사에 소송이 발생한 경우 다음과 같은 안전장치를 마련하여 위협을 수용 가능한 수준 이하로 감소시킬 수 있는 경우 감사수행이 가능하다.

① 소송의 성격과 범위를 감사위원회 등 내부감시기구에 보고

② 소송에 연루되어 있는 인증업무팀의 당해 구성원을 인증업무팀에서 제외

③ 인증업무팀의 구성원이 아닌 공인회계사를 추가로 투입하여 인증업무팀이 수행한 업무를 검토하거나 필요한 경우 조언을 제공하도록 함.

2. 감사품질

1) 감사품질

감사품질(audit quality)은 재무제표에 표시된 왜곡표시를 감사인이 사실대로 발견할 가능성과 발견한 왜곡표시를 정직하게 보고할 가능성의 결합확률로 표시할 수 있다.

감사품질 = 중요 왜곡표시 적발 확률 × 발견된 중요 왜곡표시 보고 확률

↳ **적격성 변수** ↳ **독립성 변수**

적격성은 감사인의 전문지식, 업무수행능력, 정당한 주의, 감사절차의 성격·범위·시기의 선택 등에 좌우된다. 독립성은 감사인의 정식적 및 외관상 독립성, 직업윤리의식에 의하여 결정된다.

품질관리(QC)는 감사품질을 향상시키기 위한 모든 제도적 관리제도를 의미한다. 품질관리제도는 내부자율적 품질관리제도(내부 자율 QC)와 외부규제에 의한 품질관리제도(외부기관 QC 등)로 구분된다.

	내부 자율 QC (by QC기준)	외부기관 QC
수행 주체	• **회계법인**	• **증권선물위원회** • (**한공회** 위탁: 소규모 감사인과 비상장 등 감사보고서)
QC 항목	1) **독립성 측면**: **윤리기준** 준수 2) **적격성 측면** ① 의뢰인 관계와 감사**업무 수용**과 유지 ② 업무**팀 배정** ③ 감사업무 **수행** ④ 문서화 3) 공통사항 ① QC **리더십** 책임 ② **모니터링**	1) **감사인 감리 (QC 감리)** ↳ GAAS 및 QC기준 준수 여부 2) **감사보고서 감리** ↳ GAAP와 GAAS 준수 여부 3) **감사대상회사 FS 및 ICFR 감리** ↳ GAAP 준수 여부

1) QC기준: 품질관리기준서1과 ISA 기준서 220 "재무제표 감사의 품질관리"

2) 내부자율 품질관리제도

(1) 독립성 측면: 윤리기준 준수

윤리적 요구사항에 관한 업무수행이사의 책임은 다음과 같다.

① 업무수행이사는 감사 전 과정에 걸쳐 필요한 **관찰·질문**을 통하여 업무팀원의 **윤리 요구사항 위반** 증거에 **주의를 유지**하여야 함.

② 회계법인의 품질관리시스템 등을 통해 팀원의 윤리적 요구사항 **위반 사항을 알게 된 경우** 법인 내부(QC 등)의 **자문**을 받아 적합한 조치를 결정하여야 함.

③ 감사업무에 적용되는 **독립성 요구사항 준수**에 관한 **결론**을 형성하여야 함.

㉠ 회계법인(네트워크 법인 포함)으로부터 정보를 입수하여 독립성 위협 상황·관계를 식별·평가함.

㉡ 회계법인 독립성 정책·절차 위반 사실 식별 시, 위반사실 정보를 평가하고 감사업무 독립성 위협 발생 여부를 결정함.

㉢ **안전장치**를 적용하여 그 **위협을 제거하거나 수용 가능 수준으로 감소시키기** 위한 적합한 조치를 취함. 그럴 수 없다면 법상 **가능 시 감사업무 해지**. 만약 해결할 수 없다면 **신속히 회계법인에 보고**한다. (문단 A5-A7 참조)

(2) 적격성 측면

감사구성원 관련 용어는 다음과 같다.

① **업무수행이사(EP,** Engagement Partner)

감사업무 수행 및 발행된 감사보고서에 대하여 회계법인을 대신하여 책임, 전문직단체, 정부 또는 규제기관으로부터 적합한 권한을 받은 파트너

② **업무팀원:** ICA(In-Charge)와 구성원

감사업무 수행 모든 파트너와 스태프, 회계법인에 계약되어 감사절차를 수행하는 사람(계약된 감사인 측 외부전문가는 제외)

③ **업무품질관리검토자 또는 심리실장(품관실장):** **QCP**(Quality Control Partner), QC실 구성원 또는 Peer Reviewer

업무팀에 소속되지 않고 감사보고서 작성 시 업무팀이 내린 **유의적 판단사항**과 도달한 **결론**을 **객관적으로 평가**하는 데 충분·적합 경험·권한 파트너 또는 법인 내 다른 적격한 외부인 또는 이러한 사람들로 구성된 팀

- 업무수행이사의 감사업무수행에 대한 책임은 다음과 같다.

품질관리항목	업무수행이사의 책임
1) 의뢰인 관계와 감사업무 수용과 유지	① 업무수행이사(EP)는 의뢰인 관계와 감사업무의 **수용·유지**에 관하여 **적합한 절차**들이 지켜졌는지 만족할 수 있어야 하며, 이에 대하여 도달된 결론이 적합한지 결정하여야 함 ② **감사업무 거절 정보를 입수** 시, 회계법인과 업무수행이사가 필요한 조치를 취할 수 있도록 업무수행이사는 **회계법인에** 해당 정보를 **신속히 커뮤**니케이션하여야 함.

품질관리항목	업무수행이사의 책임
2) 업무팀 배정	EP는 다음 사항에 적합한 **적격성과 역량** 보유한 업무팀을 구성하여야 함. ① 전문직 기준과 해당 법규의 요구사항에 따라 감사업무를 수행함 ② 해당 상황에 적합한 감사보고서를 발행할 수 있음 • **적합한 적격성과 역량 고려사항** ㉠ **유사 업무** 이해와 경험 ㉡ **전문직기준, 법규 요구사항** 이해 ㉢ IT, 회계, 감사 등 분야 **기술적 전문성** ㉣ **산업** 지식 ㉤ **전문가적 판단** 능력 ㉥ QC 정책 · 절차 이해
3) 감사업무 수행	• **지휘, 감독 및 수행**: EP는 전문직 기준과 법규 요구사항을 준수하여 감사업무를 **지휘**, **감독**하고 **수행** → **적합한 감사보고서 발행** 책임 • **검토**: 법인 검토 정책 · 절차에 따라 검토 수행 (ⓐ**감사문서 검토**와 업무팀 토의 → 충분하고 적합한 감사증거 입수 확인, ⓑ**감사보고서 검토** → 증거가 결론에 뒷받침 만족해야) • **자문**: 어렵거나 논쟁 여지 사항들에 관하여 **적합한 자문**을 받을 책임 (팀 내/ 법인 내/ 외부 → 자문 결론이 적절하게 도달하였는지 판단) • **업무품질관리 검토**: 상장기업 등 업무품질관리검토 시, EP는 다음의 절차를 수행하여야 한다. ① **업무품질관리검토자**가 **선임**되었는지 결정함 ② 업무품질관리검토 중에 식별된 사항 등 감사 **유의적 사항**을 업무품질관리검토자와 **논의**함 ③ **감사보고서일자**: 업무품질관리검토의 종료일 전의 일자로 하지 않음 (QC **종료일 이후**여야 함) • **의견의 차이**: 업무팀 내부, 자문수행자, EP와 QCP 간에 **의견 차이 발생** 시 → 처리 · 해결 위해 **회계법인 정책 · 절차**를 따라야 함.
4) 문서화	• 다음 사항을 감사문서에 포함 ① 관련 **윤리적 요구사항**의 준수에 관하여 식별된 **이슈** 및 그러한 이슈를 **해결한 방법** ② 해당 감사업무에 해당되는 **독립성 요구사항의 준수**에 관한 **결론** 및 뒷받침 회계법인과의 **논의**내용 ③ 의뢰인 관계와 감사업무의 **수용과 유지**에 관하여 도달된 결론 ④ 감사업무 수행과정에서 실시된 **자문**의 **성격**, **범위**와 그 **결론**

- 업무품질관리검토자(QCP, 품질관리실, 심리실) 수행업무에 대한 책임

업무팀이 내린 **유의적 판단사항**과 감사보고 시 **도달된 결론**들에 대하여 **객관적인 평가**에 포함되어야 하는 사항을 포함한다.

① **유의적 사항**을 업무수행이사와 **논의**

② 재무제표와 **감사보고서의 초안**을 검토

③ 업무팀이 내린 유의적 판단 및 도달된 결론과 관련된 **감사문서를 선정하여 검토**

④ 감사보고서를 작성할 때 도달된 **결론**들을 **평가**하고 **감사보고서 초안이 적합**한지 여부를 고려

품질관리검토자의 그 외 고려사항은 다음과 같다.

① 감사업무 관련 회계법인의 **독립성**에 대한 업무팀의 **평가**

② **의견 차이 사항**들 혹은 **어렵거나 논쟁 여지 사항**들에 관하여 **적합한 자문** 여부와 자문 도출 **결론**

③ 검토를 위해 선정된 **감사문서**는 **유의적 판단** 관련 업무를 **반영**하고 **도달된 결론**들을 뒷받침하는지 여부

품질관리검토자의 문서화 내용은 다음과 같다.

① 업무품질관리검토에 관하여 회계**법인 정책 요구절차를 수행**하였음

② 업무품질관리검토는 **감사보고서일** 또는 그 **전에 종료**되었음

③ 검토자는 업무팀이 내린 **유의적 판단**과 **도달된 결론**이 적합하지 않았다고 판단할 만한 어떠한 미해결 사항도 인지하고 있지 아니함

(3) 공통사항

감사품질에 대한 리더십 책임

① EP는 자신이 담당하는 각각의 감사업무의 전반적인 **품질**에 대한 **책임**을 져야 함.

② EP가 업무팀원들에 대한 적합한 다음의 주지사항 강조

㉠ 아래와 같은 사항의 **감사품질에 대한 중요성**

- 업무수행에 있어 **전문직 기준**과 **법규 요구사항 준수**
- 회계법인의 해당 **품질관리정책 · 절차** 준수
- 해당 상황에 **적합한 감사보고서**의 발행
- 불이익을 두려워하지 않고 **의문 사항을 제기**하는 업무팀의 능력

㉡ 감사업무를 수행하는 데 있어서 **품질이 본질적**이라는 사실

모니터링

① 회계법인: **QC시스템 관련 정책 · 절차**가 관련성 있고 적절하고 효과적으로 운영된다는 합리적 확신을 제공하도록 설계된 **모니터링 절차**를 수립해야.

② EP는 회계법인이 **회람**시킨 최근 정보에 나타난 **모니터링 절차의 결과**를 고려하고 언급된 **미비점**들이 해당 **감사업무에 영향**여부를 고려해야.

③ EP는 그 미비점을 개선시키기 위한 **회계법인의 조치**를 고려

④ 법인 **QC시스템 미비점이** 반드시 특정 감사업무가 전문직 기준과 법규의 요구사항을 준수하지 않거나 감사보고서가 **부적합하다는 것을 의미하지는 않는다.**

3) 외부규제에 의한 품질관리제도

감사업무의 품질관리를 통제하는 외부규제기관으로는 증권선물위원회가 있고 동 위원회의 업무를 보좌하는 역할은 금융감독원에서 수행한다.

(1) 증권선물위원회의 품질관리 감리

감리는 외부감사의 공정성과 신뢰성을 제고하기 위해 독립된 제삼자가 재무제표, 감사보고서 및 감사인 조직 운영에 관한 사항 등 감사업무 전반에 관한 평가의견을 표명하는 절차이며, **감사보고서의 감리**와 감사인의 **감사업무운영감리**로 구분된다. 감사보고서 감리는 주권상장법인은 증권선물위원회가 실시하며 비상장법인은 한국공인회계사회가 실시한다. 감사업무운영감리(품질관리감리)는 대규모 감사인(자산총액 1조 원 이상인 상장법인과 감사계약을 체결한 감사인)은 증권선물위원회에서 실시하고 소규모감사인은 한국공인회계사회(한공회)에서 실시한다. 품질관리기준(QC기준)은 한공회가 감사품질 보장에 필요한 사항을 금융위원회의 사전승인을 받아 정한다. 증선위는 감사인의 QC기준 준수 감리 결과 1년 이내 기한으로 개선권고 및 이행 점검하고 개선권고사항이나 미이행사실 외부 공개 가능하다.

(2) 기타 감사품질 향상제도

구분	적격성 향상 제도	독립성 향상 제도
내용	① **감사반 감사제한** ② **감사인 등록제도** ③ 윤리기준, CPA법상 연수와 훈련 ④ **표준감사시간** 제도(외감 16조2) • 한공회: 매 3년 갱신. 타당성 검토 · 반영 · 결과공개 • 장점: 최소 투입 강제화 감사품질 ↑, 감사보수 현실화 • 단점: 형식적 투입, 회사 성격 규모 위험 반영부족 가능	① 감사인 **유지**제도 ② 감사인 **교체**제도, 주기적 지정제도 ③ 감사인 **선임** 제도(감사위원회, 감사인선임위원회, 감사) ④ 전기감사인 의견**진술**권 ⑤ 감사인 **지정**(by 증선위) ⑥ 윤리기준 및 CPA법상 독립성 요구사항
	① **회계법인 대표이사 책임 강화**: 감사인 대표자는 QC기준에 따른 업무 설계 · 운영 책임, QCP 1명을 지정 →부실감사 차단 유도	

증선위의 품질관리 감리 이외에도 상기 표와 같이 다양한 감사품질 향상을 위한 제도가 존재하며, 주요한 제도는 아래와 같다.

① 감사반 감사제한과 감사인 등록제도(적격성 측면)

감사인은 외감법 2조에서 회계법인(회계사 10인 이상)과 감사반(회계사 3인 이상)으로 구분된다. 회계법인과 감사반의 수임 가능 감사대상은 다음과 같다.

구분	회계법인	감사반
설립조건	• CPA **10인** 이상이고 자본금 **5억** 이상, 사원 중 이사 **3명** 이상 • **"CPA법"상 특수법인**: CPA법상 규정이 없으면 상법상 **유한**회사 규정 준용	• CPA 3인 이상, 한공회 등록
수임 가능 감사대상	• 일정요건 충족한 금융위 등록 법인: 모든 회사 수임 가능 • **미등록** 법인: **상장**, **대형비상장**, **금융기관**은 감사 불가능	• **불가능 감사대상** ① **상장, 대형비상장, 금융기관** ② 감사인 **지정된 회사** • 감사반 감사대상 제한 이유: 감사품질(적격성)↓과 손해배상대응↓
손해배상책임	• 손해배상공동기금 **외부**적립 (by **외감법**) (or **보험**가입) • 손해배상준비금 **내부**적립 (by **CPA법**)	• 손해배상공동기금 **외부**적립 (by **외감법**) (or **보험**가입)

1) CPA법: 공인회계사법
2) 상장법인: KOSPI, KOSDAQ 시장에 상장되어 있는 회사
3) 대형비상장: 전기말 자산 5,000억 이상

주권상장법인 · 대형비상장주식회사 · 금융회사(비상장)는 금융위원회에 등록된 회계법인만이 감사를 수행할 수 있다. **주권상장법인 감사인 등록 요건**은 다음과 같다.

㉠ 공인회계사 40명 이상(지방 20명 이상)

㉡ 대표이사 경력 10년 이상

㉢ 품질관리 담당이사 경력 7년 이상(품질관리업무 담당 경력 5년 이상)

㉣ 회계법인 경영 전반의 통합관리 체계 구축

㉤ 대표이사의 견제장치 등 지배구조 건전성 확보

㉥ 효과적인 심리체계 구축

㉦ 감사담당이사의 성과평가 시 감사품질평가지표가 70% 이상 등 보상체계구축

② 감사인 교체제도와 유지제도(독립성 측면)

감사인은 감사를 수행함에 있어서 외감법상 독립성을 유지하기 위하여 계속감사를 제한하는 **감사업무 냉각기간**(cooling period)을 아래와 같이 두고 있다.

구분	주권상장법인	대형비상장주식회사 · 금융회사(비상장)	기타 비상장법인
업무수행이사	3년간 연속감사 후 3년 냉각기간	3년간 연속감사 후 3년 냉각기간	5년간 연속감사 후 1년 냉각기간
감사보조자	3년간 연속감사 후 보조자 2/3 교체	해당 없음	해당 없음

③ 전임감사인 의견진술권(독립성 측면)

전임감사인의 의견진술권은 ① 회사가 전기감사인과 더 이상 감사계약을 유지하지 않고 다른 감사인으로 교체선임하거나 ② 주권상장법인 · 대형비상장주식회사 · 금융회사가 현행 감사인을 해임하고 새로운 감사인을 선임할 경우, 전기감사인에게 감사인선임권자에 의견을 진술할 수 있는 기회를 주어야 한다. 만약 전기감사인이 부당한 감사인 교체에 대하여 의견을 진술한 경우 회사는 그 내용을 증권선물위원회에 보고하여야 한다.

④ 감사인 지정제도(독립성 측면)

감사인 지정제도는 투자자 보호를 위해 공정한 감사가 필요한 회사에 대해 자유선임 대신 증권선물위원회에서 감사인을 지정하는 제도이다.

금융위원회는 상장회사에 대하여 직권지정사유를 현 27개에서 16개로 축소할 예정이다. 우선 회계부정과 관련성이 낮거나 경미한 감사절차 위반에 따른 지정사유는 폐지하거나 과태료 등으로 대폭 전환한다. 특히 회계부정위험과 직접적인 연관성이 떨어짐에도 전체 직권지정사유의 약 25%를 차지하는 재무기준 미달사유는 법령개정을 통해 폐지할 계획이다(금융위원회 보도자료 2023. 6. 12).

주요한 감사인 지정사유는 다음과 같다.

- 감사인 지정 사유

- 감사인 선임기한 내 증선위에 감사인 지정을 요청하는 회사
- 감사인 선임기한 내 감사인을 선임하지 않는 회사
- 감사인의 부당한 교체 또는 외부감사법을 위반한 감사인 선임
- 증권선물위원회 감리에서 회계처리기준 위반이 지적된 회사(완화예정)
- 회사의 재무제표를 감사인이 대신 작성하거나, 재무제표 작성과 관련된 회계처리에 대한 자문을 요구받은 회사
- 3개 사업연도 연속 영업이익이 0보다 작거나 영업현금흐름이 0보다 작거나 이자보상배율이 1 미만인 주권상장법인(폐지예정)
- 대통령령이 정하는 거래은행이 대통령령이 정한 사유로 증선위가 지정하는 경우
- 최근 3년간 최대주주(2회 이상) 또는 대표이사(3회 이상) 교체가 발생한 주권상장법인
- 주권상장법인 중 관리종목이나 투자주의환기종목으로 지정된 회사
- 감사인의 감사시간이 표준감사시간보다 현저히 낮은 수준이라고 증권선물위원회가 인정한 회사
- 회사가 연속하는 6개 사업연도에 대하여 감사인을 선임한 경우(주기적 지정): 상장법인과 소유경영 미분리(대주주와 특수관계자가 50% 이상 지분 소유하고 대주주 또는 특수관계자가 대표이사인 회사) 대형(자산 1천억 원 이상)비상장법인

제4장

감사의 선임과 계약

우리나라는 원칙적으로 회사가 감사인을 선임하는 자유수임제도를 채택하고 있다.

자유수임제도는 감사인의 실질적 조직화와 감사업무의 부업화 방지 등 전문성을 제고하는 등의 장점과 감사인의 수임경쟁이 치열해짐에 따라 독립성 훼손이라는 단점을 가지고 있다. 이러한 자유수임제의 단점을 보완하기 위하여 다음과 같은 자유수임 보완제도를 유지하고 있다. (주로 독립성 측면의 제도)

① 지정제도

② 주기적 감사인 지정(자율 선임 6년+지정 감사인 3년)

③ 주권상장법인・대형비상장주식회사・금융기관(비상장)은 연속하는 3개 사업연도 감사인을 동일 감사인으로 감사계약 체결하여야 한다.

④ 감사인 형태에 따라 감사대상 제한: 주권상장법인・대형비상장주식회사(직전연도 자산 5천억 원 이상)・금융회사 등은 회계법인만 감사할 수 있다. (적격성 측면)

자유수임방식과 국가배정방식의 장단점을 비교하면 다음과 같다.

감사품질	자유수임방식	국가배정방식
적격성	높음	낮음
독립성	낮음	높음
상대적 감사품질	비교적 높음	비교적 낮음

1. 감사인 선임 절차

회사는 아래의 방식에 따라 감사 또는 감사인선임위원회의 승인을 받아 외부감사인과 감사계약을 체결하고 주주총회와 증권선물위원회에 선임보고를 하여야 한다.

구분	선정주체	승인	선임기한	계약기간
자산 2조 원 이상인 상장법인과 '금융회사의 지배구조에 관한 법률'에 따라 감사위원회를 설치해야 하는 금융회사	감사위원회	감사위원회	매 사업연도 개시일 이전 (초도감사의 경우 사업연도 개시 후 45일 이내)	3년
상장법인, 대형비상장법인, 감사위원회 설치의무가 없는 금융회사	감사	감사인 선임위원회	사업연도 개시 후 45일 이내	3년
기타 비상장법인	감사	감사	사업연도 개시 후 45일 이내	1년

감사인선임위원회는 다음의 인원으로 구성된다.

① 감사 1인(감사위원회가 있으면 사외이사가 아닌 이사 1인)

② 사외이사가 있는 경우 사외이사 중 2인 이내

③ 지배주주(특수관계자 포함)를 제외한 의결권 있는 주식을 가장 많이 소유한 주주 2인

④ 지배주주(특수관계자 포함)를 제외한 채권자 중 채권액이 가장 많은 금융기관 2인

⑤ 최대출자지분을 보유한 기관투자자 1인

2. 감사계약의 체결

감사인은 **감사의 전제조건**을 충족할 경우에만 감사를 수임할 수 있다. **감사의 전제조건이란 ① 감사인의 통제 범위 측면의 고려사항과 ② 기업의 통제범위 측면의 합의사항으로 나눌 수 있다.**

1) 감사업무 수임 시 전제조건(고려사항)

감사인의 통제범위에 있는 업무수임의 제반 측면

① 주요주주, 주요 경영진 및 지배기구의 성실성확인

② 업무팀이 감사업무를 수행할 능력(적격성)이 있으며 시간과 자원 등 필요한 역량을 갖추었는지 여부

③ 회계법인과 업무팀이 관련 윤리적 요구사항을 준수할 수 있는지 여부(특히, 독립성에 대한 부분)

④ 현재 또는 전기의 감사업무를 수행하는 중에 발생한 유의적 사항들과 그러한 사항들이 의뢰인과 관계유지에 대해 시사하는 점. 특히 이 경우 전임감사인과의 의견교환이 중요함. 전임감사인에게 질의할 내용은 ⓐ 경영진의 정직・성실성, ⓑ 전임감사인과 경영진 사이에 회계정책 적용에 있어서 의견의 불일치사항, ⓒ 전임감사인의 교체사유 등

기업의 통제 내에 있고 감사인과 기업의 경영진이 합의할 필요가 있는 사항

① 재무제표 작성에 적용되는 재무보고체계가 수용 가능한지 여부를 결정함(고려사항: ⓐ 실체의 성격, ⓑ 재무제표의 목적, ⓒ 재무제표의 성격, ⓓ 법규준수)

② 경영진 책임에 대한 동의: ⓐ 재무제표를 작성할 책임, ⓑ 내부통제에 대한 책임, ⓒ 감사인에게 재무제표 작성과 관련한 모든 정보를 제공하고 무제한적 접근을 허용

③ 경영진이 부과한 감사업무제한 범위에서 충분하고 적합한 감사증거 수집이 가능한지 여부판단

감사계약서의 작성 목적은 감사의 목적과 범위, 경영진과 감사인 책임의 범위를 명확하게 하여 상호 간의 오해의 소지를 줄이고, 분쟁해결의 근거를 마련하기 위해서이다. 감사인과 회사가 감사조건에 합의하고 회사가 감사인 선임절차에 따라 감사인을 선임하면 양 당사자는 감사계약을 체결한다.

감사계약서에 포함될 원칙적 기재사항은,

① 재무제표 감사의 목적과 범위

② 감사인의 책임

③ 경영진의 책임

④ 재무제표 작성을 위한 재무보고체계의 식별

⑤ 감사인에 의해 발행될 보고서의 예상되는 형태와 내용에 대한 언급

감사계약서에 포함될 선택적 기재사항은,

① 감사의 일부 분야에서의 부문감사인 및 전문가의 참여에 관한 사항

② 내부감사인 및 기업 내 기타 직원의 참여에 관한 사항

③ 초도감사의 경우 전임감사인과 관련된 사항

④ 그럴 가능성이 존재하는 경우 감사인 책임의 제한

⑤ 감사인과 기업 간 추가적인 합의에 대한 언급

⑥ 감사조서를 기타 당사자에게 제공해야 할 의무

지배기업의 감사인이 동시에 부문감사인이기도 할 때 별도의 감사계약서를 작성할지 여부를 결정할 때 고려하여야 할 요인,

① 부문감사인을 선임하는 주체

② 부문에 대해 별도의 감사보고서가 발행되는지 여부

③ 감사인의 선임과 관련된 법적 요구사항

④ 지배기업의 소유 정도

⑤ 부문 경영진의 지배기업으로부터의 독립성 정도

감사인은 매 보고기간마다 새로운 감사계약서 또는 기타 합의서를 발송하지는 않을 것이라고 결정할 수 있을 것이다. 그러나 다음과 같은 경우에는 감사업무의 조건을 갱신하거나 현행 조건을 기업에 알리는 것이 적합할 수 있다.

(계속감사 시 계약서를 재작성하는 상황 예시)

- 기업이 감사의 목적과 범위를 오해하고 있다는 징후
- 감사업무 조건의 변경 또는 특약의 존재
- 최근의 고위 경영진 교체
- 소유권의 유의적인 변동
- 기업의 사업 성격 또는 규모의 유의적인 변동

- 법규상 요구사항의 변경
- 재무제표 작성 시 채택된 재무보고체계의 변경
- 기타의 보고 요구사항에서의 변경

회사가 감사업무조건의 변경을 요구할 경우 아래에 따라 감사인은 적절히 대응한다.

구분	사유	감사인 대응절차
계약변경 요구조건이 합리적인 경우	• 연결대상 종속기업 수의 변동 등 기업요구사항에 영향을 주는 상황의 변화 • 의뢰 감사 성격의 오해	계약서 수정 가능
계약변경 요구조건이 비합리적인 경우	재고자산 실사를 거부하는 등 감사업무조건과 관련된 경우	감사계약을 해지하고 지배기구에 보고여부 검토

회사와 감사인의 **감사인 선임보고대상 및 선임보고기한**은 다음과 같다.

구분	보고대상	보고기한
회사	증권선물위원회	계약체결일부터 2주 이내
	정기 주주총회	정기주주총회일
감사인	증권선물위원회	계약체결일부터 2주 이내
	한국공인회계사회	회사의 사업연도 개시일부터 4개월말+14일 이내

감사계약서 예시(210-보론1)

감사계약서의 예시

다음은 한국채택국제회계기준에 따라 작성된 일반목적 재무제표의 감사를 위한 감사계약서의 예시이다. 이 감사계약서는 어떤 권위가 있는 것은 아니며, 이 감사기준서에서 제시하는 사항과 관련하여 사용될 수 있는 하나의 지침이다. 이 감사계약서 예시는 개별적인 요구사항 및 상황에 따라 변경될 필요가 있을 것이다. 또한 단일 보고기간에 대한 재무제표감사에 참고할 수 있도록 만들어진 것이므로 계속감사에 적용하거나 적용할 예정인 경우에는 수정이 필요할 수 있을 것이다. 제안하는 감사계약서가 적절한 것인지에 대하여는 법적 조언을 구하는 것이 적합할 수 있다.

ABC 회사
경영진 또는 지배기구의 (적합한) 대표자 귀중

[감사의 목적과 범위]

귀하는 우리에게 ABC회사의 20××1년 12월 31일 현재의 재무상태표와 동일로 종료되는 보고기간의 손익계산서(또는 포괄손익계산서), 자본변동표, 현금흐름표 그리고 유의적인 회계정책의 요약을 포함한 재무제표의 주석에 대한 감사를 요청하였습니다. 우리는 본 계약서를 통하여 이 감사업무를 수임하고 우리의 이해를 확인할 수 있게 되어 기쁘게 생각합니다.

우리 감사의 목적은 재무제표에 전체적으로 부정이나 오류로 인한 중요한 왜곡표시가 없는지에 대하여 합리적인 확신을 얻어 우리의 의견이 포함된 감사보고서를 발행하는 데 있습니다. 합리적인 확신은 높은 수준의 확신을 의미하나 감사기준에 따라 수행된 감사가 항상 중요한 왜곡표시를 발견한다는 것을 보장하지는 않습니다. 왜곡표시는 부정이나 오류로부터 발생할 수 있으며 왜곡표시가 재무제표를 근거로 하는 이용자의 경제적 의사결정에 개별적으로 또는 집합적으로 영향을 미칠 것이 합리적으로 예상되면 그 왜곡표시는 중요하다고 간주됩니다.

[감사인의 책임]

우리는 감사기준에 따라 감사를 수행할 것입니다. 이 기준은 우리가 윤리적 요구사항을 준수하도록 요구하고 있습니다. 감사기준에 따른 감사의 일부로서 우리는 감사의 전 과정에 걸쳐 전문가적 판단을 수행하고 전문가적 의구심을 유지하고 있습니다. 우리는 또한:

- 부정이나 오류로 인한 재무제표의 중요왜곡표시위험을 식별하고 평가하며 그러한 위험에 대응하는 감사절차를 설계하고 수행합니다. 그리고 감사의견의 근거로서 충분하고 적합한 감사증거를 입수합니다. 부정은 공모, 위조, 의도적인 누락, 허위진술 또는 내부통제 무력화가 개입될 수 있기 때문에 부정으로 인한 중요한 왜곡표시를 발견하지 못할 위험은 오류로 인한 위험보다 큽니다.
- 상황에 적합한 감사절차를 설계하기 위하여 감사와 관련된 내부통제를 이해합니다. 그러나 이는 내부통제의 효과성에 대한 의견을 표명하기 위한 것이 아닙니다.

그러나, 우리가 감사 중에 식별한 것으로서 재무제표감사에 관련된 유의적 내부통제 미비점에 관해서는 귀하에게 서면으로 커뮤니케이션을 할 것입니다.

- 재무제표를 작성하기 위하여 경영진이 적용한 회계정책의 적합성과 경영진이 도출한 회계추정치와 관련 공시의 합리성에 대하여 평가합니다.
- 경영진의 회계의 계속기업전제 사용의 적절성과, 입수한 감사증거를 근거로 계속기업으로서의 존속능력에 대하여 유의적 의문을 초래할 수 있는 사건이나 상황과 관련된 중요한 불확실성이 존재하는지 여부에 대하여 결론을 내립니다. 중요한 불확실성이 존재한다고 결론을 내리는 경우, 우리는 재무제표의 관련 공시에 대하여 감사보고서에 주의를 환기하고 이들 공시가 부적절한 경우 의견을 변형시킬 것을 요구받고 있습니다. 우리의 결론은 감사보고서일까지 입수된 감사증거에 기초하나, 미래의 사건이나 상황이 회사의 계속기업으로서 존속을 중단시킬 수 있습니다.
- 공시를 포함한 재무제표의 전반적인 표시와 구조 및 내용을 평가하고 재무제표가 기초가 되는 거래와 사건을 공정한 표시가 달성될 수 있는 방식으로 표시하고 있는지 여부를 평가합니다.

감사인이 감사기준에 따라 적절하게 감사를 계획하고 수행하여도 내부통제의 고유한계와 더불어 감사의 고유한계 때문에 재무제표의 중요한 왜곡표시 중 일부가 발견되지 못할 불가피한 위험이 존재합니다.

[경영진의 책임과 해당 재무보고체계의 식별 (본 사례의 목적상 감사인은 법규가 적절하게 경영진의 책임을 규정하지 않은 것으로 결정했다고 가정한다. 그러므로, 문단 6(b)에서 기술된 내용이 이용된다)]

우리의 감사는 [경영진(적절한 경우 지배기구를 포함)]이 다음 사항에 대하여 책임이 있음을 인정하고 이해한다는 것을 토대로 하여 수행될 것입니다.

- 한국채택국제회계기준에 따라 재무제표를 작성하고 공정하게 표시할 책임
- 부정이나 오류로 인한 중요한 왜곡표시가 없는 재무제표를 작성하기 위해 [경영진]이 필요하다고 결정한 내부통제에 대한 책임
- 우리에게 다음 사항을 제공할 책임
  - 기록, 문서 및 기타사항 등 재무제표의 작성과 관련하여 [경영진]이 알고 있는 모든 정보에 대한 접근
  - 우리가 감사목적으로 [경영진]에게 요청할 수도 있는 추가적인 정보
  - 감사증거를 입수하기 위해 우리가 필요하다고 결정하는 기업 내 관계자에 대한 제한 없는 접근

우리는 감사과정 중 일부로서, [경영진(적절한 경우 지배기구를 포함)]이 감사와 관련하여 우리에게 행한 진술에 관해서 서면확인을 요청할 것입니다.
우리는 감사 중 귀 직원의 충분한 협조를 기대합니다.

[기타 관련 정보]
[보수약정, 대금 청구, 기타 특약사항 등 기타 정보를 적합하게 삽입한다]
[보고]
[예상되는 감사보고서의 형태와 내용에 대한 적합한 언급을 삽입한다]
우리의 보고서 형태와 내용은 감사의 발견사항에 따라 수정이 필요할 수도 있습니다.

귀하와 우리의 책임을 포함하여 재무제표감사에 대한 우리의 합의와 약정에 대하여 귀하가 확인하고 동의한다는 뜻을 표시하기 위해, 본 계약서에 첨부된 사본에 서명하신 후 회송하여 주시기 바랍니다.

XYZ 회계법인

ABC회사를 대표하여 확인하고 동의함.
(서명)
....
성명과 직함
일자

제 1 부

기출문제

Ch 1.1	경영자주장	315.A129	2013 문제5 물음1 배점 4

※ 아래 상황을 읽고 각 물음에 답하시오.

(1) 갑(주)의 감사인은 전기(2X11회계연도) 타 감사인에서 당기(2X12회계연도) 신규감사인으로 교체되었다. 당기 감사인인 담당이사(Partner) A회계사는 당기(2X12회계연도) 감사업무 수행 후 당기 초도감사대상회사였던 갑(주)의 감사보고서를 적정의견으로 발행하였고, 동 감사보고서에 첨부된 감사받은 재무제표는 주주총회에서 승인되었다.

(2) 회사의 2X12년 사업연도에 대한 주주총회 후 3개월이 경과된 시점에서 당기 감사인인 A회계사는 회사로부터 아래 사실을 통보받았다.

- 갑(주)는 전기(2X11회계연도) 9월 중 해외 소재 종속회사인 병(주)로부터 (A)<u>광물자원 채굴권을 신규 취득</u>하였다며, 감사인에게 취득 관련 계약서와 광물자원채굴 허가서 및 대금 지불 관련 각종 증빙을 제시하였으나, 감사인에게 제시된 관련 서류는 모두 위조된 것이었으며 병(주)는 해당 채굴권을 소유하지 않았으며, 지불된 대금은 모두 대표이사가 횡령한 것으로 밝혀짐
- 갑(주)는 해외 건설용역을 진행기준에 따라 수익을 인식하고 있으며, 과거 3개년간 회사 공사미수금의 대부분이 실제 계약서상 계약도급금액이 아닌 대표이사가 위조한 계약서상 부풀려진 도급금액에 따른 (B)<u>진행기준 수익인식 해당액으로 실제로는 회수가 불가능한 금액</u>이었음
- 회사는 상기 부정에 개입된 대표이사를 해임하고, 신임 대표이사를 선임하였음

(3) 위 상황과 관련하여, A회계사는 아래 사실을 추가적으로 파악하였다.

- 회사로부터 통보받은 위 부정사실은 당기 감사보고서일 현재 존재하였고 감사보고서일에 알았더라면 감사보고서의 변형이 수반되었을 것이며, 전기 타 감사인이 적정의견을 표명하였던 전기재무제표에도 중요한 영향을 미치는 왜곡표시임
- 상기 부정사건이 언론에 기사화된 후 주가 폭락으로 손해를 입은 갑(주)의 (C)<u>주주들이 회사에 소송을 제기</u>하였음
- A회계사는 상기 부정사건의 영향에 대하여 법률자문을 구하고 새로 선임된 신임 대표이사 및 내부감시기구와의 필요한 사항을 협의하였으며, 회사는 (D)<u>모든 거래에 대해 진위여부에 대한 조사를 진행</u>하였음
- 회사의 신임 대표이사는 상기 절차를 취한 후에 (E)<u>수정된 재무제표를 A회계사에게 제시</u>하면서, 이를 사용하여 2X12년도 재무제표에 대해서 재감사를 요구하였음
- 수정 제시된 재무제표상 회사는 지속적인 공사손실을 나타내고 있으며 이는 (F)<u>계속기업으로서의 존속가능성에 의문</u>을 제기할 수준은 아니지만 건설공사와 관련된 (G)<u>건설장비 등 유형자산의 손상징후</u>는 전기 및 당기 모두 존재함

• 회사는 과거 지속적인 공사손실로 (H)<u>세무상 향후 공제 가능한 이월결손금을 보유</u>하고 있으며 최근 해외 건설공사의 실적 개선으로 향후 공사이익을 통해 세무상 공제를 예상하고 있음

(물음) 부정사건들은 회사의 재무상태표와 손익계산서 계정과목별로 특정 경영자주장에 영향을 미칠 것으로 판단할 수 있다.
다음은 갑(주)의 내부감시기구가 진행한 조사가 완전하고 신뢰할 수 있다고 가정할 때, 위에 설명한 갑(주)의 부정들이 영향을 미칠 것으로 예상하는 계정과목별 주된 경영자주장(또는 감사목적)을 표시한 것이다.

[재무상태표 항목 관련]

계정과목	관련 주된 경영자주장(또는 감사목적)
1. 무형자산	① ②
2. 공사미수금	① ②
3. 충당부채	② ③
4. 유형자산	②
5. 이연법인세	②

[손익계산서 항목 관련]

계정과목	관련 주된 경영자주장(또는 감사목적)
1. 공사수익	⑤ ④
2. 충당부채전입액	⑤ ③
3. 유형자산손상차손	⑤
4. 법인세비용	⑤

[요구사항]
위 표에서 표기된 ①, ②, ③, ④에 공통적으로 해당하는 경영자 주장(또는 감사목적) 항목을 답하시오.

정답 및 해설

① 실재성 ② 정확성, 평가 및 배분 ③ 완전성 ④ 발생사실 ⑤ 정확성

▶ 315.A129
감사인이 여러 가지 발생 가능한 잠재적인 왜곡표시의 유형들을 고려하기 위해 이용하는 경영진주장은 다음과 같이 구분될 수 있다.

(a) 감사대상기간의 거래 및 사건의 유형과 관련 공시에 대한 경영진주장
- (i) 발생사실 – 기록되거나 공시된 거래와 사건은 발생되었고 기업에 귀속됨
- (ii) 완전성 – 기록되어야 하는 모든 거래와 사건은 기록되었으며 재무제표에 포함되어야 하는 모든 관련 공시는 재무제표에 포함되었음
- (iii) 정확성 – 기록된 거래와 사건에 관련된 금액 및 기타 데이터는 적합하게 기록되었고 관련 공시는 적합하게 측정되고 기술되었음
- (iv) 기간귀속 – 거래와 사건은 해당 보고기간에 기록되었음
- (v) 분류 – 거래와 사건은 적절한 계정으로 기록되었음
- (vi) 표시 – 거래와 사건은 적합하게 합해지거나 세분화되고 명확하게 기술되었으며 관련 공시는 해당 재무보고체계의 요구사항의 측면에서 관련성이 있으며 이해 가능함

(b) 보고기간말 계정잔액 및 관련 공시에 대한 경영진주장

(i) 실재성 – 자산, 부채 및 주주지분은 실재함

(ii) 권리와 의무 – 기업은 자산에 대한 권리를 보유하거나 통제하고 있으며 부채는 기업의 의무임

(iii) 완전성 – 기록되어야 하는 자산, 부채 및 주주지분은 모두 기록되었으며 재무제표에 포함되어야 하는 모든 관련 공시는 재무제표에 포함되었음

(iv) 정확성, 평가 및 배분 – 자산, 부채 및 주주지분은 적합한 금액으로 재무제표에 계상되어 있고 평가나 배분의 결과는 적합하게 기록되어 있으며, 관련 공시는 적합하게 측정되고 기술되어 있음.

(v) 분류 – 자산, 부채 및 주주지분은 적절한 계정으로 기록되었음

(vi) 표시 – 자산, 부채 및 주주지분은 적합하게 합산되거나 세분화되고 명확하게 기술되었으며 관련 공시는 해당 재무보고체계의 요구사항의 측면에서 관련성이 있으며 이해 가능

Ch 1.2	감사 구성요소: 준거기준	200.A1	2016 문제1 물음1 배점 3

감사는 회사가 제시한 재무제표를 감사하고 이에 대한 의견을 표명하는 것으로 정의될 수 있다. 감사받은 재무제표는 회사의 정보이용자들이 그들의 경제적 의사결정에 활용한다. 만약 감사받은 후 회사가 재무적 곤란에 처하게 되어 투자자들이 손해를 입을 경우, 감사보고서를 이용한 투자자들이 감사인을 상대로 손해배상을 청구할 수도 있다.
신문기자인 친구가 공인회계사인 당신에게 "적정의견을 받은 기업이 왜 도산하는가?"를 질문해 왔다. 공인회계사로서 이러한 질문에 대한 답변을 서술하시오.

정답 및 해설

FS 감사의견은 FS가 중요성의 관점에서 해당 재무보고체계에 따라 작성되었는지 여부를 다룬다. 감사의견은 기업의 향후 존속가능성이나 경영진이 업무를 효과적 또는 효율적 수행하였는지 여부를 인증하는 것이 아니다(200 A1).

▶ 200.A1

재무제표에 대한 감사의견은 재무제표가 중요성의 관점에서 해당 재무보고체계에 따라 작성되었는지 여부를 다룬다. 이러한 의견은 모든 재무제표감사에 공통된다. 그러므로 감사의견은 예를 들어, 기업의 향후 존속가능성이나 경영진이 기업의 업무를 효과적으로 또는 효율적으로 수행하였는지 여부를 인증하는 것이 아니다. 그러나 일부 국가의 경우, 관련 법규에서 감사인이 내부통제의 효과성이나 별도의 경영진 보고서가 재무제표와 일치하는지 여부 등 기타 특정한 사항에 대하여 의견을 제시할 것을 요구할 수도 있을 것이다. 감사기준에는 재무제표에 대한 의견형성과 연관된 범위 내에서 이러한 사항들에 관한 요구사항과 관련 지침이 포함되어 있지만, 만약 감사인이 그러한 의견을 제시할 추가적인 책임이 있는 경우에는 추가적인 업무를 수행하도록 요구될 것이다.
품질관리시스템을 수립하고 유지하는 회계법인의 책임을 다루는 해당 국가의 요구사항이 최소한 품질관리기준서1만큼 엄격하다는 것은, 해당 요구사항이 이 문단에서 언급한 모든 요소를 다루고 품질관리기준서1에서 제시하는 요구사항의 목표를 성취하는 의무를 회계법인에 부과하고 있는 경우를 말한다.

Ch 1.3	감사효익		2013 문제8 물음3 배점 4

재무제표에 대한 감사는 자본시장에서 중요한 기능을 한다고 알려져 있다. 채권을 발행하려는 (주)갑을이 품질이 높은 감사인에게 회계감사를 받는 것을 가정할 때 다음 사항을 각각 3줄 이내로 서술하시오.

(1) (주)갑을의 회계감사로 인하여 (주)갑을이 채권시장에서 얻을 수 있는 효익

(2) (주)갑을의 회계감사로 인하여 채권시장에서 잠재적 투자자가 얻을 수 있는 효익

정답 및 해설

(1) 감사대상회사
 ① 자금조달에 도움: 대출(이자율↓) 및 주식발행(발행가↑)
 ② 내부통제 개선
 ③ 부정 · 오류 예방

(2) (잠재)채권자: 대출 의사결정(여신심사, 이자율 결정)

Ch 1.4	전문가적 의구심	200.13 200.A20	2015 문제1 물음1 배점 3

감사인은 전문가적 의구심을 가지고 충분하고 적합한 감사증거를 수집함으로써 높은 수준의 확신을 제공할 수 있다. 그러나 감사인의 귀책사유로 감사보고서에 기재하여야 할 사항을 기재하지 않았거나 허위로 기재하였을 경우 이를 이용하여 손해를 본 제3자에게 손해를 배상할 책임이 있다. 다음 물음에 답하시오.

감사인은 재무제표를 중요하게 왜곡표시되게 하는 상황이 존재할 수 있음을 인식하고, 전문가적 의구심(Professional Skepticism)을 가지고 감사를 계획하고 수행하여야 한다. 여기서 1) 전문가적 의구심이란 무엇을 말하는지 정의하고, 2) 구체적으로 어떤 상황을 포함하는지 서술하시오.

정답 및 해설

▶ 200.13

(l) 전문가적 의구심 – 오류나 부정으로 인한 왜곡표시 가능성을 나타내는 것일 수 있는 상황에 유의하면서, 의문을 갖는 마음과 감사증거에 대한 비판적인 평가를 포함하는 태도

▶ 200.A20

전문가적 의구심은 예를 들어 다음과 같은 사항에 대하여 주의를 유지하는 것을 포함한다.

- 이미 입수한 다른 감사증거와 상반되는 감사증거
- 감사증거로 사용될 문서 및 질의에 대한 답변의 신뢰성에 의문을 갖게 하는 정보
- 부정의 존재가능성을 나타내는 것일 수 있는 상황
- 감사기준에서 요구하는 절차 외에 추가적인 감사절차의 필요성을 시사하는 상황

Ch 1.5	감사개요	200.A47 외2조 7. 240.13~14	2023 문제1 물음1 배점 3

다음은 회계감사 개요에 대한 설명이다. 각 항목별로 설명이 적절한지 여부를 기재하고, 적절하지 않은 경우 그 이유를 2줄 이내로 서술하시오.

① 회계감사는 고유한계로 인해 감사대상 재무제표에 중요한 왜곡표시가 없다는 절대적인 확신을 얻을 수 없다.

② 제한적 확신업무에서 인증인은 수행된 절차와 입수된 증거에 근거하여 인증대상정보가 중요하게 왜곡표시되지 않았다는 정보를 전달하는 형태로 결론을 표명하게 된다.

③ 공인회계사 개인은 외부감사법에서 정의하는 감사인이다.

④ 감사인은 감사수행 과정에서 전문가적 의구심을 유지하기 위해 경영자가 부정직하다는 가정을 해야 한다.

정답 및 해설

① O, 합리적인 확신이 절대적인 수준의 확신을 의미하지는 않는다. 왜냐하면 감사에는 고유한계가 존재하며 감사인의 결론도출과 의견표명의 기초가 되는 대부분의 감사증거는 결정적 증거이기보다는 설득적 증거이기 때문 (200.5)

② X, 본인의 검토결과 상기 재무제표가 회계처리기준에 따라 중요성의 관점에서 공정하게 표시하지 않은 사항이 발견되지 아니하였습니다. (분반기검토준칙 보론4 검토의견)

③ X, 외감법상 감사인: 회계법인 & 감사반(외2조 7.), 개인 CPA는 감사인이 아님.

④ X, 기업의 경영진 및 지배기구의 정직성과 성실성에 대한 감사인의 과거 경험과 관계없이, 부정으로 인한 중요한 왜곡표시의 가능성이 존재한다는 것을 인식하면서 감사의 전 과정을 통하여 전문가적 의구심을 유지하여야 한다. (240.13)

Ch 1.6	감사기준 이탈 필요성	200.23 200.22	2021 문제2 물음2 배점 2

감사인이 외감법에 의한 감사업무를 수행할 때에는 관련된 감사기준서를 모두 준수하여야 한다. 다만 예외적인 상황에서, 감사인은 어떤 감사기준서의 관련 요구사항을 이탈할 필요가 있다고 판단할 수 있다. 관련 요구사항을 이탈할 필요성이 발생하는 경우(또는 요건)를 서술하시오.

정답 및 해설

▶ 200.23

예외적 상황에서, 감사인은 어떤 감사기준서의 관련 요구사항을 이탈할 필요가 있다고 판단할 수 있다. 이러한 상황에서 감사인은 해당 요구사항의 목적을 달성하기 위한 대체적 감사절차를 수행하여야 한다. 관련 요구사항을 이탈할 필요성이란, 요구사항이 특정의 절차를 수행하는 것이고 구체적인 감사상황에서 이러한 절차가 해당 요구사항의 목적을 달성하는 데 비효과적일 경우에만 발생될 것으로 예상된다.

▶ 200.22

문단 23을 전제로 하여, 감사인은 다음 중 하나에 해당되는 감사 상황을 제외하고는 개별 감사기준서의 요구사항을 모두 준수하여야 한다.

(a) 개별 감사기준서 전체가 관련이 없는 경우

(b) 요구사항이 조건부인데 해당 조건이 존재하지 않아 그 요구사항이 관련이 없는 경우

Ch 1.7	추정FS 인증	인증업무지침22 인23, 인31 인39	2016 문제1 물음2 배점 3

감사는 회사가 제시한 재무제표를 감사하고 이에 대한 의견을 표명하는 것으로 정의될 수 있다. 감사받은 재무제표는 회사의 정보이용자들이 그들의 경제적 의사결정에 활용한다. 만약 감사받은 후 회사가 재무적 곤란에 처하게 되어 투자자들이 손해를 입을 경우, 감사보고서를 이용한 투자자들이 감사인을 상대로 손해배상을 청구할 수도 있다.

생명과학업종을 영위하고 있는 A(주)는 20X1년 중에 주식을 상장할 것을 준비하고 있다. A(주)는 생명과학업종의 특성상 현재보다는 미래의 성장가능성이 주식가치에 미치는 영향이 크다고 판단하고, 향후 3년간의 추정재무제표를 작성하여 X회계법인에 감사를 의뢰하였다. X회계법인은 A(주)의 향후 3년간 추정재무제표에 대하여 감사의견(높은 수준의 확신, 적극적 확신)을 제공할 수 있는지를 고민하고 있다. X회계법인이 감사의견을 제공할 수 있는지를 아래 주장에서 고르고 그 근거를 서술하시오.

〈주장〉

주장 ①: 추정재무제표는 어떤 경우에도 높은 수준의 확신, 즉 감사의견을 제공할 수 없다.

주장 ②: 추정재무제표는 회계감사기준에 따라 감사를 수행한다면 높은 수준의 확신, 즉 감사의견을 제공할 수 있다.

정답 및 해설

② 인증업무개념체계 22 인증업무의 전제 조건 충족 시 가능함.

▶ **인증업무개념체계**

22. 다음 인증업무의 전제 조건은 인증업무를 수임하거나 유지할지 여부를 고려할 때 관련이 있다.
   (a) 적절한 당사자들의 역할과 책임이 상황에 적합한지 여부. 그리고,
   (b) 업무가 다음의 요건을 모두 충족하는지 여부
      (i) 기초인증대상은 적절하다.
      (ii) 인증인이 인증대상정보의 작성에 적용될 것으로 예상하는 준거기준이 업무상황에 적합하며, 문단 44에 기술된 특성들을 보여준다.
      (iii) 인증인이 인증대상정보의 작성에 적용될 것으로 예상하는 준거기준을 의도된 이용자들이 이용할 수 있을 것이다.
      (iv) 인증인이 인증인의 결론을 뒷받침하는 데 필요한 증거를 입수할 것으로 기대한다.
      (v) 인증인의 결론은 보고서에 합리적 확신업무 또는 제한적 확신업무에 적합한 형태로 포함될 것이다. 그리고,
      (vi) 인증업무에 합리적 목적이 존재한다. 제한적 확신업무의 경우에 인증인이 유의미한 수준의 확신을 얻을 것으로 기대하는 것도 포함된다.

23. 기초인증대상은 인증업무별로 매우 다양할 수 있다. 인증대상에 따라서는 특정 개인이 일반적으로 보유하는 수준을 넘어서는 전문적 기술과 지식이 필요할 수 있다. 그러나 중요한 것은 인증인이 업무를 수행하는 사람들이 전체적으로 적절한 적격성과 역량을 갖추었음에 만족하는 것이다.

31. 업무상황에 대한 사전적인 지식에 비추어 봤을 때 적격성과 관련된 윤리적 요구사항을 충족하지 못할 것으로 보인다면 업무를 수용하지 않는다. 경우에 따라 적격성과 관련된 윤리적 요구사항은 인증인이 인증인 측 전문가의 업무를 활용함으로써 충족할 수 있다.

39. 기초인증대상은 다음과 같이 그 형태가 다양하다.
   - 역사적 재무성과 또는 재무상태(예를 들면, 역사적 재무상태, 재무성과, 현금흐름). 이 경우 인증대상정보는 재무제표에 표시된 인식, 측정, 표시와 공시가 될 수 있다.
   - 미래 재무성과 또는 재무상태(예를 들면, 추정 재무상태, 재무성과, 현금흐름). 이 경우 인증대상정보는 재무예측

또는 재무추정상 나타난 인식, 측정, 표시와 공시가 될 수 있다.
- 비재무적인 성과 또는 상태(예를 들면, 실체의 실적). 이 경우 인증대상정보는 효율성과 효과성의 핵심지표일 수 있다.
- 물리적 특성(예를 들면, 설비의 생산 능력). 이 경우 인증대상정보는 규격 명세일 수 있다.
- 시스템과 프로세스(예를 들면, 실체의 내부통제 또는 정보기술시스템). 이 경우 인증대상정보는 효과성에 대한 진술일 수 있다.
- 행위(예를 들면, 기업 지배구조, 법규 준수, 인사 관행). 이 경우 인증대상정보는 준수에 대한 진술 또는 효과성에 대한 진술일 수 있다.

10. 인증업무는 준거기준에 따라 기초인증대상을 측정하거나 평가한 결과에 대해 인증대상책임자가 아닌 의도된 이용자가 가지는 신뢰의 수준을 향상시킬 수 있게 설계된 결론을 표명하기 위하여 충분하고 적합한 증거를 입수하는 것을 목적으로 하는 업무이다.

11. 기초인증대상을 측정하거나 평가한 결과는 준거기준을 기초인증대상에 적용하여 산출한 정보이다. 예를 들면 다음과 같다.
- 재무제표(결과)는 재무보고체계(준거기준)를 적용하여 실체의 재무상태, 경영성과 및 현금흐름(기초인증대상)을 측정함으로써 산출된다.
- 내부통제의 효과성에 대한 보고서(결과)는 관련 준거기준을 적용하여 내부통제의 효과성(기초인증대상)을 평가함으로써 산출된다.
- 기업 특유의 성과 측정치(결과)는 관련 측정 방법론(준거기준)을 적용하여 성과의 다양한 측면(기초인증대상)을 측정함으로써 산출된다.
- 온실가스보고서(결과)는 인식, 측정, 표시 프로토콜(준거기준)을 적용하여 실체의 온실가스 배출(기초인증대상)을 측정함으로써 산출된다.
- 준수 확인서(결과)는 예를 들어 법률과 규정(준거기준)을 기업이 준수하였는지(기초인증대상)를 평가함으로써 산출된다.

준거기준에 따라 기초인증대상을 측정하거나 평가한 결과를 의미하는 용어로 "인증대상정보"라는 용어를 사용한다. 인증대상정보는 인증인이 그 결론의 근거로서 충분하고 적합한 증거를 수집하는 대상이다.

Ch 1.8	감사 고유한계	200.A47	2021 문제2 물음3 배점 3

감사기준은 감사인이 감사의견의 기초로서 재무제표가 중요하게 왜곡표시되지 아니하였는지에 대한 합리적인 확신을 얻을 것을 요구한다. 합리적인 확신은 높은 수준의 확신을 의미하지만 절대적인 수준의 확신을 의미하지는 않는다. 감사기준이 절대적인 수준의 확신을 요구하지 않는 이유를 서술하시오.

정답 및 해설

▶ 200.A47

감사위험을 영(0)으로 감소시키도록 감사인에게 기대할 수 없으며 또 그렇게 감소시킬 수도 없으므로, 재무제표에 부정이나 오류로 인한 중요한 왜곡표시가 없다는 절대적 확신은 얻을 수 없다. 왜냐하면 감사에는 고유한계가 존재하며, 감사인의 결론도출과 의견표명의 기초가 되는 대부분의 감사증거는 결정적 증거이기보다는 설득적 증거이기 때문이다. 감사의 고유한계는 다음에 기인한다.
- 재무보고의 성격
- 감사절차의 성격
- 합리적인 시간 내에 합리적인 비용으로 감사가 수행될 필요성

Ch 1.9	감사 고유한계: 효익비용균형	200.A51	2015 문제1 물음2 배점 3

회계감사기준은 감사를 계획하고 수행할 때 재무보고의 적시성 및 효익과 비용 간의 균형을 고려할 것을 규정하고 있다. 즉, 재무제표 이용자들은 감사인이 합리적인 기간 내에 합리적인 비용으로 재무제표에 대한 의견을 형성할 것이라고 기대한다. 또한 재무제표 이용자들은 감사인이 감사과정에서 모든 부정이나 오류를 적발하는 것이 가능하지 않다는 것을 인식하고 효익과 비용을 고려하여 재무보고의 수준을 요구한다.

따라서 감사인은 무한한 정도의 감사절차를 수행함으로써 절대적 확신을 제공하려는 감사절차를 수행하기보다는 상기와 같은 재무보고 이용자들의 요구수준을 충족할 수 있는 정도의 감사절차를 수행할 수 있다. 이와 같이 감사인이 재무보고의 적시성 및 효익과 비용의 균형을 고려하여 채택하고 있는 감사절차에는 어떤 것이 있는지 3가지를 서술하시오.

정답 및 해설

▶ 200.A51
재무보고 적시성↓→ 효익비용 균형(합리적 시간비용 투입 감사 필요성)

- 감사가 효과적으로 수행될 수 있도록 계획함
- 부정이나 오류로 인한 중요왜곡표시위험이 포함될 것으로 가장 높게 예상되는 분야에 감사노력을 집중하고, 그렇지 아니한 다른 분야에는 상대적으로 적은 노력을 기울임
- 모집단의 왜곡표시를 조사하기 위해 테스트나 기타 수단을 사용함

1) 효과적인 감사계획 필요: 어려움, 시간, 비용의 문제는(대체적 절차가 없는) 감사절차를 생략하거나 보다 설득력이 낮은 감사증거에 만족하는 정당화X → ∴ 충분한 시간, 자원을 이용하는 적합한 감사 계획 수립해야 함

2) 효익비용 균형존재: but 정보 관련성 가치는 시간 따라↓(FR 적시성) → 정보 신뢰성과 비용 간 균형 존재→FS 이용자들은 감사인이 합리적인 시간비용으로 FS의견 형성 기대 → 전수 조사는 불가능함을 인식함

Ch 1.10	감사 고유한계와 감사기준준수	200.A54 560.11~12	2016 문제1 물음3 배점 3

〈자료〉

B(주)의 20X1회계연도 재무제표를 감사하는 Y회계법인은 20X2년 2월 25일자로 감사보고서를 B(주)에 제출하였다. Y회계법인은 20X2년 7월 2일에 20X2회계연도의 재무제표를 감사하던 중 20X1회계연도 재무제표가 중요하게 왜곡표시되었다는 것을 알게 되었다. 회사는 20X1회계연도의 재무제표를 수정하였고, 감사인은 20X2년 7월 28일자로 감사보고서를 재발행하였다.

감사보고서를 재발행하는 과정에서 Y회계법인은 내부적으로 업무수행이사(engagement partner), 현장책임회계사(in-charge CPA) 그리고 2년 차 계정담당회계사(staff)와 해당 문제를 협의하였다. 다음은 협의과정에서 이루어진 대화 내용 중 일부이다.

- 계정담당회계사: 회사의 재무제표가 명백하게 왜곡표시된 것은 확인되었습니다. 그런데 지금 와서 감사보고서를 재발행하는 것은 자동차로 보면 자동차 회사가 자발적 리콜(recall)을 하는 것과 같습니다. 우리나라의 경우, 자동차 회사가 자발적으로 리콜하면, 언론에서는 소비자를 보호하기 위한 자동차 회사의 용기 있는 행동을 존중하기보다는 해당 자동차의 품질을 문제 삼는 비판적 기사만 전파하여, 자동차 회사가 어려움을 겪는 경우가 많았습니다. 굳이 감사보고서를 재발행해야 할까요?
- 현장책임회계사: 저도 계정담당회계사가 우려하는 바에 동의합니다. 감사보고서를 재발행하면, 언론에서는 "감사인이 자신의 잘못을 자백했다"는 비판적 기사로 마치 감사인이 과거에 묵인했던 재무제표 왜곡표시를 이제 와서 자백한 것으로 매도하기도 합니다. 감사보고서를 재발행할 경우 혹여 불이익이 있지 않을까요?
- 업무수행이사: 20X1회계연도의 감사보고서를 발행할 때는 회계감사기준에 따른 감사절차를 모두 준수하였는데도 이번에 문제가 된 재무제표 왜곡표시를 발견할 수 없었던 것인가요?
- 현장책임회계사: 네! 그렇습니다. 저뿐만 아니라 내부 품질관리부서에서도 다시 감사조서를 검토하였는데, 당시의 감사절차는 회계감사기준을 모두 준수한 것으로 판단하고 있습니다.
- 업무수행이사: 그러면 그 당시에는 해당 왜곡표시가 왜 발견되지 않았던 것인가요?
- 현장책임회계사: 회사의 경영진이 거래와 관련된 증빙을 위조하고 감사인에게 은폐하는 등 조직적으로 부정을 저질렀기 때문에 회계감사기준에 따른 절차로는 발견할 수 없었던 것입니다. 해당 재무제표 왜곡표시는 내부 직원이 검찰에 익명으로 사실을 제보하고 검찰조사과정에서 회사의 경영진이 자백하여 현재 수사 중에 있습니다.
- 업무수행이사: 알겠습니다. 미국에서는 자동차 회사가 자발적으로 리콜했을 경우 오히려 소비자를 위한다는 평을 얻어 해당 자동차 회사의 브랜드 이미지가 높아진다고 보고되기도 합니다. 감사보고서 재발행은 회계감사기준에 명시된 것입니다. 회계법인으로서는 감사보고서를 재발행하는 것이 최선의 방법이고, 회계감사기준에도 맞는 절차라고 판단합니다. 회사가 재무제표를 수정공시한다고 하니, 우리도 감사보고서를 재발행합시다.

위에서 제시한 자료가 모두 사실이라고 가정할 때, 감사보고서를 재발행하는 것이 감사인에게 추가적으로 혹여 일어날 수도 있는 손해배상책임을 가중하게 하는지에 대한 의견을 아래 두 가지 주장 중에서 선택하고 근거를 서술하시오.

〈주장〉

주장 ①: 감사가 회계감사기준에 따라 수행되었더라도 감사인이 감사보고서를 재발행하면 감사인의 손해배상책임은 가중된다.

주장 ②: 감사인이 감사보고서를 재발행하면 오히려 재무제표의 왜곡으로 인한 정보이용자의 손실을 방지할 수 있어 향후 감사인의 손해배상책임이 경감된다.

정답 및 해설

주장 ② / (회계감사의 고유한계 때문에 FS 중요한 왜곡표시가 발견되지 않을 불가피한 위험이 존재 → 부정・오류로 인한 FS 중요 왜곡표시가 차후에 발견되었다는 사실 자체만으로 감사기준에 따른 감사를 수행하지 못했다는 것을 의미하는 것은 아님.) → 후속사건 기준서에 따른 감사보고서의 재발행은 곧 감사기준 준수에 해당 → 손해배상책임 경감 가능

▶ 200.A54

감사가 감사기준에 따라 적절하게 계획되고 수행되었어도, 감사의 고유한계 때문에 재무제표의 중요한 왜곡표시가 발견되지 않을 불가피한 위험이 존재한다. 따라서 부정이나 오류로 인한 재무제표의 중요한 왜곡표시가 차후에 발견되었다는 사실 자체만으로 감사기준에 따른 감사를 수행하지 못했다는 것을 의미하는 것은 아니다. 그러나 감사의 고유한계가 감사인이 설득력이 부족한 감사증거에 만족하는 것을 정당화시키지는 아니한다. 감사인이 감사기준에 따라 감사를 수행하였는지 여부는 각 상황에서 감사인이 수행한 감사절차, 이 결과 입수된 감사증거의 충분성과 적합성, 그리고 감사인의 전반적인 목적에 비추어 해당 감사증거에 대한 평가를 기초로 한 감사보고서의 적합성에 의해 결정된다.

▶ 560.12 해당 후속사건만 FAP(최초 감사보고서일 이후 알게 된 후속사건 FS수정 필요 & 경영진수정 O)

재무제표의 수정을 발생시키는 후속사건의 영향에 대해서만 경영진이 재무제표를 수정하고 재무제표 승인권자가 이에 대해서만 승인하는 것이 법규나 재무보고체계에서 금지되지 않는다면, 감사인은 후속사건에 대한 감사절차를 해당 수정사항에만 한정하는 것이 허용된다. 이와 같은 경우에는 감사인은 **다음 중 하나의 절차를 수행**하여야 한다.

(a) 해당 수정사항에 한정된 추가적인 일자를 포함하도록 감사보고서를 수정함. 이는 후속사건에 대한 감사절차가 오직 재무제표의 관련 주석에 기술된 수정에만 한정하여 수행되었다는 것을 나타낸다. (**→ 이중감사보고서일: 기존 감사보고서일+수정사항 한정 추가일자)**

(b) 후속사건에 대한 감사절차는 오직 재무제표의 관련 주석에 기술된 수정에만 한정하여 수행되었다는 설명을 **강조사항문단 또는 기타사항문단**에 포함하는 새로운 감사보고서 또는 수정된 감사보고서를 제출함 (**→ 기존보고서일 유지)**

▶ 560.11 모든 후속사건 FAP(최초 감사보고서일 이후 알게 된 후속사건 FS수정 필요 & 경영진수정 O)

만약 경영진이 재무제표를 수정하는 경우에는 감사인은 다음과 같은 절차를 수행하여야 한다.

(a) 해당 수정사항에 대하여 해당 상황에 필요한 감사절차를 수행함

(b) 문단 12의 상황이 아닌 경우(해당 후속사건만 추가절차 X → 모든 후속사건 추가절차 수행)

  (i) 문단 6과 7에서 언급된 감사절차를 감사인의 새로운 감사보고서 일자까지 연장함 (→ FS일과 감사보고서일 사이에 발생한 사건 관련 감사절차)

  (ii) 수정된 재무제표에 대하여 감사인의 새로운 감사보고서를 제출함. 새로운 감사보고서의 일자는 수정된 재무제표의 승인일보다 빠르지 않아야 한다.

Ch 1.11	감사 고유한계	200.A54	2016 문제1 물음4 배점 3

〈자료〉는 앞 문제와 동일

위에서 제시한 자료가 모두 사실이라고 가정할 때, 최초 감사보고서를 제대로 발행하지 못하였다고 감사인을 비판하는 것이 사회적으로 바람직한지 여부를 서술하시오.

정답 및 해설

바람직하지 않음 / 회계감사의 고유한계 때문에 FS 중요한 왜곡표시가 발견되지 않을 불가피한 위험이 존재 → 부정·오류로 인한 FS 중요 왜곡표시가 차후에 발견되었다는 사실 자체만으로 감사기준에 따른 감사를 수행하지 못했다는 것을 의미하는 것은 아님. → 감사기준 준수를 입증한다면, 비판은 바람직하지 않음.

Ch 2.1	윤리기준 목적	윤리기준100.2	2022 문제1 물음1 배점 2

한국공인회계사회는 공인회계사 시험에 합격하여 공인회계사법 제7조의 규정에 의하여 등록한 공인회계사가 전문직업인으로서 준수하여야 할 윤리기준을 제정하고 있다. 윤리기준에 명시되어 있는 윤리기준의 목적을 서술하시오.

정답 및 해설

공인회계사로 하여금 그 직무를 높은 수준으로 수행하게 하고 공익에 부합되게 하여, 공인회계사에 대한 사회적 신뢰를 제고함을 목적으로 한다.

▶ 윤100.2

이 윤리기준은 공인회계사 시험에 합격하여 법 제7조의 규정에 의하여 등록한 공인회계사가 전문직업인으로서 준수하여야 할 윤리기준을 정함으로써, 공인회계사로 하여금 그 직무를 높은 수준으로 수행하게 하고 공익에 부합되게 하여, 공인회계사에 대한 사회적 신뢰를 제고함을 목적으로 한다. 이 윤리기준은 3부로 구성된다. 제1부는 공인회계사 윤리의 근본원칙인 윤리강령을 제정하고 이를 적용하기 위한 개념체계를 제시한다. 개념체계는 윤리강령을 준수하기 위한 지침들로 구성되어 있다. 공인회계사는 이러한 개념체계를 이용하여 윤리강령을 준수하는 데 위협이 되는 요인을 파악하고, 위협의 심각성을 평가하며, 이러한 위협이 명백하게 경미한(clearly insignificant) 경우 외에는, 해당 위협을 제거하거나 수용 가능한 수준 이하로 감소시키기 위한 제도적 안전장치(이하 "안전장치"라 한다)를 적용하여 윤리강령의 준수가 훼손되지 않도록 한다.

Ch 2.2	윤리강령	윤100.4 윤150.3	2021 문제1 물음1 배점 2

공인회계사는 재무제표 감사를 수행함에 있어 윤리기준의 윤리강령을 준수하여야 한다. 다음 (1)~(3)의 내용이 설명하는 윤리강령을 각각 쓰시오.

(1) 공인회계사는 직무를 수행함에 있어서 솔직하고 정직하여야 한다.
(2) 공인회계사는 명목여하를 불문하고 금전 등의 제공에 의하여 자신에게 업무를 위촉할 것을 강요하거나 수임하는 것과 같은 부당한 방법으로 직무상의 경쟁을 하여서는 아니 된다.
(3) 공인회계사는 직무상 지득한 기밀정보를 본인이나 제3자의 이익을 위해 사용하는 행위를 하지 말아야 한다.

정답 및 해설

1) 성실, 2) 전문가적 품위, 3) 비밀유지

▶ 윤100.4

공인회계사는 다음과 같은 윤리강령을 준수하여야 한다.

(1) 성실: 공인회계사는 직무를 수행함에 있어서 솔직하고 정직하여야 한다.
(2) 공정: 공인회계사는 직무를 수행함에 있어 편견이나 이해의 상충 또는 외부의 부당한 영향을 받아서는 아니 된다.
(3) 전문가적 적격성과 정당한 주의: 공인회계사는 의뢰인이나 자신이 소속하고 있는 조직이 최신의 업무, 법규 및 기술에 입각하여 적격성을 갖춘 전문서비스(professional service)를 제공받을 수 있도록 전문적 지식과 기법을 지속적으로 유지하여야 한다. 공인회계사는 직무를 수행함에 있어 정당한 주의를 기울여야 하며, 관련 기술적 또는 전문적 기준을 준수하여야 한다.

(4) 비밀유지: 공인회계사는 직무수행과정에서 지득한 정보에 대한 비밀을 지켜야 하며, 법적 또는 직업적으로 공개할 권리나 의무가 없는 경우에 적절하고 명확한 승인 없이 어떠한 정보도 제3자에게 누설하여서는 아니 된다. 또한 공인회계사는 직무수행과정에서 지득한 기밀정보를 본인 또는 제3자의 개인적 이익을 위해 사용하여서는 아니 된다.

(5) 전문가적 품위: 공인회계사는 관련 법규를 준수하여야 하며 공인회계사의 품위를 실추시키는 행동을 삼가하여야 한다.

▶ 150.3

공인회계사는 명목여하를 불문하고 중개인을 내세우거나 권력의 이용 또는 금전 등의 제공에 의하여 자신에게 업무를 위촉할 것을 강요하거나 수임하는 것과 같은 부당한 방법으로 직무상의 경쟁을 하여서는 아니 된다.

Ch 2.3	전기감사인	외20조, 윤210.12 윤21, 0.16	2017 문제2 물음3 배점 3

C회계법인은 전기까지 D회계법인으로부터 감사를 받던 갑(주)의 당기(20X1년) 회계감사 업무를 수임하였다. 현장 책임감사인은 20X1년 실증절차를 수행함에 있어 기초잔액에 대한 확신을 제공하기 위해서 전기 감사인의 감사조서를 참조할 뿐만 아니라 전기 감사인과 커뮤니케이션할 필요가 있다고 판단하고 있다. 현장 책임감사인은 전기 감사인의 감사조서를 확보하는 것과 전기 감사인과 커뮤니케이션하는 일은 회사에 알리지 않고 비밀리에 이루어져야 한다고 판단하였다.

이에 따라 현장 책임감사인은 전기 감사인과 접촉하여 관련 감사조서와 필요한 정보를 확보하였다. 전기 감사인도 당기 감사인의 커뮤니케이션 요청에 적극 응하였고, 요청한 감사조서도 비밀리에 제공하였다. 이 절차의 결과, 현장 책임감사인은 기초잔액에 중요한 왜곡표시가 존재함을 발견하였고, 이 항목이 당기 재무제표를 중요하게 왜곡표시한다고 판단하였다.

(요구사항)

위 상황에서, ① 당기 감사인이 전기 감사인에게 취한 절차와 ② 이에 대한 전기 감사인의 대응절차가, (1) 현행 회계감사기준과 법률에 비추어 볼 때 적절한 행위인지 여부와 (2) 그 판단 이유를 각각 서술하시오.

정답 및 해설

ⓐ 당기 감사인: 부적절 ∵ 전기 조서 검토 시 회사의 동의 필요

ⓑ 전기 감사인: 부적절 ∵ 비밀유지 의무 → 당기 감사인과 커뮤니케이션 및 조서제공 시 회사의 허락 필요

▶ 외20조(비밀엄수)

다음 각 호의 어느 하나에 해당하는 자는 그 직무상 알게 된 비밀을 누설하거나 부당한 목적을 위하여 이용해서는 아니 된다. 다만, 다른 법률에 특별한 규정이 있는 경우 또는 증권선물위원회가 제26조 제1항에 상당하는 업무를 수행하는 외국 감독기관과 정보를 교환하거나 그 외국 감독기관이 하는 감리·조사에 협조하기 위하여 필요하다고 인정한 경우에는 그러하지 아니하다.

1. 감사인
2. 감사인에 소속된 공인회계사
3. 증권선물위원회 위원
4. 감사 또는 감리 업무와 관련하여 제1호부터 제3호까지의 자를 보조하거나 지원하는 자
5. 증권선물위원회의 업무를 위탁받아 수행하는 한국공인회계사회의 관련자

▶ 윤210.12

기존공인회계사는 비밀유지의무를 준수하여야 한다. 기존공인회계사가 의뢰인과 관련된 사항을 신임공인회계사와

논의할 수 있거나 논의해야 하는 범위는 해당 업무의 성격과 다음 사항에 따라 결정된다.
(1) 정보공개에 대한 의뢰인의 허용 여부
(2) 의견교환 및 정보공개와 관련된 법적·윤리적 요구사항

▶ 윤210.16
개업공인회계사는 통상적으로 기존공인회계사와의 논의에 대하여 가급적이면 문서화된 의뢰인의 동의를 얻는 것이 바람직하다. 의뢰인의 동의가 있는 경우 기존공인회계사는 정보제공과 관련된 제반 법규를 준수하여야 한다. 기존공인회계사는 정보를 제공함에 있어서 정직하고 명료하여야 한다. 신임공인회계사는 기존공인회계사와의 의견교환이 불가능한 경우, 제3자에 질의를 하거나 최고경영자 또는 내부감시기구에 대한 배경조사를 실시하는 등 기타 다른 방법을 이용하여 윤리강령의 준수를 저해할 수 있는 위협에 대한 정보를 입수하기 위해 노력하여야 한다.

Ch 2.4	윤리기준: 준수 불가능 시	윤100.7, 윤210.5 윤210.17, 윤220.5	2019 문제1 물음3 배점 2

공인회계사윤리기준은 개념체계접근법을 기본원리로 삼으면서 윤리강령의 준수, 위협유형의 파악, 제도적 안전장치의 강구, 적절한 조치로 구성되어 있으며, 공인회계사가 업무를 수행하면서 윤리기준의 준수에 위협을 받을 때 대처하는 접근방법을 체계화시켜 보여주고 있다.

[사례]
X회계법인은 가람(주)로부터 재무제표 감사업무의 수임을 요청받았다. 가람(주)는 전기에 Y회계법인으로부터 재무제표 감사를 받았으며, 전기에 지급한 감사수수료는 1억 원이었다. 가람(주)는 X회계법인에 감사보수를 7천만 원으로 낮추어 감사계약을 요청하였다.
위의 사례와 관계없이 공인회계사가 윤리기준에서 정한 필수적(기본적) 안전장치와 추가적 안전장치를 적용한 이후에도 관련 위협을 수용 가능한 수준 이하로 감소시킬 수 없다면, 이는 윤리강령을 준수하기 어려운 상황을 의미한다. 이러한 상황에서 공인회계사가 취할 수 있는 적절한 조치에 대해서 서술하시오.

정답 및 해설

▶ 윤100.7
공인회계사는 위협의 심각성을 검토함에 있어서 양적 요인과 질적 요인을 동시에 고려하여야 한다. 공인회계사가 적절한 안전장치를 적용할 수 없는 경우에는 해당 직무의 수행을 거절하거나 중단하여야 하며, 필요한 경우 해당 의뢰인(개업공인회계사의 경우)과의 관계를 중단하거나, 또는 본인을 고용하고 있는 조직(비개업공인회계사의 경우)으로부터 사임하여야 한다.

▶ 윤210.5
개업공인회계사는 해당 위협을 수용 가능한 수준 이하로 감소시키는 것이 불가능한 경우 의뢰인관계의 수용을 거절하여야 한다.

▶ 윤210.17
개업공인회계사는 안전장치의 적용에 의해 해당 위협이 제거되거나 수용 가능한 수준 이하로 감소되지 않을 경우, 기타 다른 수단을 통해서도 필수적인 사실이 충분히 확인되지 않는 한, 해당 업무의 수임을 거절하여야 한다.

▶ 윤220.5
이해상충으로 인하여 공정, 비밀유지 및 전문가적 품위 등의 윤리강령 중 하나 이상에 대하여 위협이 발생하고, 안전장치에 의해서도 해당 위협이 제거되거나 수용 가능한 수준 이하로 감소되지 않을 경우, 개업공인회계사는 해당 업무를 수임하지 말거나 이해상충이 있는 모든 업무로부터 사임하여야 한다.

Ch 2.5	업무환경 내 안전장치	윤200.12, 윤200.13 윤200.15	2017 문제1 물음1 배점 3

공인회계사는 더 높은 품질의 감사서비스를 제공함으로써 감사보고서 이용자로부터 신뢰받기 위하여 공인회계사윤리기준을 준수하고자 노력한다. 다음 공인회계사 윤리에 대한 물음에 답하시오.
감사인은 독립성이 위협받는 경우 이를 완전히 제거하거나 일정수준 이하로 낮추려는 노력(안전장치)이 필요하다. 공인회계사윤리기준은 안전장치를 (i) 한국공인회계사회 또는 법규상 안전장치와 (ii) 업무환경 내의 안전장치로 구분하고 있다.

(요구사항)
공인회계사윤리기준이 정한 "업무환경 내의 안전장치"를 (1) 회계법인 전체 수준 (2) 개별업무 수준 (3) 의뢰인 조직 수준의 세 가지로 구분하여 서술하시오.

정답 및 해설

▶ 윤200.12
업무환경 내의 안전장치 중 회계법인 전체에 대한 안전장치를 예시하면 다음과 같다.
- 윤리강령준수의 중요성을 강조하는 회계법인의 경영방침
- 인증업무의 공익성을 강조하고 인증업무가 공익을 위해 수행될 것이라는 기대를 회계법인 전체에 확립시키는 경영진의 의지
- 인증업무에 대한 품질관리의 실시와 이에 대한 모니터링을 위한 정책과 절차
- 윤리강령의 준수를 저해할 위협을 파악하고 동 위협의 심각성을 평가한 후, 동 위협이 명백하게 경미한 경우 외에는 동 위협을 제거하거나 수용 가능한 수준 이하로 감소시키기 위한 안전장치의 강구와 그 적용에 관한 문서화된 정책
- 인증업무에 대한 독립성(independence) 훼손위협을 파악하고, 동 위협의 심각성을 평가한 후, 동 위협이 명백하게 경미한 경우 외에는 동 위협을 제거하거나 수용 가능한 수준 이하로 감소시키기 위한 안전장치의 강구와 그 적용에 관한 문서화된 독립성 정책
- 윤리강령의 준수를 요구하는 문서화된 내부 정책과 절차
- 회계법인 또는 업무수행팀의 구성원과 의뢰인 간에 이해관계 및 유대관계가 있는지를 파악하기 위한 정책과 절차
- 단일 의뢰인에게서 발생한 수입금액을 모니터링하고 필요한 경우 그 의존도를 관리하기 위한 정책과 절차
- 인증의뢰인에게 제공하는 비인증업무에 대하여, 관련 인증업무팀과 완전히 독립적인 파트너와 업무수행팀의 배정
- 업무수행팀의 구성원이 아닌 제3자가 업무의 결과에 부적절하게 영향력을 행사하는 것을 방지하기 위한 정책과 절차
- 회계법인의 모든 파트너와 전문직 스태프에 대하여 회계법인의 정책과 절차 및 그 변경내용을 적시에 전달하고, 이러한 정책과 절차에 대한 적절한 교육훈련의 실시
- 회계법인 품질관리제도의 운영에 대한 감독책임자를 최고경영진 중에서 선임
- 회계법인의 파트너와 전문직 스태프로 하여금 인증의뢰인 및 그 특수관계자(related entity)에 대하여 독립성을 유지하도록 권고
- 제반 정책과 절차의 준수를 촉구하기 위한 징계제도
- 회계법인의 구성원들에게 자신이 관련된 윤리강령의 준수에 관한 문제를 고위경영진에게 통보하도록 권장하고, 그러한 권한을 부여하는 정책과 절차의 공표

▶ 윤200.13
업무환경 내의 안전장치 중 개별업무에 대한 안전장치를 예시하면 다음과 같다.
- 수행된 업무를 재검토하거나 필요한 조언을 제공하는 역할을 수행할 공인회계사를 추가로 투입
- 독립된 이사들로 구성된 위원회, 한국공인회계사회 또는 타 공인회계사와 같은 독립적인 제3자에 대한 자문 요청
- 의뢰인의 내부감시기구와 윤리적 문제에 대해 논의
- 의뢰인에게 제공한 업무의 성격과 청구한 보수금액을 의뢰인의 내부감시기구에 통보
- 타 회계법인으로 하여금 감사업무의 일부를 수행토록 하거나 재수행하도록 의뢰
- 인증업무팀의 상급자 교체

▶ 윤200.15
의뢰인 조직 및 절차 내에 마련된 안전장치를 예시하면 다음과 같다.
- 회계법인의 선임 시 경영자 이외의 다른 사람이 이를 추인하거나 승인하는 절차
- 경영의사결정을 할 수 있는 경험과 연륜을 갖춘 적격한 인력의 보유
- 비인증업무를 수행하는 회계법인을 위촉함에 있어 공정한 선정을 보장하는 내부절차의 수행
- 회계법인이 제공하는 업무에 관하여 적절한 감독과 의사소통기능을 수행하는 내부감시기구의 유지

Ch 2.6	낮은 보수 · 위협 · 안전장치	윤290.209	2023 문제1 물음3 배점 2

한국회계법인의 사원인 나 회계사는 현저히 낮은 감사보수로 (주)A와 신규 감사계약을 체결하였다. 이 경우 발생하게 되는 독립성 훼손위협의 종류를 기재하고, 이러한 위협에 대응하여 한국회계법인이 고려할 수 있는 안전장치 중 한 가지를 2줄 이내로 서술하시오.

정답 및 해설

▶ 290.209
회계법인이 전임회계법인의 보수 또는 다른 회계법인의 제안보수보다 상당히 더 낮은 금액의 보수로 인증업무를 수임하는 경우에 발생하는 이기적 위협은 다음의 안전장치를 모두 충족하지 않는 한, 수용 가능한 수준 이하로 감소되지 아니할 것이다.
(1) 적절한 시간의 투입과 자질 있는 구성원을 해당 업무에 배정함을 입증함.
(2) 인증업무와 관련된 모든 기준, 지침 및 품질관리절차의 준수를 입증함.

Ch 2.7	성공보수	윤240.3~4 윤219.212	2023 문제1 물음4 배점 2

한국회계법인의 사원인 나 회계사는 세무소송 자문용역 계약을 (주)B와 체결하고 세무소송에서 승소하는 경우 자문수수료를 승소금액의 일정비율로 받기로 하였다. 이 경우 발생하게 되는 독립성 훼손위협에 대응하여 한국회계법인이 고려할 수 있는 안전장치 중 두 가지를 각각 2줄 이내로 서술하시오(단, 아래 〈예시〉는 제외할 것).
〈예시〉-업무담당 회계사가 수행한 업무를 객관적인 제3자가 검토함

정답 및 해설

일부 비인증업무(예: 조세불복) 가능 (인증업무는 불가 → 안전장치 없음)
① 보수 산정근거 관련 의뢰인에게 서면 사전동의서를 징구(회사: 감사위원회 등 내부감시기구)
② 수행한 업무의 내용과 함께 보수 산정근거를 제시함(회사: 감사위원회 등 내부감시기구)
③ 품질관리 정책과 절차(회계법인)
④ 수행한 업무를 객관적인 제3자가 검토함(회계법인: 최종보수 검토 포함)

▶ 240.4
개업공인회계사는 이러한 위협의 심각성을 평가하여야 하며, 해당 위협이 명백하게 경미한 경우 외에는 해당 위협을 제거하거나 수용 가능한 수준 이하로 감소시키는 데 필요한 안전장치를 강구하고 이를 적용하여야 한다. 이러한 안전장치를 예시하면 다음과 같다.
- 보수의 산정근거와 관련하여 의뢰인에게 서면으로 된 사전동의서를 징구함.
- 개업공인회계사가 수행한 업무결과를 이용할 것으로 예정된 자에게 수행한 업무의 내용과 함께 보수의 산정근거를

제시함.
- 품질관리 정책과 절차
- 개업공인회계사가 수행한 업무를 객관적인 제3자가 검토함.

▶ 290.212
회계법인이 인증의뢰인에게 제공하는 비인증업무와 관련하여 성공보수를 지급받기로 하는 경우 이기적 위협과 변호위협이 발생할 수 있다. 비인증업무에 대한 보수를 인증업무기간 동안에 합의하거나 논의하고, 해당 보수가 인증업무의 결과에 따른 성공보수에 해당되는 경우에는, 해당 위협을 수용 가능한 수준 이하로 감소시킬 수 있는 안전장치가 존재하지 아니한다. 따라서 이에 대한 유일한 대책은 이러한 계약을 체결하지 아니하는 것이다. 기타 다른 형태의 성공보수계약에 의해 발생하는 위협의 심각성은 다음과 같은 요인들에 의하여 결정될 것이다.
- 보수의 범위
- 변동의 정도
- 보수의 산정근거
- 비인증업무와 관련한 거래의 산물이나 결과를 독립된 제3자가 검토하였는지의 여부
- 비인증업무와 관련한 사건 또는 거래가 인증업무에 미치는 효과

이러한 위협의 심각성을 평가하여야 하며, 해당 위협이 명백하게 경미한 경우 외에는 해당 위협을 수용 가능한 수준 이하로 감소시키는 데 필요한 안전장치를 강구하고 적용하여야 한다. 이러한 안전장치를 예시하면 다음과 같다.
- 보수의 성격과 범위를 감사위원회 등 내부감시기구에 보고
- 독립된 제3자에 의한 최종보수의 검토 또는 결정
- 품질관리 정책과 절차

Ch 2.8	윤리기준OX, 이유	윤140.6, 윤240.7 윤240.3, 윤260.2, 윤240.1	2022 문제1 물음2 배점 4

다음은 윤리기준에 대한 설명이다. 각 항목의 설명이 적절한지 여부를 기재하고, 적절하지 않은 경우 그 이유를 서술하시오.

① 공인회계사는 의뢰인과의 관계가 종료된 이후에도 비밀유지 강령을 준수할 필요가 있다. 따라서 공인회계사가 새로운 의뢰인으로부터 업무를 수임한 경우, 이전의 업무경험을 이용하거나 공개해서는 안 된다.

② 개업공인회계사는 어떠한 종류의 알선수수료도 지급하거나 수령해서는 안 된다. 다만, 개업공인회계사가 다른 회계법인 업무의 일부를 인수하고 지급하는 인수대가는 알선수수료로 보지 않는다.

③ 개업공인회계사는 의뢰인으로부터 어떠한 종류의 선물이나 접대도 받아서는 안 된다.

④ 개업공인회계사는 전문서비스의 제안과 관련하여 보수를 협상함에 있어서 본인이 적절하다고 생각하는 보수를 얼마든지 제시할 수 있다. 따라서 어느 한 개업공인회계사가 다른 개업공인회계사보다 낮은 보수를 제시하는 것, 그 자체로는 비윤리적인 것이 아니다.

정답 및 해설

① N, 윤140.6 이전의 업무경험을 이용할 자격이 있다.
② Y, 윤240.7 개업공인회계사는 어떠한 종류의 알선수수료도 지급하거나 수령해서는 안 된다. 다만, 개업공인회계사가 다른 회계법인 업무의 일부를 인수하고 지급하는 인수대가는 알선수수료로 보지 않는다.
③ N, 윤 260.2 제3자에 의하여 명백하게 경미한 것으로 판단 가능
④ Y, 윤 240.(1) 개업공인회계사는 전문서비스의 제안과 관련하여 보수를 협상함에 있어서 본인이 적절하다고 생각하는 보수를 얼마든지 제시할 수 있다, 따라서 어느 한 개업공인회계사가 다른 개업공인회계사보다 낮은 보수를 제시하는 것, 그 자체로는 비윤리적인 것이 아니다.

▶ 윤140.6

공인회계사는 의뢰인 또는 고용주와의 관계가 종료된 이후에도 비밀유지의 원칙을 준수하여야 할 필요성이 있다. 공인회계사가 고용관계를 변경하거나 새로운 의뢰인으로부터 업무를 수임한 경우, 공인회계사는 이전의 업무경험을 이용할 자격이 있다. 그러나 공인회계사는 직무수행과정에서 지득한 어떠한 기밀의 정보도 사용하거나 공개해서는 아니 된다.

▶ 윤240.7

개업공인회계사가 알선수수료를 지급하거나 수령하는 것은 윤리강령 준수에 상당히 심각한 위협을 초래하므로, 이러한 위협을 제거하거나 수용 가능한 수준 이하로 감소시킬 수 있는 안전장치가 존재하지 아니한다. 따라서 개업공인회계사는 어떠한 종류의 알선수수료도 지급하거나 수령해서는 아니 된다.

▶ 윤240.3

일부 비인증업무들 중에는 성공보수 조건으로 수행되는 경우가 있다. 그러나 상황에 따라서는, 성공보수에 의하여 업무를 수임하는 것이 윤리강령 준수에 대한 위협을 초래할 수 있다. 성공보수는 공정 강령의 준수에 대한 이기적 위협을 발생시킬 수 있다. 이러한 위협이 얼마나 중요한지 여부는 다음에 예시하는 요인들에 의해 결정될 것이다.

- 업무의 성격
- 보수의 범위
- 보수의 산정기준
- 해당 거래의 산출물이나 결과를 독립적인 제3자가 검토하는지 여부

▶ 윤260.2

이러한 위협의 심각성은 선물과 접대의 성격, 가치 및 취지에 따라 달라진다. 제의받은 선물이나 접대가 관련 상황을 잘 알고 있는 합리적인 제3자에 의하여 명백하게 경미한 것으로 판단되는 경우에는, 개업공인회계사는 제의받은 선물이나 접대가 의사결정에 영향을 미치거나 정보를 획득하기 위하여 특별히 의도된 것이 아니고 사업상의 통상적인 과정에서 제공된 것이라는 결론을 내릴 수 있다. 이러한 경우 일반적으로 개업공인회계사는 윤리강령의 준수를 훼손할 정도의 심각한 위협이 없다는 결론을 내릴 수 있다.

▶ 윤240.1

개업공인회계사는 전문서비스의 제안과 관련하여 보수를 협상함에 있어서 본인이 적절하다고 생각되는 보수를 얼마든지 제시할 수 있다. 어느 한 개업공인회계사가 다른 개업공인회계사보다 낮은 보수를 제시하는 것이 그 자체로는 비윤리적인 것이 아니다. 그러나 제시된 보수의 수준에 따라 윤리강령 준수에 대한 위협이 발생할 수도 있다. 예컨대, 제시된 보수가 너무 낮아서, 그 가격으로는 해당 업무를 수행함에 있어서 적용하여야 하는 기술적·전문적 기준을 준수하기가 어려울 경우에는, 전문가적 적격성과 정당한 주의 강령의 준수에 대한 이기적 위협이 발생한다.

Ch 2.9	윤리강령과 안전장치	윤240.6~7 윤230.1~2	2021 문제1 물음2 배점 3

다음의 각 독립적인 상황별로 나투명 회계사가 준수하지 못할 가능성이 있는 윤리강령이 무엇인지 제시하고, 윤리강령을 준수하지 못할 위협을 수용 가능한 수준 이하로 감소시키기 위한 안전장치를 서술하시오(단, 안전장치가 없는 경우에는 '없음'으로 쓸 것).

(1) 나투명 회계사는 감사대상회사로부터 요청받은 특정업무를 본인이 스스로 수행하지 아니하고 다른 개업공인회계사인 이기자 회계사에게 소개하여 주고, 그 대가로 알선수수료를 받았다.

(2) (주)대한은 신주인수권 회계처리에 대해 감사인과 이견이 발생하여 나투명 회계사에게 제2의견을 요청하였다. 나투명 회계사는 (주)대한이 원하는 답을 얻기 위해 감사인에게 정보를 제공할 때와는 달리 회사에 유리한 정보만 제공할 가능성이 높다고 판단하고 있다.

정답 및 해설

1) 공정, 전문가적 적격성과 정당한 주의 → 없음
2) 전문가적 적격성과 정당한 주의 → ⓐ 회사에 기존 감사인과 논의 허용 요청
ⓑ 2의견 한계 설명
ⓒ 기존 감사인에게 2의견 사본 제공

▶ 윤240.6~7

윤240.6
개업공인회계사는 의뢰인을 소개받은 대가로 알선수수료를 지급하는 상황에 처할 수도 있다. 예컨대, 다른 개업공인회계사의 의뢰인을 위하여 그 공인회계사가 제공하지 않는 서비스의 제공을 요청받은 경우, 그 공인회계사에게 의뢰인을 소개받은 대가로 알선수수료를 지급하는 경우가 이에 해당한다. 이러한 알선수수료의 지급은 공정 강령과 전문가적 적격성 및 정당한 주의 강령 준수에 대한 이기적 위협을 발생시킬 수 있다.

윤240.7
개업공인회계사가 알선수수료를 지급하거나 수령하는 것은 윤리강령 준수에 상당히 심각한 위협을 초래하므로, 이러한 위협을 제거하거나 수용 가능한 수준 이하로 감소시킬 수 있는 안전장치가 존재하지 아니한다. 따라서 개업공인회계사는 어떠한 종류의 알선수수료도 지급하거나 수령해서는 아니 된다.

▶ 윤230.1~2

윤230.1
개업공인회계사가 의뢰인이 아닌 회사로부터 특정 상황이나 거래와 관련하여, 회계, 감사, 보고, 또는 기타 기준이나 원칙의 적용에 대하여 제2의견의 제공을 요청받은 경우, 윤리강령의 준수에 대한 위협이 발생될 수 있다. 예를 들어, 제2의견이 그 회사의 기존공인회계사가 알고 있는 사실과 동일한 사실에 근거하지 않거나, 부적합한 증거에 근거하여 형성되는 경우, 전문가적 적격성과 정당한 주의 강령 준수에 대한 위협이 발생할 수 있다. 해당 위협이 얼마나 중요한지는 제2의견을 요청받은 상황과 전문가적 의견표명의 근거가 된 관련 사실 및 가정에 달려 있다.

윤230.2
개업공인회계사는 제2의견을 제공해 달라는 요청을 받은 경우, 발생하는 위협이 얼마나 중요한지를 평가하여야 하며, 해당 위협이 명백하게 경미한 경우 외에는 해당 위협을 제거하거나 수용 가능한 수준 이하로 감소시키기 위해 필요한 안전장치를 강구하고 이를 적용하여야 한다. 이러한 안전장치에는 해당 회사에 기존공인회계사와의 논의를 허용하여 줄 것을 요청하고, 제2의견 표명의 한계를 설명하며, 기존공인회계사에게 당해 제2의견의 사본을 제공하는 것이 포함된다.

Ch 2.10	윤리적 갈등 해결	윤100.17~18 윤100.20~21	2021 문제1 물음5 배점 3

[상황] 한국회계법인은 주권상장법인인 (주)대한의 감사인이다. 다음은 감사현장책임자와 업무수행이사의 대화이다.

(감사현장책임자) (주)대한에 대한 당기 감사 결과, 재무제표에 미반영된 재고자산 평가손실이 재무제표 수준의 중요성 금액을 크게 상회합니다. 이를 근거로 (주)대한의 경영진에게 재무제표 수정을 요구하였으나, 경영진은 이를 거부하였습니다. 따라서 의견변형이 불가피해 보입니다.

(업무수행이사) (주)대한의 재무담당이사가 내 친구인데, 당기에 미반영한 평가손실을 내년에 인식하겠다고 하니 올해는 그냥 넘어가고 적정의견으로 합시다.

공인회계사는 윤리강령의 준수여부를 판단함에 있어 윤리적 갈등을 해결하여야 한다. 윤리기준에 따르면, 위 [상황]에서 감사현장책임자가 겪고 있는 윤리적 갈등을 어떠한 단계적 절차를 거쳐 해결해야 하는지 서술하시오.

정답 및 해설

ⓐ 회계법인 또는 소속기관 내의 적절한 타 구성원에게 해결책을 얻기 위하여 도움을 요청하여야 한다.
ⓑ 당해 조직의 내부감시기구에 이러한 갈등과 관련된 사안에 대하여 자문을 구할 것인지를 고려하여야 한다.
ⓒ 중요한 갈등이 해결될 수 없는 경우, 한국공인회계사회 또는 법률 전문가에게 조언을 요청
ⓓ 가능한 모든 방안을 강구한 이후에도 윤리적 갈등이 해결되지 않은 경우에는, 업무수행팀 또는 해당 업무에서 철수하거나 업무수임을 거절하는 것은 물론, 회계법인 또는 소속기관에서도 사임하는 것이 적절한지를 결정

▶ 윤100.17

공인회계사가 공식적 또는 비공식적으로 윤리적 갈등을 해결하려고 하는 경우, 해결과정의 일환으로 다음의 사항을 개별적으로 또는 더불어 고려하여야 한다.
(1) 관련 사실
(2) 관련된 윤리적 사안
(3) 논란이 되고 있는 사안과 관련된 윤리강령
(4) 갈등해결을 위한 내부절차
(5) 일련의 대체적인 조치
공인회계사는 상기 사항들을 고려한 후, 파악된 윤리강령에 부합하는 적절한 조치가 무엇인지를 결정하여야 한다. 공인회계사는 가능한 각각의 조치에 대하여 초래될 수 있는 결과를 비교해 보아야 한다. 공인회계사는 갈등이 해결되지 않을 경우, 회계법인 또는 소속기관 내의 적절한 타 구성원에게 해결책을 얻기 위하여 도움을 요청하여야 한다.

▶ 윤100.18

공인회계사 자신이 속해 있는 조직과 갈등이 발생하거나 또는 조직 내부에서 갈등이 발생한 경우, 공인회계사는 이사회나 감사위원회와 같은 당해 조직의 내부감시기구에 이러한 갈등과 관련된 사안에 대하여 자문을 구할 것인지를 고려하여야 한다.

▶ 윤100.20

공인회계사는 중요한 갈등이 해결될 수 없는 경우, 한국공인회계사회 또는 법률 전문가에게 조언을 요청함으로써, 비밀유지의무를 위반하지 아니하고 윤리적 사안에 대한 지침을 얻을 수 있다. 예를 들어, 공인회계사가 알게 된 부정행위를 보고하게 되면 공인회계사의 비밀유지의무를 위반하게 되는 경우가 발생할 수 있다. 이러한 경우에 공인회계사는 부정행위를 보고해야 하는지를 판단하기 위하여, 법적 조언을 구할 것인지 여부를 고려하여야 한다.

▶ 윤100.21

공인회계사가 가능한 모든 방안을 강구한 이후에도 윤리적 갈등이 해결되지 않은 경우에는, 가능하다면, 갈등을 일으키는 해당 사안과의 연관을 거부하여야 한다. 공인회계사는 이러한 상황에서 갈등과 관련된 업무수행팀(engagement team) 또는 해당 업무에서 철수하거나 업무수임을 거절하는 것은 물론, 회계법인 또는 소속기관에서도 사임하는 것이 적절한지를 결정하여야 한다.

Ch 2.11	광고	윤250.2	2020 문제1 물음1 배점 2

감사인은 재무제표 감사업무와 관련된 독립성 요구사항 등 윤리적 요구사항을 준수하여야 한다. 공인회계사 윤리기준에 근거하여 다음 물음에 답하시오.
공인회계사는 광고를 하는 경우, 전문직의 명예를 저해하는 행위를 해서는 안 된다. 공인회계사가 광고를 할 때, 해서는 안 되는 행위 두 가지를 서술하시오.

정답 및 해설

▶ 윤250.2
개업공인회계사는 전문서비스를 광고하는 경우, 전문직의 명예를 저해하는 행위를 하여서는 아니 된다. 개업공인회계사는 정직하고 진실하여야 하며, 다음과 같은 행위를 하여서는 아니 된다.
- 제공하는 서비스, 보유한 자격의 내용 또는 업무경력에 대한 과장된 주장
- 입증되지 아니한 비교결과를 인용하여 다른 공인회계사의 업무를 비난하는 행위

개업공인회계사는 광고방식이 적절한지 의문시되는 경우, 한국공인회계사회에 자문을 요청하여야 한다.

Ch 2.12	이해상충	윤220.4, 윤230.1 윤230.2	2019 문제1 물음5 배점 2

공인회계사는 업무수행과정에서 직면하는 윤리강령 준수의 위협을 유발할 수 있는 다양한 상황(예를 들어, 이해상충, 제2의견, 알선수수료 등)을 파악하기 위한 합리적 조치를 취하고 각 상황이 발생시킬 수 있는 위협의 심각성을 평가하여야 한다. 해당 위협이 명백하게 경미한 경우 외에는 위협을 제거하거나 수용 가능한 수준 이하로 감소시키는 데 필요한 기본적인 안전장치 및 추가적인 안전장치를 강구하고 이를 적용하여야 한다.

〈요구사항 1〉
이해상충 상황이 발생시킬 수 있는 위협과 관련하여 강구하여야 할 추가적인 안전장치의 예를 세 가지만 서술하시오(주의: 기본적인 안전장치에 대해서는 서술하지 않을 것).
〈요구사항 2〉
제2의견의 제공을 요청받은 공인회계사는 의뢰인에게 기존 공인회계사와의 논의를 허용해 줄 것을 요청하고, 제2의견 표명의 한계를 설명하며, 기존 공인회계사에게 제2의견 사본을 제공하는 등의 안전장치를 고려하여야 한다. 그 이유를 서술하시오.

정답 및 해설

(1) 220.14 참조
(2) 제2의견은 기존 CPA와 회사 의견 불일치 시 회사 요청에 의해 수행됨. 회사는 유리한 의견을 제공받기 위해 부적합 또는 제한된 정보만 제공 유인이 존재함. → 기존 CPA가 알고 있는 사실과 동일한 사실에 근거 X or 부적합한 증거에 근거하여 제2의견이 형성되는 경우, "전문가적 적격성과 정당한 주의" 강령 준수에 대한 위협이 발생 가능 → 안전장치를 고려해야 함.

▶ 윤220.4
이해상충과 관련하여 다음의 추가적인 안전장치를 강구하여야 한다.
(1) 업무수행팀의 분리 운영

(2) 정보에 대한 접근금지(예를 들어, 업무수행팀의 엄격한 물리적 격리, 자료 보관의 기밀과 보안유지)
(3) 업무수행팀 구성원에게 기밀유지와 보안문제에 대한 명확한 지침 제공
(4) 회계법인의 파트너와 직원에게 기밀유지약정서에 대한 서명 요구
(5) 안전장치의 적용상황에 대하여, 해당 의뢰인에 대한 업무에 참여하지 아니하는 상급자가 정기적으로 검토 실시

▶ 윤230.1
개업공인회계사가 의뢰인이 아닌 회사로부터 특정 상황이나 거래와 관련하여, 회계, 감사, 보고, 또는 기타 기준이나 원칙의 적용에 대하여 제2의견의 제공을 요청받은 경우, 윤리강령의 준수에 대한 위협이 발생될 수 있다. 예를 들어, 제2의견이 그 회사의 기존공인회계사가 알고 있는 사실과 동일한 사실에 근거하지 않거나, 부적합한 증거에 근거하여 형성되는 경우, 전문가적 적격성과 정당한 주의 강령 준수에 대한 위협이 발생할 수 있다. 해당 위협이 얼마나 중요한지는 제2의견을 요청받은 상황과 전문가적 의견표명의 근거가 된 관련 사실 및 가정에 달려 있다.

▶ 윤230.2
개업공인회계사는 제2의견을 제공해 달라는 요청을 받은 경우, 발생하는 위협이 얼마나 중요한지를 평가하여야 하며, 해당 위협이 명백하게 경미한 경우 외에는 해당 위협을 제거하거나 수용 가능한 수준 이하로 감소시키기 위해 필요한 안전장치를 강구하고 이를 적용하여야 한다. 이러한 안전장치에는 해당 회사에 기존공인회계사와의 논의를 허용하여 줄 것을 요청하고, 제2의견 표명의 한계를 설명하며, 기존공인회계사에게 당해 제2의견의 사본을 제공하는 것이 포함된다.

Ch 2.13	이해상충	윤220.1	2018 문제1 물음1 배점 3

공인회계사는 직무를 수행함에 있어 단지 의뢰인이나 본인이 속한 조직의 요구사항을 충족시키는 데에만 그치지 않고 공익을 보호해야 할 책임이 있다. 공인회계사에게 요구되는 윤리사항과 법적 의무에 대한 다음의 독립적인 사례별로 물음에 답하시오.

[사례]
X회계법인은 5개의 사업부(1~5본부)로 구성되어 있으며, 주요 업무영역은 인증업무와 재무자문(deal service)업무이다. 현재 1본부의 파트너(사원)인 김 회계사는 A(주)가 보유 중인 비상장주식(C)의 매각자문업무를 수행하고 있다. 한편 최근에 3본부의 파트너(사원)인 박 회계사는 B(주)로부터 A(주)가 매각을 추진하고 있는 C주식을 매수하고 싶다는 의향과 함께 매수자문서비스를 제공해 줄 것을 요청받았다.
(물음) 박 회계사가 B(주)의 업무요청을 수용한다면, X회계법인 입장에서 어떠한 윤리강령 준수에 위협이 발생할 수 있는가?

정답 및 해설

공정 or 비밀유지 강령에 대한 위협

▶ 윤220.1
개업공인회계사는 이해상충을 유발할 수 있는 상황을 파악하기 위하여 합리적인 조치를 취하여야 한다. 이해상충을 유발할 수 있는 상황은 윤리강령 준수에 대한 위협을 야기할 수 있다. 예를 들어, 개업공인회계사가 직접적으로 의뢰인과 경쟁하거나 또는 의뢰인의 주요 경쟁자와 동업 관계 또는 유사한 협약을 맺고 있는 경우 공정 강령 준수에 대한 위협이 발생할 수 있다. 또한 개업공인회계사가 이해가 서로 상충하는 의뢰인들 또는 어떤 문제나 거래와 관련하여 서로 다른 입장에서 분쟁 중에 있는 의뢰인들에게 동시에 업무를 제공하는 경우에는 공정 또는 비밀유지 강령의 준수에 대한 위협이 발생할 수 있다.

Ch 2.14	안전장치	윤220.3~4	2018 문제1 물음2 배점 3

공인회계사는 직무를 수행함에 있어 단지 의뢰인이나 본인이 속한 조직의 요구사항을 충족시키는 데에만 그치지 않고 공익을 보호해야 할 책임이 있다. 공인회계사에게 요구되는 윤리사항과 법적 의무에 대한 다음의 사례에 대해 물음에 답하시오.

[사례] X회계법인은 5개의 사업부(1~5본부)로 구성되어 있으며, 주요 업무영역은 인증업무와 재무자문(deal service)업무이다. 현재 1본부의 파트너(사원)인 김 회계사는 A(주)가 보유 중인 비상장주식(C)의 매각자문업무를 수행하고 있다. 한편 최근에 3본부의 파트너(사원)인 박 회계사는 B(주)로부터 A(주)가 매각을 추진하고 있는 C주식을 매수하고 싶다는 의향과 함께 매수자문서비스를 제공해 줄 것을 요청받았다.

위 사례에서 발생하는 위협이 명백하게 경미하지 않다면, 이를 수용 가능한 수준 이하로 감소시키기 위해 X회계법인이 강구해야 할 필수적(기본적) 안전장치와 추가적 안전장치를 서술하시오. 단, 추가적 안전장치는 [예시] 외의 사항으로 두 가지만 서술하시오.

정답 및 해설

▶ 윤220.3

이해상충과 관련된 안전장치는 위협이 발생되는 상황에 따라 달라지며, 통상적으로 다음의 내용을 포함하여야 한다.

(1) 회계법인은 이해상충이 있을 수 있는 사업적 이해관계나 영업활동 중 의뢰인과 이해상충이 될 수 있는 사항이 생긴 경우에는, 이를 의뢰인에게 통보하고 이러한 상황에 대하여 의뢰인의 동의를 얻어야 한다.

(2) 개업공인회계사는 어떤 사항에 관하여 이해관계가 서로 상충하고 있는 둘 이상의 당사자들을 위하여 직무를 수행하는 경우, 이를 관련된 모든 이해관계자에게 통보하여야 하며 이러한 입장에 대한 동의를 얻어야 한다.

(3) 개업공인회계사는 신규수임업무(예를 들어, 특정지역이나 특정직무와 관련됨)를 제공함에 있어서 어느 한 의뢰인을 위해서만 배타적으로 활동하지 않는다는 점을 의뢰인에게 통보하여야 하며 이러한 입장에 대한 동의를 얻어야 한다.

▶ 윤220.4

이해상충과 관련하여 다음의 추가적인 안전장치를 강구하여야 한다.

(1) 업무수행팀의 분리 운영

(2) 정보에 대한 접근금지(예를 들어, 업무수행팀의 엄격한 물리적 격리, 자료 보관의 기밀과 보안유지)

(3) 업무수행팀 구성원에게 기밀유지와 보안문제에 대한 명확한 지침 제공

(4) 회계법인의 파트너와 직원에게 기밀유지약정서에 대한 서명 요구

(5) 안전장치의 적용상황에 대하여, 해당 의뢰인에 대한 업무에 참여하지 아니하는 상급자가 정기적으로 검토 실시

Ch 2.15	3자 손배책임(외감)	외31조	2022 문제1 물음5 배점 3

감사인의 책임은 다양한 법률에 규정되어 있다. 외부감사법은 감사인의 손해배상책임을 제3자에 대한 손해배상책임과 감사대상회사에 대한 손해배상책임으로 구분하고 있다. 이 중 감사인의 제3자에 대한 손해배상책임의 (1) 책임사유, (2) 면책사유, (3) 소멸시효를 각각 서술하시오(단, 소멸시효의 경우 감사인 선임 시 계약으로 기간을 연장하지 않는 경우를 가정함).

정답 및 해설

(1) 책임사유: 감사인이 ⓐ 중요한 사항에 관하여 감사보고서에 ⓑ 적지 아니하거나 거짓으로 적음으로써 이를 ⓒ 믿고 이용한 제3자에게 ⓓ 손해를 발생하게 한 경우에는 그 감사인은 제3자에게 손해를 배상할 책임이 있다.

(2) 면책사유: 감사인 또는 감사에 참여한 공인회계사가 손해배상책임을 면하기 위하여는 그 임무를 게을리하지 아니하였음을 증명하여야 한다.(예외: 금융기관)

(3) 소멸시효: 그 청구권자가 해당 사실을 안 날부터 1년 이내 또는 감사보고서를 제출한 날부터 8년 이내

▶ 외31조(손해배상책임)

① 감사인이 그 임무를 게을리하여 회사에 손해를 발생하게 한 경우에는 그 감사인은 회사에 손해를 배상할 책임이 있다.

② 감사인이 중요한 사항에 관하여 감사보고서에 적지 아니하거나 거짓으로 적음으로써 이를 믿고 이용한 제3자에게 손해를 발생하게 한 경우에는 그 감사인은 제3자에게 손해를 배상할 책임이 있다. 다만, 연결재무제표에 대한 감사보고서에 중요한 사항을 적지 아니하거나 거짓으로 적은 책임이 종속회사 또는 관계회사의 감사인에게 있는 경우에는 해당 감사인은 이를 믿고 이용한 제3자에게 손해를 배상할 책임이 있다.

③ 제1항 또는 제2항에 해당하는 감사인이 감사반인 경우에는 해당 회사에 대한 감사에 참여한 공인회계사가 연대하여 손해를 배상할 책임을 진다.

④ 감사인이 회사 또는 제3자에게 손해를 배상할 책임이 있는 경우에 해당 회사의 이사 또는 감사(감사위원회가 설치된 경우에는 감사위원회의 위원을 말한다. 이하 이 항에서 같다)도 그 책임이 있으면 그 감사인과 해당 회사의 이사 및 감사는 연대하여 손해를 배상할 책임이 있다. 다만, 손해를 배상할 책임이 있는 자가 고의가 없는 경우에 그 자는 법원이 귀책사유에 따라 정하는 책임비율에 따라 손해를 배상할 책임이 있다.

⑤ 제4항 단서에도 불구하고 손해배상을 청구하는 자의 소득인정액(「국민기초생활 보장법」 제2조 제9호에 따른 소득인정액을 말한다)이 대통령령으로 정하는 금액 이하에 해당되는 경우에는 감사인과 해당 회사의 이사 및 감사는 연대하여 손해를 배상할 책임이 있다.

⑥ 제4항 단서에 따라 손해를 배상할 책임이 있는 자 중 배상능력이 없는 자가 있어 손해액의 일부를 배상하지 못하는 경우에는 같은 항 단서에 따라 정해진 각자 책임비율의 100분의 50 범위에서 대통령령으로 정하는 바에 따라 손해액을 추가로 배상할 책임을 진다.

⑦ 감사인 또는 감사에 참여한 공인회계사가 제1항부터 제3항까지의 규정에 따른 손해배상책임을 면하기 위하여는 그 임무를 게을리하지 아니하였음을 증명하여야 한다. 다만, 다음 각 호의 어느 하나에 해당하는 자가 감사인 또는 감사에 참여한 공인회계사에 대하여 손해배상 청구의 소를 제기하는 경우에는 그 자가 감사인 또는 감사에 참여한 공인회계사가 임무를 게을리하였음을 증명하여야 한다.

1. 제10조에 따라 감사인을 선임한 회사
2. 「은행법」 제2조 제1항 제2호에 따른 은행
3. 「농업협동조합법」에 따른 농협은행 또는 「수산업협동조합법」에 따른 수협은행
4. 「보험업법」에 따른 보험회사
5. 「자본시장과 금융투자업에 관한 법률」에 따른 종합금융회사
6. 「상호저축은행법」에 따른 상호저축은행

⑧ 감사인은 제1항부터 제4항까지의 규정에 따른 손해배상책임을 보장하기 위하여 총리령으로 정하는 바에 따라 제32조에 따른 손해배상공동기금의 적립 또는 보험가입 등 필요한 조치를 하여야 한다.

⑨ 제1항부터 제4항까지의 규정에 따른 손해배상책임은 그 청구권자가 해당 사실을 안 날부터 1년 이내 또는 감사보고서를 제출한 날부터 8년 이내에 청구권을 행사하지 아니하면 소멸한다. 다만, 제10조에 따른 선임을 할 때 계약으로 그 기간을 연장할 수 있다.

Ch 2.16	손해배상책임(민법/자본시장법/외감법)	민법750, 766, 외 31조 ②⑦⑨ 자본시장법170조 ①	2014 문제3 물음4 배점 4

유가증권시장상장법인 B사에 대한 감사의견은 '적정'이었으며 감사보고서는 적절히 공시되었다. 그런데 B사의 소액주주들로부터 회계감사에 대한 소송가능성이 제기되었다. 이에 따라 한국회계법인은 감사보고서이용자에 대한 감사인의 법적 책임을 검토하였다. 조사결과 해당 법률은 민법, 「자본시장과 금융투자업에 관한 법률」(이하 "자본시장법"이라 한다), 외감법의 규정이 해당됨을 확인하였으며, 이 법률들이 정하고 있는 감사보고서 이용자에 대한 감사인의 법적 책임 내용은 원고·피고의 자격, 위법사유, 입증책임자 및 소멸시효 등이 서로 다르다는 것을 파악하였다.

(요구사항)
위 사항과 관련하여, "감사보고서이용자에 대한 감사인의 손해배상책임"과 관련하여 민법, 자본시장법, 외감법이 각각 정하고 있는 (1) 원고, (2) 입증책임자, (3) 소멸시효의 내용을 비교하여 요약하시오.

정답 및 해설

1. **외감법:** (1) 원고: 제3자(정보이용자) (2) 입증책임자: 감사인(원고인 금융기관) (3) 소멸시효: 안 날부터 1년, 감사보고서 제출일부터 8년
2. **자본시장법:** 외감법 준용
3. **민법:** (1) 원고: 피해자 (2) 입증책임자: 피해자 (3) 소멸시효: 안 날부터 3년, 불법행위 안 날부터 10년

▶ 민750조(불법행위의 내용)
고의 또는 과실로 인한 위법행위로 타인에게 손해를 가한 자는 그 손해를 배상할 책임이 있다.

▶ 민766조(손해배상청구권의 소멸시효)
① 불법행위로 인한 손해배상의 청구권은 피해자나 그 법정대리인이 그 손해 및 가해자를 안 날로부터 3년간 이를 행사하지 아니하면 시효로 인하여 소멸한다.
② 불법행위를 한 날로부터 10년을 경과한 때에도 전항과 같다.
③ 미성년자가 성폭력, 성추행, 성희롱, 그 밖의 성적(性的) 침해를 당한 경우에 이로 인한 손해배상청구권의 소멸시효는 그가 성년이 될 때까지는 진행되지 아니한다.

▶ 외31조(손해배상책임)

▶ 자170조(회계감사인의 손해배상책임)
①「주식회사 등의 외부감사에 관한 법률」 제31조 제2항부터 제9항까지의 규정은 선의의 투자자가 사업보고서 등에 첨부된 회계감사인(외국회계감사인을 포함한다. 이하 이 조에서 같다)의 감사보고서를 신뢰하여 손해를 입은 경우 그 회계감사인의 손해배상책임에 관하여 준용한다.

Ch 2.17	감사인 손배책임 보장제도	외32조, 외시39조 공 28조,20조	2022 문제1 물음6 배점 3

공인회계사법상 특수법인인 회계법인은 상법상 유한회사의 준용규정에 따라 유한책임을 지게 된다. 감사인의 손해배상책임 보장제도로는 손해배상공동기금과 손해배상준비금이 있다. 손해배상공동기금과 손해배상준비금의 차이점을 두 가지만 서술하시오.

정답 및 해설

ⓐ 손해배상공동기금: "주식회사 등의 외부감사에 관한 법률"에 근거하여 외부(한국공인회계사회)에 적립이 강제됨.
ⓑ 손해배상준비금: "공인회계사법"에 근거하여 적립이 강제되며, 회계법인 총매출액의 일정비율을 준비금 형태로 사내 유보하여 배당을 방지하는 방식임.

▶ 외32조(손해배상공동기금의 적립 등)

① 회계법인은 제31조 제1항 및 제2항에 따른 회사 또는 제3자에 대한 손해를 배상하기 위하여 한국공인회계사회에 손해배상공동기금(이하 "공동기금"이라 한다)을 적립하여야 한다. 다만, 대통령령으로 정하는 배상책임보험에 가입한 경우에는 공동기금 중 제2항에 따른 연간적립금을 적립하지 아니할 수 있다.
② 제1항에 따라 적립하여야 할 공동기금은 기본적립금과 매 사업연도 연간적립금으로 하며, 그 적립한도 및 적립금액은 대통령령으로 정한다.
③ 제1항에 따라 공동기금을 적립한 회계법인은 대통령령으로 정하는 경우 외에는 한국공인회계사회에 적립한 공동기금을 양도하거나 담보로 제공할 수 없으며, 누구든지 이를 압류 또는 가압류할 수 없다.

▶ 외감법 시행령 39조(손해배상공동기금의 적립금액 등)

① 법 제32조 제2항에 따라 회계법인이 같은 조 제1항에 따른 손해배상공동기금(이하 "공동기금"이라 한다)으로 적립하여야 하는 기본적립금은 다음 각 호의 구분에 따른 금액으로 한다.
   1. 회계법인에 소속된 공인회계사의 수(산정방법은 한국공인회계사회가 정하는 바에 따른다. 이하 같다)가 100명 미만인 경우: 5천만 원
   2. 회계법인에 소속된 공인회계사의 수가 100명 이상인 경우: 2억 5천만 원
② 법 제32조 제2항에 따른 적립한도는 직전 2개 사업연도와 해당 사업연도 감사보수 평균의 20퍼센트로 한다. 이 경우 적립금 총액(회계법인이 공동기금으로 적립하여야 하는 기본적립금과 연간적립금의 누계액 및 그 운용수익금의 합계액을 말한다. 이하 이 조 및 제42조에서 같다) 산정 시 법 제29조 제3항 제3호에 따른 추가 적립금은 제외한다.
③ 회계법인이 매년 공동기금으로 적립하여야 하는 연간적립금은 해당 사업연도 감사보수의 4퍼센트로 한다. 다만, 금융위원회는 회계법인의 감사보수 증가율, 적립금 총액 또는 법 제33조 제5항에 따른 공동기금의 실질잔액 등을 고려하여 회계법인이 연간적립금의 적립비율을 달리하여 적립하게 할 수 있다.
④ 제3항에도 불구하고 증권선물위원회는 법 제29조 제3항 제3호에 해당하는 회계법인에 직전 사업연도 감사보수의 3퍼센트 이내의 금액을 연간적립금으로 추가 적립하게 할 수 있다.
⑤ 한국공인회계사회는 제4항에 따라 추가로 적립된 연간적립금(그 적립금의 운용수익금은 제외한다)에 대하여 추가 적립의 원인이 되는 감사업무에 대한 법 제31조 제9항에 따른 손해배상 청구권 행사기간이 끝났을 때에는 이를 적립한 회계법인의 반환청구에 따라 반환한다. 다만, 손해배상 청구권 행사기간 종료일에 그 감사업무를 원인으로 하여 법 제31조에 따른 손해배상을 청구하는 소송이 진행 중인 경우에는 그 소송의 확정판결이 내려진 후에 반환한다.
⑥ 회계법인은 다음 각 호의 어느 하나에 해당하는 경우 해당 초과분에 상당하는 금액을 인출할 수 있다.
   1. 제1항 제2호에 해당하는 회계법인이 같은 항 제1호에 해당하게 된 경우: 기본적립금의 초과분(초과분 운용에 따른 수익금을 포함한다)
   2. 해당 회계법인의 적립금 총액이 적립한도의 110퍼센트를 넘게 된 경우: 적립한도의 초과분

▶ 공인회계사법 제28조(손해배상준비금)

① 회계법인은 제2조의 규정에 의한 직무를 행하다가 발생시킨 위촉인의 손해에 대한 배상책임을 보장하기 위하여 대통령령이 정하는 바에 따라 매 사업연도마다 손해배상준비금을 적립하여야 한다.
② 제1항의 규정에 의한 손해배상준비금은 금융위원회의 승인 없이는 손해배상 외의 다른 용도에 사용할 수 없다.

▶ 공인회계사법 시행령 제20조(손해배상준비금의 적립)

① 회계법인은 법 제28조 제1항의 규정에 의하여 당해 사업연도 총 매출액의 100분의 2에 해당하는 금액을 매 사업연도마다 손해배상준비금으로 적립하여야 한다.

② 회계법인은 제1항의 규정에 의한 손해배상준비금을 직전 2개사업연도 및 당해 사업연도 총 매출액 평균의 100분의 10에 해당하는 금액에 달할 때까지 적립하여야 한다.

③ 회계법인은 손해배상준비금의 사용으로 이사 또는 소속공인회계사를 포함한 직원에게 구상권을 행사한 경우 그 구상한 금액을 손해배상준비금에 계상하여야 한다.

Ch 3.1	감사품질제도	220.15~22	2023 문제1 물음6 배점 3

다음은 감사품질 관련 제도 및 절차에 대한 설명이다. 각 항목별로 설명이 적절한지 여부를 기재하고, 적절하지 않은 경우 그 이유를 2줄 이내로 서술하시오.

① 감사인 주기적 지정제도와 상장법인 감사인 등록제도는 감사인의 독립성을 제고함으로써 감사인의 감사품질을 개선하기 위한 제도이다.

② 감사인의 자체적인 품질관리 활동인 업무품질관리검토는 감사기준서 220에서 제시하는 품질관리요인 6개 항목 중 '모니터링'과 관련된 사항이다.

정답 및 해설

① 주기적 지정제는 독립성 ↑, 감사인 등록제도는 적격성 ↑ → 감사품질 개선

② 업무품질관리검토는 "감사업무의 수행"과 관련 QC 구성요소임

▶ 220 FS감사의 품질관리 요구사항(8~25)

- 감사품질에 대한 리더십 책임(8)
- 관련 윤리적 요구사항(9~11)
  - 독립성(11)
- 의뢰인관계와 감사업무의 수용과 유지(12~13)
- 업무팀의 배정(14)
- 감사업무의 수행(15~22)
  - 지휘, 감독 및 수행(15)
  - 검토(16~17)
  - 자문(18)
  - 업무품질관리검토(19~21)
  - 의견의 차이(22)
- 모니터링(23)
- 문서화(24~25)

Ch 3.2	업무품질관리검토자 문서화	220.25	2022 문제3 물음5 배점 3

업무품질관리검토자는 재무제표 감사의 품질관리를 위해 검토 종결 시 검토한 감사업무에 대해 문서화하여야 한다. 업무품질관리검토자가 문서화해야 할 사항 세 가지를 각각 1줄 이내로 서술하시오.

정답 및 해설

▶ 220.25
업무품질관리검토자는 검토한 감사업무에 대하여 다음 사항을 문서화하여야 한다.
(a) 업무품질관리검토에 관하여 회계법인의 정책에서 요구되는 절차를 수행하였음
(b) 업무품질관리검토는 감사보고서일 또는 그 전에 종료되었음
(c) 검토자는 업무팀이 내린 유의적 판단과 도달된 결론이 적합하지 않았다고 판단할 만한 어떠한 미해결 사항도 인지하고 있지 아니함

Ch 3.3	업무품질관리검토	220.2	2020 문제3 물음4 배점 3

[상황] 다음은 경북(주)를 감사하고 있는 신입회계사와 그 상급자인 현장책임회계사의 대화 내용이다.

(현장책임회계사) 이제 기말감사 시즌이 끝나갑니다. 경북(주)가 이해관계자도 많고 유의한 중요왜곡표시위험이 많아서 다른 회사 감사보다 업무량이 많았던 것 같습니다.
(신입회계사) 네. 특히 내부 업무품질관리검토 절차를 통과하기가 매우 힘들었던 것 같습니다.
(현장책임회계사) 최종감사파일 취합완료일이 감사보고서일로부터 60일 이내이니 잘 처리해주세요.

업무품질관리검토자는 업무팀이 내린 유의적 판단사항과 감사보고서의 작성과정에서 도달된 결론들에 대하여 객관적인 평가를 수행하여야 한다. 이러한 평가를 위해 업무품질관리검토자가 수행해야 할 절차 두 가지를 각각 1줄 이내로 서술하시오(단, 아래 〈예시〉는 제외할 것).

〈예시〉 업무팀이 내린 유의적 판단 및 도달된 결론과 관련된 감사문서를 선정하여 검토

정답 및 해설

업무품질관리검토자는 업무팀이 내린 유의적 판단사항과 감사보고서의 형성 과정에서 도달된 결론들에 대하여 객관적인 평가를 수행하여야 한다. 이 평가에는 다음 사항이 포함되어야 한다.
(a) 유의적 사항을 업무수행이사와 논의
(b) 재무제표와 감사보고서의 초안을 검토
(c) 업무팀이 내린 유의적 판단 및 도달된 결론과 관련된 감사문서를 선정하여 검토
(d) 감사보고서를 작성할 때 도달된 결론들을 평가하고 감사보고서 초안이 적합한지 여부를 고려

▶ 220.2
품질관리시스템, 정책과 절차는 회계법인의 책임이다. 회계법인은 품질관리기준서1에 따라 다음에 대하여 합리적 확신을 제공할 수 있도록 품질관리시스템을 수립하고 유지할 의무가 있다.
(a) 회계법인과 그 구성원이 전문직 기준 및 관련 법규의 요구사항을 준수하고 있음
(b) 회계법인 또는 업무수행이사가 발행하는 보고서가 해당 상황에 적합함
이 감사기준서는 회계법인이 품질관리기준서(1) 또는 최소한 이에 준하는 해당 국가의 요구사항을 따른다는 것을 기본적으로 전제한다.

Ch 3.4	품질관리 책임자	품질관리기준서1 16 220.8	2017 문제8 물음1 배점 3

품질관리기준서1과 감사기준서 220은 감사인이 재무제표감사 등 인증업무를 수행할 때 준수하여야 할 감사인의 품질관리 책임을 전사적 조직 차원과 개별감사업무 차원으로 각각 정하고 있다.
상기 기준서들에서 정하고 있는 ① 전사적 조직 차원과 ② 개별감사업무 차원의 감사인 품질관리 책임에 대한 궁극적 책임자를 각각 기재하시오.

정답 및 해설

① 전사적 조직 차원 품질관리책임: 회계법인
② 개별감사업무 차원 품질관리책임: 업무수행이사

Ch 3.5	품질관리시스템 내용	220.9~14 품1 27, 품1 29, 품1 23	2017 문제8 물음2 배점 3

품질관리기준서1과 감사기준서 220은 감사인이 재무제표감사 등 인증업무를 수행할 때 준수하여야 할 감사인의 품질관리 책임을 전사적 조직 차원과 개별감사업무 차원으로 각각 정하고 있다.
다음은 양 기준서가 정한 ① 전사적 조직 차원과 ② 개별감사업무 차원의 품질관리 항목 중 서로 관계가 있는 항목을 나타낸 것이다.

구분	① 전사적 조직 차원의 품질관리	② 개별감사업무 차원의 품질관리
근거 기준서	품질관리기준서1	감사기준서 220
대응 항목	(a) 회계법인 내 품질에 대한 리더십 책임	(a) 감사품질에 대한 리더십 책임
	(b) 관련 윤리적 요구사항	(b) 관련 윤리적 요구사항
	(c) 의뢰인 관계 및 특정 업무의 수용과 유지	(c) 의뢰인 관계와 감사업무의 수용과 유지
	(d) 인적 자원	(d) 업무팀의 배정
	(e) 업무의 수행	(e) 감사업무의 수행
	(f) 모니터링	(f) 모니터링
	(g) 품질관리시스템의 문서화	(g) 문서화

감사기준서 220에 따르면, "개별감사업무 차원" 품질관리절차 중 일부 항목의 품질관리 책임에 대해서는 원칙적으로 "전사적 조직 차원의 품질관리시스템"에 의존할 권리가 있다고 정하였다. ① 전사적 조직 차원의 (b), (c), (d), (f)가 이러한 항목에 해당된다.
다음은 이 네 가지 전사적 조직차원 품질관리항목과 관련이 있는 "개별감사업무 차원"의 품질관리 절차에 대한 설명이다.

(가) 새로운 의뢰인으로부터 감사업무 수임 전에, 의뢰인 관계와 감사업무의 수용과 유지에 대하여 주주 · 경영진 · 지배기구의 성실성, 전사적 및 개별감사업무 차원의 윤리적 요구사항 충족 여부, 당기 또는 이전에 감사업무 수행 시 발생한 유의적 사항의 검토 등 의뢰인 관계 및 감사업무의 수용 · 유지에 대한 절차를 충족하여야 한다.
(나) 전문적 기준과 해당 법규의 요구 사항에 따라 필요한 적격성과 역량을 보유한 적합한 구성원으로 업무팀을 구성하여야 한다.
(다) 해당 개별감사업무에 적용되는 독립성이 준수되는지 확인하고, 위반사항 식별 시 독립성 위협 여부, 안전장치 적용 및 감사계약 해지 등의 조치를 취하여야 한다.

(라) 전사적 조직 차원의 모니터링 결과 발견된 미비점들이 해당 개별감사업무에 어떻게 영향을 미치는지 고려한다.

(요구사항) (가), (나), (다)의 각 항목에 대하여 다음에 답하시오.

(1) "① 전사적 조직 차원의 품질관리" 항목인 (b), (c), (d) 중 어느 항목과 관련되는지 기재하시오.

(2) "② 개별감사업무 차원" 품질관리에 활용되는 해당 "① 전사적 조직 차원"의 품질관리제도 또는 시스템의 구체적 내용을 서술하시오(답안 작성은 아래 [답안양식]을 사용하되, 예시로 제시한 모니터링 관련 (라) 항목은 제외할 것).

[예시] (라): (f): 매년 기말감사가 종료된 후 일부 개별감사업무를 선정하여 감사절차 적절성을 전사적 차원에서 검토하는 절차. 즉, "전사적 조직 차원"의 주기적 품질관리 시스템에 대한 모니터링 절차(미비점 평가 및 커뮤니케이션 포함)의 수행.

정답 및 해설

(가) – (c), (나) – (d), (라) – (b)

▶ 품1 27 (c) 업무의 수용과 유지

이러한 정책과 절차는 다음 사항을 요구하여야 한다.

(a) 새로운 의뢰인과 업무를 수임하기 전, 기존의 업무를 유지할 것인지 여부를 결정할 때, 그리고 기존 의뢰인과의 새로운 업무를 수임할 것인지를 고려할 때, 회계법인은 해당 상황에서 필요하다고 생각한 정보를 입수함.

(b) 새로운 의뢰인이나 기존 의뢰인의 업무를 수임할 때 잠재적인 이해상충이 식별된 경우, 회계법인은 해당 업무를 수임하는 것이 적합한지 여부를 결정함.

(c) 이슈가 식별되었음에도 회계법인이 의뢰인 관계나 특정 업무를 수용하거나 유지하기로 결정한 경우, 회계법인은 이러한 이슈가 어떻게 해결되었는지를 문서화함.

▶ 품1 29 (d) 인적 자원

회계법인은 다음 사항에 필요한 적격성과 역량을 갖추고 윤리원칙을 준수하는 충분한 인력을 보유하고 있다는 합리적 확신을 제공하도록 설계된 정책과 절차를 수립하여야 한다.

(a) 전문직 기준과 해당 법규의 요구사항에 따라 업무를 수행함.

(b) 회계법인이나 업무수행이사가 해당 상황에 적합한 보고서를 발행할 수 있도록 함.

▶ 품1 23 (b) 관련 윤리적 요구사항

독립성 요구사항의 위반이 통보된다는 합리적 확신을 제공하며 그러한 상황을 해결하기 위해 적합한 조치를 취할 수 있도록 설계된 정책과 절차를 회계법인은 수립하여야 한다. 이러한 정책과 절차에는 다음에 대한 요구사항을 포함하여야 한다.

(a) 구성원들은 자신이 알게 된 독립성 위반을 회계법인에 신속히 통보하여야 한다.

(b) 회계법인은 이러한 정책과 절차의 위반을 식별한 경우, 다음의 사람들에게 신속히 커뮤니케이션하여야 한다.

　(i) 회계법인과 더불어 독립성 위반에 대처할 책임이 있는 업무수행이사

　(ii) 적합한 조치를 취할 필요가 있는 회계법인(적절한 경우 네트워크 회계법인 포함) 내의 다른 관련 구성원 및 독립성 요구사항의 적용 대상자

(c) 필요한 경우, 업무수행이사와 상기 (b)(ii)에서 언급한 다른 개인들은 이 사항을 해결하기 위해 취한 조치를 회계법인에 신속히 커뮤니케이션하여, 회계법인이 추가적인 조치를 취하여야 하는지 여부를 결정할 수 있도록 한다.

▶ 기준서 관련 사항

[관련 윤리적 요구사항]

▶ 220.9 업무수행이사는 감사업무의 전 과정에 걸쳐 필요한 관찰과 질문을 통해 업무팀원이 관련 윤리적 요구사항을 위반하고 있다는 증거에 대하여 주의를 유지하여야 한다.

▶ 220.10 업무수행이사는 회계법인의 품질관리시스템 등을 통해 업무팀원이 관련 윤리적 요구사항을 위반하고 있음을 시사하는 사항을 알게 되면, 회계법인 내부의 다른 사람들로부터 자문을 받아 적합한 조치를 결정하여야 한다.

[독립성]

▶ 220.11 업무수행이사는 감사업무에 적용되는 독립성 요구사항의 준수에 관한 결론을 내려야 한다. 이와 관련하여 업무수행이사는 다음의 절차를 수행하여야 한다.

(a) 회계법인, 그리고 해당되는 경우 네트워크 회계법인으로부터 관련 정보를 입수하여 독립성에 위협을 일으키는 상황과 관계를 식별하고 평가함

(b) 회계법인의 독립성 정책과 절차를 위반한 사실이 식별된 경우, 위반사실에 관한 정보를 평가하여 이 사실이 감사업무의 독립성에 위협을 발생시키는지 여부를 결정함

(c) 안전장치를 적용하여 그러한 위협을 제거하거나 수용 가능한 수준으로 감소시키기 위한 적합한 조치를 취함. 또는, 적합하다고 고려되면, 법규상 가능한 경우 해당 감사업무를 해지하기 위한 적합한 조치를 취함. 업무수행이사는 적합한 조치를 통하여 해당 사항을 해결할 수 없다면 신속히 이를 회계법인에 보고한다.

[의뢰인관계와 감사업무의 수용과 유지]

▶ 220.12 업무수행이사는 의뢰인 관계와 감사업무의 수용과 유지에 관하여 적합한 절차들이 지켜졌는지 만족할 수 있어야 하며, 이에 대하여 도달된 결론이 적합한지 결정하여야 한다.

▶ 220.13 조기에 알았더라면 회계법인이 감사업무를 거절하였을 정보를 업무수행이사가 입수한 경우, 회계법인과 업무수행이사가 필요한 조치를 취할 수 있도록 업무수행이사는 회계법인에 해당 정보를 신속히 커뮤니케이션하여야 한다.

[업무팀의 배정]

▶ 220.14 업무수행이사는 업무팀, 그리고 업무팀원이 아닌 감사인 측 전문가들이 총체적으로 다음 사항을 수행하는 데 적합한 적격성과 역량을 보유하고 있는지에 대하여 만족할 수 있어야 한다.

(a) 전문직 기준과 해당 법규의 요구사항에 따라 감사업무를 수행함

(b) 해당 상황에 적합한 감사보고서를 발행할 수 있음

Ch 3.6	업무품질관리검토	220.20, 220.19 220.21	2017 문제8 물음3 배점 3

"(감사)업무품질관리검토"는 감사인의 품질관리책임 항목 중 "(e) (감사)업무의 수행"과 관련된 사항이다. 이에 대한 내용은 다음과 같이 요약된다.

구분	① 전사적 조직차원의 품질관리	② 개별감사업무차원의 품질관리
관련 요구사항	(i) 업무품질관리검토 정책과 절차 수립	전사적 업무품질관리 검토 관련 정책을 개별 감사 업무에 적용
	(ii) 업무품질관리검토자의 적격성 기준 수립	

위와 같은 관점을 고려하여, "(감사)업무품질관리 검토"에 대하여 다음 질문에 답하시오.

(요구사항)

(1) 업무품질관리검토자의 업무품질관리검토 수행목적을 서술하시오.

(2) 전사적 조직차원의 업무품질관리검토 관련 정책을 개별감사업무에 적용함에 있어서, 모든 상장기업 감사에서 수행하여야 할 업무품질관리검토 절차 세 가지를 서술하시오.

정답 및 해설

(1) 업무QC검토의 목적: 업무팀이 내린 유의적 판단사항과 감사보고 시 도달된 결론들에 대하여 객관적인 평가를 수행하여 감사품질을 향상시킨다.

(2) QCP의 상장기업 고려사항 (220.21)

① 감사업무 관련 회계법인 독립성에 대한 업무팀의 평가

② 의견 차이 사항들 혹은 어렵거나 논쟁 여지 사항들에 관하여 적합한 자문 여부 & 자문 도출 결론

③ 검토를 위해 선정된 감사문서는 유의적 판단 관련 업무를 반영하고 도달된 결론들을 뒷받침하는지 여부

▶ 220.20

업무품질관리검토자는 업무팀이 내린 유의적 판단사항과 감사보고서의 형성 과정에서 도달된 결론들에 대하여 객관적인 평가를 수행하여야 한다. 이 평가에는 다음 사항이 포함되어야 한다.

(a) 유의적 사항을 업무수행이사와 논의

(b) 재무제표와 감사보고서의 초안을 검토

(c) 업무팀이 내린 유의적 판단 및 도달된 결론과 관련된 감사문서를 선정하여 검토

(d) 감사보고서를 작성할 때 도달된 결론들을 평가하고 감사보고서 초안이 적합한지 여부를 고려

▶ 220.19

상장기업의 재무제표감사 그리고 회계법인이 업무품질관리검토가 필요하다고 결정한 기타의 감사업무에 대하여, 업무수행이사는 다음의 절차를 수행하여야 한다.

(a) 업무품질관리검토자가 선임되었는지 결정함

(b) 업무품질관리검토 중에 식별된 사항 등 감사업무의 수행 중에 야기된 유의적 사항을 업무품질관리검토자와 논의함

(c) 감사보고서일자를 업무품질관리검토의 종료일 전의 일자로 하지 않음

▶ 220.21

상장기업의 재무제표감사에 대하여, 업무품질관리검토자는 업무품질관리검토 수행에 관하여 다음 사항도 고려하여야 한다.

(a) 해당 감사업무와 관련, 회계법인의 독립성에 대한 업무팀의 평가

(b) 의견의 차이가 있는 사항들 혹은 어렵거나 논쟁의 여지가 있는 사항들에 관하여 적합한 자문이 있었는지 여부, 그리고 그러한 자문으로부터 도출된 결론

(c) 검토를 위해 선정된 감사문서는 유의적 판단들과 관련된 업무를 반영하고 있으며 도달된 결론들을 뒷받침하는지 여부

Ch 3.7	조직 품질관리 요소	품1 16	2013 문제3 물음2 배점 5

다음은 회계감사기준 적용지침상의 감사인(회계법인 등)의 전체조직이 적용하는 품질관리절차의 목적(또는 요소)에 관련된 사례들을 제시한 것이다.

[요구사항] 아래 예시와 같이 아래 (A), (B), (C)의 내용에 해당하는 감사인(회계법인 등)의 전체조직이 적용하는 품질관리절차의 목적(또는 요소)이 무엇인지 기재하시오.

〈예시〉

회계법인은 신규감사 체결 시 품질관리부서에서 정한 신규수임회사 재무상태 점검 프로그램에서 일정 평가점수 이하가 나온 회사에 대해서는 신규감사계약 특별승인위원회의 별도 승인절차를 거친 경우에 한하여 계약을 수임하도록 정하고 있다. (→ 신규감사의 체결과 기존감사 계약의 유지)

(A) A회계법인은 모든 소속 회계사들에게 매년 1회 독립성 규정 준수 여부를 표본조사하고, 동시에 전 회계사들에게 본인의 독립성 준수 사실을 확인하는 확인서를 서명 날인하여 제출하도록 규정하고 있다.

(B) B회계법인은 회계감사업무에 참여하는 소속회계사들에게 공인회계사법에서 요구하는 최소 교육시간 이외에도 연 80시간 이상의 IFRS 지식, 회계감사방법론, 산업별 전문감사교육 등 일정수준의 추가교육을 이수한 사람에 한하여 감사업무에 참여할 수 있도록 내부규정을 제정하여 시행하고 있다.

(C) C회계법인은 각 회계사들이 수행한 감사절차에 대해서 최소한 1명 이상의 상급자가 검토한 후에 감사조서를 문서화하도록 의무화하고 있다.

정답 및 해설

(1) 관련 윤리적 요구사항 (2) 인적 자원 (3) 업무의 수행

▶ 품질관리기준서1 16
회계법인은 다음 각 구성요소에 대한 정책과 절차를 포함하는 품질관리시스템을 구축하고 유지하여야 한다.
(a) 회계법인 내 품질에 대한 리더십 책임
(b) 관련 윤리적 요구사항
(c) 의뢰인 관계 및 특정 업무의 수용과 유지
(d) 인적 자원
(e) 업무의 수행
(f) 모니터링

Ch 3.8	품질관리	외26조	2017 문제8 물음4 배점 4

『주식회사의외부감사에관한법률』 등은 회계감사의 품질관리를 규제하기 위한 감리제도를 정하고 있다. 이에 따른 ① 전사적 조직 차원 품질관리와 ② 개별감사업무 차원 품질관리를 각각 대상으로 하는 감리제도의 유형을 나누어 기재하시오.

정답 및 해설

① 전사적 조직 차원 품질관리 감리제도: 품질관리 준수여부에 대한 감리(감사인 감리)
② 개별감사업무 차원 품질관리 감리제도: 감사보고서에 대한 감리(감사보고서 감리)

▶ 외26조(증권선물위원회의 감리업무 등)
① 증권선물위원회는 재무제표 및 감사보고서의 신뢰도를 높이기 위하여 다음 각 호의 업무를 한다.
1. 제23조 제1항에 따라 감사인이 제출한 감사보고서에 대하여 제16조에 따른 회계감사기준의 준수 여부에 대한 감리
2. 제23조 제3항에 따라 회사가 제출한 재무제표에 대하여 제5조에 따른 회계처리기준의 준수 여부에 대한 감리
3. 감사인의 감사업무에 대하여 제17조에 따른 품질관리기준의 준수 여부에 대한 감리 및 품질관리수준에 대한 평가
4. 그 밖에 대통령령으로 정하는 업무

② 이 법에 따른 증권선물위원회의 업무수행에 필요한 사항은 금융위원회가 증권선물위원회의 심의를 거쳐 정한다.

Ch 3.9	독립성훼손 시 대응	220.A46	2022 문제1 물음4 배점 2

감사인은 감사업무를 수행할 때 독립성을 충족하여야 한다. 감사인이 독립성 훼손사실을 알게 된 경우 적절한 감사인의 대응조치를 그 시기에 따라 (1) 계약체결기한 이전, (2) 계약체결기한 이후로 구분하여 각각 1줄 이내로 서술하시오(단, 독립성 위반사유를 단기간 내에 해소할 수 없다고 가정함).

정답 및 해설

(1) 계약체결 이전: 수임을 거부
(2) 계약체결 이후: 법규상 가능 시 감사업무를 해지

▶ 220.A46
업무수행이사는 감사업무와 관련하여 안전장치로 제거하거나 수용 가능한 수준으로 감소시킬 수 없는 독립성 훼손위협을 식별하게 될 수 있다. 그러한 경우에는 문단 11(c)에서 요구하는 바와 같이, 업무수행이사는 회계법인 내부의 관련자에게 보고하여 적합한 조치를 결정하도록 한다. 그러한 적합한 조치에는 독립성 훼손위협을 발생시키는 활동이나 이해관계를 제거하거나, 또는 법규상 가능한 경우 해당 감사업무를 해지하는 것이 포함될 수 있다.

Ch 3.10	독립성유지기간	윤290.31	2020 문제1 물음4 배점 2

감사인은 재무제표 감사업무와 관련된 독립성 요구사항 등 윤리적 요구사항을 준수하여야 한다. 공인회계사 윤리기준에 근거하여 다음 물음에 답하시오.

[상황 2]
다음은 회계감사 수업시간에 이루어진 교수와 학생 간의 대화 내용이다.
(교수) 공인회계사는 감사업무를 수행함에 있어 정신적 독립성과 외관상 독립성을 유지하여야 합니다.
(학생) 교수님! 그럼 독립성은 언제부터 언제까지 유지해야 하는 건가요?
(교수) 회계법인과 감사업무팀의 구성원은 감사업무 수임기간 동안 감사의뢰인에 대한 독립성을 유지해야 합니다.
(학생) 그럼 감사업무 수임기간에는 감사대상 재무제표의 회계기간은 포함되지 않는 건가요?
(교수) 아닙니다. 감사업무 수임기간에는 감사대상 재무제표의 회계기간이 포함됩니다. 따라서 감사대상 재무제표의 회계기간 개시일 이후에 감사업무를 수임하려는 회계법인은 독립성 훼손위협을 발생시키는 상황이 있는지 여부를 확인해야 합니다. 예를 들어, 회계법인이 재무제표 회계기간 개시일로부터 해당 감사업무를 수임하기 이전 기간 동안 감사의뢰인에게 비감사업무를 제공했을 수도 있습니다. 이런 경우 회계법인은 감사업무 수임 이전에 제공한 비감사업무가 해당 감사업무에 대한 독립성을 위협하는지를 판단해야 합니다.

인증업무 수임기간은 인증업무 착수일(인증업무 계약체결일과 실제 인증업무 착수일 중 빠른 날)로부터 인증업무 종료일까지이다. 인증업무가 ① 비반복적인 경우와 ② 반복적인 경우로 구분하여 인증업무 종료일이 언제인지 서술하시오.

정답 및 해설

▶ 윤290.31
인증업무팀의 구성원과 회계법인은 인증업무수임기간 동안 인증의뢰인에 대한 독립성을 유지하여야 한다. 업무수임기간은 인증업무팀이 업무를 착수한 일로부터 인증보고서 발행일까지이다. 반복적인 인증업무의 수임기간 종료일은 어느 일방의 계약당사자가 전문적 관계가 종료되었음을 통고한 일자와 최종 인증업무보고서의 발행일자 중 더 나중 일자로 한다.

Ch 3.11	외관상 독립성 중요성	윤290.14~19	2017 문제1 물음3 배점 4

회계감사와 관련한 독립성은 정신적 독립성과 외관상 독립성으로 구분된다. 다음은 1년차 스태프회계사와 그 상급자인 현장 책임회계사와의 대화 내용이다.

(현장 책임회계사) 감사에 참여하는 모든 회계사들은 본인이 회사와의 외관상 독립성을 준수하였는지 체크해서 저에게 알려주세요.

(스태프회계사) 회계사님! 감사인은 정신적 독립성을 유지하는 자세가 중요하지, 외관상 독립성이 그렇게 중요한가요?

(현장 책임회계사) 정신적 독립성과 외관상 독립성 모두 감사품질을 유지하는 데 중요하지만 특히 감사인은 외관상 독립성을 유지하는 것이 무엇보다 중요합니다.

(스태프회계사) 글쎄요. 실제로는 정신적으로 독립적이지 못한 경우도 있는데, 외관상 독립성만을 그렇게 요란스럽게 따지는 이유가 잘 이해되지 않습니다.

(요구사항) 당신이 현장 책임회계사라면 1년 차 스태프회계사에게 외관상 독립성의 중요성을 어떻게 강조할 것인지 두 가지만 서술하시오.

정답 및 해설

① 감사보고서 신뢰도 ↑: FS감사는 잠재적이고 광범위한 정보이용자와 관련. (if 정신적 독립성 만족 & 외관상 독립성 만족X → 정보이용자의 감사보고서에 대한 신뢰도 ↓) ∴ FS감사업무에서는 정신적 독립성도 중요하지만 외관상 독립성은 특히 중요 → FS감사의뢰인을 위해서 FS감사의뢰인으로부터 독립적이어야 함.

② 안전장치의 유효성 ↑: CPA는 독립성 훼손위협을 평가하고, 해당 위협을 제거하거나 수용 가능한 수준 이하로 감소시키는 데 필요한 안전장치를 강구하게 된다. (if 정신적 독립성 만족 & 외관상 독립성 만족X → 안전장치의 유효성 ↓ → 위협을 수용 가능한 수준 이하 ↓불가능) ∴ 외관상 독립성은 안전장치의 유효성 ↑에 중요.

▶ 윤290.14

재무제표감사업무는 잠재적이고 광범위한 정보이용자와 관련이 있다. 따라서 재무제표감사업무에서는 정신적 독립성도 중요하지만 외관상 독립성은 특히 중요하다. 그러므로 인증업무팀의 구성원 및 회계법인 등은 재무제표감사의뢰인을 위해서 재무제표감사의뢰인으로부터 독립적이어야 한다. 이러한 독립성 요구사항은 인증업무팀의 구성원과 인증대상정보(재무제표)에 직접적이고 심각한 영향력을 미칠 수 있는 직위에 있는 재무제표감사의뢰인의 임직원 간의 특정 관계를 금지하는 내용을 포함한다. 또한 인증대상(재무상태, 경영성과 및 현금흐름)에 직접적이고 심각한 영향을 미칠 수 있는 직위에 있는 직원과의 관계에 의하여 독립성 훼손위협이 발생하는지 여부도 고려하여야 한다.

▶ 윤290.15

재무제표감사 외의 "주장기준 인증업무"를 수행하는 인증업무팀의 구성원과 회계법인은 인증의뢰인(인증대상업무 책임자, 즉 인증대상정보뿐만 아니라 인증대상에도 책임을 지는 자일 수 있음.)으로부터 독립적이어야 한다. 이러한 독립성 요구사항은 인증업무팀의 구성원과 인증대상정보에 직접적이고 중요한 영향력을 발휘할 수 있는 직위에 있는 의뢰인 간의 특정 관계를 금지하는 내용을 포함한다. 그리고 인증대상에 대하여 직접적이고 심각한 영향을 미칠 수 있는 직위에 있는 직원과의 관계에 의하여 독립성 훼손위협이 발생할 수 있는지 여부도 감안하여야 한다. 또한 회계법인은 네트워크 회계법인의 이해관계 및 유대관계에 의하여 발생할 수 있다고 판단되는 독립성 훼손위협을 고려하여야 한다.

▶ 윤290.16

재무제표감사 외의 대부분의 "주장기준 인증업무"에서는 인증대상업무 책임자가 인증대상정보와 인증대상 모두에 대하여 책임을 진다. 하지만 어떤 경우에는 인증대상업무 책임자가 인증대상에 책임을 지지 않을 수도 있다. 예를 들어, 환경전문가가 의도된 이용자에게 배포할 목적으로 기업의 지속가능성실무에 대한 보고서를 작성하고 개업공인회계사가 이 보고서에 대한 인증업무를 수행하는 경우, 동 환경전문가는 인증대상정보에 책임을 지고 기업은 인증대상(지속가능성실무)에 책임을 진다.

▶ 윤290.17
재무제표감사업무 외의 "주장기준 인증업무"에서 인증대상업무 책임자가 인증대상정보에 책임을 지고 인증대상에는 책임을 지지 않는 경우, 인증업무팀의 구성원과 회계법인은 인증대상정보 책임자(인증의뢰인)로부터 독립적이어야 한다. 또한 회계법인은 인증업무팀의 구성원 및 회계법인 등과 인증대상 책임자 간의 이해관계 및 유대관계에 의하여 발생할 수 있다고 생각되는 독립성 훼손위협도 고려하여야 한다.

▶ 윤290.18
"직접보고 인증업무"를 수행하는 인증업무팀의 구성원과 회계법인은 인증의뢰인(인증대상업무 책임자)으로부터 독립적이어야 한다.

▶ 윤290.19
재무제표감사 외의 인증업무에서 보고서 이용자가 명시적으로 제한이 되어 있는 경우, 인증보고서 이용자는 인증대상의 평가 및 측정의 준거기준을 포함하여 회계법인의 인증업무수행절차의 성격과 범위를 정하는 데 참여하게 되며, 따라서 인증의 목적, 인증대상정보 및 인증보고서의 한계를 충분히 지득하고 있는 것으로 간주된다. 인증보고서 이용자가 이러한 한계를 충분히 알고 있으며, 회계법인이 모든 인증보고서 이용자와 안전장치에 관한 논의를 할 수 있는 능력을 강화하는 것은 외관상 독립성에 대한 안전장치의 유효성을 증가시킨다. 회계법인은 이러한 상황을 감안하여 독립성 훼손위협을 평가하고, 해당 위협을 제거하거나 수용 가능한 수준 이하로 감소시키는 데 필요한 안전장치를 강구하게 된다. 인증업무팀의 구성원과 그의 직계가족 또는 측근가족의 독립성을 평가할 때에는 최소한 이 장의 규정을 적용할 필요가 있을 것이다. 만약에 회계법인이 인증의뢰인과 직·간접적인 중요한 재무적 이해관계(financial interest)를 가지고 있는 경우라면, 이때 발생하는 이기적 위협은 매우 심각하므로 어떠한 안전장치도 동 위협을 수용 가능한 수준 이하로 감소시킬 수 없게 된다. 하지만 네트워크 회계법인의 이해관계 및 유대관계에 의하여 발생하는 위협에 대해서는 이 장의 규정을 제한적으로 고려해도 충분할 것이다.

Ch 3.12	FS작성금지(외감)	외시8조⑥	2019 문제8 물음1 배점 2

회계투명성을 향상시키기 위한 기본적인 출발점은 회계정보의 생산단계에서부터 기업의 경제적 실질을 적정하게 보고하는 환경을 조성하고, 회사 경영진들에게 재무제표 작성에 대한 책임을 인식시키는 것이다. 이러한 점을 반영하여 관련 법규 등에서 재무제표 작성에 대한 회사의 책임 강화를 규정하고 있다.

「주식회사등의외부감사에관한법률」에서는 감사인은 해당 회사의 재무제표 작성 등에 응해서는 아니 되며, 특히 회사가 감사인에게 이를 요구해서는 아니 된다고 규정하고 있다. 또한 동법 시행령에서 이를 구체화하여 규정하고 있는 바, 재무제표 작성책임과 관련된 회사 및 감사인의 세부 금지행위를 제시하시오. (단, 아래 [예시]는 제외할 것).

[예시] 해당 회사의 재무제표를 대표이사와 회계담당 이사(회계담당 이사가 없는 경우에는 회계업무를 집행하는 직원을 말한다)를 대신하여 작성하는 행위

정답 및 해설

▶ 외감법 시행령 제8조(재무제표의 작성 책임 및 제출) FS작성 금지행위
⑥ 법 제6조 제6항에서 "대통령령으로 정하는 행위"란 다음 각 호의 어느 하나에 해당하는 행위를 말한다.
1. 해당 회사의 재무제표를 대표이사와 회계담당 이사(회계담당 이사가 없는 경우에는 회계업무를 집행하는 직원을 말한다)를 대신하여 작성하는 행위
2. 해당 회사의 재무제표 작성과 관련된 회계처리에 대한 자문에 응하는 행위
3. 해당 회사의 재무제표 작성에 필요한 계산 또는 회계 분개[분개, 부기(簿記)에서 거래 내용을 차변(借邊)과 대변(貸邊)으로 나누어 적는 일을 말한다]를 대신하여 해주는 행위

4. 해당 회사의 재무제표 작성과 관련된 회계처리방법의 결정에 관여하는 행위 ⑥ 법 제6조 제6항에서 "대통령령으로 정하는 행위"란 다음 각 호의 어느 하나에 해당하는 행위를 말한다.

▶ **외감법 제6조 제6항(재무제표의 작성 책임 및 제출)**

⑥ 회사의 감사인 및 그 감사인에 소속된 공인회계사는 해당 회사의 재무제표를 대표이사와 회계담당 임원을 대신하여 작성하거나 재무제표 작성과 관련된 회계처리에 대한 자문에 응하는 등 대통령령으로 정하는 행위를 해서는 아니 되며, 해당 회사는 감사인 및 그 감사인에 소속된 공인회계사에게 이러한 행위를 요구해서는 아니 된다.

Ch 3.13	감사인 금지업무	공21조②1.	2013 문제2 물음4 배점 3

갑(주)의 회계담당자는 X회계법인의 갑(주) 회계감사 담당회계사인 김OO 회계사에게 IFRS의 도입에 따른 연결재무제표 작성의 어려움을 호소하며 회사의 연결조정 관련 분개를 직접 작성해 주도록 요청하였다. 위 상황에서 김OO 회계사는, 연결조정 분개를 작성하여 줄 경우, 감사인이 재무제표 감사계약 체결기간 중 법규상 금지된 업무를 행하는 결과가 될 수 있다고 회사 측에 설명하였다.

(1) 김OO 회계사가 설명한 내용은 법규상 수행이 금지된 업무 중 어떠한 유형에 해당되는가?

(2) 위 업무는 감사인의 독립성 훼손 위협 중 어떠한 항목과 관련된 것인가?

정답 및 해설

(1) 회계기록과 재무제표의 작성

(2) 자기검토위협

▶ **공21조(직무제한) ②1**

② 공인회계사는 특정 회사(해당 회사가 다른 회사와 「주식회사 등의 외부감사에 관한 법률」 제2조 제3호에 따른 지배·종속 관계에 있어 연결재무제표를 작성하는 경우 그 다른 회사를 포함한다)의 재무제표를 감사하거나 증명하는 업무를 수행하는 계약을 체결하고 있는 기간 중에는 해당 회사에 대하여 다음 각 호의 어느 하나에 해당하는 업무를 할 수 없다.

1. 회계기록과 재무제표의 작성

Ch 3.14	독립성과 안전장치(고용예정)	윤290.145	2021 문제1 물음4 배점 3

(주)대한을 5년째 감사하고 있는 나투명 회계사는 이번 감사시즌이 끝난 후 (주)대한의 재무담당부장으로 이직할 예정이다. 이 경우 발생할 수 있는 독립성 훼손위협을 수용 가능한 수준 이하로 감소시키기 위해 나투명 회계사의 소속 회계법인이 갖추어야 할 안전장치 두 가지를 서술하시오(단, 아래 〈예시〉는 제외할 것).

〈예시〉 해당 개인이 업무수행기간 동안 행한 중요한 판단에 대하여 독립적인 검토를 수행할 것을 고려하여야 한다.

정답 및 해설

▶ 윤290.145

인증업무에 참여하고 있는 인증업무팀의 구성원이 장래의 특정 시점에 인증의뢰인에게 고용될 것을 알고 있거나 또는 이를 믿을 만한 근거가 있는 경우 이기적 위협이 발생한다. 이러한 위협을 수용 가능한 수준 이하로 감소시키기 위해서는 다음의 모든 안전장치를 적용하여야 한다.

(1) 인증의뢰인과 진지하게 고용협상을 시작하는 해당 개인에게 이러한 사실을 회계법인에 통보하도록 요구하는 정책과 절차

(2) 해당 개인을 해당 인증업무에서 제외시킴.

또한 (3) 개인이 업무수행기간 동안 행한 중요한 판단에 대하여 독립적인 검토를 수행할 것을 고려하여야 한다.

Ch 3.15	위협 & 안전장치	윤240.1	2019 문제1 물음1 배점 2

공인회계사윤리기준은 개념체계접근법을 기본원리로 삼으면서 윤리강령의 준수, 위협유형의 파악, 제도적 안전장치의 강구, 적절한 조치로 구성되어 있으며, 공인회계사가 업무를 수행하면서 윤리기준의 준수에 위협을 받을 때 대처하는 접근방법을 체계화시켜 보여주고 있다.

[사례]

X회계법인은 가람(주)로부터 재무제표 감사업무의 수임을 요청받았다. 가람(주)는 전기에 Y회계법인으로부터 재무제표 감사를 받았으며, 전기에 지급한 감사수수료는 1억 원이었다. 가람(주)는 X회계법인에 감사보수를 7천만 원으로 낮추어 감사계약을 요청하였다.

X회계법인이 가람(주)의 감사업무요청을 수용한다면, 윤리강령 준수를 방해하는 다양한 위협 중 어느 위협이 발생할 수 있는지를 기재하시오.

정답 및 해설

전문가적 적격성과 정당한 주의 강령 준수에 대한 이기적 위협 발생

▶ 윤240.1

개업공인회계사는 전문서비스의 제안과 관련하여 보수를 협상함에 있어서 본인이 적절하다고 생각되는 보수를 얼마든지 제시할 수 있다. 어느 한 개업공인회계사가 다른 개업공인회계사보다 낮은 보수를 제시하는 것이 그 자체로는 비윤리적인 것이 아니다. 그러나 제시된 보수의 수준에 따라 윤리강령 준수에 대한 위협이 발생할 수도 있다. 예컨대, 제시된 보수가 너무 낮아서, 그 가격으로는 해당 업무를 수행함에 있어서 적용하여야 하는 기술적·전문적 기준을 준수하기가 어려울 경우에는, 전문가적 적격성과 정당한 주의 강령의 준수에 대한 이기적 위협이 발생한다.

Ch 3.16	위협 & 안전장치	윤290.209	2019 문제1 물음2 배점 2

공인회계사윤리기준은 개념체계접근법을 기본원리로 삼으면서 윤리강령의 준수, 위협유형의 파악, 제도적 안전장치의 강구, 적절한 조치로 구성되어 있으며, 공인회계사가 업무를 수행하면서 윤리기준의 준수에 위협을 받을 때 대처하는 접근방법을 체계화시켜 보여주고 있다.

[사례]
X회계법인은 가람(주)로부터 재무제표 감사업무의 수임을 요청받았다. 가람(주)는 전기에 Y회계법인으로부터 재무제표 감사를 받았으며, 전기에 지급한 감사수수료는 1억 원이었다. 가람(주)는 X회계법인에 감사보수를 7천만 원으로 낮추어 감사계약을 요청하였다.
위의 사례에서 발생할 수 있는 윤리강령 준수에 대한 위협을 수용 가능한 수준 이하로 감소시키기 위해서, X회계법인이 반드시 취해야 할 안전장치 두 가지를 서술하시오.

정답 및 해설

▶ 윤290.209
회계법인이 전임회계법인의 보수 또는 다른 회계법인의 제안보수보다 상당히 더 낮은 금액의 보수로 인증업무를 수임하는 경우에 발생하는 이기적 위협은 다음의 안전장치를 모두 충족하여야 함.
(1) 적절한 시간의 투입과 자질 있는 구성원을 해당 업무에 배정함을 입증함.
(2) 인증업무와 관련된 모든 기준, 지침 및 품질관리절차의 준수를 입증함.

Ch 3.17	채권채무	공21조, 공33조 공시14, 15조, 윤290.187	2018 문제1 물음3 배점 3

공인회계사는 직무를 수행함에 있어 단지 의뢰인이나 본인이 속한 조직의 요구사항을 충족시키는 데에만 그치지 않고 공익을 보호해야 할 책임이 있다. 공인회계사에게 요구되는 윤리사항과 법적 의무에 대한 다음의 사례에 대하여 물음에 답하시오.

[사례] Y회계법인의 감사본부는 건설 및 분양사업을 영위하고 있는 C(주)와 감사계약을 추진하고 있다. Y회계법인의 감사본부는 건설업에 대해 높은 수준의 전문지식과 감사경험을 보유하고 있다. 한편 Y회계법인의 세무본부 파트너(사원)인 이 회계사는 C(주)가 분양한 아파트에 입주하면서 부족한 구입자금 7천만 원을 C(주)로부터 차입한 상황이다. Y회계법인의 감사본부와 세무본부는 독립채산제로 운영되고 있다.
(물음) Y회계법인이 C(주)의 감사계약 의뢰를 수용할 수 있는지 여부를 밝히고, 그 이유(또는 근거)를 서술하시오.

정답 및 해설

수용 가능. 감사계약 체결 전 발생 채무.

▶ 공21조(직무제한)
① 공인회계사는 다음 각호의 1에 해당하는 자에 대한 재무제표(연결포함)를 감사하거나 증명하는 직무를 행할 수 없다.
  1. 자기 또는 배우자가 임원이나 그에 준하는 직위(재무책임)에 있거나, 과거 1년 이내에 그러한 직위에 있었던 자

2. 자기 또는 배우자가 그 직원이거나 과거 1년 이내에 직원이었던 사람(배우자의 경우 재무에 관한 사무를 수행하는 직원으로 한정한다)
3. 제1호 및 제2호 외에 자기 또는 배우자와 뚜렷한 이해관계가 있어서 그 직무를 공정하게 행하는 데 지장이 있다고 인정되어 대통령령으로 정하는 자

② 공인회계사는 특정 회사(해당 회사가 다른 회사와 「주식회사 등의 외부감사에 관한 법률」 제2조 제3호에 따른 지배·종속 관계에 있어 연결재무제표를 작성하는 경우 그 다른 회사를 포함한다)의 재무제표를 감사하거나 증명하는 업무를 수행하는 계약을 체결하고 있는 기간 중에는 해당 회사에 대하여 다음 각 호의 어느 하나에 해당하는 업무를 할 수 없다.
1. 회계기록과 재무제표의 작성
2. 내부감사업무의 대행
3. 재무정보체제의 구축 또는 운영
4. 자산·자본, 그 밖의 권리 등(이하 "자산등"이라 한다)을 매도 또는 매수하기 위한 다음 각 목의 업무(부실채권의 회수를 목적으로 대통령령으로 정하는 사항은 제외한다)
   가. 자산등에 대한 실사·재무보고·가치평가
   나. 자산등의 매도·매수거래 또는 계약의 타당성에 대한 의견제시
5. 인사 및 조직 등에 관한 지원업무
6. 재무제표에 계상되는 보험충당부채 금액 산출과 관련되는 보험계리업무
7. 민·형사 소송에 대한 자문업무
8. 자금조달·투자 관련 알선 및 중개업무
9. 중요한 자산의 처분 및 양도, 지배인의 선임 또는 해임 등 경영에 관한 의사결정으로서 임원이나 이에 준하는 직위의 역할에 해당하는 업무
10. 그 밖에 재무제표의 감사 또는 증명업무와 이해상충의 소지가 있는 것으로서 대통령령으로 정하는 업무

▶ 공33조(직무제한)

① 회계법인은 다음 각호의 1에 해당하는 자에 대한 재무제표를 감사하거나 증명하는 직무를 행하지 못한다.
1. 회계법인이 주식을 소유하거나 출자하고 있는 자(會社를 포함한다. 이하 이 條에서 같다)
2. 회계법인의 사원이 제21조 제1항 각호의 1에 해당하는 관계가 있는 자
3. 제1호 및 제2호 외에 회계법인이 뚜렷한 이해관계를 가지고 있거나 과거 1년 이내에 그러한 이해관계를 가지고 있었던 것으로 인정되는 자로서 대통령령이 정하는 자

② 제21조 제2항 및 제3항의 규정은 회계법인에 관하여 이를 준용한다.

▶ 공시14조(직무제한)

① 법 제21조 제1항 제3호에서 "대통령령으로 정하는 자"란 공인회계사 또는 그 배우자와 다음 각 호의 관계에 있는 자를 말한다.
1. 해당 공인회계사 또는 그 배우자가 주식 또는 출자지분을 소유하고 있는 자. 다만, 감사기간[법 제21조 제2항 각 호 외의 부분에 따라 재무제표(「주식회사 등의 외부감사에 관한 법률」에 따른 연결재무제표를 포함한다. 이하 같다)를 감사하거나 증명하는 업무를 수행하는 계약을 체결하고 있는 기간을 말한다. 이하 같다] 중 합병·상속 또는 소송 등에 따라 주식 또는 출자지분을 비자발적으로 취득한 후 해당 주식 또는 출자지분을 지체 없이 처분한 경우는 제외한다.
2. 공인회계사 또는 그 배우자와 채권 또는 채무 관계에 있는 자. 다만, 다음 각 목의 채권 또는 채무는 제외한다.
   가. 법 제2조의 규정에 따른 공인회계사의 직무와 직접 관련된 채권
   나. 「금융소비자 보호에 관한 법률」에 따른 금융상품에 대해 「약관의 규제에 관한 법률」에 따른 약관(이하 "약관"이라 한다)에 따라 체결한 계약으로 발생한 채권 또는 채무 중 다음의 채권 또는 채무. 다만, 정당한 사유 없이 일반적인 거래조건보다 유리하게 체결한 계약이나 「금융산업의 구조개선에 관한 법률」 제10조 제2항에 따른 적기시정조치를 받거나 받아야 하는 금융기관과 체결한 계약으로 발생한 채권 또는 채무는 제외한다.
      1) 다음의 채권 또는 채무 중 감사기간 중에 만기를 연장한 계약으로 발생한 채권 또는 채무
         가) 주택담보대출·예금담보대출 등 일반적인 절차에 따라 담보를 제공하고 성립된 채무
         나) 「보험업법」에 따른 보험상품 계약으로 발생한 채권 또는 채무
      2) 건축물이나 주택의 분양·공급 등과 관련하여 「금융회사의 지배구조에 관한 법률」에 따른 금융회사와 일괄적으로 체결한 대출 계약으로 발생한 채무
      3) 「여신전문금융업법」에 따른 신용카드 사용에 따른 지급기일이 2개월 이내인 채무 중 연체되지 않은 채무
      4) 1)부터 3)까지의 채권 또는 채무 외의 것으로서 재무제표를 감사하거나 증명하는 업무를 수행하는 계약을 체결하기 전에 발생한 채권 또는 채무

다. 재무제표를 감사하거나 증명하는 업무를 수행하는 계약을 체결하기 전에 약관에 따라 구입하거나 정상적인 가액으로 구입한 회원권·시설물이용권 등 채권

라. 「근로자퇴직급여 보장법」에 따른 퇴직연금 등 채권

사. 감사기간 중 합병·상속 또는 소송 등에 의하여 비자발적으로 발생된 채권 또는 채무

아. 가목부터 사목까지의 채권 또는 채무 외의 것으로서 상거래를 위해 약관에 따라 체결된 계약으로 발생한 3천만 원 미만의 채권 또는 채무

3. 해당 공인회계사에게 무상으로 또는 일반적인 거래가격보다 현저히 낮은 대가로 공인회계사 사무소나 영업용 차량을 제공하고 있는 자
4. 해당 공인회계사에게 공인회계사 업무 외의 업무로 인하여 계속적인 보수를 지급하거나 기타 경제상의 특별한 이익을 제공하고 있는 자
5. 해당 공인회계사에게 법 제2조의 규정에 의한 직무를 수행하는 대가로 자기 회사의 주식·신주인수권부사채·전환사채 또는 주식매수선택권을 제공하였거나 제공하기로 한 자

② 공인회계사는 법 제21조 제2항 제4호 각 목 외의 부분에 따라 부실채권의 회수를 목적으로 하는 채권자협의체가 구성된 경우에 그 채권자협의체의 구성원(이하 "구성원"이라 한다)이 출자전환 또는 대주주의 담보제공 등을 원인으로 하여 취득한 자산·자본·그 밖의 권리 등(이하 "자산등"이라 한다)을 공동으로 매도하기 위하여 하는 법 제21조 제2항 제4호 각 목의 업무(이하 "실사등의 업무"라 한다)를 할 수 있다.

③ 제2항에도 불구하고 다음 각 호의 어느 하나에 해당하는 공인회계사는 제2항에 따른 실사등의 업무를 할 수 없다.

1. 자산등을 공동으로 매도하는 업무를 주관하는 구성원을 감사하거나 증명하는 업무를 수행하는 공인회계사
2. 공동으로 매도하고자 하는 자산등의 100분의 50 이상을 소유한 구성원을 감사하거나 증명하는 업무를 수행하는 공인회계사
3. 공인회계사가 감사하거나 증명하는 업무를 수행 중인 구성원들이 보유하고 있는 자산등의 합계가 공동으로 매도하고자 하는 자산등의 100분의 50 이상에 해당하는 공인회계사

④ 법 제21조 제3항에서 "내부통제절차 등 대통령령으로 정하는 절차"란 공인회계사가 법 제21조 제2항 각 호의 어느 하나에 해당하는 업무 외의 업무를 수행하기 전에 그 회사의 감사(「상법」 제415조의2에 따른 감사위원회를 포함한다. 이하 이 조에서 "감사등"이라 한다)와 그 업무에 대하여 협의하고, 이해상충의 소지가 높은 업무에 대하여는 감사등의 동의를 얻는 절차를 말한다.

⑤ 공인회계사는 제4항의 절차에 따라 그 업무를 수행한 경우에는 감사등과의 협의사항 및 감사등의 동의와 관련한 사항을 문서화하여 8년간 보존한다.

▶ 공시제15조의2(회계법인의 직무제한)

① 법 제33조 제1항 제3호에서 "대통령령이 정하는 자"라 함은 다음 각 호의 어느 하나에 해당하는 자를 말한다.

1. 과거 1년 이내에 자기의 재무제표 등에 대하여 감사 또는 증명업무를 행한 회계법인의 담당사원 또는 그 배우자가 임원이나 그에 준하는 직위(재무에 관한 사무의 책임 있는 담당자를 포함한다)에 있는 자
2. 회계법인과 1억 원 이상의 채권 또는 채무관계에 있는 자. 이 경우 제14조 제1항 제2호 단서의 규정은 회계법인에 대하여 이를 준용한다.
3. 회계법인과 제14조 제1항 제3호 내지 제5호의 규정에 준하는 관계가 있는 자

② 제14조 제2항 내지 제5항의 규정은 회계법인에 관하여 이를 준용한다. 이 경우 "공인회계사"는 "회계법인"으로 본다.

▶ 윤290.187

회계법인 등이 재무제표감사의뢰인 재무제표의 일부 정보를 산출하는 재무정보기술시스템의 설계 및 구축업무를 제공하는 경우 자기검토위협이 발생할 수 있다.

Ch 3.18	편중보수, 낮은 보수	윤290.206 윤290.209	2017 문제1 물음2 배점 3

A회계법인은 가나다그룹의 지배회사 갑(주)와 모든 종속회사들에 대한 감사업무 수임을 협의 중에 있다. A회계법인의 품질관리부서는 가나다그룹 감사업무 수임에 있어 두 가지 관점을 고려하고 있다.

① 가나다그룹 감사업무를 수임하게 될 경우, A회계법인의 총매출액(감사보수총액)에서 가나다그룹 전체의 감사보수가 차지하는 비중이 높다.

② 가나다그룹 감사업무를 묶음단위로 수임하게 되면, 갑(주)와 종속회사들 각각의 감사보수가 적정 보수 수준보다 지나치게 낮게 된다.

위 ①과 ② 상황은 공인회계사윤리기준에 기초하여 문제를 발생시킬 우려가 있다.

(요구사항) 위 ①과 ②의 상황이 공인회계사윤리기준상 문제가 있을 수 있는 내용을 (1) 공인회계사윤리기준에 기초하여 어떠한 문제가 우려되는지와 (2) 이러한 문제를 해소하고 감사업무를 수임하고자 할 때 감사인이 취할 수 있는 품질관리 방안으로 나누어 서술하시오.

정답 및 해설

▶ 윤290.206

특정 인증의뢰인에 대한 보수총액이 회계법인 보수총액의 상당한 부분을 차지하는 경우, 의뢰인이나 의뢰인 집단에 대한 수임의존도와 의뢰인 상실가능성에 대한 우려로 인하여 이기적 위협이 발생할 수 있다. 이러한 위협의 심각성은 다음과 같은 요인에 의하여 결정될 것이다.

- 회계법인의 조직구조
- 조직화가 잘 된 회계법인인지 아니면 새롭게 설립된 회계법인인지의 여부

이러한 독립성 훼손위협의 심각성을 평가하여야 하며, 해당 위협이 명백하게 경미한 경우 외에는 해당 위협을 수용 가능한 수준 이하로 감소시키는 데 필요한 안전장치를 강구하고 적용하여야 한다. 이러한 안전장치를 예시하면 다음과 같다.

- 감사위원회 등 내부감시기구와 보수의 범위와 성격에 관하여 논의함.
- 의뢰인에 대한 수임의존도를 줄이기 위한 조치를 취함.
- 외부의 품질관리검토를 받음.
- 해당 감독기관 또는 다른 공인회계사 등 제3자로부터 자문을 받음.

▶ 윤290.209

회계법인이 전임회계법인의 보수 또는 다른 회계법인의 제안보수보다 상당히 더 낮은 금액의 보수로 인증업무를 수임하는 경우에 발생하는 이기적 위협은 다음의 안전장치를 모두 충족하지 않는 한, 수용 가능한 수준 이하로 감소되지 아니할 것이다.

(1) 적절한 시간의 투입과 자질 있는 구성원을 해당 업무에 배정함을 입증함.
(2) 인증업무와 관련된 모든 기준, 지침 및 품질관리절차의 준수를 입증함.

Ch 3.19	성공보수	윤100.10 윤290.211	2015 문제1 물음4 배점 2

회사와 감사인은 감사를 수행하기 전에 감사계약을 체결한다. 공인회계사 윤리규정은 성공보수를 조건으로 감사계약을 체결하는 것을 금지하고 있다. 감사계약이 성공보수를 조건으로 체결될 경우 발생할 수 있는 위협은 무엇인지를 그 이유와 함께 서술하시오.

정답 및 해설

▶ 윤100.10

윤리강령의 준수에 지장을 초래할 수 있는 잠재적인 위협들은 상황에 따라 매우 다양하며, 다음과 같은 유형으로 분류된다.

(1) 이기적 위협. 공인회계사 본인, 그의 직계가족(immediate family) 또는 측근가족(close family)이 재무적 또는 기타 이해관계가 있는 경우에 발생한다.

(2) 자기검토위협. 공인회계사가 과거에 본인이 판단한 사항에 대하여 검토를 수행하는 경우에 발생한다.

(3) 변호위협. 공인회계사가 공정성이 손상될 수 있을 정도로 어떤 입장이나 의견을 옹호하는 경우에 발생한다.

(4) 유착위협. 공인회계사가 밀접한 관계로 인하여 타인의 이익에 지나치게 동정적이 되는 경우에 발생한다.

(5) 압력위협. 공인회계사가 현실적 또는 잠재적인 협박의 가능성 때문에 공정하지 못 하게 되는 경우에 발생한다.

이 윤리기준의 제2부와 제3부에서는 각각 개업공인회계사와 비개업공인회계사를 대상으로 하여, 이러한 종류의 위협이 발생되는 상황을 예시하고 있다. 제3부의 지침은 특별한 상황에서는 개업공인회계사에게도 적용될 수 있다.

▶ 윤290.211

회계법인이 인증업무와 관련하여 성공보수를 지급받기로 하는 경우 이기적 위협과 변호위협이 발생하며, 이러한 위협을 수용 가능한 수준 이하로 감소시키기 위한 안전장치가 존재하지 아니한다. 따라서 회계법인은 인증업무의 결과나 인증대상정보 항목에 의해 결정되는 성공보수를 조건으로 인증업무계약을 체결하여서는 아니 된다.

Ch 3.20	현저히 낮은 보수	윤240.1 윤290.200	2014 문제3 물음2 배점 4

코스닥시장상장법인 A사는 2013년도에 신규상장을 하였다. 이 회사의 대표이사는 회사가 이미 코스닥상장을 완료하였으므로, 2013년 외부감사보수 50백만 원이 너무 높다고 생각하고 있었다. 그러던 중 한국회계법인으로부터 연간감사보수 20백만 원의 감사계약을 제안받고 외부감사인을 변경하여, 한국회계법인과 2014년부터 3개 사업년도 감사계약을 체결하였다.

위와 같은 감사보수의 현저한 하락 상황은 공인회계사윤리기준에서 정한 전문가적 적격성과 정당한 주의강령의 준수에 대한 이기적 위협이 발생할 수 있다. 그러나 한국회계법인은 윤리기준상 안전장치(safeguard)를 적용함으로써 해당 위협을 제거하거나 수용 가능한 수준 이하로 감소시킬 수 있다고 판단하였다.

(요구사항)

(1) 감사보수의 현저한 하락이 왜 이기적 위협이 될 수 있는지 그 이유를 설명하고, (2) 이기적 위협에 대응하여 한국회계법인이 고려해야 할 안전장치의 예 2가지를 다음의 답안양식에 맞추어 각각 2줄 이내로 기술하시오.

정답 및 해설

(1) 이유: 윤240.1 / (2) 안전장치: 윤290.209

▶ 윤240.1

개업공인회계사는 전문서비스의 제안과 관련하여 보수를 협상함에 있어서 본인이 적절하다고 생각되는 보수를 얼마든지 제시할 수 있다. 어느 한 개업공인회계사가 다른 개업공인회계사보다 낮은 보수를 제시하는 것이 그 자체로는 비윤리적인 것이 아니다. 그러나 제시된 보수의 수준에 따라 윤리강령 준수에 대한 위협이 발생할 수도 있다. 예컨대, 제시된 보수가 너무 낮아서, 그 가격으로는 해당 업무를 수행함에 있어서 적용하여야 하는 기술적·전문적 기준을 준수하기가 어려울 경우에는, 전문가적 적격성과 정당한 주의 강령의 준수에 대한 이기적 위협이 발생한다.

▶ 윤290.200

재무제표감사 외의 어떤 인증업무의 경우에는, 인증대상업무 책임자가 여러 명 있을 수 있다. 이러한 업무를 수행하는 회계법인은 이 장의 규정을 각각의 인증대상업무 책임자에게 적용하는 것이 필요한지 여부를 결정할 때, 회계법인 및 인증업무팀의 구성원과 인증대상 책임자 간의 이해관계 및 유대관계에 의해 발생하는 독립성 훼손위협이 인증대상정보와 관련하여 명백하게 경미한지의 여부를 감·인증대상업무 책임자가 책임을 지고 있는 인증대상정보(또는 인증대상)의 중요성

- 당해 인증업무와 연관된 공익성의 정도

  회계법인이 어느 한 인증대상업무 책임자와의 이해관계 및 유대관계에 의하여 발생한 독립성 훼손위협이 명백하게 경미하다고 판단한 경우에는, 이 장에서 명시한 인증대상업무 책임자에 대한 규정을 모두 적용할 필요는 없다.

Ch 3.21	매수자문계약	공21조	2016 문제2 물음1 배점 2

다음의 상황에 대하여 감사인의 외부감사업무 수임 가능 여부를 판단하고, 그 이유를 서술하시오.

(상황) X회계법인은 A(주)와 주식매수자문계약을 체결하고 매수대상인 B(주)의 주식가치평가업무를 수행하고 있다. 최근에 X회계법인은 A(주)로부터 외부감사업무를 의뢰받았다.

정답 및 해설

X, 자기검토위협 ▶ 공21조(직무제한)

Ch 3.22	개인적 친밀관계	윤290.140	2016 문제2 물음2 배점 2

다음의 상황에 대하여 감사인의 외부감사업무 수임 가능 여부를 판단하고, 그 이유를 서술하시오.

(상황) Y회계법인의 업무수행이사(engagement partner)인 정 회계사는 C(주)의 신임 대표이사인 박 사장과 초등학교 동창으로 둘도 없는 친구이다. 최근에 Y회계법인은 C(주)로부터 외부감사업무를 의뢰받았다.

정답 및 해설

O, 법인사원과 개인적 관계는 이기적, 유착, 압력위험 존재 가능하나 안전장치로 수용 가능 수준 이하로 ↓ → 수임 가능

▶ 윤290.140
인증업무팀의 구성원이 아닌 회계법인의 파트너 또는 직원은, 자기와 가족관계 및 개인적 관계에 있는 자가 인증의뢰인의 임직원으로서, 인증대상정보에 직접적이고 심각한 영향을 미칠 수 있는 직위에 있는 경우, 이기적 위협, 유착위협 또는 압력위협이 발생하는지의 여부를 고려하여야 한다. 그러므로 회계법인의 파트너와 직원은 이러한 관계를 식별하여 회계법인이 정한 절차에 따라 자문을 구할 책임이 있다. 해당 위협의 심각성과 이러한 위협을 제거하거나 수용 가능한 수준 이하로 감소시키기에 적절한 안전장치의 판단에는 해당 관계의 친밀도, 해당 회계법인의 파트너 또는 직원과 인증업무팀의 상호작용, 해당 회계법인의 파트너 또는 직원의 직위 및 인증의뢰인 내에서 해당 개인의 역할 등을 고려하는 것이 포함될 것이다.
다만, 문단 290.136의 단서에서 언급한 법규의 규정에 의거, 회계법인은 회계법인의 파트너의 배우자가 과거 1년 이내에 회사의 임원이나 그에 준하는 직위(재무에 관한 사무의 책임 있는 담당자 포함)에 있었거나 사용인이었던 경우에는, 그 회사의 재무제표를 감사하거나 인증하는 업무를 수임할 수 없다.

Ch 3.23	친밀사업관계	윤290.132	2016 문제2 물음3 배점 2

다음의 상황에 대하여 감사인의 외부감사업무 수임 가능 여부를 판단하고, 그 이유를 서술하시오.

(상황) Z회계법인은 교육프로그램을 제작하는 D(주)와 제휴하여 모바일 회계교육프로그램을 공동으로 개발 · 판매하고 있다. 모바일 회계교육프로그램 매출이 Z회계법인의 전체 매출액에서 차지하는 비중은 1%에 불과하지만, D(주)의 전체 매출액에서 차지하는 비중은 30%에 달한다. 최근에 Z회계법인은 D(주)로부터 외부감사업무를 의뢰받았다.

정답 및 해설

X, 이기적, 압력 위협 존재하며 명백 · 경미가 아닌 한 안전장치는 없음.

▶ 윤290.132

회계법인이나 인증업무팀의 구성원과 인증의뢰인이나 그 경영자 간에 형성된 친밀한 사업관계 또는 회계법인 등과 재무제표감사의뢰인 간에 형성된 친밀한 사업관계는 상업적이거나 일반적인 재무적 이해관계를 수반할 것이며, 이기적 위협과 압력위협을 발생시킬 수 있다. 이러한 친밀한 관계를 예시하면 다음과 같다.

- 인증의뢰인 또는 그 지배주주, 임원 또는 기타 경영의사결정을 하는 자와의 공동투자에서 중요한 재무적 이해관계를 가지는 경우
- 회계법인과 인증의뢰인의 서비스나 상품을 결합하여 일괄 판매하는 약정을 체결한 경우
- 회계법인이나 인증의뢰인이 상대방의 상품이나 서비스를 유통하거나 마케팅을 수행하는 약정을 체결한 경우

재무제표감사의뢰인은 재무적 이해관계가 회계법인 등과 감사업무의뢰인 모두에게 중요하지 않고 그 관계가 명백하게 경미한 경우가 아닌 한, 이러한 독립성 훼손위협을 수용 가능한 수준 이하로 감소시킬 수 있는 안전장치가 존재하지 아니한다. 또한 재무제표감사의뢰인 외의 인증의뢰인의 경우에도 재무적 이해관계가 회계법인과 인증의뢰인 모두에게 중요하지 않고 그 관계가 명백하게 경미한 경우가 아닌 한, 이러한 독립성 훼손위협을 수용 가능한 수준 이하로 감소시킬 수 있는 안전장치가 존재하지 아니한다. 따라서 이러한 두 가지 상황 모두에 가능한 유일한 일련의 조치는 다음과 같다.

(1) 해당 사업관계를 종료함.

(2) 재무적 이해관계가 중요하지 않고 명백하게 경미한 관계가 될 수 있도록 관련 금액을 감소시킴.

(3) 해당 인증업무의 수행을 거절함.

인증업무팀의 구성원의 재무적 이해관계가 중요하지 않고 그 관계가 명백하게 경미한 경우가 아닌 한, 유일하게 적절한 안전장치는 해당 구성원을 인증업무팀에서 제외시키는 것이다.

Ch 3.24	독립성 훼손 위협	공21조, 33조, 공시14조, 15조의2, 윤290.187	2021 문제1 물음3 배점 3

다음의 각 독립적인 상황별로 한국회계법인의 재무제표 감사업무에 대한 독립성 충족여부, 그리고 관련되는 독립성 훼손위협의 종류를 쓰시오.

(1) 한국회계법인의 업무수행이사인 나투명 회계사가 대한은행에서 주택담보대출로 9천만 원을 차입한 상태에서 한국회계법인은 대한은행과 감사계약을 체결하였다.

(2) 한국회계법인은 (주)대한에 대해 감사업무와 관련된 채권 5천만 원과 금전소비대차거래로 인한 채권 1억 2천만 원을 가지고 있다.

(3) 한국회계법인은 (주)대한의 신규 감사인이며, 한국회계법인 업무수행이사의 배우자는 (주)대한의 재무담당이사였다가 2년 전에 퇴직하였다. 업무수행이사의 배우자는 퇴직 후 (주)대한의 주식을 취득하여 소유하고 있다.

(4) 한국회계법인은 (주)만세에 재무정보체제 구축 용역을 제공하고 있는 상태에서 (주)만세의 지배기업인 (주)대한과 연결재무제표에 대한 감사 계약을 체결하였다. (주)만세는 (주)대한의 연결재무제표에서 중요한 비중을 차지하고 있다.

정답 및 해설

(1) 충족. 이기적 위협
(2) 충족 불가. 이기적 위협
(3) 충족 불가. 이기적 위협 & 유착 위협
(4) 충족 불가. 자기검토 위협

Ch 3.25	비인증업무 안전장치	윤290.33	2020 문제1 물음5 배점 2

감사인은 재무제표 감사업무와 관련된 독립성 요구사항 등 윤리적 요구사항을 준수하여야 한다. 공인회계사 윤리기준에 근거하여 다음 물음에 답하시오.

[상황 2]
다음은 회계감사 수업시간에 이루어진 교수와 학생 간의 대화 내용이다.

(교수) 공인회계사는 감사업무를 수행함에 있어 정신적 독립성과 외관상 독립성을 유지하여야 합니다.

(학생) 교수님! 그럼 독립성은 언제부터 언제까지 유지해야 하는 건가요?

(교수) 회계법인과 감사업무팀의 구성원은 감사업무 수임기간 동안 감사의뢰인에 대한 독립성을 유지해야 합니다.

(학생) 그럼 감사업무 수임기간에는 감사대상 재무제표의 회계기간은 포함되지 않는 건가요?

(교수) 아닙니다. 감사업무 수임기간에는 감사대상 재무제표의 회계기간이 포함됩니다. 따라서 감사대상 재무제표의 회계기간 개시일 이후에 감사업무를 수임하려는 회계법인은 독립성 훼손위협을 발생시키는 상황이 있는지 여부를 확인해야 합니다. 예를 들어, 회계법인이 재무제표 회계기간 개시일로부터 해당 감사업무를 수임하기 이전 기간 동안 감사의뢰인에게 비감사업무를 제공했을 수도 있습니다. 이런 경우 회계법인은 감사업무 수임 이전에 제공한 비감사업무가 해당 감사업무에 대한 독립성을 위협하는지를 판단해야 합니다.

위 대화의 마지막 부분에 제시된 예에서 비감사업무 제공으로 인한 독립성 위협이 명백하게 경미한 경우가 아니라면, 회계법인이 해당 위협을 수용 가능한 수준 이하로 감소시키는 데 필요한 안전장치를 두 가지만 서술하시오(단, 해당 비감사업무는 적절한 안전장치를 통해 독립성 위협을 수용 가능한 수준 이하로 감소시킬 수 있는 경우에 해당함).

정답 및 해설

▶ 윤290.33

감사대상 재무제표의 회계기간 중 또는 그 이후에 재무제표감사업무를 착수한 경우로서, 감사업무기간 동안 제공이 금지되어 있는 비인증업무를 해당 감사업무를 착수하기 이전에 제공한 경우, 이러한 비인증업무가 해당 재무제표감사업무에 대한 독립성을 위협하는지 여부를 고려하여야 한다. 해당 위협이 명백하게 경미한 경우 외에는 해당 위협을 수용 가능한 수준 이하로 감소시키는 데 필요한 안전장치를 적용하여야 한다. 이러한 안전장치를 예시하면 다음과 같다.

- 당해 의뢰인의 감사위원회 등 내부감시기구와 이미 제공된 비인증업무와 관련된 독립성 문제를 논의
- 비인증업무의 결과에 대한 책임이 당해 의뢰인에게 있음을 인정하는 확인서를 입수
- 비인증업무를 제공한 구성원을 해당 재무제표감사업무에서 제외시킴.
- 다른 회계법인에 해당 비인증업무의 결과를 검토하게 하거나, 해당 비인증업무를 재수행하도록 함으로써, 타 회계법인이 해당 비인증업무에 대한 책임을 질 수 있도록 함.

Ch 3.26	독립성 훼손 위협	윤290.149 윤290.165	2023 문제1 물음2 배점 3

다음 각 독립적인 상황별로 한국회계법인의 업무 수임이 가능한지 여부와 독립성 훼손위협의 종류를 기재하시오.

[상황 1] 한국회계법인의 사원이 아닌 구성원 박 회계사는 비상장회사 (주)A의 상근감사직을 수행하고 있다. 한국회계법인은 비상장회사 (주)A의 외부감사업무를 수임하고자 한다.

[상황 2] 한국회계법인의 사원인 이 회계사는 상장회사 (주)B의 비상근감사직을 수행하고 있다. 한국회계법인은 (주)B의 비상장자회사 (주)C에 대한 외부감사업무를 수임하고자 한다.

[상황 3] 한국회계법인의 지점 사원인 김 회계사는 비상장회사 (주)D의 비상근감사직을 수행하고 있다. 한국회계법인의 본점 사원인 정 회계사가 (주)D의 외부감사업무를 수임하고자 한다.

[상황 4] 한국회계법인은 상장회사 (주)E의 외부감사를 수행하고 있다. 한국회계법인의 사원인 강 회계사가 (주)E의 종속회사인 (주)F에 대해 자산 실사업무를 수임하고자 한다.

[상황 5] 상장회사 (주)G는 비상장자회사 (주)H와 (주)I에 대해 각각 60%와 70%의 지분율을 보유하고 있다. (주)G는 자회사 (주)H의 사업부를 인수하고자 하는데, (주)I의 감사인인 한국회계법인의 사원인 최 회계사가 이에 대한 평가업무를 수임하고자 한다. 단, 한국회계법인은 (주)G와 (주)H의 감사인이 아니다.

정답 및 해설

(상황1) 수임 불가, 이기적 및 자기검토 위협(윤290.149)
(상황2) 수임 가능, 자기검토 위협(윤290.165) 단, C가 모회사 B에 중요성X
(상황3) 수임 불가, 이기적 및 자기검토 위협(윤290.149)
(상황4) 수임 불가, 자기검토 위협(윤290.165)
(상황5) 수임 가능, 자기검토 위협(윤290.165)
윤290.165 특수관계자 독립성유지:
ⓐ 의뢰인의 종속회사 + 의뢰인이 중요한 (ⓑ 지배회사 ⓒ 투자/관계사 ⓓ 자매사)
☞ 종속회사 PA → 지배회사 감사 불가(중요성 무관)
☞ 지배회사 PA → 종속회사 감사 가능(중요성 x → 자기검토위협 x & 안전장치로 위협 ↓ 가능 시)

▶ 윤290.149

회계법인의 파트너나 직원이 인증의뢰인의 임원으로 근무하는 경우에 발생하는 자기검토위협과 이기적 위협은 독립성에 매우 심각한 영향을 미치게 되므로, 이러한 위협을 수용 가능한 수준 이하로 감소시킬 수 있는 안전장치가 존재하지 아니한다. 재무제표감사업무의 경우에는, 네트워크 회계법인의 파트너나 직원이 재무제표감사의뢰인의 임원으로 근무하는 경우에 발생하는 독립성 훼손위협이 매우 심각한 영향을 미치게 되므로, 해당 위협을 수용 가능한 수준 이하로 감소시킬 수 있는 안전장치가 존재하지 아니한다. 따라서 회계법인 등의 파트너나 직원이 이러한 임원직을 수락하기 위한 유일한 대책은 인증업무의 수행을 거절하거나 인증업무계약을 해지하는 것이다.

▶ 윤290.165

재무제표감사의뢰인에게 제공하는 비인증업무 중 일부는 상당한 수준의 독립성 훼손위협을 발생시키므로, 이러한 위협을 제거하거나 수용 가능한 수준 이하로 감소시킬 수 있는 안전장치가 존재하지 않을 것이다. 하지만 해당 의뢰인의 특수관계자 또는 어느 한 사업부문, 또는 재무제표 일부 항목에 대한 비인증업무의 제공은 그 특수관계자, 부문 또는 그 재무제표 항목을 다른 회계법인이 감사하여 해당 위협을 수용 가능한 수준 이하로 감소시킬 수 있거나 또는 다른 회계법인이 책임을 질 수 있는 정도까지 해당 비인증업무를 재수행하는 경우에 허용될 것이다.

▶ 윤리기준 용어의 정의

"특수관계자(Related entity)"라 함은 의뢰인과 다음과 같은 관계를 가지는 회사를 말한다.

(1) 의뢰인에 대한 직간접적인 지배력을 가지는 회사로서, 의뢰인이 당해 회사에 중요한 경우
(2) 의뢰인과 직접적인 재무적 이해관계를 가지는 회사로서, 당해 회사가 의뢰인에게 중요한 영향력을 행사할 수 있으며, 의뢰인에 대한 이해관계가 당해 회사에 중요한 경우
(3) 의뢰인이 직간접적인 지배력을 가지는 회사
(4) 의뢰인 또는 위의 (3)의 회사가 중요한 영향력을 행사하는 직접적인 재무적 이해관계를 가지는 회사로서, 이러한 이해관계가 의뢰인과 위의 (3)의 회사에 중요한 경우 의뢰인과 공동의 통제하에 있는 회사[이하 자매회사(sister company)]로서, 동 자매회사와 의뢰인이 이들을 지배하는 회사에 각각 모두 중요한 경우에 한한다.

Ch 3.27	독립성 훼손 위협	공33조①, 공시14조 공시15조②, 윤290.17	2022 문제1 물음3 배점 3

다음의 각 독립적인 상황별로 A회계법인의 외부감사업무 수임 가능 여부를 판단하고, 그 이유를 서술하시오.

[상황 1] A회계법인에서 (주)대한의 외부감사업무를 담당해왔던 나잘나 회계사는 감사대상 기간 개시일 7개월 전 A회계법인을 퇴사한 후 (주)대한의 재무담당이사로 이직하였다. A회계법인은 (주)대한으로부터 외부감사인 재선임을 요청받은 상황이다.

[상황 2] (주)민국은 A회계법인에 (주)민국의 자기주식을 대가로 제공하는 조건으로 외부감사를 의뢰하였다.

[상황 3] A회계법인의 업무수행이사인 나똑똑 회계사는 여유자금을 운용할 목적으로 (주)만세의 주식에 70% 투자하고 있는 펀드에 가입하였다. 해당 펀드 투자 금액이 나똑똑 회계사의 전체 재산에서 차지하는 비중은 미미하다. (주)만세는 A회계법인에 외부감사를 의뢰한 상황이다.

정답 및 해설

(1) N, 과거 1년 이내 감사 담당사원 · 배우자: → 현재 회사의 임원 · 재무책임자(준임원 직위)인 경우 수임 불가(업무팀원이면 가능)
(2) N, 주식 소유 시 불가능
(3) Y, 간접투자 시 CPA재산에서 중요X → 수임 가능

▶ 공33조(직무제한)①

① 회계법인은 다음 각호의 1에 해당하는 자에 대한 재무제표를 감사하거나 증명하는 직무를 행하지 못한다.

1. 회계법인이 주식을 소유하거나 출자하고 있는 자(會社를 포함한다.)
2. 회계법인의 사원이 제21조 제1항 각호의 1에 해당하는 관계가 있는 자
3. 제1호 및 제2호 외에 회계법인이 뚜렷한 이해관계를 가지고 있거나 과거 1년 이내에 그러한 이해관계를 가지고 있었던 것으로 인정되는 자로서 대통령령이 정하는 자

▶ 윤290.17

재무제표감사업무 외의 "주장기준 인증업무"에서 인증대상업무 책임자가 인증대상정보에 책임을 지고 인증대상에는 책임을 지지 않는 경우, 인증업무팀의 구성원과 회계법인은 인증대상정보 책임자(인증의뢰인)로부터 독립적이어야 한다. 또한 회계법인은 인증업무팀의 구성원 및 회계법인 등과 인증대상 책임자 간의 이해관계 및 유대관계에 의하여 발생할 수 있다고 생각되는 독립성 훼손위협도 고려하여야 한다.

Ch 3.28	독립성 훼손 위협	윤290.115 공33조, 윤290.19	2020 문제1 물음3 배점 2

감사인은 재무제표 감사업무와 관련된 독립성 요구사항 등 윤리적 요구사항을 준수하여야 한다. 공인회계사 윤리기준에 근거하여 다음 물음에 답하시오.

[상황]

(1) 한국회계법인은 (주)민국으로부터 재무제표감사를 의뢰받았다. (주)민국의 지배기업은 (주)대한이며, (주)민국은 (주)대한의 유의적 부문에 해당한다. 한편, 한국회계법인은 (주)민국으로부터 재무제표 감사를 의뢰받은 시점에 (주)대한과 중요한 재무적 이해관계를 가지고 있다.
(2) 한국회계법인은 (주)서울로부터 재무제표 감사를 의뢰받았다. (주)서울은 한국회계법인에 감사보수로 보유 중인 자기주식을 제공할 예정이다.
(3) 한국회계법인은 (주)강남과 인증업무 계약을 추진 중이다. 한국회계법인은 (주)강남과 중요한 간접적인 재무적 이해관계를 가지고 있다.

위 [상황]의 각 번호별로 한국회계법인이 해당 감사업무 또는 인증업무를 수행할 수 있는지 여부를 결정하고, 수행 가능한 경우 한국회계법인이 해당 감사업무 등을 실제로 수행하기 위해 필요한 대책이 있으면 그 대책을 서술하시오.

정답 및 해설

모두 불가능.

▶ 윤290.115

회계법인 등이 재무제표감사의뢰인에 대하여 지배력을 가지고 있는 자와 중요한 재무적 이해관계를 가지는 경우 이기적 위협이 발생한다. 이러한 위협은 독립성에 매우 심각한 영향을 미치므로 이러한 위협을 수용 가능한 수준 이하로 감소시킬 수 있는 안전장치가 없을 것이다. 해당 재무제표감사업무를 수행하기 위한 유일한 대책은 회계법인 등이 해당 재무적 이해관계를 전부 청산하거나 남아있는 재무적 이해관계가 더 이상 중요하지 않게 되도록 재무적 이해관계를 충분히 청산하는 것이다.

▶ 공33조(직무제한)

▶ 윤290.19

재무제표감사 외의 인증업무에서 보고서 이용자가 명시적으로 제한이 되어 있는 경우, 인증보고서 이용자는 인증대상의 평가 및 측정의 준거기준을 포함하여 회계법인의 인증업무수행절차의 성격과 범위를 정하는 데 참여하게 되며, 따라서 인증의 목적, 인증대상정보 및 인증보고서의 한계를 충분히 지득하고 있는 것으로 간주된다. 인증보고서 이용자가 이러한 한계를 충분히 알고 있으며, 회계법인이 모든 인증보고서 이용자와 안전장치에 관한 논의를 할 수 있는 능력을 강화하는 것은 외관상 독립성에 대한 안전장치의 유효성을 증가시킨다. 회계법인은 이러한 상황을 감안하여 독립성 훼손위협을 평가하고, 해당 위협을 제거하거나 수용 가능한 수준 이하로 감소시키는 데 필요한 안전장치를 강구하게 된다. 인증업무팀의 구성원과 그의 직계가족 또는 측근가족의 독립성을 평가할 때에는 최소한 이 장의 규정을 적용할 필요가 있을 것이다. 만약에 회계법인이 인증의뢰인과 직·간접적인 중요한 재무적 이해관계(financial interest)를 가지고 있는 경우라면, 이때 발생하는 이기적 위협은 매우 심각하므로 어떠한 안전장치도 동 위협을 수용 가능한 수준 이하로 감소시킬 수 없게 된다. 하지만 네트워크 회계법인의 이해관계 및 유대관계에 의하여 발생하는 위협에 대해서는 이 장의 규정을 제한적으로 고려해도 충분할 것이다.

Ch 3.29	독립성 훼손위협	윤200.4~8 윤290.203	2019 문제1 물음4 배점 2

아래의 각 독립된 상황이 야기할 수 있는 공인회계사윤리기준상 독립성 훼손위협의 종류를 예시에서 하나를 선택하여 기재하시오.

[예시] 이기적 위협, 자기검토위협, 변호위협, 유착위협, 압력위협

[상황]

① B회계법인은 지리산관광(주)에 대하여 채권 3억 원을 가지고 있다. 이 채권 중에서 전기 재무제표 감사업무와 관련된 채권이 1억 원이며, 나머지 채권 2억 원은 금전소비대차거래로 인한 채권이다.

② B회계법인 소속 이유명 공인회계사는 회계법인 퇴직 후 10개월 뒤에 B회계법인의 감사대상회사인 서울(주)의 재무담당임원으로 취임하였다. 이유명 공인회계사는 B회계법인 재직 당시 서울(주)의 재무제표 감사업무에 관여하지 않았다.

③ 공인회계사 자격증 소지자인 이대한 씨는 경기(주)에서 경리과장으로 근무하던 중 20X8년 11월에 B회계법인 소속 공인회계사로 입사하였다. 20X9년 1월에 B회계법인과 경기(주)는 재무제표 감사계약을 체결하였다.

④ 전북(주)의 외부감사인인 이언변 공인회계사는 전북(주)가 주주들로부터 손해배상청구소송을 제기받음에 따라 회사의 입장을 대변하기 위하여 동 소송사건에 관여하였다.

⑤ B회계법인의 사원인 이영희 공인회계사는 직계비속의 사망으로 인하여 B회계법인의 감사대상회사 주식 0.5%를 소유하게 되었다.

⑥ 이지수 공인회계사는 B회계법인의 사원으로 근무하고 있으며, B회계법인은 경북(주)를 감사하고 있다. 이지수 공인회계사의 부친은 경북(주)의 대표이사로 재직 중이다.

⑦ 부산(주)의 재무제표감사 인증업무팀의 구성원인 이장래 공인회계사는 이번 부산(주)의 감사업무가 종료된 후에 부산(주)의 재무담당이사로 합류할 예정이다.

⑧ 이관상 공인회계사는 전남(주)의 대표이사의 부탁으로 회계부서 직원 채용면접심사에 참여하고 가장 적합한 후보자를 선발하여 추천하였다. 또한, 대표이사와 함께 최종면접에 참석하여 박수리 씨를 회계팀장으로 선발하였다. 해당 연도에 이관상 공인회계사는 전남(주)의 재무제표에 대한 외부감사업무를 의뢰받았다.

정답 및 해설

① 이기적 ② 유착 ③ 자기검토 ④ 변호 ⑤ 이기적 ⑥ 유착 ⑦ 이기적 ⑧ 이기적/유착/압력

▶ 윤200.4

개업공인회계사에게 이기적 위협이 발생할 수 있는 상황을 예시하면 다음과 같다.

- 의뢰인에 대하여 재무적 이해관계(financial interest)가 있거나 의뢰인과 공동으로 재무적 이해관계를 가지고 있는 경우
- 전체 수임료가 해당 의뢰인의 수임료에 지나치게 의존하고 있는 경우
- 의뢰인과 친밀한 사업관계를 맺고 있는 경우
- 의뢰인 관계가 상실될 가능성을 우려하는 경우
- 의뢰인과 잠재적 고용관계가 있는 경우
- 인증업무(assurance engagement)와 관련하여 성공보수(contingent fee) 약정이 있는 경우
- 의뢰인 또는 의뢰인의 임원(directors or officers)으로부터 자금을 차입한 경우

▶ 윤200.5

개업공인회계사에게 자기검토위협이 발생할 수 있는 상황을 예시하면 다음과 같다.

- 자신이 과거에 수행한 업무에 대한 감사를 실시하는 중에 중요한 오류를 발견하는 경우
- 자신이 설계 및 구축한 재무시스템에 대하여 그 운영에 대한 인증보고업무를 수임하는 경우
- 인증대상이 되는 기록을 작성하는 데 사용되는 원시자료의 작성업무를 수행하는 경우
- 인증업무팀(assurance team)의 구성원이 현재 또는 최근까지 의뢰인의 임원으로 종사한 경우
- 인증업무팀의 구성원이 현재 또는 최근까지 의뢰인의 직원으로서, 인증대상에 직접적이고 심각한 영향을 줄 수 있는 직위에 종사한 경우
- 의뢰인에게 제공하고 있는 서비스가 인증대상에 직접적으로 영향을 주는 경우

▶ 윤200.6

개업공인회계사에게 변호위협이 발생할 수 있는 상황을 예시하면 다음과 같다.

- 상장회사(listed entity)인 재무제표감사의뢰인의 주식을 알선하는 경우
- 제3자와의 소송이나 분쟁해결에 있어서 인증의뢰인을 옹호하는 역할을 수행하는 경우

▶ 윤200.7

개업공인회계사에게 유착위협이 발생할 수 있는 상황을 예시하면 다음과 같다.

- 업무수행팀 구성원의 직계가족 또는 측근가족이 의뢰인의 임원인 경우
- 업무수행팀 구성원의 직계가족 또는 측근가족이 의뢰인의 직원으로서, 인증대상에 직접적이고 심각한 영향을 주는 직위에 종사하는 경우
- 회계법인의 파트너이었던 자가 의뢰인의 임직원으로서, 인증대상에 직접적이고 심각한 영향을 주는 직위에 종사하는 경우
- 의뢰인으로부터 선물 또는 특혜를 받은 경우. 단, 제공받은 선물이나 특혜의 가치가 명백하게 경미한 경우는 제외함.
- 회계법인의 고위임직원이 인증의뢰인과 오랜 친분관계를 유지하고 있는 경우

▶ 윤200.8

개업공인회계사에게 압력위협이 발생할 수 있는 상황을 예시하면 다음과 같다.

- 해임 또는 교체의 위협이 존재하는 경우
- 소송의 위협이 있는 경우
- 업무보수를 낮추기 위하여 수행업무의 범위를 부적절하게 제한하려는 압력이 존재하는 경우

▶ 윤290.203

회계법인이 인증의뢰인을 위하여 인증대상정보에 영향을 주는 직위의 고위경영자를 모집해주는 것은, 현재 또는 미래의 이기적 위협, 유착위협, 압력위협을 발생시킬 수 있다. 이러한 위협의 심각성은 다음과 같은 요인에 의하여 결정될 것이다.

- 모집대상자의 역할
- 회계법인이 제공하는 지원업무의 성격

회계법인은 일반적으로 다수의 지원자들의 전문적 자질을 검토해주는 업무와 그들이 해당 직위에 적합한지에 대한 조언을 제공할 수 있다. 또한 회계법인은 일반적으로 인증의뢰인이 구체적으로 제시한 선발기준을 따르는 경우에 한하여 최종 면접 후보자를 선발해 줄 수 있다.

이러한 경우에 발생하는 독립성 훼손위협의 심각성을 평가하여야 하며, 해당 위협이 명백하게 경미한 경우 외에는 해당 위협을 수용 가능한 수준 이하로 감소시키는 데 필요한 안전장치를 강구하고 적용하여야 한다. 회계법인은 어떠한 경우에도 경영의사결정을 하여서는 아니 되며, 고용에 대한 의사결정은 의뢰인이 하여야 한다.

Ch 4.1	자유수임 장점		2018 문제8 물음1.1 배점 2

현재 우리나라는 사회 전반적으로 회계투명성 및 신뢰성을 제고하고자 여러 가지 회계제도 개혁 방안을 마련하고 있다. 이러한 제도 개혁의 핵심은 높은 감사품질을 확보할 수 있는 감사환경을 조성하고, 신뢰성 높은 회계정보를 생산하여 이해관계자들에게 제공하도록 기업의 자발적인 투명한 회계처리를 유인하는 것이다.

감사인의 선임이나 교체는 매우 중요한 절차이며 상법, 자본시장과 금융투자업에 관한 법률, 주식회사의 외부감사에 관한 법률(이하 외감법) 등에서 요건과 절차를 규정하고 있다. 우리나라는 배정방식으로 감사인을 선임하다가 1980년대 초 외감법이 도입되면서 자유수임방식으로 변경되어 오늘에 이르고 있다. 원칙적으로 회사는 감사인을 계속하여 선임할 수 있으며, 필요에 따라서는 다른 감사인으로 교체할 수 있다. 한편 외감법 제4조의3에 의하면, 회사가 감사인을 선임 혹은 교체한 사유가 부당하다고 판단되는 경우 등에 해당되면 증권선물위원회는 감사인을 강제 지정하고 있다.

감사인 배정제와 비교해볼 때, 현행의 자유선임(자유수임)제가 가지는 장점을 서술하시오.

정답 및 해설

자유수임제: 감사인 간 경쟁 유도 → 감사인 적격성 측면에서 긍정적 영향 → 적발확률 ↑→ 감사품질↑

Ch 4.2	지정제 장점		2018 문제8 물음1.2 배점 2

자유선임(자유수임)제의 한계점을 고려하여 감사인 지정제도가 필요한 이유를 서술하시오.

정답 및 해설

기업 지배구조 불건전 → 감사인 독립성에 부정적 영향 → 보고확률 ↓→ 감사품질 ↓ ∴ 감사인 지정제 도입 필요

Ch 4.3	지정제 이해관계자별 고려사항		2018 문제8 물음1.3 배점 2

우리나라는 주권상장법인 등에 대하여 주기적 감사인 지정제도(6년간 자유선임으로 감사인을 선임한 회사는 이후 3년간은 증권선물위원회가 지정한 감사인을 선임)를 시행 중이다.

감사인 지정제도를 확대할 경우 고려하여야 할 사항을 이해관계자(기업, 감사인, 감독당국, 정보이용자 등) 입장에서 서술하시오.

정답 및 해설

ⓐ 기업: 발생 가능 위험 식별과 평가. 감사품질 ↓, 감사보수 ↑ 등
ⓑ 감사인: 감사품질↑ 유지 가능하도록 감사계획, 수행, 사후 품질관리
ⓒ 감독당국: 지정대상 기업 합리적 선정. 적격성 & 독립성 고려한 감사인의 배정
ⓓ 정보이용자: 감사보고서의 신뢰성 ↑, 의사결정 시 재무정보 유용성 ↑

Ch 4.4	감사인교체제도	외9조 ⑤~⑦	2023 문제1 물음5 배점 3

외부감사법에 의하면, 감사인의 독립성을 제고하기 위해 감사수행기간의 경과에 따라 감사참여자에 대해 의무교체규정을 적용해야 한다. ⓐ 업무수행이사와 ⓑ 업무보조자의 의무교체규정을 감사대상 회사 유형별(① 주권상장법인, ② 대형비상장법인, 금융회사, ③ 기타 비상장 법인)로 서술하시오.

정답 및 해설

ⓐ 주권상장법인: EP 3기연속 감사 후 교체(3기 냉각), 보조자 3기 연속 감사 후 2/3 교체
ⓑ 대형비상장 & 금융회사: EP 3기연속 감사 후 교체(3기 냉각), 보조자 해당 없음
ⓒ 기타 비상장법인: EP 5기연속 감사 후 교체, 보조자 해당 없음

Ch 4.5	감사인 지정사유(증선위)	외11조	2022 문제3 물음2 배점 2

주권상장법인의 경우 특정한 재무상황이 3개 사업연도 연속된다면, 이는 외부감사법상 증권선물위원회에 의한 감사인 지정사유가 된다. 해당되는 재무상황 두 가지를 각각 1줄 이내로 서술하시오(단, 아래 〈예시〉는 제외할 것).

〈예시〉
3개 사업연도 연속 영업현금흐름이 0보다 작은 회사

정답 및 해설

3기 연속 음의 영업이익 / 이자보상배율 1 미만 등

▶ 외11조(증권선물위원회에 의한 감사인 지정 등)

① 증권선물위원회는 다음 각 호의 어느 하나에 해당하는 회사에 3개 사업연도의 범위에서 증권선물위원회가 지정하는 회계법인을 감사인으로 선임하거나 변경선임할 것을 요구할 수 있다.

1. 감사 또는 감사위원회(감사위원회가 설치되지 아니한 주권상장법인, 대형비상장주식회사 또는 금융회사의 경우는 감사인선임위원회를 말한다. 이하 이 조에서 같다)의 승인을 받아 제10조에 따른 감사인의 선임기간 내에 증권선물위원회에 감사인 지정을 요청한 회사
2. 제10조에 따른 감사인의 선임기간 내에 감사인을 선임하지 아니한 회사
3. 제10조 제3항 또는 제4항을 위반하여 감사인을 선임하거나 증권선물위원회가 회사의 감사인 교체 사유가 부당하다고 인정한 회사
4. 증권선물위원회의 감리 결과 제5조에 따른 회계처리기준을 위반하여 재무제표를 작성한 사실이 확인된 회사. 다만, 증권선물위원회가 정하는 경미한 위반이 확인된 회사는 제외한다.
5. 제6조 제6항을 위반하여 회사의 재무제표를 감사인이 대신하여 작성하거나, 재무제표 작성과 관련된 회계처리에 대한 자문을 요구하거나 받은 회사
6. 주권상장법인 중 다음 각 목의 어느 하나에 해당하는 회사
   가. 3개 사업연도 연속 영업이익이 0보다 작은 회사
   나. 3개 사업연도 연속 영업현금흐름이 0보다 작은 회사
   다. 3개 사업연도 연속 이자보상배율이 1 미만인 회사
   라. 그 밖에 대통령령으로 정하는 재무기준에 해당하는 회사
7. 주권상장법인 중 대통령령으로 정하는 바에 따라 증권선물위원회가 공정한 감사가 필요하다고 인정하여 지정하는 회사

8. 「기업구조조정 촉진법」 제2조 제5호에 따른 주채권은행 또는 대통령령으로 정하는 주주가 대통령령으로 정하는 방법에 따라 증권선물위원회에 감사인 지정을 요청하는 경우의 해당 회사
9. 제13조 제1항 또는 제2항을 위반하여 감사계약의 해지 또는 감사인의 해임을 하지 아니하거나 새로운 감사인을 선임하지 아니한 회사
10. 감사인의 감사시간이 제16조의2제1항에서 정하는 표준 감사시간보다 현저히 낮은 수준이라고 증권선물위원회가 인정한 회사
11. 직전 사업연도를 포함하여 과거 3년간 최대주주의 변경이 2회 이상 발생하거나 대표이사의 교체가 3회 이상 발생한 주권상장법인
12. 그 밖에 공정한 감사가 특히 필요하다고 인정되어 대통령령으로 정하는 회사

② 증권선물위원회는 다음 각 호의 어느 하나에 해당하는 회사가 연속하는 6개 사업연도에 대하여 제10조 제1항에 따라 감사인을 선임한 경우에는 증권선물위원회가 대통령령이 정하는 기준과 절차에 따라 지정하는 회계법인을 감사인으로 선임하거나 변경선임할 것을 요구할 수 있다.

1. 주권상장법인. 다만, 대통령령으로 정하는 주권상장법인은 제외한다.
2. 제1호에 해당하지 아니하는 회사 가운데 자산총액이 대통령령으로 정하는 금액 이상이고 대주주 및 그 대주주와 대통령령으로 정하는 특수관계에 있는 자가 합하여 발행주식총수(의결권이 없는 주식은 제외한다. 이하 같다)의 100분의 50 이상을 소유하고 있는 회사로서 대주주 또는 그 대주주와 특수관계에 있는 자가 해당 회사의 대표이사인 회사

③ 제2항에도 불구하고 다음 각 호의 어느 하나에 해당되는 회사는 제10조 제1항에 따라 감사인을 선임할 수 있다.

1. 증권선물위원회가 정하는 기준일로부터 과거 6년 이내에 제26조에 따른 증권선물위원회의 감리를 받은 회사로서 그 감리 결과 제5조에 따른 회계처리기준 위반이 발견되지 아니한 회사
2. 그 밖에 회계처리의 신뢰성이 양호한 경우로서 대통령령으로 정하는 회사

④ 제1항 및 제2항에 따라 증권선물위원회가 감사인의 선임이나 변경선임을 요구한 경우 회사는 특별한 사유가 없으면 이에 따라야 한다. 다만, 해당 회사 또는 감사인으로 지정받은 자는 대통령령으로 정하는 사유가 있으면 증권선물위원회에 감사인을 다시 지정하여 줄 것을 요청할 수 있다.

⑤ 제4항 단서에 따라 회사가 증권선물위원회에 감사인을 다시 지정하여 줄 것을 요청할 경우 사전에 감사 또는 감사위원회의 승인을 받아야 한다.

⑥ 회사는 제1항 및 제2항에 따라 증권선물위원회로부터 지정받은 감사인을 지정 사업연도 이후 최초로 도래하는 사업연도의 감사인으로 선임할 수 없다.

⑦ 증권선물위원회가 감사인의 선임이나 변경선임을 요구하여 회사가 감사인을 선임하는 경우에도 제10조 제5항 및 제6항을 적용한다.

Ch 4.6	유착위협 방지 제도	외9조	2021 문제1 물음6 배점 3

[상황] 한국회계법인은 주권상장법인인 (주)대한의 감사인이다. 다음은 감사현장책임자와 업무수행이사의 대화이다.

(감사현장책임자) (주)대한에 대한 당기 감사 결과, 재무제표에 미반영된 재고자산 평가손실이 재무제표 수준의 중요성 금액을 크게 상회합니다. 이를 근거로 (주)대한의 경영진에게 재무제표 수정을 요구하였으나, 경영진은 이를 거부하였습니다. 따라서 의견변형이 불가피해 보입니다.

(업무수행이사) (주)대한의 재무담당이사가 내 친구인데, 당기에 미반영한 평가손실을 내년에 인식하겠다고 하니 올해는 그냥 넘어가고 적정의견으로 합시다.

위 [상황]에서는 감사인과 감사대상회사 간 유착으로 인한 감사실패 가능성이 존재한다. 유착위협으로 인한 감사품질 저하를 방지하기 위해 외감법에 규정된 제도 중 위 [상황]과 관련하여 가장 효과적이라고 생각하는 제도 한 가지를 제시하고, 그렇게 생각하는 이유를 간략히 서술하시오(단, 아래 〈예시〉에 언급된 제도는 제외할 것).

〈예시〉 감사인 지정제도, 감사(감사인선임)위원회를 통한 감사인 선임제도

정답 및 해설

외9조 ⑤ 감사인 교체제도가 유착위협으로 인한 감사품질 저하 방지에 효과적.

▶ 외9조(감사인의 자격 제한 등)

① 다음 각 호의 어느 하나에 해당하는 회사의 재무제표에 대한 감사는 회계법인인 감사인이 한다.
  1. 주권상장법인. 다만, 대통령령으로 정하는 주권상장법인은 제외한다.
  2. 대형비상장주식회사
  3. 「금융산업의 구조개선에 관한 법률」 제2조 제1호에 해당하는 금융기관, 「농업협동조합법」에 따른 농협은행 또는 「수산업협동조합법」에 따른 수협은행(이하 "금융회사"라 한다)

② 금융위원회는 감사인의 형태와 그에 소속된 공인회계사의 수 등을 고려하여 감사인이 회계감사할 수 있는 회사의 규모 등을 총리령으로 정하는 바에 따라 제한할 수 있다.

③ 회계법인인 감사인은 「공인회계사법」 제33조 제1항 각 호의 어느 하나에 해당하는 관계에 있는 회사의 감사인이 될 수 없으며, 감사반인 감사인은 그에 소속된 공인회계사 중 1명 이상이 같은 법 제21조 제1항 각 호의 어느 하나에 해당하는 관계에 있는 회사의 감사인이 될 수 없다.

④ 감사인에 소속되어 회계감사업무를 수행할 수 있는 공인회계사는 대통령령으로 정하는 실무수습 등을 이수한 자이어야 한다.

⑤ 회계법인인 감사인은 동일한 이사(「공인회계사법」 제26조 제1항에 따른 이사를 말한다. 이하 이 조에서 같다)에게 회사의 연속하는 6개 사업연도(주권상장법인인 회사, 대형비상장주식회사 또는 금융회사의 경우에는 4개 사업연도)에 대한 감사업무를 하게 할 수 없다. 다만, 주권상장법인인 회사, 대형비상장주식회사 또는 금융회사의 경우 연속하는 3개 사업연도에 대한 감사업무를 한 이사에게는 그 다음 연속하는 3개 사업연도의 모든 기간 동안 해당 회사의 감사업무를 하게 할 수 없다.

⑥ 회계법인인 감사인은 그 소속공인회계사(「공인회계사법」 제26조 제3항에 따른 소속공인회계사를 말한다)를 주권상장법인인 회사에 대한 감사업무의 보조자로 함에 있어서 동일한 보조자에게 해당 회사의 연속하는 3개 사업연도에 대한 감사업무를 하게 한 경우, 그 다음 사업연도에는 그 보조자의 3분의 2 이상을 교체하여야 한다.

⑦ 감사반인 감사인은 대통령령으로 정하는 주권상장법인인 회사의 연속하는 3개 사업연도에 대한 감사업무를 한 경우, 그 다음 사업연도에는 그 감사에 참여한 공인회계사의 3분의 2 이상을 교체하여야 한다.

Ch.4.7	감사인 선임기한	외10조 윤200.8	2020 문제9 물음1 배점 3

(주)한국여행은 2019사업연도(2019년 1월 1일~2019년 12월 31일)를 마지막으로 X회계법인과의 3년 감사계약이 종료되어 감사인을 변경하려고 한다. (주)한국여행의 2019년 말 현재 자산총계는 5조원이며, 주권상장법인으로 감사위원회가 설치되어 있다.

2018년에 「주식회사등의외부감사에관한법률(이하 '외감법')」이 개정되면서, 감사인 선임기한이 변경되었다. 참고로, 외감법 개정 전의 감사인 선임기한은 사업연도 개시일로부터 4개월 이내였다.

(1) 현행 외감법에 근거할 때, (주)한국여행은 2020사업연도의 감사인을 언제까지 선임해야 하는지 서술하시오.

(2) 외감법 개정을 통해 감사인 선임기한을 변경한 취지를 '공인회계사 윤리기준'의 독립성 훼손 위협요인과 연계하여 서술하시오.

정답 및 해설

20년 1월 1일 이전, 교체압력위협 감소 → 독립성 향상

▶ 외10조(감사인의 선임)

① 회사는 매 사업연도 개시일부터 45일 이내(다만, 「상법」 제542조의11 또는 「금융회사의 지배구조에 관한 법률」 제16조에 따라 감사위원회를 설치하여야 하는 회사의 경우에는 매 사업연도 개시일 이전)에 해당 사업연도의 감사인을 선임하여야 한다. 다만, 회사가 감사인을 선임한 후 제4조 제1항 제3호에 따른 기준을 충족하지 못하여 외부감사의 대상에서 제외되는 경우에는 해당 사업연도 개시일부터 4개월 이내에 감사계약을 해지할 수 있다.

② 제1항 본문에도 불구하고 직전 사업연도에 회계감사를 받지 아니한 회사는 해당 사업연도 개시일부터 4개월 이내에 감사인을 선임하여야 한다.

③ 주권상장법인, 대형비상장주식회사 또는 금융회사는 연속하는 3개 사업연도의 감사인을 동일한 감사인으로 선임하여야 한다. 다만, 주권상장법인, 대형비상장주식회사 또는 금융회사가 제7항 각 호의 사유로 감사인을 선임하는 경우에는 해당 사업연도의 다음 사업연도부터 연속하는 3개 사업연도의 감사인을 동일한 감사인으로 선임하여야 한다.

④ 회사는 다음 각 호의 구분에 따라 선정한 회계법인 또는 감사반을 해당 회사의 감사인으로 선임하여야 한다.

1. 주권상장법인, 대형비상장주식회사 또는 금융회사
   가. 감사위원회가 설치된 경우: 감사위원회가 선정한 회계법인 또는 감사반
   나. 감사위원회가 설치되지 아니한 경우: 감사인을 선임하기 위하여 대통령령으로 정하는 바에 따라 구성한 감사인선임위원회(이하 "감사인선임위원회"라 한다)의 승인을 받아 감사가 선정한 회계법인 또는 감사반
2. 그 밖의 회사: 감사 또는 감사위원회가 선정한 회계법인 또는 감사반. 다만, 다음 각 목의 어느 하나에 해당하는 경우에는 해당 목에서 정한 바에 따라 선정한다.
   가. 직전 사업연도의 감사인을 다시 감사인으로 선임하는 경우: 그 감사인
   나. 감사가 없는 대통령령으로 정하는 일정규모 이상의 유한회사인 경우: 사원총회의 승인을 받은 회계법인 또는 감사반
   다. 나목 외의 감사가 없는 유한회사인 경우: 회사가 선정한 회계법인 또는 감사반

⑤ 감사 또는 감사위원회(제4항 제2호 단서에 따라 감사인을 선임한 회사는 회사를 대표하는 이사를 말한다. 이하 이 조에서 같다)는 감사인의 감사보수와 감사시간, 감사에 필요한 인력에 관한 사항을 문서로 정하여야 한다. 이 경우 감사위원회가 설치되지 아니한 주권상장법인, 대형비상장주식회사 또는 금융회사의 감사는 감사인선임위원회의 승인을 받아야 한다.

⑥ 감사 또는 감사위원회는 제23조 제1항에 따라 감사보고서를 제출받은 경우 제5항에서 정한 사항이 준수되었는지를 확인하여야 한다. 이 경우 감사위원회가 설치되지 아니한 주권상장법인, 대형비상장주식회사 또는 금융회사의 감사는 제5항에서 정한 사항이 준수되었는지를 확인한 문서를 감사인선임위원회에 제출하여야 한다.

⑦ 회사가 다음 각 호의 구분에 따라 감사인을 선임하는 경우에는 해당 호에서 정한 규정을 적용하지 아니한다.

1. 제11조 제1항 및 제2항에 따라 증권선물위원회가 지정하는 자를 감사인으로 선임하거나 변경선임하는 경우: 제1항 본문, 제2항, 제3항 본문 및 제4항
2. 제15조 제1항 또는 제2항에 따라 감사계약이 해지된 경우: 제1항 본문, 제2항 및 제3항 본문
3. 선임된 감사인이 사업연도 중에 해산 등 대통령령으로 정하는 사유로 감사를 수행하는 것이 불가능한 경우: 제1항 본문, 제2항 및 제3항 본문

⑧ 회사가 제7항 각 호에 따른 사유로 감사인을 선임하는 경우에는 그 사유 발생일부터 2개월 이내에 감사인을 선임하여야 한다.

⑨ 제1항부터 제8항까지에서 규정한 사항 외에 감사인 선임 절차 및 방법, 감사인선임위원회의 운영 등에 필요한 사항은 대통령령으로 정한다.

▶ 윤200.8
개업공인회계사에게 압력위협이 발생할 수 있는 상황을 예시하면 다음과 같다.
- 해임 또는 교체의 위협이 존재하는 경우
- 소송의 위협이 있는 경우
- 업무보수를 낮추기 위하여 수행업무의 범위를 부적절하게 제한하려는 압력이 존재하는 경우

Ch 4.8	압력위협(감사인유지제도)	윤200.8	2020 문제1 물음2 배점 2

감사인은 재무제표 감사업무와 관련된 독립성 요구사항 등 윤리적 요구사항을 준수하여야 한다. 공인회계사 윤리기준에 근거하여 다음 물음에 답하시오.
과거에는 주권상장법인에 대해서만 동일 감사인이 3개 사업연도를 연속감사하는 감사인 유지제도가 적용되었다. 그러나 2018년에 개정된 「주식회사등의외부감사에관한법률」에서는 대형비상장회사 및 금융회사로 감사인 유지제도가 확대되었다. 이처럼 감사인 유지제도 대상을 확대한 취지를 공인회계사 윤리기준에 규정된 잠재적인 위협의 유형에 근거하여 간략히 서술하시오.

정답 및 해설

▶ 윤200.8
개업공인회계사에게 압력위협이 발생할 수 있는 상황을 예시하면 다음과 같다.
- 해임 또는 교체의 위협이 존재하는 경우
- 소송의 위협이 있는 경우
- 업무보수를 낮추기 위하여 수행업무의 범위를 부적절하게 제한하려는 압력이 존재하는 경우

Ch 4.9	감사인 선임 주체	외10조	2019 문제3 물음2 배점 2

「주식회사등의외부감사에관한법률(외부감사법)」에서는 기업규모, 기업형태, 감사위원회 설치 여부에 따라 외부감사인 선정 주체를 달리 규정하고 있다. 아래 표시된 번호에 적합한 외부감사인 선정 주체를 기재하시오.

① 주권상장법인, 대형비상장주식회사 또는 금융회사 & 감사위원회 설치 경우

② 주권상장법인, 대형비상장주식회사 또는 금융회사 & 감사위원회 설치되지 않은 경우

③ 그 밖의 주식회사 & 감사위원회 설치 경우

④ 그 밖의 주식회사 & 감사위원회 설치되지 않은 경우

정답 및 해설

① 감사위원회 ② 감사인선임위원회 승인을 받아 감사가 선정 ③ 감사위원회 ④ 감사

▶ 외10조(감사인의 선임)

① 회사는 매 사업연도 개시일부터 45일 이내(다만, 「상법」 제542조의11 또는 「금융회사의 지배구조에 관한 법률」 제16조에 따라 감사위원회를 설치하여야 하는 회사의 경우에는 매 사업연도 개시일 이전)에 해당 사업연도의 감사인을 선임하여야 한다. 다만, 회사가 감사인을 선임한 후 제4조 제1항 제3호에 따른 기준을 충족하지 못하여 외부감사의 대상에서 제외되는 경우에는 해당 사업연도 개시일부터 4개월 이내에 감사계약을 해지할 수 있다.

② 제1항 본문에도 불구하고 직전 사업연도에 회계감사를 받지 아니한 회사는 해당 사업연도 개시일부터 4개월 이내에 감사인을 선임하여야 한다.

③ 주권상장법인, 대형비상장주식회사 또는 금융회사는 연속하는 3개 사업연도의 감사인을 동일한 감사인으로 선임하여야 한다. 다만, 주권상장법인, 대형비상장주식회사 또는 금융회사가 제7항 각 호의 사유로 감사인을 선임하는 경우에는 해당 사업연도의 다음 사업연도부터 연속하는 3개 사업연도의 감사인을 동일한 감사인으로 선임하여야 한다.

④ 회사는 다음 각 호의 구분에 따라 선정한 회계법인 또는 감사반을 해당 회사의 감사인으로 선임하여야 한다.

1. 주권상장법인, 대형비상장주식회사 또는 금융회사
   가. 감사위원회가 설치된 경우: 감사위원회가 선정한 회계법인 또는 감사반
   나. 감사위원회가 설치되지 아니한 경우: 감사인을 선임하기 위하여 대통령령으로 정하는 바에 따라 구성한 감사인선임위원회(이하 "감사인선임위원회"라 한다)의 승인을 받아 감사가 선정한 회계법인 또는 감사반
2. 그 밖의 회사: 감사 또는 감사위원회가 선정한 회계법인 또는 감사반. 다만, 다음 각 목의 어느 하나에 해당하는 경우에는 해당 목에서 정한 바에 따라 선정한다.
   가. 직전 사업연도의 감사인을 다시 감사인으로 선임하는 경우: 그 감사인
   나. 감사가 없는 대통령령으로 정하는 일정규모 이상의 유한회사인 경우: 사원총회의 승인을 받은 회계법인 또는 감사반
   다. 나목 외의 감사가 없는 유한회사인 경우: 회사가 선정한 회계법인 또는 감사반

⑤ 감사 또는 감사위원회(제4항 제2호 단서에 따라 감사인을 선임한 회사는 회사를 대표하는 이사를 말한다. 이하 이 조에서 같다)는 감사인의 감사보수와 감사시간, 감사에 필요한 인력에 관한 사항을 문서로 정하여야 한다. 이 경우 감사위원회가 설치되지 아니한 주권상장법인, 대형비상장주식회사 또는 금융회사의 감사는 감사인선임위원회의 승인을 받아야 한다.

⑥ 감사 또는 감사위원회는 제23조 제1항에 따라 감사보고서를 제출받은 경우 제5항에서 정한 사항이 준수되었는지를 확인하여야 한다. 이 경우 감사위원회가 설치되지 아니한 주권상장법인, 대형비상장주식회사 또는 금융회사의 감사는 제5항에서 정한 사항이 준수되었는지를 확인한 문서를 감사인선임위원회에 제출하여야 한다.

⑦ 회사가 다음 각 호의 구분에 따라 감사인을 선임하는 경우에는 해당 호에서 정한 규정을 적용하지 아니한다.

1. 제11조 제1항 및 제2항에 따라 증권선물위원회가 지정하는 자를 감사인으로 선임하거나 변경선임하는 경우: 제1항 본문, 제2항, 제3항 본문 및 제4항
2. 제15조 제1항 또는 제2항에 따라 감사계약이 해지된 경우: 제1항 본문, 제2항 및 제3항 본문
3. 선임된 감사인이 사업연도 중에 해산 등 대통령령으로 정하는 사유로 감사를 수행하는 것이 불가능한 경우: 제1항 본문, 제2항 및 제3항 본문

⑧ 회사가 제7항 각 호에 따른 사유로 감사인을 선임하는 경우에는 그 사유 발생일부터 2개월 이내에 감사인을 선임하여야 한다.
⑨ 제1항부터 제8항까지에서 규정한 사항 외에 감사인 선임 절차 및 방법, 감사인선임위원회의 운영 등에 필요한 사항은 대통령령으로 정한다.

Ch 4.10	감사인교체제도	외9조 ⑤~⑦	2014 문제3 물음1 배점 4

다음은 한국회계법인과 관련된 자료이다.

- 한국회계법인은 치열한 업무수임 경쟁을 거친 후 2014년에 유가증권시장상장법인 2개사, 코스닥시장상장법인 1개사, 비상장법인 4개사에 대해 감사계약을 체결하였다.
- 한국회계법인은 감사대상 회사에 대해 다양한 경영컨설팅 업무를 제공하고 있다.
- 한국회계법인의 대표이사 공인회계사는 회계감사와 관련하여 수익성과 독립성을 고려하고 있다.

「주식회사의 외부감사에 관한 법률」(이하 "외감법"이라 한다) 규정에 따르면 감사인은 감사기간이 경과함에 따라 감사참여자(파트너 포함)를 의무적으로 교체하여야 한다. 한국회계법인이 상기 7개 고객회사들의 외부감사인으로 선임될 경우에 외감법규정에 따라 적용해야 할 감사참여자(파트너 포함) 의무교체규정을 고려해야 한다.

(요구사항)
한국회계법인이 고려해야 할 외감법상 감사참여자(파트너 포함) 의무교체규정의 내용을 상장 · 비상장법인의 경우로 구분하여 담당이사 및 감사보조자별로 각각 2줄 이내로 기술하시오(아래 답안양식 사용).

정답 및 해설

ⓐ 주권상장법인: EP 3기연속 감사 후 교체(3기 냉각), 보조자 3기 연속 감사 후 2/3 교체
ⓑ 대형비상장 & 금융회사: EP 3기연속 감사 후 교체(3기 냉각), 보조자 해당 없음
ⓒ 기타 비상장법인: EP 5기연속 감사 후 교체

▶ 외9조(감사인의 자격 제한 등)
⑤ 회계법인인 감사인은 동일한 이사(「공인회계사법」 제26조 제1항에 따른 이사를 말한다. 이하 이 조에서 같다)에게 회사의 연속하는 6개 사업연도(주권상장법인인 회사, 대형비상장주식회사 또는 금융회사의 경우에는 4개 사업연도)에 대한 감사업무를 하게 할 수 없다. 다만, 주권상장법인인 회사, 대형비상장주식회사 또는 금융회사의 경우 연속하는 3개 사업연도에 대한 감사업무를 한 이사에게는 그 다음 연속하는 3개 사업연도의 모든 기간 동안 해당 회사의 감사업무를 하게 할 수 없다.
⑥ 회계법인인 감사인은 그 소속공인회계사(「공인회계사법」 제26조 제3항에 따른 소속공인회계사를 말한다)를 주권상장법인인 회사에 대한 감사업무의 보조자로 함에 있어서 동일한 보조자에게 해당 회사의 연속하는 3개 사업연도에 대한 감사업무를 하게 한 경우, 그 다음 사업연도에는 그 보조자의 3분의 2 이상을 교체하여야 한다.
⑦ 감사반인 감사인은 대통령령으로 정하는 주권상장법인인 회사의 연속하는 3개 사업연도에 대한 감사업무를 한 경우, 그 다음 사업연도에는 그 감사에 참여한 공인회계사의 3분의 2 이상을 교체하여야 한다.

Ch 4.11	경영진의 책임	210.6	2021 문제2 물음1 배점 2

감사대상 재무제표는 기업의 경영진에 의해 작성되며, 회계감사기준에 따른 감사는 경영진이 해당 감사를 수행하는 데 있어 근본적인 책임을 인정하고 있다는 전제 아래 수행된다. 재무제표감사의 전제로 요구되는 경영진(적절한 경우 지배기구를 포함)의 책임 중 두 가지를 서술하시오(단, 아래 〈예시〉는 제외할 것).

〈예시〉 해당 재무보고체계에 따라 재무제표를 작성할 책임

정답 및 해설

▶ 210.6

감사인은 감사를 위한 전제조건이 존재하는지 여부를 확인하기 위하여, 다음의 절차를 수행하여야 한다.

(a) 재무제표 작성에 적용되는 재무보고체계가 수용 가능한지 여부를 결정함

(b) 경영진이 다음과 같은 책임을 인정하고 이해하고 있다는 점에 대하여 경영진의 동의를 받음

(i) 관련성이 있는 경우 재무제표의 공정표시를 포함하여, 해당 재무보고체계에 따라 재무제표를 작성할 책임

(ii) 부정이나 오류로 인한 중요한 왜곡표시가 없는 재무제표를 작성하기 위해 경영진이 필요하다고 결정한 내부통제에 대한 책임

(iii) 감사인에게 다음 사항들을 제공할 책임

a. 기록, 문서, 기타사항 등 재무제표의 작성과 관련하여 경영진이 알고 있는 모든 정보에 대한 접근

b. 감사인이 감사목적으로 경영진에게 요청하는 추가적인 정보

c. 감사인이 감사증거를 입수하기 위하여 필요하다고 판단한 기업 내부의 관계자들에 대한 제한 없는 접근

Ch 4.12	감사계약서(경영진책임-정보제공)	210.보론1	2020 문제3 물음2 배점 3

[상황] 다음은 경북(주)의 20X1년 감사계약서 초안이다(단, 감사인은 법규가 적절하게 경영진의 책임을 규정하지 않은 것으로 결정했음).

경북 주식회사
경영진 귀중
감사의 목적과 범위
귀사는 우리에게 경북 주식회사의 20X1년 12월 31일 현재의 재무상태표와 동일로 종료되는 보고기간의 포괄손익계산서, 자본변동표, 현금흐름표 그리고 유의적인 회계정책의 요약을 포함한 재무제표의 주석에 대한 감사를 요청하였습니다.
...중략...
감사인의 책임
우리는 감사기준에 따라 감사를 수행할 것입니다. 이 기준은 우리가 윤리적 요구사항을 준수하도록 요구하고 있습니다. 감사기준에 따른 감사의 일부로서 우리는 감사의 전 과정에 걸쳐 전문가적 판단을 수행하고 전문가적 의구심을 유지하고 있습니다. 우리는 또한:
...중략...
- 경영진의 회계의 계속기업전제 사용의 적절성과, 입수한 감사증거를 근거로 계속기업으로서의 존속능력에 대하여 유의적 의문을 초래할 수 있는 사건이나 상황과 관련된 중요한 불확실성이 존재하는지 여부에 대하여 결론을 내립니다.

...중략...
경영진의 책임과 해당 재무보고체계의 식별
우리의 감사는 경영진이 다음 사항에 대하여 책임이 있음을 인정하고 이해한다는 것을 토대로 하여 수행될 것입니다.
(a) 한국채택국제회계기준에 따라 재무제표를 작성하고 공정하게 표시할 책임
(b) 부정이나 오류로 인한 중요한 왜곡표시가 없는 재무제표를 작성하기 위해 경영진이 필요하다고 결정한 내부통제에 대한 책임
(c) 우리에게 다음 사항을 제공할 책임
①
②
③
우리는 감사과정 중 일부로서 경영진이 감사와 관련하여 우리에게 행한 진술에 관해서 서면확인을 요청할 것입니다.
...중략...
본 계약서에 첨부된 사본에 서명하신 후 회송하여 주시기 바랍니다.
XYZ 회계법인
경북 주식회사를 대표하여 확인하고 동의함

(서명)
대표이사 △△△
20xx년 xx월 xx일

감사계약서의 '경영진의 책임과 해당 재무보고체계의 식별' 문단 중 '(c)'와 관련하여 경영진이 감사인에게 제공하여야 할 사항 세 가지를 서술하시오.

우리의 감사는 [경영진(적절한 경우 지배기구를 포함)] 이 다음 사항에 대하여 책임이 있음을 인정하고 이해한다는 것을 토대로 하여 수행될 것입니다.

(a) 한국채택국제회계기준에 따라 재무제표를 작성하고 공정하게 표시할 책임
(b) 부정이나 오류로 인한 중요한 왜곡표시가 없는 재무제표를 작성하기 위해 [경영진]이 필요하다고 결정한 내부통제에 대한 책임
(c) 우리에게 다음 사항을 제공할 책임
   (i) 기록, 문서 및 기타사항 등 재무제표의 작성과 관련하여 [경영진]이 알고 있는 모든 정보에 대한 접근
   (ii) 우리가 감사목적으로 [경영진]에게 요청할 수도 있는 추가적인 정보
   (iii) 감사증거를 입수하기 위해 우리가 필요하다고 결정하는 기업 내 관계자에 대한 제한 없는 접근

▶ 210.보론1 감사계약서의 예시

다음은 한국채택국제회계기준에 따라 작성된 일반목적 재무제표의 감사를 위한 감사계약서의 예시이다. 이 감사계약서는 어떤 권위가 있는 것은 아니며, 이 감사기준서에서 제시하는 사항과 관련하여 사용될 수 있는 하나의 지침이다. 이 감사계약서 예시는 개별적인 요구사항 및 상황에 따라 변경될 필요가 있을 것이다. 또한 단일 보고기간에 대한 재무제표감사에 참고할 수 있도록 만들어진 것이므로 계속감사에 적용하거나 적용할 예정인 경우에는 수정이 필요할 수 있을 것이다. 제안하는 감사계약서가 적절한 것인지에 대하여는 법적 조언을 구하는 것이 적합할 수 있다.

ABC 회사
경영진 또는 지배기구의 (적합한) 대표자 귀중

[감사의 목적과 범위]

귀하는 우리에게 ABC회사의 20x1년 12월 31일 현재의 재무상태표와 동일로 종료되는 보고기간의 손익계산서(또는 포괄손익계산서), 자본변동표, 현금흐름표 그리고 유의적인 회계정책의 요약을 포함한 재무제표의 주석에 대한 감사를 요청하였습니다. 우리는 본 계약서를 통하여 이 감사업무를 수임하고 우리의 이해를 확인할 수 있게 되어 기쁘게 생각합니다.

우리 감사의 목적은 재무제표에 전체적으로 부정이나 오류로 인한 중요한 왜곡표시가 없는지에 대하여 합리적인 확신을 얻어 우리의 의견이 포함된 감사보고서를 발행하는 데 있습니다. 합리적인 확신은 높은 수준의 확신을 의미하나 감사기준에 따라 수행된 감사가 항상 중요한 왜곡표시를 발견한다는 것을 보장하지는 않습니다. 왜곡표시는 부정이나 오류로부터 발생할 수 있으며 왜곡표시가 재무제표를 근거로 하는 이용자의 경제적 의사결정에 개별적으로 또는 집합적으로 영향을 미칠 것이 합리적으로 예상되면 그 왜곡표시는 중요하다고 간주됩니다.

[감사인의 책임]

우리는 감사기준에 따라 감사를 수행할 것입니다. 이 기준은 우리가 윤리적 요구사항을 준수하도록 요구하고 있습니다. 감사기준에 따른 감사의 일부로서 우리는 감사의 전 과정에 걸쳐 전문가적 판단을 수행하고 전문가적 의구심을 유지하고 있습니다. 우리는 또한:

- 부정이나 오류로 인한 재무제표의 중요왜곡표시위험을 식별하고 평가하며 그러한 위험에 대응하는 감사절차를 설계하고 수행합니다. 그리고 감사의견의 근거로서 충분하고 적합한 감사증거를 입수합니다. 부정은 공모, 위조, 의도적인 누락, 허위진술 또는 내부통제 무력화가 개입될 수 있기 때문에 부정으로 인한 중요한 왜곡표시를 발견하지 못할 위험은 오류로 인한 위험보다 큽니다.
- 상황에 적합한 감사절차를 설계하기 위하여 감사와 관련된 내부통제를 이해합니다. 그러나 이는 내부통제의 효과성에 대한 의견을 표명하기 위한 것이 아닙니다. 그러나, 우리가 감사 중에 식별한 것으로서 재무제표감사에 관련된 유의적 내부통제 미비점에 관해서는 귀하에게 서면으로 커뮤니케이션을 할 것입니다.
- 재무제표를 작성하기 위하여 경영진이 적용한 회계정책의 적합성과 경영진이 도출한 회계추정치와 관련 공시의 합리성에 대하여 평가합니다.
- 경영진의 회계의 계속기업전제 사용의 적절성과, 입수한 감사증거를 근거로 계속기업으로서의 존속능력에 대하여 유의적 의문을 초래할 수 있는 사건이나 상황과 관련된 중요한 불확실성이 존재하는지 여부에 대하여 결론을 내립니다. 중요한 불확실성이 존재한다고 결론을 내리는 경우, 우리는 재무제표의 관련 공시에 대하여 감사보고서에 주의를 환기하고 이들 공시가 부적절한 경우 의견을 변형시킬 것을 요구받고 있습니다. 우리의 결론은 감사보고서일까지 입수된 감사증거에 기초하나, 미래의 사건이나 상황이 회사의 계속기업으로서 존속을 중단시킬 수 있습니다.
- 공시를 포함한 재무제표의 전반적인 표시와 구조 및 내용을 평가하고 재무제표가 기초가 되는 거래와 사건을 공정한 표시가 달성될 수 있는 방식으로 표시하고 있는지 여부를 평가합니다.

감사인이 감사기준에 따라 적절하게 감사를 계획하고 수행하여도 내부통제의 고유한계와 더불어 감사의 고유한계 때문에 재무제표의 중요한 왜곡표시 중 일부가 발견되지 못할 불가피한 위험이 존재합니다.

[경영진의 책임과 해당 재무보고체계의 식별] (본 사례의 목적상 감사인은 법규가 적절하게 경영진의 책임을 규정하지 않은 것으로 결정했다고 가정한다. 그러므로, 문단 6(b)에서 기술된 내용이 이용된다)
우리의 감사는 [경영진(적절한 경우 지배기구를 포함)]이 다음 사항에 대하여 책임이 있음을 인정하고 이해한다는 것을 토대로 하여 수행될 것입니다.
(a) 한국채택국제회계기준에 따라 재무제표를 작성하고 공정하게 표시할 책임
(b) 부정이나 오류로 인한 중요한 왜곡표시가 없는 재무제표를 작성하기 위해 [경영진]이 필요하다고 결정한 내부통제에 대한 책임
(c) 우리에게 다음 사항을 제공할 책임
  (i) 기록, 문서 및 기타사항 등 재무제표의 작성과 관련하여 [경영진]이 알고 있는 모든 정보에 대한 접근
  (ii) 우리가 감사목적으로 [경영진]에게 요청할 수도 있는 추가적인 정보
  (iii) 감사증거를 입수하기 위해 우리가 필요하다고 결정하는 기업 내 관계자에 대한 제한 없는 접근
우리는 감사과정 중 일부로서, [경영진(적절한 경우 지배기구를 포함)]이 감사와 관련하여 우리에게 행한 진술에 관해서 서면확인을 요청할 것입니다.
우리는 감사 중 귀 직원의 충분한 협조를 기대합니다.

[기타 관련 정보]
[보수약정, 대금 청구, 기타 특약사항 등 기타 정보를 적합하게 삽입한다]

[보고]
[예상되는 감사보고서의 형태와 내용에 대한 적합한 언급을 삽입한다]
우리의 보고서 형태와 내용은 감사의 발견사항에 따라 수정이 필요할 수도 있습니다.
귀하와 우리의 책임을 포함하여 재무제표감사에 대한 우리의 합의와 약정에 대하여 귀하가 확인하고 동의한다는 뜻을 표시하기 위해, 본 계약서에 첨부된 사본에 서명하신 후 회송하여 주시기 바랍니다.

XYZ 회계법인
ABC회사를 대표하여 확인하고 동의함.
(서명)
....
성명과 직함
일자

Ch 4.13	경영진 책임	210.6	2014 문제3 물음3 배점 4

A사의 파격적으로 낮은 감사보수계약 체결 소문을 들은 코스닥시장상장법인 Z사는 한국회계법인에 차년도 감사계약 체결가능성을 문의하여 왔다. 이에 한국회계법인은 Z사와 접촉하였으며, 그 결과 Z사가 현 감사인의 높은 감사보수와 지나치게 까다로운 감사절차 및 많은 감사증거 요구에 대해서 불만을 갖고 있었음을 알게 되었다. 위 상황을 인지한 후 한국회계법인은 Z사와 감사업무를 수임할지 여부를 결정하기 위해서 회계감사기준에서 정한 감사의 전제조건(preconditions for an audit)의 충족여부를 검토하고 다음과 같이 판단하였다.

- 신규수임 고려 시 재무제표 작성에 적용되는 재무보고체계가 수용 가능한지 여부를 판단한 결과, 한국채택국제회계기준(K-IFRS)을 적용할 것이므로 문제가 없다고 판단하였다.
- 반면에 입수된 상황정보에 근거하여 볼 때 Z사 경영진으로부터 회계감사와 관련된 경영진 책임을 인정하고 이해하고 있다는 동의가 필요하다고 판단하였다.

(요구사항) 한국회계법인은 감사수행의 전제로서 Z사 경영진으로부터 "경영진의 책임을 인정한다"는 동의절차를 취하고자 한다. 이러한 절차의 대상이 되는 회계감사 관련 경영진 책임 3가지 중 2가지를 각각 2줄 이내로 기재하시오.

정답 및 해설

▶ 210.6

감사인은 감사를 위한 전제조건이 존재하는지 여부를 확인하기 위하여, 다음의 절차를 수행하여야 한다.

(a) 재무제표 작성에 적용되는 재무보고체계가 수용 가능한지 여부를 결정함

(b) 경영진이 다음과 같은 책임을 인정하고 이해하고 있다는 점에 대하여 경영진의 동의를 받음

(i) 관련성이 있는 경우 재무제표의 공정표시를 포함하여, 해당 재무보고체계에 따라 재무제표를 작성할 책임

(ii) 부정이나 오류로 인한 중요한 왜곡표시가 없는 재무제표를 작성하기 위해 경영진이 필요하다고 결정한 내부통제에 대한 책임

(iii) 감사인에게 다음 사항들을 제공할 책임

a. 기록, 문서, 기타사항 등 재무제표의 작성과 관련하여 경영진이 알고 있는 모든 정보에 대한 접근

b. 감사인이 감사목적으로 경영진에게 요청하는 추가적인 정보

c. 감사인이 감사증거를 입수하기 위하여 필요하다고 판단한 기업 내부의 관계자들에 대한 제한 없는 접근

Ch 4.14	계약상 책임 및 고유한계 이유		2013 문제8 물음1 배점 3

(주)갑을은 XY회계법인과 2X13 회계연도의 재무제표에 대한 감사계약을 체결하기로 하고 다음과 같은 계약서를 작성하였다. (주)갑을은 당해연도 중에 회사채 500억 원을 발행할 예정이다. 다음 물음에 답하시오.

> 외부감사계약서
>
> 감사의뢰인(갑): (주)갑을
> 감 사 인(을): XY회계법인
>
> 위의 갑·을 양자는 공인회계사법제21조 및 제33조에 따른 특별한 이해관계가 없음을 확인하고 주식회사의 외부감사에 관한 법률에 의한 회계감사를 위하여 다음과 같이 계약을 체결한다.
> 제1조(감사 및 검토의 목적)
> ---일부 생략---
> ③ 재무제표 작성과 적절한 공시·회계자료 유지·내부통제제도의 구축과 운용·회계정책의 선정과 적용·회사자산의 보호에 대한 책임은 갑에게 있다. <u>갑의 이와 같은 책임은 이 계약에 따라 을이 수행하는 재무제표에 대한 감사에 의하여 경감되지 아니한다.</u>
> 제3조(을의 업무수행 기준)
> ---일부 생략---
> ③ ....을이 준수하는 감사기준에 의한 감사가 갑의 전체거래 중 일부의 자료에 대하여 표본시사를 원칙으로 한다는 <u>감사의 고유한계로 인하여 중요한 왜곡표시가 발견되지 않을 수도 있음을 인정한다.</u>

상기 계약서에서 밑줄로 표시한 부분을 포함하는 이유는 무엇인지 3줄 이내로 서술하시오.

정답 및 해설

경영진과 감사인의 책임범위를 명확화하기 위함

Ch 4.15	감사계약 효익	210.A22	2013 문제8 물음2 배점 3

감사계약서를 문서로 작성하고 쌍방이 기명날인하여 보관함으로써 얻을 수 있는 효익 3가지를 서술하시오.

정답 및 해설

1. 상호 간의 오해소지 감소, 2. 책임범위를 명확화, 3. 분쟁발생 시 해결 근거

▶ 210.A22
감사에 관한 오해를 피하기 위해 감사에 착수하기 전에 감사인이 감사계약서를 보내는 것은 기업과 감사인 모두에게 이익이 된다. 그러나, 어떤 국가에서는 감사의 목적과 범위 그리고 경영진과 감사인의 책임이 법률에 충분히 규정되어 있을 수 있다. 즉 문단 10에 기술된 사항이 법률에 규정될 수 있다. 이러한 상황에서는 비록 문단 11에서 해당 법규가 적용되고 있으며 문단 6(b)에 제시된 바와 같이 경영진이 자신의 책임을 인정하고 이해하고 있다는 사실에 대한 언급만을 계약서에 포함시키는 것을 감사인에게 허용하고 있지만, 그럼에도 불구하고 감사인은 경영진에 대한 정보제공을 위하여 문단 10에서 설명하는 사항을 계약서에 포함시키는 것이 적합하다고 판단할 수 있다.

Ch 4.16	감사계약 조건 변경 비동의 시 절차	210.17	2021 문제8 물음1 배점 3

한국회계법인은 제조업을 영위하는 (주)대한의 20X1년 회계감사를 진행하고 있다. (주)대한은 코로나바이러스감염증-19(이하, COVID-19) 발생으로 인하여 영업 및 재무적으로 유의적인 영향을 받고 있다. 각 물음에서는 한국회계법인이 (주)대한의 감사를 진행하면서 당면한 상황을 가정하고 있다. 각 물음의 상황은 서로 독립적이다.

(주)대한은 코스닥상장 추진을 목표로 20X1년 6월 30일 기준 중간재무제표에 대하여 감사계약을 체결하고 회계감사를 진행 중이다. 한국회계법인은 매출채권 조회를 수행하면서 (주)대한의 해외거래처 ABC의 회계담당자가 회신한 조회서 금액과 회사제시 금액 간에 중요한 차이가 있음을 발견하였다. (주)대한의 재무담당이사는 거래처 ABC의 회계담당자가 COVID-19 확진판정으로 연락이 원활하지 않아서 차이 금액에 대한 정확한 원인을 알 수 없다고 설명하였다. (주)대한의 재무담당이사는 회계감사 과정에서 한국회계법인이 발견한 조회서 회신금액의 불일치 문제가 제기되자 감사업무를 보다 낮은 수준의 확신을 제공하는 검토업무로 계약조건을 변경할 것을 한국회계법인에 요청하였다. 한국회계법인이 감사업무 계약조건의 변경에 동의할 수 없고 (주)대한의 재무담당이사가 원래의 감사업무를 계속하는 것을 허용하지 않는 상황에서 수행해야 할 절차 두 가지를 서술하시오.

정답 및 해설

▶ 210.17
감사인이 감사업무 조건의 변경에 동의할 수 없고 경영진은 원래의 감사업무를 계속하는 것을 허용하지 않는 경우, 감사인은 다음 절차를 수행하여야 한다.
(a) 해당 법규에서 허용하는 경우 감사업무를 해지함
(b) 지배기구, 소유주 또는 규제기관과 같은 기타 이해관계자에게 그러한 상황을 보고하여야 할 계약상 또는 기타 형태의 의무가 존재하는지 여부를 결정함

Ch 4.17	상장사 감사인 해임가능사유	외시19조	2022 문제3 물음3 배점 2

감사계약의 해지는 감사인뿐만 아니라 감사대상회사도 할 수 있다. 외부감사법상 주권상장법인이 3개 사업연도 중에 감사인을 해임할 수 있는 경우 세 가지를 각각 1줄 이내로 서술하시오(단, 아래 〈예시〉는 제외할 것).

〈예시〉
- 외국투자가가 출자한 회사로서 그 출자조건에서 감사인을 한정하고 있는 경우
- 지배회사 또는 종속회사가 그 지배・종속의 관계에 있는 회사와 같은 지정감사인을 선임하여야 하는 경우

정답 및 해설

▶ **외감법 시행령 제19조(감사인의 해임)**
법 제13조제2항에서 "직무상 의무를 위반하는 등 대통령령으로 정하는 사유에 해당하는 경우"란 다음 각 호의 어느 하나에 해당하는 경우를 말한다.
1. 감사인이 회사의 기밀을 누설하는 등 직무상 의무를 위반한 경우
2. 감사인이 그 임무를 게을리하여 회사에 손해를 발생하게 한 경우
3. 감사인이 회계감사와 관련하여 부당한 요구를 하거나 압력을 행사한 경우
4. 외국투자가가 출자한 회사로서 그 출자조건에서 감사인을 한정하고 있는 경우
5. 지배회사 또는 종속회사가 그 지배・종속의 관계에 있는 회사와 같은 지정감사인을 선임하여야 하는 경우

Ch 4.18	회계부정 및 부실감사 제재		2019 문제8 물음4 배점 3

최근 개정된 「주식회사등의외부감사에관한법률」에는 회계투명성 제고와 감사품질의 향상을 위한 여러 제도들을 마련하였다. 반면에 회계부정 및 감사부실에 대하여는 엄격한 벌칙 등을 부과하여 제도의 효과성을 달성하려 하고 있다.
「주식회사등의외부감사에관한법률」에서 규정하고 있는 회계부정 및 감사부실에 대한 제재수준을 강화한 방안들을 제시하시오.

정답 및 해설

분식회계 및 부실감사에 따른 제재
- 회사: 감사인지정, 증권발행제한, 담당임원 해임권고, 직무정지, 회사과징금(분식 20%), 담당자: 회사과징금의 10%, 부정 관련 징역 벌금 상향
- 감사인: QC기준 소홀 대표이사(QC이사 포함) 제재, 감사업무제한, 손배기금 추가적립, 과징금: 최대 감사보수 5배

Ch 4.19	감사계약해지	외15조 외시21조①	2019 문제8 물음3 배점 3

감사인은 관련 법률에서 규정한 감사계약 해지 사유에 해당하는 경우에는 사업연도 중이라도 감사계약을 해지할 수 있다. 특히 주권상장법인, 대형비상장주식회사 또는 금융회사의 감사인은 특정 사유에 해당하는 경우에는 연속하는 3개 사업연도 중이라도 매 사업연도 종료 후 3개월 이내에 남은 사업연도에 대한 감사계약을 해지할 수 있다.

감사인이 [A] 감사계약을 해지할 수 있는 경우들을 제시하고, [B] 감사계약 해지 후 취하여야 할 조치를 서술하시오.

정답 및 해설

(A) 감사계약 해지 가능 경우
- 감사의견과 관련하여 부당한 요구나 압력을 받은 경우
- 회사가 특별한 사유 없이 요청한 자료를 제출하지 아니하여 감사업무에 현저한 지장을 주었다고 인정되는 경우
- 기타: 독립성훼손 시, 감사보수 지급 미이행 시, 합병, 분할, 사업양수도 등 주요 사업부문 성격과 회사 규모의 현저한 변경에도 불구 감사보수 재계약 미체결 시

(B) 지체 없이 증권선물위원회에 보고하여야 함.

▶ 외감법 제15조(감사인의 감사계약 해지)

① 감사인은 제16조에 따른 회계감사기준에서 정하는 독립성이 훼손된 경우 등 대통령령으로 정하는 사유에 해당하는 경우에는 사업연도 중이라도 감사계약을 해지할 수 있다.

② 제10조 제3항에도 불구하고 주권상장법인, 대형비상장주식회사 또는 금융회사의 감사인은 감사의견과 관련하여 부당한 요구나 압력을 받은 경우 등 대통령령으로 정하는 사유에 해당하는 경우에는 연속하는 3개 사업연도 중이라도 매 사업연도 종료 후 3개월 이내에 남은 사업연도에 대한 감사계약을 해지할 수 있다.

③ 감사인은 제1항 또는 제2항에 따라 감사계약을 해지한 경우에는 지체 없이 그 사실을 증권선물위원회에 보고하여야 한다.

▶ 외감법 시행령 제21조(감사인의 감사계약 해지)

① 법 제15조 제1항에서 "회계감사기준에서 정하는 독립성이 훼손된 경우 등 대통령령으로 정하는 사유에 해당하는 경우"란 다음 각 호의 어느 하나에 해당하는 경우를 말한다.

1. 법 제9조에 따라 감사인이 될 수 없는 경우
2. 다음 각 목의 어느 하나에 해당하는 경우
   가. 회계감사기준에서 정하는 독립성이 훼손된 경우로서 증권선물위원회가 인정하는 경우
   나. 「공인회계사법」 제43조 제1항에 따른 직업윤리에 관한 규정에서 정한 감사인의 독립성이 훼손된 경우로서 증권선물위원회가 인정하는 경우
3. 회사가 직전 사업연도 또는 해당 사업연도 중 감사보수 지급에 관한 감사계약에 따른 의무를 이행하지 아니한 경우
4. 감사계약을 체결한 후 회사의 합병, 분할 또는 사업의 양도·양수로 주요 사업부문의 성격이나 회사의 규모가 현저히 달라졌으나 감사보수에 대한 재계약이 이루어지지 아니한 경우
5. 감사인(주권상장법인, 대형비상장주식회사 또는 금융회사의 감사인으로 한정한다)이 감사업무(「자본시장과 금융투자업에 관한 법률 시행령」 제170조 제1항에 따라 반기보고서 또는 분기보고서에 첨부하는 회계감사인의 확인 및 의견 표시를 위하여 수행하는 업무를 포함한다)와 관련하여 회사에 자료를 요청하였으나 회사가 특별한 사유 없이 요청한 자료를 제출하지 아니하여 감사업무에 현저한 지장을 주었다고 인정되는 경우

02

감사위험과 감사계획

2부에서는 감사위험과 이에 따른 감사계획수립 방법을 소개한다. 중요성과 감사위험, 감사증거, 감사기술 및 감사문서를 학습하고 위험평가절차를 수행한 결과에 따라 전반감사전략과 세부감사계획수립에 대하여 설명한다.

제 1 장

중요성과 감사위험

1. 중요성 설정 및 감사위험

1) 중요성의 개념

① 누락 등 왜곡표시가 개별적으로 또는 집합적으로 재무제표에 기초한 **이용자의 경제적 의사결정에 영향을 미칠 것으로 합리적으로 예상될 수 있는 경우** 중요하다고 간주한다.

② 중요성에 대한 판단은 주변 상황에 비추어 내려지며, **왜곡표시의 크기나 성격 또는 양자의 결합에 의해 영향**을 받는다.

③ 재무제표 이용자에게 중요한 사항인지 여부는 **집단으로서 이용자들의 공통적인 재무정보 수요를 고려**하여 판단한다.

2) 중요성 금액 설정의 주체

감사인의 중요성 결정은 **전문가적 판단사항**이며, 감사인은 재무제표 이용자에 대하여 다음과 같이 가정하는 것이 합리적이다.

① 이용자는 사업과 경제활동 및 회계에 대하여 **합리적인 지식**을 보유하고 있으며, 합리적인 주의를 기울여 재무제표에 담긴 정보를 연구하려는 의향을 가지고 있음.

② 이용자는 재무제표가 **중요성 수준에서 작성, 표시**되고 감사가 이루어지고 있다는 점을 이해하고 있음.

③ 이용자는 추정치의 사용, 판단 그리고 미래 사건들에 대한 고려에 기초한 금액 측정에 내재하는 **불확실성을 인식**하고 있음.

④ 이용자는 **재무제표에 담긴 정보에 기초하여 합리적인 경제적 의사결정**을 함.

3) 중요성 금액 설정 이유

① **중요왜곡표시위험**의 식별과 평가, 즉 식별된 왜곡표시가 감사에 미치는 영향 평가

② **추가감사절차**의 성격, 시기 및 범위의 결정

중요성금액	중요왜곡표시위험	적발위험의 수준	추가감사절차 중 실증절차의 성격, 범위, 시기
낮음	높음	낮음	• 성격: 효과적인 방법 • 범위: 많은 표본추출 • 시기: 보고기간말
높음	낮음	높음	• 성격: 효율적인 방법 • 범위: 적은 표본추출 • 시기: 중간감사기간

③ **미수정된 왜곡표시**가 있는 경우 재무제표에 미치는 영향을 평가

㉠ 미수정왜곡표시 > 중요성금액: 한정 또는 부적정의견

㉡ 미수정왜곡표시 < 중요성금액: 적정의견

4) 중요성 설정방법

① 재무제표 전체에 대한 중요성 금액 결정 단계

과정	고려사항 및 예시
(1단계) 적절한 벤치마크 정의	• 재무제표의 요소 • 재무제표 이용자가 중점을 둘 가능성이 높은 항목들이 존재하는지 여부(예: 공개기업은 세전이익, 비상장기업은 영업이익 등) • 기업의 성격, 기업 수명주기상의 위치 그리고 기업이 속한 산업 및 경제환경(예: 신생회사는 세전이익보다 총매출, 총자산 등) • 기업의 소유구조와 자본조달방법(예: 부채·자본조달기업은 이익보다는 총자산) • 기준의 상대적 변동성(예: 세전손익의 변동이 큰 경우 총매출)

과정	고려사항 및 예시
(2단계) 적합한 벤치마크에 적용할 경험률 결정	• 영리기업, 공개기업: 세전 계속사업이익의 5% 적용 • 비영리기업: 총수익 또는 총비용의 1% • 경험률은 이해관계자의 범위가 넓을수록, 차입약정규모가 클수록, 산업환경이 복잡할수록 더 낮은 비율을 적용한다.

② 거래유형과 계정잔액 및 공시에 적용되는 중요성 수준

그 왜곡표시가 재무제표 전체의 중요성보다는 작지만, 재무제표를 근거로 한 이용자의 경제적 의사결정에 영향을 미칠 것이라고 합리적으로 예상될 수 있는 **특정 거래유형, 계정잔액 또는 공시가 하나 이상 존재하고 있다는 것을 나타낼 수 있는 요인**에는 다음이 포함된다.

㉠ 법규 또는 해당 재무보고체계가 어떤 항목(예를 들어, 특수관계자와의 거래, 경영진과 지배기구에 대한 보상, 추정 불확실성이 높은 공정가치 회계 추정치에 대한 민감도 분석)**의 측정이나 공시에 대한 이용자의 기대에 영향**을 미치는지 여부

㉡ 기업이 속한 **산업에 관련된 주요 공시**(예를 들어, 제약회사의 연구개발비)

㉢ 재무제표에 별도로 공시되는 **회사 사업의 특정측면에 주의가 집중되는지 여부**(예를 들어, 부문이나 유의적인 사업결합에 대한 공시)

③ 수행중요성

수행중요성(정의상 하나가 될 수도 있고 또는 그 이상이 될 수도 있다)은 **재무제표의 미수정왜곡표시와 미발견왜곡표시의 합계가 재무제표 전체에 대한 중요성을 초과할 가능성을 적절하게 낮은 수준으로 감소시키기 위해 설정**된다. 유사하게, **특정 거래유형과 계정잔액 및 공시에 대한 수행중요성은 특정 거래유형과 계정잔액 및 공시의 미수정왜곡표시와 미발견왜곡표시의 합계가 해당 거래유형과 계정잔액 및 공시의 중요성 수준을 초과할 가능성을 적절하게 낮은 수준으로 감소시키기 위해 설정**된다. 수행중요성의 결정은 단순한 기계적 계산이 아니라 **전문가적 판단이 수반**되는 것이다. 수행중요성의 결정은 감사인의 위험평가절차의 수행 중 갱신된 기업에 대한 이해, 과거의 감사에서 식별된 왜곡표시의 성격과 범위 그리고 이에 따른 당기의 왜곡표시와 관련된 **감사인의 예상에 영향을 받는다**.

5) 감사의 진행에 따른 중요성 기준의 수정

재무제표 전체에 대한 중요성(해당되는 경우, 특정 거래유형과 계정잔액 및 공시에 대한 중요성 수준)은 감사 중에 발생된 상황의 변화(예를 들어, 주요사업의 처분결정), **새로운 정보 또는 추가감사절차의 수행에 따른 기업과 사업에 대한 이해의 변화에 따라 수정될 필요성**이 생길 수도 있다. 예를 들어, 감사인은 감사 중에 실제의 재무결과가 재무제표 전체에 대한 중요성을 결정하기 위하여 처음 사용된 연간 재무결과의 예측치와 상당히 차이가 있을 것 같다면 **최초 중요성을 수정**한다.

감사인은 ① **재무제표 전체에 대한 중요성** ② **해당되는 경우 특정거래유형과 계정잔액 및 공시에 대한 중요성** ③ **수행중요성** ④ **감사 진행에 따른 수정내용** 등을 반드시 **문서화**하여야 한다.

2. 감사위험과 감사계획

1) 감사위험의 정의 및 구성요소

감사위험(Audit Risk)
=중요왜곡표시위험(Risk of Material Misstatement)×적발위험(Detection Risk)

(1) 감사위험

재무제표가 중요하게 왜곡표시되어 있을 경우 감사인이 부적합한 감사의견을 표명할 위험

(2) 중요왜곡표시위험

감사 착수 이전에 재무제표가 중요하게 왜곡표시되어 있을 위험으로 세 가지 요소로 구성된다.

① 고유위험(Inherent Risk)

모든 관련 통제를 고려하기 전에 거래유형과 계정잔액 및 공시에 대한 경영진의

주장이 개별적으로 또는 다른 왜곡표시와 합칠 때 중요하게 왜곡표시될 가능성을 말한다. 즉 기업이 속한 산업 특성이나 계정과목 성격 등으로 재무제표를 구성하는 거래유형과 계정잔액에 부정이나 오류가 내재될 위험이다. **재무제표 전체수준의 고유위험은 ㉠ 부정위험요소, ㉡ 경영진의 정직 · 성실성, ㉢ 사업의 성격 및 산업적 요소 ㉣ 계속감사의 실시여부** 등이고 **개별 거래유형, 계정잔액 및 공시의 수준은 ㉠ 부정 및 횡령에 대한 민감도(현금 유가증권) ㉡ 계정잔액의 크기 ㉢ 모집단의 크기, 성격과 구성내용 ㉣ 회계추정의 복잡성, 주관성 및 불확실성의 정도** 등이다.

② 통제위험(Control Risk)

거래유형과 계정잔액 및 공시에 대한 경영진의 주장에서 발생할 수 있으며, 개별적으로 또는 다른 왜곡표시와 합쳐 중요할 수 있는 **왜곡표시가 기업의 내부통제에 의해 적시에 예방되거나 발견, 수정되지 못할 위험**을 말한다. **통제 위험의 수준은 내부통제의 설계와 운영의 효과성에 달려 있다.** 내부통제는 아무리 잘 설계되어도 고유한계가 있다. 이러한 **한계에는 인적 실수나 오류의 가능성, 공모 또는 경영진의 부적절한 통제무력화**로 인하여 회피되고 있는 통제가 포함될 수 있다.

③ 적발위험(Detection Risk)

감사인이 실증절차를 통하여 거래유형과 계정잔액 및 공시에 대한 경영진의 주장에서 발생할 수 있는 중요한 왜곡표시를 적발하지 못할 위험을 말한다. 주어진 수준의 감사위험에서 감사인이 수용 가능한 **적발위험의 수준은 경영진주장 수준의 평가된 중요왜곡표시위험과 역의 관계**에 있다. 예를 들어, 중요한 왜곡표시가 존재할 위험이 크다고 감사인이 믿을수록, 수용 가능한 적발위험은 더 작아야 하며 감사인은 보다 설득력 있는 감사증거를 필요로 한다.

적발위험은 감사위험을 수용 가능한 낮은 수준으로 감소시키기 위하여 감사인이 결정하는 감사절차의 성격, 시기 및 범위와 관계가 있다. 그러므로 **적발위험은 감사절차와 그 적용에 대한 효과성의 함수**이다. 다음과 같은 사항은 감사절차와 그 적용의 효과성을 높이는 데 도움이 되고 감사인이 부적합한 감사절차를 선택하거나, 적합한 감사절차를 잘못 적용하거나, 감사결과를 잘못 해석할 가능성을 감소시키는 데 도움이 된다.

㉠ 적절한 계획수립

㉡ 업무팀원의 적절한 구성

㉢ 전문가적 의구심의 적용

㉣ 수행된 감사업무의 감독과 검토

2) 감사위험과 감사계획의 관계

step 1: 목표감사위험의 설정

감사인이 감사업무를 실시하기 전에 사전적으로 설정한 계획된 감사위험으로서 감사인이 허용 가능하다고 판단하는 감사위험의 목표수준(1-목표감사위험=감사의견에 대한 신뢰수준)을 말한다. 감사고유한계로 목표감사위험은 '0'으로 설정할 수 없다. 설정 시 고려요인은 ㉠ 이해관계자의 재무제표에 대한 의존도(상장기업) ㉡ 감사대상회사의 계속기업으로서의 존속가능성이다.

step 2: 중요왜곡표시위험의 평가

감사인은 중요왜곡표시위험 평가과정에서 통제테스트의 필요성에 대해서 반드시 고려해야 한다. 통제테스트를 설계하고 수행하여야 하는 경우는 ㉠ **감사인이 통제가 효과적으로 운영되고 있다고 기대하고 이러한 통제를 테스트하는 것이 효율적이라고 판단할 때,** ㉡ **실증절차만으로는 경영진 주장 수준의 충분하고 적합한 감사증거를 제공할 수 없는 경우** 등이다.

step 3: 적발위험의 수준 결정

중요왜곡표시위험의 수준과 적발위험과의 관계는 역의 관계가 있다.

step 4: 위험평가 결과에 따른 실증절차의 성격, 범위, 시기의 결정

감사인은 중요왜곡표시의 위험이 높다고 판단되면 적발위험의 수준을 감소시켜야 하고 이를 위해서는 실증절차의 성격(신뢰할 수 있는 감사증거의 확보), 시기(보고기간 말), 범위(표본규모 확대)를 조정하여야 한다.

감사인은 **평가된 중요왜곡표시위험과 관계없이** 중요한 각 거래유형과 계정잔액 및 공시에 대하여 ㉠ **감사인의 판단이 수반되므로 모든 중요왜곡표시위험이 식별되지 않을 수 있고** ㉡ **경영진의 통제무력화 등 내부통제에 고유한계가 존재**하는 등의 이유로 **실증절차를 설계하고 수행**하여야 한다.

	목표감사위험	고유위험	통제위험	적발위험	실증절차 성격, 범위, 시기
사례1	5%	100%	80%	6.25%	보다 효과적인 계획수립
사례2	5%	80%	5%	125%	중요한 거래유형 등에 대해서 실증절차 수행
사례3	6%	60%	50%	20%	덜 효과적인 계획수립

step 5: 목표감사위험과 달성감사위험의 비교

① 목표감사위험=달성감사위험: 적정의견 → 합리적인 감사증거량

② 목표감사위험>달성감사위험: 적정의견 → 비효율적인 감사증거량

③ 목표감사위험<달성감사위험: 한정 또는 의견거절 → 비효과적인 감사증거량

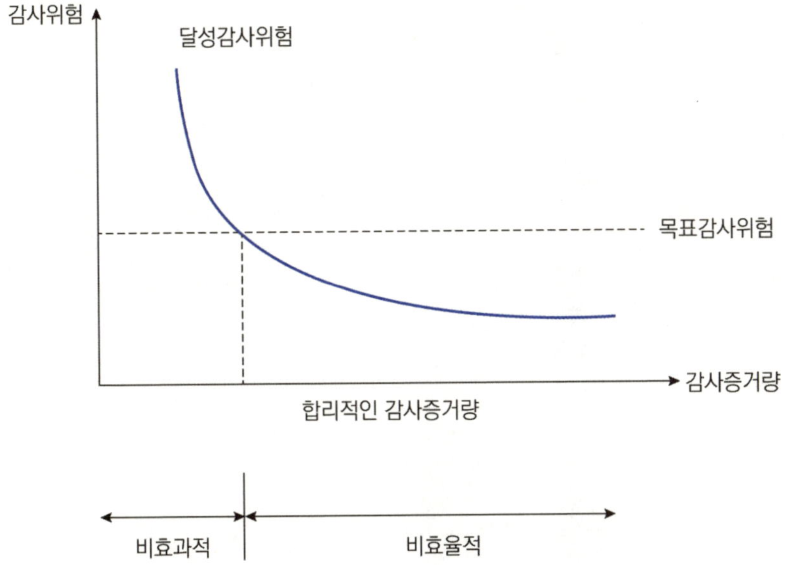

제2장 감사증거, 감사기술 및 감사문서

1. 감사증거가 갖추어야 할 요건: 적합성과 충분성

1) 적합성(Appropriateness)

감사증거의 질적 척도를 의미하며 **감사증거의 관련성**(Relevance) 및 **감사증거의 신뢰성**(Reliability)을 의미한다.

(1) 관련성

매출채권의 실재성을 확인하기 위해서는 매출채권명세서에서 표본을 추출하여 거래처에 대하여 외부조회를 통해 실재성을 확인한다(역진법). 매입채무의 완전성을 확인하기 위해서는 매입세금계산서에서 매입채무원장으로 확인한다(전진법).

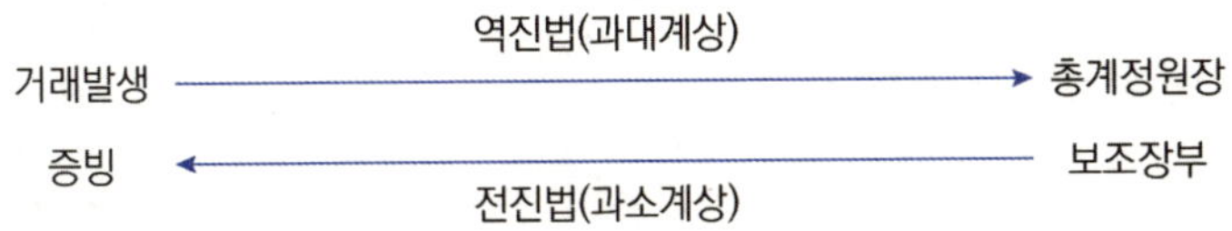

(2) 신뢰성

감사증거로 사용되는 정보, 즉 감사증거 자체의 신뢰성은 그 원천과 성격, 그리고 해당되는 경우 그러한 증거의 작성과 유지에 대한 통제 등 감사증거가 입수된 상황에 영향을 받는다. 그러므로 다양한 종류의 감사증거에 대한 신뢰성을 일반화할 때는 중요한 예외가 있게 된다. 감사증거로 사용되는 정보가 기업의 외부 원천에서 얻어지는 때에도, 그 신뢰성에 영향을 줄 수 있는 상황이 있을 수 있다. 예를 들어 만약 외부의 정보제공자가 지식이 부족하거나 경영진 측 전문가가 객관성을 결여하고 있다면, 독립된 외부의 원천에서 입수된 정보라도 신뢰할 수 없을 것이다.

① 감사증거를 **기업 외부의 독립된 원천**에서 얻을 때 그 신뢰성이 증가됨

② 내부적으로 생성된 감사증거는 그 작성과 유지에 대한 통제 등 **기업이 수립한 관련 통제가 효과적일 때 그 신뢰성이 증가됨**

③ 감사인이 **직접 입수한 감사증거(예를 들어, 통제의 적용에 대한 관찰)**는 간접적으로 또는 추론으로 입수한 감사증거(예를 들어, 통제의 적용에 관한 질문)보다 더욱 신뢰성이 높음

④ 구두로 제시하는 감사증거보다 **문서로 제시하는 감사증거의 신뢰성이 높음**

2) 충분성(Sufficiency)

(1) 감사증거의 양적 척도이다.

영향요인	관계
중요왜곡표시위험	높을수록 더 많은 감사증거량 요구
허용오류액(율)	낮을수록 더 많은 감사증거량 요구
감사증거의 질	낮을수록 더 많은 감사증거량 요구됨, 그러나 더 많은 감사증거를 확보한다고 해서 증거의 낮은 품질을 보완할 수는 없음

(2) 감사증거의 양에 따라 이용 가능한 방법

① 모든 항목의 추출(전수검사)

통제테스트에서는 전수검사가 거의 이용되지 않으나 세부테스트의 경우에는 다음과 같은 경우에 전수검사가 적합하다.

㉠ 모집단의 금액이 큰 소수의 항목으로 구성되어 있을 때

㉡ 유의적 위험이 존재하며 다른 방법으로 충분하고 적합한 감사증거를 제공하지 못할 때

② 특정항목의 추출

특정항목에 대한 판단적 추출은 비표본위험을 낳는다.

㉠ 금액이 크거나 핵심적인 항목. 즉 의심스럽고 비정상적이며 특별히 위험성이 있거나 과거에 오류가 발생되었던 항목 등을 추출하는 방법

㉡ 일정 금액 이상의 모든 항목

㉢ 정보를 입수하기 위한 항목

③ 표본감사

표본감사는 모집단으로부터 도출된 표본에 대한 테스트에 근거하여 모집단 전체에 대한 결론을 도출할 수 있도록 설계된다.

3) 충분하고 적합한 감사증거 입수여부 판단

단계	대응조치
감사 계약수임 전	감사계약 거부
감사 업무수행 중	충분하고 적합한 감사증거를 추가로 입수할 수 있도록 노력
감사 의견표명 시	한정의견 또는 의견거절 표명

2. 감사증거의 유형 및 감사기술

감사기술의 종류	감사증거의 유형
문서검사	문서적 증거
실물검사 및 관찰	물리적 증거
질문	구두적 증거
외부조회	제3자로부터 확인
재계산	수리적 증거
분석적 절차 및 소극적 조회	상황적 증거

1) 문서검사

문서검사를 통하여 얻을 수 있는 구체적 증거,

① 주식이나 채권과 같은 금융상품의 서류검사: 실재성에 대한 감사증거는 제시하

지만 권리나 평가에 대한 감사증거를 제공하지는 못한다.

② 계약서에 대한 검사: 수익인식과 같은 회계정책의 적용에 관련된 감사증거(기간귀속이나 측정에 대한 감사증거)를 제공할 수 있지만 실재성에 대한 강력한 감사증거는 되지 못한다.

문서적 증거의 유형은,

유형	신뢰성순위
제3자가 작성하고 보관하는 문서적 감사증거	①
제3자가 작성하고 회사가 보관하는 문서적 감사증거	②
회사가 작성하고 보관하는 문서적 감사증거	③ (통제유효성이 높을수록 신뢰성이 높다)

문서검사의 유형은,

① 전진법: 거래기록의 완전성을 검증하기 위하여 적용하는 문서검증방법이다. 이는 거래에 대한 원시증빙철로부터 분개장과 전표, 그리고 총계정원장으로 추적하여 나가는 방법을 말한다.

② 역진법: 실재성 검증방법이다. 이는 총계정원장으로부터 분개장 및 전표, 그리고 거래에 대한 원시증빙철로 역추적하는 방법을 말한다.

2) 실물검사

① 모든 실물자산의 리스트를 입수하여 동시에 실사. 만약 선택실사를 하는 경우 사전통보 없이 실시한다.

② 재무제표일 전후에 실물확인 절차수행. 만약 기간의 차이가 있다면 차이 기간에 대한 추가적인 감사절차 수행으로 재무제표일 시점의 계정잔액을 확인한다.

③ 분실에 대한 오해를 줄이기 위해 회사의 책임자의 참관 아래 실사를 수행하고 전액 반납확인을 책임자로부터 받는다.

④ 실물확인은 실재성에 대한 증거는 제공하지만 소유권이나 평가·배분의 적정성에 대한 증거는 제공하지 못한다.

3) 관찰

재고자산 실사나 통제활동 수행을 감사인이 관찰하여 증거를 수집하는 방법이다. 관찰이 행해지는 시점을 위해서 그 행위가 왜곡될 개연성이 있으므로 불시(surprise)에 이루어지는 것이 효과적이다.

4) 질문

질문은 중요한 감사증거를 제공하지만 충분한 감사증거를 제공하지 못한다. 경영진으로부터 서면진술을 수령하는 목적은,

① **경영진의 책임**을 다시 한번 경영진에게 주지시키기 위함이다. 이때 경영진 책임은 재무제표 작성책임, 그리고 감사인에게 모든 정보를 제공하고 접근하게 하였다는 책임을 포함한다.

② 경영진의 **구두진술에 대한 질(신뢰성)을 향상**시키기 위함이다.

5) 재계산

재계산은 문서나 기록의 산술적 정확성을 점검하는 것이다.

6) 재수행

재수행은 감사인이 원래 내부통제의 일부로서 수행되었던 절차와 통제를 독립적으로 시행하는 것을 말한다.

7) 외부조회

외부조회는 제3자가 감사인에게 직접 회신함으로써 감사인에게 입수되는 감사증거를 나타낸다. 일반적으로 특정 계정잔액을 확인할 때 유용하지만 어떤 기업이 제3자와 맺은 계약이나 거래조건에 대하여 확인할 때 사용할 수도 있다.

원 본

채권 · 채무 조회서

20 년 월 일

귀하

귀사의 번창하심을 축원하오며, 항상 각별하신 애호와 협조에 감사합니다.

바쁘실줄 아오나 당사의 회계감사에 필요하여 20 년 월 일 현재의 귀사에 대한 당사의 채권·채무 잔액과 내용을 확인하고자 하오니 귀사의 장부와 대조, 확인하시고 그 상위유무를 아래 확인통지란에 금액과 내용을 기입, 서명날인하여 첨부한 부본을 즉시 당사의 감사인인 **안진회계법인** 앞으로 직접 우송하여 주시기 바랍니다. 감사인의 주소가 기입된 회신용 봉투를 동봉합니다.

본 조회내용은 공인회계사법 제11조 및 주식회사의 외부감사에 관한 법률 제9조에 의거 그 비밀이 보장되고 회계감사목적으로만 이용될 것입니다.

(인)

1. 당사가 받을 금액

계 정 과 목	적 요	금 액	비 고
		₩	
합 계		₩	

2. 당사가 지급할 금액

계 정 과 목	적 요	금 액	비 고
		₩	
합 계		₩	

확 인 통 지

안진회계법인 앞

1. 위 조회서에 기재된 금액과 내용은 당사 장부와 일치하고 있으므로 이에 서명, 날인하여 통지합니다.
2. 아래와 같은 상위점이 있음을 알려드립니다(일자, 내용, 금액을 기재하여 주시고 지면이 부족한 경우에는 별지를 첨부하여 주시기 바랍니다).

20 년 월 일

주 소

회사 또는 기관명

대 표 자 성 명 (인)

조회서번호

문 의 처 :

담당공인회계사 : (**안진회계법인** TEL.)

8) 분석적 절차

분석적 절차는 재무데이터와 비재무데이터 간의 개연적인 관계를 연구함으로써 재무정보를 평가하는 것으로 이루어진다.

3. 감사증거 및 감사기술의 적용

	위험평가절차	추가감사절차	
		통제테스트	실증절차
증거수집의 목적	재무제표의 중요왜곡표시위험을 평가하여 추가 감사절차를 설계하기 위하여 수행됨.	통제 운영의 효과성에 대하여 감사증거를 수집하는 단계	재무제표의 중요한 왜곡표시를 적발하기 위하여 감사증거를 수집하는 단계
감사기술	• 질문 • 관찰 • 검사(문서검사) • 분석적 절차	• 질문 • 관찰 • 검사(문서검사) • 재수행	• 실증적인 분석적 절차 • 세부테스트

1) 위험평가절차와 추가감사절차의 결합 유형

방법	결합유형
①	통제테스트 중점수행+기본적 실증절차만 수행
②	실증절차만 수행
③	통제테스트와 실증절차 병행

2) 감사인이 특정 경영진 주장에 대해 통제테스트가 필요한 상황

① 방법1: 감사인이 통제가 효과적으로 운영되고 있다고 기대하고 통제테스트를 수행하는 것이 효율적이라고 판단되어야 한다.

② 방법2: 벤처기업으로서 초도감사를 받는 기업처럼 효과적인 통제가 식별되지 않거나 소규모기업처럼 거래규모가 적어 통제테스트를 수행하는 것이 비효율적인 경우

③ 방법3: 대규모거래가 전산으로 처리되는 은행과 같이 실증절차만으로는 경영진 주장 수준의 충분하고 적합한 감사증거를 제공할 수 없는 경우

3) 실증절차의 방법

계정잔액에 대한 테스트	거래유형에 대한 테스트
기말잔액의 구성내용을 직접 확인하는 테스트, 예를 들어 매출채권 조회, 재고실사입회 등의 절차	기초잔액에서 출발하여 증가, 감소의 거래증빙을 확인하는 테스트, 예를 들어 매출거래내역을 확인하기 위하여 선적서류, 출고증을 검사하거나 현금입금거래를 확인하기 위하여 입금표, 통자를 검사하는 절차

거래유형에 대한 테스트가 필요한 이유는 회사가 매출액 과대계상 등의 중요왜곡표시위험에 대해서는 계정잔액에 대한 테스트로 충분하고 적합한 감사증거를 확보하지 못하기 때문이다.

4. 분석적 절차

1) 정의

재무데이터와 비재무데이터 간의 개연적인 관계를 분석하여 재무정보를 평가하는 것을 말한다. 이때 감사인이 재무정보에 대해 비교할 수 있는 고려대상은,

① **과거 보고기간과 비교 가능한 정보**

② 기업의 예산 또는 예측과 같은 **기대치** 또는 감가상각비의 추정과 같은 감사인의 기대치

③ **산업평균** 또는 동일한 산업에서 비슷한 규모를 가진 기업의 매출채권회전율 등 유사정보

④ 매출총이익률과 같이, 기업의 과거경험에 근거하면 예측 가능한 형태와 일치할 것으로 **기대되는 재무정보 구성요소들 간의 관계** 또는 1인당 노무원가와 같이 재무정보와 관련 비재무정보 간의 관계(예: 연평균차입금과 이자비용과의 상관관계, 종업원수와 임률의 변동과 인건비의 상관관계 등)

2) 적용단계 및 단계별 목적과 특징

적용단계	목적	특징
위험평가단계	• 중요왜곡표시위험, 특히 부정에 의한 중요왜곡표시위험을 식별하는 데 도움을 줌. • 이러한 중요왜곡표시위험을 평가하여 위험평가에 대한 대응을 설계하고 수행하는 기반을 제공.	반드시 수행하여야 하면 상위수준(high level)으로 요약된 데이터 이용
실증절차단계	• A/R을 수행하는 것이 효과적, 효율적이라고 판단하는 경우 계정과목별 잠재적 왜곡표시유형을 식별하고 감사인의 감사위험을 일정수준 이하로 낮추기 위하여 수행하는 단계 • 실증적인 분석절차를 이용하여 관련성이 있고 신뢰할 수 있는 감사증거를 입수하기 위함	상황에 따라 세부테스트의 병행 또는 선택하여 이용하며 주로 하위수준(low level)으로 요약된 데이터 이용
감사종료 시 결론형성단계	• 재무제표가 일관성이 있는지에 대한 전반적 결론을 내리고 자신의 의견의 근거가 되는 합리적인 결론을 도출하는 데 도움을 줌 • 이전 인식된 중요왜곡표시위험을 식별하고 이에 따라 평가를 수정하고 추가감사절차를 변경하기 위함	위험평가절차로서 수행된 분석적 절차와 유사, 따라서 반드시 수행하여야 하며, 상위수준으로 요약된 데이터 이용

실증절차로서 분석적 절차 단계는,

(1단계) 분석적 절차의 수행 여부 및 의존범위에 대한 결정

고려요인	분석적 절차 의존여부
1) 감사인의 중요왜곡표시위험 평가	중요왜곡표시위험이 낮을수록 분석적 절차에 의존 높을수록 세부테스트에 중점을 둠
2) 감사절차에 예상되는 효율성과 효과성 판단	
가. 예측가능성	높을수록 분석적 절차 수행이 효과적
나. 신뢰성	높을수록 분석적 절차 수행이 효과적
다. 정교성	감사인의 기대치가 정교할수록 분석적 절차 수행이 효과적

신뢰성에 영향을 주는 요인은 ① 이용 가능한 정보의 원천(외부에서 독립적으로 입수된 정보는 신뢰성이 높다), ② 정보의 비교가능성, ③ 정보의 성격과 관련성, ④ 정보의 작성에 대한 통제 등이다.

측정의 정교성의 평가 요인은 ① 예측되는 정확성, ② 정보가 세분될 수 있는 정도,

③ 재무 및 비재무정보의 이용가능성 등이다.

(2단계) 수용 가능한 차이금액 결정

감사인이 기대와 차이가 있는 금액이 추가적인 검사 없이 수용될 수 있는지 여부를 결정할 때는 중요성 및 요구되는 확신수준과의 부합정도에 영향을 받는다. 중요왜곡표시위험이 높다고 판단되는 경우 수용 가능한 차이금액, 즉 중요성 금액은 낮아지게 된다.

(3단계) 분석적 절차의 결과에 대한 검사

이 감사기준서에 따라 수행된 분석적 절차의 결과, 감사인이 다른 관련정보와 일관성이 없거나 기대치와 유의적인 금액만큼 차이가 있는 변동이나 관계를 식별한 경우에는 그러한 차이에 대하여 다음과 같이 조사하여야 한다.

① **경영진에게 질문하고 경영진의 답변과 관련성이 있는 적합한 감사증거를 입수함**

② 그러한 상황에 필요한 기타의 감사절차를 수행함. 경영진의 답변과 관련된 감사증거는 기업과 그 환경에 대한 감사인의 이해를 고려하여 이러한 답변을 평가함으로써 입수될 수 있고 감사의 진행 중에 입수한 다른 감사증거를 고려하여 이러한 답변을 평가함으로써 입수될 수 있을 것이다. 예를 들어, **경영진이 설명을 할 수 없거나 또는 경영진의 답변과 관련하여 입수한 감사증거로 인하여 해당 설명이 적절하다고 고려될 수 없는 경우, 다른 감사절차를 수행할 필요성이 발생**할 수 있다.

5. 외부조회

1) 외부조회절차

(1) 조회하거나 요청할 정보 및 조회당사자의 결정

외부조회로 수집하는 감사증거의 예,

① 공급처 및 거래처에 조회하는 채권, 채무에 대한 실재성 및 완전성

② 금융기관에 조회하는 예금, 차입금에 대한 실재성 및 완전성

③ 금융기관에 조회하는 유가증권 잔액에 대한 실재성

④ 타처보관 재고에 대한 실재성

⑤ 금융기관에 조회하는 퇴직연금운용자산에 대한 실재성 등

조회요청은 조회할 정보에 대해 지식이 있다고 감사인이 믿는 당사자에게 할 때, 그 회신은 보다 관련성이 있고 신뢰할 수 있는 감사증거를 제공한다.

(2) 조회요청의 설계

고려내용	추가설명
관련 경영진 주장	• 매출채권의 실재성을 조회하는 경우 채권금액이 큰 거래처 위주로 조회 • 매입채무의 완전성을 조회하는 경우 주거래처 중에서 잔액이 거의 없는 거래처 위주로 조회 • 타처보관 재고자산 조회의 경우 진부화된 재고의 존재여부에 대한 회신 요청문구 삽입
부정위험 등 중요왜곡표시에 대한 구체적 식별위험	중요왜곡표시위험이 높을수록 소극적 조회보다는 적극적 조회 요청
당해 감사업무에 관한 사전경험	이전 조회에서 일치한다고 회신하였으나 사실 불일치가 확인된 거래처에 대해서는 조회요청서 금액을 미기재하여 조회당사자가 직접 기재하도록 하는 것이 효과적
커뮤니케이션 방법	종이형태, 전자문서 등 방법을 결정. 특히 전자문서의 경우 변조를 발견하기 위한 다양한 기법구축
의도된 조회당사자가 요청된 정보를 조회할 능력	의도된 조회당사자의 회계시스템이 총잔액을 조회하기 힘든 상황이라면 개별 송장별 금액에 대하여 조회요청을 하는 것이 신뢰성 및 회수율을 높일 수 있다.

반드시 감사인은 요청서에 수신인과 주소의 타당성을 확인하고 회신이 감사인에게 직접 전달될 수 있도록 설계 요청하여야 한다.

감사인에 의해서 이루어져야 하는 절차	회사에 의해서 이루어질 수 있는 절차
• 회신요청 정보 및 당사자 결정 • 조회요청서 발송 시 주소 타당성 조회 • 조회요청서 발송 및 직접 회수	• 외부조회서 작성 • 회신 요청에 답변이 없는 경우 회신요청

(3) 경영진이 감사인의 조회서 발송을 거부하는 경우

만약 경영진이 감사인의 조회서 발송을 거부하면, 감사인은 다음의 절차를 수행하여야 한다.

① 경영진의 거부사유에 관하여 질문하고 그 타당성과 합리성에 관해 감사증거를 구함

② 경영진의 거부가 부정위험 등 관련 중요왜곡표시위험에 대한 감사인의 평가와 다른 감사절차의 성격, 시기 및 범위에 대하여 갖는 시사점을 평가함.

③ 관련성이 있고 신뢰할 수 있는 감사증거를 입수할 수 있도록 설계된 대체적 감사절차를 수행함

만약 경영진이 조회서의 발송을 **거부하는 것이 비합리적**이라고 감사인이 결론을 내리거나 감사인이 **대체적 감사절차로부터 관련성이 있고 신뢰할 수 있는 감사증거를 입수할 수 없다면, 감사인은 지배기구와 커뮤니케이션하여야 한다. 감사인은 해당 감사와 감사의견에 대한 시사점을 결정하여야 한다.**

(4) 적극적 조회와 소극적 조회

	적극적 조회	소극적 조회
정의	확인당사자가 조회서 정보 동의여부에 관계없이 회신요청을 하는 조회	확인당사자가 조회서 정보에 동의하지 않는 경우만 회신요청을 하는 조회
장점	설득력이 높은 감사증거	낮은 감사비용
단점	높은 감사비용	설득력이 낮은 감사증거

소극적 조회는 다음 사항이 모두 충족되는 경우에 한하여 실시,

소극적 조회는 적극적 조회보다 설득력이 낮은 감사증거를 제공한다. 따라서, 감사인은 다음 사항이 모두 충족되지 않는 한 경영진주장 수준에서 평가된 중요왜곡표시위험에 대처하기 위한 유일한 실증감사절차로서 소극적 조회를 이용하여서는 안 된다.

- 감사인은 **중요왜곡표시위험이 낮다고 평가**하였고, 경영진주장과 관련된 **통제의 운영효과성에 대하여 충분하고 적합한 감사증거를 입수**하였음
- 소극적 조회절차의 대상이 되는 항목의 **모집단이 다수의 동질적이며 소액인 계정 잔액이나 거래 또는 조건들로 구성**되어 있음.

- **불일치사항의 발생률이 매우 낮을 것**으로 예상됨.
- 감사인은 소극적 조회의 수신자가 **그러한 요청을 무시할 상황이나 조건에 대하여 알고 있지 아니함.**

공란형태의 조회서(blank form confirmation)는 확인당사자가 해당 정보가 정확한지 여부를 **검증하지 않고 조회 요청에 회신할 위험을 낮출 수 있다는 장점**이 있지만 **회신율이 낮다는 단점**을 가지고 있다.

적극적 조회요청에 대한 대응조치는,

회신이 온 경우	회신이 오지 않는 경우
• 불일치사항이 발견된 경우 재무제표의 왜곡표시를 의미하는지 여부를 파악하여야 한다. • 일치가 되는 것으로 회신이 된 경우라 하더라도 **회신에 대한 신뢰성이 의심되는 경우**, 반드시 **신뢰할 수 있는 회신인지 추가적 감사증거를 입수**하여야 한다.	• 추가 조회서 발송 • 결국 미회신인 경우 **대체적 감사절차 수행** • **반드시 회신이 필요한 정보에 대하여 적극적 조회서를 입수**하지 못한다면 감사의견에 미치는 영향을 판단.

대체적 감사절차 예시,

계정과목	대체적 감사절차 유형
매출채권	• 특정 항목에 대한 후속적 회수(Subsequent Cash Collection) • 선적서류에 대한 검사 • 보고기간말에 근접하여 발생한 매출거래에 대한 검사(Cut-off Test)
매입채무	• 후속적 지급(Subsequent Cash Payment) • 제3자로부터의 서신 • 상품검수기록 등 기타기록의 검사

충분하고 적합한 감사증거 입수에 적극적 조회요청이 반드시 필요한 경우,

상황에 따라 감사인은 충분하고 적합한 감사증거를 입수하기 위해 적극적 조회에 대한 회신이 필요한 경영진주장 수준에서 평가된 중요왜곡표시위험을 식별할 수가 있을 것이다. 그러한 상황에는 다음과 같은 경우가 포함될 수 있다.

① 경영진주장을 확인하기 위해 이용 가능한 정보가 오직 **기업의 외부에서만 입수 가능한 경우**

② 특정 부정위험요소(예: **경영진의 통제무력화 위험, 종업원 및 경영진이 연루될 수 있는 공모위험**)로 인하여 감사인이 기업에서 입수한 증거를 신뢰할 수 없는 경우

회신의 신뢰성이 의심되는 경우,

① 회신이 원래 의도된 확인당사자로부터 발송되지 않은 것으로 보임.

② 회신이 감사인에게 간접적으로 전달됨.

반드시 회신의 신뢰성을 확인하기 위하여 수행하여야 할 추가적 절차는,

상황	후속절차
전자메일로 회신하는 경우	감사인이 확인당사자에게 전화하여 확인
감사인에게 간접적으로 전달된 경우	감사인은 확인당사자가 감사인에게 직접 서면으로 회신해 달라고 요청
확인당사자가 구두로 회신한 경우	원칙적으로 외부조회의 정의를 충족하지 못하므로 직접 서면으로 회신해 달라고 요청

6. 감사문서(Audit Documentation)

감사문서화는 감사인이 수행한 감사절차, 입수한 관련 감사증거 및 감사인이 도달한 결론에 관한 기록을 말한다.

1) 감사문서화의 목적

① 감사인의 **전반적인 목적의 달성에 관한 결론의 근거**

② 감사가 **감사기준과 관련 법규의 요구사항에 따라 계획되고 수행되었다는 사실**

③ 기타의 목적

㉠ 업무팀이 감사를 계획하고 수행하는 것을 지원함

㉡ 감독책임이 있는 업무팀원들이 감사업무를 지휘·감독하며 검토책임을 완수하도록 지원함

㉢ 업무팀이 자신이 수행한 업무에 대하여 책임질 수 있도록 함

㉣ 향후의 감사에 지속적으로 유의적인 사항에 대한 기록을 유지함

㉤ 품질관리기준서 또는 최소한 이에 준하는 해당 국가의 요구사항에 따른 품질관리검토와 검사를 가능하게 함

㉥ 관련 법규 또는 기타 요구사항에 따른 외부 검사업무 수행을 가능하게 함

2) 감사문서의 소유권 및 제약

① 감사문서의 소유권은 감사인에게 있다.

② 보관기한: 외감법에서는 감사종료시점부터 8년간 보전하기로 되어 있다.

③ 감사문서의 비밀유지의 예외

㉠ **법규에 의해 정보의 공개가 허용되고 의뢰인 또는 고용주로부터 공개를 허락받은 경우**

㉡ 다음과 같이 법규에 의해 정보의 공개가 요구되는 경우

- **소송절차에 따라 문서를 제시하거나 기타 증거로 제시하는 경우**
- 이미 알려진 **법규위반사실을 해당 공공기관에 공개**하는 경우

㉢ **법규에 의해 정보의 공개가 금지되지 아니한 경우**로서, 정보의 공개에 대하여 전문가적인 권리 또는 의무가 있는 경우

- 한국공인회계사 또는 **감독기관의 품질관리 감리의무를 준수하기 위한 경우**
- 한국공인회계사회 또는 **감독기관의 질의 또는 검사에 응하기 위한 경우**
- **소송에서 공인회계사의 직업상의 이해관계를 보호**하기 위한 경우
- 기술적 기준 및 윤리적 요구사항을 준수하기 위한 경우

④ 영구조서: 계속감사의 경우 계속하여 사용할 수 있는 중요한 자료를 새로운 정보가 있을 때마다 갱신하는 감사조서(정관, 법인 등기부등본, 주요 합작계약서 등)

3) 감사문서의 내용과 형태

① 감사기준과 관련 법규의 요구사항을 준수하기 위해 **수행한 감사절차의 성격, 시기 및 범위**

㉠ 테스트한 특정 항목이나 사항에 대하여 식별한 특성

㉡ 감사업무의 수행자 및 그 수행업무의 종료일

㉢ 수행된 감사업무를 검토한 사람, 검토일 및 검토범위

② 감사절차의 **수행결과 및 입수한 감사증거**

③ 감사 중 발생한 **유의적 사항**, 그러한 사항에 대하여 **도달된 결론 및 결론에 도달할 때 행한 유의적인 전문가적 판단**

별도로 문서화할 필요가 없는 감사증거,

① 문서화된 감사계획서

② 서명된 감사계약서

③ 적합하게 한정의견을 표명한 감사보고서

④ 업무수행이사의 업무팀 토의 참여 문서

유의적 사항의 예,

① **유의적 위험을 발생시키는 사건**

② 감사절차 수행결과 그것이 **재무제표가 중요하게 왜곡표시될 수 있다**는 것을 나타내는 경우

③ **감사의견을 변형**시키거나 **강조사항문단에 포함될 수도 있는 사항**을 발견한 경우

4) 감사문서의 내용 및 형태에 영향을 주는 요인

① 기업 규모와 복잡성

② 중요한 왜곡표시와 식별된 위험

③ 수행하여야 할 감사절차의 성격

④ 예외사항의 성격과 범위

주의할 점은 **이전에 당해 감사에 관여하지 아니한 숙련된 감사인**이 감사문서를 이해할 수 있도록 문서화되어야 한다는 점이다.

5) 최종감사파일의 취합

① 감사인은 감사문서를 적시에 작성하여야 하며 이러한 절차는 **감사보고서일로부터 60일 이내에 완료**하여야 한다. 감사문서 취합을 완료한 날을 **감사문서취합완료일**(Audit Documentation Completion Date)이라고 한다.

② 감사문서취합완료일 이후에는 **어떠한 성격의 감사문서도 삭제하거나 폐기해서는 안 된다.** 다만, **상황1) 감사보고서일 이후 후속사건발생으로 재무제표를 수정하거나 감사의견을 변형시키는 경우, 상황2) 모니터링 검사 중 받은 검토의견에 따라 기존 감사문서를 명확하게 할 필요가 있을 때는 예외**로 한다. 그러나 이 경우도 **Why(감사문서를 수정하는 이유)와 Who(수정한 자), When(수정 시기)을 문서화**하여야 한다.

7. 전문가와 내부감사기능의 활용

1) 회사가 경영진 측 전문가를 활용한 경우 감사절차

경영진 측 전문가	감사인 측 전문가
• 회계나 감사 외의 분야에서 전문성을 보유하고 • 해당 분야에서 기업의 재무제표 작성에 도움을 주는 개인 또는 조직	• 회계나 감사 외의 분야에서 전문성을 보유하고 • 감사인이 충분하고 적합한 감사증거를 입수하는데 도움을 줄 수 있도록 해당분야에서의 업무가 감사인에 의해 활용되는 개인 또는 조직

실무적으로 회사는 재무정보의 평가(비상장주식·잠재적 보통주의 공정가치, 비상장주식 등의 손상차손검토, 계속기업전제의 적정성 검토 등)와 관련하여 전문가를 활용하는 경우가 많다.

회사가 경영진 측 전문가를 활용한 경우 감사절차,

① 경영진 측 전문가의 평가(적격성, 역량 및 개관성)

② 경영진 측 전문가가 수행한 업무에 대한 이해

③ 경영진 측 전문가가 수행한 업무의 적합성의 평가

- 해당 전문가가 사용한 원천데이터의 관련성, 완전성 및 정확성
- 해당 전문가가 사용한 유의적 가정과 방법의 관련성과 합리성
- 해당 전문가의 발견사항이나 결론의 관련성과 합리성, 다른 감사증거와의 일관성, 이들이 재무제표에 적합하게 반영되었는지 여부

2) 감사인 측 전문가의 활용절차

① 감사인 측 전문가의 필요성검토

고려사항	필요한 사항
경영진이 재무제표를 작성할 때 경영진 측 전문가를 활용하였는지 여부	경영진이 전문가를 활용한 경우
해당 사항의 복잡성 등 관련사항의 성격과 유의성	복잡한 유의적인 비상장주식의 평가
해당사항에 포함된 중요왜곡표시위험	중요왜곡표시위험이 높을수록
해당사항의 전문가 업무의 식별된 위험에 대응하는 감사절차의 예상되는 성격, 감사증거에 대한 대체적 원천의 이용가능성	예상되는 감사절차의 성격이 복잡하고 감사증거에 대한 대체적 원천의 이용가능성이 낮은 경우

② 감사인 측 전문가의 평가(적격성, 역량 및 개관성)

③ 감사인 측 전문가가 수행할 감사절차의 성격, 시기 및 범위의 결정과 합의

감사절차의 결정 시 고려사항,

㉠ 전문가의 업무가 관련된 사항의 성격

㉡ 중요왜곡표시위험

㉢ 전문가의 업무가 가지는 유의성

㉣ 해당 전문가가 이전에 수행한 업무에 대한 감사인의 지식과 경험

㉤ 해당 전문가가 감사인의 회계법의 품질관리정책과 절차의 적용대상여부

감사인 측 전문가와 합의할 사항,

㉠ 감사인 측 전문가 업무의 성격, 범위 및 목적

㉡ 감사인과 감사인 측 전문가 각자의 역할과 책임

㉢ 커뮤니케이션의 성격, 시기 및 범위

㉣ 비밀유지의 요구사항을 준수할 필요성

④ 감사인 측 전문가가 수행한 업무의 적합성 평가 시 고려사항,

㉠ 감사인 측 전문가가 사용한 원천데이터의 관련성과 완전성 및 정확성

㉡ 감사인 측 전문가의 유의적인 가정과 방법의 관련성과 합리성

㉢ 감사인 측 전문가가 발견한 사항이나 결론의 관련성과 합리성 및 다른 감사증거와의 일관성이 있는지 여부

⑤ 감사인 측 전문가의 업무가 부적합한 경우 수행절차,

㉠ 해당 감사인 측 전문가가 수행할 후속업무의 성격과 범위에 대하여 합의함.

㉡ 해당 상황에 적합한 추가적인 감사절차를 수행

감사인은 감사보고서에 감사인 측 전문가를 언급하여서는 안 된다. 만약 법규상 요구에 의하여 언급하더라도 감사인의 **책임을 경감시키지 않는다는 것을 감사보고서에 표시**하여야 한다.

3) 내부감사기능이 수행한 업무의 활용절차

회사에서 내부적으로 기업지배, 위험관리 및 내부통제 관련 절차의 효과성을 평가하는 기능을 내부감사기능이라 하고 일반적으로 내부감사부서가 이를 수행한다. 감사인이 **내부감사기능이 수행한 업무를 활용한다면 감사절차의 성격이나 시기를 변경하거나 범위를 줄일 수 있다.** 우리나라의 경우 **내부감사기능은 독립성이 충족되지 않기 때문에 이를 감사에 직접적으로 활용하는 것은 허용되지 않는다.**

내부감사기능이 수행한 업무의 활용여부를 결정하기 위한 평가사항,

① 내부감사기능의 **조직 내 위상과 관련 정책 및 절차가 내부감사인의 객관성을 지원하는 정도**

② 내부감사기능의 **적격성 수준**

③ 품질관리를 포함하여 내부감사기능이 **체계적이고 규율된 접근법**을 적용하는지 여부

내부감사기능이 수행한 업무의 활용범위를 줄여야 하는 경우,

① 관련된 감사절차의 계획과 평가, 입수된 감사증거의 평가에 **많은 판단**이 수반될수록

② 유의적인 것으로 식별된 위험에 대한 특별한 고려와 함께, 경영진주장 수준의 평가된 **중요왜곡표시위험이 높을수록**

③ 내부감사기능의 조직 내 위상과 관련 정책 및 절차가 내부감사인의 **객관성을 적절하게 지원하지 못할수록**

④ 내부감사기능의 **적격성 수준이 낮을수록**

내부감사기능이 수행한 업무를 활용하기로 계획한 경우 그 사전절차,

① 업무의 활용계획을 내부감사기능과 **토의**하여야 한다.

② 내부감사기능이 수행한 업무와 관련된 내부감사기능의 보고서를 **열람**하여야 한다.

③ 내부감사기능이 수행한 업무에 대하여 다음 사항을 평가하여야 한다.

㉠ 해당 업무가 **적절히 계획, 수행, 감독, 검토 및 문서화**되었는지 여부

㉡ **합리적 결론 도출을 위한 충분하고 적합한 증거가 입수**되었는지 여부

㉢ 도달된 결론이 해당 상황에서 적합하고, 내부감사기능이 작성한 보고서가 수행된 업무 결과와 **일관성**이 있는지 여부

제3장

위험평가절차와 계획수립

1. 위험평가절차

1) 중요왜곡표시위험과 유의적 위험

중요왜곡표시위험은 감사 착수 이전에 재무제표가 중요하게 왜곡표시되어 있을 위험이다. 이러한 위험 중에서 **감사상 특별한 고려가 요구되는 중요왜곡표시위험을 유의적 위험**이라고 한다.

유의적 위험의 판단 시 최소한의 고려사항은,

① 해당 위험이 **부정위험인지 여부**

② 해당 위험이 최근의 유의적인 경제·회계 또는 기타의 변화와 관련되어 **특별한 주의를 요하는지 여부**

③ **거래의 복잡성**

④ 해당 위험이 **특수관계자들과의 유의적 거래와 관련**된 것인지 여부

⑤ 해당 위험과 관련된 재무정보의 측정에 있어 주관성의 정도. 특히, 그러한 측정에 **광범위한 불확실성이 내포되어 있는 경우**

⑥ 해당 위험이 그 기업의 정상적 사업과정을 벗어나거나, **비경상적으로 보이는 유의적 거래와 관련**되어 있는지 여부

위험평가절차 수행 시 이용되는 감사증거 입수방법은,

① 경영진, (기능이 존재한다면) 내부감사기능 내의 적합한 담당자 그리고 부정이나 오류로 인한 중요왜곡표시위험을 식별할 때 도움이 될 수 있는 정보를 가지고 있다고 판단되는 **기업 내부의 관련자에 대한 질문**

② **분석적 절차**

③ **관찰과 검사**

중요왜곡표시위험을 식별하고 평가하기 전에 완료되어야 하는 계획사항은,

① **위험평가절차로서 적용될 분석적 절차**

② 기업에 적용되는 법규 및 기업이 그러한 법규를 어떻게 준수하는지에 대한 **개괄적인 이해**

③ **중요성의 결정**

④ **전문가의 참여**

⑤ 기타 위험평가절차의 수행

4단계 중요왜곡표시위험의 식별과 평가순서는,

① 해당 위험과 관련된 통제 등 기업과 기업환경을 이해하는 전 과정에서, 그리고 재무제표의 거래유형, 계정잔액 및 공시(공시의 양적 또는 질적 측면 포함)를 고려함으로써 **위험을 식별**함

② **식별된 위험을 평가하며, 그러한 위험이 재무제표 전체**에 더 전반적으로 관련되어 있는지 여부와 다수의 경영진주장에 잠재적으로 영향을 미치는지 여부를 평가함

③ 감사인이 테스트하려는 관련 통제를 고려하여 식별된 위험을 **경영진주장 수준의 오류가능성과 연결**시킴

④ 복합적 왜곡표시의 가능성 등 왜곡표시의 **발생가능성**과 그러한 잠재적 왜곡표시가 중요한 왜곡표시가 될 만큼 규모가 큰 것인지 여부를 고려함

2. 기업과 기업환경의 이해를 통한 위험평가절차

1) 기업과 기업환경의 이해 목적

위험평가절차는 기업과 기업환경의 이해를 통해서 이루어지고 기업과 기업환경에 대한 이해를 통해서 중요왜곡표시위험을 식별하고 평가할 수 있게 된다.

감사인이 기업과 기업환경을 이해하는 목적은,

감사계약 체결 전	감사계약 체결 후
감사업무의 수용과 유지를 결정하기 위하여	중요왜곡표시위험을 식별하고 평가하기 위하여

2) 기업과 기업환경의 이해 내용

기업과 기업환경의 이해 내용 5가지,

① 산업적·규제적·기타 외부적 요인(일반 경제 여건, 이자율과 자금조달가능성, 인플레이션)

② 기업의 성격(경영활동, 소유 및 지배구조, 투자유형, 조직구조와 자금조달방식)

③ 기업의 목적과 전략 및 사업위험

사업위험이 발생할 수 있는 상황

㉠ 실패가능성이 있는 신제품이나 새로운 서비스의 개발

㉡ 성공적인 개발에도 불구하고 제품과 서비스를 뒷받침하기에 부적절한 시장

㉢ 배상책임 또는 평판위험을 초래할 수 있는 제품 및 서비스상의 결함

④ 회계정책의 선택과 적용

회계정책의 선택과 적용과 관련하여 이해하여야 할 사항(315-A35)

㉠ 기업이 유의적이고 비경상적인 거래에 대한 회계처리를 위해 적용하는 방법론

㉡ 논란이 있거나 새로 대두된 분야의 경우 권위 있는 지침이나 합의가 없을 때의 유의적인 회계정책의 영향

㉢ 기업의 회계정책의 변경

㉣ 해당 기업에 새로 적용되는 재무보고기준 및 법규, 그리고 기업이 해당 요구사항을 언제 어떻게 채택할 것인지에 관한 사항

⑤ 재무성과의 측정과 검토

재무성과의 측정과 검토와 관련하여 이해해야 할 내부정보의 예(315-A45)

㉠ 주요 성과지표(재무적, 비재무적)와 주요 비율, 추세, 운영상의 통계

㉡ 기간별 재무성과분석

㉢ 예산, 예측, 차이분석, 부문정보, 사업부나 부서 또는 기타 수준의 성과보고서

㉣ 종업원 성과측정 및 성과보상정책

㉤ 경쟁기업과의 성과 비교 등

3. 평가된 위험에 대한 대응

1) 재무제표 수준의 대응

감사인이 재무제표를 감사하면서 내부통제를 테스트하는 이유는 실증절차를 축소하기 위해서이다.

통제테스트와 실증절차를 고려한 재무제표 수준의 감사접근방법(330-A3),

실증절차만 수행	통제테스트만 수행	통제테스트+실증절차수행
내부통제가 효과적이지 않을 것으로 예상되는 기업(주로 중소기업)	불가	일반적인 감사(주로 대기업)

재무제표 수준의 중요왜곡표시위험에 대한 대응절차(330-A1),

① 업무팀이 **전문가적 의구심**을 유지할 필요성을 강조함

② 보다 **경험이 풍부**하거나 **특수한 기술**을 보유한 인력을 배정하거나, 또는 **전문가를 활용**함

③ **감독활동을 강화**함

④ 수행될 추가감사절차를 선택할 때 **예측불가능성 요소를 추가로 반영**함

⑤ 감사절차의 성격, 시기 또는 **범위를 전반적으로 변경**함. 예를 들어 **실증절차는 기중보다는 보고기간말**에 수행하거나, **보다 설득력 있는 감사증거를 입수**하기 위하여 감사절차의 성격을 변경함

통제환경의 효과성에 따른 재무제표 수준의 대응(330-A2),

통제환경이 효과적인 경우 (통제위험이 낮음)	통제환경이 효과적이지 않은 경우 (통제위험이 높음)
일부 실증절차를 당기중에 수행할 수 있음	• 보다 확대된 감사증거 입수 • 기중보다 보고기간말에 감사 절차 수행 • 감사범위 사업장수 확대

2) 경영진주장 수준의 대응

경영진주장 수준의 위험평가절차는 계정과목별 또는 거래유형별로 수행되므로 각각 중요왜곡표시위험의 평가결과가 다를 수 있다. 따라서 그 대응절차도 다르게 수행될 수 있으므로 재무제표 수준의 감사접근방법에서는 통제테스트만 수행이 불가하지만 경영진주장 수준에서는 가능하다.

통제테스트와 실증절차를 고려한 경영진주장 수준의 감사접근방법(330-A4),

실증절차만 수행	통제테스트만 수행	통제테스트+실증절차 수행
• 해당 경영진주장과 관련된 어떠한 효과적인 통제도 식별하지 못한 경우 • 통제를 테스트하는 것이 비효율적인 경우	가능(예: 접대비에 엄격한 통제가 이루어지고 있고 접대비가 중요하지 않은 경우 통제테스트만 수행)	위험평가절차를 통해 효과적인 내부통제가 존재하고 통제테스트를 수행하는 것이 효율적이라고 판단되는 경우

감사절차의 성격 시기 및 범위의 개념(330-A5~A7),

구분	개념
감사절차의 성격	• 감사절차의 목적: 통제테스트 또는 실증절차 • 감사절차의 유형: 7가지의 감사기술
감사절차의 시기	• 감사절차가 언제(해당기간이나 일자) 수행되는지
감사절차의 범위	• 수행할 업무의 양(표본규모, 통제활동의 관찰 빈도 등)

경영진주장 수준에서 중요왜곡표시위험이 낮은 경우 대응절차(330-A10),

관련된 통제를 고려하지 않더라도 해당 거래유형의 특별한 성격으로 인해 위험이 낮다고 평가한 경우	내부통제로 인하여 위험이 낮다고 평가되었고 감사인이 이러한 낮은 평가에 기초하여 실증절차를 수행할 계획인 경우
실증적인 분석적 절차만으로 충분하고 적합한 감사증거를 입수할 수 있다.	통제테스트를 수행한다(예: 기업의 정보시스템에 의해 일상적으로 처리되고 통제가 이루어지는 비교적 통일된 형태의 복잡하지 않은 거래유형).

카카오뱅크와 같은 인터넷은행은 실증절차만으로 충분하며, 적합한 감사증거를 입수할 수 없다면 통제테스트를 통해서 그 증거를 보완해야 하고 통제테스트의 사전절차로서 관련통제를 이해하게 된다.

4. 감사계획수립을 위한 예비적 절차

감사계획수립에 대한 효익 및 유용성,

① 감사인이 중요한 감사분야에 적합한 주의를 기울임.

② 감사인이 잠재적 문제를 적시에 식별하고 해결함.

③ 감사인이 감사업무를 적절히 조직화하고 관리함으로써 효율적이고 효과적인 감사가 수행되게 함.

④ 예상되는 위험에 대응하기 위해 적합한 수준의 역량과 적격성을 갖춘 업무팀원을 선정하고 적절하게 업무를 배정하는 것을 도움.

⑤ 업무팀원에 대한 지휘 및 감독과 업무결과에 대한 검토가 용이하게 이루어지도록 함.

⑥ 해당되는 경우, 부문감사인 및 전문가가 수행한 업무의 조정을 도움.

감사계획수립은 감사에 있어서 전기감사의 종료 직후에 시작하여 **당기감사가 끝날 때까지 진행되는 연속적이고 반복적인 과정**이다.

전반감사전략과 세무감사계획의 책임은 감사인에게 있고, 감사계획에 포함된 사항을 경영진과 논의하는 경우 **감사의 효과성이 손상(지나친 예측가능성)되지 않도록 주의**하여야 한다.

중요왜곡표시위험을 식별하고 평가하기 전에 완료되어야 하는 계획사항(300-A2),

① 위험평가절차로서 적용될 **분석적 절차**

② **기업에 적용되는 법규** 및 기업이 그러한 법규를 어떻게 준수하는지에 대한 개괄적인 이해

③ **중요성의 결정**

④ **전문가의 참여**

⑤ 기타 위험평가절차의 수행(질문, 관찰, 검사 등)

전반감사전략을 수립하기 위하여 수행하여야 할 절차는,

① 감사범위를 정의하게 될 해당 감사업무의 특성을 식별함(재무보고체계, 보고통화)

② 감사일정을 계획하기 위하여 해당 업무의 보고목적을 확인하며 요구되는 커뮤니케이션의 성격을 확인함(기업의 보고 일정)
③ 감사인의 전문가적 판단에 따라, 업무팀의 업무방향을 설정하는 데 유의적이라고 판단되는 요소들을 고려함(중요성, 중요왜곡표시위험이 큰 분야)
④ 감사업무의 예비적 활동의 결과, 그리고 해당되는 경우 업무수행이사가 감사대상기업을 위해 수행하였던 다른 업무에서 얻은 지식이 관련성이 있는지를 고려함.
⑤ 해당 감사를 수행하는 데 필요한 자원의 성격, 시기 및 범위를 확인함(업무팀 구성)

전반감사전략 수립의 효익은 다음의 결정에 도움을 줌.

① 특정 감사분야에 배치할 자원결정: 전문가 참여여부
② 특정 감사분야에 할당할 자원의 양(범위): 재고실사 입회 팀원의 수 결정
③ 자원의 배치시기: 중간감사 또는 기말감사
④ 자원의 관리, 지휘 및 감독하는 방법

감사 업무팀 구성 시 고려요소,

① 업무팀 구성원들의 적격성과 독립성 고려
   ㉠ 적격성과 역량
      • 유사한 성격과 복잡성을 가진 감사업무에 대한 이해와 실무경험
      • 관련 사업에 대한 지식
      • 전문직 기준과 법규의 요구사항에 대한 이해
      • 전문가적 판단을 할 수 있는 능력 등
   ㉡ 독립성
      • 공인회계사법 독립성 규정 검토. 재무적 이해관계가 있는 공인회계사 배제
      • 여러 가지 위협사항은 통제할 수 있는 안전장치가 있는지 확인 필요
② 업무팀 구성원들의 경험과 지식을 고려한 계정과목의 배정
③ 재무제표의 계정과목의 연계성 고려
④ 전문가의 업무협조가 필요한지 여부 고려

세부감사계획에 포함되어야 할 사항,

① 위험평가절차(Risk Assessment Process)의 성격, 시기 및 범위

② 내부통제제도의 이해 및 통제테스트에 따라 결정된 경영진 주장 수준에서 계획된 추가 감사절차의 성격, 시기 및 범위(Test of Control and Substantive Procedures)

③ 해당 감사를 감사기준에 따라 수행하기 위해 요구되는 기타의 계획된 감사절차

초도감사의 계획 수립 시 추가적으로 고려할 사항(300-A22),

① 법규에서 금지되지 않는 한, 전임감사인의 감사조서 검토 등 전임감사인과 협의할 사항

② 해당 감사인의 최초 선임과 관련하여 경영진과 논의되었던 쟁점들(회계기준 또는 감사기준의 적용 등), 이러한 쟁점에 대한 지배기구와의 커뮤니케이션 및 해당 사항이 전반감사전략과 감사계획에 미치는 영향

③ 기초잔액에 관한 충분하고 적합한 감사증거를 입수하기 위해 필요한 감사절차

④ 초도감사에 대하여 해당 회계법인의 품질관리시스템이 요구하는 절차. (예를 들어, 유의적 감사절차를 착수하기 전에 전반감사전략을 검토하거나 보고서의 발행 전에 이를 검토하기 위하여 타 파트너 또는 상위직 구성원이 참여하도록 요구하는 경우를 들 수 있다)

문서화(Audit Documentation): 감사인은 다음 사항을 감사문서에 포함시켜야 한다.

① 전반감사전략

② (세부)감사계획

③ 감사의 진행 중 발생한 전반감사전략 또는 세부감사계획의 중요한 변경과 그러한 변경의 이유

5. 지배기구와의 커뮤니케이션

지배기구와 커뮤니케이션할 사항(260-14~17),

① 재무제표감사와 관련된 감사인의 책임

② 감사시기와 범위에 대한 계획

③ 감사에서 유의적 발견사항

④ 감사인의 독립성

지배기구와 커뮤니케이션하여야 하는 사항들은 주로 유의적인 사항이기 때문에 감사인은 경영진과 먼저 논의하여야 한다. 그러나 경영진의 적격성, 성실성에 대한 사항 등은 경영진과의 논의를 생략할 수 있다.

감사인은 지배기구와 구두 또는 서면으로 커뮤니케이션할 수 있으나, **감사인의 독립성과 내부통제의 유의적 미비점은 반드시 서면**으로 하여야 한다.

지배기구와의 커뮤니케이션에 대한 적절한 시기의 예(260-A49),

① **계획수립 사항에 대한 커뮤니케이션은 종종 감사업무 초반**에 이루어질 것이며, 초도감사의 경우에는 감사업무 조건에 대한 합의과정의 일부로서 이루어질 수도 있다.

② 감사 중 감사인이 유의적 어려움에 직면하는 경우에는 만약 지배기구가 그러한 어려움을 극복하는 데 도움을 줄 수 있거나, 그러한 어려움에 의해 감사의견이 변형될 가능성이 있는 경우에는, 그러한 **어려움에 대하여 실행 가능한 한 가급적 조기에 커뮤니케이션**하는 것이 적합할 것이다. 마찬가지로, 감사인이 발견한 유의적 내부통제 미비점들은 서면으로 커뮤니케이션하기 전에, 실무적으로 가능한 한 조속히 지배기구에 구두로 커뮤니케이션할 수도 있을 것이다.

③ **감사인은 계획된 감사범위와 시기를 논의할 때 핵심감사사항에 대한 예비적 견해를 커뮤니케이션**할 수도 있다. 또한 유의적인 감사 발견사항에 대하여 커뮤니케이션할 때 그러한 사항을 추가적으로 논의하기 위해 더 빈번한 커뮤니케이션을 할 수도 있다.

④ **독립성에 관한 커뮤니케이션은 독립성에 대한 위협 및 관련 안전장치에 대한 유의적 판단이 수행될 때(예를 들어 비감사서비스를 제공하는 업무를 수임할 때 혹은 최종 토의 시)마다 실시하는 것이 적합할** 수 있다.

⑤ 기업 회계실무의 질적 측면에 대한 감사인의 견해를 포함하여 **감사에서 발견된 사항에 대하여 커뮤니케이션하는 것은 최종 토의의 일부**로서 이루어질 수도 있다.

⑥ 일반목적재무제표와 **특정목적재무제표 모두를 감사할 경우에는, 커뮤니케이션의 시기를 조정하는 것이 적합할** 수 있다.

감사인과 지배기구 간의 효과적인 커뮤니케이션이 주는 효익(260-4),

① 감사인과 지배기구가 감사에 관련된 사항을 이해하고 **건설적인 업무관계를 수립함**. 이러한 관계는 감사인의 독립성과 객관성을 유지하면서 발전된다.

② 감사인이 **지배기구로부터 감사와 관련된 정보를 입수함**. 예를 들어, 지배기구는 감사인이 기업과 그 환경을 이해하고, 감사증거의 적절한 원천을 식별하며, 구체적인 거래나 사건에 관한 정보를 제공할 때 감사인을 도울 수 있다.

③ **지배기구가 재무보고절차를 감시하는 책임을 완수**함으로써 재무제표의 **중요왜곡표시위험을 감소**시킴

감사위원회의 양호한 지배원칙(260-A7)(권장사항),

① 감사위원회의 회의에 감사인이 정기적으로 참여하도록 초청함

② 감사위원회의 위원장 및 관련되는 경우 감사위원회의 구성원은 **감사인과 주기적으로 연락**함

③ 감사위원회는 **최소한 1년에 한 번씩 경영진을 참석시키지 않고 감사인과 만남**

제2부 기출문제

Ch 1.1	중요성의 결정	320.4	2022 문제2 물음3.1 배점 0.5

다음 내용에 대한 OX를 기재하고 틀린 이유를 설명하시오.

① 중요성은 감사인의 전문가적 판단사항이므로 재무제표 이용자들의 재무정보 수요에 대한 고려 없이 독립적으로 결정된다.

정답 및 해설

X

▶ 320.4

감사인의 중요성 결정은 전문가적 판단사항이며, 재무제표 이용자들의 재무정보 수요에 대한 감사인의 인식에 의해 영향을 받는다. 이러한 관점에서, 감사인은 재무제표 이용자에 대하여 다음과 같이 가정하는 것이 합리적이다.

(a) 이용자는 사업과 경제활동 및 회계에 대하여 합리적인 지식을 보유하고 있으며, 합리적인 주의를 기울여 재무제표에 담긴 정보를 연구하려는 의향을 가지고 있음

(b) 이용자는 재무제표가 중요성 수준에서 작성, 표시되고 감사가 이루어지고 있다는 점을 이해하고 있음

(c) 이용자는 추정치의 사용, 판단 그리고 미래 사건들에 대한 고려에 기초한 금액 측정에 내재하는 불확실성을 인식하고 있음

(d) 이용자는 재무제표에 담긴 정보에 기초하여 합리적인 경제적 의사결정을 함

Ch 1.2	중요성 적용시기	320.5	2021 문제2 물음5 배점 3

중요성이란 재무제표에 포함된 왜곡표시가 개별적으로 또는 집합적으로 재무제표 이용자의 경제적 의사결정에 미치는 영향력의 크기를 말한다. 감사과정에서 중요성 개념이 적용되는 경우(또는 시기) 두 가지를 서술하시오(단, 아래 〈예시〉는 제외할 것).

〈예시〉 감사인이 감사를 계획하고 수행할 때

정답 및 해설

▶ 320.5 중요성 개념은 감사인이

ⓐ 감사를 계획하고 수행할 때,

ⓑ 식별된 왜곡표시가 감사에 미치는 영향과 미수정왜곡표시가 있는 경우 재무제표에 미치는 영향을 평가할 때,

ⓒ 감사보고서에 표명할 의견을 형성할 때 적용된다.

Ch 1.3	중요성의 결정	320.4	2021 문제2 물음6.1/2 배점 1

다음 내용에 대한 OX를 기재하고 틀린 이유를 설명하시오.

① 감사인은 전반감사전략을 수립할 때 재무제표 전체에 대한 중요성을 결정하여야 한다.

② 중요성 결정은 감사인의 전문가적 판단사항이므로 재무제표 이용자들의 재무정보 수요에 영향을 받지 않아야 한다.

정답 및 해설

① Y ② N

▶ 320.4

감사인의 중요성 결정은 전문가적 판단사항이며, 재무제표 이용자들의 재무정보 수요에 대한 감사인의 인식에 의해 영향을 받는다.

Ch 1.4	중요성 벤치마크 기준	320.A6	2021 문제8 물음2_2 배점 2

한국회계법인은 제조업을 영위하는 (주)대한의 20X1년 회계감사를 진행하고 있다. (주)대한은 코로나바이러스감염증-19(이하, COVID-19) 발생으로 인하여 영업 및 재무적으로 유의적인 영향을 받고 있다. 각 물음에서는 한국회계법인이 (주)대한의 감사를 진행하면서 당면한 상황을 가정하고 있다. 각 물음의 상황은 서로 독립적이다.

하반기 중 제품 판매단가의 급격한 하락으로 발생한 재고자산 평가손실로 인하여 (주)대한의 법인세비용차감전계속영업이익이 전기와 대비하여 유의적으로 감소하였다. (주)대한은 법인세비용차감전계속영업이익의 감소가 COVID-19로 인해 일시적으로 발생한 예외사항이므로 가까운 미래에 해소될 수 있는 상황**이라 설명하고 있다. 한국회계법인은 재무제표 전체에 대한 중요성을 결정하기 위하여 감사계획 단계에**서 사용한 연간 재무결과의 예측치와 실제 재무결과 간에 유의한 차이가 있어 중요성 결정방법을 변경하기로 하였다. 한국회계법인이 선택할 수 있는 가장 적합한 중요성 결정방법과 결정근거에 대해 서술하시오.

정답 및 해설

재고자산평가손실을 제외한 법인세비용차감전계속영업이익을 벤치마크로 중요성 산정 ∵ 일시적 비경상 항목인 재고자산평가손실로 중요성이 왜곡되는 바 이를 제외함.

▶ 320.A6

벤치마크와 관련하여, 관련된 재무데이터에는 일반적으로 과거 보고기간의 재무결과 및 재무상태, 기초부터 현재까지의 재무성과 및 재무상태, 당기의 예산이나 예측이 포함되며, 이러한 데이터들은 기업 상황의 중요한 변화(예를 들어, 사업상 중요한 취득)나 기업이 속한 산업적 또는 경제적 환경의 변화가 반영되어 조정된다.

예를 들어, 특정기업의 재무제표 전체에 대한 중요성이 최초의 출발점으로 법인세비용 차감전 계속영업이익의 백분율로 결정되는 경우, 해당 이익의 예외적인 증감이 야기되고 있는 상황에서는 감사인이 과거 실적에 기초하여 정상적 수준으로 조정된 법인세비용차감전 계속영업이익 수치를 사용하여 재무제표 전체의 중요성을 결정하는 것이 보다 적합하다고 결론을 내릴 수 있을 것이다.

Ch1.5	중요성 벤치마크 기준	320.A5	2020 문제5 물음4 배점 2

감사인은 기업의 내부통제 등 기업과 그 환경을 이해하기 위한 위험평가절차 및 관련 활동을 수행할 때, 부정으로 인한 중요왜곡표시위험을 식별하기 위한 절차를 수행하여야 한다. 또한 감사인은 전반 감사전략을 수립할 때 재무제표 전체에 대한 중요성을 결정하여야 한다.
감사인은 일반적으로 적절한 벤치마크를 선정한 후, 여기에 백분율을 적용하여 재무제표 전체에 대한 중요성을 결정한다. 재무제표 전체에 대한 중요성 결정을 위하여 활용할 수 있는 적절한 벤치마크를 두 가지만 제시하고, 그러한 벤치마크가 사용될 수 있는 상황을 각각 1줄 이내로 서술하시오.

정답 및 해설

ⓐ 세전손익: 일반적 영리법인
ⓑ 총매출 또는 총자산: 손실 발생 시
ⓒ 영업이익: 차입금이 많은 경우 등

▶ 320.A5
기업의 상황에 따라 다르지만, 적합한 벤치마크의 예로는 법인세비용차감전 순이익, 총매출, 매출총이익과 총비용과 같은 보고이익의 범주, 총자본이나 순자산가치와 같은 것들이 포함된다. 영리기업의 경우 종종 법인세비용차감전 계속영업이익이 사용된다. 법인세비용차감전 계속영업이익의 변동성이 크다면 매출총이익이나 총매출처럼 다른 벤치마크 금액이 보다 적합할 수 있다.

▶ 320.A6
벤치마크와 관련하여, 관련된 재무데이터에는 일반적으로 과거 보고기간의 재무결과 및 재무상태, 기초부터 현재까지의 재무성과 및 재무상태, 당기의 예산이나 예측이 포함되며, 이러한 데이터들은 기업 상황의 중요한 변화(예를 들어, 사업상 중요한 취득)나 기업이 속한 산업적 또는 경제적 환경의 변화가 반영되어 조정된다.
예를 들어, 특정기업의 재무제표 전체에 대한 중요성이 최초의 출발점으로 법인세비용 차감전 계속영업이익의 백분율로 결정되는 경우, 해당 이익의 예외적인 증감이 야기되고 있는 상황에서는 감사인이 과거 실적에 기초하여 정상적 수준으로 조정된 법인세비용차감전 계속영업이익 수치를 사용하여 재무제표 전체의 중요성을 결정하는 것이 보다 적합하다고 결론을 내릴 수 있을 것이다.

Ch1.6	중요성 벤치마크 기준	320.A6	2014 문제5 물음1 배점 3

코스닥시장상장법인 (주)태양은 12월 말 법인으로 태양광설비를 제조 · 판매하는 사업을 영위하고 있다. 회사의 최근 3개년도 주요 재무정보는 다음과 같다.

항목	2X11년	2X12년	2X13년
총매출	1,200억 원	1,300억 원	1,250억 원
세전이익	60억 원	(-)30억 원	90억 원
자산총계	1,500억 원	800억 원	1,490억 원
자본총계	400억 원	80억 원	410억 원

회사는 2X12년도에 관계회사대여금에 대한 손상평가의 영향으로 일시적인 세전손실을 기록하였다. 회사는 최근 태양광발전 사업의 불황이 계속되면서 영업이익의 변동성위험에 노출되어 있다. 회계감사기준에서는 중요성 결정에 전문가적 판단이 수반되며, 재무제표 전체에 대한 중요성 결정의 출발점으로서 선택된 벤치마크(benchmark) 항목에 백분율을 적용한다고 설명하고 있다. (주)태양의 외부감사인은 (주)태양의 2X13년 감사를 수행하면서, 위 회사상황을 고려하여 위 표에 제시된 4가지 재무제표 항목 중 특정항목을 벤치마크 항목으로 선택하고 이를 기준으로 중요성을 설정하는 것이 타당하다고 판단하였다.

(요구사항)

위 상황에서 중요성기준 결정 출발점이 되는 벤치마크 항목에 적합한 재무제표 항목이 무엇인지 기재하고, 그 판단근거를 기술하시오.

정답 및 해설

총매출: ∵세전손익, 자산, 자본총계의 변동이 큼

Ch1.7	명백하게 사소한 금액	450.A2	2022 문제2 물음3.2 배점 0.5

다음 내용에 대한 OX를 기재하고 틀린 이유를 설명하시오.

② 개별적으로는 중요하지 않더라도 다른 왜곡표시와 합쳐져 집합적으로 중요해질 가능성이 있다면 명백하게 사소한 금액에 해당하지 않는다.

정답 및 해설

Y

▶ 450.A2

이 감사기준서 문단 5는 감사인이 명백하게 사소한 것을 제외하고는 감사 중 식별된 왜곡표시를 집계하도록 요구하고 있다. "명백하게 사소하다(clearly trivial)"는 것은 "중요하지 않다(not material)"와 동일한 표현이 아니다. 명백하게 사소한(clearly trivial) 왜곡표시는 중요한 것으로 판단되는 왜곡표시와는 전적으로 다른 (즉, 더 작은) 차원의 규모이거나 전적으로 다른 성격이며, 개별적으로나 집합적으로 보거나, 혹은 크기, 성격 또는 상황의 어느 기준으로 판단하더라도 명백하게 영향이 미미한 왜곡표시일 것이다. 하나 이상의 항목이 명백하게 사소한지(clearly trivial) 여부에 대하여 어떤 불확실성이 존재한다면, 이는 명백하게 사소한(clearly trivial) 왜곡표시가 아니라고 판단한다.

Ch1.8	수행중요성 정의	320.9	2022 문제2 물음3.5 배점 0.5

다음 내용에 대한 OX를 기재하고 틀린 이유를 설명하시오.

⑤ 수행중요성이란 미수정왜곡표시가 재무제표 전체의 중요성을 초과할 확률을 적절하게 낮은 수준으로 감소시키기 위해 감사인이 재무제표 전체의 중요성보다 작게 설정하는 금액을 의미한다.

정답 및 해설

N

▶ 320.9

감사기준에서 사용되는 수행중요성이란 미수정왜곡표시와 미발견왜곡표시의 합계가 재무제표 전체의 중요성을 초과할 확률을 적절하게 낮은 수준으로 감소시키기 위해 감사인이 재무제표 전체의 중요성보다 작게 설정하는 금액을 의미한다. 또 어떤 경우에는, 감사인이 특정 거래유형과 계정잔액 및 공시에 대한 중요성 수준(들)보다 작게 설정한 금액을 말하기도 한다.

Ch1.9	수행중요성 정의	320.9	2021 문제2 물음6.3 배점 0.5

다음 내용에 대한 OX를 기재하고 틀린 이유를 설명하시오.

③ 수행중요성을 설정하는 이유는 미발견 왜곡표시액 등이 재무제표 전체에 대한 중요성 금액을 초과할 확률을 적절하게 높은 수준으로 증가시키기 위함이다.

정답 및 해설

X, 수행중요성이란 미수정왜곡표시와 미발견왜곡표시의 합계가 재무제표 전체의 중요성을 초과할 확률을 적절하게 낮은 수준으로 감소시키기 위해 감사인이 재무제표 전체의 중요성보다 작게 설정하는 금액을 의미

Ch1.10	수행중요성 의의	320.9	2014 문제5 물음3 배점 4

외부감사인이 감사계획단계에서 설정한 재무제표 전체에 대한 중요성보다 낮은 수준(after hair-cut)으로 수행중요성을 정하는 이유를 기술하시오(2줄 이내).

정답 및 해설

수행중요성이란 미수정왜곡표시와 미발견왜곡표시의 합계가 재무제표 전체의 중요성을 초과할 확률을 적절하게 낮은 수준으로 감소시키기 위해 감사인이 재무제표 전체의 중요성보다 작게 설정하는 금액을 의미

Ch1.11	미수정왜곡표시와 수행중요성	320.13	2014 문제5 물음2 배점 3

(주)태양의 외부감사인은 감사계획을 수립하면서 수행중요성(Performance materiality)을 재무제표 전체에 대한 중요성 금액의 약 80%로 설정하여 실증절차를 수행하기로 결정하였다. 이 경우 수행중요성은 약 1,000백만 원으로 계산되었다. 또한 명백하게 사소한(clearly trivial) 금액의 기준은 20백만 원으로 정하였다.

(주)태양의 외부감사인이 2X13년 기말감사 수행결과 파악한 발견사항은 아래와 같다. 회사는 외부감사인이 발견한 수정사항을 재무제표에 반영할 계획이 없다고 설명하였다.

(A) 당기에 공장건물에 대한 화재보험료로 2X13년 4월 1일자로 72백만 원이 지급되었으며, 보험기간은 2X13년 4월 1일에서 2X14년 3월 31일까지임. 회사는 지급시점에 모두 비용처리 함.

(B) 회사의 주요거래처의 재무상황 악화 및 대금회수가 지연됨에 따라 감사인은 해당 거래처의 채권잔액에 대하여 1,000백만 원의 대손충당금을 추가 적립할 것을 제시함.

(C) 회사의 제품 중 500백만 원이 3년 이상 매출이 발생하지 않은 장기 진부화재고로 파악되어 100% 충당금 설정을 제시하였으나, 재무제표일 이후 감사보고서일 전에 150백만 원에 전량 매각되었음.

위 상황에서, (1) 감사인이 작성하여 회사에 제시한 미수정왜곡표시 금액이 얼마인지 기재하고, (2) 이 금액을 수행중요성과 비교한 후에 감사위험 · 중요성 판단 및 감사계획 수정 여부와 관련하여 감사인의 추가적 고려가 필요한 사항이 무엇인지 기술하시오.

정답 및 해설

(1) 미수정왜곡표시: 1,350만 원 (보험료 72백만*3/12=18백만 원, CT로 wave)

(2) 미수정왜곡표시 > PM → 미발견왜곡표시와 합계가 전체 중요성 초과 가능성 존재 → 320.13을 적용.

320.13

감사인은 재무제표 전체에 대한 중요성[그리고 해당되는 경우, 특정 거래유형과 계정잔액 및 공시에 대한 중요성 수준(들)]을 최초에 결정한 중요성보다 낮추는 것이 적합하다고 결정한 경우, ⓐ 수행중요성을 수정하는 것이 필요한지 그리고 ⓑ 추가감사절차의 성격, 시기 및 범위가 여전히 적합한지 여부를 결정하여야 한다.

Ch1.12	중요성의 수정	320.A14	2011 문제2 물음5 배점

중요성기준은 감사계획을 수립하는 단계와 감사결과를 평가하는 단계에서 적용된다. 구운몽 회계사는 A쇼핑(주)의 전체 재무제표 수준의 중요성기준금액을 10억 원으로 설정하여 감사계획을 수립하였다. 그러나 구운몽 회계사는 감사결과를 평가하는 과정에서 A쇼핑(주)의 이익의 감소폭이 예상보다 상당히 커서 계획단계에서 설정한 것보다 감사위험이 높은 것으로 파악하였다. 구운몽 회계사는 심리담당이사와 상의한 결과, 심리담당이사의 조언에 따라 처음 설정된 전체 재무제표 수준의 중요성 기준금액을 8억 원으로 수정하였다. 심리담당이사가 이러한 권고를 한 이유 2가지를 각각 2줄 이내로 기술하시오(완성형 문장으로 기술).

정답 및 해설

320.A14

재무제표 전체에 대한 중요성[해당되는 경우, 특정 거래유형과 계정잔액 및 공시에 대한 중요성 수준(들)]은 감사 중에 발생된 ⓐ 상황의 변화(예를 들어, 주요사업의 처분결정), ⓑ 새로운 정보 또는 추가감사절차의 수행에 따른 기업과 사업에 대한 이해의 변화에 따라 수정될 필요성이 생길 수도 있다. 예를 들어, 감사인은 감사 중에 실제의 재무결과가 재무제표 전체에 대한 중요성을 결정하기 위하여 처음 사용된 연간 재무결과의 예측치와 상당히 차이가 있을 것 같다면 최초 중요성을 수정한다.

Ch1.13	중요성 문서화	320.14	2021 문제8 물음2_1 배점 2

한국회계법인은 제조업을 영위하는 (주)대한의 20X1년 회계감사를 진행하고 있다. (주)대한은 코로나바이러스감염증-19(이하, COVID-19) 발생으로 인하여 영업 및 재무적으로 유의적인 영향을 받고 있다. 각 물음에서는 한국회계법인이 (주)대한의 감사를 진행하면서 당면한 상황을 가정하고 있다. 각 물음의 상황은 서로 독립적이다.

(주)대한의 주주 등 재무제표 이용자가 중요하게 이용할 가능성이 높은 항목은 법인세비용차감전계속영업이익이다. 한국회계법인은 감사계획 단계에서 재무제표 수준의 중요성을 법인세비용차감전계속영업이익의 일정 비율로 정하였다.

(1) 중요성 결정과 관련하여 반드시 문서화할 사항은 무엇인지 두 가지만 서술하시오(단, 아래 〈예시〉는 제외할 것).

〈예시〉

재무제표 전체에 대한 중요성

정답 및 해설

(a) 재무제표 전체에 대한 중요성(OM)
(b) 해당되는 경우, 특정 거래유형과 계정잔액 및 공시에 대한 중요성 수준
(c) 수행중요성(PM)
(d) 감사의 진행에 따른 상기 중요성의 수정내용

Ch1.14	감사위험 정의	200.13	2022 문제2 물음3.4 배점

다음 내용에 대한 OX를 기재하고 틀린 이유를 설명하시오.

④ 감사위험은 재무제표가 중요하게 왜곡표시되어 있지 않을 때 감사인이 재무제표가 중요하게 왜곡표시되어 있다는 의견을 표명할 위험을 포함한다.

정답 및 해설

X

▶ 200.13
감사위험 – 재무제표가 중요하게 왜곡표시되어 있을 경우에 감사인이 부적합한 감사의견을 표명할 위험(β – risk only)

Ch1.15	감사위험 정의	200.13	2021 문제2 물음4 배점 3

합리적인 확신은 감사인이 충분하고 적합한 감사증거를 입수하여 감사위험을 수용 가능한 수준으로 감소시킴으로써 얻을 수 있다. 회계감사기준에 따른 '감사위험'의 정의를 서술하시오.

정답 및 해설

▶ 200.13
감사위험–재무제표가 중요하게 왜곡표시되어 있을 경우에 감사인이 부적합한 감사의견을 표명할 위험(β–risk only).
감사위험은 중요왜곡표시위험(RoMM)과 적발위험(DR)의 함수이다.

Ch1.16	RoMM	200.13	2016 문제5 물음1 배점 4

경영진주장 수준의 중요한 왜곡표시위험에 대한 감사인의 평가결과와 실증절차 간에는 명확한 연관관계가 있다.
중요한 왜곡표시위험을 구성하는 두 가지를 제시하고 이를 간략하게 설명하시오.

정답 및 해설

▶ 중요왜곡표시위험
감사의 착수 이전에 재무제표가 중요하게 왜곡표시되어 있을 위험. 이것은 경영진주장의 수준에서 다음과 같이 두 가지 구성요소로 설명된다.

(i) 고유위험 – 모든 관련 통제를 고려하기 전에 거래유형, 계정잔액 혹은 공시에 대한 경영진의 주장이, 개별적으로 또는 다른 왜곡표시와 합칠 때 중요하게 왜곡표시될 가능성

(ii) 통제위험 – 거래유형, 계정잔액 혹은 공시에 대한 경영진의 주장에서 발생할 수 있으며, 개별적으로 또는 다른 왜곡표시와 합쳐 중요할 수 있는 왜곡표시가 기업의 내부통제에 의해 적시에 예방되거나 발견, 수정되지 못할 위험

Ch1.17	RoMM과 감사위험 구성요소	200.A44	2014 문제6 물음3 배점 3

감사위험 평가와 관련하여, 다음 항목들의 관계를 감사위험모형(또는 감사위험 구성요소들의 상호관계)을 이용하여 각각 3줄 이내로 설명하시오.

(1) 중요한 왜곡표시위험(RoMM)과 감사위험 구성요소들의 관계

(2) 중요한 왜곡표시위험(RoMM)과 목표감사위험(또는 허용감사위험, desired audit risk)의 관계

정답 및 해설

(1) RoMM은 IR*CR으로 IR 및 CR ↑ → RoMM↑. 감사위험=회사 측 RoMM*감사인 측 DR, 목표감사위험을 달성하기 위해 RoMM과 허용 DR은 역의 관계.

(2) 목표(허용)감사위험은 RoMM과 무관하고 변동하지 않으며, 감사인이 달성하고자 하는 수준임. RoMM이 높을수록 DR를 낮추어 목표감사위험을 달성해야 한다.

- 주어진 수준의 감사위험에서 감사인이 수용 가능한 적발위험의 수준은 경영진주장 수준의 평가된 중요왜곡표시위험과 역의 관계에 있다. 예를 들어, 중요한 왜곡표시가 존재할 위험이 보다 크다고 감사인이 믿을수록, 수용 가능한 적발위험은 더 작아야 하며 감사인은 보다 설득력 있는 감사증거를 필요로 한다.

Ch1.18	RoMM	200.13	2013 문제4 물음1 배점 3

"감사위험"은 회사의 재무제표가 중요하게 왜곡표시되어 있음에도 감사인이 부적절한 감사의견을 표명할 위험을 말한다. 이와 관련하여 감사인은 전문가적 판단에 따라 감사위험을 평가하고 감사위험을 수용 가능한 수준 이하로 감소시킬 수 있도록 감사절차를 수립하여야 한다.

다음은 감사위험과 관련된 위험상황을 설명한 것이다.

① 계속기록법만을 유지하고 실지조사는 실시하지 않고 있음

② 자산의 분실 또는 횡령에 쉽게 노출될 가능성이 높은 계정과목

③ 시스템 관리자에게 과다한 권한이 부여되어 있음

④ 회사가 생산하는 제품의 기술적 진부화 가능성, 자본구조의 복잡성, 특수관계자의 유의성이 높음

[요구사항] 위에 제시된 위험상황의 설명 중 고유위험 또는 통제위험에 해당하는 항목의 번호를 기재하시오.

정답 및 해설

고유위험 ②, ④, 통제위험 ①, ③

Ch1.19	목표DR와 추가감사절차(FAP-NTE)		2021 문제2 물음6.4/6 배점

다음 내용에 대한 OX를 기재하고 틀린 이유를 설명하시오.

④ **경영진주장 수준의 중요왜곡표시위험은 기업 측의 위험으로서, 재무제표감사와 독립적으로 존재한다.**

⑥ 주어진 수준의 감사위험에서 감사인이 수용 가능한 적발위험의 수준은 경영진주장 수준의 평가된 중요왜곡표시위험과 역(-)의 관계에 있다.

정답 및 해설

④ Y(RoMM → 회사 측, DR → 감사인 측으로 독립적), ⑥ Y

- 감사인은 경영진주장 수준의 평가된 중요왜곡표시위험을 기초로 하여 이에 대응하는 추가감사절차의 성격, 시기 및 범위를 설계하고 수행하여야 한다.

Ch1.20	감사위험(목표 · 달성)	200.A44~47	2023 문제2 물음2 배점 2

다음은 목표감사위험과 달성감사위험에 대한 설명이다. 각 항목별로 설명이 적절한지 여부를 기재하고, 적절하지 않은 경우 그 이유를 서술하시오.

① 목표감사위험은 감사증거량이 증가하면 감소한다.

② 감사증거량을 충분히 증가시키면 달성감사위험은 0이 될 수 있다.

③ 목표감사위험보다 달성감사위험을 낮추면 효과적이고 효율적인 감사라고 할 수 있다.

정답 및 해설

① 적절X, 목표감사위험은 상수개념. 감사증거량 ↑ 시 감소하는 것은 달성감사위험.
② 적절X, 감사의 고유한계로 전수조사하더라도 감사위험은 0이 될 수 없다.
③ 적절X, 달성감사위험이 낮을수록 효율성은 떨어짐.

▶ 200.A44

주어진 수준의 감사위험에서 감사인이 수용 가능한 적발위험의 수준은 경영진주장 수준의 평가된 중요왜곡표시위험과 역의 관계에 있다. 예를 들어, 중요한 왜곡표시가 존재할 위험이 보다 크다고 감사인이 믿을수록, 수용 가능한 적발위험은 더 작아야 하며 감사인은 보다 설득력 있는 감사증거를 필요로 한다.

▶ 200.A47

감사위험을 영(0)으로 감소시키도록 감사인에게 기대할 수 없으며 또 그렇게 감소시킬 수도 없으므로, 재무제표에 부정이나 오류로 인한 중요한 왜곡표시가 없다는 절대적 확신은 얻을 수 없다. 왜냐하면 감사에는 고유한계가 존재하며, 감사인의 결론도출과 의견표명의 기초가 되는 대부분의 감사증거는 결정적 증거이기보다는 설득적 증거이기 때문이다. 감사의 고유한계는 다음에 기인한다.

- 재무보고의 성격
- 감사절차의 성격
- 합리적인 시간 내에 합리적인 비용으로 감사가 수행될 필요성

Ch2.1	감사증거 요건	500.A4~A5	2023 문제2 물음1 배점 2

감사인은 감사의견의 근거가 되는 합리적인 결론을 도출할 수 있도록 충분하고 적합한 감사증거를 입수하여야 한다. 감사증거가 갖추어야 할 속성인 '충분성'에 영향을 미치는 요소와 '적합성' 있는 감사증거가 되기 위한 요건을 회계감사기준에 근거하여 각각 두 가지씩 제시하시오.

정답 및 해설

1. 충분성(양): ⓐ 왜곡표시위험에 대한 감사인의 평가 ↑ ⓑ 감사증거의 질 ↑
2. 적합성(질): ⓐ 관련성(목적적합성: 경영진 주장과 연결)과 ⓑ 신뢰성(원천 – 외부/직접〉내부/간접, IC – 효과, 성격 – 문서〉구두)

▶ 500.A4

감사증거의 충분성과 적합성은 서로 밀접한 관계가 있다. 충분성은 감사증거의 양적 척도이다. 필요로 하는 감사증거의 양은 왜곡표시위험에 대한 감사인의 평가(위험이 높다고 평가할수록 더 많은 양의 감사증거가 요구될 것임)에 의해서, 그리고 감사증거의 질(감사증거의 질이 높을수록 더 적은 양의 감사증거가 요구될 것임)에 의해서도 영향을 받는다. 그러나 더 많은 감사증거를 입수한다고 해서 그 증거의 낮은 품질을 보완할 수는 없다.

▶ 500.A5

적합성은 감사증거의 질적 척도이다. 즉, 적합성은 감사의견의 근거가 되는 결론을 뒷받침할 때 감사증거의 관련성과 신뢰성을 말한다. 증거의 신뢰성은 증거의 원천과 증거의 성격에 영향을 받으며, 해당 증거가 입수된 개별 상황에 따라 다르다.

Ch2.2	감사증거의 충분성	200.A31 500.A18	2021 문제7 물음2.1 배점

다음 내용에 대한 OX를 기재하고 틀린 이유를 설명하시오.

① 나투명 회계사는 매출의 발생사실을 검증하기 위해 표본을 추출하여 관련 증빙과 대사를 하던 계정담당회계사로부터 회사가 제공한 원천증빙의 신뢰성이 낮다는 보고를 받았다. 나투명 회계사는 더 많은 감사증거의 입수, 즉 표본수를 증가시키면 감사증거의 낮은 품질을 보완할 수 있다고 판단하고 있다.

정답 및 해설

X, 감사증거의 양을 증가시켜도 증거의 낮은 품질을 보완할 수는 없음.

Ch2.3	감사증거 충분성		2018 문제2 물음2 배점 3

감사증거가 갖추어야 할 속성으로서 '충분성'은 감사증거의 양적 척도를 말하며, 감사증거의 양을 결정하는 요인에는 ① 왜곡표시위험의 평가수준, ② 중요성기준(허용오류액), ③ 감사증거의 질이 있다. 이들 각각의 요인이 감사증거의 양에 미치는 영향(관계)을 서술하시오.

정답 및 해설

ⓐ RoMM ↑ ⓑ 중요성↓ ⓒ 감사증거의 질↓→ 감사증거의 양↑

Ch2.4	감사증거 신뢰성	500.A31	2022 문제2 물음5 배점 3

감사증거의 질적 요건인 적합성은 개념적으로 관련성과 신뢰성 두 요소로 구성된다. 이 중 (1) 감사증거의 신뢰성에 영향을 주는 요소를 두 가지 제시하고, (2) 각 요소별로 신뢰성이 높다고 볼 수 있는 예시를 한 가지씩 서술하시오(단, 아래 〈예시〉는 제외할 것).

〈예시〉 원천: 기업 내부가 아닌 외부의 독립된 원천에서 감사증거를 입수한 경우

정답 및 해설

ⓐ 원천: 직접〉간접 ⓑ 성격: 문서>구두, 원본>사본, 날인본>초안, ⓒ 통제: 효과적IC에서 발생

▶ 500.A31

감사증거로 사용되는 정보, 즉 감사증거 자체의 신뢰성은 그 원천과 성격, 그리고 해당되는 경우 그러한 증거의 작성과 유지에 대한 통제 등 감사증거가 입수된 상황에 영향을 받는다. 그러므로 다양한 종류의 감사증거에 대한 신뢰성을 일반화할 때는 중요한 예외가 있게 된다. 감사증거로 사용되는 정보가 기업의 외부 원천에서 얻어지는 때에도, 그 신뢰성에 영향을 줄 수 있는 상황이 있을 수 있다. 예를 들어 만약 외부의 정보제공자가 지식이 부족하거나 경영진 측 전문가가 객관성을 결여하고 있다면, 독립된 외부의 원천에서 입수된 정보라도 신뢰할 수 없을 것이다. 예외가 존재할 가능성이 항상 있지만, 감사증거의 신뢰성에 대하여 다음과 같이 일반화하면 유용할 것이다.

- 감사증거를 기업 외부의 독립된 원천에서 얻을 때 그 신뢰성이 증가됨
- 내부적으로 생성된 감사증거는 그 작성과 유지에 대한 통제 등 기업이 수립한 관련 통제가 효과적일 때 그 신뢰성이 증가됨
- 감사인이 직접 입수한 감사증거(예를 들어, 통제의 적용에 대한 관찰)는 간접적으로 또는 추론으로 입수한 감사증거(예를 들어, 통제의 적용에 관한 질문)보다 더욱 신뢰성이 높음

Ch2.5	감사증거 적합성	200.A32	2018 문제2 물음1 배점 3

회계감사의 모든 과정은 증거입수와 입수한 증거의 평가절차로 이루어진다. 따라서 감사인은 감사의견의 근거가 되는 합리적인 결론을 도출할 수 있도록 충분하고 적합한 감사증거를 입수하여야 한다. 다음의 감사증거 및 감사문서(감사조서)에 대한 물음에 답하시오.

감사증거가 갖추어야 할 속성으로서 '적합성'은 감사증거의 질적 척도이다. 적합한 감사증거란 어떠한 감사증거를 의미하는지 서술하시오.

정답 및 해설

적합성은 감사증거의 질적 척도로서, 감사의견의 기초가 되는 결론을 뒷받침할 때의 목적적합성과 신뢰성을 말한다. 감사증거의 신뢰성은 그 원천과 성격에 영향을 받으며, 증거가 입수되는 개별적인 상황에 따라 다를 것이다.

Ch2.6	감사증거 신뢰성		2013 문제1 물음1 배점 4

〈기본정보〉

갑(주)와 을(주)는 2X13년 1월 1일에 50:50 합작투자계약(자본금 100억 원)을 체결하고, 동 계약에 따라 병(주)를 설립하였다. 동시에 동 합작계약조건에는 갑(주)는 병(주)가 계획 중인 신제품 개발을 위하여 총 100억 원의 자금을 제공하고, 을(주)는 병(주)의 신제품 개발을 위한 핵심기술 및 인력을 제공하기로 하였다. 갑(주)는 병(주)에 대한 대출계약서(초안)에 따라 2X13년 10월 31일에 지급된 100억 원을 대여금 계정으로 회계처리하였다.

갑(주)의 외부감사인인 X회계법인 소속 김완벽 회계사는 갑(주)의 회계감사를 담당하는 매니저이다. 김 회계사는 위 거래내용을 파악하여 전반감사계획에 그 내용을 기재하고, 대여금계정 담당 스태프인 박허실 회계사에게 중간감사 때부터 관련 증거를 수집하도록 요청하였다.

감사계획의 내용에 기초하여, 박허실 회계사는 10월에 실시한 중간감사 시 합작계약서(최종본)와 대출계약서(초안) 서류 원본을 열람하여 내용을 확인한 후 동 문서들의 복사본을 입수하여 감사조서에 편철하였다. 또한 기말감사 때에는 추가로 병(주)에 외부조회확인서를 발송하여 회수하였다. 병(주)로부터 수령한 외부조회확인서(답변서)에는 다음의 내용이 기재되어 있다.

"병(주)는 갑(주)가 제공한 대출금 100억 원을 2X13년 10월 31일에 수령하였으며, 2X13년 12월 31일 현재 동 금액은 전액이 미상환잔액으로 남아 있습니다."

김완벽 회계사는, 연말감사 진행 중 박허실 회계사가 작성한 대여금 감사조서를 검토하는 과정에서 위 절차에 문제점을 발견하고 추가 감사절차를 취하도록 요청하였다. 김 회계사가 요청한 추가확인절차까지 모두 성공적으로 완료되었고 최종확인된 내용을 모두 감사조서에 적절하게 문서화한 후에 감사절차가 종결되었으며, X회계법인은 2X14년 3월에 갑(주) 재무제표에 대한 감사보고서를 발행하였다.

(물음) 김완벽 회계사가 박허실 회계사의 감사절차가 대여금 계정에 대한 감사증거로서 증거력에 문제가 있다고 판단하였다. 이렇게 판단한 이유를 감사증거의 원천 또는 성격(종류)의 관점에서 설명하시오(문제가 없으면 "문제 없음"으로 표시할 것).

(절차 A) 대출계약서(초안)의 문서증거 검사

(절차 B) 대출채권 잔액에 대한 조회

정답 및 해설

A) 대출계약서 최종본 확인 필요, (+ 병 계좌로 출금내역 확인) B) 특수관계자 조회 → 신뢰성 ↓

Ch2.7	경영자주장(감사목적)		2013 문제1 물음2 배점 4

〈기본정보〉는 앞 문제와 같다.
(물음) 아래 감사절차에 대해서 다음 항목별로 답하시오.
(절차 A) 대출계약서(초안)의 문서증거 검사
(절차 B) 대출채권 잔액에 대한 조회
(1) 위 감사절차는 대여금 계정의 어떠한 주된 감사목적(경영자주장)을 확인하기 위한 것인가?
(2) 위 감사절차들은 채권에 대한 또 다른 유의적 경영자주장인 "평가"에 대해서는 부수적인 증거력만 가질 뿐 강력한 증거가 되지 못한다. 채권계정의 "평가" 감사목적(경영자주장)에 대해서 수집해야 할 감사증거의 예를 2줄 이내로 기재하시오.

정답 및 해설

1) 실재성, 권리와 의무 2) 채무자 신용도, 재무상태 등 상환능력 평가, 지급보증/담보 등 보조상환수단 확인

Ch2.8	IPE(기업이 생산한 정보)	500.9 315.30	2021 문제7 물음1 배점 3

감사증거는 감사인이 감사의견의 근거가 되는 결론에 도달할 때 이용한 정보를 의미한다. 감사인은 충분하고 적합한 감사증거를 입수하기 위하여 상황에 적합한 감사절차를 설계하고 수행하여야 한다. 정보기술(IT: Information Technology)이 발전하면서 '기업이 생산한 정보'(IPE: Information Produced by the Entity)의 신뢰성 검증이 점차 중요해지고 있다. 매출채권연령분석프로그램을 통해 생성된 매출채권연령분석보고서와 같이 회사의 전산시스템을 통해 생성되는 정보(system-generated reports)가 대표적인 IPE이다. 감사인은 IPE를 감사증거로 사용할 때, 해당 정보가 감사인의 목적을 위해 충분히 신뢰할만한지 평가하여야 한다. 이를 위해 감사인이 수행해야 할 절차 두 가지를 서술하시오.

정답 및 해설

▶ 500.9
감사인은 기업이 생산한 정보(IPE)를 이용할 때, 해당 정보가 감사인의 목적을 위해 충분히 신뢰할 수 있는지 평가하여야 하며, 해당 상황의 필요에 따라 다음을 포함한 절차를 수행하여야 한다.
(a) 해당 정보의 정확성과 완전성에 대한 감사증거를 입수함
(b) 정보가 감사인의 목적을 위해 충분히 정확하고 자세한지 여부를 평가함

※ ▶ 315.30 실증절차만으로는 충분하고 적합한 감사증거를 제공하지 못하는 위험
일부 위험의 경우, 감사인은 실증절차만으로는 충분하고 적합한 감사증거를 입수할 수 없거나 실행 가능하지 않다고 판단할 수 있을 것이다. 이러한 위험은 일상적인 유의적 거래유형이나 계정잔액의 부정확하거나 또는 불완전한 기록과 관련될 수 있는데, 이들은 그 특성상 종종 수작업이 거의 또는 전혀 개입되지 않는 고도로 자동화된 방식으로 처리가 이루어진다. 이 경우 이러한 위험에 대한 기업의 통제는 감사와 관련성이 있으며, 따라서 감사인은 이러한 통제를 이해하여야 한다.

Ch2.9	CAAT	315.30	2017 문제6 물음6 배점 3

아래 실증절차의 일환으로 수행된 전산감사와 관련된 물음에 답하시오.

감사팀은 회사의 높은 전산의존도와 빅 데이터(big data)에 대한 전산감사기법의 발달을 고려하여 회사의 연간 매출거래 전체를 대상으로 실증절차를 확대하여 수행하기로 하고, 아래와 같이 감사절차를 계획하였다.

- 매출프로세스 관련 회사의 전산시스템상 ① 매출주문접수, ② 제품배송, ③ 매출대금청구, ④ 매출대금회수에 관련된 각각의 전산모듈에서 해당 사업연도 전체의 전산데이터를 다운로드 받았다. 각각의 전산데이터를 상호 대사하여 불일치하는 항목이 있는지 확인하였다.
- 상기 감사절차는 회사의 사업연도 매출거래 전체 모집단에 대해 실증절차를 수행하는 것이다. 따라서 내부통제를 의존할 필요가 없으므로 내부통제평가는 수행하지 않기로 하였다.

(요구사항) ① 위 감사절차의 문제점과 ② 추가할 감사절차를, (1) 감사증거력 측면과 (2) 내부통제 측면으로 각각 나누어 기술하시오.

정답 및 해설

(1) 내부증거 → 외부증거 대사 필요
(2) 내부통제 이해와 TOC 필요.
일부 위험의 경우, 감사인은 실증절차만으로는 충분하고 적합한 감사증거를 입수할 수 없거나 실행 가능하지 않다고 판단할 수 있을 것이다. 이러한 위험은 일상적인 유의적 거래유형이나 계정잔액의 부정확하거나 또는 불완전한 기록과 관련될 수 있는데, 이들은 그 특성상 종종 수작업이 거의 또는 전혀 개입되지 않는 고도로 자동화된 방식으로 처리가 이루어진다. 이 경우 이러한 위험에 대한 기업의 통제는 감사와 관련성이 있으며, 따라서 감사인은 이러한 통제를 이해하여야 한다.

Ch2.10	질문	500.A2	2018 문제2 물음4.1 배점 1

다음의 OX 및 근거?

① 질문은 감사의 전 과정에 걸쳐 폭넓게 이용되는 감사증거 입수방법으로서 중요한 감사증거를 제공하지만 왜곡표시의 증거까지는 제공하지 못한다.

정답 및 해설

질문은 중요한 감사증거를 제공하고 왜곡표시의 증거까지도 생성할 수도 있지만, 일반적으로 질문만으로는 경영진주장 수준의 중요한 왜곡표시가 없다는 것 또는 통제의 운영효과성에 대한 충분한 감사증거를 제공하지 못한다.

Ch2.11	감사기술(검사)		2022 문제2 물음2 배점 3

감사인은 감사목적을 달성하기 위해 다양한 감사증거입수방법을 활용한다. 감사인이 ⓐ 실재성, ⓑ 발생사실, ⓒ 완전성에 대한 합리적 확신을 얻고자 할 때 각 감사목적 ⓐ ⓑ ⓒ별 적합한 감사증거입수방법을 아래에서 모두 선택하시오.

① 실물검사 ② 문서검사(전진법) ③ 문서검사(역진법)

정답 및 해설

실재성: ①, ③, 발생사실: ③, 완전성: ②

Ch2.12	문서검사	500.A15	2018 문제2 물음4.2 배점 1

다음의 OX 및 근거?

② 주식이나 채권과 같은 금융상품의 문서검사는 자산의 실재성에 대한 직접적인 감사증거를 제공한다. 또한 계약서에 대한 문서검사는 수익인식과 같이 회계정책의 적용에 관련된 감사증거를 제공할 수 있다.

정답 및 해설

Y. 주식이나 채권과 같은 금융상품인 문서와 같이, 어떤 문서는 자산의 실재성에 대한 직접적인 감사증거를 나타낸다. 그러나, 그러한 문서에 대한 검사가 반드시 소유권이나 가치에 관한 감사증거를 제공하는 것은 아니다. 또, 계약서에 대한 검사는 수익인식과 같이 회계정책의 적용에 관련된 감사증거를 제공할 수 있을 것이다.

Ch2.13	문서추적: 전진법vs역진법		2017 문제6 물음5 배점 2

다음은 기간귀속과 관련된 실증절차에 대한 설명이다.
감사인은 12월 말 결산 기업의 매출 완전성과 실재성에 대한 감사증거를 입수하고자 한다. 이를 위하여 매출거래 중 해당 연도의 마지막 매출 기록 거래 일부를 추출하여 매출의 기간귀속에 대한 감사절차를 수행하였다. 다음은 이러한 절차를 위해 추출한 거래들의 내역이다.

매출기록일	송장번호	선적일	선적조건
12.30	xx28	12.30	FOB선적지 인도조건
12.31	xx29	12.31	FOB선적지 인도조건
12.31	xx30	12.31	FOB선적지 인도조건

위와 같은 감사인의 매출 기간귀속의 적절성에 대한 감사절차는 매출에 대한 기간귀속 테스트의 목적인 완전성과 실재성 중 하나에 대한 검증 목적을 달성하지 못한다.

(요구사항)
(1) 위 절차로 달성되지 않는 감사목적의 명칭을 쓰시오.
(2) 달성되지 않았다고 판단한 이유를 서술하시오.

정답 및 해설

1) 완전성, 2) 원장에서 증빙을 추적하는 역진법(Vouching)은 발생사실(실재성)만 확인 가능한바, 증빙(선적서류 등)에서 GL로 추적·대조하는 전진법(Tracing) 적용해야

Ch2.14	분석적 절차 단계별 사용	315.A14, 520.6 520.A17~18	2018 문제2 물음5 배점 3

다음의 OX 및 근거?
분석적 절차는 재무자료 및 비재무자료 간의 개연적인 관계를 분석하여 재무정보를 평가하는 절차이다. 회계감사기준상 분석적 절차를 반드시 수행해야 하는 감사단계(두 가지)를 제시하고, 각 단계에서 분석적 절차를 수행하는 이유(목적)를 서술하시오.

정답 및 해설

Ⓐ 위험평가절차로 수행되는 분석적 절차는 감사인이 알지 못한 기업의 측면들을 식별하게 할 수 있고, 위험평가에 대한 대응을 설계하고 실행하는 근거를 제공하기 위해 중요왜곡표시위험을 평가하는 데 도움을 줄 수 있다. 위험평가절차로서 수행되는 분석적 절차에는 예를 들어, 매출액과 판매장 면적 또는 판매량 간의 관계와 같이 재무적 비재무적 정보 모두가 포함될 수 있다. (생략 불가)
Ⓑ 감사인은 감사의 종료시점에 근접하여 기업에 대하여 이해한 바와 재무제표가 일관성이 있는지에 대하여 전반적인 결론을 내리기 위하여 분석적 절차를 설계하고 수행하여야 한다. (생략 불가)
설계되고 수행된 분석적 절차의 결과로부터 도출된 결론은 재무제표의 개별 부문이나 요소에 대하여 감사 중 형성한 결론을 확인하기 위한 것이다. 이는 감사인이 감사의견의 근거가 되는 합리적인 결론을 도출하는 데 도움이 된다. 이와 같은 분석적 절차의 결과, 이전에 인식되지 않았던 중요왜곡표시위험이 식별될 수도 있을 것이다.
※ 실증적인 분석적 절차(SAP): (생략 가능 → TOD만 가능) 단독으로 또는 세부테스트(TOD)와 결합하여 설계하고 수행

Ch2.15	조회 거부	505.8	2023 문제2 물음4 배점 2

외부조회 시 경영진이 감사인의 조회서 발송을 거부하는 경우 감사인이 의견변형 등을 고려하기 전에 수행해야 하는 절차를 두 가지만 서술하시오(단, 아래 〈예시〉는 제외할 것).

〈예시〉-경영진의 거부사유에 관하여 질문하고 그 타당성과 합리성에 관해 감사증거를 구함

정답 및 해설

ⓐ 거부사유질문: 타당성과 합리성 여부
ⓑ 대체적 절차 수행
ⓒ RA(RoMM평가), FAP NET(추가절차 성시범) 시사점 평가

▶ 505.8
만약 경영진이 감사인의 조회서 발송을 거부하면, 감사인은 다음의 절차를 수행하여야 한다.
(a) 경영진의 거부사유에 관하여 질문하고 그 타당성과 합리성에 관해 감사증거를 구함
(b) 경영진의 거부가 부정위험 등 관련 중요왜곡표시위험에 대한 감사인의 평가와 다른 감사절차의 성격, 시기 및 범위에 대하여 갖는 시사점을 평가함
(c) 관련성이 있고 신뢰할 수 있는 감사증거를 입수할 수 있도록 설계된 대체적 감사절차를 수행함

▶ 505.9
만약 경영진이 조회서의 발송을 거부하는 것이 비합리적이라고 감사인이 결론을 내리거나 감사인이 대체적 감사절차로부터 관련성이 있고 신뢰할 수 있는 감사증거를 입수할 수 없다면, 감사인은 ⓐ 지배기구와 커뮤니케이션하여야 한다. 감사인은 또 ⓑ 해당 감사와 감사의견에 대한 시사점을 결정하여야 한다.

Ch2.16	조회 미회신	505.12 505.A18	2022 문제4 물음2 배점 3

A회계법인의 나잘해 회계사는 매출채권의 실재성에 대한 감사절차를 수행하고 있다.
[상황 1]

- 나잘해 회계사는 매출채권의 실재성 관련 중요왜곡표시위험을 식별 및 평가하였으며, 이에 대응하는 감사절차로 회사의 매출채권에 대한 외부조회를 실시하기로 함
- 외부조회 대상 선정을 위해 나잘해 회계사는 회사가 작성한 결산일 현재의 거래처별 매출채권 잔액명세서와 총계정원장을 수령함
- 거래처별 매출채권 잔액명세서에는 결산일 현재 거래처명, 대손충당금 설정 전 매출채권의 거래처별 금액과 합계금액이 기재되어 있음
- 나잘해 회계사는 총 50개의 거래처를 외부조회 대상으로 선정하고, 조회서 발송을 위하여 회사담당자로부터 50개 거래처에 대한 외부조회목록표를 입수함
- 외부조회목록표에는 거래처별 주소, 담당자 이름과 연락처가 기재되어 있음

[상황 2]

- 나잘해 회계사는 A회계법인의 통계적 표본추출 프로그램을 이용하여 표본을 추출하였으며, 직접 조회서를 발송함
- 매출채권 잔액명세서의 합계금액은 4,000,000원이며, 감사인의 수행중요성 금액은 60,000원임

- 나잘해 회계사는 수행중요성 금액을 허용왜곡표시금액으로 결정함
- 발송한 조회서 중 45개는 감사인이 직접 원본을 회수하고, 3개는 회사를 통해 원본을 회수하였으며, 나머지 2개는 미회수됨

[조회서 회수 및 차이내역](단위: 원)

항목: 회수결과	개수	명세서상금액	확인금액	차이
① 감사인 회수	43	500,000	500,000	-
② 감사인 회수	1	25,000	20,000	5,000
③ 감사인 회수	1	20,000	19,000	1,000
④ 회사 회수	3	45,000	45,000	-
⑤ 미회수	1	6,000	6,000	-
⑥ 미회수	1	4,000	4,000	-
합계	50	600,000	594,000	6,000

(물음) [상황 2]에 제시된 [조회서 회수 및 차이내역] 중 다음 항목에 대하여, 나잘해 회계사가 수행한 절차가 적절한지 여부를 기재하고, 적절하지 않은 경우 그 이유를 서술하시오.

② 회사의 오류로 인한 차이임을 확인하였다. 나잘해 회계사는 해당 오류 금액이 명백히 사소한 금액을 초과한다는 것을 확인하고, 표본감사 평가 시 해당 차이를 고려하기로 하였다.

③ 회사의 오류로 인한 차이임을 확인하였다. 나잘해 회계사는 해당 오류 금액이 명백히 사소하다는 것을 확인하고, 표본감사 평가 시 해당 차이를 고려하지 않기로 하였다.

④ 해당 거래처들은 전기 감사 시 조회서가 회수되지 않아서, 회사 및 감사인 모두 대체적 절차를 수행하느라 상당한 시간을 투입했었다. 나잘해 회계사는 당기 효율적인 감사 수행을 위해서, 회사의 영업담당자들로 하여금 직접 거래처를 방문하여 조회서를 회수해 줄 것을 회사에 요청했었다.

⑤ 미회수 채권 6,000원에 대해, 대체적 절차로 거래상대방의 인수증으로 발생사실을 확인하고 결산일 이후 감사보고서일 전에 현금 6,000원이 입금된 사실을 확인하였다.

⑥ 미회수 채권 4,000원에 대해, 대체적 절차로 회사가 동 채권에 대하여 100% 대손충당금을 설정하고 있음을 관련 증빙을 통해 확인하였다.

정답 및 해설

② O, ③ X, 모집단 투영 후 판단해야, ④ X, 직접 회수해야, ⑤ O, ⑥ O

▶ 505.12

감사인은 각각의 미회신에 대하여 관련성이 있고 신뢰할 수 있는 감사증거를 입수하기 위한 대체적 감사절차를 수행하여야 한다.

▶ 505.A18

미회신의 경우 감사인이 수행할 수 있는 대체적 감사절차로는 예를 들어 다음이 포함된다.

- 매출채권 잔액 – 재무제표일 후 특정 현금회수, 선적서류, 그리고 보고기간말에 근접하여 발생한 매출거래에 대한 조사
- 매입채무 잔액 – 재무제표일 후 현금지급, 제3자로부터의 서신, 그리고 상품수령증과 같은 기타 기록의 조사

Ch2.17	외부조회	505.7	2022 문제2 물음4 배점 3

외부조회 시 감사증거의 신뢰성 확보를 위해 감사인이 직접 수행해야 하는 절차를 두 가지만 서술하시오(단, 아래 〈예시〉는 제외할 것).

〈예시〉
- 조회서에 수신인이 적절히 표시되었으며 감사인에게 직접 발송되도록 회신에 관한 정보가 포함되었는지에 대한 결정 등 조회서의 설계
- 조회처에 대한 조회요청서의 발송과 회수

정답 및 해설

▶ 505.7 감사인이 직접 수행하는 조회절차
감사인은 외부조회 절차를 이용할 때 다음의 절차를 수행하여 외부조회의 요청에 대한 통제를 유지해야 한다.
(a) 확인하거나 요청할 정보의 결정
(b) 적합한 조회 대상자의 선택
(c) 조회서에 수신인이 적절히 표시되었으며 감사인에게 직접 발송되도록 회신에 관한 정보가 포함되었는지에 대한 결정 등 조회서의 설계
(d) 조회처에 대한 조회요청서의 발송. 적용 가능한 경우 후속확인조회서를 포함한다.

Ch2.18	외부조회 확인가능정보	500.A1	2021 문제7 물음2.2 배점 1

다음 내용에 대한 OX를 기재하고 틀린 이유를 설명하시오.
나투명 회계사는 외부조회가 특정 계정잔액 및 그 구성요소와 연관된 경영진주장을 다룰 때 관련성이 있으므로 계정잔액에만 국한하여 사용 가능한 감사방법이라고 판단하고 있다.

정답 및 해설

X, 외부조회 절차는 ⓐ 계정잔액과 그 구성요소에 관한 정보를 확인하거나 요청하기 위하여 빈번하게 수행된다. 외부조회 절차는 또 해당 기업과 다른 당사자 간의 ⓑ 약정, 계약 또는 거래의 조건을 확인하거나 ⓒ "이면계약"과 같은 특정의 조건이 없다는 것을 확인하기 위하여 이용되기도 한다.

Ch2.19	외부조회: 공란 적극적 조회	505.A5	2021 문제7 물음2.5 배점

다음 내용에 대한 OX를 기재하고 틀린 이유를 설명하시오.

⑤ 나투명 회계사는 적극적 조회를 통해 매출채권의 실재성을 확인하려고 한다. 나투명 회계사는 조회처가 해당 정보의 정확성 여부를 검증하지 않고 조회에 회신할 위험을 피하기 위하여 조회서에 금액을 기재하지 않은 공란 형태의 조회서를 발송할 계획이다. 그러나 나투명 회계사는 이러한 공란 형태의 조회가 조회처의 추가적인 노력을 요구하기 때문에 회신율이 더 낮을 수 있다고 판단하고 있다.

정답 및 해설

O, 적극적 조회는 주어진 정보에 대한 조회처의 동의를 표시하거나 조회처의 정보제공을 요청함으로써, 조회처가 모든 경우에 있어 감사인에게 회신하도록 요청하는 것이다. 적극적 조회에 대한 회신은 일반적으로 신뢰할 수 있는 감사증거를 제공할 것으로 기대된다. 반면, 조회처가 해당 정보가 정확한지 여부를 검증하지 않고 조회에 회신할 위험이 있다. 감사인은 조회서에 금액이나 기타의 정보를 기재하지 않고 조회처가 해당 금액을 기재하거나 기타의 정보를 제공해 주도록 요청하는 적극적 조회를 이용함으로써 이러한 위험을 감소시킬 수 있다. 그러나, 이러한 "공란" 형태의 조회는 조회처의 추가적인 노력을 요구하기 때문에 회신율이 더 낮을 수 있다.

Ch2.20	외부조회: 전자메일	505.A14	2021 문제8 물음3_1 배점 2

한국회계법인은 (주)대한에 대한 현장감사 수행 중 해외거래처 ABC에 매출채권조회서를 발송하기로 계획하였다. 그러나 (주)대한의 담당자로부터 해당 국가의 확진자 증가로 인한 방역조치에 따라 ABC의 사업장이 일시적으로 폐쇄되어 우편수령이 불가능하다는 답변을 받았다. 각 문항은 서로 독립적이다.

한국회계법인의 매출채권 계정담당자는 ABC의 회계담당자 전자메일 주소를 수령하여 본인의 전자메일로 거래처 ABC의 담당자에게 직접 발송하고 회신받아 금액이 일치함을 확인하였으며, 금액이 일치하므로 추가 감사절차는 수행하지 않았다. 업무수행이사는 감사 진행상황을 검토한 후, 전자메일로 수령한 감사증거의 신뢰성이 낮다고 판단하여 조회서의 신뢰성을 확인하기 위한 추가적인 감사절차를 수행할 것을 지시하였다.
한국회계법인의 매출채권 계정담당자가 업무수행이사의 지시에 따라 추가로 수행해야 하는 가장 적합한 감사절차를 서술하시오.

정답 및 해설

감사인은 조회처와 접촉하여 조회에 대한 회신의 원천과 내용을 검증하는 절차를 취할 수도 있다. 예를 들어, 조회처가 전자메일로 회신하는 경우 감사인이 조회처에 전화하여 조회처가 실제 그 회신을 보냈는지 여부를 결정할 수 있다. 회신이 감사인에게 간접적으로 전달되었다면(예를 들어, 조회처가 주소를 잘못 기재하여 감사인 주소 대신 해당 기업의 주소를 기재한 경우) 감사인은 조회처가 감사인에게 직접 서면으로 회신해 달라고 요청할 수 있다.

Ch2.21	외부조회 미회신 대체적 절차	505.A18	2021 문제8 물음3_2 배점 2

한국회계법인은 (주)대한에 대한 현장감사 수행 중 해외거래처 ABC에 매출채권조회서를 발송하기로 계획하였다. 그러나 (주)대한의 담당자로부터 해당 국가의 확진자 증가로 인한 방역조치에 따라 ABC의 사업장이 일시적으로 폐쇄되어 우편수령이 불가능하다는 답변을 받았다. 각 문항은 서로 독립적이다.

감사인은 거래처 ABC가 소재한 해당 국가의 확진자가 감소하고 있어 사업장이 곧 정상화될 것으로 예상하여 채권조회서를 우편 발송하였으나 감사완료시점까지 미회수되고 있다. 감사인은 조회서 회신을 독촉하는 대신 매출채권 잔액의 적정성을 확인하기 위한 대체적 감사절차를 수행하기로 결정하였다. 매출채권 계정담당자가 수행할 수 있는 대체적 감사절차를 두 가지만 서술하시오(단, 아래 〈예시〉는 제외할 것).

〈예시〉
보고기간 말에 근접하여 발생한 매출거래에 대한 조사

정답 및 해설

미회신의 경우 감사인이 수행할 수 있는 대체적 감사절차 예시
- 매출채권 잔액 – 재무제표일 후 특정 현금회수, 선적서류, 보고기간말에 근접하여 발생한 매출거래에 대한 조사
- 매입채무 잔액 – 재무제표일 후 현금지급, 제3자로부터의 서신, 상품수령증과 같은 기타 기록의 조사

Ch2.22	소극적 조회	505.15	2018 문제2 물음4.4 배점

다음의 OX 및 근거?

④ 소극적 조회를 요청한 결과 조회처의 회신이 없다면, 감사인은 조회한 금액에 이상이 없다는 상황적 증거를 입수한 것이다.

정답 및 해설

O, 소극적 조회는 적극적 조회보다 설득력이 낮은 감사증거를 제공한다. 따라서, 감사인은 다음 사항이 모두 충족되지 않는 한 경영진주장 수준에서 평가된 중요왜곡표시위험에 대처하기 위한 유일한 실증감사절차로서 소극적 조회를 이용하여서는 안 된다.

(a) 감사인은 중요왜곡표시위험이 낮다고 평가하였고, 경영진주장과 관련된 통제의 운영효과성에 대하여 충분하고 적합한 감사증거를 입수하였음 (RoMM ↓, TOC ok)

(b) 소극적 조회절차의 대상이 되는 항목의 모집단이 다수의 동질적이며 소액인 계정잔액이나 거래 또는 조건들로 구성되어 있음. (소액다수)

(c) 불일치사항의 발생률이 매우 낮을 것으로 예상됨. (RoMM ↓)

(d) 감사인은 소극적 조회의 수신자가 그러한 요청을 무시할 상황이나 조건에 대하여 알고 있지 아니함(무시 가능성 ↓)
→ 미회신의 경우 이상이 없다는 상황적 또는 정황적 증거만 입수 (명확한 확신 제공X)

Ch2.23	외부조회	505	2017 문제6 물음1 배점 2

다음 실증절차에 대한 각 물음에 답하시오.
감사인은 매출채권의 실재성을 확인하기 위하여 다음 외부조회(적극적 조회)를 수행하였다.

〈감사인이 수행한 외부조회〉

① 조회대상자로 선택한 거래처 A에서 회신이 없어 다른 거래처를 조회처로 대체하여 조회서를 발송하였다.

② 조회대상자가 확인 없이 회신할 위험을 낮추고 조회회신율을 높이기 위하여 '공란' 형태로 조회하기로 하였다.

③ 감사대상회사로부터 조회처로 선택된 거래처의 주소를 받아 조회서가 발송되기 전에 수신인이 제대로 표시되었는지 확인하기 위하여 주소의 타당성을 테스트하였다.

④ 감사대상회사는 감사인이 선정한 조회대상자와 법적 분쟁 중이라 조회가 분쟁에 영향을 미칠 수 있다고 주장하고 조회서 발송을 거부하였다. 이에 감사인은 외부조회 대신 대체적인 감사절차를 수행하였다.

⑤ 회수율을 높이기 위하여 감사인의 팩스를 통해서 미회신 조회대상자로부터 팩스조회서를 수령하고, 조회대상자에게 전화로 확인하였다.

⑥ 조회대상자의 회신이 없어 전화로 구두확인하고 감사조서에 통화내용과 통화대상을 기록하였다.

⑦ 회신받은 조회서에 그 회신 이용에 대한 제한적인 문구가 포함되어 감사증거로서의 회신의 신뢰성을 무효화하였다.

(요구사항) 상기 감사인이 수행한 외부조회절차 중 (1) 적절하지 못한 항목번호 네 개를 기재하고 (2) 그 이유를 서술하시오.

정답 및 해설

① 추가발송, 독촉 or 대체적 절차 ② 공란 조회는 추가노력 요구로 회신율 ↓ ⑥ 서면회신 요청 ⑦ 이용제한 문구는 증거 신뢰성과 무관

12. 감사인은 각각의 미회신에 대하여 관련성이 있고 신뢰할 수 있는 감사증거를 입수하기 위한 대체적 감사절차를 수행하여야 한다.

A5. "공란" 형태의 조회는 조회처의 추가적인 노력을 요구하기 때문에 회신율이 더 낮을 수 있다.

A6. 조회서에 수신인이 제대로 표시되었는지 여부를 결정하는 데는 조회서가 발송되기 전에 주소의 일부 또는 전부에 대하여 그 타당성을 테스트하는 것이 포함된다.

A8. 경영진이 감사인의 조회서 발송을 거부하는 것은 감사인이 입수하고자 하는 감사증거에 관한 제한이다. 따라서 감사인은 그러한 제한의 이유를 질문하여야 한다. 일반적으로 제시되는 이유로는, 의도된 조회대상자와 법적 분쟁이나 협상이 진행 중이어서 조회가 이러한 분쟁이나 협상의 해결에 영향을 미칠 수 있는 경우를 들 수 있다. 경영진은 부정 또는 오류를 드러낼 수 있는 감사증거에 대하여 감사인의 접근을 거절하고자 할 수 있기 때문에, 감사인은 그 이유의 타당성과 합리성에 대하여 감사증거를 구하여야 한다.

A12. 팩스나 전자우편 등 전자적으로 수령한 회신은 회신자의 원천과 권한에 대한 증명을 확보하기가 어렵고 변조를 발견하는 것이 어려울 수 있으므로 신뢰성에 관한 위험이 따른다. 감사인과 회신자는 전자적으로 전달되는 회신에 대하여 안전한 환경이 창출되는 절차를 이용함으로써 이러한 위험을 감소시킬 수 있을 것이다. 만약 감사인이 그러한 절차가 안전하고 적절하게 통제되고 있다는 점에 만족하고 있다면 관련 회신의 신뢰성은 향상된다. 전자적 조회절차에서는 전자형태 정보의 발신자의 신원을 확인하기 위한 다양한 기법을 포함할 수 있다. 예를 들어, 암호, 전자서명, 그리고 웹사이트의 신뢰성을 검증하는 절차를

이용하는 것이 그것이다.

A15. 조회에 대한 구두회신은 감사인에 대한 직접적인 서면 회신이 아니기 때문에 그 자체로는 외부조회의 정의를 충족시키지 못한다. 그러나, 감사인은 조회에 대하여 구두의 회신을 받은 즉시, 상황에 따라 감사인에게 직접 서면으로 회신해 달라고 조회처에 요청할 수 있을 것이다.

A16. 조회에 대한 회신에 그 회신의 이용에 관한 제한적인 문구가 포함되어 있을 수 있다. 그러한 제한이 있다고 해서 반드시 감사증거로서의 회신의 신뢰성이 무효화되는 것은 아니다.

Ch2.24	감사기술OX이유	520.A6 500.A17 500.A22 230.12, 505.A20	2022 문제2 물음6 배점 3

다음은 감사증거와 감사증거입수방법에 대한 설명이다. 각 항목별로 설명이 적절한지 여부를 기재하고, 적절하지 않은 경우 그 이유를 서술하시오.

① 분석적 절차는 알려진 조건에 대한 반증이 없는 한 데이터 간 상관관계가 존재하며 그러한 상관관계가 지속될 것이라는 전제하에 수행하는 감사증거입수방법이다.

② 관찰은 어떤 과정이나 절차의 수행이 감사인에 의해 관찰될 수 있다는 사실로 인해 영향을 받지 않는 경우에 사용 가능하며, 수집할 수 있는 증거의 범위는 관찰이 행해진 시점으로 제한된다.

③ 질문은 공식적인 서면질의에서 비공식적인 구두질문까지 망라되며, 질문에 대한 답변을 평가하는 것은 질문 절차에서 필수적인 부분이다.

④ 감사인은 어떤 예외적인 상황에서 특정 감사기준의 요구사항을 이탈할 필요가 있다고 판단한 경우 이탈의 이유와 함께 해당 요구사항이 의도하는 목적을 달성하기 위해 수행한 대체적 감사절차가 그 목적을 어떻게 달성하였는지를 문서화해야 한다.

⑤ 경영진의 주장을 확인하기 위해 이용 가능한 정보가 기업 외부에서만 입수할 수 있거나 특정 부정위험요소로 인해 감사인이 기업에서 입수한 증거를 신뢰할 수 없는 경우에는 적극적 조회를 실시하고, 미회신 시에는 대체적 감사절차를 수행해야 한다.

정답 및 해설

① 적절O, 분석적 절차는 재무데이터와 비재무데이터 간의 개연적인 관계를 연구함으로써 재무정보를 평가하는 것으로 이루어진다. 분석적 절차에는 다른 관련된 정보와 일관성이 없거나 예측금액에서 유의적으로 벗어난 것으로 식별된 추세 또는 관계에 대한 조사가 포함되기도 한다. (520.4)

② 적절X, 관찰은 어떤 과정이나 절차의 수행이 감사인에 의해 관찰될 수 있다는 사실로 인해 영향을 미칠 수 있다는 한계가 있다. (증거력의 한계) 500.A17

③ 적절O

④ 적절O

⑤ 적절X, 경영진의 주장을 확인하기 위해 이용 가능한 정보가 기업 외부에서만 입수할 수 있거나 특정 부정위험요소로 인해 감사인이 기업에서 입수한 증거를 신뢰할 수 없는 경우에는 적극적 조회를 실시하고, 미회신 시에는 해당 감사와 감사의견에 대한 시사점을 결정하여야 한다. 500.13

▶ 520.A6

실증적인 분석적 절차는 일반적으로 시간의 경과에 따라 예측가능성이 높아지는 대규모의 거래에 더 적합하다. 계획된 분석적 절차는 알려진 반대의 조건이 존재하지 않는 상황에서 데이터 간 상관관계가 있으며 이것이 지속된다는 예상에 기초하여 적용된다. 반면, 특정의 분석적 절차가 적합한지 여부는 개별적으로 또는 다른 왜곡표시들과 합칠 때 재무제표를 중요하게 왜곡시킬 수 있는 왜곡표시를 발견하는 데 해당 절차가 얼마나 효과적일 것인지에 대한 감사인의 평가에 따라 달라질 것이다.

▶ 500.A17
예를 들어 기업 측 인원에 의한 재고자산 실사나 통제활동 수행을 감사인이 관찰하는 것과 같이, 관찰은 타인이 수행하는 어떤 과정이나 절차를 육안으로 보는 것으로 이루어진다. 관찰은 어떤 과정이나 절차의 수행에 대한 감사증거를 제공하지만, 관찰이 행해지는 시점으로만 제한되며, 그 행위가 관찰되고 있다는 사실 자체가 그 과정이나 절차가 수행되는 방식에 영향을 미칠 수 있다는 제한이 있다. 재고자산 실사의 입회에 관한 추가적인 관련 지침에 대해서는 감사기준서 501(감사증거 – 특정 항목에 대한 구체적인 고려사항)을 참고한다.

▶ 500.A22
질문은 기업의 내부 또는 외부의 재무나 비재무 분야의 관련 지식이 있는 자로부터 정보를 구하는 것으로 이루어진다. 질문은 다른 감사절차에 추가되어 감사의 전 과정에 걸쳐 폭넓게 이용된다. 질문은 공식적인 서면질의에서 비공식적인 구두질문까지 망라된다. 질문에 대한 답변을 평가하는 것은 질문 절차에서 필수적인 부분이다.

▶ 230.12
감사인이 예외적인 상황에서 특정 감사기준서의 관련 요구사항으로부터 이탈할 필요가 있다고 판단한 경우, 해당 요구사항이 의도하는 목적을 달성하기 위해 수행한 대체적 감사절차가 그 목적을 어떻게 달성하였는지 그리고 그러한 이탈의 이유를 문서화하여야 한다.

▶ 505.A20
상황에 따라 감사인은 충분하고 적합한 감사증거를 입수하기 위해 적극적 조회에 대한 회신이 필요한 경영진주장 수준에서 평가된 중요왜곡표시위험을 식별할 수가 있을 것이다. 그러한 상황에는 다음과 같은 경우가 포함될 수 있다.
- 경영진주장을 확인하기 위해 이용 가능한 정보가 오직 기업의 외부에서만 입수 가능한 경우
- 특정 부정위험요소(예, 경영진의 통제무력화 위험, 종업원 및 경영진이 연루될 수 있는 공모위험)로 인하여 감사인이 기업에서 입수한 증거를 신뢰할 수 없는 경우

▶ 505.13
만약 감사인이 충분하고 적합한 감사증거를 입수하기 위하여 적극적 조회에 대한 회신이 필요하다고 결정하였다면, 대체적인 감사절차는 감사인이 요구하는 감사증거를 제공하지 못할 것이다. 만약 감사인이 그러한 적극적 조회에 대한 회신을 입수하지 못한다면, 감사인은 감사기준서 705에 따라 해당 감사와 감사의견에 대한 시사점을 결정하여야 한다.

Ch2.25	감사문서 주된 목적	230.2	2018 문제2 물음6 배점 3

다음의 OX 및 근거?
감사인은 수행한 감사절차, 입수한 감사증거 및 도달한 결론을 감사문서(감사조서)로 기록하여야 한다. 감사인이 감사문서(감사조서)를 작성하는 가장 주요한 목적 두 가지를 서술하시오.

정답 및 해설

감사문서는 다음의 증거를 제공한다.
(a) 감사인의 전반적인 목적의 달성에 관한 결론의 근거(내부)
(b) 감사가 감사기준과 관련 법규의 요구사항에 따라 계획되고 수행되었다는 사실(외부)

Ch2.26	감사문서 작성 목적	230.2~3	2013 문제1 물음3 배점 4

김완벽 회계사는 필요한 추가절차까지 모두 취한 후에 수집한 모든 정보를 감사조서로 문서화하였다. 이러한 박허실 회계사와 김완벽 회계사가 감사조서를 완결하기까지의 과정은 감사조서의 기능(또는 감사조서를 작성하는 목적) 세 가지를 모두 보여준다. 이를 위 상황에 적용하여 각각 2줄 이내로 설명하시오.

정답 및 해설

▶ 감사문서는 다음의 증거를 제공한다.(주된 목적)

(a) 감사인의 전반적인 목적의 달성에 관한 결론의 근거(내부)

(b) 감사가 감사기준과 관련 법규의 요구사항에 따라 계획되고 수행되었다는 사실(외부)

▶ 감사문서는 다음에 관한 사항 등 다수의 추가적인 목적에 기여한다.

- 업무팀이 감사를 계획하고 수행하는 것을 지원함
- 감독책임이 있는 업무팀원들이 감사업무를 지휘·감독하며 검토책임을 완수하도록 지원함
- 업무팀이 자신이 수행한 업무에 대하여 책임질 수 있도록 함
- 향후의 감사에 지속적으로 유의적인 사항에 대한 기록을 유지함
- 품질관리기준서 또는 최소한 이에 준하는 해당 국가의 요구사항에 따른 품질관리검토와 검사를 가능하게 함
- 관련 법규 또는 기타 요구사항에 따른 외부 검사업무 수행을 가능하게 함

Ch2.27	RoMM과 무관한 ST(중요 거 · 계 · 공)	330.18/A42	2022 문제2 물음3.3 배점

다음 내용에 대한 OX를 기재하고 틀린 이유를 설명하시오.

③ 감사인은 평가된 중요왜곡표시위험과 무관하게 중요한 각 거래유형과 계정잔액 및 공시에 대해서는 일정 수준 이상의 실증절차를 설계하고 수행해야 한다.

정답 및 해설

Y

▶ 330.18

감사인은 각각의 중요한 거래유형과 계정잔액 및 공시에 대해서는 평가된 중요왜곡표시위험과 관계없이 실증절차를 설계하고 수행할 것을 요구한다. 이러한 요구사항은 (i) 감사인의 위험평가에는 판단이 수반되므로 모든 중요왜곡표시위험이 식별되지 않을 수 있고, (ii) 경영진의 통제무력화 등 내부통제에 고유한계가 존재한다는 사실을 반영하는 것이다.

Ch2.28	최종감사파일 취합 후 수정 · 추가	230.16/A24	2020 문제3 물음6 배점 3

다음은 경북(주)를 감사하고 있는 신입회계사와 그 상급자인 현장책임회계사의 대화 내용이다.

(현장책임회계사) 이제 기말감사 시즌이 끝나갑니다. 경북(주)가 이해관계자도 많고 유의한 중요왜곡표시위험이 많아서 다른 회사 감사보다 업무량이 많았던 것 같습니다.

(신입회계사) 네. 특히 내부 업무품질관리검토 절차를 통과하기가 매우 힘들었던 것 같습니다.

(현장책임회계사) 최종감사파일 취합완료일이 감사보고서일로부터 60일 이내이니 잘 처리해주세요.

감사인은 최종감사파일의 취합 완료 후 감사문서를 삭제하거나 폐기해서는 안 된다. 다만 감사인은 최종감사파일의 취합 완료 후 기존 감사문서를 수정하거나 새로운 감사문서를 추가할 필요성이 있을 수 있다. 감사인이 기존 감사문서의 수정 또는 새로운 감사문서를 추가할 경우 문서화해야 할 사항 두 가지를 각각 1줄 이내로 서술하시오(단, 감사보고서일 후 추가적 감사절차를 수행하거나 새로운 결론을 도출한 사항은 없음).

정답 및 해설

감사인은 최종감사파일의 취합이 완료된 후에 "감사보고서일 후 추가감사절차 · 새로운 결론 도출 경우(후속사건)" 외의 상황으로 인하여 기존 감사문서를 수정하거나 새로운 감사문서를 추가할 필요성을 발견한 경우(예: A24. 내 · 외부에서 수행한 모니터링 검사 중에 받은 검토의견에 따라 기존 감사문서를 명확하게 할 필요가 있을 때), 감사문서의 수정 또는 추가의 성격과 관계없이 다음 사항을 문서화하여야 한다.

(a) 감사문서를 수정하거나 추가하는 구체적 이유

(b) 감사문서를 수정, 추가하고 이를 검토한 사람과 그 시기

Ch2.29	감사문서 관리	외19조	2018 문제2 물음4.3/6 배점

다음의 OX 및 근거?

③ 감사문서(감사조서)의 소유권은 감사인에게 있으나, 감사인의 비밀유지의무에 따라 사용이나 처분에 제한이 따른다.

⑥ 우리나라의 현행 법규상 감사인은 감사문서(감사조서)를 재무제표 종료일로부터 8년간 보존해야 한다.

정답 및 해설

Y, N (감사종료일로부터 8년)

제19조(감사조서) ① 감사인은 감사를 실시하여 감사의견을 표명한 경우에는 회사의 회계기록으로부터 감사보고서를 작성하기 위하여 적용하였던 감사절차의 내용과 그 과정에서 입수한 정보 및 정보의 분석결과 등을 문서화한 서류(자기테이프 · 디스켓, 그 밖의 정보보존장치를 포함한다. 이하 "감사조서"라 한다)를 작성하여야 한다.

② 감사인은 감사조서를 감사종료 시점부터 8년간 보존하여야 한다.

③ 감사인(그에 소속된 자 및 그 사용인을 포함한다)은 감사조서를 위조 · 변조 · 훼손 및 파기해서는 아니 된다.

Ch2.30	감사위험을 낮추기 위한 고려사항	200.A45	2019 문제5 물음2 배점 2

현장책임회계사는 내부회계관리제도 감사에서 통제 테스트 수행 결과 미비점을 식별하였다. 동 내부회계관리제도 감사에서 미비점을 식별한 현장책임회계사가 재무제표 감사에서 감사위험을 수용 가능한 수준으로 낮추기 위해 고려할 사항을 기술하시오.

정답 및 해설

IC미비점 → CR ↑→RoMM↑→ DR↓ → ⓐ 감사절차 적용 효과성↓목적 → 적절한 팀원이 의구심을 발휘하도록 계획 & 감독·검토 강화 필요 & ⓑ 경영진주장 수준: ST NET 강화[N: 보다 적격(목적적합·신뢰성)한 증거, T: 기말·예측 불가능 시점, E: 표본규모 확대·보다 상세한 SAP]

- 적발위험은 감사위험을 수용 가능한 낮은 수준으로 감소시키기 위하여 감사인이 결정하는 감사절차의 성격, 시기 및 범위와 관계가 있다. 그러므로 적발위험은 감사절차와 그 적용에 대한 효과성의 함수이다. 다음과 같은 사항은 감사절차와 그 적용의 효과성을 높이는 데 도움이 되고 감사인이 부적합한 감사절차를 선택하거나, 적합한 감사절차를 잘못 적용하거나, 감사결과를 잘못 해석할 가능성을 감소시키는 데 도움이 된다.
  - 적절한 계획수립
  - 업무팀원의 적절한 구성
  - 전문가적 의구심의 적용
  - 수행된 감사업무의 감독과 검토

Ch2.31	전문가 정의	620.6	2015 문제5 물음4 배점 2

회계감사기준에서 언급하고 있는 경영진 측 전문가와 감사인 측 전문가의 정의를 각각 서술하시오.

정답 및 해설

ⓐ 경영진 측 전문가: 회계나 감사 외의 분야에서 전문성을 보유하고, 기업이 재무제표를 작성하는 데 도움을 주는 개인 또는 조직

ⓑ 감사인 측 전문가: 회계나 감사 외의 분야에서 전문성을 보유하고, 감사인이 충분하고 적합한 감사증거를 입수하는 데 도움을 주는 개인 또는 조직(내·외부)

▶ 620.6 전문가 정의

(a) 감사인 측 전문가 – 회계나 감사 외의 분야에서 전문성을 보유하고, 감사인이 충분하고 적합한 감사증거를 입수하는 데 도움을 줄 수 있도록 해당 분야에서의 업무가 감사인에 의해 활용되는 개인 또는 조직. 감사인 측 전문가는 감사인의 내부전문가(해당 회계법인 또는 네트워크 회계법인의 파트너 또는 스태프. 임시적인 스태프도 포함한다)이거나 감사인의 외부전문가일 수도 있다.

(b) 전문성 – 특정분야의 기술, 지식 및 경험

(c) 경영진 측 전문가 – 회계나 감사 외의 분야에서 전문성을 보유하고, 기업이 재무제표를 작성하는 데 도움을 줄 수 있도록 해당 분야에서의 업무가 기업에 의해 활용되는 개인 또는 조직

Ch2.32	감사인 측 전문가 활용 고려사항	620.A8	2020 문제2 물음2 배점 1

한국회계법인에 근무하는 업무수행이사 나치밀 회계사는 (주)대한과 20X1년 재무제표에 대한 감사계약을 20X1년 2월 초에 체결하였다. 감사계약 체결 후 나치밀 회계사는 감사업무를 효율적이고 효과적으로 수행하기 위해 감사계획 수립을 준비 중이다.
(주)대한은 20X0년까지 종업원급여제도로 확정기여형 퇴직연금제도를 운용해 오다가 20X1년 초부터 확정급여형 퇴직연금제도로 변경하였다. (주)대한의 경영진은 재무제표를 작성할 때 종업원급여제도와 연관된 부채의 보험수리적 계산을 위해 계리법인 A를 활용하기로 하였다.
이러한 상황을 파악한 나치밀 회계사는 보험수리적 계산 검증을 위해 한국회계법인 내부의 보험계리 전문가를 활용하기로 결정하였다. 또한, 나치밀 회계사는 재고자산 실사입회 시기를 (주)대한의 창고 담당자 작업 일정에 맞추어 조정하기로 경영진과 논의하였다.
나치밀 회계사가 회계법인 내부의 보험계리 전문가 활용여부를 결정할 때 고려할 사항을 두 가지만 서술하시오(단, 아래 〈예시〉는 제외할 것).

〈예시〉 경영진이 재무제표를 작성할 때 경영진 측 전문가를 활용하였는지 여부

정답 및 해설

620.A8
감사인은 충분하고 적합한 감사증거를 입수하는 데 도움이 되도록 감사인 측 전문가를 활용하기로 또는 활용하는 것이 필요하다고 결정할 수도 있을 것이다. 감사인 측 전문가를 활용할지 여부를 결정할 때 고려할 사항에는 다음이 포함된다.

- 경영진이 재무제표를 작성할 때 경영진 측 전문가를 활용하였는지 여부
- 해당 사항의 복잡성 등 관련 사항의 성격과 유의성
- 해당 사항에 포함된 중요왜곡표시위험
- 해당 사항과 관련된 전문가의 업무에 대한 감사인의 지식과 경험 등 식별된 위험에 대응하는 감사절차의 예상되는 성격, 그리고 감사증거에 대한 대체적 원천의 이용가능성

Ch2.33	감사인 측 전문가 업무평가 사항	620.12	2018 문제4 물음5 배점 3

감사인은 A(주)가 보유한 비상장주식과 관련하여 충분하고 적합한 감사증거를 입수하기 위하여 감사인 측 전문가의 업무를 활용하였다. 감사인은 감사인 측 전문가로부터 수행한 업무에 대한 보고서를 수령하였다. 감사인 측 전문가의 업무가 감사목적에 적합한지를 평가할 때 감사인이 고려해야 할 사항 세 가지만 서술하시오.

정답 및 해설

▶ 620.12

감사인은 다음을 포함하여 감사인 측 전문가의 업무가 감사목적상 적합한지 평가하여야 한다.

(a) 감사인 측 전문가가 발견한 사항이나 결론의 관련성과 합리성 및 다른 감사증거와의 일관성

(b) 감사인 측 전문가의 업무가 유의적인 가정과 방법을 수반하고 있다면 그 상황에서 그러한 가정과 방법의 관련성과 합리성

(c) 감사인 측 전문가의 업무에 유의적인 원천데이터의 사용이 수반된다면 그러한 원천데이터의 관련성과 완전성 및 정확성

Ch2.34	감사인 측 전문가 활용 절차 성격 · 시기 · 범위	620.8	2020 문제2 물음3 배점 2

[상황]

한국회계법인에 근무하는 업무수행이사 나치밀 회계사는 (주)대한과 20X1년 재무제표에 대한 감사계약을 20X1년 2월 초에 체결하였다. 감사계약 체결 후 나치밀 회계사는 감사업무를 효율적이고 효과적으로 수행하기 위해 감사계획 수립을 준비 중이다.

(주)대한은 20X0년까지 종업원급여제도로 확정기여형 퇴직연금제도를 운용해 오다가 20X1년 초부터 확정급여형 퇴직연금제도로 변경하였다. (주)대한의 경영진은 재무제표를 작성할 때 종업원급여제도와 연관된 부채의 보험수리적 계산을 위해 계리법인 A를 활용하기로 하였다.

이러한 상황을 파악한 나치밀 회계사는 보험수리적 계산 검증을 위해 한국회계법인 내부의 보험계리 전문가를 활용하기로 결정하였다. 또한, 나치밀 회계사는 재고자산 실사입회 시기를 (주)대한의 창고 담당자 작업 일정에 맞추어 조정하기로 경영진과 논의하였다.

나치밀 회계사가 회계법인 내부의 보험계리 전문가 활용과 관련된 감사절차의 성격, 범위, 시기를 결정할 때 고려할 사항을 두 가지만 서술하시오.

정답 및 해설

감사인 측 전문가 활용 시 감사절차의 성격, 시기 및 범위는 상황에 따라 다양할 것이다. 감사인은 그러한 감사절차의 성격, 시기 및 범위를 결정할 때 다음 사항들을 고려하여야 한다.

(a) 전문가의 업무가 관련된 사항의 성격

(b) 전문가의 업무가 관련된 사항에서의 중요왜곡표시위험

(c) 감사 관점에서 해당 전문가의 업무가 가지는 유의성

(d) 해당 전문가가 이전에 수행한 업무에 대한 감사인의 지식과 경험

(e) 해당 전문가가 감사인이 속한 회계법인의 품질관리정책과 절차의 적용대상인지 여부

Ch2.35	감사인 측 전문가 합의사항	620.11	2021 문제3 물음3 배점 3

한국회계법인이 감사인 측 전문가와 합의하여야 하는 사항 두 가지만 서술하시오(단, 아래 〈예시〉는 제외할 것).

〈예시〉

감사인 측 전문가가 작성하는 보고서의 형태 등 감사인과 감사인 측 전문가 간 커뮤니케이션의 성격, 시기 및 범위(감사인 측 전문가가 작성하는 보고서의 형태 포함)

정답 및 해설

감사인은 다음과 같은 내용에 대하여 감사인 측 전문가와 (적합한 경우 문서로) 합의하여야 한다.
(a) 감사인 측 전문가 업무의 성격, 범위 및 목적
(b) 감사인과 감사인 측 전문가 각자의 역할과 책임
(c) 감사인 측 전문가가 작성하는 보고서의 형태 등 감사인과 감사인 측 전문가 간 커뮤니케이션의 성격, 시기 및 범위(감사인 측 전문가가 작성하는 보고서의 형태 포함)
(d) 감사인 측 전문가가 비밀유지 요구사항을 준수할 필요성

Ch2.36	감사인 측 전문가	620.14, 620.15 620.9, 620.12	2021 문제3 물음2 배점 3

한국회계법인은 회계추정치와 관련한 다양한 분야에서 감사인 측 전문가를 활용하였다. 다음은 한국회계법인이 감사인 측 전문가를 활용하는 과정에서 수행한 감사절차이다.

① 한국회계법인은 (주)대한의 투자부동산 공정가치 관련 회계추정치가 합리적인지 평가하기 위해 희망감정평가법인을 전문가로 활용하였다. 한국회계법인은 법규상 요구되지는 않지만 감사인의 책임을 경감시키기 위해 적정의견을 표명한 감사보고서에 희망감정평가법인의 업무를 언급하였다.
② 한국회계법인은 (주)대한의 소송충당부채 관련 회계추정치가 합리적인지 평가하기 위해 사랑법무법인을 전문가로 활용하였다. 한국회계법인은 사랑법무법인이 감사목적에 필요한 적격성, 역량 및 객관성을 보유하고 있는지 평가하였다.
③ 한국회계법인은 (주)대한의 확정급여채무 관련 회계추정치가 합리적인지 평가하기 위해 행복보험계리법인을 전문가로 활용하였다. 한국회계법인은 행복보험계리법인이 수행한 업무가 감사목적상 적합한지 평가하였다.

위의 각 항목(①~③)별로 한국회계법인이 수행한 절차가 적절한지 여부를 기재하고, 적절하지 않은 경우 그 이유를 서술하시오.

정답 및 해설

① X: 언급 불가, ② O, ③ O

620.14
감사인은 법규상 요구되는 것이 아닌 한 적정의견의 감사보고서에 감사인 측 전문가의 업무를 언급하여서는 안 된다. 만약 이러한 언급이 법규상 요구되는 경우, 감사인은 해당 언급이 감사의견에 대한 감사인의 책임을 경감시키지 않는다는 것을 감사보고서에 표시해야 한다.(620.15 의견변형시도 동일)

Ch2.37	경영진 측 전문가	500.8	2021 문제6 물음4 배점 2

(주)나그네는 영업권의 손상평가를 위하여 외부전문가를 활용하였다. 감사인이 핵심감사사항인 영업권 손상평가에 대한 감사와 관련하여 감사증거로 사용할 정보가 동 외부전문가의 수행 업무를 이용하여 작성되었다면, 감사인은 경영진 측 전문가가 수행한 업무의 유의성을 고려하여 어떤 절차를 수행하여야 하는지 두 가지를 서술하시오(단, 위 감사보고서의 핵심감사사항 단락에 기재된 '외부전문가의 적격성, 역량 및 객관성 평가'를 제외할 것).

정답 및 해설

500.8
감사증거로 사용될 정보가 경영진 측 전문가가 수행한 업무를 이용하여 작성되었다면, 감사인은 감사목적에 필요한 정도로 경영진 측 전문가가 수행한 업무의 유의성과 관련하여 다음의 절차를 수행하여야 한다.
(a) 경영진 측 전문가의 적격성, 역량 및 객관성을 평가함
(b) 경영진 측 전문가가 수행한 업무를 이해함
(c) 관련 경영진주장에 대한 감사증거로서, 경영진 측 전문가가 수행한 업무의 적합성을 평가함

Ch2.38	경영진 측 전문가 활용	220.A12 500.A39 윤210.7	2015 문제5 물음2 배점 3

〈자료〉
A(주)는 20X5년 중 바이오 사업을 영위하는 비상장회사인 B(주)의 지분 100%를 800억 원에 취득하였다. A(주)의 경영진은 동 지분 취득과 관련하여 Y회계법인에 의뢰하여 공정가치 평가보고서를 입수하였으며, 이를 회계처리에 반영하였다. Y회계법인의 공정가치 평가보고서에 따르면 취득대가 800억 원의 구성내역은 다음과 같다.

구분	금액
순자산 공정가치	400억 원
추가 식별한 기술가치	300억 원
영업권	100억 원
합계	800억 원

X회계법인은 A(주)의 회계감사를 수행하고 있으며, X회계법인의 매니저 김 회계사는 계정담당자인 이 회계사의 감사조서를 검토하고 있다. 다음은 김 회계사와 이 회계사의 대화 내용이다.

김 회계사: 이 회계사는 바이오산업에 대한 공정가치 평가보고서 검토 경험이 충분한가요?

이 회계사: ① 바이오산업에 대한 전문지식이나 공정가치 평가보고서에 대한 검토 경험은 없지만 회계사 경력이 4년이나 되고, 사용된 가정이나 계산과정이 외부전문가의 공정가치 평가보고서에 상세히 기술되어 있으며, 일부 이해하기 어려운 부분이 있었지만 제가 아는 범위 내에서 최선을 다했습니다.

김 회계사: 해당 시장이 아직 활성화되지 않았고, 회사의 기술력이 아직 검증되지 않았는데, 회사의 향후 5년간 연평균 매출 성장률을 50%로 추정한 것은 과도한 것 아닌가요?

이 회계사: ② 공정가치 평가보고서에 기술된 산업에 대한 전망치들은 공개된 산업통계자료를 이용하였고, 해당 산업의 시장규모 및 B(주)의 예상 시장점유율을 근거로 판단했을 때 적정하다고 생각합니다.

김 회계사: 공정가치 평가보고서는 Y회계법인이 작성하였는데, Y회계법인 담당자는 해당 산업을 충분히 이해하고 있나요?

이 회계사: ③ Y회계법인의 담당자인 최 회계사와 직접 유선통화로 확인하였습니다. ④ 최 회계사는 바이오 산업에 대한 업무는 처음이지만 회계사 경력이 10년 이상이나 되고, 공정가치 평가 업무를 수차례 수행한 경험이 있어 적격성을 갖추고 있다고 생각합니다.

상기 대화내용 중 감사와 관련하여 가장 적절하지 않은 문장[①~④] 2가지를 지적하고, 추가적으로 수행할 감사절차를 서술하시오.

정답 및 해설

① 이CPA: 바이오산업 & FV평가 경험x → 적격성 보유x 위험 → 안전장치: 지식 & 경험 보유한 다른 팀원이 검토 · 직접 수행

④ 최CPA(회사 측 전문가): 바이오산업 경험x → 적격성 보유x 위험 → 적격성과 역량 및 객관성 평가하여야. (by 최CPA's 경험, 토의, 자격 & 지식, 논문서적 & 감사인 측 전문가의 도움)

▶ 220.A12

업무팀 전체적으로 기대되는 적합한 적격성과 역량을 고려할 때, 업무수행이사는 업무팀에 대하여 다음과 같은 사항을 고려할 수 있다.

- 적합한 훈련과 참여를 통한, 유사한 성격과 복잡성을 가진 감사업무에 대한 이해와 실무 경험
- 전문직 기준과 법규의 요구사항에 대한 이해
- 관련 정보기술 그리고 회계 및 감사의 전문적인 분야에 관한 전문성 등 기술적 전문성
- 의뢰인이 속한 관련 산업에 대한 지식
- 전문가적 판단을 수행할 수 있는 능력
- 회계법인의 품질관리정책과 절차에 대한 이해

▶ 500.A39

경영진 측 전문가의 적격성과 역량 및 객관성에 관한 정보는 다음과 같은 다양한 원천에서 나올 수 있다.

- 해당 전문가가 과거에 수행한 업무에 대한 개인적 경험
- 해당 전문가와의 토의
- 해당 전문가가 수행한 업무에 익숙한 타인과의 토의
- 해당 전문가의 자격, 전문직 단체 또는 협회의 회원여부, 개업요건 또는 기타 형태의 외부적 공인제도에 대하여 알고 있는 지식
- 해당 전문가가 저술한 논문이나 서적
- 감사인이 경영진 측 전문가에 의해 생성된 정보와 관련하여 충분하고 적합한 감사증거를 얻는 데 도움을 줄 수 있는 감사인 측 전문가

▶ 210.7

개업공인회계사는 적격하게 업무를 수행할 수 있다고 판단되는 업무만을 제공하여야 한다. 개업공인회계사는 업무수임을 승낙하기 전에, 해당 업무의 승낙이 윤리강령의 준수에 위협이 되는지를 고려하여야 한다. 예를 들어, 업무수행팀이 해당 업무를 적절하게 수행하기 위해 필요한 적격성을 보유하고 있지 않거나 이러한 적격성을 습득할 수도 없는 상황이라면, 해당 업무의 수임을 승낙하는 것은 전문가적 적격성과 정당한 주의 강령의 준수에 대하여 이기적 위협을 야기한다.

▶ 210.8

개업공인회계사는 파악된 위협의 심각성을 평가하여야 하며, 해당 위협이 명백하게 경미한 경우 외에는 해당 위협을 제거하거나 수용 가능한 수준 이하로 감소시키기 위한 안전장치를 적용하여야 한다. 이러한 안전장치를 예시하면 다음과 같다.

- 의뢰인 사업의 성격 및 영업활동의 복잡성, 해당 업무의 구체적 요구사항, 해당 업무의 목적과 성격 및 범위 등에 대하여 충분한 이해를 하고 있음.
- 관련 산업이나 해당 업무에 대한 지식을 보유하고 있음.
- 해당 업무와 관련된 규제상 또는 보고상의 요구사항에 대한 경험을 보유하고 있거나 획득할 수 있음.
- 적격성을 갖춘 직원을 충분히 투입하고 있음.
- 필요한 경우 전문가를 활용하고 있음.
- 현실적으로 수행 가능한 업무일정을 수립함.
- 품질관리정책과 세부절차는 해당 업무를 적격하게 수행할 수 있는 경우에 한하여 업무를 승낙한다는 확신을 줄 수 있도록 설계하고 준수하고 있음.

▶ 210.9

개업공인회계사가 다른 전문가를 활용하여 업무를 수행하고자 하는 경우, 당해 전문가의 조언과 수행한 업무를 신뢰하는 것이 정당한지 여부를 평가하여야 한다. 개업공인회계사는 당해 전문가의 명성, 전문성, 가용자원, 관련된 전문적 기준 및 윤리적 기준 등을 고려하여야 한다. 이와 같은 정보는 당해 전문가와의 과거의 관계 또는 다른 사람들과의 자문을 통해 입수할 수 있다.

Ch2.39	IC구성: 모니터링	315.23/A117	2015 문제4 물음2 배점 2

A(주)는 코스닥시장상장법인으로 20X4년(1.1~12.31)에 X회계법인으로부터 감사를 받고 있으며, X회계법인은 20X3년부터 감사를 수행하고 있다.

회계감사기준에 따르면 감사인은 감사 관련 통제활동과 관계있는 활동 등 기업이 재무보고에 대한 내부통제를 모니터링하기 위해 사용하는 주요 활동, 그리고 기업이 그러한 통제 미비점에 대해 어떻게 개선조치를 취하는지 이해해야 한다. 감사인은 A(주)가 내부감사기능을 가지고 있는 것으로 판단하였다. 내부감사기능이 감사와 관련되는지 여부를 결정하기 위해 감사인이 이해해야 할 사항을 서술하시오.

정답 및 해설

- 기업이 내부감사기능을 가지고 있다면, 감사인은 내부감사기능에 대한 ⓐ 책임, ⓑ 조직상태 그리고 ⓒ 수행됐거나 수행될 활동의 성격을 이해하여야 한다.
- 내부감사기능의 책임의 성격 및 인증 활동이 기업의 재무보고와 관련이 있는 경우, 감사증거를 입수하는 데 감사인이 직접 수행할 감사절차의 성격이나 시기를 변경하거나 그 범위를 축소시키기 위하여 감사인은 내부감사기능이 수행한 업무를 활용할 수 있다. 예를 들어, 과거의 감사경험 또는 감사인의 위험평가절차를 기초로 하여, 기업의 내부감사기능이 기업규모 및 사업의 성격에 비례하여 적절하고 적합하게 자원을 보유하고 지배기구에 직접 보고하는 관계를 가진 기업의 경우, 감사인은 내부감사기능이 수행한 업무를 활용할 가능성이 더 있을 수 있다.

Ch3.1	감사계획 고려사항	300.9	2022 문제3 물음1 배점 2

[상황: 감사계획단계]

(업무수행이사) (주)한국은 최근 3년간 재무상황이 급격히 악화되었고, 투자주의 환기종목으로 지정된 바 있습니다. 이에 증권선물위원회에 의한 감사인 지정으로 인해 20X1년부터 우리 법인이 회계감사를 수행하게 되었습니다.

(업무팀원) (주)한국은 재작년부터 매출액의 95%가 모회사와의 거래에서 발생되었는데, 이 매출액이 유상사급으로 인해 과대계상되었을 수 있다는 언론보도가 있습니다. 위험 관리 차원에서 감사계약 해지를 고려하는 것이 바람직하지 않을까요?

감사계획 수립과 관련하여 감사인은 전반감사전략뿐만 아니라 감사계획을 개발하여야 한다. 감사계획에 포함되어야 할 사항 두 가지를 각각 1줄 이내로 서술하시오(단, 아래 〈예시〉는 제외할 것).

〈예시〉 해당 감사를 감사기준에 따라 수행하기 위해 요구되는 기타의 계획된 감사절차

정답 및 해설

▶ 300.9

감사인은 감사계획을 개발하여야 하며, 감사계획에는 다음 사항에 관한 설명이 포함되어야 한다.

(a) 기업과 기업환경 이해를 통한 중요왜곡표시위험의 식별과 평가(315)에 따라 결정된, 계획된 위험평가절차의 성격, 시기 및 범위

(b) 평가된 위험에 대한 감사인의 대응(330)에 따라 결정된 경영진주장 수준에서 계획된 추가감사절차의 성격, 시기 및 범위

(c) 해당 감사를 감사기준에 따라 수행하기 위해 요구되는 기타의 계획된 감사절차

→ ⓐ RA, ⓑ FAP, ⓒ 기타GAAS의 NET 계획(감사 진행 중 필요시 변경)

☞ 감사계획의 문서화: ① 전반감사전략 ② (세부)감사계획 ③ 전략 & 계획 중요 변경 & 이유

※ ▶ 300.8 전반감사전략 수립 절차

(a) 감사범위를 정의하게 될 해당 감사업무의 특성을 식별함

(b) 감사일정을 계획하기 위하여 해당 업무의 보고목적을 확인하며 요구되는 커뮤니케이션의 성격을 확인함

(c) 감사인의 전문가적 판단에 따라, 업무팀의 업무방향을 설정하는 데 유의적이라고 판단되는 요소들을 고려함

(d) 감사업무의 예비적 활동의 결과, 그리고 해당되는 경우 업무수행이사가 감사대상 기업을 위해 수행하였던 다른 업무에서 얻은 지식이 관련성이 있는지를 고려함

(e) 해당 감사를 수행하는 데 필요한 자원의 성격, 시기 및 범위를 확인함

→ [ⓐ 감사업무 특성 ⓑ 요구 커뮤니케이션 성격 ⓒ 유의적 요소 ⓓ 관련 지식 ⓔ 투입인력(자원) NET]을 확인

Ch3.2	감사계획 경영진 논의	300.A3	2020 문제2 물음4 배점 1

한국회계법인에 근무하는 업무수행이사 나치밀 회계사는 (주)대한과 20X1년 재무제표에 대한 감사계약을 20X1년 2월 초에 체결하였다. 감사계약 체결 후 나치밀 회계사는 감사업무를 효율적이고 효과적으로 수행하기 위해 감사계획 수립을 준비 중이다.

(주)대한은 20X0년까지 종업원급여제도로 확정기여형 퇴직연금제도를 운용해 오다가 20X1년 초부터 확정급여형 퇴직연금제도로 변경하였다. (주)대한의 경영진은 재무제표를 작성할 때 종업원급여제도와 연관된 부채의 보험수리적 계산을 위해 계리법인 A를 활용하기로 하였다.

이러한 상황을 파악한 나치밀 회계사는 보험수리적 계산 검증을 위해 한국회계법인 내부의 보험계리 전문가를 활용하기로 결정하였다. 또한, 나치밀 회계사는 재고자산 실사입회 시기를 (주)대한의 창고 담당자 작업 일정에 맞추어 조정하기로 경영진과 논의하였다.

나치밀 회계사가 재고자산 실사입회 시기를 조정하기로 (주)대한의 경영진과 논의할 때, 주의할 점은 무엇인지 서술하시오.

정답 및 해설

경영진과 세부감사절차의 성격과 시기를 논의하는 것은 감사절차가 지나치게 예측 가능하게 되어 감사의 효과성이 손상될 수 있다.

300.A3

감사인은 감사업무의 수행과 관리를 원활하게 하기 위하여 계획수립의 요소에 관해 경영진과 논의하기로 결정할 수 있을 것이다(예를 들어, 계획된 감사절차 중 일부를 해당 기업 인원의 작업에 맞추어 조정함). 이 같은 논의는 종종 일어나지만, 전반감사전략과 감사계획의 책임은 감사인에게 있다. 전반감사전략이나 감사계획에 포함된 사항을 기업의 경영진과 논의하는 경우, 감사의 효과성이 손상되지 않도록 주의가 요구된다. 예를 들어, 경영진과 세부감사절차의 성격과 시기를 논의하는 것은 감사절차가 지나치게 예측 가능하게 되어 감사의 효과성이 손상될 수 있다.

Ch3.3	감사계획 문서화	300.12	2020 문제2 물음1 배점 1

감사인은 감사업무를 효율적이고 효과적으로 수행하기 위해 감사계획을 수립하여야 한다. 다음 물음은 감사계획 수립과 관련된 내용이다. 다음 물음에 답하시오.

회계감사기준에서는 감사계획 수립 시 주요업무팀원의 참여, 예비적 활동의 수행, 계획수립 활동 및 문서화라는 네 가지 사항을 요구하고 있다. 감사계획 수립 시 문서화해야 할 사항을 두 가지만 서술하시오.

정답 및 해설

감사인은 다음 사항을 감사문서에 포함하여야 한다.

(a) 전반감사전략

(b) 감사계획

(c) 감사의 진행 중 발생한 전반감사전략 또는 감사계획의 중요한 변경과 그러한 변경의 이유

A18 전반감사전략의 문서화는 감사를 적절히 계획하고 업무팀과 유의적 사안을 커뮤니케이션하는 데 필요하다고 판단한 주요 의사결정사항들에 대한 기록이다. 예를 들어, 감사인은 감사의 전반적인 범위, 시기 및 그 수행과 관련하여 주요 의사결정을 포함하고 있는 비망록 형태로 전반감사전략을 요약할 수 있을 것이다.

A19 감사계획의 문서화는 위험평가절차의 계획된 성격, 시기 및 범위와 위험평가결과에 대응한 경영진주장 수준의

추가감사절차에 대한 기록이다. 이것은 또한 감사절차에 대한 계획이 적절히 수립되었다는 기록의 역할도 하며, 그 수행 전에 검토와 승인이 이루어질 수 있을 것이다. 감사인은 특정 감사상황에 맞추어 필요한 사항을 수정 반영한 표준적 감사프로그램이나 감사완료점검표를 사용할 수 있다.

Ch3.4	RA 감사기술	315	2014 문제8 물음1 배점 3

회계감사기준에서는 위험중심감사방법론에 입각하여 중요한 왜곡표시위험(RoMM)의 식별과 평가에 따른 위험평가절차 및 관련통제요소에 대한 이해에 관하여 다음과 같이 설명하고 있다.

- 감사인은 재무제표 및 경영진주장 수준의 중요한 왜곡표시위험의 식별과 평가에 대한 근거를 제공하기 위하여 위험평가절차를 수행하여야 한다.
- 감사인은 감사와 관련된 통제를 이해할 때, 기업의 해당 통제의 설계를 평가하고, 또한 통제가 실제로 실행되고 있는지 여부를 결정하여야 한다.

다음 [보기]는 감사인이 중요한 왜곡표시위험(RoMM)의 식별과 평가를 위해서 취하는 감사증거수집방법(감사기술)에 대한 설명이다.

[보기]

① 상위수준으로 요약된 데이터를 이용하여 이 방법을 수행할 경우에는 중요한 왜곡표시위험의 존재 여부에 대하여 광범위한 초기적 징후만을 제공한다. 따라서 이 경우에는, 중요한 왜곡표시위험(RoMM)의 식별을 위한 절차를 통하여 입수한 기타정보를 함께 고려하는 것이 필요하다. (315.A16)

② 중요한 왜곡표시위험(RoMM)의 식별과 평가 목적으로 다음의 항목들에 대해서 이 방법을 적용할 수 있다. (315.A18)
- 기업의 영업
- 사업계획 · 사업전략 등 문서와 내부통제매뉴얼
- 경영진이 작성한 분 · 반기경영보고서나 이사회 회의록
- 기업의 건물 · 대지 · 공장설비 등

③ 이 방법을 통해서 감사 시사점을 나타내는 비경상적인 거래 · 사건 · 금액 · 비율 · 추세의 유무 여부를 파악할 수 있으며, 이때 파악한 비경상적 또는 예상치 못한 상관관계는 중요한 왜곡표시위험(RoMM)의 식별에 도움을 줄 수 있다.(315.A15)

④ 이 방법을 통해 얻는 정보는 대부분 경영진, 지배구조, 재무보고 책임자로부터 입수된다. 그러나 기업 내부의 관련자 및 기타 다양한 직급의 구성원들에게서도 중요한 왜곡표시위험을 식별하기 위한 정보나 상이한 견해를 입수하는 방법으로 이용될 수도 있다.(315.A6~A7)

⑤ 이 방법을 위험평가절차로서 수행하는 경우에 적용하는 대상의 예로서, 매출액과 판매장 면적 · 판매량 간의 관계와 같이 재무적 · 비재무적 정보 모두가 포함될 수 있다.(315.A14)

⑥ 대상이 누구인가에 따라 이 방법의 적용 결과 얻게 되는 정보가 상이할 수 있다. (315.A7) 예를 들어,
- 지배기구는 재무제표 작성환경의 이해에,
- 비경상적인 거래에 관여하는 종업원은 회계정책의 선택 · 적용의 적합성 평가에,
- 내부 법률고문은 소송, 법규준수, 품질보증, 계약조건, 부정 등에 대한 법적 정보,
- 마케팅 · 영업 담당자는 영업전략, 매출추세, 고객과 약정의 변경정보 등의 파악에 도움이 될 수 있다.

(요구사항) 위 내용과 관련하여 아래 질문에 답하시오.

(a) "중요한 왜곡표시위험(RoMM)의 파악 · 평가"를 위한 감사증거수집방법(또는 감사기술, 감사기법, audit technique) 중 아래 예시된 "관찰과 검사" 방법을 제외한 나머지 2가지 감사증거수집

방법을 기재하시오.

(b) 위 [보기]의 ①~⑥ 항목이 (a)에서의 감사증거수집방법 중 어느 방법에 해당되는 설명인지 모두 기재하시오.

[예시] 관찰과 검사: ②

정답 및 해설

(1) 질문, 분석적 절차
(2) 질문: ④ ⑥ 분석적 절차: ① ③ ⑤

Ch3.5	RA: RoMM식별 수준(FS, MA)	315.25 315.A123 315.보론1~보론2	2020 문제5 물음2 배점 3

감사인은 기업의 내부통제 등 기업과 그 환경을 이해하기 위한 위험평가절차 및 관련 활동을 수행할 때, 부정으로 인한 중요왜곡표시위험을 식별하기 위한 절차를 수행하여야 한다. 또한 감사인은 전반감사전략을 수립할 때 재무제표 전체에 대한 중요성을 결정하여야 한다.
감사인은 추가감사절차의 설계와 수행에 대한 근거를 제공하기 위하여 전체재무제표 수준과 특정 거래유형, 계정잔액 및 공시에 대한 경영진주장 수준에서 중요왜곡표시위험을 식별하고 평가하여야 한다. 각 수준의 중요왜곡표시위험의 〈예시〉는 다음과 같다.

〈예시〉

- 전체재무제표 수준의 중요왜곡표시위험: 부정으로 인한 중요왜곡표시위험
- 특정 거래유형, 계정잔액 및 공시에 대한 경영진주장 수준의 중요왜곡표시위험: 기간귀속 오류로 인한 매출액의 과대계상위험

위 〈예시〉에서 제시된 것 이외에 전체재무제표 수준의 중요왜곡표시위험과 특정 거래유형, 계정잔액 및 공시에 대한 경영진주장 수준의 중요왜곡표시위험의 추가 사례를 각각 두 가지씩 제시하시오(단, 경영진주장 수준의 중요왜곡표시위험에 대하여는 반드시 관련 경영진주장을 언급하여야 함).

정답 및 해설

(1) 전체FS수준 RoMM: 경영진 적격성 부족, FS작성 감시 부족, 독립적이지 않은 지배기구 등 미비한 통제환경 등
(2) 경영진주장 수준 RoMM: 발생사실 측면에서 매출액 과대계상 위험, 완전성 측면의 매입채무 과소계상 등

▶ 감사인은 추가감사절차의 설계와 수행에 대한 근거를 제공하기 위하여 다음과 같은 수준에서의 중요왜곡표시위험을 식별하고 평가하여야 한다.

(a) 재무제표 수준: A122 재무제표 수준의 중요왜곡표시위험은 재무제표 전체에 전반적으로 관련된 위험을 말하며, 잠재적으로 다수의 경영진주장에 영향을 미친다. 이러한 성격의 위험은 거래유형과 계정잔액 및 공시 수준의 특정 경영진주장에서 반드시 식별될 수 있는 위험이 아니다. 오히려, 이러한 위험은 (예를 들어 경영진이 내부통제를 무력화하는 것을 통해) 경영진주장수준의 중요왜곡표시위험이 증가될 수 있는 상황을 나타내는 것이다. 재무제표 수준의 위험은 감사인이 특히 부정에 의한 중요왜곡표시위험을 고려할 때 관련이 있을 수 있다.

A123

재무제표 수준의 위험은 (경기침체 상태와 같은 다른 요소들과 관련될 수도 있지만) 특히 미비된 통제환경으로부터 비롯될 수 있다. 예를 들어, 경영진의 적격성 부족이나 재무제표 작성에 대한 감시 부족과 같은 미비점은 재무제표에 보다 전반적인 영향을 미칠 수 있으며, 감사인의 전반적인 대응이 요구될 수 있다.

A78 통제환경의 요소들

(a) 성실성과 윤리적 가치에 대한 커뮤니케이션과 실천 – 이들은 통제의 설계, 관리, 모니터링의 효과성에 영향을 주는 본질적 요소들이다.

(b) 적격성의 구비 – 특정 직무를 위한 적격성 수준 및 그러한 적격성 수준이 필수적 지식과 기술로 구체화되는 방법에 대한 경영진의 고려사항

(c) 지배기구의 참여 – 다음과 같은 지배기구의 속성

- 경영진으로부터의 독립성
- 경험과 성숙도
- 지배기구의 참여 범위와 보고받는 정보의 범위, 그리고 제반 활동에 대한 조사
- 어려운 문제를 제기하고 경영진과 이를 처리하는 정도 등 지배기구의 행위의 적절성 그리고 내부감사인 및 외부감사인과의 상호작용의 적절성

(d) 경영진의 철학과 경영방식 – 경영진의 특성

- 사업위험을 감수하고 관리하는 접근방법
- 재무보고에 대한 태도와 행동
- 정보처리기능, 회계기능 그리고 그 인원에 대한 태도

(e) 조직구조 – 기업의 목적을 달성하기 위해 기업의 활동을 계획, 실행, 통제 및 검토하는 체계

(f) 권한과 책임의 위임 – 경영활동을 위하여 권한과 책임을 위임하는 방법과 보고관계와 승인체계를 설정하는 방법

(g) 인적 자원에 대한 정책과 실무 – 예를 들어 채용, 적응교육, 훈련, 평가, 상담, 승진, 보상, 상벌관리 등과 관련된 정책과 실무

(h) 거래유형, 계정잔액 및 공시에 대한 경영진주장 수준 (문단 A126 – A131 참조)

Ch3.6	RA: RoMM식별 수준(FS, MA)	200.A36~38	2014 문제6 물음4 배점 3

회계감사기준에서는 감사인이 위험평가절차를 수행할 때 추가감사절차의 설계와 수행에 대한 근거를 제공하기 위해서 중요한 왜곡표시위험(Risk of Material Misstatements: RoMM)을 식별하고 평가하도록 정하고 있다. 회계감사기준에서는 이러한 중요한 왜곡표시위험(RoMM)을 2가지 수준(차원)으로 구분하여 식별 · 평가하도록 정하고 있다. 이러한 RoMM의 2가지 수준(차원)이 무엇인지 2줄 이내로 기술하시오.

정답 및 해설

중요왜곡표시위험은 두 가지 수준에서 존재할 수 있다.

① 전체재무제표 수준: 재무제표 전체에 전반적으로 관련되어 있으며, 다수의 경영진주장에 영향을 미칠 수 있는 왜곡표시위험

② 거래유형, 계정잔액 및 공시에 대한 경영진주장 수준: 충분하고 적합한 감사증거를 입수하기 위해 필요한 추가감사절차의 성격, 시기 및 범위를 결정하기 위하여 평가된다. 이러한 증거는 감사인이 수용 가능한 낮은 감사위험 수준에서 재무제표에 대한 의견을 표명할 수 있게 한다. 감사인은 중요왜곡표시위험을 평가하는 목적을 달성하기 위해 다양한 접근방법을 이용한다. 예를 들어, 감사인은 수용 가능한 적발위험 수준에 도달하기 위해 감사위험 구성요소간의 일반적인 관계를 수리적 방법으로 표현하는 모델을 사용할 수 있다. 어떤 감사인은 감사절차를 계획할 때 이러한 모델이 유용하다고 인식한다.

Ch3.7	RA 감사기술	315.6	2023 문제2 물음3 배점 2

감사인은 재무제표 및 경영진주장 수준의 중요왜곡표시위험 식별과 평가에 대한 근거를 제공하기 위하여 위험평가절차를 수행하여야 한다. 위험평가절차를 수행할 때 일반적으로 사용하는 감사증거입수방법을 모두 기재하시오.

정답 및 해설

① 검사(문서검사), ② 분석적 절차, ③ 질문, ④ 관찰

▶ 315.6
위험평가절차에는 다음 사항이 포함되어야 한다.
(a) 경영진, (기능이 존재한다면) 내부감사기능 내의 적합한 담당자 그리고 부정이나 오류로 인한 중요왜곡표시위험을 식별할 때 도움이 될 수 있는 정보를 가지고 있다고 판단되는 기업 내부의 관련자에 대한 질문
(b) 분석적 절차
(c) 관찰과 검사

Ch3.8	RA: 유의적 위험(SR)	315 RA 330 Risk 대응	2014 문제6 물음5 배점 3

회계감사기준에서는 중요한 왜곡표시위험(RoMM)을 식별하고 평가하는 과정의 일부로서 식별된 위험 중에서 유의적인 위험이 있는지 판단하도록 정하고 있다. 다음은 이러한 유의적 위험의 감사절차 적용에 관련된 설명들이다.

[예시] 비일상적이거나 판단을 요하는 유의적 사항에 관련된 위험에 대하여 경영자가 수립한 내부통제는 반드시 운영의 효과성이 평가되어야 한다.
ⓐ 유의적 위험은 보통 비일상적인 거래 또는 판단사항과 관련이 있다.
ⓑ 회계추정치의 도출에 있어 서로 상이하게 해석될 수 있는 유의적 판단사항이 존재하는 경우 유의적 위험이 증가할 수 있다.
ⓒ 시스템적 처리과정을 거치는 일상적이고 복잡하지 않은 거래는 유의적 위험을 발생시킬 가능성이 적다.
ⓓ 유의적 위험에 대응하는 감사접근 방법이 실증절차로만 구성되어 있을 때 실증적인 분석절차를 반드시 포함하여야 한다.
ⓔ 부정위험이 있다고 하여 항상 유의적 위험으로 취급해야 하는 것은 아니다.
ⓕ 부정이나 오류로 인한 중요한 왜곡표시의 유의적 위험에 대처하기 위하여 외부조회와 같은 신뢰성 높은 감사절차를 수행하여야 한다.

(요구사항) 유의적 위험에 대한 위 설명 내용 중에서 잘못된 내용 유무를 O/X로 표시하고, X인 경우에는 잘못된 내용을 각각 2줄 이내로 설명하시오.

정답 및 해설

ⓐ O ⓑ O ⓒ O ⓓ X(반드시 TOD 포함) ⓔ X(부정 RoMM → 반드시 SR로 취급) ⓕ O
ⓐ, ⓒ 315.A141 유의적 위험은 종종 유의적 비일상적인 거래 또는 판단사항과 관련이 있다. 비일상적인 거래는 규모나 성격 면에서 비경상적인 거래로서 발생빈도가 적은 거래이다. 판단사항에는 그 측정에 유의적 불확실성이 존재하는

회계추정치를 도출하는 것이 포함될 것이다. 시스템적 처리과정을 거치는 일상적이고 복잡하지 않은 거래들은 유의적 위험을 발생시킬 가능성이 적다.

ⓑ 315.A143 회계추정치의 도출에 있어 요구되는 유의적 판단사항의 경우 다음과 같은 사항으로 인하여 중요왜곡표시 위험은 더욱 커질 수 있다.

- 회계추정 또는 수익인식에 대한 회계원칙이 상이하게 해석될 수 있음
- 예를 들어 공정가치에 관한 판단과 같이, 요구되는 판단이 주관적이거나 복잡하며 미래 사건의 영향에 관한 가정이 필요할 수 있음

ⓓ, ⓕ 330.21 감사인은 경영진주장 수준의 평가된 중요왜곡표시위험이 유의적이라고 결정하면, 해당 위험에 구체적으로 대응하는 실증절차를 수행하여야 한다. 유의적 위험에 대응하는 접근방법이 실증절차만으로 구성되어 있는 경우에는, 반드시 세부테스트(TOD)를 포함하여야 한다. 330.A53

구체적으로 대응하는 실증절차의 예를 들면, 감사인이 적합한 조회 대상자로부터 직접 수령한 외부조회 형태의 감사증거는, 부정이나 오류로 인한 중요한 왜곡표시의 유의적 위험에 대처하기 위해 감사인이 요구하는 신뢰성 높은 감사증거를 입수하는 데 도움을 줄 수 있다. 예를 들어, 경영진이 이익기대치를 달성해야 한다는 압력을 받고 있다는 사실을 발견한 경우, 수익인식이 허용될 조건을 갖추지 못한 판매계약과 관련하여 부당하게 수익을 인식하거나, 선적일 이전에 판매송장을 발급하여 매출을 과대계상할 위험이 있을 수 있다. 이러한 상황에서는, 감사인은 매출채권 잔액뿐 아니라, 판매일, 반품청구권, 인도조건 등 판매계약의 세부사항을 확인할 수 있도록 외부조회절차를 설계할 수 있을 것이다. 또한, 감사인은 판매계약과 인도조건의 변경에 관하여 재무담당자가 아닌 인원에게 질문함으로써 외부조회절차를 보완하는 것이 효과적일 것이다.

ⓔ 240.28 감사인은 평가된 부정으로 인한 중요왜곡표시위험을 유의적 위험으로 취급하여야 하며, 따라서, 아직 수행하지 않은 부분이 있다면 기업의 통제활동 등 그러한 위험에 관련된 통제를 이해하여야 한다.

Ch3.9	Risk 대응 수준	330.6	2021 문제2 물음6.5 배점 1

다음 내용에 대한 OX를 기재하고 틀린 이유를 설명하시오.

⑤ 감사인은 재무제표 수준의 평가된 중요왜곡표시위험을 기초로 하여 이에 대응하는 추가감사절차의 성격, 시기 및 범위를 설계하고 수행하여야 한다.

정답 및 해설

⑤ X, 경영자주장 수준(Assertion Level)의 평가된 RoMM을 기초로 FAP의 NTE 설계·수행

▶ 330.6

감사인은 경영진주장 수준의 평가된 중요왜곡표시위험을 기초로 하여 이에 대응하는 추가감사절차의 성격, 시기 및 범위를 설계하고 수행하여야 한다.

Ch3.10	RoMM대응: ST NET	240.A38 330.A15 330.A11	2016 문제5 물음2 배점 4

감사인은 중요한 왜곡표시위험이 높을수록 더욱 설득력 있는 감사증거를 입수하여야 한다. 실증절차에서 더욱 설득력 있는 감사증거를 입수하는 방법을 세 가지 영역으로 구분하여 실증절차의 성격, 범위, 시기에 따라 서술하시오.

정답 및 해설

경영진주장 수준 RoMM 대응 → ST NET 강화
ⓐ N성격: 보다 적격(목적적합·신뢰성)한 증거,
ⓑ T시기: 기말·예측 불가능 시점,
ⓒ E범위: 표본규모 확대·보다 상세한 SAP

▶ 경영진주장 수준의 부정으로 인한 중요왜곡표시위험의 평가내용에 대처하기 위한 감사인의 대응에는 감사절차의 성격, 시기 및 범위를 다음과 같이 변경하는 것이 포함될 수 있다.

- 수행할 감사절차의 성격은 보다 신뢰할 수 있거나 관련성이 있는 감사증거 또는 추가적인 확인적 정보를 입수하기 위하여 변경될 필요가 있을 수 있다. 이것은 수행할 감사절차의 유형과 이들의 조합에 영향을 미칠 것이다. 예를 들어 다음과 같다.
  - 특정 자산의 실물 관찰이나 검사가 더욱 중요하게 되거나, 유의적인 계정과목이나 전자형태의 거래파일에 포함된 데이터에 관하여 더 많은 증거를 입수하기 위하여 감사인은 컴퓨터를 이용한 감사기법을 이용할 수 있다.
  - 감사인은 추가적인 확인적 정보를 입수하기 위한 절차를 설계할 수 있다. 예를 들어 경영진이 이익기대치를 달성하기 위한 압력을 받고 있다는 것을 식별한 경우, 수익인식을 금지하는 조건이 포함된 판매약정을 체결하거나 목적물의 인도 전에 송장을 발행함으로써 경영진이 매출을 과대계상하고 있는 관련 위험이 있을 수 있다. 이러한 상황에서는 감사인은 예를 들어 현재 잔액에 대한 조회뿐만 아니라 일자, 반품권한, 인도조건 등 판매약정의 세부내역을 조회하기 위한 외부조회서를 설계할 수 있을 것이다. 더 나아가 감사인은 기업의 비재무 인원에게 판매약정이나 인도조건의 변경여부에 대하여 질문함으로써 그러한 외부조회를 보충하는 것이 효과적이라고 판단할 수 있을 것이다.
- 실증절차의 시기에 대한 수정이 필요할 수 있다. 감사인은 보고기간말 또는 보고기간말에 근접한 때에 실증절차를 수행하는 것이 부정으로 인한 중요왜곡표시위험의 평가내용에 더욱 잘 대처하는 것이라고 결론 내릴 수 있다. 의도적인 왜곡표시나 조작에 대한 평가된 위험을 고려할 때, 감사인은 기중의 감사결론을 보고기간말까지 확대하기 위한 감사절차는 효과적이지 않을 것이라고 결론을 내릴 수 있다. 이와는 대조적으로, 예를 들어 부적절한 수익인식을 수반하는 왜곡표시와 같은 의도적인 왜곡표시는 기중에 생성되었을 수 있기 때문에 감사인은 실증절차를 보고기간 초기에 발생된 거래에 대하여 적용할 것인지 또는 보고기간 전체에 걸친 거래에 대하여 적용할 것인지 선택할 수도 있다.
- 적용된 절차의 범위는 부정으로 인한 중요왜곡표시위험의 평가내용을 반영한다. 예를 들어 표본규모를 확대하거나 보다 세부적인 수준에서 분석적 절차를 수행하는 것이 적합할 수 있다. 또한 컴퓨터를 이용한 감사기법은 전자형태의 거래파일과 계정파일에 대하여 보다 확대된 테스트를 가능하게 할 것이다. 그러한 기법은 전자형태의 주요 파일에서 표본거래를 추출하거나 특정한 성격의 거래를 분류하거나, 표본 대신 모집단 전체를 테스트하기 위하여 이용될 수 있다.

Ch3.11	Risk 대응 종합	330.21 330.18 240.28	2020 문제6 물음1 배점 3

다음은 내부통제테스트 및 내부회계관리제도와 관련된 상황 및 물음이다.

[상황]

Y회계법인은 가전제품을 생산하는 K(주)의 20X1년 12월 31일로 종료하는 회계연도의 재무제표에 대한 회계감사를 신규로 수임하였다. Y회계법인은 감사 계획을 수립하고 있으며, 매출 계정을 담당한 김 회계사는 다음과 같은 사항을 파악하였다.

- K(주)는 연간 1조 원 규모의 매출이 발생하고 있으며, 이 중 7,500억 원은 천안에 있는 내수용 진공청소기 부문에서, 2,500억 원은 대구에 있는 수출용 냉장고 부문에서 발생하고 있다.
- 내수용 진공청소기는 거래처에 물품이 인도된 시점에 수익이 인식된다.
- 수출용 냉장고는 화물선을 통해 운송되며, 거래 상대방과의 무역조건에 따라 선적한 시점 또는 거래처 지정 항구에 도착한 시점에 수익이 인식된다.
- K(주)는 월말 시점에 매출액이 크게 증가하는 경향이 있었다. 김 회계사는 진공청소기 부문과 냉장고 부문의 매출 각각에 대하여 부정위험이 존재하는 것으로 가정하였다. 감사계획단계에서 설정한 중요성 금액은 50억 원이다.

김 회계사는 매출 부문별로 다음과 같은 내부통제 감사계획을 수립하였다. 각 항목번호(①~④)별로 감사계획이 적절한지 여부를 기재하고, 적절하지 않은 항목번호에 대해서는 그 이유를 2줄 이내로 서술하시오.

① 매출 비중이 큰 진공청소기 매출에 대해서는 경영진이 설계하여 실행 · 유지하고 있는 통제의 이해를 위한 업무를 수행하기로 하였다.

② 진공청소기 매출 관련 통제의 설계가 효과적이고, 이 통제에 의존하는 것이 효율적인 것으로 판단되면, 통제운영의 효과성 테스트를 추가로 수행하기로 하였다. 다만, 통제의 설계가 효과적이지 않다면 통제운영의 효과성 테스트는 생략하고 실증절차를 확대하여 수행하기로 하였다.

③ 진공청소기 매출 관련 통제운영의 효과성 테스트 결과 통제가 효과적일 경우, 실증절차는 생략하고 감사종결 단계에서 분석적 절차를 수행하기로 하였다. 통제의 운영이 효과적이지 않다면 실증절차를 확대하여 수행하기로 하였다.

④ 진공청소기에 비해 상대적으로 비중이 낮은 냉장고 매출에 대해서는 통제의 이해를 위한 업무수행은 생략하고, 실증절차를 확대하여 수행하기로 하였다.

정답 및 해설

① O ② O ③ X, TOC 효과적이라도 실증절차 생략 불가 ④ X, 부정위험 → 유의적 위험 → 내부통제이해 필수

- 330.21 감사인은 경영진주장 수준의 평가된 중요왜곡표시위험이 유의적이라고 결정하면, 해당 위험에 구체적으로 대응하는 실증절차를 수행하여야 한다. 유의적 위험에 대응하는 접근방법이 실증절차만으로 구성되어 있는 경우에는, 반드시 세부테스트를 포함하여야 한다.
- 330.18 감사인은 평가된 중요왜곡표시위험과 관계없이 중요한 각 거래유형과 계정잔액 및 공시에 대하여는 실증절차를 설계하고 수행하여야 한다.
- 240.28 감사인은 평가된 부정으로 인한 중요왜곡표시위험을 유의적 위험으로 취급하여야 하며, 따라서, 아직 수행하지 않은 부분이 있다면 기업의 통제활동 등 그러한 위험에 관련된 통제를 이해하여야 한다.

Ch3.12	Risk 대응 구체적 ST 사례	240.A39 240.보론2	2015 문제3 물음1 배점 3

A(주)는 코스닥시장상장법인으로 20X3년(1.1~12.31)까지는 X회계법인으로부터 감사를 받았으며, 20X4년 2월 4일의 계약으로 20X4년부터 3년간 Y회계법인이 감사하기로 하였다.

Y회계법인의 담당이사(파트너) 공인회계사는 중요한 왜곡표시위험의 평가내용에 대처하기 위하여 필요한 감사절차를 감사팀에게 지시하였다. 아래의 (1)~(3)에서 중요한 왜곡표시위험의 평가내용에 대처하기 위한 감사절차를 각 사례번호별로 서술하시오.

(1) A(주)는 서울에 본사를 두고 있으며, 5개 창고(수원, 대전, 광주, 대구, 부산)에 재고자산을 분산하여 보관하고 있다. 전기감사조서를 입수하여 확인한바, X회계법인은 3년 동안 계속하여 감사인력 부족으로 수원에 소재한 창고에 대해서만 재고실사를 입회하였다.

(2) A(주)는 재무제표 작성과정에서 보험수리적 계산을 위해 전문가를 활용하고 있다. 관련 재무제표 항목은 부정으로 인한 중요한 왜곡표시위험이 높고 전문가 업무가 특별히 중요하다고 판단된다.

(3) A(주)의 수익거래는 전자적 형태로 개시, 처리 및 기록되고 있다.

정답 및 해설

(1) 예고 없이 특정장소 실사입회 or 동일 일자에 모든 장소 실사

(2) 전문가의 가정이나 방법론, 또는 그 발견사항의 일부 또는 전부와 관련된 추가적인 절차를 수행하거나 이러한 목적으로 타 전문가와 계약함

(3) 거래들이 실제로 발생하였으며 적절하게 기록되고 있다는 확신을 제공하는지를 결정하기 위하여 통제에 대한 테스트(TOC)를 수행함

▶ 240.A39

감사인이 재고자산의 수량에 영향을 미치는 부정으로 인한 중요왜곡표시위험을 식별하였다면, 기업의 재고자산 기록에 대한 조사는 재고자산 실사 때나 실사 후에 특히 주의할 장소나 항목을 식별하는 데 도움이 될 수 있다. 그러한 검토는 예고 없이 특정 장소에서 재고자산 실사에 입회하거나 동일한 일자에 모든 장소에서 재고자산을 실사하는 결정으로 나타날 수 있다.

▶ 240.보론2 경영진주장 수준에서의 고려

부정 중요왜곡표시위험에 관한 감사인의 평가에 대한 구체적 대응 예시

- 기습적이거나 예고 없이 사업장을 방문하거나 특정 테스트를 수행함. 예를 들어 미리 감사인의 참석이 예고되지 않았던 사업장의 재고실사에 입회하거나, 갑자기 특정 일자에 현금실사를 수행함
- 실사완료일과 보고기간말 사이에 잔액의 조작위험을 최소화시키기 위하여 기업이 재고실사를 보고기간말 또는 이에 근접한 일자에 수행하도록 요청함
- 당기의 감사접근방법을 변경함. 예를 들어 조회서의 발송과 더불어 주요 거래처와 공급자와 구두로 접촉하거나, 조직 내의 특정 당사자에게 조회요청서를 발송하거나, 추가적이거나 다른 정보를 요청함
- 분기말 또는 보고기간말의 조정분개를 세부적으로 검토하여 그 성격이나 금액상 비경상적으로 보이는 항목을 조사함
- 특히 보고기간말 또는 보고기간말에 근접하여 발생한 유의적이고 비경상적인 거래들에 대하여 특수관계자와의 거래가능성이나 거래를 뒷받침할 수 있는 재무적 자원의 원천을 조사함
- 세분화된 데이터를 이용하여 실증적 분석절차를 수행함. 예를 들어 매출과 매출원가를 지역별, 사업단위별 또는 월별로 감사인이 예측한 수치와 비교함
- 위험 및 위험에 대처하기 위한 통제여부와 그 방법을 통찰하기 위해 부정으로 인한 중요왜곡표시위험이 식별된 영역과 관련된 인원을 면담함
- 독립된 타 감사인이 하나 이상의 종속기업, 사업부문 또는 지점의 재무제표를 감사하고 있는 경우, 이러한 부문 간의 거래나 활동으로부터 발생하는 부정으로 인한 중요왜곡표시위험의 평가내용에 대처하기 위하여 수행하여야 할 업무의 범위를 타 감사인과 토의함
- 부정으로 인한 중요왜곡표시위험의 평가내용이 높은 재무제표 항목과 관련하여 전문가의 업무가 특별히 중요하다면, 전문가의 발견사항이 합리적인지 여부를 결정하기 위하여 전문가의 가정이나 방법론, 또는 그 발견사항의 일부 또는 전부와

관련된 추가적인 절차를 수행하거나 이러한 목적으로 타 전문가와 계약함

- 예를 들어 반품충당부채와 같이, 회계추정치와 판단이 개입되는 특정의 이슈가 어떻게 해결되었는지 사후적으로 평가하기 위하여, 이전에 감사받은 재무제표에서 선정한 재무상태표 계정과목의 기초잔액을 분석하기 위한 감사절차를 수행함
- 보고기간에 수행한 차이조정에 대한 고려 등 계정이나 기업이 작성한 기타의 차이조정에 대하여 절차를 수행함
- 모집단의 예외사항 테스트를 위한 데이터 마이닝 등 컴퓨터를 이용한 기법을 수행함
- 정보시스템에서 생성된 기록과 거래의 무결성을 테스트함
- 감사대상기업의 외부원천으로부터 추가적인 감사증거를 구함

▶ 수익거래가 전자적으로 개시, 처리 및 기록되는 상황이라면, 거래들이 실제로 발생하였으며 적절하게 기록되고 있다는 확신을 제공하는지를 결정하기 위하여 통제에 대한 테스트(TOC)를 수행함

Ch3.13	효과적 ST 불가능(고도 IT환경)	315.30, 330.8 330.A24~25	2015 문제3 물음2 배점 3

A(주)는 코스닥시장상장법인으로 20X3년(1.1~12.31)까지는 X회계법인으로부터 감사를 받았으며, 20X4년 2월 4일의 계약으로 20X4년부터 3년간 Y회계법인이 감사하기로 하였다.

A(주)의 기업정보는 전자적 형태로 개시, 처리 및 기록된다. 따라서 감사인은 부적절한 거래 개시나 정보변조가 발생하더라도 세부테스트를 통해 발견하지 못할 가능성이 클 것으로 예상하고 있다. 이러한 위험에 대처하기 위한 감사인의 적절한 감사계획을 서술하시오.

정답 및 해설

회사가 IT 의존도가 높은 환경 & 거래 문서가 IT시스템 외에서는 생성되거나 유지되지 않을 때 → ST만으로는 충적감증 입수 불가능(효과적 ST x) → 내부통제에 의존하는 감사계획 & 반드시 TOC 수행.

▶ 실증절차만으로는 충분하고 적합한 감사증거를 제공하지 못하는 위험

315.30

일부 위험의 경우, 감사인은 실증절차만으로는 충분하고 적합한 감사증거를 입수할 수 없거나 실행 가능하지 않다고 판단할 수 있을 것이다. 이러한 위험은 일상적인 유의적 거래유형이나 계정잔액의 부정확하거나 또는 불완전한 기록과 관련될 수 있는데, 이들은 그 특성상 종종 수작업이 거의 또는 전혀 개입되지 않는 고도로 자동화된 방식으로 처리가 이루어진다. 이 경우 이러한 위험에 대한 기업의 통제는 감사와 관련성이 있으며, 따라서 감사인은 이러한 통제를 이해하여야 한다.

315.A150

이러한 일상적인 사업거래가 수작업 개입이 거의 또는 전혀 없는 고도의 자동화된 처리과정을 거친다면, 그러한 위험과 관련하여 실증절차만을 수행하는 것은 가능하지 않을 수 있다. 예를 들어, 감사인은 기업의 통합시스템과 같이 상당량의 기업정보가 전자적 형태로만 개시, 기록, 처리 또는 보고되는 상황이 이러한 때에 해당된다고 고려할 수 있을 것이다.

330.8

감사인은 다음 중 하나에 해당한다면 관련 통제의 운영효과성에 대한 충분하고 적합한 감사증거를 입수할 수 있도록 통제테스트(TOC)를 설계하고 수행하여야 한다.

(a) 감사인이 경영진주장 수준의 중요왜곡표시위험을 평가할 때 통제가 효과적으로 운영되고 있다는 기대를 한 경우 (즉, 감사인이 실증절차의 성격, 시기 및 범위를 결정할 때 통제의 운영효과성에 의존하려고 하는 경우)

(b) 실증절차만으로는 경영진주장 수준의 충분하고 적합한 감사증거를 제공할 수 없는 경우

330.A24

어떤 경우 감사인은 경영진주장 수준의 충분하고 적합한 감사증거를 제공하는 효과적인 실증절차의 설계가 불가능한 것을 알게 될 수 있다. 기업이 정보기술을 이용하여 사업을 수행하고, 거래에 관한 문서가 정보기술시스템 외에서는 생성되거나 유지되지 않을 때 발생될 수 있을 것이다. 이와 같은 경우에는 문단 8(b)에서 감사인이 관련된 통제를 테스트할 것을 요구한다.

330A25
특히 실증절차만으로는 충분하고 적합한 감사증거를 입수하는 것이 불가능하거나 실행 가능하지 않아 주로 통제테스트로 구성된 접근방법을 채택할 때는, 통제의 운영효과성에 관하여 높은 수준의 확신이 요구될 것이다.

Ch3.14	지배기구, 경영진, 이사회	200.13	2015 문제1 물음3 배점 3

회계감사기준은 외부감사인으로 하여금 경영진(Management) 및 지배기구(Those Charged With Governance)와 커뮤니케이션할 것을 강조하고 있다. 또한 기업의 상층부에는 이사회가 있으며, 감사위원회도 존재한다. 1) 외부감사인이 본연의 기능을 다하는 데 있어 지배기구와 경영진 간의 바람직한 관계(또는 특히 요구되는 관계)는 무엇인지, 2) 지배기구와 이사회는 어떤 관계가 있는지 서술하시오.

정답 및 해설

(1) 지배기구는 기업의 전략방향을 감독할 책임과 기업의 수탁책임을 감시할 의무가 존재함 → 경영진과 상호 독립적인 관계여야
(2) 지배기구는 회계감사기준상 개념이고, 이사회는 상법상 개념임. 지배기구가 보다 포괄적인 개념으로 이사회와 감사(위원회)까지 포함한다.

200.13
(o) 지배기구 – 기업의 전략방향을 감독할 책임과 기업의 수탁책임을 감시할 의무가 있는 사람이나 조직(예를 들어, 기업의 이사회). 이러한 책임에는 재무보고절차에 대한 감시가 포함된다. 국가에 따라서는 일반기업 또는 공공부문의 이사회 집행임원이나 소유경영자와 같이 경영진의 구성원이 지배기구에 포함될 수 있다.

Ch3.15	지배 커뮤 효익	260.4	2023 문제2 물음6 배점 2

회계감사기준은 감사인이 경영진 및 지배기구와 커뮤니케이션할 것을 강조하고 있다. 감사인과 지배기구 간 효과적인 양방향 커뮤니케이션으로 인해 얻을 수 있는 효익을 두 가지 서술하시오(단, 아래 〈예시〉는 제외할 것).

〈예시〉
감사인이 지배기구로부터 감사와 관련된 정보를 입수함. 예를 들어, 지배기구는 감사인이 기업과 그 환경을 이해하고, 감사증거의 적절한 원천을 식별하며, 구체적인 거래나 사건에 관한 정보를 제공할 때 감사인을 도울 수 있다.

정답 및 해설

ⓐ 감사인: 감사정보 입수
ⓑ 지배기구: FR감시책임 완수 RoMM 감소시킴
ⓒ 건설적 관계 수립 →감사인 독립성과 객관성 유지 & 발전

▶ 260.4

이 감사기준서는 주로 감사인이 지배기구와 커뮤니케이션하는 것에 중점을 두고 있다. 그럼에도 불구하고, 효과적인 양방향 커뮤니케이션은 다음 사항에 대한 도움을 준다는 점에서 중요하다.

(a) 감사인과 지배기구가 감사에 관련된 사항을 이해하고 건설적인 업무관계를 수립함. 이러한 관계는 감사인의 독립성과 객관성을 유지하면서 발전된다.

(b) 감사인이 지배기구로부터 감사와 관련된 정보를 입수함. 예를 들어, 지배기구는 감사인이 기업과 그 환경을 이해하고, 감사증거의 적절한 원천을 식별하며, 구체적인 거래나 사건에 관한 정보를 제공할 때 감사인을 도울 수 있다.

(c) 지배기구가 재무보고절차를 감시하는 책임을 완수함으로써 재무제표의 중요왜곡표시위험을 감소시킴

Ch3.16	지배기구 커뮤니케이션 효익	260.4	2016 문제6 물음3 배점 4

그룹감사인이 부문감사와 관련하여 그룹의 지배기구와 커뮤니케이션해야 하는 이유를 그룹감사인의 감사효익 관점에서 설명하시오.

정답 및 해설

260.4 지배기구와 커뮤니케이션 효익

이 감사기준서는 주로 감사인이 지배기구와 커뮤니케이션하는 것에 중점을 두고 있다. 그럼에도 불구하고, 효과적인 양방향 커뮤니케이션은 다음 사항에 대한 도움을 준다는 점에서 중요하다.

(a) 감사인과 지배기구가 감사에 관련된 사항을 이해하고 건설적인 업무관계를 수립함. 이러한 관계는 감사인의 독립성과 객관성을 유지하면서 발전된다.

(b) 감사인이 지배기구로부터 감사와 관련된 정보를 입수함. 예를 들어, 지배기구는 감사인이 기업과 그 환경을 이해하고, 감사증거의 적절한 원천을 식별하며, 구체적인 거래나 사건에 관한 정보를 제공할 때 감사인을 도울 수 있다.

(c) 지배기구가 재무보고절차를 감시하는 책임을 완수함으로써 재무제표의 중요왜곡표시위험을 감소시킴

Ch3.17	지배기구 커뮤니케이션 사항 & 효익	260.4 260.14~17	2019 문제6 물음1 배점 4

다음은 대한(주)의 독립된 감사인의 감사보고서 초안이다(단, 대한(주)는 자산총액 2조 원 이상 유가증권시장 상장기업임).

독립된 감사인의 감사보고서

대한 주식회사
주주 및 이사회 귀중

감사의견

우리는 대한 주식회사(이하 "회사")의 재무제표를 감사하였습니다. 해당 재무제표는 2018년 12월 31일 현재의 재무상태표, 동일로 종료되는 보고기간의 손익계산서(또는 포괄손익계산서), 자본변동표, 현금흐름표 그리고 유의적인 회계정책의 요약을 포함한 재무제표의 주석으로 구성되어 있습니다.

우리의 의견으로는 별첨된 회사의 재무제표는 회사의 2018년 12월 31일 현재의 재무상태와 동일로 종료되는 보고기간의 재무성과 및 현금흐름을 한국채택국제회계기준에 따라, 중요성의 관점에서 공정하게 표시하고 있습니다.

감사의견근거

우리는 대한민국의 회계감사기준에 따라 감사를 수행하였습니다. 이 기준에 따른 우리의 책임은 이 감사보고서의 재무제표감사에 대한 감사인의 책임 단락에 기술되어 있습니다. 우리는 재무제표감사와 관련된 대한민국의 윤리적 요구사항에 따라 회사로부터 독립적이며 그러한 요구사항에 따른 기타의 윤리적 책임들을 이행하였습니다. 우리가 입수한 감사증거가 감사의견을 위한 근거로서 충분하고 적합하다고 우리는 믿습니다.

핵심감사사항

핵심감사사항은 우리의 전문가적 판단에 따라 당기 재무제표감사에서 가장 유의적인 사항들입니다. 해당 사항들은 재무제표 전체에 대한 감사의 관점에서 우리의 의견 형성 시 다루어졌으며, 우리는 이런 사항에 대하여 별도의 의견을 제공하지는 않습니다.
우리는 아래에 기술된 사항을 이 감사보고서에서 커뮤니케이션할 핵심감사사항으로 결정하였습니다.

[핵심감사사항 각각에 대한 기술]

재무제표에 대한 경영진과 지배기구의 책임

경영진은 한국채택국제회계기준에 따라 이 재무제표를 작성하고 공정하게 표시할 책임이 있으며, 부정이나 오류로 인한 중요한 왜곡표시가 없는 재무제표를 작성하는 데 필요하다고 결정한 내부통제에 대해서도 책임이 있습니다.
경영진은 재무제표를 작성할 때, 회사의 계속기업으로서의 존속능력을 평가하고 해당되는 경우 계속기업 관련 사항을 공시할 책임이 있습니다. 그리고 경영진이 기업을 청산하거나 영업을 중단할 의도가 없는 한, 회계의 계속기업전제의 사용에 대해서도 책임이 있습니다.
지배기구는 회사의 재무보고절차의 감시에 대한 책임이 있습니다.

재무제표에 대한 감사인의 책임

우리의 목적은 재무제표에 전체적으로 부정이나 오류로 인한 중요한 왜곡표시가 없는지에 대하여 합리적인 확신을 얻어 우리의 의견이 포함된 감사보고서를 발행하는 데 있습니다.
합리적인 확신은 높은 수준의 확신을 의미하나 감사기준에 따라 수행된 감사가 항상 중요한 왜곡표시를 발견한다는 것을 보장하지는 않습니다. 왜곡표시는 부정이나 오류로부터 발생할 수 있으며 왜곡표시가 재무제표를 근거로 하는 이용자의 경제적 의사결정에 개별적으로 또는 집합적으로 영향을 미칠 것이 합리적으로 예상되면 그 왜곡표시는 중요하다고 간주됩니다.

기타 법규의 요구사항에 대한 보고

[기타 법규의 요구사항에 대한 보고를 기술]
이 독립된 감사인의 감사보고서의 근거가 된 감사를 실시한 업무수행이사는 ○○○입니다.

가나다 회계법인 대표이사 △△△ (인)
서울특별시 ○○구 ○○로 1
2019년 2월 ××일

감사인은 재무제표 감사에서 지배기구와 양방향 커뮤니케이션을 수행하며, 특히 감사보고서의 핵심 감사사항과 같은 '감사에서의 유의적 발견사항'에 대해서 커뮤니케이션을 한다.

〈요구사항〉

감사인과 지배기구 간 효과적인 양방향 커뮤니케이션으로 인해 얻을 수 있는 [A] 효익 중 두 가지만 서술하고, '감사에서의 유의적 발견사항' 이외 [B] 추가로 커뮤니케이션할 사항 중 두 가지만 제시하시오.

정답 및 해설

260.4 지배기구와 커뮤니케이션 효익

이 감사기준서는 주로 감사인이 지배기구와 커뮤니케이션하는 것에 중점을 두고 있다. 그럼에도 불구하고, 효과적인 양방향 커뮤니케이션은 다음 사항에 대한 도움을 준다는 점에서 중요하다.

(a) 감사인과 지배기구가 감사에 관련된 사항을 이해하고 건설적인 업무관계를 수립함. 이러한 관계는 감사인의 독립성과 객관성을 유지하면서 발전된다.

(b) 감사인이 지배기구로부터 감사와 관련된 정보를 입수함. 예를 들어, 지배기구는 감사인이 기업과 그 환경을 이해하고, 감사증거의 적절한 원천을 식별하며, 구체적인 거래나 사건에 관한 정보를 제공할 때 감사인을 도울 수 있다.

(c) 지배기구가 재무보고절차를 감시하는 책임을 완수함으로써 재무제표의 중요왜곡표시위험을 감소시킴

260.14~17 커뮤니케이션할 사항

14. 재무제표감사와 관련된 감사인의 책임
15. 계획된 감사범위와 시기
16. 감사에서의 유의적 발견사항
17. 감사인의 독립성

Ch3.18	지배기구 커뮤니케이션 형태 & 시기	265.9 260.20	2018 문제7 물음3 배점 4

지배기구와의 커뮤니케이션은 감사인과 지배기구 모두가 감사에 대하여 이해하고 건설적인 업무관계를 수립하는 데 도움이 된다.

[상황]

- X회계법인은 상장기업인 A(주)의 재무제표를 감사하고 있다.
- X회계법인은 지배기구를 식별하기 위하여 A(주)의 경영진과 이사회의 구성원을 검토하였다. A(주)의 경영진은 대표이사 사장, 부사장, 전무이사, 상무이사로 구성되어 있다. A(주)의 이사회는 경영집행에 참여하는 대표이사 사장 및 부사장과 경영집행에 참여하지 않는 사외이사 및 비상근 감사로 구성되어 있다.
- X회계법인은 이사회 구성원 전원이 참석하는 이사회 개최 시기에 맞추어 커뮤니케이션하는 것이 비효율적이라고 판단하였다. 따라서 X회계법인은 경영진과 커뮤니케이션을 수행하고 있다.
- X회계법인은 지배기구와 커뮤니케이션을 위한 안건으로 감사계획, 감사인의 독립성, 미수정왜곡표시, 감사 중 식별한 유의적 내부통제 미비점, 경영진진술서, 후속사건, 강조사항 등 회계감사기준에서 요구하는 사항을 포함시켰다.
- X회계법인은 지배기구와의 커뮤니케이션을 연 1회 감사보고서 발행일 직전에 실시하고 있다. X회계법인은 지배기구와 대면하여 구두로 커뮤니케이션을 수행하며, 그 내용을 기록하여 감사문서로 보관하였다. X회계법인은 지배기구와 수행하는 양방향 커뮤니케이션을 통해 감사와 관련된 정보를 입수하고 있다.

[요구사항] X회계법인의 지배기구와의 커뮤니케이션 과정에서 보완해야 할 사항 세 가지를 지적하고 그 이유를 서술하시오.

정답 및 해설

ⓐ 이사회 개최 시기에 맞추어 커뮤니케이션하는 것이 비효율적이라 판단, 경영진과 커뮤니케이션을 수행 → 유의적 IC미비점은 지배기구에 적시에 서면으로 커뮤니케이션해야 함.
ⓑ 지배기구와의 커뮤니케이션을 연 1회 감사보고서 발행일 직전에 실시 → 적시에
ⓒ 지배기구와 대면하여 구두로 커뮤니케이션 → 감사인 독립성 & 유의적 내부통제 미비점은 적시에 서면으로

▶ 265.9
감사인은 감사 중에 식별된 유의적 내부통제 미비점들을 지배기구에 적시에 서면으로 커뮤니케이션하여야 한다.

▶ 260.20
감사인은 문단 17에서 요구한 감사인의 독립성 문제에 대하여 지배기구와 서면으로 커뮤니케이션하여야 한다.

Ch3.19	지배기구 하위그룹과 커뮤니케이션	260.A7	2019 문제3 물음3 배점 2

감사위원회는 외부감사인과 외부감사 상황에 대하여 수시로 논의하여 외부감사에 대한 이해를 높이고 재무제표에 대한 내부감사기능을 수행하여야 한다. 또한, 외부감사인에게 구체적인 거래나 사건에 대한 정보를 제공하여 외부감사인의 감사증거 수집에 도움을 주는 등 외부감사인과의 공조를 통해 감사역할을 수행하여야 한다. 이와 관련하여 회계감사기준에서 감사위원회가 수행하도록 권장하고 있는 사항을 서술하시오.

정답 및 해설

260.A7 지배기구 하위그룹(감사위원회)과 커뮤니케이션
감사위원회가 존재하는 경우 이들과의 커뮤니케이션은 지배기구와의 커뮤니케이션에 있어 중요한 요소가 된다. 이와 관련하여, 양호한 지배원칙은 다음과 같다.

- 감사위원회의 회의에 감사인이 정기적으로 참여하도록 초청함
- 감사위원회의 위원장 및 관련되는 경우 감사위원회의 구성원은 감사인과 주기적으로 연락함
- 감사위원회는 최소한 1년에 한 번씩 경영진을 참석시키지 않고 감사인과 만남

Ch3.20	감사(위원회) 독립성 & 전문성	외22조 외10조	2019 문제3 물음1 배점 1

최근 분식회계 · 부실감사를 보다 효과적으로 억제할 수 있도록 내부감사기구의 감시, 통제 강화 등 그 역할과 책임이 대폭 강화되고 있다. 그 중심에 서있는 감사(위원회)는 매우 중요한 역할을 수행하여야 한다.
외부감사인의 관점에서 감사대상회사의 감사위원회를 구성하고 있는 위원의 독립성 및 전문성이 중요한 이유를 서술하시오.

정답 및 해설

◈ 감사(위원회)의 독립성 & 전문성
ⓐ 독립성 ↑ → 지배기구의 감시 결과 이사의 부정 발견 시 감사인 통보의무 & 감사인으로부터 분식 통보받은 경우 외부전문가 선임 조사 & 조치결과를 감사인 및 증권선물위원회에 보고의무 수행 (독립성 ↓ → 보고확률 ↓)
ⓑ 전문성 ↑ → 지배기구의 감시기능, IC상 모니터링, 이사 부정보고 및 감사인 선임 등의 기능 수행을 위해서 전문성 필요.(전문성 ↓ → 적발확률 ↓)

▶ 외감법 제22조(부정행위 등의 보고)
① 감사인은 직무를 수행할 때 이사의 직무수행에 관하여 부정행위 또는 법령이나 정관에 위반되는 중대한 사실을 발견하면 감사(위원회)에 통보하고 주주총회(또는 사원총회)에 보고하여야 한다.
② 감사인은 회사가 회계처리 등에 관하여 회계처리기준을 위반한 사실을 발견하면 감사(위원회)에 통보하여야 한다.
③ 제2항에 따라 회사의 회계처리기준 위반사실을 통보받은 감사(위원회)는 회사의 비용으로 외부전문가를 선임하여 위반사실 등을 조사하도록 하고 그 결과에 따라 회사의 대표자에게 시정 등을 요구하여야 한다.
④ 감사(위원회)는 제3항에 따른 조사결과 및 회사의 시정조치 결과 등을 즉시 증권선물위원회와 감사인에게 제출하여야 한다.
⑤ 감사(위원회)는 제3항 및 제4항의 직무를 수행할 때 회사의 대표자에 대해 필요한 자료나 정보 및 비용의 제공을 요청할 수 있다. 이 경우 회사의 대표자는 특별한 사유가 없으면 이에 따라야 한다.
⑥ 감사(위원회)는 이사의 직무수행에 관하여 부정행위 또는 법령이나 정관에 위반되는 중대한 사실을 발견하면 감사인에게 통보하여야 한다.
⑦ 감사인은 제1항 또는 제6항에 따른 이사의 직무수행에 관하여 부정행위 또는 법령에 위반되는 중대한 사실을 발견하거나 감사(위원회)로부터 이러한 사실을 통보받은 경우에는 증권선물위원회에 보고하여야 한다.

▶ 외감법 제10조(감사인의 선임)
① 회사는 매 사업연도 개시일부터 45일 이내(다만, 「상법」 제542조의11 또는 「금융회사의 지배구조에 관한 법률」 제16조에 따라 감사위원회를 설치하여야 하는 회사의 경우에는 매 사업연도 개시일 이전)에 해당 사업연도의 감사인을 선임하여야 한다. 다만, 회사가 감사인을 선임한 후 제4조 제1항 제3호에 따른 기준을 충족하지 못하여 외부감사의 대상에서 제외되는 경우에는 해당 사업연도 개시일부터 4개월 이내에 감사계약을 해지할 수 있다.
② 제1항 본문에도 불구하고 직전 사업연도에 회계감사를 받지 아니한 회사는 해당 사업연도 개시일부터 4개월 이내에 감사인을 선임하여야 한다.
③ 주권상장법인, 대형비상장주식회사 또는 금융회사는 연속하는 3개 사업연도의 감사인을 동일한 감사인으로 선임하여야 한다. 다만, 주권상장법인, 대형비상장주식회사 또는 금융회사가 제7항 각 호의 사유로 감사인을 선임하는 경우에는 해당 사업연도의 다음 사업연도부터 연속하는 3개 사업연도의 감사인을 동일한 감사인으로 선임하여야 한다.
④ 회사는 다음 각 호의 구분에 따라 선정한 회계법인 또는 감사반을 해당 회사의 감사인으로 선임하여야 한다.
  1. 주권상장법인, 대형비상장주식회사 또는 금융회사
    가. 감사위원회가 설치된 경우: 감사위원회가 선정한 회계법인 또는 감사반
    나. 감사위원회가 설치되지 아니한 경우: 감사인을 선임하기 위하여 대통령령으로 정하는 바에 따라 구성한 감사인선임위원회(이하 "감사인선임위원회"라 한다)의 승인을 받아 감사가 선정한 회계법인 또는 감사반
  2. 그 밖의 회사: 감사 또는 감사위원회가 선정한 회계법인 또는 감사반. 다만, 다음 각 목의 어느 하나에 해당하는 경우에는 해당 목에서 정한 바에 따라 선정한다.

가. 직전 사업연도의 감사인을 다시 감사인으로 선임하는 경우: 그 감사인
나. 감사가 없는 대통령령으로 정하는 일정규모 이상의 유한회사인 경우: 사원총회의 승인을 받은 회계법인 또는 감사반
다. 나목 외의 감사가 없는 유한회사인 경우: 회사가 선정한 회계법인 또는 감사반

⑤ 감사 또는 감사위원회(제4항 제2호 단서에 따라 감사인을 선임한 회사는 회사를 대표하는 이사를 말한다. 이하 이 조에서 같다)는 감사인의 감사보수와 감사시간, 감사에 필요한 인력에 관한 사항을 문서로 정하여야 한다. 이 경우 감사위원회가 설치되지 아니한 주권상장법인, 대형비상장주식회사 또는 금융회사의 감사는 감사인선임위원회의 승인을 받아야 한다.

⑥ 감사 또는 감사위원회는 제23조 제1항에 따라 감사보고서를 제출받은 경우 제5항에서 정한 사항이 준수되었는지를 확인하여야 한다. 이 경우 감사위원회가 설치되지 아니한 주권상장법인, 대형비상장주식회사 또는 금융회사의 감사는 제5항에서 정한 사항이 준수되었는지를 확인한 문서를 감사인선임위원회에 제출하여야 한다.

⑦ 회사가 다음 각 호의 구분에 따라 감사인을 선임하는 경우에는 해당 호에서 정한 규정을 적용하지 아니한다.

1. 제11조 제1항 및 제2항에 따라 증권선물위원회가 지정하는 자를 감사인으로 선임하거나 변경선임하는 경우: 제1항 본문, 제2항, 제3항 본문 및 제4항
2. 제15조 제1항 또는 제2항에 따라 감사계약이 해지된 경우: 제1항 본문, 제2항 및 제3항 본문
3. 선임된 감사인이 사업연도 중에 해산 등 대통령령으로 정하는 사유로 감사를 수행하는 것이 불가능한 경우: 제1항 본문, 제2항 및 제3항 본문

⑧ 회사가 제7항 각 호에 따른 사유로 감사인을 선임하는 경우에는 그 사유 발생일부터 2개월 이내에 감사인을 선임하여야 한다.

⑨ 제1항부터 제8항까지에서 규정한 사항 외에 감사인 선임 절차 및 방법, 감사인선임위원회의 운영 등에 필요한 사항은 대통령령으로 정한다.

Ch3.21	감사(위원회) 책임	외22조	2019 문제3 물음4 배점 2

외부감사법상 감사위원회가 이사의 직무수행에 관하여 부정행위 또는 정관에 위반되는 중대한 사실을 발견한 경우 취해야 할 후속 조치사항에 대해서 서술하시오.

정답 및 해설

외22조 ⑥ 감사(위원회)는 이사의 직무수행에 관하여 부정행위 또는 법령이나 정관에 위반되는 중대한 사실을 발견하면 감사인에게 통보하여야 한다.

03

통제테스트와 위험평가의 확정

3부에서는 부정 · 횡령 등 사고를 예방하기 위하여 회사 내부에 구축하고 있는 내부통제의 기본개념을 소개하고 내부통제의 이해와 통제테스트에 대한 내용을 학습한다. 그리고 거래유형별 통제와 문서화에 대하여 설명한다.

제 1 장

내부통제의 기본개념

1. 내부통제의 정의와 고유한계

내부통제는 회사 내부의 모든 시스템이라 할 수 있으며, 내부통제의 정의는[315-4(c)] 재무보고의 **신뢰성**, **경영의 효과성 및 효율성**, 그리고 **관련 법규의 준수**에 관련된 기업의 목적 달성에 관한 합리적 확신을 제공할 목적으로 지배기구, 경영진 및 기타의 인원에 의해 설계, 실행, 유지되고 있는 절차이다. "통제"라는 용어는 내부통제 구성요소 중 하나 이상의 어떤 측면을 말한다.

내부회계관리제도는 '기업의 재무제표가 해당 재무보고체계에 따라 신뢰성 있게 작성되었는지에 대한 합리적인 확신을 제공하기 위해 설계되어 지배기구·경영진·그 밖에 다른 직원에 의해 시행되는 과정'을 말한다.

내부회계관리제를 설계하고 운영하여야 하는 회사의 범위(외부감사법 8조)

① **주권상장법인**

② **전기말 현재 자산총액이 1,000억 원 이상인 비상장주식회사**

내부통제에는 고유한계가 존재하므로 내부통제가 아무리 효과적이라 하더라도 감사인은 평가된 중요왜곡표시위험과 관계없이 중요한 거래유형과 계정잔액 및 공시에 대하여 실증절차를 설계하고 수행하여야 하는 이유는(330-A42),

① 감사인의 위험평가에는 **판단이 수반**되므로 모든 중요왜곡표시위험이 식별되지 않을 수 있고,

② 경영진의 **통제무력화** 등 내부통제에 고유한계가 존재하기 때문이다.

2. 내부통제의 구성요소

내부통제는 5가지 구성요소로 이루어져 있고 재무제표 수준의 구성요소로서 ① **통제환경(E)** ② **기업의 위험평가절차(R)** ③ **정보시스템과 커뮤니케이션(I)** 경영진주장 수준으로서 ④ **통제활동(C)** 그리고 두 수준 모두에 해당하는 ⑤ **통제의 모니터링(M)** 이다.

1) 통제환경

통제환경(control environment)이란 기업지배 및 경영기능, 내부통제와 그 중요성에 관한 지배기구 및 경영진의 태도와 의식 및 행동을 포함하는 포괄적 개념이다.

통제환경의 7가지 구성요소는(315-A77),

① **성실성과 윤리적 가치에 대한 커뮤니케이션과 실천** - 이들은 통제의 설계, 관리, 모니터링의 효과성에 영향을 주는 본질적 요소들이다.

② **적격성의 구비** - 특정 직무를 위한 적격성 수준 및 그러한 적격성 수준이 필수적 지식과 기술로 구체화되는 방법에 대한 경영진의 고려사항

③ **지배기구의 참여** - 다음과 같은 지배기구의 속성

㉠ 경영진으로부터의 독립성

㉡ 경험과 성숙도

㉢ 지배기구의 참여 범위와 보고받는 정보의 범위, 그리고 제반 활동에 대한 조사

㉣ 어려운 문제를 제기하고 경영진과 이를 처리하는 정도 등 지배기구의 행위의 적절성 그리고 내부감사인 및 외부감사인과의 상호작용의 적절성

④ **경영진의 철학과 경영방식** - 경영진의 특성

㉠ 사업위험을 감수하고 관리하는 접근방법

㉡ 재무보고에 대한 태도와 행동

㉢ 정보처리기능, 회계기능 그리고 그 인원에 대한 태도

⑤ **조직구조** - 기업의 목적을 달성하기 위해 기업의 활동을 계획, 실행, 통제 및 검토하는 체계

⑥ **권한과 책임의 위임** - 경영활동을 위하여 권한과 책임을 위임하는 방법과 보고 관계와 승인체계를 설정하는 방법

⑦ **인적 자원에 대한 정책과 실무** - 예를 들어 채용, 적응교육, 훈련, 평가, 상담, 승진, 보상, 상벌관리 등과 관련된 정책과 실무

2) 기업의 위험평가절차

기업의 위험평가절차에 포함되어야 하는 사항(315-15)은,

① 재무보고 목적에 관련된 **사업위험의 식별**

② 해당 사업위험의 **유의성에 대한 추정**

③ 해당 사업위험의 **발생가능성에 대한 평가**

④ 해당 사업위험에 **대처하기 위한 행동의 결정**

기업이 위험평가절차를 갖추고 있지 않거나 임시방편의 절차만을 갖추고 있는 경우 수행절차(315-17)는,

① 재무보고 목적에 관련된 사업위험이 식별되었는지,

② 이러한 위험에 대하여 어떻게 대처하였는지 경영진과 토의하여야 한다.

기업이 근원적인 위험(기본적 위험)이 존재하는 경우 수행절차(315-16)는,

① 기업의 위험평가절차가 근원적 위험을 식별하지 못한 이유를 이해하고 **해당 절차가 기업의 상황에 적합한지 여부를 평가**하여야 한다.

② 기업의 위험평가절차와 관련하여 **유의적 내부통제 미비점이 존재하는지 여부를 결정**하여야 한다.

3) 정보시스템과 커뮤니케이션

재무보고에 관련된 정보시스템에 대하여 이해하여야 할 사항(315-18)은,

① 기업의 경영활동에서 재무제표에 **유의적인 거래유형**

② 정보기술 및 수작업시스템 내에서 **거래가 개시, 기록, 처리되고, 필요한 수정이 이루어져 총계정원장으로 전기되고 재무제표에 보고되는 절차**

③ **거래의 개시, 기록, 처리, 보고에 이용되는 관련 회계기록과 증빙 그리고 재무제표 내의 특정 계정**. 이에는 부정확한 정보의 수정과 정보가 총계정원장으로 전기되는 방법이 포함된다. 기록은 수작업 형태일 수도 있고 전자적 형태일 수도 있다.

④ 정보시스템이 제반 거래 외에도 **재무제표에 유의적인 사건과 상황을 포착하는 방법**

⑤ **유의적 회계추정과 공시** 등 기업의 재무제표 작성에 이용되는 재무보고절차

⑥ 비반복적이고 비경상적인 거래 또는 조정사항을 기록할 때 이용되는 비표준적인 분개 등 분개를 둘러싼 통제

재무보고에 대한 정보 시스템의 이해에는 재무제표에 공시되는 총계정원장과 보조원장 내에서 또는 **외부에서 입수한 정보에 대한 정보시스템의 관련 측면을 포함**한다.

감사인은 다음의 유의적 사항을 어떻게 커뮤니케이션하는지 이해하여야 한다(315-19).

① 경영진과 지배기구 간의 커뮤니케이션

② 규제기관과 같은 외부와의 커뮤니케이션

4) 통제활동

통제활동은 경영진주장수준 또는 업무프로세스수준(Process Level) 통제 절차로서 구성요소와 사례는 다음과 같다.

구성요소	사례
업무분장	• 자산의 보관(Custody), 회계기록(Recording), 승인(Authorization)의 분리 • 1인에 의한 부정을 예정/적발해야. (예: 1.공모 2.경영진통제무력화) ① 외상매출금의 대손승인과 관련하여 만약 현금의 입출금을 담당하는 종업원이 기록 및 대손승인에 대한 권한까지 동시에 수행할 수 있는 경우 실제 입금이 된 거래처에 대하여 현금을 유용하고 대손처리를 함으로써 부정을 저지를 수 있다. 따라서 반드시 현금 입·출금 및 기록을 담당하는 부서와 대손에 대한 승인부서를 분리하여 이러한 부정을 방지하여야 한다. ② 자금을 집행하는 부서의 자금집행에 대한 승인부서, 그리고 이를 기록하는 부서는 분리되어야 한다. 만약 자금에 대한 결제승인을 실제 자금을 집행하는 부서에서 동시에 수행하는 경우 언제든지 회사에 대한 자금을 개인적인 자금으로 유용할 수 있는 개연성이 존재할 수 있다.

구성요소	사례
승인	• 일반승인: 일상적인 업무의 집행과 관련된 집행기준하에 별도 승인 없이 집행 • 특별승인: 거래건마다 별도승인받아 집행 ① 매출거래가 발생하는 경우 반드시 거래처에 대한 신용조사가 이루어진 다음 매출금액에 대한 회수가능성을 평가한 뒤 신용승인절차를 거쳐 매출이 이루어진다. 만약, 이러한 내부통제제도를 가진 회사에서 만들어진 재무제표에 기록된 매출채권에 대해서 생각해 보자. 그러한 내부통제제도를 구비하고 있지 아니한 회사에 비해서 당해 회사의 매출채권에 대한 평가주장(대손충당금에 대한 적정성)에 대해 감사인은 훨씬 높은 신뢰성을 부여할 수 있다. ② 횡령의 가능성이 높은 재고자산을 보관하고 있는 창고부서의 경우 반드시 승인된 문서에 의해서만 재고자산이 반출되도록 내부통제제도를 갖춤으로써 부정의 가능성을 줄이고 재고자산에 대한 신뢰성을 부여할 수 있다. 또한 승인된 사람만이 재고자산의 보관장소에 접근 가능하게 함으로써 재고자산의 횡령 가능성을 줄일 수 있다. ③ 구매대금의 결제에 있어서 반드시 지급결의부서의 승인된 지급결의서에 의하여 자금부서에서 자금이 집행되도록 내부통제제도를 갖추게 되면 종업원들에 의한 개인적인 자금유용을 방지할 수 있고 그에 따른 현금 및 매입채무에 대한 신뢰성을 부여할 수 있다.
물리적 통제	• 자산과 기록의 접근에 대한 통제 • 컴퓨터프로그램과 데이터파일에 대한 접근승인 • 주기적인 실사와 기록과 대조(현금, 증권, 재고 실사와 기록과 대사) → Independent Check로 별도 구분하기도 함. ① 재고자산의 보관 시 적절한 경비시스템과 방화시설을 갖추는 것과 옥내창고와 특수자물쇠의 사용 및 중요 재고자산에 대한 보험가입 및 실물자산이나 기록에의 접근 시 적절한 승인절차를 취하도록 하는 등의 통제활동을 말한다. ② 현금입금과 관련하여 항상 자동이체시스템을 권장하며 만약 현금이나 수표 등으로 회수가 된 경우 반드시 동일날짜에 즉시 입금될 수 있는 시스템을 갖추어야 한다. ③ 어음·수표를 발행할 수 있는 회사의 인감도장은 반드시 승인권자의 책임 아래 안전하게 보관될 수 있도록 하여야 한다. ④ 매출과 관련하여 일정기간 동안 작성된 선적서류와 장부에 계상된 매출채권과의 기록을 독립된 제3자에 의하여 정기적 또는 부정기적으로 비교검증해 봄으로써 매출채권에 대한 실재성 및 완전성에 대한 신뢰성을 부여할 수 있다. ⑤ 월별로 매출채권잔액에 대하여 거래처별 잔액증명서를 발송하여 실제 장부에 기록된 금액과 거래처의 회신금액과 비교검증해 봄으로써 매출채권의 실재성에 대한 신뢰성을 부여할 수 있다. ⑥ 현금 입금된 기록과 은행에 입금된 잔액을 비교검증하는 은행계정조정표를 주기적으로 작성해 봄으로써 현금유용에 대한 가능성을 미연에 예방하고 현금과 관련된 기록 시 발생한 오류를 발견할 수 있다.

구성요소	사례
	⑦ 재고자산의 입 · 출고 시 계속기록법으로 재고자산의 수량을 관리하고 수시로 독립적인 제3자에 의하여 실제 창고에 존재하는 수량과 비교검증함으로써 재고자산에서 발생할 수 있는 부정이나 오류 등을 미연에 방지 또는 사후 적발할 수 있다.
정보처리	• IT 일반통제: 접근보안, 시스템 도입/개발, 변경, 운영 통제 (7부 참조) • 응용(App)통제: Data의 입력, 처리, 출력에 대한 통제 (정보 전달 및 처리) → 입력의 완전성 확인을 위한 일련번호(Pre-Number)는 별도 구분하기도 함. ① 매출과 관련하여 선적서류를 작성한 뒤 일정기간 동안 작성된 선적서류가 회계부서로 전달되어 매출기록이 이루어진다고 가정하자. 만약, 사전에 일련번호가 부여된 선적서류를 사용하지 않는다면 선적서류 중 일부가 누락된 경우 회계부서에서는 이러한 사실을 발견하지 못한 상태에서 매출에 대한 기록을 하게 된다. 이 경우 매출 및 매출채권에 대한 완전성 주장에 대해 감사인은 위험이 높은 것으로 평가하여야 한다. 하지만 사전에 일련번호가 부여된 선적서류를 작성한 경우 누락된 거래처에 대하여 문서화라는 내부통제활동이 재무제표에 발생할 수 있는 매출에 대한 과소계상이라는 왜곡표시를 적발할 수 있게 하는 것이다. 또한 매출발생 시 선적서류를 작성하여 선적부서에서는 적절하게 선적서류를 보관하고 이를 거래처로부터 물건 인도 후 수령하는 영수증과 비교할 수 있다면 차후 거래처와의 분쟁을 미연에 방지할 수 있는 효과가 존재할 수 있다. ② 매입과 관련하여 검수부서에서 검수보고서를 작성한 뒤 해당 문서를 즉시 회계부서로 전달하지 않는 경우 실제 매입거래가 발생하였지만 회계부서에서 기록이 계상되지 않음으로써 매입채무가 과소계상될 수 있는 개연성이 존재할 수 있다. 따라서 감사인은 이러한 경우 매입채무의 완전성주장에 대한 잠재적인 왜곡표시 가능성을 의심할 수 있다.
성과검토	• 실제성과의 예산(Budget), 미래 예측치(Forecast), 과거치(Prior period)와 비교분석 검토하는 것 • 적시적이고 적절한 분석적 검토 절차 → 주로 경영진 검토 통제(MRC) ① 매출에 대한 예산시스템을 운영하고 재무제표일 이후 실제 매출성과와의 비교를 통하여 그 차이가 급격하게 발생하는 이유 등에 대한 사후적인 분석을 수행한다. ② 대손충당금, 판매보증충당금 등 전기 대비 관련 매출 등의 자료를 분석 후 기대치와 실제 발생분과 대사를 수행하고, 원인을 분석한다. ③ 재고자산에 대한 표준원가시스템을 운영하고 재무제표일 이후 실제원가 계산으로 나온 금액을 표준원가 금액과 비교하고 그 차이분석을 수행해 본다.

5) 통제의 모니터링

통제의 모니터링이란 지속적으로 내부통제의 성과에 대한 효과성을 평가하는 절차를 말한다. 감사인은 기업이 재무보고 관련 내부통제(ICFR)를 모니터링하기 위해 사용하는 주요 활동과 관련 통제 미비점에 대한 어떠한 개선조치를 취하는지 이해하여야 한다. 통제 모니터링 관련하여 기업이 내부감사기능을 가지고 있다면 감사인은 다음의 사항을 이해하여야 한다(315-23).

① 내부감사기능에 대한 책임

② 조직상태

③ 수행됐거나 수행될 활동의 성격

제 2 장

내부통제의 이해와 통제테스트

내부통제와 관련된 감사절차는 다음의 2단계로 이루어진다.

구분	[1단계] 내부통제의 이해	[2단계] 통제테스트
감사절차의 구분	위험평가절차	추가감사절차
수행목적	중요왜곡표시위험의 식별과 평가	통제위험의 확정
평가방법	내부통제의 설계 이해	내부통제의 운영효과성 테스트

내부통제의 이해를 위한 문서화의 방법은 설명식 기술서법, 질문서법, 업무흐름도법이 있으며 각각의 장단점은 다음과 같다.

종류	장점	단점
설명식 기술서법	• 기업의 내부통제제도에 대한 자세한 분석이 가능하다. • 기업의 상황에 맞춰서 융통성 있게 작성할 수 있다.	• 내부통제제도의 취약점이 명확하게 지적되지 않는다. • 설명식 기술서법에 의하여 문서화하는 데 시간과 비용이 많이 소요된다. • 설명식 기술서를 작성한 본인 이외에는 내용을 이해하기 어렵고 표준화하기 어렵다.
질문서법	• 작성하기 쉽다. • 중요한 내부통제제도의 절차에 대하여 누락됨이 없이 이해할 수 있다.	• 모든 회사에 일관된 질문서를 적용하기 어렵다. • 질문서에 대한 답변자의 자의가 많이 개입될 수 있다.
업무 흐름도법	• 전산화된 내부통제제도를 이해하는 데 도움이 된다. • 일목요연하게 표현이 되어 이해가 용이하다.	• 질문서법에 비하여 시간과 비용이 많이 소요된다. • 작성이 어렵고 숙련된 회계사가 아니면 이해하기 어렵다.

통제테스트를 수행하는 상황(330-8)

① 감사인이 경영진주장 수준의 중요왜곡표시위험을 평가할 때 **통제가 효과적으로 운영되고 있다는 기대를 한 경우** (즉, 감사인이 실증절차의 성격, 시기 및 범위를 결정할 때 통제의 운영효과성에 의존하려고 하는 경우) (→ 선택사항)

② **실증절차만으로는 경영진주장 수준의 충분하고 적합한 감사증거를 제공할 수 없는 경우** (→ 필수사항: 고도의 IT 의존기업)

통제테스트에 사용되는 감사증거 입수방법은 **질문, 관찰, 검사, 재수행**이 있고 재수행이 증거력이 가장 높고 질문이 가장 낮다.

통제테스트를 설계하고 수행할 때 적용할 절차(330-10)

① 통제의 운영효과성에 대한 감사증거를 입수하기 위하여 다음과 같은 사항이 포함된 질문과 더불어 기타의 감사절차를 수행함

㉠ 감사대상 기간 중 관련 시기에 해당 통제가 적용된 방법(how)

㉡ 통제의 일관된 적용(when)

㉢ 통제 적용의 수행자 또는 수단(who)

② 테스트할 통제가 다른 통제(**간접통제)에 의존하고 있는지 여부**를 결정함. 만약 그렇다면 그러한 **간접통제가 효과적으로 운영되고 있음을 뒷받침하는 감사증거를 입수할 필요가 있는지 여부를 결정**하여야 함

실무적으로 감사인의 통제테스트는 중간기간에 실시되는 것이 일반적이다. 이 경우 **잔여기간에 대하여 수행할 절차**는 다음과 같다(330-12).

① 중간기간 이후 해당 통제에 **유의적 변화가 있었는지에 대하여 감사증거를 입수함**

② 잔여기간에 대하여 **입수할 추가적인 감사증거**를 결정함

잔여기간에 대하여 입수할 추가적인 감사증거를 결정할 때 고려하여야 할 사항 (330-A33)

① 경영진주장 수준의 평가된 **중요왜곡표시위험의 유의성**

② 중간기간에 테스트하였던 특정 통제, 그리고 정보시스템·절차·담당자의 변경 등 **테스트 이후 특정 통제의 유의적 변경**

③ 통제의 **운영효과성에 대한 감사증거의 입수 정도**

④ **잔여기간의 정도**

⑤ 감사인이 후속실증절차를 감소시키기 위해 **통제에 의존하려는 정도**

⑥ 통제환경

통제의 운영효과성을 테스트하는 것은 통제를 이해하고 통제의 설계와 실행을 평가하는 것과는 다르지만, 동일한 유형의 감사절차가 이용된다. 그러므로 **감사인은 통제의 설계에 대한 평가 및 통제의 실행여부에 대한 결정과 동시에 통제의 운영효과성을 테스트하는 것이 효율적**이라고 결정할 수 있을 것이다(330-A21).

뿐만 아니라, 감사인은 동일거래에 대하여 세부테스트와 동시에 통제테스트가 수행되도록 설계할 수 있다. 통제테스트의 목적은 세부테스트의 목적과 다르지만, **이중목적 테스트로 알려진 바와 같이, 동일 거래에 대하여 통제테스트와 세부테스트는 동시에 수행**될 수 있다. 예를 들어, 감사인은 청구서의 승인여부를 결정하기 위해 그리고 거래에 대한 감사증거를 입수하기 위해, 청구서의 조사를 위한 테스트를 설계하고 그 결과를 평가할 수 있을 것이다. 이중목적테스트는 각각의 테스트 목적을 개별적으로 고려하여 설계되고 평가된다(330-A23).

전기 이전의 통제테스트 감사증거를 활용(rotation)하는 것이 적절한지 여부와 통제테스트를 재수행하지 않아도 될 경과 기간을 결정할 때 고려하여야 하는 사항(330-13)

① 통제환경, 기업의 통제 모니터링 그리고 기업의 위험평가 절차 등 **내부통제의 다른 요소들의 효과성**

② 통제가 수작업에 의하고 있는지 또는 **자동화되어 있는지 여부** 등 통제의 특성에서 발생되는 위험

③ 정보기술 일반통제의 효과성

④ 통제의 적용과 관련하여 **이전의 감사에서 발견된 이탈의 성격과 범위,** 그리고 통제의 적용에 유의적인 영향을 미치는 **담당자의 변화가 있었는지** 등 통제와 통제를 적용할 때의 효과성

⑤ **특정 통제의 변화가 결여되어 주변 상황이 변화하면 위험이 초래될 가능성이 있는지 여부**

⑥ **중요왜곡표시위험과 통제에 대한 의존 정도**

만약 감사인이 과거의 감사에서 입수된 통제의 운영효과성에 관한 감사증거를 이용할 계획이라면, 감사인은 **과거의 감사에서 테스트한 통제에의 의존과 관련하여 그 도달된 결론을 감사**문서에 포함하여야 한다(330-29).

내부통제에 유의적인 변화의 발생여부에 따라 이전의 통제테스트의 감사증거 활용 시 유의사항(330-14)

① 만약 전기의 감사에서 얻은 감사증거의 **계속적 관련성에 영향을 미치는 변화가 생겼다면, 감사인은 당기감사에서 그 통제에 대한 테스트를 수행** 하여야 한다.

② 만약 전기의 감사에서 얻은 감사증거의 계속적 관련성에 영향을 미치는 변화가 없었다면, **감사인은 매 3회의 감사에 최소한 한 번은 통제에 대한 테스트를 수행**하여야 한다. 그리고 특정 보고기간의 감사에서 감사인이 의존하고자 하는 통제 모두에 대하여 테스트를 수행하고 후속되는 두 보고기간의 감사에서는 통제에 대한 테스트를 전혀 수행하지 않을 가능성을 피하기 위해, **매 보고기간의 감사마다 일부 통제에 대한 테스트는 반드시 수행**하여야 한다.

통제의 이탈을 발견한 경우 구체적인 질문 후 결정해야 할 사항(330-17)

① 통제테스트를 수행한 결과가 **해당 통제에 의존하는 것에 대한 적절한 근거를 제공하는지 여부**

② 통제에 대한 **추가적인 테스트가 필요한지 여부**

③ 왜곡표시에 대한 잠재적 위험에 대처하기 위하여 **실증절차를 적용할 필요가 있는지 여부**

감사인이 내부통제 테스트에서 발견한 미비점은 경영진 등에게 적절히 커뮤니케이션하여야 한다.

내부통제의 미비점과 유의적 미비점의 정의(265-6),

미비점	유의적 미비점
• 재무제표의 왜곡표시를 적시에 예방 또는 발견 및 수정하기 위해 **필요한 통제가 누락된 경우** • 어떠한 통제가 재무제표의 **왜곡표시를 적시에 예방 또는 발견 및 수정할 수 없게** 설계, 실행 또는 운영되는 경우	감사인의 전문가적 판단에 따라, **지배기구가 주의를 기울일 만큼 충분히 중요하다고 판단**되는 내부통제의 미비점 또는 미비점들의 결합

통제 미비점들의 결합이 유의적 미비점을 구성하는지 결정하기 위한 고려사항 (265-A6)

① 미비점들이 미래의 재무제표에 중요한 왜곡표시를 일으킬 가능성

② 관련 자산이나 부채의 손실이나 부정에 대한 민감성

③ 공정가치 회계추정치와 같이, 추정금액을 결정할 때의 주관성과 복잡성

④ 그러한 미비점들에 노출된 재무제표 금액

⑤ 미비점(들)에 노출된 계정잔액이나 거래유형에 발생하였거나 발생할 수 있는 활동의 양

⑥ 재무보고절차에서 통제의 중요성

⑦ 통제의 미비점에 따라 발견된 예외사항의 원인과 빈도

⑧ 내부통제의 특정 미비점과 다른 미비점들과의 상호작용

유의적 내부통제 미비점에 대한 징후의 예(265-A7)

① 통제환경에 있어 다음과 같이 비효과적인 측면의 증거

㉠ 경영진이 재무적 이해관계를 갖고 있는 유의적 거래에 대하여 지배기구가 적절하게 조사하고 있지 않다는 징후

㉡ 그 중요성과 관계없이, 기업의 내부통제가 예방하지 못했던 경영진부정을 식별함

㉢ 이전에 커뮤니케이션된 유의적 미비점들에 대하여 경영진이 적합한 시정조치를 이행하지 않음

② 일반적으로 수립이 기대되는 위험평가절차가 해당 기업에는 없음

③ 기업의 위험평가절차가 비효과적이라는 증거(예, 기업의 위험평가절차가 식별하였어야 할 중요왜곡표시위험을 경영진이 식별하지 못한 경우)

④ 식별된 유의적 위험에 대한 비효과적인 대응의 증거(즉, 그러한 위험에 대한 통제의 부재)

⑤ 기업의 내부통제에 의하여 예방 또는 발견 및 수정되지 않고, 감사인의 감사절차에 의하여 발견된 왜곡표시

⑥ 오류나 부정으로 인한 중요한 왜곡표시를 수정하기 위해 이전에 발행된 재무제표를 재작성함

⑦ 재무제표 작성을 감시할 경영진의 능력이 부재하다는 증거

미비점의 보고대상, 시기 및 형식

구분	미비점	유의적 미비점
보고대상	경영진	경영진과 지배기구
시기	적시에	적시에
형식	구두 또는 서면	반드시 서면

유의적 내부통제 미비점에 대한 서면커뮤니케이션에 포함되어야 하는 사항(265-11)

① 미비점들에 대한 내역과 그러한 미비점들의 **잠재적인 영향에 대한 설명**

② 지배기구와 경영진이 커뮤니케이션의 관점을 이해할 수 있도록 하는 충분한 정보. 특히, 감사인은 다음을 설명하여야 한다.

㉠ 감사의 목적은 **감사인이 재무제표에 대한 의견을 표명**하는 것임

㉡ 감사는 내부통제의 효과성에 대한 의견표명이 목적이 아닌, 해당 상황에 적합한 감사절차를 설계하기 위하여 **재무제표 작성과 관련된 내부통제에 대한 고려를 포함하고 있음**

㉢ 보고할 사항은 감사인이 감사 중에 식별한 미비점들로서 감사인이 지배기구에 보고할 만큼 **충분히 중요하다고 결정한 미비점들**로 제한됨

감사인은 미비점 시정조치 이행에 대한 비용부담과 관계없이 지배기구에 커뮤니케이션하여야 하고 전기 이전에 커뮤니케이션한 유의적 미비점이 시정되고 있지 않다고 하더라도 다시 커뮤니케이션하여야 한다.

감사인의 내부통제테스트를 수행하고 다음 사항을 문서화하여야 한다(330-28).

① 재무제표 수준의 평가된 중요왜곡표시위험에 대처하기 위한 **전반적인 대응, 수행된 추가감사절차의 성격과 시기 및 범위**

② 이러한 감사절차와 **경영진주장 수준의 평가된 위험과의 연결관계**

③ **감사절차의 결과**. 명확하지 않은 경우에는 그 결론을 포함한다.

제3장

거래유형별 통제

거래유형(Class of Transaction)별 통제는 주로 경영진주장 수준 또는 업무프로세스 수준의 통제절차(Process Level Control)와 동일하게 사용된다. 전사적 수준의 통제(Entity Level Control)는 주로 재무제표 전반 수준의 내부통제 구성요소로 내부회계관리제도(6부)에 다시 다루기로 하고, 여기서는 감사에 관련성이 있는 통제활동을 이해하고 해당 통제의 설계를 평가할 때 작성하는 감사조서 실무사례를 살펴보기로 한다.

조서번호 3100 위험에 대한 대응에서 내부통제제도 이해 및 평가와 테스트를 수행할 것으로 계획하였던 절차는 다음과 같다. 감사인은 내부통제제도 이해 및 평가와 테스트를 통하여 확신을 얻고자 하는 경영진 주장에 관련된 통제절차의 이해 및 평가와 테스트를 수행한다.

2531 통제활동의 이해와 평가 및 내부통제 미비점 식별

관련위험	통제절차	통제활동 이해 및 평가 조서번호	통제테스트 조서번호	실증절차에 대한 영향
• 감사에 관련성이 있는 통제활동 관련 위험 ①유의적 위험 ②실증절차만으로는 충분하고 적합한 감사증거를 입수하는 것이 실무적으로 불가능한 위험 ③통제의존 시 관련 위험	• 왜곡표시위험을 감소시키는 회사의 통제절차	• 통제활동의 이해 및 평가에 대한 조서번호 • 2531A 추적조사 권장	• 통제테스트(TOC) 선택 시 조서번호(3150 통제테스트) → 관련 위험(①②③)은 충분하고 적합한 감사증거를 입수할 수 있도록 TOC 설계 및 수행	• 통제테스트 후 실증절차에 대한 영향을 기재 • 유의적 내부통제 미비점들을 지배기구 및 경영진에게 서면으로 커뮤니케이션
부정으로 인한 전체재무제표 왜곡표시위험	*관련된 회사 통제절차 요약*	*XXX-XXX*	*NA*	*TOC 미수행으로 실증절차 확대 실시*
매출액 (기간귀속)	*관련된 회사 통제절차 요약*	*XXX-XXX*	*NA*	*통제 양호하므로 세부테스트 시 샘플범위를 축소*

1. 매출 및 매출채권 관련 통제활동

회사가 수행하는 가장 중요하고 일반적인 거래인 '매출과 대금회수활동'과 관련하여 거래흐름과 통제를 살펴본다.

1) 관련계정과 거래흐름의 이해

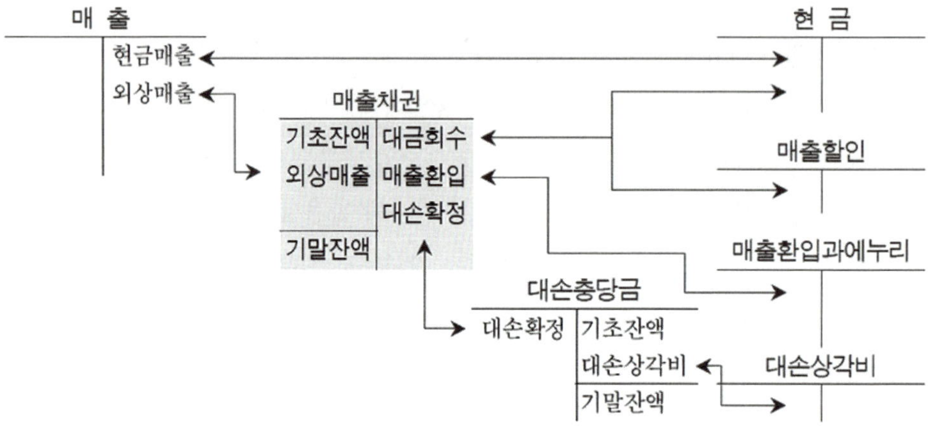

통제목적	통제절차
1. 발생한 매출거래는 모두 기록된다.(완전성)	• 출하서류(주문서, 거래명세서) 없이는 출고될 수 없다. • 거래명세서는 일련번호가 부여되어 출력된다. • 모든 주문서에 대한 거래명세서가 작성되었는지 확인한다. • 거래명세서를 배송담당이 수령한 인수증과 대사한다. • 월간거래명세서 합계를 월합계세금계산서와 대사한다.
2. 기록된 매출은 실존하는 거래처에 실제로 출하된 것이다.(실재성)	• 주문서에 근거하여 거래명세서를 작성한다. • 거래명세서에는 일련번호가 부여되어 출력한다. • 작성된 거래명세서를 주문서와 대사한다. • 세금계산서 작성 시 거래명세서(혹은 거래명세서 합계)와 대사한다. • 세금계산서 송부 시 거래내역을 고객에게 함께 보낸다.
3. 매출거래는 적절한 승인을 받는다.(승인)	• 신규거래처 또는 전산입력된 단가와 상이하게 매출하는 거래처 대해서는 출력 이전에 책임자의 승인을 득하여야 한다.
4. 매출은 적시에 기록된다.(적시성)	• 출하서류, 거래명세서 및 자료파일은 실제거래일(출하일)을 반영한다. • CUT-OFF자료(선출고 LIST, 미 NEGO LIST)가 작성되어 사용된다.

통제목적	통제절차
5. 기록된 매출거래는 적절히 평가된다.(평가)	• 거래명세서에 적용된 단가는 정확하다. • 거래명세서상의 계산(단가×수량)이 정확하다. • 거래명세서상의 합산 오류는 없다. • 매출에누리, 매출할인, 부가세 및 선수금 등의 인식에 오류가 없다.
6. 매출거래는 적정하게 분류된다.(분류)	• 거래명세서상 거래처명, 고객번호 및 출하제품 또는 제공용역의 내역에 오류가 없다. • 매출거래와 관련된 계정에의 코드 부여 시 오류가 없다. • 제품유형, 거래처(관계회사 등)에 따른 분류에 오류가 없다.
7. 매출거래는 정확하게 요약, 집계되며 정확하게 전기된다.(요약 및 전기)	• 매출장의 소계 및 합계가 정확하다. • 매출거래가 보조부 및 총계정원장에 전기된 때 오류가 없다. • 매출거래가 보조부 및 총계정원장에 이중으로 전기되지 않는다.

매출과 대금회수활동에서 사용하는 문서와 회계장부는 다음과 같다.

(1) 고객주문서

고객주문서(customer order)는 고객으로부터 물품 제공을 요청하는 서류이다.

(2) 판매지시서

판매지시서(sales order)는 기업이 주문한 상품의 내용, 수량 및 관계자료 등을 기록한 문서이다.

(3) 적송서류

적송서류(shipping document)는 적송시점에 발송부서가 작성하는 문서로서 품명, 선적수량과 기타 관련 자료가 표시된다[예: 선하증권(bill of lading), 출고지시서, 고객인수증].

(4) 매출송장

매출송장(sales invoice)은 매출상품의 종류와 수량, 가격 등 기타 관계자료를 기록한 서류로 회계(장부)기록을 공식적으로 지시하는 최초 서류이다.

(5) 매출분개장

분개장에는 일별 매출총계를 기록하며, 일별로 보관된 매출송장 총계는 매출분개장에 기록된 매출총계와 같아야 한다.

(6) 송금통지서

송금통지서는 매출송장과 함께 기업이 고객에게 송부하며 대금을 수령할 때 고객의 이름, 매출송장번호, 매출송장의 금액을 확인하기 위해 작성되는 서류이다.

(7) 현금수입분개장

대금회수, 현금매출과 기타 수입원으로부터 수취한 모든 현금을 기록하는 분개장으로, 현금수입장이라고도 한다.

(8) 매출채권보조원장

고객별로 외상매출, 어음매출, 현금수취, 매출환입과에누리를 기록하기 위한 보조원장으로 매출처원장이라고도 한다.

(9) 월별거래명세서

월별거래명세서는 고객별로 매출채권기초잔액, 당기 매출거래, 대금회수내역, 매출할인 및 에누리의 내역, 기말잔액 등을 기록한 문서이다.

(10) 기표

일련한 자료를 회계시스템으로 확정(전기)하는 기능으로, 기표는 입력자료를 근거로 회계전표를 만들어 내는 기능이다.

2) 매출활동의 업무흐름

기업은 일반적으로 업무흐름도와 이를 기술한 업무기술서, 관련 활동에서 발생할 수 있는 위험을 기술한 리스크기술서와 이러한 위험을 방지하기 위해 설정한 통제활동기술서를 구비한다.

(1) 업무기술서

매출활동은 일반적으로 거래처마스터파일관리, 주문처리 및 수주등록, 출고 및 운송, 매출기록 및 대금청구, 대금회수 및 채권관리 등 다섯 개의 하위 과정(sub process)으로 세분할 수 있다.

하위 과정	관련 활동
① 거래처마스터관리	신규(변경) 거래요청접수, 신용평가, 신규(변경)거래승인, 여신한도등록
② 주문처리 및 수주등록	주문서접수관리, 주문서승인, 수주등록, 기준가격승인, 가격할인조건승인, 가격등록
③ 출고 및 운송	납기관리, 출고물량확인, 출고차량확보, 출고 및 매출 등록, 출고, 운송, 운송비정산, 반품접수, 반품원인 파악
④ 매출기록 및 대금청구	거래처인도확인, 가격조정, 매출승인기표, 가격조정사항검토, 매출인식액 비교, 매출조정승인, 대금청구
⑤ 대금회수 및 채권관리	매출채권관리, 어음 및 전자결제카드 수령, 어음수탁, 수금등록, 대손충당금 설정, 대손처리

(2) 업무흐름도

업무흐름도는 하위과정별로 작성하며, 업무흐름도에 제시된 활동명 앞의 마름모(◆) 안에 기재된 번호는 각 활동과 관련하여 발생할 수 있는 위험 및 이에 대한 통제활동이다.

① 거래처마스터파일관리

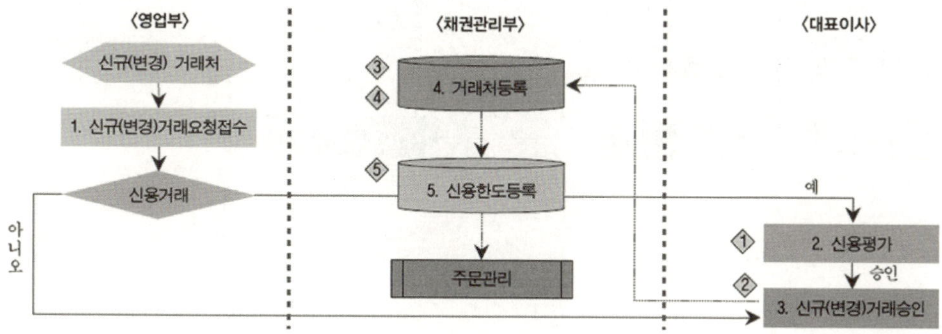

② 주문처리 및 수주등록

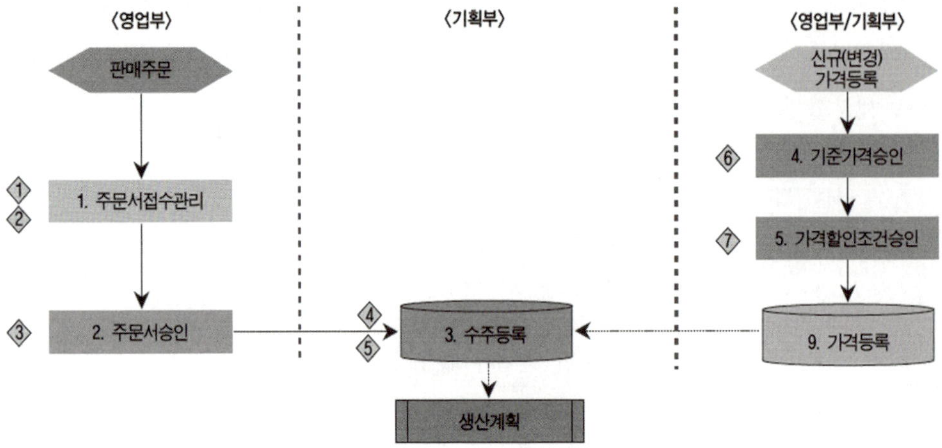

③ 출고 및 운송

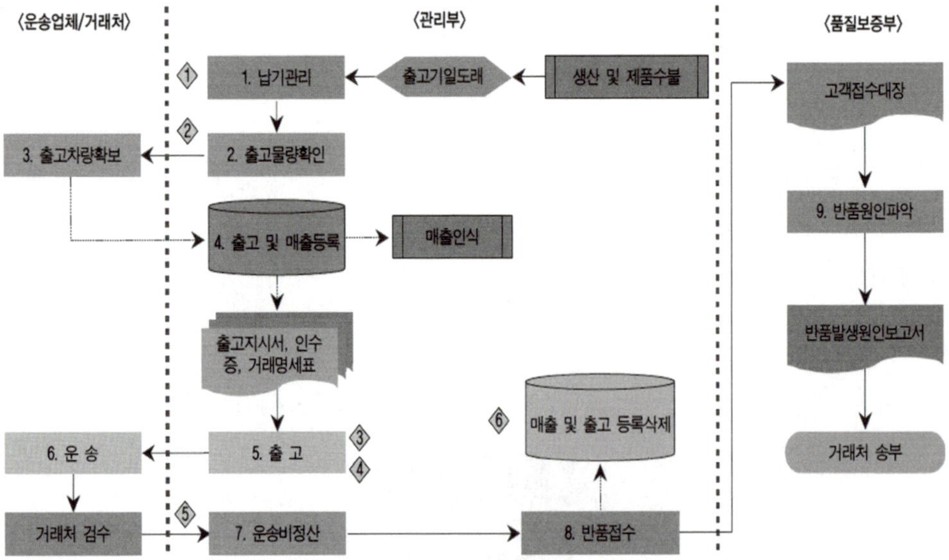

④ 매출기록 및 대금청구

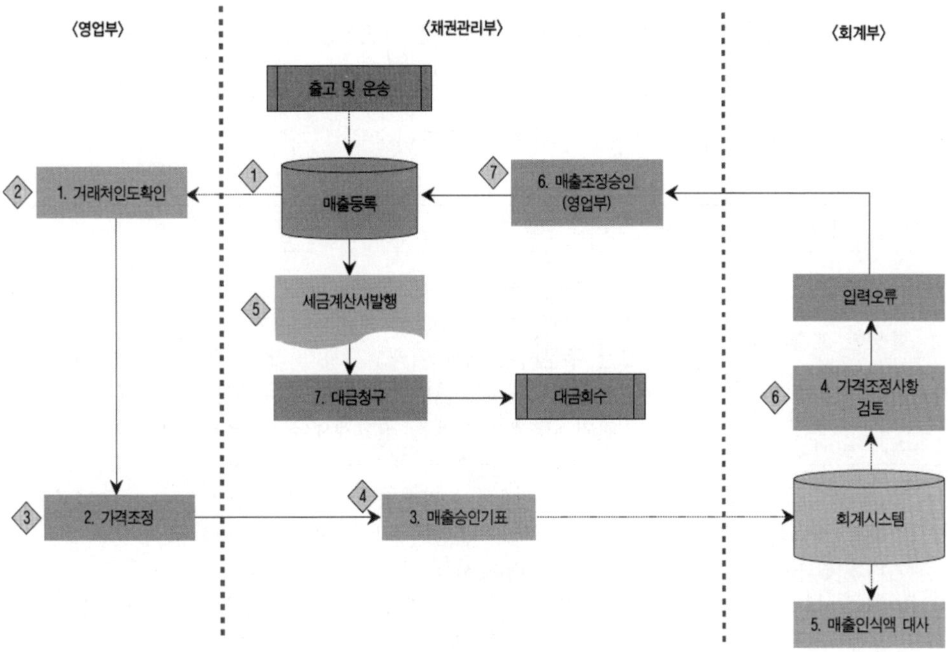

⑤ 대금회수 및 채권관리

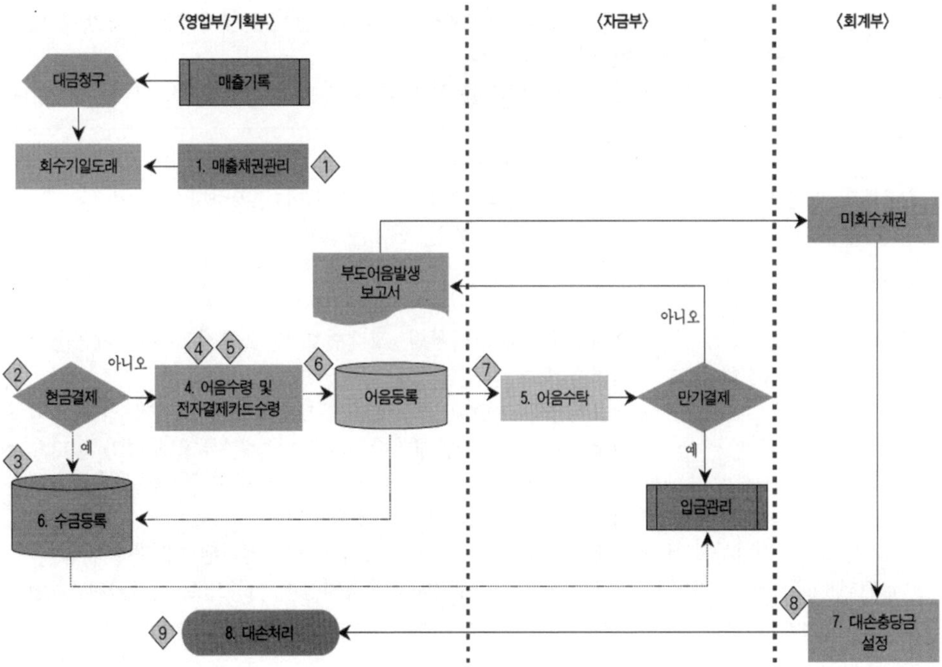

3) 매출거래 테스트절차

내부통제의 유효성을 검증하기 위해 매출 및 매출채권 관련 통제테스트를 실시한다. 감사인은 매출거래를 아래의 표와 같이 7개의 통제목적과 관련한 통제절차에 대하여 통제테스트와 세부테스트를 동시에 수행한다.

하위 과정	관련 활동
1. 발생한 매출거래는 모두 기록된다.(완전성)	• 출하서류(주문서, 거래명세서) 없이는 출고될 수 없다. • 거래명세서는 일련번호가 부여되어 출력된다. • 모든 주문서에 대한 거래명세서가 작성되었는지 확인한다. • 거래명세서를 배송담당이 수령한 인수증과 대사한다. • 월간거래명세서 합계를 월합계세금계산서와 대사한다.
2. 기록된 매출은 실존하는 거래처에 실제로 출하된 것이다.(실재성)	• 주문서에 근거하여 거래명세서를 작성한다. • 거래명세서에는 일련번호가 부여되어 출력한다. • 작성된 거래명세서를 주문서와 대사한다. • 세금계산서 작성 시 거래명세서(혹은 거래명세서 합계)와 대사한다. • 세금계산서 송부 시 거래내역을 고객에게 함께 보낸다.
3. 매출거래는 적절한 승인을 받는다.(승인)	• 신규거래처 또는 전산입력된 단가와 상이하게 매출하는 거래처 대해서는 출력 이전에 책임자의 승인을 득하여야 한다.
4. 매출은 적시에 기록된다.(적시성)	• 출하서류, 거래명세서 및 자료파일은 실제거래일(출하일)을 반영한다. • CUT-OFF자료(선출고 LIST, 미 NEGO LIST)가 작성되어 사용된다.
5. 기록된 매출거래는 적절히 평가된다.(평가)	• 거래명세서에 적용된 단가는 정확하다. • 거래명세서상의 계산(단가×수량)이 정확하다. • 거래명세서상의 합산 오류는 없다. • 매출에누리, 매출할인, 부가세 및 선수금 등의 인식에 오류가 없다.
6. 매출거래는 적정하게 분류된다.(분류)	• 거래명세서상 거래처명, 고객번호 및 출하제품 또는 제공용역의 내역에 오류가 없다. • 매출거래와 관련된 계정에의 코드 부여 시 오류가 없다. • 제품유형, 거래처(관계회사 등)에 따른 분류에 오류가 없다.
7. 매출거래는 정확하게 요약, 집계되며 정확하게 전기된다.(요약 및 전기)	• 매출장의 소계 및 합계가 정확하다. • 매출거래가 보조부 및 총계정원장에 전기된 때 오류가 없다. • 매출거래가 보조부 및 총계정원장에 이중으로 전기되지 않는다.

2. 매입 및 매입채무

구매와 대금지급활동은 외부로부터 재화 또는 용역을 구매하고 구입대금을 지급하는 활동이다. 이와 관련하여 발생하는 계정과목인 매입과 매입채무의 거래흐름과 통제절차를 살펴본다.

1) 관련계정과 거래흐름의 이해

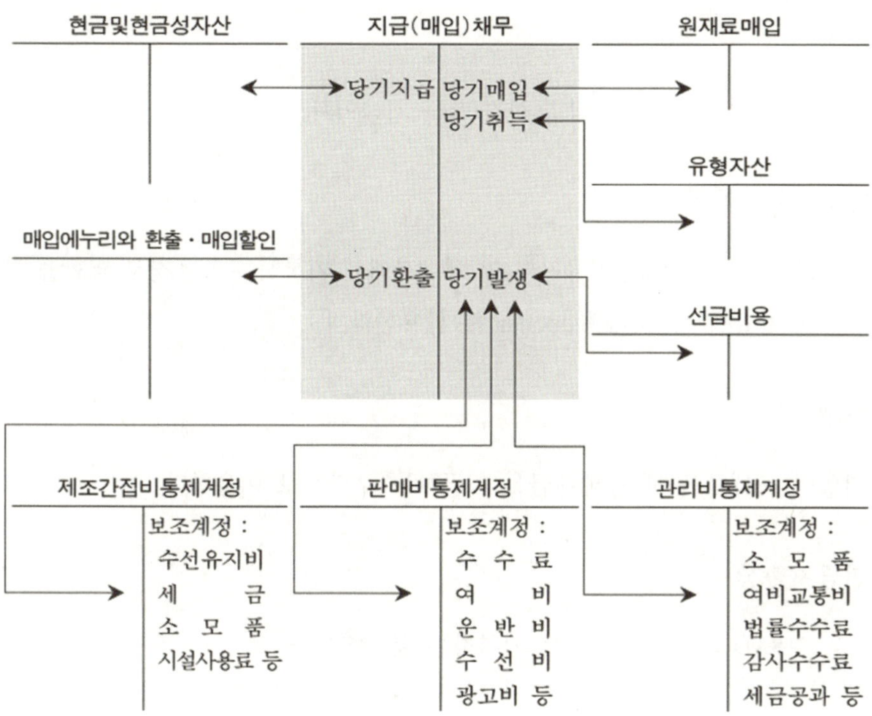

매입과 매입채무에서 사용하는 문서와 회계장부는 다음과 같다.

(1) 구매요청서

구매행위 원인부서에서 구매요청사항이 발생하면 작성한다.

(2) 구매주문서

구매하고자 하는 재화와 용역의 명세, 수량, 관련 정보를 기록하는 문서이다.

(3) 검부보고서

검수담당자는 수령한 재화의 명세, 수량, 수령일 등을 표시한다.

(4) 세금계산서

사업자가 재화 또는 용역을 공급할 때 부가가치세를 징수하고 이를 증명하기 위해 공급받는 자에게 교부하는 영수증이다. 2011년부터 모든 사업자는 전자세금계산서로 발급하고 있다.

(5) 기표

입력자료를 회계시스템으로 확정(전기)하는 기능이다.

(6) 매입채무거래파일

거래처별로 구입거래, 대금지급거래 및 채무잔액을 기록하는 보조장부 역할을 하며, 대부분의 기업에서는 전표(voucher)를 활용한다.

(7) 발행수표

지급기일이 도래했을 때 구매대금을 지급하는 수단으로 이용한다.

(8) 현금지출장

현금 및 수표에 의한 지출거래를 기록하는 분개장이다.

(9) 공급자월별계산서

공급자가 월별거래명세서를 작성하여 구매거래처에 통보해 온다. 공급자와 기업 간의 당월 구매거래 내역이 기술되고 기초채무액, 당기결제액 및 기말채무잔액이 표시된다.

2) 매입과 매입채무 업무흐름

매입과 매입채무 계정과 관련한 업무흐름도와 이를 기술한 업무기술서, 관련 활동에서 발생할 수 있는 위험을 기술한 리스크기술서와 이러한 위험을 방지하기 위해 설정한 통제활동기술서를 구비한다.

(1) 업무기술서

매입과 매입채무 관련 하위과정(sub process)과 관련활동은 다음과 같이 세분할 수 있다.

하위 과정	관련 활동
① 구매요청 및 발주	구매요청서, 결재, 견적의뢰, 특별승인, 발주 및 계약체결
② 입고 및 검수	원부자재 수령, 수량확인, 추가입고, 품질검사, 성적서(검부보고서), 입고 등록
③ 매입정산 및 기표	전자세금계산서 조회, 매입인식액 대조, 매입승인기표, 외상구매 집계표 승인, 대금지급결의 등록
④ 대금지급	자금계획 및 승인, 자금집행, 자금이체사항 검토 및 승인, 소액현금 시재액 확인 통장관리

(2) 업무흐름도

업무흐름도는 하위과정별로 작성하며, 업무흐름도에 제시된 활동명 앞의 마름모(◆) 안에 기재된 번호는 각 활동과 관련하여 발생할 수 있는 위험 및 이에 대한 통제활동이다.

① 구매요청 및 발주

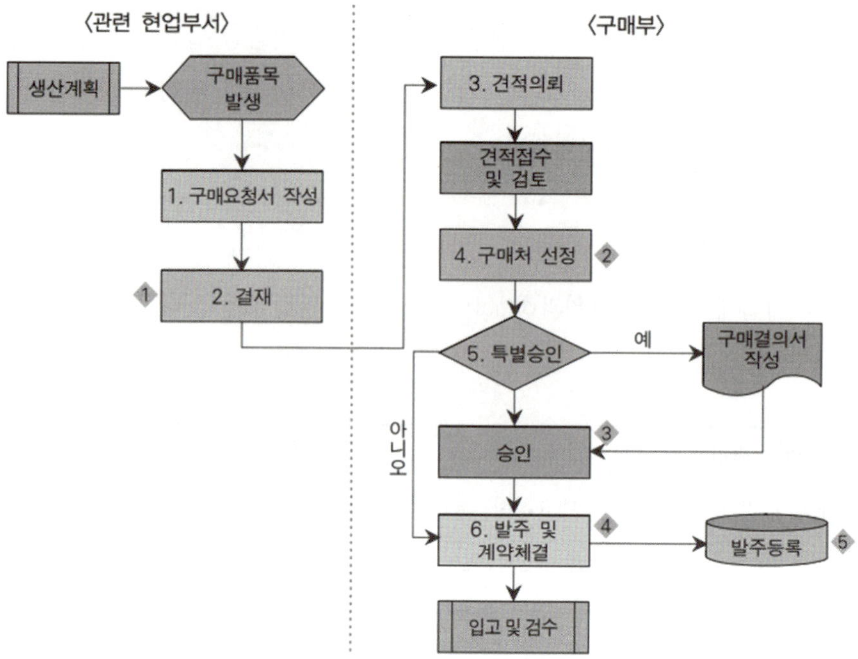

② 입고 및 검수

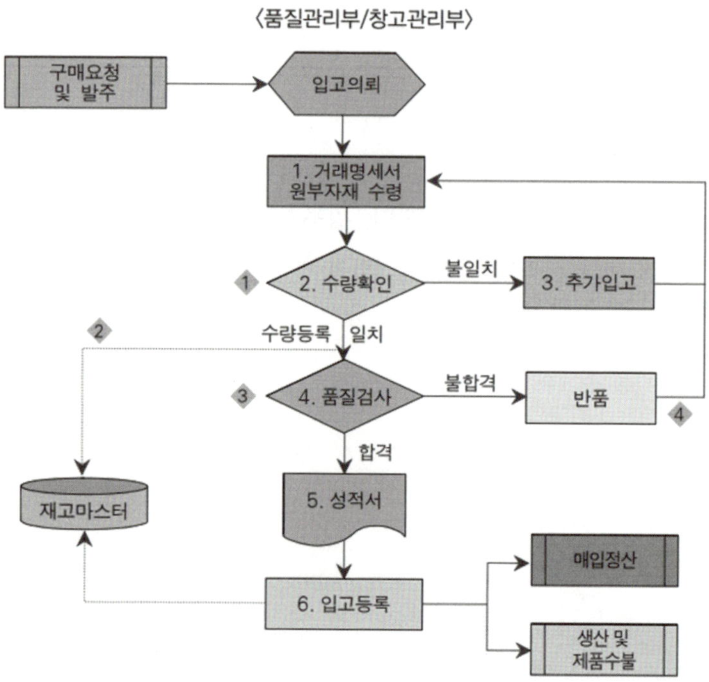

③ 매입정산 및 기표

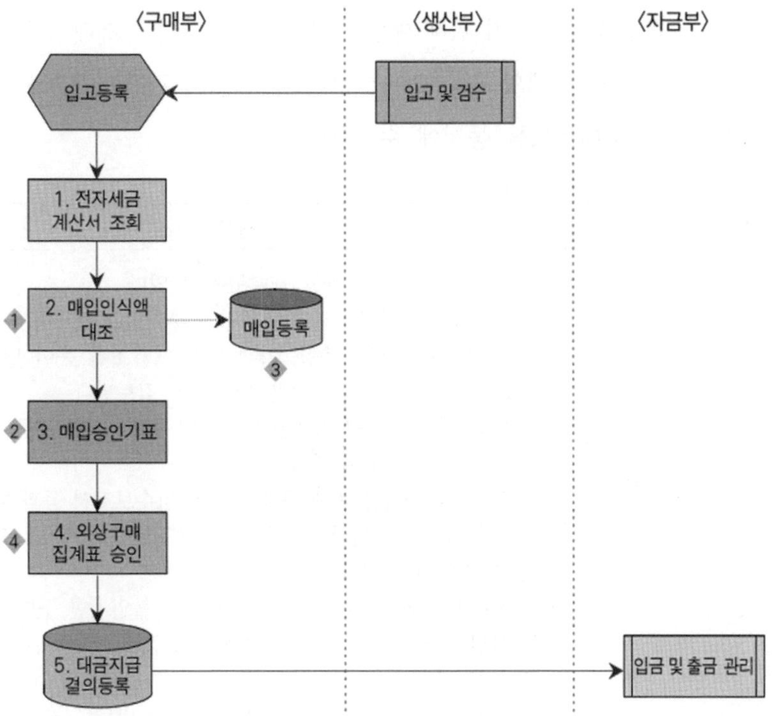

④ 대금지급

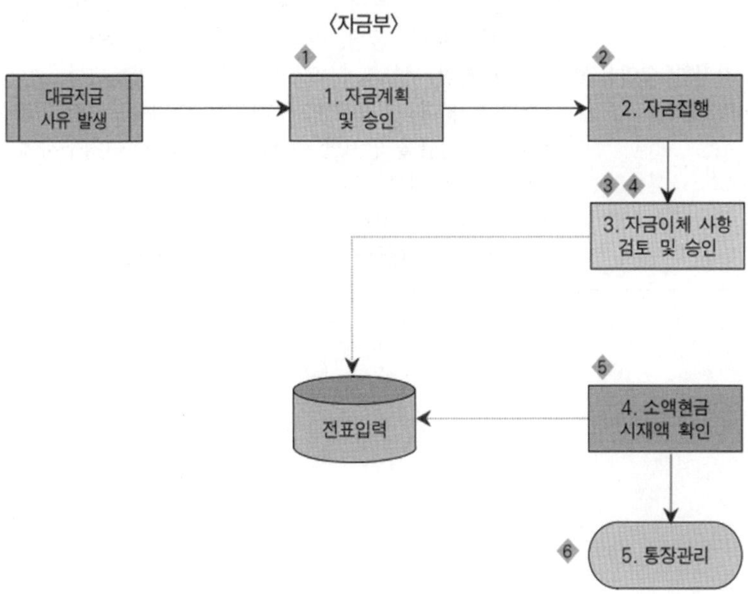

3) 매입 및 매입채무 테스트절차

내부통제의 유효성을 검증하기 위해 매입 및 매입채무 관련 통제테스트를 실시한다. 감사인은 매출거래를 아래의 표와 같이 5개의 통제목적과 관련한 통제절차에 대하여 통제테스트와 세부테스트를 동시에 수행한다.

통제목적	통제절차
1. 기록된 거래는 정당한 거래다.(실재성)	• 거래처 선정기준에 관한 내부규정이 있다. • 모든 구매는 구매주문서에 의해서 이루어지고 있으며 구매주문서에는 거래처, 수량, 품질, 가격조건, 배달조건 등이 명시된다. • 입고 관련 서류와 구매주문서가 비교 검토된다. • 거래처로부터의 청구서(세금계산서)는 주문, 안수, 지급기능과 독립된 직원에 의해 수행된다. • 청구서가 대금지급 전에 구매요청서, 검수보고서 등과 대조된다. • 중복된 지급을 방지할 수 있는 제도적 장치(청구서에 지급필 날인)가 수행되고 있다. • 미청구된 청구서, 발행된 구매주문서와 불일치한 구매주문서 또는 불일치한 검수보고서를 정기적으로 검토, 조사하는 절차가 이루어지고 있다. • 대금지급 기능이 주문, 접수, 회계기능과 별도로 구분되어 있다.
2. 거래는 적절한 승인을 받은 것이다.(승인)	• 거래처 선정기준에 관한 내부규정이 있다. • 거래처 정보의 수정은 서면으로 승인되고 독립적으로 검토된다. • 모든 구매는 주문서에 의해서 이루어지고 있으며 구매주문서에는 거래처, 수량, 품질, 가격조건, 배달조건 등이 명시된다. • 입고 관련 서류와 구매주문서가 비교 검토된다. • 청구서가 대금지급 전에 구매요청서, 검수보고서 등과 대조된다. • 중복된 지급을 방지할 수 있는 제도적 장치(청구서에 지급필 날인)가 수행되고 있다. • 대금지급 시 최대한의 신용을 얻고 있다. • (대금지급이 대금지급규정에 따라 시행되고 있다.)

통제목적	통제절차
3. 발생한 거래는 모두 기록된다.(완전성)	• 구매주문서는 일련번호에 의해 통제된다. • 입고 관련 서류와 구매주문서가 비교 검토된다. • 입고보고서는 일련번호에 의해 통제된다. • 검수상의 하자나 수량차이, 불량품의 기록관리가 수행되고 있다. • 청구서가 대금지급 전에 구매요청서, 검수보고서 등과 대조된다. • 미처리된 청구서, 발행된 구매주문서와 불일치한 검수보고서를 정기적으로 검토, 조사하는 절차가 이루어지고 있다. • 매입채무에 대한 보조부(매입처원장)가 정기적으로 총계정원장의 통제계정과 비교 조정된다.
4. 거래가 적절히 평가된다.(평가)	• 검수상의 하자나 수량차이, 불량품의 기록관리가 수행되고 있다. • 청구서가 대금지급 전에 구매요청서, 검수보고서 등과 대조된다. • 미청구된 청구서, 발행된 구매주문서와 불일치한 구매주문서 또는 불일치한 검수보고서를 정기적으로 검토, 조사하는 절차가 이루어지고 있다.
5. 거래가 적절히 분류된다.(분류)	• 입고 관련 서류와 구매주문서가 비교 검토된다. • 청구서가 대금지급 전에 구매요청서, 검수보고서 등과 대조된다. • 미청구된 청구서, 발행된 구매주문서와 불일치한 구매주문서 또는 불일치한 검수보고서를 정기적으로 검토, 조사하는 절차가 이루어지고 있다. • 매입채무에 대한 보조부(매입처원장)가 정기적으로 총계정원장의 통제계정과 비교 조정된다. • 입고, 구매에 대한 적절한 기간귀속구분이 이루어지고 있다. • 미청구된 청구서, 발행된 구매주문서와 불일치한 구매주문서 또는 불일치한 검수보고서를 정기적으로 검토, 조사하는 절차가 이루어지고 있다.

3. 재고자산 및 매출원가

재고자산과 생산활동의 감사목표는 원재료, 재공품, 제품 및 매출원가가 재무제표에 공정하게 표시되어 있는지 결정하는 것이다. 이와 관련하여 발생하는 계정과목인 재고자산과 매출원가의 거래흐름과 통제절차를 살펴본다.

1) 관련계정과 거래흐름의 이해

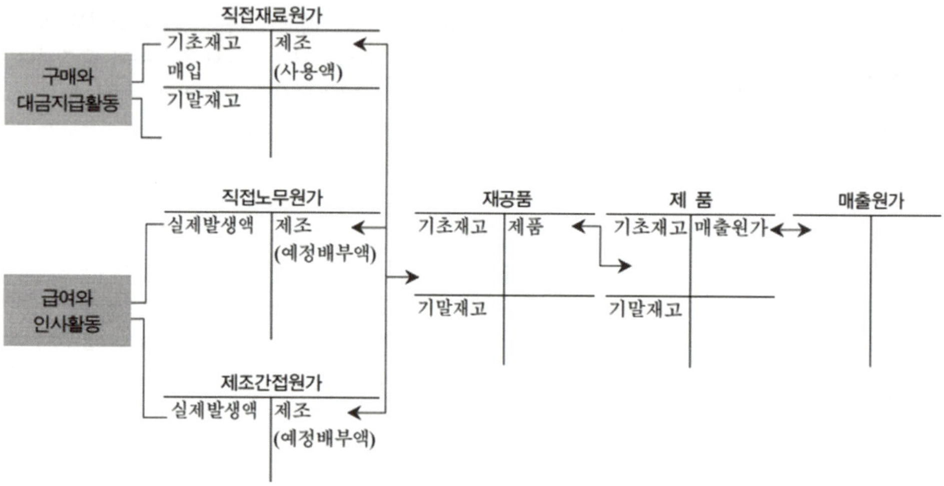

2) 재고자산과 매출원가 업무흐름

재고자산과 매출원가 계정과 관련한 업무흐름도와 이를 기술한 업무기술서, 관련활동에서 발생할 수 있는 위험을 기술한 리스크기술서와 이러한 위험을 방지하기 위해 설정한 통제활동기술서를 구비한다.

(1) 업무기술서

재고자산과 생산활동의 업무는 생산계획, 생산 및 제품수불, 재고실사, 원가계산이라는 4개의 활동으로 세분화할 수 있다. 이에 대한 구체적인 하위과정과 관련활동은 다음과 같다.

하위 과정	관련 활동
① 생산계획	기준생산계획수립, 능력부하분석, 생산계획확정
② 생산 및 제품수불	작업지시, 공정전개, 원자재출고, 생산수량확인, 자원소비량등록, 공정검사, 검사결과등록, 제품입고
③ 재고실사	수검반 준비사항 점검, 재고실사 실시, 차이여부, 재고과부족목록, 실사차이 확인, 실사결과보고서, 승인, 수불마감
④ 원가계산	재료출고집계, 노무비집계, 경비집계, 총제조원가집계, 공통원가집계, 제품출고집계, 매출원가 대체, 원가분석

(2) 업무흐름도

업무흐름도는 하위과정별로 작성하며, 업무흐름도에 제시된 활동명 앞의 마름모(◆) 안에 기재된 번호는 각 활동과 관련하여 발생할 수 있는 위험 및 이에 대한 통제 활동이다.

① 생산계획

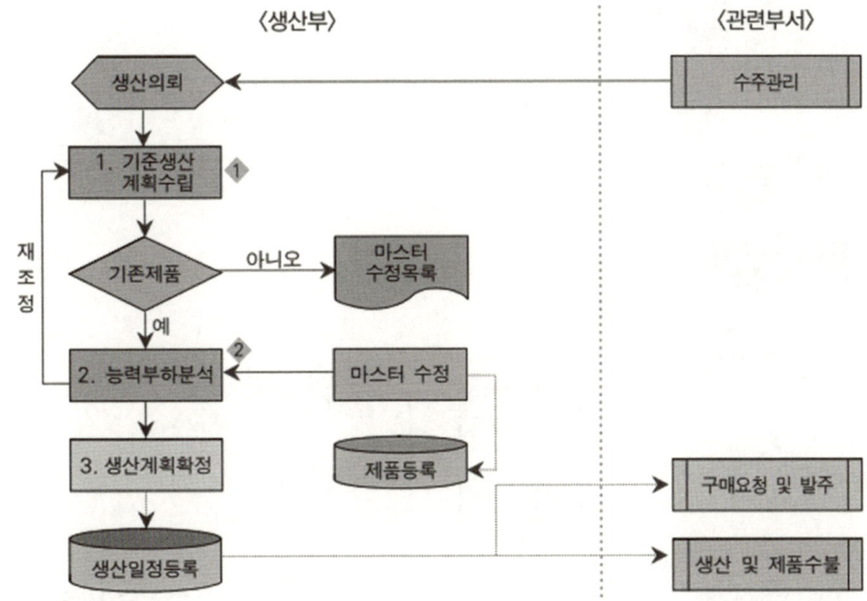

② 생산 및 제품수불

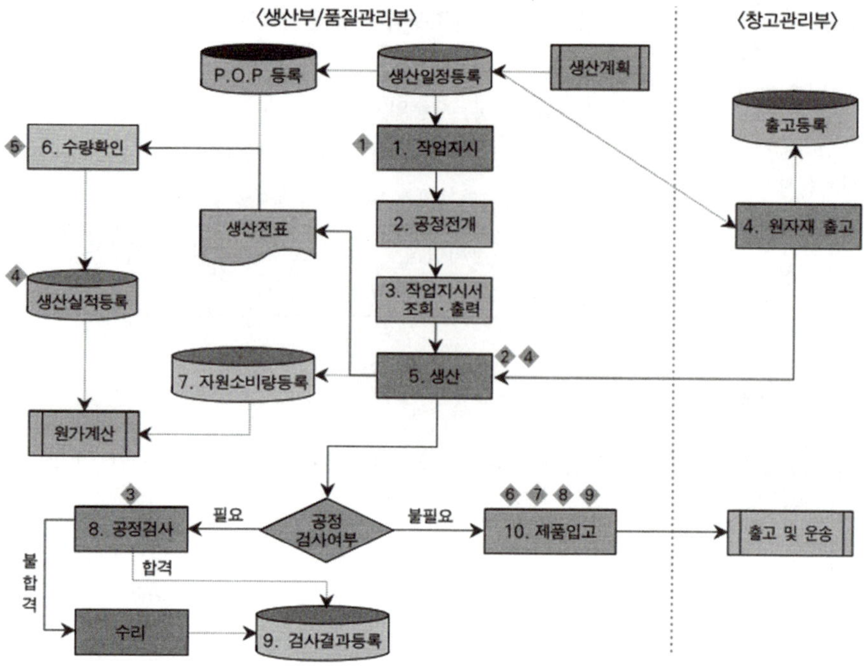

③ 재고실사

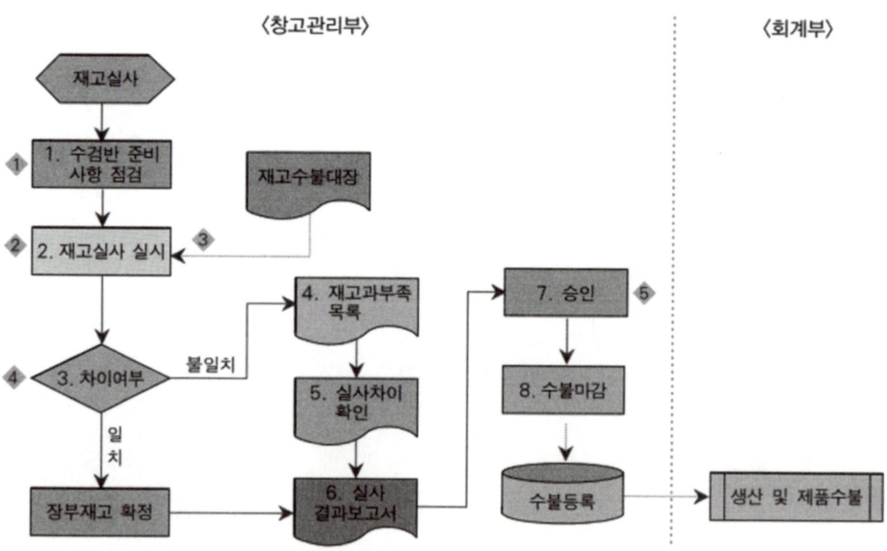

④ 원가계산

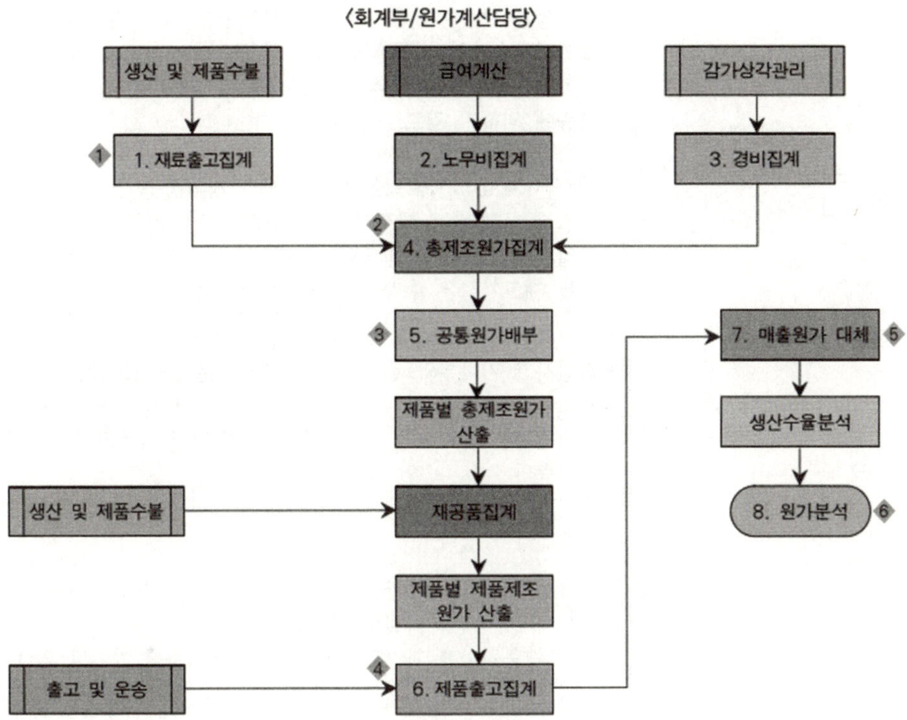

3) 재고자산 및 매출원가 테스트절차

내부통제의 유효성을 검증하기 위해 재고자산 및 매출원가 관련 통제테스트를 실시한다. 감사인은 관련거래를 아래의 표와 같이 7개의 통제목적과 관련한 통제절차에 대하여 통제테스트와 세부테스트를 동시에 수행한다.

통제목적	통제절차
1. 발생한 제조원가와 재고자산거래가 모두 기록된다.(완전성)	• 경영층은 생산실적(품질, 수율, 불량, 재가공)요약보고서를 입수, 분석한다. • 제조원가, 매출원가, 재고자산거래가 정확하고 완전하게 처리되고 중복 입력되지 않도록 하는 통제절차가 있다. • 위탁재고 및 타처보관 재고에 대한 적절한 통제절차가 있다. • 진실한 매출원가 거래가 적절한 회계기간에 완전하고 정확하게 처리보고되는 통제절차가 마련되고 있다.

통제목적	통제절차
2. 기록된 재고자산은 실존하는 것이며 제조원가 거래는 실제로 발생한 것이다.(실재성)	• 경영층은 보유재고에 대한 요약보고서를 입수 분석한다. • 재고자산수불부와 총계정원장과의 조정이 검토 승인된다. • 재고자산 실사가 주기적으로 실시되고 이에 따른 재고조정이 경영층에 의하여 검토, 승인된다. • 적절한 재고실사 지침이 마련되어 있다. • 회사는 재고실사 요약표의 완전성과 정확성을 검토한다. • 적절한 자재접수, 제품검사 및 품질관리 통제를 실시한다. • 작업시간 기록부와 원재료 입고보고서는 승인을 받는다. • 모든 재고자산은 수량관리 담당직원의 물리적 통제하에 있다.
3. 재고자산 거래 및 제조원가 거래는 적절한 승인을 받는다.(승인)	• 재고자산 결과요약표 및 재고조정이 경영층의 승인을 받는다. • 작업시간 기록부와 원재료 입고보고서는 승인을 받는다. • 제조간접비 집계 및 배부 시 경영층의 검토와 승인을 받는다. • 매출원가는 합리적인 공식 또는 배부방법이 적용되어 계산되며 경영층의 검토, 승인을 받는다. • 승인받지 못한 거래는 즉시 제외되어 분석, 수정되도록 설계된 통제절차가 있다.
4. 재고자산거래 및 제조원가 관련 거래는 적시에 기록된다.(적시성)	• 위탁재고 및 타처보관 재고에 대한 적절한 관리 절차가 있다. • 반품재고에 대한 적절한 통제절차를 가지고 있다. • 기말 매출원가에 기간귀속에 대한 통제절차를 가지고 있다.
5. 재고자산은 적절히 평가되며 제조원가 계산은 적정하다.(평가)	• 경영층이 주요제품의 단가를 검토하고 중요한 원가변동 및 예정원가와의 차이에 대해 검토한다. • 경영층은 재고자산의 회전율, 매출원가, 매출총이익에 대한 요약보고서를 입수, 분석한다. • 원가시스템의 고정비와 변동비, 직접원가와 간접원가가 파악된다. • 제조간접비의 파악, 계산이 적정하며 배부방법이 합리적이다. • 매출원가는 합리적인 공식 또는 배부방법이 적용되어 계산된다.
6. 재고자산 및 제조원가 관련 거래는 적정하게 분류된다.(분류)	• 회사는 계속기록법을 이용한다. • 회사의 원가시스템에서 고정비와 변동비, 직접원가가 파악된다. • 위탁재고 및 타처보관재고에 대한 적절한 통제절차가 있다.
7. 재고자산거래 및 제조원가 관련 거래는 정확하게 요약, 집계되며 정확하게 전기된다. (요약 및 전기)	• 재고자산수불부와 총계정원장과의 조정이 검토 승인된다. • 재고자산실사가 주기적으로 실시되고 이에 따른 재고조정이 경영층에 의하여 검토, 승인된다. • 재고실사요약표의 완전성과 정확성을 검토한다. • 재고자산의 이용 시 생산보고서, 원재료 구매요청서 또는 이에 상당하는 문서들이 요구되고 재고이동을 추적하는 데 용이하다. • 제조원가의 처리기능 혹은 이에 대한 기록에 대하여 승인받지 않은 접근이 통제된다. • 제조원가, 매출원가, 재고자산거래가 정확하고 완전하게 처리되고 중복 입력되지 않도록 하는 통제절차가 있다. • 승인받지 못한 거래는 즉시 제외되어 분석, 수정되도록 설계된 통제절차가 있다.

4. 급여

급여와 인사활동은 종업원의 신규채용에서부터 인사관리, 급여나 임금 등을 지급하고 근로소득세를 원천징수하고 납부하기까지에 이르는 활동을 말한다. 이와 관련한 거래흐름과 통제절차를 살펴본다.

1) 관련계정과 거래흐름의 이해

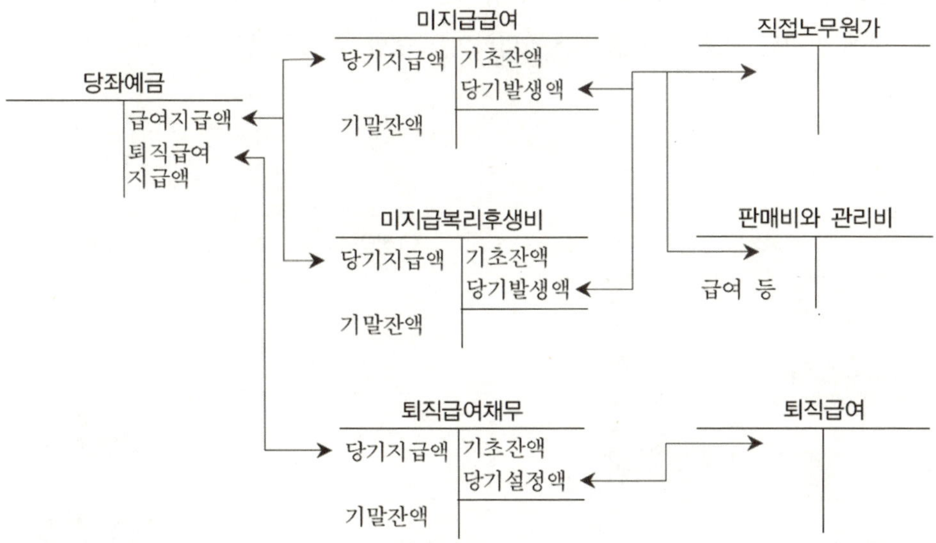

2) 급여 관련 업무흐름

급여 계정과 관련한 업무흐름도와 이를 기술한 업무기술서, 관련 활동에서 발생할 수 있는 위험을 기술한 리스크기술서와 이러한 위험을 방지하기 위해 설정한 통제활동기술서를 구비한다.

(1) 업무기술서

급여와 인사활동은 일반적으로 3개의 하위과정인 정규급여, 성과급여, 퇴직급여로 세분화할 수 있다. 각각의 하위과정의 관련활동은 다음과 같다.

하위 과정	관련 활동
① 정규급여	근태관리현황집계, 근태관리마감, 급여계산, 급여지급승인, 급여송금, 급여지급
② 성과급여	성과평가규정수립, 성과평가자료수집, 사업단위별 성과급 계산, 개인별 성과급 계산, 성과급 지급, 성과급 사후관리
③ 퇴직급여	퇴직(중간정산)승인, 퇴직금 검토·승인, 회사·금융기관 지급액 구분, 퇴직금 지급, 퇴직급여부채 설정, 퇴직신탁예치

(2) 업무흐름도

업무흐름도는 하위과정별로 작성하며, 업무흐름도에 제시된 활동명 앞의 마름모(◆) 안에 기재된 번호는 각 활동과 관련하여 발생할 수 있는 위험 및 이에 대한 통제활동이다.

① 정규급여

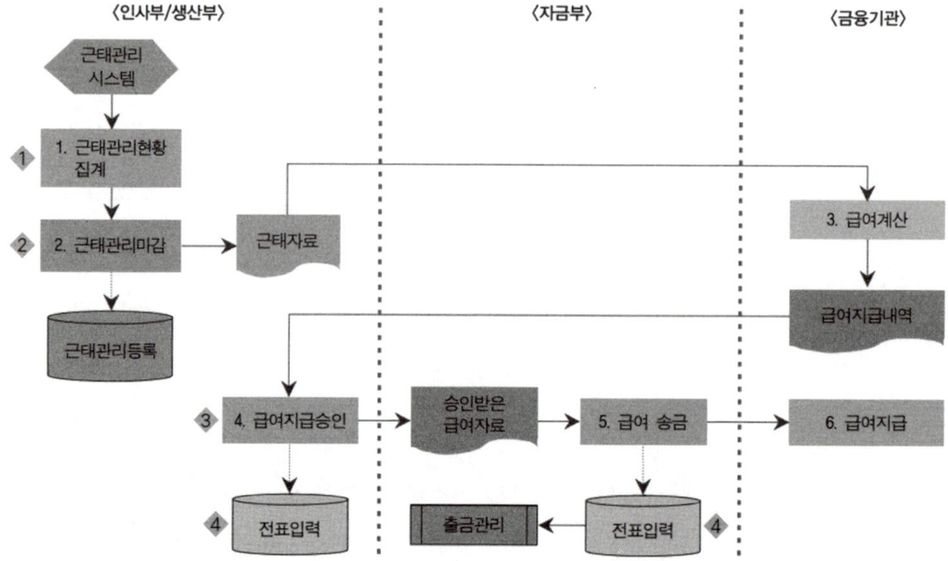

② 성과급여

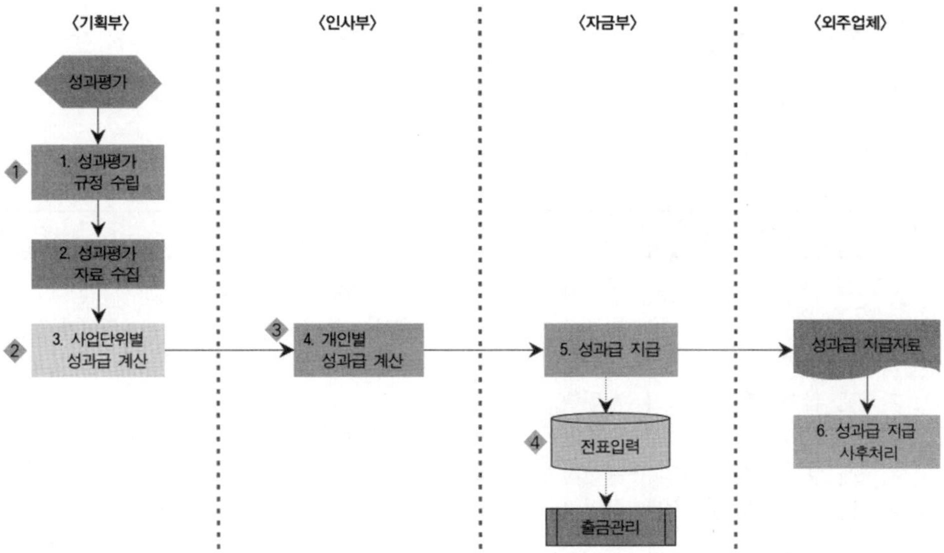

〈기획부〉
〈인사부〉
〈자금부〉
〈외주업체〉
성과평가
1. 성과평가 규정 수립
2. 성과평가 자료 수집
3. 사업단위별 성과급 계산
4. 개인별 성과급 계산
5. 성과급 지급
전표입력
출금관리
성과급 지급자료
6. 성과급 지급 사후처리

③ 퇴직급여

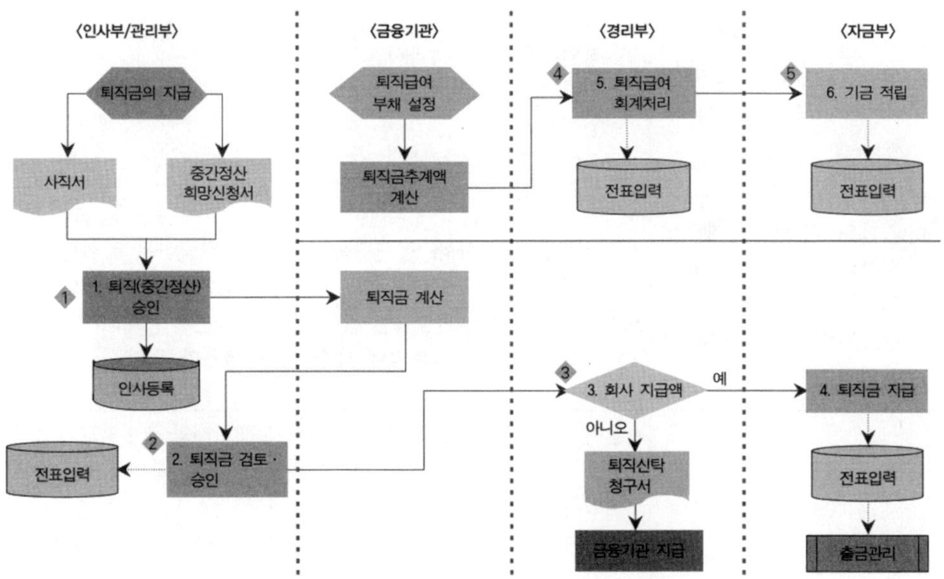

〈인사부/관리부〉
〈금융기관〉
〈경리부〉
〈자금부〉
퇴직금의 지급
사직서
중간정산 희망신청서
퇴직급여 부채 설정
퇴직금추계액 계산
5. 퇴직급여 회계처리
6. 기금 적립
전표입력
전표입력
1. 퇴직(중간정산) 승인
퇴직금 계산
인사등록
3. 회사 지급액
예
아니오
4. 퇴직금 지급
2. 퇴직금 검토 · 승인
전표입력
퇴직신탁 청구서
금융기관 지급
전표입력
출금관리

3) 급여 테스트절차

내부통제의 유효성을 검증하기 위해 급여 관련 통제테스트를 실시한다. 감사인은 관련거래를 아래의 표와 같이 7개의 통제목적과 관련한 통제절차에 대하여 통제테스트와 세부테스트를 동시에 수행한다.

통제목적	통제절차
1. 기록된 급여거래는 가공이 아닌 정당한 종업원에 의해서 실제 수행된 작업을 기준한 것이다.(실재성)	• 감독자가 승인하는 시간기록표를 지급의 근거로 사용한다. • 거부된 거래를 즉시 색출하고 분석하여 수정하는 통제절차가 있다. • 급여지급기준액, 직무구분 등의 정보를 담고 있는 인사기록부가 개인별로 존재한다. • 수취인이 불분명한 급여에 대하여 검토가 이루어지며 적절한 통제절차가 있다. • 급여지급기능은 고용여부결정, 시간기록의 승인, 급여계산기능과 분리되어 있다. • 감독, 시간기록 등은 급여 지급, 총계원장 관리기능과 분리되어 있다.
2. 급여거래가 정당한 절차를 거쳐 승인된 것이다.(승인)	• 다음의 사항에 대하여 개별 또는 일반 승인을 득한다. - 작업의 승인 - 작업시간 특히 초과시간 - 임률 또는 수수료 - 원천세액 - 급여지급 또는 이체
3. 기록된 거래가 실제작업시간과 적절한 임률에 의해 정확히 계산된 금액이며, 원천세액이 적절히 계산되었다.(평가)	• 총급여액, 조정사항, 공제항목의 내역을 검증하는 적절한 통제절차가 있다. • 회계연도말 급여와 종업원 관련 부채에 관련된 거래의 기간귀속이 적절히 이루어지는지에 대한 통제 절차가 있다.
4. 발생한 모든 급여거래가 기록되었다.(완전성)	• 급여거래, 지급거래 및 종업원 관련 부채거래와 관련자료가 정확하고 완전히 또는 중복됨 없이 처리되었는지를 확인하기 위한 통제절차가 있다. • 총급여액, 조정사항, 공제항목의 계산을 검증하는 적절한 통제절차가 있다. • 한 사람이 다른 업무를 중복 취급할 수 없도록 되어 있다. - 자료입력과 자료 검증 - 자료입력과 자료출력의 대사 - 자료입력과 감독기능

통제목적	통제절차
5. 급여거래가 적절한 계정으로 분류되었다. (계정분류)	• 적절한 계정분류기준과 분류에 대한 내부검증기능이 있다. • 기록된 거래를 즉시 색출하고 분석하여 수정하는 통제 절차가 있다. • 급여처리기능은 총계원장 관리기능과 분리되어 있다.
6. 급여거래가 즉시 적절한 회계기록간에 기록되었다. (적시성)	• 급여가 지급된 후 가능한 즉시 거래를 기록하는 절차가 있다. • 즉시 기록된 거래에 대한 내부 검증이 이루어진다. • 거부된 즉시 색출하고 분석하여 수정하는 통제절차가 있다. • 회계연도말 급여와 종업원 관련 부채에 관련된 거래의 기간귀속이 적절히 이루어지는지에 대한 통제 절차가 있다.
7. 급여거래가 종업원 급여기록원장에 적절히 포함되었고 요약되었다. (요약 및 전기)	• 전기에 대한 내부검증이 이루어진다. • 급여거래, 지급거래 및 종업원 관련 부채거래와 관련자료가 정확하고 완전히 또는 중복됨 없이 처리되었는지를 확인하기 위한 통제절차가 있다. • 거부된 거래를 즉시 색출하고 분석하여 수정하는 통제절차가 있다. • 회계연도말 급여와 종업원 관련 부채에 관련된 거래의 기간귀속이 적절히 이루어지는지에 대한 통제절차가 있다.

5. 재무거래

재무거래활동은 자금조달과 관련한 차입금, 기업이 부담해야 할 채무를 장부에 반영하지 않은 부외부채급여 그리고 주식발행과 관련한 자본관련계정이 있다. 이와 관련한 거래흐름과 통제절차를 살펴본다.

1) 관련계정과 거래흐름의 이해

(1) 차입금 관련 계정

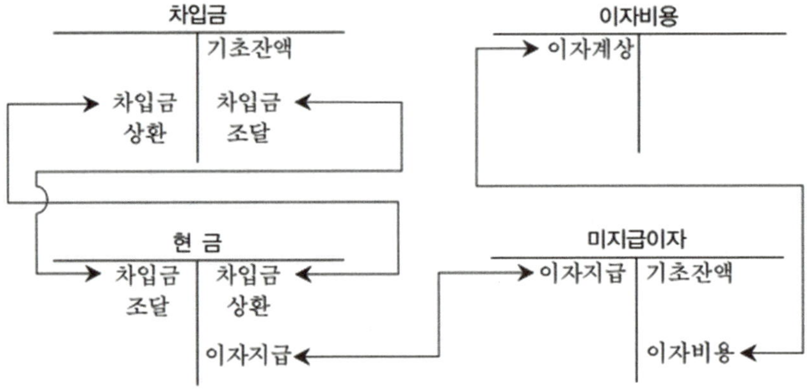

(2) 자본관련계정

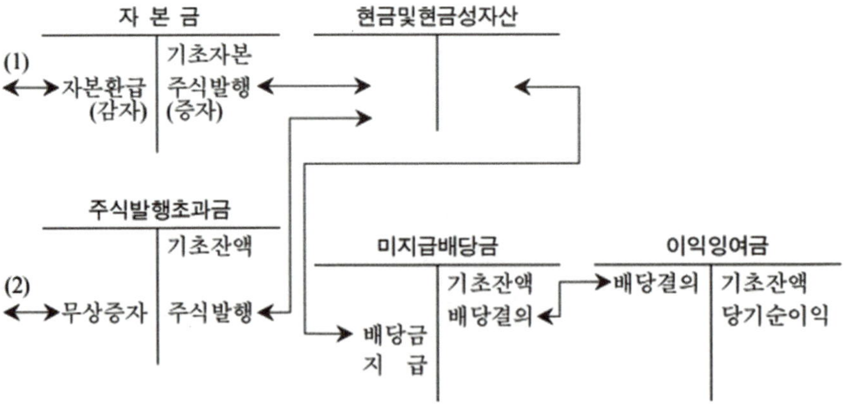

* (1)은 현금및현금성자산계정의 대변으로 연결됨
(2)는 자본금계정의 대변으로 연결됨

2) 재무거래 테스트절차

내부통제의 유효성을 검증하기 위해 재무거래 관련 통제테스트를 실시한다. 감사인은 관련거래를 아래의 표와 같이 2개의 통제목적과 관련한 통제절차에 대하여 통제테스트와 세부테스트를 동시에 수행한다.

통제목적	통제절차
1. 거래는 적절한 승인을 받은 것이다.(승인)	• 소요자금을 조달, 차입금의 상환 등을 포함하는 자금계획을 수립하는가? • 차입할인·받을어음의 할인 등에 의한 자금의 조달은 적당한 책임자의 승인을 얻는가? • 차입금의 상환·이자지급은 정당한 책임자의 승인을 얻는가? • 유가증권(매입어음 등 포함 이하 같음)의 취득, 처분은 정당한 책임자의 승인을 받는가? • 여유자금의 활용계획은 적당한 책임자의 승인을 얻는가? • 증권의 취득, 매출, 담보차입 등을 하는 경우에는 적당한 책임자의 승인을 받는가? • 여유자금의 일시대여는 사전에 적당한 책임자의 승인을 받는가? • 일시대여의 경우에는 적절한 담보를 받는가?
2. 기록된 거래는 정당한 거래다.(실재성)	• 받을어음의 할인 또는 회사어음의 교부에 의한 자금조달은 금융기관에 한정하는가? • 유가증권 내용과 번호를 기록한 장부를 보관담당자 이외의 직원이 기록 유지하고 있는가? • 기명식 유가증권은 모두 회사이름으로 되어 있는가? • 유가증권취급자는 모두 신원보증이 되어 있는가? • 상각되어 부외로 된 증권에 대하여 적절한 관리가 이루어지는가?

6. 현금및현금성자산

감사인은 현금및현금성자산에 대하여 통제테스트를 수행한다. 아래의 4개의 통제목적을 달성하기 위한 통제절차에 대하여 통제테스트와 세부테스트를 동시에 수행한다.

통제목적	통제절차
1. 발생한 입출금거래는 모두 기록된다.(완전성)	• 지점에서 영수한 현금은 본사에서만 인출할 수 있는 은행계정에 예금시키는가? • 현금영수는 금전등록기 기타 유사한 기구에 의하여 효과적으로 통제되고 있다. • 모든 지출에는 그에 관련된 증빙서류가 있고 그 증빙서류에는 「지급필」(소인)의 표시를 한다. • 어음 및 수표의 발행이 완전하게 수량 확인되어 장부에 반영되는가? • 수표와 어음용지의 수불부는 - 수불 시마다 기록하는가? - 보증, 담보 등 지출 목적 외의 교부내용을 상세히 비고란에 설명하는가? - 전월이월, 당월수불, 월말수량을 매월 검토하고 조정하는가? - 폐기된 수표·어음의 번호를 절취하여 은행에 반납하거나 수표부본에 첨부하며, 수불부에 폐기여부를 기록하는가? • 은행으로부터 미회수 수표·어음의 목록을 통보받고 있으며 이를 적절히 관리하고 있는가? • 현금시재액조사는 현금을 취급하지 아니하는 제3자가 수시로 실시하는가? • 발행되는 어음 및 수표의 금액적인 정확성이 확인되는가? • 어음 및 수표의 수량에 관한 실물관리가 적절하게 유지되는가? • 직원의 급료는 수표로 지급하거나 종업원의 은행 계좌에 예입하는가? • 소액현금지급은 모두 전도된 소액현금에서 이루어지는가? • 소액현금은 1인의 보관하에 있는가? • 소액현금영수증(지급증)은 - 모든 지급에 대하여 작성하는가? - 사용되지 못하도록 지급 시에 영수증 또는 증빙서류에 지급필(소인)의 표시를 하는가?

통제목적	통제절차
2. 기록된 거래는 정당한 거래다.(실재성)	• 영수한 수표는 은행입금 이외에는 사용치 못하도록 제도화되어 있는가? • 영수증 부본을 현금영수자 또는 그를 감독하는 사람 이외의 제3자가 장부기록과 대조하는가? • 현금을 영수하는 직원 또는 그를 감독하는 직원의 임무와 기능이 내부통제목적상 겸임하여서는 안 될 임무와 기능(특히 매출거래처에 대한 기록)으로부터 분리되고 있는가? • 현금의 영수는 수표의 서명, 현금회계장부 외의 장부취급, 은행계정조정 등을 하지 않는 자가 담당한다. • 수표·어음에 의한 지급자 또는 그를 감독하는 자의 임무와 기능은 내부통제의 목적상 겸임하여서는 안 될 임무와 기능(특히 매입처에 대한 기록)으로부터 분리되어 있는가? • 수표작성자 또는 그를 감독하는 사람만이 수표용지(미발행수표)를 취급하는가? • 상당한 기간 동안 결제되지 아니하는 수표를 조사하는가? • 급여를 현금 또는 수표로 지급할 때 - 수령인은 영수증에 서명하는가? - 지급하기 전에 신원파악을 하는가? - 독립된 급여지급대리인이 있는가? - 그렇지 않으면 급여지급자 이외의 제3자가 수시로 급여지급에 입회하는가? • 급여지급은 다음의 사람 이외의 제3자가 담당하는가? - 급여를 수령하는 직원의 부서장 - 급여관련계좌의 은행계좌조정자 - 급여계산, 시간기록, 수표작성과 관련된 사람 • 미지급된 급여는 별도로 관리하고 있는가?
3. 거래는 적절한 승인을 받은 것이다.(승인)	• 어음 및 수표의 구입 및 발행은 정당하게 승인되는가? • 청구서와 증빙서류는 - 수표의 서명자가 서명 시에 대조하는가? - 재사용을 방지하기 위해서 지급필 표시를 하는가? • 수표는 모두 이중으로 서명 또는 날인하거나 단독서명을 하는 경우의 한도금액이 정해져 있는가? • 회사는 다음 사항을 금지시키고 있는가? - 사전서명 - 소액현금취급자의 수표서명
4. 거래는 적시에 기록된다.(적시성)	• 모든 입금액은 일정 시간 내에 즉시 예금시키는가? • 예입은 예입담당자 이외의 제3자가 예입증을 즉시 대조하는가?

제3부 기출문제

Ch 1.1	IC 고유한계	315.A54~56	2013 문제4 물음4 배점 4

회계제도나 내부통제제도는 내재적인 고유한계 때문에 경영자에게 통제의 목표가 달성되었다는 결정적 증거를 제공할 수 없다. 다음은 이러한 내부통제제도의 내재적인 한계와 관련된 상황을 기재한 것이다.

(상황1) 감사인으로부터 내부통제검토 결과 심각하게 중요한 취약점이 발견되어 회사는 내부통제시스템 구축용역을 발주하여 회사에 마련되어 있지 않은 내부통제시스템을 구축하고자 하나 회사 경영자는 발견된 심각하게 중요한 취약점만을 치유하는 방식으로 내부통제시스템 구축 용역 비용을 최소화하라고 담당자에게 지시함

(상황2) 회사 회계부서 B과장은 결산업무로 인한 피로로 결산 수정분개에 차/대변을 반대로 기재함

(상황3) 회사는 3년 전 내부통제시스템을 구축하였으나, 최근 K-IFRS의 도입 및 이와 관련하여 연결 및 전산시스템의 신규 개발 운용이 발생하였으며, 이와 관련된 부서 재배치가 발생함

(상황4) 이사회결의 등 적법한 의결 절차를 생략하고 회사의 대표이사는 당기 중 본인이 개인적으로 설립 운영하고 있는 비상장회사의 주식을 취득함

[요구사항]
위에서 설명한 각 상황의 발생과 관련된 내부통제제도의 내재적인 한계 내용을 다음 답안 양식에 따라 기재하시오(각 항목별로 2줄 이내로 기재).

정답 및 해설

(1) ① 인적인 판단이 잘못될 수 있는 가능성
(2) ② 인적 오류
(3) ① 인적인 판단이 잘못될 수 있는 가능성: 통제의 설계 또는 변경 과정에 오류가 있을 수 있다.
(4) ④ 경영진이 부적합하게 내부통제를 무시함으로써 내부통제가 무력화

▶ 내부통제의 한계

315.A54
내부통제는 아무리 효과적이어도 기업의 재무보고목적 달성에 대하여 합리적 확신만을 제공할 수 있다. 이러한 목적을 달성할 수 있을 가능성은 내부통제의 고유한계에 영향을 받는다. 내부통제의 고유한계는 의사결정에 있어 ① 인적인 판단이 잘못될 수 있는 가능성 및 ② 인적 오류 때문에 내부통제가 와해될 수 있다는 현실을 포함하는 것이다. 예를 들어, 통제의 설계 또는 변경 과정에 오류가 있을 수 있다. 또한, 정보의 검토책임자가 정보의 목적을 이해하지 못하거나 적합한 조치를 취하지 않기 때문에 내부통제의 목적으로 생성된 정보(예, 예외사항 보고서)가 효과적으로 사용되지 못하는 경우처럼 통제가 효과적으로 운영되지 못할 수 있다. → 오류 관련 ① 설계 변경 ② 운영

315.A55
또한, 2명 이상이 ③ 공모하거나 ④ 경영진이 부적합하게 내부통제를 무시함으로써 내부통제가 무력화될 가능성이 있다. 예를 들어, 경영진이 기업의 판매계약상 표준적 계약조건을 변경하여 고객과 별도의 이면 약정을 맺음으로써 수익이 부당하게 인식되는 결과를 초래할 수 있다. 또는, 신용한도를 초과하여 이루어진 거래를 식별하고 보고하기 위해 설계된 소프트웨어의 점검기능 역시 무력화되거나 작동하지 못할 수 있다. → 부정 관련

315.A56
경영진은 또 통제를 설계하고 실행할 때, 실행하려는 통제의 성격과 범위, 그리고 책임질 위험의 성격과 범위에 대하여 판단을 내릴 것이다.

Ch 1.2	IC구성: RA	315.16	2017 문제3 물음4 배점 3

감사인은 재무제표 및 경영진주장 수준의 중요한 왜곡표시위험의 식별과 평가에 대한 근거를 제공하기 위하여 위험평가절차를 수행해야 한다. 다음은 이러한 위험평가 상황이다.
감사인은 경영진이 관리대상 위험을 식별 · 대응하기 위하여 위험평가절차를 갖추고 있는지 확인하였다. 감사인은 이러한 위험평가절차가 효과적인지 절차의 내용과 결과를 이해 · 평가하는 과정에서 경영진은 식별하지 못하였던 중요한 왜곡표시위험이 존재함을 알게 되었다.

(요구사항) 위 상황에서, 경영진이 식별하지 못하였던 중요한 왜곡표시위험을 감사인은 근원적 위험이라고 판단하였다. 근원적 위험이 존재하는 상황에서 감사인이 수행해야 할 절차를 서술하시오.

정답 및 해설

기업이 위험평가절차를 갖추고 있는 경우: 감사인은 그 절차와 이에 따른 결과를 이해하여야 한다. 경영진이 식별하지 못한 중요왜곡표시위험을 감사인이 식별(→ RA 비효과적)한 경우, 감사인은 기업의 위험평가절차에 의해 식별되었을 것으로 예상되는 것과 같은 종류의 근원적인 위험(Underlying Risk, 기초 위험)이 존재했는지 여부를 평가하여야 한다. 만약 이러한 위험이 존재한다면, 감사인은 ① 기업의 위험평가절차가 근원적 위험을 식별하지 못한 이유를 이해하고, ② 해당 RA절차가 기업의 상황에 적합한지 여부를 평가하여야 한다. 또는 ③ 기업의 위험평가절차와 관련하여 유의적 내부통제 미비점이 존재하는지 여부를 결정하여야 한다.

Ch 1.3	IC구성: 통제환경	315.17	2018 문제3 물음1 배점 3

감사인은 평가된 중요한 왜곡표시위험에 대한 적합한 대응의 설계와 실행을 통해 이러한 위험에 관한 충분하고 적합한 감사증거를 입수해야 한다.
X회계법인의 김 회계사는 A(주)의 외부감사를 수행 중이다. 김 회계사는 기업과 기업환경을 이해하고, 재무제표 및 경영진주장 수준에서 부정이나 오류로 인한 중요한 왜곡표시위험을 식별하고 평가하기 위하여 위험평가절차를 수행하였다. 다음은 A(주)가 위험평가절차를 갖추고 있는지에 대해 김 회계사가 이해한 사항이다.
• A(주)는 위험평가절차와 관련하여 임시방편의 절차만을 갖추고 있다.
• A(주)에는 문서화된 위험평가절차가 없는 것으로 나타났다.

위 사항과 관련하여, 김 회계사가 추가적으로 수행해야 할 절차를 서술하시오.

정답 및 해설

기업이 RA절차를 갖추고 있지 않거나 임시방편의 절차만을 갖추고 있는 경우: 감사인은 ① 재무보고 목적에 관련된 사업위험이 식별되었는지 그리고 이러한 위험에 대하여 어떻게 대처하였는지 경영진과 토의하여야 한다. 감사인은 ② 기업에 문서화된 위험평가절차가 없는 경우 이것이 해당 상황에 적합한지 여부를 평가하여야 한다. 또는 ③ 이것이 유의적 내부통제 미비점을 나타내는 것인지 여부를 결정하여야 한다.

Ch 1.4	IC구성: CA		2015 문제4 물음1 배점 2

A(주)는 코스닥시장상장법인으로 20X4년(1.1~12.31)에 X회계법인으로부터 감사를 받고 있으며, X회계법인은 20X3년부터 감사를 수행하고 있다.
감사인은 A(주)의 내부통제를 이해하는 과정에서 다음과 같은 통제활동의 미비점을 발견하였다. 아래 (1)~(3)의 상황에서 발생할 수 있는 문제점을 각 상황별로 서술하시오.

(1) 현금수납 담당사원이 현금출납장부와 매출채권장부를 동시에 기록하고 있다.
(2) 대금청구서의 지급을 승인하고 대금을 지급하는 권한이 동일 인물에게 부여되어 있다.
(3) 대손확정의 승인권한을 갖고 있는 사람에게 매출채권장부를 기록하는 권한이 부여되어 있다.

정답 및 해설

(1) 채권 대금 회수 시 기록 누락하고 횡령 가능(보관 vs 기록 SD 미비)
(2) 가공거래처 대금 지급 부당승인 및 지급하여 횡령 가능(승인 vs 보관)
(3) 부당한 채권 대손 승인 후 대금 회수하여 횡령 가능(승인 vs 기록)
▶ 업무분장(SD): 거래 승인 vs 보관(보호, 집행, 지급) vs 기록

Ch 1.5	IC구성요소 종합	315.14~15, 315.18 315.22~23	2014 문제8 물음2 배점 3

회계감사기준에서는 감사인이 감사와 관련된 내부통제를 이해하도록 정하고 있으며, 기업의 내부통제 이해를 위해서 통제위험 평가 시 감사인이 고려할 내용을 내부회계관리제도모범규준의 내부통제 요소별로 설명하고 있다. 다음은 이 내용의 사례들이다.

(1) 정보기술 · 수작업시스템 내에서의 거래 개시 · 기록 · 처리 및 필요한 수정 후 총계정원장으로 전기 및 재무제표에 보고되는 절차
(2) 유의적 회계추정과 공시 등 기업의 재무제표 작성에 이용되는 재무보고절차
(3) 경영진이 지배기구의 감시와 더불어 정직하고 윤리적으로 행동하는 문화를 창조하고 유지하는지 여부
(4) 내부감사기능이 회계감사에 어떻게 관련되는지 이해
(5) 통제미비점에 대한 개선조치의 이해
(6) 재무보고목적에 관련된 사업위험의 식별과 발생가능성에 대한 평가
(7) 재무제표에 유의적인 각 거래유형, 계정잔액 및 공시, 또는 이들과 관련된 모든 경영진주장에 대한 통제활동

(요구사항) 내부회계관리제도모범규준의 내부통제요소 명칭(5가지 요소 중 예시된 "통제활동"은 제외)을 기재하고, 위 (1)~(6)의 설명내용이 어느 내부통제요소에 대한 설명인지 모두(복수 선택) 기재하시오.

[예시] 통제활동: (7)

정답 및 해설

통제환경: (3), 위험평가절차: (6), 정보시스템과 커뮤니케이션: (1), (2), 통제 모니터링: (4), (5)

Ch 2.1	잔여기간 통제 추가절차 고려사항	330.A33	2023 문제5 물음2 배점 3

한국회계법인은 (주)A에 대해 계속감사를 수행하고 있다. 감사팀은 (주)A에 대한 위험평가 결과 매출에 유의적 위험이 존재한다고 결정하였고, 내부통제에 의존한 감사를 수행하기로 하였다. (주)A는 통합감사 대상이 아니다.

한국회계법인은 1월부터 9월까지의 기간에 대한 매출통제의 운영효과성 테스트를 수행하였다. 기말감사 기간 중 중간기간 이후 잔여기간에 대한 추가적인 감사증거 입수 여부를 결정하기 위해 고려해야 할 요소 중 세 가지를 기재하시오.

정답 및 해설

▶ 330.A33

중간기간 후 잔여기간 동안 운영되고 있는 통제에 대하여 어떤 추가적인 감사증거를 입수할지 여부를 결정할 때, 관련 요소에는 다음이 포함된다.

ⓐ 잔여기간의 정도

ⓑ 중간기간에 테스트하였던 특정 통제, 그리고 정보시스템·절차·담당자의 변경 등 테스트 이후 특정 통제의 유의적 변경

ⓒ 통제의 운영효과성에 대한 감사증거의 입수 정도

ⓓ 감사인이 후속실증절차를 감소시키기 위해 통제에 의존하려는 정도

ⓔ 경영진주장 수준의 평가된 중요왜곡표시위험의 유의성

ⓕ 통제환경

Ch 2.2	과거TOC활용(Rotation)	330.15, 330.A37 330.14	2023 문제5 물음3 배점 2

한국회계법인은 (주)A에 대해 계속감사를 수행하고 있다. 감사팀은 (주)A에 대한 위험평가 결과 매출에 유의적 위험이 존재한다고 결정하였고, 내부통제에 의존한 감사를 수행하기로 하였다. (주)A는 통합감사 대상이 아니다.

한국회계법인은 내부통제 요소들의 효과성을 고려하여 이전 감사기간에 입수된 감사증거의 이용을 허용하고 매 3회의 감사에 최소한 한 번은 통제테스트를 수행하도록 하는 감사 정책을 갖고 있다. (주)A의 감사팀은 전기에 매출에 대한 내부통제 운영효과성 테스트를 수행하였으며, 당기에 경영진에 대한 질문과 관찰을 수행하여 전기 감사 후 해당 통제에 유의적인 변화가 발생하지 않았다는 증거를 입수하였다. 당기 감사팀이 전기 매출 통제테스트 결과를 이용하여 감사를 수행하는 것이 가능한지 여부를 기재하고 그 이유를 서술하시오.

정답 및 해설

"매출은 유의적 위험이 존재한다고 결정"하였는바, 과거 증거 활용 불가능 (통제에 유의적 변화 없다 해도 유의적 위험 존재)

▶ 330.15 유의적 위험에 대한 통제

감사인은 유의적이라고 결정한 위험에 대하여 그 통제에 의존하려고 계획한 경우, 당기에 해당 통제를 테스트하여야 한다. (과거 TOC 재활용 불가)

▶ 330.A37

감사인이 다음의 조건을 모두 만족하는 통제에 대하여 과거의 감사에서 입수된 감사증거에 의존할 것인지 여부를 결정하는 것은 전문가적 판단사항이다.

(a) 최종 테스트 이후 변경되지 않은 통제

(b) 유의적 위험을 완화시키는 통제가 아님

또 이러한 통제의 재테스트 시기 역시 전문가적 판단사항이지만, 문단 14(b)에 의해 최소한 매 3년의 감사에 한 번은 테스트할 것이 요구된다.

▶ 330.14 과거 TOC 증거 이용

감사인이 특정 통제의 운영효과성과 관련하여 전기의 감사에서 얻은 감사증거를 이용하기로 계획한 경우, 감사인은 전기의 감사 후 해당 통제에 유의적인 변화가 발생하였는지에 관한 감사증거를 입수함으로써, 전기 감사로부터 얻은 감사증거가 계속적으로 관련성이 있는지 확인하여야 한다. 감사인은 해당 통제에 대한 이해를 재확인하기 위하여 관찰 또는 검사와 결합된 질문을 수행함으로써 이러한 증거를 입수하여야 한다. 그리고,

(a) 만약 전기의 감사에서 얻은 감사증거의 계속적 관련성에 영향을 미치는 변화가 생겼다면, 감사인은 당기감사에서 그 통제에 대한 테스트를 수행하여야 한다.

(b) 만약 전기의 감사에서 얻은 감사증거의 계속적 관련성에 영향을 미치는 변화가 없었다면, 감사인은 매 3회의 감사에 최소한 한 번은 통제에 대한 테스트를 수행하여야 한다. 그리고 특정 보고기간의 감사에서 감사인이 의존하고자 하는 통제 모두에 대하여 테스트를 수행하고 후속되는 두 보고기간의 감사에서는 통제에 대한 테스트를 전혀 수행하지 않을 가능성을 피하기 위해, 매 보고기간의 감사마다 일부 통제에 대한 테스트는 반드시 수행하여야 한다.

Ch 2.3	중간기간 중 TOC	330.12	2015 문제4 물음3 배점 2

A(주)는 코스닥시장상장법인으로 20X4년(1.1~12.31)에 X회계법인으로부터 감사를 받고 있으며, X회계법인은 20X3년부터 감사를 수행하고 있다.

회계감사기준에서는 경영진주장 수준에서 평가된 중요한 왜곡표시위험을 기초로 하여 감사인이 이에 대응하는 추가감사절차의 성격, 시기 및 범위를 설계하고 수행하도록 요구하고 있다. X회계법인의 김 회계사는 내부통제가 효과적이라고 판단하여 1월 1일부터 8월 31일까지를 대상으로 10월 1일부터 10월 10일까지 통제테스트를 수행하였다. 감사인이 상기 통제의 운영효과성과 관련하여 입수한 감사증거(1.1~8.31)를 이용하기 위해 수행해야 할 절차를 서술하시오.

정답 및 해설

감사인이 중간기간 중에 통제의 운영효과성에 대한 감사증거를 입수하면, 감사인은 다음의 절차를 수행하여야 한다.

(a) 중간기간 이후 해당 통제에 유의적 변화가 있었는지에 대하여 감사증거를 입수함

(b) 잔여기간에 대하여 입수할 추가적인 감사증거를 결정함

Ch 2.4	중간기간 중 TOC	330.12 330.A33~34	2013 문제4 물음2 배점 3

다음은 A회계사가 갑(주)의 내부통제와 관련하여 파악한 내용이다.

- A회계사는 갑(주)를 담당하고 있는 인차지(In-Charge) 회계사이다.
- A회계사는 갑(주)에 대한 감사업무에 작년부터 참여하여 왔으며, 회사에 대한 충분한 이해와 감사 경험을 보유하고 있다.
- A회계사는 12월 말로 종료하는 사업연도를 가진 갑(주)의 중간감사를 7월경 반기 검토업무와 함께 수행하였으며, 이때 수행한 반기(6월 말)까지 거래에 대한 내부통제 평가결과만을 기초로 입증절차의 성격, 시기 및 범위를 잠정 결정하였다.

[요구사항] 위에 제시된 설명에서 파악할 수 있는 (1) 내부통제 감사와 관련된 문제점을 기재하고, 입증감사절차의 성격, 시기 및 범위를 최종결정하기 전에 (2) 추가적인 감사증거의 수집과 관련하여 고려할 요소 3가지를 각각 2줄 이내로 기재하시오.

정답 및 해설

(1) 문제점: 기중 수행한 TOC 경우 다음 절차를 수행해야 한다.
  (a) 중간기간 이후 해당 통제에 유의적 변화가 있었는지에 대하여 감사증거를 입수함
  (b) 잔여기간에 대하여 입수할 추가적인 감사증거를 결정함

(2) 중간기간 후 잔여기간 운영 통제에 대하여 추가적 감사증거 입수여부 고려 요소
- 경영진주장 수준의 평가된 중요왜곡표시위험의 유의성 ↑
- 중간기간에 테스트하였던 특정 통제, 그리고 정보시스템·절차·담당자의 변경 등 테스트 이후 특정 통제의 유의적 변경↑
- (과거)통제의 운영효과성에 대한 감사증거의 입수 정도 ↓
- 잔여기간의 정도↑
- 감사인이 후속실증절차를 감소시키기 위해 통제에 의존하려는 정도↑
- 통제환경↓

예를 들어 잔여기간에 대한 통제테스트를 확대↑하거나 기업의 통제 모니터링을 테스트하면, 추가적인 감사증거가 입수될 수도 있을 것이다.

Ch 2.5	TOC 수행 시기	330.12	2020 문제6 물음3 배점 3

다음은 내부통제테스트 및 내부회계관리제도와 관련된 상황 및 물음이다.

[상황]

Y회계법인은 가전제품을 생산하는 K(주)의 20X1년 12월 31일로 종료하는 회계연도의 재무제표에 대한 회계감사를 신규로 수임하였다. Y회계법인은 감사 계획을 수립하고 있으며, 매출 계정을 담당한 김 회계사는 다음과 같은 사항을 파악하였다.

- K(주)는 연간 1조 원 규모의 매출이 발생하고 있으며, 이 중 7,500억 원은 천안에 있는 내수용 진공청소기 부문에서, 2,500억 원은 대구에 있는 수출용 냉장고 부문에서 발생하고 있다.
- 내수용 진공청소기는 거래처에 물품이 인도된 시점에 수익이 인식된다.
- 수출용 냉장고는 화물선을 통해 운송되며, 거래 상대방과의 무역조건에 따라 선적한 시점 또는 거래처 지정 항구에 도착한 시점에 수익이 인식된다.
- K(주)는 월말 시점에 매출액이 크게 증가하는 경향이 있었다. 김 회계사는 진공청소기 부문과 냉장고 부문의 매출 각각에 대하여 부정위험이 존재하는 것으로 가정하였다. 감사계획단계에서 설정한 중요성 금액은 50억 원이다.

위의 [상황]과 관련하여, 김 회계사는 다음과 같이 매출회계전표 승인통제의 운영 효과성에 대한 테스트 계획을 수립하였다. 항목번호별로 개선이 필요한 점이 있는지 기재하고, 개선이 필요한 항목번호에 대해서는 개선이 필요한 부분만 올바른 계획으로 2줄 이내로 수정하시오(단, 표본 수는 적절한 것으로 간주함).

[통제운영의 효과성 테스트 수행계획]

① 부정위험과 관련한 통제운영의 효과성 테스트를 위해, 20X1년 11월에 20X1년 1월부터 10월까지의 매출보조원장을 입수하여, 이 중 결산일에 비교적 근접한 9월과 10월의 매출 거래에서 매월 20개씩의 표본을 추출한다. 추출된 표본별로 매출전표 및 증빙으로 첨부된 문서들을 입수하여, 회계팀장의 매출전표 승인통제가 효과적으로 운영되고 있는지 확인한다.

② ①의 통제운영의 효과성 테스트 대상 시점 이후인 20X1년 11월부터 재무제표일까지의 잔여기간이 길지 않으므로 추가적으로 통제운영의 효과성에 대한 감사증거를 수집하지 않을 계획이다.

정답 및 해설

① 필요: 월말 매출 증가 경향(부정위험 존재 가정) → • 매월말 시점 위주로 4개씩이 더 효과적

② 필요: 중간기간 이후 통제 유의적 변화 여부 증거 입수 & 잔여기간 추가증거 결정

- 감사인이 중간기간 중에 통제의 운영효과성에 대한 감사증거를 입수하면, 감사인은 다음의 절차를 수행하여야 한다.

  (a) 중간기간 이후 해당 통제에 유의적 변화가 있었는지에 대하여 감사증거를 입수함

  (b) 잔여기간에 대하여 입수할 추가적인 감사증거를 결정함

Ch 2.6	TOC 이탈시 결정사항	330.17	2018 문제3 물음3 배점 3

X회계법인의 김 회계사는 내부통제의 설계를 이해한 후 통제테스트를 수행하는 과정에서 이탈사항을 발견하였다. 김 회계사는 이탈사항과 그 잠재적인 영향을 이해하기 위해 경영진에게 질문하였다. 감사인이 의존하려고 계획하였던 통제에서 이탈을 발견하였을 때 결정해야 할 사항 세 가지를 서술하시오.

정답 및 해설

▶ 감사인이 의존하고자 하는 통제에 이탈이 발견되었으면, 감사인은 이러한 사항과 그 잠재적인 영향을 이해하기 위해 구체적인 질문을 하고 또 다음 사항을 결정해야 한다.

(a) 통제테스트를 수행한 결과가 해당 통제에 의존하는 것에 대한 적절한 근거를 제공하는지 여부

(b) 통제에 대한 추가적인 테스트(TOC)가 필요한지 여부

(c) 왜곡표시에 대한 잠재적 위험에 대처하기 위하여 실증절차를 적용할 필요가 있는지 여부

☞ 미리 정해진 통제로부터의 이탈은 주요 담당자의 교체, 거래량의 계절적 주요 변동 그리고 인적 오류와 같은 요인에 의해 야기될 수 있다.

Ch 2.7	유의한 미비점 & 지배기구		2017 문제3 물음5 배점 3

내부통제는 식별된 사업위험에 대처하기 위하여 설계, 실행 및 유지된다. 감사인은 수행한 감사업무를 근거로 내부통제 미비점을 식별하고, 지배기구 및 경영진과 커뮤니케이션해야 한다. 다음은 감사인이 내부통제 미비점에 대해서 지배기구 및 경영진과 커뮤니케이션한 내용이다.

※ 아래 각 상황은 서로 독립적이다.

〈감사인이 수행한 커뮤니케이션 내용〉

(상황 1) 감사인은 내부통제의 식별된 유의적 미비점이 경영진의 성실성에 의문을 제기하는 사항이라고 판단하였다. 경영진과는 커뮤니케이션을 하지 않고 지배기구와만 커뮤니케이션하였다.

(상황 2) 감사인은 경영진이 시정 조치를 적시에 취할 수 있도록 유의적 미비점을 경영진 및 지배기구와 구두로 커뮤니케이션하였다. 지배기구는 이러한 유의적 미비점을 이해하고 수정할 것을 약속하였다.

(상황 3) 경영진과 지배기구는 감사인이 감사 중에 식별한 유의적 미비점을 알고 있으나, 비용상 이유로 미비점을 시정하지 않고 있다. 감사인은 유의적 미비점을 경영진과 지배기구가 충분히 인지하고 있다고 판단하여 커뮤니케이션하지 않았다.

(요구사항) 위와 같은 각 상황별 감사인이 수행한 커뮤니케이션 절차의 적절성 여부(O 또는 X)를 표시하고 X 표시한 경우 적절하지 않은 이유를 서술하시오.

정답 및 해설

1. O 2. X 서면 커뮤니케이션 필수 3. X 적시 서면 커뮤니케이션 필수

1. 265.A20 내부통제의 식별된 어떤 유의적 미비점이 경영진의 성실성이나 적격성에 의문을 제기토록 하는 것일 수 있다. 예를 들어 경영진에 의한 부정이나 고의적 법규위반의 증거가 있거나, 경영진이 적절한 재무제표 작성에

대한 감시능력이 없어 그 적격성에 의문이 제기될 수 있다. 따라서 그러한 미비점들에 대하여는 경영진에게 직접적으로 커뮤니케이션하는 것이 적합하지 않을 것이다.

2. 265.A14 유의적 미비점들에 대한 서면 커뮤니케이션 시점과 관계없이, 감사인은 중요왜곡표시위험을 최소화하기 위한 시정 조치를 적시에 취하는 것을 돕기 위하여 이 미비점들을 우선 구두로 경영진, 그리고 적절한 경우 지배기구와 커뮤니케이션할 수도 있다. 그러나 이렇게 하는 것은 이 감사기준서에서 요구하고 있는, 서면으로 유의적 미비점들을 커뮤니케이션할 감사인의 책임을 경감시키지 않는다.
3. 265.A16 경영진과 지배기구는 감사인이 감사 중에 식별한 유의적 미비점들에 대하여 이미 알고 있을 수도 있으며, 비용이나 기타 다른 이유로 그러한 미비점들을 시정하지 않기로 했을 수도 있다. 시정조치 이행에 대한 비용과 효익을 평가할 책임은 경영진과 지배기구에 있다. 따라서 그러한 미비점들을 시정할지 여부를 결정할 때 경영진과 지배기구가 관련성이 있다고 고려하는 비용 또는 기타의 사항과는 관계없이 문단 9의 요구사항은 적용된다. →문단 9. 감사인은 감사 중에 식별된 유의적 내부통제 미비점들을 지배기구에 적시에 서면으로 커뮤니케이션하여야 한다.

Ch 2.8	유의한 미비점 미개선	265.9 265.A16~17	2015 문제4 물음4 배점 2

A(주)는 코스닥시장상장법인으로 20X4년(1.1~12.31)에 X회계법인으로부터 감사를 받고 있으며, X회계법인은 20X3년부터 감사를 수행하고 있다.
감사인은 전기(20X3년)에 수익인식과 관련한 통제활동에서 유의적 미비점을 발견하여 경영진 및 지배기구와 커뮤니케이션하였다. 그러나 커뮤니케이션한 유의적 미비점이 시정되지 않고 당기(20X4년)까지 남아 있다. 감사인의 판단에 의하면 경영진이 비용상의 이유로 유의적 미비점을 시정하지 않은 것은 아니다. 또한, 경영진은 내부감사인 및 규제기관과 그 미비점을 커뮤니케이션하지 않았다. 이러한 상황에서 감사인이 수행해야 할 절차를 서술하시오.

정답 및 해설

▶ 265.9
감사인은 감사 중에 식별된 유의적 내부통제 미비점들을 지배기구에 적시에 서면으로 커뮤니케이션하여야 한다.

▶ 265.A16
경영진과 지배기구는 감사인이 감사 중에 식별한 유의적 미비점들에 대하여 이미 알고 있을 수도 있으며, 비용이나 기타 다른 이유로 그러한 미비점들을 시정하지 않기로 했을 수도 있다. 시정조치 이행에 대한 비용과 효익을 평가할 책임은 경영진과 지배기구에 있다. 따라서 그러한 미비점들을 시정할지 여부를 결정할 때 경영진과 지배기구가 관련성이 있다고 고려하는 비용 또는 기타의 사항과는 관계없이 감사기준서 문단 9의 요구사항(적시 서면 커뮤니케이션)은 적용된다.

▶ 265.A17
만약 시정조치가 아직 취해지지 않고 있다면, 이전의 감사에서 감사인이 지배기구와 경영진에게 유의적 미비점에 대하여 커뮤니케이션하였다고 하더라도, 감사인이 당기에 다시 커뮤니케이션할 필요성이 없어지는 것은 아니다. 이전에 커뮤니케이션한 특정의 유의적 미비점이 시정되지 않은 채 남아 있다면, 당기의 커뮤니케이션은 이전의 커뮤니케이션의 진술 내용을 반복하거나 단지 이전의 커뮤니케이션을 언급하는 것일 수 있다. 감사인은 경영진(적절한 경우 지배기구를 포함)에게 해당 유의적 미비점이 시정되지 않은 이유에 대하여 질문할 수 있다. 합당한 설명 없이 시정조치를 취하지 않고 있는 것은 그 자체로서 유의적 미비점을 나타낼 수 있는 것이다.

다음은 내부통제테스트 및 내부회계관리제도와 관련된 상황 및 물음이다.

[상황]

Y회계법인은 가전제품을 생산하는 K(주)의 20X1년 12월 31일로 종료하는 회계연도의 재무제표에 대한 회계감사를 신규로 수임하였다. Y회계법인은 감사 계획을 수립하고 있으며, 매출 계정을 담당한 김 회계사는 다음과 같은 사항을 파악하였다.

- K(주)는 연간 1조 원 규모의 매출이 발생하고 있으며, 이 중 7,500억 원은 천안에 있는 내수용 진공청소기 부문에서, 2,500억 원은 대구에 있는 수출용 냉장고 부문에서 발생하고 있다.
- 내수용 진공청소기는 거래처에 물품이 인도된 시점에 수익이 인식된다.
- 수출용 냉장고는 화물선을 통해 운송되며, 거래 상대방과의 무역조건에 따라 선적한 시점 또는 거래처 지정 항구에 도착한 시점에 수익이 인식된다.
- K(주)는 월말 시점에 매출액이 크게 증가하는 경향이 있었다. 김 회계사는 진공청소기 부문과 냉장고 부문의 매출 각각에 대하여 부정위험이 존재하는 것으로 가정하였다. 감사계획단계에서 설정한 중요성 금액은 50억 원이다.

위의 [상황]과 관련하여, 다음은 김 회계사가 K(주)로부터 수령한 매출 프로세스에 대한 업무기술서의 일부이다. 각 항목번호(①~⑤)별로 통제미비점이 있는지 여부를 기재하고, 통제미비점이 있는 항목번호에 대해서는 경영진에게 권고할 개선안을 2줄 이내로 서술하시오.

업무기술서

① 고객주문이 접수되면 영업 담당자는 고객의 신용에 대한 평가를 수행하고, 고객 마스터파일에 고객 정보를 등록한다. 고객 정보가 등록되면 영업 담당자는 판매지시서를 작성하여 출고 담당자에게 송부한다.

② 공장의 출고 담당자는 진공청소기가 공장에서 출고될 때, 판매지시서에 기재된 품목, 수량이 출고되는 실물과 일치하는지를 확인하고 출고증에 서명을 한다.

③ 진공청소기 매출기록 담당자는 고객이 서명한 인수증, 고객주문서 및 출고증에 기재된 품목, 수량 및 금액이 서로 일치하는지를 확인하고, 고객이 인수증에 서명한 일자의 매출로 회계전표를 작성한다. 회계팀장은 회계전표와 인수증, 고객주문서, 출고증상의 품목, 수량, 금액 정보, 인수일자가 서로 일치하는지를 확인하고 회계전표를 승인한다.

④ 냉장고 매출기록 담당자는 도착지 인도조건 매출의 경우 선적서류와 고객주문서, 출고증에 기재된 품목, 수량 및 금액이 서로 일치하는지를 확인한 후, 영업 담당자가 송부해주는 이메일에 기재된 거래처 인도일자의 매출로 회계전표를 작성한다. 회계팀장은 위 문서들의 품목, 수량, 금액 및 인도일자 정보가 서로 일치하는지를 확인하고 회계전표를 승인한다.

⑤ 영업담당자는 거래처로부터 매출채권을 수금하는 즉시 회계팀에 전달한다. 회계팀 담당자는 매출채권 리스트상 거래처 및 채권금액과 영업 담당자로부터 전달받은 금액을 대사한 후, 매출채권의 회수에 대한 회계전표를 작성하고, 회계팀장은 위 문서들에 포함된 정보가 서로 일치하는지 확인하고 회계전표를 승인한다.

정답 및 해설

① O 신용평가 승인 업무분장 권고 ② X ③ X ④ O 고객 인수증(외부문서) 일자 대사 절차 권고 ⑤ O 채권수금 업무분장 필요(자동이체 및 자금팀 확인)

Ch 3.2	매출 프로세스 CA 식별	315.A99 315.21 315.A107~109	2023 문제5 물음1 배점 3

한국회계법인은 (주)A에 대해 계속감사를 수행하고 있다. 감사팀은 (주)A에 대한 위험평가 결과 매출에 유의적 위험이 존재한다고 결정하였고, 내부통제에 의존한 감사를 수행하기로 하였다. (주)A는 통합감사 대상이 아니다.

(물음) 다음은 매출프로세스 중 고객 마스터 관리 절차의 일부이다. 각 절차가 통제활동에 해당하는지 여부를 기재하고, 통제활동에 해당한다면 회계감사기준에서 제시하는 구체적인 통제활동(성과검토 등) 중 무엇에 해당하는지 모두 기재하시오.

(M01) 영업팀 담당자는 체결된 판매계약서에 기초하여 고객등록요청서를 작성하고, 영업팀장은 고객등록요청서를 검토하고 승인함

(M02) 회계팀 담당자는 계약조건이 K-IFRS 제1115호의 요건을 충족하는지 분석하고, 회계팀장은 매출인식 조건 분석결과를 검토하고 승인함

(M03) 회계팀 담당자는 검토가 완료된 계약서의 고객정보, 주요 계약조건 등을 ERP에 입력함

(M04) 고객번호가 자동으로 생성되며 고객 마스터에 정보가 등록됨. 마스터 정보 접근권한은 회계팀장을 포함한 일부 인원에게만 부여됨

정답 및 해설

(M01) Y: 승인, 성과검토, 업무분장
(M02) Y: 승인, 성과검토, 업무분장
(M03) N: (입력 시 완전성과 정확성 통제활동은 구체적이지는 않음)
(M04) Y: 업무분장, 정보처리, 정보기술 일반통제(접근 보안), 응용통제

▶ 315.A99
통제활동은 경영진의 지시가 확실하게 이행되도록 도와주는 정책과 절차이다. 정보기술 또는 수작업 시스템 내의 통제활동은 다양한 목적을 가지고 있으며, 다양한 직급과 직능 수준에서 적용된다. 구체적인 통제활동은 예를 들어 다음에 관련된 것들이 포함된다.
• 승인 • 성과검토 • 정보처리 • 물리적 통제 • 업무분장

◈ 정보기술로부터 발생하는 위험 (문단 21 참조)

▶ 315.21
감사인은 기업의 통제활동을 이해할 때 기업이 정보기술로부터 발생하는 위험에 대하여 어떻게 대응해 왔는지 이해하여야 한다.

▶ 315.A107
정보기술의 사용은 통제활동이 실행되는 방식에 영향을 준다. 기업이 정보의 완전성과 시스템이 처리하는 데이터의 보안을 유지하고 있고, 효과적인 정보기술 일반통제와 응용통제를 포함하고 있는 경우, 감사인의 관점상 정보기술시스템에 대한 통제는 효과적이다.

▶ 315.A108

정보기술 일반통제는 다수의 응용소프트웨어와 응용통제의 효과적인 작동을 지원하는 정책과 절차이다. 이들은 메인프레임, 미니프레임 및 최종사용자 환경 모두에 적용된다. 정보의 완전성과 데이터의 보안을 유지하는 정보기술 일반통제는 공통적으로 다음 사항에 대한 통제를 포함한다.

• 접근 보안 • 데이터 센터와 네트워크 운용
• 시스템 소프트웨어의 취득, 변경 및 유지 • 프로그램 변경 • 응용시스템의 취득, 개발 및 유지

▶ 315.A109

응용통제는 수작업 또는 자동화된 절차로서 전형적으로 사업프로세스 수준에서 운영되며 개별 응용시스템에 의한 거래를 처리할 때 적용된다. 응용통제는 본질적으로 예방 또는 발견 기능을 수행할 수 있고, 회계기록의 완전성이 확보되도록 설계된다. 따라서, 응용통제는 거래나 기타 재무정보의 개시, 기록, 처리 및 보고에 사용되는 절차들과 관계가 있다. 이러한 통제들은 발생된 거래가 승인되고, 완전하고 정확하게 기록되며 처리되도록 도와준다. 이러한 예로는 입력데이터의 편집점검이나 일련번호 점검, 그리고 이에 따른 예외보고서의 수작업 후속조치나 데이터 입력시점의 수정이 있다.

Ch 3.3	구매 프로세스		2023 문제3 물음1 배점 4

(주)A는 주권상장법인으로서 내부회계관리제도감사를 포함한 통합감사 대상이며, 보고기간말은 12월 31일이다.

한국회계법인의 나 회계사는 (주)A의 내부회계관리제도가 효과적으로 설계되었는지 평가하고 있다. 다음은 (주)A의 구매활동 및 대금지급 프로세스에 대한 업무기술서 중 일부이다.

[업무기술서]

① (주)A의 구매거래처 마스터는 구매처명, 구매처별 구매품목, 사업자등록번호, 결제계좌 및 지급기한이 등록되어 있으며, 등록되지 않은 구매처에 구매주문이 불가능하도록 시스템이 설정되어 있다.

② 생산관리 담당자는 매월 초에 당월 제품 생산계획 및 원재료 구매계획을 수립한 후 생산관리팀장의 승인을 획득한다.

③ 생산관리 담당자는 원재료 구매계획에 따라 주별로 구매시스템에 구매처명, 품목, 수량 및 단가를 입력하고 생산관리팀장의 승인을 획득한다.

④ 구매팀 담당자는 구매요청서상 생산관리팀장의 승인 여부를 확인하고, 구매처에 구매주문서를 발송한다.

⑤ 구매팀 담당자는 구매요청서, 구매주문서, 검수보고서 및 공급자로부터 받은 세금계산서와 거래명세서를 비교 검증하여 지급결의서를 작성하고, 구매팀장의 승인을 획득한 후 지급결의서를 자금팀에 전달한다.

⑥ 자금팀 담당자가 지급결의서에 따라 자금지급실행요청서를 작성하여 자금팀장의 승인을 획득하고 자금이 집행된 후에 거래처별로 매입채무를 반제처리하면, 회계시스템상 거래처별 매입채무에 자동 반영된다.

나 회계사는 업무기술서의 통제활동 중 두 가지가 미흡하다고 판단하고 있다. 미흡한 통제활동에 해당하는 항목번호를 기재하고, 나 회계사가 (주)A의 경영진에게 권고할 수 있는 개선안을 각 항목별로 한 가지만 3줄 이내로 서술하시오.

정답 및 해설

③ 구매처명, 단가 → 구매팀
⑥ 매입채무 반제처리 → 회계팀(기록)
- 보관(창고/자금) vs 기록(회계) vs 승인(구매, AP)
- 매입채무(지급결의)담당자를 구분하기도 함. 승인(검토 포함)기능인바, 구매팀에서 겸임 가능

Ch 3.4	구매 통제미비점		2018 문제3 물음2 배점 3

김 회계사는 A(주)의 구매와 대금지급활동에 관한 내부통제를 이해하는 절차를 수행하고 다음과 같이 업무기술서를 작성하였다.

[업무기술서]

① 구매행위원인부서에서는 필요한 재화나 용역을 공급받기 위해 구매요청서를 작성하여 부서장 승인을 획득한 후 구매부서로 송부한다. 대부분의 구매요청은 일반승인절차로 이루어지지만 일정금액 이상은 특별승인절차를 거친다.

② 구매부서 담당자는 구매행위원인부서에서 수령한 구매요청서에 부서장 승인이 있는지를 확인한 후 최근 구입한 구매처에 구매주문서를 발송한다.

③ 검수부서 담당자는 주문한 물품을 수령할 때 구매주문서 및 거래명세서의 품목과 수량이 일치하는지 확인하고 외관상태를 검사한다. 검수과정에서 문제가 발생하면 구매부서에 통보한다.

④ 지급결의 담당자는 구매요청서, 구매주문서, 검수보고서 및 공급자로부터 받은 세금계산서를 비교검증한 후 일련번호가 부여된 지급결의서를 작성하고 부서장 승인을 받는다. 지급시기가 도래하면 지급결의 담당자는 승인받은 지급결의서에 따라 자금을 집행한다. 지급된 결의서에는 '지급필' 도장을 찍어 이중지급을 방지한다.

⑤ 도난방지를 위해 폐쇄회로 감시장치와 보안경비시스템이 갖춰진 창고에 재고자산을 보관한다. 창고는 화재예방시스템을 갖추고 있고 보험에 가입되어 있다.

김 회계사가 작성한 업무기술서에는 가장 취약한 통제절차 두 가지가 있다. 취약점에 해당하는 문항번호를 기재하고, 취약점과 관련하여 김 회계사가 A(주)의 경영진에게 권고할 개선안을 서술하시오.

정답 및 해설

② 복수견적(입찰)절차를 통해 적격한 구매처를 선정할 것을 권고
④ 자금집행담당자는 별도로 존재해야 함 (집행 시 사전 등록 및 승인된 구매처 계좌번호 등은 변경이 불가능해야 하며, 계좌이체 및 승인업무는 분리, 승인은 전결규정에 따라야 함)

Ch 3.5	자금 프로세스 통제 미비점		2022 문제9 물음3 배점 3

C회계법인은 전기자동차 임대업을 영위하는 주권상장법인(대기업) (주)국민의 2022 회계연도 재무제표 및 내부회계관리제도에 대한 통합감사를 수행하고 있다.

다음은 (주)국민의 자금 프로세스에 대한 통제기술서의 일부이다.

① 자금팀 담당자는 분기별로 자금수지표를 작성하고, 금융기관으로부터 수령한 잔액 명세서를 첨부하여 팀장의 승인을 받는다.

② 자금 이체의 승인 권한은 자금팀 팀장에게만 부여되어 있다.

③ 자금팀 담당자는 일일 자금 이체 내역을 서면으로 작성하여 자금팀 팀장의 승인을 받으며, 팀장은 이를 ERP에 등록하고 이체를 실행한다.

④ 자금팀 팀장이 자금 이체 실행 시 ERP상 관련 계정이 자동으로 회계처리된다.

⑤ 통장 및 거래인감 실물은 잠금장치가 있는 금고에 보관하며, 비밀번호는 자금팀 팀장이 수시로 변경한다.

위 통제기술서의 각 항목별로 식별 가능한 통제미비점이 있는지 여부를 기재하고, 통제미비점이 있는 경우 경영진에게 권고할 개선안을 2줄 이내로 서술하시오.

정답 및 해설

1) D, 분기 → 일별: 승인권자는 은행잔고 인터넷조회 등 외부증빙 대사 후 승인. CFO는 자금계획과 자금수지를 일별 또는 정기적·부정기적 모니터링할 것을 권고
2) D, 금액별 전결규정에 따라 복수 승인(예: CFO or CEO) 절차를 권고
3) D, 업무분장 미비: (팀장)승인vs(담당자1)등록vs(담당자2)실행, 실행 후 회계처리와 승인된 이체, 통장 대사(예: 회계팀) 권고
4) D, 자동작성된 전표에 대해 회계팀의 승인 이후 전기(Posting)되도록 권고
5) D, 보관vs승인 업무분장: 자금팀장이 아닌 독립된 제3자가 금고불출관리(비번 포함)를 하는 것을 권고. 인감은 사용 전 전결규정에 의한 승인 후 날인한다. 사용인감은 사용 전 전결규정에 의한 승인권자, 날인담당자, 인감사용대장 기록담당자를 분리하여야 하며 사용내역을 주기적으로 경영진이 모니터링한다. (법인인감은 CFO, CEO가 직접 보관이 일반적)

04

실증절차

4부에서는 내부통제에 대한 평가를 마치고 수정된 감사계획에 따라 계정잔액에 대하여 직접 테스트를 수행하는 실증절차에 대한 내용을 학습한다. 실증절차의 개념과 기초잔액과 계정별 실증절차를 소개하고 부정, 지배기구, 소송, 공시 등 항목별 감사절차를 학습한다. 그리고 후속사건, 계속기업 등 실증절차의 마무리 절차에 대하여 설명한다.

제 1 장 기본적 실증절차: 개념과 기초잔액

1. 실증절차의 개요

회계감사기준에서는 통제테스트는 경영진주장 수준의 중요한 왜곡표시를 예방 또는 발견 및 수정하기 위한 **통제의 운영효과성을 평가**하는 것이고, 실증절차는 경영진주장수준의 **중요한 왜곡표시를 발견하기 위해 설계된 감사절차**라고 정의하고 있다(330-4).

- 감사절차
  - 위험평가절차
  - 추가감사절차
    - 통제테스트
    - 실증절차
      - 실증적인 분석적 절차
      - 세부테스트
        - 거래유형
        - 계정잔액

재무제표의 결산절차에 대한 실증절차를 수행할 때 포함되어야 하는 절차는(330-20),

① 재무제표의 정보가 그 **기초가 되는 회계기록과 일치하는지를 확인**하거나 차이를 조정함(총계정원장과 보조원장 내에서 입수된 정보이든 외부에서 입수된 정보이든 공시에 포함된 정보가 일치하는지 확인하거나 차이를 조정하는 것을 포함)

② 재무제표를 작성하는 과정에서 행한 **중요한 분개 및 기타 수정사항에 대하여 조사함**

유의적 위험에 대응하기 위한 실증절차는(330-21),

① 감사인은 경영진주장 수준의 평가된 중요왜곡표시위험이 **유의적이라고 결정하면, 해당 위험에 구체적으로 대응하는 실증절차를 수행**하여야 한다.

② 유의적 위험에 대응하는 접근방법이 실증절차만으로 구성되어 있는 경우에는 **반드시 세부테스트를 포함**하여야 한다.

평가된 중요왜곡표시위험과 관계없이 중요한 거래유형과 계정잔액 및 공시에 대해서 실증절차를 설계하고 수행해야 하는 이유는(330-A42),

① 감사인의 위험평가에는 **판단이 수반**되므로 모든 중요왜곡표시위험이 식별되지 않을 수 있다.

② 경영진의 통제무력화 등 **내부통제에 고유한계가 존재**한다.

실증절차의 수행순서

① 총괄표의 작성

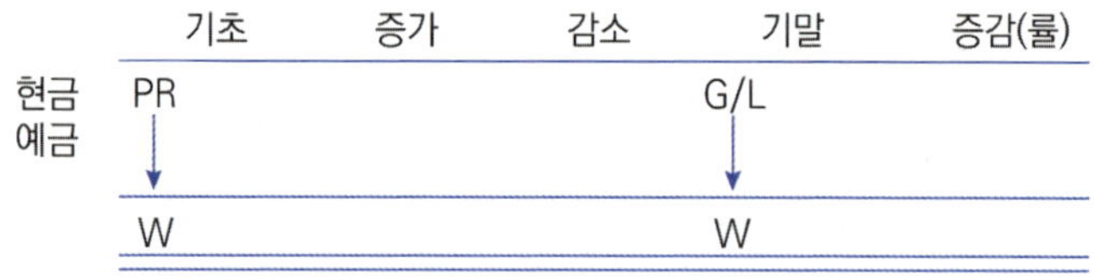

Tick Mark PR: 전기말 금액과 대사
W: 합계 검증
G/L: 총계정원장과 대사

② 실증적인 분석적 절차의 수행: 추세분석, 재무비율분석, 상관관계분석 등

③ 세부테스트 수행: 계정잔액에 대한 세부테스트, 거래유형에 대한 세부테스트

2. 실증절차의 수행시기와 적용방법

실증절차는 재무제표가 확정된 이후에 수행하는 것이 일반적이다. 그러나 일부 회사의 경우 이른 시기에 주주총회를 개최하기 위하여 중간기간에 수행하는 경우도 있다.

중간기간에 실증절차를 수행하기 위하여 고려하여야 할 사항은(330-A56),

① 통제환경 및 기타의 관련통제(예: 내부통제가 효과적인 경우)
② 평가된 중요왜곡표시위험(예: 위험이 낮다고 평가된 경우)
③ 거래유형과 계정잔액의 성격 및 관련 경영진주장
④ 감사인이 수행할 절차에 필요한 정보가 이후 시점에 입수될 수 있는지 여부

중간기간에 실증절차를 수행한 경우 잔여기간에 대한 추가감사절차는(330-22),
① **잔여기간에 대한 통제테스트를 수반한 실증절차를 수행**
② 만약 감사인이 충분하다고 결정한 경우에는 **후속적인 실증절차만을 수행**(예: **잔여기간이 짧은 경우)**

중간기간에 실증절차를 수행한 후 보고기간말 잔액에 관한 정보와 중간기간의 잔액에 관한 정보를 비교조정하는 것이 효과적이라고 결정하는 이유는(330-A55),
① **비경상적으로 보이는 금액을 식별함**
② 해당 금액에 대하여 조사함
③ 잔여기간에 대한 테스트를 위해 실증적 분석절차 또는 세부테스트를 수행함

감사인은 재무상태표 중심으로 감사절차를 수행하면서 관련되는 손익계산서 항목에 대한 실증절차를 **동시에 수행하는 것이 감사의 효과성과 효율성을 높일 수 있다.**
자산은 과대계상, 부채는 과소계상의 위험이 크므로 자산은 실재성과 권리에, 부채는 완전성과 의무에 중점을 둔 실증절차를 수행하여야 한다.

3. 기초잔액에 대한 실증절차

초도감사 시 기초잔액에 대한 2가지 감사목적은(510-3),
① 당기재무제표에 중요하게 영향을 미치는 왜곡표시가 기초잔액에 포함되었는지 여부
② 기초잔액에 반영된 적합한 회계정책이 당기재무제표에 **일관되게 적용**되었는지 여부, 또는 회계정책이 변경되었다면 해당 재무보고체계에 따라 적절하게 처리되고 적절하게 표시 및 공시되었는지 여부

기초잔액에 왜곡표시의 포함여부를 확인하기 위한 감사절차(510-6),

① 전기의 마감잔액이 **정확하게 당기로 이월**되었는지, 또는 해당되는 경우 재작성 되었는지 여부를 결정함

② 기초잔액에 **적합한 회계정책이 반영**되어 있는지 결정함

③ 다음 절차 중 하나 이상을 수행함(문단 A3-A7 참조)

- 전기재무제표가 감사를 받은 경우, 기초잔액에 관한 증거를 입수하기 위해 전임감사인의 감사조서를 검토함
- **당기에 수행된 감사절차가 기초잔액과 관련된 증거를 제공하는지 여부를 평가함**
- 기초잔액에 관한 증거를 입수하기 위하여 **특정의 감사절차(매출채권 · 매입채무: 당기 회수내역 검토, 재고자산: 당기 실사 후 기초재고로 조정, 기초 재고단가의 적정성 확인 등)를 수행함**

감사인이 타 감사인이 감사한 기초잔액에 대한 감사절차를 수행 후 기초 잔액에 중요한 왜곡표시가 식별된 경우 수행절차(450-8, 710-18)는,

① 적합한 수준의 경영진과 **지배기구와 적시에 커뮤니케이션하고 이러한 왜곡표시를 수정할 것을 요청**

② 기초잔액에 중요한 왜곡표시가 존재한다는 사실을 전임감사인에게 알리도록 요청(비밀유지의무 준수 위해 직접 알리지 않는다)

감사인은 기초잔액에 반영된 회계정책이 당기재무제표에 일관되게 적용되고 있는지를 확인하기 위해 **충분하고 적합한 감사증거를 입수**해야 한다(510-8).

기초잔액과 관련한 상황별 감사의견은,

감사목적	상황	예외사항	감사의견
기초잔액의 왜곡표시	기초잔액에 대한 충분하고 적합한 감사증거를 입수하지 못한 경우	감사범위의 제한	한정, 의견거절
	기초잔액에 중요한 왜곡표시가 포함되어 있으나 왜곡표시의 영향이 적합하게 회계처리되지 않았거나 적절하게 표시 또는 공시되지 않은 경우	중요한 왜곡표시	한정, 부적정

감사목적	상황	예외사항	감사의견
	전임감사인이 표명한 전기재무제표에 대한 변형의견이 당기에도 계속하여 중요한 관련성이 있고 중요한 경우	중요한 왜곡표시	한정, 부적정
회계정책의 일관성	당기의 회계정책이 기초잔액과 관련하여 재무보고체계에 따라 일관되게 적용되지 않은 경우	중요한 왜곡표시	한정, 부적정
	회계정책의 변경이 재무보고체계에 따라 적합하게 회계처리되지 않았거나 적절하게 표시 또는 공시되지 않은 경우	중요한 왜곡표시	한정, 부적정

회계감사기준에서 재무제표별로 감사의견을 다르게 표시하는 감사의견의 분리는 원칙적으로 금지되고 있으나 초도감사에 한하여 적용한다.

예외적으로 의견의 분리가 허용되는 경우는 초도감사와 다른 재무보고체계에 의해 작성된 재무제표에 대한 감사 시 허용된다(510-A8, 705-A16).

① 초도감사에서 기초잔액에 대하여 충분하고 적합한 감사증거를 입수할 수 없어서 재무성과와 현금흐름은 한정의견이나 의견거절, 그리고 재무상태는 적정의견을 표명하는 경우

② 동일한 감사보고서 내에서, 하나의 재무보고체계(예: 한국채택국제회계기준)에 따라 작성된 재무제표에 대하여 적정의견을 표명하고, 동일 재무제표에 대하여 다른 재무보고체계(예: 일반기업회계기준)에 따라서는 부적정의견을 표명하는 경우

제2장

계정별 실증절차

1. 현금및현금성자산

현금및현금성자산은 횡령 등 고유위험이 높은 자산에 해당하므로 잔액이 적더라도 유의적 항목으로 분류하여 신뢰성이 높은 감사증거를 입수해야 한다.

1) 총괄표의 작성

(단위: 백만 원)

계정과목	기초	증가	감소	기말	증감
현금및현금성자산	100	2,000	1,200	900	800(800%)

감사인은 기초잔액이 전기말 보고서 금액과 일치하는지 확인하고 기말잔액은 총계정원장과 일치하는지를 우선 확인한다.

2) 실증적인 분석적 절차의 수행

감사인은 실증적 분석적 절차 수행 후 다음과 같은 징후가 발견된 경우 **부정위험의 징후가 존재하는 상황으로 분류한다.**

① 현금및현금성자산이 감사대상회사의 업종을 고려해 볼 때 자산에서 차지하는 비중이 지나치게 높은 경우

② 금리가 높은 단기차입금이 많은 회사가 현금시재액 및 수익률이 매우 낮은 현금성자산을 지나치게 많이 보유하고 있는 경우

③ 기중에 비해서 지나치게 기말에 현금잔액이 증가하는 경우

회사가 보고기간말 대규모의 현금및현금성자산을 보유하고 있는 경우 감사절차,

① 보유사유, 보유규모의 타당성을 검토

② 재무제표일 후 계속 보유여부를 확인해야 하고, 재무제표일 후 인출된 경우에는 그 사용내역을 추가로 확인

③ 예금의 경우 금융기관 담당자에게 예금잔액에 대해 유선조회를 하거나 통장실물을 확인

3) 세부테스트의 수행

(1) 현금

현금은 실물자산으로서 보고기간말에 재고실사입회를 수행할 때 실물검사의 방법으로 수행된다. 실사수행 시 유의사항은 다음과 같다.

① 동시에 실사함으로써 상호융통을 방지한다.

② 선택실사할 경우 미리 통보하지 않아야 한다.

③ 가능한 한 재무제표일 전후에 실사를 수행하여 적시성을 확보한다.

④ 예금통장 등을 확인할 때는 반드시 원본을 확인한다.

⑤ 자산의 분실의 오해를 방지하기 위해 회사 담당자의 참관 아래 수행하고 완료된 후 담당자로부터 반납확인서를 받는다.

(2) 보통예금과 현금성자산

은행조회서를 발송하고 적정성을 확인한다. 은행조회서와 관련한 유의사항은 다음과 같다.

① 은행조회서를 통해 확인 가능한 정보: 예적금, 차입금, 어음수표의 교수 및 회수내역, 지급보증 등

② 은행조회서 조회대상: 잔액여부와 관계없이 당기 중 거래가 있었던 모든 은행에 조회(부채의 완전성을 확인하기 위하여)

실무적으로는 감사인의 요청에 의해 회사가 "금융결제원의 회계감사자료" 온라인 발급 site에 감사인 지정을 하여 금융기관에 발급 요청을 하고, 감사업무 담당 회계사

가 발급된 “금융기관 조회서”를 출력하여 확인하는 절차가 일반적이다.

또한, 감사인은 감사업무 참조목적으로 또는 예비적으로 한국신용정보원 정보를 나이스평가정보 등의 신용정보제공업체를 통해 감사대상 회사에 대한 금융기관별 잔액 조회를 병행하고 있다. 그러나 금융기관별 조회 절차를 완전히 대체할 수는 없다.

은행조회서 실무 양식

가나다회계법인 　　　　담당공인회계사 : 　홍길동 　　　　귀중

조회대상 회사: (주)ABC 　　　　사업자등록번호 : XXX-XX-XXXXX 　　　　조회기준일 : 2022 년 12월 31 일 현재

1. 조회기준일 현재 조회대상회사의 당 은행에 대한 금융상품의 내용은 다음과 같습니다.

금융상품의 종류	계좌번호	금액	연이자율	최종이자지급일	만기일	인출제한 등
기업자유	XX00XXXXX0XXXX	KRW 12453.00 ()		20XX1218	00000000	
보통예금	XX00XXXXX0XXXX	KRW 4800421.00 ()		20XX1211	00000000	
정기예금	XX00XXXXX0XXXX	KRW 2500000000.00 ()	3.05	00000000	20XX1222	대출금 등에 대한 담보제공
외화보통	XX00XXXXXXX000XX	USD 0.00 ()		20XX1225	00000000	
외화보통	XX00XXXXXXX000XX	JPY 0.00 ()		20XX1225	00000000	

확인자 소속 및 성명 : 　XX디지털 부점 OOO 연락처) 02- XXX-XXXX

2. 조회기준일 현재 조회대상회사에 대한 당 은행의 대출거래의 내용은 다음과 같습니다.

총 한도액 :

대출 종류	금액		대출일	최종만기일	이자		상환방법	담보 보증 및 관련약정
	약정한도액	대출금액			연이율	최종이자지급일		
일반기업자금회전대출	KRW 2500000000.00	KRW 2500000000.00	20220801	20231222	2.910	00000000	수시상환	당행예금
Bankers Usance인수		USD 5722414.08	00000000	00000000		00000000		LG발행포함, 수입신용장 약정내용 참조

확인자 소속 및 성명 : 　XX디지털 부점 OOO 연락처) 02- XXX-XXXX

XX 은행

3. 조회기준일 현재 조회대상회사에 대한 당 은행의 지급보증 및 기타 약정사항의 내용은 다음과 같습니다.

내용	한도액	실행금액	지급보증수수료율	기간	담보지급보증
기한부수입신용장__개설, LG발행, 인수	USD 3600000.00	USD 3028988.15	0.000	20XX0125 ~ 20XX0504	
기한부수입신용장__개설, LG발행, 인수	USD 5500000.00	USD 5494396.55	0.000	20XX1104 ~ 20XX1104	중금채

확인자 소속 및 성명 : 　XX디지털 부점 OOO 연락처) 02- XXX-XXXX

4. 조회기준일 현재 조회대상회사의 미결제파생상품계약 등(선물환, 스왑, 옵션, 기타 이와 유사한 계약 포함)의 내용은 다음과 같습니다.

계약의 종류	계약일	한도액	당행의 매입금액	당행의 매도금액	계약실행일/만기일	약정환율/이자율/주가지수 등	평가금액	비고 (결제조건 등)

해당 거래 없음

확인자 소속 및 성명 : 　XX디지털 부점 OOO 연락처) 02- XXX-XXXX

5. 조회기준일 현재 조회대상회사가 타 법인(개인)을 위하여 당행 앞으로 제공한 담보 및 연대보증의 내용은 다음과 같습니다.

내용	연대보증 등을 제공받은 회사(개인)	연대보증 등의 대상 여신	연대보증 등의 한도	담보제공한 자산
일반보증약정	ABC자매사 (주)	기타시설자금대출	KRW 2700000000.00	
일반보증약정	ABC자회사 (주)	할인어음	KRW 1800000000.00	
일반보증약정	ABC자회사 (주)	외상매출채권담보대출	KRW 600000000.00	
일반보증약정	ABC자회사 (주)	기업구매자금대출	KRW 1800000000.00	

확인자 소속 및 성명 : 　XX디지털 부점 OOO 연락처) 02- XXX-XXXX

XX 은행

6. 당 은행이 20XX년 01월 01일 부터 20XX년 12월 31일 까지 조회대상에 교부한 전자어음, 어음수표의 용지는 다음과 같습니다.

전자어음	교부일자	매수
	해당 거래 없음	

수표·어음	교부일자	매수	일련번호
	해당 거래 없음		

확인자 소속 및 성명 : XX디지털 부점 OOO 연락처) 02- XXX-XXXX

7. 당 은행이 조회대상회사에게 교부한 전자어음과 어음·수표 중 조회기준일 현재 미발행되거나 미결제된 전자어음과 미회수된 어음·수표의 내역은 다음과 같습니다.

※ 조회기준일 현재 전자어음 미발행 매수 : 0 매

미결제 전자어음	만기일자	금액	일련번호
	해당 거래 없음		

수표·어음	교부일자	매수	일련번호
	해당 거래 없음		

확인자 소속 및 성명 : XX디지털 부점 OOO 연락처) 02-XXX-XXXX

8. 당 은행이 조회대상회사로부터 조회기준일 현재 담보, 견질 목적으로 보관하고 있는 어음이나 수표의 내역은 다음과 같습니다.

구분 (어음 또는 수표)	번호	금액	발행일자	만기일자	담보견질의 목적
해당 거래 없음					

확인자 소속 및 성명 : XX디지털 부점 OOO 연락처) 02-XXX-XXXX

XX 은행

9. 조회기준일 현재 조회대상회사의 당 은행에 대한 대출금 등 모든 신용공여와 관련하여 조회 대상회사의 자산 등이 당 은행에 담보와 보증 등으로 제공된 내역과 제3자로부터 제공받은 담보와 보증 등의 내역은 다음과 같으며, 이는 참고 목적으로 제공되므로 그 정확성을 보증할 수는 없습니다.

구분	담보보증의 내용	소유자(제공자)	감정금액	설정금액	설정순위	선순위 설정금액
중금채	XX00XXXXXXX00X KRW00006026416557.00	ABC자매사 (주)	KRW 0.00	KRW 6545000000.00	1	KRW 0.00
중금채	XX00XXXXXXX00X KRW00002021947013.00	ABC자매사 (주)	KRW 0.00	KRW 2223100000.00	1	KRW 0.00
당행예금	XX00XXXXXXXXXX KRW00002500000000.00	(주)ABC	KRW 0.00	KRW 2750000000.00	1	KRW 0.00
연대보증	일반보증약정	개인	KRW 5526576000.00	KRW 0.00	0	KRW 0.00

확인자 소속 및 성명 : XX디지털 부점 OOO 연락처) 02- XXX-XXXX

10. 20XX년 12월 01일 부터 20XX년 01월 09일 까지 조회대상회사가 거래한 당좌거래명세는 다음과 같습니다.

구 분	일 자	입금금액	지급금액	일련번호	적 요
해당 거래 없음					

확인자 소속 및 성명 : XX디지털 부점 OOO 연락처) 02- XXX-XXXX

20XX년 01월 10일 XX 은행 XX디지털 부·지점 (직인생략)

XX디지털 부·지점 담당자 : XX디지털 OOO

(문의전화 : 02- XXX-XXXX , e-mail :)

본 조회서는 해당 은행에서 발급한 것이며, 금융결제원을 통하여 제공되었습니다. 또한 해당은행과 금융결제원과의 협약에 따라 직인을 생략하였습니다.

XX 은행

(3) 카이팅테스트

카이팅(Kiting)이란 당좌수표의 입금일자와 출금일자 간의 시차를 이용하여 예금잔액을 의도적으로 부풀리는 부정의 유형을 말한다. 카이팅은 다음의 두 가지 유형이 있다.

유형1: 부정한 재무보고	유형2: 자산의 횡령
당좌예금을 과대계상하기 위하여 통장잔액과 당좌예금장부를 동시에 부풀리는 행위	당좌예금의 횡령을 감추기 위하여 통장잔액을 부풀리는 행위

① 유형1: 부정한 재무보고

구분		국민은행(출금)		신한은행(입금)	
		회사장부	통장	회사장부	통장
카이팅 전	20x1/12/31	20	20	10	10
카이팅 후	20X1/12/31	20	20	20	20
	20X2/1/2	10	10	20	20

구분		거래은행		출금은행 인출일자		입금은행 입금일자	
유형	수표	출금은행	입금은행	회사장부	은행	회사장부	은행
유형1	#101	국민은행	신한은행	20x2/1/2	20x2/1/2	20x1/12/31	20x1/12/31

② 유형2: 자산의 횡령

구분		국민은행(출금)		신한은행(입금)	
		회사장부	통장	회사장부	통장
카이팅 전	20x1/12/31	20	20	10	0
카이팅 후	20X1/12/31	20	20	20	20
	20X2/1/2	10	10	20	20

구분		거래은행		출금은행 인출일자		입금은행 입금일자	
유형	수표	출금은행	입금은행	회사장부	은행	회사장부	은행
유형1	#101	국민은행	신한은행	20x2/1/2	20x2/1/2	20x2/1/2	20x1/12/31

현금및현금성자산의 증감은 전반적으로 영향을 미치기 때문에 거래유형의 세부테스트를 수행하는 것은 많지 않다. 그리고 현금검증표의 작성은 자금유용여부를 확인할 수 있지만 실무적으로 작성하는 경우는 드물다.

4) 현금및현금성자산 감사조서 예시

ABC㈜
2022-12-31
현금및현금성자산, 장단기금융상품

Date : 2023-02-05
Prepared by:
Reviewed by:

A

1. Lead Schedule

Accounts	2021-12-31	2022-12-31 제시	Dr	Cr	2022-12-31 최종	DIFF	%
현금및현금성자산	xxxxxx	xxxxxx			xxxxxx	xxxxxx	xxxx
단기금융상품	xxxxxx	xxxxxx			xxxxxx	xxxxxx	xxxx
장기금융상품	xxxxxx	xxxxxx			xxxxxx	xxxxxx	xxxx
	xxxxxx	xxxxxx			xxxxxx	xxxxxx	
	{w}	{v}			{t}		

<Tickmark Legend:		
	{w}	전기감사보고서와 대사확인함
	{v}	회사제시재무제표/명세와 대사
	{t}	최종재무제표와 대사 확인함

2. Object 현금및현금성자산, 장단기금융상품 관련 경영자 주장에 대한 보통수준의 확신의 부여

3. Procedures

	ref.
1. 총괄표 작성 및 명세/보조부와 대사	Leadschedule
2. 유의적 증감내역 검토	A
3. 공시사항에 대한 검토	FN
4. Conclusion	Conclusion

<Audit Memo>

1. 현금성 자산

과목	거래처	2021-12-31	2022-12-31	증감	비고
원화보통예금	하나,기업,신한은행 등 1	13,004,573,480	5,127,981,060	(7,876,592,420)	
외화보통예금	하나은행	1,522,914,599	142,423,020	(1,380,491,579)	
국고보조금		(612,345,677)	(134,904,747)	477,440,930	호주타당성조사 국고보조금
				-	
합계		13,915,142,402	5,135,499,333	(8,779,643,069)	
		#VALUE!	#VALUE!		

1) 증감사유
현금+
현금-

2) 현금 및 금융상품 실제성 확인 "BC-100 _금융기관조회서 Controlsheet, Tab1. "참조

구분	조회서상 금액	명세서	S상 금액(22.12.31	DIFF
당좌예금	-	-	-	-
원화보통예금	xxxxxx	xxxxxx	xxxxxx	xxxxx
외화보통예금	xxxxxx	xxxxxx	xxxxxx	xxxxx
현금및현금성자산 합	*xxxxxx*	*xxxxxx*	*xxxxxx*	*xxxxx*
단기금융상품(원화정	xxxxxx	xxxxxx	xxxxxx	xxxx
단기금융상품(외화정	xxxxxx	xxxxxx	xxxxxx	xxxx
단기금융상품 합계	*xxxxxx*	*xxxxxx*	*xxxxxx*	xxxx
장기금융상품	xxxxx	xxxxxx	xxxxxx	xxxx

2. 단기금융상품

과목	거래처	2021-12-31	2022-12-31	가입일	만기일	증감	비고
단기금융상품(원화)	국민	-	xxxxxx	2022-12-09	2023-12-09	#VALUE!	*질권설정*
단기금융상품(원화)	국민	-	xxxxxx	2022-12-07	2023-06-22	#VALUE!	*질권설정*
단기금융상품(원화)	국민	-	xxxxxx	2022-03-10	2023-03-10	#VALUE!	*질권설정*

2. 매출채권과 매출

1) 총괄표의 작성

매출채권과 매출에 대한 총괄표를 작성하고 기초잔액의 전기말 보고서 금액과 일치 여부, 기말잔액의 총계정원장과 일치여부를 확인한다.

(단위: 백만 원)

계정과목	기초	증가	감소	기말	증감
매출채권	200	1,000	900	300	100(50%)
선수금	100	300	200	200	100(100%)
대손충당금	(20)	(10)	(15)	(15)	-5(-25%)
매출	-	1,000	-	1,000	-
대손상각비	-	10	-	10	-

2) 실증적인 분석적 절차의 수행

추세분석이나 재무비율분석을 실증적 분석절차로 수행하고 유의적인 차이가 발견된 경우 추가적으로 수행할 절차는 다음과 같다(520-7).

① 경영진에게 질문하고 경영진의 답변과 관련성이 있는 적합한 감사증거를 입수함

② 그러한 상황에 필요한 기타의 감사절차를 수행함

예를 들어 특별한 변화가 없는 상황에서 매출채권회전율이 크게 감소한 것은 매출과 매출채권의 과대계상이나 대손충당금의 과소계상의 가능성이 있다.

3) 세부테스트의 수행

매출채권의 계정잔액에 대한 세부테스트 내용은 다음과 같다.

계정과목		계정잔액에 대한 세부테스트
외상매출금, 받을어음		잔액이 큰 거래처를 중심으로 채권채무조회서를 발송한다.
받을어음	직접 보관	받을어음의 원본에 대해서 실물검사를 수행한다.

계정과목		계정잔액에 대한 세부테스트
	은행 보관	수탁통장의 원본에 대해서 실물검사를 수행하고, 그 수탁통장에 대해서 은행조회서를 발송한다.
대손충당금		회계추정치에 대한 감사절차를 수행한다.

거래유형에 대한 세부테스트로서 확인하여야 할 경영진 주장은 다음과 같다.

① 발생사실: 기록된 매출 거래와 사건은 발생되었고 기업에 귀속된다.

② 완전성: 모든 매출거래는 기록되었으며 공시되었다.

③ 기간귀속: 모든 매출거래는 해당 보고기간에 기록되었다.

④ 분류: 모든 매출거래는 적절한 계정으로 기록되었다.

⑤ 정확성: 매출거래의 금액은 정확하게 기록되었고 공시도 적합하게 기술되었다.

⑥ 표시: 매출 관련 공시는 해당 재무보고체계의 요구사항의 측면에서 관련성이 있으며 이해 가능하다.

4) 실전예제

감사인은 12월 말 결산 기업의 매출 완전성과 실재성에 대한 감사증거를 입수하고자 한다. 이를 위하여 매출거래 중 해당 연도의 마지막 매출 기록 거래 일부를 추출하여 매출의 기간귀속에 대한 감사절차를 수행하였다. 다음은 이러한 절차를 위해 추출한 거래들의 내역이다.

매출기록일	송장번호	선적일	선적조건
12.30	xx28	12.30	FOB선적지 인도조건
12.31	xx29	12.31	FOB선적지 인도조건
12.31	xx30	12.31	FOB선적지 인도조건

위와 같은 감사인의 매출 기간귀속의 적절성에 대한 감사절차는 매출에 대한 기간귀속의 테스트의 목적인 완전성과 실재성 중 하나에 대한 검증 목적을 달성하지 못한다.

[요구사항]

① 위 절차로 달성되지 않는 감사목적의 명칭과, ② 달성되지 않았다고 판단한 이유를 서술하시오.

[답안]

① 완전성

② 완전성을 확인하기 위해서는 관련증빙(선적서류, 송장 등)에서 표본을 추출하여 매출의 보조장부에 포함되었는지 확인하여야 하고(전진법), 재무제표일 이후의 관련증빙을 검토하여 적절한 기간에 반영되었는지 확인하여야 한다.

5) 매출채권 조서 예시

ABC㈜
2022-12-31
매출채권

Date :	2023-02-17	C
Prepared by:		
Reviewed by:		

1. Lead Schedule

Accounts	2021-12-31	2022-12-31 제시	Dr	Cr	2022-12-31 최종	DIFF	%
유동성채권							
외상매출금(원화)	XXXXXX	XXXXXX			XXXXXX	XXXX	XX
외상매출금(외화)	XXXXXX	XXXXXX			XXXXXX	XXXX	XX
외상매출금(SI_원화)	XXXXXX	XXXXXX			XXXXXX	XXXX	XX
공사미수금(원화)	XXXXXX	XXXXXX			XXXXXX	XXXX	XX
공사미수금(외화)	XXXXXX	XXXXXX			XXXXXX	XXXX	XX
미청구공사(원화)	XXXXXX	XXXXXX			XXXXXX	XXXX	XX
미청구공사(외화)	XXXXXX	XXXXXX			XXXXXX	XXXX	XX
대손충당금	XXXXXX	XXXXXX		#REF!	XXXXXX	XXXX	XX
합 계	XXXXXX	XXXXXX			XXXXXX	XXXX	XX
비유동성채권							
장기매출채권	XXXXXX	XXXXXX			XXXXXX	XXXX	XX
대손충당금	XXXXXX	XXXXXX			XXXXXX	XXXX	XX
합 계	XXXXXX	XXXXXX			XXXXXX	XXXX	XX
	{w}	{v}			{t}		

<Tickmark Legends>		
	{w}	전기감사보고서와 대사확인함
	{v}	회사제시재무제표/명세와 대사
	{t}	최종재무제표와 대사 확인함

2. Object 매출채권및기타채권에 대한 경영자 주장에 대하여 소극적 확신의 부여

3. Procedures

	ref.
1. 매출채권의 최초 인식에 관한 회계방침을 질문, 또한 대손충당금이 설정되었는지 검토	Memo
2. 매출채권 명세서를 획득하고 총액이 시산표와 일치하는지를 검토	Lead schedule
3. 계정잔액이 전기 또는 예측치와 비교하여 중대한 차이가 있을 경우 차이원인에 대하여 질문	Memo
4. 매출채권 연령표를 입수한다. 그리고 비경상적으로 큰 항목이나 대변에 잔액이 표시된 경우 및 기타 비경상적인 잔액은 그 사유를 질문. 또한 매출채권의 회수가능성도 질문	Memo
5. IPE Test	Memo
6. 매출채권 중 회수가 지연되는 건을 식별하는 방법과 대손충당금의 설정에 관해 질의, 그 타당성에 관해 판단	C-2 대손충당금검토
7. 매출채권에 대한 담보제공, 팩토링 및 할인여부에 관해 질문	Memo
8. 매출 및 반품에 대한 기간귀속의 적정성을 확인하기 위하여 적용한 절차에 관해 질의	Memo
9. 위탁판매로 인한 매출채권도 포함되어 있는지 질문, 취소된 경우 해당거래를 취소하고 재고자산에 환입계상되는지를 질문	n/a
10. 기인식된 매출채권 중 결산일 이후 큰 금액의 차감이 있었는지 여부와 그러한 매출채권에 대해 사전에 적정한 충당금이 설정되었는지를 질문	n/a
11. 채권채무조회서	C100-0 채권채무조회서(
12. 결론 기술	Conclusion

5. Findings 위 수정사항 참조

6. Conclusion 위 수정사항을 반영함. 중요성의 관점에서 적정함

3. 재고자산과 매출원가

재고자산의 기말금액의 적정성을 확인하기 위해서는 수량과 단가에 대한 감사절차가 수행되어야 한다. 단가는 회사의 원가계산내역의 검토를 통해 확인 가능하며 수량과 상태는 회사가 직접 보관하는 경우와 제3자가 보관하는 경우에 따라 감사절차가 다르다.

1) 직접 보관 시

재고자산을 회사가 직접 보관하는 경우 재고자산의 수량을 확인하는 방법은 실사와 실사입회가 있다. 각각의 장단점을 비교하면 다음과 같다.

구분	실사	실사입회
감사증거의 입수방법	검사	관찰
장점	감사증거력이 높음	시간과 비용이 적게 투입됨
단점	시간과 비용이 많이 투입됨	감사증거력이 낮음

효율적 감사를 위하여 실사입회를 원칙으로 하되, 표본에 대해 테스트 실사를 수행한다.

재고실사입회 계획 시 고려할 사항은 다음과 같다(501-A3).

① 재고자산과 관련된 중요왜곡표시위험

② 재고자산과 관련된 내부통제의 성격

③ 재고자산 실사의 시기

④ 감사인 측 전문가의 도움이 필요한지 여부

⑤ 재고자산의 실사를 위해 적절한 절차가 수립되고 적절한 지시가 전달될 것으로 예상되는지 여부

⑥ 기업이 계속기록법을 유지하는지 여부

⑦ 적절한 입회장소를 결정 시 보관장소

재고자산 실사입회와 관련하여 실사입회할 때 수행하여야 하는 절차와 실사 후에

확인하여야 하는 절차로 구분된다.

실사입회할 때 수행하여야 하는 절차는 다음과 같다(501-4).

① 재고자산 실사의 결과를 기록하고 통제하기 위한 경영진의 지시와 절차의 평가
경영진의 지시와 절차에 포함되어야 할 사항
㉠ 적합한 통제절차의 적용(예: 재고실사표의 사용 및 회수 처리 통제)
㉡ 재공품의 완성도, 회전율이 낮거나 진부화 또는 손상된 항목 및 제3자가 소유한 재고자산에 대한 정확한 식별
㉢ 실제수량을 추정하기 위해 사용된 절차(예: 야적된 석탄수량의 계측절차)
㉣ 재고자산의 보관장소 간 이동과 실사기준일 전후의 재고자산 입·출고에 대한 통제절차
② 경영진이 수행하는 실사절차에 대해 관찰
③ 재고자산에 대한 조사(실재성과 진부화 정도를 확인할 수 있다)
④ 테스트 실사의 수행
구체적인 테스트 실사절차(501-A7)
㉠ 실사기록의 정확성에 대한 감사증거를 입수하기 위하여 실사기록에서 선정된 항목을 실제의 재고로 추적하거나,
㉡ 실사기록의 완전성에 대한 감사증거를 입수하기 위하여 실제의 재고에서 선정된 항목을 경영진의 실사기록으로 추적

실사입회 후에 추가적으로 수행하여야 하는 절차와 그 목적은 다음과 같다(501-4, A8).

① 재고자산의 최종 기록이 재고자산 실사의 결과를 정확하게 반영하고 있는지 여부를 결정하기 위해(수행목적)
② 재고자산의 최종기록에 대한 감사절차를 수행(예: 실사기록사본과 재고자산 최종기록 대사)

실사기준일과 재무제표일이 다른 경우, 실사일과 재무제표일 사이의 재고자산 변동이 적절하게 기록되었는지 여부에 대한 감사증거를 얻기 위한 감사절차를 수행하여야 한다(501-5).

재고자산의 실사일과 최종 재고자산 기록일 사이의 금액변동이 적절히 기록되었는

지 여부에 대한 감사증거를 얻기 위해 감사절차를 설계할 때 관련 고려사항은 다음과 같다(501-A11).

① 실사 중 입수된 정보와 계속기록법에 의한 재고기록 간의 유의적 차이에 대한 이유

② 계속기록법에 의한 재고기록이 바르게 조정되는지 여부

③ 기업의 계속기록법에 의한 재고기록의 신뢰성

재고자산 실사입회는 필수적 절차이므로 생략할 수 없다. 그러나 극히 예외적인 경우로서 재고보관장소의 테러, 방사선노출, 전염병발생 등 안전상의 이유인 경우는 대체적 절차(재고자산의 실사 이전에 취득하거나 매입한 특정재고자산의 항목에 대해 이후의 매출과 관련 서류를 검사)를 수행하여 충분하고 적합한 감사증거를 입수하여야 한다(501-A13).

2) 제3자 보관 시

회사의 재고를 제3자가 보관하고 있는 경우 감사인은 다음 중 하나 이상의 절차를 수행하여야 한다(501-8).

① 기업을 위하여 보유하는 재고자산의 수량과 상태에 대하여 해당 제3자의 조회를 요청(타처보관재고자산조회서)

② 해당 상황에 적합한 검사 또는 기타의 감사절차 수행

제3자의 성실성과 개관성이 의심되는 경우 수행절차(501-A16)

㉠ 실행 가능한 경우, **제3자가 수행하는 재고자산 실사에 직접 입회하거나 타 감사인이 입회**하도록 조치함

㉡ 재고자산이 바르게 실사되고 적절하게 보호되는지 확인하기 위해 제3자의 내부통제가 적절한지에 대한 **타 감사인의 감사보고서 또는 서비스조직 감사인의 감사보고서를 입수함**

㉢ 창고보관증과 같이 **제3자가 보관하는 재고자산에 관한 문서를 조사함**

㉣ 재고자산이 **담보로 제공되어 있다면 해당 당사자의 조회를 요청함**

3) 실전예제

가나다(주)의 재고자산은 모두 상품으로 구성되어 있다. 현장책임회계사는 재고자산에 대한 실사입회계획을 다음과 같이 수립하였다.

[재고실사입회계획]

① 현장책임회계사는 재고자산의 내부통제가 효과적으로 설계 및 운용되고 있다고 판단하고 있다.

② 현장책임회계사는 회사의 결산일(12월 31일) 이전인 12월 26일에 실사입회를 수행할 계획이다.

③ 재고실사입회 시 재고수불부에서 표본을 추출하여 실물을 확인하는 절차로 실사입회를 수행할 계획이다.

④ 상품성이 훼손된 재고자산에 대해서도 별도로 실사입회를 수행할 계획이다.

[요구사항]

[A] 재고실사입회일이 재무제표일과 다른 경우 현장책임회계사가 고려해야 할 사항을 ① 내부통제측면, ② 실증절차측면으로 나누어 각각 한 가지씩 기재하시오.

[B] 일반적으로 재고실사 입회 시 예상되는 경영진의 주장을 고려하여 추가로 계획할 감사절차 중 한 가지를 기재하시오.

[답안]

구분	기재할 사항
[A]	① 내부통제측면: 12월 26일과 12월 31일 사이에 내부통제가 여전히 효과적인지 테스트한다. ② 실증절차측면: 실사일과 재무제표일 사이의 재고자산 변동이 적절하게 기록되었는지 여부에 대한 감사증거를 얻기 위한 감사절차를 수행하여야 한다.
[B]	실사기록의 완전성에 대한 감사증거를 입수하기 위하여 실제의 재고에서 선정된 항목을 경영진의 실사기록으로 추적한다.

4) 재고자산 조서 예시

회사명: ABC㈜		No :	2023-02-16
계정과목: 재고자산		Prepared:	
Section: 입증감사_재고자산		Reviewer:	
Test 내용: 총괄표			
2022-12-31			

1. 총괄표

계정명	2021-12-31	2022-12-31	수정사항	수정후	증감액	증감율
제품	XXXXXX	XXXXXX		XXXXXX	XXXX	XX
재고자산평가충당	XXXXXX	XXXXXX		XXXXXX	XXXX	XX
상품	XXXXXX	XXXXXX		XXXXXX	XXXX	XX
재고자산평가충당	XXXXXX	XXXXXX		XXXXXX	XXXX	XX
원재료	XXXXXX	XXXXXX		XXXXXX	XXXX	XX
재고자산평가충당	XXXXXX	XXXXXX		XXXXXX	XXXX	XX
재공품	XXXXXX	XXXXXX		XXXXXX	XXXX	XX
미착품	XXXXXX	XXXXXX		XXXXXX	XXXX	XX
미성공사	XXXXXX	XXXXXX		XXXXXX	XXXX	XX
저장품	XXXXXX	XXXXXX		XXXXXX	XXXX	XX
합계	**XXXXXX**	**XXXXXX**		**XXXXXX**	**XXXX**	XX

기초: 전기 감사보고서 or 전기조서와 대사함
기말(회사제시): 회사제시 재무제표 및 보조부와 대사함
수정후: 최종 재무제표와 대사함

2. Test Summary

조서번호	수행내역
	총괄표
	재고자산 수불부 검토
	재고자산 평가 검토
	미착품 TEST
	재고자산 실사입회

3. 특수관계자 거래

'특수관계자거래' 조서 참조할 것.

4. 결론

특이사항 발견되지 아니함.

4. 금융상품과 관련된 감사절차

1) 실증적 분석절차

전기 유가증권 잔액과 당기 유가증권 잔액과의 비교, 총자산에서 차지하는 비율 등을 통하여 잔액의 적정성을 확인한다. 또한 유가증권 관련 이자수익과 평균잔액과의 비교를 수행한다.

2) 세부테스트

세부테스트 중 계정잔액에 대한 테스트로서, 회사가 보유하고 있는 유가증권 실물의 경우에는 실물검사를 통해 실재성 및 권리를 확인한다. 만약 회사가 금융기관에 유가증권 증서를 예치하고 있는 경우에는 금융기관 외부조회서를 발송하여 실재성 및 권리 주장을 확인한다.

유가증권의 평가와 배분에 대한 주장에 대해서 다음을 확인한다.

분류	감사절차
공정가치 평가 금융자산	해당 금융자산의 공정가치를 조회하여 해당 금액으로 적정하게 평가가 이루어졌는지 확인
상각후 원가로 평가하는 금융자산	해당 금융자산의 발행가액 정보를 입수하여 회사가 계산한 금액이 적정한지 재계산수행
관계회사 주식	관계회사의 주식이 중요한 경우는 감사받은 재무제표, 그리고 중요하지 않은 경우 검토받은 재무제표를 근거로 관계회사 주식 평가가 적정하게 이루어졌는지 확인

유가증권의 거래유형의 세부테스트로서,

취득 관련 거래유형테스트	처분 관련 거래유형테스트
취득승인과 관련된 이사회의사록 검토, 취득 매수대금이 통장에서 지급되었는지 여부 확인	처분승인과 관련된 이사회의사록 검토, 처분 매각 대금이 통장에 입금된 사실확인과 처분손익의 적정성 확인

표시, 공시와 관련된 테스트로서, 유가증권의 분류가 적정한지 여부와 유동·비유동 분류의 적정성을 검토하는 데 상당히 중요한 절차이다. 만기보유금융상품의 경우 경영진이 해당 채무증권을 만기까지 보유할 수 있는지 능력을 검토하여야 하고 관계회사 주식의 경우 지분율 기준보다 실질적으로 유의적 영향력을 행사하는지 여부를 확인하여야 한다.

5. 유형자산과 감가상각비

1) 총괄표의 작성

감사인은 유형자산과 관련 계정과목(감가상각비, 유형자산처분손익)의 총괄표를 아래와 같이 작성하고, 기초잔액은 전기 보고서와 대조・기말잔액은 총계정원장과 대조 확인한다.

(단위: 백만 원)

계정과목	기초	증가	감소	기말	증감
토지	700	-	-	700	-
건물	1,000	1,000	500	1,500	500(50%)
감가상각누계액	200	150	100	250	50(25%)
감가상각비	-	150	-	150	-
유형자산처분손익	-	70	-	70	-

2) 실증적인 분석적 절차의 수행

유형자산의 실증적 분석적 절차는 주로 유형자산 상각대상금액과 감가상각비의 상관관계분석을 통하여 수행된다. 추정감가상각비(=감가상각자산평균금액×평균상각률)와 장부상 감가상각비를 비교해 볼 수 있다. 그리고 유형자산의 자본적 지출과 수익적 지출 간의 상대적 비율을 비교하는 등의 절차를 수행할 필요가 있다.

3) 세부테스트의 수행

유형자산의 계정잔액에 대한 세부테스트는,

① 부동산의 경우 등기부등본을 입수하여 실재성(표제부), 발생사실(갑구), 권리와 의무(을구)를 확인한다.

② 부동산 이외의 유형자산은 실물검사를 통해 실재성을 확인한다.

③ 재평가모형을 선택한 경우 공정가치의 평가가 적절한지 감정평가보고서 등을 확인한다.

④ 필요하다면 감가상각누계액의 적정성을 확인하기 위하여 감가상각비를 재계산한다.

유형자산의 거래유형의 세부테스트는,

① 취득・처분거래는 이사회 회의록, 매매계약서 등을 확인한다.

② 건설중인자산은 차입원가자본화의 적정성을 확인한다.

③ 자본적 지출과 수익적 지출의 적정성을 확인한다.

④ 처분손익이 적절히 계상되었는지 확인한다.

4) 실전예제(09 수정)

홍길동 회계사는 상장법인 (주)한국유통에 대한 유형자산계정에 대한 감사를 담당하고 있다. (주)한국유통은 모든 유형자산에 대해서 재평가모형을 적용하고 있으며, 홍길동 회계사는 당기중 신규로 취득한 건물에 대하여 다음과 같은 감사절차를 취했다.

① 부동산매매계약서 및 실물확인

② 취득원가의 적정성의 검증

③ 감가상각비의 적정성의 검증

④ 자본적 지출과 수익적 지출에 대한 회계처리의 적정성의 확인

[요구사항]

위의 감사절차를 통해 확인된 경영진주장 외에 홍길동 회계사가 신규 취득건물에 대하여 추가적으로 확인해야 할 경영진주장을 두 가지 기술하고 그러한 경영진 주장을 확인하기 위한 감사절차를 기술하시오.

[답안]

① 권리와 의무: 재무제표일 이후의 부동산등기부등본을 징구하여 소유권과 담보지급내역을 확인한다.

② 정확성, 평가 및 배분: 회사는 모든 유형자산에 대해서 재평가모형을 적용하고 있으므로 신규취득건물의 장부금액이 공정가치를 반영하고 있는지 확인한다.

5) 유형자산 조서 예시

ABC㈜
총괄표의 작성 및 증감검토
2022-12-31

1. Object 유형자산 총괄표를 작성하여 당기 중 증감내역을 확인

2. Procedure (1) 유형자산 총괄표 작성
(2) 유형자산 및 국고보조금의 주요 증감내역 확인

3. Memo (1) 총괄표 작성

	2021-12-31	취득	상각	처분	대체	기타증감(*1)	차입원가자본화	2022-12-31
토지	XXXXXX	593,964,399						593,964,399
	XXXXXX	593,964,399	-	-	-	-	-	593,964,399
건물	XXXXXX							-
(건물감가상각누계액)	XXXXXX		(119,475,060)					(119,475,060)
		-	(119,475,060)	-	-	-	-	(119,475,060)
구축물	XXXXXX							-
(구축물감가상각누계액	XXXXXX		XXXXXX					-
	-	-	-	-	-	-	-	-
기계장치	XXXXXX	XXXXXX		XXXXXX	XXXXXX			-
(기계장치감가상각누계	XXXXXX		XXXXXX	XXXXXX				XXXXXX
(기계장치국고보조금)	XXXXXX							XXXXXX
	-	-	XXXXXX	XXXXXX	XXXXXX	-	-	XXXXXX
공구와기구	XXXXXX			XXXXXX				XXXXXX
(공구와기구감가상각누	XXXXXX		XXXXXX	XXXXXX				XXXXXX
	XXXXXX	-	XXXXXX	XXXXXX	XXXXXX	-	-	XXXXXX
시설장치	XXXXXX							XXXXXX
(시설장치감가상각누계	XXXXXX		XXXXXX					XXXXXX
	XXXXXX	-	XXXXXX	-	XXXXXX	-	-	XXXXXX
차량운반구	XXXXXX							XXXXXX
(차량운반구감가상각누	XXXXXX							XXXXXX
	XXXXXX	-	-	-	XXXXXX	-	-	XXXXXX
비품	XXXXXX	XXXXXX		XXXXXX				XXXXXX
(비품감가상각누계액)	XXXXXX		XXXXXX	XXXXXX				XXXXXX
	XXXXXX	-	XXXXXX	XXXXXX	XXXXXX	-	-	XXXXXX
사용권자산	XXXXXX	XXXXXX		XXXXXX				XXXXXX
(사용권자산감가상각누	XXXXXX		XXXXXX	XXXXXX				XXXXXX
	XXXXXX	-	XXXXXX	XXXXXX	XXXXXX	-	-	XXXXXX
건설중인유형자산	XXXXXX	XXXXXX			XXXXXX			XXXXXX
	XXXXXX	XXXXXX	-	-	XXXXXX	-	-	XXXXXX
	XXXXXX	XXXXXX	XXXXXX	XXXXXX	XXXXXX	-	-	XXXXXX

(2) 증감내역 확인

토지	당기중 증감거래 없음
건물	당기중 감가상각이외 증감거래 없음
구축물	당기중 감가상각이외 증감거래 없음
기계장치	당기중 XX공장 클린룸 설치등 인테리어 공사로 인하여 61억 취득. 건설중인 자산에서 19억원 대체 증가함.
공구와기구	당기중 감가상각 및 상각완료자산의 처분(폐기)이외 증감거래 없음
시설장치	당기중 감가상각 및 상각완료자산의 처분(폐기)이외 증감거래 없음
차량운반구	상각완료 등 특이사항 없음.
비품	당기중 감가상각 및 상각완료자산의 처분(폐기)이외 증감거래 없음
건설중인유형자산	당기중 3.8억 취득하였으며 19억원 당기 중 본계정 대체되었음. 당기 증가분에 대하여 금액적 중요성을 고려하여 일부 TOD를 수행함.

(3) 리스계약
see. Tab P3

4. Findings N/A

5. Conclusion 중요성의 관점에서 적정함.

6. 매입채무와 차입금

1) 매입채무

매입채무는 매출원가와 관련이 있으며, 매입채무에 대한 다음의 절차를 수행하여 과소계상(완전성)을 확인하여야 한다.

① 잔액이 없더라도 중요한 거래처에 대하여는 채권채무조회서를 발송한다.

② 재무제표일 이후 현금지급내역을 조사한다.

③ 상품수령증과 같은 원시증빙으로부터 장부대조를 대사하는 전진법을 수행한다.

④ 제3자로부터 받은 우편물 등 서신을 조사한다.

2) 차입금

차입금과 관련 계정과목(미지급이자, 선급이자, 이자비용)을 포함하여 총괄표를 작성하고 기초잔액과 전기 보고서 금액과 대조와 기말잔액을 총계정원장과 대조 확인한다.

실증적인 분석적 절차로서, 차입금과 이자비용 간의 상관관계를 분석한다. 이자비용의 기대치와 손익계산서상 이자비용을 비교한다. 이자비용이 과대계상된 경우 의심되면 부외부채의 가능성이 존재하므로 경영진에게 질문하고 답변과 관련성이 있는 적합한 감사증거를 입수하여야 한다.

차입금에 대한 세부테스트는 은행조회서에 의하여 수행된다. 은행조회서는 잔액과 상관없이 기중 거래가 있었던 모든 은행에 조회서를 발송해야 한다.

거래유형의 세부테스트는 차입거래는 이사회에서 결정되므로 이사회회의록을 검토하고 대출약정서를 확인하여 차입금계정의 완전성을 확보한다.

상환거래는 대출약정서를 검토하여 상환일정과 일치하는지 확인하고 실제 상환내역 관련자료를 확인한다.

3) 매입채무와 차입금 조서 예시

① 매입채무조서

ABC㈜
2022-12-31
매입채무

Date :	2023-02-17	AA
Prepared by:		
Reviewed by:		

1. Lead Schedule

Accounts	2021-12-31	2022-12-31 제시	Dr	Cr	2022-12-31 최종	DIFF	%
매입채무	XXXXXX	XXXXXX			XXXXXX	XXXX	XX
지급어음	XXXXXX	XXXXXX			XXXXXX	XXXX	XX
	XXXXXX	XXXXXX			XXXXXX	XXXX	
	{w}	{v}			{t}		

<Tickmark Legends		
	{w}	전기감사보고서와 대사확인함
	{v}	회사제시재무제표/명세와 대사
	{t}	최종재무제표와 대사 확인함

2. Object 매입채무에 대한 경영자 주장에 대하여 합리적 확신의 부여

3. Procedures		**ref.**
	1. 매입채무를 최초로 인식하는 회계방침에 관해 질의, 할인혜택을 받는지 여부를 질의	Lead Memo 1
	2. 당기 매입채무잔액을 전기 잔액 및 차기 예측치와 비교하여 큰 차이가 나타나는 경우 설명을 요청하고 검토	Lead Memo 2
	3. 매입채무명세서를 입수하고 시산표와 일치하는지 확인	Leadschedule
	4. 매입채무잔액과 매입처거래명세서간에 일치여부를 검증하기 위한 조정절차를 수행하고 있는지 질의	Lead Memo 3
	그리고 당기와 전기의 매입채무잔액을 비교하고 당기와 전기의 매입채무회전율을 비교	Lead Memo 3

4. Memo

Memo 1

제품제조 관련 항목과 공사용역 관련항목을 구분하여 관리함.

외상매입금

구분	내용
외상매입금(원화)	
외상매입금(외화)	
외상매입금(SI_원화)	
외상매입금(SI_외화)	

지급어음

세금계산서 발행 후 기업은행 전자어음을 발행

Memo 2

외상매입금은 전기 대비 153억원 감소함

구 분	전기말	당기말	증 감	비 고
외상매입금(원화)	XXXXXX	XXXXXX	XXXX	(*1)
외상매입금(외화)	XXXXXX	XXXXXX	XXXX	(*1)
외상매입금(SI_원화)	XXXXXX	XXXXXX	XXXX	(*2)
외상매입금(SI_외화)	XXXXXX	XXXXXX	XXXX	(*2)
지급어음	XXXXXX	XXXXXX	XXXX	(*1)
합 계	**XXXXXX**	**XXXXXX**	**XXXX**	
	TRUE	TRUE		

Memo 3

매입채무의 회전율 및 분석적 검토

(단위: 천원)

구 분	2018년	2019년	2020년	2021년	2022년
매출액	XXXXXX	XXXXXX	XXXXXX	XXXXXX	-
매출원가	XXXXXX	XXXXXX	XXXXXX	XXXXXX	-
매입채무	XXXXXX	XXXXXX	XXXXXX	XXXXXX	XXXXXX
평균매입채무		XXXXXX	XXXXXX	XXXXXX	XXXXXX
매입채무회전율		XX	XX	XX	XX
매입채무지급기간		XX	XX	XX	XX

5. Findings n/a

6. Conclusion 중요성 관점에서 적정하다고 판단됨

② 차입금 조서

ABC㈜		Date :	2023-02-15	**BB.DD**
2022-12-31		Prepared by:		
장단기차입금, 사채		Reviewed by:		

1. Lead Schedule

Accounts	2021-12-31	2022-12-31 제시	Dr	Cr	2022-12-31 최종	DIFF	%
유동부채							
단기차입금	XXXXXX	XXXXXX			XXXXXX	XXXX	XX
유동성장기차입금	XXXXXX	XXXXXX			XXXXXX	XXXX	XX
전환사채	XXXXXX	XXXXXX			XXXXXX	XXXX	XX
비유동부채							
장기차입금	XXXXXX	XXXXXX			XXXXXX	XXXXXX	XX
전환사채	-	-					
					-	-	
	-	-	-	-	-	-	X

Accounts	2022 4Q	2022-4Q 제시	Dr	Cr	2021-2Q 최종	DIFF	%
이자비용	XXXXXX	XXXXXX			XXXXXX	XXXX	XX
	XXXXXX	XXXXXX			XXXXXX	XXXX	XX
	{w}	{v}			{t}		

<Tickmark Legend:		
	{w}	전기감사보고서와 대사확인함
	{v}	회사제시재무제표/명세와 대사
	{t}	최종재무제표와 대사 확인함

2. Object 장단기차입금, 사채 관련 경영자 주장에 대한 검토

3. Procedures

	ref.
1. 총괄표 작성 및 명세/보조부와 대사	Leadschedule
2. 유의적 증감내역 검토	BB.DD
3. 공시사항에 대한 검토	FN
4. Conclusion	Conclusion

4. Findings n/a

5. Conclusion 중요한 왜곡표시 발견되지 않음.

7. 자본과 관련된 감사절차

1) 자본금과 자본잉여금에 대한 감사절차

① 기초 자본금과 자본잉여금이 전기 감사문서 및 감사받은 재무제표 숫자와 일관성이 있는지 확인한다.

② 증자가 이루어진 경우 이사회 의사록을 검사하여 그 과정의 적정성을 검토하고 해당 주금이 납입된 통장내역 확인 및 증자등기 사실을 확인하기 위한 법인 등기부등본을 확인해 보아야 한다.

③ 만약, 주식매수선택권 및 자사주 거래와 관련된 자본잉여금 증감이 존재하는 경우 해당 거래 사실 여부를 확인하기 위한 이사회의사록 검사 및 회계처리의 적정성을 검토하여야 한다.

2) 이익잉여금에 대한 감사절차

① 기초 이익잉여금에 대하여 전기 감사문서 및 감사받은 재무제표 숫자와 비교대사해 본다.

② 회계정책의 변경이 있거나 중요한 오류수정이 있는 경우 해당 기초 이익잉여금이 적절하게 수정되었는지 확인해 본다.

③ 감사받은 손익계산서상 당기순이익 금액이 이익잉여금 증가금액과 일치하는지 확인한다.

④ 배당지급과 관련하여 이사회나 주주총회 의사록을 검토해 보고 정관에 명시되어 있는 우선주 형태별 배당률을 검토하여 배당지급금액이 적정한지 확인해 본다.

⑤ 기말 이익잉여금의 경우 채권자의 요구, 법적 요구 및 회사의 자발적인 결의에 따른 잉여금 처분금액이 미처분 이익잉여금과 적절하게 구분 표시되어 있는지 확인해 본다.

8. 손익계산서 계정에 대한 감사절차

1) 손익계산서 계정과목에 대한 감사절차의 특징

① 재무상태표 계정 감사 시 관련 손익계산서 항목을 동시에 수행한다.

② 예측 가능성이 높기 때문에 분석적 절차에 많이 의존하며 계정잔액에 대한 테스트보다 거래유형에 대한 테스트를 통하여 적정성을 확인한다.

③ 권리, 의무 및 평가와 같은 재무제표 주장을 확인하기 위한 감사절차를 수행할 필요가 없으며 대신에 기간귀속, 정확성 및 분류에 대한 적정성을 확인한다.

2) 재무상태표와 연관이 이루어지지 않는 계정과목(예: 접대비, 광고선전비)은 해당 항목들의 월별 추세분석을 수행하고 비경상적 항목은 세부테스트로 증빙검사를 수행한다. 특히 일용직을 많이 이용하는 업종(건설업)이나 야간근로수당이 많이 지급되는 업종의 경우는 비자금을 조성하거나 세금포탈의 목적으로 급여비용을 과대계상하는 경우에 대하여 확인한다.

3) 매출조서 예시

ABC㈜
2022.12.31
매출

Date :	2023-02-17	P
Prepared by:		
Reviewed by:		

1. Lead Schedule

Accounts	FY2021.4Q	FY2022.4Q	Dr	Cr	FY2022.4Q	DIFF	%
제품매출	XXXXXX	XXXXXX			XXXXXX	XXXX	XX
상품매출	XXXXXX	XXXXXX			XXXXXX	XXXX	XX
용역매출	XXXXXX	XXXXXX			XXXXXX	XXXX	XX
임대매출	XXXXXX	XXXXXX			XXXXXX	XXXX	XX
전력매출(내수)	XXXXXX	XXXXXX			XXXXXX	XXXX	XX
합 계	XXXXXX	XXXXXX	-	-	XXXXXX	XXXX	XX
	{w}	{v}			{t}		

<Tickmark Legend		
	{w}	전기감사보고서와 대사확인함
	{v}	회사제시재무제표/명세와 대사
	{t}	최종재무제표와 대사 확인함

2. Object 매출액의 경영자 주장에 대하여 적극적 확신의 부여

3. Procedures

	ref.
1. 당기 경영성과를 전기 및 당기 예상치와 비교. 중대한 차이가 발생된 경우는 그 이유에 대해 경영진과 토의	Memo 1
2. 중요한 매출액이나 비용의 기간귀속이 적정한지에 대해 토의	Memo 2
3. 비경상적 및 비정상적인 항목을 검토	n/a
4. 수익계정 내에서 관련이 있는 항목간의 상관관계가 타당한지 경영진과 토의, 전기의 유사한 상관관계 또는 감사인이 입수한 기타정보와 대조하여 타당성 여부를 검토	Memo 3
5. 감사결론 기술	Conclusion

4. Conclusion 중요성의 관점에서 적정함

9. 현금흐름표에 대한 감사절차

현금흐름표상에 있는 모든 계정잔액들의 증감 변화액이 나머지 기본재무제표 감사를 수행할 때 이미 검증하였던 숫자들과 일치되는지 여부를 확인한다. 또한 감사인은 현금흐름의 분류에서 영업, 투자, 재무활동의 구분의 적정성도 검토해 보아야 한다.

제3장

항목별 실증절차

1. 부정

회계감사기준에서는 회사가 의도적으로 중요왜곡표시를 재무제표에 포함시켰을 경우 부정이라 하고 의도적이지 않은 행위를 오류라고 한다. 감사인은 이러한 부정이 존재한다는 것을 인식하면서 감사의 전 과정에 전문가적 의구심을 유지하여야 한다.

부정에 대한 경영진의 책임과 감사의 책임은(240-4, 5),

경영진의 책임	감사인의 책임
부정과 오류의 예방과 발견에 대한 주된 책임	재무제표가 부정이나 오류로 인한 중요한 왜곡표시가 없다는 합리적 확신을 얻을 책임

부정의 개념과 관련하여 유의할 사항은(240-3, A9),

① 부정은 광범위한 법률적 개념이지만 감사인은 감사기준의 목적상 **재무제표의 중요한 왜곡표시를 초래하는 부정행위에 관심을 둔다**. 따라서 임직원 개인의 부정이 회사의 재무제표에 영향을 미치지 않는다면 감사인은 그것을 고려하지 않는다.

② 부정이 실제로 발생했는지 여부에 대한 **법률적 결정을 내리지 않는다**(재무제표 감사는 부정적발감사가 아니기 때문이다).

③ 감사기준에 따라 수행되는 **감사에 문서의 진위 판별이 수반되는 경우는 거의 없으며**, 감사인은 문서의 진위에 대한 전문가로서 훈련을 받지 않았으며, 그렇게 기대될 수도 없다. 따라서 그렇지 않다고 믿을 이유가 없는 한 감사인은 회계기록이나 문서가 진실하다고 받아들일 수 있다.

문서가 진실하지 않다고 믿는 경우에 수행하여야 할 추가절차(240-A9),

① 제3자에게 직접 조회

② 문서의 진실성을 평가하기 위해 전문가를 이용(예: 문서감별사)

부정적발의 고유한계가 오류발견의 고유한계보다 큰 이유(240-6)는 부정의 경우 그 사실을 은폐하기 위해 위조, 거래의 기록에 대한 계획적인 누락 또는 감사인에 대한 의도적인 거짓 진술 등 정교하고 면밀하게 설계된 수단들이 이용되기 때문이다.

경영진에 의한 부정적발의 고유한계가 종업원보다 큰 이유(240-7)는 경영진은 회계기록을 직·간접적으로 조작하고 허위의 재무정보를 제공하거나 다른 종업원에 의해 유사한 부정이 예방되도록 설계된, 통제절차를 무력화할 수 있는 위치에 있는 경우가 빈번하기 때문이다.

부정한 재무보고와 자산횡령의 예시

부정한 재무보고(240-A3)	자산의 횡령(240-A5)
• 재무제표 작성의 기초가 되는 회계기록이나 근거문서를 조작, 위·변조 또는 수정함 • 사건, 거래 또는 기타 유의적인 정보를 재무제표에 허위로 기재하거나 의도적으로 누락함 • 금액, 분류, 표시방법 또는 공시에 대한 회계원칙을 의도적으로 잘못 적용함	• 입금의 횡령 • 물리적 자산 또는 지적 자산의 절도 • 기업자산을 개인용도로 이용 • 수취하지 아니한 재화나 용역을 위하여 지급하게 함(예: 가공의 공급자에 지급)

부정의 3가지 구성요소에 의하여 발생할 수 있다.

구성요소	부정한 재무보고	자산의 횡령
① 동기·압력	• 경영진이 기업 내·외부로부터 예정된 이익목표나 재무적 성과의 달성압력을 받고 있을 때 • 세금을 최소화시키기 위하여 이익을 중요하게 감소 • 은행 차입을 위하여 이익을 과장하려는 동기	• 수입액을 초과하는 생활을 하고 있는 경우
② 기회	• 개인이 내부통제를 무력화할 수 있다고 믿을 때	
③ 태도·합리화	• 어떤 사람은 의식적이고 의도적으로 부정직한 행위를 저지르는 태도나 성격 또는 윤리적 가치관을 가지고 있다. • 그러나 정직한 개인이라도 일정 수준의 압력이 가해지는 환경에서는 부정을 저지를 수 있을 것이다.	

1) 부정에 대한 감사절차

(1) 업무팀 토의

부정에 대한 토의 효과(240-A10)

① 재무제표가 어떻게 그리고 어느 부분에서 부정으로 인하여 중요하게 왜곡표시되기 쉬운지에 대하여 업무팀원 중 **경험이 많은 사람들의 통찰을 공유**할 기회를 제공한다.

② 감사인이 그러한 위험성에 대한 적합한 대응을 고려할 수 있게 하고, 업무팀원 중 누구에게 어떤 **감사절차를 맡길 것인지 결정**할 수 있게 해준다.

③ 감사인이 감사절차의 수행 결과를 업무팀원과 어떻게 공유할지, **감사인이 주목하게 된 부정 혐의를 어떻게 다루어야 할지 결정**할 수 있게 한다.

(2) 위험평가절차

위험평가절차로서 수행되는 감사절차는 질문, 분석적 절차, 관찰, 검사 등 4가지이다.

① 질문

질문할 내용은 크게 부정에 대한 일반사항과 부정의 발생여부 등에 대한 구체적인 사항으로 구분할 수 있다.

질문사항	대상자	구체적인 질문사항(240-17, 18)
일반사항	경영진	• 재무제표가 부정으로 인하여 중요하게 왜곡표시될 위험에 대한 경영진의 평가 • 경영진이 기업의 부정위험을 식별하고 대응하는 절차 • 해당사항이 있는 경우, 기업의 부정위험을 식별하고 대응하는 절차에 관하여 경영진이 지배기구에 행한 커뮤니케이션 • 해당 사항이 있는 경우, 기업의 영업실무와 윤리적 행동에 대한 경영진의 견해에 관하여 경영진이 종업원에게 행한 커뮤니케이션
구체적인 사항	경영진과 내부관련자	실제로 발생하였거나 의심되는 부정 또는 혐의 중인 부정을 알고 있는지 여부

지배기구와 내부감사기능에게 부정에 대해서 질문하여야 하는 이유(240-19, 21),

대상자	질문하여야 하는 이유
지배기구	• 실제로 발생하였거나 의심되는 부정 또는 혐의 중인 부정을 지배기구가 알고 있는지 여부를 결정 • 경영진에 대한 질문의 답변내용을 확인
내부감사기능	• 실제로 발생하였거나 의심되는 부정 또는 혐의 중인 부정을 내부감사부서가 알고 있는지 여부를 결정 • 부정위험에 관한 이들의 견해를 파악

② 분석적 절차

부정은 이익을 부풀리기 위해서 수행되는 경우가 많으므로, 수익계정 등에 분석적 절차를 수행할 때 비경상적이거나 예상되지 않은 관계가 식별된 경우 부정으로 인한 중요왜곡표시위험 여부를 평가한다.

(3) 부정으로 인한 중요왜곡표시위험의 식별과 평가

부정으로 인한 중요왜곡표시위험은 ① 재무제표 수준 ② 거래유형, 계정잔액 및 공시에 대한 경영진주장수준으로 평가한다.

회계감사기준은 수익인식에 부정위험이 존재하지 않는다고 결론을 내리고 수익의 인식을 부정으로 인한 중요왜곡표시위험으로 식별하지 않는 경우에는 그 이유를 문서화하도록 요구하고 있다.

감사인은 평가된 부정으로 인한 중요왜곡표시위험을 유의적 위험으로 취급해야 한다.

(4) 부정으로 인한 중요왜곡표시위험에 대한 대응절차

부정위험에 대한 재무제표 수준의 전반적인 대응절차(240-30)는,

① 유의적 업무수행 책임을 부여할 개별 구성원의 지식, 기술 및 능력과 해당 감사업무에 있어서 부정으로 인한 중요왜곡표시위험에 대한 **감사인의 평가결과를 고려하여 업무를 배정하고 감독함**

② 특히 주관적인 측정과 복잡한 거래와 관련된 경우, 회계정책의 선택과 적용이 **경영진의 이익조정 노력에 따른 부정한 재무보고의 징후인지 여부를 평가함**

③ 감사절차의 성격, 시기 및 범위를 선택할 때, **예측불가능성 요소를 포함시킴**

부정으로 인한 중요왜곡표시위험에 대한 경영진주장 수준의 대응절차(240-A38)는,

구분	대응절차
성격	• 보다 신뢰할 수 있거나 관련성이 있는 감사증거 입수 • 추가적인 확인적 정보를 입수하기 위하여 감사절차의 성격은 변경될 필요가 있음 - 특정자산의 관찰이나 실물검사 더욱 중요할 수 있음 - 컴퓨터를 이용한 감사기법을 이용할 수 있음 - 추가 확인 정보를 입수하기 위하여 경영진의 이익기대치 달성 압력이 있다면 현재 잔액 조회뿐만 아니라 반품권한, 인도조건 등 판매약정의 세부내역을 조회하거나 비재무인원에게 판매약정이나 인도조건의 변경여부에 대하여 질문할 수 있음
시기	• 보고기간말 또는 보고기간말에 근접한 때 실증절차 수행 • 불시에 또는 예측 불가능한 시기에 감사절차 수행
범위	• 표본규모를 확대 • 보다 세부적인 수준에서 분석적 절차를 수행

경영진의 통제무력화 위험은 부정으로 인한 중요왜곡표시위험이며 동시에 유의적 위험이다.

경영진의 통제무력화 위험에 대한 대응절차(240-33)는,

구분	구체적인 내용
총계정원장에 기록된 분개와 재무제표 작성 시 이루어진 조정사항의 적절성을 테스트함	이를 위하여 다음의 절차를 수행하여야 함 • 분개 및 기타조정사항의 처리와 관련하여 **부적합하거나 비경상적인 행위**가 있었는지에 대하여 재무보고절차에 관여하는 사람들에게 질문함 • 보고기간말에 이루어진 분개 및 **기타조정사항을 추출함** • 보고기간 전체를 통하여 이루어진 분개 및 기타조정사항을 테스트할 필요가 있는지 고려함
회계추정치에 편의가 있는지 검토하고 편의가 있다면 이를 유발하는 환경이 부정으로 인한 중요왜곡표시위험을 나타내는 것인지 여부를 평가함	• 경영진이 재무제표에 반영된 제반 회계추정을 할 때 행한 판단과 결정이 비록 개별적으로는 합리적이라고 하더라도 부정으로 인한 중요왜곡표시위험을 의미할 수 있는 **경영진의 편의가능성을 나타내는 것인지 여부를 평가함**(만약 그렇다면 감사인은 회계추정치를 전반적으로 다시 평가함) • 전기 재무제표에 반영된 유의적 회계추정치에 관련된 경영진의 판단과 가정들을 소급해서 재검토함
기업의 정상적인 사업과정을 벗어나는 거래 또는 기업과 그 환경에 대한 감사인의 이해와 감사증거에 입수한 정보에 근거했을 때 비경상적으로 보이는 유의적 거래의 경우 감사인은 해당거래의 사업상 논리적 근거에 비추어 볼 때 그러한 거래가 **부정한 재무보고를 수행**하거나 **자산횡령을 은폐**하기 위하여 체결되었음을 나타내는 것인지 여부를 평가해야 함	

(5) 감사증거의 평가

감사인은 그 중요성과 관계없이 식별된 왜곡표시가 경영진이 연루되었다고 믿을 이유가 있다면 다음의 절차를 수행한다(240-37).

① 부정으로 인한 중요왜곡표시위험의 평가 및 그러한 평가에 대응하였던 감사절차의 성격, 시기 및 범위에 미치는 영향을 **재평가**해야 한다.

② 이전에 입수한 증거의 신뢰성을 재고려할 때, 상황이나 조건들이 종업원, 경영진 또는 제3자가 관여된 **공모의 가능성을 나타내는지를 고려**해야 한다.

(6) 부정 또는 의심 중인 부정에 대한 커뮤니케이션

부정이나 부정위험을 식별한 경우 커뮤니케이션의 대상과 내용(240-41~43)은,

대상	세부내용
경영진	감사인이 부정을 식별하였거나 부정이 존재할 가능성을 나타내는 정보를 입수한 경우, 감사인은 부정의 예방과 발견에 주된 책임이 있는 사람들에게 그 주어진 책임과 관련된 사항들을 알리기 위하여 **적합한 수준의 경영진에게 적시에 커뮤니케이션해야 한다.**
지배기구	• 감사인이 경영진, 내부통제에 유의적인 역할을 수행하는 종업원, 부정이 재무제표에 중요한 왜곡표시를 초래하는 경우의 기타관련자가 연루되어 있는 부정이나 의심되는 부정을 식별하였거나 의심하는 경우 감사인은 지배기구에 이러한 사항들을 적시에 커뮤니케이션해야 한다. • 만약 감사인과 경영진이 연루된 부정이라고 의심하는 경우 ① 이러한 의심에 대하여 지배기구에 커뮤니케이션하고, ② 감사를 완료하기 위하여 필요한 감사절차의 성격, 시기 및 범위를 이들과 논의해야 한다.
규제감독기관	감사인이 부정을 식별하였거나 의심하는 경우 감사인은 기업외부의 당사자에게 그러한 부정사건 또는 의심을 보고할 책임이 있는지 여부를 결정해야 한다(외부감사법은 부정인 경우 보고책임이 있음).

(7) 서면진술의 수령

감사증거의 신뢰성을 높이기 위하여 경영진으로부터 서면진술(240-40)은,

① 부정의 예방과 발견을 위한 내부통제의 설계, 실행 및 유지할 책임이 이들에게 있다는 사실을 인정하였다는 것,

② 부정에 의하여 재무제표가 중요하게 왜곡표시될 위험에 대한 경영진의 평가결과를 감사인에게 공개하였다는 것

③ 경영진, 내부통제에 유의적인 역할을 수행하는 종업원, 부정이 재무제표에 중요한 영향을 미칠 수 있는 경우의 기타관련자 등이 연루되고 기업에 영향을 미치는 부정 또는 의심되는 부정에 대하여 이들이 알고 있는 사항을 감사인에게 공개하였다는 것(예: 적극적으로 발견한 부정)

④ 기업의 재무제표에 영향을 미치는 부정 또는 의심되는 부정에 대한 주장들로서 이들이 종업원, 과거의 종업원, 분석가, 규제기관 등으로부터 알고 있는 사항을 감사인에게 모두 공개하였다는 것(예: 수동적으로 알게 된 부정)

(8) 부정으로 인하여 감사업무를 계속할 수 없는 경우

부정으로 감사업무를 계속할 수 없는 상황(240-A55)은,

① 부정이 비록 재무제표에 중요하지 않지만, 부정에 대하여 감사인이 해당 상황에 필요하다고 생각하는 **적절한 절차를 기업이 취하지 아니함**

② 부정으로 인한 중요왜곡표시위험에 대한 감사인의 검토와 테스트 결과가 중요하고도 전반적인 부정에 대하여 **유의적인 위험을 나타내고 있음**

③ 감사인이 **경영진 또는 지배기구의 적격성과 성실성을 매우 우려함**

부정으로 감사업무를 계속할 수 없다고 판단한 경우 수행절차(240-39)는,

① 해당 상황에 맞는 전문가로서의 책임과 **법률적 책임을 결정함**[감사인을 선임한 당사자(들), 또는 경우에 따라 규제기관에 보고할 요구사항이 존재하는지 여부에 대한 결정 포함]

② 관련 법규상 감사업무의 해지가 가능한 경우, **해당 감사업무를 해지하는 것이 적절한지 여부를 고려함**

③ 감사인이 **감사를 해지하는 경우**에는 다음의 절차를 수행하여야 함

㉠ 감사인이 감사업무를 해지한다는 사실과 그 이유에 대하여 적합한 수준의 **경영진 및 지배기구와 토의**

㉡ 감사인을 선임한 당사자(들), 또는 경우에 따라 **규제기관에 감사인의 감사업무 해지와 그 이유를 보고할 전문가로서의 요구사항이나 법률적인 요구사항이 존재하는지 여부 결정**

2) 실전예제

감사인은 기업의 내부통제 등 기업과 그 환경을 이해하기 위한 위험평가절차 및 관련 활동을 수행할 때, 부정으로 인한 중요왜곡표시위험을 식별하기 위한 절차를 수행하여야 한다. 또한 감사인은 전반감사전략을 수립할 때 재무제표 전체에 대한 중요성을 결정하여야 한다. 다음의 내용을 읽고 아래의 요구사항에 답하시오.

대표이사가 최대주주인 A기업의 경영자는 주식의 신규상장을 위하여 준비 중에 있으며, 3개의 사업부 중 부진한 실적을 나타내고 있는 헬스케어사업부의 실적개선이 신규상장에 매우 중요한 요소로 작용할 것으로 판단하여 당기 초에 헬스케어사업부의 책임임원을 교체하였다. 신규로 채용된 헬스케어사업부의 책임임원은 헬스케어사업부의 경영 전반에 관한 자율권을 보장받았으며, 실적개선에 따른 인센티브를 약속받고 강력한 매출성장정책을 펼치는 중이다.

헬스케어사업부의 매출액은 당기에 큰 폭으로 증가하였으며 이는 대부분 해외 신규거래처에 대한 매출로 인한 것이었다. 한편, 매출채권회전율은 전기 대비 매우 크게 감소하였다.

다른 분야에서 파악된 유의적 중요왜곡표시위험은 없는 것으로 판단되며, 전기까지 A기업의 매출 관련 내부통제에는 경영진의 모니터링 부재를 포함한 다양한 형태의 미비점들이 존재하였고 당기에도 개선되지 않고 있다.

〈요구사항〉

위의 상황에 기초하여 A기업에 존재할 것으로 예상되는 부정한 재무보고로 인한 왜곡표시와 관련된 위험요소를 동기/압력, 기회 및 태도/합리화의 관점에서 서술하시오.

〈답안〉

① 동기 및 압력: 주식의 신규상장을 위하여 준비 중에 있으며, 3개의 사업부 중 부진한 실적을 나타내고 있는 헬스케어사업부의 실적개선이 신규상장에 매우 중요한 요소로 작용할 것으로 판단하고 있으며, 신규로 채용된 헬스케어사업부의 책임임원은 헬스케어사업부의 경영 전반에 관한 자율권을 보장받았으며, 실적개선에 따른 인센티브를 약속받고 강력한 매출성장정책을 펼치는 중이다.

② 기회: 신규로 채용된 헬스케어사업부의 책임임원은 헬스케어사업부의 경영 전반에 관한 자율권을 보장받았으며, 매출 관련 내부통제에는 경영진의 모니터링 부재를 포함한 다양한 형태의 미비점들이 존재하고 있다.

③ 태도 및 합리화: 매출 관련 내부통제에는 경영진의 모니터링 부재를 포함한 다양한 형태의 미비점들이 존재하고 있으나 당기에도 개선되지 않고 있다.

2. 회계추정치와 관련 공시

1) 개요

회계추정치란 정확한 측정수단이 없을 때의 화폐금액의 근사치를 말한다. 회계추정치는 공정가치 관련 회계추정치와 기타 회계추정치로 구분된다.

공정가치 관련 회계추정치	기타 회계추정치
• 활성 공개시장에서 거래되지 않는 복잡한 금융상품 • 주식기준보상 • 매각목적으로 보유 중인 자산이나 설비 • 영업권이나 무형자산 등 사업결합에서 취득한 자산과 부채 • 금전적인 관계가 없는 독립된 당사자 간에 금전적 대가 없이 자산이나 부채의 교환을 수반하는 거래	• 대손충당금 • 재고자산의 진부화 • 판매보증의무 • 감가상각방법 및 자산의 내용연수 • 회수가능성과 관련하여 불확실성이 있는 경우 투자자산의 장부가액에 대한 대손충당금 • 장기계약의 향후 결과 • 소송의 합의와 판결에 따른 비용

2) 회계추정치에 대한 감사절차

(1) 위험평가절차로서 이해할 사항

회계추정치와 관련하여 감사인이 이해할 사항(540-8)은,

① 관련 공시 등 회계추정치와 관련된 **해당 재무보고체계의 요구사항**

② 경영진이 재무제표에 인식하거나 공시하기 위해 **회계추정치를 필요로 하는 거래나 사건 또는 상황을 식별하는 방법.** 감사인은 이때 경영진에게 새로운 회계추정

치가 유발되거나 현행 회계추정치의 수정이 유발되는 상황의 변화에 대하여 질문하여야 한다.

③ 다음 각 사항 등 경영진의 **회계추정치 도출방법과 회계추정치의 기초가 되는 데이터**

㉠ 회계추정치 도출에 사용된 방법(해당 시 모델 포함)

㉡ 관련 통제

㉢ 경영진이 전문가를 활용했는지 여부

㉣ 회계추정치의 바탕이 되는 가정

㉤ 회계추정치의 도출방법에 있어 전기와 다르게 변경되었는지, 또는 변경을 해야만 했는지 여부, 만약 그렇다면 그 이유

㉥ 경영진이 **추정불확실성에 따른 영향을 평가해 왔는지 여부**, 만약 그렇다면 그 방법

(2) 전기회계추정치의 결과 검토

감사인은 다음과 같은 정보를 입수하기 위하여 전기재무제표에 포함된 회계추정치의 결과를 검토하여야 한다.

① 경영진의 **전기 추정절차의 효과성**에 관한 정보. 감사인은 이에 근거하여 경영진의 당기 추정절차가 효과적일 것인지 여부를 판단할 수 있음

② 전기의 회계추정치에 대한 **당기의 재추정과 관련된 감사증거**

③ **추정불확실성과 같이 재무제표의 공시가 요구될 수 있는 사항에 대한 감사증거**

(3) 중요왜곡표시위험에 대한 대응절차

① 일반적인 중요왜곡표시위험에 대한 대응절차(540-13)는,

㉠ **감사보고서일까지 발생한 사건이** 회계추정치에 관한 감사증거를 제공하고 있는지 여부를 결정함

㉡ 경영진의 회계추정치 도출방법과 그러한 **추정의 근거가 된 데이터를 테스트함**. 이 과정에서 감사인은 다음 사항을 평가하여야 함

• 이용된 측정방법이 해당 상황에 적합한지 여부

- 경영진이 적용한 가정이 해당 재무보고체계의 측정목적에 비추어 합리적인지 여부

㉢ 적합한 실증절차와 함께, 경영진의 **회계추정치 도출방법에 대한 통제의 운영효과성을 테스트함**

㉣ 경영진의 점추정치를 평가하기 위하여 **감사인이 점추정치 또는 범위추정치를 도출함**. 감사인은 이를 위해 다음 절차를 수행하여야 함

- 만약 감사인이 경영진과 다른 가정이나 추정방법을 이용하는 경우에는, 감사인의 점추정치 또는 범위추정치가 관련 변수들을 고려하고 있음을 보이고 또 이것이 경영진의 점추정치와 유의적인 차이가 있는 경우 이를 평가하는 데 충분하도록 경영진의 가정이나 추정방법을 이해함
- 만약 감사인이 범위추정치를 이용하는 것이 적합하다고 결론을 내리면, 입수한 감사증거를 근거로 하여 범위추정치 내의 모든 결과들이 합리적이라고 여겨질 때까지 해당 범위추정치를 좁힘

② 유의적 위험에 대한 대응절차(540-15)는,

㉠ 경영진이 대체적인 가정이나 결과를 어떻게 고려하였는지, 그리고 그러한 가정이나 결과를 왜 기각하였는지, 그렇지 않을 경우 회계추정치를 도출할 때의 추정불확실성에 어떻게 대응하였는지에 관한 사항

㉡ 경영진이 이용한 **유의적 가정들이 합리적**인지 여부

㉢ 경영진이 이용한 유의적 가정들이 합리적인지 또는 해당 재무보고체계를 적합하게 적용하였는지와 관련하여, 특정한 일련의 행동을 수행하려는 **경영진의 의도 및 이를 수행할 능력**

(4) 감사증거의 평가와 왜곡표시의 결정

경영진의 점추정치가 적절하지 않을 경우 왜곡표시금액의 산정(540-A116)은,

감사인이 점추정치를 도출한 경우	감사인이 범위추정치를 도출한 경우
감사인의 점추정치와 경영진의 점추정치의 차이	경영진의 점추정치와 감사인의 범위추정치 중 최인근값의 차이와 같거나 큼(예: 경영진의 비상장주식 추정치 10억 원, 감사인의 추정금액 7~8억 원인 경우 최인근값은 8억 원이 되므로 왜곡표시는 2억 원 이상이다)

(5) 서면진술의 수령

감사인은 경영진의 회계추정치를 도출할 때 적용한 유의적 가정들이 합리적이라고 믿는지 여부에 대하여 서면진술을 입수하여야 한다(540-22).

3) 실전예제

감사인은 (주)싹수를 감사하면서 (주)싹수가 보유하고 있는 비상장회사인 (주)꿈수에 대한 투자주식(비상장주식) 가치평가보고서를 검토 중이다. 다음은 (주)싹수의 현금흐름할인법으로 평가한 (주)꿈수의 가치평가보고서의 일부이다.

〈2020년 보고서〉

(단위: 십억 원)

구분	실제		계획				
	2019	2020	2021	2022	2023	2024	2025
매출	88	95	106	119	133	149	167
매출성장률	9%	8%	12%	12%	12%	12%	12%
매출원가	43	48	52	57	63	67	73
매출원가율	49%	51%	49%	48%	47%	45%	44%

감사인이 가치평가보고서를 검토하면서, 경영진의 편의가능성을 파악하기 위하여 과거(2019, 2018)보고서를 아래와 같이 입수하였다. 다음 물음에 답하시오.

〈2019년 보고서〉

구분	실제		계획				
	2018	2019	2020	2021	2022	2023	2024
매출	81	88	99	111	124	139	156
매출성장률	15%	9%	12%	12%	12%	12%	12%
매출원가	39	43	48	52	67	63	69
매출원가율	48%	49%	48%	47%	46%	45%	44%

〈2018년 보고서〉

구분	실제		계획				
	2017	2018	2019	2020	2021	2022	2023
매출	70	81	91	102	114	128	143
매출성장률	13%	15%	12%	12%	12%	12%	12%
매출원가	33	39	44	48	52	58	63
매출원가율	49%	51%	49%	48%	47%	45%	44%

〈요구사항〉

① 감사인은 경영진의 편의가능성에 대한 징후가 존재하는지 여부를 식별하기 위하여 경영진이 회계추정치를 도출할 때 내린 판단과 결정을 검토해야 한다. 감사인은 위의 자료를 검토하면서 (주)싹수의 비상장주식 가치평가에 대하여 경영진 편의의 징후가 있다고 판단하고 있다. 감사인이 위의 가치평가보고서를 검토하고 이렇게 판단한 이유를 두 가지만 각각 2줄 이내로 서술하시오.

② 위의 가치평가보고서에 따르면, (주)싹수의 비상장주식의 가치를 점추정치 1,200억 원으로 평가하였다. 다음은 감사인이 (주)싹수의 비상장주식 가치평가가 적절한지 검토하면서 판단한 내역이다. 아래의 독립적인 각 상황에 대한 감사인의 판단이 적절한지 여부를 기재하고, 적절하지 않은 경우 그 이유를 서술하시오.

상황	감사인의 판단
①	감사인은 (주)싹수가 제시한 점추정치의 합리성을 판단하기 위하여 위의 비상장주식의 가치를 독립적으로 추정하여 1,100억 원~1,250억 원의 범위추정치를 산출하였다. 감사인은 동 범위추정치가 경영진의 점추정치를 검증하는 데 적절한 수준이라고 판단했다(단, 재무제표 전체에 대한 중요성은 200억 원이며, 수행중요성은 100억 원임).
②	감사인은 (주)싹수의 점추정치에 대한 감사절차를 수행하는 과정에서 경영진이 매출성장률 등을 추정함에 있어 비관주의적 성향을 가지고 있음을 발견하게 되었다. 감사인은 이러한 성향이 경영진의 보수적인 회계처리 방침을 보여주기 때문에 경영진의 편의가능성을 나타내는 것은 아니라고 판단했다.
③	경영진은 최근 코로나 19로 인해 점추정치를 산출함에 있어서 추정의 불확실성이 높아졌다고 판단하고 있다. 이러한 높은 추정불확실성이 점추정치 산출에 미치는 영향을 평가하기 위하여 경영진은 중요한 가정들에 대한 민감도 분석을 수행하였다. 감사인은 경영진이 유의적인 가정의 민감도를 분석한 방법을 이해하고 현재의 점추정치가 매출성장률의 가정에 민감하다는 결론을 내리고 중요 검증대상이라 판단했다.

[답안양식]

상황	적절한가? (예, 아니오)	적절하지 않은 경우, 그 이유 서술
①		
②		
③		

[답안]

(1) 다음의 두 가지 이유로 회계추정치에 편의가능성이 있는 것으로 추정된다.

① 과거3년간의 매출성장률이 각각 15%, 9%, 8%로 매년 감소하고 있음에도 불구하고 추정매출성장률은 전기의 추정성장률과 동일한 12%를 적용하고 있다.

② 과거3년간의 매출원가율이 각각 48%, 49%, 51%로서 매년 증가하고 있음에도 불구하고 2021년부터 매출원가율이 점차 감소하는 것으로 추정하고 있다.

(2)

상황	적절한가? (예, 아니오)	적절하지 않은 경우, 그 이유 서술
①	아니오	범위추정치의 최저값과 최고값의 차이가 150억 원으로서 중요성 200억 원보다는 적지만 수행중요성 100억 원을 초과하므로 가능한 한 범위추정치의 최저값과 최고값 간의 차이를 좁혀야 한다.
②	아니오	매출성장률을 높게 매출원가율을 낮게 추정함으로써, 과도하게 낙관적으로 추정하고 있다.
③	예	해당 없음

3. 소송과 배상청구

회사는 소송이나 배상청구와 관련된 손해배상충당부채를 누락 또는 과소계상하거나, 계류 중인 소송사건을 주석에 기재하지 않는 경우가 많으므로 감사인은 부채의 과소계상 가능성이나 주석의 공시 누락 등의 왜곡표시를 식별하기 위하여 적절한 감사절차를 수행하여야 한다.

1) 소송과 배상청구에 대한 감사절차

(1) 소송과 배상청구의 식별

소송과 배상청구를 찾아내는(식별) 절차(501-9)는,

① 경영진, 그리고 해당되는 경우 내부 법률고문 등 **기업 내부의 다른 인원에게 질문함**

② 지배기구의 회의록 및 기업과 외부 **법률고문 간의 왕복문서를 검토**함

③ **법률비용 계정을 검토함**

(2) 외부법률고문과 직접 커뮤니케이션(변호사조회서)(501-10)

① 식별된 소송이나 배상청구에 관하여 **중요왜곡표시위험**이 있다고 평가한 경우

② 감사절차를 수행한 결과 그 밖의 중요한 소송이나 배상청구가 존재할 가능성이 나타나는 경우(**누락 가능성**)

변호사조회서는 경영진이 작성한 질의서를 감사인이 발송하며, 다음과 같이 2가지(일반질문서와 세부질문서)로 구분된다(501-A22, A23).

일반질문서	세부질문서
다음 사항을 알려줄 것을 요청하는 질문서 • 모든 소송과 배상청구(목록) • 그 결과에 대한 평가(승소여부) • 관련 비용 등 재무적 영향의 추정치	일반질문서에 대하여 적절하게 답변하지 않을 것으로 판단되는 경우 다음 사항을 포함하는 질문서 • 소송과 배상청구의 목록 • 가능한 경우, 각 소송과 배상청구의 결과에 대한 경영진의 평가(승소여부) • 가능한 경우, 관련 비용 등 **재무적 영향에 대한 경영진의 추정치** • 경영진의 평가가 타당한지 **외부 법률고문이 확인해 주고,** 소송과 배상청구 목록이 불완전하거나 부정확하다고 판단되면 추가적인 정보를 감사인에게 제공해 줄 것을 요청하는 내용

(3) 외부법률고문과 직접 만남

다음과 같이 직접 만날 필요가 있는 경우(501-A24), 경영진의 동의를 받아 경영진

측 대리인이 참석하여야 한다.

① **유의적 위험**이 있는 사항이라고 결정한 경우

② 사항이 **복잡**한 경우

③ 경영진과 외부법률고문 간에 **의견의 불일치**가 있는 경우

(4) 소송의 진행경과 파악

조회기준일(질의서 회신일)과 감사보고서일까지 소송진행사항에 대한 감사증거(501-A25)는,

① 관련 사항을 다룰 책임이 있는 경영진에게 질문하여 입수

② 외부 법률고문으로부터 갱신된 정보를 입수

(5) 서면진술의 수령

경영진으로부터 수령하여야 할 서면진술(501-12)은,

① 실제의 또는 발생 가능한 소송과 배상청구를 **감사인에게 모두 공개**하였다.

② 소송과 배상청구를 **해당 재무보고체계에 따라 회계처리하고 공시**하였다.

4. 특수관계자 거래

특수관계자 거래가 감사의 고유한계를 증가시키는 이유(550-2, 6)는,

구분	구체적 내용
특수관계자 거래가 감사의 고유한계를 증가시키는 이유	• 특히 해당 재무보고체계에서 특수관계자에 관한 요구사항이 없는 경우, 경영진이 특수관계 및 특수관계자 거래를 모두 알지 못할 수 있음(오류) • 특수관계는 경영진에 의한 공모, 은폐, 조작의 기회를 더 많이 제공할 수 있음(부정)
특수관계자 거래가 중요왜곡표시위험이 높은 경우	• 특수관계자들은 그 성격상 **광범위하고 복잡한 관계 및 구조**를 통해 사업을 수행하고 이에 따라 특수관계자 **거래의 복잡성이 증가**하는 경우 • **정보시스템이** 해당 기업과 그 특수관계자들 간의 거래와 잔액을 식별하거나 요약하는 데 **효과적이지 않을 경우** • 특수관계자 거래가 **정상적인 시장의 계약조건하에서 수행되지 않을 경우** (예: 특수관계자 거래가 대가의 교환 없이 수행될 경우)

1) 특수관계자 거래에 대한 감사절차

(1) 업무팀 토의

감사팀은 특수관계자 거래로부터 유발될 수 있는 중요왜곡표시위험의 가능성에 대하여 토의하여야 한다(550-12).

(2) 특수관계자 거래에 대해서 이해할 사항

특수관계자 거래에 대해서 질문(이해)할 사항(550-13)

① 특수관계자들의 **신원**

② 기업과 특수관계자들 간 **관계의 성격**

③ 기업이 해당 기간 중에 특수관계자와 거래를 체결했는지 여부, 만약 그렇다면 그러한 **거래의 형태와 목적**

(3) 특수관계자 거래의 식별절차

특수관계자 거래를 식별하기 위하여 검사하여야 하는 사항들(550-15)은,

① 감사절차의 일부로서 입수한 은행의 확인서("은행조회서"라고도 한다)나 법률문제에 관한 확인서(**은행조회서 및 변호사조회서**)

② **주주총회의사록과 지배기구(회의)의사록**

③ 해당 기업의 상황에서 감사인이 필요하다고 생각하는 기타의 기록이나 문서(예: 주주명부)

(4) 새로운 특수관계자나 그 거래의 식별 시 수행절차(550-22)는,

① 업무팀의 **다른 구성원에게 관련 정보를 신속하게 커뮤니케이션**을 함

② 해당 재무보고체계에서 특수관계자에 관한 요구사항을 정하고 있는 경우 다음의 절차를 수행함

㉠ 감사인의 추가적인 평가를 위해, 경영진에게 새로 식별된 특수관계자와의 **모든 거래를 식별할 것을 요청함**

㉡ 특수관계 및 특수관계자 거래에 대한 기업의 통제가 해당 특수관계나 특수관계자 거래를 식별하거나 공개하는 데 **실패한 이유를 질문함**

ⓒ 새로 식별된 특수관계자 또는 이들과의 유의적 거래에 대하여 **적합한 실증감사절차를 수행**함

ⓓ 경영진이 이전에 식별하지 못하였거나 감사인에게 공개하지 않았던 다른 특수관계자 및 이들과의 유의적 거래가 존재할 위험을 **재고려하고,** 필요에 따라 추가적인 감사절차를 수행함

ⓔ 만약 경영진의 **미공개가 고의적인 경우에는**(따라서 부정으로 인한 중요왜곡표시위험을 나타낸다면), **해당 감사에 대한 시사점을 평가함**

(5) 정상적인 사업과정이 아닌 거래를 식별한 경우 수행절차(500-23)는,

① 근거 계약이나 약정이 존재한다면 이를 검사하여 다음 사항을 **평가한다.**

ⓐ 해당 거래의 사업상 이유(또는 그러한 근거의 결여)에 비추어 볼 때, 그러한 **거래가 부정한 재무보고를 행하거나 자산의 유용을 은폐하기 위해 체결되었을 것임을 나타내는지 여부**

ⓑ 해당 거래의 조건이 경영진의 설명과 **일관성**이 있는지 여부

ⓒ 해당 거래가 해당 재무보고체계에 따라 **적합하게 회계처리**되고 공시되었는지 여부

② 해당 거래가 **적합하게 권한이 부여되고 승인되었다는 감사증거를 입수**함

(6) 서면진술의 수령

경영진으로부터 수령하여야 할 서면진술(550-26)은,

① 경영진(적절한 경우 지배기구 포함)은 그들이 알고 있는 기업의 특수관계자들의 신원과 모든 특수관계 및 특수관계자 거래의 내용을 감사인에게 **모두 공개하였음**

② 경영진(적절한 경우 지배기구 포함)은 이러한 관계 및 거래들을 해당 재무보고체계에 따라 **적합하게 회계처리하고 공시하였음**

2) 실전예제

아래 실증절차의 일환으로 수행된 전산감사와 관련된 요구사항에 답하시오.

(주)싹수는 20x2년 5월 3일에 최대주주(지분율 100%) 및 대표이사인 홍길동 씨에게

10억 원을 대여하였다. 대여약정서상 만기일은 20x3년 1월 2일이며 이자율은 연 0%이다. 또한 20x2년 5월 3일에 (주)싹수는 토지(장부금액 10억 원)를 홍길동 씨에게 매각하는 매매계약(매매금액 10억 원)을 체결하였다. 다음 날 매매금액을 전액 수수하고 토지의 소유권 이전등기가 완료되었다.

(주)싹수는 홍길동 씨와의 위 거래를 특수관계자 거래로 공시하였고 거래도 정당하게 이루어졌다고 주장하고 있다.

[요구사항]

현장책임회계사가 동 거래에 대해서 [A] 전문가적 의구심을 가지고 파악해야 하는 사항 중 두 가지만 제시하고, [B] 회사로부터 추가적으로 입수하여야 하는 감사증거를 기재하시오(아래 답안 양식을 사용할 것).

[답안 양식]

구분	기재할 사항
[A]	① ②
[B]	

[답안]

구분	기재할 사항
[A]	① 0%의 이자율이 대여당시의 정상적인 이자율인지 파악한다. ② 토지의 매매당시 토지의 공정가치가 장부금액과 동일한 10억 원인지 파악한다.
[B]	후속기간에 대표이사에게 대여한 10억 원이 회수되었는지 확인하고 만약에 회수되지 않은 경우 대여금의 회수가능성에 대한 감사증거를 입수한다.

5. 회사의 법규준수

회사의 법규위반은 벌금 또는 소송으로 재무제표에 중요한 영향을 미칠 수 있고 심한 경우 영업이 정지될 수도 있다. 따라서 감사인은 법규위반으로 인한 재무제표의 중요왜곡표시를 식별하여야 한다.

감사인은 법규위반을 예방할 책임이 없지만, 감사인이 모든 법규위반을 발견하는데 다음의 고유한계를 가지고 있다(250-5).

① 전형적으로 **재무제표에 영향을 미치지 않고** 기업의 재무보고와 관련된 정보시스템에 의해 포착되지 않는, 주로 기업의 영업활동 측면과 관련된 법규가 다수 존재한다.

② 법규위반은 공모, 위조, 거래의 고의적인 기재누락, 경영진의 통제무력화 또는 감사인에 대한 의도적인 허위진술 등을 **은폐하기 위한 목적으로 설계된 행위**들과 관련된 것일 수 있다.

③ 특정 행위가 위반에 해당되는지 여부는 **궁극적으로 법원 또는 기타 적합한 판결기관이 결정할 사항**이다.

1) 회사의 법규준수에 대한 감사절차

(1) 법규준수와 관련하여 이해할 사항(250-12)

① 기업과 그 기업이 영업을 하고 있는 산업 또는 부문에 적용되는 법규

② 기업이 이러한 법규를 어떻게 준수하고 있는지에 관한 사항

(2) 법규의 2가지 유형과 감사절차

법규위반이 재무제표에 직접적인 영향을 미치는 유형1과 그렇지 않은 유형2로 구분된다(250-6, 7).

구분	유형1	유형2
법규	재무제표에 직접적인 영향을 미치는 법규	재무제표 금액과 공시의 결정에 직접적인 영향을 미치지는 않지만, 해당 법규의 준수가 사업의 일상적인 운영 면이나 사업을 계속할 수 있는 능력 또는 중요한 처벌을 면할 수 있는 능력에 대한 근본이 되는 기타법규
예시	세법, 근로기준법	은행업법, 여객자동차법 등

구분	유형1	유형2
감사인의 책임	법규의 준수에 대하여 충분하고 적합한 감사증거를 입수하여야 한다.	재무제표에 중요한 영향을 미칠 수 있는 법규의 위반을 식별하는 데 도움을 주는 다음의 특정의 감사절차만 수행 • 기업이 이와 같은 법규를 준수하고 있는지 여부에 대하여 경영진에게 질의함 • 관련 인허가기관이나 규제기관과의 왕복문서가 있는 경우 이를 검사함

(3) 법규위반 또는 의심되는 위반사례에 대해서 정보를 알게 된 경우 수행절차(250-18, 19)

① 행위의 성격 및 그 행위가 발생한 상황을 이해함

② 재무제표에 미칠 수 있는 영향을 평가하기 위한 추가적인 정보를 입수함

③ 경영진(적합한 경우 지배기구를 포함)과 그 사항에 대하여 논의함

경영진과 논의하였으나 기업이 법규를 준수하고 있다는 사실을 지지할 수 있는 충분한 정보를 제공하지 아니하며, 의심되는 위반이 재무제표에 중요한 영향을 미칠 수 있다고 판단되면 감사인은 법적 조언을 받을 필요가 있는지 고려하여야 한다(250-19).

(4) 서면진술의 수령(501-12)

재무제표를 작성할 때 그 영향을 고려해야 하는 법규위반 또는 위반으로 의심되는 사항으로서 알고 있는 모든 사실을 감사인에게 공개하였다는 서면진술서를 수령하여야 함.

6. 부문정보의 공시

한국채택국제회계기준 제1108호는 부문정보를 공시하도록 요구하고 있다. 부문정보는 주석에서만 공시되므로 부문정보에 대한 감사절차의 핵심은 회사가 공시한 부문정보가 적절한지 확인하는 것이다.

부문정보의 공시에 대한 감사절차(501-13)는,

① 경영진이 **부문정보의 결정에 사용한 방법**을 이해함

㉠ 그러한 방법에 의해 결과적으로 해당 재무보고체계에 따른 공시가 이루어질 수 있는지 여부를 평가함

㉡ 적절한 경우, 해당 방법의 적용에 대하여 테스트함

② **분석적 절차** 또는 해당 상황에 적합한 **기타의 감사절차**를 수행함

제4장

실증절차의 완료

1. 후속사건의 검토

1) 개요

후속사건이란 재무제표일과 감사보고서일 사이에 발생한 사건과, 감사보고서일 후 감사인이 알게 된 사실을 말한다. 회계기준에서 **보고기간 후 사건**은 재무제표일과 재무제표 발행승인일(이사회승인일) 사이에 발생한 사건과는 다르다.

감사보고서일은 감사인이 재무제표에 대한 감사보고서에 기재한 일자로서 감사보고서일까지 발생되었고 감사인이 알게 된 사건과 거래의 영향을 감사인이 고려하였음을 감사보고서의 이용자들에게 알리는 것이다. 감사보고서일은 감사증거수입완료일과 재무제표 발행승인일보다 빠를 수 없다(560-A3).

후속사건은 수정을 요하는 사건과 주석 공시를 요하는 사건으로 나눌 수 있다.

구분	수정을 요하는 사건	공시를 요하는 사건
반영방법	재무제표에 수정반영	주석에 추가공시
예시	• 보고기간말에 존재하였던 현재의무가 보고기간 후에 소송사건의 확정에 의해 확인되는 경우 • 보고기간말에 이미 자산손상이 발생되었음을 나타내는 정보를 보고기간 후에 입수하는 경우나 이미 손상차손을 인식한 자산에 대하여 손상차손금액의 수정이 필요한 정보를 보고기간 후에 입수하는 경우	• 보고기간 중에 발생한 중요 사업결합 또는 주요 종속기업의 처분 • 영업 중단 계획의 발표 • 자산의 주요 구입, 기업회계기준서 제1105호 매각예정비유동자산과 중단영업에 따라 자산을 매각예정으로 분류, 자산의 기타 처분, 정부에 의한 주요 자산의 수용 • 보고기간 후에 발생한 화재로 인한 주요 생산 설비의 파손

구분	수정을 요하는 사건	공시를 요하는 사건
	• 보고기간말 이전에 구입한 자산의 취득원가나 매각한 자산의 대가를 보고기간 후에 결정하는 경우 • 보고기간말 이전 사건의 결과로서 보고기간말에 종업원에게 지급하여야 할 법적 의무나 의제의무가 있는 이익분배나 상여금 지급금액을 보고기간 후에 확정하는 경우 • 재무제표가 부정확하다는 것을 보여주는 부정이나 오류를 발견한 경우	• 주요한 구조조정계획의 공표나 이행착수 • 보고기간 후에 발생한 주요한 보통주 거래와 잠재적 보통주 거래 • 보고기간 후에 발생한 자산 가격이나 환율의 비정상적 변동 • 당기법인세 자산과 부채 및 이연법인세 자산과 부채에 유의적인 영향을 미치는 세법이나 세율에 대한 보고기간 후의 변경 또는 변경 예고 • 유의적인 지급보증 등에 의한 우발부채의 발생이나 유의적인 약정의 체결 • 보고기간 후에 발생한 사건에만 관련되어 제기된 주요한 소송의 개시

2) 감사보고서일까지 발생한 후속사건의 식별절차(560-6, 7)

감사인은 재무제표일부터 감사보고서일 또는 감사보고서일과 가장 가까운 실행 가능한 일자까지의 기간에 대하여 후속사건이 모두 식별되었다는 충분하고 적합한 감사증거를 입수할 수 있도록, 설계된 감사절차를 수행하여야 한다. 감사인은 그러한 감사절차의 성격과 범위를 결정할 때, 감사인의 위험평가를 고려하여야 하며, 이때 다음의 절차들이 포함되어야 한다.

① 경영진의 **후속사건을 식별하기 위해 수립한 절차들을 이해**함

② 재무제표에 영향을 미칠 수 있는 후속사건이 발생했는지 여부에 대하여 경영진에게 **질문**함

③ 재무제표일 후에 개최된 주주, 경영진, 그리고 **지배기구 회의록**이 있을 경우 이를 열람하고 회의록이 아직 이용 가능하지 않은 경우에는 해당 회의에서 논의된 사항들에 대하여 질문함

④ 기업의 **최근 후속 중간재무제표**가 있다면 이를 열람함

3) 감사보고서일 이후에 알게 된 경우 대응절차

(1) 기본수행절차(560-14)

① 경영진(적절한 경우 지배기구 포함)과 이 사항을 **토의함**

② 재무제표의 **수정이 필요한지 여부를 결정함**

③ 재무제표의 수정이 필요하다고 결정했다면, 경영진이 재무제표에서 이 사항을 **어떻게 다룰 계획인지 질문함**

(2) 새로운 감사보고서일까지의 후속사건 감사절차의 연장과 새로운 감사보고서일의 기재방법

① 새로운 감사보고서일까지의 후속사건 감사절차의 연장

감사인은 새로운 감사보고서일까지 **모든 후속사건에 대해서 후속사건에 대한 감사절차를 수행하는 것이 원칙**이지만, 법규나 재무보고체계에서 금지되지 않는다면 **해당 수정사항에만 한정하는 것이 허용**된다.

② 새로운 감사보고서일의 기재방법

경영진의 수정여부에 관계없이 감사보고서일은 변경되어야 한다.

㉠ 모든 후속사건에 대해서 추가감사절차를 수행한 경우 감사보고서일의 변경방법
새로운 감사보고서에는 새로운 감사보고서일을 기재하여야 한다.

㉡ 해당 수정사항에만 한정하여 추가감사절차를 수행한 경우
다른 후속사건에 대해서는 확신을 가질 수 없으므로 후속사건에 대한 감사절차가 오직 재무제표의 관련 주석에 기술된 수정에만 한정하여 수행되었다는 것을 나타내야 한다.

해당수정사항에만 한정하여 추가감사절차를 수행한 경우 감사보고서일 기재방법은,

<table>
<tr><th>방법1: 이중감사보고서일(②-1)</th><th>방법2: 추가설명문단 기재(②-2)</th></tr>
<tr><td>해당수정사항에 한정된 추가적인 감사보고서일자를 포함</td><td>강조사항문단 또는 기타사항문단에 설명문단을 포함(기존감사보고서일은 수정하지 않는다)</td></tr>
<tr><td>[예시]
독립된 감사인의 감사보고서

ABC주식회사
주주 및 이사회 귀중

(20X2년 2월 15일)주석Y에 관한 사항을 제외한다.
(20X2년 3월 20일)주석Y에 기술된 수정사항에 한정하여 수행된 감사절차의 종료일</td><td>[예시]
독립된 감사인의 감사보고서

ABC주식회사
주주 및 이사회 귀중

(기존 감사보고서일)20X2년 2월 15일</td></tr>
</table>

위와 같은 상황에서 감사보고서 발행방식을 정리하면 아래와 같이 정리될 수 있다.

발행방식	감사보고서일자	감사인의 후속절차	강조사항 또는 기타사항 포함여부
①	수정된 재무제표 승인일보다 빠르지 않은 날짜(Redate)	후속사건감사절차를 새 보고서일자까지 연장하여 수행함	기재 불필요
②-1	이중감사보고서 일자 (Dual Date)	후속사건에 대한 절차를 원래의 감사보고서일자까지 수행하며 재무제표 관련 주석에서 기술된 수정사항에 한정해서만 감사절차를 확대 수행함	기재 불필요
②-2	원래 감사보고서일자	후속사건에 대한 절차를 원래의 감사보고서일자까지 수행하며 재무제표 관련 주석에서 기술된 수정사항에 한정해서만 감사절차를 확대 수행함	기재 필요(후속절차가 주석에서 기술된 수정에만 한정하여 연장 수행되었다는 설명)

(3) 경영진의 반영여부에 따른 시기별 대응절차

① 경영진이 재무제표를 수정하거나 주석에 공시하는 경우

경영진이 재무제표를 수정하거나 주석에 공시하는 경우 감사의견은 적정의견이 표명되고 감사보고서일은 변경된다. 다만 재무제표 발행일 이후 감사보고서가 재발행되는 경우 새로운 감사보고서에 포함할 사항은(560-16),

㉠ 감사인이 이전에 발행한 감사보고서를 언급

㉡ 이전에 발행한 재무제표의 수정이유를 더 넓게 논의한 재무제표 주석을 언급

재무제표 발행일 이후 재발행되는 감사보고서 사례

독립된 감사인의 감사보고서

ABC주식회사
주주 및 이사회 귀중

강조사항(또는 기타사항으로 기재)
이 보고서의 이용자는 회사의 재무제표에 대한 **주석 2에 주의**를 기울일 필요가 있습니다. 재무제표에 대한 주석 2는 회사는 20X2년 2월 28일자 정기주주총회 이후 파악된 주가지수연동수익증권 관련 평가손실금액 88,458백만 원을 대차대조표상의 기타포괄손익누계액(자본차감항목)에서 손익계산서상의 영업외손실로 수정하였고, 이로 인하여 회사의 당기순이익은 67,057백만 원 감소하였고 기타포괄손익누계액은 동액만큼 증가하여 순자산가액에 미치는 영향은 없다고 기술하고 있습니다.

본 감사인은 동 수정사항을 반영하여 감사보고서를 재발행하였으므로, **본 감사인이 20X2년 2월 15일자로 발행한 감사보고서는 더 이상 유효하지 않으며 회사의 20X1년 재무제표와 관련하여 사용될 수 없습니다.**

서울특별시 영등포구
딜로이트 안진회계법인
대표이사 홍종성
20X2년 3월 20일

② 경영진이 재무제표를 수정하지 않거나 주석에 공시하지 않는 경우

시기별 감사인의 대응절차(560-13, 17)는,

감사보고서일부터 감사보고서 제출 전	감사보고서 제출 후부터 재무제표 발행일 전	재무제표 발행일 이후
감사의견 변형	• 경영진에게 필요한 수정을 하기 전에는 재무제표를 **제3자에게 발행하지 말라고 통보**하여야 한다. • 이러한 통보에도 불구하고 필요한 수정 없이 재무제표가 발행된 경우, 감사인은 해당 감사보고서에 대한 의존을 못 하게 하기 위한 **적합한 조치를 취하여야 한다.**	• 경영진에게 감사보고서에 대한 차후의 의존을 방지할 조치를 취할 것이라고 통보하여야 한다. • 그러한 통보에도 불구하고 경영진 또는 지배기구가 필요한 조치를 취하지 않으면 감사인은 해당 감사보고서에 대한 의존을 방지하기 위한 **적합한 조치를 취하여야 한다.**

물론 감사인이 보고서를 기업에 제출하지 않은 경우는 감사인은 그 중요성에 따라 한정 또는 부적정의견을 표명하면 된다.

4) 실전예제

ABC(주)는 종속회사로서 각각 A(주), B(주), C(주)를 보유하고 있다. X회계법인은 ABC(주)에 대한 20X2년 그룹감사를 수행하고 있으며 중요성 기준은 20억 원이다. 20X2년 ABC(주)의 감사보고서일은 20X3년 3월 2일이다. 김 회계사는 20X3년 3월 2일 부문감사인으로부터 다음과 같은 후속사건을 보고받았다.

구분	대상회사	후속사건
(1)	모든 회사	세법 개정안이 20X3년 1월 2일자로 국회를 통과하여 확정되었으며, 이에 따라 20X3년 1월 1일 이후 개시하는 사업연도부터 법인세율이 기존 22%에서 20%로 변경된다. 법인세율 변경이 이연법인세자산·부채에 미치는 영향은 중요성 기준을 초과한다.
(2)	A(주)	20X3년 1월 3일 지방 소재 공장에서 화재가 발생하여 장부가액 120억 원의 유형자산이 소실되었으며, 20X3년 3월 2일 현재 보험금 수령액은 확정되지 않았다.
(3)	B(주)	20X2년 말 현재 계류 중이던 소송에서 20X3년 2월 28일에 패소 판결을 받았으며, 판결 결과 B(주)는 원고에게 100억 원을 배상하여야 한다.

[요구사항]

상기 후속사건이 ABC(주)의 연결재무제표에 미치는 영향을 판단하고 그 이유를 함께 서술하시오.

[답안]

구분	연결재무제표에 미치는 영향	그 이유
(1)	X	법인세율 변경에 대한 세법 개정안이 재무제표일 이후에 확정되어 재무제표일 현재 존재하였던 사건이나 상황에 해당하지 않으므로 주석공시를 요하는 사건이다.
(2)	X	화재사건이 재무제표일 이후에 발생하여 재무제표일 현재 존재하였던 사건이나 상황에 해당하지 않으므로 주석공시를 요하는 사건이다.
(3)	O	소송사건이 재무제표일 현재 존재하였던 사건이나 상황에 해당하므로 재무제표를 수정하여야 한다.

2. 계속기업전제의 검토

1) 개요

경영진은 재무제표를 작성할 때 계속기업으로서의 존속능력을 평가하여야 하며, 그 기간은 재무제표일(12월 31일)로부터 최소 12개월 이상이어야 한다.

감사대상회사의 계속기업전제에 대한 감사인의 책임(570-6)은,

① 재무제표의 작성에 있어 경영진의 회계의 **계속기업전제 사용의 적합성**에 대하여 충분하고 적합한 감사증거를 입수하고 **결론**을 내린다.

② 입수된 감사증거에 기초하여 계속기업으로서의 존속능력에 대한 **중요한 불확실성이 존재하는지 여부에 대하여 결론**을 내린다.

2) 계속기업전제에 대한 감사절차

(1) 경영진의 예비평가 수행여부에 따른 위험평가절차

감사인은 위험평가절차를 수행할 때 계속기업으로서의 존속능력에 대하여 유의적 의문을 초래할 수 있는 사건이나 상황(이하 유의한 상황)이 존재하는지 여부를 고려하여야 한다.

유의한 상황의 사례(570-A3)는,

① 재무적 사항

㉠ 순부채 또는 순유동부채 상태

㉡ 현실적으로 갱신이나 상환의 가능성이 없는 확정만기차입금의 만기 도래, 또는 장기성 자산의 취득자금을 단기차입금에 지나치게 의존함

㉢ 채권자들의 금융지원 철회 징후

㉣ 역사적 재무제표 또는 추정재무제표상 부의 순영업현금흐름

㉤ 주요 재무비율의 악화

㉥ 상당한 규모의 영업손실의 발생, 또는 현금흐름의 창출에 사용된 자산가치의 유의적 악화

㉦ 배당금 지급의 연체 또는 배당의 중단

㉧ 채무의 지급기일 준수 불능

㉨ 차입약정 조건의 준수 불능

㉩ 공급자와의 거래가 신용에서 현금결제조건으로 변경됨

㉪ 핵심 신제품의 개발이나 기타 필수적 투자에 대한 자금조달 능력의 부재

② 영업적 사항

㉠ 경영진의 기업청산이나 영업중단 의도

㉡ 후임자의 선임 없이 주요 경영진이 퇴진

㉢ 주요 시장, 주요 고객, 프랜차이즈, 면허 혹은 주요 공급자의 상실

㉣ 노사문제의 어려움

㉤ 주요 부품의 부족

㉥ 대단히 성공적인 경쟁자의 출현

③ 기타

㉠ 금융기관에 대한 지급능력 또는 유동성 요건 같은 자본에 대한 요구사항 또는 기타 법령상의 요구사항에 대한 위반

㉡ 기업을 상대로 소송 또는 징계절차가 진행 중이며, 실패할 경우에는 기업이 감당할 수 없을 정도의 배상책임을 부담할 수 있음

㉢ 기업에 불리한 영향을 미칠 것으로 예상되는 법규나 정부정책의 변화

㉣ 발생할 경우에 재앙이 될 사고에 대한 보험에 미가입 또는 불충분한 부보금액

경영진의 예비평가절차에 따른 감사인의 위험평가절차(570-10)는,

경영진이 예비평가를 수행한 경우	경영진이 예비평가를 수행하지 않은 경우
• 경영진과 그 평가에 대하여 **토의**하여야 한다. • 경영진이 개별적으로 또는 집합적으로 **계속기업으로서의 존속능력에 유의적 의문을 제기할 수 있는 사건이나 상황을 식별**하였는지 여부를 확인하여야 하고, • 식별된 경우에는 이에 대한 **경영진의 계획을 확인**하여야 한다.	• 경영진이 계획하는 회계의 **계속기업전제 사용의 근거**에 대하여 감사인은 경영진과 토의해야 하고 • 개별적으로 또는 집합적으로 **계속기업으로서의 존속능력에 유의적 의문을 제기할 수 있는 사건이나 상황이 존재하는지 여부를 질문**하여야 한다.

(2) 경영진의 평가에 대한 감사인의 평가

감사인은 계속기업으로서의 존속능력에 대한 경영진의 평가에 대하여 평가하여야 한다. 이를 평가할 때 경영진의 평가기간과 동일한 기간을 대상으로 한다(570-13).

경영진의 평가에 대하여 감사인이 평가할 사항(570-A10)은,

① 경영진이 그 평가를 위해 수행한 절차

② 평가의 기초가 된 가정

③ 경영진의 향후 실행계획

④ 해당 상황에서 경영진 계획의 실행가능성 여부

경영진이 수행한 분석이 부족하다고 하더라도 감사인은 계속기업 전제에 대하여 결론을 내릴 수 있다. 예를 들어 회사가 이익을 실현하고 금융기관으로부터 차입금 조달이 용이하다면 경영진의 세부분석이 없다고 하더라도 계속기업전제는 타당하다고 결론 내릴 수 있을 것이다(570-A9).

(3) 유의사항 식별 시 수행절차(570-16)

① 경영진이 계속기업으로서의 존속능력에 대한 평가를 아직 수행하지 않은 경우, 평가를 **수행하도록 요청함**

② 계속기업에 대한 경영진의 평가와 관련된 경영진의 **향후 실행계획**에 대하여, 이러한 계획의 결과가 **상황을 개선시킬지 여부** 그리고 경영진의 계획이 해당 상황에서 **실행 가능한지 여부를 평가함**

③ 기업이 **현금흐름을 예측**하였고 이 예측에 대한 분석이 경영진의 미래 실행계획을 평가할 때 사건이나 상황의 미래결과를 고려하는 데 유의적인 요소인 경우, 다음의 절차를 수행함

㉠ 예측을 위해 생성된 **기초 데이터의 신뢰성**을 평가함

㉡ 예측의 기초가 되는 **가정들에 대한 적절한 근거가 있는지 여부**를 결정함

④ 경영진이 평가를 실시한 날 후에 추가적인 사실이나 정보가 이용 가능하게 되었는지 여부를 고려함

⑤ 경영진(적절한 경우 지배기구 포함)에게 향후 실행계획과 이러한 계획의 실행가능성에 대하여 **서면진술을 요청함**

(4) 평가기간 이후의 기간에 대해 계속기업전제와 관련하여 수행할 절차

감사인은 경영진이 평가기간 이후 유의사항에 대하여 알고 있는지 질문하여야 한다(570-15).

(5) 감사결과의 평가

감사인은 유의사항과 관련하여 중요하다고 판단되는 불확실성이 존재하는지 결정해야 한다. 계속기업가정이 적합하나 중요한 불확실성이 존재한다고 결론을 내리는 경우 결정할 사항(570-19)은,

① 계속기업으로서의 존속능력에 대하여 유의적 의문을 초래할 수 있는 주요 사건이나 상황 및 이러한 사건이나 상황을 다루기 위한 **경영진의 계획이 재무제표에 적절히 공시되어 있는지 여부**

② 계속기업으로서의 존속능력에 대하여 유의적 의문을 초래할 수 있는 사건이나 상황과 관련하여 **중요한 불확실성이 존재하고**, 따라서 정상적인 사업과정에서 자산을 회수하고 부채를 상환하지 못할 수 있다는 사실이 **재무제표에 명확히 공시되어 있는지 여부**

(6) 지배기구와의 커뮤니케이션(570-25)

① 사건이나 상황이 중요한 불확실성을 구성하는지 여부

② 재무제표의 작성에 있어 경영진의 회계의 계속기업전제 사용이 적합한지 여부

③ 재무제표의 관련 공시의 적절성

④ 해당되는 경우, 감사보고서에 대한 시사점

(7) 서면진술의 수령

경영진에게 향후 실행계획과 이러한 **계획의 실행가능성에 대해 서면진술을 요청**한다.

3) 계속기업전제와 관련한 감사보고

(1) 유의사항이 존재하지 않는 경우

감사인은 적정의견을 표명한다.

(2) 계속기업전제에 대하여 충분하고 적합한 감사증거를 입수하지 못한 경우

경영진이 계속기업전제에 대한 평가를 실시하지 않거나, 실행 가능한 향후 계획을 제시하지 못하는 경우에는, 그 중요성에 따라 한정의견이나 의견거절을 표명하여야 한다.

(3) 계속기업전제가 적합하지 않은 경우

계속기업전제는 재무제표 작성의 기본전제이므로 감사인은 **부적정의견**을 표명하여야 한다. 다만, 감사인이 계속기업으로서 존속능력에 불확실성이 높다고 판단하는 것은 계속기업전제가 부적합하다고 판단한 것과 다르다.

(4) 유의사항이 존재하지만 중요한 불확실성이 존재하지 않는다고 결론을 내리는 경우: Close call

Close call이란 계속기업으로서의 존속능력에 유의적 의문을 초래할 수 있는 사건이나 상황이 식별되었으나, 감사인이 입수된 감사증거를 근거로 중요한 불확실성이 존재하지 않는다고 결론을 내리는 경우이다(570-20). 예를 들어 회사는 매년 적자가 나지만 보유하고 있는 현금이 수천억 원에 달하는 경우가 이에 해당한다.

① Close call 상황에서 수행할 절차(570-20)

해당 재무보고체계의 요구사항에 비추어, 재무제표에 이러한 사건이나 상황에 대한 적절한 공시가 이루어지는지 여부를 평가하여야 한다.

② Close call의 도입취지와 기대효과

계속기업전제와 관련된 중요한 불확실성이 존재하지 않더라도 경영진이 관련 내용을 주석에 공시하게 되면, 회계정보의 투명성이 제고되고 재무제표이용자는 보다 올바른 의사결정을 할 수 있게 된다.

③ 재무보고체계의 Close call 공시의무(K-IFRS 1001-122)

회계정책을 적용하는 과정에서 추정에 관련된 공시와는 별도로, 재무제표에 인식되는 금액에 가장 유의적인 영향을 미친 경영진이 내린 판단은 유의적인 회계정책 또는 기타 주석 사항과 함께 공시한다.

(5) 중요한 불확실성이 존재하는 경우로서 주석기재가 적절한 경우

계속기업전제는 적합하지만 중요한 불확실성이 존재하는 경우 주석공시사항(570-19)은,

① 계속기업으로서의 존속능력에 대하여 유의적 의문을 초래할 수 있는 주요 사건이나 상황 및 이러한 사건이나 상황을 다루기 위한 **경영진의 계획이 재무제표에 적절히 공시되어 있는지 여부**

② 계속기업으로서의 존속능력에 대하여 유의적 의문을 초래할 수 있는 사건이나 상황과 관련하여 중요한 불확실성이 존재하고, 따라서 정상적인 사업과정에서 자산을 회수하고 부채를 상환하지 못할 수 있다는 **사실이 재무제표에 명확히 공시되어 있는지 여부**

중요한 불확실성에 대한 주석공시가 적절한 경우라도 감사인은 이용자의 주의를 환기하기 위하여 '계속기업 관련 중요한 불확실성' 단락을 별도로 기재하여야 하고, 그 단락에는 다음 사항이 포함되어야 한다(570-22).

① 재무제표의 계속기업 관련 중요한 불확실성에 대한 주석에 **주의를 기울이도록 함**

② 이러한 사건과 상황이 계속기업으로서의 존속능력에 유의적 의문을 초래할 수 있는 **중요한 불확실성이 존재한다는 사실을 나타낸다는 점을 명시**하고 해당 사항과 관련하여 **감사의견이 변형되지 않았음을 명시함**

경영진이 제시한 향후계획의 실현가능성이 높더라도 Close call로 결론 내리기 위해서는 ① 감사인이 입수된 감사증거를 근거로 중요한 불확실성이 존재하지 않는다고 결론을 내렸다는 표현이 있거나, ② 후속기간 동안 상황을 개선시키는 경영진의 계획이 실현된 경우, 또는 ③ 회사가 금융자산 등을 충분히 보유하고 있는 경우 등에 해당하여야 한다.

(6) 중요한 불확실성이 존재하는 경우로서 주석기재가 적절하지 않은 경우

재무제표의 왜곡표시에 해당하므로 그 중요성에 따라 **한정의견이나 부적정의견**을 표명한다.

3. 서면진술의 수령

서면진술이란 '특정사항을 확인하거나 다른 감사증거를 뒷받침하기 위하여 경영진이 감사인에게 제공하는 서면으로 된 진술'을 말한다.

서면진술과 관련하여 유의할 사항은(580-4),

① 서면진술은 감사인이 반드시 입수해야 하는 필요 감사증거이지만 서면진술이 다루는 그 어떠한 사항에 대해서도 **서면진술 그 자체는 충분하고 적합한 감사증거를 제공하지 않는다.**

② 경영진이 신뢰할 수 있는 서면진술을 감사인에게 제공했다는 사실이 경영진의 책임완수 또는 특정경영진주장에 대하여 감사인이 입수하는 **다른 감사증거의 성격이나 범위에 영향을 미치는 것도 아니다.**

서면진술의 요청대상은 일반적으로 **최고경영진과 재무담당임원**이 된다(580-A2). 당기초에 경영진이 교체된 경우라도 **현재의 경영진으로부터 감사보고서에 언급된 모든 재무제표와 기간을 대상으로 서면진술을 수령**한다.

서면진술은 감사인을 수신인으로 하여야 하며, 서면진술일은 가능한 한 감사보고서일에 실행 가능한 가장 근접한 날로 하되, **감사보고서일 후가 되어서는 안 된다**(580-A15).

경영진의 서면 진술에 '본인이 알고 있다고 믿는 최선의 범위에서 진술을 하였다'라는 제한적인 문구의 포함여부는 경영진의 책임 관련 사항은 불가하고 기타내용은 가능하다.

서면진술에 포함되어야 할 내용은(580-10~13, A10~12),

경영진의 책임 관련	기타 내용 관련
• 재무제표의 작성책임: 감사업무 조건에서 정한 바와 같이 경영진이 해당 재무보고체계에 따라 재무제표를 작성할 책임을 완수하였다.	• 재무제표에 대한 추가적인 서면진술 - 회계정책의 선택과 적용이 적합한지 여부 - 해당 재무보고체계하에서 관련성이 있는 경우, 다음과 같은 사항들이 해당 체계에 따라 인식, 측정, 표시 또는 공시되었는지 여부 ㉠ 자산과 부채의 장부가액이나 그 분류에 영향을 미칠 수 있는 계획 또는 의도 ㉡ 실제 발생된 부채 및 우발부채 ㉢ 자산에 대한 권리 또는 통제, 자산에 대한 담보 또는 저당, 그리고 담보로 제공된 자산 ㉣ 재무제표에 영향을 미칠 수 있는 법규와 계약(이에 대한 위반 포함)에 관한 측면
• 제공된 정보 및 거래의 완전성에 대한 책임 - 경영진은 감사업무 조건에서 합의한 대로 모든 관련 정보를 감사인에게 제공하고 접근하게 하였음 - 경영진은 모든 거래를 기록하고 재무제표에 반영하였음	• 감사인에게 제공된 정보에 대한 추가적인 서면진술(경영진이 알고 있는 내부통제의 모든 미비점을 감사인에게 전달하였다)
	• 특정 경영진 주장에 대한 서면진술(의도, 능력)

서면진술의 경영진 책임 관련에서 재무제표작성책임과 정보제공책임만 포함되어 있고 내부통제책임은 누락되어 있는데, 그 이유는 내부통제책임은 부정과 관련하여 수령하여야 할 서면진술에 포함되었기 때문이다.

감사인이 식별된 왜곡표시를 수정요청하였으나, 경영진이 이를 수정하지 않을 경우 감사인은 경영진으로부터 **'미수정왜곡표시가 재무제표에 미치는 영향이 중요하지 않다'라는 서면진술을 수령**하여야 한다.

경영진이 감사인이 요청한 서면진술 중 하나 이상을 제공하지 않는 경우 감사인은 다음의 절차를 수행해야 한다(580-19).

① 해당 사항을 경영진과 토의함

② 경영진의 성실성을 다시 평가하고, 경영진 진술(구두 또는 서면) 및 감사증거일반의 신뢰성에 미칠 수 있는 영향을 평가함

③ 감사의견에 미칠 가능성이 있는 영향의 결정을 포함한 적절한 조치를 취함

경영진이 감사인이 요청한 서면진술을 제공하지 않을 경우 그 서면진술의 내용에 따라 감사의견은 다음과 같이 결정된다(580-20).

경영진 책임 관련	기타 내용 관련
의견거절	중요성에 따라 한정의견 또는 의견거절

4. 식별된 왜곡표시의 평가

1) 왜곡표시의 개요

왜곡표시란 재무제표에 보고된 금액, 분류, 표시 또는 공시와 해당 재무보고체계의 요구에 따른 금액, 분류, 표시 또는 공시와의 차이를 말하며, 이러한 왜곡표시는 오류 또는 부정으로 발생될 수 있다(450-4).

왜곡표시의 발생원인은 다음과 같다(450-A1).

① 재무제표 작성의 원천이 되는 데이터를 수집하고 처리할 때의 **부정확성**

② **금액이나 공시의 누락**(불충분하거나 불완전한 공시와 특정 재무보고체계의 공시 목적을 충족하기 위해 요구되는 공시 누락 포함)

③ 사실에 대한 간과나 명백한 해석상 오류에 따른 **부정확한 회계추정치**

④ 감사인이 비합리적이라고 고려하는 회계추정치와 관련한 경영진의 판단, 또는 감사인이 **적합하지 않다고 고려하는 경영진의 회계정책의 선택과 적용**

⑤ 정보의 **부적절한 분류, 합계 또는 세분화**

⑥ 공정표시 체계에 따라 작성된 재무제표에서, 재무보고체계에서 구체적으로 요구되는 공시를 넘어 공정표시를 달성하기 위하여 재무제표에 **필요한 공시의 누락**

왜곡표시는 3가지로 분류된다(450-A3).

왜곡표시의 분류	개념
사실적 왜곡표시	의심의 여지가 없는 왜곡표시(예: 감가상각비 계산오류)
판단적 왜곡표시	감사인이 비합리적이거나 부적절하다고 고려하는 재무제표의 인식, 측정, 표시와 공시 등과 관련된 경영진의 판단으로 인하여 발생하는 차이
투영된 왜곡표시	모집단의 왜곡표시에 대한 감사인의 최선의 추정치이며, 감사표본에서 식별된 왜곡표시를 표본이 추출된 전체 모집단으로부터 투영하는 것

2) 사례를 통한 식별된 왜곡표시의 집계와 영향분석

계획수립 시 설정한 중요성은 다음과 같다.

(단위: 원)

구분	금액
재무제표 수준의 중요성(벤치마크: 세전이익)	100,000,000
수행중요성	80,000,000
명백하게 사소한 금액	3,000,000
손익에 영향을 미치지 않은 왜곡표시(계정분류 등)에 적용할 중요성	500,000,000

식별된 왜곡표시의 내용과 손익효과는 다음과 같다.

(단위: 원)

식별된 왜곡표시의 내용	금액	손익효과
① 미지급임차료의 과소계상	2,000,000	
② 전기말 상품의 과대계상(선입선출법)	10,000,000	10,000,000
③ 당기말 상품의 과대계상	20,000,000	(-)20,000,000
④ 매출과 매출원가의 동시 과대계상	30,000,000	-
⑤ 매출과 매출채권의 표본왜곡표시 과대계상(투영왜곡표시 4천만 원)	10,000,000	(-)40,000,000
⑥ 대손충당금의 과소계상	48,000,000	(-)48,000,000
합계	120,000,000	(-)98,000,000

① 명백하게 사소한(clearly trivial) 금액 미만이므로 손익효과에서 제외함(3백만>2백만)

② 수정분개:

(차) 이익잉여금	10,000,000	(대) 매출원가	10,000,000

③ 수정분개:

(차) 매출원가	20,000,000	(대) 상품	20,000,000

④ 수정분개:

(차) 매출	30,000,000	(대) 매출원가	30,000,000

⑤ 수정분개:

(차) 매출	40,000,000	(대) 매출채권	40,000,000

⑥ 수정분개:

(차) 대손상각비	48,000,000	(대) 대손충당금	48,000,000

위에서 수정사항의 손익효과 합계는 98천만 원으로 중요성 1억 원과 같다. 이러한 상황에서는 왜곡표시의 손익효과 누적액이 중요성보다 크지 않으므로 적정의견을 표명할 수 있지만 수행중요성 8천만 원보다는 커서, 미발견왜곡표시로 인한 감사위험에 노출될 수 있다. 이 경우 전반감사전략과 감사계획을 수정할 필요가 있는지 결정하여야 한다(450-6).

① 식별된 왜곡표시의 성격과 그 발생된 상황에 따르면 다른 왜곡표시가 존재할 가능성을 나타내고 있으며, 이것이 감사 중 집계한 왜곡표시들과 합쳐졌을 때 중요할 수 있는 경우

② 감사 중 집계한 왜곡표시의 합계가 중요성에 근접하는 경우

3) 경영진에게 수정권고

감사인은 경영진에게 집계된 왜곡표시를 수정하도록 권고한다. 이때 수정분개를 직접 제시하는 것은 재무제표 작성업무에 해당하여 자기검토위협으로 독립성이 훼손될 수 있으므로, 왜곡표시의 성격만 제시한다. 경영진이 수정사항 ②와 ③을 반영하였다면 미수정왜곡표시는 아래와 같이 나타난다.

수정사항	손익효과	경영진 수정여부	미수정왜곡표시
①	-	-	-
②	10,000,000	수정	-
③	(-)20,000,000	수정	-
④	-	수정	-
⑤	(-)40,000,000	미수정	(-)40,000,000
⑥	(-)48,000,000	미수정	(-)48,000,000
합계	(-)98,000,000		(-)88,000,000

경영진이 수정한 왜곡표시를 수정한 경우는 왜곡표시가 잔존하고 있는지 여부를 결정하기 위하여 추가적인 감사절차를 수행하여야 한다(450-7).

경영진이 식별된 왜곡표시를 수정하지 않은 경우 ① 경영진이 수정하지 않는 사유를 이해, ② 재무제표 전체에 중요한 왜곡표시가 없는지 여부를 평가할 때 그 사유를 고려한다(450-9).

4) 미수정왜곡표시의 영향에 대한 평가

감사인은 미수정왜곡표시의 영향을 평가하기 전에 중요성이 기업의 실제 재무결과의 관점에서도 여전히 적합한지 여부를 확인하기 위해 이를 **재평가**하여야 한다.

감사인은 미수정왜곡표시가 개별적으로 또는 집합적으로 중요한지 여부를 결정하여야 한다. 이를 결정하기 위하여 감사인은 다음 사항을 고려하여야 한다(450-11).

① 특정 거래유형, 계정잔액 혹은 공시 그리고 재무제표 전체와 관련된 왜곡표시의 규모와 성격, 그리고 그러한 왜곡표시가 발생된 특정 상황

② 과거 보고기간에 관련된 미수정왜곡표시가 관련 거래유형, 계정잔액 또는 공시 그리고 재무제표 전체에 미치는 영향

감사인은 미수정왜곡표시가 재무제표에 미치는 영향을 평가할 때, 미수정왜곡표시의 크기뿐 아니라 그 성격, 그리고 그러한 미수정왜곡표시가 발생한 특수한 상황, 즉 질적 중요성에 대하여 고려하여야 한다.

질적 중요성의 대표적 사례는 아래와 같다.

① 규제 요구사항의 준수에 영향을 미침

② 부채약정 또는 기타 계약상의 이행조건을 준수하는 데 영향을 미침

③ 당기 재무제표에는 중요한 영향이 없지만 부적합한 회계정책의 선택이나 적용과 관련되어 향후 재무제표에는 중요한 영향을 미칠 가능성이 높음

④ 특히 일반적인 경제와 산업환경과 관련하여 이익의 변동이나 기타의 추세를 은폐함

⑤ 기업의 재무상태나 영업성과 또는 현금흐름을 평가할 때 이용되는 비율에 영향을 미침

⑥ 예를 들어 보너스 지급이나 기타의 인센티브에 대한 요건을 충족시키게 됨으로써 경영진에 대한 보상을 증가시키는 효과를 발생시키는 경우

5) 지배기구와 커뮤니케이션(450-12, 13)

감사인이 미수정왜곡표시와 관련하여 지배기구에 커뮤니케이션할 사항은 다음과 같다.

① 미수정왜곡표시 사항

② 미수정왜곡표시가 개별적으로 집합적으로 감사의견에 미칠 영향

③ 중요한 미수정왜곡표시를 수정하도록 권유

④ 과거 보고기간에 관련된 미수정왜곡표시가 관련 거래유형, 계정잔액, 재무제표에 미치는 영향

6) 미수정왜곡표시에 대한 경영진의 서면진술 수령

감사인은 경영진에게 미수정왜곡표시가 개별적으로 또는 집합적으로 재무제표 전체에 중요하지 않다고 믿는지 여부에 대한 서면진술을 요청한다(450-14).

7) 공표용 재무제표의 수령

감사인이 집계한 왜곡표시 중 경영진이 수정하기로 한 왜곡표시가 반영된 재무제표를 다시 수령하여야 하면 이것이 이용자에게 공시되는 '공표용 재무제표'가 된다.

8) 실전예제

(주)싹수의 외부감사인은 감사계획을 수립하면서 수행중요성을 재무제표 전체에 대한 중요성 금액의 약 70%로 설정하여 실증절차를 수행하기로 결정하였다. 이 경우 수행중요성은 약 980백만 원으로 계산되었다. 또한 명백하게 사소한 금액의 기준은 20백만 원으로 정하였다. (주)싹수의 외부감사인이 20x3년 기말감사 수행결과 파악한 발견사항은 아래와 같다. 회사는 외부감사인이 발견한 수정사항을 재무제표에 반영할 계획이 없다고 설명하였다.

구분	수정사항
(A)	당기에 공장건물에 대한 화재보험료로 20X3년 4월 1일자로 72백만 원이 지급되었으며, 보험기간은 20X3년 4월 1일부터 20X4년 3월 31일까지이다. 회사는 지급시점에 모두 비용처리하였다.
(B)	회사의 주요거래처의 재무상황 악화 및 대금회수가 지연됨에 따라 감사인은 해당 거래처의 채권잔액에 대하여 10억 원의 대손충당금을 추가 적립할 것을 제시하였다.
(C)	회사의 제품 중 5억 원이 3년 이상 매출이 발생하지 않은 장기 진부화 재고로 파악되어 100% 충당금 설정을 제시하였으나, 재무제표일 이후 감사보고서일 전에 150백만 원에 전량 매각되었다.

[요구사항]

위 상황에서 ① 감사인이 작성하여 회사에 제시한 미수정왜곡표시 금액이 얼마인지 기재하고, ② 이 금액을 중요성과 비교한 후에 감사위험, 중요성 판단 및 감사계획 수정 여부와 관련하여 감사인이 추가적 고려가 필요한 사항이 무엇인지 기술하시오.

[답안]

① 미수정왜곡표시 금액

구분	산정내용	손익효과
(A)	선급보험료 = 72백만 원 × 3/12 = 18백만 원 < 20백만 원 따라서 명백하게 사소한 금액에 해당한다.	-
(B)	대손충당금 과소계상액 ₩1,000,000,000	(-)1,000,000,000
(C)	₩500,000,000-₩150,000,000 = ₩350,000,000	(-)350,000,000
합계		(-)1,350,000,000

② 재무제표 전체 중요성 금액=980,000,000÷0.7=1,400,000,000

미수정왜곡표시금액의 합계 1,350,000,000이 중요성금액 1,400,000,000에 근접하므로 다음 사항을 추가적으로 고려한다.

㉠ 감사위험을 낮추기 위하여 중요성 금액을 낮추는 것이 적절한지 고려한다.

㉡ 식별된 왜곡표시를 고려하여 평가된 중요왜곡표시위험을 수정하여 추가감사절차에 대한 성격, 시기, 범위를 수정할 필요가 있는지 고려한다.

제4부 기출문제

Ch 1.1	TOD 생략 불가 이유	330.A42	2015 문제4 물음5 배점 2

A(주)는 코스닥시장상장법인으로 20X4년(1.1~12.31)에 X회계법인으로부터 감사를 받고 있으며, X회계법인은 20X3년부터 감사를 수행하고 있다.
회계감사기준에서는 평가된 왜곡표시위험 수준과 관계없이 중요한 각 거래유형과 계정잔액 및 공시에 대해 일정 수준 이상의 세부테스트를 설계하고 수행하도록 요구하고 있다. 그 이유를 서술하시오.

정답 및 해설

감사인은 각각의 중요한 거래유형과 계정잔액 및 공시에 대해서는 (평가된 중요왜곡표시위험과 관계없이) 실증절차를 설계하고 수행할 것을 요구한다. 이러한 요구사항은 (i) 감사인의 위험평가에는 판단이 수반되므로 모든 중요왜곡표시위험이 식별되지 않을 수 있고, (ii) 경영진의 통제무력화 등 내부통제에 고유한계가 존재한다는 사실을 반영하는 것이다.

Ch 1.2	기초잔액	510.A6	2020 문제9 물음2 배점 3

(주)한국여행은 2019사업연도(2019년 1월 1일~2019년 12월 31일)를 마지막으로 X회계법인과의 3년 감사계약이 종료되어 감사인을 변경하려고 한다. (주)한국여행의 2019년 말 현재 자산총계는 5조원이며, 주권상장법인으로 감사위원회가 설치되어 있다.
(주)한국여행은 2020사업연도의 회계감사인으로 Y회계법인을 선임하였다. Y회계법인은 당기재무제표에 중요하게 영향을 미치는 왜곡표시가 기초잔액에 포함되었는지를 확인하는 과정에서 전임 감사인인 X회계법인의 감사 조서를 열람하지 못하였다. 이 외에 Y회계법인은 전기 마감잔액이 당기에 이월되었음을 확인하였고, 기초 잔액에 적합한 회계정책이 반영되어 있음을 확인하였다. Y회계법인은 ① 매출채권과 ② 재고자산의 기초 잔액에 대한 충분하고 적합한 감사증거를 수집하기 위해 어떠한 감사절차를 추가로 수행할 수 있는지 각각 한 가지만 간략히 서술하시오.

정답 및 해설

① 매출채권: 당기중 회수 기초채권 확인
② 당기 재고 실사 입회 & 기초 재고로 roll – back

510.A6
유동자산과 유동부채의 경우, 기초잔액에 대한 감사증거 중 일부는 당기 감사절차의 일부로서 입수될 수 있을 것이다. 예를 들어, 당기 중 회수(지급)된 기초 매출채권(매입채무)은 보고기간 개시일의 실재성, 권리와 의무, 완전성 및 평가에 대한 감사증거 중 일부를 제공할 것이다. 그러나 재고자산의 경우, 해당 계정의 마감잔액에 대한 당기의 감사절차는 기초에 보유 중인 재고자산에 대하여는 거의 증거를 제공하지 아니한다. 그러므로 추가적인 감사절차가 필요할 수 있고, 다음 중 하나 이상의 절차가 충분하고 적합한 감사증거를 제공할 수 있다.
• 당기 재고자산 실사에 입회하고, 그 결과를 기초 재고수량으로 조정함
• 기초 재고자산항목의 평가에 대한 감사절차를 수행함
• 매출총이익과 기간귀속에 대하여 감사절차를 수행함

510.A3 (11년 기출)
기초잔액과 관련된 충분하고 적합한 감사증거를 입수하기 위해 필요한 감사절차의 성격과 범위 영향 요인
• 기업이 적용한 회계정책
• 계정잔액, 거래유형 및 공시의 성격과, 당기재무제표에서 중요왜곡표시위험
• 당기재무제표에 대한 기초잔액의 유의성
• 전기재무제표가 감사받았는지 여부, 그리고 감사받은 경우 전임감사인의 의견이 변형되었는지 여부

Ch 1.3	기초잔액 왜곡표시(유형자산ST)	710.18 510.7	2017 문제2 물음1 배점 3

감사인은 회계감사기준에 따라 감사를 수행하고 그 결과를 감사보고서로 제시한다. 감사보고에 대한 다음 물음에 답하시오.
A회계법인은 갑(주)의 20X1년 재무제표에 대한 회계감사를 수행하고 있다. 전기 재무제표는 B회계법인이 감사하였다(전기 감사의견은 적정의견임).
당기에 실증절차를 수행하던 현장 책임감사인인 홍 회계사는 기계장치의 감가상각과 관련하여 다음 사실을 발견하였다.
• 홍 회계사는 해당 기계장치의 내용연수를 10년으로 추정하였으며 기계공학 관련 외부공인기관도 내용연수가 10년이 합리적이라는 의견을 제시하였다.
• 홍 회계사는 해당 기계장치를 취득하였던 3년 전 내부결재서류를 확인하였다. 동 서류에서 회계담당자는 내용연수를 10년으로 기재하였으나, 승인과정에서 회계책임 임원이 30년으로 변경 · 승인하였음을 발견하였다. 기계장치 내용연수 차이로 인한 감가상각비 오류는 회계정보이용자를 오도할 수 있을 정도로 중요하다.

상기 감가상각 내용연수 오류와 관련하여, (1) 전기 재무제표와 (2) 전기 감사보고서에 대해서 홍 회계사가 취해야 할 ① 절차 및 ② 판단근거(세 줄 이상 기술)를 각각 나누어 서술하시오.

정답 및 해설

(1) 경영진 & 지배기구와 커뮤니케이션(FS수정요청), ∵ 전기 FS작성책임은 경영진
(2) 전임감사인에게 알리도록 요청(직접X), ∵ 전기 감사보고서 의견책임은 전기감사인 & 비밀유지의무 → 직접 알리지 않음.

▶ 710.18
감사인은 전임감사인이 적정의견을 표명한 전기재무제표에 영향을 미치는 (기초잔액에) 중요한 왜곡표시가 존재한다고 결론을 내리면, ⓐ 적합한 수준의 경영진, 그리고 (지배기구의 모든 구성원이 그 기업의 경영에 참여하고 있지 않는 한) 지배기구와 해당 왜곡표시를 커뮤니케이션하여야 하며, ⓑ 이러한 사실을 전임감사인에게 알리도록 요청하여야 한다. 전기재무제표가 수정되고 전임감사인이 수정된 전기재무제표에 대하여 새로운 감사보고서를 발행하는 데 동의한다면, 감사인은 당기에 대해서만 보고하여야 한다.

510.7
감사인은 기초잔액에 당기재무제표에 중요하게 영향을 미칠 수 있는 왜곡표시가 포함되어 있다는 감사증거를 입수한 경우, 당기재무제표에 대한 영향을 결정하기 위하여 해당 상황에 적합한 감사절차를 추가적으로 수행하여야 한다. 만약 감사인이 당기재무제표에 이와 같은 왜곡표시가 존재한다고 결론을 내린 경우에는, 적합한 수준의 경영진 및 지배기구와 해당 왜곡표시에 대하여 커뮤니케이션하여야 한다.

Ch 2.1	은행조회		2014 문제7 물음2 배점 3

(주)공룡은 자동차부품제조업을 영위하는 12월 말 결산법인이며, 2X08년에 유가증권시장에 상장하였다. 현행 감사인인 대한회계법인의 매니저회계사인 박고민 회계사는 2X13년에 기존 인원의 퇴사 및 사내 업무재배치 등으로 당기 감사팀이 새롭게 구성됨에 따라 사전 세부감사계획 수립 및 현장 조서검토를 통하여 효율적으로 감사를 수행하려는 계획을 가지고 있다. 2X13년의 기말현장감사는 2월 초에 수행하였으며, 감사보고서일은 3월 중순경으로 예상하고 있다.
다음은 기말감사 현장에서 팀원이 작성한 감사조서를 박고민 회계사가 검토하면서 발견한 내용 중 일부이다.

(A) 〈현금및현금성자산 계정〉

- 계정담당회계사는 재무제표일의 예금·차입금 잔액이 존재하는 모든 금융기관에 대하여 조회서를 발송·회수하였다.
- 다만, 당사의 단체퇴직보험이 가입되어 있는 보험사에 대하여는 조회서를 발송하지 않고, 퇴직보험 납입증명서로 해당 퇴직보험예치금 계정잔액의 감사절차를 수행하였다.

매니저회계사는 상기 사례 (A)의 밑줄 친 부분에 은행조회 절차상 2가지 문제점이 있음을 지적하고 이에 대한 감사절차 보완을 지시하였다. 그 문제점이 무엇이고, 적절한 보완절차가 무엇인지에 대하여 각각 2줄 이내로 기술하시오.

정답 및 해설

(1) 잔액 존재 모든 금융기관 조회 → 기중거래가 있었던 모든 금융기관 조회
(2) 퇴직보험 납입증명서만 확인 → 퇴직보험 가입 금융기관에 조회(관련 수익, 수수료 등도 함께 확인)

Ch 2.2	매출채권 ST		2022 문제4 물음1 배점 3

A회계법인의 나잘해 회계사는 매출채권의 실재성에 대한 감사절차를 수행하고 있다.

[상황]

- 나잘해 회계사는 매출채권의 실재성 관련 중요왜곡표시위험을 식별 및 평가하였으며, 이에 대응하는 감사절차로 회사의 매출채권에 대한 외부조회를 실시하기로 함
- 외부조회 대상 선정을 위해 나잘해 회계사는 회사가 작성한 결산일 현재의 거래처별 매출채권 잔액명세서와 총계정원장을 수령함
- 거래처별 매출채권 잔액명세서에는 결산일 현재 거래처명, 대손충당금 설정 전 매출채권의 거래처별 금액과 합계금액이 기재되어 있음
- 나잘해 회계사는 총 50개의 거래처를 외부조회 대상으로 선정하고, 조회서 발송을 위하여 회사담당자로부터 50개 거래처에 대한 외부조회목록표를 입수함
- 외부조회목록표에는 거래처별 주소, 담당자 이름과 연락처가 기재되어 있음

감사현장책임자는 나잘해 회계사에게 외부조회를 실시하기 전에 회사가 제시한 정보의 신뢰성을 확인할 것을 지시하였다. 나잘해 회계사가 (1) 거래처별 매출채권 잔액명세서의 신뢰성 확인을 위해 수행하여야 할 절차 두 가지, (2) 외부조회목록표의 신뢰성 확인을 위해 수행하여야 할 절차 한 가지를 각각 1줄 이내로 서술하시오.

정답 및 해설

(1) ① 명세 합계 재계산 ② GL 및 FS 대사
(2) 거래처 유선 연락 → 주소 및 담당자 확인

Ch 2.3	매출채권/매입채무 ST	200.A31 500.A18	2021 문제7 물음2 배점 5

다음 내용에 대한 OX를 기재하고 틀린 이유를 설명하시오.

나투명 회계사는 감사현장책임자로서 (주)구룡에 대한 감사업무를 수행 중이다. 아래 각 상황은 서로 독립적이다.

① 나투명 회계사는 매출의 발생사실을 검증하기 위해 표본을 추출하여 관련 증빙과 대사를 하던 계정담당회계사로부터 회사가 제공한 원천증빙의 신뢰성이 낮다는 보고를 받았다. 나투명 회계사는 더 많은 감사증거의 입수, 즉 표본수를 증가시키면 감사증거의 낮은 품질을 보완할 수 있다고 판단하고 있다.

② 계정담당회계사는 당기 감사 중 중요한 매출계약이 체결된 것을 발견하고, 나투명 회계사에게 동 매출계약을 외부조회절차를 통해 확인하면 어떻겠냐고 질문하였다. 그러나 나투명 회계사는 외부조회가 특정 계정잔액 및 그 구성요소와 연관된 경영진주장을 다룰 때 관련성이 있으므로 계정잔액에만 국한하여 사용 가능한 감사방법이라고 판단하고 있다.

③ 나투명 회계사는 매입채무의 과소계상 여부를 확인하기 위한 실증절차를 수행할 예정이다. 이를 위해 나투명 회계사는 후속적인 지급거래, 미지급된 송장(invoice), 매입처 계산서, 일치하지 않는 검수보고서 같은 정보를 테스트하는 것이 관련성 있는 감사증거를 얻는 방법이라고 판단하고 있다.

④ (주)구룡은 FOB선적지인도조건, FOB도착지인도조건 등으로 수출을 하고 있다. 나투명 회계사는 수출금액에 대한 경영진주장 중 발생사실과 기간 귀속의 적정성을 확인하기 위해 매출원장에서 표본을 추출하였다. 회사는 관련 증빙으로 선적서류와 송장을 제공하였다. 나투명 회계사는 이 증빙들이 검증하고자 하는 경영진주장 모두를 확인하는 데 적합한 감사증거라고 판단하고 있다.

⑤ 나투명 회계사는 적극적 조회를 통해 매출채권의 실재성을 확인하려고 한다. 나투명 회계사는 조회처가 해당 정보의 정확성 여부를 검증하지 않고 조회에 회신할 위험을 피하기 위하여 조회서에 금액을 기재하지 않은 공란 형태의 조회서를 발송할 계획이다. 그러나 나투명 회계사는 이러한 공란 형태의 조회가 조회처의 추가적인 노력을 요구하기 때문에 회신율이 더 낮을 수 있다고 판단하고 있다.

위의 각 판단이 적절한지 여부를 기재하고, 적절하지 않은 경우 그 이유를 서술하시오.

정답 및 해설

① X, ② X, ③ O, ④ X, ⑤ O

Ch 2.4	매출원장 표본추출		2021 문제7 물음2.4 배점

다음 내용에 대한 OX를 기재하고 틀린 이유를 설명하시오.

④ (주)구룡은 FOB선적지인도조건, FOB도착지인도조건 등으로 수출을 하고 있다. 나투명 회계사는 수출금액에 대한 경영진주장 중 발생사실과 기간 귀속의 적정성을 확인하기 위해 매출원장에서 표본을 추출하였다. 회사는 관련 증빙으로 선적서류와 송장을 제공하였다. 나투명 회계사는 이 증빙들이 검증하고자 하는 경영진주장 모두를 확인하는 데 적합한 감사증거라고 판단하고 있다.

정답 및 해설

X, 역진법은 발생사실(실재성)만 확인 가능함. 도착지 조건은 cut-off확인 시 인수증빙이 필요. 기말 전후 거래의 관련증빙의 전진법도 필요

Ch 2.5	매출ST		2019 문제4 물음2 배점 4

X회계법인은 가나다(주)의 20X2년(1.1.~12.31.) 재무제표 감사를 수행하고 있으며, 20X1년부터 가나다(주)를 감사하고 있다.

커피프랜차이즈업을 영위하고 있는 가나다(주)의 매출 관련 자료는 다음과 같다.

〈로열티매출〉

- 가나다(주)는 가맹점에 브랜드 사용료, 가맹점 운영관리시스템 사용료, 광고료 등의 명목으로 로열티를 월별로 청구하고 있다.
- 로열티매출액은 가맹점매출액의 2%로 산정된다.

〈상품매출〉

- 가나다(주)는 커피원두를 원두전문회사인 커피최고(주)로부터 구입하여 가맹점에 납품하고 있다.
- 매입단가는 원두가격의 변동에 영향을 받고, 매출단가는 매입단가에 일정마진을 고려하여 산정되고 있으므로 원가율의 변동은 미미하다.

업무수행이사는 현장책임회계사에게 아래와 같은 사항을 고려해서 매출의 실증적 감사절차를 수행하도록 요청하였다.

- 가나다(주)는 유가증권시장에 상장을 준비하고 있는 회사이기 때문에 매출계정은 중요왜곡표시위험이 높을 것으로 판단하고 있다.
- 매출과 관련하여 현장책임회계사가 고려해야 할 경영진의 주장은 발생사실, 완전성, 정확성, 기간 귀속이다.

현장책임회계사가 매출과 관련된 상기 경영진의 주장을 확인하기 위해 수행한 실증적 감사절차는 다음과 같다.

수행한 실증적 감사절차

〈로열티매출〉

- 실증적인 분석적 절차를 수행하기 위해서 가맹점 운영관리시스템에서 산출되는 가맹점 매출자료를 수령하여, 동 자료를 통해 가맹점매출액의 2%로 로열티매출액이 산정되는지를 확인하였다.
- 가맹점 계약서를 통해 로열티 비율이 2%임을 확인하였다.

• 가맹점 운영관리시스템에서 가맹점 매출자료가 자동으로 산출되고 있기 때문에 추가 확인 절차는 생략하였다.
• 실증적인 분석적 절차를 수행한 결과 예측범위 내에서 로열티매출액이 산정되므로 실증세부테스트는 수행하지 않았다.

〈상품매출〉

• 월별 원두 시장가격을 감사인이 독립적으로 조사하여 회사의 매입단가와 비교하고, 회사의 마진율을 고려하여 매출단가가 적정한지를 확인하였다.
• 커피프랜차이즈 시장조사자료를 외부기관으로부터 입수하여 전체적인 매출수량의 적정성을 확인하였다.
• 실증적인 분석적 절차를 통해 산출된 기대매출액과 실제매출액의 차이가 중요하다고 판단되어 상품매출에 대해서는 추가적으로 실증세부테스트를 수행하기로 하였다.
• 회사담당자가 월별 가맹점별로 상품매출에 대한 세금계산서를 발행하는바 매출원장에서 표본을 선정하고 해당 세금계산서를 대사하여 경영진의 주장을 확인하였다.

현장책임회계사가 수행한 매출의 실증적 절차와 관련하여 [A] 잘못된 감사절차 중 세 가지만 제시하고, 이에 대한 [B] 올바른 감사절차를 서술하시오.

정답 및 해설

(1) 가맹점 추가절차 생략 → 조회 등 수행해야
(2) 로열티매출 SAP만 수행 → RoMM ↑ 은 TOD 생략 불가
(3) 상품매출 TI만 확인 → 매출원시증빙(출고증빙,선적서류 등) 대사 등 수행, 전진법 & 역진법

Ch 2.6	FS일이 아닌 실사(Roll-Forward/Back)	501.A11 501.4	2021 문제8 물음4_1 배점 2

재고자산 실사 입회가 재무제표일이 아닌 일자에 수행될 경우 재고자산의 실사일과 최종 재고자산 기록일 사이의 금액변동이 적절히 기록되어 있는지 여부에 대한 감사증거를 얻기 위해 감사절차를 설계해야 한다. 이러한 감사절차 설계 시 아래 고려사항 중 가장 관련 없는 것을 하나 선택하고 그 이유를 서술하시오.

• 감사절차 설계 시 고려사항
  ① 재고자산의 실사를 기록하고 통제하기 위한 경영진의 지시와 절차의 평가
  ② 계속기록법에 의한 재고기록이 바르게 조정되는지 여부
  ③ 기업의 계속기록법에 의한 재고기록의 신뢰성
  ④ 실사 중 입수된 정보와 계속기록법에 의한 재고기록 간의 유의적 차이에 대한 내용

정답 및 해설

① 경영진의 지시와 절차의 평가

Ch 2.7	3자보관 재고	501.8 501.A16	2021 문제8 물음4_2 배점 2

(주)대한의 재고자산은 총자산에서 중요한 비중을 차지하고 있다. (주)대한은 방역 조치에 따른 공장 출입 제한으로 재무제표일(20X1년 12월 31일)에 예정된 재고자산 실사를 실시하지 못했으며, 한국회계법인도 재고자산 실사 입회를 수행할 수 없었다. 회사는 20X2년 1월 15일에 재고자산을 실사하였고, 한국회계법인도 동 일자에 재고자산 실사 입회를 수행하였다. 각 문항은 서로 독립적이다.

한국회계법인은 20X2년 1월 15일에 실시된 재고자산 실사에 입회하면서 중요한 수준의 재고자산이 방역지침에 의해 외부인의 출입이 제한된 외부창고에 보관되고 있음을 인지하였다. (주)대한의 재고담당자는 외부창고담당자로부터 수령한 재무제표일자의 창고보관증을 한국회계법인의 재고자산 계정담당자에게 제시하였다. 한국회계법인의 재고자산 계정담당자는 재무제표일자의 재고자산수불부와 창고보관증을 대조한 결과 수량이 일치함을 확인하였다. 업무수행이사는 감사 진행상황을 검토한 후 창고보관증보다 더 신뢰성 있는 감사증거를 확보하기 위하여 추가적인 감사절차를 수행할 것을 지시하였다.

한국회계법인의 재고자산 계정담당자가 업무수행이사의 지시에 따라 추가로 수행해야 하는 가장 적합한 감사절차를 서술하시오(단, 창고보관증을 활용하여 추가적인 신뢰성을 확보하기 위한 절차는 제외할 것).

정답 및 해설

재고 수량과 상태에 대한 조회 요청

▶ 501.8

제3자가 보관, 통제하고 있는 재고자산이 재무제표에 중요한 경우, 감사인은 다음 중 하나 이상의 절차를 수행하여 해당 재고자산의 실재성과 상태에 관한 충분하고 적합한 감사증거를 입수하여야 한다.

(a) 기업을 위하여 보유하는 재고자산의 수량과 상태에 대하여 해당 제3자의 조회를 요청함

(b) 해당 상황에 적합한 검사 또는 기타의 감사절차를 수행함

예를 들어 해당 제3자에 대하여 그 성실성과 객관성에 의문이 제기되는 정보가 입수된 경우와 같이, 감사인은 상황에 따라 제3자에 대한 조회에 대신하여, 또는 이에 추가하여 기타의 감사절차를 수행하는 것이 적절하다고 생각할 수 있을 것이다. 이러한 기타의 감사절차는 예를 들어 다음과 같다.

- 실행 가능한 경우, 제3자가 수행하는 재고자산 실사에 직접 입회하거나 타 감사인이 입회하도록 조치함
- 재고자산이 바르게 실사되고 적절하게 보호되는지 확인하기 위해 제3자의 내부통제가 적절한지에 대한 타 감사인의 감사보고서 또는 서비스조직 감사인의 감사보고서를 입수함
- 창고보관증과 같이 제3자가 보관하는 재고자산에 관한 문서를 조사함
- 재고자산이 담보로 제공되어 있다면 해당 당사자의 조회를 요청함

Ch 2.8	FS일이 아닌 실사(Roll-Forward/Back)	330.12 501.5	2019 문제4 물음4 배점 5

X회계법인은 가나다(주)의 20X2년(1.1.~12.31.) 재무제표 감사를 수행하고 있으며, 20X1년부터 가나다(주)를 감사하고 있다.
가나다(주)의 재고자산은 모두 상품으로 구성되어 있다. 현장책임회계사는 재고자산에 대한 실사입회계획을 다음과 같이 수립하였다.

재고실사입회계획
- 현장책임회계사는 재고자산의 내부통제가 효과적으로 설계 및 운용되고 있다고 판단하고 있다.
- 현장책임회계사는 회사의 결산일(12월 31일) 이전인 12월 26일에 실사입회를 수행할 계획이다.
- 재고실사입회 시 재고수불부에서 표본을 추출하여 실물을 확인하는 절차로 실사입회를 수행할 계획이다.
- 상품성이 훼손된 재고자산에 대해서도 별도로 실사입회를 수행할 계획이다.

[A] 재고실사입회일이 재무제표일과 다른 경우 현장책임회계사가 고려해야 할 사항을 ① 내부통제측면, ② 실증절차측면으로 나누어 각각 한 가지씩 기재하고, [B] 일반적으로 재고실사입회 시 예상되는 경영진의 주장을 고려하여 추가로 계획할 감사절차 중 한 가지를 기재하시오.

정답 및 해설

(A) IC측면: 잔여기간 통제 유의적 변화 증거입수, 추가TOC결정 (2) 재고실사일과 FS일 사이의 변동에 대한 충적감증입수 절차 수행
(B) 재고 실물에서 표본 추출 후 재고수불부와 대사 (전진법, 완전성)

▶ 330.12
감사인이 중간기간 중에 통제의 운영효과성에 대한 감사증거를 입수하면, 감사인은 다음의 절차를 수행하여야 한다.
(a) 중간기간 이후 해당 통제에 유의적 변화가 있었는지에 대하여 감사증거를 입수함
(b) 잔여기간에 대하여 입수할 추가적인 감사증거를 결정함

▶ 501.5
재고자산 실사가 재무제표일이 아닌 일자에 수행될 경우, 감사인은 문단 4에서 요구하는 절차에 추가하여 실사일과 재무제표일 사이의 재고자산 변동이 적절하게 기록되었는지 여부에 대한 감사증거를 얻기 위한 감사절차를 수행하여야 한다.

※ 501.4 재무제표에서 재고자산이 중요한 경우, 감사인은 다음의 절차를 통하여 재고자산의 실재성과 상태에 관한 충분하고 적합한 감사증거를 입수하여야 한다.
(a) 실행 불가능하지 않은 한, 아래의 절차를 수행하기 위해 재고자산 실사에 입회함
 (i) 재고자산 실사의 결과를 기록하고 통제하기 위한 경영진의 지시와 절차의 평가 (문단 A4 참조)
 (ii) 경영진이 수행하는 실사절차에 대한 관찰 (문단 A5 참조)
 (iii) 재고자산에 대한 조사 (문단 A6 참조)
 (iv) 테스트 실사의 수행 (문단 A7 – A8 참조)
(b) 재고자산의 최종 기록이 재고자산 실사의 결과를 정확하게 반영하고 있는지 여부를 결정하기 위해 재고자산의 최종 기록에 대한 감사절차를 수행함

Ch 2.9	FS일이 아닌 실사(Roll-Forward/Back)	330.12 501.5	2014 문제7 물음3 배점 3

(주)공룡은 자동차부품제조업을 영위하는 12월 말 결산법인이며, 2X08년에 유가증권시장에 상장하였다. 현행 감사인인 대한회계법인의 매니저회계사인 박고민 회계사는 2X13년에 기존 인원의 퇴사 및 사내 업무재배치 등으로 당기 감사팀이 새롭게 구성됨에 따라 사전 세부감사계획 수립 및 현장 조서검토를 통하여 효율적으로 감사를 수행하려는 계획을 가지고 있다. 2X13년의 기말현장감사는 2월 초에 수행하였으며, 감사보고서일은 3월 중순경으로 예상하고 있다.
다음은 기말감사 현장에서 팀원이 작성한 감사조서를 박고민 회계사가 검토하면서 발견한 내용 중 일부이다.

(B) 〈재고자산 계정〉

- 재고자산계정 담당회계사는 회사의 요청에 의하여 당기재무제표 감사를 위한 재고실사입회를 12월 27일자로 수행하였다. 계정담당회계사는 실사입회일 현재를 기준으로 해서, 회사가 수행하는 재고입출고 및 실사절차에 대한 내부통제가 적절히 설계되어 효과적으로 운용되고 있는지 관찰한 후, 일부 항목의 수량에 대하여 실증절차 목적의 시사(test count)를 실시하였다.
- 기말감사 시 계정담당회계사는 재고실사 입회에서 파악된 3년 이상 사용되지 않은 장기체화 원재료 70억 원에 대하여 손상검토를 수행한 결과 50% 정도는 A/S부품으로 전용 가능하여 사용가치가 충분한 것으로 판단하였고, 나머지 50%에 대해서만 손상차손을 반영할 것을 권고하였다. 그러나 회사는 감사인의 권고를 수용하지 않을 계획이다.

재고실사일이 재무제표일과 다른 경우 그 사이 기간에 대하여 추가적인 감사절차를 수행하여야 한다. 상기 사례 (B)의 밑줄 친 부분에 대하여 실사입회 후 재고수량(재고수불관리)의 변동이 있을 수 있으므로 추가 감사절차가 필요하다. 이 추가절차 내용을 (1) 내부통제평가 측면과 (2) 실증절차 측면으로 나누어 설명하시오(각각 2줄 이내).

정답 및 해설

(1) IC측면: 잔여기간 통제 유의적 변화 증거입수, 추가TOC결정 (2) 재고실사일과 FS일 사이의 변동에 대한 증거입수

▶ 330.12
감사인이 중간기간 중에 통제의 운영효과성에 대한 감사증거를 입수하면, 감사인은 다음의 절차를 수행하여야 한다.
(a) 중간기간 이후 해당 통제에 유의적 변화가 있었는지에 대하여 감사증거를 입수함
(b) 잔여기간에 대하여 입수할 추가적인 감사증거를 결정함

Ch 2.10	재고 실재성 ST	501.4	2023 문제6 물음2 배점 3

한국회계법인은 주권상장법인인 (주)A에 대한 재고자산 실사 입회를 계획하고 수행하였다. 다음 내용은 (주)A의 자체 실사 계획이다.

- (주)A의 재고 실물 보관장소는 물류센터 세 곳과 주로 반품된 제품을 보관하는 본사창고로 구성되어 있으며 해당 창고들이 각각 회사의 창고관리시스템에 등록되어 있다.
- 물류센터는 물류팀이 통합하여 관리하고 있고, 본사창고는 영업팀 물류담당자가 별도로 관리하고 있다.
- (주)A는 연말 재고 이동량을 고려하여 창고별로 다른 날짜에 각각 다른 실사팀이 실사할 계획이다.

추가자료

- (주)A의 재무제표상 재고자산은 ERP에서 산출되어 기록된다.
- (주)A의 회계팀은 당기에 분산되어 있던 물류센터 세 곳을 통합하는 업무를 진행하던 중 창고관리시스템에 실재하지 않는 대량의 상품 재고가 수년간 ERP상 생성된 가상창고에 포함되어 있었다는 사실을 발견하였다.
- 가상창고에 존재하는 재고자산 금액은 전체 재고 금액의 15%로서 재고자산의 중요한 부분을 차지한다.

한국회계법인은 실사 입회 시 창고관리시스템에서 추출한 재고명세서를 이용하였다. 기말감사 시 재고자산 계정담당자는 실사 재고명세서상 테스트 실사를 수행한 상품 항목 수량을 ERP에서 산출된 재고자산 명세서 수량과 대사하여 모두 일치함을 확인하였다. 하지만 가상창고에 실재하지 않는 재고가 포함되어 있다는 사실은 적발하지 못하였다. 재무제표에 재고실사 입회 시 포함되어 있지 않았던 재고 항목이 포함될 위험에 대응하기 위해 감사인이 수행했어야 할 적합한 감사절차 중 두 가지를 서술하시오.

정답 및 해설

ⓐ 창고관리시스템에서 추출한 재고명세서를 이용한 모집단이 아니라, ERP에서 산출된 재고자산 명세서를 모집단으로 하여 실사입회 계획 및 수행을 했어야 함(창고관리시스템 표본 → ERP 대사는 전진법. 완전성 test만 가능. ERP 모집단에서 표본추출하여 실사입회 시 역진법. 실재성 test 가능)

ⓑ 창고관리시스템 재고명세서와 ERP 재고명세서의 대사: 재고자산의 최종 기록이 재고자산 실사의 결과를 정확하게 반영하고 있는지 여부를 결정하기 위해 재고자산의 최종 기록에 대한 감사절차를 수행함

▶ 501.4

재무제표에서 재고자산이 중요한 경우, 감사인은 다음의 절차를 통하여 재고자산의 실재성과 상태에 관한 충분하고 적합한 감사증거를 입수하여야 한다.

(a) 실행 불가능하지 않은 한, 아래의 절차를 수행하기 위해 재고자산 실사에 입회함 (문단 A1 – A3 참조)
  (i) 재고자산 실사의 결과를 기록하고 통제하기 위한 경영진의 지시와 절차의 평가 (문단 A4 참조)
  (ii) 경영진이 수행하는 실사절차에 대한 관찰 (문단 A5 참조)
  (iii) 재고자산에 대한 조사 (문단 A6 참조)
  (iv) 테스트 실사의 수행 (문단 A7 – A8 참조)

(b) 재고자산의 최종 기록이 재고자산 실사의 결과를 정확하게 반영하고 있는지 여부를 결정하기 위해 재고자산의 최종 기록에 대한 감사절차를 수행함

Ch 2.11	재고 실사 입회		2017 문제6 물음3.1 배점 1

갑(주)는 고철 스테인리스를 원재료로 사용하여 스테인리스봉 제품을 생산한다. A회계법인은 전기부터 계속하여 갑(주)를 감사하고 있다.

(1) 재고자산 실사 입회 과정 설명: A회계법인은 보고기간 말 시점에 갑(주)의 재고자산 실사(원재료, 부재료, 제품)에 입회하였다. 그러나 재공품은 제조공정이 진행 중이기 때문에 실사가 어렵다는 회사 측 설명에 따라 실사 입회를 생략하였다.

(요구사항) 재고실사 입회를 진행하면서 감사인은 질문 절차를 함께 수행한다. 위 상황에서 재공품에 대하여 질문 절차를 수행할 때 ① 질문 대상자와 ② 질문할 내용을 서술하시오.

정답 및 해설

① 제조공정 담당자, ② 재공품 실사가 어려운 이유, 재공품 완성도(원재료 및 가공비), 가능한 대체적 방법 등에 대한 질문

Ch 2.12	재고 SAP		2017 문제6 물음3.2 배점 1

갑(주)는 고철 스테인리스를 원재료로 사용하여 스테인리스봉 제품을 생산한다. A회계법인은 전기부터 계속하여 갑(주)를 감사하고 있다.

(2) 재공품에 대한 실증적 분석적 절차 설명

A회계법인은 실증절차를 수행하는 과정에서 회사의 재공품 재고금액이 전기에 비해 급격히 증가하였음을 발견하였다. 다음은 A회계법인이 수행한 실증적 분석적 절차의 내용이다.

- 실증적 분석적 절차에 적용할 중요성 설정
- 재공품 수량과 단가에 관련된 재무적·비재무적 정보의 입수(예를 들어, 회사의 생산능력 및 생산 lead-time 등)
- 재공품 수량과 단가를 기초로 하여 감사인의 기대치를 설정
- 회사 제시 재공품 금액과 감사인 기대치의 비교

(요구사항) 위 실증적 분석적 절차를 수행할 때, 재공품에 대한 감사인 기대치를 산정하기 위하여 ① 재공품 수량과 ② 재공품 단가에 대해서 회사로부터 입수할 정보를 서술하시오.

정답 및 해설

① 재공품 수량: 투입 원재료 수량, 공정별 재공품 완성도
② 재공품 단가: 투입 재료비, 노무비, 제조경비배부액 등 제조원가명세서 내 재공품 내역

Ch 2.13	재고 대체절차	501.A13	2017 문제6 물음3.3 배점 1

갑(주)는 고철 스테인리스를 원재료로 사용하여 스테인리스봉 제품을 생산한다. A회계법인은 전기부터 계속하여 갑(주)를 감사하고 있다.

(3) 재공품 실재성에 대한 대체적 절차 설명

A회계법인은 재공품에 대한 실사입회가 실행 가능하지 않으므로, 재공품 실재성에 대한 대체적 절차가 필요하다고 판단하였다.

(요구사항) 위와 같이 재공품에 대한 실사 입회가 실행 가능하지 않은 경우에 재공품의 실재성에 대한 세부테스트(Test of detail)로 수행할 수 있는 대체적 절차를 서술하시오.

정답 및 해설

재공품 투입 원재료 관련 문서 검사 & FS일 이후 재공품의 제품 대체 내역 및 제품 매출 관련 문서 검사

※ 501.A13

입회가 실행 가능하지 않은 경우, 예를 들어 재고자산의 실사 이전에 취득하거나 매입한 특정의 재고자산 항목에 대하여 이후의 매출과 관련된 서류를 검사하는 것과 같은 대체적인 감사절차는 재고자산의 실재성과 상태에 대하여 충분하고 적합한 감사증거를 제공할 수 있을 것이다.

Ch 2.14	매입채무 완전성		2017 문제6 물음4 배점 2

다음은 감사인의 매입채무 완전성에 대한 실증절차 수행과 관련된 설명이다.

- 12월 말 법인인 갑(주)와 을(주)는 매입채무를 과소계상하기 위하여 아래와 같은 방법으로 재무제표를 허위로 작성하였다. 이러한 갑(주)와 을(주)의 부채 누락 방식은 다음과 같다.

〈갑(주)의 부채 누락 방식〉

갑(주)는 아래와 같이 매입거래처별 매입채무금액을 일률적으로 감소시킴.

(단위: 억 원)

매입거래처	올바른 금액	장부금액	부채누락금액
A	20	10	10
B	50	40	10
C	30	20	10
합계	100	70	30

〈을(주)의 부채 누락 방식〉

을(주)는 아래와 같이 기말 매입채무가 존재하는 특정 C거래처의 매입채무를 누락함

(단위: 억 원)

매입거래처	올바른 금액	장부금액	부채누락금액
A	20	20	-
B	50	50	-
C	30	-	30
합계	100	70	30

- 갑(주)와 을(주)의 재무제표는 동일하게 M회계법인이 감사하였으며, 외부감사 과정에서 두 회사의 분식을 적발하지 못하였다. M회계법인은 부채의 완전성에 대한 주된 감사절차로서, 1월 1일부터 기말감사업무 철수일(1월 20일)까지 지급된 지급기록을 확인하는 부외부채 테스트를 수행하였다.

(요구사항) 위 부채 누락 방식을 고려할 때, 갑(주)와 을(주)에 대한 외부감사인의 부외부채 테스트 절차에 공통적으로 보완되어야 할 사항을 다음 두 가지로 나누어 서술하시오.

(1) 재무제표일 후 현금지급 검토 절차를 설계할 때 고려할 사항

(2) 매입채무에 대한 외부조회를 추가로 수행하기로 결정한 경우 조회대상 매입거래처의 선정 방식

정답 및 해설

(1) 감사업무철수일(1/20 짧은 편) 이후 지급에 대한 부외부채 테스트를 수행(매입채무 계약조건 검토로 FS일 이후 지급 test 기간의 충분성 검토)

(2) 주요 매입 거래처는 잔액이 없거나 금액은 적더라도 모두 조회를 수행해야 함.(완전성)

※ 매입채무 완전성 test: FS일 이후 지급내역(Subsequent Payment Test), 주요매입거래처 조회, 전진법 등

X회계법인은 가나다(주)의 20X2년(1.1.~12.31.) 재무제표 감사를 수행하고 있으며, 20X1년부터 가나다(주)를 감사하고 있다.
가나다(주)의 자금담당자가 제시한 차입금 현황은 다음과 같다.

차입처	당기말	차입금		담보제공	만기
	이자율	당기말	전기말		
A은행	2.5%	80억 원	80억 원	해당 없음	20X3.10.31.
B은행	-	-20억 원	해당 없음	-	
C은행	2.0%	120억 원	100억 원	부동산	20X3.5.30.

동 자료를 입수한 현장책임회계사가 차입금 및 담보제공 내역을 확인하기 위해 수행한 감사절차는 다음과 같다.

〈A은행 차입금〉

- 당기와 전기의 잔액 변동이 없으며 담보제공 내역도 없었으므로 회사의 자금담당자 및 회계담당임원에게 질문을 통해서 동 내용이 맞는지를 확인하였다.
- 회사의 자금담당자로부터 A은행의 잔액확인서를 전달받아 차입금 잔액, 만기 및 이자율의 변동이 없음을 확인하였다. 또한, 전기조서에 첨부된 은행조회서를 통해 전기 차입금 정보를 확인하여 당기와 변동이 없음을 추가로 확인하였다. 상기 절차를 수행하고 감사절차를 종결하였다.

〈B은행 차입금〉

- 20X2년 12월 30일에 전액 상환되었다. 회사에 상환증빙을 요청하여 동 상환내역을 확인하였다.

〈C은행 차입금〉

- 당기와 전기의 잔액 변동, 담보제공 내역을 확인할 목적으로 은행조회서를 직접 발송하고 회수하여 당기 말 차입금 잔액, 담보제공 내역, 만기 및 이자율을 확인하였다.

〈기타〉

- 당기 말 현재 A은행 및 C은행 이외 다른 금융기관과 거래를 하는지 여부를 회사의 자금담당자 및 회계담당임원에게 질문을 통해서 확인하였다.

현장책임회계사가 수행한 차입금 및 담보제공 내역확인을 위한 감사절차에서 [A] 잘못된 감사절차 중 세 가지만 제시하고, 이에 대한 [B] 올바른 감사절차를 서술하시오.

정답 및 해설

ⓐ A은행: 미조회 → 조회 발송(잔액, 만기, 이자율, 담보 등 조건 확인)
ⓑ B은행: 미조회 → 조회 발송(잔액, 만기, 이자율, 담보 등 조건 확인)
ⓒ 기말 현재 거래 금융기관 질문 → 기중 거래 기관 질문 & 이사회의사록, 예금, 이자비용 등 계정원장상 거래처, 적요 등 확인 후 모든 금융기관 조회

Ch 2.16	차입금SAP(이자비용)		2013 문제6 물음1 배점 3

〈기본정보〉

(1) 을(주)의 2X12년 차입금 현황 자료는 다음과 같다.

(단위: 원)

구분	이자율(%)	기초잔액	기말잔액	평균
차입금A	15	2,000	1,000	1,500
차입금B	10	900	600	750
차입금C	5	100	400	250
계		3,000	2,000	2,500

(2) 을(주)의 2X12년 12월 31일 종료 손익계산서상 이자비용이 300원으로 계상되어 있다.

(3) 다음은 을(주)의 감사업무 차입금 담당 A회계사가 작성한 이자비용에 대한 분석적 절차 감사조서에서 발췌한 내용이다.

분석적 절차에 적용할 중요성기준 금액: 60

1. 회사의 평균 차입금: 회사의 기초와 기말 평균 차입금: 2,500
2. 회사의 평균 이자율 추정
   회사 차입금 A, B, C의 이자율 평균 계산 = (15% + 10% + 5%)/3 = 10%
3. 감사인의 기대치 추정 = 2,500 × 10% = 250
4. 회사계상액과 감사인의 기대치 비교: 감사인의 기대치 250 < 회사계상액 300, 차이금액: 50
5. 결론: 회사계상액과 감사인 기대치와 차이가 중요성기준 금액 미만이므로 적정하다고 판단하고, 추가적 절차는 생략함

상기 차입금 담당자 A회계사의 분석적 절차 수행에서 차입금 추정 및 이자율 추정에 적용한 가정에는 문제점을 내포하고 있다. A회계사가 적용한 가정의 문제점과, 각 문제점에 대한 개선방안을 다음 답안 양식에 따라 각각 2줄 이내로 기술하시오.

정답 및 해설

① 차입금 추정: 기중 잔액 미고려한 평균잔액 → 월별, 일별 등 적수를 이용한 평균잔액을 추정
② 이자율 추정: 단순 산술평균값 → 각 차입금 크기 고려한 가중평균이자율을 추정

Ch 2.17	차입금SAP(이자비용)		2013 문제6 물음2 배점 3

감사인의 기대치와 회사계상 이자비용이 아래와 같을 경우 감사인이 의심할 수 있는 부정이나 오류가 차입금과 이자비용에 미치는 영향을 각각 구분하여 "과대계상" 또는 "과소계상"으로 표시하시오.

(상황 1) 감사인의 기대치〉회사의 장부가액
(상황 2) 감사인의 기대치〈회사의 장부가액

정답 및 해설

(상황 1) ⓐ 차입금: 과대계상 ⓑ 이자비용: 과소계상
(상황 2) ⓐ 차입금: 과소계상 ⓑ 이자비용: 과대계상

Ch 2.18	유형자산 ST		2014 문제7 물음4 배점 3

(주)공룡은 자동차부품제조업을 영위하는 12월 말 결산법인이며, 2X08년에 유가증권시장에 상장하였다. 현행 감사인인 대한회계법인의 매니저회계사인 박고민 회계사는 2X13년에 기존 인원의 퇴사 및 사내 업무재배치 등으로 당기 감사팀이 새롭게 구성됨에 따라 사전 세부감사계획 수립 및 현장 조서검토를 통하여 효율적으로 감사를 수행하려는 계획을 가지고 있다. 2X13년의 기말현장감사는 2월 초에 수행하였으며, 감사보고서일은 3월 중순경으로 예상하고 있다.
다음은 기말감사 현장에서 팀원이 작성한 감사조서를 박고민 회계사가 검토하면서 발견한 내용 중 일부이다.

(D) 〈유형자산 계정〉

- 유형자산계정 담당회계사는 유형자산 총괄표를 작성하고, 당기 유형자산의 변동내역에 대하여 분석한 후 주요 증가금액에 대하여는 계약서와 취득증빙 등을 확인하였다. 다만, 재무제표일에 근접한 12월 28일에 발생한 토지취득에 대해서는 <u>취득원가에 대한 영수증을 확인하고, 계약서 사본을 입수 · 검토한 후 조서화하는 것으로 문서화</u>를 완료하였다.

박고민 회계사는 상기 사례 (D)의 밑줄 친 부분과 관련하여, 12월 28일에 취득한 토지의 취득거래에 대해서 유형자산계정 담당회계사에게 다음 지시를 하였다.
(1) 기수행한 토지취득거래 실증절차의 보완
(2) 토지 · 건물과 같은 유형자산의 권리와 의무에 대한 경영자주장을 확인하기 위한 추가 실증절차의 수행

박고민 회계사가 제시한 위 (1)과 (2)의 내용을 각각 2줄 이내로 기술하시오.

정답 및 해설

(1) 토지취득: 계약서 원본 확인
(2) 권리와 의무: 등기부등본 갑구: 소유권 을구: 담보설정 확인

Ch 2.19	ST 종합		2018 문제5 물음1 배점 10

X회계법인은 A(주)의 20X1년(1.1.~12.31.) 재무제표를 감사하고 있다. A(주)는 진공청소기를 개발, 생산, 판매하고 있는 상장기업이다. X회계법인은 20X0년부터 A(주)를 감사하고 있으며, 20X0년 감사과정에서 발견된 유의적인 사항은 없었다.
X회계법인은 감사팀원의 전기감사 경험을 활용하여 20X1년 6월 감사계획을 수립하였다.

[감사계획]

(입회)	감사인은 재고자산의 실재성 및 완전성을 확인하기 위하여 A(주)의 재무제표일인 20X1년 12월 31일 재고자산 실사입회를 실시한다.
(평가)	감사인은 A(주)가 제시한 재고자산 순실현가능가치를 검토한다. 제품에 대하여 20X1년 기말에 근접한 판매가격과 판매부대비용 내역을 입수하여 확인하고 재계산 절차를 수행한다.

(기간귀속 확인) A(주)의 주력 제품 W는 국내 대도시의 전자제품판매점에 택배회사를 통하여 운송된다. A(주)는 판매약정에 따라 전자제품판매점에 도착하는 시점에 수익을 인식한다. 감사인은 재무제표일 전후 7일 동안 발생한 거래를 모집단으로 하여 표본을 추출한다.

(외부조회) A(주)는 주력 제품 W의 원재료를 B(주)에서 매입하고 있다. 감사인은 매입채무 금액을 확인하기 위하여 B(주)에 외부조회를 실시한다.

(재고수불부 확인) A(주)의 재고수불부는 자체 개발한 정보시스템에서 산출된다. 20X0년 감사과정에서 정보기술 일반통제와 응용통제 및 재고 입출고 내부통제는 유효하였다. 감사인은 20X1년에도 정보시스템에 의존하여 재고수불부를 확인한다.

X회계법인은 20X1년 11월 중 중간감사를 실시하였다. 중간감사 중 새롭게 파악된 내용은 다음과 같다.

[중간감사]

- A(주)는 재무제표일인 20X1년 12월 31일이 공휴일이고 실사담당자 중 일부가 해당일 실사에 참여할 수 없는 점을 고려하여 12월 29일 재고실사를 실시할 예정이라고 감사인에게 통보하였다.
- 20X1년 중 A(주)는 새로운 제품 W플러스를 출시하였다. A(주)는 W플러스 출시에 따라 대량 생산 후 보유 중인 W는 기존 판매제품의 판매후서비스용으로만 소진될 것으로 예상하고 있다.
- W플러스는 다양한 언어를 지원하는 모델로서 유럽지역 소비자에게 인기가 있으며, 대부분 해외로 수출된다. A(주)는 판매약정에 따라 유럽소재 항구에 도착하는 시점에 수익을 인식한다.
- A(주)의 담당자는 원재료 공급처인 B(주)와 법적 분쟁이 발생하여 외부조회를 실시하더라도 회신이 불가능할 것이라고 설명하였다.
- A(주)는 W플러스 출시에 따라 재고수불부에 새로운 제품을 등록하기 위하여 정보시스템을 변경하였다. 정보시스템의 변경은 업무경험이 많은 회계팀장에 의하여 수행되었다.

X회계법인은 중간감사를 통하여 추가로 파악된 사항을 고려하여 감사계획의 변경이 필요한지를 검토하고 있다. 감사계획 변경이 필요한지를 표시하고 그 이유와 변경된 감사계획을 서술하시오.

[답안양식]

감사계획	변경 필요(O 또는 X)	이유 및 변경된 감사계획
입회		
평가		
기간귀속 확인		
외부조회		
재고수불부 확인		

정답 및 해설

ⓐ 입회 O, 재고실사입회일 29일로 수정 & FS 사이의 재고변동에 대한 증거 입수 절차 수행
ⓑ 평가 O, W는 AS용으로만 사용, NRV를 별도의 방법으로 산정.
ⓒ 기간귀속 O, W 플러스는 대부분 해외, FS일 전후 7일 모집단을 보다 긴 기간으로 기간 확대
ⓓ 외부조회 O, 매입처 B 법적 분쟁 조회 불가능 시 대체적 절차 수행(FS일 이후 지급 등, 입고내역 등)
ⓔ 재고수불부 O, 프로그램 변경 관련 일반통제, 응용통제 및 재고Process 관련 TOC 수행. 관련 업무분장 미비점 평가와 커뮤니케이션 수행

Ch 2.20	ST 종합		2016 문제5 물음3 배점 5

X회계법인은 A(주)와 20X1년부터 20X3년까지 3년간 감사계약을 체결하였고 20X1년 감사의견은 적정의견이었다. 감사팀은 A(주)의 20X2년도 영업환경, 재무성과 및 통제환경이 20X1년도와 크게 다르지 않을 것이라고 예상하고 있다. 감사팀은 20X2회계연도(1.1. ~ 12.31.) 감사를 위하여 다음과 같은 일정을 수립하였다.

〈감사일정〉

20X2년 5월: 감사계획 수립을 위한 감사팀 토의: 20X1년 실제 감사절차를 바탕으로 20X2년 통제테스트 및 실증절차 계획을 사전적으로 수립

20X2년 9월: 중간감사: 통제테스트를 수행하고 그 결과를 바탕으로 사전적으로 수립된 실증절차 계획을 수정

20X3년 2월: 기말감사: 실증절차 수행

〈자료 1〉 20X1년 감사조서 검토 결과

감사팀의 김 회계사는 A(주)의 20X2년 감사계획을 수립하기 위하여 20X1년 감사조서를 검토하고 아래의 사항을 발견하였다.

1) 매출채권 계정과 관련된 통제의 설계 및 운영은 효과적이었으며 세부테스트 결과 중요한 왜곡표시는 발견되지 않았다.
2) 정보시스템에 대한 정보기술 일반통제(general IT controls)는 모두 효과적이었다.

〈자료 2〉 20X2년 감사를 위한 사전 실증절차(preliminary substantive procedures) 계획

20X1년 감사조서를 검토한 결과 김 회계사는 20X2년 매출채권 계정 감사에서도 통제의 운영효과성에 의존하기로 하였다. 또한 통제의 설계 및 운영은 효과적일 것이라는 기대를 바탕으로, 20X1년 실증절차(이러한 절차는 20X1년도에는 충분하고 적합하다고 가정)와 동일하게 20X2년 실증절차를 다음과 같이 계획하였다.

1) (총계정원장 대조) 정보시스템에서 산출되는 매출채권 명세서 합계 금액과 총계정원장의 잔액을 대조한다.
2) (분석적 절차) 매출채권에 대한 분석적 절차를 수행한다. 분석적 절차에는 당기와 전기 잔액의 비교, 회전율 및 회수기간 분석, 대손충당금 비율 분석을 포함한다.
3) (기간귀속) 총계정원장에 기록된 20X2년 12월 31일 최종 인도분과 20X3년 최초 인도분에 대하여 거래명세서의 날짜와 대조한다.
4) (조회) 매출채권명세서에서 1억 원(매출채권 계정에 적용되는 중요성기준 2억 원×50%)을 초과하는 거래처는 모두 조회서를 발송한다. 1억 원 이하에 대하여는 무작위 추출된 25개 거래처에 조회서를 발송한다. 조회기준일은 20X2년 9월 30일이다.
5) (회수가능성) 정보시스템에서 산출되는 연령분석표(aging schedule)의 합계와 매출채권명세서의 합계금액을 대조하고, 회사의 대손추계액 산정기준이 일관되게 적용되었는지를 검토한다. 또한 개별적으로 회수 불능인 매출채권 여부에 대한 회사 제시 자료의 적절성을 검토한다.

20X2년 5월에 열린 감사계획 토의에서 상기의 실증절차는 업무수행이사가 승인하였다.

〈자료 3〉 20X2년 중간감사결과

20X2년 9월에 진행된 중간감사 결과 아래의 사항이 발견되었다.

1) 정보기술 일반통제의 테스트 결과, 프로그램 변경이 승인 없이 이루어지고 또한 승인을 받지 않고 정보시스템에 접근하는 사례가 다수 발견되었다. 이에 따라 정보기술 일반통제는 효과적이지 않은 것으로 결론 내렸다.
2) 매출채권과 관련된 수작업통제 또한 업무분장 미비 및 부적절한 승인의 사례가 발견되어 효과적이지 않은 것으로 결론 내렸다.
3) 상기 1), 2)의 결과를 고려하여 매출채권과 관련된 정보기술 응용통제에 대한 확대 테스트를 포기하고, 응용통제가 효과적이지 않은 것으로 결론 내렸다.

[요구사항]

〈자료 3〉의 중간감사결과를 고려하여 〈자료 2〉의 사전 실증절차 계획에서 변경 또는 추가해야 할 사항을 기술하고 그 이유를 [답안양식]에 따라 설명하시오. 만약 변경 또는 추가가 필요하지 않은 경우 "변경 불필요"라고 기재하고 그 이유를 설명하시오.

[답안양식]

20X2년 실증절차 계획: 변경 또는 추가해야 할 실증절차: 이유

(예시)

ⓐ 총계정원장 대조: 정보시스템에서 산출된 계정명세서의 합계를 재계산: 정보기술일반통제와 응용통제가 효과적이지 않으므로 정보시스템에서 산출된 계정명세서의 합계를 신뢰할 수 없다.
ⓑ 분석적 절차
ⓒ 기간귀속
ⓓ 조회
ⓔ 회수가능성

정답 및 해설

ⓐ 총계정원장 대조 → 정보시스템에서 산출된 계정명세서의 합계를 재계산 ∵ 정보기술일반통제와 응용통제가 효과적이지 않으므로 정보시스템에서 산출된 계정명세서의 합계를 신뢰할 수 없다.
ⓑ 분석적 절차 → SAP 생략 or 상세화, TOD강화 ∵ CR ↑ RoMM ↑ TOD확대가 더 효율적 & 효과적
ⓒ 기간귀속 → 표본 모집단 범위확대 ∵ CR ↑ RoMM ↑ ST E 확대
ⓓ 조회 → FS일 조회 ∵ CR ↑ RoMM ↑ ST T는 FS일 or 근접
ⓔ 회수가능성 → IPE(연령분석표)에 대한 완전성 및 정확성 test강화 & 거래처별 평가 확대 & 외부조회 확대

(주)공룡은 자동차부품제조업을 영위하는 12월 말 결산법인이며, 2X08년에 유가증권시장에 상장하였다. 현행 감사인인 대한회계법인의 매니저회계사인 박고민 회계사는 2X13년에 기존 인원의 퇴사 및 사내 업무재배치 등으로 당기 감사팀이 새롭게 구성됨에 따라 사전 세부감사계획 수립 및 현장 조서검토를 통하여 효율적으로 감사를 수행하려는 계획을 가지고 있다. 2X13년의 기말현장감사는 2월 초에 수행하였으며, 감사보고서일은 3월 중순경으로 예상하고 있다.

다음은 기말감사 현장에서 팀원이 작성한 감사조서를 박고민 회계사가 검토하면서 발견한 내용 중 일부이다.

(A) 〈현금및현금성자산 계정〉

- 계정담당회계사는 재무제표일의 예금 · 차입금 잔액이 존재하는 모든 금융기관에 대하여 조회서를 발송 · 회수하였다.
- 다만, 당사의 단체퇴직보험이 가입되어 있는 보험사에 대하여는 조회서를 발송하지 않고, 퇴직보험 납입증명서로 해당 퇴직보험예치금 계정잔액의 감사절차를 수행하였다.

(B) 〈재고자산 계정〉

- 재고자산계정 담당회계사는 회사의 요청에 의하여 당기재무제표 감사를 위한 재고실사입회를 12월 27일자로 수행하였다. 계정담당회계사는 실사입회일 현재를 기준으로 해서, 회사가 수행하는 재고입출고 및 실사절차에 대한 내부통제가 적절히 설계되어 효과적으로 운용되고 있는지 관찰한 후, 일부 항목의 수량에 대하여 실증절차 목적의 시사(test count)를 실시하였다.
- 기말감사 시 계정담당회계사는 재고실사 입회에서 파악된 3년 이상 사용되지 않은 장기체화 원재료 70억 원에 대하여 손상검토를 수행한 결과 50% 정도는 A/S부품으로 전용 가능하여 사용가치가 충분한 것으로 판단하였고, 나머지 50%에 대해서만 손상차손을 반영할 것을 권고하였다. 그러나 회사는 감사인의 권고를 수용하지 않을 계획이다.

(C) 〈매입 계정〉

- 재고자산계정 담당회계사는 실사입회 시 계속기록법에 의한 재고자산 입 · 출고기록의 통제절차가 효과적인지 평가한 후 재무제표일을 전후로 한 입 · 출고 내역 및 거래증빙을 회사에 요청하였다. 관련 입 · 출고 내역 및 증빙은 기말현장감사 시 매입항목의 특정테스트를 위하여 사용되었다.

(D) 〈유형자산 계정〉

- 유형자산계정 담당회계사는 유형자산 총괄표를 작성하고, 당기 유형자산의 변동내역에 대하여 분석한 후 주요 증가금액에 대하여는 계약서와 취득증빙 등을 확인하였다. 다만, 재무제표일에 근접한 12월 28일에 발생한 토지취득에 대해서는 취득원가에 대한 영수증을 확인하고, 계약서 사본을 입수 · 검토한 후 조서화하는 것으로 문서화를 완료하였다.

(E) 〈후속사건 감사〉

- 후속사건 감사절차를 수행한 조서에는 이사회의사록에 대한 검토가 현장감사기간의 종료일까지만 수행되었음을 발견하였다. 감사절차를 수행한 담당회계사는 과거 감사경험상 1분기 동안은 감사보고서 발행 및 연차사업보고서 발행업무 때문에 회사가 매우 바쁘므로 중요한 사업 · 경영관리 의사결정이 발생할 확률이 매우 낮다고 설명하였다.

상기의 사례에서 (A)~(D)의 계정 감사절차는 감사대상기간의 거래유형 또는 보고기간말의 계정잔액의 특정 경영자주장을 감사하기 위한 절차이다. 위 (A)~(D)에서의 거래유형 및 계정잔액별 감사절차가 아래 [보기]의 어떤 경영자주장을 검증하기 위한 것인지 아래 답안양식에 해당 번호를 모두 기재하시오.

〈경영자주장 항목〉 (*) 관련 경영자주장은 복수일 수 있음

- 거래유형 관련: ① 발생사실 ② 완전성 ③ 정확성 ④ 기간귀속 ⑤ 분류/표시
- 계정잔액 관련: ⑥ 실재성 ⑦ 권리와 의무 ⑧ 완전성 ⑨ 정확성, 평가와 배분 ⑩ 분류/표시

정답 및 해설

(A) ⑥ 실재성 ⑦ 권리와 의무 ∵ 잔액 존재 금융기관만 조회 → 완전성 x, 퇴직예치금 관련 보험사도 조회 필수
(B) ⑥ 실재성, ⑧ 완전성, ⑨ 정확성, 평가와 배분 ∵ Test Count(실사)는 완전성, 정확성 포함
(C) ④ 기간귀속 ∵ cut-off는 (① 발생사실 ② 완전성 ⑥ 실재성 ⑧ 완전성) 모두 검증 가능
(D) ① 발생사실 ⑨ 정확성, 평가와 배분 ∵ 계약 & 영수증 → 발생사실 & 금액 정확성만 제공, 권리는 등기부등본 필요, 실재성은 기말 보유여부 확인 필요.

Ch 3.1.1	부정 구성요소	240.보1	2023 문제9 물음1 배점 4

감사인은 특수관계자 거래와 연관된 중요왜곡표시위험을 식별하고 평가하여야 하며, 그러한 위험 중 유의적 위험이 있는지를 결정하여야 한다.
한국회계법인의 엄 회계사는 제조업과 무역업이 주된 영업인 (주)A의 회계감사를 수행하고 있다.
(주)A는 해외현지법인을 통해 판매가 이루어지고 있으며, 다음과 같이 특수관계자와의 거래를 주석에 공시하였다.

가. 매출 · 매입 등 거래 내역

(단위: 백만 원)

회사명	매출		매입	
	당기	전기	당기	전기
AJAP	5,000	1,000	-	20
AUSA	500	400	-	-
ATAI	2,000	600	500	-
합계	7,500	2,000	500	20

나. 채권 · 채무잔액

(단위: 백만 원)

회사명	매출채권		매입채무	
	당기	전기	당기	전기
AJAP	2,500	300	-	20
AUSA	300	200	-	-
ATAI	2,500	2,000	-	-
합계	5,300	2,500	-	20

〈기타 참고자료〉

(1) 모든 특수관계자는 연결대상이 아니다.

(2) 기업지배구조

- (주)A의 대표이사는 모든 업무를 총괄하며, 차입금에 대해 보증을 제공하고 있다.
- 대표이사가 이사회 의장을 담당하고 있으며, 사외이사는 대표이사와 친밀한 관계이다.
- 감사위원회를 설치하지 않고, 대표이사와 고등학교 동창인 내부감사인이 회계에 관한 서류조사 등의 업무를 담당하고 있다.

〈주요 재무자료〉

(단위: 백만 원)

계정과목	당기	전기
자산총액	20,000	15,000
매출채권	6,000	4,000
부채총액	13,000	12,000
매출	15,000	10,000
당기순손익	4,000	(-)5,000
영업활동 현금흐름	(-)4,000	(-)5,000

엄 회계사는 (주)A의 특수관계자 거래와 관련하여 부정으로 인한 유의적 위험이 있다고 판단하였다. 부정위험요소를 ① 동기/압력 및 ② 기회로 구분하여, 각 요소에 해당할 수 있는 내용을 사례에서 찾아 한 가지씩 2줄 이내로 서술하시오.

정답 및 해설

① 동기/압력: 대표이사의 차입금보증 상태이며, 이익증가이나 음(－)의 영업CF 상태임.
② 기회: 업무총괄, 감사위원회 X, 사외이사 친밀, 내부감사인 동창, 연결대상이 아닌 특수관계자.

◈ 보론 1: 부정위험요소의 예
▣ 부정한 재무보고로 인한 왜곡표시와 관련된 위험요소

▶ 동기/압력

재무적 안정성 또는 수익성이 다음과 같은 (또는 이들이 나타내고 있는) 경제적, 산업적 또는 개별기업의 운영 상황에 의해 위협을 받는다.

- 이익 감소를 수반하는 치열한 경쟁이나 시장의 포화
- 기술 변화, 제품진부화 또는 이자율 변동과 같은 급격한 변동에 대한 고도의 취약성
- 소비자 수요의 유의적인 감소, 산업 또는 경제 전반에 걸친 사업실패의 증가
- 파산, 채무불이행에 따른 담보물 처분, 또는 적대적 인수의 위협을 임박하게 만드는 영업손실
- 재무제표에는 이익 및 이익의 증가로 보고됨에도 불구하고 반복적으로 음(－)의 영업활동 현금흐름을 갖거나 영업활동으로부터 현금을 조달할 능력이 없음
- 특히 동종 산업의 타 기업에 비했을 때 급격한 성장이나 비경상적인 수익성
- 새로운 회계나 법률, 또는 규제상의 요구사항

다음과 같은 경우에는 경영진이 제3자의 요구사항이나 기대를 충족시켜야 하는 지나친 압력이 존재한다.

- 예를 들어 지나치게 낙관적인 보도자료나 사업보고서상의 메시지와 같이, 경영진이 만들어낸 기대를 포함하여 투자분석가, 기관투자자, 중요한 채권자 또는 다른 외부인의 수익성이나 추세에 대한 (특히 과도하게 공격적이거나 비현실적인) 기대 수준
- 주요 연구개발이나 자본적 지출을 위한 조달 등 경쟁력을 유지하기 위한 추가적인 부채나 자본조달을 해야 할 필요성
- 상장유지요건이나 부채상환 또는 기타 채무약정 요구사항의 충족에 대한 능력이 한계에 이르렀음
- 사업 결합이나 계약 체결 등 진행 중인 유의적 거래에 있어 저조한 재무적 결과를 보고할 경우 예상되거나 실재하는 부정적 영향

이용 가능한 정보에 따르면 다음과 같은 이유로 경영진이나 지배기구 구성원들의 개인적 재무상황이 기업의 재무적 성과에 의하여 위협을 받고 있음을 보인다.

- 기업에 대한 재무상의 중요한 이해관계
- 예를 들어 상여금, 주식옵션, 수익에 따른 지급약정과 같이 그 보상 중 중요한 부분이 주가, 영업성과, 재무상태

또는 현금흐름에 대한 공격적인 목표의 달성여부에 의존됨.
• 기업채무에 대한 개인 보증

매출이나 수익성에 따른 성과보상 목표 등 지배기구에 의해 수립된 재무적 목표를 달성하고자 하는 경영진이나 종업원에 대한 과도한 압력이 존재한다.

▶ 기회

부정한 재무보고를 하게 되는 계기는 산업의 성격이나 해당 기업의 영업성격에 따라 다음과 같은 사항에서 발생될 수 있다.

• 일반적인 영업활동이 아닌 특수관계자와의 거래 또는 감사를 받지 않거나 타 감사인이 감사하는 관계기업과의 유의적 거래
• 공급처나 판매처에 대하여 부적합하거나 불공정한 거래를 초래할 수도 있는 거래조건을 강제할 수 있는, 특정 산업영역을 지배하는 강력한 재무적 상황이나 능력
• 확인하기 어려운 주관적 판단이나 불확실성이 개입된 유의적 추정치에 근거한 자산, 부채, 수익 또는 비용
• 유의적이거나 비경상적인, 또는 고도로 복잡한 거래. 특히 보고기간말에 근접한 거래로서 "형식보다 실질의 우선"이라는 난해한 문제를 일으키는 것.
• 경영환경과 문화가 상이한 서로 다른 국가 간에 국제적으로 위치하거나 수행되는 주요 사업
• 명백한 사업적 당위성이 없어 보이는 사업 중개자의 이용
• 명백한 사업적 당위성이 없어 보이는 조세피난처에서의 중요한 은행계좌, 종속기업 또는 지점운영

경영진의 모니터링이 다음과 같은 이유로 효과적이지 아니하다.

• (소유경영기업이 아닌 경우에) 보완통제가 없이 1인 또는 소집단에 의해 경영이 지배됨
• 재무보고절차 및 내부통제에 대한 지배기구의 감시가 효과적이지 아니함

다음에서 나타나는 것처럼 복잡하거나 불안정한 조직구조가 존재한다.

• 기업에서 지배적 지분을 가지고 있는 조직이나 개인을 결정하기가 어려움
• 통상적이지 않은 법적 실체나 권한구조가 수반된 지나치게 복잡한 조직구조
• 상위경영진, 법률고문 또는 지배기구의 빈번한 교체

내부통제의 각 부문이 다음과 같은 이유로 미비점이 있다.

• 자동화된 통제 및 (외부보고가 요구되는 경우) 중간재무보고에 대한 통제 등 통제 일반에 대한 부적절한 모니터링
• 높은 이직률, 또는 회계, 정보기술, 내부감사기능에서의 효과적이지 못한 인력의 고용
• 유의적 내부통제 미비점이 존재하는 상황 등 효과적이지 않은 회계 및 정보시스템

▶ 태도/합리화

• 기업가치나 윤리기준에 대한 경영진의 커뮤니케이션, 실행, 지원 또는 집행이, 혹은 부적합한 가치나 윤리기준에 관한 커뮤니케이션이 효과적이지 않음
• 회계정책의 선택이나 유의적 회계추정치의 결정에 비재무담당 경영진의 과도한 참여나 집착
• 증권 관련 법규나 기타 법규의 위반 사실이 있거나, 부정혐의 또는 법규위반의 혐의로 기업이나 상위경영진 또는 지배기구에 대한 제소의 사실이 있음
• 기업의 주가나 이익추세의 유지 또는 상승에 대한 경영진의 과도한 관심
• 경영진이 재무분석가, 채권자 그리고 기타의 제3자에게 공격적이거나 비현실적인 예측치의 달성을 약속함
• 경영진이 알려진 유의적 내부통제 미비점을 적시에 개선하지 못함
• 경영진이 세무상의 목적으로 보고이익을 최소화시키기 위해 부적합한 수단을 이용하는 데 관심을 가짐
• 상위경영진의 낮은 사기
• 소유경영자가 개인적 거래와 사업적 거래를 구분하지 아니함
• 소유집중기업에서의 주주 간 분쟁
• 한계선상에 있거나 부적합한 회계처리를 중요성 기준에 근거하여 정당화하려는 경영진의 반복적인 시도
• 경영진과 당기 또는 전임 감사인이 다음과 같은 이유로 긴장 관계에 있음
  – 회계, 감사 또는 보고 사항과 관련하여 당기 또는 전임감사인과의 빈번한 논쟁
  – 감사의 완료 또는 감사보고서 발행에 대한 비현실적인 시간제약 등 감사인에 대한 비합리적인 요구
  – 관련 인원 또는 정보에 대하여 부적합하게 접근을 제한하거나 지배기구와 효과적으로 커뮤니케이션할 수 없도록 감사인에게 가해지는 제약
  – 특히 감사인의 업무수행 범위 또는 감사업무에 참여하거나 자문을 제공하는 인원의 선정이나 계속적인 참여에 대하여 영향을 미치려는 시도와 같이 감사인에 대한 경영진의 지배적인 행동

▣ 자산의 횡령으로 인한 왜곡표시에서 나타나는 위험요소

▶ **동기/압력**

현금이나 횡령이 용이한 기타의 자산을 취급하는 경영진이나 종업원의 개인적인 금융채무는 자산을 횡령하도록 하는 압력을 발생시킬 수도 있다.

기업과 현금이나 횡령이 용이한 기타의 자산을 취급하는 종업원 간 대립적인 관계는 해당 종업원이 이러한 자산을 횡령할 동기를 유발할 수 있다. 대립적인 관계는 예를 들어 다음과 같은 이유로 생길 수 있을 것이다.

- 종업원에 대한 알려지거나 예상되는 해고
- 종업원의 급여나 복리후생 계획에 대한 최근 또는 향후의 예상되는 변경
- 기대에 맞지 않는 승진, 급여 또는 기타 보상

▶ **기회**

자산횡령의 가능성은 어떤 특성이나 환경에 따라 증가될 수 있다. 예를 들어 다음과 같은 경우 자산횡령의 기회가 증가한다.

- 보유 중이거나 처리 중인 거액의 현금
- 고가 또는 수요가 많은 소형의 재고자산
- 무기명채권, 다이아몬드 또는 컴퓨터 칩 등 환금이 용이한 자산
- 시장성이 높거나 소유권에 대한 관찰 가능한 식별이 어려운 소형의 유형자산

자산에 대한 부적절한 내부통제는 자산횡령의 가능성을 증가시킬 수 있을 것이다. 예를 들어, 다음과 같은 경우에는 자산횡령이 발생할 수 있을 것이다.

- 직무분장이나 독립적 견제가 적절하지 아니함
- 여비나 기타 청구 가능 경비와 같은 상위경영진의 지출에 대한 부적절한 감시
- 예를 들어 원격 사업장에 대한 부적절한 감독이나 모니터링과 같이, 자산담당 종업원에 대한 경영진의 부적절한 감시
- 자산 취급 종업원에 대한 부적절한 채용 심사
- 자산에 대한 부적절한 기록관리
- 거래의 권한부여 및 승인에서의 부적절한 시스템(예를 들어 구매업무의 경우)
- 현금, 투자자산, 재고자산 또는 유형자산에 대한 부적절한 물리적 보호장치
- 자산에 대한 완전하고 적시적인 차이조정의 결여
- 거래에 대한 적시적이고 적합한 문서화의 결여(예를 들어 반품에 대한 기록)
- 주요 통제기능을 수행하는 종업원에 대한 강제휴가의 미실시
- 정보기술에 대한 경영진의 부적절한 이해에 따라 정보기술 담당 종업원에 의한 자산횡령이 가능함
- 정보시스템 접속기록에 대한 통제 및 검토 등 자동화된 기록에 대한 부적절한 접근통제

▶ **태도/합리화**

- 자산횡령과 관련된 위험을 모니터링하거나 감소시킬 필요성에 대하여 무시함
- 현존하는 통제를 무력화하거나 내부통제의 알려진 미비점에 대한 적합한 개선조치를 취하지 않음으로써 자산횡령에 대한 내부통제를 무시함
- 기업, 또는 종업원에 대한 기업의 처우에 불쾌함이나 불만을 나타내는 행동
- 자산이 횡령되었음을 나타내는 것일 수 있는 행동이나 생활방식의 변화
- 소액 절도에 대한 용인

Ch 3.1.2	부정 구성요소	240.보론1	2020 문제5 물음1 배점 3

감사인은 기업의 내부통제 등 기업과 그 환경을 이해하기 위한 위험평가절차 및 관련 활동을 수행할 때, 부정으로 인한 중요왜곡표시위험을 식별하기 위한 절차를 수행하여야 한다. 또한 감사인은 전반 감사전략을 수립할 때 재무제표 전체에 대한 중요성을 결정하여야 한다.

[상황]
대표이사이자 최대주주인 B기업의 경영자는 주식의 신규상장을 위하여 준비 중에 있으며, 3개의 사업부 중 부진한 실적을 나타내고 있는 헬스케어사업부의 실적개선이 신규상장에 매우 중요한 요소로 작용할 것으로 판단하여 당기 초에 헬스케어사업부의 책임임원을 교체하였다. 신규로 채용된 헬스케어사업부의 책임임원은 헬스케어사업부의 경영 전반에 관한 자율권을 보장받았으며, 실적개선에 따른 인센티브를 약속받고 강력한 매출성장정책을 펼치는 중이다.
헬스케어사업부 매출액은 당기에 큰 폭으로 증가하였으며, 이는 대부분 해외 신규거래처에 대한 매출로 인한 것이었다. 한편, 매출채권회전율은 전기 대비 매우 크게 감소하였다.
다른 분야에서 파악된 유의적 중요왜곡표시위험은 없는 것으로 판단되며, 전기까지 B기업의 매출 관련 내부통제에는 경영진의 모니터링 부재를 포함한 다양한 형태의 미비점들이 존재하였고 당기에도 개선되지 않고 있다.

위의 [상황]에 기초하여, B기업에 존재할 것으로 예상되는 부정한 재무보고로 인한 왜곡표시와 관련된 위험요소를 동기/압력, 기회 및 태도/합리화의 관점에서 서술하시오.

정답 및 해설

ⓐ 동기/압력: 신규상장 목적 매출증대 압력, 실적 인센티브 매출증대 동기
ⓑ 기회: 헬스케어책임임원 경영 전반 자율권 보장, 경영진 모니터링의 부재
ⓒ 태도/합리화: 매출상승에 대한 경영진의 과도한 관심, 내부통제 미비점을 적시에 개선하지 못함

Ch 3.1.3	부정 구성요소	240.보론1	2019 문제2 물음2 배점 2

스테레오 헤드폰을 생산 · 판매하는 업체인 대한(주)는 20X8년 10월 회사의 재무담당임원의 횡령 사실을 알게 되었다. 횡령 규모는 과거 수년 동안 총 31억 원 정도에 이르렀다. 회사의 외부감사인은 횡령이 발생하였던 회계기간의 재무제표에 대하여 적정의견을 표명하였다. 아래의 횡령사실 조사과정에서 밝혀진 바와 같이 재무담당임원의 횡령 규모는 해가 거듭될수록 증가하고 있었다.

구분	횡령 규모
20X3년	220,950,477원
20X4년	222,766,900원
20X5년	316,031,000원
20X6년	504,096,800원
20X7년	808,500,937원
20X8년 1분기	532,630,500원
20X8년 2분기	491,700,500원

대한(주)의 연 매출 규모가 400억 원에서 450억 원 정도임을 감안할 때 재무담당임원의 횡령 규모는 대단히 중요한 금액이 아닐 수 없다. 추가 정보로서 20X5년부터 20X8년 1분기까지 영업이익은 다음과 같다.

구분	영업이익
20X5년	834,471,500원
20X6년	741,056,992원
20X7년	288,773,195원
20X8년 1분기	92,849,157원

횡령조사 결과, 재무담당임원은 주로 매출원가 계정을 이용하여 부정행위를 하였으며, 회사의 내부통제와 지배기구는 그러한 횡령사실을 오랫동안 감지해오지 못한 것으로 밝혀졌다. 과거 수년 동안 악화되어 온 재무상태 및 영업성과에 대해 재무담당임원은 원자재 가격 상승이 주된 원인이라고 설명해왔다.

위의 사례를 토대로, 아래 물음에 답하시오.

다른 소식통에 의하면, 재무담당임원은 자신의 우월한 지위를 이용하여 하급자들에게 강압적 자세를 취해왔으며 심지어는 경영진의 면전에서 하급자들에게 폭언을 일삼아 왔다고 한다. 이러한 재무담당임원의 행동이 부정위험요소가 될 수 있는지를 서술하시오.

정답 및 해설

부정위험요소 가능함. 우월한 지위를 이용한 내부통제 무력화 가능(기회), 강압적 자세와 폭언(태도/합리화)

Ch 3.1.4	부정 예방 책임	240.4 240.40	2019 문제2 물음6 배점 3

부정은 다양한 이유로 사후적 발견이 어렵기 때문에 사전적으로 발생을 예방하거나 억제하는 데 초점을 맞추는 것이 경제적이다. 경영진과 지배기구 관점에서 부정예방 및 억제를 위해 취할 수 있는 방안을 세 가지만 서술하시오.

정답 및 해설

ⓐ 정직하고 윤리적으로 행동하는 기업문화의 창조
ⓑ 지배기구의 적극적인 감시
ⓒ 부정의 예방과 발견을 위한 내부통제의 설계, 실행 및 유지

▶ 240.4 부정의 예방 및 발견에 대한 책임

부정과 오류의 예방과 발견에 대한 주된 책임은 기업의 지배기구와 경영진에게 있다. 지배기구의 감시와 더불어, 경영진은 부정의 예방을 강조하여 부정이 발생할 기회를 감소시키고, 또 부정의 억제를 강조함으로써 각 개인들이 부정의 발견 및 이에 대한 처벌의 가능성을 의식하여 부정을 저지르지 않도록 설득하는 것이 중요하다. 이는 ⓐ 정직하고 윤리적으로 행동하는 문화의 창조의지와 관련되며, ⓑ 지배기구의 적극적인 감시에 의하여 더욱 강화될 수 있을 것이다. 기업의 성과와 수익성에 대한 재무분석가들의 인식에 영향을 주기 위해 이익을 조정하려는 경영진의 노력과 같이, 지배기구의 감시에는 재무보고절차에 대한 통제를 무력화하거나 기타 부적절한 영향력을 행사할 가능성에 대하여 고려하는 것이 포함된다.

▶ 240.40

감사인은 다음 사항에 대하여 경영진(적절한 경우 지배기구를 포함)의 서면진술을 입수하여야 한다.

(a) 부정의 예방과 발견을 위한 내부통제의 설계, 실행 및 유지할 책임이 이들에게 있다는 사실을 인정한다는 것
(b) 부정에 의하여 재무제표가 중요하게 왜곡표시될 위험에 대한 경영진의 평가결과를 감사인에게 공개하였다는 것
(c) 다음의 사람들이 연루되고 기업에 영향을 미치는 부정 또는 의심되는 부정에 대하여, 이들이 알고 있는 바를 감사인에게 공개하였다는 것
  (i) 경영진
  (ii) 내부통제에 유의적인 역할을 수행하는 종업원
  (iii) 부정이 재무제표에 중요한 영향을 미칠 수 있는 경우의 기타 관련자
(d) 기업의 재무제표에 영향을 미치는 부정 또는 의심되는 부정에 대한 주장들로서, 이들이 종업원, 과거의 종업원, 분석가, 규제기관 등으로부터 알고 있는 사항을 감사인에게 모두 공개하였다는 것

Ch 3.1.5	부정 구성요소	240.A1 240.보론1	2014 문제2 물음1 배점 3

(주)ABC를 감사하는 XYZ회계법인은 (1) 위험평가절차를 수행하고 그러한 평가에 대응하기 위하여 (2) 실증절차의 성격, 시기 및 범위에 대한 감사계획을 수립하였다. 다음 단계로 감사인은 (3) 실증절차를 수행하는 중이다. 다음은 담당공인회계사가 실증절차를 수행하는 과정에서 발견한 사실이다. 다음 사례를 읽고 물음에 답하시오.

홍길동은 올해 초 주주로부터 고액의 연봉을 보장받고 회사의 최고경영자로 취임하였다. 주주들은 최근 매년 10% 감소하고 있는 매출액을 향후 3년간 매년 30% 이상 성장세로 돌려줄 것을 홍길동에게 요청하였고, 홍길동은 이러한 주주들의 요청을 달성할 수 있다고 확인해 주었다.
홍길동은 매출액을 증가시키기 위하여 구체적인 전략을 수립하고 노력하였다. 그러나 결산일이 다가오면서 홍길동은 정상적으로는 매출실적을 목표만큼 달성하기 어렵다는 것을 알게 되었다. 이에 가공의 회사를 자신의 주거지에 설립하고 신용평가 없이 가공회사에 부족한 매출을 발생시킬 것을 영업담당 임원에게 지시하였다. 영업담당 임원은 회사의 영업방침상 거래처의 신용평가 없이는 신용매출을 승인할 수 없다고 하였다. 그렇지만 홍길동은 회사 내부규정상 최고경영자가 승인하면 모든 내부규정의 예외가 인정된다는 것을 상기하면서 해당 매출을 승인하도록 하였으며 제품의 인도 없이 서류상으로만 매출을 인식하였다.
홍길동은 회사의 현금을 횡령하지도 않았으며, 다음 연도에 경제상황이 좋아지면 당해연도의 가공매출까지도 실제로 매출할 수 있기 때문에, 이러한 자신의 행동은 심각한 문제가 아니라고 자신을 위안하고 있다.

회계감사기준에서는, 부정한 재무보고나 자산의 횡령 등 그 유형에 관계없이, 부정은 부정 3요소(또는 부정발생원인, 부정관련항목, fraud triangle)와 관련되어 있다고 설명한다. 회계감사기준에서 설명하는 부정 3요소를 열거하고 상기 사례 중 어떤 내용이 각 요소에 해당하는지를 다음 답안양식에 따라 서술하시오.

정답 및 해설

ⓐ 동기/압력: 매출 상승 주주 기대 & 달성 어려운 상황
ⓑ 기회: CEO 승인 시 내부통제 무력화 가능
ⓒ 태도/합리화: 심각한 문제가 아니라고 생각(자기위안)

▶ 240.A1

부정은 부정한 재무보고이거나 자산의 횡령이거나 관계없이 부정을 저지르려는 동기나 압력, 부정을 저지를 수 있는 알려진 기회, 그리고 행위에 대한 어떠한 합리화와 관련되어 있다. 예를 들어 다음과 같다.

- 부정한 재무보고의 동기나 압력은 경영진이 기업 내·외부로부터 예정된(아마도 비현실적인) 이익목표나 재무적 성과의 달성압력을 받고 있을 때, 특히 재무적 목표를 달성하지 못할 경우 경영진에 미치는 영향이 중요할 때 존재한다. 이와 마찬가지로 개인의 경우 예를 들어 수입액을 초과하는 생활을 하고 있는 경우 자산횡령의 동기를 가질 수 있다.
- 부정을 저지를 수 있는 알려진 기회는 개인이 내부통제를 무력화할 수 있다고 믿을 때, 예를 들어 해당 내부통제의 책임 있는 위치에 있거나 내부통제의 특정 미비점을 잘 알고 있을 경우 존재할 수 있다.
- 개인은 부정한 행위를 합리화할 수 있을 것이다. 어떤 사람은 의식적이고 의도적으로 부정직한 행위를 저지르는 태도나 성격 또는 윤리적 가치관을 가지고 있다. 그러나 정직한 개인이라도 일정 수준의 압력이 가해지는 환경에서는 부정을 저지를 수 있을 것이다.

Ch 3.1.6	부정 책임	240.4~5 240.41~42, 외22조	2019 문제2 물음3 배점 2

부정에 대한 예방책임, 발견책임, 보고책임을 [A] 경영진 및 지배기구, [B] 외부감사인 두 그룹으로 나누어 서술하시오.

정답 및 해설

(A) 부정과 오류의 예방과 발견에 대한 주된 책임은 기업의 지배기구와 경영진에게 있다. 감사(위원회)는 이사의 직무수행에 관하여 부정행위 또는 법령이나 정관에 위반되는 중대한 사실을 발견하면 감사인에게 통보하여야 한다.

(B) 감사인은 재무제표가 전체적으로 부정이나 오류로 인한 중요한 왜곡표시가 없다는 합리적 확신을 얻을 책임이 있다. 감사인이 부정을 식별하였거나 부정이 존재할 가능성을 나타내는 정보를 입수한 경우, 그 주어진 책임과 관련된 사항들을 알리기 위하여, 적합한 수준의 경영진과 지배기구에 적시에 커뮤니케이션하여야 한다. 외감법상 이사의 직무수행에 관하여 부정행위(또는 법령에 위반되는 중대한 사실)를 발견한 경우 감사(위원회)에 통보하고 주주총회(또는 사원총회) 및 증권선물위원회에 보고하여야 한다. (회계처리 위반 경우는 주총보고는 제외)

▶ 240.4 부정의 예방 및 발견에 대한 책임

부정과 오류의 예방과 발견에 대한 주된 책임은 기업의 지배기구와 경영진에게 있다. 지배기구의 감시와 더불어, 경영진은 부정의 예방을 강조하여 부정이 발생할 기회를 감소시키고, 또 부정의 억제를 강조함으로써 각 개인들이 부정의 발견 및 이에 대한 처벌의 가능성을 의식하여 부정을 저지르지 않도록 설득하는 것이 중요하다. 이는 정직하고 윤리적으로 행동하는 문화의 창조의지와 관련되며, 지배기구의 적극적인 감시에 의하여 더욱 강화될 수 있을 것이다. 기업의 성과와 수익성에 대한 재무분석가들의 인식에 영향을 주기 위해 이익을 조정하려는 경영진의 노력과 같이, 지배기구의 감시에는 재무보고절차에 대한 통제를 무력화하거나 기타 부적절한 영향력을 행사할 가능성에 대하여 고려하는 것이 포함된다.

▶ 240.5 감사인의 책임

감사기준에 따라 감사를 수행하는 감사인은 재무제표가 전체적으로 부정이나 오류로 인한 중요한 왜곡표시가 없다는 합리적 확신을 얻을 책임이 있다. 감사인이 감사기준에 따라 적절하게 감사를 계획하고 수행하여도 감사의 고유한계에 의하여 재무제표의 중요한 왜곡표시 중 일부가 발견되지 못할 불가피한 위험이 존재한다.

240.41~42 경영진 및 지배기구에 대한 커뮤니케이션

240.41 감사인이 부정을 식별하였거나 부정이 존재할 가능성을 나타내는 정보를 입수한 경우, 법규상 금지되지 않는 한 감사인은 부정의 예방과 발견에 주된 책임이 있는 사람들에게 그 주어진 책임과 관련된 사항들을 알리기 위하여, 적합한 수준의 경영진에게 적시에 커뮤니케이션하여야 한다.

240.42 지배기구의 모든 구성원이 그 기업의 경영에 참여하고 있지 않는 한, 감사인이 ① 경영진, ② 내부통제에 유의적인 역할을 수행하는 종업원, 또는 ③ 부정이 재무제표에 중요한 왜곡표시를 초래하는 경우의 기타 관련자가 연루되어 있는 부정이나 의심되는 부정을 식별하였거나 의심하는 경우에는, 감사인은 지배기구에 이러한 사항들을 적시에 커뮤니케이션하여야 한다. 만약 감사인이 경영진이 연루된 부정이라고 의심하는 경우에는 이러한 의심에 대하여 지배기구에 커뮤니케이션하고, 감사를 완료하기 위하여 필요한 감사절차의 성격, 시기 및 범위를 이들과 논의하여야 한다.

▶ 외감법 제22조(부정행위 등의 보고)

① 감사인은 직무를 수행할 때 이사의 직무수행에 관하여 부정행위 또는 법령이나 정관에 위반되는 중대한 사실을 발견하면 감사(위원회)에 통보하고 주주총회(또는 사원총회)에 보고하여야 한다.
② 감사인은 회사가 회계처리 등에 관하여 회계처리기준을 위반한 사실을 발견하면 감사(위원회)에 통보하여야 한다.
③ 제2항에 따라 회사의 회계처리기준 위반사실을 통보받은 감사(위원회)는 회사의 비용으로 외부전문가를 선임하여 위반사실 등을 조사하도록 하고 그 결과에 따라 회사의 대표자에게 시정 등을 요구하여야 한다.
④ 감사(위원회)는 제3항에 따른 조사결과 및 회사의 시정조치 결과 등을 즉시 증권선물위원회와 감사인에게 제출하여야 한다.
⑤ 감사(위원회)는 제3항 및 제4항의 직무를 수행할 때 회사의 대표자에 대해 필요한 자료나 정보 및 비용의 제공을 요청할 수 있다. 이 경우 회사의 대표자는 특별한 사유가 없으면 이에 따라야 한다.
⑥ 감사(위원회)는 이사의 직무수행에 관하여 부정행위 또는 법령이나 정관에 위반되는 중대한 사실을 발견하면 감사인에게 통보하여야 한다.
⑦ 감사인은 제1항 또는 제6항에 따른 이사의 직무수행에 관하여 부정행위 또는 법령에 위반되는 중대한 사실을 발견하거나 감사(위원회)로부터 이러한 사실을 통보받은 경우에는 증권선물위원회에 보고하여야 한다.

Ch 3.1.7	부정 적발의 어려움	240.6~7	2019 문제2 물음4 배점 2

[A] 부정으로 인한 왜곡표시가 오류로 인한 왜곡표시보다 발견되지 못할 위험이 훨씬 큰 이유, [B] 경영진의 부정에 의한 중요한 왜곡표시가 종업원의 부정보다 훨씬 발견되기 힘든 이유를 서술하시오.

정답 및 해설

(A) 부정>오류: 부정을 은폐하기 위해 위조, 거래의 기록에 대한 계획적인 누락 또는 감사인에 대한 의도적인 거짓 진술 등 정교하고 면밀하게 설계된 수단들이 이용되기 때문이다. 이러한 은폐 시도에 공모가 수반되는 경우에는 훨씬 더 발견하기 어려울 수 있다[은폐 수단 이용(위조, 누락, 거짓 진술)+공모 수반].

(B) 경영진 부정>종업원 부정: 경영진은 회계기록을 직・간접적으로 조작하고 허위의 재무정보를 제공하거나, 효과적으로 설계된 통제절차를 무력화하여 부정한 FS를 작성할 수 있는 특별한 위치에 있기 때문이다.

240.6
회계감사 고유한계의 잠재적인 영향은 부정으로 인한 왜곡표시의 경우 특히 유의적이다. 부정으로 인한 중요한 왜곡표시를 발견하지 못할 위험은 오류로 인한 경우보다 크다. 이는 부정의 경우 그 사실을 은폐하기 위해 위조, 거래의 기록에 대한 계획적인 누락 또는 감사인에 대한 의도적인 거짓 진술 등 정교하고 면밀하게 설계된 수단들이 이용되기 때문이다. 이러한 은폐 시도에 공모가 수반되는 경우에는 훨씬 더 발견하기 어려울 수 있다. 공모가 있으면 감사증거가 실제로는 허위임에도 감사인은 그 증거가 설득적이라고 믿게 될 것이다. 감사인의 부정발견 능력은 부정을 저지르는 사람의 숙련도, 조작의 빈도와 정도, 공모의 정도, 조작된 개별금액의 상대적 크기, 그리고 연루된 개인들의 조직 내 직위 등 요인에 따라 다르다. 감사인은 부정이 수행될 잠재적 기회는 식별할 수 있으나, 회계추정과 같이 판단이 수반되는 영역의 왜곡표시는 그것이 부정으로 인한 것인지 오류로 인한 것인지 결정하기 어렵다.

240.7
또한, 감사인이 경영진의 부정으로 인한 중요한 왜곡표시를 발견하지 못할 위험은 종업원의 부정으로 인한 경우보다 크다. 경영진은 회계기록을 직・간접적으로 조작하고 허위의 재무정보를 제공하거나, 다른 종업원에 의해 유사한 부정이 예방되도록 설계된 통제절차를 무력화할 수 있는 위치에 있는 경우가 빈번하기 때문이다.

Ch 3.1.8	부정 JET(매출Process)	240.32~34 240.A30	2023 문제4 물음0 배점 8

경영진에 의한 통제무력화 위험에 대응하기 위해 감사인은 총계정원장에 기록된 분개와 재무제표 작성 시 이루어진 조정사항의 적절성을 테스트해야 한다.
다음은 회사의 분개 및 기타 조정사항들에 대해 한국회계법인이 감사절차를 수행한 결과이다.

[상황 1]
(주)A로부터 입수한 회계전표 내역의 완전성을 확인하기 위해 총계정원장상 기말금액과 재무제표 항목 금액 간 일치 여부를 확인하였다.
[상황 2]
(주)B가 인식한 매출에 대한 부정위험에 대응하기 위해서 매출프로세스의 이해를 바탕으로 매출의 상대계정 분석을 수행하였다.

- 매출의 상대계정으로 매출채권, 현금은 정상적인 분개로 판단하여 이 외의 상대계정으로 처리된 회계전표 내역을 추출하였다.
- 추출된 전표의 상대계정은 미수금으로 회계처리되었으며, 150건이 추출되었다.

- 추출된 미수금 전표 150건에 대해서 통계적 추출 프로그램을 이용하여 표본 30건을 재추출하고, 재추출된 회계전표 30건에 대해 관련 증빙과 대조 확인하였다.

[상황 3]
(주)C가 인식한 매출에 대한 부정위험에 대응하기 위해서 매출프로세스의 이해를 바탕으로 매출전표 분석을 수행하였다.

- 매출 거래는 주문접수, 출고처리 및 세금계산서 발행까지 ERP 시스템을 통해 처리되며, 세금계산서 발행이 완료되면 자동으로 매출전표가 생성된다.
- 자동으로 입력된 매출전표는 정상적인 매출 과정에서 발생하는 회계전표이므로 부정위험 발생가능성이 낮다고 판단하였다.
- 상대적으로 매출의 부정위험 발생가능성이 높을 것으로 판단되는 수기 매출전표 전체를 추출하여, 수기 전표가 입력된 이유에 대해 질문하고 관련 증빙과 대조 확인하였다.

[상황 4]
(주)D의 회계팀장에게 당기 재무제표 작성 과정에서 보고기간말 이후 입력된 기타 조정사항의 내역을 질문한 결과, 매출채권 대손충당금과 재고자산 평가충당금을 전결권자의 승인 후 보고기간말로 반영하였다는 답변을 듣고, 비경상적인 조정사항이 발생하지 않은 것으로 판단하고 기타 조정사항에서 왜곡표시위험은 없다고 결론 내렸다.

(물음) 각 상황별로 한국회계법인이 수행한 절차가 적절한지 여부를 기재하고, 적절하지 않은 경우 그 이유를 3줄 이내로 서술하시오.

정답 및 해설

(상황 1) X, 모집단 전표 자료(분개장)를 입수해서 (표본추출 또는) 전수로 계정별 차대변 합계로 GL, FS와 대사(기초적 JET 수행) 시 분개장 제출 후 추가 입력/수정전표, 전표미입력상태에서 최초제시FS 수정 등 차이 사유는 다양하게 존재함. 또한 분개장은 당기 증감 정보만 존재하는바, 기초 잔액을 고려해야 GL, FS 기말잔액과 대사 가능

(상황 2) X, (A30 현금매출 부정위험은 더욱 클 수 있다), AR, 미수금에서도 거래처별 건수가 적고 큰 금액 등으로 표본 감사 수행.

(상황 3) X, (A43 부당한 무력화 고려해야, 특히 IT 부당개입 시각적 확인 불가), 자동 전표 표본 감사 수행

(상황 4) X, 질문 구두 신뢰성 ↓, 통제무력화 기말 분개 추출 test(240.33) & JET후 FP(240.34) & 충당금 등 회계추정치 편의 확인 등 수행(A46 회계추정치 고의적 왜곡 다수)

◈ 경영진에 의한 통제무력화 위험에 대응한 감사절차

▶240.33
경영진에 의한 통제무력화 위험에 대한 감사인의 평가결과에 관계없이, 감사인은 다음의 감사절차를 계획하고 수행하여야 한다.

(a) 총계정원장에 기록된 분개와 재무제표 작성 시 이루어진 조정사항의 적절성을 테스트함. 이 절차를 설계 & 수행할 때 다음 절차 수행(JET: Journal Entry Test)
  (i) 분개 및 기타 조정사항의 처리와 관련하여 부적합하거나 비경상적인 행위가 있었는지에 대하여 재무보고절차에 관여하는 사람들에게 질문함
  (ii) 보고기간말에 이루어진 분개 및 기타 조정사항을 추출함
  (iii) 보고기간 전체를 통하여 이루어진 분개 및 기타 조정사항을 테스트할 필요가 있는지 고려함
(b) 회계추정치에 편의가 있는지 검토하고, 편의가 있다면 이를 유발하는 환경이 부정으로 인한 중요왜곡표시위험을 나타내는 것인지 여부를 평가함. 이 검토 시 절차
  (i) 경영진이 재무제표에 반영된 제반 회계추정을 할 때 행한 판단과 결정이 비록 개별적으로는 합리적이라고

하더라도, 부정으로 인한 중요왜곡표시위험을 의미할 수 있는 경영진의 편의가능성을 나타내는 것인지 여부를 평가함. 만약 그렇다면 감사인은 회계추정치를 전반적으로 다시 평가함

(ii) 전기재무제표에 반영된 유의적 회계추정치에 관련된 경영진의 판단과 가정들을 소급해서 재검토함

(c) 기업의 정상적인 사업과정을 벗어나는 거래, 또는 기업과 그 환경에 대한 감사인의 이해와 감사 중에 입수한 정보에 근거했을 때 비경상적으로 보이는 유의적 거래의 경우, 감사인은 해당 거래의 사업상 논리적 근거(또는 그 결여)에 비추어 볼 때 그러한 거래가 부정한 재무보고를 수행하거나 자산횡령을 은폐하기 위하여 체결되었음을 나타내는 것인지 여부를 평가하여야 한다.

▶ 240.32

경영진은 그렇지 않았다면 효과적으로 운영된다고 보이는 통제를 무력화하여 회계기록을 조작하고 부정한 재무제표를 작성할 수 있는 능력이 있기 때문에, 부정을 저지를 특별한 위치에 있다. 경영진에 의한 통제무력화의 위험은 기업마다 그 정도가 다를 것이나, 이러한 위험 자체는 모든 기업에 존재한다. 이 같은 통제무력화는 예측 불가능하게 발생될 수 있기 때문에, 이는 부정으로 인한 중요왜곡표시위험의 하나이며, 따라서 유의적 위험이다.

▶ 240.34

감사인은 식별된 경영진의 통제무력화 위험에 대응하기 위하여 240.33의 절차에 추가하여 다른 감사절차를 수행할 필요가 있는지 여부를 결정하여야 한다. (즉, 240.33 요구사항에 따라 수행하는 절차로는 해결되지 아니하는 경영진의 추가적인 통제무력화의 위험이 구체적으로 존재하는 경우)

▶ 수익인식의 부정위험

240.A29

수익의 인식과 관련하여 부정한 재무보고로 인한 중요한 왜곡표시는 종종 수익의 조기인식이나 가공수익의 계상 등에 의한 과대계상에 기인하며, 수익의 부적절한 이연인식 등 수익의 과소계상에 기인할 수도 있다.

240.A30

어떤 기업의 수익인식에서의 부정위험은 다른 기업보다 더 클 수 있다. 예를 들어 어느 상장기업 경영진의 성과가 매년의 매출액 성장률이나 순이익에 의해 측정되는 경우, 경영진이 부적합한 수익인식을 통하여 부정한 재무보고를 할 압력이나 동기가 존재할 수도 있다. 마찬가지로 예를 들어 상당한 비중의 수익이 현금매출을 통하여 창출되는 기업의 경우 수익인식에 있어 부정위험은 더욱 클 수도 있다.

240.A31

수익인식에 부정위험이 존재한다는 가정에는 반론이 있을 수 있다. 예를 들어 단일 임대용 재산의 수익과 같이 단일 유형의 단순한 수익거래만 존재하는 경우, 감사인은 수익인식과 관련하여 부정으로 인한 중요왜곡표시위험은 없다고 결론을 내릴 수 있을 것이다.

▶ 240.A43 분개 및 기타의 조정사항들 中

뿐만 아니라, 자동화된 절차와 통제는 우연한 실수의 위험을 감소시킬 수 있지만 예를 들어 개인이 총계정원장이나 재무보고시스템에 자동적으로 반영되는 금액을 변경시킴으로써 그러한 자동화된 절차를 부당하게 무력화할 수 있는 위험을 극복하지 못할 수 있다. 따라서 감사인은 분개에 대한 내부통제의 부당한 무력화와 연관된 중요왜곡표시위험을 고려하는 것이 중요하다. 더 나아가 자동화 정보기술을 이용하여 정보를 전송하고 있을 경우 부당한 개입에 대한 시각적인 증거가 정보시스템 내부에 존재하지 않거나 거의 없을 수 있다.

◈회계추정치 부정

▶ 240.A46

경영진은 재무제표를 작성할 때 유의적 회계추정치에 영향을 미치는 다수의 판단이나 가정을 수립하고, 그러한 추정치의 합리성에 대하여 지속적으로 모니터링할 것이 요구된다. 부정한 재무보고는 종종 회계추정치를 고의적으로 왜곡시킴으로써 이루어진다. 이것은 예를 들어 두 보고기간 이상에 걸쳐 이익을 평준화하거나 기업의 성과와 수익성에 대한 재무제표 이용자의 인식에 영향을 미쳐 이들을 기만할 목적으로 목표이익을 달성하도록 설계하는 방법으로, 모든 충당부채나 충당금을 과소평가하거나 과대평가함으로써 이루어질 수도 있다.

Ch 3.1.9	전문가적 의구심	200.13 200.A20~21, 240.A18	2019 문제2 물음1 배점 2

스테레오 헤드폰을 생산 · 판매하는 업체인 대한(주)는 20X8년 10월 회사의 재무담당임원의 횡령 사실을 알게 되었다. 횡령 규모는 과거 수년 동안 총 31억 원 정도에 이르렀다. 회사의 외부감사인은 횡령이 발생하였던 회계기간의 재무제표에 대하여 적정의견을 표명하였다. 아래의 횡령사실 조사과정에서 밝혀진 바와 같이 재무담당임원의 횡령 규모는 해가 거듭될수록 증가하고 있었다.

구분	횡령 규모
20X3년	220,950,477원
20X4년	222,766,900원
20X5년	316,031,000원
20X6년	504,096,800원
20X7년	808,500,937원
20X8년 1분기	532,630,500원
20X8년 2분기	491,700,500원

대한(주)의 연 매출 규모가 400억 원에서 450억 원 정도임을 감안할 때 재무담당임원의 횡령 규모는 대단히 중요한 금액이 아닐 수 없다. 추가 정보로서 20X5년부터 20X8년 1분기까지 영업이익은 다음과 같다.

구분	영업이익
20X5년	834,471,500원
20X6년	741,056,992원
20X7년	288,773,195원
20X8년 1분기	92,849,157원

횡령조사 결과, 재무담당임원은 주로 매출원가 계정을 이용하여 부정행위를 하였으며, 회사의 내부통제와 지배기구는 그러한 횡령사실을 오랫동안 감지해오지 못한 것으로 밝혀졌다. 과거 수년 동안 악화되어 온 재무상태 및 영업성과에 대해 재무담당임원은 원자재 가격 상승이 주된 원인이라고 설명해왔다.

위의 사례를 토대로, 아래 물음에 답하시오.

외부감사인은 재무제표 감사업무를 수행함에 있어서 항상 전문가적 의구심을 견지하여야 한다.

〈요구사항 1〉 전문가적 의구심의 정의를 서술하시오.

〈요구사항 2〉 위의 사례에서 외부감사인이 전문가적 의구심을 적절하게 견지하였는지 여부를 제시하고 그 근거를 서술하시오.

정답 및 해설

(1) 전문가적 의구심 – 오류나 부정으로 인한 왜곡표시 가능성을 나타내는 것일 수 있는 상황에 유의하면서, 의문을 갖는 마음과 감사증거에 대한 비판적인 평가를 포함하는 태도

(2) X, 매출원가 상승원인 답변에 대해 의문을 갖는 마음과 비판적인 평가 태도를 가지고 이를 뒷받침하는 감사증거 입수 절차를 수행했어야 함. 예) 해당 원자재 질문 확인하고 매입단가 추세 분석적 절차를 수행하였다면 부정을 조기에 발견했을 것이다.

▶ 240.A18
경영진은 종종 부정을 행할 최적의 위치에 있다. 따라서 감사인은 그 질문에 대한 경영진의 답변에 대하여 전문가적 의구심의 자세로서 평가할 때, 경영진의 답변 내용들을 다른 정보로 확인할 필요가 있다고 판단할 수 있을 것이다.

▶ 200.13
전문가적 의구심 – 오류나 부정으로 인한 왜곡표시 가능성을 나타내는 것일 수 있는 상황에 유의하면서, 의문을 갖는 마음과 감사증거에 대한 비판적인 평가를 포함하는 태도

▶ 200.15
감사인은 재무제표를 중요하게 왜곡표시되게 하는 상황이 존재할 수 있음을 인식하고, 전문가적 의구심을 가지고 감사를 계획하고 수행하여야 한다.

▶ 200.A20
전문가적 의구심은 예를 들어 다음과 같은 사항에 대하여 주의를 유지하는 것을 포함한다.
• 이미 입수한 다른 감사증거와 상반되는 감사증거
• 감사증거로 사용될 문서 및 질의에 대한 답변의 신뢰성에 의문을 갖게 하는 정보
• 부정의 존재가능성을 나타내는 것일 수 있는 상황
• 감사기준에서 요구하는 절차 외에 추가적인 감사절차의 필요성을 시사하는 상황

▶ 200.A21
감사의 전 과정에 걸쳐 전문가적 의구심을 유지하는 것은 감사인이 다음과 같은 위험을 감소시킬 경우에 필요하다.
• 비경상적 상황의 간과
• 감사상 관찰결과에서 결론을 도출할 때의 과도한 일반화
• 감사절차의 성격, 시기 및 범위를 결정하고 그 결과를 평가할 때 부적합한 가정의 이용

▶ 200.A22
전문가적 의구심은 감사증거에 대한 비판적 평가에 필요하다. 전문가적 의구심은 상반된 감사증거 및 경영진과 지배기구로부터 입수된 문서, 질의에 대한 답변, 기타 정보의 신뢰성에 대하여 의문을 품는 것을 포함한다. 또한 입수된 감사증거의 충분성과 적합성을 상황에 비추어 고려하는 것도 이에 포함된다. 예를 들어, 부정위험요소가 존재하고 있는 상황에서 재무제표의 중요한 금액을 뒷받침하는 유일한 증거가 부정의 가능성이 있는 문서인 경우가 그러하다.

▶ 200.A23
감사인은 그렇지 않다고 믿을 만한 사유가 없으면, 기록과 문서들은 진실하다고 인정할 수 있을 것이다. 그럼에도 불구하고, 감사인은 감사증거로 사용될 정보의 신뢰성을 고려하도록 요구된다. 정보의 신뢰성에 의문이 있거나 부정가능성의 징후가 있는 경우(예를 들어, 감사 중 식별된 제반 상황에 따르면 문서가 진실하지 아니하거나 문서 내의 문구가 위조되었을 것으로 감사인이 믿게 되는 경우), 감사기준은 감사인이 그 사항을 해결하기 위해 감사절차의 변경이나 추가가 필요한지 더 조사하고 결정할 것을 요구한다.

▶ 200.A24
감사인은 기업의 경영진과 지배기구의 정직성과 성실성에 대한 과거의 경험을 무시할 수는 없다. 그러나 감사인이 경영진과 지배기구의 정직성과 성실성을 믿는다고 해서, 합리적 확신을 얻을 때 전문가적 의구심을 유지할 필요성이 경감되거나 설득력이 낮은 감사증거에 만족할 수 있도록 허용되지는 않는다.

Ch 3.1.10	부정 감사절차	240	2019 문제2 물음5 배점 2

아래에서는 부정과 관련한 감사인의 감사절차 흐름을 예시하고 있다. Step 1, Step 3, Step 4, Step 6에서 감사인이 취해야 할 적합한 감사절차를 서술하시오.

순서	감사인이 취해야 할 감사절차
Step 1	(공 란)
Step 2	위험평가절차 및 관련활동
Step 3	(공 란)
Step 4	(공 란)
Step 5	실증절차의 수행 및 감사증거의 평가
Step 6	(공 란)

정답 및 해설

step 1. 업무팀 내부의 토의
step 2. 위험평가절차 및 관련 활동
step 3. 부정으로 인한 중요왜곡표시위험의 식별과 평가
step 4. 부정으로 인한 중요왜곡표시위험의 평가내용에 대한 대응
step 5. 실증절차의 수행과 감사증거의 평가
step 6. 서면진술, 부정 커뮤니케이션 및 문서화

▶ 240 FS감사 시 부정에 관한 감사인의 책임: 요구사항(13~48) 목차

0. 전문가적 의구심(13~15)
1. 업무팀 내부의 토의(16)
2. 위험평가절차 및 관련 활동(17–25)
3. 부정으로 인한 중요왜곡표시위험의 식별과 평가(26–28)
4. 부정으로 인한 중요왜곡표시위험의 평가내용에 대한 대응(29–34)
5. 감사증거의 평가(35–38)
6. • 감사인이 업무를 계속 수행할 수 없는 경우(39)
   • 서면진술(40)
   • 경영진 및 지배기구에 대한 커뮤니케이션(41–43)
   • 기업외부의 적절한 기관에 대한 부정의 보고(44)
   • 문서화(45–48)

Ch 3.1.11	부정: 업무팀 토의	240.A11	2017 문제3 물음1 배점 2

감사인은 재무제표에 미치는 중요한 왜곡표시가 없다는 합리적 확신을 얻기 위하여 재무제표감사를 실시한다.

감사인은 부정으로 인한 중요한 왜곡표시위험과 관련된 감사절차의 하나로서 업무팀원 간의 토의를 강조하고 있다. 다음은 이러한 측면에 대한 감사기준의 설명이다.

- 감사기준에서는 업무팀원 간의 토의 절차를 요구하고 있으며, 토의에 참여하지 않은 팀원에게는 어떠한 사항을 커뮤니케이션할지 결정하도록 요구하고 있다.
- 업무팀원 간 토의에서는, 부정이 어떻게 발생할 것인지 등 기업의 재무제표가 부정에 의하여 어디서 어떻게 중요하게 왜곡표시될 위험성이 높은지를 특히 강조하여야 한다.
- 이러한 토의는 경영진과 지배기구가 정직하고 성실하다는 업무팀원들의 믿음을 배제하고 수행되어야 한다.

(요구사항) 이처럼 "부정으로 인해 재무제표가 중요하게 왜곡표시될 위험성"에 대한 업무팀원 간 토의의 세 가지 효과 중 (아래 예시를 제외한) 두 가지를 서술하시오(각각 세 줄 이상 서술할 것).

[예시] 재무제표가 어떻게 그리고 어느 부분에서 부정으로 인해 중요하게 왜곡표시되기 쉬운지에 대해 업무팀원 중 경험이 많은 사람의 통찰을 공유할 기회를 제공한다.

정답 및 해설

▶ 240.A11

기업의 재무제표가 부정으로 인하여 중요하게 왜곡표시될 위험성에 대한 업무팀의 토의는 다음과 같은 효과가 있다.

- 재무제표가 어떻게 그리고 어느 부분에서 부정으로 인하여 중요하게 왜곡표시되기 쉬운지에 대하여 업무팀원 중 경험이 많은 사람들의 통찰을 공유할 기회를 제공한다.
- 감사인이 그러한 위험성에 대한 적합한 대응을 고려할 수 있게 하고, 업무팀원 중 누구에게 어떤 감사절차를 맡길 것인지 결정할 수 있게 해준다.
- 감사인이 감사절차의 수행 결과를 업무팀원과 어떻게 공유할지, 감사인이 주목하게 된 부정 혐의를 어떻게 다루어야 할지 결정할 수 있게 한다.

▶ 240.A16

기업(환경) 이해를 통한 FS RoMM 식별평가 기준서 315는 업무팀원 간의 토의를 요구하고 있으며, 토의에 참여하지 않은 팀원에 대하여는 업무수행이사가 어떠한 사항을 커뮤니케이션할지 결정하도록 요구한다. 이러한 토의에서는, 부정이 어떻게 발생할 것인지 등 기업의 재무제표가 부정에 의하여 어디서 어떻게 중요하게 왜곡표시될 위험성이 높은지를 특히 강조하여야 한다. 이러한 토의는 경영진과 지배기구가 정직하고 성실하다는 업무팀원들의 믿음을 배제하고 수행되어야 한다.

※ 315. A21 기업의 재무제표가 중요하게 왜곡표시될 가능성에 대한 업무팀 내의 토의는 다음과 같은 기능을 한다.

- 업무수행이사 등 경험이 많은 업무팀원들이 기업에 대한 지식에 기초하여 가지고 있는 통찰을 서로 공유하는 기회를 제공함
- 업무팀원들이 기업에 영향을 미치는 사업위험에 대한 정보와 재무제표의 어느 부분이 부정과 오류에 의한 왜곡표시 위험에 어떻게 취약한지에 대하여 정보를 교환할 수 있게 함
- 업무팀원들이 자신에게 배정된 특정 분야의 중요한 왜곡표시 가능성을 더 잘 이해하게 하고, 업무팀원들이 수행하는 감사절차의 결과가 추가감사절차의 성격, 시기 및 범위의 결정 등 감사절차의 다른 측면에 어떻게 영향을 미칠 수 있는지 이해하게 함
- 업무팀원들이 중요왜곡표시위험의 평가 또는 이러한 위험에 대처하기 위해 수행되는 감사절차에 영향을 미칠 수 있는 새로운 정보를 감사의 전 과정에 걸쳐 입수하는 경우, 이를 공유하고 커뮤니케이션할 수 있는 기초를 제공함

Ch 3.1.12	부정RoMM	240.28	2020 문제6 물음1.4 배점 1

- K(주)는 월말 시점에 매출액이 크게 증가하는 경향이 있었다. 김 회계사는 진공청소기 부문과 냉장고 부문의 매출 각각에 대하여 부정위험이 존재하는 것으로 가정하였다.

④ 진공청소기에 비해 상대적으로 비중이 낮은 냉장고 매출에 대해서는 통제의 이해를 위한 업무수행은 생략하고, 실증절차를 확대하여 수행하기로 하였다.

정답 및 해설

④ X, 부정위험→ 무조건 유의적 위험 → 내부통제이해 필수

- 240.28 감사인은 평가된 부정으로 인한 중요왜곡표시위험을 유의적 위험으로 취급하여야 하며, 따라서, 아직 수행하지 않은 부분이 있다면 기업의 통제활동 등 그러한 위험에 관련된 통제를 이해하여야 한다.

Ch 3.1.13	경영진통제무력화 대응	240.33	2020 문제5 물음3 배점 2

감사인은 기업의 내부통제 등 기업과 그 환경을 이해하기 위한 위험평가절차 및 관련 활동을 수행할 때, 부정으로 인한 중요왜곡표시위험을 식별하기 위한 절차를 수행하여야 한다. 또한 감사인은 전반감사전략을 수립할 때 재무제표 전체에 대한 중요성을 결정하여야 한다.

재무제표감사에서 경영진의 통제무력화위험에 대한 감사인의 평가결과에 관계없이, 동 위험에 대응하기 위하여 감사인이 계획하고 수행하여야 하는 절차를 간략히 서술하시오.

정답 및 해설

▶ 240.33

경영진에 의한 통제무력화 위험에 대한 감사인의 평가결과에 관계없이, 감사인은 다음의 감사절차를 계획하고 수행하여야 한다.

(a) JET: 총계정원장에 기록된 분개와 재무제표 작성 시 이루어진 조정사항의 적절성을 테스트함. 이러한 테스트를 위한 감사절차를 설계하고 수행할 때 감사인은 다음의 절차를 수행하여야 한다.

 (i) 분개 및 기타 조정사항의 처리와 관련하여 부적합하거나 비경상적인 행위가 있었는지에 대하여 재무보고절차에 관여하는 사람들에게 질문함

 (ii) 보고기간말에 이루어진 분개 및 기타 조정사항을 추출함

 (iii) 보고기간 전체를 통하여 이루어진 분개 및 기타 조정사항을 테스트할 필요가 있는지 고려함

(b) 회계추정치에 편의가 있는지 검토하고, 편의가 있다면 이를 유발하는 환경이 부정으로 인한 중요왜곡표시위험을 나타내는 것인지 여부를 평가함. 감사인은 이러한 검토를 할 때 다음의 절차를 수행하여야 한다.

 (i) 경영진이 재무제표에 반영된 제반 회계추정을 할 때 행한 판단과 결정이 비록 개별적으로는 합리적이라고 하더라도, 부정으로 인한 중요왜곡표시위험을 의미할 수 있는 경영진의 편의가능성을 나타내는 것인지 여부를 평가함. 만약 그렇다면 감사인은 회계추정치를 전반적으로 다시 평가함

 (ii) 전기재무제표에 반영된 유의적 회계추정치에 관련된 경영진의 판단과 가정들을 소급해서 재검토함

(c) 이상거래: 기업의 정상적인 사업과정을 벗어나는 거래, 또는 기업과 그 환경에 대한 감사인의 이해와 감사 중에 입수한 정보에 근거했을 때 비경상적으로 보이는 유의적 거래의 경우, 감사인은 해당 거래의 사업상 논리적 근거(또는 그 결여)에 비추어 볼 때 그러한 거래가 부정한 재무보고를 수행하거나 자산횡령을 은폐하기 위하여 체결되었음을 나타내는 것인지 여부를 평가하여야 한다.

Ch 3.1.14	부정 외부조회	240.A38 330.A15, 330.A11	2017 문제3 물음2 배점 2

감사인은 경영진주장 수준의 부정으로 인한 중요한 왜곡표시위험의 평가내용에 대응한 감사절차를 설계 · 수행해야 한다. 다음은 이러한 부정위험 가능성을 나타낸 상황이다.

- 감사인은 경영진이 이익기대치를 달성하기 위한 압력을 받고 있다는 것을 식별하였다.
- 감사인은 경영진이 매출 및 매출채권을 과대계상한 징후가 있다고 판단하고 있다.

(요구사항) 위 상황에서 감사인이 매출채권에 대한 외부조회서의 내용을 설계할 때, 채권잔액 이외에 추가적 확인이 필요한 사항을 두 줄 이상 서술하시오.

정답 및 해설

현재 잔액에 대한 조회뿐만 아니라 ⓐ 일자, 반품권한, 인도조건 등 판매약정의 세부내역을 조회하기 위한 외부조회서를 설계하고 비재무 인원에게 판매약정이나 인도조건의 변경여부에 대하여 질문함으로써 그러한 외부조회를 보충한다.

▶ 240.A38

경영진주장 수준의 부정으로 인한 중요왜곡표시위험의 평가내용에 대처하기 위한 감사인의 대응에는 감사절차의 성격, 시기 및 범위를 다음과 같이 변경하는 것이 포함될 수 있다.

- 수행할 감사절차의 성격은 보다 신뢰할 수 있거나 관련성이 있는 감사증거 또는 추가적인 확인적 정보를 입수하기 위하여 변경될 필요가 있을 수 있다. 이것은 수행할 감사절차의 유형과 이들의 조합에 영향을 미칠 것이다. 예를 들어 다음과 같다.
  - 특정 자산의 실물 관찰이나 검사가 더욱 중요하게 되거나, 유의적인 계정과목이나 전자형태의 거래파일에 포함된 데이터에 관하여 더 많은 증거를 입수하기 위하여 감사인은 컴퓨터를 이용한 감사기법을 이용할 수 있다.
  - 감사인은 추가적인 확인적 정보를 입수하기 위한 절차를 설계할 수 있다. 예를 들어 경영진이 이익기대치를 달성하기 위한 압력을 받고 있다는 것을 식별한 경우, 수익인식을 금지하는 조건이 포함된 판매약정을 체결하거나 목적물의 인도 전에 송장을 발행함으로써 경영진이 매출을 과대계상하고 있는 관련 위험이 있을 수 있다. 이러한 상황에서는 감사인은 예를 들어 현재 잔액에 대한 조회뿐만 아니라 일자, 반품권한, 인도조건 등 판매약정의 세부내역을 조회하기 위한 외부조회서를 설계할 수 있을 것이다. 더 나아가 감사인은 기업의 비재무 인원에게 판매약정이나 인도조건의 변경여부에 대하여 질문함으로써 그러한 외부조회를 보충하는 것이 효과적이라고 판단할 수 있을 것이다.
- 실증절차의 시기에 대한 수정이 필요할 수 있다. 감사인은 보고기간말 또는 보고기간말에 근접한 때에 실증절차를 수행하는 것이 부정으로 인한 중요왜곡표시위험의 평가내용에 더욱 잘 대처하는 것이라고 결론 내릴 수 있다. 의도적인 왜곡표시나 조작에 대한 평가된 위험을 고려할 때, 감사인은 기중의 감사결론을 보고기간말까지 확대하기 위한 감사절차는 효과적이지 않을 것이라고 결론을 내릴 수 있다. 이와는 대조적으로, 예를 들어 부적절한 수익인식을 수반하는 왜곡표시와 같은 의도적인 왜곡표시는 기중에 생성되었을 수 있기 때문에 감사인은 실증절차를 보고기간 초기에 발생된 거래에 대하여 적용할 것인지 또는 보고기간 전체에 걸친 거래에 대하여 적용할 것인지 선택할 수도 있다.
- 적용된 절차의 범위는 부정으로 인한 중요왜곡표시위험의 평가내용을 반영한다. 예를 들어 표본규모를 확대하거나 보다 세부적인 수준에서 분석적 절차를 수행하는 것이 적합할 수 있다. 또한 컴퓨터를 이용한 감사기법은 전자형태의 거래파일과 계정파일에 대하여 보다 확대된 테스트를 가능하게 할 것이다. 그러한 기법은 전자형태의 주요 파일에서 표본거래를 추출하거나 특정한 성격의 거래를 분류하거나, 표본 대신 모집단 전체를 테스트하기 위하여 이용될 수 있다.

▶ 240.A39

감사인이 재고자산의 수량에 영향을 미치는 부정으로 인한 중요왜곡표시위험을 식별하였다면, 기업의 재고자산 기록에 대한 조사는 재고자산 실사 때나 실사 후에 특히 주의할 장소나 항목을 식별하는 데 도움이 될 수 있다. 그러한 검토는 예고 없이 특정 장소에서 재고자산 실사에 입회하거나 동일한 일자에 모든 장소에서 재고자산을 실사하는 결정으로 나타날 수 있다.

▶ 240.A40

감사인은 부정으로 인한 중요왜곡표시위험 중 다수의 계정과목과 경영진주장에 영향을 미치는 것을 식별할 수 있다.

이러한 것에는 자산평가, 특정 거래와 관련된 추정치(사업부문의 인수, 구조조정 또는 처분 등) 그리고 기타 유의적인 부채발생액(연금 및 기타 퇴직급여채무 또는 환경 복구의무 등)이 포함될 수 있다. 또한 이러한 위험은 반복되는 추정에 관련된 가정의 중요한 변화와 관련될 수도 있다. 기업과 기업 환경의 이해를 통해 입수된 정보는 감사인이 경영진의 그러한 추정치와 그 근거가 되는 판단 및 가정의 합리성을 평가하는 데 도움이 될 수 있다. 과거 보고기간에 적용된 경영진의 유사한 판단과 가정에 대한 소급적 검토 역시 경영진의 추정치를 뒷받침하는 판단과 가정의 합리성에 대한 통찰을 제공해 줄 수 있다.

Ch 3.1.15	부정 JET 절차	240.33	2017 문제3 물음3 배점 3

경영진은 통제를 무력화하여 회계기록을 조작하고 부정한 재무제표를 작성할 수 있다. 감사인은 경영진에 의한 통제무력화에 대한 자신의 평가결과에 관계없이 감사절차를 계획 · 수행해야 한다. 이러한 감사절차의 일환으로 총계정원장에 기록된 분개와 재무제표를 작성할 때 이루어진 조정사항의 적절성을 테스트해야 한다.

(요구사항) 상기 테스트("분개 및 조정사항 테스트" 또는 "Journal Entry Test")를 위해 감사인이 수행해야 할 절차를 서술하시오.

정답 및 해설

(i) 분개 및 기타 조정사항의 처리와 관련하여 부적합하거나 비경상적인 행위가 있었는지에 대하여 재무보고절차에 관여하는 사람들에게 질문함
(ii) 보고기간말에 이루어진 분개 및 기타 조정사항을 추출함
(iii) 보고기간 전체를 통하여 이루어진 분개 및 기타 조정사항을 테스트할 필요가 있는지 고려함

Ch 3.1.16	부정 RoMM대응		2015 문제3 물음3 배점 3

감사인은 A(주)의 경영진이 이익기대치를 달성하기 위한 압력을 받고 있다는 사실을 파악하였다. 따라서 감사인은 경영진주장 수준에서 부정으로 인한 중요한 왜곡표시위험이 높은 것으로 판단하여, 이에 대응할 수 있도록 추가감사절차의 성격, 시기 및 범위를 설계하고 감사절차를 수행하려고 한다. 성격 예시와 같이 시기, 범위에 대해 감사인이 설계하고 수행해야 할 추가감사절차(시기 및 범위)를 서술하시오.

〈예시〉 성격: 보다 신뢰할 수 있거나 관련성이 있는 감사증거 또는 추가적인 확인적 정보를 입수한다.

정답 및 해설

ⓐ 성격 N: 보다 적격(목적적합 · 신뢰성)한 증거,
ⓑ 시기 T: 기말 · 예측 불가능 시점,
ⓒ 범위 E: 표본규모 확대 · 보다 상세한 SAP
▶ RoMM↑→ DR↓ → ⓐ 감사절차 적용 효과성↓목적 → 적절한 팀원이 의구심을 발휘하도록 계획 & 감독 · 검토 강화 필요 & ⓑ 경영진주장 수준: ST NET 강화[N: 보다 적격(목적적합 · 신뢰성)한 증거, T: 기말 · 예측 불가능 시점, E: 표본규모 확대 · 보다 상세한 SAP]

▶ 적발위험은 감사위험을 수용 가능한 낮은 수준으로 감소시키기 위하여 감사인이 결정하는 감사절차의 성격, 시기 및 범위와 관계가 있다. 그러므로 적발위험은 감사절차와 그 적용에 대한 효과성의 함수이다. 다음과 같은 사항은 감사절차와 그 적용의 효과성을 높이는 데 도움이 되고 감사인이 부적합한 감사절차를 선택하거나, 적합한 감사절차를 잘못 적용하거나, 감사결과를 잘못 해석할 가능성을 감소시키는 데 도움이 된다.

- 적절한 계획수립
- 업무팀원의 적절한 구성
- 전문가적 의구심의 적용
- 수행된 감사업무의 감독과 검토

Ch 3.1.17	IC무력화위험 대응	240.32	2014 문제6 물음1 배점 3

코스닥시장에 상장된 (주)금성은 12월 말 결산법인으로서 2X13 회계연도에 정의회계법인으로 감사인을 변경하였다. 정의회계법인은 새로운 감사인으로 선임되어 2X13 회계연도부터 향후 3년간 감사를 담당하게 되었다. (주)금성의 대표이사는 김무력이다.

정의회계법인의 현장책임회계사(In-charge)와 매니저회계사는 전반감사계획을 논의하면서 주요 절차에 대하여 다음과 같은 의견을 나누었다.

- 감사팀은 감사수임단계에서 대표이사 및 주요 임원에 대하여 신문기사 · 인터넷 검색 등을 통하여 과거 횡령 · 배임 등 주요소송사건 등에 연루된 적이 없는지 조사하였으며, 그 결과 특별한 유의점은 발견되지 않았다. 따라서 초도감사 시 경영진의 내부통제에 대한 무력화(management override of control) 위험을 낮게 평가하였다.
- 그러나 담당이사(파트너)는 내부통제 무력화위험의 평가결과와 관계없이 이는 유의적 위험이므로 이에 대응하는 감사절차를 반드시 계획하고 수행해야 한다고 지시하였다.

회계감사기준에서는 감사계획단계에서 수행한 위험평가 결과와 관계없이 경영진의 내부통제 무력화위험에 대응하는 감사절차를 반드시 계획하고 수행하도록 요구하고 있다. 이러한 절차를 필수적으로 취하도록 정한 이유에 대하여 3줄 이내로 서술하시오.

정답 및 해설

통제무력화는 예측 불가능하게 발생될 수 있기 때문에, 이는 부정으로 인한 중요왜곡표시위험의 하나이며, 따라서 유의적 위험이며 위험평가 결과와 관계없이 반드시 이에 대응하는 감사절차를 계획하고 수행해야 한다.

▶ 240.32
경영진은 그렇지 않았다면 효과적으로 운영된다고 보이는 통제를 무력화하여 회계기록을 조작하고 부정한 재무제표를 작성할 수 있는 능력이 있기 때문에, 부정을 저지를 특별한 위치에 있다. 경영진에 의한 통제무력화의 위험은 기업마다 그 정도가 다를 것이나, 이러한 위험 자체는 모든 기업에 존재한다. 이 같은 통제무력화는 예측 불가능하게 발생될 수 있기 때문에, 이는 부정으로 인한 중요왜곡표시위험의 하나이며, 따라서 유의적 위험이다.

Ch 3.1.18	IC무력화위험 대응	240.33	2014 문제6 물음2 배점 3

코스닥시장에 상장된 (주)금성은 12월 말 결산법인으로서 2X13 회계연도에 정의회계법인으로 감사인을 변경하였다. 정의회계법인은 새로운 감사인으로 선임되어 2X13 회계연도부터 향후 3년간 감사를 담당하게 되었다. (주)금성의 대표이사는 김무력이다.

정의회계법인의 현장책임회계사(In-charge)와 매니저회계사는 전반감사계획을 논의하면서 주요 절차에 대하여 다음과 같은 의견을 나누었다.

- 감사팀은 감사수임단계에서 대표이사 및 주요 임원에 대하여 신문기사 · 인터넷 검색 등을 통하여 과거 횡령 · 배임 등 주요소송사건 등에 연루된 적이 없는지 조사하였으며, 그 결과 특별한 유의점은 발견되지 않았다. 따라서 초도감사 시 경영진의 내부통제에 대한 무력화(management override of control) 위험을 낮게 평가하였다.
- 그러나 담당이사(파트너)는 내부통제 무력화위험의 평가결과와 관계없이 이는 유의적 위험이므로 이에 대응하는 감사절차를 반드시 계획하고 수행해야 한다고 지시하였다.

담당이사(파트너)공인회계사는 아래 (A)~(C)와 같은 경영진의 내부통제 무력화위험을 예시하면서 어느 회사나 내부통제 무력화위험이 상존할 수 있음을 전달하고, 이에 대응하는 필수적 감사절차를 수행하도록 현장감사팀에 지시하였다.

(A) 재무제표결산 시 부적합하거나, 미승인된 분개에 의하여 재무보고절차의 조작이 시도되거나, 경영진이 직접 연결조정을 통하거나, 재분류와 같은 방식으로 재무제표에 보고되는 금액을 직접 조정할 수 있다.

(B) 재무보고는 종종 특정 유형의 항목을 고의적으로 왜곡함으로써 이루어진다. 예를 들어 두 보고기간의 이익을 평준화하거나 목표이익을 달성할 목적으로 충당부채나 충당금을 과소평가하거나 과대평가한다.

(C) 부정한 재무보고를 행하거나, 자산횡령을 은폐하기 위하여 지나치게 복잡한 거래의 형태를 이용하거나, 이전에 식별되지 않았던 특수관계자를 이용하여 거래한다.

(요구사항) 경영진의 내부통제 무력화위험요인에 대응하기 위한 필수적 감사절차로서 감사기준에서 정한 3가지 절차를 각각 위 (A)~(C)의 항목에 대응하여 기술하시오.

정답 및 해설

(A) 총계정원장에 기록된 분개와 재무제표 작성 시 이루어진 조정사항의 적절성을 테스트함. (JET)

(B) 회계추정치에 편의가 있는지 검토하고, 편의가 있다면 이를 유발하는 환경이 부정으로 인한 중요왜곡표시위험을 나타내는 것인지 여부를 평가함.

(C) 기업의 정상적인 사업과정을 벗어나는 거래, 또는 기업과 그 환경에 대한 감사인의 이해와 감사 중에 입수한 정보에 근거했을 때 비경상적으로 보이는 유의적 거래의 경우, 감사인은 해당 거래의 사업상 논리적 근거(또는 그 결여)에 비추어 볼 때 그러한 거래가 부정한 재무보고를 수행하거나 자산횡령을 은폐하기 위하여 체결되었음을 나타내는 것인지 여부를 평가하여야 한다.

Ch 3.1.19	부정: 경영진 연루 부정	240.37 240.42	2014 문제2 물음2 배점 3

(주)ABC를 감사하는 XYZ회계법인은 (1) 위험평가절차를 수행하고 그러한 평가에 대응하기 위하여 (2) 실증절차의 성격, 시기 및 범위에 대한 감사계획을 수립하였다. 다음 단계로 감사인은 (3) 실증절차를 수행하는 중이다. 다음은 담당공인회계사가 실증절차를 수행하는 과정에서 발견한 사실이다. 다음 사례를 읽고 물음에 답하시오.

홍길동은 올해 초 주주로부터 고액의 연봉을 보장받고 회사의 최고경영자로 취임하였다. 주주들은 최근 매년 10% 감소하고 있는 매출액을 향후 3년간 매년 30% 이상 성장세로 돌려줄 것을 홍길동에게 요청하였고, 홍길동은 이러한 주주들의 요청을 달성할 수 있다고 확인해 주었다.
홍길동은 매출액을 증가시키기 위하여 구체적인 전략을 수립하고 노력하였다. 그러나 결산일이 다가오면서 홍길동은 정상적으로는 매출실적을 목표만큼 달성하기 어렵다는 것을 알게 되었다. 이에 가공의 회사를 자신의 주거지에 설립하고 신용평가 없이 가공회사에 부족한 매출을 발생시킬 것을 영업담당 임원에게 지시하였다. 영업담당 임원은 회사의 영업방침상 거래처의 신용평가 없이는 신용매출을 승인할 수 없다고 하였다. 그렇지만 홍길동은 회사 내부규정상 최고경영자가 승인하면 모든 내부규정의 예외가 인정된다는 것을 상기하면서 해당 매출을 승인하도록 하였으며 제품의 인도 없이 서류상으로만 매출을 인식하였다.
홍길동은 회사의 현금을 횡령하지도 않았으며, 다음 연도에 경제상황이 좋아지면 당해연도의 가공매출까지도 실제로 매출할 수 있기 때문에, 이러한 자신의 행동은 심각한 문제가 아니라고 자신을 위안하고 있다.

상기 사례와 관련하여 감사인은 실증절차를 수행하는 과정에서 위 상황을 발견하였지만 추가조사 결과 가공매출액의 규모가 중요하지 않음을 확인하였다.

(1) 상기와 같이 중요하지 않은 부정을 발견한 경우 감사인이 이미 평가한 위험평가와 그 대응에 대하여 취하여야 할 조치를 5줄 이내로 서술하시오.
(2) 회계감사기준에서는 부정 발생가능성과 관련하여 적절한 대상과 커뮤니케이션하도록 규정하고 있다. 상기와 같이 중요하지 않은 부정을 발견한 경우 누구와 어떤 내용을 커뮤니케이션하여야 하는지 2줄 이내로 서술하시오.

정답 및 해설

(1) 240.37 감사인이 그 중요성과 관계없이 어떤 왜곡표시를 식별하였으며, 그 왜곡표시는 부정의 결과이거나 결과일 가능성이 있고, 경영진(특히 상위 경영진)이 연루되었다고 믿을 이유가 있다면, 감사인은 부정으로 인한 중요왜곡표시위험의 평가 및 그러한 평가에 대응하였던 ① 감사절차의 성격, 시기 및 범위에 미치는 영향을 재평가하여야 한다. 감사인은 또한 이전에 입수한 증거의 신뢰성을 재고려할 때, 상황이나 조건들이 종업원, 경영진 또는 제3자가 관여된 ② 공모의 가능성을 나타내는지를 고려하여야 한다.
(2) 240.42 지배기구의 모든 구성원이 그 기업의 경영에 참여하고 있지 않는 한, 감사인이 ① 경영진, ② 내부통제에 유의적인 역할을 수행하는 종업원, 또는 ③ 부정이 재무제표에 중요한 왜곡표시를 초래하는 경우의 기타 관련자가 연루되어 있는 부정이나 의심되는 부정을 식별하였거나 의심하는 경우에는, 감사인은 지배기구에 이러한 사항들을 적시에 커뮤니케이션하여야 한다. 만약 감사인이 경영진이 연루된 부정이라고 의심하는 경우에는 이러한 의심에 대하여 지배기구에 커뮤니케이션하고, 감사를 완료하기 위하여 필요한 감사절차의 성격, 시기 및 범위를 이들과 논의하여야 한다. 이러한 지배기구와의 커뮤니케이션은 법규상 금지되지 않는 한 요구된다.

Ch 3.1.20	부정 커뮤니케이션	외22조	2022 문제6 물음3 배점 4

주권상장법인인 (주)한국은 해외 종속기업(A, B, C)을 보유하고 있으며, 감사위원회를 구성하고 있다. 유일회계법인은 (주)한국의 연결재무제표에 대한 감사를 수행하고 있다.

〈부문 정보〉

(단위: 억 원)

구분	(주)한국	해외 종속기업			조정합계
		A	B	C	
매출액	6,000	1,000	400	200	7,440
세전이익	400	60	15	12	480
당기순손익	300	30	(-)5	2	332
자산 총계	8,000	150	120	80	8,200
부채 총계	4,000	100	140	60	4,100

- 조정합계 금액은 연결재무제표 장부금액이며, 그 외의 정보는 (주)한국과 종속기업의 별도재무제표 금액임
- 부문 A, B, C의 매출액은 모두 (주)한국이 제조한 제품을 외부고객에게 판매하여 발생한 것임
- 부문 A와 부문 B는 해외 현지 회계법인을 감사인으로 선임하였고, 부문 C는 회사 규모를 고려하여 감사인을 선임하지 않음
- 당기 중 부문 B에서 영업담당 직원에 의한 자금횡령 사실을 발견함

〈그룹업무팀의 그룹감사 업무〉

- 유일회계법인은 그룹재무제표 전체의 중요성을 세전이익의 5%(24억 원)로, 그룹에 대한 개별적인 재무적 유의성을 판단하는 기준을 총 외부 매출액의 10%로 결정함
- 그룹감사의 수임단계에서 부문에 대한 감사절차에 범위제한은 없다고 판단함. 특히, 부문 B의 부정 관련 이슈도 포렌식 전문가를 활용하여 충분한 감사 대응이 가능하다고 판단함

그룹업무팀은 부문 B의 자금횡령에 (주)한국의 상법상 이사인 재무담당 임원 나허세가 연루되어 있다는 사실을 발견하였다. 그룹업무팀이 나허세의 부정행위와 관련하여 의사소통해야 할 회사 내 상대, 각 상대별 의사소통 유형 및 관련 근거를 모두 기재하시오.

[답안양식]

구분: 의사소통 상대, 의사소통 유형(통보, 보고, 커뮤니케이션), 관련 근거(회계감사기준, 외부감사법)

①

②

③

정답 및 해설

부정 의사소통

ⓐ 감사(위원회), 통보, 외감법

ⓑ 주주총회, 보고, 외감법

ⓓ 지배기구, 커뮤니케이션, 회계감사기준

→ ⓒ 증권선물위원회, 보고, 외감법(사외임)

(A) 부정과 오류의 예방과 발견에 대한 주된 책임은 기업의 지배기구와 경영진에게 있다. 감사(위원회)는 이사의 직무수행에 관하여 부정행위 또는 법령이나 정관에 위반되는 중대한 사실을 발견하면 감사인에게 통보하여야 한다.

(B) 감사인은 재무제표가 전체적으로 부정이나 오류로 인한 중요한 왜곡표시가 없다는 합리적 확신을 얻을 책임이 있다. 감사인이 부정을 식별하였거나 부정이 존재할 가능성을 나타내는 정보를 입수한 경우, 그 주어진 책임과 관련된 사항들을 알리기 위하여, 적합한 수준의 경영진과 지배기구에 적시에 커뮤니케이션하여야 한다. 외감법상 이사의 직무수행에 관하여 부정행위(또는 법령에 위반되는 중대한 사실)를 발견한 경우 감사(위원회)에 통보하고 주주총회(또는 사원총회) 및 증권선물위원회에 보고하여야 한다. (회계처리 위반 경우는 주총보고는 제외)

▶ 240.4 부정의 예방 및 발견에 대한 책임

부정과 오류의 예방과 발견에 대한 주된 책임은 기업의 지배기구와 경영진에게 있다. 지배기구의 감시와 더불어, 경영진은 부정의 예방을 강조하여 부정이 발생할 기회를 감소시키고, 또 부정의 억제를 강조함으로써 각 개인들이 부정의 발견 및 이에 대한 처벌의 가능성을 의식하여 부정을 저지르지 않도록 설득하는 것이 중요하다. 이는 정직하고 윤리적으로 행동하는 문화의 창조의지와 관련되며, 지배기구의 적극적인 감시에 의하여 더욱 강화될 수 있을 것이다. 기업의 성과와 수익성에 대한 재무분석가들의 인식에 영향을 주기 위해 이익을 조정하려는 경영진의 노력과 같이, 지배기구의 감시에는 재무보고절차에 대한 통제를 무력화하거나 기타 부적절한 영향력을 행사할 가능성에 대하여 고려하는 것이 포함된다.

240.5 감사인의 책임

감사기준에 따라 감사를 수행하는 감사인은 재무제표가 전체적으로 부정이나 오류로 인한 중요한 왜곡표시가 없다는 합리적 확신을 얻을 책임이 있다. 감사인이 감사기준에 따라 적절하게 감사를 계획하고 수행하여도 감사의 고유한계에 의하여 재무제표의 중요한 왜곡표시 중 일부가 발견되지 못할 불가피한 위험이 존재한다.

▶ 경영진 및 지배기구에 대한 커뮤니케이션

240.41

감사인이 부정을 식별하였거나 부정이 존재할 가능성을 나타내는 정보를 입수한 경우, 법규상 금지되지 않는 한 감사인은 부정의 예방과 발견에 주된 책임이 있는 사람들에게 그 주어진 책임과 관련된 사항들을 알리기 위하여, 적합한 수준의 경영진에게 적시에 커뮤니케이션하여야 한다.

240.42

지배기구의 모든 구성원이 그 기업의 경영에 참여하고 있지 않는 한, 감사인이 (a) 경영진, (b) 내부통제에 유의적인 역할을 수행하는 종업원, 또는 (c) 부정이 재무제표에 중요한 왜곡표시를 초래하는 경우의 기타 관련자가 연루되어 있는 부정이나 의심되는 부정을 식별하였거나 의심하는 경우에는, 감사인은 지배기구에 이러한 사항들을 적시에 커뮤니케이션하여야 한다. 만약 감사인이 경영진이 연루된 부정이라고 의심하는 경우에는 이러한 의심에 대하여 지배기구에 커뮤니케이션하고, 감사를 완료하기 위하여 필요한 감사절차의 성격, 시기 및 범위를 이들과 논의하여야 한다.

▶ 외감법 제22조(부정행위 등의 보고)

① 감사인은 직무를 수행할 때 이사의 직무수행에 관하여 부정행위 또는 법령이나 정관에 위반되는 중대한 사실을 발견하면 감사(위원회)에 통보하고 주주총회(또는 사원총회)에 보고하여야 한다.

② 감사인은 회사가 회계처리 등에 관하여 회계처리기준을 위반한 사실을 발견하면 감사(위원회)에 통보하여야 한다.

③ 제2항에 따라 회사의 회계처리기준 위반사실을 통보받은 감사(위원회)는 회사의 비용으로 외부전문가를 선임하여 위반사실 등을 조사하도록 하고 그 결과에 따라 회사의 대표자에게 시정 등을 요구하여야 한다.

④ 감사(위원회)는 제3항에 따른 조사결과 및 회사의 시정조치 결과 등을 즉시 증권선물위원회와 감사인에게 제출하여야 한다.

⑤ 감사(위원회)는 제3항 및 제4항의 직무를 수행할 때 회사의 대표자에 대해 필요한 자료나 정보 및 비용의 제공을 요청할 수 있다. 이 경우 회사의 대표자는 특별한 사유가 없으면 이에 따라야 한다.

⑥ 감사(위원회)는 이사의 직무수행에 관하여 부정행위 또는 법령이나 정관에 위반되는 중대한 사실을 발견하면 감사인에게 통보하여야 한다.

⑦ 감사인은 제1항 또는 제6항에 따른 이사의 직무수행에 관하여 부정행위 또는 법령에 위반되는 중대한 사실을 발견하거나 감사(위원회)로부터 이러한 사실을 통보받은 경우에는 증권선물위원회에 보고하여야 한다.

Ch 3.1.21	부정: 경영진 부정 감사절차 & 커뮤니케이션	240.37 240.42, 외22조	2018 문제1 물음4 배점 3

공인회계사는 직무를 수행함에 있어 단지 의뢰인이나 본인이 속한 조직의 요구사항을 충족시키는 데에만 그치지 않고 공익을 보호해야 할 책임이 있다. 공인회계사에게 요구되는 윤리사항과 법적 의무에 대한 다음의 독립적인 사례별로 물음에 답하시오.

[사례3]
Z회계법인의 파트너(사원)인 최 회계사는 D(주)의 감사업무를 수행하는 과정에서, D(주)의 대표이사가 별도의 페이퍼컴퍼니를 활용하여 회사의 자금을 부당하게 횡령하고 있음을 발견하였다.
최 회계사는 D(주) 대표이사의 횡령행위가 법령과 정관을 중대하게 위반하는 것으로 판단하였다. 이 경우에 최 회계사가 취해야 할 조치를 ① 주식회사의 외부감사에 관한 법률(이하 외감법)과 ② 회계감사기준에 근거하여 각각 서술하시오.

정답 및 해설

(1) 경영진 부정 발견 시 외감법 요구
- ⓐ 감사(위원회), 통보, 외감법
- ⓑ 주주총회, 보고, 외감법
- ⓒ 증권선물위원회, 보고, 외감법(사외임)

(2) 경영진 부정 발견 시 회계감사기준 요구
- ① 부정으로 인한 중요왜곡표시위험의 평가 및 그러한 평가에 대응하였던 ⓐ 감사절차의 성격, 시기 및 범위에 미치는 영향을 재평가
- ② 종업원, 경영진 또는 제3자가 관여된 ⓑ 공모의 가능성을 나타내는지를 고려
- ③ 지배기구에 적시에 커뮤니케이션

▶ 240.37
감사인이 그 중요성과 관계없이 어떤 왜곡표시를 식별하였으며, 그 왜곡표시는 부정의 결과이거나 결과일 가능성이 있고, 경영진(특히 상위 경영진)이 연루되었다고 믿을 이유가 있다면, 감사인은 부정으로 인한 중요왜곡표시위험의 평가 및 그러한 평가에 대응하였던 ⓐ 감사절차의 성격, 시기 및 범위에 미치는 영향을 재평가하여야 한다. 감사인은 또한 이전에 입수한 증거의 신뢰성을 재고려할 때, 상황이나 조건들이 종업원, 경영진 또는 제3자가 관여된 ⓑ 공모의 가능성을 나타내는지를 고려하여야 한다.

240.42
지배기구의 모든 구성원이 그 기업의 경영에 참여하고 있지 않는 한, 감사인이 (a) 경영진, (b) 내부통제에 유의적인 역할을 수행하는 종업원, 또는 (c) 부정이 재무제표에 중요한 왜곡표시를 초래하는 경우의 기타 관련자가 연루되어 있는 부정이나 의심되는 부정을 식별하였거나 의심하는 경우에는, 감사인은 지배기구에 이러한 사항들을 적시에 커뮤니케이션하여야 한다. 만약 감사인이 경영진이 연루된 부정이라고 의심하는 경우에는 이러한 의심에 대하여 지배기구에 커뮤니케이션하고, 감사를 완료하기 위하여 필요한 감사절차의 성격, 시기 및 범위를 이들과 논의하여야 한다. 이러한 지배기구와의 커뮤니케이션은 법규상 금지되지 않는 한 요구된다.

▶ 외22조
외감법상 이사의 직무수행에 관하여 부정행위(또는 법령에 위반되는 중대한 사실)를 발견한 경우 감사(위원회)에 통보하고 주주총회(또는 사원총회) 및 증권선물위원회에 보고하여야 한다. (회계처리 위반 경우는 주총보고는 제외, 감사는 쌍방통보)

Ch 3.1.22	부정: 경영진 연루 부정	240.37 240.42	2015 문제3 물음4 배점 3

감사인은 매출채권 잔액에 대한 감사절차를 수행하던 중 중요한 왜곡표시는 아니지만, 왜곡표시가 부정의 결과일 가능성이 있고 상위 경영진이 연루되었다고 판단하였다. 이러한 상황에서 감사인이 수행해야 할 절차를 서술하시오.

정답 및 해설

(1) 240.37 감사인이 그 중요성과 관계없이 어떤 왜곡표시를 식별하였으며, 그 왜곡표시는 부정의 결과이거나 결과일 가능성이 있고, 경영진(특히 상위 경영진)이 연루되었다고 믿을 이유가 있다면, 감사인은 부정으로 인한 중요왜곡표시위험의 평가 및 그러한 평가에 대응하였던 ⓐ 감사절차의 성격, 시기 및 범위에 미치는 영향을 재평가하여야 한다. 감사인은 또한 이전에 입수한 증거의 신뢰성을 재고려할 때, 상황이나 조건들이 종업원, 경영진 또는 제3자가 관여된 ⓑ 공모의 가능성을 나타내는지를 고려하여야 한다.

(2) 240.42 지배기구의 모든 구성원이 그 기업의 경영에 참여하고 있지 않는 한, 감사인이 (a) 경영진, (b) 내부통제에 유의적인 역할을 수행하는 종업원, 또는 (c) 부정이 재무제표에 중요한 왜곡표시를 초래하는 경우의 기타 관련자가 연루되어 있는 부정이나 의심되는 부정을 식별하였거나 의심하는 경우에는, 감사인은 지배기구에 이러한 사항들을 적시에 커뮤니케이션하여야 한다. 만약 감사인이 경영진이 연루된 부정이라고 의심하는 경우에는 이러한 의심에 대하여 지배기구에 커뮤니케이션하고, 감사를 완료하기 위하여 필요한 감사절차의 성격, 시기 및 범위를 이들과 논의하여야 한다. 이러한 지배기구와의 커뮤니케이션은 법규상 금지되지 않는 한 요구된다.

Ch 3.1.23	부정: 서면진술	240.40.1	2014 문제2 물음3 배점 3

회계감사기준에서는 부정과 관련하여 감사인이 경영진(적절한 경우 지배기구를 포함)의 서면진술(Written Representation)을 입수하도록 정하고 있다. 이때 경영진(적절한 경우 지배기구를 포함)의 서면진술에 부정과 관련하여 포함하여야 할 사항은 무엇인지 5줄 이내로 서술하시오.

정답 및 해설

ⓐ 경영진책임: 부정 예방발견 IC 설계운영
ⓑ 경영진 평가 결과 공개
ⓒ 알고 있는 사항 공개(부정 연루된 사람/ FS영향 부정 내역)

▶ 240.40
부정 관련 다음 사항에 대하여 경영진(적절한 경우 지배기구를 포함)의 서면진술을 입수하여야 한다.
(a) 부정의 예방과 발견을 위한 내부통제의 설계, 실행 및 유지할 책임이 이들에게 있다는 사실을 인정한다는 것
(b) 부정에 의하여 재무제표가 중요하게 왜곡표시될 위험에 대한 경영진의 평가결과를 감사인에게 공개하였다는 것
(c) 다음의 사람들이 연루되고 기업에 영향을 미치는 부정 또는 의심되는 부정에 대하여, 이들이 알고 있는 바를 감사인에게 공개하였다는 것
  (i) 경영진
  (ii) 내부통제에 유의적인 역할을 수행하는 종업원
  (iii) 부정이 재무제표에 중요한 영향을 미칠 수 있는 경우의 기타 관련자
(d) 기업의 재무제표에 영향을 미치는 부정 또는 의심되는 부정에 대한 주장들로서, 이들이 종업원, 과거의 종업원, 분석가, 규제기관 등으로부터 알고 있는 사항을 감사인에게 모두 공개하였다는 것

Ch 3.1.24	부정→감사해지 case	240.A55 240.40	2013 문제3 물음1 배점 4

갑(주)를 감사하고 있는 A회계법인의 김OO 회계사는 갑(주)의 경영자가 회사자금의 일부를 자신의 개인적인 자금으로 횡령한 사실을 알게 되었다. 또한 이 횡령금액은 중요하지는 않으나 부정으로 인하여 이루어졌음을 알게 되었다.

김OO 회계사는 회계감사기준에 따라 동 경영자의 부정 사실에 대해서 내부감시기구와 협의를 하였지만 이를 통보받은 내부감시기구는 아무런 사후적 조치를 취하지 아니하였다.

(1) 위 상황처럼 감사인이 발견한 부정이나 부정으로 의문시되는 사항으로 인하여 감사의 계속 여부에 의문이 제기되고, 감사인은 감사계약 해지를 심각하게 검토하게 될 수도 있다.
 이처럼 발견된 부정 또는 부정가능성과 관련하여 감사계약해지를 심각하게 검토하는 상황의 예(각 항목별로 2줄 이내로 기재)를 3가지 기술하시오.

(2) 감사인은 감사위험평가와 감사수행과정에서 파악한 부정 · 오류 위험요소와 이에 대응한 감사인의 조치 내용과 판단(감사증거, 감사절차 내용 등)을 문서화하여야 한다.

이와 별도로 회계감사기준에서는, 재무제표에 대한 회사경영자의 책임, 감사위험의 존재와 감사인의 책임한계에 대한 설명을 포함한 문서를 추가적으로 문서화하도록 정하고 있으며, 이에 해당하는 대표적인 문서로서 경영자확인서를 들 수 있다.

부정 · 오류와 관련된 경영자의 책임을 설명하는 내용으로서 경영자확인서에 포함할 설명사항 3가지(각 항목별로 2줄 이내로 기재)를 기재하시오(예시된 사항은 제외할 것).

〈예시〉 부정 · 오류의 예방 · 적발을 위한 내부통제제도의 수립 · 운영 책임이 경영자에게 있음을 인정함

정답 및 해설

(1) 부정으로 인한 감사해지 제기상황 (240.A55)
 ⓐ 부정에 대한 적절한 조치 미수행
 ⓑ 중요하고 전반적인 부정 유의적 위험
 ⓒ 경영진 및 지배기구 적격성 및 성실성 우려

(2) 서면진술 (240.40)
 ⓐ 경영진책임: 부정 예방발견 IC 설계운영
 ⓑ 경영진 평가 결과 공개
 ⓒ 알고 있는 사항 공개(부정 연루된 사람/ FS영향 부정 내역)

▶ 부정으로 인한 감사업무 해지

240.A55

감사인이 감사를 계속 수행할 능력에 의문이 제기될 수 있는 예외적 상황이 발생할 수 있는 경우는 예를 들어 다음과 같다.

(a) 부정이 비록 재무제표에 중요하지 않지만, 부정에 대하여 감사인이 해당 상황에 필요하다고 생각하는 적절한 절차를 기업이 취하지 아니함

(b) 부정으로 인한 중요왜곡표시위험에 대한 감사인의 검토와 테스트 결과가 중요하고도 전반적인 부정에 대하여 유의적인 위험을 나타내고 있음

(c) 감사인이 경영진 또는 지배기구의 적격성과 성실성을 매우 우려함

Ch 3.2.1	회계추정치 ROMM평가 이해사항	540.8	2018 문제4 물음1 배점 3

A(주)는 재무제표에서 중요한 비중을 차지하는 비상장주식을 보유하고 있다. A(주)는 동 주식에 대해 특정 미래현금흐름의 할인모형(Discounted cash flow model)을 이용하여 공정가치로 평가하고 있다. A(주)의 경영진은 전문가를 활용하지 않고 비상장주식의 공정가치를 도출하고 있다.

[비상장주식 평가모형]

① 미래 순현금흐름의 추정: t = 1기간 말부터 t = 5기간 말까지 순현금흐름을 연도별로 추정하고, t = 6기간 말 이후의 순현금흐름은 t = 5기간 말의 순현금흐름, 할인율 및 성장률을 고려하여 고든(Gordon)의 항상성장모형으로 추정한다.

② 할인율: 기업위험을 반영한 가중평균자본비용

경영진은 재무제표를 작성할 때 회계추정치 도출을 위한 재무보고절차를 수립해야 한다. 감사인은 위험평가절차 및 관련활동을 수행할 때, 회계추정치의 중요한 왜곡표시위험을 식별하고 평가하는 데 근거가 될 수 있는 사항을 이해해야 한다. 이러한 이해를 통해 감사인은 A(주)에 있을 수 있는 회계추정치의 성격과 유형을 예상할 수 있다. 감사인이 비상장주식 공정가치의 중요한 왜곡표시위험을 식별하고 평가하기 위하여 이해해야 할 사항을 세 가지 서술하시오.

정답 및 해설

① 관련 공시 등 회계추정치와 관련된 해당 재무보고체계의 요구사항
② 경영진이 재무제표에 인식하거나 공시하기 위해 회계추정치를 필요로 하는 거래나 사건 또는 상황을 식별하는 방법.
③ 경영진의 회계추정치 도출방법과 회계추정치의 기초가 되는 데이터

▶ 540.8

기업의 내부통제 등 기업과 기업환경을 이해하기 위하여 위험평가절차 및 관련활동을 수행할 때, 회계추정치의 중요왜곡표시위험을 식별하고 평가하는 데 근거가 될 수 있도록 다음 사항을 이해하여야 한다.

(a) 관련 공시 등 회계추정치와 관련된 해당 재무보고체계의 요구사항
(b) 경영진이 재무제표에 인식하거나 공시하기 위해 회계추정치를 필요로 하는 거래나 사건 또는 상황을 식별하는 방법. 감사인은 이때 경영진에게 새로운 회계추정치가 유발되거나 현행 회계추정치의 수정이 유발되는 상황의 변화에 대하여 질문하여야 한다.
(c) 다음 각 사항 등 경영진의 회계추정치 도출방법과 회계추정치의 기초가 되는 데이터
  (i) 회계추정치 도출에 사용된 방법(해당 시 모델 포함)
  (ii) 관련 통제
  (iii) 경영진이 전문가를 활용했는지 여부
  (iv) 회계추정치의 바탕이 되는 가정
  (v) 회계추정치의 도출방법에 있어 전기와 다르게 변경되었는지, 또는 변경을 해야만 했는지 여부, 만약 그렇다면 그 이유
  (vi) 경영진이 추정불확실성에 따른 영향을 평가해 왔는지 여부, 만약 그렇다면 그 방법

Ch 3.2.2	FV 회계추정치 필요상황	540.A7	2015 문제5 물음1 배점 3

회계감사기준에서 회계추정치란 정확한 측정수단이 없을 때의 화폐금액 근사치를 말한다. 회계추정치는 추정을 요구하는 금액뿐만 아니라, 추정불확실성이 존재하는 공정가치로 측정된 금액에 대하여도 사용된다. 그중에서 공정가치의 측정과 관련된 회계추정치를 '공정가치 회계추정치'라고 한다. '공정가치 회계추정치'를 필요로 하는 상황의 예를 3가지 열거하시오.

정답 및 해설

540.A7

공정가치 회계추정치를 필요로 하는 상황에 대한 추가적인 예를 들면 다음과 같다.

- 활성 공개시장에서 거래되지 않는 복잡한 금융상품(→ 비상장주식 DCF평가, CB, BW, EB, RCPS 등 복합금융상품)
- 주식기준보상(→ Stock Option)
- 매각 목적으로 보유 중인 자산이나 설비
- 영업권이나 무형자산 등 사업결합에서 취득한 자산과 부채(→ PPA)
- 금전적인 관계가 없는, 독립된 당사자 간에 금전적 대가 없이 자산이나 부채의 교환을 수반하는 거래(예를 들어 상이한 사업라인 간 공장설비의 비화폐성 교환)

540.A6

공정가치 회계추정치 외에 회계추정치를 필요로 하는 상황에 대하여 더 예를 들면 다음과 같다.

- 대손충당금
- 재고자산의 진부화
- 판매보증의무
- 감가상각방법 및 자산의 내용연수
- 회수가능성과 관련하여 불확실성이 있는 경우 투자자산의 장부가액에 대한 충당금
- 장기계약의 향후 결과
- 소송의 합의와 판결에 따른 비용

Ch 3.2.3	회계추정치: 전기 추정치 검토	540.A39	2018 문제4 물음3 배점 3

A(주)의 전기재무제표에 인식한 비상장주식의 공정가치와 당기에 인식한 공정가치 간에 유의적 차이가 있는 것으로 나타났다. 감사인은 이와 같은 차이에 대한 이유를 식별하고 이해하기 위하여 위험평가절차를 수행하고 있다. 이러한 위험평가절차에서 감사인이 입수해야 하는 감사증거 세 가지만 서술하시오.

정답 및 해설

ⓐ 경영진의 전기 추정절차의 효과성에 관한 정보
ⓑ 전기의 회계추정치에 대한 당기의 재추정과 관련된 감사증거
ⓒ 추정불확실성과 같이 재무제표의 공시가 요구될 수 있는 사항에 대한 감사증거
→ 당기 추정치 RoMM 식별 평가 목적임.

▶ 540.A39

회계추정치의 실제 결과는 종종 전기재무제표에 인식된 회계추정치와는 다를 것이다. 감사인은 이와 같은 차이에 대한 이유를 식별하고 이해하기 위해 위험평가절차를 수행함으로써, 다음과 같은 사항을 입수할 수 있을 것이다.

- 경영진의 전기 추정절차의 효과성에 관한 정보. 감사인은 이에 근거하여 경영진의 당기 추정절차가 효과적일 것인지 여부를 판단할 수 있을 것이다.
- 전기의 회계추정치에 대한 당기의 재추정과 관련된 감사증거
- 추정불확실성과 같이 재무제표의 공시가 요구될 수 있는 사항에 대한 감사증거

Ch 3.2.4	회계추정치 필요 상황		2013 문제5 물음2 배점 4

※ 아래 상황을 읽고 각 물음에 답하시오.

(1) 갑(주)의 감사인은 전기(2X11회계연도) 타 감사인에서 당기(2X12회계연도) 신규감사인으로 교체되었다. 당기 감사인인 담당이사(Partner) A회계사는 당기(2X12회계연도) 감사업무 수행 후 당기 초도감사대상회사였던 갑(주)의 감사보고서를 적정의견으로 발행하였고, 동 감사보고서에 첨부된 감사받은 재무제표는 주주총회에서 승인되었다.

(2) 회사의 2X12년 사업연도에 대한 주주총회 후 3개월이 경과된 시점에서 당기 감사인인 A회계사는 회사로부터 아래 사실을 통보받았다.

- 갑(주)는 전기(2X11회계연도) 9월 중 해외 소재 종속회사인 병(주)로부터 (A) 광물자원 채굴권을 신규 취득하였다며, 감사인에게 취득 관련 계약서와 광물자원채굴 허가서 및 대금 지불 관련 각종 증빙을 제시하였으나, 감사인에게 제시된 관련 서류는 모두 위조된 것이었으며 병(주)는 해당 채굴권을 소유하지 않았으며, 지불된 대금은 모두 대표이사가 횡령한 것으로 밝혀짐
- 갑(주)는 해외 건설용역을 진행기준에 따라 수익을 인식하고 있으며, 과거 3개년간 회사 공사미수금의 대부분이 실제 계약서상 계약도급금액이 아닌 대표이사가 위조한 계약서상 부풀려진 도급금액에 따른 (B) 진행기준 수익인식 해당액으로 실제로는 회수가 불가능한 금액이었음
- 회사는 상기 부정에 개입된 대표이사를 해임하고, 신임 대표이사를 선임하였음

(3) 위 상황과 관련하여, A회계사는 아래 사실을 추가적으로 파악하였다.

- 회사로부터 통보받은 위 부정사실은 당기 감사보고서일 현재 존재하였고 감사보고서일에 알았더라면 감사보고서의 변형이 수반되었을 것이며, 전기 타 감사인이 적정의견을 표명하였던 전기재무제표에도 중요한 영향을 미치는 왜곡표시임
- 상기 부정사건이 언론에 기사화된 후 주가 폭락으로 손해를 입은 갑(주)의 (C) 주주들이 회사에 소송을 제기하였음
- A회계사는 상기 부정사건의 영향에 대하여 법률자문을 구하고 새로 선임된 신임 대표이사 및 내부감시기구와의 필요한 사항을 협의하였으며, 회사는 (D) 모든 거래에 대해 진위여부에 대한 조사를 진행하였음
- 회사의 신임 대표이사는 상기 절차를 취한 후에 (E) 수정된 재무제표를 A회계사에게 제시하면서, 이를 사용하여 2X12년도 재무제표에 대해서 재감사를 요구하였음
- 수정 제시된 재무제표상 회사는 지속적인 공사손실을 나타내고 있으며 이는 (F) 계속기업으로서의 존속가능성에 의문을 제기할 수준은 아니지만 건설공사와 관련된 (G) 건설장비 등 유형자산의 손상징후는 전기 및 당기 모두 존재함
- 회사는 과거 지속적인 공사손실로 (H) 세무상 향후 공제 가능한 이월결손금을 보유하고 있으며 최근 해외 건설공사의 실적 개선으로 향후 공사이익을 통해 세무상 공제를 예상하고 있음

한국채택국제회계기준의 도입으로 회계추정과 공정가치 평가의 중요성이 강조되고 있다. 이 항목들은 회계처리에서 정확한 측정치가 아닌 “회계추정치”를 사용한다는 점에서 객관적 감사증거의 입수가 어려울 수 있다. 위의 상황 설명 중에는 이처럼 “회계추정치”가 사용되는 경우들을 포함하고 있다. 위 상황 설명 중에서 “회계추정치”가 사용되는 계정과목에 해당하는 항목 4가지를 (B)에서 (H) 표시 중에서 선택하여 기재하시오(단, 관련 계정과목과 공정가치평가 내용을 1줄 이내로 함께 기재할 것).

[예시] (A): 무형자산 손상평가

정답 및 해설

(A) 무형자산, 손상평가
(B) 계약수익 & 계약자산 진행률 적정성 평가
(C) 손해배상충당부채, 손해배상 예상 금액의 평가
(G) 유형자산, 손상 평가
(H) 이연법인세자산, 이연법인세자산의 실현가능성 및 공제가능금액 평가

Ch 3.2.5	추정불확실성↑→SR	540.A49	2015 문제5 물음3 배점 3

〈자료〉

A(주)는 20X5년 중 바이오 사업을 영위하는 비상장회사인 B(주)의 지분 100%를 800억 원에 취득하였다. A(주)의 경영진은 동 지분 취득과 관련하여 Y회계법인에 의뢰하여 공정가치 평가보고서를 입수하였으며, 이를 회계처리에 반영하였다. Y회계법인의 공정가치 평가보고서에 따르면 취득대가 800억 원의 구성내역은 다음과 같다.

구분	금액
순자산 공정가치	400억 원
추가 식별한 기술가치	300억 원
영업권	100억 원
합계	800억 원

X회계법인은 A(주)의 회계감사를 수행하고 있으며, X회계법인의 매니저 김 회계사는 계정담당자인 이 회계사의 감사조서를 검토하고 있다. 다음은 김 회계사와 이 회계사의 대화 내용이다.

김 회계사: 이 회계사는 바이오산업에 대한 공정가치 평가보고서 검토 경험이 충분한가요?

이 회계사: ① 바이오산업에 대한 전문지식이나 공정가치 평가보고서에 대한 검토 경험은 없지만 회계사 경력이 4년이나 되고, 사용된 가정이나 계산과정이 외부전문가의 공정가치 평가보고서에 상세히 기술되어 있으며, 일부 이해하기 어려운 부분이 있었지만 제가 아는 범위 내에서 최선을 다했습니다.

김 회계사: 해당 시장이 아직 활성화되지 않았고, 회사의 기술력이 아직 검증되지 않았는데, 회사의 향후 5년간 연평균 매출 성장률을 50%로 추정한 것은 과도한 것 아닌가요?

이 회계사: ② 공정가치 평가보고서에 기술된 산업에 대한 전망치들은 공개된 산업통계자료를 이용하였고, 해당 산업의 시장규모 및 B(주)의 예상 시장점유율을 근거로 판단했을 때 적정하다고 생각합니다.

김 회계사: 공정가치 평가보고서는 Y회계법인이 작성하였는데, Y회계법인 담당자는 해당 산업을 충분히 이해하고 있나요?

이 회계사: ③ Y회계법인의 담당자인 최 회계사와 직접 유선통화로 확인하였습니다. ④ 최 회계사는 바이오 산업에 대한 업무는 처음이지만 회계사 경력이 10년 이상이나 되고, 공정가치 평가 업무를 수차례 수행한 경험이 있어 적격성을 갖추고 있다고 생각합니다.

X회계법인의 업무담당이사는 계정담당자인 이 회계사의 감사조서를 검토한 결과, 해당 사업에 대한 기술력 검증이 완료되지 않았고, 해당 시장전망에 대한 불확실성도 있는 등 추정불확실성이 매우 높은 상황이라고 판단하였다. 추정불확실성이 매우 높아 합리적인 회계추정치를 도출할 수 없을 때 감사인이 고려해야 할 사항 3가지(답안예시 제외)를 서술하시오.

[답안예시]

① 추정불확실성의 성격과 중요성 및 그 정도에 따라 경영진의 서면진술에 포함시킬지를 고려해야 한다.

정답 및 해설

높은 추정불확실성으로 회계추정치 도출 불가능 경우 고려사항

① 재무보고체계가 해당 항목을 재무제표에 인식하는 것을 배제하거나 공정가치로 측정하는 것을 금하는지 여부 고려

② 재무보고체계는 해당 회계추정치 및 이와 연관된 높은 추정불확실성에 대한 공시 요구사항 고려

③ 계속기업으로서의 존속능력에 대하여 유의적 의문을 초래 여부 고려

④ ④ 추정불확실성이 회계추정치에 미치는 영향에 대하여 경영진이 어떻게 대처했는지를 이들과 토의하고 그 근거를 요청할지 고려

▶ 540.A49

추정불확실성이 매우 높아 합리적인 회계추정치를 도출할 수 없을 때도 있다. 따라서 이때는 해당 ① 재무보고체계가 해당 항목을 재무제표에 인식하는 것을 배제하거나 공정가치로 측정하는 것을 금하기도 한다. 이 경우 유의적 위험은 회계추정치의 인식여부나 공정가치에 의한 측정 여부 외에도, 공시의 적절성과도 관련이 된다. 해당 ② 재무보고체계는 해당 회계추정치 및 이와 연관된 높은 추정불확실성에 대하여 공시를 요구할 수 있을 것이다.

▶ 540.A50

감사인은 회계추정치가 유의적 위험을 발생시킨다고 결정하면, 통제활동 등 기업의 관련 통제를 이해하여야 한다.

▶ 540.A51

회계추정치에 있어 ③ 추정불확실성은 경우에 따라 계속기업으로서의 존속능력에 대하여 유의적 의문을 초래할 수도 있다.

▶ 540.A105

이것은 추정불확실성에 대처하는 한 가지 특정 방법(예를 들어, 민감도 분석)이 다른 방법보다 적합하다거나 대체적인 가정이나 결과에 대한 경영진의 고려가 광범위한 문서화에 의하여 뒷받침되는 세부적인 절차를 통해 수행될 필요가 있다고 여기에서 제안하려는 것은 아니다. 오히려 중요한 점은 추정불확실성이 중요한 회계추정치에 어떻게 영향을 미칠지를 경영진이 평가했는지 여부이지 이를 수행한 구체적인 방식이 아니다. 따라서 경영진이 대체적인 가정이나 결과를 고려하지 않은 경우, 감사인은 ④ 추정불확실성이 회계추정치에 미치는 영향에 대하여 경영진이 어떻게 대처했는지를 이들과 토의하고 그 근거를 요청하는 것이 필요할 것이다.

Ch 3.2.6	회계추정치 RoMM대응 절차	540.13	2018 문제4 물음2 배점 3

감사인은 평가된 중요한 왜곡표시위험에 대응하고자 한다. 이를 위하여 감사인은 A(주)가 보유한 비상장주식의 공정가치의 성격을 고려하여 감사절차를 수행하기로 하였다. 감사인이 중요한 왜곡표시위험에 대응하기 위하여 수행해야 하는 감사절차 중 세 가지만 서술하시오.

정답 및 해설

ⓐ 경영진의 회계추정치 도출방법에 대한 통제의 운영효과성을 테스트함 (→TOC)
ⓑ 경영진의 회계추정치 도출방법과 그러한 추정의 근거가 된 데이터를 테스트 (→ST)
ⓒ 경영진의 점추정치를 평가하기 위하여 감사인이 점추정치 또는 범위추정치를 도출(→ST)
ⓓ 감사보고서일까지 발생한 사건이 회계추정치에 관한 감사증거를 제공하고 있는지 여부를 결정함 (→ 후속사건)

▶ 530.13
평가된 중요왜곡표시위험에 대응할 때 회계추정치의 성격을 고려하여 다음 절차 중 하나 이상을 수행하여야 한다.
(a) 감사보고서일까지 발생한 사건이 회계추정치에 관한 감사증거를 제공하고 있는지 여부를 결정함 (→ 후속사건)
(b) 경영진의 회계추정치 도출방법과 그러한 추정의 근거가 된 데이터를 테스트함. 이 과정에서 감사인은 다음 사항을 평가하여야 한다. (ST)
  (i) 이용된 측정방법이 해당 상황에 적합한지 여부
  (ii) 경영진이 적용한 가정이 해당 재무보고체계의 측정목적에 비추어 합리적인지 여부
(c) 적합한 실증절차와 함께, 경영진의 회계추정치 도출방법에 대한 통제의 운영효과성을 테스트함 (TOC)
(d) 경영진의 점추정치를 평가하기 위하여 감사인이 점추정치 또는 범위추정치를 도출함. 감사인은 이를 위해 다음 절차를 수행하여야 한다.
  (i) 만약 감사인이 경영진과 다른 가정이나 추정방법을 이용하는 경우에는, 감사인의 점추정치 또는 범위추정치가 관련 변수들을 고려하고 있음을 보이고 또 이것이 경영진의 점추정치와 유의적인 차이가 있는 경우 이를 평가하는 데 충분하도록 경영진의 가정이나 추정방법을 이해함
  (ii) 만약 감사인이 범위추정치를 이용하는 것이 적합하다고 결론을 내리면, 입수한 감사증거를 근거로 하여 범위추정치 내의 모든 결과들이 합리적이라고 여겨질 때까지 해당 범위추정치를 좁힘

Ch 3.2.7	회계추정치 RoMM대응 절차	540.13	2013 문제5 물음3 배점 3

갑(주)는 전기에도 유형자산 손상 징후가 존재하여 공정가치 평가를 진행하였으며, A회계사가 상기 부정을 통보받기 전 당기 감사 당시에도 미래 현금흐름 추정법을 적용하여 유형자산의 공정가치평가를 진행하였다.
회사는 상기 부정으로 인한 미래 추정치의 영향을 고려하여 유형자산에 대해 다시 공정가치 평가를 진행하여 감사인에게 해당 자료를 제시하였다.

[요구사항] 유형자산 손상 평가를 위해 회사가 제시한 공정가치 측정치와 공시내용에 대한 감사와 관련하여 수행해야 하는 입증절차 3가지를 각각 2줄 이내로 기재하시오.

정답 및 해설

ⓐ 경영진의 회계추정치 도출방법에 대한 통제의 운영효과성을 테스트함 (→TOC)
ⓑ 경영진의 회계추정치 도출방법과 그러한 추정의 근거가 된 데이터를 테스트 (→ST)

ⓒ 경영진의 점추정치를 평가하기 위하여 감사인이 점추정치 또는 범위추정치를 도출(→ST)
ⓓ 감사보고서일까지 발생한 사건이 회계추정치에 관한 감사증거를 제공하고 있는지 여부를 결정함 (→ 후속사건)

▶ 530.13

평가된 중요왜곡표시위험에 대응할 때 회계추정치의 성격을 고려하여 다음 절차 중 하나 이상을 수행하여야 한다.

(a) 감사보고서일까지 발생한 사건이 회계추정치에 관한 감사증거를 제공하고 있는지 여부를 결정함 (→ 후속사건)
(b) 경영진의 회계추정치 도출방법과 그러한 추정의 근거가 된 데이터를 테스트함. 이 과정에서 감사인은 다음 사항을 평가하여야 한다. (ST)
  (i) 이용된 측정방법이 해당 상황에 적합한지 여부
  (ii) 경영진이 적용한 가정이 해당 재무보고체계의 측정목적에 비추어 합리적인지 여부
(c) 적합한 실증절차와 함께, 경영진의 회계추정치 도출방법에 대한 통제의 운영효과성을 테스트함 (TOC)
(d) 경영진의 점추정치를 평가하기 위하여 감사인이 점추정치 또는 범위추정치를 도출함. 감사인은 이를 위해 다음 절차를 수행하여야 한다.
  (i) 만약 감사인이 경영진과 다른 가정이나 추정방법을 이용하는 경우에는, 감사인의 점추정치 또는 범위추정치가 관련 변수들을 고려하고 있음을 보이고 또 이것이 경영진의 점추정치와 유의적인 차이가 있는 경우 이를 평가하는 데 충분하도록 경영진의 가정이나 추정방법을 이해함
  (ii) 만약 감사인이 범위추정치를 이용하는 것이 적합하다고 결론을 내리면, 입수한 감사증거를 근거로 하여 범위추정치 내의 모든 결과들이 합리적이라고 여겨질 때까지 해당 범위추정치를 좁힘

Ch 3.2.8	회계추정치: SR 대응 추가절차	540.15	2020 문제7 물음3 배점 3

감사인이 어떤 회계추정치가 유의적 위험이 있다고 판단할 경우, 감사과정에서 발견한 중요왜곡표시위험에 대한 실증절차에 더하여 추가적으로 평가할 사항 세 가지를 서술하시오.

정답 및 해설

▶ 540.15

발견한 RoMM에 대한 실증절차들에 추가하여, 유의적 위험을 초래하는 회계추정치에 대하여 다음 사항을 평가하여야 한다.

(a) 경영진이 대체적인 가정이나 결과를 어떻게 고려하였는지, 그리고 그러한 가정이나 결과를 왜 기각하였는지, 그렇지 않을 경우 회계추정치를 도출할 때의 추정불확실성에 어떻게 대응하였는지에 관한 사항
(b) 경영진이 이용한 유의적 가정들이 합리적인지 여부
(c) 경영진이 이용한 유의적 가정들이 합리적인지 또는 해당 재무보고체계를 적합하게 적용하였는지와 관련하여, 특정한 일련의 행동을 수행하려는 경영진의 의도 및 이를 수행할 능력

Ch 3.2.9	회계추정치: SR 대응 추가절차	500.8 540.A69 540.15 560.7	2022 문제8 물음2 배점 3

(주)한국은 전기자동차 배터리를 제조 · 판매하며, B회계법인은 (주)한국의 20X1년 재무제표에 대한 초도감사를 수행하였다.

- 20X0년 중 (주)한국이 판매한 배터리를 장착한 전기자동차에서 화재가 발생하여 (주)한국에 소송이 제기되었으며, (주)한국의 경영진은 외부 기술 전문가의 평가보고서를 활용하여 20X0년 말 추정 배상금액에 대한 충당부채를 인식함
- B회계법인은 소송 관련 충당부채의 추정을 유의적 위험으로 평가함

B회계법인이 수행한 감사절차는 다음과 같다.

① 경영진이 20X0년에 활용한 외부 평가보고서는 20X1년과 다른 전문가가 발행하였으므로 비교가능성이 충분하지 않다는 결론을 문서화함

② 예상되는 배상금액의 추정이 경영진에게 보고된 사업계획과 일관성이 있는지 여부를 이사회의사록을 입수하여 확인하고 문서화함

③ 경영진의 다른 회계추정치에 예상 배상금액이 일관성 있게 적용되었는지 확인하고 대체적인 가정에 대한 평가는 필요하지 않다고 문서화함

④ 감사보고서일 직전까지 후속사건 식별을 위한 절차들을 수행하고 그 결과를 문서화하였으나, 20X2년 2월 재무제표는 (주)한국의 월차결산 지연으로 열람하지 못함

위의 각 항목별로 B회계법인이 수행한 절차가 적절한지 여부를 기재하고, 적절하지 않은 경우 그 이유를 서술하시오.

정답 및 해설

1) N 2) Y 3) N 4) Y

1) 참조 ▶ 500.8 감사증거로 사용될 정보가 경영진 측 전문가가 수행한 업무를 이용하여 작성되었다면, 감사인은 감사목적에 필요한 정도로 경영진 측 전문가가 수행한 업무의 유의성과 관련하여 다음의 절차를 수행하여야 한다.
   (a) 경영진 측 전문가의 적격성, 역량 및 객관성을 평가함
   (b) 경영진 측 전문가가 수행한 업무를 이해함
   (c) 관련 경영진주장에 대한 감사증거로서, 경영진 측 전문가가 수행한 업무의 적합성을 평가함

2) ▶ 참조 540.A69 경영진의 회계추정치 도출방법에 대한 테스트는 예를 들어 다음과 같은 것이 포함될 수 있다.
   - 회계추정치의 근거가 되는 데이터가 얼마나 정확하고 완전하며 관련성이 있는지, 또 회계추정치가 그러한 데이터와 경영진의 가정들을 이용하여 적절하게 결정되었는지를 테스트함
   - 경영진이 회계추정치를 도출할 때 도움을 받기 위해 계약한 외부전문가로부터 입수한 것 등 외부 데이터나 정보의 원천과 관련성 및 신뢰성을 고려함
   - 회계추정치를 재계산하고, 회계추정치가 내부적으로 일관성이 있는지 알기 위해 회계추정치에 대한 정보를 검토함
   - 경영진의 검토 및 승인 절차를 고려함

3) ▶ 참조 540.15 발견한 RoMM에 대한 실증절차들에 추가하여, 유의적 위험을 초래하는 회계추정치에 대하여 다음 사항을 평가하여야 한다.
   (a) 경영진이 대체적인 가정이나 결과를 어떻게 고려하였는지, 그리고 그러한 가정이나 결과를 왜 기각하였는지, 그렇지 않을 경우 회계추정치를 도출할 때의 추정불확실성에 어떻게 대응하였는지에 관한 사항
   (b) 경영진이 이용한 유의적 가정들이 합리적인지 여부
   (c) 경영진이 이용한 유의적 가정들이 합리적인지 또는 해당 재무보고체계를 적합하게 적용하였는지와 관련하여, 특정한 일련의 행동을 수행하려는 경영진의 의도 및 이를 수행할 능력

4) ▶ 참조 560.7 감사인은 재무제표일부터 감사보고서일 또는 감사보고서일과 가장 가까운 실행 가능한 일자까지의 기간에 대하여 문단 6에서 요구하는 절차를 수행하여야 한다. 감사인은 그러한 감사절차의 성격과 범위를 결정할 때 감사인의 위험평가를 고려하여야 하며, 이때 다음의 절차들이 포함되어야 한다.
(a) 경영진이 후속사건을 식별하기 위해 수립한 절차들을 이해함
(b) 재무제표에 영향을 미칠 수 있는 후속사건이 발생했는지 여부에 대하여 경영진(적절한 경우 지배기구 포함)에게 질문함
(c) 재무제표일 후에 개최된 주주, 경영진 그리고 지배기구 회의록이 있을 경우 이를 열람하고, 회의록이 아직 이용 가능하지 않은 경우에는 해당 회의에서 논의된 사항들에 대하여 질문함
(d) 기업의 최근 후속 중간재무제표가 있다면, 이를 열람함

Ch 3.2.10	회계추정치: 서면진술	540.10 540.A50, 540.15	2021 문제3 물음1 배점 2

한국회계법인은 파생상품의 공정가치 회계추정치에 대해 충분하고 적합한 감사증거를 입수하기 위해 다음과 같은 감사절차를 수행하였다.

① 한국회계법인은 중요왜곡표시위험을 식별하고 평가할 때, 파생상품의 공정가치 회계추정치와 연관된 추정불확실성 정도를 평가하였다.
② 한국회계법인은 파생상품의 공정가치 회계추정치가 유의적 위험을 발생시킨다고 결정하였다. 따라서 해당 위험과 관련된 기업의 통제를 이해하는 절차를 생략하고, 실증절차만 수행하였다.
③ 한국회계법인은 유의적 위험을 초래하는 파생상품의 공정가치 회계추정치에 대하여 경영진이 이용한 유의적 가정들이 합리적인지 여부를 평가하였다.

위의 각 항목(①~③)별로 한국회계법인이 수행한 절차가 적절한지 여부를 기재하고, 적절하지 않은 경우 그 이유를 서술하시오.

정답 및 해설

① O, ② X: SR → 무조건 통제 이해, ③ O

▶ 540.10
중요왜곡표시위험을 식별하고 평가할 때, 감사인은 회계추정치와 연관된 추정불확실성 정도를 평가하여야 한다.

540.A50
감사인은 회계추정치가 유의적 위험을 발생시킨다고 결정하면, 통제활동 등 기업의 관련 통제를 이해하여야 한다.

540.15
발견한 RoMM에 대한 실증절차들에 추가하여, 유의적 위험을 초래하는 회계추정치에 대하여 다음 사항을 평가하여야 한다.
(a) 경영진이 대체적인 가정이나 결과를 어떻게 고려하였는지, 그리고 그러한 가정이나 결과를 왜 기각하였는지, 그렇지 않을 경우 회계추정치를 도출할 때의 추정불확실성에 어떻게 대응하였는지에 관한 사항
(b) 경영진이 이용한 유의적 가정들이 합리적인지 여부
(c) 경영진이 이용한 유의적 가정들이 합리적인지 또는 해당 재무보고체계를 적합하게 적용하였는지와 관련하여, 특정한 일련의 행동을 수행하려는 경영진의 의도 및 이를 수행할 능력

Ch 3.2.11	회계추정치: 경영진 편의 징후	540.A10	2020 문제7 물음1 배점 4

감사인은 (주)하몽을 감사하면서, (주)하몽이 보유하고 있는 비상장회사인 (주)자몽에 대한 투자주식 (이하 '비상장주식') 가치평가보고서를 검토 중이다. 다음은 (주)하몽이 현금흐름할인법으로 평가한 (주)자몽의 가치평가보고서의 일부이다.

〈2020년 보고서〉 (단위: 십억 원)

구분	실제 발생			향후 계획			
	'19	'20	'21	'22	'23	'24	'25
매출	88	95	106	119	133	149	167
매출성장률	9%	8%	12%	12%	12%	12%	12%
매출원가	43	48	52	57	63	67	73

감사인은 가치평가보고서를 검토하면서, 경영진의 편의가능성을 파악하기 위하여 과거(2019, 2018년) 보고서를 아래와 같이 입수하였다. 다음 물음에 답하시오.

〈2019년 보고서〉 (단위: 십억 원)

구분	실제 발생			향후 계획			
	'18	'19	'20	'21	'22	'23	'24
매출	81	88	99	111	124	139	156
매출성장률	15%	8%	12%	12%	12%	12%	12%
매출원가	39	43	48	52	57	63	69
매출원가율	48%	49%	48%	47%	46%	45%	44%

〈2018년 보고서〉 (단위: 십억 원)

구분	실제 발생			향후 계획			
	'17	'18	'19	'20	'21	'22	'23
매출	70	81	91	102	114	128	143
매출성장률	13%	15%	12%	12%	12%	12%	12%
매출원가	33	39	44	48	52	58	63
매출원가율	47%	48%	48%	47%	46%	45%	44%

감사인은 경영진의 편의가능성에 대한 징후가 존재하는지 여부를 식별하기 위하여 경영진이 회계추정치를 도출할 때 내린 판단과 결정을 검토해야 한다. 감사인은 위의 자료를 검토하면서 (주)하몽의 비상장주식 가치평가에 대하여 경영진 편의의 징후가 있다고 판단하고 있다. 감사인이 위의 가치평가보고서를 검토하고 이렇게 판단한 이유를 두 가지만 각각 2줄 이내로 서술하시오.

정답 및 해설

ⓐ 매출성장률 2017년부터 매년 13% → 15% → 9% → 8% 감소추세이나 12%로 미래 추정
ⓑ 매출원가률 2017년부터 매년 47% → 48% → 49% → 51% 증가추세이나 26년 44%까지 하향으로 미래 추정

▶ 540.A10

경영진의 편의는 개별 계정의 수준에서는 발견되기 어려울 수 있다. 이는 일군의 회계추정치나 모든 회계추정치를 집합적으로 고려하였을 때, 또는 많은 보고기간을 통해 관찰되어 왔을 때에만 인식될 수 있을 것이다. 비록 어떤 형태의 경영진편의는 경영진의 주관적인 결정에 본질적으로 내재하는 것이지만, 이것이 곧 경영진이 재무제표 이용자를 오도하려는 의도는 아닐 것이다. 그러나 오도의 의도가 있다면 경영진의 편의는 본질적으로 부정에 해당된다.

Ch 3.2.12	회계추정치 종합	540.A94 540.A125, 540.A103	2020 문제7 물음2 배점 4

위의 가치평가보고서에 따르면, (주)하몽은 비상장주식의 가치를 점추정치 1,200억 원으로 평가하였다. 다음은 감사인이 (주)하몽의 비상장주식 가치평가가 적절한지 검토하면서 판단한 내역이다.

※ 아래 각 상황은 서로 독립적이다.

① 감사인은 (주)하몽이 제시한 점추정치의 합리성을 판단하기 위하여 위의 비상장주식의 가치를 독립적으로 추정하여 1,100억 원~1,250억 원의 범위추정치를 산출하였다. 감사인은 동 범위추정치가 경영진의 점추정치를 검증하는 데 적절한 수준이라고 판단했다(단, 재무제표 전체에 대한 중요성은 200억 원이며, 수행중요성은 100억 원임).

② 감사인은 (주)하몽의 점추정치에 대한 감사절차를 수행하는 과정에서 경영진이 매출성장률 등을 추정함에 있어 비관주의적 성향을 가지고 있음을 발견하게 되었다. 감사인은 이러한 성향이 경영진의 보수적인 회계처리 방침을 보여주기 때문에 경영진의 편의가능성을 나타내는 것은 아니라고 판단했다.

③ 경영진은 최근 코로나19로 인해 점추정치를 산출함에 있어 추정의 불확실성이 높아졌다고 판단하고 있다. 이러한 높은 추정불확실성이 점추정치 산출에 미치는 영향을 평가하기 위하여 경영진은 중요한 가정들에 대한 민감도 분석을 수행하였다. 감사인은 경영진이 유의적인 가정의 민감도를 분석한 방법을 이해하고, 현재의 점추정치가 매출성장률의 가정에 민감하다는 결론을 내리고 중요 검증 대상이라 판단했다.

위의 각 상황에 대한 감사인의 판단이 적절한지 여부를 기재하고, 적절하지 않은 경우 그 이유를 서술하시오.

정답 및 해설

① X 범위추정치 구간 150억을 PM 미만으로 축소해야 ② X 낙관이든 비관이든 일정 유형 점추정선택도 편의징후 ③ O

540.A94

경영진의 점추정치의 합리성을 평가하기 위해서는 일반적으로 수행중요성 이하의 금액으로 범위추정치를 축소하는 것이 적절하다. 그러나, 특히 어떤 산업에서는 그러한 금액 아래로 범위추정치를 축소하는 것이 가능하지 않을 수 있지만, 이것이 반드시 회계추정치의 인식을 배제하는 것은 아니다. 반면, 이것은 회계추정치와 연관된 추정불확실성이 유의적 위험을 초래하고 있음을 나타내는 것일 수 있다.

540.A125

회계추정치에 관련된 경영진의 편의가능성을 나타내는 징후

- 경영진이 상황의 변화가 있었다고 주관적으로 평가한 경우의 회계추정치나 도출방법의 변경
- 공정가치 회계추정치 도출을 위해 기업 스스로의 가정을 적용했으나 관찰 가능한 시장의 가정과 일관성이 없음
- 경영진의 목적에 유리한 점추정치가 도출되는 유의적 가정을 선택하거나 구축함
- 낙관적이거나 비관적으로 일정한 유형을 나타낼 수도 있는 점추정치의 선택

540.A103

상황에 따라 경영진은 다수의 방법을 통해 해당 회계추정치의 대체적인 가정이나 결과를 평가할 수 있을 것이다. 경영진이 사용 가능한 방법 중 하나는 민감도분석이다. 이는 회계추정치의 화폐금액이 서로 다른 가정에 따라 어떻게 변하는지 결정하는 것이 수반될 것이다. 심지어 공정가치로 측정된 회계추정치의 경우에도, 서로 다른 시장참여자는 서로 다른 가정을 사용할 것이므로 그 차이가 발생될 수 있다. 민감도분석에서는 결과에 대한 다수의 시나리오가 도출될 수 있는데, 이는 "비관적인" 시나리오와 "긍정적인" 시나리오와 같이, 종종 경영진이 그 시나리오 결과를 범위로 나타내는 특징이 있다.

Ch 3.2.13	회계추정치 종합		2018 문제4 물음4 배점 3

다음은 A(주)의 비상장주식의 공정가치와 관련 공시에 대하여 감사인이 수행한 감사절차이다.

① 감사인은 경영진이 유의적 위험이 유발되는 비상장주식 공정가치의 추정불확실성에 따른 영향에 적절히 대응하지 못하였다고 판단하였다. 감사인은 비상장주식 공정가치의 합리성을 평가하기 위하여 공정가치의 점추정치를 도출하였다.

② 감사인은 경영진의 편의가능성에 대한 징후가 존재하는지를 식별하기 위하여 경영진이 회계추정치를 도출할 때 내린 판단과 결정을 검토하였다. 감사인은 경영진이 비상장주식의 공정가치를 추정할 때 편의가능성에 대한 징후가 존재한다고 판단하여 왜곡표시를 구성한다고 결정하였다.

③ 감사인은 경영진이 회계추정치를 도출할 때 적용한 유의적 가정이 합리적이라고 믿는지에 대해 이들로부터 서면진술을 입수하였다.

[요구사항] 감사인이 수행한 감사절차 또는 판단이 적절한지를 문항별로 판단하고, 적절하지 않은 경우에는 그 이유를 서술하시오.

정답 및 해설

① X, 범위추정치 도출해야 ② X, 편의가능징후 그 자체가 왜곡표시 구성X ③ O.

▶ 540.16

감사인은 만약 경영진이 유의적 위험이 유발되는 회계추정치의 추정불확실성에 따른 영향에 적절히 대응하지 못하였다고 판단하면, 필요하다고 고려되는 경우 회계추정치의 합리성을 평가하기 위한 범위추정치를 도출하여야 한다.

▶ 540.21

감사인은 경영진의 편의가능성에 대한 징후가 존재하는지 여부를 식별하기 위하여 경영진이 회계추정치를 도출할 때 내린 판단과 결정을 검토하여야 한다. 개별 회계추정치가 합리적인지 여부에 대한 결론을 도출할 목적에서 보면 경영진의 편의가능성 징후 그 자체는 왜곡표시를 구성하지 아니한다.

▶ 540.22

감사인은 경영진(적절한 경우 지배기구 포함)이 회계추정치를 도출할 때 적용한 유의적 가정들이 합리적이라고 믿는지 여부에 대하여 이들로부터 서면진술을 입수하여야 한다.

▶ **A126 회계추정치에 대한 서면진술**

- 해당 재무보고체계의 관점에서 회계추정치를 결정할 때 경영진이 사용한 관련 가정과 모델 등 측정절차의 적합성 및 해당 절차의 적용에 대한 일관성
- 회계추정치 및 그 공시와 관련이 있을 경우, 가정은 기업을 대표하여 특정한 일련의 행위를 수행할 경영진의 의도와 능력을 적합하게 반영하고 있다는 것
- 회계추정치에 관련된 공시는 해당 재무보고체계하에서 완전하고 적합하다는 것
- 재무제표에 포함된 회계추정치와 공시에 대하여 수정을 요하는 후속사건이 없다는 것

Ch 3.3.1	소송 식별 절차	501.9	2022 문제8 물음1 배점 3

(주)한국은 전기자동차 배터리를 제조 · 판매하며, B회계법인은 (주)한국의 20X1년 재무제표에 대한 초도감사를 수행하였다.

- 20X0년 중 (주)한국이 판매한 배터리를 장착한 전기자동차에서 화재가 발생하여 (주)한국에 소송이 제기되었으며, (주)한국의 경영진은 외부 기술 전문가의 평가보고서를 활용하여 20X0년 말 추정 배상금액에 대한 충당부채를 인식함
- B회계법인은 소송 관련 충당부채의 추정을 유의적 위험으로 평가함

(물음 1) B회계법인이 소송 및 배상청구를 완전하게 식별하기 위하여 수행하여야 하는 일반적인 감사절차를 두 가지만 서술하시오(단, 아래 〈예시〉는 제외할 것).

〈예시〉 경영진, 그리고 해당되는 경우 내부 법률고문 등 기업 내부의 다른 인원에게 질문함

정답 및 해설

◈ 소송 식별 감사절차 (501.9)
ⓐ 경영진 등 질문(→ ⓔ 서면진술 징구)
ⓑ 회의록 및 외부법률고문 왕복문서 검토 (→ ⓓ 변호사 조회서 발송)
ⓒ 법률비용(지급수수료) 계정 검토: 변호사비용 지급 확인

▶ 501.9
감사인은 중요왜곡표시위험이 발생할 수 있는 관련 소송과 배상청구를 식별하기 위하여 다음과 같은 감사절차를 설계하고 수행하여야 한다.
(a) 경영진, 그리고 해당되는 경우 내부 법률고문 등 기업 내부의 다른 인원에게 질문함
(b) 지배기구의 회의록 및 기업과 외부 법률고문 간의 왕복문서를 검토함
(c) 법률비용 계정을 검토함

Ch 3.4.1	특수관계자 RoMM발견 어려움	550.6	2018 문제6 물음2 배점 2

감사인은 감사의 고유한계 때문에 재무제표의 중요한 왜곡표시를 발견하지 못할 수 있다.
특히 감사인이 특수관계자 및 특수관계자 거래의 중요한 왜곡표시를 발견하기 어려운 이유를 서술하시오.

정답 및 해설

ⓐ 특히 해당 재무보고체계에서 특수관계자에 관한 요구사항이 없는 경우, 경영진이 특수관계 및 특수관계자 거래를 모두 알지 못할 수 있음
ⓑ 특수관계는 경영진에 의한 공모, 은폐, 조작의 기회를 더 많이 제공할 수 있음

▶ 550.6
비록 감사가 감사기준에 따라서 적절하게 계획되고 설계되어도, 감사의 고유한계 때문에 재무제표의 중요한 왜곡표시 중 어떤 것은 발견되지 않을 불가피한 위험이 있다. 다음과 같은 이유 때문에, 특수관계자의 경우에는 고유한계가 감사인의 중요한 왜곡표시를 발견하는 능력에 미치는 잠재적인 영향은 더 커진다.

- 특히 해당 재무보고체계에서 특수관계자에 관한 요구사항이 없는 경우, 경영진이 특수관계 및 특수관계자 거래를 모두 알지 못할 수 있음
- 특수관계는 경영진에 의한 공모, 은폐, 조작의 기회를 더 많이 제공할 수 있음

※ 200.A49 감사인의 감사증거 입수능력에는 다음과 같은 실무적, 법률적 한계가 존재한다.

- 경영진이나 기타의 사람들은 의도적으로 또는 비의도적으로 재무제표 작성과 관련된 정보나 감사인이 요청한 정보를 완전하게 제공하지 않을 수 있다. 따라서, 감사인이 관련된 모든 정보를 입수했다는 확신을 얻기 위해 감사절차를 수행하였어도, 감사인은 정보의 완전성을 확신할 수 없다.
- 부정에는 이를 은폐하기 위해 정교하고 치밀하게 구성된 계획이 수반될 것이다. 그러므로 감사증거를 입수하기 위해 적용하는 감사절차는, 예를 들어 공모를 통해 문서를 조작하여 해당 문서가 진실하지 않음에도 진실하다고 믿게 하는 것과 같은 의도적인 왜곡표시를 발견하는 데 효과적이지 않을 수 있다. 감사인은 문서의 진위에 대한 전문가로서 훈련을 받지 않았으며 그렇게 기대될 수도 없다.
- 감사는 범죄 혐의를 밝히려는 공적 수사가 아니다. 따라서, 감사인은 그러한 수사를 하는 경우에 필요한 수색권한과 같은 특정한 법적 권한을 부여받고 있지 않다.

Ch 3.4.2	특수관계자 식별절차	550.13 550.15, 550.17	2018 문제6 물음1 배점 3

특수관계자의 존재 및 특수관계자와의 거래는 여러 상황에서 다른 거래보다 더 높은 중요한 왜곡표시 위험을 초래할 수 있다. 감사인은 기업과 기업환경을 이해하고 중요한 왜곡표시위험을 식별하고 평가하는 과정에서 정상적인 사업과정을 벗어난 특수관계자 거래를 유의적 위험으로 취급하고 이에 대응되는 통제테스트 및 실증절차를 수행한다.

[상황]

1. X회계법인은 A(주)의 외부감사를 수행하고 있다.
2. X회계법인은 금융기관 외부조회절차를 수행하던 중 A(주)가 공장부지를 B(주)의 차입금에 대한 담보로 제공한 사실을 파악하였다. X회계법인은 경영진에게 A(주)와 B(주)의 관계 및 공장부지를 담보로 제공한 이유에 대하여 질문하였다.
3. 경영진의 설명에 따르면 B(주)는 A(주)의 지배회사의 또 다른 종속회사(자매회사)이며, 당기 중 신규설립되었다. A(주)의 공장부지는 B(주)가 설비투자를 위하여 금융기관에서 차입하면서 담보로 제공한 것이다.

X회계법인은 금융기관 외부조회절차 과정에서 A(주)의 경영진이 공개하지 않았던 특수관계자 및 특수관계자 거래를 식별하였다. 특수관계자 및 특수관계자 거래를 식별하기 위하여 감사인이 수행할 수 있는 절차(금융기관 외부조회절차를 제외)를 세 가지만 서술하시오.

정답 및 해설

① 특수관계자들의 신원, 관계 성격, 거래여부에 대해 경영진 질문
② 주총의사록, 지배기구의사록 및 변호사조회서 등 문서 검사
③ 특수관계 관련 정보를 업무팀의 다른 구성원과 공유

▶ 550.13
감사인은 경영진에게 다음 사항에 대하여 질문하여야 한다.
ⓐ 특수관계자들의 신원(전기로부터 변동이 있는 경우에는 그 내용 포함)
ⓑ 기업과 특수관계자들 간 관계의 성격
ⓒ 기업이 해당 기간 중에 특수관계자와 거래를 체결했는지 여부, 만약 그렇다면 그러한 거래의 형태와 목적

550.15
감사인은 감사 중에 기록이나 문서를 검사할 때, 경영진이 이전에 식별하지 못하였거나 감사인에게 공개하지 않았던

특수관계나 특수관계자 거래의 존재를 나타내는 것일 수 있는 약정이나 기타정보에 대하여 주의를 유지하여야 한다. 감사인은 경영진이 이전에 식별하지 못하였거나 감사인에게 공개하지 않았던 특수관계나 특수관계자 거래의 존재를 나타내는 것이 있는지에 대하여 특히 다음 사항을 검사하여야 한다.

ⓐ 감사절차의 일부로서 입수한 은행의 확인서("은행조회서"라고도 한다)나 법률문제에 관한 확인서(은행조회서 및 변호사조회서)

ⓑ 주주총회의사록과 지배기구(회의)의사록

ⓒ 해당 기업의 상황에서 감사인이 필요하다고 생각하는 기타의 기록이나 문서

550.17

감사인은 해당 기업의 특수관계자에 대하여 입수한 관련 정보를 업무팀의 다른 구성원과 공유하여야 한다.

Ch 3.4.3	특수관계자(비정상 · 유의적)		2023 문제9 물음2 배점 3

감사인은 특수관계자 거래와 연관된 중요왜곡표시위험을 식별하고 평가하여야 하며, 그러한 위험 중 유의적 위험이 있는지를 결정하여야 한다.

한국회계법인의 엄 회계사는 제조업과 무역업이 주된 영업인 (주)A의 회계감사를 수행하고 있다.

(주)A는 해외현지법인을 통해 판매가 이루어지고 있으며, 다음과 같이 특수관계자와의 거래를 주석에 공시하였다.

가. 매출 · 매입 등 거래 내역

(단위: 백만 원)

회사명	매출		매입	
	당기	전기	당기	전기
AJAP	5,000	1,000	-	20
AUSA	500	400	-	-
ATAI	2,000	600	500	-
합계	7,500	2,000	500	20

나. 채권 · 채무잔액

(단위: 백만 원)

회사명	매출채권		매입채무	
	당기	전기	당기	전기
AJAP	2,500	300	-	20
AUSA	300	200	-	-
ATAI	2,500	2,000	-	-
합계	5,300	2,500	-	20

〈기타 참고자료〉

(1) 모든 특수관계자는 연결대상이 아니다.

(2) 기업지배구조

- (주)A의 대표이사는 모든 업무를 총괄하며, 차입금에 대해 보증을 제공하고 있다.
- 대표이사가 이사회 의장을 담당하고 있으며, 사외이사는 대표이사와 친밀한 관계이다.
- 감사위원회를 설치하지 않고, 대표이사와 고등학교 동창인 내부감사인이 회계에 관한 서류조사 등의 업무를 담당하고 있다.

〈주요 재무자료〉

(단위: 백만 원)

계정과목	당기	전기
자산총액	20,000	15,000
매출채권	6,000	4,000
부채총액	13,000	12,000
매출	15,000	10,000
당기순손익	4,000	(-)5,000
영업활동 현금흐름	(-)4,000	(-)5,000

특수관계자 거래에 대한 분석적 절차를 바탕으로, 유의적 위험이 있다고 판단한 근거를 서술하시오.

정답 및 해설

- 전기대비 매출액 중 특수관계거래 비중 20% → 50%
- 전기대비 특수관계자 매출채권 2배 이상(25억 → 53억) 증가 (자산비중 17% → 27%)
- 당기순익 흑자 전환(영업CF는 여전히 순지출)

Ch 3.4.4	특관 거래 신규 발견 후 절차	550.22	2018 문제6 물음3 배점 3

X회계법인이 금융기관 외부조회절차로 B(주)의 존재와 담보제공 거래를 파악한 것처럼, 경영진이 공개하지 않았던 특수관계자와 유의적인 특수관계자와의 거래를 감사인이 식별하는 경우가 있다. 이 경우 감사인이 수행해야 할 감사절차를 세 가지만 서술하시오.

정답 및 해설

① 경영진에 신규 식별된 모든 특관 거래 식별을 요청 & 식별공개 실패 이유 질문
② 신규 식별 특관자 또는 특관 유의적 거래에 대한 적합한 ST수행
③ 다른 특관자 또는 특관 유의적 거래 존재 위험 재고려 & 필요시 추가 절차 수행

▶ 550.22

만약 경영진이 이전에 식별하지 못하였거나 감사인에게 공개하지 않았던 특수관계자나 유의적인 특수관계자 거래를 감사인이 식별하는 경우에는, 다음의 절차를 수행하여야 한다.

(a) 업무팀의 다른 구성원에게 관련 정보를 신속하게 커뮤니케이션을 함
(b) 해당 재무보고체계에서 특수관계자에 관한 요구사항을 정하고 있는 경우 다음의 절차를 수행함
  (i) 감사인의 추가적인 평가를 위해, 경영진에게 새로 식별된 특수관계자와의 모든 거래를 식별할 것을 요청함
  (ii) 특수관계 및 특수관계자 거래에 대한 기업의 통제가 해당 특수관계나 특수관계자 거래를 식별하거나 공개하는 데 실패한 이유를 질문함
(c) 새로 식별된 특수관계자 또는 이들과의 유의적 거래에 대하여 적합한 실증감사절차를 수행함
(d) 경영진이 이전에 식별하지 못하였거나 감사인에게 공개하지 않았던 다른 특수관계자 및 이들과의 유의적 거래가 존재할 위험을 재고려하고, 필요에 따라 추가적인 감사절차를 수행함
(e) 만약 경영진의 미공개가 고의적인 경우에는(따라서 부정으로 인한 중요왜곡표시위험을 나타낸다면), 해당 감사에 대한 시사점을 평가함

Ch 3.4.5	비정상 특관거래 식별 시(SR)	550.23	2021 문제5 물음5 배점 4

[상황 5]

나투명 회계사는 (주)만세의 20X1년 12월 31일로 종료되는 보고기간의 재무제표를 감사하고 있다. 나투명 회계사는 이사회의사록을 검토하던 중 (주)만세의 경영진이 공개하지 않았던 특수관계자 및 특수관계자 거래를 새롭게 알게 되었다. 나투명 회계사는 경영진의 특수관계자 및 특수관계자 거래 정보의 미공개가 의도적이라 판단하였고, 이러한 상황에서 추가적인 감사절차를 수행하려고 하였으나 경영진의 거부로 충분하고 적합한 감사증거를 수집하지 못하였다. 추가적인 감사절차를 수행하지 못한 영향은 중요하며 전반적이라고 판단된다.

위 [상황 5]에서 나투명 회계사가 새롭게 알게 된 특수관계자 거래가 정상적인 사업과정을 벗어난 유의적인 거래라고 가정하자. 이 경우 해당 거래의 근거 계약이나 약정이 존재한다면, 이를 검사하여 감사인이 평가하여야 할 사항은 무엇인지 서술하시오.

정답 및 해설

① 유의적 특관거래 이유가 분식 또는 자산유용 은표 목적 여부 평가
② 유의적 특관거래 조건이 경영진 설명과 일관성 여부 평가
③ 유의적 특관거래가 재무보고체계에 따라 회계처리 & 공시 여부 평가

▶ 550.23
감사인은 기업의 정상적인 사업과정을 벗어난 유의적인 특수관계자 거래를 식별한 경우 다음의 절차를 수행하여야 한다.
(a) 근거 계약이나 약정이 존재한다면 이를 검사하여 다음 사항을 평가한다.
  (i) 해당 거래의 사업상 이유(또는 그러한 근거의 결여)에 비추어 볼 때, 그러한 거래가 부정한 재무보고를 행하거나 자산의 유용을 은폐하기 위해 체결되었을 것임을 나타내는지 여부
  (ii) 해당 거래의 조건이 경영진의 설명과 일관성이 있는지 여부
  (iii) 해당 거래가 해당 재무보고체계에 따라 적합하게 회계처리되고 공시되었는지 여부
(b) 해당 거래가 적합하게 권한이 부여되고 승인되었다는 감사증거를 입수함

Ch 3.4.6	비정상 특관거래 식별 시(SR)	220.A20 550.23	2019 문제4 물음3 배점 5

X회계법인은 가나다(주)의 20X2년(1.1.~12.31.) 재무제표 감사를 수행하고 있으며, 20X1년부터 가나다(주)를 감사하고 있다.

가나다(주)는 20X2년 5월 3일에 최대주주(지분율 100%) 및 대표이사인 홍길동 씨에게 10억 원을 대여하였다. 대여약정서상 만기일은 20X3년 1월 2일이며 이자율은 연 '0%'이다.

또한, 20X2년 5월 3일에 가나다(주)는 토지(장부금액 10억 원)를 홍길동 씨에게 매각하기로 하는 매매계약(매매금액 10억 원)을 체결하였다. 다음 날 매매금액을 전액 수수하고 토지의 소유권 이전등기가 완료되었다.

가나다(주)는 홍길동 씨와의 거래를 특수관계자 거래로 공시하였고, 거래도 정당하게 이루어졌다고 주장하고 있다.

현장책임회계사가 동 거래에 대해서 [A] 전문가적 의구심을 가지고 파악해야 하는 사항 중 두 가지만 제시하고, [B] 회사로부터 추가적으로 입수하여야 하는 감사증거를 기재하시오.

정답 및 해설

(1) ⓐ 이자율 0% 10억 대표이사 대여금 사업상 이유 질문 & 실질 출금여부 확인 ⓑ 대여금 상환예정일정 등 질문 & 회수가능성 평가 ⓒ 토지 공정가치와 장부금액 차이 확인 & 질문 → 실질은 토지 착복 아닌지 부정 징후 확인
(2) ⓐ X3년 1월 2일 대여금 만기일 회수 여부 확인 → 경영진 설명 일관성 확인 ⓑ 토지 FV 자료 입수 후 부정 징후 확인 ⓒ 법인세 관련 회계처리 확인(인정이자, 저가양도 부당행위계산 부인 등 법인세 적정성 확인)

▶ 220.A20

전문가적 의구심은 예를 들어 다음과 같은 사항에 대하여 주의를 유지하는 것을 포함한다.

- 이미 입수한 다른 감사증거와 상반되는 감사증거
- 감사증거로 사용될 문서 및 질의에 대한 답변의 신뢰성에 의문을 갖게 하는 정보
- 부정의 존재가능성을 나타내는 것일 수 있는 상황
- 감사기준에서 요구하는 절차 외에 추가적인 감사절차의 필요성을 시사하는 상황

▶ 550.23

감사인은 기업의 정상적인 사업과정을 벗어난 유의적인 특수관계자 거래를 식별한 경우 다음의 절차를 수행하여야 한다.

(a) 근거 계약이나 약정이 존재한다면 이를 검사하여 다음 사항을 평가한다.
  (i) 해당 거래의 사업상 이유(또는 그러한 근거의 결여)에 비추어 볼 때, 그러한 거래가 부정한 재무보고를 행하거나 자산의 유용을 은폐하기 위해 체결되었을 것임을 나타내는지 여부)
  (ii) 해당 거래의 조건이 경영진의 설명과 일관성이 있는지 여부
  (iii) 해당 거래가 해당 재무보고체계에 따라 적합하게 회계처리되고 공시되었는지 여부
(b) 해당 거래가 적합하게 권한이 부여되고 승인되었다는 감사증거를 입수함

Ch 4.1.1	후속사건(일자)	560.5 700.48, 560.A4	2020 문제3 물음5 배점 3

[상황 2]

다음은 경북(주)를 감사하고 있는 신입회계사와 그 상급자인 현장책임회계사의 대화 내용이다.

(현장책임회계사) 이제 기말감사 시즌이 끝나갑니다. 경북(주)가 이해관계자도 많고 유의한 중요왜곡표시위험이 많아서 다른 회사 감사보다 업무량이 많았던 것 같습니다.

(신입회계사) 네. 특히 내부 업무품질관리검토 절차를 통과하기가 매우 힘들었던 것 같습니다.

(현장책임회계사) 최종감사파일 취합완료일이 감사보고서일로부터 60일 이내이니 잘 처리해주세요.

'감사보고서일', '재무제표 승인일', '재무제표 발행일'은 회계감사 전반에 걸쳐 매우 중요한 일자들이다. 이들의 개념에 대해 각각 2줄 이내로 서술하시오.

정답 및 해설

560.5 용어의 정의

(a) 재무제표일 – 재무제표가 포함하는 가장 최근 보고기간의 말일

(b) 재무제표 승인일 – 재무제표(관련 주석 포함)를 구성하는 모든 내용의 작성이 완료되고 인정된 권한을 가진 기구가 해당 재무제표에 대하여 책임을 진다고 확인한 날

(c) 감사보고서일 – 감사인이 재무제표에 대한 감사보고서에 감사기준서 700에 따라 기재한 일자 (700.48 감사보고서일은 감사인이 재무제표에 대한 감사의견의 형성에 기초가 되는 충분하고 적합한 증거를 입수한 날보다 빠르지 않아야 한다.)

(d) 재무제표 발행일 – 감사보고서와 감사받은 재무제표를 제3자들이 이용할 수 있게 된 날 (재무제표의 발행일은 일반적으로 해당 기업의 규제환경에 따라 다르다. 어떤 상황에서는 재무제표를 규제기관에 제출한 일자가 재무제표 발행일이 된다. 감사보고서가 없이 감사받은 재무제표가 발행될 수 없으므로, 감사받은 재무제표의 발행일은 감사보고서일 이후가 되어야 하고 또 감사보고서를 해당 기업에 제출한 날 이후가 되어야 한다.)

(e) 후속사건 – 재무제표일과 감사보고서일 사이에 발생한 사건 및 감사보고서일 후 감사인이 알게 된 사실

Ch 4.1.2	후속사건 유형	K1010.9 K1010.22	2015 문제6 물음5 배점 2

대한민국에 소재하고 있는 지배회사인 ABC(주)는 3개의 종속회사를 보유하고 있다. ABC(주) 및 종속회사의 결산일은 모두 12월 31일이다. 지배회사 및 종속회사의 20X5년 주요 정보는 다음과 같다.

(단위: 억 원)

회사명	ABC(주)	A(주)	B(주)	C(주)
구분	지배회사	종속회사	종속회사	종속회사
매출액	5,000	2,000	400	-
세전손익	400	160	(-)18	(-)2
당기순손익	320	120	(-)15	(-)2
자산총계	6,000	3,000	500	50
자본총계	1,500	600	(-)100	48
외부감사인	X회계법인	Y회계법인	Z회계법인	감사받지 않음

상기 재무정보는 별도재무제표 기준이며, 연결실체 간의 내부거래(매출 · 매입 및 채권 · 채무 등)는 없지만, ABC(주)는 B(주)의 금융기관 차입금 400억 원에 대하여 지급보증을 제공하고 있다. C(주)는 신규사업을 위해 당기에 설립되었으며, 당기말 현재 사업을 준비 중이다.

X회계법인은 ABC(주)에 대한 20X5년 그룹감사를 수행하고 있으며, 중요성 기준은 세전이익의 5%로 설정하였다.

20X5년(1.1~12.31) ABC(주)의 감사보고서일은 20X6년 3월 2일이다. 김 회계사는 20X6년 3월 2일 부문감사인으로부터 다음과 같은 후속사건을 보고받았다.

(1) 모든 회사: 세법 개정안이 20X6년 1월 2일자로 국회를 통과하여 확정되었으며, 이에 따라 20X6년 1월 1일 이후 개시하는 사업연도부터 법인세율이 기존 22%에서 20%로 변경된다. 법인세율 변경이 이연법인세자산 · 부채에 미치는 영향은 중요성 기준을 초과한다.

(2) A(주): 20X6년 1월 3일 지방 소재 공장에서 화재가 발생하여 장부가액 120억 원의 유형자산이 소실되었으며, 20X6년 3월 2일 현재 보험금 수령액은 확정되지 않았다.

(3) B(주): 20X5년 말 현재 계류 중이던 소송에서 20X6년 2월 28일에 패소 판결을 받았으며, 판결 결과 B(주)는 원고에게 100억 원을 배상하여야 한다.

상기 후속사건이 ABC(주)의 연결재무제표에 미치는 영향을 판단하고 그 이유를 서술하시오.

정답 및 해설

(1) 수정 X, ∵ 세율 변경 1/2 확정 → FS일 현재 존재하였던 상황 정보 X
(2) 수정 X, ∵ 1/3 화재 발생. → FS일 현재 존재하였던 상황 정보 X
(3) 수정 O, ∵ FS일에 존재하였던 소송에 대한 후속사건 발생

▶ K－IFRS 1010.9

수정을 요하는 보고기간후사건의 예는 다음과 같다. 이러한 사건의 영향으로 재무제표에 이미 인식한 금액은 수정하고, 재무제표에 인식하지 아니한 항목은 새로 인식하여야 한다.

(1) 보고기간말에 존재하였던 현재의무가 보고기간 후에 소송사건의 확정에 의해 확인되는 경우.
(2) 보고기간말에 이미 자산손상이 발생되었음을 나타내는 정보를 보고기간 후에 입수하는 경우나 이미 손상차손을 인식한 자산에 대하여 손상차손금액의 수정이 필요한 정보를 보고기간 후에 입수하는 경우. (FS일 이후 매출처 파산, 재고자산 판매)
(3) 보고기간말 이전에 구입한 자산의 취득원가나 매각한 자산의 대가를 보고기간 후에 결정하는 경우
(4) 보고기간말 이전 사건의 결과로서 보고기간말에 종업원에게 지급하여야 할 법적 의무나 의제의무가 있는 이익분배나 상여금지급 금액을 보고기간 후에 확정하는 경우
(5) 재무제표가 부정확하다는 것을 보여주는 부정이나 오류를 발견한 경우

▶ K－IFRS 1010.10

수정을 요하지 않는 보고기간후사건으로서, 일반적으로 공시하게 되는 예는 다음과 같다.

(1) 보고기간 후에 발생한 주요 사업결합(기업회계기준서 제1103호 '사업결합'에서는 이 경우 특정한 공시를 하도록 규정하고 있다) 또는 주요 종속기업의 처분
(2) 영업 중단 계획의 발표
(3) 주요한 자산구입, 기업회계기준서 제1105호 '매각예정비유동자산과 중단영업'에 따라 자산을 매각예정으로 분류, 자산의 기타 처분, 정부에 의한 주요 자산의 수용
(4) 보고기간 후에 발생한 화재로 인한 주요 생산 설비의 파손
(5) 주요한 구조조정계획의 공표나 이행착수(기업회계기준서 제1037호 참조)
(6) 보고기간 후에 발생한 주요한 보통주(및 잠재적 보통주)거래(기업회계기준서 제1033호 '주당이익'에서는 그러한 거래에 대한 설명을 공시하도록 하고 있으나, 동 기준서에 따라서 조정되는 자본금전입이나 무상증자, 주식분할, 주식병합 관련 거래는 제외하고 있다.)
(7) 보고기간 후에 발생한 자산 가격이나 환율의 비정상적 변동
(8) 당기법인세 자산과 부채 및 이연법인세 자산과 부채에 유의적인 영향을 미치는 세법이나 세율에 대한 보고기간 후의 변경 또는 변경 예고(기업회계기준서 제1012호 '법인세' 참조)
(9) 유의적인 지급보증 등에 의한 우발부채의 발생이나 유의적인 약정의 체결
(10) 보고기간 후에 발생한 사건에만 관련되어 제기된 주요한 소송의 개시

Ch 4.1.3	후속사건 식별 절차	560.7	2021 문제5 물음3 배점 3

[상황 1] 나투명 회계사는 (주)대한의 20X1년 12월 31일로 종료되는 보고기간의 재무제표를 감사하고 있다. 나투명 회계사는 20X2년 1월 30일에 (주)대한의 공장에 대규모 화재가 발생하여 제조설비가 전소되었다는 사실을 기말감사과정에서 알게 되었다. 화재 손실에 대한 손해사정 결과, 화재 손실금액은 500억 원으로 추정되었으며 (주)대한의 경영진은 이 금액을 유의적이라고 판단하고 있다. 그러나 (주)대한은 대외신인도 하락을 우려하여, 화재 발생사실과 손실금액을 주석에 공시하지 않았다. 이러한 사항이 재무제표에 미치는 영향은 중요하며 전반적이라고 판단된다.

재무제표일과 감사보고서일 사이에 발생한 [상황 1]과 같은 사건들이 모두 식별되었다는 충분하고 적합한 감사증거를 입수하기 위해 나투명 회계사가 수행하여야 할 절차를 세 가지 서술하시오(단, 아래 〈예시〉는 제외할 것).

〈예시〉 기업의 최근 후속 중간재무제표가 있다면 이를 열람함

정답 및 해설

후속사건 감사절차: 후속사건 관련 ⓐ 경영진 식별절차 이해 ⓑ 경영진에게 질문 ⓒ 회의록 열람 ⓓ 최근 후속 중간FS 열람

▶ 참조 560.7 감사인은 재무제표일부터 감사보고서일 또는 감사보고서일과 가장 가까운 실행 가능한 일자까지의 기간에 대하여 문단 6에서 요구하는 절차를 수행하여야 한다. 감사인은 그러한 감사절차의 성격과 범위를 결정할 때 감사인의 위험평가를 고려하여야 하며, 이때 다음의 절차들이 포함되어야 한다.

(a) 경영진이 후속사건을 식별하기 위해 수립한 절차들을 이해함

(b) 재무제표에 영향을 미칠 수 있는 후속사건이 발생했는지 여부에 대하여 경영진(적절한 경우 지배기구 포함)에게 질문함

(c) 재무제표일 후에 개최된 주주, 경영진 그리고 지배기구 회의록이 있을 경우 이를 열람하고, 회의록이 아직 이용 가능하지 않은 경우에는 해당 회의에서 논의된 사항들에 대하여 질문함

(d) 기업의 최근 후속 중간재무제표가 있다면, 이를 열람함

Ch 4.1.4	후속사건(수정)	450.8 K1010.9	2020 문제4 물음5 배점 2

[상황 2] 가나다회계법인의 A기업 감사팀(이하 '그룹감사팀')은 A기업의 20X1년 12월 31일로 종료하는 회계연도의 연결재무제표를 처음으로 감사하게 되어 부문감사인 활용을 고려하고 있다. 가나다회계법인은 국내에서만 업무를 수행할 수 있다.

- 그룹감사팀은 20X2년 3월 15일에 연결재무제표에 대한 감사보고서를 발행하려고 계획하고 있다.
- 그룹감사팀은 20X2년 3월 14일 현재 다른 모든 부문의 부문감사인으로부터 업무지침서에 따른 각종 보고자료를 입수하였으나, 유의적 부문인 해외자회사2의 부문재무정보에 대한 업무를 수행하는 부문감사인 Z로부터 후속사건보고서를 입수하지 못하였다.
- 한편, A기업의 감사위원회는 아직 연결재무제표발행승인을 하지 않았다.

그룹감사팀은 부문감사인 Z로부터 전기 이전에 시작된 소송사건이 20X2년 3월 7일에 최종 확정되었으며, 이로 인하여 해외자회사2가 충당부채로 계상한 금액이 수정되어야 한다는 사실을 20X2년 3월 14일에 알게 되었다. 수정을 요하는 금액이 수행중요성에는 현저히 미달하지만 명백하게 사소하다고 간주할 수 없는 한도 기준은 초과하는 상황이라면, 그룹감사팀이 수행하여야 할 절차를 서술하시오(단, 다른 왜곡표시는 발견되지 않은 것으로 가정함).

정답 및 해설

수정을 요하는 보고기간후사건 & 명백하게 사소한 금액이 아닌바, 경영진에게 수정을 권고한다.

▶ 450.8

감사인은 법규상 금지되지 않는 한 감사 중 집계한 모든 왜곡표시에 대하여 적합한 수준의 경영진과 적시에 커뮤니케이션하여야 한다. 감사인은 경영진에게 이러한 왜곡표시를 수정할 것을 요청하여야 한다.

▶ K－IFRS 1010.9

수정을 요하는 보고기간후사건의 예는 다음과 같다. 이러한 사건의 영향으로 재무제표에 이미 인식한 금액은 수정하고, 재무제표에 인식하지 아니한 항목은 새로 인식하여야 한다.

(1) 보고기간말에 존재하였던 현재의무가 보고기간 후에 소송사건의 확정에 의해 확인되는 경우. 소송사건과 관련하여 기업회계기준서 제1037호 '충당부채, 우발부채, 우발자산'에 따라 이전에 인식하였던 충당부채를 수정하거나 새로운 충당부채를 인식한다. 소송사건의 확정은 기업회계기준서 제1037호의 문단 16에 따라 고려하여야 할 추가적인 증거를 제공하므로 단순히 우발부채로 공시하는 것은 적절하지 아니하다.

Ch 4.1.5	후속사건 감사절차	560.7	2014 문제7 물음5 배점 4

다음은 기말감사 현장에서 팀원이 작성한 감사조서를 박고민 회계사가 검토하면서 발견한 내용 중 일부이다.

(E) 〈후속사건 감사〉

- 후속사건 감사절차를 수행한 조서에는 이사회의사록에 대한 검토가 현장감사기간의 종료일까지만 수행되었음을 발견하였다. 감사절차를 수행한 담당회계사는 과거 감사경험상 1분기 동안은 감사보고서 발행 및 연차사업보고서 발행업무 때문에 회사가 매우 바쁘므로 중요한 사업·경영관리 의사결정이 발생할 확률이 매우 낮다고 설명하였다.

박고민 회계사가 후속사건의 감사조서를 검토하는 중, 상기 사례 (E)의 밑줄 친 부분에서 후속사건 감사절차가 문제점이 있는 것으로 파악하여 이에 대한 보완을 지시하였다.

(1) 위 사례에서의 보완하여야 할 절차가 무엇인지 2줄 이내로 간략히 기술하시오.

(2) 위 (1) 항목 이외에, 후속사건 감사와 관련하여 수행하여야 할 감사절차(2가지 이상)를 기재하시오.

정답 및 해설

(1) 이사회의사록 검토를 감사보고서일까지 확대 수행

(2) 후속사건 감사절차: 후속사건 관련 ⓐ 경영진 식별절차 이해 ⓑ 경영진에게 질문 ⓒ 회의록 열람 ⓓ 최근 후속 중간FS 열람

▶ 참조 560.7

감사인은 재무제표일부터 감사보고서일 또는 감사보고서일과 가장 가까운 실행 가능한 일자까지의 기간에 대하여 문단 6에서 요구하는 절차를 수행하여야 한다. 감사인은 그러한 감사절차의 성격과 범위를 결정할 때 감사인의 위험평가를 고려하여야 하며, 이때 다음의 절차들이 포함되어야 한다.

(a) 경영진이 후속사건을 식별하기 위해 수립한 절차들을 이해함

(b) 재무제표에 영향을 미칠 수 있는 후속사건이 발생했는지 여부에 대하여 경영진(적절한 경우 지배기구 포함)에게 질문함

(c) 재무제표일 후에 개최된 주주, 경영진 그리고 지배기구 회의록이 있을 경우 이를 열람하고, 회의록이 아직 이용 가능하지 않은 경우에는 해당 회의에서 논의된 사항들에 대하여 질문함

(d) 기업의 최근 후속 중간재무제표가 있다면, 이를 열람함

Ch 4.1.6	이중 보고서일	560.12, 560.A12 560.11, 560.13	2023 문제10 물음2 배점 2

다음은 재무제표에 대한 감사보고와 관련된 물음이다.

감사보고서에 감사보고서일자를 이중으로 기재하는 경우가 있다. 어떤 경우에 이 중 감사보고서일자가 기재될 수 있는지 구체적으로 서술하시오.

정답 및 해설

560.12 참조

ⓐ 재무제표의 수정을 발생시키는 후속사건의 영향에 대해서만 경영진이 재무제표를 수정 & 승인 & ⓑ ⓐ가 법규나 재무보고체계에서 금지되지 않음.

& ⓒ 감사인이 해당 후속사건에만 FAP 수행한 경우
+ 해당 후속사건만 추가감사 수행 설명을 강조 or 기타사항문단을 기재하지 않은 경우
→ 이중보고서일자 기재 가능

◈(최초) 감사보고서일 후 재무제표 발행일(주총) 전에 감사인이 알게 된 사실(후속사건)

▶ 560.10 소극적 책임

감사인은 감사보고서일 후에는 재무제표에 대하여 어떠한 감사절차도 수행할 의무가 없다. 그러나 감사인이 감사보고서일에 알았더라면 감사보고서를 수정할 원인이 될 수도 있었던 사실을 감사보고서일 후 재무제표 발행일 전에 알게 된 경우, 감사인은 다음의 절차를 수행하여야 한다.

(a) 경영진(적절한 경우 지배기구 포함)과 이 사항을 토의함
(b) 재무제표의 수정이 필요한지 여부를 결정함
(c) 재무제표의 수정이 필요하다고 결정했다면, 경영진이 재무제표에 이 사항을 어떻게 다룰 계획인지에 대하여 질문함

▶ 560.12 해당 후속사건만 FAP(최초 감사보고서일 이후 알게 된 후속사건 FS수정 필요 & 경영진수정O)

재무제표의 수정을 발생시키는 후속사건의 영향에 대해서만 경영진이 재무제표를 수정하고 재무제표 승인권자가 이에 대해서만 승인하는 것이 법규나 재무보고체계에서 금지되지 않는다면, 감사인은 후속사건에 대한 감사절차를 해당 수정사항에만 한정하는 것이 허용된다. 이와 같은 경우에는 감사인은 **다음 중 하나의 절차를 수행**하여야 한다.

(a) 해당 수정사항에 한정된 추가적인 일자를 포함하도록 감사보고서를 수정함. 이는 후속사건에 대한 감사절차가 오직 재무제표의 관련 주석에 기술된 수정에만 한정하여 수행되었다는 것을 나타낸다. (**→ 이중감사보고서일: 기존 감사보고서일+수정사항 한정 추가일자)**
(b) 후속사건에 대한 감사절차는 오직 재무제표의 관련 주석에 기술된 수정에만 한정하여 수행되었다는 설명을 **강조사항문단 또는 기타사항문단**에 포함하는 새로운 감사보고서 또는 수정된 감사보고서를 제출함 (**→ 기존보고서일 유지)**

▶ 560.A12 이중감사보고서일자

문단 12(a)에서 언급한 상황에서 감사인이 그러한 수정사항에 한정된 추가적인 일자를 포함하도록 감사보고서를 수정하는 경우, 경영진이 후속사건을 반영하여 재무제표를 수정하기 전의 수정전 재무제표에 대한 감사보고서일은 변경 없이 남는다. 최초 일자는 감사보고서의 이용자들에게 해당 재무제표에 대한 감사업무가 언제 종료되었는지 알려주기 때문이다. 그러나 추가적인 일자는 최초 일자 후에 수행된 감사인의 절차는 해당 재무제표의 후속적 수정에만 한정되었다는 점을 알리기 위해 감사보고서에 포함된다. 추가적인 일자의 사례는 다음과 같다.
"(감사보고서일), 주석 Y에 관한 사항을 제외한다.
(추가적인 일자), 주석 Y에 기술된 수정사항에 한정하여 수행된 감사절차의 종료일"

▶ 560.11 모든 후속사건 FAP(최초 감사보고서일 이후 알게 된 후속사건 FS수정 필요 & 경영진수정 O)

만약 경영진이 재무제표를 수정하는 경우에는 감사인은 다음과 같은 절차를 수행하여야 한다.

(a) 해당 수정사항에 대하여 해당 상황에 필요한 감사절차를 수행함
(b) 문단 12의 상황이 아닌 경우(해당 후속사건만 추가절차 X →모든 후속사건 추가절차 수행)
  (i) 문단 6과 7에서 언급된 감사절차를 감사인의 새로운 감사보고서 일자까지 연장함 (→ FS일과 감사보고서일 사이에 발생한 사건 관련 감사절차)
  (ii) 수정된 재무제표에 대하여 감사인의 새로운 감사보고서를 제출함. 새로운 감사보고서의 일자는 수정된 재무제표의 승인일보다 빠르지 않아야 한다.

▶ 560.13 (최초 감사보고서일 이후 알게 된 후속사건 FS수정 필요 & 경영진수정 X)

재무제표가 수정될 필요가 있다고 감사인이 믿는 상황에서 경영진이 재무제표를 수정하지 않으면, 다음 중 하나에 따른다.

(a) 아직 감사보고서를 기업에 제출하지 않았다면, 감사인은 감사기준서 705 5)의 요구에 따라 의견을 변형한 후에 감사보고서를 제출하여야 함
(b) 이미 감사보고서를 해당 기업에 제출하였다면, 감사인은 경영진(지배기구의 모든 구성원이 그 기업의 경영에 참여하는 경우가 아니라면 지배기구를 포함)에게, 필요한 수정을 하기 전에는 재무제표를 제3자에게 발행하지 말라고 통보하여야 함. 이렇게 했음에도 불구하고 필요한 수정 없이 재무제표가 발행된 경우, 감사인은 해당 감사보고서에 대한 의존을 못 하게 하기 위한 적합한 조치를 취하여야 함

◈ FS가 발행(주총일)된 후 감사인이 알게 된 사실: 기본절차는 최초감사보고서일 이후와 동일

▶ 560.16

감사인은 새로운 감사보고서 또는 수정된 감사보고서에 강조사항문단 또는 기타사항문단을 포함하여야 한다. 이러한 문단에는 이전에 발행한 재무제표의 수정이유를 더 넓게 논의한 재무제표 주석과 감사인이 이전에 발행한 감사보고서를 언급(→더 이상 유효X)한다.

▶ 560.17

감사인이 재무제표의 수정이 필요하다고 믿는 상황에서, 경영진이 이전에 발행된 재무제표를 수령한 사람들에게 이러한 상황을 확실히 알리기 위한 필요조치를 취하지 않고 재무제표를 수정하지 않는 경우에는, 감사인은 경영진에게 감사보고서에 대한 차후의 의존을 방지할 조치를 취할 것이라고 통보하여야 한다. 그러한 통보에도 불구하고 경영진 또는 지배기구가 필요한 조치를 취하지 않으면, 감사인은 해당 감사보고서에 대한 의존을 방지하기 위한 적합한 조치를 취하여야 한다.

Ch 4.1.7	후속사건 감사보고서일(경영진FS수정)	560.11 560.12	2021 문제5 물음4 배점 4

[상황 1] 나투명 회계사는 (주)대한의 20X1년 12월 31일로 종료되는 보고기간의 재무제표를 감사하고 있다. 나투명 회계사는 20X2년 1월 30일에 (주)대한의 공장에 대규모 화재가 발생하여 제조설비가 전소되었다는 사실을 기말감사과정에서 알게 되었다. 화재 손실에 대한 손해사정 결과, 화재 손실금액은 500억 원으로 추정되었으며 (주)대한의 경영진은 이 금액을 유의적이라고 판단하고 있다. 그러나 (주)대한은 대외신인도 하락을 우려하여, 화재 발생사실과 손실금액을 주석에 공시하지 않았다. 이러한 사항이 재무제표에 미치는 영향은 중요하며 전반적이라고 판단된다.

(주)대한의 감사보고서일은 20X2년 2월 25일이며, 나투명 회계사가 [상황 1]에서 제시한 사건을 재무제표 발행일 전인 20X2년 3월 2일에 알게 되었다고 가정하자. (주)대한의 경영진은 화재 발생사실과 손실금액을 주석에 공시한 수정재무제표를 제시하였으며, 나투명 회계사는 제시된 수정재무제표에 대하여 후속사건에 대한 추가 감사절차를 20X2년 3월 15일에 종료하였다. 나투명 회계사가 추가 감사절차를 (1) 모든 후속사건에 대해 수행한 경우와 (2) 해당 수정사항에만 한정하여 수행한 경우 감사보고서일자를 어떻게 기재하여야 하는지 가능한 2가지 방법을 모두 서술하시오(단, 해당 후속사건의 영향에 대해서만 경영진이 재무제표를 수정하고 재무제표 승인권자가 이에 대해서만 승인하는 것이 법규나 재무보고체계에서 금지되지 않는다고 가정할 것).

정답 및 해설

(1) 모든 후속사건 수행한 경우: 20x2년 3월 1일

(2) 추가 후속사건에만 감사절차 확대하는 경우

① 2개 감사보고서일: 20x2년 2월 25일(기존) 및 20x2년 3월 15일(추가)

③ 강조 or 기타사항: 기존 감사보고서일(2월 25일) 유지, 후속사건 감사절차는 오직 주석에 기술된 수정에만 한정하여 수행되었다는 설명을 강조 or 기타사항 문단에 포함.

Ch 4.1.8	후속사건: 감사보고서일 이후 인지	560.12	2016 문제9 물음1 배점 3

후속사건이란 재무제표일과 감사보고서일 사이에 발생한 사건 및 감사보고서일 후에 감사인이 알게 된 사실을 말한다.

〈자료〉 X회계법인은 A(주)의 20X1년 재무제표를 감사하였다(감사보고서일: 20X2년 2월 14일). 그러나 감사인은 감사보고서일에 알았더라면 감사보고서를 수정할 원인이 될 수도 있었던 사실을 20X2년 2월 28일에 알게 되었다. 감사인은 감사보고서를 아직 회사에 전달하지 않은 상황이다.

감사인은 아래의 상황에서 감사보고서일자를 언제로 기재해야 하는지 서술하시오. 단, 감사인은 자신의 책임을 최소화하는 감사보고서일자를 선택하고자 한다.

A(주)의 경영진은 해당 후속사건을 재무제표에 수정 · 반영하고, 관련 주석으로 기술하였다. 해당 후속사건의 영향에 대해서만 경영진이 재무제표를 수정하고 재무제표 승인권자가 이에 대해서만 승인하는 것이 법규나 재무보고체계에서 금지되지는 않는다. 따라서 감사인은 후속사건에 대한 감사절차를 해당 수정사항에만 국한하여 수행하고 20X2년 3월 2일에 감사절차를 종료하였다.

정답 및 해설

추가 후속사건에만 감사절차 확대하는 경우:
① 2개 감사보고서일: 2월 24일(기존) 및 3월 2일(추가) (해당 수정사항에 한정된 추가적인 일자를 포함)
③ 강조 or 기타사항: 기존 감사보고서일(2월 24일) 유지, 관련 후속사건 감사절차는 오직 주석에 기술된 수정에만 한정하여 수행되었다는 설명을 강조 or 기타사항 문단에 포함.

Ch 4.1.9	후속사건: 감사보고서일 이후 인지 & 미수정	560.13	2016 문제9 물음2 배점 3

후속사건이란 재무제표일과 감사보고서일 사이에 발생한 사건 및 감사보고서일 후에 감사인이 알게 된 사실을 말한다.

〈자료〉 X회계법인은 A(주)의 20X1년 재무제표를 감사하였다(감사보고서일: 20X2년 2월 14일). 그러나 감사인은 감사보고서일에 알았더라면 감사보고서를 수정할 원인이 될 수도 있었던 사실을 20X2년 2월 28일에 알게 되었다. 감사인은 감사보고서를 아직 회사에 전달하지 않은 상황이다.

아래 상황에서 후속사건과 관련하여 감사인이 표명해야 할 감사의견과 그 판단근거를 서술하시오.

감사인은 감사절차를 통해 후속사건을 재무제표에 수정 · 반영할 것을 A(주)의 경영진에게 요구하였다. 그러나 경영진은 해당 후속사건을 재무제표에 수정 · 반영하는 것을 거부하였다. 감사인은 해당 후속사건이 재무제표에 미치는 영향은 중요하지만 전반적이지는 않은 것으로 판단하고 있다.

정답 및 해설

한정의견. ∵ 해당 후속사건이 FS 영향은 중요하지만, 전반적이지는 않으므로 경영진과 의견불일치(기준위배)

▶ 560.13
국가에 따라서는 법규 또는 재무보고체계에서 경영진이 수정된 재무제표를 발행하는 것이 요구되지 않는 경우가 있는데, 이때는 감사인은 수정된 감사보고서나 새로운 감사보고서를 제출할 필요가 없다. 그러나 재무제표가 수정될 필요가 있다고 감사인이 믿는 상황에서 경영진이 재무제표를 수정하지 않으면, 다음 중 하나에 따른다.

(a) 아직 감사보고서를 기업에 제출하지 않았다면, 감사인은 감사기준서 705 5)의 요구에 따라 의견을 변형한 후에 감사보고서를 제출하여야 함
(b) 이미 감사보고서를 해당 기업에 제출하였다면, 감사인은 경영진(지배기구의 모든 구성원이 그 기업의 경영에 참여하는 경우가 아니라면 지배기구를 포함)에게, 필요한 수정을 하기 전에는 재무제표를 제3자에게 발행하지 말라고 통보하여야 함. 이렇게 했음에도 불구하고 필요한 수정 없이 재무제표가 발행된 경우, 감사인은 해당 감사보고서에 대한 의존을 못 하게 하기 위한 적합한 조치를 취하여야 함

Ch 4.1.10	후속사건: FS발행일 이후 인지	560.12 560.14	2019 문제7 물음1 배점 4

대한(주)는 20X1년 재무제표에 대해 회계감사를 받고 있다. 대한(주)는 과거 수년간 안정적인 영업구조를 유지해왔으며, 최근 경제환경이 좋지 않음에도 불구하고 지속적인 성장세를 보였다. 특히 20X1년 말 대한(주)는 주력 사업부문에서의 오랜 연구개발이 성공하여 매출이 급증하였다. 이에 자본시장에서는 대한(주)의 20X1년 최종실적에 대해 관심이 많은 상황이다(단, 대한(주)는 상장기업이며, 20X1년 재무제표일은 12월 31일이다).
20X2년 초 대한(주)의 주된 매출처의 부도로 인해 대한(주)의 20X1년 말 재무제표상 부실 매출채권이 추가로 파악되었다.

〈요구사항 1〉
감사인이 부실 매출채권에 대해 20X1년 재무제표의 감사보고서일 후 재무제표 발행일 전 알게 되었으며, 이 사항을 감사보고서일에 알았더라면 감사보고서를 수정할 원인이 될 수도 있었다. 이 경우 재무제표의 수정을 발생시키는 후속사건의 영향에 대해서만 경영진이 재무제표를 수정하고 재무제표 승인권자가 이에 대해 승인한다면 감사인이 추가로 취할 수 있는 절차를 서술하시오(단, 아래 [예시]는 제외할 것).

[예시] 후속사건에 대한 감사절차는 오직 재무제표의 관련 주석에 기술된 수정에만 한정하여 수행되었다는 설명을 강조사항문단 또는 기타사항문단에 포함하는 새로운 감사보고서 또는 수정된 감사보고서를 제출함

〈요구사항 2〉
감사인이 20X1년 대한(주)의 재무제표가 발행된 후 대한(주)의 부실 매출채권에 대해 알게 되었으며, 이 사항을 감사보고서일에 알았더라면 감사보고서를 수정할 원인이 될 수도 있었다.
이때 감사인이 취해야 할 절차를 서술하시오.

정답 및 해설

(1) 추가 후속사건에만 감사절차 확대하는 경우: 해당 수정사항에 한정된 추가적인 일자를 포함하도록 감사보고서를 수정한다.
(2) FS발행일 이후 인지한 후속사건 감사절차
① 경영진(적절한 경우 지배기구 포함)과 이 사항을 토의함

② 재무제표의 수정이 필요한지 여부를 결정함
③ 재무제표의 수정이 필요하다고 결정했다면, 경영진이 재무제표에서 이 사항을 어떻게 다룰 계획인지 질문함

▶ 560.14 FS발행일 이후 인지한 후속사건 감사절차 (소극적 책임)

재무제표가 발행된 후에는, 감사인은 그 재무제표에 대하여 어떠한 감사절차도 수행할 의무가 없다. 그러나 감사보고서일에 알았더라면 해당 감사보고서를 수정할 원인이 될 수도 있었던 어떤 사실을 재무제표가 발행된 후에 알게 되었을 경우, 감사인은 다음의 절차를 수행하여야 한다.

(a) 경영진(적절한 경우 지배기구 포함)과 이 사항을 토의함
(b) 재무제표의 수정이 필요한지 여부를 결정함
(c) 재무제표의 수정이 필요하다고 결정했다면, 경영진이 재무제표에서 이 사항을 어떻게 다룰 계획인지 질문함

Ch 4.1.11	후속사건: 감사보고서 재발행(수정)	560.16	2016 문제9 물음3 배점 2

후속사건이란 재무제표일과 감사보고서일 사이에 발생한 사건 및 감사보고서일 후에 감사인이 알게 된 사실을 말한다.

〈자료〉

X회계법인은 A(주)의 20X1년 재무제표를 감사하였다(감사보고서일: 20X2년 2월 14일). 그러나 감사인은 감사보고서일에 알았더라면 감사보고서를 수정할 원인이 될 수도 있었던 사실을 20X2년 2월 28일에 알게 되었다. 감사인은 감사보고서를 아직 회사에 전달하지 않은 상황이다.

재발행되는 감사보고서의 내용은 최초 감사보고서와 비교할 때 일부 수정되거나 추가된다. 감사보고서가 재발행되는 경우, 감사보고서에 수정 또는 추가(감사보고서일 제외)되는 부분을 아래의 〈보기〉에서 번호를 선택하고 해당 부분에 기술해야 할 내용을 서술하시오.

〈보기〉

① 감사의견
② 감사의견 근거
③ 핵심감사사항
④ FS에 대한 경영진과 지배기구의 책임
⑤ FS에 대한 감사인의 책임
⑥ 강조사항 또는 기타사항

정답 및 해설

⑥ 강조사항 또는 기타사항: 이전에 발행한 재무제표의 수정이유를 더 넓게 논의한 재무제표 주석과 감사인이 이전에 발행한 감사보고서를 참조하라는 문구

▶ 560.16

감사인은 새로운 감사보고서 또는 수정된 감사보고서에 강조사항문단 또는 기타사항문단을 포함하여야 한다. 이러한 문단에는 이전에 발행한 재무제표의 수정이유를 더 넓게 논의한 재무제표 주석과 감사인이 이전에 발행한 감사보고서를 언급한다.

Ch 4.2.1	계속기업 경영진평가 생략 경우	570.A9	2016 문제8 물음1 배점 2

일반목적 재무제표는 경영진이 기업을 청산하거나 영업을 중단할 의도가 없는 한 계속기업가정을 전제하여 작성한다.
경영진이 판단한 계속기업가정을 감사인이 고려할 때, 핵심적인 부분은 계속기업으로서의 존속능력에 대한 경영진의 평가이다. 경영진은 계속기업으로서의 존속능력을 평가할 때 세부적인 분석을 수행하지 않을 수 있다. 어떤 경우에 경영진이 계속기업가정으로서의 존속능력에 대한 세부적인 분석을 수행하지 않아도 되는지를 서술하시오.

정답 및 해설

기업이 ⓐ 이익을 실현해 왔고 ⓑ 용이하게 금융자원에 접근할 수 있으면 경영진은 세부적인 분석을 수행하지 않아도 계속기업으로서의 존속능력을 평가할 수 있다.

▶ 570.A9
경영진이 수행한 분석 부족을 바로잡는 것은 감사인의 책임이 아니다. 그러나 어떤 상황에서는, 경영진의 평가를 뒷받침하기 위한 경영진의 세부분석이 부족하다고 해서, 해당상황에 경영진의 회계의 계속기업전제 사용이 적합한지 여부에 대하여 감사인이 결론을 내릴 수 없는 것은 아니다. 예를 들어, 기업이 ⓐ 이익을 실현해 왔고 ⓑ 용이하게 금융자원에 접근할 수 있으면 경영진은 세부적인 분석을 수행하지 않아도 계속기업으로서의 존속능력을 평가할 수 있다. 이 경우 재무제표 작성에 있어 경영진의 회계의 계속기업전제 사용이 해당 상황에서 적합한지 여부에 대하여 감사인이 결론을 내릴 수 있게 하는 데 감사인의 다른 감사절차가 충분하다면, 감사인은 세부적인 평가절차를 수행하지 않고도 경영진 평가의 적합성을 평가할 수 있을 것이다.

Ch 4.2.2	계속기업 경영진평가여부	570.10.	2016 문제8 물음2 배점 2

〈자료〉 X회계법인은 대형해운사인 A해운(주)의 20X1년도 재무제표(1.1. ~ 12.31.)를 감사하고 있다. 최근 무역흐름의 악화로 작년에 중대형 해운업체 38개 중 4개사가 퇴출되고 3개사는 워크아웃되었다. 따라서 감사인은 해운업의 불황으로 계속기업가정의 검토가 매우 중요하다고 판단하고 있다.
(1) A해운(주)의 경영진은 계속기업으로서의 존속능력에 대한 예비평가를 수행하였으며, 계속기업으로서의 존속능력에 유의적 의문을 제기할 수 있는 상황을 식별하였다.

A해운(주)는 최근 3년간 상당한 규모의 영업손실이 발생하여, 20X2년 9월에 만기가 도래하는 확정만기 차입금을 정상적인 영업활동으로는 상환이 불가능한 것으로 나타났다. 만약 만기 도래하는 차입금을 상환하지 못할 경우 A해운(주)는 부도위험에 직면하게 된다. 감사인은 만기도래 예정인 차입금의 상환가능성이 계속기업으로서의 존속능력에 유의적 의문을 초래한다고 판단하였다. 따라서 감사인은 이를 극복하기 위한 향후 계획을 경영진에게 질문하였다.
이에 대하여 (2) 경영진은 자구계획을 작성하여 감사인에게 제시하였다. (3) 경영진이 제시한 자구계획에 따르면, A(주)는 20X2년 3월부터 브라질에 소재한 B정유와 독점적으로 원유 수송업무를 제공하는 계약을 체결할 예정이다. 이로 인하여 영업활동 현금흐름이 개선되어 예정대로 차입금을 상환할 수 있을 것으로 전망하고 있다.
밑줄 친 (1)과 같이 경영진이 계속기업으로서의 존속능력에 유의적 의문을 제기할 수 있는 상황을 식별한 경우, 감사인이 수행해야 할 절차를 서술하시오.

정답 및 해설

ⓐ 경영진과 그 평가에 대하여 토의,
ⓑ 경영진이 계속기업으로서의 존속능력에 유의적 의문 사건·상황을 식별 여부 확인
ⓒ 식별된 경우에는 이에 대한 경영진의 계획을 확인

▶ 570.10.

감사인은 감사기준서 315 3)의 요구에 따라 위험평가절차를 수행할 때 계속기업으로서의 존속능력에 대하여 유의적 의문을 초래할 수 있는 사건이나 상황이 존재하는지 여부를 고려하여야 한다. 이 경우 감사인은 경영진이 이미 계속기업으로서의 존속능력에 대한 예비평가를 수행했는지 여부를 결정하여야 하고 다음 절차 중 하나를 수행하여야 한다.

(a) 경영진이 예비평가를 수행한 경우, 감사인은 ⓐ 경영진과 그 평가에 대하여 토의하여야 하며, ⓑ 경영진이 개별적으로 또는 집합적으로 계속기업으로서의 존속능력에 유의적 의문을 제기할 수 있는 사건이나 상황을 식별하였는지 여부를 확인하여야 하고, ⓒ 식별된 경우에는 이에 대한 경영진의 계획을 확인하여야 한다.
(b) 경영진이 아직 예비평가를 수행하지 않은 경우, ⓐ 경영진이 계획하는 회계의 계속기업전제 사용의 근거에 대하여 감사인은 경영진과 토의해야 하고 ⓑ 개별적으로 또는 집합적으로 계속기업으로서의 존속능력에 유의적 의문을 초래할 수 있는 사건이나 상황이 존재하는지 여부를 질문하여야 한다.

Ch 4.2.3	계존유의사상 식별 시 절차	570.16	2016 문제8 물음3 배점 2

〈자료〉 앞 문제와 동일함. 감사인은 만기도래 예정인 차입금의 상환가능성이 계속기업으로서의 존속능력에 유의적 의문을 초래한다고 판단하였다. 따라서 감사인은 이를 극복하기 위한 향후 계획을 경영진에게 질문하였다.

이에 대하여 (2) <u>경영진은 자구계획을 작성하여 감사인에게 제시</u>하였다. (3) 경영진이 제시한 자구계획에 따르면, A(주)는 20X2년 3월부터 브라질에 소재한 B정유와 독점적으로 원유 수송업무를 제공하는 계약을 체결할 예정이다. 이로 인하여 영업활동 현금흐름이 개선되어 예정대로 차입금을 상환할 수 있을 것으로 전망하고 있다.

밑줄 친 (2)와 같이 경영진이 자구계획을 제시한 경우, 감사인이 수행해야 할 절차를 서술하시오.

정답 및 해설

② 경영진 개선 계획과 실행가능성 평가
③ CF예측이 유의적인 경우, 데이터와 가정 신뢰성 검토 → 570.16 중에서 미래 CF 관련 부분 언급

▶ 570.16 계속기업으로서의 존속능력에 대하여 유의적 의문을 초래할 만한 사건이나 상황이 식별된 경우,

감사인은 계속기업으로서의 존속능력에 대하여 유의적 의문을 초래할 수 있는 사건이나 상황과 관련된 **<u>중요한 불확실성</u>**(이하 "중요한 불확실성"이라고 함)이 존재하는지 여부를 결정하기 위해 추가적인 감사절차(경감요소에 대한 고려 포함)를 수행함으로써 충분하고 적합한 감사증거를 입수하여야 한다. 이에는 다음의 절차가 포함되어야 한다. (문단 A16 참조)

(a) 경영진이 계속기업으로서의 존속능력에 대한 평가를 아직 수행하지 않은 경우, **<u>평가를 수행하도록 요청</u>**함
(b) 계속기업에 대한 경영진의 평가와 관련된 경영진의 향후실행계획에 대하여, 이러한 계획의 결과가 상황을 개선시킬지 여부 그리고 <u>경영진의 **계획**이 해당 상황에서 **실행 가능한지 여부를 평가**</u>함(→ 미래 CF 추정 관련)
(c) 기업이 **<u>현금흐름을 예측하였고 이 예측에 대한 분석</u>**이 경영진의 미래 실행계획을 평가할 때 사건이나 상황의 미래 결과를 고려하는 데 <u>유의적인 요소</u>인 경우, 다음의 절차를 수행함(→ 미래 CF 추정 관련)
   (i) 예측을 위해 생성된 기초 <u>데이터의 신뢰성</u>을 평가함

(ii) 예측의 기초가 되는 가정들에 대한 적절한 근거가 있는지 여부를 결정함
(d) 경영진이 평가를 실시한 날 후에 추가적인 사실이나 정보가 이용 가능하게 되었는지 여부를 고려함
(e) 경영진(적절한 경우 지배기구 포함)에게 향후 실행계획과 이러한 계획의 실행가능성에 대하여 서면진술을 요청함

Ch 4.2.4	Going Concern 식별 시 절차	570.16	2020 문제3 물음1 배점 3

[상황] 다음은 경북(주)의 20X1년 감사계약서 초안이다(단, 감사인은 법규가 적절하게 경영진의 책임을 규정하지 않은 것으로 결정했음).

경북 주식회사
경영진 귀중
감사의 목적과 범위
귀사는 우리에게 경북 주식회사의 20X1년 12월 31일 현재의 재무상태표와 동일로 종료되는 보고기간의 포괄손익계산서, 자본변동표, 현금흐름표 그리고 유의적인 회계정책의 요약을 포함한 재무제표의 주석에 대한 감사를 요청하였습니다.
...중략...
감사인의 책임
우리는 감사기준에 따라 감사를 수행할 것입니다. 이 기준은 우리가 윤리적 요구사항을 준수하도록 요구하고 있습니다. 감사기준에 따른 감사의 일부로서 우리는 감사의 전 과정에 걸쳐 전문가적 판단을 수행하고 전문가적 의구심을 유지하고 있습니다. 우리는 또한:
...중략...
- 경영진의 회계의 계속기업전제 사용의 적절성과, 입수한 감사증거를 근거로 계속기업으로서의 존속능력에 대하여 유의적 의문을 초래할 수 있는 사건이나 상황과 관련된 중요한 불확실성이 존재하는지 여부에 대하여 결론을 내립니다.

...중략...
경영진의 책임과 해당 재무보고체계의 식별
...중략...

감사계약서의 '감사인의 책임' 문단에서 언급된 '회계의 계속기업전제'에 대해 감사인은 감사의 전 과정에서 주의를 기울여야 한다. 계속기업으로서의 존속능력에 대하여 유의적 의문을 초래할 만한 사건이나 상황이 식별된 경우, 감사인이 수행하여야 할 감사절차 세 가지를 각각 1줄 이내로 서술하시오(단, 아래 〈예시〉는 제외할 것).
〈예시〉
기업이 현금흐름을 예측하였고 이 예측에 대한 분석이 경영진의 미래 실행계획을 평가할 때 사건이나 상황의 미래결과를 고려하는 데 유의적인 요소인 경우, 다음의 절차를 수행함
(i) 예측을 위해 생성된 기초 데이터의 신뢰성을 평가함
(ii) 예측의 기초가 되는 가정들에 대한 적절한 근거가 있는지 여부를 결정함

정답 및 해설

▶ 570.16
① 경영진 평가 요청
② 경영진 개선 계획과 실행가능성 평가
③ CF예측이 유의적인 경우, 데이터와 가정 신뢰성 검토
④ 경영진 평가 이후 후속사건 고려
⑤ 서면진술 징구: 계획과 실행가능성

Ch 4.2.5	계존유의사상 O & 중요불확실성 X (Close Call)	570.A24 701.2	2019 문제6 물음4 배점 4

대한(주)는 계속기업으로서 존속능력에 의문을 초래할 수 있는 사건이나 상황이 식별되었으나 감사인은 입수된 감사증거를 근거로 중요한 불확실성이 존재하지 않는다고 결론을 내렸다. 이때 감사인은 해당 재무보고체계의 요구사항에 비추어 재무제표에 이러한 사건이나 상황에 대한 적절한 공시가 이루어지는지 여부를 평가하여야 한다. 이러한 제도의 도입취지와 기대효과를 각각 2줄 이내로 서술하시오.

정답 및 해설

ⓐ 도입취지: 중요한 불확실성이 존재하지 않는 경우라도, 감사인이, 해당 재무보고체계의 요구사항에 비추어, 계속기업으로서의 존속능력에 대하여 유의적 의문을 초래할 수 있는 사건이나 상황에 대하여 재무제표에 적절한 공시가 이루어지는지 여부를 평가하도록 요구된다.
ⓑ 기대효과: 수행된 감사에 대하여 투명성을 제고함으로써 감사보고서에서의 커뮤니케이션 가치를 향상시키는 데 있다. 의도된 이용자들이 기업과 감사받은 재무제표에서 유의적 경영진판단 분야를 이해하는 데 도움이 될 수 있다.

▶ 570.A24
중요한 불확실성이 존재하지 않는 경우라도, 문단 20은 감사인이, 해당 재무보고체계의 요구사항에 비추어, 계속기업으로서의 존속능력에 대하여 유의적 의문을 초래할 수 있는 사건이나 상황에 대하여 재무제표에 적절한 공시가 이루어지는지 여부를 평가하도록 요구한다. 일부 재무보고체계는 다음 사항에 대한 공시를 다룰 수 있다.
• 주요 사건이나 상황
• 의무를 충족할 수 있는 기업의 능력과 관련된 해당 사건이나 상황의 유의성에 대한 경영진의 평가
• 이러한 사건이나 상황의 영향을 완화하는 경영진의 계획; 또는
• 계속기업으로서의 존속능력에 대한 평가의 일부분으로서 경영진이 내린 유의적 판단

▶ 701.2
핵심감사사항에 대한 커뮤니케이션의 목적은 수행된 감사에 대하여 투명성을 제고함으로써 감사보고서에서의 커뮤니케이션 가치를 향상시키는 데 있다. 핵심감사사항에 대한 커뮤니케이션은 의도된 재무제표 이용자들("의도된 이용자")이 감사인의 전문가적 판단에 따라, 당기 재무제표감사에서 가장 유의적인 사항들을 이해하는 데 도움이 될 수 있도록 추가적인 정보를 제공한다. 핵심감사사항에 대한 커뮤니케이션은 또한 의도된 이용자들이 기업과 감사받은 재무제표에서 유의적 경영진판단 분야를 이해하는 데 도움이 될 수 있다.

Ch 4.2.6	계존유의사상 O & 중요불확실성 O	570.19	2016 문제8 물음4 배점 2

〈자료〉

X회계법인은 대형해운사인 A해운(주)의 20X1년도 재무제표(1.1. ~ 12.31.)를 감사하고 있다. 최근 무역흐름의 악화로 작년에 중대형 해운업체 38개 중 4개사가 퇴출되고 3개사는 워크아웃되었다. 따라서 감사인은 해운업의 불황으로 계속기업가정의 검토가 매우 중요하다고 판단하고 있다.

(1) A해운(주)의 경영진은 계속기업으로서의 존속능력에 대한 예비평가를 수행하였으며, 계속기업으로서의 존속능력에 유의적 의문을 제기할 수 있는 상황을 식별하였다.

A해운(주)는 최근 3년간 상당한 규모의 영업손실이 발생하여, 20X2년 9월에 만기가 도래하는 확정만기 차입금을 정상적인 영업활동으로는 상환이 불가능한 것으로 나타났다. 만약 만기 도래하는 차입금을 상환하지 못할 경우 A해운(주)는 부도위험에 직면하게 된다. 감사인은 만기도래 예정인 차입금의 상환가능성이 계속기업으로서의 존속능력에 유의적 의문을 초래한다고 판단하였다. 따라서 감사인은 이를 극복하기 위한 향후 계획을 경영진에게 질문하였다.

이에 대하여 (2) 경영진은 자구계획을 작성하여 감사인에게 제시하였다. (3) 경영진이 제시한 자구계획에 따르면, A(주)는 20X2년 3월부터 브라질에 소재한 B정유와 독점적으로 원유 수송업무를 제공하는 계약을 체결할 예정이다. 이로 인하여 영업활동 현금흐름이 개선되어 예정대로 차입금을 상환할 수 있을 것으로 전망하고 있다.

밑줄 친 (3)과 관련하여 감사인은 해당 상황에서 계속기업가정의 사용은 적합하나 중요한 불확실성이 존재한다고 결론을 내렸다. 이때 경영진이 작성한 재무제표에서 감사인이 확인해야 할 사항을 서술하시오.

정답 및 해설

ⓐ 계존유의사상 & 경영진 계획 → 적절 공시 여부 결정

ⓑ 계존유의사상 & 중요 불확실성 O & 계획(자산회수 & 부채상환) 실패 가능성 → 적절 공시 여부 결정

▶ 570.19

감사인은 해당 상황에서 경영진의 회계의 계속기업전제의 사용은 적합하나 중요한 불확실성이 존재한다고 결론을 내리면, 재무제표와 관련하여 다음 사항을 결정하여야 한다.

(a) 계속기업으로서의 존속능력에 대하여 유의적 의문을 초래할 수 있는 주요 사건이나 상황 및 이러한 사건이나 상황을 다루기 위한 경영진의 계획이 재무제표에 적절히 공시되어 있는지 여부

(b) 계속기업으로서의 존속능력에 대하여 유의적 의문을 초래할 수 있는 사건이나 상황과 관련하여 중요한 불확실성이 존재하고, 따라서 정상적인 사업과정에서 자산을 회수하고 부채를 상환하지 못할 수 있다는 사실이 재무제표에 명확히 공시되어 있는지 여부

Ch 4.2.7	계속기업 지배기구 커뮤니케이션	570.25	2021 문제6 물음3 배점 3

계속기업으로서의 존속능력에 대하여 유의적 의문을 초래할 수 있는 사건이나 상황과 관련한 중요한 불확실성은 그 특성상 핵심감사사항이다. 또한 감사기준서에 따르면 지배기구의 모든 구성원이 그 기업의 경영에 참여하고 있지 않는 한, 감사인은 계속기업으로서의 존속능력에 유의적 의문을 초래할 수 있다고 식별된 사건 또는 상황에 대하여 지배기구와 커뮤니케이션하여야 한다. 이때 감사인이 지배기구와 커뮤니케이션할 사항 중 세 가지만 서술하시오.

정답 및 해설

570.25

지배기구의 모든 구성원이 그 기업의 경영에 참여하고 있지 않는 한, 감사인은 계속기업으로서의 존속능력에 유의적 의문을 초래할 수 있다고 식별된 사건 또는 상황에 대하여 지배기구와 커뮤니케이션하여야 한다. 지배기구와 커뮤니케이션할 사항에는 다음이 포함되어야 한다.

(a) 사건이나 상황이 중요한 불확실성을 구성하는지 여부

(b) 재무제표의 작성에 있어 경영진의 회계의 계속기업전제 사용이 적합한지 여부

(c) 재무제표의 관련 공시의 적절성

(d) 해당되는 경우, 감사보고서에 대한 시사점

Ch 4.3.1	서면진술 대상	580.A18	2016 문제8 물음5 배점 2

〈자료〉 다음은 A해운(주)의 감사절차를 종료하는 시점에서 X회계법인의 업무수행이사와 현장책임회계사가 나눈 대화이다.

- 업무수행이사: A해운(주)로부터 서면진술은 입수했나요? 감사조서를 보니 감사대상기간(20X1. 1.1.~20X1.12.31.) 중인 20X1년 5월 1일에 최고경영진이 차○○ 사장에서 변○○ 사장으로 변경되었군요.
- 현장책임회계사: 변○○ 사장은 회계기간 중에 취임했기 때문에 취임 전 기간에 대한 서면진술을 제공할 수 없다고 하네요. 또 감사계약서에도 차○○ 사장이 서명하지 않았냐며 항변했습니다.
- 업무수행이사: 그래서 서면진술은 누구에게, 어떻게 받았습니까?
- 현장책임회계사: (1)로부터 서면진술을 받았습니다. 서면진술일은 (2)의 일자로 확인받았습니다.

밑줄 친 (1)과 관련하여 회계감사기준에서 규정하고 있는 서면진술의 요청이 되는 대상자, 대상기간 및 이유를 서술하시오.

정답 및 해설

(1) 변OO 사장 (2) 감사대상기간 x1.1.1~x1.12.31

이유: 경영진 교체 사실이 재무제표 전체에 대한 이들의 책임을 경감하지는 않는다. 따라서 감사대상기간을 포함하는 서면진술을 요청해야 함.

580.A18

현재의 경영진이 감사보고서에 언급된 모든 기간 동안 재직하지 않았을 상황이 발생할 수 있다. 이 경우 이들은 해당 기간 중 경영진의 지위가 아니었으므로 서면진술의 일부 또는 전부를 제공할 수 없다고 주장할 수 있다. 그러나, 이러한

사실이 재무제표 전체에 대한 이들의 책임을 경감하지는 않는다. 따라서 이들에게 관련된 전체 기간을 포함하는 서면진술을 요청해야 할 감사인의 요구사항은 여전히 적용된다.

Ch 4.3.2	서면진술 시기 & 대상기간	580.14	2016 문제8 물음6 배점 2

〈자료〉 앞 문제 대화에서

업무수행이사: 그래서 서면진술은 누구에게, 어떻게 받았습니까?

현장책임회계사: (1)로부터 서면진술을 받았습니다. 서면진술일은 (2)의 일자로 확인받았습니다.

밑줄 친 (2)와 관련하여 회계감사기준에서 규정하고 있는 서면진술일을 서술하시오.

정답 및 해설

서면진술일은 가능한 한 재무제표에 대한 **감사보고서일에 실행 가능한 가장 근접한 날**로 하되, 감사보고서일보다 늦지 않아야 한다.

▶ 580.14
서면진술일은 가능한 한 재무제표에 대한 감사보고서일에 실행 가능한 가장 근접한 날로 하되, 감사보고서일보다 늦지 않아야 한다. 서면진술은 감사보고서에서 언급된 모든 재무제표와 기간을 대상으로 하여야 한다.

Ch 4.3.3	서면진술: 경영진책임	210.10 580.10~12	2019 문제8 물음2 배점 2

경영진과 외부감사인 간에는 각각의 역할과 책임이 구분되어 있다. 경영진과 지배기구는 해당 재무보고체계에 따라 재무제표를 공정하게 작성하고 표시해야 할 책임이 있으며, 외부감사인은 경영진이 작성한 재무제표가 해당 재무보고체계에 따라 공정하게 표시되어 있는지에 관하여 감사의견을 표명할 책임을 질 뿐이다.
경영진과 외부감사인의 책임을 명백하게 하기 위하여 경영진의 책임을 기술하고 있는 문서를 제시하시오(단, 아래 [예시]는 제외할 것).

[예시] 감사보고서

정답 및 해설

ⓐ 감사계약서 ⓑ 서면진술(ⓒ 감사보고서)

▶ 210.10
합의된 감사업무 조건은 문단 11에 따라 감사계약서 또는 기타 적절한 형태의 합의서에 기록되어야 하며, 다음 각 사항이 포함되어야 한다. (문단 A23 – A27 참조)
(a) 재무제표감사의 목적과 범위
(b) 감사인의 책임
(c) 경영진의 책임
(d) 재무제표 작성을 위한 해당 재무보고체계의 식별
(e) 감사인에 의해 발행될 보고서의 예상되는 형태와 내용에 대한 언급
(f) 해당 보고서가 예상되는 형태와 내용과 다를 수 있는 상황이 존재할 수 있다는 기술

▶ 580.10~12 경영진책임에 관한 서면진술

10. 재무제표의 작성: 감사인은 감사업무 조건에서 정한 바와 같이 경영진이 해당 재무보고체계에 따라 재무제표를 작성할 책임(관련성이 있는 경우 재무제표의 공정표시책임을 포함)을 완수하였다는 서면진술을 제공하도록 경영진에게 요청하여야 한다.
11. 제공된 정보 및 거래의 완전성: 감사인은 다음에 관하여 경영진이 서면진술을 제공하도록 요청하여야 한다.
 (a) 경영진은 감사업무 조건에서 합의한 대로 모든 관련 정보를 감사인에게 제공하고 접근하게 하였음
 (b) 경영진은 모든 거래를 기록하고 재무제표에 반영하였음
12. 서면진술에서 경영진책임의 기술: 문단 10과 11에서 요구되는 서면진술에는 감사업무의 조건에서 기술된 방식으로 경영진의 책임이 기술되어야 한다.

Ch 4.3.4	서면진술 미제공 시 감사절차	580.14 580.19	2020 문제3 물음3 배점 3

[상황] 다음은 경북(주)의 20X1년 감사계약서 초안이다(단, 감사인은 법규가 적절하게 경영진의 책임을 규정하지 않은 것으로 결정했음).

경북 주식회사
경영진 귀중

감사의 목적과 범위

귀사는 우리에게 경북 주식회사의 20X1년 12월 31일 현재의 재무상태표와 동일로 종료되는 보고기간의 포괄손익계산서, 자본변동표, 현금흐름표 그리고 유의적인 회계정책의 요약을 포함한 재무제표의 주석에 대한 감사를 요청하였습니다.

...중략...

...중략...

경영진의 책임과 해당 재무보고체계의 식별

우리의 감사는 경영진이 다음 사항에 대하여 책임이 있음을 인정하고 이해한다는 것을 토대로 하여 수행될 것입니다.

(a) 한국채택국제회계기준에 따라 재무제표를 작성하고 공정하게 표시할 책임
(b) 부정이나 오류로 인한 중요한 왜곡표시가 없는 재무제표를 작성하기 위해 경영진이 필요하다고 결정한 내부통제에 대한 책임
(c) 우리에게 다음 사항을 제공할 책임: ① ② ③

우리는 감사과정 중 일부로서 경영진이 감사와 관련하여 우리에게 행한 진술에 관해서 서면확인을 요청할 것입니다.

...중략...

감사계약서의 '경영진의 책임과 해당 재무보고체계의 식별' 문단에서 언급된 '서면확인'은 재무제표 감사와 관련하여 감사인이 요구하는 필요적 정보이다.

(1) 서면진술의 대상기간을 1줄 이내로 서술하시오.
(2) 감사인이 요청한 서면진술 중 하나 이상을 경영진이 제공하지 않는 경우 감사인이 취해야 할 절차 두 가지를 각각 1줄 이내로 서술하시오(단, 아래 〈예시〉는 제외할 것). 〈예시〉 감사의견에 미칠 가능성이 있는 영향의 결정을 포함한 적절한 조치를 취함

정답 및 해설

(1) 580.14 서면진술일은 가능한 한 재무제표에 대한 **감사보고서일에 실행 가능한 가장 근접한 날**로 하되, 감사보고서일보다 늦지 않아야 한다. 서면진술은 **감사보고서에서 언급된 모든 재무제표와 기간을 대상**으로 하여야 한다.

(2) 580.19 경영진이 감사인이 요청한 서면진술 중 하나 이상을 제공하지 않는 경우, 감사인은 다음의 절차를 수행하여야 한다.

(a) 해당 사항을 경영진과 **토의**함

(b) 경영진의 **성실성을 다시 평가**하고, **경영진 진술(구두 또는 서면) 및 감사증거일반의 신뢰성**에 미칠 수 있는 **영향을 평가**함

(c) 감사**의견**에 미칠 가능성이 있는 **영향의 결정**을 포함한 적절한 조치를 취함

Ch 4.4.1	왜곡표시 종류: 투영된 왜곡표시	450.A6	2015 문제7 물음2 배점 4

〈자료〉 박 회계사는 20X1년 말 매출채권 잔액의 실재성을 확인하기 위해 금액가중확률표본감사(PPS: probability proportional to size sampling)를 수행하였으며, 세부내역은 다음과 같다.

(1) 매출채권 장부금액: 25,000,000

(2) 부당수용위험: 5%

과대계상

오류의 수	0	1	2	3	4
신뢰계수	3.00	4.75	6.30	7.76	9.16

(3) 허용왜곡표시액(허용오류액): 1,000,000

(4) 표본크기: 125개

(5) 발견된 왜곡표시

거래처	장부금액	감사금액	왜곡표시금액
A	500,000	400,000	100,000
B	150,000	105,000	45,000
C	50,000	45,000	5,000

회계감사기준은 감사인으로 하여금 감사 중 집계한 왜곡표시를 사실적 왜곡표시, 판단적 왜곡표시, 투영된 왜곡표시로 구분할 것을 제시하고 있다. 이 중 '투영된 왜곡표시'의 의미가 무엇인지 서술하시오.

정답 및 해설

투영된 왜곡표시는 모집단의 왜곡표시에 대한 감사인의 최선의 추정치이며, 감사표본에서 식별된 왜곡표시를 표본이 추출된 전체 모집단으로 투영하는 것임

▶ 450.A6 왜곡표시 구분

감사인은 감사 중 집계한 왜곡표시의 영향을 평가하고 경영진 및 지배기구와 왜곡표시에 대한 커뮤니케이션하는 데 유익하도록, 사실적 왜곡표시와 판단적 왜곡표시 그리고 투영된 왜곡표시를 다음과 같이 구별하는 것이 유용할 것이다.

- 사실적 왜곡표시는 의심의 여지가 없는 왜곡표시를 말함
- 판단적 왜곡표시는 감사인이 비합리적이거나 부적절하다고 고려하는, 재무제표의 인식, 측정, 표시와 공시(회계정책의 선택 또는 적용 포함) 등과 관련된 경영진의 판단으로 인하여 발생하는 차이를 말함
- 투영된 왜곡표시는 모집단의 왜곡표시에 대한 감사인의 최선의 추정치이며, 감사표본에서 식별된 왜곡표시를 표본이 추출된 전체 모집단으로 투영하는 것임.

Ch 4.4.2	왜곡표시 집계 & CT	450.5 450.14	2017 문제6 물음2 배점 3

다음은 외부감사인의 외부조회와 관련된 상황에 대한 설명이다.

외부감사인은 회사의 매출채권에서 통계적 표본추출을 통해 선정된 A, B 및 C 거래처의 거래처별 매출채권 기말잔액에 대해 외부조회절차를 수행하였다. 그 결과 A와 B 거래처로부터 차이가 있다는 회신을 받았으며, 추가감사 결과, 회사의 회계처리 오류임이 밝혀졌다.

(단위: 억 원)

구분	회사 장부금액	회신금액	차이금액
외부조회			
A	10	9	(-)1
B	20	18	(-)2
C	20	20	-
소계	50	47	(-)3
기타 거래처	450	표본으로 선정되지 않음	
합계	500		

상기 감사업무와 관련한 중요성은 아래와 같다.

- 중요성: 500억 원
- 수행중요성: 350억 원
- 명백하게 사소한(clearly trivial) 중요성: 25억 원

위 상황을 고려하여 아래 요구사항에 답하시오.

(요구사항)

(1) 모집단의 오류금액 기대치를 산출하시오(단, 매출채권 모집단의 오류는 매출채권 금액에 비례하여 발생한다고 가정한다).

(2) 회사가 위 오류를 수정 반영하지 않기로 결정한 경우에, 미수정왜곡표시의 영향에 대한 평가와 관련하여 ① 경영자의 서면진술에 미반영 수정사항으로 첨부되어야 하는지 여부와 ② 그 이유를 서술하시오.

정답 및 해설

(1) 500억 * (3억/50억)=30억 (모집단 투영: 문제가정 단순비례)

(2) 반영해야 함. ∵ 모집단 오류예상액 30억이 명백하게 사소한 금액(CT) 25억 초과

▶ 450.5

감사인은 명백하게 사소한(clearly trivial) 것을 제외하고는 감사 중 식별된 왜곡표시를 집계하여야 한다.

▶ 450.14

감사인은 경영진(적절한 경우 지배기구 포함)에게 이들이 미수정왜곡표시가 개별적으로 또는 집합적으로 재무제표 전체에 중요하지 않다고 믿는지 여부에 대한 서면진술을 요청해야 한다. 그러한 미수정 사항들은 해당 서면진술에 요약되어 포함되거나 첨부되어야 한다.

Ch 4.4.3	식별 · 미수정 왜곡표시	450.5~12	2023 문제10 물음3 배점 3

다음은 재무제표에 대한 감사보고와 관련된 물음이다.

감사인은 식별된 왜곡표시가 감사에 미치는 영향과 미수정왜곡표시가 재무제표에 미치는 영향을 평가한다. 각 항목별 설명이 적절한지 여부를 기재하고, 적절하지 않은 경우 그 이유를 2줄 이내로 서술하시오.

① 감사인은 식별한 왜곡표시를 모두 집계하고, 경영진에게 이러한 왜곡표시의 수정을 요청하여야 한다.

② 감사인은 미수정왜곡표시가 재무제표에 미치는 영향을 평가하기 전에, 전반감사전략 수립 시 결정한 중요성이 적합한지를 재평가하여야 한다.

③ 감사인의 요청으로 경영진이 거래유형, 계정잔액 혹은 공시를 조사하여 발견된 왜곡표시들을 모두 수정한 경우에, 감사인이 수행할 추가적인 감사절차는 없다.

④ 감사인은 미수정왜곡표시가 개별적으로 또는 집합적으로 중요한지 여부를 결정할 때, 과거 보고기간의 미수정왜곡표시가 재무제표에 미치는 영향을 고려할 필요가 없다.

정답 및 해설

① 적절 X, 왜곡표시 중 CT(명백하게 사소한 금액)은 집계X & 수정요청X. (450.5)
② 적절 O, 미수정왜곡표시의 FS 영향을 평가 전, 최초 중요성 적합성 재평가(450.10)
③ 적절 X, 왜곡표시들을 수정한 경우에는, 왜곡표시 잔존 여부를 결정하기 위해 추가적인 감사절차를 수행(450.7)
④ 적절 X, 과거 보고기간에 관련된 미수정왜곡표시 영향 고려해야 (450.11)

▶ 식별된 왜곡표시의 집계

450.5 감사인은 명백하게 사소한(clearly trivial) 것을 제외하고는 감사 중 식별된 왜곡표시를 집계하여야 한다.

▶ 식별된 왜곡표시에 대한 고려

450.6 감사인은 다음 중 하나의 경우 전반감사전략과 감사계획을 수정할 필요가 있는지 결정하여야 한다.
(a) 식별된 왜곡표시의 성격과 그 발생된 상황에 따르면 다른 왜곡표시가 존재할 가능성을 나타내고 있으며, 이것이 감사 중 집계한 왜곡표시들과 합쳐졌을 때 중요할 수 있는 경우
(b) 감사 중 집계한 왜곡표시의 합계가 감사기준서 320에 따라 결정된 중요성에 근접하는 경우

450.7

만약 감사인의 요청으로 경영진이 거래유형, 계정잔액 혹은 공시를 조사하여 그 발견된 왜곡표시들을 수정한 경우에는, 감사인은 왜곡표시가 잔존하고 있는지 여부를 결정하기 위해 추가적인 감사절차를 수행하여야 한다.

▶ 왜곡표시의 커뮤니케이션과 수정

450.8

감사인은 법규상 금지되지 않는 한 감사 중 집계한 모든 왜곡표시에 대하여 적합한 수준의 경영진과 적시에 커뮤니케이션하여야 한다. 감사인은 경영진에게 이러한 왜곡표시를 수정할 것을 요청하여야 한다.

450.9

만약 경영진이 감사인이 커뮤니케이션한 왜곡표시의 일부 또는 전부에 대하여 수정을 거절하는 경우, 감사인은 경영진이 수정하지 않는 사유를 이해하여야 하며 재무제표 전체에 중요한 왜곡표시가 없는지 여부를 평가할 때 그 사유를 고려하여야 한다.

▶ 미수정왜곡표시의 영향에 대한 평가

450.10

감사인은 미수정왜곡표시의 영향을 평가하기 전에, 감사기준서 320에 따라 결정된 중요성이 기업의 실제 재무결과의 관점에서도 여전히 적합한지 여부를 확인하기 위해 이를 재평가하여야 한다.

450.11

감사인은 미수정왜곡표시가 개별적으로 또는 집합적으로 중요한지 여부를 결정하여야 한다. 이를 결정하기 위하여 감사인은 다음 사항을 고려하여야 한다.

(a) 특정 거래유형, 계정잔액 혹은 공시 그리고 재무제표 전체와 관련된 왜곡표시의 규모와 성격, 그리고 그러한 왜곡표시가 발생된 특정 상황

(b) 과거 보고기간에 관련된 미수정왜곡표시가 관련 거래유형, 계정잔액 또는 공시 그리고 재무제표 전체에 미치는 영향

450.12

감사인은 법규상 금지되지 않는 한 미수정왜곡표시 및 이것이 개별적으로 또는 집합적으로 감사의견에 미칠 영향에 대하여 지배기구와 커뮤니케이션하여야 한다. 감사인은 커뮤니케이션을 할 때 중요한 미수정왜곡표시들을 개별적으로 식별하여야 한다. 감사인은 그러한 미수정왜곡표시들을 수정하도록 요청하여야 한다.

05

감사결과의 보고

5부에서는 필드에서 감사절차를 종료한 후 감사의견을 결정하고 감사결과를 보고하는 방법에 대하여 학습한다. 감사의견을 형성하고 감사보고서를 작성하는 방법과 적정의견이 아닌 변형된 감사의견에서의 감사보고서 형태를 소개한다. 그리고 비교재무제표에 대한 감사보고서와 기타정보에 대한 감사인의 책임과 감사인의 수행절차에 대하여 설명한다.

제 1 장

감사의견 형성

미수정왜곡표시가 재무제표에 미치는 영향을 평가하기 전에 감사인은 **중요성을** 실제 재무결과를 기초로 **수정해야 할 필요가 있다**(450-A11). 만약 중요성이 더 낮은 금액으로 수정된다면 그에 따라 수행중요성과 **추가 감사절차의 성격, 시기 및 범위가 적합한지를 결정**하여야 한다.

감사인의 감사의 종료시점에 재무제표가 일관성이 있는지에 대하여 전반적인 결론을 내리기 위하여 **분석적 절차를 설계하고 수행**한다. 이 과정에서 중요왜곡표시위험이 추가적으로 식별될 경우 후속 감사절차를 변경해야 한다.

1. 적정의견의 표명

감사인이 재무제표 전체에 중요한 왜곡표시가 없다고 결론을 내릴 수 있을 정도로 충분하고 적합한 감사증거를 입수하였고, 입수한 감사증거에 근거할 때 재무제표에 왜곡표시가 없다고 결론을 내렸다면 감사인은 적정의견을 표명한다.

2. 감사의견의 변형

적정의견이 아닌 감사의견의 변형사유는 다음과 같다(705-6).

① 감사인이 재무제표 전체에 중요한 왜곡표시가 없다고 결론을 내릴 수 있을 정도로 충분하고 적합한 감사증거를 입수할 수 없는 경우

② 감사인이 입수한 감사증거에 근거할 때 재무제표 전체에 중요한 왜곡표시가 존재한다고 결론을 내리는 경우

상황별 변형된 감사의견의 종류는 다음과 같다.

감사의견의 변형을 초래한 사항의 성격	중요하지만 전반적이지 않은 경우	중요하고 전반적인 경우
감사범위의 제한	한정의견	의견거절
재무제표의 왜곡표시	한정의견	부적정의견

위에서 재무제표에 대한 전반적인 영향은 다음과 같다(705-5).

① 재무제표의 특정 요소, 계정과목 또는 항목에 **국한되지 않음**

② 재무제표의 특정 요소, 계정과목 또는 항목에 국한되지만 이들이 재무제표의 상당한 부분을 나타내거나 나타낼 수 있음

③ 공시와 관련하여, 이용자가 **재무제표를 이해하는 데 근본적임**

감사인이 충분하고 적합한 감사증거를 입수하지 못한 경우에 해당하는 감사범위의 제한이 발생하는 이유는 다음과 같다(705-A8~A12).

이유	사례
기업의 통제를 벗어난 상황	• 기업의 회계기록이 파기 · 훼손된 경우 • 유의적 부문의 회계기록이 정부당국에 의해 무기한 압류 또는 압수된 경우
감사인 업무의 성격이나 시기와 관련된 상황	• 관계기업에 대한 회계처리에 지분법을 적용하도록 요구되는 상황에서 감사인이 지분법의 적합한 적용여부를 평가하는 데 관계기업의 재무정보에 대하여 충분하고 적합한 감사증거를 입수할 수 없는 경우 • 감사인이 그 선임시기 때문에 재고자산의 실사에 입회할 수 없는 경우 • 감사인이 실증절차를 수행하는 것만으로는 충분하지 않다고 판단하였으나 기업의 통제가 효과적이지 않은 경우
경영진에 의한 제한	• 경영진이 재고자산의 실사에 감사인의 입회를 막는 경우 • 경영진이 특정계정잔액에 대한 감사인의 외부조회를 막는 경우

감사의견은 미수정왜곡표시로 인하여 변형될 수 있다. 미수정왜곡표시가 중요한지 여부를 결정할 때 고려하여야 할 사항은 다음과 같다(450-11).

① 특정 거래유형, 계정잔액 혹은 공시 그리고 재무제표 전체와 관련된 **왜곡표시의 규모와 성격, 그리고 그러한 왜곡표시가 발생된 특정 상황**

② **과거 보고기간에 관련된 미수정왜곡표시가** 관련 거래유형, 계정잔액 또는 공시 그리고 재무제표 전체에 미치는 영향

왜곡표시의 발생원인은 재무제표 작성의 원천이 되는 데이터를 수집하고 처리할 때의 부적확성, 금액이나 공시의 누락, 비합리적인 회계추정치와 관련한 경영진의 판단 등 다양한 원인에 의하여 발생한다. 왜곡표시의 발생요소와 구체적인 사항은 다음과 같다(705-A4~A7).

발생요소	구체적인 상황
선택된 회계정책의 적합성	• 선택된 회계정책이 해당재무보고체계와 일관성이 없는 경우 • 재무제표(관련주석을 포함한다)가 공정한 표시를 달성하는 방식으로 기본적인 거래와 사건들을 나타내고 있지 않은 경우
선택된 회계정책의 적용	• 선택된 회계정책을 보고기간 간 또는 유사한 거래와 사건에 일관되게 적용하지 않은 경우 등 경영진이 선택된 회계정책을 해당 재무보고체계와 일관되게 적용하지 않은 경우(적용의 일관성) • 선택된 회계정책의 적용방법으로 인한 경우(예: 의도하지 않은 적용 오류)
재무제표 공시의 적합성 또는 적절성	• 해당 재무보고체계에서 요구되는 공시가 모두 재무제표에 포함되지 않은 경우 • 재무제표의 공시가 해당재무보고체계를 준수하여 표시되지 않은 경우 • 공정한 표시를 달성하는 데 필요한 공시를 재무제표가 제공하지 않은 경우

경영진이 주석에 공시하여야 하는 중요한 정보를 공시하지 않을 경우 수행할 절차는 다음과 같다(705-23).

① 미공시에 대하여 지배기구와 **토의**

② 누락된 정보의 성격을 **감사의견근거** 단락에 기술

③ 감사인이 누락된 공시를 포함하는 것이 실행 가능하고 누락된 정보에 대하여 충분하고 적합한 감사증거를 입수한 경우, 감사인은 법규상 금지되지 않는 한 누락된 공시를 포함

3. 실전예제

아래의 각 상황은 서로 독립적이다. 다음의 자료를 고려하여 각 상황에서 감사인이 발행해야 할 감사보고서를 [답안양식]에 따라 서술하시오.

자료
• 중요하다고 판단되는 중요성기준은 10억 원, 전반적으로 중요성기준은 30억 원이다. 중요성의 판단은 해당 왜곡표시가 순자산에 미치는 영향으로 판단한다. • 감사인이 설정한 수행중요성은 7억 원이다. • 감사의견을 형성할 때 질적 요소는 고려하지 않는다.

[답안양식]

상황	감사의견	강조사항	기타사항	변형근거
	'적정의견, 한정의견, 부적정의견, 의견거절' 중 선택	○ 또는 ×	○ 또는 ×	

상황
(1) X회계법인은 전기부터 A(주)의 재무제표를 감사하고 있으며, A(주)는 전기부터 건물과 기계장치를 감가상각하지 않고 있다. X회계법인은 전기재무제표에 대하여 적정의견을 표명하였다. 만약, 회계기준에 따라 감가상각한다면 20X1회계연도와 20X2년회계연도의 당기순이익은 각각 6억 원이 감소되어야 한다.
(2) A(주)의 당기에 취득한 시장성 있는 유가증권을 공정가치로 표시하지 않고 취득원가로 계상하였다. 만약 경영진이 해당 유가증권을 공정가치로 표시한다면, 단기매매금융자산은 12억 원이 감소되어야 한다. 한편, 경쟁기업인 B(주)는 특허권 침해로 A(주)에 소송을 제기하였다. 소송 결과는 예측할 수 없으며, 만약 패소한다면 A(주)의 기업 경영에 중대한 영향을 미치는 매우 이례적인 사건이 될 수 있다. A(주)는 해당 소송사건을 재무제표 주석으로 적절하게 기술하고 있다.
(3) X회계법인은 A(주)가 지분법을 적용하고 있는 조인트벤처 투자지분의 재무정보에 대하여 충분하고 적합한 감사증거를 입수할 수 없었다. A(주)가 조인트벤처에 투자한 지분금액은 A(주) 순자산의 20%(A(주)의 순자산은 500억 원이다)에 해당한다.
(4) A(주)의 당기말 재무상태표에는 재고자산이 100억 원으로 계상되어 있다. 경영진은 재고자산을 취득원가와 순실현가능가치 중 낮은 금액으로 표시하지 않고, 취득원가로 계상하였다. 만약, 경영진이 취득원가와 순실현가능가치 중 낮은 금액으로 재고자산을 계상한다면 기말재고자산은 35억 원만큼 감액되어 순실현가능가치로 계상되어야 한다.
(5) X회계법인은 당기부터 A(주)를 감사하고 있다. 전기 재무제표는 Y회계법인이 감사하였으며 전기 감사의견은 적정의견이었다. X회계법인은 Y회계법인에 전기감사조서의 열람을 신청하였으나 거절당하였다. 따라서 X회계법인은 기초잔액에 대하여 대체적 감사절차를 수행하였으며 기초재고자산 4억 원이 과대계상된 것으로 확인하였다.

[답안]

상황	감사 의견	강조 사항	기타 사항	변형근거
(1)	한정의견	X	X	• 2년간 감가상각비가 과소계상된 것은 재무제표의 왜곡표시에 해당하고 그 금액은 12억 원으로서 재무제표에 미치는 영향이 중요하지만 전반적이지 않다.
(2)	한정의견	○	X	• 시장성 있는 단기매매금융자산을 취득원가로 계상한 것은 재무제표의 왜곡표시에 해당하고 그 공정가치와의 차액은 12억 원으로 재무제표에 미치는 영향이 중요하지만 전반적이지 않다. • 한편 특허권 침해소송은 기업 경영에 중대한 영향을 미치는 매우 이례적인 사건으로서 재무제표이용자가 재무제표를 이해하는 데 근본적으로 중요한 사항으로 판단되므로 강조사항을 기재한다.
(3)	의견거절	X	X	• 지분법을 적용하고 있는 조인트벤처 투자지분의 재무정보에 대하여 충분하고 적합한 감사증거를 입수하지 못한 것은 감사범위 제한에 해당하고 그 영향이 순자산의 20%인 100억 원으로 전반적인 중요성 금액 30억 원을 초과한다.
(4)	부적정의견	X	X	• 회사가 저가법을 적용하지 않은 것은 재무제표의 왜곡표시에 해당하고 미반영된 평가손실이 35억 원으로 중요하고 전반적이다.
(5)	적정의견	X	○	• X회계법인이 기초잔액에 대해서 대체적 감사절차를 수행하였고 만약 경영진이 과대계상된 기초재고자산을 수정하였다면 감사범위의 제한이나 재무제표의 왜곡표시는 존재하지 않는다(회사가 기초재고자산 과대계상금액을 수정하지 않았다고 하더라도 중요성 금액 미만이다). • 한편 전임감사인이 전기 감사보고서를 재발행하지 않는 이상 당기감사인은 기타사항문단에 전기 재무제표는 전임감사인이 감사하였다는 사실, 전기감사보고서의 감사보고서일자와 감사의견을 기재하여야 한다.

제2장

감사보고서 작성

1. 감사보고서의 구성요소

1) 감사보고서의 기본적인 구성요소

주권상장법인과 비상장법인의 감사보고서 형식과 관련된 구성요소

주권상장법인	비상장법인
• 보고서 제목(독립된 감사인의 감사보고서) • 보고대상(수신인)(주주 및 이사회 귀중) • 업무수행이사의 이름 • 보고자(감사인) • 보고일자(감사보고서일)	• 보고서 제목(독립된 감사인의 감사보고서) • 보고대상(수신인)(주주 및 이사회 귀중) • 보고자(감사인) • 보고일자(감사보고서일)

업무수행이사의 실명제도는 감사에 대한 책임을 강화하여 감사품질을 높이기 위한 것이다. 그러나 개인의 안전에 대한 유의적 위협을 발생시킨다고 합리적으로 예상되는 경우에는 업무수행이사의 이름을 기재하지 않을 수 있다.

업무수행이사의 이름을 기재하지 않을 수 있는 경우와 추가절차(700-45).

이름의 기재를 생략할 수 있는 상황	이름의 기재를 생략할 때 수행절차
업무수행이사의 이름을 공시하는 것이 개인의 안전에 대한 유의적 위협을 발생시킨다고 합리적으로 예상되는 경우	개인의 안전에 대한 유의적 위협의 발생가능성과 심각성에 대한 감사인의 평가를 알리기 위하여 업무수행이사의 **이름을 기재하지 않으려는 감사인의 의도를 지배기구와 논의**하여야 한다.

주권상장법인과 비상장법인의 감사보고서 내용과 관련된 구성요소

주권상장법인	비상장법인
• 감사의견 • 감사의견근거 • 핵심감사사항 • 재무제표에 대한 경영진과 지배기구의 책임 • 재무제표감사에 대한 감사인의 책임	• 감사의견 • 감사의견근거 • 재무제표에 대한 경영진과 지배기구의 책임 • 재무제표감사에 대한 감사인의 책임

(1) 감사의견

적정의견일 경우에는 '한국채택국제회계기준에 따라 중요성의 관점에서 공정하게 표시하고 있습니다'라고 표시하고, 변형의견일 경우에는 한정의견, 의견거절, 부적정의견이라고 기재한다.

감사의견단락의 2가지 구성내용(700-24, 25)은,

전단: 감사대상	후단: 감사의견
• 감사대상 회사의 이름과 해당 회사의 재무제표를 감사하였다는 사실 • 재무제표를 구성하는 단위재무제표의 명칭, 재무제표를 구성하는 단위재무제표의 보고대상 일자나 기간, 유의적인 회계정책의 요약을 포함한 재무제표의 주석에 대한 언급	• 우리의 의견으로는 별첨된 회사의 재무제표는 회사의 20x1년 12월 31일 현재의 재무상태와 동일로 종료되는 보고기간의 재무성과 및 현금흐름 • 한국채택국제회계기준에 따라, 중요성의 관점에서 공정하게 표시하고 있습니다.

(2) 감사의견근거

감사의견근거 단락의 포함내용은 다음과 같다(700-28).

① 감사가 **감사기준에 따라 수행**되었음을 기술

② 감사기준에 따른 **감사인의 책임을 기술**하는 감사보고서의 단락 언급

③ 감사인은 감사와 관련된 윤리적 요구사항에 따라 기업으로부터 독립적이며 그러한 요구사항에 따른 **기타의 윤리적 책임들을 이행하였다는 기술** 포함. 해당 기술에는 관련 윤리적 요구사항의 원천에 대한 관할지의 표시 또는 국제윤리기준에 대한 언급이 포함되어야 함

④ **입수한 감사증거가** 감사의견의 근거를 제공하기에 충분하고 적합하다고 감사인이 믿는지 여부에 대한 기술

(3) 핵심감사사항

주권상장법인 감사보고서에만 포함되는 핵심감사사항이란 '감사인의 전문가적 판단에 따라 당기 재무제표감사에서 가장 유의적인 사항'을 말한다.

(4) 재무제표에 대한 경영진과 지배기구의 책임(700-32, 35)

구분		책임의 내용
경영진의 책임	전단	• 재무제표 작성 책임 • 내부통제에 대한 책임
	후단	• 계속기업으로서의 존속능력 평가책임 • 계속기업전제의 사용에 대한 책임
지배기구의 책임		회사의 재무보고절차의 감사에 대한 책임

(5) 재무제표감사에 대한 감사인의 책임

보고서 본문에 기재해야 하는 감사인의 책임에 대한 내용(700-37)은,

① 우리의 목적은 재무제표에 중요한 왜곡표시가 없는지에 대한 합리적 확신을 얻어 의견이 포함된 감사보고서를 발행하는 데 있음

② 합리적 확신은 높은 수준의 확신이나 중요한 왜곡표시의 발견을 보장하지 않음

③ 왜곡표시의 원인(부정 또는 오류), 중요한 왜곡표시의 개념(왜곡표시 중 이용자의 경제적 의사결정에 영향을 미칠 것이 합리적으로 예상될 경우)

보고서 본문, 보론, 웹사이트 등에 기재될 수 있는 감사인의 책임에 대한 내용(700-38)은,

① 감사의 전 과정에서 전문가적 판단을 수행하고 전문가적 의구심을 유지함

② 중요왜곡표시위험을 식별, 평가하고 그 위험에 대응하는 감사절차를 설계하고 수행함

③ 상황에 적합한 감사절차를 설계하기 위하여 감사와 관련된 내부통제를 이해함

④ 회계정책의 적합성과 회계추정치와 관련한 공시의 합리성에 대하여 평가함

⑤ 계속기업전제 사용의 적절성과 유의사항과 관련한 중요한 불확실성의 존재여부에 대해 결론을 내림

⑥ 공시를 포함한 재무제표의 표시, 구조, 내용을 평가함

⑦ 계획된 감사범위와 시기, 유의적인 감사의 발견사항(내부통제의 유의적 미비점 포함)을 지배기구와 커뮤니케이션함

⑧ 독립성 관련 윤리적 요구사항들을 준수하고 독립성 문제와 관련된 사항들을 지배기구와 커뮤니케이션함(상장기업에 한함)

⑨ 핵심감사사항을 결정하고 이러한 사항들을 감사보고서에 기술함(상장기업과 특정비상장기업)(수주산업 핵심감사사항)

2) 핵심감사사항의 커뮤니케이션과 감사보고

(1) 개요

핵심감사사항(Key Audit Matters: KAM)이란 감사인의 전문가적 판단에 따라 당기 재무제표감사에서 가장 유의적인 사항을 말하며(701-8), 지배기구와 커뮤니케이션한 사항 중에서 선택된다.

핵심감사사항의 커뮤니케이션 목적과 효익은 다음과 같다(701-2~3).

목적	수행된 감사에 대하여 투명성을 제고함으로써, 감사보고서에서의 커뮤니케이션 가치를 향상시키는 데 있다.
효익	• 재무제표 이용자들이 감사인의 전문가적 판단에 따라, 당기 재무제표감사에서 가장 유의적인 사항들을 이해하는 데 도움이 될 수 있도록 추가적인 정보를 제공한다. • 재무제표 이용자들이 기업과 감사받은 재무제표에서 유의적 경영진 판단 분야를 이해하는 데 도움이 될 수 있다. • 재무제표 이용자들에게 기업, 감사받은 재무제표 또는 수행된 감사와 관련한 특정사항에 관하여 경영진과 지배기구에 더 많이 관여할 수 있는 근거를 제공할 수도 있다.

(2) 핵심감사사항의 결정방법

핵심감사사항은 지배기구와 커뮤니케이션한 유의적인 사항 중에서 감사를 수행할 때, '유의적 감사인주의'를 요구한 사항들을 결정한 뒤, 그중에서 가장 유의적인 사항들을 핵심감사사항으로 결정하여야 한다.

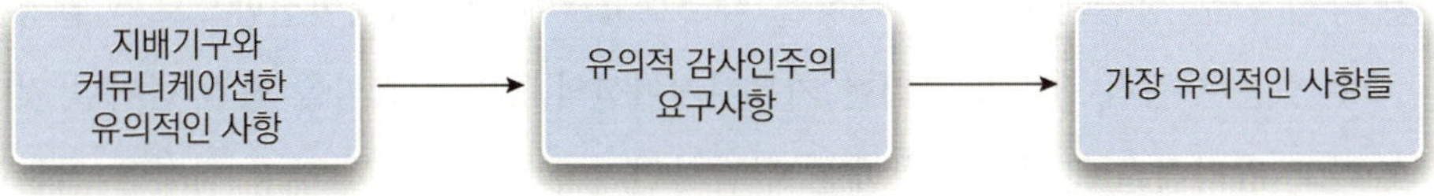

유의적 감사인주의 결정 시 고려할 사항은 다음과 같다(701-9).

① 중요왜곡표시위험이 더 높게 평가되거나 **유의적 위험으로 식별된 분야**

② 추정불확실성이 높은 것으로 식별된 회계추정치를 포함하여, 유의적 경영진 판단이 수반된 재무제표 분야와 관련되는 **유의적 감사인 판단**

③ 보고기간 중 발생한 **유의적인 사건이나 거래가** 감사에 미치는 영향

(3) 핵심감사사항의 감사보고서 기재사항

핵심감사사항은 핵심감사사항 단락이라는 별도의 단락에 기재한다. 따라서 감사보고서에서 '핵심감사사항'이라는 제목을 기재하고 그 내용은 도입문구와 개별핵심감사사항으로 구분 표시된다.

도입문구의 기재사항은 다음과 같다(701-11).

① 핵심감사사항은 감사인의 전문가적 판단에 따라 당기 재무제표감사에서 **가장 유의적인 사항임.**

② 해당 사항은 재무제표 전체에 대한 감사의 관점에서, 재무제표 전체에 대한 감사의견을 형성할 때 다루어진 사항이며, **감사인은 이 사항에 대하여 별도의 의견을 제공하지 않음**

개별 핵심감사사항의 기재사항은 다음과 같다(701-13).

① 해당 사항이 감사에서 가장 유의적인 사항 중 하나로 고려되어 **핵심감사사항으로 결정된 이유**

② **해당 사항이 감사에서 다루어진 방법**

(4) 핵심감사사항으로 결정된 사항이 감사보고서에 커뮤니케이션되지 않는 상황(701-14)

① 법규에서 해당 사항에 대한 **공시를 배제함**

② 극히 드문 상황에서, 해당 사항을 감사보고서에 **커뮤니케이션함으로써 발생할 수 있는 부정적 결과가 그러한 커뮤니케이션의 공익적 효익을 훨씬 넘어설 것이라고 합리적으로 예상**되기 때문에 감사인이 감사보고서에 해당 사항을 커뮤니케이션해서는 안 된다고 결정함. 기업이 해당 사항에 관한 정보를 공시한 적이 있는 경우에는 동 문단을 적용해서는 안 됨

(5) 핵심감사사항과 다른 사항과의 관계 및 감사보고서 기재방법

① 감사의견 변형사유와 핵심감사사항이 동일한 경우

감사의견변형사유를 감사의견문단에 기재하고 핵심감사사항 단락에 기재하지 않는다. 그 이유는 다른 핵심감사사항으로부터 이 사항에 대한 커뮤니케이션을 분리하는 것이 감사보고서에서 이 사항을 적절하게 부각시키기 때문이다(701-A6).

② 다른 사항으로 한정의견이나 부적정의견이 표명되는 경우 핵심감사사항의 기재방법

㉠ 다른 핵심감사사항을 표시하는 방법

핵심감사사항

핵심감사사항은 우리의 전문가적 판단에 따라 당기 재무제표감사에서 가장 유의적인 사항들입니다. 해당 사항들은 재무제표 전체에 대한 감사의 관점에서 우리의 의견형성 시 다루어졌으며, 우리는 이런 사항에 대하여 별도의 의견을 제공하지는 않습니다. 우리는 한정(또는 부적정)의견근거 단락에 기술된 사항에 추가하여 아래에 기술된 사항을 이 감사보고서에서 커뮤니케이션할 핵심감사사항으로 결정하였습니다.

1. 관계기업투자주식 손상평가

㉡ 재무제표의 전체적인 신뢰성에 오해를 방지하기 위해 다른 핵심감사사항을 표시하지 않는 방법

핵심감사사항

우리는 부적정의견근거 단락에서 기술된 사항을 제외하고는 감사보고서에서 커뮤니케이션할 다른 핵심감사사항은 없다고 결정하였습니다.

③ 의견거절 표명 시 핵심감사사항

의견거절 감사보고서에는 핵심감사사항 단락 자체를 포함하지 못하도록 규정하고 있다(705-29, A26).

부적정의견을 표명하는 경우로서 다른 핵심감사사항이 없다고 결정한 경우	의견거절 표명 시
핵심감사사항 우리는 부적정의견근거 단락에 기술된 사항을 제외하고는 감사보고서에서 커뮤니케이션할 다른 핵심감사사항은 없다고 결정하였습니다.	핵심감사사항 단락을 기재하지 않음

④ 계속기업과 관련된 중요한 불확실성과 핵심감사사항

계속기업 관련 중요한 불확실성이 있다면 일반적으로 핵심감사사항에 해당하므로, **계속기업 관련 중요한 불확실성 단락에 기재하고 핵심감사사항에는 '우리는 계속기업 관련 중요한 불확실성 단락에 기술된 사항에 추가하여 아래에 기술된 사항을 이 감사보고서에서 커뮤니케이션할 핵심감사사항으로 결정하였습니다'라고 언급한다.**

3) 강조사항과 기타사항

(1) 강조사항과 기타사항의 정의(706-7)

강조사항	기타사항
재무제표에 적절하게 표시되거나 **공시되어 있지만,** 이용자가 재무제표를 이해하는 데 **근본이 될 정도로 중요한 사항이라고 판단**되어 감사인이 이러한 사항을 언급하는 감사보고서에 포함된 문단	재무제표에 표시되거나 **공시되지 않은 사항으로서** 이용자가 감사, 감사인의 책임 또는 감사보고서를 **이해하는 데 관련성이 있다고 판단**되어 감사인이 이러한 사항을 언급하는 감사보고서에 포함된 문단

(2) 강조사항의 세부사항

강조사항문단의 기재가 필요한 상황은 다음과 같다(706-A5).

① 예외적인 **소송이나 규제조치**의 미래 결과에 대한 불확실성

② 재무제표일과 감사보고서일 사이에 발생한 **유의적인 후속사건**

③ 재무제표에 중요한 영향을 미치는 **새로운 회계기준을 조기적용(허용된 경우) 하는 경우**

④ 해당 기업의 재무상태에 유의적인 영향을 미쳤거나 계속해서 영향을 미치고 있는 **주요 재해**

유의적인 후속사건과 관련하여 강조사항에 포함되어야 할 사항은 다음과 같다.

① 해당 수정사항에만 한정하여 추가감사절차를 수행한 경우 감사보고서일의 변경방법 중 추가설명문단을 기재하는 방식에서 강조사항 또는 기타사항을 이용하는 경우(예: **강조사항** 후속사건에 대한 감사절차는 오직 재무제표의 관련 주석2에 기술된 수정에만 한정하여 수정하였습니다.)

② 재무제표 발행일 이후 감사보고서가 재발행되는 경우 강조사항 또는 기타사항으로 활용(예: 본 감사인은 동 수정사항을 반영하여 감사보고서를 재발행하였으므로, 본 감사인이 20X2년 2월 15일자로 발행한 감사보고서는 더 이상 유효하지 않으며 회사의 20X1년 재무제표와 관련하여 사용할 수 없습니다.)

감사인은 강조사항문단을 기재하는 경우 다음의 사항을 강조사항문단에 포함하여야 한다(706-9).

① "**강조사항**"이라는 용어를 포함하는 적합한 제목을 가진 감사보고서의 별도의 단락 내에 해당 문단을 포함함

② 강조될 사항 및 이를 상세하게 기술하고 있는 재무제표의 관련 공시의 위치를 명확하게 언급함. **강조사항문단에서는 재무제표에 표시되거나 공시된 정보만을 언급하여야 함**(예: ...회사의 재무제표에 대한 주석 19에 주의를 기울일 필요가 있습니다....)

③ **강조된 사항과 관련하여 감사의견이 변형되지 않는다는 점**을 나타냄

감사인이 특정 상황에 대하여 강조사항문단을 기재할 때 다음 사항에 유의하여야 한다.

① 강조사항문단에서는 재무제표에 표시되거나 공시된 정보만을 언급해야 한다.

② 강조사항문단을 광범위하게 사용할 경우, 강조하고자 하는 사항에 대한 감사인의 커뮤니케이션의 효과성이 감소된다.

③ 강조사항문단은 변형의견근거, 계속기업 관련 중요한 불확실성 및 핵심감사사항을 대체할 수 없으며 이에 해당하지 않아야 한다(단 수주산업의 비상장법인은

핵심감사사항을 강조사항 문단에 기재한다).

④ 강조사항은 핵심감사사항 단락 이전이나 이후에 직접적으로 표시될 수 있다.

(3) 기타사항의 세부사항

재무제표에 표시 또는 공시되지 않는 사항으로 재무제표이용자의 이해에 도움이 될 것으로 판단되어 기타사항문단으로 기재가 필요한 사항은 다음과 같다(706-A10~A14).

<table>
<tr><th colspan="2">상황</th><th>사례</th></tr>
<tr><td colspan="2">계속감사 시 전기의견의 변경</td><td>계속감사에서 전기재무제표에 대한 감사의견이 해당 감사인이 이전에 표명한 의견과 다른 경우 감사인은 기타사항문단에 상이한 의견에 대한 중요한 사유를 공시해야 함</td></tr>
<tr><td rowspan="2">초도 감사 시</td><td>전기재무제표를 타 감사인이 감사한 경우</td><td>• 전기재무제표는 전임감사인이 감사하였음
• 전임감사인이 표명한 의견의 유형, 그리고 해당 의견이 변형되었으면 그 이유
• 전임감사인의 감사보고서일</td></tr>
<tr><td>전기 재무제표가 감사받지 않은 경우</td><td>기타사항문단에 '비교재무제표는 감사받지 아니하였다'고 기술함</td></tr>
<tr><td colspan="2">기타정보의 불일치</td><td>감사보고서일 전에 수정에 필요한 기타정보를 식별하여 수정요청을 하였으나 경영진이 수정을 거부할 경우 대응절차 중의 한 가지</td></tr>
<tr><td colspan="2">감사에 대한 이용자의 이해와 관련되어 있는 경우</td><td>경영진에 의한 감사범위의 제한으로 인해 감사인이 충분하고 적합한 감사증거를 입수할 수 없고 이로 인해 미칠 수 있는 영향이 전반적임에도 감사를 해지할 수 없는 드문 상황에서 감사를 해지하는 것이 가능하지 않은 이유를 설명하기 위한 경우</td></tr>
<tr><td colspan="2">감사인의 책임이나 감사보고서에 대한 이용자의 이해와 관련 있는 경우</td><td>법규 등에서 감사인의 책임에 대해 추가적인 설명을 요구하거나 허용하는 경우</td></tr>
<tr><td colspan="2">복수 재무제표에 대한 보고</td><td>기업이 첨부한 재무제표 외에 다른 일반목적회계기준에 따른 재무제표도 작성하였으며 감사인이 동 재무제표에 대해서도 감사보고서를 발행하는 경우</td></tr>
<tr><td colspan="2">감사보고서의 배포와 이용의 제약</td><td>감사보고서가 특정의 의도된 이용자를 위한 것으로 발행되어 제3자에게 배포되거나 이용될 수 없는 경우</td></tr>
</table>

감사인은 기타사항을 기재하는 경우 **기타사항의 제목**을 가진 연도의 단락 내에 해당사항을 포함하여야 한다(706-11).

감사인이 감사보고서에 강조사항문단이나 기타사항문단을 포함시킬 것으로 예상하는 경우, 이와 같은 예상 및 해당 문단의 문안에 대하여 **지배기구와 커뮤니케이션하여야 한다**(706-12).

4) 주권상장법인의 적정의견의 표준감사보고서(706-보론3 수정)

독립된 감사인의 감사보고서

ABC주식회사의 주주 귀중 [또는 다른 적합한 수신인]

재무제표감사에 대한 보고

감사의견

우리는 ABC 주식회사(이하 "회사")의 재무제표를 감사하였습니다. 해당 재무제표는 20X1년 12월 31일 현재의 재무상태표, 동일로 종료되는 보고기간의 손익계산서(또는 포괄손익계산서), 자본변동표, 현금흐름표 그리고 유의적인 회계정책의 요약을 포함한 재무제표의 주석으로 구성되어 있습니다.

우리의 의견으로는 별첨된 회사의 재무제표는 회사의 20X1년 12월 31일 현재의 재무상태와 동일로 종료되는 보고기간의 재무성과 및 현금흐름을 한국채택국제회계기준에 따라, 중요성의 관점에서 공정하게 표시하고[또는, "…현금흐름에 대하여 한국채택국제회계기준에 따라 진실하고 공정한 관점을 제시하고"] 있습니다.

감사의견근거

우리는 감사기준에 따라 감사를 수행하였습니다. 이 기준에 따른 우리의 책임은 이 감사보고서의 **재무제표감사에 대한 감사인의 책임** 단락에 기술되어 있습니다. 우리는 재무제표감사와 관련된 대한민국의 윤리적 요구사항에 따라 회사로부터 독립적이며 그러한 요구사항에 따른 기타의 윤리적 책임들을 이행하였습니다. 우리가 입수한 감사증거가 감사의견을 위한 근거로서 충분하고 적합하다고 우리는 믿습니다.

강조사항

재무제표 이용자는 재무제표에 대한 주석 X에 주의를 기울여야 할 필요가 있습니다. 재무제표에 대한 주석 X는 회사의 생산설비 화재의 영향을 기술하고 있습니다. 우리의 의견은 이 사항으로부터 영향을 받지 아니합니다.

핵심감사사항

핵심감사사항은 우리의 전문가적 판단에 따라 당기 재무제표감사에서 가장 유의적인 감사사항들입니다. 해당 사항들은 전체재무제표감사의 관점에서 우리의 의견형성 시 다루어졌으며, 우리는 이런 사항에 대하여 별도의 의견을 제공하지는 않습니다. 우리는 아래에 기술된 사항을 이 감사보고서에서 커뮤니케이션할 핵심감사사항으로 결정하였습니다.

기타사항

ABC 주식회사의 20X0년 12월 31일로 종료된 보고기간의 재무제표는 타 감사인이 감사하였으며 이 감사인의 20X1년 3월 31일자 감사보고서에는 해당 재무제표에 대하여 적정의견이 표명되었습니다.

재무제표에 대한 경영진과 지배기구의 책임
경영진은 한국채택국제회계기준에 따라 이 재무제표를 작성하고 공정하게 표시할 책임이 있으며, 부정이나 오류로 인한 중요한 왜곡표시가 없는 재무제표를 작성하는 데 필요하다고 결정한 내부통제에 대해서도 책임이 있습니다.

재무제표감사에 대한 감사인의 책임
우리의 목적은 재무제표에 전체적으로 부정이나 오류로 인한 중요한 왜곡표시가 없는지에 대하여 합리적인 확신을 얻어 우리의 의견이 포함된 감사보고서를 발행하는 데 있습니다. 합리적인 확신은 높은 수준의 확신을 의미하나 감사기준에 따라 수행된 감사가 항상 중요한 왜곡표시를 발견한다는 것을 보장하지는 않습니다. 왜곡표시는 부정이나 오류로부터 발생할 수 있으며 왜곡표시가 재무제표를 근거로 하는 이용자의 경제적 의사결정에 개별적으로 또는 집합적으로 영향을 미칠 것이 합리적으로 예상되면 그 왜곡표시는 중요하다고 간주됩니다.

이 독립된 감사인의 감사보고서의 근거가 된 감사를 실시한 업무수행이사는 [*이름*]입니다.

[*해당 국가에 따라 회계법인의 명칭이나 감사인 개인이름, 또는 두 가지 모두를 기재*]
[*감사인의 주소*]
[*감사보고서일*]

제 3 장

감사의견 변형

1. 변형사유별 감사보고서의 내용과 관련된 구성요소의 수정여부

<table>
<tr><th colspan="2">구분</th><th>변형의견</th><th>변경 감사보고서 내용</th></tr>
<tr><td rowspan="5">감사의견</td><td>감사
대상</td><td>의견거절</td><td>'재무제표를 감사하였습니다'→'감사계약을 체결하였습니다.</td></tr>
<tr><td rowspan="4">감사
의견</td><td>범위제한-한정</td><td>'이 감사보고서의 한정의견근거 단락에서 기술된 사항이 미칠 수 있는 영향을 제외하고는' 표현추가</td></tr>
<tr><td>의견거절</td><td>'우리는 별첨된 회사의 재무제표에 대하여 의견을 표명하지 않습니다. 우리는 이 감사보고서의 의견거절근거 단락에서 기술된 사항의 유의성 때문에 재무제표에 대한 감사의견의 근거를 제공하는 충분하고 적합한 감사증거를 입수할 수 없었습니다.'</td></tr>
<tr><td>왜곡표시-한정</td><td>'이 감사보고서의 한정의견근거 단락에서 기술된 사항이 미치는 영향을 제외하고는' 표현 추가</td></tr>
<tr><td>왜곡표시-부적정</td><td>'이 감사보고서의 부적정의견근거 단락에 기술된 사항의 유의성 때문에 회사의 20X1년 12월 31일 현재의 재무상태와 동일로 종료되는 보고기간의 재무성과 및 현금흐름을 한국채택국제회계기준에 따라 중요성의 관점에서 공정하게 표시하고 있지 않습니다.</td></tr>
<tr><td colspan="2" rowspan="2">감사의견근거</td><td>범위제한-한정</td><td>감사범위제한의 내용과 관련 계정의 금액을 기술
'감사의견을 위한 근거로서 충분하고 적합하다고 믿습니다'→'한정의견을 위한 근거로서 충분하고 적합하다고 믿습니다'</td></tr>
<tr><td>의견거절</td><td>감사범위제한의 내용과 관련 계정의 금액을 기술
'우리는 감사기준에 따라 감사를 수행하였습니다~'를 포함한 이후 문장 모두 삭제</td></tr>
</table>

구분	변형의견	변경 감사보고서 내용
	왜곡표시-한정	왜곡표시의 내용과 그 왜곡표시가 재무제표에 미치는 영향을 기술(왜곡표시의 재무적 영향의 설명과 계량화한 내용을 포함하여야 하나, 재무적 영향을 계량화하는 것이 실행 가능하지 않다면 그러한 사실을 이 단락에 기술하여야 함) '감사의견을 위한 근거로서 충분하고 적합하다고 믿습니다'→'한정(부적정)의견을 위한 근거로서 충분하고 적합하다고 믿습니다'
	왜곡표시-부적정	
핵심감사사항	범위제한-한정	'우리는 한정(부적정)의견근거 단락에 기술된 사항에 추가하여'라는 표현 추가
	왜곡표시-한정	
	왜곡표시-부적정	
	의견거절	감사보고서에 핵심감사사항 단락을 기재할 수 없음
경영진과 지배기구의 책임	모든 변형의견	어떤 경우에도 재무제표에 대한 경영진과 지배기구의 책임은 변경되거나 경감되지 않는다.
감사인의 책임	의견거절	문구를 다음과 같이 전반적으로 수정한다. • '우리의 책임은 회계감사기준에 따라 회사의 재무제표를 감사하고 감사보고서를 발행하는 데 있습니다. 그러나 우리는 이 감사보고서의 의견거절근거 단락에서 기술된 사항의 유의성 때문에 해당 재무제표에 대한 감사의견의 근거를 제공하는 충분하고 적합한 감사증거를 입수할 수 없었습니다. 우리는 재무제표 감사와 관련된 대한민국의 윤리적 요구사항에 따라 회사로부터 독립적이며 그러한 요구사항에 따른 기타의 윤리적 책임들을 이행하였습니다.'

2. 감사범위제한으로 감사의견 변형 시 감사보고서 사례

1) 재무제표 왜곡표시로 인한 한정의견(705-보론 사례1)

독립된 감사인의 감사보고서

ABC주식회사의 주주 귀중 [또는 다른 적합한 수신인]

재무제표감사에 대한 보고

한정의견

우리는 ABC 주식회사(이하 "회사")의 재무제표를 감사하였습니다. 해당 재무제표는 20X1년 12월 31일 현재의 재무상태표, 동일로 종료되는 보고기간의 손익계산서(또는 포괄손익계산서), 자본변동표, 현금흐름표 그리고 유의적인 회계정책의 요약을 포함한 재무제표의 주석으로 구성되어 있습니다.

우리의 의견으로는 별첨된 회사의 재무제표는 이 감사보고서의 **한정의견근거** 단락에 기술된 사항이 미치는 영향을 제외하고는, 회사의 20X1년 12월 31일 현재의 재무상태와 동일로 종료되는 보고기간의 재무성과 및 현금흐름을 한국채택국제회계기준에 따라, 중요성의 관점에서 공정하게 표시하고[또는, *"…현금흐름에 대하여 한국채택국제회계기준에 따라 진실하고 공정한 관점을 제시하고"*] 있습니다.

한정의견근거

ABC 주식회사의 재무상태표에는 재고자산이 XXX원으로 계상되어 있습니다. 경영진은 재고자산을 취득원가와 순실현가능가치 중 낮은 금액으로 표시하지 아니하고 취득원가로만 계상하였습니다. 이러한 회계처리는 한국채택국제회계기준에 위배된 것입니다. 회사의 기록에 따르면 만약 경영진이 취득원가와 순실현가능가치 중 낮은 금액으로 재고자산을 계상하였을 경우, 재고자산은 XXX원만큼 감액되어 순실현가능가치로 계상되었어야 합니다. 따라서, 매출원가는 XXX원만큼 증가되고 법인세 비용과 당기순이익 그리고 자본은 각각 XXX원, XXX원 및 XXX원만큼씩 감소되었을 것입니다.

우리는 감사기준에 따라 감사를 수행하였습니다. 이 기준에 따른 우리의 책임은 이 감사보고서의 **재무제표감사에 대한 감사인의 책임** 단락에 기술되어 있습니다. 우리는 재무제표감사와 관련된 대한민국의 윤리적 요구사항에 따라 회사로부터 독립적이며 그러한 요구사항에 따른 기타의 윤리적 책임들을 이행하였습니다. 우리가 입수한 감사증거가 한정의견을 위한 근거로서 충분하고 적합하다고 우리는 믿습니다.

핵심감사사항

핵심감사사항은 우리의 전문가적 판단에 따라 당기 재무제표감사에서 가장 유의적인 사항들입니다. 해당 사항들은 재무제표 전체에 대한 감사의 관점에서 우리의 의견형성 시 다루어졌으며, 우리는 이런 사항에 대하여 별도의 의견을 제공하지는 않습니다. 우리는 **한정의견근거** 단락에 기술된 사항에 추가하여, 아래에 기술된 사항을 이 감사보고서에서 커뮤니케이션할 핵심감사사항으로 결정하였습니다.

[핵심감사사항 각각에 대한 기술]

재무제표에 대한 경영진과 지배기구의 책임

....

재무제표감사에 대한 감사인의 책임

2) 재무제표 왜곡표시로 인한 부적정의견(705-보론 사례2)

독립된 감사인의 감사보고서

ABC주식회사의 주주 귀중 [또는 다른 적합한 수신인]

연결재무제표감사에 대한 보고

부적정의견

우리는 ABC 주식회사와 그 종속기업들(연결회사)의 연결재무제표를 감사하였습니다. 해당 연결재무제표는 20X1년 12월 31일 현재의 연결재무상태표, 동일로 종료되는 보고기간의 연결손익계산서(또는 연결포괄손익계산서), 연결자본변동표, 연결현금흐름표 그리고 유의적인 회계정책의 요약을 포함한 연결재무제표의 주석으로 구성되어 있습니다.

우리의 의견으로는 별첨된 연결회사의 연결재무제표는 이 감사보고서의 **부적정의견근거** 단락에 기술된 사항의 유의성 때문에 연결회사의 20X1년 12월 31일 현재의 연결재무상태와 동일로 종료되는 보고기간의 연결재무성과 및 연결현금흐름을 한국채택국제회계기준에 따라 중요성의 관점에서 공정하게 표시하고(또는, "… 연결현금흐름에 대하여 한국채택국제회계기준에 따라 진실하고 공정한 관점을 제시하고") 있지 않습니다.

부적정의견 근거

주석 X에서 설명된 바와 같이, 연결회사는 20X1년 중에 취득한 종속기업 XYZ의 중요한 자산과 부채에 대하여 취득일 현재의 공정가치를 아직 결정하지 못하여 종속기업 XYZ의 재무제표를 연결하지 않았습니다. 따라서 회사는 이 종속기업에 대한 투자를 취득원가 기준으로 회계처리하였습니다. 한국채택국제회계기준에 따르면 회사는 종속기업 XYZ를 연결하고 잠정금액에 근거하여 회계처리하여야 합니다. XYZ 종속기업이 연결대상에 포함되었다면 별첨된 연결재무제표의 많은 요소들이 중요하게 영향을 받을 것입니다. 종속기업 XYZ의 재무제표가 연결대상에 포함되지 않았으므로 별첨 연결재무제표에 미치는 영향은 결정되지 아니하였습니다.

우리는 감사기준에 따라 감사를 수행하였습니다. 이 기준에 따른 우리의 책임은 이 감사보고서의 **연결재무제표감사에 대한 감사인의 책임** 단락에 기술되어 있습니다. 우리는 연결재무제표 감사와 관련된 대한민국의 윤리적 요구사항에 따라 연결회사로부터 독립적이며 그러한 요구사항에 따른 기타의 윤리적 책임들을 이행하였습니다. 우리가 입수한 감사증거가 부적정의견을 위한 근거로서 충분하고 적합하다고 우리는 믿습니다.

핵심감사사항

우리는 **부적정의견근거** 단락에 기술된 사항을 제외하고는 감사보고서에서 커뮤니케이션할 다른 핵심감사사항은 없다고 결정하였습니다.

연결재무제표에 대한 경영진과 지배기구의 책임

…

연결재무제표감사에 대한 감사인의 책임

…

이 독립된 감사인의 감사보고서의 근거가 된 감사를 실시한 업무수행이사는 [*이름*]입니다.

[*해당 국가에 따라 회계법인의 명칭이나 감사인 개인이름, 또는 두 가지 모두를 기재*]
[감사인의 주소]
[감사보고서일]

3) 감사범위제한에 따른 한정의견(705-보론 사례3)

독립된 감사인의 감사보고서

ABC주식회사의 주주 귀중 [또는 다른 적합한 수신인]

연결재무제표감사에 대한 보고

한정의견

우리는 ABC 주식회사와 그 종속기업들(연결회사)의 연결재무제표를 감사하였습니다. 해당 연결재무제표는 20X1년 12월 31일 현재의 연결재무상태표, 동일로 종료되는 보고기간의 연결손익계산서(또는 연결포괄손익계산서), 연결자본변동표, 연결현금흐름표 그리고 유의적인 회계정책의 요약을 포함한 연결재무제표의 주석으로 구성되어 있습니다.
우리의 의견으로는 별첨된 연결회사의 연결재무제표는 이 감사보고서의 **한정의견근거** 단락에 기술된 사항이 미칠 수 있는 영향을 제외하고는, 연결회사의 20X1년 12월 31일 현재의 연결재무상태와 동일로 종료되는 보고기간의 연결재무성과 및 연결현금흐름을 한국채택국제회계기준에 따라 중요성의 관점에서 공정하게 표시하고[또는, "… 연결현금흐름에 대하여 한국채택국제회계기준에 따라 진실하고 공정한 관점을 제시하고"] 있습니다.

한정의견근거

연결회사는 기중에 취득한 해외관계기업 XYZ에 대한 투자에 대하여 지분법으로 회계처리하고 20X1년 12월 31일 현재 연결재무상태표에 XXX원을 계상하고 있습니다. XYZ의 당기순이익 중 ABC 주식회사의 지분에 해당되는 금액은 ABC 주식회사의 동일로 종료되는 보고기간의 당기순이익에 포함되어 있습니다. 우리는 해외 관계기업 XYZ의 재무정보, 경영진 및 감사인에 대한 접근이 거절되어 20X1년 12월 31일 현재 ABC 주식회사가 XYZ에 대한 투자에 대하여 재무상태표에 계상한 금액, 그리고 XYZ의 당기순이익 중 ABC 주식회사의 지분에 해당되는 금액에 대하여 충분하고 적합한 감사증거를 입수할 수 없었습니다. 따라서 우리는 연결회사가 계상한 금액에 대하여 수정이 필요한지 여부를 결정할 수 없었습니다.

우리는 감사기준에 따라 감사를 수행하였습니다. 이 기준에 따른 우리의 책임은 이 감사보고서의 **연결재무제표감사에 대한 감사인의 책임** 단락에 기술되어 있습니다. 우리는 연결재무제표 감사와 관련된 대한민국의 윤리적 요구사항에 따라 연결회사로부터 독립적이며 그러한 요구사항에 따른 기타의 책임들을 이행하였습니다. 우리가 입수한 감사증거가 한정의견을 위한 근거로서 충분하고 적합하다고 우리는 믿습니다.

핵심감사사항

핵심감사사항은 우리의 전문가적 판단에 따라 당기 연결재무제표감사에서 가장 유의적인 사항들입니다. 해당 사항들은 연결재무제표 전체에 대한 감사의 관점에서 우리의 의견형성 시 다루어졌으며, 우리는 이런 사항에 대하여 별도의 의견을 제공하지는 않습니다. 우리는 **한정의견근거** 단락에 기술된 사항에 추가하여, 아래에 기술된 사항을 이 감사보고서에서 커뮤니케이션할 핵심감사사항으로 결정하였습니다.

[핵심감사사항 각각에 대한 기술]

연결재무제표에 대한 경영진과 지배기구의 책임

…

연결재무제표감사에 대한 감사인의 책임

…

이 독립된 감사인의 감사보고서의 근거가 된 감사를 실시한 업무수행이사는 [*이름*]입니다.

[*해당 국가에 따라 회계법인의 명칭이나 감사인 개인이름, 또는 두 가지 모두를 기재*]
[*감사인의 주소*]
[*감사보고서일*]

4) 의견거절(705-보론 사례4)

독립된 감사인의 감사보고서

ABC주식회사의 주주 귀중 [또는 다른 적합한 수신인]

재무제표감사에 대한 보고

의견거절

우리는 ABC 주식회사(이하 "회사")의 재무제표에 대한 감사계약을 체결하였습니다. 해당 재무제표는 20X1년 12월 31일 현재의 재무상태표, 동일로 종료되는 보고기간의 손익계산서(또는 포괄손익계산서), 자본변동표, 현금흐름표 그리고 유의적인 회계정책의 요약을 포함한 재무제표의 주석으로 구성되어 있습니다.

우리는 별첨된 회사의 재무제표에 대하여 의견을 표명하지 않습니다. 우리는 이 감사보고서의 **의견거절근거** 단락에서 기술된 사항의 유의성 때문에 재무제표에 대한 감사의견의 근거를 제공하는 충분하고 적합한 감사증거를 입수할 수 없었습니다.

의견거절근거

우리는 20X1년 12월 31일 이후까지 회사의 감사인으로 선임되지 않았으며, 이에 우리는 당 보고기간의 기초와 기말의 재고자산 실사에 입회하지 못하였습니다. 우리는 회사의 재무상태표에 계상된 20X0년과 20X1년 12월 31일 현재의 재고자산 XXX원과 XXX원에 대하여 대체적인 방법으로도 그 수량에 대하여 만족할 수 없었습니다. 뿐만 아니라 회사가 20X1년 9월에 새로 도입한 매출채권전산시스템에 다수의 오류가 발생하였습니다. 경영진은 보고서일 현재 상기 시스템의 미비점을 교정하고 오류를 수정하는 과정에 있습니다. 우리는 회사의 재무상태표에 계상된 20X1년 12월 31일 현재의 매출채권 잔액 XXX에 대하여 대체적인 방법으로도 이를 확인하거나 검증할 수 없었습니다. 이와 같은 사항들의 결과, 우리는 기록되었거나 기록되지 아니한 재고자산과 매출채권, 그리고 손익계산서, 자본변동표, 현금흐름표의 구성요소에 관하여 수정이 필요한 사항이 발견되었을 것인지 여부를 결정할 수 없었습니다.

재무제표에 대한 경영진과 지배기구의 책임

…

재무제표감사에 대한 감사인의 책임

우리의 책임은 회계감사기준에 따라 회사의 재무제표를 감사하고 감사보고서를 발행하는데 있습니다. 그러나 우리는 이 감사보고서의 **의견거절근거** 단락에서 기술된 사항의 유의성 때문에 해당 재무제표에 대한 감사의견의 근거를 제공하는 충분하고 적합한 감사증거를 입수할 수 없었습니다.

우리는 재무제표 감사와 관련된 대한민국의 윤리적 요구사항에 따라 회사로부터 독립적이며 그러한 요구사항에 따른 기타의 윤리적 책임들을 이행하였습니다.

[*해당 국가에 따라 회계법인의 명칭이나 감사인 개인이름, 또는 두 가지 모두를 기재*]
[*감사인의 주소*]
[*감사보고서일*]

제4장 비교재무제표에 대한 감사보고

1. 개요

비교정보란 '해당 재무보고체계에 따른 하나 이상의 과거 보고기간들과 관련하여 재무제표에 포함된 금액과 공시'를 말하며, **대응수치**와 **비교재무제표**로 구분된다.

① 대응수치: 전기의 금액과 기타 공시가 당기재무제표의 필수적인 부분으로 포함되며, 당기와 관련된 금액과 기타 공시(이하 "당기수치"라고 한다)와 관련하여서만 이해되도록 의도된 비교정보. 대응되는 금액과 공시가 어느 정도로 상세해야 되는지는 주로 당기수치와의 관련성에 의해 결정된다.

② 비교재무제표: 전기의 금액과 기타 공시가 당기의 재무제표와 비교할 목적으로 포함되지만, 만약 감사를 받았다면 감사의견에서 언급되는 비교정보. 비교재무제표에 포함되는 정보의 수준은 당기재무제표의 경우와 비교 가능한 수준이다.

2. 비교재무제표에 대한 감사보고

1) 계속감사 시 감사보고서상 적정의견 사례

감사의견

우리는 ABC주식회사(이하 '회사')의 재무제표를 감사하였습니다. 해당 재무제표는 **20X2년 12월 31일과 20X1년 12월 31일 현재의 재무상태표, 동일로 종료되는 양 보고기간**의 포괄손익계산서, 자본변동표, 현금흐름표 그리고 유의적인 회계정책의 요약을 포함한 재무제표의 주석으로 구성되어 있습니다.

우리의 의견으로는 별첨된 회사의 재무제표는 회사의 **20X2년 12월 31일과 20X1년 12월 31일 현재의 재무상태와 동일로 종료되는 양 보고기간의** 재무성과 및 현금흐름표를 한국채택국제회계기준에 따라, 중요성의 관점에서 공정하게 표시하고 있습니다.

2) 계속감사 시 감사보고서상 감사의견이 다른 경우의 사례

당기재무제표에 대한 감사의견과 전기재무제표에 대한 한정의견

우리는 ABC주식회사(이하 '회사')의 재무제표를 감사하였습니다. 해당 재무제표는 **20X2년 12월 31일과 20X1년 12월 31일 현재의 재무상태표, 동일로 종료되는 양 보고기간**의 포괄손익계산서, 자본변동표, 현금흐름표 그리고 유의적인 회계정책의 요약을 포함한 재무제표의 주석으로 구성되어 있습니다.

우리의 의견으로는 별첨된 회사의 20X2년 재무제표는 회사의 **20X2년 12월 31일 현재의** 재무상태와 동일로 종료되는 보고기간의 재무성과 및 현금흐름을 한국채택국제회계기준에 따라, 중요성의 관점에서 공정하게 표시하고 있습니다.

우리의 의견으로는 별첨된 회사의 **20X1년 재무제표는 한정의견근거 단락에 기술된 사항이 미칠 수 있는 영향을 제외하고는** 회사의 20X1년 12월 31일 현재의 재무상태와 동일로 종료되는 보고기간의 재무성과 및 현금흐름을 한국채택국제회계기준에 따라, 중요성의 관점에서 공정하게 표시하고 있습니다.

3) 전기에 표명한 감사의견을 당기에 변경하는 경우

전기의 한정사항을 당기에 수정하여 비교표시한 경우 기타사항 문단사례(710-16)

감사의견

...

우리의 의견으로는 별첨된 회사의 재무제표는 회사의 20X2년 12월 31일과 20X1년 12월 31일 현재의 재무상태와 동일로 종료되는 양 보고기간의 재무성과 및 현금흐름을 한국채택국제회계기준에 따라, 중요성의 관점에서 공정하게 표시하고 있습니다.

...

기타사항

주석32에서 설명하는 바와 같이 20X2년 2월 10일자 감사보고서에 첨부된 20X1년 12월 31일로 종료되는 보고기간 재무제표의 당기순이익과 이익잉여금이 대손충당금 100억 원의 과소계상으로 각각 100원만큼 과대계상되어 있습니다. 따라서 비교표시된 전년도 재무제표는 이러한 수정사항을 반영하여 재작성된 것입니다.

4) 전기재무제표에 대해 감사받지 않은 경우

감사의견

…

우리의 의견으로는 별첨된 회사의 재무제표는 회사의 20X2년 12월 31일 현재의 재무상태표와 동일로 종료되는 보고기간의 재무성과 및 현금흐름을 한국채택국제회계기준에 따라, 중요성의 관점에서 공정하게 표시하고 있습니다.(▶당기재무제표만 감사의견)

기타사항

비교표시된 20X1년 12월 31일자로 종료되는 보고기간의 재무제표는 감사받지 아니한 재무제표입니다.

5) 전기재무제표에 대해 당기와 다른 전임감사인으로부터 감사를 받은 경우

당기 감사인은 당기 재무제표에 대해서만 감사의견을 표명한다. 그리고 전기 감사보고서가 재발행되지 않는다면 다음 사항을 기재하여야 한다(710-17).

전기 감사보고서가 재발행되지 않는 경우
당기감사보고서에 다음 사항이 포함된 기타사항문단 기재 • 전기재무제표는 전임감사인이 감사하였음 • 전임감사인이 표명한 의견의 유형, 그리고 해당 의견이 변형되었으면 그 이유 • 전임감사보고서의 감사보고서일

감사의견

…

우리의 의견으로는 별첨된 회사의 재무제표는 회사의 20X2년 12월 31일 현재의 재무상태와 동일로 종료되는 보고기간의 재무성과 및 현금흐름을 한국채택국제회계기준에 따라, 중요성의 관점에서 공정하게 표시하고 있습니다.

…

기타사항

회사의 20X1년 12월 31일로 종료된 보고기간의 재무제표는 **타 감사인이 감사하였으며, 이 감사인의 20X1년 3월 31일자 감사보고서에는 해당 재무제표에 대하여 적정의견이 표명되었습니다.**

6) 초도감사 시 전기재무제표의 중요한 왜곡표시를 발견한 경우

전임감사인이 감사한 전기재무제표에서 중요한 왜곡표시를 발견한 경우 수행절차는 다음과 같다(710-18).

① 경영진과 지배기구에 대하여 왜곡표시를 커뮤니케이션하여야 하며,

② 이러한 사실을 전임감사인에게 알리도록 요청하여야 한다.

경영진이 중요왜곡표시를 수정하여 재발행하는 경우, 전임감사인이 전기 감사보고서를 재발행하는 데 동의하는지 여부에 따라 다음과 같이 달라진다(710-18).

전임감사인이 동의하는 경우	전임감사인이 동의하지 않는 경우
당기 감사보고서에 전임감사인이 재발행한 전기재무제표에 대한 감사보고서를 포함(▶감사보고서가 2장이 됨, 실무적으로는 거의 발생하지 않음)	당기감사보고서에 다음 사항이 포함된 기타사항문단 기재 • 전기재무제표는 전임감사인이 감사하였음 • 전임감사인이 표명한 의견의 유형, 그리고 해당 의견이 변형되었으면 그 이유 • 전임감사보고서의 감사보고서일 • **전임감사인은 수정전 전기재무제표에 대하여 의견을 표명했다는 사실**

회사가 전기재무제표를 재작성하였으나 전임 감사인이 동의하지 않아 전기 감사보고서가 재발행되지 않은 경우 감사보고서 사례

감사의견

…

우리의 의견으로는 별첨된 회사의 재무제표는 회사의 20X2년 12월 31일 현재의 재무상태와 동일로 종료되는 보고기간의 재무성과 및 현금흐름을 한국채택국제회계기준에 따라, 중요성의 관점에서 공정하게 표시하고 있습니다.

…

기타사항

회사의 20X1년 12월 31일로 종료된 보고기간의 재무제표는 타 감사인이 감사하였으며, 이 감사인의 20X2년 3월 31일자 감사보고서에는 해당 재무제표에 대하여 적정의견이 표명되었습니다. **한편 해당 감사인이 적정의견을 표명한 재무제표는 재무제표에 대한 주석 26에서 기술되어 있는 조정사항들을 반영하기 전의 재무제표이며 비교표시된 20X1년 12월 31일자로 종료되는 재무제표는 해당 조정사항이 반영된 재무제표입니다.**

제5장 기타정보에 대한 감사보고

기타정보란 '감사받은 재무제표 및 해당 재무제표에 대한 감사보고서가 포함되어 있는 문서에 법규 또는 관습에 의해 포함되는 재무정보와 비재무정보'를 말하며, 기타정보의 대표적인 예가 상장법인의 '**사업보고서**'이다.

감사인은 기타정보가 적절히 기술되었는지 여부를 결정할 **어떠한 구체적 책임은 없다**. 그러나 감사받은 재무제표와 기타정보가 불일치하면 **감사받은 재무제표의 신뢰성이 손상될 수 있기 때문에 기타정보를 열람하여야 한다**.

1. 감사받은 재무제표와 기타정보가 불일치-기타정보의 수정이 필요한 경우

기타정보의 수정이 필요하지만 경영진이 거부할 경우 수행절차는 다음과 같다(720-10).

감사보고서일 전에 식별된 경우	감사보고서일 후에 식별된 경우
그 사실을 지배기구와 커뮤니케이션해야 하며, 다음 중 하나의 절차를 취해야 함 • 중요한 불일치를 기술하는 기타사항문단을 감사보고서에 포함시킴 • 감사보고서의 발행을 보류함	• 기타정보에 대한 우려를 지배기구에 통지함 • 적합한 추가 조치를 취함(예: 법률고문으로부터 조언을 얻음)

2. 감사받은 재무제표의 수정이 필요한 경우

감사받은 재무제표의 수정이 필요하지만 경영진이 거부할 경우 수행절차는 다음과 같다(710-9, 11).

감사보고서일 전에 식별된 경우	감사보고서일 후에 식별된 경우
감사의견의 변형(한정의견 또는 부적정의견)	후속사건에 대한 감사절차의 수행

제 5 부 기출문제

Ch 1.1	한정의견	705.7	2014 문제1 물음4 배점 3

감사인이 한정의견을 표명할 수 있는 모든 경우를 각각 3줄 이내로 기재하시오.

정답 및 해설

▶ 705.7
감사인은 다음의 경우 한정의견을 표명하여야 한다.
(a) 감사인이 충분하고 적합한 감사증거를 입수한 결과, 왜곡표시가 재무제표에 개별적으로 또는 집합적으로 중요하나 전반적이지는 않다고 결론을 내리는 경우
(b) 감사인이 감사의견의 근거가 되는 충분하고 적합한 감사증거를 입수할 수 없었지만, 발견되지 아니한 왜곡표시가 재무제표에 미칠 수 있는 영향이 중요할 수는 있으나 전반적이지는 않을 것으로 결론을 내리는 경우

Ch 1.2	미공시 감사절차	705.23	2021 문제5 물음2 배점 3

[상황 1] 나투명 회계사는 (주)대한의 20X1년 12월 31일로 종료되는 보고기간의 재무제표를 감사하고 있다. 나투명 회계사는 20X2년 1월 30일에 (주)대한의 공장에 대규모 화재가 발생하여 제조설비가 전소되었다는 사실을 기말감사과정에서 알게 되었다. 화재 손실에 대한 손해사정 결과, 화재 손실금액은 500억 원으로 추정되었으며 (주)대한의 경영진은 이 금액을 유의적이라고 판단하고 있다. 그러나 (주)대한은 대외신인도 하락을 우려하여, 화재 발생사실과 손실금액을 주석에 공시하지 않았다. 이러한 사항이 재무제표에 미치는 영향은 중요하며 전반적이라고 판단된다.
[상황 1]과 같이 공시가 요구되는 정보의 미공시와 관련하여 재무제표의 중요한 왜곡표시가 존재하는 경우, 나투명 회계사가 수행하여야 할 절차를 서술하시오.

정답 및 해설

▶ 705.23
공시가 요구되는 정보의 미공시와 관련하여 재무제표의 중요한 왜곡표시가 존재하는 경우, 감사인은 다음의 절차를 모두 수행하여야 한다.
(a) 미공시에 대하여 지배기구와 토의
(b) 누락된 정보의 성격을 감사의견근거 단락에 기술
(c) 감사인이 누락된 공시를 포함하는 것이 실행 가능하고 누락된 정보에 대하여 충분하고 적합한 감사증거를 입수한 경우, 감사인은 법규상 금지되지 않는 한 누락된 공시를 포함

Ch 2.1	표준감사보고서	700.보1	2023 문제10 물음1 배점 3

다음은 재무제표에 대한 감사보고와 관련된 물음이다.
다음은 감사의견이 적정이며 강조사항이나 기타사항이 포함되지 않은 표준감사보고서 중 일부이다. 제시된 표준감사보고서에서 수정이 필요한 부분을 모두 찾아 어떻게 수정해야 할지를 서술하시오.

독립된 감사인의 감사보고서
ABC 주식회사의 주주 및 이사회 귀중

감사의견
우리는 ABC 주식회사(이하 "회사")의 재무제표를 감사하였습니다. 해당 재무제표는 2022년 12월 31일 현재의 재무상태표, 동일로 종료되는 보고기간의 포괄손익계산서, 자본변동표, 현금흐름표로 구성되어 있습니다.
우리의 의견으로는 별첨된 회사의 재무제표는 회사의 2022년 12월 31일 현재의 재무상태와 동일로 종료되는 보고기간의 재무성과 및 현금흐름을 한국채택국제회계기준에 따라, 공정하게 표시하고 있습니다.

감사의견근거
우리는 감사기준에 따라 감사를 수행하였습니다. 이 기준에 따른 우리의 책임은 이 감사보고서의 재무제표감사에 대한 감사인의 책임 단락에 기술되어 있습니다. 우리는 재무제표감사와 관련된 대한민국의 윤리적 요구사항에 따라 회사로부터 독립적이며 그러한 요구사항에 따른 기타의 윤리적 책임들을 이행하였습니다. 우리가 입수한 감사증거가 감사의견을 위한 근거로서 적합하다고 우리는 믿습니다.
---중 략 ---

재무제표에 대한 경영진과 지배기구의 책임
경영진은 한국채택국제회계기준에 따라 이 재무제표를 작성하고 공정하게 표시할 책임이 있으며, 부정이나 오류로 인한 중요한 왜곡표시가 없는 재무제표를 작성하는 데 필요하다고 결정한 내부통제에 대해서도 책임이 있습니다. 지배기구는 회사의 재무보고절차의 감시에 대한 책임이 있습니다.

재무제표감사에 대한 감사인의 책임
우리의 목적은 재무제표에 전체적으로 부정이나 오류로 인한 중요한 왜곡표시가 없는지에 대하여 확신을 얻어 우리의 의견이 포함된 감사보고서를 발행하는 데 있습니다.
왜곡표시는 부정이나 오류로부터 발생할 수 있으며 왜곡표시가 재무제표를 근거로 하는 이용자의 경제적 의사결정에 개별적으로 또는 집합적으로 영향을 미칠 것이 합리적으로 예상되면 그 왜곡표시는 중요하다고 간주됩니다.
---이하 생략 ---

정답 및 해설

1. 감사의견: 현금흐름표로 구성되어 있습니다. → 현금흐름표 "그리고 유의적인 회계정책의 요약을 포함한 재무제표의 주석으로" 구성되어 있습니다.
2. 감사의견: 한국채택국제회계기준에 따라, 공정하게 → 한국채택국제회계기준에 따라, "중요성의 관점에서" 공정하게
3. 감사의견근거: 근거로서 "충분하고" 적합하다고 우리는 믿습니다.
4. 경영진 & 지배기구 책임: 계속기업 존속능력 평가책임, 사용책임 추가
   "경영진은 재무제표를 작성할 때, 회사의 계속기업으로서의 존속능력을 평가하고 해당되는 경우 계속기업 관련 사항을 공시할 책임이 있습니다. 그리고 경영진이 기업을 청산하거나 영업을 중단할 의도가 없는 한 또는 그 외에는 다른 현실적인 대안이 없는 한, 회계의 계속기업전제의 사용에 대해서도 책임이 있습니다."
   지배기구는 회사의~
5. 감사인 책임: "합리적" 확신을 얻어
6. 감사인 책임: 감사보고서를 발행하는 데 있습니다. "합리적인 확신은 높은 수준의 확신을 의미하나 감사기준에 따라 수행된 감사가 항상 중요한 왜곡표시를 발견한다는 것을 보장하지는 않습니다." 왜곡표시는~

◈ 독립된 감사인의 감사보고서

ABC주식회사의 주주 귀중 [또는 다른 적합한 수신인]

▶ 감사의견

우리는 ABC 주식회사(이하 "회사")의 재무제표를 감사하였습니다. 해당 재무제표는 20X1년 12월 31일 현재의 재무상태표, 동일로 종료되는 보고기간의 손익계산서(또는 포괄손익계산서), 자본변동표, 현금흐름표 그리고 유의적인 회계정책의 요약을 포함한 재무제표의 주석으로 구성되어 있습니다.

우리의 의견으로는 별첨된 회사의 재무제표는 회사의 20X1년 12월 31일 현재의 재무상태와 동일로 종료되는 보고기간의 재무성과 및 현금흐름을 한국채택국제회계기준에 따라, 중요성의 관점에서 공정하게 표시하고[또는, "…현금흐름에 대하여 한국채택국제회계기준에 따라 진실하고 공정한 관점을 제시하고"] 있습니다.

▶ 감사의견근거

우리는 감사기준에 따라 감사를 수행하였습니다. 이 기준에 따른 우리의 책임은 이 감사보고서의 재무제표감사에 대한 감사인의 책임 단락에 기술되어 있습니다. 우리는 재무제표감사와 관련된 국제윤리기준과 함께 대한민국의 윤리적 요구사항에 따라 회사로부터 독립적이며 그러한 요구사항과 국제윤리기준에 따른 기타의 윤리적 책임들을 이행하였습니다. 우리가 입수한 감사증거가 감사의견을 위한 근거로서 충분하고 적합하다고 우리는 믿습니다.

▶ 핵심감사사항

핵심감사사항은 우리의 전문가적 판단에 따라 당기 재무제표감사에서 가장 유의적인 사항들입니다. 해당 사항들은 재무제표 전체에 대한 감사의 관점에서 우리의 의견형성 시 다루어졌으며, 우리는 이런 사항에 대하여 별도의 의견을 제공하지는 않습니다.

[핵심감사사항 각각에 대한 기술]

▶ 재무제표에 대한 경영진과 지배기구의 책임

경영진은 한국채택국제회계기준에 따라 이 재무제표를 작성하고 공정하게 표시할 책임이 있으며, 부정이나 오류로 인한 중요한 왜곡표시가 없는 재무제표를 작성하는 데 필요하다고 결정한 내부통제에 대해서도 책임이 있습니다.

경영진은 재무제표를 작성할 때, 회사의 계속기업으로서의 존속능력을 평가하고 해당되는 경우 계속기업 관련 사항을 공시할 책임이 있습니다. 그리고 경영진이 기업을 청산하거나 영업을 중단할 의도가 없는 한 또는 그 외에는 다른 현실적인 대안이 없는 한, 회계의 계속기업전제의 사용에 대해서도 책임이 있습니다.

지배기구는 회사의 재무보고절차의 감시에 대한 책임이 있습니다.

▶ 재무제표감사에 대한 감사인의 책임

우리의 목적은 재무제표에 전체적으로 부정이나 오류로 인한 중요한 왜곡표시가 없는지에 대하여 합리적인 확신을 얻어 우리의 의견이 포함된 감사보고서를 발행하는 데 있습니다. 합리적인 확신은 높은 수준의 확신을 의미하나 감사기준에 따라 수행된 감사가 항상 중요한 왜곡표시를 발견한다는 것을 보장하지는 않습니다. 왜곡표시는 부정이나 오류로부터 발생할 수 있으며 왜곡표시가 재무제표를 근거로 하는 이용자의 경제적 의사결정에 개별적으로 또는 집합적으로 영향을 미칠 것이 합리적으로 예상되면 그 왜곡표시는 중요하다고 간주됩니다.

Ch 2.2	감사보고서 기재사항: 업무수행이사(EP)	700.45	2019 문제6 물음6 배점 4

감사보고서에 업무수행이사의 이름을 표명하는 것은 상장기업의 일반목적 전체재무제표에 대한 감사보고서 이용자에게 추가적인 투명성을 제공하기 위함이다.

〈요구사항〉

감사인이 감사보고서에 업무수행이사의 이름을 공시하지 않을 수도 있는데 이러한 경우는 어떠한 상황이며, 이때 감사인이 추가적으로 취해야 할 조치를 서술하시오.

정답 및 해설

▶ 700.45

상장기업의 일반목적 전체재무제표에 대한 감사보고서에는 업무수행이사의 이름을 포함하여야 한다. 그러나 드문 상황으로서, 업무수행이사의 이름을 공시하는 것이 개인의 안전에 대한 유의적 위협을 발생시킨다고 합리적으로 예상되는 경우에는 그러지 아니한다. 감사인이 감사보고서에 업무수행이사의 이름을 포함하지 않으려 하는 드문 상황일 경우, 감사인은 개인의 안전에 대한 유의적 위협의 발생가능성과 심각성에 대한 감사인의 평가를 알리기 위해 업무수행이사의 이름을 기재하지 않으려는 감사인의 의도를 지배기구와 논의하여야 한다.

Ch 2.3	감사보고서일 이유	700.A66	2014 문제1 물음1 배점 3

감사보고서에서 감사인이 특정일자를 감사보고서일로 지정하여 기재하는 이유(또는 효과)는 무엇인지 3줄 이내로 서술하시오.

정답 및 해설

감사보고서일은 이날까지 발생된 사항으로서 감사인이 알게 된 사건과 거래의 영향을 감사인이 고려하였다는 사실을 보고서의 이용자들에게 알리는 것이다. → 감사보고서일 이후 사건거래에 대한 감사의견은 표명하지 않았다는 책임한계를 명백히 함.

▶ 700.A66

감사보고서일은 이날까지 발생된 사항으로서 감사인이 알게 된 사건과 거래의 영향을 감사인이 고려하였다는 사실을 보고서의 이용자들에게 알리는 것이다.

Ch 2.4	감사보고서 내 책임	700.33 700.37	2014 문제1 물음3 배점 3

경영진과 감사인의 책임은 관련 법률 그리고 감사계약서에 의하여 정해져 있으며, 감사보고서에 양 당사자의 책임을 언급한다고 하여 양 당사자의 책임에 변화가 있는 것은 아니다. 그렇다면 감사보고서에 경영진과 감사인의 책임을 언급하는 이유는 무엇인가?(5줄 이내로 서술할 것)

정답 및 해설

재무보고체계에 따른 FS작성, IC, 계속기업 존속능력 평가 공시에 대한 경영진 책임과
FS가 전체적으로 부오중왜 여부에 대한 합리적 확신을 얻고 감사보고서상 감사의견을 표명하는 감사인 책임을 정보이용자에게 전달하여, 경영진과 감사인 책임에 대한 오해의 소지를 방지하기 위함이다.

▶ 700.33

이 단락에서는 다음 사항에 대한 경영진의 책임을 기술하여야 한다.

(a) 해당 재무보고체계에 따른 재무제표의 작성, 그리고 부정이나 오류로 인한 중요한 왜곡표시가 없는 재무제표를 작성하기 위해 필요하다고 경영진이 결정한 내부통제; 그리고

(b) 해당 기업의 계속기업으로서의 존속능력에 대한 평가와 해당되는 경우 계속기업 관련 사항의 공시뿐 아니라 회계의 계속기업전제 사용이 적합한지 여부에 대한 평가. 이 평가에 대한 경영진 책임의 설명에는 회계의 계속기업전제의 사용이 적합한 시기에 대한 기술을 포함하여야 한다.

▶ 700.37

이 단락에서는 다음 사항을 명시 또는 기술하여야 한다.

(a) 감사인의 목적이 다음과 같음을 명시
  (i) 재무제표가 전체적으로 부정이나 오류로 인하여 중요하게 왜곡표시되지 아니하였는지 여부에 대하여 합리적인 확신을 얻음
  (ii) 감사의견을 포함한 감사보고서를 발행함

(b) 합리적인 확신은 높은 수준의 확신을 의미하나, 감사기준에 따라 수행된 감사가 항상 중요한 왜곡표시를 발견할 것을 보장하지는 않음을 명시

(c) 왜곡표시는 부정이나 오류로부터 발생할 수 있음을 명시하고 다음 중 하나를 포함
  (i) 왜곡표시가 재무제표를 근거로 하는 이용자의 경제적 의사결정에 개별적으로 또는 집합적으로 영향을 미칠 것으로 합리적으로 예상되면 그 왜곡표시는 중요하다고 간주된다는 기술
  (ii) 해당재무보고체계에 따른 중요성의 정의 또는 설명의 제공

Ch 2.5	핵심감사사항 선정 고려사항	701.9	2022 문제7 물음1 배점 3

(정보) A회계법인은 주권상장법인인 (주)민국의 연결재무제표에 대한 감사를 수행하고 있으며, (주)민국의 해외투자와 관련하여 다음과 같은 사항을 인지하였다.

- (주)민국은 20X1년 4분기 중 해외법인에 200억 원을 신규 투자하여 40%의 지분을 확보함
- 피투자 해외법인은 조세회피처에 본사를 둔 실체가 없는 회사(paper company)임
- 피투자 해외법인의 나머지 60% 지분은 3인의 다른 주주가 소유함
- 피투자 해외법인의 자산은 대부분 해외 소재 투자부동산으로 구성되어 있음

A회계법인은 재무제표 전체에 대한 중요성 기준을 30억 원으로, 중요할 뿐만 아니라 전반적이라고 판단되는 금액 기준을 중요성 기준금액의 4배로 결정하였다.
다음은 A회계법인이 주요 감사항목이라 판단한 사항이며, 그 이외에 고려할 감사항목은 없는 것으로 가정한다.

- 20X1년 3분기까지 해외 매출의 기간귀속, 특수관계자 거래 공시, 그룹감사 관련 사항을 감사위원회와 커뮤니케이션함
- 해외 매출의 기간귀속 및 특수관계자 거래 공시를 유의적 감사인주의가 요구되는 사항으로 판단함
- 20X1년 4분기 중의 해외 신규 투자거래 발생사실이 연간감사에 가장 유의적인 사항일 가능성이 높다고 판단하고 있으며, 감사위원회와 추가적인 커뮤니케이션을 수행하여 핵심감사사항을 결정할 계획임

(물음) (주)민국은 상장법인이므로 핵심감사사항을 선정하여야 한다. 감사인이 핵심감사사항 선정과정에서 고려해야 하는 사항 세 가지를 서술하고, 이러한 고려사항들을 (주)민국의 상황에 적용하는 경우 각 고려사항별로 관련 감사항목을 모두 기재하시오.

정답 및 해설

ⓐ 지배기구와 커뮤니케이션: 해외 매출의 기간귀속, 특수관계자 거래 공시, 그룹감사 관련 사항, 해외 신규 투자거래
ⓑ 유의적 감사인주의: 해외 매출의 기간귀속 및 특수관계자 거래 공시, 해외 신규 투자거래
ⓒ 가장 유의적인 사항: 해외 신규 투자거래

▶ 701.9
감사인은 ⓐ 지배기구와 커뮤니케이션한 사항 중에서 감사를 수행하는 데 있어 ⓑ 유의적 감사인주의를 요구한 사항들을 결정하여야 한다. 이 결정을 할 때, 감사인은 다음 사항을 고려하여야 한다.
(a) 감사기준서 315(기업과 기업환경 이해를 통한 중요왜곡표시위험의 식별과 평가)에 따라 중요왜곡표시위험이 더 높게 평가되거나 유의적 위험으로 식별된 분야
(b) 추정불확실성이 높은 것으로 식별된 회계추정치를 포함하여, 유의적 경영진판단이 수반된 재무제표 분야와 관련되는 유의적 감사인판단
(c) 보고기간 중 발생한 유의적인 사건이나 거래가 감사에 미치는 영향

701.10
감사인은 문단9에 따라 결정된 사항 중 어떤 사항들이 당기 재무제표감사에서 ⓒ 가장 유의적인 사항들, 즉 핵심감사사항인지를 결정하여야 한다.

Ch 2.6	의견변형과 핵심감사사항	705.29 705.20 705.A26	2022 문제7 물음2 배점 3

(정보)는 앞 문제와 동일하다.

A회계법인이 해외 신규 투자와 관련하여 계약서 등 감사종료시점까지 입수 가능한 모든 감사증거를 확인한 결과 발견된 사항은 다음과 같다.

- 기타 주주 3인에 대한 정보, 기타 주주 3인과 (주)민국과의 관계, 기타 주주 3인 간의 관계 등을 확인할 수 없음
- 피투자 법인의 해외 소재 투자부동산에 대해 감사보고서일 현재까지 실재성을 확인하기 어려움
- 감사팀은 해당 사항을 감사에서 가장 유의적인 사항으로 판단함

위와 같은 상황에서 A회계법인은 (1) 감사의견 및 핵심감사사항 항목을 감사보고서에 어떻게 반영해야 하는지 1줄 이내로 서술하고, (2) 그와 같이 반영해야 하는 근거를 2줄 이내로 서술하시오.

정답 및 해설

(1) 의견거절, KAM항목은 기재 X (의견거절근거문단에 설명)
(2) 투자주식 200억 범위제한이 중요 & 전반적 기준 120억 초과 → 의견거절, KAM이 의견변형과 관련 → 근거단락에 반영, KAM문단 기재X

▶ 705.29
법규에 의해 요구되는 것이 아닌 한, 감사인이 재무제표에 대하여 의견을 거절하는 경우, 감사보고서에 감사기준서 701(감사보고서 핵심감사사항 커뮤니케이션)에 따른 핵심감사사항 단락을 포함하여서는 안 된다.

▶ 705.20
감사인이 재무제표에 대한 의견을 변형시키는 경우, 감사인은 감사기준서 700에서 요구한 특정 감사보고서요소에 추가하여
(a) 감사기준서 700 문단 28에서 요구하는 "감사의견근거" 제목을 적합하게 "한정의견근거", "부적정의견근거" 또는 "의견거절근거"로 수정하고
(b) 이 단락에 의견변형을 발생시키는 사항에 대한 설명을 포함하여야 한다.

▶ 705.A26
감사보고서의 의견거절근거 단락 내에 감사인이 충분하고 적합한 감사증거를 입수할 수 없는 이유를 제공하는 것은 감사보고서 이용자들이 감사인이 재무제표에 대하여 의견을 거절한 이유를 이해하는 데 유용한 정보를 제공하고 나아가서는 재무제표에 대한 부적합한 의존을 방지할 수 있다. 그러나 의견거절을 초래한 사항 외에 핵심감사사항을 커뮤니케이션하는 것은, 재무제표가 전체적으로 해당 상황에 적합하다기보다는(적합하지는 않지만) 핵심감사사항과 관련하여서는 더 신뢰성이 있다는 의미를 나타낼 수 있고, 이는 재무제표 전체에 대한 의견거절과는 일관성이 없을 것이다. 따라서 이 감사기준서 문단 29에서는 감사인이 의견을 거절할 경우 법규에서 달리 요구하지 않는 한 핵심감사사항 단락을 감사보고서에 포함하는 것을 금지한다.

Ch 2.7	KAM: 유의적 감사인주의 (지배기구 커뮤 중)	701.9	2021 문제6 물음1 배점 3

핵심감사사항은 감사인의 전문가적 판단에 따라 당기 재무제표감사에서 가장 유의적인 사항을 의미한다. 감사인은 지배기구와 커뮤니케이션한 사항 중에서 감사를 수행하는 데 있어 유의적 감사인주의를 요구한 사항들을 결정하여야 하며, 그중에서 가장 유의적인 사항들을 핵심감사사항으로 정한다. 감사인이 유의적 감사인주의를 요구한 사항들을 결정할 때 고려할 요소를 세 가지 서술하시오.

정답 및 해설

▶ 701.9

감사인은 지배기구와 커뮤니케이션한 사항 중에서 감사를 수행하는 데 있어 유의적 감사인주의를 요구한 사항들을 결정하여야 한다. 이 결정을 할 때, 감사인은 다음 사항을 고려하여야 한다.

(a) 감사기준서 315(기업과 기업환경 이해를 통한 중요왜곡표시위험의 식별과 평가)에 따라 중요왜곡표시위험이 더 높게 평가되거나 유의적 위험으로 식별된 분야

(b) 추정불확실성이 높은 것으로 식별된 회계추정치를 포함하여, 유의적 경영진판단이 수반된 재무제표 분야와 관련되는 유의적 감사인판단

(c) 보고기간 중 발생한 유의적인 사건이나 거래가 감사에 미치는 영향

Ch 2.8	KAM 기술 & 문서화	701.13 701.18	2019 문제6 물음2 배점 4

감사보고서에서 핵심감사사항은 재무제표에서 관련 공시에 대해 언급을 하면서 적절히 기술되어야 한다. 그리고 감사인은 핵심감사사항과 관련하여 문서화를 하여야 한다.

〈요구사항〉

대한(주)의 감사보고서 핵심감사사항 단락 중 [핵심감사사항 각각에 대한 기술]에서 [A] 다루어져야 할 내용 두 가지를 서술하고, 감사인이 핵심감사사항과 관련하여 [B] 감사문서에 문서화하여야 할 사항 세 가지를 서술하시오.

정답 및 해설

(1) KAM 기술내용: 701.13 참조

(2) KAM 문서화: 701.18 참조

▶ 701.13

감사보고서의 핵심감사사항 단락의 각각의 핵심감사사항에 대한 기술은 재무제표의 관련 공시에 대한 언급을 포함하여야 하고 다음 사항을 다루어야 한다.

(a) 해당 사항이 감사에서 가장 유의적인 사항 중 하나로 고려되어 핵심감사사항으로 결정된 이유

(b) 해당 사항이 감사에서 다루어진 방법

▶ 701.18

감사인은 감사문서에 다음 사항을 모두 포함하여야 한다.

(a) 문단 9에 따라 결정된 유의적 감사인주의를 요구한 사항들과, 문단 10에 따라 이러한 사항들 각각이 핵심감사사항인지 아닌지 여부에 대한 감사인의 결정에 대한 논리적 근거

(b) 해당되는 경우, 감사보고서에서 커뮤니케이션할 핵심감사사항이 없다거나 커뮤니케이션할 핵심감사사항이 문단 15에서 다루는 사항들뿐이라는 감사인의 결정에 대한 논리적 근거

(c) 해당되는 경우, 핵심감사사항으로 결정된 사항을 감사보고서에서 커뮤니케이션하지 않기로 한 감사인의 결정에 대한 논리적 근거

Ch 2.9	KAM 기술문단 기재사항	701.11 701.13	2021 문제6 물음2 배점 2

다음은 (주)나그네의 감사보고서 일부이다.

독립된 감사인의 감사보고서

주식회사 나그네
주주 및 이사회 귀중
… (중략) …

계속기업 관련 중요한 불확실성

재무제표에 대한 주석 40에 주의를 기울여야 할 필요가 있습니다. 회사는 20X1년 12월 31일로 종료되는 보고기간에 영업손실 600억 원, 당기순손실 900억 원이 발생하였으며, 당기 말 현재 유동부채가 유동자산을 1,000억 원 초과하고 있습니다. 이러한 사건이나 상황은 주석 40에서 설명하고 있는 다른 사항과 더불어 회사의 계속기업으로서의 존속능력에 유의적 의문을 제기할 만한 중요한 불확실성이 존재함을 나타냅니다. 우리의 의견은 이 사항으로부터 영향을 받지 아니합니다.

핵심감사사항

핵심감사사항은 우리의 전문가적 판단에 따라 당기 재무제표감사에서 가장 유의적인 사항들입니다. 우리는 영업권 손상평가를 핵심감사사항으로 선정하였습니다. 동 핵심감사사항과 관련하여 우리가 수행한 주요 감사절차는 다음과 같으며 감사절차 수행 결과 중요한 예외사항은 발견되지 않았습니다.

- 경영진에게 질문 및 관찰을 통하여 현금창출단위 구분 및 영업권 등 배분 절차에 대한 이해 및 적절성 검토
- 경영진이 손상 평가에 사용한 외부전문가의 적격성, 역량 및 객관성 평가
- 사업계획의 적정성 평가를 위하여 전년도 사업계획과 실제 결과의 비교
- 내부 가치평가전문가를 활용하여 시장 및 회사 고유의 정보를 기초로 재계산된 할인율과 경영진이 적용한 할인율의 비교

… (이하 생략) …

핵심감사사항과 관련된 감사절차는 모두 적절하였다고 가정할 경우, 위 감사보고서의 핵심감사사항 단락에서 부족하거나 잘못된 점 두 가지를 찾아 서술하시오(단, 아래 〈예시〉는 제외할 것).

〈예시〉 계속기업 관련 중요한 불확실성 단락 미언급

정답 및 해설

▶ 701.11

감사인은 문단 14 또는 문단 15의 상황이 아니라면 감사보고서의 "핵심감사사항"이라는 제목의 별도 단락에 적절한 소제목을 사용하여 각각의 핵심감사사항을 기술하여야 한다. 감사보고서의 이 단락에서 도입 문구는 다음 사항을 기술하여야 한다.

(a) 핵심감사사항은 감사인의 전문가적 판단에 따라 [당기] 재무제표감사에서 가장 유의적인 사항임.
(b) 해당 사항은 재무제표 전체에 대한 감사의 관점에서, 재무제표 전체에 대한 감사의견을 형성할 때 다루어진 사항이며, 감사인은 이 사항에 대하여 별도의 의견을 제공하지 않음

▶ 701.13

감사보고서의 핵심감사사항 단락의 각각의 핵심감사사항에 대한 기술은 재무제표의 관련 공시에 대한 언급을 포함하여야 하고 다음 사항을 다루어야 한다.

(a) 해당 사항이 감사에서 가장 유의적인 사항 중 하나로 고려되어 핵심감사사항으로 결정된 이유

(b) 해당 사항이 감사에서 다루어진 방법

Ch 2.10	KAM 결정고려사항	701.9~10	2018 문제7 물음1 배점 4

수주산업 감사 시 특별 고려사항에 대한 실무지침(이하, 회계감사실무지침 2016-1)은 사업보고서 제출대상법인인 수주산업에 대하여 핵심감사항목(KAM: key audit matters)을 강조사항으로 기술하도록 요구하고 있다.

감사인은 지배기구와 커뮤니케이션을 수행한 사항 중에서 유의적 감사인주의를 요구한 사항을 파악하고 최종적으로 핵심감사항목을 선정하여 이를 중점적으로 감사하여야 한다. 회계감사실무지침 2016-1은 수주산업 감사와 관련하여 다섯 가지 핵심감사항목을 우선적으로 고려하도록 요구하고 있다.

감사인은 감사보고서에 핵심감사항목 선정 이유, 감사인이 수행한 절차 및 그 결과를 기술한다. 이에 따라 감사보고서가 회사의 주요 재무적 이슈사항에 대해 보다 구체적인 정보를 제공하게 되고, 감사보고서의 유용성이 증대할 것이다.

감사인이 최종적으로 핵심감사항목을 결정하는 과정에서 고려해야 할 세 가지 사항을 서술하시오.

정답 및 해설

▶ 701.9

감사인은 지배기구와 커뮤니케이션한 사항 중에서 감사를 수행하는 데 있어 유의적 감사인주의를 요구한 사항들을 결정하여야 한다. 이 결정을 할 때, 감사인은 다음 사항을 고려하여야 한다.

(a) 감사기준서 315("기업과 기업환경 이해를 통한 중요왜곡표시위험의 식별과 평가")에 따라 중요왜곡표시위험이 더 높게 평가되거나 유의적 위험으로 식별된 분야

(b) 추정불확실성이 높은 것으로 식별된 회계추정치를 포함하여, 유의적 경영진판단이 수반된 재무제표 분야와 관련되는 유의적 감사인판단

(c) 보고기간 중 발생한 유의적인 사건이나 거래가 감사에 미치는 영향

▶ 701.10

감사인은 문단9에 따라 결정된 사항 중 어떤 사항들이 당기 재무제표감사에서 가장 유의적인 사항들, 즉 핵심감사사항인지를 결정하여야 한다.

Ch 2.11	KAM 미기재예외	701.14	2018 문제7 물음2 배점 3

핵심감사항목에는 해당 사항이 핵심감사항목으로 결정된 이유, 중요한 왜곡표시위험에 대한 감사인의 대응 및 접근방법, 감사절차의 개요, 감사절차의 결과에 대한 암시, 주요 관찰사항 등이 포함된다. 이에 따라 감사인은 이전보다 방대하고 구체적인 내용을 감사보고서에 기재해야 한다. 핵심감사항목으로 결정된 사항을 감사보고서에 기재하지 않을 수 있는 예외적인 경우를 두 가지 서술하시오.

정답 및 해설

▶ 701.14

감사인은 다음의 경우가 아니라면 감사보고서에 각각의 핵심감사사항을 기술하여야 한다.

(a) 법규에서 해당 사항에 대한 공시를 배제함

(b) 극히 드문 상황에서, 해당 사항을 감사보고서에 커뮤니케이션함으로써 발생할 수 있는 부정적 결과가 그러한 커뮤니케이션의 공익적 효익을 훨씬 넘어설 것이라고 합리적으로 예상되기 때문에 감사인이 감사보고서에 해당 사항을 커뮤니케이션해서는 안 된다고 결정함. 기업이 해당 사항에 관한 정보를 공시한 적이 있는 경우에는 동 문단을 적용해서는 안 됨.

Ch 2.12	KAM 효익	701.2~3	2017 문제2 물음4 배점 4

최근 우리나라 일부 산업에 핵심감사사항을 감사보고서에 포함하는 제도가 도입되었고, 점차 다른 산업으로 확대하는 것을 논의 중에 있다. 다음은 핵심감사사항에 대한 설명들이다.

- 핵심감사사항은, 감사인이 회계감사를 수행하는 과정에서 회사 및 감사인에게 가장 유의하고(most significant) 주의를 요구하는 항목에 대하여 중점 감사하고 그 감사 내용을 감사보고서에 상세히 기술하는 것을 의미한다.
- 기존 감사보고서는 재무제표가 회계처리기준에 따라 작성되었다는 것에 대한 독립된 감사인의 감사의견을 제시함으로써 재무제표(회계정보)에 대한 신뢰성을 제고하는 것에 초점을 맞추었다. 이러한 "예/아니오" 방식의 오랜 전통적 감사보고 방법은 감사보고서 이용자들이 감사인에게 기대하는 사항을 충족하지 못한다는(기대차이가 있다는) 비판이 있었다.
- 그 결과, 최근 국제적으로 이러한 전통적 방식이 아닌, 감사보고서에 감사 자체에 대한 정보를 보고하도록 요구하는 변화가 진행 중에 있다. 핵심감사사항은 이러한 변화의 한 예이다.

(요구사항) 핵심감사사항을 감사보고서에 기재함으로써 얻을 수 있는 두 가지 기대효과를 서술하시오(각각 세 줄 이상 서술할 것).

정답 및 해설

▶ 701.2

핵심감사사항에 대한 커뮤니케이션의 목적은 수행된 감사에 대하여 투명성을 제고함으로써 감사보고서에서의 커뮤니케이션 가치를 향상시키는 데 있다. 핵심감사사항에 대한 커뮤니케이션은 의도된 재무제표 이용자들("의도된 이용자")이 감사인의 전문가적 판단에 따라, 당기 재무제표감사에서 가장 유의적인 사항들을 이해하는 데 도움이 될 수 있도록 추가적인 정보를 제공한다. 핵심감사사항에 대한 커뮤니케이션은 또한 의도된 이용자들이 기업과 감사받은 재무제표에서 유의적 경영진판단 분야를 이해하는 데 도움이 될 수 있다.

▶ 701.3

감사보고서에서 핵심감사사항에 대한 커뮤니케이션은 또한 기업, 감사받은 재무제표, 또는 수행된 감사와 관련한 특정 사항에 관하여 의도된 이용자에게 경영진과 지배기구에 더 많이 관여할 수 있는 근거를 제공할 수도 있다.

Ch 2.13	강조사항 · 기타사항	706.7	2023 문제10 물음4 배점 3

다음은 재무제표에 대한 감사보고와 관련된 물음이다.

감사인은 필요하다고 판단한 경우, 강조사항문단과 기타사항문단을 통해 감사보고서 이용자의 주의를 환기할 수 있다. 강조사항문단과 기타사항문단에 대한 각 항목별 설명이 적절한지 여부를 기재하고, 적절하지 않은 경우 그 이유를 3줄 이내로 서술하시오.

① 재무제표에 적절하게 표시되거나 공시되어 있지만 이용자가 재무제표를 이해하는 데 필요한 사항이라고 판단되면, 감사보고서의 유용성을 높이기 위해 강조사항문단을 포함한다.

② 감사보고서에 강조사항문단이 포함되어도 감사의견에는 영향을 미치지 아니한다.

③ 강조사항문단은 핵심감사사항 단락 다음에 표시되어야 한다.

④ 계속감사에서 비교재무제표가 표시될 때 전기재무제표에 대한 감사의견이 이전에 표명한 의견과 달라지는 경우, 상이한 의견에 대한 중요한 사유를 기타사항문단에 포함하여야 한다.

정답 및 해설

① 적절X, 재무제표를 이해하는 데 필요한 사항 → 근본이 될 정도로 중요한 사항(706.7)

② 적절O, 강조된 사항과 관련하여 감사의견이 변형되지 않는다(706.9)

③ 적절X, 강조사항문단에 포함된 정보의 상대적 유의성에 대한 감사인의 판단에 근거하여, 핵심감사사항 단락 이전이나 다음에 직접 표시(706.A16)

④ 적절O, 계속감사에서 전기FS 왜곡표시 수정 가능(적정으로) & 기타사항문단 기재(710.16)

▶ 706.7

감사기준에서 사용하는 용어의 정의는 다음과 같다.

(a) 강조사항문단 – 재무제표에 적절하게 표시되거나 공시되어 있지만, 이용자가 재무제표를 이해하는 데 근본이 될 정도로 중요한 사항이라고 판단되어 감사인이 이러한 사항을 언급하는 감사보고서에 포함된 문단

(b) 기타사항문단 – 재무제표에 표시되거나 공시되지 아니한 사항으로서 이용자가 감사, 감사인의 책임 또는 감사보고서를 이해하는 데 관련성이 있다고 판단되어 감사인이 이러한 사항을 언급하는 감사보고서에 포함된 문단

▶ 706.8

FS이해 근본 중요 & KAM X & 의견변형사항X → 강조사항문단에 포함해야 함.

감사인은 재무제표에 표시되거나 또는 공시된 사항으로서 이용자가 재무제표를 이해하는 데 근본이 될 정도로 중요하다고 판단되어 이들에 대하여 이용자의 주의를 환기하여야 할 필요가 있다고 고려하는 경우, 다음의 경우가 모두 해당된다면 감사보고서에 강조사항문단을 포함하여야 한다.

(a) 감사인이 해당 사항으로 인하여 의견을 변형할 것으로 요구되지는 않을 것임

(b) KAM 적용되는 경우, 해당 사항은 감사보고서에서 커뮤니케이션되어야 하는 핵심감사사항으로 결정되지 않았음

706.A1

KAM을 적용할 경우, 강조사항문단의 이용은 개별 핵심감사사항의 기술을 대체하지는 않는다.

▶ 706.9

감사인이 감사보고서에 강조사항문단을 포함시키는 경우 다음을 준수하여야 한다.

(a) "강조사항"이라는 용어를 포함하는 적합한 제목을 가진 감사보고서의 별도의 단락 내에 해당 문단을 포함함

(b) 강조될 사항 및 이를 상세하게 기술하고 있는 재무제표의 관련 공시의 위치를 명확하게 언급함. 강조사항문단에서는 재무제표에 표시되거나 공시된 정보만을 언급하여야 함

(c) 강조된 사항과 관련하여 감사의견이 변형되지 않는다는 점을 나타냄

▶ 706.A16 강조사항문단과 기타사항문단의 위치

강조사항문단

• 강조사항문단이 해당재무보고체계와 관련이 있는 경우(감사인이 법규에 규정된 해당재무보고체계가 수용 가능하지

않다고 결정하는 상황 등), 감사인은 감사의견의 적합한 관점을 제시하기 위해 강조사항문단을 감사의견근거 단락 바로 다음에 위치시키는 것이 필요하다고 판단할 수 있다.

- 핵심감사사항 단락이 감사보고서에 표시되는 경우, 강조사항문단은 강조사항문단에 포함된 정보의 상대적 유의성에 대한 감사인의 판단에 근거하여, 핵심감사사항 단락 이전이나 다음에 직접적으로 표시될 수 있다. 또한, 감사인은 핵심감사사항 단락에 기술된 개별 사항과 강조사항문단을 구별하기 위하여, "강조사항 – 후속사건"과 같이 "강조사항" 제목에 부연하는 문구로 추가할 수도 있다.

기타사항문단

- 핵심감사사항 단락을 감사보고서에 표시하고 기타사항문단의 필요성을 고려하는 경우, 감사인은 핵심감사사항 단락에 기술된 개별 사항과 기타사항문단을 구별하기 위하여 "기타사항 – 감사범위"와 같이 "기타사항" 제목에 부연하는 문구로 추가할 수 있다.
- 감사보고서에서 다루는 "기타의 보고책임"과 관련된 사항에 대하여 이용자의 주의를 환기하기 위하여 기타사항문단을 포함시키는 경우에는, "기타 법규의 요구사항에 대한 보고" 단락에 포함시킬 수 있을 것이다.
- 모든 감사인의 책임이나 감사보고서에 대한 이용자의 이해와 관련되는 경우에는, 기타사항문단을 "재무제표감사에 대한 보고"와 "기타 법규의 요구사항에 대한 보고" 다음에 별도의 단락으로 포함시킬 수 있을 것이다.

▶ 710.16

계속감사에서 비교FS 표시 경우 전기 감사의견이 달라지는 경우

감사인이 당기의 감사와 관련하여 전기재무제표에 대하여 보고할 때 만약 전기재무제표에 대한 감사의견이 해당 감사인이 이전에 표명한 의견과 다른 경우, 감사인은 감사기준서 706.8에 따라 기타사항문단에 상이한 의견에 대한 중요한 사유를 공시하여야 한다.

Ch 2.14	강조사항	706.7 706.8	2021 문제8 물음5 배점 3

(주)대한은 COVID-19 상황이 생산성 저하와 매출의 감소, 기존 채권의 회수 등에 부정적인 영향을 미칠 수 있으며, 이로 인하여 회사의 재무상태와 재무성과에도 유의적인 영향이 발생할 수 있다고 재무제표에 주석 기재하였다. 한국회계법인은 (주)대한의 재무제표에 대한 의견형성 단계에서 적정의견을 표명하기로 결정하였다. 회사의 주석 기재로 인하여 한국회계법인이 감사보고서에 추가할 것을 고려할 수 있는 문단의 종류 및 선택한 근거를 서술하시오(단, 선택한 근거는 (물음 5)의 구체적인 상황에 맞게 서술할 것).

정답 및 해설

강조사항

▶ 706.7

감사기준에서 사용하는 용어의 정의는 다음과 같다.

(a) 강조사항문단 – 재무제표에 적절하게 표시되거나 공시되어 있지만, 이용자가 재무제표를 이해하는 데 근본이 될 정도로 중요한 사항이라고 판단되어 감사인이 이러한 사항을 언급하는 감사보고서에 포함된 문단
(b) 기타사항문단 – 재무제표에 표시되거나 공시되지 아니한 사항으로서 이용자가 감사, 감사인의 책임 또는 감사보고서를 이해하는 데 관련성이 있다고 판단되어 감사인이 이러한 사항을 언급하는 감사보고서에 포함된 문단

▶ 706.8

감사인은 재무제표에 표시되거나 또는 공시된 사항으로서 이용자가 재무제표를 이해하는 데 근본이 될 정도로 중요하다고 판단되어 이들에 대하여 이용자의 주의를 환기하여야 할 필요가 있다고 고려하는 경우, 다음의 경우가 모두 해당된다면 감사보고서에 강조사항문단을 포함하여야 한다.

(a) 감사인이 해당 사항으로 인하여 감사기준서 705(감사의견의 변형)에 따라 의견을 변형할 것으로 요구되지는 않을 것임
(b) 감사기준서 701이 적용되는 경우, 해당 사항은 감사보고서에서 커뮤니케이션되어야 하는 핵심감사사항으로 결정되지 않았음

Ch 2.15	강조문단 조건 & 표시	706.8 706.9	2019 문제6 물음5 배점 4

다음은 대한(주)를 감사하고 있는 담당회계사와 그 상급자인 현장책임회계사와의 대화 내용이다.

(현장책임회계사) 올해부터 감사보고서에 포함해야 할 정보량이 많아졌으므로 감사보고서 작성에 신중을 기해주십시오.

(담당회계사) 네. 먼저 핵심감사사항을 주목해볼 만합니다. 그런데 대한(주)의 핵심감사사항은 동종 산업의 특성을 고려한다면 많은 것 같습니다. 핵심감사사항이 너무 많으면 정보이용자가 간과할 우려도 있을 것 같습니다. 대한(주)의 감사보고서 초안을 보니 강조사항문단이 없는데, 핵심감사사항 중 몇 개의 항목은 강조사항문단으로 보고하는 방안은 어떠신지요?

〈요구사항〉

감사인은 재무제표에 표시되거나 공시된 사항으로서 정보이용자가 재무제표를 이해하는 데 중요하다고 판단되어 이들의 주의를 환기하여야 할 필요가 있다고 고려하는 경우 감사보고서에 강조사항문단을 포함한다.

이러한 경우, [A] 강조사항문단에 포함되기 위한 조건은 무엇이며, 감사인이 감사보고서에 [B] 강조사항문단을 포함시키는 경우 준수해야 할 사항을 서술하시오.

정답 및 해설

(A) 706.8 (B) 706.9

▶ 706.8

감사인은 재무제표에 표시되거나 또는 공시된 사항으로서 이용자가 재무제표를 이해하는 데 근본이 될 정도로 중요하다고 판단되어 이들에 대하여 이용자의 주의를 환기하여야 할 필요가 있다고 고려하는 경우, 다음의 경우가 모두 해당된다면 감사보고서에 강조사항문단을 포함하여야 한다.

(a) 감사인이 해당 사항으로 인하여 감사기준서 705(감사의견의 변형)에 따라 의견을 변형할 것으로 요구되지는 않을 것임

(b) 감사기준서 701이 적용되는 경우, 해당 사항은 감사보고서에서 커뮤니케이션되어야 하는 핵심감사사항으로 결정되지 않았음

▶ 706.9

감사인이 감사보고서에 강조사항문단을 포함시키는 경우 다음을 준수하여야 한다.

(a) "강조사항"이라는 용어를 포함하는 적합한 제목을 가진 감사보고서의 별도의 단락 내에 해당 문단을 포함함

(b) 강조될 사항 및 이를 상세하게 기술하고 있는 재무제표의 관련 공시의 위치를 명확하게 언급함. 강조사항문단에서는 재무제표에 표시되거나 공시된 정보만을 언급하여야 함

(c) 강조된 사항과 관련하여 감사의견이 변형되지 않는다는 점을 나타냄

Ch 2.16	강조 · 기타사항	706.7	2014 문제1 물음2 배점 3

변형되지 않은 감사보고서(표준감사보고서)에 어떤 경우 감사의견에 강조사항문단(Emphasis of Matter paragraph) 또는 기타사항문단(Other Matter paragraph)이 추가될 수 있다. 강조사항문단과 기타사항문단의 개념을 비교하여 서술하시오(각각 3줄 이내로 서술할 것).

정답 및 해설

▶ 706.7

감사기준에서 사용하는 용어의 정의는 다음과 같다.

(a) 강조사항문단 – 재무제표에 적절하게 표시되거나 공시되어 있지만, 이용자가 재무제표를 이해하는 데 근본이 될 정도로 중요한 사항이라고 판단되어 감사인이 이러한 사항을 언급하는 감사보고서에 포함된 문단

(b) 기타사항문단 – 재무제표에 표시되거나 공시되지 아니한 사항으로서 이용자가 감사, 감사인의 책임 또는 감사보고서를 이해하는 데 관련성이 있다고 판단되어 감사인이 이러한 사항을 언급하는 감사보고서에 포함된 문단

Ch 2.17	계속기업 상황별 의견/문단	706.7 570.22, 570.23 570.A35, 570.21 570.A27	2022 문제5 물음1 배점 6

각 상황별로 감사의견 및 감사보고서 작성 시 포함되어야 할 문단 또는 단락을 아래에서 고르시오. 단, 핵심감사사항은 고려하지 않으며, 강조사항문단으로 포함시킬 필요가 있다고 고려할 수 있는 상황에서는 해당 문단을 포함한다.

- 감사의견: ① 적정의견 ② 부적정의견 ③ 한정의견 또는 부적정의견 ④ 한정의견 또는 의견거절
- 문단 또는 단락: (가) 없음 (나) 계속기업 관련 중요한 불확실성 (다) 강조사항

[상황 1] (주)대한은 최근 5개년 연속 영업손실이 발생하는 등 계속기업의 존속능력에 유의적 의문을 초래할만한 사건 및 상황이 식별되었다. 회사의 향후 1년간의 사업계획 및 자금계획을 수령하여 세부 증거를 확인한 결과, 감사인은 회사의 계속기업가정은 적합하며 중요한 불확실성은 존재하지 않는다는 결론을 얻었다. 한편, 회사는 해당 내용을 주석에 적절하게 공시하고 있다.

[상황 2] (주)민국은 여행업을 주된 영업으로 수행하고 있다. 회사는 지난 2년간 코로나-19로 인하여 영업활동을 정상적으로 수행하지 못하였고, 지속적인 영업손실이 누적되어 당기말 현재 완전자본잠식상태가 되었다. 회사의 경영진은 최근의 위드코로나 상황을 반영하여 작성한 회사의 사업계획 및 지배회사의 자금지원확약서를 감사인에게 제시하였다. 감사인은 계속기업가정은 적합하나 계속기업가정이 지배회사의 자금지원 능력 및 실행여부에 영향을 받게 되는 중요한 불확실성이 존재한다고 판단하였다. 한편, 회사는 해당 내용을 주석에 적절하게 공시하고 있다.

[상황 3] [상황 2]와 동일한 상황이나, (주)민국은 해당 내용을 주석에 적절하게 공시하지 않았다.

[상황 4] (주)만세는 항공소재의 생산 및 판매업을 주된 영업으로 수행하고 있다. 회사의 설립 후 현재까지 제품의 상용화가 이루어지지 않아서 매출이 발생하지 않고 있으며, 지배회사의 자금지원이 유일한 자금조달의 원천이다. 회사는 지배회사의 자금지원이 있을 것이라고 설명하였다. 그러나 감사보고서 발행 전까지 지배회사에 충분한 자금조달 능력이 있다는 것을

입증할 수 있는 증거 및 지배회사의 자금지원확약서를 감사인에게 제시하지 못하였다. 회사는 해당 내용을 주석에 적절하게 공시하고 있다.

[상황 5] (주)우리는 건물 임대업만을 영업으로 수행하는 회사이며, 차년도 중 회사소유의 모든 건물을 매각하고 사업을 청산할 계획이다. 당기말 현재 1년 이내 회사의 청산이 확실시되나, 회사는 계속기업을 전제로 재무제표를 작성하였다.

[상황 6] [상황 5]와 동일한 상황이나, (주)우리는 청산기준에 근거하여 재무제표를 작성하였으며 그 내용을 적절히 주석으로 공시하였다. 한편, 감사인은 회사가 청산기준에 따라 작성한 재무제표를 수용 가능하다고 결정하였다.

정답 및 해설

1) 적정, 강조　　2) 적정, 계속기업 (별도)　　3) 한정/부적정, 없음
4) 한정/의견거절, 없음　　5) 부적정, 없음　　6) 적정, 강조

▶ 706.7

감사기준에서 사용하는 용어의 정의는 다음과 같다.

(a) 강조사항문단 – 재무제표에 적절하게 표시되거나 공시되어 있지만, 이용자가 재무제표를 이해하는 데 근본이 될 정도로 중요한 사항이라고 판단되어 감사인이 이러한 사항을 언급하는 감사보고서에 포함된 문단

(b) 기타사항문단 – 재무제표에 표시되거나 공시되지 아니한 사항으로서 이용자가 감사, 감사인의 책임 또는 감사보고서를 이해하는 데 관련성이 있다고 판단되어 감사인이 이러한 사항을 언급하는 감사보고서에 포함된 문단

▶ 570.22

재무제표에 중요한 불확실성에 대한 적절한 공시가 이루어진 경우, 감사인은 적정의견을 표명하여야 하며 다음의 목적을 위한 "계속기업 관련 중요한 불확실성"이라는 제목의 별도 단락을 감사보고서에 포함하여야 한다.

(a) 문단 19에 설명한 사항들을 공시하고 있는 재무제표의 주석에 주의를 기울이도록 함

(b) 이러한 사건과 상황이 계속기업으로서의 존속능력에 유의적 의문을 초래할 수 있는 중요한 불확실성이 존재한다는 사실을 나타낸다는 점을 명시하고 해당 사항과 관련하여 감사의견이 변형되지 않았음을 명시함

▶ 570.23

재무제표에 중요한 불확실성에 대한 적절한 공시가 이루어지지 않은 경우, 감사인은 다음의 절차를 수행하여야 한다.

(a) 감사기준서 705(감사의견의 변형)에 따라 적합하게 한정의견이나 부적정의견을 표명함

(b) 감사보고서의 한정의견근거(부적정의견근거) 단락에, 계속기업으로서의 존속능력에 유의적 의문을 초래할 수 있는 중요한 불확실성이 존재한다는 점을 명시하고 재무제표에는 이 사항이 적절하게 공시되어 있지 않음을 명시함

▶ 570.A35

어떤 상황에서는, 감사인이 경영진에게 그 평가 또는 평가의 확대를 요청하는 것이 필요하다고 믿을 수 있다. 만약 경영진이 평가 또는 평가의 확대를 하지 않으려는 경우에는, 재무제표 작성 시 경영진의 회계의 계속기업전제의 사용에 대한 충분하고 적합한 감사증거(예, 경영진이 마련한 계획의 존재 또는 기타 다른 경감요소의 존재에 대한 감사증거)를 감사인이 입수하는 것이 가능하지 않을 수 있으므로 한정의견이나 의견거절이 적합할 것이다.

▶ 570.21

재무제표가 회계의 계속기업전제를 사용하여 작성되었지만 재무제표 작성에 있어 경영진의 회계의 계속기업전제 사용이 부적합하다고 판단되면, 감사인은 부적정의견을 표명하여야 한다.

▶ 570.A27

해당 상황에서 회계의 계속기업전제의 사용이 적합하지 않은 경우, 경영진은 다른 기준(예를 들어, 청산 기준)에 근거하여 재무제표를 작성해야 하거나 작성하기로 할 수 있다. 감사인이 해당 상황에서 다른 회계기준이 수용 가능하다고 결정한다면, 감사인은 그러한 재무제표에 대하여 감사를 수행하는 것이 가능할 수도 있다. 재무제표가 작성되는 회계기준에 대하여 재무제표에 적절한 공시가 있다면, 감사인이 적정의견을 표명하는 것이 가능할 수도 있을 것이다. 그러나 감사인은 대체적인 회계기준 및 이를 적용한 이유에 대한 재무제표 이용자의 주의를 환기하기 위하여 감사기준서 706(감사보고서의 강조사항문단과 기타사항문단)에 따라 감사보고서에 강조사항문단을 포함하는 것이 적절하거나 필요하다고 생각할 수도 있다.

Ch 2.18	상황별 감사보고	570.22	2020 문제9 물음4 배점 3

(주)한국여행은 2019사업연도(2019년 1월 1일~2019년 12월 31일)를 마지막으로 X회계법인과의 3년 감사계약이 종료되어 감사인을 변경하려고 한다. (주)한국여행의 2019년 말 현재 자산총계는 5조 원이며, 주권상장법인으로 감사위원회가 설치되어 있다.

(주)한국여행의 2020사업연도 감사인인 Y회계법인은 당기 재무제표에 대한 감사를 수행 중이다. 다음의 각 상황별로 Y회계법인이 2020년 감사보고서에 보고할 ① 감사의견, ② 감사보고서 문단(각 상황의 내용이 세부적으로 기술되는 문단: '의견근거문단, 강조사항문단, 기타사항문단, 계속기업 관련 중요한 불확실성 문단, 기술하지 않음' 중에 선택), ③ 판단근거를 서술하시오.

※ 아래 각 상황은 서로 독립적이며, 각 상황에 주어진 사항 외의 거래는 적절하게 회계처리되고 감사되었다고 가정한다.

C: Y회계법인은 매출채권의 실재성을 확인하기 위해 (주)한국여행의 전체 거래처 10곳에 조회서를 발송하기로 하였다. 10곳 중 (주)ABC(매출채권 잔액 5억 원)는 (주)한국여행과 분쟁 중이며, 매출채권 조회가 해당 분쟁에 영향을 미칠 수 있다는 이유로 경영진이 조회서 발송을 거부하였다. Y회계법인은 동 사유가 합리적이라 판단하여 대체적 감사절차를 수행하였으나 충분하고 적합한 감사증거를 입수할 수 없었다. 재무제표 전체에 대한 중요성은 35억 원이다.

D: (주)한국여행은 코로나19의 영향으로 기예약된 여행의 70% 이상이 취소되는 등 영업환경이 크게 악화되었다. (주)한국여행은 코로나19로 인해 계속기업으로서의 존속능력에 대한 불확실성이 증가하고 있다고 판단하여 이를 주석으로 공시하였다. Y회계법인은 (주)한국여행이 단기 유동성 문제를 해결하기 위해 계획한 자금조달이 예정대로 원활히 진행되고 있어 회계의 계속기업전제의 적용은 타당하다고 판단하였다. 그러나 코로나19 상황이 지속될 경우 계속기업으로서의 존속능력에 대한 중요한 불확실성이 존재한다고 판단하였다.

정답 및 해설

C. 적정/기술x/전체 중요성 미달

D. 적정/계속기업 중요 불확실성 문단/중요불확실 but 계속기업가정 타장 & 주석공시 → 적정, 별도 단락 for 이용자 주의

▶ 570.22

재무제표에 중요한 불확실성에 대한 적절한 공시가 이루어진 경우, 감사인은 적정의견을 표명하여야 하며 다음의 목적을 위한 "계속기업 관련 중요한 불확실성"이라는 제목의 별도 단락을 감사보고서에 포함하여야 한다.

(a) 문단 19에 설명한 사항들을 공시하고 있는 재무제표의 주석에 주의를 기울이도록 함

(b) 이러한 사건과 상황이 계속기업으로서의 존속능력에 유의적 의문을 초래할 수 있는 중요한 불확실성이 존재한다는 사실을 나타낸다는 점을 명시하고 해당 사항과 관련하여 감사의견이 변형되지 않았음을 명시함

Ch 2.19	계속기업	570.22 570.23 705.17~18, 보론	2019 문제6 물음3 배점 4

2018년 말 대한(주)는 계속기업전제의 사용이 적합하나 중요한 불확실성이 존재하므로 관련 내용을 주석에 공시할지 여부에 대해 검토 중이다.

〈요구사항〉 [A] 주석에 적절히 공시할 경우 대한(주)의 ① 최종 감사의견 및 ② 현재 '감사보고서 초안'이 어떻게 수정되어야 하는지, [B] 주석에 공시하지 않을 경우 대한(주)의 ① 최종 감사의견 및 ② 현재 '감사보고서 초안'이 어떻게 수정되어야 하는지를 서술하시오.

정답 및 해설

(A) 570.22 (B) 570.23 + KAM 도입문단 변형(705.17~18, 705보론)

▶ 570.22

재무제표에 중요한 불확실성에 대한 적절한 공시가 이루어진 경우, 감사인은 적정의견을 표명하여야 하며 다음의 목적을 위한 "계속기업 관련 중요한 불확실성"이라는 제목의 별도 단락을 감사보고서에 포함하여야 한다.

(a) 문단 19에 설명한 사항들을 공시하고 있는 재무제표의 주석에 주의를 기울이도록 함

(b) 이러한 사건과 상황이 계속기업으로서의 존속능력에 유의적 의문을 초래할 수 있는 중요한 불확실성이 존재한다는 사실을 나타낸다는 점을 명시하고 해당 사항과 관련하여 감사의견이 변형되지 않았음을 명시함

▶ 570.23

재무제표에 중요한 불확실성에 대한 적절한 공시가 이루어지지 않은 경우, 감사인은 다음의 절차를 수행하여야 한다.

(a) 감사기준서 705(감사의견의 변형)에 따라 적합하게 한정의견이나 부적정의견을 표명함

(b) 감사보고서의 한정의견근거(부적정의견근거) 단락에, 계속기업으로서의 존속능력에 유의적 의문을 초래할 수 있는 중요한 불확실성이 존재한다는 점을 명시하고 재무제표에는 이 사항이 적절하게 공시되어 있지 않음을 명시함

▶ 705.17

재무제표의 중요한 왜곡표시로 인하여 한정의견을 표명하는 경우, 감사인은 감사의견에 다음 사항을 기술하여야 한다.

(a) 재무제표를 공정표시체계에 따라 보고할 경우: 감사인의 의견으로는 별첨된 재무제표는 한정의견근거 단락에 기술된 사항이 미치는 영향을 제외하고는, [---]을 [해당 재무보고체계]에 따라 중요성의 관점에서 공정하게 표시하고 있음 (또는 [---]에 대하여 [해당 재무보고체계]에 따라 진실하고 공정한 관점을 제시하고 있음)

(b) 재무제표를 준수체계에 따라 보고할 경우: 감사인의 의견으로는 별첨된 재무제표는 한정의견근거 단락에 기술된 사항이 미치는 영향을 제외하고는, 중요성의 관점에서 [해당 재무보고체계]에 따라 작성되었음

감사인이 충분하고 적합한 감사증거를 입수할 수 없어 한정의견으로 감사의견을 변형하게 된 경우, 감사인은 변형의견에 대하여 "---의 사항이 미칠 수 있는 영향을 제외하고"라는 대응 문구를 사용하여야 한다.

▶ 705.18

감사인은 부적정의견을 표명하는 경우, 부적정의견근거 단락에 기술된 사항의 유의성 때문에, 다음 사항을 감사의견에 기술하여야 한다.

(a) 재무제표를 공정표시체계에 따라 보고할 경우: 감사인의 의견으로는 별첨된 재무제표는 부적정의견근거 단락에 기술된 사항의 유의성으로 인하여, [---]을 [해당 재무보고체계]에 따라 공정하게 표시하고 있지 않음 (또는 [---]에 대하여 [해당 재무보고체계]에 따라 진실하고 공정한 관점을 제시하고 있지 않음)

(b) 재무제표를 준수체계에 따라 보고할 경우: 감사인의 의견으로는 별첨된 재무제표는 부적정의견근거 단락에 기술된 사항의 유의성으로 인하여, 중요성의 관점에서 [해당 재무보고체계]에 따라 작성되지 않았음

▶ 705보론

[705.보론 사례1 발췌]

핵심감사사항은 우리의 전문가적 판단에 따라 당기 재무제표감사에서 가장 유의적인 사항들입니다. 해당 사항들은 재무제표 전체에 대한 감사의 관점에서 우리의 의견형성 시 다루어졌으며, 우리는 이런 사항에 대하여 별도의 의견을 제공하지는 않습니다. 우리는 한정의견근거 단락에 기술된 사항에 추가하여, 아래에 기술된 사항을 이 감사보고서에서 커뮤니케이션할 핵심감사사항으로 결정하였습니다.

[705.보론 사례2 발췌]
우리는 부적정의견근거 단락에 기술된 사항을 제외하고는 감사보고서에서 커뮤니케이션할 다른 핵심감사사항은 없다고 결정하였습니다.

Ch 3.1	감사의견 & 강조사항 · 기타사항	706.A5 710.13 705.9	2021 문제5 물음1 배점 3

한국회계법인의 업무수행이사인 나투명 회계사는 감사과정에서 다음과 같은 상황에 직면하였다. 단, 주어진 각 상황과 물음은 서로 독립적이다.

[상황 1] 나투명 회계사는 (주)대한의 20X1년 12월 31일로 종료되는 보고기간의 재무제표를 감사하고 있다. 나투명 회계사는 20X2년 1월 30일에 (주)대한의 공장에 대규모 화재가 발생하여 제조설비가 전소되었다는 사실을 기말감사과정에서 알게 되었다. 화재 손실에 대한 손해사정 결과, 화재 손실금액은 500억 원으로 추정되었으며 (주)대한의 경영진은 이 금액을 유의적이라고 판단하고 있다. 그러나 (주)대한은 대외신인도 하락을 우려하여, 화재 발생사실과 손실금액을 주석에 공시하지 않았다. 이러한 사항이 재무제표에 미치는 영향은 중요하며 전반적이라고 판단된다.

[상황 2] [상황 1]과 기본적인 정보는 동일하다. 다만, (주)대한은 화재 발생사실과 손실금액을 주석으로 적절하게 공시하였다.

[상황 3] 나투명 회계사는 (주)민국의 20X1년 12월 31일로 종료되는 보고기간의 재무제표를 감사하고 있다. 나투명 회계사는 감사절차 중의 하나로 재고자산 실사에 입회하려고 하였으나, (주)민국의 거부로 재고자산 실사에 입회하지 못하였다. 나투명 회계사는 (주)민국의 재고자산이 재무제표에서 차지하는 비중이 중요하다고 판단하여 대체적 감사절차를 수행하였으나, 충분하고 적합한 감사증거를 입수하지 못하였다. 이러한 재고자산 실사 입회 제한이 재무제표에 미치는 영향은 중요하지만 전반적이지는 않다고 판단된다.

[상황 4] 나투명 회계사는 (주)만세의 20X1년 12월 31일로 종료되는 보고기간의 재무제표를 감사하고 있다. 전기 재무제표는 코리아회계법인이 감사하였으며, 전기 감사의견은 적정의견이다. 나투명 회계사는 당기 재무제표에 중요하게 영향을 미치는 왜곡표시가 기초잔액에 포함되었는지를 확인하는 과정에서 전임 감사인인 코리아회계법인의 감사조서를 열람하지 못하였다. 나투명 회계사는 매출채권 기초잔액에 대한 감사절차로서 당기 중의 회수내역을 검토한 결과, 기초 매출채권이 5억 원 과대계상된 것을 확인하였다. (주)만세는 기초 매출채권의 과대계상액을 당기비용으로 인식하였다. 동 금액은 중요하지만, 전반적이지는 않다고 판단된다.

[상황 5] 나투명 회계사는 (주)만세의 20X1년 12월 31일로 종료되는 보고기간의 재무제표를 감사하고 있다. 나투명 회계사는 이사회의사록을 검토하던 중 (주)만세의 경영진이 공개하지 않았던 특수관계자 및 특수관계자 거래를 새롭게 알게 되었다. 나투명 회계사는 경영진의 특수관계자 및 특수관계자 거래 정보의 미공개가 의도적이라 판단하였고, 이러한 상황에서 추가적인 감사절차를 수행하려고 하였으나 경영진의 거부로 충분하고 적합한 감사증거를 수집하지 못하였다. 추가적인 감사절차를 수행하지 못한 영향은 중요하며 전반적이라고 판단된다.

위의 각 상황에서 나투명 회계사는 어떤 감사보고서를 발행해야 하는지 아래 〈보기〉에서 고르시오

(단, 제시된 상황 외에는 모두 적정하며, 감사인이 강조사항문단과 기타사항문단을 포함시킬 필요가 있다고 고려할 수 있는 상황에서는 해당 문단을 포함하는 것으로 가정할 것).

- 감사의견: ① 적정의견 ② 한정의견 ③ 부적정의견 ④ 의견거절
- 강조사항 또는 기타사항: (가) 없음 (나) 강조사항 (다) 기타사항

정답 및 해설

[상황 1] 부적정, 없음
[상황 2] 적정, 강조사항
[상황 3] 한정, 없음
[상황 4] 한정, 기타사항
[상황 5] 의견거절, 없음

▶ 706.A5

감사인이 강조사항문단을 포함시킬 필요가 있다고 고려할 수 있는 상황은 예를 들어 다음과 같다.

- 예외적인 소송이나 규제조치의 미래 결과에 대한 불확실성
- 재무제표일과 감사보고서일 사이에 발생한 유의적인 후속사건
- 재무제표에 중요한 영향을 미치는 새로운 회계기준을 조기적용(허용된 경우)하는 경우
- 해당 기업의 재무상태에 유의적인 영향을 미쳤거나 계속해서 영향을 미치고 있는 주요 재해

▶ 710.13

전기재무제표가 전임감사인의 감사를 받았으며, 감사인이 대응수치에 대하여 전임감사인의 감사보고서를 언급하는 것이 법규상 금지되지 아니하여 감사인이 이를 언급하기로 결정하는 경우, 감사보고서의 기타사항문단에 다음 사항을 기재하여야 한다.

(a) 전기재무제표는 전임감사인이 감사하였음
(b) 전임감사인이 표명한 의견의 유형, 그리고 해당 의견이 변형되었으면 그 이유
(c) 전임감사인의 감사보고서일

▶ 705.9

감사인은 감사의견의 근거가 되는 충분하고 적합한 감사증거를 입수할 수 없으며, 발견되지 아니한 왜곡표시가 있을 경우 이것이 재무제표에 미칠 수 있는 영향이 중요하고 동시에 전반적일 수 있다고 결론을 내리는 경우 의견을 거절하여야 한다.

Ch 3.2	감사보고서: 의견거절		2020 문제9 물음5 배점 3

(주)한국여행은 2019사업연도(2019년 1월 1일~2019년 12월 31일)를 마지막으로 X회계법인과의 3년 감사계약이 종료되어 감사인을 변경하려고 한다. (주)한국여행의 2019년 말 현재 자산총계는 5조 원이며, 주권상장법인으로 감사위원회가 설치되어 있다.

(주)한국여행의 2020사업연도 감사인인 Y회계법인은 감사보고서를 발행하면서 의견을 표명하지 아니하였다. 다음은 감사보고서의 일부이다. ①~⑤ 중 잘못된 부분을 모두 지적하고 적절하게 수정하시오.

독립된 감사인의 감사보고서

주식회사 한국여행
주주 및 이사회 귀중

재무제표감사에 대한 보고

① 감사의견

② 우리는 주식회사 한국여행(이하 '회사')의 재무제표를 감사하였습니다.

③ 해당 재무제표는 2020년 12월 31일 현재의 재무상태표, 동일로 종료되는 보고기간의 포괄손익계산서, 자본변동표, 현금흐름표 그리고 유의적인 회계정책의 요약을 포함한 재무제표의 주석으로 구성되어 있습니다.

④ 우리는 별첨된 회사의 재무제표에 대하여 의견을 표명하지 않습니다.

⑤ 우리의 의견으로는 이 감사보고서의 의견거절근거 단락에서 기술된 사항의 유의성 때문에 재무제표에 대한 감사의견의 근거를 제공하는 충분하고 적합한 감사증거를 입수할 수 없었습니다.

...이하 생략...

정답 및 해설

① 의견거절 ② 우리는 **의 FS에 대한 감사계약을 체결하였습니다. ⑤ 우리는 이 감사보고서의 의견거절근거 단락에서 ~

Ch 3.3	범위제한(구제역)	705.A9 705.9	2017 문제2 물음5 배점 4

다음은 어느 감사절차 상황을 설명한 것이다.

- A회계법인은 꽃돼지농장(주)의 20X1 회계연도(결산일: 12월 31일)의 재무제표감사를 수행하고 있다.
- 회사가 제시한 꽃돼지농장(주)의 재무제표는 도축용 돼지, 축사 및 그 밖의 자산이 각각 40%, 35% 및 25%로 구성되어 있다.
- A회계법인의 현장 책임회계사는 20X2년 1월 2일 도축용 돼지 축사를 방문하여 재고자산에 대한 실사과정에 입회하려고 한다.
- 회사는 재고자산의 실사를 효과적이고 효율적으로 실시하기 위하여 구체적인 실사계획을 수립하고 방문할 감사인들에게 가능한 모든 사항을 협조할 예정이다.
- 농장이 위치한 지역에 최근 구제역이 발생함에 따라, 지방자치단체는 해당 농장에 외부인의 방문을 금지하였다. 현장 책임회계사는 농장을 방문하는 것 이외에는 재고자산의 실재성을 확인할 수 있는 대체적 방법은 없다고 판단하였다.
- 회사는 재고자산의 실사에 대하여 입회할 수 없는 현재 상황에 어떠한 책임도 없다고 주장하고 있으며, 현장 책임회계사도 이에 동의하고 있다.

위 상황에서 감사인이 선택할 수 있는 가장 적합한 감사보고서의 번호를 아래 [보기]에서 골라 그 판단의 근거를 세 줄 이상 서술하시오.

[보기] 감사보고서

① 적정의견+강조사항문단
② 적정의견+기타사항문단
③ 한정의견(회계처리기준 위배)
④ 한정의견(감사범위 제한)
⑤ 부적정의견+강조사항문단
⑥ 부적정의견+기타사항문단
⑦ 의견거절

정답 및 해설

⑦: 대체절차 X → 충적감증 입수 불가 → FS영향이 중요 & 전반적 → 의견거절

▶ 705.A9

감사인이 특정 절차를 수행할 수 없어도 대체적 절차를 수행하여 충분하고 적합한 감사증거를 입수할 수 있다면 이는 감사범위의 제한에 해당되지 아니한다. 그러나 대체적 절차를 수행하여도 충분하고 적합한 감사증거를 입수할 수 없다면 문단 7(b) 및 문단 9-10의 요구사항을 적합하게 적용한다. 경영진에 의한 제한은 부정위험에 대한 감사인의 평가 또는 감사의 계속적 수행여부에 대한 고려와 같이 해당 감사와 관련하여 다른 시사점을 가질 수도 있다.

▶ 705.9

감사인은 감사의견의 근거가 되는 충분하고 적합한 감사증거를 입수할 수 없으며, 발견되지 아니한 왜곡표시가 있을 경우 이것이 재무제표에 미칠 수 있는 영향이 중요하고 동시에 전반적일 수 있다고 결론을 내리는 경우 의견을 거절하여야 한다.

Ch 3.4	감사의견 & 감사보고		2016 문제7 물음1 배점 2

다음 각 물음은 서로 독립적이다. 다음의 자료를 고려하여 각 물음에서 감사인이 발행해야 할 감사보고서를 [답안양식]에 따라 서술하시오.

〈자료〉

1) 중요하다고 판단되는 중요성기준은 10억 원, 중요할 뿐만 아니라 전반적이라고 판단되는 중요성기준은 30억 원이다. 중요성의 판단은 해당 왜곡표시가 순자산(net asset)에 미치는 영향으로 판단한다.
2) 감사인이 설정한 수행중요성은 7억 원이다.
3) 감사의견을 형성할 때 질적 요소는 고려하지 않는다.

[답안양식] 1. 감사의견 2. 강조사항 여부 3. 기타사항 여부 4. 변형근거

(물음) X회계법인은 전기부터 A(주)의 재무제표를 감사하고 있으며, A(주)는 전기부터 건물과 기계장치를 감가상각하지 않고 있다. X회계법인은 전기재무제표에 대하여 적정의견을 표명하였다. 만약 회계기준에 따라 감가상각한다면 20X1회계연도와 20X2회계연도의 당기순이익은 각각 6억 원이 감소되어야 한다.

정답 및 해설

1. 한정의견, 2. 강조X, 3. 기타X, 4. (의견) 왜곡표시가 중요 & 전반X.

Ch 3.5	감사의견 & 감사보고	706.A5	2016 문제7 물음2 배점 2

〈자료〉 및 [답안양식]은 앞 문제와 동일함.

(물음) A(주)는 당기에 취득한 시장성 있는 유가증권을 공정가치로 표시하지 않고 취득원가로 계상하였다. 만약 경영진이 해당 유가증권을 공정가치로 표시한다면, 단기매매금융자산은 12억 원이 감소되어야 한다. 한편, 경쟁기업인 B(주)는 특허권 침해로 A(주)에 소송을 제기하였다. 소송 결과는 예측할 수 없으며, 만약 패소한다면 A(주)의 기업 경영에 중대한 영향을 미치는 매우 이례적인 사건이 될 수 있다. A(주)는 해당 소송사건을 재무제표 주석으로 적절하게 기술하고 있다.

정답 및 해설

1. 한정의견, 2. 강조O, 3. 기타X, 4. (의견) 왜곡표시가 중요 & 전반X. (강조) 소송 중대 불확실성 존재 & 주석반영

▶ 706.A5

감사인이 강조사항문단을 포함시킬 필요가 있다고 고려할 수 있는 상황은 예를 들어 다음과 같다.

- 예외적인 소송이나 규제조치의 미래 결과에 대한 불확실성
- 재무제표일과 감사보고서일 사이에 발생한 유의적인 후속사건
- 재무제표에 중요한 영향을 미치는 새로운 회계기준을 조기적용(허용된 경우)하는 경우
- 해당 기업의 재무상태에 유의적인 영향을 미쳤거나 계속해서 영향을 미치고 있는 주요 재해

Ch 3.6	감사의견 & 감사보고		2016 문제7 물음3 배점 2

〈자료〉 및 [답안양식]은 앞 문제와 동일함.

(물음) X회계법인은 A(주)가 지분법을 적용하고 있는 조인트벤처 투자지분의 재무정보에 대하여 충분하고 적합한 감사증거를 입수할 수 없었다. A(주)가 조인트벤처에 투자한 지분금액은 A(주) 순자산의 20%(A(주)의 순자산: 500억 원)에 해당한다.

정답 및 해설

1. 의견거절, 2. 강조X, 3. 기타X, 4. (의견) 범위제한 중요 & 전반적

Ch 3.7	감사의견 & 감사보고		2016 문제7 물음4 배점 2

〈자료〉 및 [답안양식]은 앞 문제와 동일함.

(물음) A(주)의 당기말 재무상태표에는 재고자산이 100억 원으로 계상되어 있다. 경영진은 재고자산을 취득원가와 순실현가능가치 중 낮은 금액으로 표시하지 않고, 취득원가로 계상하였다. 만약 경영진이 취득원가와 순실현가능가치 중 낮은 금액으로 재고자산을 계상한다면, 기말재고자산은 35억 원만큼 감액되어 순실현가능가치로 계상되어야 한다.

정답 및 해설

1. 부적정의견, 2. 강조X, 3.기타X, 4. (의견) 왜곡표시 중요 & 전반적

Ch 3.8	감사의견 & 감사보고	710.17	2016 문제7 물음5 배점 2

〈자료〉 및 [답안양식]은 앞 문제와 동일함.

(물음) X회계법인은 당기부터 A(주)를 감사하고 있다. 전기 재무제표는 Y회계법인이 감사하였으며 전기 감사의견은 적정의견이었다. X회계법인은 Y회계법인에 전기감사조서의 열람을 신청하였으나, 거절당하였다. 따라서 X회계법인은 기초잔액에 대하여 대체적 감사절차를 수행하였으며, 기초재고자산 4억 원이 과대계상된 것으로 확인하였다.

정답 및 해설

1. 적정의견, 2. 강조X, 3. 기타O, 4. (의견) 왜곡표시 중요X (기타) 전기FS 타 감사인 감사 → 해당 사실과 의견 유형, 감사보고서일 등 기타사항 문단 기재

▶ 710.17
전기재무제표가 전임감사인의 감사를 받은 경우, 전기재무제표에 대한 전임감사인의 감사보고서가 해당 재무제표와

함께 재발행되지 않는 한, 감사인은 당기재무제표에 대한 의견표명에 추가하여 기타사항문단에 다음 사항을 기재하여야 한다.
(a) 전기재무제표는 전임감사인이 감사하였음
(b) 전임감사인이 표명한 의견의 유형, 그리고 해당 의견이 변형되었으면 그 이유
(c) 전임감사인의 감사보고서일

Ch 3.9	감사의견 & 감사보고	705.9~10	2014 문제1 물음5 배점 3

다음은 독립된 감사인의 감사보고서 중 변형되지 않은 감사보고서이다. 이에 대한 다음 물음에 답하시오.

독립된 감사인의 감사보고서

우리특수강 주식회사
주주 및 이사회 귀중

감사의견

우리는 우리특수강 주식회사(이하 "회사")의 재무제표를 감사하였습니다. 해당 재무제표는 20X1년 12월 31일과 20X0년 12월 31일 현재의 재무상태표, 동일로 종료되는 보고기간의 포괄손익계산서, 자본변동표, 현금흐름표 그리고 유의적인 회계정책의 요약을 포함한 재무제표의 주석으로 구성되어 있습니다.

우리의 의견으로는 별첨된 회사의 재무제표는 우리특수강 주식회사의 20X1년 12월 31일과 20X0년 12월 31일 현재의 재무상태와 동일로 종료되는 보고기간의 재무성과 및 현금흐름을 한국채택국제회계기준에 따라, 중요성의 관점에서 공정하게 표시하고 있습니다.

감사의견근거

우리는 감사기준에 따라 감사를 수행하였습니다. 이 기준에 따른 우리의 책임은 이 감사보고서의 재무제표감사에 대한 감사인의 책임 단락에 기술되어 있습니다. 우리는 재무제표감사와 관련된 국제윤리기준과 함께 대한민국의 윤리적 요구사항에 따라 회사로부터 독립적이며 그러한 요구사항과 국제윤리기준에 따른 기타의 윤리적 책임들을 이행하였습니다. 우리가 입수한 감사증거가 감사의견을 위한 근거로서 충분하고 적합하다고 우리는 믿습니다.

재무제표에 대한 경영진과 지배기구의 책임

경영진은 한국채택국제회계기준에 따라 이 재무제표를 작성하고 공정하게 표시할 책임이 있으며, 부정이나 오류로 인한 중요한 왜곡표시가 없는 재무제표를 작성하는 데 필요하다고 결정한 내부통제에 대해서도 책임이 있습니다.

경영진은 재무제표를 작성할 때, 회사의 계속기업으로서의 존속능력을 평가하고 해당되는 경우 계속기업 관련 사항을 공시할 책임이 있습니다. 그리고 경영진이 기업을 청산하거나 영업을 중단할 의도가 없는 한 또는 그 외에는 다른 현실적인 대안이 없는 한, 회계의 계속기업전제의 사용에 대해서도 책임이 있습니다.

지배기구는 회사의 재무보고절차의 감시에 대한 책임이 있습니다.

재무제표감사에 대한 감사인의 책임

우리의 목적은 재무제표에 전체적으로 부정이나 오류로 인한 중요한 왜곡표시가 없는지에 대하여 합리적인 확신을 얻어 우리의 의견이 포함된 감사보고서를 발행하는 데 있습니다. 합리적인 확신은 높은 수준의 확신을 의미하나 감사기준에 따라 수행된 감사가 항상 중요한 왜곡표시를 발견한다는 것

을 보장하지는 않습니다. 왜곡표시는 부정이나 오류로부터 발생할 수 있으며 왜곡표시가 재무제표를 근거로 하는 이용자의 경제적 의사결정에 개별적으로 또는 집합적으로 영향을 미칠 것이 합리적으로 예상되면 그 왜곡표시는 중요하다고 간주됩니다.

이 독립된 감사인의 감사보고서의 근거가 된 감사를 실시한 업무수행이사는 이몽룡입니다.

XYZ 회계법인

대표이사 공인회계사 홍길동 (인)

20X2년 2월 13일

서울 서대문구 서대문로 123

〈정보〉

우리특수강 주식회사는 주식회사의 외부감사에 관한 법률상 감사를 받아야 하는 회사이다. 감사인은 20X1년 2월 28일 우리특수강 주식회사와 20X1 회계연도의 재무제표에 대한 회계감사를 수행하기로 계약하였다(자산총계 7,000억 원). 감사보수는 200백만 원 고정보수이며, 추가적으로 어떤 상황이 발생하여도 감사보수를 변경할 수 없는 조건으로 계약하였다. 계약 당시 감사인은 감사원가가 150백만 원일 것으로 추정하였다.

우리특수강 주식회사는 20X1년 5월 20일 이라크에 해외현지법인을 설립하였으며, 설립과 동시에 현지에서 영업활동을 활발하게 하고 있다. 감사인은 해외현지법인의 재무제표가 우리특수강 주식회사의 재무제표에 미칠 수 있는 영향이 중요하고 동시에 전반적(지분율 95%, 자산총계 4,000억 원)일 수 있다고 판단하고 있으며, 회사 경영진은 해외현지법인의 설립과 관련된 정보를 주석에 적절하게 공시하고 있다. 감사인은 추가로 해외현지법인을 방문감사할 경우 100백만 원의 감사원가가 추가로 투입될 것으로 추정하고 있다. 따라서 감사인은 소요되는 감사원가를 고려하여 해외현지법인을 방문하지 않고 감사의견을 형성하기로 결정하였다. 그러나 우리특수강 주식회사의 경영진은 "우리는 비상장회사로서 당해연도 재무제표를 기초로 하여 은행으로부터 2,000억 원을 추가 차입할 것을 계획하고 있기 때문에 무엇보다 적정의견이 필요한 상황입니다. 우리는 어떤 상황에서도 감사증거 수집이 가능하도록 협력하겠습니다. 그러나 감사보수는 처음에 계약한 바와 같은 수준에서 지급할 것입니다"라는 의견을 제시하고 있다.

물론 국내에서도 해외현지법인에 대한 제한된 감사증거를 수집할 수도 있지만 충분하고 적합한 수준에는 미치지 못한다. 또한 해외현지 회계법인을 활용하여 감사증거를 수집할 수도 없는 상황이다.

감사일정, 감사계약 및 관련 법률을 고려할 때 감사인은 감사계약을 해지할 수도 없으며, 감사보고서를 발행하여야만 하는 상황이다.

회계감사기준에 따르면 이와 같은 경우 (1) 감사인이 형성할 수 있는 감사의견은 무엇인지와, (2) 그 판단 근거를 다음 양식에 따라 서술하시오. (3) 또한 이 경우 감사보고서 발행 후 감사인이 겪을 수 있는 상황은 무엇인지 서술하시오(단, 상기 이외의 감사절차는 회계감사기준에 따라 수행되었다고 가정한다).

정답 및 해설

(1) 감사의견: 의견거절

(2) 근거: 충적감증 입수 불가, 미발견 왜곡표시 FS영향이 중요 & 전반적임

(3) 감사보고서 발행 후 감사인이 겪을 수 있는 상황: 회사는 추가차입 불발로 감사인에 손해배상 청구 소송 제기 가능성 존재.

▶ 705.9

감사인은 감사의견의 근거가 되는 충분하고 적합한 감사증거를 입수할 수 없으며, 발견되지 아니한 왜곡표시가 있을 경우 이것이 재무제표에 미칠 수 있는 영향이 중요하고 동시에 전반적일 수 있다고 결론을 내리는 경우 의견을 거절하여야 한다.

▶ 705.10

다수의 불확실성을 수반하는 극히 드문 상황에서 감사인이 각각의 불확실성에 대하여 충분하고 적합한 감사증거를 입수하였음에도 불구하고 이들 개별 불확실성 사이의 잠재적 상호작용과 이들 불확실성이 재무제표에 미칠 수 있는 누적적 영향 때문에 재무제표에 대한 의견을 형성하는 것이 가능하지 않다고 결론을 내리는 경우, 감사인은 의견을 거절하여야 한다.

Ch 3.10	감사의견 & 감사보고	705.보론 사례4, 705.19, 705.24, 705.26, 705.28	2014 문제1 물음6 배점 3

앞 문제의 상황에서 발행되어야 할 감사의견에 따라 상기 감사보고서에서 변경 또는 추가되어야 할 문단은 무엇인지 아래 〈보기〉에서 모두 지적하고 각각의 변경·추가될 내용을 요약하시오.

〈보기〉 ① 감사의견 ② 감사의견근거 ③ 핵심감사사항
④ 재무제표에 대한 경영진과 지배기구의 책임 ⑤ 재무제표감사에 대한 감사인의 책임
⑥ 강조사항 또는 기타사항

정답 및 해설

① 감사의견
- a. 단락제목: 감사의견 → 의견거절
- b. 재무제표를 감사하였습니다. → 재무제표에 대한 감사계약을 체결하였습니다.
- c. 우리는 별첨된 회사의 재무제표에 대하여 의견을 표명하지 않습니다. 우리는 이 감사보고서의 의견거절근거 단락에서 기술된 사항의 유의성 때문에 재무제표에 대한 감사의견의 근거를 제공하는 충분하고 적합한 감사증거를 입수할 수 없었습니다.

② 감사의견근거
- a. → 의견거절근거
- b. 감사범위제한과 FS영향 기술
- c. 내용삭제: 감사인의 책임이 기술된 감사보고서 단락에 관한 언급 / 입수한 감사증거가 감사의견의 근거를 제공하는 데 충분하고 적합한지 여부에 관한 기술

⑤ 재무제표감사에 대한 감사인의 책임: 다음 내용만을 포함
- a. 감사인의 책임은 감사기준에 따라 기업의 재무제표에 대한 감사를 수행하고 감사보고서를 발행하는 것이라는 기술
- b. 그러나 의견거절근거 단락에 기술된 사항 때문에, 감사인이 재무제표에 대한 감사의견의 근거를 제공하는 데 충분하고 적합한 감사증거를 입수할 수 없었다는 기술
- c. 감사인 독립성 및 기타 윤리적 책임에 관한 기술

▶ 705.보론 사례4 의견거절

독립된 감사인의 감사보고서

ABC주식회사의 주주 귀중 [또는 다른 적합한 수신인]

의견거절

우리는 ABC 주식회사와 그 종속기업들(연결회사)의 연결재무제표에 대한 감사계약을 체결하였습니다. 해당 연결재무제표는 20X1년 12월 31일 현재의 연결재무상태표, 동일로 종료되는 보고기간의 연결손익계산서(또는 연결포괄손익계산서), 연결자본변동표, 연결현금흐름표 그리고 유의적인 회계정책의 요약을 포함한 연결재무제표의 주석으로 구성되어 있습니다.

우리는 별첨된 연결회사의 연결재무제표에 대하여 의견을 표명하지 않습니다. 우리는 이 감사보고서의 의견거절근거 단락에서 기술된 사항의 유의성 때문에 연결재무제표에 대한 감사의견의 근거를 제공하는 충분하고 적합한 감사증거를 입수할 수 없었습니다.

의견거절근거

연결회사는 조인트벤처 XYZ에 대한 투자에 대하여 연결재무상태표에 XXX원을 계상하고 있습니다. 이는 20X1년 12월 31일 현재 연결회사 순자산의 90%를 초과하고 있습니다. 우리는 조인트벤처 XYZ의 감사인의 감사문서를 비롯하여 XYZ의 경영진과 감사인에 대한 접근이 허용되지 않았습니다. 이에 따라 우리는 연결회사가 공동으로 지배하는 XYZ의 자산에 대한 비례지분, 연결회사가 공동으로 책임을 지는 XYZ의 부채에 대한 비례지분 및 XYZ의 당기순이익과 비용에 대한 비례지분 그리고 연결자본변동표와 연결현금흐름표의 구성요소들에 수정이 필요한지 여부를 결정할 수 없었습니다.

연결재무제표에 대한 경영진과 지배기구의 책임: 표준동일

연결재무제표감사에 대한 감사인의 책임

우리의 책임은 회계감사기준에 따라 연결회사의 연결재무제표를 감사하고 감사보고서를 발행하는 데 있습니다. 그러나 우리는 이 감사보고서의 의견거절근거 단락에서 기술된 사항의 유의성 때문에 해당 연결재무제표에 대한 감사의견의 근거를 제공하는 충분하고 적합한 감사증거를 입수할 수 없었습니다.

우리는 연결재무제표 감사와 관련된 대한민국의 윤리적 요구사항에 따라 연결회사로부터 독립적이며 그러한 요구사항에 따른 기타의 윤리적 책임들을 이행하였습니다.

▶ 705.19

감사인이 충분하고 적합한 감사증거를 입수할 수 없어 의견을 거절하는 경우, 감사인은 다음 사항을 기술하여야 한다.

(a) 감사인은 별첨된 재무제표에 대한 의견을 표명하지 아니함

(b) 의견거절근거 단락에 기술된 사항의 유의성 때문에, 감사인은 재무제표에 대한 감사의견의 근거를 제공하기에 충분하고 적합한 감사증거를 입수할 수 없었음

(c) 감사기준서 700 문단 24(b)에서 요구하는 문구(즉, 감사인이 해당 재무제표를 감사하였음)를 수정하여 감사인이 재무제표에 대한 감사계약을 체결하였음으로 기술함

▶ 705.24

감사인이 충분하고 적합한 감사증거를 입수할 수 없어 감사의견의 변형이 초래된 경우, 감사인은 감사의견근거 단락에 그 이유를 포함하여야 한다.

▶ 705.26

감사인이 재무제표에 대하여 의견을 거절하는 경우, 감사보고서에 감사기준서 700 문단 28(b)와 28(d)에서 요구하는 감사보고서요소를 포함하여서는 안 된다. 그러한 감사보고서요소는 다음과 같다.

(a) 감사인의 책임이 기술된 감사보고서 단락에 관한 언급

(b) 입수한 감사증거가 감사의견의 근거를 제공하는 데 충분하고 적합한지 여부에 관한 기술

▶ 705.28

감사인이 충분하고 적합한 감사증거를 입수하지 못하여 재무제표에 대하여 의견을 거절하는 경우, 감사인은 감사기준서 700 문단 38 – 40에서 요구하는 감사인의 책임에 대한 기술을 수정하여 다음 내용만을 포함하여야 한다.

(a) 감사인의 책임은 감사기준에 따라 기업의 재무제표에 대한 감사를 수행하고 감사보고서를 발행하는 것이라는 기술

(b) 그러나 의견거절근거 단락에 기술된 사항 때문에, 감사인이 재무제표에 대한 감사의견의 근거를 제공하는 데 충분하고 적합한 감사증거를 입수할 수 없었다는 기술

(c) 감사기준서 700 문단 28(c)에서 요구하는 감사인 독립성 및 기타 윤리적 책임에 관한 기술

Ch 4.1	전기오류 전임감사인 재발행 X	706.9 710.17 710.A12	2023 문제6 물음3 배점 3

한국회계법인은 주권상장법인 (주)A에 대한 재고자산 실사 입회를 계획하고 수행하였다. 다음 내용은 (주)A의 자체 실사 계획이다.

- (주)A의 재고 실물 보관장소는 물류센터 세 곳과 주로 반품된 제품을 보관하는 본사창고로 구성되어 있으며 해당 창고들이 각각 회사의 창고관리시스템에 등록되어 있다.
- 물류센터는 물류팀이 통합하여 관리하고 있고, 본사창고는 영업팀 물류담당자가 별도로 관리하고 있다.
- (주)A는 연말 재고 이동량을 고려하여 창고별로 다른 날짜에 각각 다른 실사팀이 실사할 계획이다.

추가자료

- (주)A의 재무제표상 재고자산은 ERP에서 산출되어 기록된다.
- (주)A의 회계팀은 당기에 분산되어 있던 물류센터 세 곳을 통합하는 업무를 진행하던 중 창고관리시스템에 실재하지 않는 대량의 상품 재고가 수년간 ERP상 생성된 가상창고에 포함되어 있었다는 사실을 발견하였다.
- 가상창고에 존재하는 재고자산 금액은 전체 재고 금액의 15%로서 재고자산의 중요한 부분을 차지한다.

한국회계법인은 가상창고에 실재하지 않는 재고자산이 과거 수년간 재무제표에 포함되어 있었던 오류를 발견하고 전기오류수정에 관한 감사절차를 수행하였다. 하지만 전임감사인은 해당 수정사항에 대해 동의하지 않음을 통지하고, 전기감사보고서를 재발행하지 않기로 하였다. 한국회계법인은 해당 수정사항에 대한 감사증거를 얻기 위한 별도의 감사계약을 체결하지 않은 상태에서 비교재무제표만 수정하기로 하였다. 이 경우 한국회계법인이 감사보고서의 기타사항문단과 강조사항문단에 포함을 고려해야 할 사항 중 각각 두 가지를 기재하시오.

정답 및 해설

(1) 강조사항문단
  ⓐ 강조될 사항(전기FS수정) 및 이를 상세하게 기술하고 있는 재무제표의 관련 공시의 위치
  ⓑ 강조된 사항과 관련하여 감사의견이 변형되지 않는다는 점
(2) 기타사항문단
  ⓐ 전임감사인은 수정전 전기재무제표에 대하여 의견을 표명했다는 사실
  ⓑ 당기감사인의 전기FS 수정사항에 대한 감사수행 및 의견, 그 외는 어떠한 확신도 표명하지 않음을 기재 여부

▶ 706.7

감사기준에서 사용하는 용어의 정의는 다음과 같다.

(a) 강조사항문단 – 재무제표에 적절하게 표시되거나 공시되어 있지만, 이용자가 재무제표를 이해하는 데 근본이 될 정도로 중요한 사항이라고 판단되어 감사인이 이러한 사항을 언급하는 감사보고서에 포함된 문단

(b) 기타사항문단 – 재무제표에 표시되거나 공시되지 아니한 사항으로서 이용자가 감사, 감사인의 책임 또는 감사보고서를 이해하는 데 관련성이 있다고 판단되어 감사인이 이러한 사항을 언급하는 감사보고서에 포함된 문단

▶ 706.보론3 예시(KAM 이전 or 다음)

강조사항

재무제표 이용자는 재무제표에 대한 주석 X에 주의를 기울여야 할 필요가 있습니다. 재무제표에 대한 주석 X는 회사의 생산설비 화재의 영향을 기술하고 있습니다. 우리의 의견은 이 사항으로부터 영향을 받지 아니합니다.

▶ 706.9
감사인이 감사보고서에 강조사항문단을 포함시키는 경우 다음을 준수하여야 한다.
(a) "강조사항"이라는 용어를 포함하는 적합한 제목을 가진 감사보고서의 별도의 단락 내에 해당 문단을 포함함
(b) 강조될 사항 및 이를 상세하게 기술하고 있는 재무제표의 관련 공시의 위치를 명확하게 언급함. 강조사항문단에서는 재무제표에 표시되거나 공시된 정보만을 언급하여야 함
(c) 강조된 사항과 관련하여 감사의견이 변형되지 않는다는 점을 나타냄

▶ 710.17 기타사항문단(전임 감사보고서 재발행 X)
전기재무제표가 전임감사인의 감사를 받은 경우, 전기재무제표에 대한 전임감사인의 감사보고서가 해당 재무제표와 함께 재발행되지 않는 한, 감사인은 당기재무제표에 대한 의견표명에 추가하여 기타사항문단에 다음 사항을 기재하여야 한다.
(a) 전기재무제표는 전임감사인이 감사하였음
(b) 전임감사인이 표명한 의견의 유형, 그리고 해당 의견이 변형되었으면 그 이유
(c) 전임감사인의 감사보고서일

▶ 710.18
감사인은 전임감사인이 적정의견을 표명한 전기재무제표에 영향을 미치는 중요한 왜곡표시가 존재한다고 결론을 내리면, 적합한 수준의 경영진, 그리고 지배기구의 모든 구성원이 그 기업의 경영에 참여하고 있지 않는 한 지배기구와 해당 왜곡표시를 커뮤니케이션하여야 하며, 이러한 사실을 전임감사인에게 알리도록 요청하여야 한다. 전기재무제표가 수정되고 전임감사인이 수정된 전기재무제표에 대하여 새로운 감사보고서를 발행하는 데 동의한다면, 감사인은 당기에 대해서만 보고하여야 한다.

710.A12 기타사항문단(전임 감사보고서 재발행 X)
전임감사인은 전기재무제표에 대한 감사보고서를 재발행할 수 없거나, 또는 재발행하려고 하지 않을 수 있다. 감사인은 감사보고서의 기타사항문단에 전임감사인은 수정전 전기재무제표에 대하여 의견을 표명했다는 사실을 나타낼 수 있을 것이다. 뿐만 아니라, 감사인이 감사계약을 체결하고 수정의 적절성에 대하여 만족할 만큼 충분하고 적합한 감사증거를 얻은 경우에는, 감사보고서에 다음의 문단을 포함시킬 수도 있을 것이다.
"우리는 20X2 재무제표에 대한 감사의 일부로서, 재무제표에 대한 주석 X에서 설명하는 바와 같이 20X1 재무제표를 수정하기 위해 적용된 조정사항들에 대하여도 감사를 수행하였습니다. 우리의 의견으로는, 해당 조정사항들은 적절하며 바르게 적용되었습니다. 우리는 위의 조정사항을 제외하고는 회사의 20X1 재무제표에 대하여 감사나 검토, 기타 어떠한 계약도 체결하지 않았습니다. 따라서 우리는 20X1 재무제표 전체에 대하여 감사의견 또는 기타 어떠한 형태의 확신도 표명하지 아니합니다."

706.보론3 예시 응용(KAM 아래/경영진 & 지배기구 책임 위)
기타사항
ABC 주식회사의 20X1년 12월 31일로 종료된 보고기간의 "수정전" 재무제표는 타 감사인이 감사하였으며 이 감사인의 20X1년 3월 31일자 감사보고서에는 해당 재무제표에 대하여 적정의견이 표명되었습니다.
우리는 20X2 재무제표에 대한 감사의 일부로서, 재무제표에 대한 주석 X에서 설명하는 바와 같이 20X1 재무제표를 수정하기 위해 적용된 조정사항들에 대하여도 감사를 수행하였습니다. 우리의 의견으로는, 해당 조정사항들은 적절하며 바르게 적용되었습니다. 우리는 위의 조정사항을 제외하고는 회사의 20X1 재무제표에 대하여 감사나 검토, 기타 어떠한 계약도 체결하지 않았습니다. 따라서 우리는 20X1 재무제표 전체에 대하여 감사의견 또는 기타 어떠한 형태의 확신도 표명하지 아니합니다.

Ch 4.2	비교FS 보고서	710.A12	2022 문제3 물음4 배점 3

[상황 2: 감사완료단계]

(업무팀원) 유상사급에 대한 검토 결과 과거부터 매출액이 과대계상되었다는 결론을 얻었습니다. 이에 대해 (주)한국은 당기에 감사인이 갑자기 바뀌면서 전임 감사인은 제기하지 않았던 복잡한 문제를 제기한다는 입장입니다.

(업무품질관리검토자) 총액 · 순액 매출인식은 언제나 중요합니다. 특히 유상사급 문제는 올해 품질관리검토 시 중점 검토사항입니다.

(업무수행이사) 우선 전임 감사인과 의견을 나눠보고, 이 상황이 20X1년 (주)한국의 감사보고서에 미치는 영향부터 검토해보겠습니다.

업무수행이사의 '20X1년 (주)한국의 감사보고서에 미치는 영향 검토' 지시에 따라 업무팀원은 필요한 감사절차를 수행한 후 다음과 같은 기타사항문단 초안을 작성하였다.

"우리는 20X1년 재무제표에 대한 감사의 일부로서, 재무제표에 대한 주석 X에서 설명하는 바와 같이 20X0년 재무제표를 수정하기 위해 적용된 조정사항들에 대하여도 감사를 수행하였습니다.

우리의 의견으로는, 해당 조정사항들은 적절하며 바르게 적용되었습니다. 우리는 위의 조정사항을 제외하고는 회사의 20X0년 재무제표에 대하여 감사나 검토, 기타 어떠한 계약도 체결하지 않았습니다. 따라서 우리는 20X0년 재무제표 전체에 대하여 감사의견 또는 기타 어떠한 형태의 확신도 표명하지 아니합니다."

이러한 상황은 전임 감사인이 전기재무제표에 대한 감사보고서를 ('A') 상황이며, 당기 감사인은 감사계약을 체결하고 수정의 적절성에 대하여 만족할 만큼 충분하고 적합한 감사증거를 ('B') 경우이다.

〈요구사항〉

'A'와 'B'에 들어갈 적절한 표현을 각각 1줄 이내로 서술하시오.

정답 및 해설

A: 재발행하지 않은, B: 얻은

▶ 710.A12

전임감사인은 전기재무제표에 대한 감사보고서를 재발행할 수 없거나, 또는 재발행하려고 하지 않을 수 있다. 감사인은 감사보고서의 기타사항문단에 전임감사인은 수정전 전기재무제표에 대하여 의견을 표명했다는 사실을 나타낼 수 있을 것이다. 뿐만 아니라, 감사인이 감사계약을 체결하고 수정의 적절성에 대하여 만족할 만큼 충분하고 적합한 감사증거를 얻은 경우에는, 감사보고서에 다음의 문단을 포함시킬 수도 있을 것이다.

"우리는 20X2 재무제표에 대한 감사의 일부로서, 재무제표에 대한 주석 X에서 설명하는 바와 같이 20X1 재무제표를 수정하기 위해 적용된 조정사항들에 대하여도 감사를 수행하였습니다. 우리의 의견으로는, 해당 조정사항들은 적절하며 바르게 적용되었습니다. 우리는 위의 조정사항을 제외하고는 회사의 20X1 재무제표에 대하여 감사나 검토, 기타 어떠한 계약도 체결하지 않았습니다. 따라서 우리는 20X1 재무제표 전체에 대하여 감사의견 또는 기타 어떠한 형태의 확신도 표명하지 아니합니다."

Ch 4.3	전임감사인 존재	710.17~18 710.A12	2020 문제9 물음3 배점 3

(주)한국여행은 2019사업연도(2019년 1월 1일~2019년 12월 31일)를 마지막으로 X회계법인과의 3년 감사계약이 종료되어 감사인을 변경하려고 한다. (주)한국여행의 2019년 말 현재 자산총계는 5조원이며, 주권상장법인으로 감사위원회가 설치되어 있다.

(주)한국여행의 2020사업연도 감사인인 Y회계법인은 당기 재무제표에 대한 감사를 수행하면서 2019년 12월 31일로 종료되는 회계연도의 매출인식과 관련한 오류를 발견하였다. 동 오류로 인해 2019년도 재무제표의 수정이 필요한 상황이다. Y회계법인은 전기재무제표를 타 감사인이 감사한 경우 관련내용을 감사보고서 기타사항문단에 기재하고 있다. 다음의 각 독립적인 상황별로 Y회계법인이 2020년 감사보고서 기타사항문단에 기재해야 할 내용을 제시하시오.

A: (주)한국여행은 비교재무제표를 수정하는 방식으로 오류를 수정하고, 전기오류수정에 대한 세부내역을 주석에 공시하였다. X회계법인은 수정된 전기재무제표에 동의하지 않아 어떠한 조치도 취하지 않았다. Y회계법인은 당기 재무제표에 대한 감사계약만 체결하였으며, 당기 재무제표에는 동 오류의 영향이 회계기준에 따라 적절하게 반영되었다.

B: (주)한국여행은 오류를 수정하여 2019년 12월 31일로 종료되는 회계연도의 재무제표를 수정하였으며, Y회계법인이 외감법에 따른 감사보고서를 발행하기 전에 전임감사인인 X회계법인은 수정된 전기재무제표에 대해 새로운 감사보고서를 발행(감사보고서일: 2020년 10월 28일)하였다.

정답 및 해설

A. 710.17 참조 B. 재발행 → 반드시 기재 필요 없음

▶ 710.17

전기재무제표가 전임감사인의 감사를 받은 경우, 전기재무제표에 대한 전임감사인의 감사보고서가 해당 재무제표와 함께 재발행되지 않는 한, 감사인은 당기재무제표에 대한 의견표명에 추가하여 기타사항문단에 다음 사항을 기재하여야 한다.

(a) 전기재무제표는 전임감사인이 감사하였음
(b) 전임감사인이 표명한 의견의 유형, 그리고 해당 의견이 변형되었으면 그 이유
(c) 전임감사인의 감사보고서일

▶ 710.A12

전임감사인은 전기재무제표에 대한 감사보고서를 재발행할 수 없거나, 또는 재발행하려고 하지 않을 수 있다. 감사인은 감사보고서의 기타사항문단에 전임감사인은 수정전 전기재무제표에 대하여 의견을 표명했다는 사실을 나타낼 수 있을 것이다. 뿐만 아니라, 감사인이 감사계약을 체결하고 수정의 적절성에 대하여 만족할 만큼 충분하고 적합한 감사증거를 얻은 경우에는, 감사보고서에 다음의 문단을 포함시킬 수도 있을 것이다.

"우리는 20X2 재무제표에 대한 감사의 일부로서, 재무제표에 대한 주석 X에서 설명하는 바와 같이 20X1 재무제표를 수정하기 위해 적용된 조정사항들에 대하여도 감사를 수행하였습니다. 우리의 의견으로는, 해당 조정사항들은 적절하며 바르게 적용되었습니다. 우리는 위의 조정사항을 제외하고는 회사의 20X1 재무제표에 대하여 감사나 검토, 기타 어떠한 계약도 체결하지 않았습니다. 따라서 우리는 20X1 재무제표 전체에 대하여 감사의견 또는 기타 어떠한 형태의 확신도 표명하지 아니합니다."

▶ 710.18

감사인은 전임감사인이 적정의견을 표명한 전기재무제표에 영향을 미치는 중요한 왜곡표시가 존재한다고 결론을 내리면, 적합한 수준의 경영진, 그리고 지배기구의 모든 구성원이 그 기업의 경영에 참여하고 있지 않는 한 지배기구와 해당 왜곡표시를 커뮤니케이션하여야 하며, 이러한 사실을 전임감사인에게 알리도록 요청하여야 한다. 전기재무제표가 수정되고 전임감사인이 수정된 전기재무제표에 대하여 새로운 감사보고서를 발행하는 데 동의한다면, 감사인은 당기에 대해서만 보고하여야 한다.

Ch 4.4	전기감사인 재발행거부	710.A12	2017 문제2 물음2 배점 3

감사인은 회계감사기준에 따라 감사를 수행하고 그 결과를 감사보고서로 제시한다. 감사보고에 대한 다음 물음에 답하시오.

A회계법인은 갑(주)의 20X1년 재무제표에 대한 회계감사를 수행하고 있다. 전기 재무제표는 B회계법인이 감사하였다(전기 감사의견은 적정의견임).

당기에 실증절차를 수행하던 현장 책임감사인인 홍 회계사는 기계장치의 감가상각과 관련하여 다음 사실을 발견하였다.

- 홍 회계사는 해당 기계장치의 내용연수를 10년으로 추정하였으며 기계공학 관련 외부공인기관도 내용연수가 10년이 합리적이라는 의견을 제시하였다.
- 홍 회계사는 해당 기계장치를 취득하였던 3년 전 내부결재서류를 확인하였다. 동 서류에서 회계담당자는 내용연수를 10년으로 기재하였으나, 승인과정에서 회계책임 임원이 30년으로 변경 · 승인하였음을 발견하였다. 기계장치 내용연수 차이로 인한 감가상각비 오류는 회계정보이용자를 오도할 수 있을 정도로 중요하다.

상기 감가상각 내용연수 오류와 관련하여 전기 감사인의 답변은, 전기 재무제표에 대한 감사보고서가 발행된 지 상당한 시간이 지났기 때문에 전기 감사인이 추가적으로 취할 수 있는 조치는 없다는 입장이다. A회계법인은 당기 재무제표에 대한 감사계약만 체결하였기 때문에 전기 재무제표에 대하여 감사절차를 수행할 권리와 의무는 없다.

(요구사항) 이러한 경우에 A회계법인이 감가상각비로 인한 전기 재무제표의 감사의견과 관련하여 당기의 감사보고서에 기재할 방법을 (1) 어느 문단에 (2) 어떻게 표현하여야 하는지 아래 [답안양식]에 따라 서술하시오(단, 당기재무제표는 상기 수정사항의 영향이 회계기준에 따라 적절하게 반영되었다고 가정한다).

[답안양식]

문단번호(아래 번호 중 선택하여 기재): 문단에 포함될 내용 및 판단 근거

〈문단〉 ① 감사의견　　② 감사의견근거　　③ 핵심감사사항

④ 재무제표에 대한 경영진과 지배기구의 책임　　⑤ 재무제표감사에 대한 감사인의 책임

⑥ 강조사항　　⑦ 기타사항

정답 및 해설

⑦ 기타사항문단: 전임감사인은 수정전 전기FS에 대한 의견을 표명했다는 사실

- 판단 근거: A법인은 당기 FS만 감사계약 체결 및 업무 수행.
  전기말 중요왜곡표시금액과 관련한 책임은 없지만 정보이용자가 감사인의 책임 또는감사보고서를 이해하는 데 관련성이 있다고 판단되어 커뮤니케이션할 필요가 있다고 고려하는 경우, 법규상 제약이 없고, KAM이 아니라면 기타사항문단에 그 사실을 기재함.

▶ 710.A12

전임감사인은 전기재무제표에 대한 감사보고서를 재발행할 수 없거나, 또는 재발행하려고 하지 않을 수 있다. 감사인은 감사보고서의 기타사항문단에 전임감사인은 수정전 전기재무제표에 대하여 의견을 표명했다는 사실을 나타낼 수 있을 것이다. 뿐만 아니라, 감사인이 감사계약을 체결하고 수정의 적절성에 대하여 만족할 만큼 충분하고 적합한 감사증거를 얻은 경우에는, 감사보고서에 다음의 문단을 포함시킬 수도 있을 것이다.

"우리는 20X2 재무제표에 대한 감사의 일부로서, 재무제표에 대한 주석 X에서 설명하는 바와 같이 20X1 재무제표를 수정하기 위해 적용된 조정사항들에 대하여도 감사를 수행하였습니다. 우리의 의견으로는, 해당 조정사항들은 적절하며 바르게 적용되었습니다. 우리는 위의 조정사항을 제외하고는 회사의 20X1 재무제표에 대하여 감사나 검토, 기타 어떠한 계약도 체결하지 않았습니다. 따라서 우리는 20X1 재무제표 전체에 대하여 감사의견 또는 기타 어떠한 형태의 확신도 표명하지 아니합니다."

Ch 5.1	기타정보 수정거부	720.10.	2019 문제7 물음2 배점 4

대한(주)는 20X1년 재무제표에 대해 회계감사를 받고 있다. 대한(주)는 과거 수년간 안정적인 영업구조를 유지해왔으며, 최근 경제환경이 좋지 않음에도 불구하고 지속적인 성장세를 보였다. 특히 20X1년 말 대한(주)는 주력 사업부문에서의 오랜 연구개발이 성공하여 매출이 급증하였다. 이에 자본시장에서는 대한(주)의 20X1년 최종실적에 대해 관심이 많은 상황이다(단, 대한(주)는 상장기업이며, 20X1년 재무제표일은 12월 31일이다).

감사인은 대한(주)의 20X1년 재무제표에 대한 감사보고서일(20X2년 2월 22일) 전에 대한(주)의 경영진이 20X2년 1월 중 투자유치회를 개최하면서 발행한 연차보고서를 입수하였다. 그런데 이 보고서에서 제시된 20X1년 주요 재무비율이 감사보고서에 첨부된 재무제표를 근거로 계산한 비율과 중요한 차이가 있다고 판단하였다(단, 대한(주) 지배기구의 모든 구성원이 경영에 참여하고 있지 않다).

〈요구사항〉

감사인이 연차보고서의 수정이 필요하다고 판단하여 경영진에게 수정을 권고하였지만 경영진은 수정을 거부하였다. 이에 감사인은 이러한 상황을 지배기구와 커뮤니케이션하였다. 이 상황에서 감사인이 추가로 취할 수 있는 절차 세 가지를 각각 한 줄 이내로 서술하시오.

정답 및 해설

▶ 720.10

기타정보의 수정이 필요하나 경영진이 그러한 수정을 거부하는 경우, 지배기구의 모든 구성원이 그 기업의 경영에 참여하고 있지 않는 한 감사인은 이 사항을 지배기구에 커뮤니케이션하여야 하며, 다음 중 하나의 절차를 취하여야 한다.

(a) 해당 중요한 불일치를 기술하는 기타사항문단을 감사기준서 706에 따라 감사보고서에 포함시킴(감사기준서 706 "감사보고서의 강조사항문단과 기타사항문단" 문단 8)

(b) 감사보고서 발행을 보류함

(c) 관련 법규나 관습상 가능한 경우, 감사업무를 해지함

Ch 5.2	감사의견 & 감사보고	706.8 706.A4~A5	2013 문제7 물음1 배점 4

다음과 같은 상황에서 감사인은 어떤 감사보고서를 발행해야 하는지 또는 어떤 조치를 취해야 하는지를 판단하려고 한다.

[요구사항] 아래에 주어진 각각의 〈사례〉에 대한 감사인의 판단내용을 다음 세 가지 항목으로 구분하여 기재하시오(각 항목별 답안을 아래 〈답안양식〉에 따라 작성하시오. 단, [항목 1]과 [항목 2]의 해당 답을 〈보기〉에서 찾아 그 번호 및 판단의 근거를 기재할 것).

- [항목 1] 감사의견과 특기사항 또는 기타의 조치: ① 적정의견 ② 적정의견+강조사항 ③ 한정의견 ④ 한정의견+강조사항 ⑤ 부적정의견 ⑥ 부적정의견+강조사항 ⑦ 감사계약의 해지
- [항목 2] 감사보고서 문단 수정 내용: (가) 의견근거 (나) 감사인책임 (다) 계속기업 관련 중요한 불확실성 단락
- [항목 3] 위 판단의 근거
  ※ 주어진 상황 이외의 모든 것은 적절하게 회계처리되고 감사되었다고 가정한다.
  ※ 감사인은 중요한 사항에 대하여 특기사항으로 기재할지 여부를 결정할 때 가능하면 특기사항을 기재하는 정책을 가지고 있다.
  ※ 주어진 각 사례는 서로 독립적이다.

〈사례〉 감사인은 (주)갑을의 2X12년 12월 31일로 종료되는 재무제표를 감사하고 있다. 주주총회일정과 감사계약서 등을 고려할 때 감사인은 2X13년 3월 5일까지 감사보고서를 회사에 제출하여야 한다. 입증절차를 위한 감사일정은 2×13년 2월 1일부터 2월 15일까지이다.
감사를 종료하는 날인 2월 15일 감사현장 책임자인 A회계사는 사전에 계획된 시간을 투입하고서도 감사증거를 충분하게 수집하지 못하였다고 판단하였다. 수집하지 못한 감사증거는 재무제표가 중대하게 왜곡될 수 있을 정도라고 판단하지만 매우 중대한 정도는 아니라고 판단한다.
감사인은 이를 회사와 협의한 결과 감사일정을 확대하여 해결할 수 있는 상황이 아니고 현재까지 수집된 증거로 감사보고서를 작성하여야 한다고 판단하고 있으며, 이러한 판단은 합리적이다.
감사인은 감사시간의 부족 이유가 회사의 의도적인 감사회피로 인한 것이고, 감사보고서 발행 이외에 다른 선택이 없다고 판단하고 있다.

정답 및 해설

③ 한정의견 / (가) 의견근거 / 범위제한 FS영향 중요 & 전반X

▶ 706.8

감사인은 재무제표에 표시되거나 또는 공시된 사항으로서 이용자가 재무제표를 이해하는 데 근본이 될 정도로 중요하다고 판단되어 이들에 대하여 이용자의 주의를 환기하여야 할 필요가 있다고 고려하는 경우, 다음의 경우가 모두 해당된다면 감사보고서에 강조사항문단을 포함하여야 한다.

(a) 감사인이 해당 사항으로 인하여 감사기준서 705("감사의견의 변형")에 따라 의견을 변형할 것으로 요구되지는 않을 것임

(b) 감사기준서 701이 적용되는 경우, 해당 사항은 감사보고서에서 커뮤니케이션되어야 하는 핵심감사사항으로 결정되지 않았음

▶ 706.A4

보론 1은 감사인이 특정한 상황에서 감사보고서에 강조사항문단을 포함하도록 하는 구체적인 요구사항을 포함하는 감사기준서들을 식별한다. 이러한 상황은 다음과 같다.

- 법규에 의해 규정된 재무보고체계가 그것이 법규에 의해 규정되었다는 사실을 제외하면 수용 가능하지 않았을 경우
- 재무제표가 특수목적체계에 따라 작성되었음을 이용자에게 주의를 환기하기 위한 경우
- 감사보고서일 이후 감사인이 알게 된 사실로 인하여 감사인이 새로운 또는 수정된 감사보고서를 제공한 경우(즉, 후속사건)

▶ 706.A5

감사인이 강조사항문단을 포함시킬 필요가 있다고 고려할 수 있는 상황은 예를 들어 다음과 같다.

- 예외적인 소송이나 규제조치의 미래 결과에 대한 불확실성
- 재무제표일과 감사보고서일 사이에 발생한 유의적인 후속사건
- 재무제표에 중요한 영향을 미치는 새로운 회계기준을 조기적용(허용된 경우)하는 경우
- 해당 기업의 재무상태에 유의적인 영향을 미쳤거나 계속해서 영향을 미치고 있는 주요 재해

Ch 5.3	감사의견 & 감사보고		2013 문제7 물음2 배점 4

[요구사항]은 앞 문제와 동일하다.

〈사례〉 감사인은 (주) 갑을의 2X12년 12월 31일로 종료되는 재무제표를 감사하고 있다. 주주총회일정과 감사계약서 등을 고려할 때 감사인은 2×13년 3월 5일까지 감사보고서를 회사에 제출하여야 한다. 입증절차를 위한 감사일정은 2X13년 2월 1일부터 2월 15일까지이다.

감사를 종료하는 날인 2월 15일 감사현장 책임자인 A회계사는 사전에 계획된 시간을 투입하고도 감사증거를 충분하게 수집하지 못하였다고 판단하였다.

수집하지 못한 감사증거는 재무제표가 중대하게 왜곡될 수 있을 정도라고 판단하지만 매우 중대한 정도는 아니라고 판단한다. 감사인은 이를 회사와 협의한 결과 감사일정을 확대하여 해결할 수 있는 상황이 아니고 현재까지 수집된 증거로 감사보고서를 작성하여야 한다고 판단하고 있으며, 이러한 판단은 합리적이다.

감사인은 감사시간 부족 이유가 감사인의 잘못된 감사계획으로 인한 것이고 감사보고서 발행 이외에 다른 선택이 없다고 판단하고 있다.

정답 및 해설

③ 한정의견 / (가) 의견근거 / 범위제한 FS영향 중요 & 전반X

Ch 5.4	감사의견 & 감사보고		2013 문제7 물음3 배점 4

[요구사항]은 앞 문제와 동일하다.

〈사례〉 다음은 (주)갑을의 2×13년 12월 31일 현재의 재무상태표와 2X13 회계연도의 포괄손익계산서 중 일부 내용이다.

재무상태표		포괄손익계산서	
자산총계	2,000억 원	매출액	1,800억 원
부채총계	1,800억 원	매출원가	1,400억 원
자본총계	200억 원	판매비와 관리비	600억 원
이익잉여금	(-)450억 원	기타비용	100억 원
		당기순이익	(-)300억 원

2X13 회계연도 (주)갑을의 재무제표를 감사하는 감사인은 회사의 주된 거래처 중 하나인 (주)ABC가 도산됨으로 인하여 (주)ABC에 대한 채권잔액 200억 원을 전액 회수할 수 없고 이로 인하여 유동성에 어려움을 겪을 것이라고 판단하고 있다. (주)갑을은 채권잔액 200억 원을 대손충당금으로 설정하고 있다.

(주)갑을은 향후 3년간 미래현금흐름의 추정치와 유동성문제를 해결할 수 있는 자구책을 감사인에게 제시하였다.

그러나 감사인은 이러한 회사의 자구책이 실현가능성이 낮고 따라서 계속기업으로서 존속할 수 없다고 확신하고 있다. 그러나 회사는 매출액이 꾸준하게 성장해 왔고 자구책이 실현 가능하기 때문에 계속기업으로서 존속여부에 대한 의문은 합리적이지 않다고 주장하였다.

회사의 주장에도 불구하고 감사인과 회사의 서로 다른 의견은 좁혀지지 않았다. 감사의견을 형성하는 데 필요한 중요성 금액은 20억이며 매우 중요한 정도는 50억 원이다.

정답 및 해설

⑤ 부적정의견 / (가) 의견근거 / 계속기업전제 사용 부적합, 부적정 경우 계속기업 단락 X

Ch 5.5	감사의견 & 감사보고		2013 문제7 물음4 배점 4

[요구사항]은 앞 문제와 동일하다.

〈사례〉 XY회계법인의 감사본부 소속 감사팀은 (주)갑을의 2X12 회계연도의 재무제표에 대한 감사절차를 종료하고 감사보고서를 작성하는 중이다. 감사결과 재무제표에 영향을 미치는 중요한 왜곡사항은 발견되지 않았다.

감사를 종결하는 과정에서 담당 감사팀은 XY회계법인의 또 다른 부서인 컨설팅본부가 (주)갑을의 2X12 회계연도의 매출채권 관리와 관련된 내부감사업무를 대행하는 서비스를 제공한 사실을 알게 되었다. 그러나 (주)갑을의 매출은 대부분 현금거래 위주이기 때문에 재무상태표일 현재 매출채권 잔액은 자산총계의 0.005%에 해당할 정도로 작다.

감사인은 왜곡표시된 금액이 자산총계의 0.1%를 초과할 경우 재무제표가 중요하다. 그리고 왜곡표시된 금액이 자산총계의 1%를 초과할 경우 재무제표가 매우 중요하게 왜곡표시되었다고 판단한다.

정답 및 해설

⑦ 감사계약의 해지 / 없음 / 공인회계사법 21조 금지업무

Ch 5.6	감사의견 & 감사보고		2013 문제7 물음5 배점 4

[요구사항]은 앞 문제와 동일하다.

〈사례〉 XY회계법인은 (주)갑을의 연결재무제표를 감사하였다. 감사의견을 판단하는 중요한 경우와 매우 중요한 경우의 판단기준은 지배회사와 연결대상회사의 별도재무제표에서 자산총계를 단순 합계한 금액의 각각 0.1%와 1%를 적용한다.
다음은 연결재무제표 작성과 관련된 회사의 당기말 현재 별도재무제표에서 발췌한 일부 내용이다.

	(주) 갑을	종속회사1	종속회사2	종속회사3
자산총계	2,200억 원	1,000억 원	800억 원	900억 원
매출액	1,800억 원	950억 원	900억 원	950억 원
EBT 순이익	50억 원	20억 원	5억 원	당기 중 지분 모두 청산
감사인	XY회계법인	XY회계법인	XY회계법인	
감사의견	적정의견	적정의견	한정의견	
결산일	12월 31일	12월 31일	12월 31일	12월 31일
기말지분율	지배회사	80%	90%	-

상기 자료에서 종속회사 2의 별도재무제표에 대한 한정의견의 사유는 제3의 거래처에 대한 대손충당금 2억 원 과소계상으로 인한 것이며, 이는 연결재무제표에서도 수정되지 않았다. 그 외 연결재무제표를 감사하는 과정에서 발견된 왜곡표시사항은 없으며, 직전회계연도에 연결대상에 포함되었던 종속회사 3은 당해 연도 중에 지분을 모두 청산하였다.

정답 및 해설

① 적정의견 / 없음 / 중요X

06

그룹재무제표 감사와 기타인증업무

6부에서는 연결재무제표 감사에 해당되는 그룹재무제표 감사와 기타인증업무에 대하여 학습한다. 그룹재무제표 감사에서는 그룹 감사업무의 계획수립, 부문감사인의 활용과 연결절차에 대한 감사절차에 대하여 소개한다. 그리고 기타인증업무로서 내부회계관리제도 감사(검토)와 중간재무제표 검토를 설명한다.

제 1 장 그룹재무제표 감사

연결재무제표 감사에 해당하는 그룹재무제표에 대한 감사의 주요주제는 다음과 같다.

① 충분하고 적합한 감사증거의 입수여부와 관련한 수용·유지의 결정과 감사범위의 제한으로 인한 감사의견의 결정(▶해외 종속기업에 대한 감사증거 확보 중요)
② 업무유형의 결정(▶유의적인 부문과 비유의적 부문)
③ 부문감사인 활용 시 감사절차(▶해외종속법인의 타 감사인 활용)
④ 연결절차에 대한 감사절차(▶내부거래·연결조정분개)

1. 개요

그룹재무제표 감사란 '2개 이상의 부문의 재무정보를 포함하는 재무제표에 대한 감사'를 말하며, 일반적으로 연결재무제표 감사를 의미한다. 그룹업무팀은 지배기업의 연결재무제표 감사인이고 부문감사인은 종속기업의 다른 회계법인에 해당한다.

그룹업무팀과 부문감사인의 책임은 다음과 같다.

구분	회계감사기준(600-11, A8)	외부감사법(31조)
그룹업무팀 (업무수행이사)	• 그룹업무수행이사나 그 회계법인이 그룹감사의견에 대한 책임을 진다. • 그룹업무수행이사는 전문직 기준 및 법규의 요구사항에 따라 그룹 감사업무를 지휘·감독하고 수행하며 발행된 감사보고서가 상황에 적합한지 여부에 대하여 책임을 진다.	• 감사인이 중요한 사항에 관하여 감사보고서에 표시하지 아니하거나 거짓으로 적음으로써 이를 믿고 이용한 제3자에게 손해를 발생하게 한 경우에는 그 감사인은 제3자에게 손해를 배상할 책임이 있다.

구분	회계감사기준(600-11, A8)	외부감사법(31조)
부문감사인	• 그룹감사를 위하여 부문재무정보에 대한 업무를 수행하고 이에 대한 전반적인 감사 발견사항이나 결론 또는 의견에 대하여 책임을 진다.	• 다만, 연결재무제표에 대한 감사보고서에 중요한 사항을 표시하지 아니하거나 거짓으로 적은 책임이 종속회사 또는 관계회사의 감사인에게 있는 경우에는 해당 감사인은 이를 믿고 이용한 제3자에게 손해를 배상할 책임이 있다.

그룹업무팀은 그룹감사의견에 대한 전적인 책임을 부담하므로 감사보고서에는 부문감사인을 언급하여서는 안 된다. 법규상 부문감사인의 언급이 요구되는 경우에도, 그룹감사인의 책임이 경감되지 아니함을 감사보고서에 나타내야 한다.

2. 그룹재무제표감사업무의 수용 · 유지 결정과 계획수립

1) 그룹재무제표감사업무의 수용 · 유지 결정

그룹감사인은 그룹재무제표 감사업무의 수용이나 유지를 결정할 때, 그룹감사의견의 근거가 되는 연결절차 및 부문재무정보에 관한 충분하고 적합한 감사증거를 입수할 수 있을 것인지를 결정하여야 한다. 이를 위해 수행하여야 할 절차는 다음과 같다(600-12).

① 그룹업무팀은 **유의적일 것 같은 부문을 식별**하는 데 충분하도록 해당 그룹과 부문 및 그 환경을 **이해**하여야 한다.

② 부문감사인이 그러한 부문의 재무정보에 대한 업무를 수행할 예정인 경우, 그룹업무수행이사는 그룹업무팀이 충분하고 적합한 감사증거를 입수하는 데 필요한 만큼 **부문감사인들의 업무에 관여할 수 있을 것인지 여부를 평가**하여야 한다.

그리고 ①에서 그룹과 부문 및 그 환경에 대한 이해와 관련하여 구체적으로 이해할 사항은 다음과 같다(600-A11).

① 법적 구조와 조직체계 등 그룹의 구조(즉, 그룹의 재무보고시스템이 조직화되어 있는 방법)

② 그룹에 유의적인 부문사업활동(그러한 활동이 발생하는 산업과 규제적, 경제적, 정치적 환경 포함)

③ 공유 서비스센터 등 서비스조직의 이용

④ 그룹차원의 통제에 대한 기술서

⑤ 연결절차의 복잡성

⑥ 그룹업무수행이사가 소속된 회계법인이나 그 네트워크 회계법인에 소속되지 않은 부문감사인이 부문의 재무정보에 대한 업무를 수행할 것인지 여부, 그리고 그룹경영진이 둘 이상의 감사인을 선임한 논리적 근거

⑦ 그룹업무팀이 다음의 권한을 보유하고 있는지 여부

㉠ 그룹지배기구, 그룹경영진, 부문지배기구, 부문경영진, 부문정보 및 부문감사인에 대하여 제약을 받지 않고 접근할 수 있음(그룹업무팀이 원하는 관련 감사문서를 포함함)

㉡ 그룹업무팀이 부문의 재무정보에 대하여 필요한 업무를 수행할 수 있음

2) 그룹, 부문 및 그 환경의 이해를 통한 위험평가절차

그룹업무팀의 위험평가절차는 다음과 같다(600-17).

① 업무의 수용 또는 유지 단계에서 입수한 그룹, 부문과 그 환경에 대한 이해를 강화함

② 연결절차를 이해함

위의 위험평가절차의 이해는 다음을 수행하는 데 충분하여야 한다(600-18).

① 유의적일 것 같은 부문에 대한 최초 식별내용을 재확인하거나 수정함

② 부정이나 오류로 인한 그룹재무제표의 중요왜곡표시위험을 평가함

3) 전반감사전략 수립 시 업무유형과 중요성의 결정

감사인은 그룹재무제표의 부문을 유의적인 부문과 유의적이지 않은 부문으로 구분하여야 하며, 이를 결정하기 위한 예는 다음과 같다(600-9, A5~6).

유의적인 부문의 결정기준	예시
그룹에 대하여 개별적으로 재무적 유의성을 가짐	그룹업무팀이 선택한 벤치마크(예: 연결세전이익의 15% 초과)
고유한 성격이나 상황으로 인하여 그룹재무제표의 유의적인 중요왜곡표시위험을 포함할 것 같음	어떤 부문이 개별적으로 재무적 유의성을 갖지 않지만 그룹의 외환거래를 수행하고 있는 부문

감사인이 유의적인 부문과 유의적이지 않은 부문에 대하여 적용할 감사절차(업무유형)는 다음과 같다(600-26~28).

유의적인 부문		유의적이지 않은 부문
재무적 유의성	고유한 성격이나 상황의 감사절차	
부문중요성을 사용하여 부문재무정보에 대한 감사를	다음 중 하나 이상을 수행하여야 한다. ㉠ 부문중요성을 사용한 부문재무정보의 감사 ㉡ 그룹재무제표의 발생 가능한 유의적인 중요왜곡표시위험과 관련된 하나 이상의 거래유형, 계정잔액 또는 공시에 대한 감사 ㉢ 그룹재무제표의 발생 가능한 유의적인 중요왜곡표시위험과 관련된 특정 감사절차	그룹수준의 분석적 절차를 수행

위의 고유한 성격이나 상황의 감사절차 중에서 ㉠>㉡>㉢ 순서로 확대된 감사절차이다.

그룹수준의 분석적 절차는 부문의 재무제표가 아니라 연결재무제표 수준의 분석적 절차를 수행하는 것을 말한다.

감사인의 그룹감사절차를 통해서 충분하고 적합한 감사증거를 입수하지 못한 경우 필요한 추가절차는 다음과 같다(600-29).

그룹업무팀은 유의적이지 아니한 부문 중 일부를 추출한 후 추출된 개별 부문의 재무정보에 대하여 다음의 절차 중 하나 이상을 수행하거나 부문감사인에게 이를 수행하도록 요청하여야 한다.

① 부문중요성을 사용하여 해당 부문의 재무정보에 대한 감사

② 하나 이상의 거래유형, 계정잔액 또는 공시에 대한 감사

③ 부문중요성을 사용하여 해당 부문의 재무정보에 대한 검토

④ 특정의 절차

그룹감사팀은 그룹재무제표감사에 그룹재무제표 전체의 중요성과 부문중요성을 결정하여야 한다. 부문중요성은 '그룹재무제표 내의 미수정왜곡표시와 미발견왜곡표시의 합계가 그룹재무제표 전체에 대한 중요성을 초과할 확률을 적절하게 낮은 수준으로 감소시키기 위해, 그룹재무제표 전체에 대한 중요성보다 작게 설정하는 금액'을 말한다(600-21).

이외에도 필요한 경우 특정항목에 대한 중요성을 결정해야 하며, 명백하게 사소한 금액도 결정하여야 한다(600-21).

부문중요성에 대한 수행중요성은 부문감사인이 결정하는 것이며, 그룹감사팀은 부문감사인이 결정한 수행중요성의 적합성을 평가하여야 한다(600-22).

부문수행중요성은 부문재무정보의 미수정왜곡표시와 미발견왜곡표시의 합계가 부문중요성을 초과할 확률을 적절하게 낮은 수준으로 감소시키기 위해 필요하다(600-A46).

그룹업무팀	부문감사인
• 그룹재무제표 전체 수준의 중요성과 부문중요성을 결정 • 부문 수준에서 결정된 수행중요성의 적합성을 평가	수행중요성을 결정

부문이 이미 감사를 받은 경우 부문감사결과를 활용하는 것이 더 효율적일 수 있다. 부문감사결과의 활용 시 그룹업무팀은 부문의 감사에 사용된 해당 **부문재무제표 전체에 대한 중요성과 수행중요성**이 적절한지 평가하여야 한다(600-23).

3. 부문감사인의 활용에 대한 감사절차

그룹업무팀은 부문감사인에 대해 다음의 사항을 이해하여야 한다(600-19).

① 부문감사인이 그룹감사와 관련된 **윤리적 요구사항을 이해**하고 있으며 이를 준수할 것인지 여부, 특히 부문감사인이 **독립적인지 여부**

② 부문감사인의 **전문가적 적격성(그룹감사기준에 대한 지식, 해당 산업에 대한 경험, 재무보고체계에 대한 이해)**

③ 그룹업무팀이 충분하고 적합한 감사증거를 입수하는 데 필요한 만큼 **부문감사인들의 업무에 관여할 수 있을 것인지 여부**

④ 감사인을 적극적으로 감독하는 **규제환경하에서 부문감사인이 업무를 수행하는지 여부**

그룹업무팀은 부분감사인이 감사를 적절하게 수행할 수 있도록 커뮤니케이션하여야 한다. 커뮤니케이션 사항은 다음과 같다(600-40).

① 그룹업무팀이 자신의 업무를 활용할 것을 알고 있는 부문감사인이 그룹업무팀에 **협조**할 것을 확인해 주도록 하는 요청

② 그룹감사와 관련된 **윤리적 요구사항, 특히 독립성** 요구사항

③ 부문의 재무정보에 대한 감사나 검토를 수행하는 경우, **부문중요성** (그리고 적용 가능한 경우, 특정 거래유형, 계정잔액 또는 공시에 대한 중요성 수준들) 및 한도기준[즉, 왜곡표시가 그 기준을 초과하면 그룹재무제표에 대하여 명백하게 사소하다(clearly trivial)고 간주할 수 없는 한도기준].

④ 부문감사인의 업무와 관련성이 있는 부정이나 오류로 인한, 그룹재무제표의 식별된 **유의적인 중요왜곡표시위험**. 부문에서 부정이나 오류로 인하여, 그룹재무제표에 대하여 기타의 유의적인 중요왜곡표시위험이 식별된 경우, 그룹업무팀은 부문감사인에게 그러한 식별된 유의적 위험과 그러한 위험에 대한 부문감사인의 대응을 적시에 커뮤니케이션하도록 요청하여야 한다.

⑤ 그룹경영진이 작성한 특수관계자 목록 및 **그룹업무팀이 알고 있는 기타의 특수관계자**. 그룹업무팀은 부문감사인에게 그룹경영진이나 그룹업무팀이 이전에 식별하지 못한 특수관계자를 적시에 커뮤니케이션할 것을 요청하여야 한다. 그룹업무팀은 다른 부문감사인들에게 이러한 추가적인 특수관계자를 알릴 것인지 여부를 결정하여야 한다.

그룹업무팀은 그룹재무제표의 유의적인 중요왜곡표시위험을 식별하기 위해, 부문감사인의 위험평가에 관여하여야 하며 관여절차는 다음과 같다(600-30).

① 그룹에 **유의적인 부문사업활동**에 대하여 부문감사인이나 부문경영진과 **토의함**

② 부정이나 오류로 인한 재무정보의 중요한 왜곡표시에 대한 **부문의 취약성에 대하여** 부문감사인과 **토의함**

③ 그룹재무제표의 식별된 유의적인 중요왜곡표시위험에 대한 부문감사인의 **문서화 내용을 검토함.** 그러한 문서화는 식별된 유의적 위험에 대한 부문감사인의 결론을 반영하는 비망록의 형태를 취할 수도 있다.

그룹업무팀이 부문에서 유의적인 중요왜곡표시위험이 식별될 때 수행할 절차는 다음과 같다(600-31).

① 해당 위험에 대응하여 수행할 **추가감사절차의 적합성을 평가하**여야 한다.

② 그룹업무팀은 부문감사인에 대한 이해를 바탕으로 하여 **추가감사절차에 관여할 필요가 있는지 여부를 결정**하여야 한다.

부문감사인은 감사절차 완료 후 그룹업무팀에 다음의 사항을 커뮤니케이션하여야 한다(600-41).

① 부문감사인이 그룹감사와 관련된 **윤리적 요구사항(독립성 및 전문가적 적격성 포함)을 준수했는지 여부**

② 부문감사인이 **그룹업무팀의 요구사항을 준수했는지 여부**

③ 부문감사인의 **보고대상인 부문재무정보의 식별**

④ 그룹재무제표에 **중요한 왜곡표시를 초래할 수 있는 법규위반 사례에 대한 정보**

⑤ 부문재무정보에 대한 **미수정왜곡표시의 목록**[이 목록에는 그룹업무팀이 커뮤니케이션한, 명백하게 사소한(clearly trivial) 왜곡표시의 한도기준에 미달되는 왜곡표시는 포함될 필요가 없다.]

⑥ 경영진의 **편의가능성을 나타내는 징후**

⑦ 부문수준에서 식별된 **유의적인 내부통제 미비점에 대한 설명**

⑧ 부문감사인이 지배구조에 커뮤니케이션했거나 커뮤니케이션할 것으로 기대되는 **기타의 유의적 사항들**(부문경영진, 부문수준 내부통제에 유의적 역할을 하는 직원, 또는 부문재무정보의 중요한 왜곡표시를 발생시키는 부정과 관련된 기타의 사람들이 연루되어 있는 부정이나 의심되는 부정 포함)

㉠ 그룹감사와 관련성이 있을 수 있거나, 부문감사인이 **그룹업무팀의 주의를 끌고 싶어 하는 기타사항들**(부문감사인이 부문경영진에게 요청한 서면진술에 나타난 예외사항 포함)

㉡ 부문감사인의 **전반적 발견사항, 결론 또는 의견**

그룹업무팀은 부문감사인의 커뮤니케이션에 대한 적합성 평가 시 다음 절차를 수행하여야 한다(600-42).

① 이러한 평가에서 나타난 유의적 사항을 부문감사인, 부문경영진 또는 그룹경영진 등 **적합한 대상과 토의함**

② 부문감사인의 감사문서 중 **기타의 관련 부분을 검토할 필요가 있는지 여부를 결정함**

그룹업무팀은 부문감사인의 업무가 충분하지 않다고 판단할 경우, 다음의 절차를 수행하여야 한다(600-43, A62).

① 어떠한 추가적인 절차가 수행되어야 할지 결정하여야 한다.

② 이 절차를 부문감사인이 수행할지, 그룹업무팀이 수행할지 여부를 결정하여야 한다.

4. 연결절차에 대한 감사절차

연결절차는 지배구조, 내부거래, 자본거래 등의 복잡성과 빈도에 의하여 다양하며, 대기업의 연결절차가 효과적으로 수행될 수 있도록 시스템과 매뉴얼을 갖추어 운영하고 있다.

그룹업무팀은 우선 연결절차와 그룹차원의 통제에 대하여 이해하여야 한다.

그룹업무팀은 다음에 해당하는 경우 그룹차원의 통제테스트를 수행하여야 한다(600-32).

① 연결절차에 대하여 수행할 업무의 성격, 시기, 범위가 그룹차원의 통제가 효과적으로 운영되고 있다는 기대에 근거하거나

② 실증절차만으로는 경영진주장 수준의 충분하고 적합한 감사증거가 제공될 수 없는 경우

그룹업무팀은 연결절차의 실증절차를 수행하기 전에 다음의 절차를 먼저 수행하여야 한다(600-33, 35, 37).

① 연결범위의 적절성 검토

② 부문의 재무제표일이 다른 경우 조정여부 평가

③ 회계정책의 일관성 검토

그룹업무팀은 연결조정사항의 적절성, 완전성, 정확성을 평가하기 위하여 다음의 절차를 수행한다(600-A56).

① **유의적 조정사항은 그 근거가 되는 사건이나 거래를 적합하게 반영하고 있는지 여부를 평가함**

② 그룹경영진, 그리고 해당되는 경우 부문경영진이 **유의적 조정사항을 올바르게 계산, 처리 및 승인**하였는지 여부를 결정함

③ 유의적 조정사항은 적절히 뒷받침되고 **충분히 문서화**되었는지 여부를 결정함

④ 그룹 **내부거래 및 미실현이익 그리고 그룹내부거래 계정잔액은 조정 및 제거**되었는지를 점검함

5. 기타 감사절차

그룹업무팀이나 부문감사인은 **부문의 재무제표일과 그룹재무제표에 대한 감사보고서일 사이에 발생하여 그룹재무제표의 수정이나 공시가 요구될 수 있는 부문에서의 사건(후속사건)**을 식별하기 위해 설계된 절차를 수행하여야 한다.

그룹업무팀은 부정 또는 의심되는 부정을 식별한 경우 그룹경영진에게 적시에 이를 커뮤니케이션하여야 한다(600-47).

부문경영진이 파악하지 못한 유의적인 사항을 그룹업무팀이 알게 된 경우 수행절차는 다음과 같다(600-48).

① 그룹경영진에게 해당 사항을 부문경영진에게 **알리도록 요청**하여야 한다(▶부문경영진에게 직접 알리지 않음)

② 만약 그룹경영진이 이 사항을 해당 부문경영진에게 커뮤니케이션하는 것을 **거부한다면**, 그룹업무팀은 이 사항을 **그룹의 지배기구와 논의**하여야 한다.

③ 해당 사항이 해결되지 않고 있는 경우, 그룹업무팀은 법적 및 전문직 비밀유지 책임에 대한 고려하에, 부문감사인에게 이 사항이 해결될 때까지 **부문의 재무제표에 대한 감사보고서를 발행하지 않도록 조언할지 여부를 고려하여야 한다.**

그룹감사팀은 그룹지배기구와 다음의 사항에 대하여 커뮤니케이션하여야 한다(600-49).

① 부문재무정보에 대하여 수행되는 **업무유형의 개요**

② 유의적 부문의 재무정보에 대하여 부문감사인이 수행할 업무에 대하여 **그룹업무팀이 계획하고 있는 관여의 성격에 대한 개요**

③ 부문감사인의 업무에 대한 그룹업무팀의 평가가 해당 감사인의 **업무품질에 대하여 우려를 발생시키는 사례**

④ **그룹감사에 대한 제한**. 예를 들어, 그룹업무팀이 정보에 접근하는 데 제약이 가해진 경우

⑤ 경영진, 부문경영진, 그룹차원의 통제에 유의적인 역할을 수행하는 종업원, 또는 그룹재무제표에 중요한 왜곡표시가 초래되는 부정과 관련된 기타의 사람들이 연루되어 있는 **부정이나 의심되는 부정**

그룹업무팀은 다음의 사항을 문서화하여야 한다(600-50).

① 유의적인 부문을 파악하는 부문 분석 및 부문재무정보에 대하여 **수행된 업무의 유형**

② 유의적 부문에 대하여 부문감사인이 수행한 업무에 대한 **그룹업무팀의 관여의 성격, 시기 및 범위**(해당되는 경우, 부문감사인의 감사문서와 그 결론 중 관련성이 있는 부문에 대한 그룹업무팀의 검토 포함)

③ 그룹업무팀의 요구사항에 대하여 그룹업무팀과 부문감사인 간에 이루어진 **서면 커뮤니케이션**

6. 실전예제

지배회사 갑(주)는 코스닥상장기업으로 20X2년 12월 31일로 종료하는 그룹재무제표에 대하여 X회계법인(그룹업무팀)과 감사계약을 체결하였다. 을(주)는 갑(주)의 전액출자(100%) 종속기업으로서, 을(주)의 외부감사인은 Y회계법인이다. X회계법인은 그룹재무제표 감사 목적으로 을(주) 재무정보에 대하여 Y회계법인(부문감사인)의 감사결과를 이용하려고 한다. 다음은 X회계법인의 그룹감사 수행과 관련된 부문감사인의 이용과 관련한 설명이다. 이를 읽고 아래의 요구사항에 답하시오.

그룹업무팀은 부문감사를 요청하는 감사지침서(audit instruction)를 20x3년 1월 15일에 발송하였다. 그룹업무팀은 20x3년 1월 26일에 부문감사인으로부터 부문감사지침서의 수령을 확인하는 서한을 받았다. X회계법인은 20X2년 4월 감사계약 체결 시 갑(주)로부터 20X2회계연도 정기주주총회 예정일이 20X3년 3월 10일이라고 연락받았다. 이에 따라 그룹재무제표에 대한 실증감사 종결일자는 20X3년 2월 말로 계획하고 있다.

을(주)의 회계연도 종료일은 20X3년 2월 28일이다. 이를 고려하여, 부문감사인은 20X3년 2월 28일로 종료하는 보고기간에 대한 감사 절차의 완료 후 부문감사 결과를 그룹업무팀에 보고하겠다는 답변을 보내왔다.

부문감사인은 그룹재무제표의 감사에 필요한 을(주)에 대한 부문중요성을 적절하게 결정하여 감사를 수행하고, 부문 감사결과를 그룹업무팀에 보고할 예정이다. 그룹업무팀은 Y회계법인이 결정한 부문중요성을 추가적인 검토 없이 수용할 예정이다.

부문감사인의 감사절차는 전적으로 부문감사인의 책임하에 철저하게 수행되고 부문 감사보고서가 발행될 예정이다.

X회계법인은 갑(주)의 그룹재무제표에 대한 감사보고서에 을(주)의 부문정보에 대한 Y회계법인의 책임을 구분하여 기재할 예정이다.

[요구사항]

X회계법인은 Y회계법인(부문감사인)의 감사결과를 활용하고자 한다. 위 사례의 문제점과 그 판단이유를 서술하시오.

[답안]

사항	문제점과 판단이유
①	감사계약이 20X2년 4월에 체결되었음에도 불구하고 부문감사인에게 부문감사를 요청하는 감사지침서를 20X3년 1월 15일에 발송하여 적시에 커뮤니케이션하지 못하였다. 따라서 정기주주총회일을 고려하여 부문감사인이 부문재무정보에 대해서 충분하고 적합한 감사증거를 입수할 수 있도록 미리 커뮤니케이션하여야 했었다.
②	을(주)의 회계연도 종료일은 2월 28일로서 지배기업의 회계연도 종료일인 12월 31일과 2개월 차이가 있다. 이러한 경우 을(주)는 지배기업의 회계연도 종료일로 재무제표를 작성하여야 하고 부문감사인은 이 재무제표에 대해서 감사를 실시하여야 한다.
③	부문감사인이 부문중요성을 결정한 것과 그룹업무팀이 이를 추가적인 검토없이 수용한 것은 잘못된 절차이다. 따라서 그룹업무팀이 부문중요성을 결정하여 부문감사인에게 커뮤니케이션하여야 하고, 부문수준에서 결정된 수행중요성이 적절한지 평가하여야 한다.
④	부문감사인의 감사절차가 전적으로 부문감사인의 책임하에 철저하게 수행된 것은 잘못된 절차이다. 그룹업무팀은 부문감사인의 위험평가절차에 적극적으로 관여하여야 하고, 추가 감사절차에 대해서도 관여가 필요한지 결정하여야 한다.
⑤	부문 감사결과를 이용하더라도 감사보고서에 부문감사인에 대한 책임 구분을 언급할 수 없으며, 그룹감사인의 단독책임으로 하는 감사의견의 감사보고서를 작성해야 함.

제 2 장

내부회계관리제도에 대한 감사

1. 내부회계관리제도의 기본개념

회사는 내부회계관리제도를 설계·운영하고 평가를 하며, 외부감사인은 회사의 내부회계관리제도가 효과적으로 운영되고 있는지 감사(검토)를 수행하고 재무제표에 대한 감사보고서에 내부회계관리제도 감사보고서(검토보고서)를 첨부하여야 한다.

구분	내부회계관리제도의 설계 및 운영	내부회계관리제도의 평가	
주체	회사	회사	감사인
적용기준	내부회계관리제도 설계 및 운영 개념체계	내부회계관리제도 평가 및 모범규준	• 감사: 회계감사기준 • 검토: 내부회계관리제도 검토기준

내부회계관리제도(Internal control over financial reporting)란 '기업의 재무제표가 해당 재무보고체계에 따라 신뢰성 있게 작성되었는지에 대한 합리적인 확신을 제공하기 위해 설계되어, 지배기구·경영진·그 밖에 다른 직원에 의해 시행되는 과정(process)'을 말하며 내부회계관리제도에는 다음의 정책과 절차가 포함된다(1100-6).

① 기업 **자산의 거래와 처분**을 합리적으로 상세하게 그리고 정확하고 공정하게 반영하는 기록의 유지와 관련됨

② 해당 재무보고체계에 따른 재무제표의 작성을 위하여 **필요에 맞게 거래가 기록되고,** 경영진과 지배기구의 **승인에 의해서만 기업의 수입과 지출이 이루어지고 있다는 합리적인 확신**을 제공함

③ 재무제표에 중요한 영향을 미칠 수 있는 기업 **자산의 승인되지 않은 취득, 사용**

또는 처분을 예방하거나 적시에 발견 · 수정하는 것에 대한 합리적인 확신을 제공함

내부회계관리제도는 내부통제제도의 보고정보의 신뢰성 확보 목적 중 외부에 공시되는 재무제표의 신뢰성 확보를 목적으로 하며, 여기에는 자산의 보호 및 부정방지 프로그램이 포함된다. 그리고 운영목적이나 법규준수목적 중 재무제표의 신뢰성 확보와 관련된 내부통제가 포함된다.

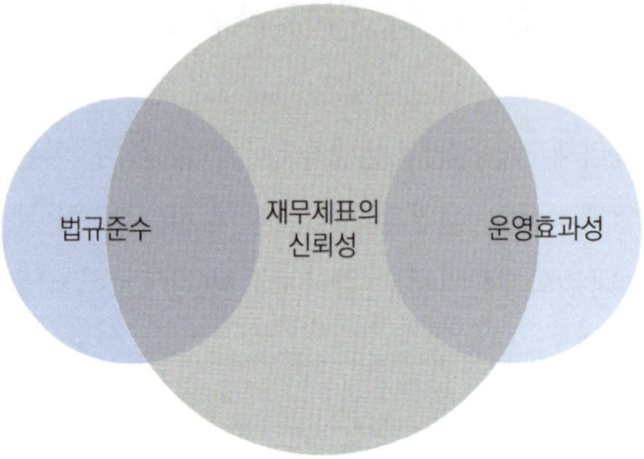

내부회계관리제도의 범위

2. 외부감사법의 내부회계관리제도 관련 규정

1) 회사 관련

외부감사법 8조에서는 '회사는 신뢰할 수 있는 회계정보의 작성과 공시를 위하여 내부회계관리제도를 갖추어야 한다'라고 하면서 내부회계관리제도를 내부회계관리규정과 이를 운영하는 조직으로 정의하고 있다. 외감법상 내부회계관리규정에 포함되어야 하는 사항은 다음과 같다(외감법 8조 1항).

① 회계정보(거래정보 포함)의 식별 · 측정 · 분류 · 기록 및 보고 방법에 관한 사항
② 회계정보의 오류를 통제하고 이를 수정하는 방법에 관한 사항
③ 회계정보에 대한 정기적인 점검 및 조정 등 내부검증에 관한 사항

④ 회계정보를 기록·보관하는 장부의 관리 방법과 위조·변조·훼손 및 파기를 방지하기 위한 통제 절차에 관한 사항

⑤ 회계정보의 작성 및 공시와 관련된 임직원의 업무 분장과 책임에 관한 사항

⑥ 그 밖에 신뢰할 수 있는 회계정보의 작성과 공시를 위하여 필요한 사항으로서 대통령령으로 정하는 사항

내부회계관리제도를 설계하고 운영하여야 하는 회사의 범위는 **주권상장법인과 전기말 현재 자산총액이 1,000억 원 이상인 비상장주식회사**이다(외감법 8조 1항).

외감법상 내부회계관리제도와 관련하여 대표자와 감사의 책임은 다음과 같다(외감법 8조 3~5항).

대표자(▶설계·운영책임과 평가·보고 책임)	감사(▶평가·보고책임)
• 내부회계관리제도의 관리·운영을 책임지며, 이를 담당하는 상근이사 1명을 내부회계관리자로 지정하여야 한다. • 사업연도마다 주주총회, 이사회 및 감사(위원회)에게 해당 회사의 내부회계관리제도의 운영실태(▶내부회계관리제도 운영실태보고서)를 대면으로 보고하여야 한다. 다만 회사의 대표자가 필요하다고 판단하는 경우 이사회 및 감사에 대한 보고는 내부회계관리자가 하도록 할 수 있으며, 내부회계관리자의 보고 전에 회사의 대표자가 그 사유를 이사회 및 감사에게 문서로 제출하여야 한다.	• 내부회계관리제도의 운영실태를 평가하여 이사회에 사업연도마다 보고하고 그 평가보고서(▶내부회계관리제도 평가보고서)를 해당 회사의 본점에 5년간 비치하여야 한다. 이 경우 내부회계관리제도의 관리·운영에 대하여 시정 의견이 있으면 그 의견을 포함하여 보고하여야 한다.

2) 외부감사인 관련

외감법은 내부회계관리제도에 대한 회사의 자체 평가와는 별도로 외부감사인이 독립적으로 평가하여 재무제표의 감사보고서에 첨부하여 보고하도록 요구하고 있다(외감법 8조 6항).

① 감사인은 회계감사를 실시할 때 해당 회사가 이 조에서 정한 사항을 준수했는지 여부 및 제4항에 따른 내부회계관리제도의 **운영실태에 관한 보고내용을 검토**하여야 한다.

② 다만 **주권상장법인의 감사인은** 이 조에서 정한 사항을 준수했는지 여부 및 제4항에 따른 내부회계관리제도의 운영실태에 관한 보고내용을 **감사**하여야 한다.

감사대상회사별 외부감사인의 평가 및 보고 책임

구분	주권상장법인	대형비상장주식회사
확신의 수준	합리적 확신(감사)	제한적 확신(검토)
업무수행기준	회계감사기준(감사기준서 1100)	내부회계관리제도 검토기준
인증대상	내부회계관리제도의 효과성	경영진의 운영실태보고서
의견의 종류	• 적정의견 • 부적정의견 • 의견거절	• 적정의견 • 감사범위제한으로 인한 한정의견 • 감사범위제한으로 인한 의견거절 • 중요한 취약점의 기술

주권상장법인의 경우 내부회계관리제도에 대해 감사를 받아야 하지만 다음과 같이 규모별로 다르게 적용하고 있다.

자산총액기준	별도기준 감사대상 사업연도	연결기준 감사대상 사업연도
2조 이상	2019년	2023년
5천억 이상~2조 미만	2020	2024(5년 후로 연기될 예정)
1천억 이상~5천억 미만	2022	2025(5년 후로 연기될 예정)
~1천억	2023	2025(감사대상 제외 예정)

3. 회사의 내부회계관리제도 설계 및 운영과 자체 평가 및 보고

1) 내부회계관리제도의 설계 및 운영

내부회계관리제도 준거기준은 '내부회계관리제도 설계 및 운영 개념체계'에서 제시하고 있는 기본원칙을 적용하거나 일반적으로 인정된 다른 기준(예: 미국의 COSO Framework)을 적용할 수도 있다.

효과적인 내부회계관리제도는 외부재무보고의 신뢰성 확보를 저해하는 위험을 합리적 수준에서 감소시킬 수 있으며, 이러한 목적을 달성하기 위하여 다음의 요건을 모두 충족하여야 한다(개념체계-16).

① 내부회계관리제도의 각 구성요소와 관련 원칙이 존재하고 기능한다.

② 내부회계관리제도의 구성요소가 연계되어 통합적으로 운영된다.

내부회계관리제도의 대상이 되는 기업은 예외 없이 5가지 구성요소와 17가지 원칙을 준수하여야 한다.

5가지 구성요소	17가지 원칙
통제환경	원칙1: 도덕성과 윤리적 가치에 대한 책임 원칙2: 내부회계관리제도 감독 책임 원칙3: 조직구조, 권한 및 책임 정립 원칙4: 적격성 유지 원칙5: 내부회계관리제도 책임 부여
위험평가	원칙6: 구체적인 목적 수립 원칙7: 위험 식별 및 분석 원칙8: 부정위험 평가 원칙9: 중요한 변화의 식별과 분석
통제활동	원칙10: 통제활동의 선택과 구축 원칙11: 정보기술 일반통제의 선정과 구축 원칙12: 정책과 절차를 통한 실행
정보 및 의사소통	원칙13: 관련 있는 정보의 사용 원칙14: 내부의사소통 원칙15: 외부 의사소통
모니터링 활동	원칙16: 상시적인 모니터링과 독립적인 평가 수행 원칙17: 미비점 평가와 개선활동

원칙달성을 위한 중점 고려사항은 개념체계에서는 내부회계관리제도의 구성요소별 원칙을 달성하기 위한 중요한 항목으로 중점 고려사항을 제시하고 있으며, 이는 개별 회사의 상황에 따라 적절히 조정하여 적용할 수 있다.

원칙달성을 위한 통제는 내부회계관리제도 구성요소와 관련 원칙을 달성하기 위해 구성요소 내에 통제를 설계하고 구축하여야 하며, 이러한 통제도 회사의 상황에 따라 적절히 조정하여 적용할 수 있다.

2) 내부회계관리제도의 자체 평가 및 보고

내부회계관리제도의 평가 및 보고에 관한 지침은 '내부회계관리제도 평가 및 모범규준'을 활용한다. 내부회계관리제도의 미비점은 설계의 미비점과 운영의 미비점으로 구분된다(모범규준-15).

설계의 미비점	운영의 미비점
내부회계관리제도의 목적을 달성하기 위한 내부통제가 존재하지 않거나, 내부회계관리제도가 적절하게 설계되어 있지 않아서 내부회계관리제도가 설계된 대로 작동하더라도 그 목적이 달성되지 못할 때 발생한다.	적절하게 설계된 내부회계관리제도가 설계된 대로 운영되지 않거나, 통제를 수행하는 담당자가 통제를 효과적으로 수행하기 위해 필요한 권한이나 자질을 갖고 있지 않을 때 발생한다.

내부회계관리제도의 미비점은 왜곡표시의 발생가능성과 금액적 중요성에 따라 단순미비점, 유의한 미비점, 중요한 취약점으로 분류된다.

미비점의 분류	개념	평가의견에 반영여부
단순한 미비점	유의한 미비점이나 중요한 취약점으로 분류되지 않은 미비점	부
유의한 미비점	중요한 취약점으로 분류될 수준은 아니지만, 회사의 재무보고를 감독할 책임이 있는 이사회, 감사(위원회) 등이 주목할 만한 하나 또는 여러 개 통제상 미비점	부
중요한 취약점	하나 또는 여러 개 미비점의 결합으로서, 재무제표상 중요한 왜곡표시가 예방 또는 적시에 적발되지 못할 가능성이 낮지 않은 경우를 말한다.	여

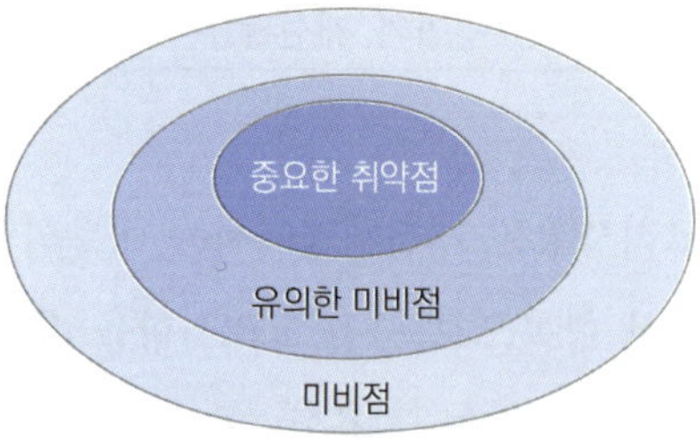

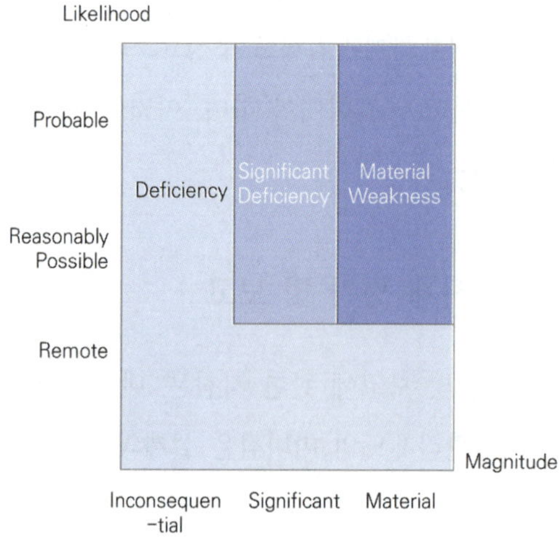

중요한 취약점의 개념에서 적발하지 못할 '가능성이 낮지 않은'의 범위는 앞의 그림에서 Probable(높음)과 Reasonably Possible(합리적으로 발생가능성)에 해당한다.

내부회계관리제도의 평가목적은 경영진이 회계연도 말 시점의 내부회계관리제도에 중요한 취약점의 존재 여부를 평가하는 것이다. 평가방법은 하향식 접근방법과 위험기반접근방법이 있는데, 1단계(설계의 효과성 평가)와 2단계(운영의 효과성 평가) 두 단계로 구분할 수 있다.

중요한 취약점으로 평가한 통제미비점은 경영진의 운영실태보고서에 반영되어야 한다. 유의한 미비점은 보고서에는 반영되지 않지만 감사(위원회) 및 외부감사인에게 보고되어야 한다.

운영실태보고서는 소극적 확신인 한정의견을 표명할 수 없고 합리적 확신인 적정의견, 부적정의견, 의견거절만 표명할 수 있다.

회사의 대표자는 사업연도마다 주주총회, 이사회 및 감사(위원회)에 내부회계관리제도 운영실태보고서를 대면으로 보고하여야 한다.

중요한 취약점이 없는 내부회계관리제도 운영실태보고서 사례

내부회계관리제도 운영실태보고서

XX주식회사 주주, 이사회 및 감사(위원회) 귀중

본 대표이사 및 내부회계관리자는 20XX년 X월 X일 현재 동일자로 종료하는 회계연도에 대한 당사의 내부회계관리제도의 설계 및 운영실태를 평가하였습니다.

내부회계관리제도의 설계 및 운영에 대한 책임은 본 대표이사 및 내부회계관리자를 포함한 회사의 경영진에 있습니다.

본 대표이사 및 내부회계관리자는 회사의 내부회계관리제도가 신뢰할 수 있는 재무제표의 작성 및 공시를 위하여 재무제표의 왜곡을 초래할 수 있는 오류나 부정행위를 예방하고 적발할 수 있도록 효과적으로 설계 및 운영되고 있는지의 여부에 대하여 평가하였습니다.

본 대표이사 및 내부회계관리자는 내부회계관리제도의 설계 및 운영을 위해 내부회계관리제도운영위원회에서 발표한 '내부회계관리제도 설계 및 운영 개념체계(다른 체계를 사용한 경우 그 체계의 명칭)'를 준거기준으로 사용하였습니다. 또한 내부회계관리제도의 설계 및 운영실태를 평가함에 있어 내부회계관리제도운영위원회에서 발표한 '내부회계관리제도 평가 및 보고 모범규준(다른 기준을 사용한 경우 그 기준의 명칭)'을 평가기준으로 사용하였습니다.

본 대표이사 및 내부회계관리자의 내부회계관리제도 운영실태 평가결과, 20XX년 X월 X일 현재 당사의 내부회계관리제도는 '내부회계관리제도 설계 및 운영 개념체계(다른 체계를 사용한 경우 그 체계의 명칭)'에 근거하여 볼 때, 중요성의 관점에서 효과적으로 설계되어 운영되고 있다고 판단됩니다.

본 대표이사 및 내부회계관리자는 보고내용이 거짓으로 기재되거나 표시되지 아니하였고, 기재하거나 표시하여야 할 사항을 빠뜨리고 있지 아니함을 확인하였습니다.

또한 본 대표이사 및 내부회계관리자는 보고내용에 중대한 오해를 일으키는 내용이 기재되거나 표시되지 아니하였다는 사실을 확인하였으며, 충분한 주의를 다하여 직접 확인·검토하였습니다.

〈별첨〉
직전 사업연도에 보고한 중요한 취약점의 시정조치 계획 이행결과 등

20XX년 X월 X일
대 표 이 사 XXX (인)
내부회계관리자 XXX (인)

중요한 취약점이 있는 내부회계관리제도 운영실태보고서 사례

내부회계관리제도 운영실태보고서

XX주식회사 주주, 이사회 및 감사(위원회) 귀중

본 대표이사 및 내부회계관리자는 20XX년 X월 X일 현재 동일자로 종료하는 회계연도에 대한 당사의 내부회계관리제도의 설계 및 운영실태를 평가하였습니다.

내부회계관리제도의 설계 및 운영에 대한 책임은 본 대표이사 및 내부회계관리자를 포함한 회사의 경영진에 있습니다.

본 대표이사 및 내부회계관리자는 회사의 내부회계관리제도가 신뢰할 수 있는 재무제표의 작성 및 공시를 위하여 재무제표의 왜곡을 초래할 수 있는 오류나 부정행위를 예방하고 적발할 수 있도록 효과적으로 설계 및 운영되고 있는지의 여부에 대하여 평가하였습니다.

본 대표이사 및 내부회계관리자는 내부회계관리제도의 설계 및 운영을 위해 내부회계관리제도운영위원회에서 발표한 '내부회계관리제도 설계 및 운영 개념체계(다른 체계를 사용한 경우 그 체계의 명칭)'를 준거기준으로 사용하였습니다. 또한 내부회계관리제도의 설계 및 운영실태를 평가함에 있어 내부회계관리제도운영위원회에서 발표한 '내부회계관리제도 평가 및 보고 모범규준(다른 기준을 사용한 경우 그 기준의 명칭)'을 평가기준으로 사용하였습니다.

본 대표이사 및 내부회계관리자의 내부회계관리제도 운영실태 평가결과, 20XX년 X월 X일 현재 당사의 내부회계관리제도는 다음과 같은 중요한 취약점으로 인해 '내부회계관리제도 설계 및 운영 개념체계(다른 체계를 사용한 경우 그 체계의 명칭)'에 근거하여 볼 때, 중요성의 관점에서 효과적으로 설계되어 운영되고 있지 않다고 판단됩니다.

〈중요한 취약점의 내용〉

〈중요한 취약점에 대한 시정조치 계획〉

본 대표이사 및 내부회계관리자는 보고내용이 거짓으로 기재되거나 표시되지 아니하였고, 기재하거나 표시하여야 할 사항을 빠뜨리고 있지 아니함을 확인하였습니다.

또한 본 대표이사 및 내부회계관리자는 보고내용에 중대한 오해를 일으키는 내용이 기재되거나 표시되지 아니하였다는 사실을 확인하였으며, 충분한 주의를 다하여 보고 내용의 기재사항을 직접 확인 · 검토하였습니다.

〈별첨〉
직전 사업연도에 보고한 중요한 취약점의 시정조치 계획 이행결과 등

20XX년 X월 X일
대 표 이 사 XXX (인)

회사의 감사(감사위원회)는 외부감사법에 따라 내부회계관리제도의 운영실태를 평가하여 이사회에 사업연도마다 보고하고 그 평가보고서를 해당 회사의 본점에 5년간 비치하여야 한다.

중요한 취약점이 없는 경우의 감사의 평가보고서 사례

내부회계관리제도 평가보고서

XX주식회사 주주 및 이사회 귀중

본 감사(위원회)는 20XX년 X월 X일 현재 동일자로 종료하는 회계연도에 대한 당사의 내부회계관리제도의 설계 및 운영실태를 평가하였습니다.

내부회계관리제도의 설계 및 운영에 대한 책임은 대표이사 및 내부회계관리자를 포함한 회사의 경영진에 있으며 본 감사(위원회)는 관리감독 책임이 있습니다.

본 감사(위원회)는 대표이사 및 내부회계관리자가 본 감사(위원회)에게 제출한 내부회계관리제도 운영실태보고서를 참고로, 회사의 내부회계관리제도가 신뢰할 수 있는 재무제표의 작성 및 공시를 위하여 재무제표의 왜곡을 초래할 수 있는 오류나 부정행위를 예방하고

적발할 수 있도록 효과적으로 설계 및 운영되고 있는지의 여부에 대하여 평가하였으며, 내부회계관리제도가 신뢰성 있는 회계정보의 작성 및 공시에 실질적으로 기여하는지를 평가하였습니다.

또한 본 감사(위원회)는 내부회계관리제도 운영실태보고서에 거짓으로 기재되거나 또는 표시된 사항이 있거나, 기재하거나 표시하여야 할 사항을 빠뜨리고 있는지를 점검하였으며, 내부회계관리제도 운영실태보고서의 시정 계획이 해당 회사의 내부회계관리제도 개선에 실질적으로 기여할 수 있는지를 검토하였습니다.

회사는 내부회계관리제도의 설계 및 운영을 위해 내부회계관리제도운영위원회에서 발표한 '내부회계관리제도 설계 및 운영 개념체계(다른 체계를 사용한 경우 그 체계의 명칭)'를 준거기준으로 사용하였습니다.

본 감사(위원회)는 내부회계관리제도의 설계 및 운영실태를 평가함에 있어 내부회계관리제도운영위원회에서 발표한 '내부회계관리제도 평가 및 보고 모범규준(다른 기준을 사용한 경우 그 기준의 명칭)'을 평가기준으로 사용하였습니다.

본 감사(위원회)의 의견으로는, 20XX년 X월 X일 현재 당사의 내부회계관리제도는 '내부회계관리제도 설계 및 운영 개념체계(다른 체계를 사용한 경우 그 체계의 명칭)'에 근거하여 볼 때, 중요성의 관점에서 효과적으로 설계되어 운영되고 있다고 판단됩니다.

〈별첨〉

- 권고사항
- 내부회계관리제도가 신뢰성 있는 회계정보의 작성 및 공시에 실질적으로 기여하지 못하고 있다고 판단한 경우 그 시정 의견
- 내부회계관리제도 운영실태보고서에 거짓으로 기재되거나 표시된 사항이 있거나, 기재하거나 표시하여야 할 사항을 빠뜨리고 있는지를 점검한 결과에 대한 조치내용
- 내부회계관리제도 운영실태보고서의 시정 계획이 해당 회사의 내부회계관리제도를 개선하는 데 실질적으로 기여하지 못하고 있다고 판단한 경우 대안

중요한 취약점이 있는 경우의 감사의 평가보고서 사례

내부회계관리제도 평가보고서

XX주식회사 주주 및 이사회 귀중

본 감사(위원회)는 20XX년 X월 X일 현재 동일자로 종료하는 회계연도에 대한 당사의 내부회계관리제도의 설계 및 운영실태를 평가하였습니다.

내부회계관리제도의 설계 및 운영에 대한 책임은 대표이사 및 내부회계관리자를 포함한 회사의 경영진에 있으며 본 감사(위원회)는 관리감독 책임이 있습니다.

본 감사(위원회)는 대표이사 및 내부회계관리자가 본 감사(위원회)에게 제출한 내부회계관리제도 운영실태보고서를 참고로, 회사의 내부회계관리제도가 신뢰할 수 있는 재무제표의

작성 및 공시를 위하여 재무제표의 왜곡을 초래할 수 있는 오류나 부정행위를 예방하고 적발할 수 있도록 효과적으로 설계 및 운영되고 있는지의 여부에 대하여 평가하였으며, 내부회계관리제도가 신뢰성 있는 회계정보의 작성 및 공시에 실질적으로 기여하는지를 평가하였습니다.

또한 본 감사(위원회)는 내부회계관리제도 운영실태보고서에 거짓으로 기재되거나 표시된 사항이 있거나, 기재하여야 할 사항을 빠뜨리고 있는지를 점검하였으며, 내부회계관리제도 운영실태보고서의 시정 계획이 해당 회사의 내부회계관리제도 개선에 실질적으로 기여할 수 있는지를 검토하였습니다.

회사는 내부회계관리제도의 설계 및 운영을 위해 내부회계관리제도운영위원회에서 발표한 '내부회계관리제도 설계 및 운영 개념체계(다른 체계를 사용한 경우 그 체계의 명칭)'를 준거기준으로 사용하였습니다.

본 감사(위원회)는 내부회계관리제도의 설계 및 운영실태를 평가함에 있어 내부회계관리제도운영위원회에서 발표한 '내부회계관리제도 평가 및 보고 모범규준(다른 기준을 사용한 경우 그 기준의 명칭)'을 평가기준으로 사용하였습니다.

본 감사(위원회)의 의견으로는, 20××년 ×월 ×일 현재 당사의 내부회계관리제도는 다음과 같은 중요한 취약점으로 인해 '내부회계관리제도 설계 및 운영 개념체계(다른 체계를 사용한 경우 그 체계의 명칭)'에 근거하여 볼 때, 중요성의 관점에서 효과적으로 설계되어 운영되고 있지 않다고 판단됩니다.

〈중요한 취약점 및 시정조치계획〉

〈별첨〉

- 운영실태보고서에 보고한 중요한 취약점 요약
- 권고사항
- 내부회계관리제도가 신뢰성 있는 회계정보의 작성 및 공시에 실질적으로 기여하지 못하고 있다고 판단한 경우 그 시정 의견
- 내부회계관리제도 운영실태보고서에 거짓으로 기재되거나 표시된 사항이 있거나, 기재하거나 표시하여야 할 사항을 빠뜨리고 있는지를 점검한 결과에 대한 조치내용
- 내부회계관리제도 운영실태보고서의 시정 계획이 해당 회사의 내부회계관리제도를 개선하는 데 실질적으로 기여하지 못하고 있다고 판단한 경우 대안

20XX년 X월 X일

(감사 설치 회사) 감사 XXX (인)

(감사위원회 설치 회사) 감사위원회 위원장 XXX (인)

4. 외부감사인 내부회계관리제도에 대한 감사와 검토

1) 외부감사인의 내부회계관리제도에 대한 감사

(1) 내부회계관리제도감사의 목적(1100-5)

① 내부회계관리제도의 효과성에 관한 경영진 평가(내부회계관리제도 운영실태보고서에 포함됨)에 명시된 일자(이하 "평가기준일"이라고 함) 현재 **중요한 취약점이 존재하는지 여부에 대한 합리적인 확신**을 얻음

② 감사인의 발견사항에 근거하여, 이 감사기준서에서 요구하는 바에 따라 **내부회계관리제도의 효과성에 대한 의견을** 내부회계관리제도 감사보고서에 표명하고 경영진 및 지배기구[외부감사법에 따른 내부회계관리제도감사업무에서는 감사(감사위원회가 설치된 경우에는 감사위원회)를 말한다. 이 감사기준서에서는 이하 같다]와 **커뮤니케이션함**

(2) 내부회계관리제도 감사의 전제조건

외부감사인의 내부회계관리제도 전제조건으로서 다음의 절차를 수행하여야 한다(1100-7).

① 다음의 **책임**을 인정하고 이해하고 있다는 점에 대하여 경영진의 동의를 받음

㉠ 효과적인 내부회계관리제도를 **설계, 실행 및 유지**할 책임

㉡ 적합하고 이용 가능한 **준거기준**을 사용하여 기업의 내부회계관리제도의 효과성을 평가할 책임

㉢ 감사보고서에 첨부되는 보고서에 내부회계관리제도에 대한 경영진 평가(내부회계관리제도 운영실태보고서를 말함)를 제공할 책임

㉣ **충분한 평가와 문서화**를 통해 기업의 내부회계관리제도의 효과성에 대한 기업의 평가를 뒷받침할 책임

㉤ 다음 사항을 **감사인에게 제공할 책임**

- 기록, 문서, 기타사항 등 내부회계관리제도에 대한 경영진 평가와 관련하여 경영진이 알고 있는 모든 정보에 대한 접근

- 감사인이 내부회계관리제도감사 목적으로 경영진에게 요청하는 추가적인 정보
- 감사인이 감사증거를 입수하기 위하여 필요하다고 결정한 기업 내부의 관계자들에 대한 제한 없는 접근

② 해당 평가기준일이 해당 재무제표 대상 기간의 재무상태표일(또는 보고기간말일)과 일치한다는 결정

(3) 감사접근법

감사인은 내부회계관리제도와 재무제표감사를 동시에 달성하도록 통합감사를 계획하고 수행하여야 한다(1100-10).

① 평가기준일(통상적으로 보고기간말일임) **현재의 내부회계관리제도에 대한 감사의견**을 뒷받침할 충분하고 적합한 증거를 입수함

② **재무제표감사 목적상 감사인의 통제위험 평가**를 뒷받침할 충분하고 적합한 감사증거를 입수함

감사인은 내부회계관리제도가 충분한 기간 동안(재무제표 대상기간 일반적 1년보다 짧을 수 있다) 효과적으로 운영되었다는 증거를 입수하여야 한다.

감사인은 운영효과성에 대한 충분하고 적합한 감사증거를 입수하기 위해 ① 평가기준일에 가깝게 통제테스트를 수행하는 것과 ② 충분한 기간에 걸쳐 통제를 테스트할 필요성이 있다는 것에 **균형을 맞추어야 한다**(1100-43). 왜냐하면 ①은 더 긴 기간으로 더 많은 증거를 제공하고 ②는 평가기준일에 가까울수록 더 많은 증거를 제공할 수 있기 때문이다(1100-A64).

내부회계관리제도에 대하여 감사인은 모든 '관련경영진주장'에 대해서 선정된 통제의 효과성에 대하여 증거를 입수하여야 한다. 따라서 재무제표에 대해서만 표명할 때는 일반적으로 테스트하지 않는 통제의 설계 및 운영효과성을 테스트하도록 감사인에게 요구된다(1100-11). 즉 통합감사를 수행할 때의 통제테스트의 범위가 재무제표에 대한 감사만 수행할 때의 통제테스트의 범위보다 더 넓다.

경영진주장과 관련경영진주장의 비교(1100-6)

경영진주장	관련경영진주장
재무제표에 나타난 경영진의 명시적이거나 그렇지 않은 진술	재무제표의 중요한 왜곡표시를 야기할 왜곡표시 또는 왜곡표시들을 포함할 가능성이 낮지 않은(more than remote) 재무제표 주장(고유위험에 근거함)

감사인은 재무제표감사와 관련하여 평가된 통제위험의 수준이나 평가된 중요왜곡표시위험에 관계없이 **모든 관련경영진주장에 대하여 실증절차를 수행하여야 한다**(재무제표감사와 내부회계관리제도감사 관련 모두)(1100-12).

감사인은 기업이 효과적인 내부회계관리제도를 갖추고 있는지 여부에 대한 감사인의 결론에 중요한 전사적 수준통제를 식별하고 테스트하여야 한다(1100-24). 감사인은 내부회계관리제도감사 수행 시 테스트 대상 통제를 선정하기 위해 하향식 접근법을 사용하여야 하며(1100-23), 하향식 접근법에는 다음의 사항이 포함된다(1100-A29).

① 재무제표수준에서 시작함

② 내부회계관리제도의 전반적인 위험에 대한 감사인의 이해를 사용함

③ 전사적 수준 통제에 초점을 둠

④ 유의적인 거래유형, 계정잔액, 공시 및 관련경영진주장으로 업무를 옮겨감

⑤ 재무제표에 중요한 왜곡표시가 존재할 가능성이 낮지 않음을 나타내는 거래유형, 계정, 공시 및 경영진주장으로 감사인의 주의를 기울이게 함

⑥ 기업의 프로세스 내에 존재하는 위험에 대한 감사인의 이해를 검증함

⑦ 각각의 관련경영진주장에 대한 평가된 왜곡표시위험에 충분히 대처하는 통제를 테스트 대상으로 선정함

감사인은 내부회계관리제도감사와 재무제표감사에 **동일한 중요성을 사용**하여야 한다.

재무제표감사 시 사용되는 감사기술은 **질문, 관찰, 관련문서의 검사, 통제의 재수행**이 있다. 질문만으로는 통제의 효과성에 대한 충분하고 적합한 감사증거를 제공하지 못하며 재수행이 가장 많은 증거를 확보하는 기술이다(1100-A59).

감사인은 잠재적 왜곡표시의 가능한 원천을 더 많이 이해하고 테스트 대상 통제를 선정하기 위하여 다음의 절차를 수행한다(1100-33).

① 거래가 개시, 승인, 기록, 처리 및 보고되는 방법을 포함하여, **관련경영진주장과 관련된 거래의 흐름을 이해**한다.

② 개별적으로 혹은 다른 왜곡표시와 결합하여 **중요한 왜곡표시(부정으로 인한 왜곡표시 포함)가 발생할 수 있는 기업 프로세스 내의 지점을 식별**한다(예를 들어, 정보가 개시, 이전 또는 수정되는 지점).

③ 잠재적 왜곡표시에 대처하기 위하여 **경영진이 실행한 통제를 식별**한다.

④ 재무제표에 중요한 영향을 미칠 수 있는 **승인되지 않은** 기업 자산의 취득, 사용 또는 처분을 예방하거나 적시에 발견 및 수정하기 위해 **경영진이 실행한 통제를 식별**한다.

(4) 미비점에 대한 커뮤니케이션

감사인은 통합감사 중에 식별한 내부회계관리제도의 모든 미비점을 경영진에게 서면으로 적시에 감사보고서 발행 이전에 커뮤니케이션하여야 한다. 그리고 이러한 커뮤니케이션이 언제 수행되었는지, 수행될 예정인지를 지배기구에 알려야 한다. 감사인은 경영진에게 모든 미비점을 서면으로 커뮤니케이션할 때, 이전의 서면 커뮤니케이션에 포함되어 있는 미비점에 관한 정보를 반복할 필요가 없다(1100-66).

감사인은 유의적 미비점과 중요한 취약점은 서면으로 커뮤니케이션하여야 하며, 통합감사 중에 시정되었거나 이전에 커뮤니케이션 사항 중 아직 시정되지 않은 유의적 미비점과 중요한 취약점도 포함되어야 한다(1100-63).

(5) 다음의 내용이 모두 포함된 서면진술서의 수령(1100-61)

① **효과적인 내부회계관리제도를 수립하고 유지할 경영진의 책임**을 인정함

② 경영진이 기업의 내부회계관리제도의 효과성에 대한 **평가를 수행하였음을 진술**하고, 준거기준을 구체적으로 명시함

③ 통합감사 중에 감사인이 수행한 감사절차를 경영진이 내부회계관리제도 효과성에 대한 **경영진 평가에 대한 근거의 일부로 활용하지 않았음을 명시함**

④ 평가기준일 현재 준거기준에 근거한 **내부회계관리제도의 효과성에 대한 경영진의 평가내용을 명시함**

⑤ 내부회계관리제도의 설계 또는 운영상의 **모든 미비점을 감사인에게 공개**하였음을 명시함(유의적 미비점이나 중요한 취약점이라고 생각되는 모든 미비점을 경영진이 별도로 감사인에게 공개한 것을 포함함)

⑥ 기업의 재무제표에 중요한 왜곡표시를 초래하는 부정과 재무제표에 중요한 왜곡표시를 초래하지는 않지만 고위경영진 또는 기업의 내부회계관리제도에서 유의적인 역할을 담당하는 경영진 또는 기타 직원이 *연루된 부정을 기술함*

⑦ **이전의 업무를 수행**하는 동안에 식별되고 경영진과 지배기구에 커뮤니케이션된 **유의적 미비점과 중요한 취약점이 해결되었는지 여부를 명시하고, 해결되지 않은 미비점을 구체적으로 식별함**

⑧ **유의적 미비점과 중요한 취약점에 대하여 경영진이 취한 시정조치**를 포함하여, 내부회계관리제도의 변경 또는 내부회계관리제도에 유의적으로 영향을 미칠 수 있는 다른 상황이 평가기준일 후에 후속적으로 존재했는지 여부를 명시함

(6) 감사의견의 형성

감사인은 다음의 원천에서 입수한 증거를 평가하여 내부회계관리제도의 효과성에 대한 의견을 형성하여야 한다.

① 내부회계관리제도감사를 위한 감사인의 통제테스트

② 재무제표에 대한 의견표명과 관련된 목적을 달성하기 위해 수행한 추가적인 통제테스트

③ 재무제표감사 과정에서 발견된 왜곡표시

④ 식별된 미비점들

감사인은 통제미비점 각각의 심각성을 평가하여 중요한 취약점 여부를 결정하여야 한다. 이를 평가할 때 영향을 미치는 요소는 다음과 같다(1100-A74).

① 미비점 혹은 미비점들로부터 초래되는 **잠재적 왜곡표시의 크기**

② 기업의 통제가 거래유형, 계정잔액이나 공시의 왜곡표시의 예방 또는 발견・수정에 실패할 **가능성이 낮지 않은지**(more than remote) **여부**

감사인이 내부회계관리제도감사와 관련하여 표명할 수 있는 감사의견은 다음과 같다(1100-72).

감사범위의 제한이나 중요한 취약점이 없는 경우	감사범위의 제한이 있는 경우	중요한 취약점이 있는 경우
적정의견	의견거절	부적정의견

(7) 운영실태보고서에 대한 평가

감사인은 외감법시행령에 따라 내부회계관리제도 운영실태보고서의 필수요소에 대하여 경영진의 표시내용을 평가하고(1100-59), 불완전하거나 부적절하게 표시된 경우 수정하도록 요청하여야 한다(1100-60).

운영실태보고서 필수요소(외감법시행령9조 4항)

1. 내부회계관리제도의 운영실태를 점검한 결과 및 취약 사항에 대한 시정조치 계획
2. 직전 사업연도에 보고한 제1호에 따른 시정조치 계획의 이행 결과
3. 다음 각 목의 사항을 확인하고 서명하여 보고 내용에 첨부하였다는 사실
   가. 보고 내용이 거짓으로 기재되거나 표시되지 아니하였고, 기재하거나 표시하여야 할 사항을 빠뜨리고 있지 아니하다는 사실
   나. 보고 내용에 중대한 오해를 일으키는 내용이 기재되거나 표시되지 아니하였다는 사실
   다. 충분한 주의를 다하여 보고 내용의 기재 사항을 직접 확인·검토하였다는 사실

감사인의 수정요청에도 불구하고 경영진이 수정하지 않는다면, 감사보고서에 다음과 같이 구분 반영하여야 한다(1100-75, 77).

① 중요한 취약점이 공정하게 표시되지 않은 경우	② 기타 요소가 공정하게 표시되지 않은 경우
• 감사의견단락: 부적정의견 표명 • 부적정의견근거 단락: - 하나 이상의 중요한 취약점이 식별되었으나 내부회계관리제도 운영실태보고서에 포함되지 않았음을 언급한다. - 내부회계관리제도 운영실태보고서에 포함되지 않은 각각의 중요한 취약점에 대한 설명을 포함하여야 한다.	기타사항문단을 포함하여, 내부회계관리제도 운영실태보고서의 필수 구성요소가 불완전하거나 부적절하게 표시되어 있다고 감사인이 결정할 사유를 기술한다.

①에 의한 감사보고서 변형사례

내부회계관리제도 부적정의견근거

...이행하였습니다. 우리가 입수한 감사증거가 **부적정의견**을 위한 근거로서 충분하고 적합하다고 우리는 믿습니다.
중요한 취약점은 내부회계관리제도 미비점 혹은 미비점들의 결합으로, 회사의 재무제표의 중요한 왜곡표시가 적시에 예방되거나 발견 · 수정되지 못할 가능성이 낮지 않은 경우에 존재합니다. **다음의 중요한 취약점이 식별되었으며, 첨부된 내부회계관리제도 운영실태보고서에 포함되어 있지 않습니다.**
(1) 특수관계자 파악에 대한 회사의 정책결정과 관련한 통제에 대한 중요한 취약점이 식별되었습니다.

내부회계관리제도 운영실태보고서 내에 외감법상 필수요소 외에 **추가정보가 포함된 경우, 감사인은 기타사항문단을 추가하여 해당 추가정보에 대해서 의견을 표명하지 않음을 기재**해야 한다.

추가정보가 내부회계관리제도 운영실태보고서와 명백하게 중요한 불일치사실이 존재할 경우, 경영진과 논의한다. 만약 논의 후에도 시정이 되지 않는다면 감사인은 재무제표의 기타정보의 불일치하는 경우 대응절차(발행보류, 법적 조치)와 동일한 추가적 조치를 취해야 한다.

(8) 감사보고서

내부회계관리제도 감사보고서의 구성요소

감사보고서 형식	감사보고서 내용
• 보고서 제목 • 수신인 • 업무수행이사 이름 • 감사인명 • 감사보고서일	• 내부회계관리제도에 대한 감사의견 • 내부회계관리제도 감사의견근거 • 내부회계관리제도에 대한 경영진과 지배기구의 책임 • 내부회계관리제도감사에 대한 감사인의 책임 • 내부회계관리제도의 정의와 한계(▶재무제표 감사보고서에 있는 핵심감사사항이 없는 대신에 정의와 한계가 있다)

적정의견을 표명하는 내부회계관리제도 감사보고서 사례

독립된 감사인의 내부회계관리제도 감사보고서

ABC주식회사의 주주 귀중 [또는 다른 적합한 수신인]

내부회계관리제도에 대한 감사의견

우리는 20X1년 12월 31일 현재 「내부회계관리제도 설계 및 운영 개념체계」에 근거한 ABC 주식회사의 내부회계관리제도를 감사하였습니다.

우리의 의견으로는 회사의 내부회계관리제도는 20X1년 12월 31일 현재 「내부회계관리제도 설계 및 운영 개념체계」에 따라 중요성의 관점에서 효과적으로 설계 및 운영되고 있습니다.

우리는 또한 회계감사기준에 따라, ABC주식회사의 20X1년 12월 31일 현재의 재무상태표, 동일로 종료되는 보고기간의 손익계산서(또는 포괄손익계산서), 자본변동표, 현금흐름표를 감사하였으며, 20X2년 XX월 XX일자[내부회계관리제도 감사보고서 일자와 동일한 보고서 일자] 감사보고서에서 [의견의 성격 포함]을 표명하였습니다.

내부회계관리제도 감사의견근거

우리는 회계감사기준에 따라 감사를 수행하였습니다. 이 기준에 따른 우리의 책임은 이 감사보고서의 내부회계관리제도감사에 대한 감사인의 책임 단락에 기술되어 있습니다. 우리는 내부회계관리제도감사와 관련된 공인회계사윤리기준에 따라 회사로부터 독립적이며 공인회계사윤리기준에 따른 기타 윤리적 책임들을 이행하였습니다. 우리가 입수한 감사증거가 감사의견을 위한 근거로서 충분하고 적합하다고 우리는 믿습니다.

내부회계관리제도에 대한 경영진과 지배기구의 책임

경영진은 효과적인 내부회계관리제도를 설계, 실행 및 유지할 책임이 있으며, 내부회계관리제도 운영실태보고서에 포함된, 내부회계관리제도의 효과성에 대한 평가에 책임이 있습니다. 지배기구는 회사의 내부회계관리제도의 감시에 대한 책임이 있습니다.

내부회계관리제도감사에 대한 감사인의 책임

우리의 책임은 우리의 감사에 근거하여 회사의 내부회계관리제도에 대한 의견을 표명하는 데 있습니다. 우리는 회계감사기준에 따라 감사를 수행하였습니다. 이 기준은 우리가 중요성의 관점에서 내부회계관리제도가 효과적으로 유지되는지에 대한 합리적 확신을 얻도록 감사를 계획하고 수행할 것을 요구하고 있습니다.

내부회계관리제도 감사는 중요한 취약점이 존재하는지에 대한 감사증거를 입수하기 위한 절차의 수행을 포함합니다. 절차의 선택은 중요한 취약점이 존재하는지에 대한 위험평가를 포함하여 감사인의 판단에 따라 달라집니다. 감사는 내부회계관리제도에 대한 이해의 획득과 평가된 위험에 근거한 내부회계관리제도의 설계 및 운영에 대한 테스트 및 평가를 포함합니다.

내부회계관리제도의 정의와 고유한계

회사의 내부회계관리제도는 지배기구와 경영진, 그 밖의 다른 직원에 의해 시행되며, [일반적으로 인정된 회계처리기준과 같은 적용 가능한 회계기준]에 따라 신뢰성 있는 재무제표의 작성에 합리적인 확신을 제공하기 위하여 고안된 프로세스입니다. 회사의 내부회계관리제도는 (1) 회사 자산의 거래와 처분을 합리적인 수준으로 정확하고 공정하게 반영하는 기록을 유지하고 (2) [일반적으로 인정되는 회계처리기준과 같은 회계기준]에 따라 재무제표가 작성되도록 거래가 기록되고, 회사의 경영진과 이사회의 승인에 의해서만 회사의 수입과 지출이 이루어진다는 합리적인 확신을 제공하며 (3) 재무제표에 중요한 영향을 미칠 수 있는 회사 자산의 부적절한 취득, 사용 및 처분을 적시에 예방하고 발견하는 데 합리적인 확신을 제공하는 정책과 절차를 포함합니다.

내부회계관리제도는 내부회계관리제도의 본질적인 한계로 인하여 재무제표에 대한 중요한 왜곡표시를 발견하거나 예방하지 못할 수 있습니다. 또한, 효과성 평가에 대한 미래기간의 내용을 추정 시에는 상황의 변화 혹은 절차나 정책이 준수되지 않음으로써 내부회계관리제도가 부적절하게 되어 미래기간에 대한 평가 및 추정내용이 달라질 위험에 처할 수 있습니다.

이 독립된 감사인의 내부회계관리제도 감사보고서의 근거가 된 감사를 실시한 업무수행이사는 [이름]입니다.

[해당 국가에 따라 회계법인의 명칭이나 감사인 개인이름, 또는 두 가지]

[감사인의 주소]

[감사보고서일]

중요한 취약점으로 인하여 부적정의견을 표명하는 감사보고서 사례

독립된 감사인의 내부회계관리제도 감사보고서

ABC주식회사의 주주 귀중 [또는 다른 적합한 수신인]

내부회계관리제도에 대한 부적정의견

우리는 20X1년 12월 31일 현재 「내부회계관리제도 설계 및 운영 개념체계」에 근거한 ABC주식회사의 내부회계관리제도를 감사하였습니다.

우리의 의견으로는 부적정의견근거 단락에 기술된 「내부회계관리제도 설계 및 운영 개념체계」의 목적을 달성하기 위한 중요한 취약점의 영향 때문에 ABC주식회사의 내부회계관리제도는 20X1년 12월 31일 현재 효과적으로 설계 및 운영되고 있지 않습니다.

우리는 또한 회계감사기준에 따라, ABC주식회사의 20X1년 12월 31일 현재의 재무상태표, 동일로 종료되는 보고기간의 손익계산서(또는 포괄손익계산서), 자본변동표, 현금흐름표를 감사하였으며, 20X2년 XX월 XX일자[내부회계관리제도 감사보고서 일자와 동일한 보고서 일자] 감사보고서에서 [의견의 성격 포함]을 표명하였습니다.

우리는 우리의 20X1년 재무제표 감사에 적용된 감사절차의 성격, 시기 및 범위를 결정하는 데 있어 식별된 중요한 취약점을 고려하였으며, 이 감사보고서는 그러한 재무제표 감사보고서에 영향을 미치지 아니합니다.

내부회계관리제도 부적정의견근거

우리는 회계감사기준에 따라 감사를 수행하였습니다. 이 기준에 따른 우리의 책임은 이 감사보고서의 내부회계관리제도감사에 대한 감사인의 책임 단락에 기술되어 있습니다. 우리는 내부회계관리제도감사와 관련된 공인회계사윤리기준에 따라 회사로부터 독립적이며 공인회계사윤리기준에 따른 기타 윤리적 책임들을 이행하였습니다. 우리가 입수한 감사증거가 부적정의견을 위한 근거로서 충분하고 적합하다고 우리는 믿습니다.

중요한 취약점은 내부회계관리제도 미비점 혹은 미비점들의 결합으로, 회사의 재무제표의 중요한 왜곡표시가 적시에 예방되거나 발견·수정되지 못할 가능성이 낮지 않은 경우에 존재합니다. 다음의 중요한 취약점이 식별되었으며, 첨부된 내부회계관리제도 운영실태보고서에 포함되었습니다.

[내부회계관리제도 운영실태보고서에서 기술된 중요한 취약점을 식별함]

내부회계관리제도에 대한 경영진과 지배기구의 책임

경영진은 효과적인 내부회계관리제도를 설계, 실행 및 유지할 책임이 있으며, 내부회계관리제도 운영실태보고서에 포함된, 내부회계관리제도의 효과성에 대한 평가에 책임이 있습니다. 지배기구는 회사의 내부회계관리제도의 감시에 대한 책임이 있습니다.

내부회계관리제도감사에 대한 감사인의 책임

우리의 책임은 우리의 감사에 근거하여 회사의 내부회계관리제도에 대한 의견을 표명하는 데 있습니다. 우리는 회계감사기준에 따라 감사를 수행하였습니다. 이 기준은 우리가 중요성의 관점에서 내부회계관리제도가 효과적으로 유지되는지에 대한 합리적 확신을 얻도록 감사를 계획하고 수행할 것을 요구하고 있습니다.

내부회계관리제도 감사는 중요한 취약점이 존재하는지에 대한 감사증거를 입수하기 위한 절차의 수행을 포함합니다. 절차의 선택은 중요한 취약점이 존재하는지에 대한 위험평가를 포함하여 감사인의 판단에 따라 달라집니다. 감사는 내부회계관리제도에 대한 이해의 획득과 평가된 위험에 근거한 내부회계관리제도의 설계 및 운영에 대한 테스트 및 평가를 포함합니다.

내부회계관리제도의 정의와 고유한계

회사의 내부회계관리제도는 지배기구와 경영진, 그 밖의 다른 직원에 의해 시행되며, [일반적으로 인정된 회계처리기준과 같은 적용 가능한 회계기준]에 따라 신뢰성 있는 재무제표의 작성에 합리적인 확신을 제공하기 위하여 고안된 프로세스입니다. 회사의 내부회계관리제도는 (1) 회사 자산의 거래와 처분을 합리적인 수준으로 정확하고 공정하게 반영하는 기록을 유지하고 (2) [일반적으로 인정되는 회계처리기준과 같은 회계기준]에 따라 재무제표가 작성되도록 거래가 기록되고, 회사의 경영진과 이사회의 승인에 의해서만 회사의 수입과 지출이 이루어진다는 합리적인 확신을 제공하며 (3) 재무제표에 중요한 영향을 미칠 수 있는 회사 자산의 부적절한 취득, 사용 및 처분을 적시에 예방하고 발견하는 데 합리적인 확신을 제공하는 정책과 절차를 포함합니다.

내부회계관리제도는 내부회계관리제도의 본질적인 한계로 인하여 재무제표에 대한 중요한 왜곡표시를 발견하거나 예방하지 못할 수 있습니다. 또한, 효과성 평가에 대한 미래기간의 내용을 추정 시에는 상황의 변화 혹은 절차나 정책이 준수되지 않음으로써 내부회계관리제도가 부적절하게 되어 미래기간에 대한 평가 및 추정내용이 달라질 위험에 처할 수 있습니다.

이 독립된 감사인의 내부회계관리제도 감사보고서의 근거가 된 감사를 실시한 업무수행이사는 [이름]입니다.

[해당 국가에 따라 회계법인의 명칭이나 감사인 개인이름, 또는 두 가지]

[감사인의 주소]

[감사보고서일]

의견거절을 표명하는 상황에서 중요한 취약점이 발견된 감사보고서 사례

독립된 감사인의 내부회계관리제도 감사보고서

ABC주식회사의 주주 귀중 [또는 다른 적합한 수신인]

내부회계관리제도에 대한 의견거절

의견거절근거 단락에서 기술된 사항의 유의성 때문에 우리는 감사의견의 근거를 제공하는 충분하고 적합한 감사증거를 입수할 수 없었습니다. 따라서 우리는 ABC회사의 내부회계관리제도 효과성에 대한 의견을 표명하지 않습니다.

우리는 또한 회계감사기준에 따라, ABC주식회사의 20X1년 12월 31일 현재의 재무상태표, 동일로 종료되는 보고기간의 손익계산서(또는 포괄손익계산서), 자본변동표, 현금흐름표를 감사하였으며, 20X2년 XX월 XX일자[내부회계관리제도 감사보고서 일자와 동일한 보고서 일자] 감사보고서에서 [의견의 성격 포함]을 표명하였습니다. 우리는 우리의 20XX년 재무제표 감사에 적용된 감사절차의 성격, 시기 및 범위를 결정하는 데 있어 식별된 중요한 취약점을 고려하였으며, 이 감사보고서는 그러한 재무제표 감사보고서에 영향을 미치지 아니합니다.

내부회계관리제도 의견거절근거

[의견거절을 초래하는 사항을 기술함]

상기에서 기술된 사항 때문에, 우리는 감사의견의 근거를 제공하는 데 충분하고 적합한 감사증거를 입수할 수 없었습니다. 그러나 중요한 취약점이 식별되었습니다. 중요한 취약점은 내부회계관리제도 미비점 혹은 미비점들의 결합으로, 회사의 재무제표의 중요한 왜곡표시가 적시에 예방되거나 발견 · 수정되지 못할 가능성이 낮지 않은 경우에 존재합니다. 하나 이상의 중요한 취약점이 존재하는 경우 회사의 내부회계관리제도는 효과적이라고 간주될 수 없습니다. 다음의 중요한 취약점은 첨부된 내부회계관리제도 운영실태보고서에 포함되었습니다.

[내부회계관리제도 운영실태보고서에서 기술된 중요한 취약점을 식별하고 중요한 취약점의 성격과 중요한 취약점이 존재하였던 기간에 발행된 기업의 재무제표의 표시에 중요한 취약점이 미치는 실질적 그리고 잠재적 영향을 포함한 중요한 취약점에 대한 기술을 포함한다.]

내부회계관리제도에 대한 경영진과 지배기구의 책임

경영진은 효과적인 내부회계관리제도를 설계, 실행 및 유지할 책임이 있으며, 내부회계관리제도 운영실태보고서에 포함된, 내부회계관리제도의 효과성에 대한 평가에 책임이 있습니다. 지배기구는 회사의 내부회계관리제도의 감시에 대한 책임이 있습니다.

내부회계관리제도감사에 대한 감사인의 책임

우리의 책임은 회계감사기준에 따라 감사를 수행하고 이를 근거로 ABC회사의 내부회계관리제도에 의견을 표명하는 데 있습니다. 그러나 이 감사보고서의 의견거절근거 단락에서 기술된 사항 때문에 감사의견의 근거를 제공하는 충분하고 적합한 감사증거를 입수할 수 없었습니다.

내부회계관리제도의 정의와 고유한계

회사의 내부회계관리제도는 지배기구와 경영진, 그 밖의 다른 직원에 의해 시행되며, [일반적으로 인정된 회계처리기준과 같은 적용 가능한 회계기준]에 따라 신뢰성 있는 재무제표의

작성에 합리적인 확신을 제공하기 위하여 고안된 프로세스입니다. 회사의 내부회계관리제도는 (1) 회사 자산의 거래와 처분을 합리적인 수준으로 정확하고 공정하게 반영하는 기록을 유지하고 (2) [일반적으로 인정되는 회계처리기준과 같은 회계기준]에 따라 재무제표가 작성되도록 거래가 기록되고, 회사의 경영진과 이사회의 승인에 의해서만 회사의 수입과 지출이 이루어진다는 합리적인 확신을 제공하며 (3) 재무제표에 중요한 영향을 미칠 수 있는 회사 자산의 부적절한 취득, 사용 및 처분을 적시에 예방하고 발견하는 데 합리적인 확신을 제공하는 정책과 절차를 포함합니다.

내부회계관리제도는 내부회계관리제도의 본질적인 한계로 인하여 재무제표에 대한 중요한 왜곡표시를 발견하거나 예방하지 못할 수 있습니다. 또한, 효과성 평가에 대한 미래기간의 내용을 추정 시에는 상황의 변화 혹은 절차나 정책이 준수되지 않음으로써 내부회계관리제도가 부적절하게 되어 미래기간에 대한 평가 및 추정내용이 달라질 위험에 처할 수 있습니다.

이 독립된 감사인의 내부회계관리제도 감사보고서의 근거가 된 감사를 실시한 업무수행이사는 [이름]입니다.

[해당 국가에 따라 회계법인의 명칭이나 감사인 개인이름, 또는 두 가지]

[감사인의 주소]

[감사보고서일]

2) 외부감사인의 내부회계관리제도에 대한 검토

외부감사인의 외부감사법에서 내부회계관리제도의 운영실태에 관한 보고내용을 검토하여야 한다. 다만, 상장법인의 외부감사인은 내부회계관리제도를 감사하여야 한다.

감사기준과 검토기준의 인증대상 비교

회계감사기준	내부회계관리제도 검토기준
내부회계관리제도의 효과성	경영진의 내부회계관리제도 운영실태보고

외부감사인의 내부회계관리제도 검토 업무수행기준은 '내부회계관리제도 검토기준'과 '내부회계관리제도 검토기준 적용지침'이다.

내부회계관리제도 검토절차는 다음과 같다.

① 외부감사법 등 법규 요구사항의 충족 여부 검토

② 경영진의 자체평가에 대한 검토

㉠ 경영진 자체평가 근거자료의 적정성 검토

㉡ 경영진의 자체평가 및 결론의 적정성 검토

③ 필요시 감사인의 추가적 검토절차 수행

㉠ 내부통제 미비점의 평가

㉡ 내부통제 미비점 고려

④ 중요한 취약점일 수 있는 상황의 고려

내부회계관리제도검토에서 검토의견은 소극적 확신(Negative Assurance)으로 표명된다. 중요한 검토범위의 제한이 있는 경우 한정의견, 그 검토범위의 제한이 전반적인 경우 의견거절을 표명한다.

중요한 취약점이 있는 경우 재무제표감사처럼 한정의견이나 부적정의견을 표명하지 않고, 경영진이 중요한 취약점을 운영실태보고서에 반영했는지 여부에 따라 그 발견된 중요한 취약점을 다음과 같이 기술한다.

반영여부	검토보고서 보고 방법
모두 반영	• 설명문단 추가: 경영진이 모두 반영한 중요한 취약점 내용을 기술 • 검토결과 표시문단: 경영자의 운영실태보고서에 기술된 상기 내부회계관리제도의 중요한 취약점 이외에 다른 중요한 취약점이 발견되지 아니하였습니다.
일부 반영	• 설명문단 추가: 경영진이 일부 반영한 중요한 취약점 내용을 기술 • 검토결과 표시문단: 경영진의 운영실태보고서에 기술된 상기 내부회계관리제도의 중요한 취약점 이외에 다음과 같은 중요한 취약점이 발견되었습니다. (1)... (2)...
모두 반영 않음	• 설명문단 추가하지 않음 • 검토결과 표시문단: 다음과 같은 중요한 취약점이 발견되었습니다. (1)... (2)...

예외사항에서 감사인이 내부회계관리제도 감사의견과 검토의견의 표명방법 비교

예외사항	내부회계관리제도감사	내부회계관리제도검토
범위제한	중요성에 관계없이 의견거절	• 중요한 경우: 한정의견 • 전반적인 경우: 의견거절
중요한 취약점	부적정의견을 표명하고 부적정의견근거 단락에 중요한 취약점을 기술	중요한 취약점이 운용실태보고서에 포함되었는지 여부에 따라 중요한 취약점을 다음의 단락에 기술 • 포함됨: 설명문단 • 포함되지 않음: 검토결과 표시문단

6가지 상황별 검토보고서 사례

상황	중요한 범위제한	운영실태보고서(중요한 취약점)	감사인의 중요한 취약점 발견
1	없음	없음	없음
2	있고 제한적	있음	없음
3	있고 전반적	없음	없음
4	없음	있음	경영진과 동일
5	없음	있음	추가 발견
6	없음	없음	추가 발견

상황 1) 중요범위제한 없고 중요한 취약점 없고 감사인 발견 중요취약 없는 경우

독립된 감사인의 내부회계관리제도 검토보고서

AAA주식회사 주주 및 이사회 귀중 [또는 다른 적합한 수신인]

[도입 문단]
우리는 첨부된 AAA주식회사의 20xx년 12월 31일 현재의 내부회계관리제도의 운영실태보고서에 대하여 검토를 실시하였습니다. 내부회계관리제도를 설계, 운영하고 그에 대한 운영실태보고서를 작성할 책임은 AAA주식회사의 경영진에게 있으며, 우리의 책임은 동 보고내용에 대하여 검토를 실시하고 검토결론을 표명하는 데 있습니다. 회사의 경영진은 첨부된 내부회계관리제도 운영실태보고서에서 "대표이사 및 내부회계관리자의 내부회계관리제도 운영실태 평가결과, 20XX년 12월 31일 현재 당사의 내부회계관리제도는 ['내부회계관리제도 설계 및 운영 개념체계'(다른 준거기준을 사용한 경우 그 명칭)]에 근거하여 볼 때, 중요성의 관점에서 효과적으로 설계되어 운영되고 있다고 판단된다"고 기술하고 있습니다. (주1)

[범위 문단]
우리는 내부회계관리제도 검토기준에 따라 검토를 실시하였습니다. 이 기준은 우리가 중요성의 관점에서 경영진이 제시한 내부회계관리제도의 운영실태보고서에 대하여 회계감사보다는 낮은 수준의 확신을 얻을 수 있도록 검토절차를 계획하고 실시할 것을 요구하고 있습니다. 검토는 회사의 내부회계관리제도를 이해하고 경영진의 내부회계관리제도의 운영실태보고내용에 대한 질문 및 필요하다고 판단되는 경우 제한적 범위 내에서 관련 문서의 확인 등의 절차를 포함하고 있습니다.

[정의 문단 및 본질적 한계 문단]
회사의 내부회계관리제도는 지배기구와 경영진, 그 밖의 다른 직원에 의해 시행되며, [일반적으로 인정된 회계처리기준과 같은 적용 가능한 회계기준]에 따라 신뢰성 있는 재무제표의 작성에 합리적인 확신을 제공하기 위하여 고안된 프로세스입니다. 회사의 내부회계관리제도는 (1) 회사 자산의 거래와 처분을 합리적인 수준으로 정확하고 공정하게 반영하는 기록을 유지하고 (2) [일반적으로 인정되는 회계처리기준과 같은 회계기준]에 따라 재무제표가 작성되도록 거래가 기록되고, 회사의 경영진과 이사회의 승인에 의해서만 회사의 수입과 지출이 이루어진다는 합리적인 확신을 제공하며 (3) 재무제표에 중요한 영향을 미칠 수

있는 회사 자산의 부적절한 취득, 사용 및 처분을 적시에 예방하고 발견하는 데 합리적인 확신을 제공하는 정책과 절차를 포함합니다.
내부회계관리제도는 내부회계관리제도의 본질적인 한계로 인하여 재무제표에 대한 중요한 왜곡표시를 발견하거나 예방하지 못할 수 있습니다. 또한, 효과성 평가에 대한 미래기간의 내용을 추정 시에는 상황의 변화 혹은 절차나 정책이 준수되지 않음으로써 내부회계관리제도가 부적절하게 되어 미래기간에 대한 평가 및 추정내용이 달라질 위험에 처할 수 있습니다.

[검토결론 문단]
경영진의 내부회계관리제도 운영실태보고서에 대한 우리의 검토결과, 상기 경영진의 운영실태보고 내용이 중요성의 관점에서 '내부회계관리제도 평가 및 보고 모범규준'에 따라 작성되지 않았다고 판단하게 하는 점이 발견되지 아니하였습니다.

[별도 설명문단]
우리의 검토는 20xx년 12월 31일 현재의 내부회계관리제도를 대상으로 하였으며 20xx년 12월 31일 이후의 내부회계관리제도는 검토하지 않았습니다. 본 검토보고서는 '주식회사 등의 외부감사에 관한 법률'에 근거하여 작성된 것으로서 기타 다른 목적이나 다른 이용자를 위하여는 적절하지 않을 수 있습니다.

XX회계법인
대표이사 XXX
[검토보고서일]

상황 2) 중요범위제한 있고 제한적 · 중요한 취약점 있고 감사인 발견 중요취약 없는 경우

독립된 감사인의 내부회계관리제도 검토보고서

AAA주식회사 주주 및 이사회 귀중 [또는 다른 적합한 수신인]

[도입 문단]
우리는 첨부된 AAA주식회사의 20xx년 12월 31일 현재의 내부회계관리제도의 운영실태보고서에 대하여 검토를 실시하였습니다. 내부회계관리제도를 설계, 운영하고 그에 대한 운영실태보고서를 작성할 책임은 AAA주식회사의 경영진에게 있으며, 우리의 책임은 동 보고내용에 대하여 검토를 실시하고 검토결론을 표명하는 데 있습니다. 회사의 경영진은 첨부된 내부회계관리제도 운영실태보고서에서 "대표이사 및 내부회계관리자의 내부회계관리제도 운영실태 평가결과, 20xx년 12월 31일 현재 당사의 내부회계관리제도는 ['내부회계관리제도 설계 및 운영 개념체계'(다른 준거기준을 사용한 경우 그 명칭)]에 근거하여 볼 때, 중요성의 관점에서 효과적으로 설계되어 운영되고 있다고 판단된다"고 기술하고 있습니다.

[범위 문단]
우리는 내부회계관리제도 검토기준에 따라 검토를 실시하였습니다. 이 기준은 우리가 중요성의 관점에서 경영진이 제시한 내부회계관리제도의 운영실태보고서에 대하여 회계감사보다는 낮은 수준의 확신을 얻을 수 있도록 검토절차를 계획하고 실시할 것을 요구하고 있습니다. 검토는 회사의 내부회계관리제도를 이해하고 경영진의 내부회계관리제도의 운영실태보고내용에 대한 질문 및 필요하다고 판단되는 경우 제한적 범위 내에서 관련 문서의

확인 등의 절차를 포함하고 있습니다.

[설명 문단]

회사는 20xx년 12월 20일 이전까지는 현금, 받을어음 등 매출채권의 회수와 기록에 관하여 충분하고 적합한 통제절차를 운영하지 않았습니다. 이러한 미비점은 회수한 현금 또는 받을어음이 회사의 승인 없이 유용되거나 매출채권 계정에 적절히 기록되지 아니할 중요한 취약점이 존재하였을 수도 있음을 의미합니다. 회사는 20xx년 12월 21일에 이에 대한 새로운 통제절차를 구축·운영해 오고 있으나 우리는 20xx년 12월 31일 현재까지 10일간의 단기간의 운영기간 동안 새로운 통제 절차의 효과성에 대하여 충분하고 적합한 검토증거를 얻을 수 없었습니다.

기타의 사유: 내부회계관리제도의 운영과 평가에 대한 문서화가 충분하지 아니하거나 부적절한 경우 (그 영향의 중요성에 따라서는 검토결론의 표명을 거절한다)

[정의 문단 및 본질적 한계 문단]

회사의 내부회계관리제도는 지배기구와 경영진, 그 밖의 다른 직원에 의해 시행되며, [일반적으로 인정된 회계처리기준과 같은 적용 가능한 회계기준]에 따라 신뢰성 있는 재무제표의 작성에 합리적인 확신을 제공하기 위하여 고안된 프로세스입니다. 회사의 내부회계관리제도는 (1) 회사 자산의 거래와 처분을 합리적인 수준으로 정확하고 공정하게 반영하는 기록을 유지하고 (2) [일반적으로 인정되는 회계처리기준과 같은 회계기준]에 따라 재무제표가 작성되도록 거래가 기록되고, 회사의 경영진과 이사회의 승인에 의해서만 회사의 수입과 지출이 이루어진다는 합리적인 확신을 제공하며 (3) 재무제표에 중요한 영향을 미칠 수 있는 회사 자산의 부적절한 취득, 사용 및 처분을 적시에 예방하고 발견하는 데 합리적인 확신을 제공하는 정책과 절차를 포함합니다.

내부회계관리제도는 내부회계관리제도의 본질적인 한계로 인하여 재무제표에 대한 중요한 왜곡표시를 발견하거나 예방하지 못할 수 있습니다. 또한, 효과성 평가에 대한 미래기간의 내용을 추정 시에는 상황의 변화 혹은 절차나 정책이 준수되지 않음으로써 내부회계관리제도가 부적절하게 되어 미래기간에 대한 평가 및 추정내용이 달라질 위험에 처할 수 있습니다.

[검토결론 문단]

경영진의 내부회계관리제도 운영실태보고서에 대한 우리의 검토결과, 내부회계관리제도의 운영실태보고서에 대하여 위의 문단에서 설명하고 있는 절차를 수행하였을 경우 발견되었을 사항이 미치는 영향을 제외하고는 상기 경영진의 운영실태보고 내용이 중요성의 '내부회계관리제도 평가 및 보고 모범규준'에 따라 작성되지 않았다고 판단하게 하는 점이 발견되지 아니하였습니다.

[별도 설명문단]

우리의 검토는 20xx년 12월 31일 현재의 내부회계관리제도를 대상으로 하였으며 20xx년 12월 31일 이후의 내부회계관리제도는 검토하지 않았습니다. 본 검토보고서는 '주식회사 등의 외부감사에 관한 법률'에 근거하여 작성된 것으로서 기타 다른 목적이나 다른 이용자를 위하여는 적절하지 않을 수 있습니다.

XX 회계법인

대표이사 XXX

[검토보고서일]

상황 3) 중요범위제한 있고 전반적 · 중요한 취약점 없고 감사인 발견 중요취약 없는 경우

독립된 감사인의 내부회계관리제도 검토보고서

AAA주식회사 주주 및 이사회 귀중 [또는 다른 적합한 수신인]

[도입 문단]

우리는 첨부된 AAA주식회사의 20xx년 12월 31일 현재의 내부회계관리제도의 운영실태보고서에 대하여 검토를 실시하는 업무를 수임하였습니다. 내부회계관리제도를 설계, 운영하고 그에 대한 운영실태보고서를 작성할 책임은 AAA주식회사의 경영진에게 있습니다. 회사의 경영진은 첨부된 내부회계관리제도 운영실태보고서에서 "대표이사 및 내부회계관리자의 내부회계관리제도 운영실태 평가결과, 20xx년 12월 31일 현재 당사의 내부회계관리제도는 ['내부회계관리제도 설계 및 운영 개념체계'(다른 준거기준을 사용한 경우 그 명칭)]에 근거하여 볼 때, 중요성의 관점에서 효과적으로 설계되어 운영되고 있다고 판단된다"고 기술하고 있습니다.

[범위 문단]: 기재하지 아니함

[설명 문단]

회사는 20xx년 12월 20일에 회사의 재고자산에 대한 실사를 실시하였으나, 본 감사인은 동 재고실사절차에 입회하지 못하였으며, 실사 후 재고자산의 보관이동상태 및 재고실사 및 재고수불에 대한 회계기록의 부실로 인하여 재고자산 실물관리에 대한 내부통제의 효과성 확인을 위한 재고실사의 재수행이나 문서확인 등의 절차를 실시할 수 없었습니다.

기타 검토결과 표명을 거절하는 사례, 경영진이 내부회계관리제도 운영실태보고서를 제출하지 아니한 경우, 회사에 의한 직접적 범위제한은 받지 아니하였으나 회사의 내부회계관리제도가 전반적으로 구축, 운영되고 있지 않아 필요한 증거가 불충분하여 검토에 따른 확신을 제공할 수 없는 경우, 내부회계관리제도의 운영과 평가에 대한 문서화가 충분하지 아니하거나 부적절한 경우 그 영향의 중요성에 따라서는 범위의 제한으로 인한 한정적 검토결론 표명이 아니라 검토결론 표명을 거절한다.

[정의 문단 및 본질적 한계 문단]

회사의 내부회계관리제도는 지배기구와 경영진, 그 밖의 다른 직원에 의해 시행되며, [일반적으로 인정된 회계처리기준과 같은 적용 가능한 회계기준]에 따라 신뢰성 있는 재무제표의 작성에 합리적인 확신을 제공하기 위하여 고안된 프로세스입니다. 회사의 내부회계관리제도는 (1) 회사 자산의 거래와 처분을 합리적인 수준으로 정확하고 공정하게 반영하는 기록을 유지하고 (2) [일반적으로 인정되는 회계처리기준과 같은 회계기준]에 따라 재무제표가 작성되도록 거래가 기록되고, 회사의 경영진과 이사회의 승인에 의해서만 회사의 수입과 지출이 이루어진다는 합리적인 확신을 제공하며 (3) 재무제표에 중요한 영향을 미칠 수 있는 회사 자산의 부적절한 취득, 사용 및 처분을 적시에 예방하고 발견하는 데 합리적인 확신을 제공하는 정책과 절차를 포함합니다.

내부회계관리제도는 내부회계관리제도의 본질적인 한계로 인하여 재무제표에 대한 중요한 왜곡표시를 발견하거나 예방하지 못할 수 있습니다. 또한, 효과성 평가에 대한 미래기간의 내용을 추정 시에는 상황의 변화 혹은 절차나 정책이 준수되지 않음으로써 내부회계관리제도가 부적절하게 되어 미래기간에 대한 평가 및 추정내용이 달라질 위험에 처할 수 있습니다.

[검토결론 거절 문단]
우리는 상기 문단에서 설명하고 있는 사항의 유의성 때문에 검토결론을 형성하기에 충분하고 적합한 검토증거를 입수할 수 없었습니다. 따라서 우리는 AAA주식회사의 20xx년 12월 31일 현재의 내부회계관리제도의 운영실태보고의 내용이 '내부회계관리제도 평가 및 보고 모범규준'에 따라 작성되었는지에 대하여 검토결론을 표명하지 아니합니다.

[별도 문단]
우리가 수임한 검토업무는 20xx년 12월 31일 현재의 내부회계관리제도를 대상으로 하였습니다. 본 보고서는 '주식회사 등의 외부감사에 관한 법률'에 근거하여 작성된 것으로서 기타 다른 목적이나 다른 이용자를 위하여는 적절하지 않을 수 있습니다.

XX 회계법인
대표이사 XXX
[검토보고서일]

상황 4) 중요범위제한 없고 중요한 취약점 있고 감사인 발견 중요취약 없는 경우

독립된 감사인의 내부회계관리제도 검토보고서

AAA주식회사 주주 및 이사회 귀중 [또는 다른 적합한 수신인]

[도입 문단]
우리는 첨부된 AAA주식회사의 20xx년 12월 31일 현재의 내부회계관리제도의 운영실태보고서에 대하여 검토를 실시하였습니다. 내부회계관리제도를 설계, 운영하고 그에 대한 운영실태보고서를 작성할 책임은 AAA주식회사의 경영진에게 있으며, 우리의 책임은 동 보고내용에 대하여 검토를 실시하고 검토결론을 표명하는 데 있습니다. 회사의 경영진은 첨부된 내부회계관리제도 운영실태보고서에서 "대표이사 및 내부회계관리자의 내부회계관리제도 운영실태 평가결과, 20XX년 12월 31일 현재 당사의 내부회계관리제도는 ['내부회계관리제도 설계 및 운영 개념체계'(다른 준거기준을 사용한 경우 그 명칭)]에 근거하여 볼 때, 중요성의 관점에서 효과적으로 설계되어 운영되고 있지 않다고 판단된다"고 기술하고 있습니다.

[범위 문단]
우리는 내부회계관리제도 검토기준에 따라 검토를 실시하였습니다. 이 기준은 우리가 중요성의 관점에서 경영진이 제시한 내부회계관리제도의 운영실태보고서에 대하여 회계감사보다는 낮은 수준의 확신을 얻을 수 있도록 검토절차를 계획하고 실시할 것을 요구하고 있습니다. 검토는 회사의 내부회계관리제도를 이해하고 경영진의 내부회계관리제도의 운영실태보고내용에 대한 질문 및 필요하다고 판단되는 경우 제한적 범위 내에서 관련 문서의 확인 등의 절차를 포함하고 있습니다.

[정의 문단 및 본질적 한계 문단]
회사의 내부회계관리제도는 지배기구와 경영진, 그 밖의 다른 직원에 의해 시행되며, [일반적으로 인정된 회계처리기준과 같은 적용 가능한 회계기준]에 따라 신뢰성 있는 재무제표의 작성에 합리적인 확신을 제공하기 위하여 고안된 프로세스입니다. 회사의 내부회계관리제도는 (1) 회사 자산의 거래와 처분을 합리적인 수준으로 정확하고 공정하게 반영하는 기록

을 유지하고 (2) [일반적으로 인정되는 회계처리기준과 같은 회계기준]에 따라 재무제표가 작성되도록 거래가 기록되고, 회사의 경영진과 이사회의 승인에 의해서만 회사의 수입과 지출이 이루어진다는 합리적인 확신을 제공하며 (3) 재무제표에 중요한 영향을 미칠 수 있는 회사 자산의 부적절한 취득, 사용 및 처분을 적시에 예방하고 발견하는 데 합리적인 확신을 제공하는 정책과 절차를 포함합니다.

내부회계관리제도는 내부회계관리제도의 본질적인 한계로 인하여 재무제표에 대한 중요한 왜곡표시를 발견하거나 예방하지 못할 수 있습니다. 또한, 효과성 평가에 대한 미래기간의 내용을 추정 시에는 상황의 변화 혹은 절차나 정책이 준수되지 않음으로써 내부회계관리제도가 부적절하게 되어 미래기간에 대한 평가 및 추정내용이 달라질 위험에 처할 수 있습니다.

[설명 문단]

중요한 취약점은 내부회계관리제도의 미비점 또는 미비점의 결합으로서 재무제표의 중요한 왜곡표시가 예방 또는 적시에 발견 · 수정되지 않을 가능성이 낮지 않은 경우를 의미합니다. 상기 경영진의 내부회계관리제도 운영실태보고서에는 다음과 같은 중요한 취약점이 언급되어 있습니다.

(1) 회사는 현금, 받을어음 등 매출채권의 회수와 기록에 관하여 충분하고 적합한 통제절차를 운영하지 않고 있습니다. 이러한 미비점은 회수한 현금 또는 받을어음이 회사의 승인 없이 유용되거나 매출채권 계정에 적절히 기록되지 아니할 수 있는 중요한 취약점을 의미합니다.

(2) ....

(3) ....

[검토결론 문단]

경영진의 내부회계관리제도 운영실태보고서에 대한 우리의 검토결과, 경영진의 운영실태보고서에 기술된 상기 내부회계관리제도의 중요한 취약점 이외에 다른 중요한 취약점이 발견되지 아니하였습니다.

[별도 설명문단]

우리의 검토는 20xx년 12월 31일 현재의 내부회계관리제도를 대상으로 하였으며 20xx년 12월 31일 이후의 내부회계관리제도는 검토하지 않았습니다. 본 검토보고서는 주식회사 등의 외부감사에 관한 법률에 근거하여 작성된 것으로서 기타 다른 목적이나 다른 이용자를 위하여는 적절하지 않을 수 있습니다.

XX 회계법인

대표이사 XXX

[검토보고서일]

상황 5) 중요범위제한 없고 중요한 취약점 있고 감사인 추가발견 중요취약 있는 경우

독립된 감사인의 내부회계관리제도 검토보고서

AAA주식회사 주주 및 이사회 귀중 [또는 다른 적합한 수신인]

[도입 문단]
우리는 첨부된 AAA주식회사의 20XX년 12월 31일 현재의 내부회계관리제도의 운영실태보고서에 대하여 검토를 실시하였습니다. 내부회계관리제도를 설계, 운영하고 그에 대한 운영실태보고서를 작성할 책임은 AAA주식회사의 경영진에게 있으며, 우리의 책임은 동 보고내용에 대하여 검토를 실시하고 검토결론을 표명하는 데 있습니다. 회사의 경영진은 첨부된 내부회계관리제도 운영실태보고서에서 "대표이사 및 내부회계관리자의 내부회계관리제도 운영실태 평가결과, 20XX년 12월 31일 현재 당사의 내부회계관리제도는 ['내부회계관리제도 설계 및 운영 개념체계'(다른 준거기준을 사용한 경우 그 명칭)]에 근거하여 볼 때, 중요성의 관점에서 효과적으로 설계되어 운영되고 있지 않다고 판단된다"고 기술하고 있습니다.

[범위 문단]
우리는 내부회계관리제도 검토기준에 따라 검토를 실시하였습니다. 이 기준은 우리가 중요성의 관점에서 경영진이 제시한 내부회계관리제도의 운영실태보고서에 대하여 회계감사보다는 낮은 수준의 확신을 얻을 수 있도록 검토절차를 계획하고 실시할 것을 요구하고 있습니다. 검토는 회사의 내부회계관리제도를 이해하고 경영진의 내부회계관리제도의 운영실태보고내용에 대한 질문 및 필요하다고 판단되는 경우 제한적 범위 내에서 관련 문서의 확인 등의 절차를 포함하고 있습니다.

[정의 문단 및 본질적 한계 문단]
회사의 내부회계관리제도는 지배기구와 경영진, 그 밖의 다른 직원에 의해 시행되며, [일반적으로 인정된 회계처리기준과 같은 적용 가능한 회계기준]에 따라 신뢰성 있는 재무제표의 작성에 합리적인 확신을 제공하기 위하여 고안된 프로세스입니다. 회사의 내부회계관리제도는 (1) 회사 자산의 거래와 처분을 합리적인 수준으로 정확하고 공정하게 반영하는 기록을 유지하고 (2) [일반적으로 인정되는 회계처리기준과 같은 회계기준]에 따라 재무제표가 작성되도록 거래가 기록되고, 회사의 경영진과 이사회의 승인에 의해서만 회사의 수입과 지출이 이루어진다는 합리적인 확신을 제공하며 (3) 재무제표에 중요한 영향을 미칠 수 있는 회사 자산의 부적절한 취득, 사용 및 처분을 적시에 예방하고 발견하는 데 합리적인 확신을 제공하는 정책과 절차를 포함합니다.
내부회계관리제도는 내부회계관리제도의 본질적인 한계로 인하여 재무제표에 대한 중요한 왜곡표시를 발견하거나 예방하지 못할 수 있습니다. 또한, 효과성 평가에 대한 미래기간의 내용을 추정 시에는 상황의 변화 혹은 절차나 정책이 준수되지 않음으로써 내부회계관리제도가 부적절하게 되어 미래기간에 대한 평가 및 추정내용이 달라질 위험에 처할 수 있습니다.

[설명 문단]
중요한 취약점은 내부회계관리제도의 미비점 또는 미비점의 결합으로서 재무제표의 중요한 왜곡표시가 예방 또는 적시에 발견·수정되지 않을 가능성이 낮지 않은 경우를 의미합니다. 상기 경영진의 내부회계관리제도 운영실태보고서에는 다음과 같은 중요한 취약점이 언급되어 있습니다.

(1) 회사는 현금, 받을어음 등 매출채권의 회수와 기록에 관하여 충분하고 적합한 통제절차를 운영하지 않고 있습니다. 이러한 미비점은 회수한 현금 또는 받을어음이 회사의 승인 없이 유용되거나 매출채권 계정에 적절히 기록되지 아니할 수 있는 중요한 취약점을 의미합니다.

(2) ....

(3) ....

[검토결론 문단]

경영진의 내부회계관리제도 운영실태보고서에 대한 우리의 검토결과, 경영진의 운영실태보고서에 기술된 상기 내부회계관리제도의 중요한 취약점 이외에 다음과 같은 중요한 취약점이 발견되었습니다.

(1) …….

(2) …….

[별도 설명문단]

우리의 검토는 20xx년 12월 31일 현재의 내부회계관리제도를 대상으로 하였으며 20xx년 12월 31일 이후의 내부회계관리제도는 검토하지 않았습니다. 본 검토보고서는 '주식회사 등의 외부감사에 관한 법률'에 근거하여 작성된 것으로서 기타 다른 목적이나 다른 이용자를 위하여는 적절하지 않을 수 있습니다.

XX 회계법인

대표이사 XXX

[검토보고서일]

상황 6) 중요범위제한 없고 중요한 취약점 없고 감사인 추가발견 중요취약 있는 경우

독립된 감사인의 내부회계관리제도 검토보고서

AAA주식회사 주주 및 이사회 귀중 [또는 다른 적합한 수신인]

[도입 문단]

우리는 첨부된 AAA주식회사의 20xx년 12월 31일 현재의 내부회계관리제도의 운영실태보고서에 대하여 검토를 실시하였습니다. 내부회계관리제도를 설계, 운영하고 그에 대한 운영실태보고서를 작성할 책임은 AAA주식회사의 경영진에게 있으며, 우리의 책임은 동 보고내용에 대하여 검토를 실시하고 검토결론을 표명하는 데 있습니다. 회사의 경영진은 첨부된 내부회계관리제도 운영실태보고서에서 "대표이사 및 내부회계관리자의 내부회계관리제도 운영실태 평가결과, 20XX년 12월 31일 현재 당사의 내부회계관리제도는 ['내부회계관리제도 설계 및 운영 개념체계'(다른 준거기준을 사용한 경우 그 명칭)]에 근거하여 볼 때, 중요성의 관점에서 효과적으로 설계되어 운영되고 있다고 판단된다"고 기술하고 있습니다.

[범위 문단]

우리는 내부회계관리제도 검토기준에 따라 검토를 실시하였습니다. 이 기준은 우리가 중요성의 관점에서 경영진이 제시한 내부회계관리제도의 운영실태보고서에 대하여 회계감사보다는 낮은 수준의 확신을 얻을 수 있도록 검토절차를 계획하고 실시할 것을 요구하고 있습

니다. 검토는 회사의 내부회계관리제도를 이해하고 경영진의 내부회계관리제도의 운영실태보고내용에 대한 질문 및 필요하다고 판단되는 경우 제한적 범위 내에서 관련 문서의 확인 등의 절차를 포함하고 있습니다.

[정의 문단 및 본질적 한계 문단]
회사의 내부회계관리제도는 지배기구와 경영진, 그 밖의 다른 직원에 의해 시행되며, [일반적으로 인정된 회계처리기준과 같은 적용 가능한 회계기준]에 따라 신뢰성 있는 재무제표의 작성에 합리적인 확신을 제공하기 위하여 고안된 프로세스입니다. 회사의 내부회계관리제도는 (1) 회사 자산의 거래와 처분을 합리적인 수준으로 정확하고 공정하게 반영하는 기록을 유지하고 (2) [일반적으로 인정되는 회계처리기준과 같은 회계기준]에 따라 재무제표가 작성되도록 거래가 기록되고, 회사의 경영진과 이사회의 승인에 의해서만 회사의 수입과 지출이 이루어진다는 합리적인 확신을 제공하며 (3) 재무제표에 중요한 영향을 미칠 수 있는 회사 자산의 부적절한 취득, 사용 및 처분을 적시에 예방하고 발견하는 데 합리적인 확신을 제공하는 정책과 절차를 포함합니다.
내부회계관리제도는 내부회계관리제도의 본질적인 한계로 인하여 재무제표에 대한 중요한 왜곡표시를 발견하거나 예방하지 못할 수 있습니다. 또한, 효과성 평가에 대한 미래기간의 내용을 추정 시에는 상황의 변화 혹은 절차나 정책이 준수되지 않음으로써 내부회계관리제도가 부적절하게 되어 미래기간에 대한 평가 및 추정내용이 달라질 위험에 처할 수 있습니다.

[검토결론 문단]
경영진의 내부회계관리제도 운영실태보고서에 대한 우리의 검토결과, 다음과 같은 중요한 취약점이 발견되었습니다.
(1) …….
(2) …….

[별도 설명문단]
우리의 검토는 20xx년 12월 31일 현재의 내부회계관리제도를 대상으로 하였으며 20xx년 12월 31일 이후의 내부회계관리제도는 검토하지 않았습니다. 본 검토보고서는 주식회사 등의 외부감사에 관한 법률에 근거하여 작성된 것으로서 기타 다른 목적이나 다른 이용자를 위하여는 적절하지 않을 수 있습니다.

XX 회계법인
대표이사 XXX
[검토보고서일]

제3장 중간재무제표에 대한 검토

1. 개요

주권상장법인은 자본시장법에 따라 분·반기보고서를 제출하여야 하며, 반기보고서에는 재무제표 감사인의 반기감사보고서 또는 반기검토보고서가 첨부되어야 한다. 분기보고서의 경우는 전기말 현재 자산총액이 5천억 원 이상인 주권상장법인만 분기감사보고서 또는 분기 검토보고서를 첨부하여야 한다.

재무제표 감사인이 연간재무제표에 대해서 감사를 수행할 경우에는 회계감사기준을 따르고, 중간재무제표에 대한 검토를 수행할 때는 분·반기재무제표 검토준칙에 따른다.

2. 연간재무제표 감사와 중간재무제표 검토의 비교

중간재무제표에 대한 검토도 인증업무에 해당하므로 감사인은 반드시 독립성이 유지되어야 한다. 연간재무제표 감사와 중간재무제표 검토업무를 비교하면 다음과 같다.

구분	연간재무제표 감사	중간재무제표 검토
업무수행기준	회계감사기준	분·반기재무제표 검토준칙
확신의 수준	합리적(높은 수준) 확신	제한적(보통 수준) 확신
증거수집방법	질문, 분석적 절차, 검사, 관찰, 재계산, 재수행, 외부조회	질문, 분석적 절차, 기타의 검토절차

구분	연간재무제표 감사	중간재무제표 검토
통제테스트	수행	수행하지 않음
보고서 제목	독립된 감사인의 감사보고서	반기(분기)재무제표 검토보고서
의견표명방법	감사의견(적극적 확신) **우리의 의견으로는** 상기 재무제표는 서울주식회사의 20x1년 12월 31일 현재의 재무상태와 동일로 종료되는 보고기간의 재무성과 및 현금흐름을 한국채택국제회계기준에 따라 중요성의 관점에서 **공정하게 표시하고 있습니다.**	검토의견(소극적 확신) **본인의 검토결과** 상기 반기재무제표가 한국채택국제회계기준에 따라 중요성의 관점에서 **공정하게 표시하지 않은 사항이 발견되지 아니하였습니다.**

검토업무를 수행할 때도 재무제표에 대한 감사업무에 적용하는 중요성의 설정기준과 동일하게 적용되어야 하며 완화되어서는 안 된다(예: 세전이익의 5%일 경우 반기 세전이익 100억×0.05=5억 원).

중간재무제표 검토업무는 주로 질문과 분석적 절차에 의해서 수행되므로 연간재무제표 감사와 마찬가지로 경영진으로부터 서면진술을 수령하여야 한다.

중간재무제표에 대한 검토의견은 소극적 확신의 형태로 제공되며, 연간재무제표 감사의견과 동일하게 적정의견, 한정의견, 의견거절, 부적정의견이 있다.

재무제표 감사와 검토, 내부회계관리제도 감사와 검토의 부적정의견을 비교하면 다음과 같다.

구분		부적정의견 단락
재무제표	감사	부적정의견 우리의 의견으로는 별첨된 연결회사의 연결재무제표는 이 감사보고서의 부적정의견근거 단락에 기술된 사항의 유의성 때문에 연결회사의 20x1년 12월 31일 현재의 연결재무상태와 동일로 종료되는 보고기간의 연결재무성과 및 연결현금흐름을 한국채택국제회계기준에 따라 중요성의 관점에서 **공정하게 표시하고 있지 않습니다.**
	검토	부적정의견 본인의 검토결과 부적정의견의 근거문단에 기술된 사항이 재무제표에 미치는 광범위한 영향 때문에 상기 재무제표는 회계처리기준에 따라 중요성의 관점에서 **공정하게 표시하고 있지 아니합니다.**

<table>
<tr><th colspan="2">구분</th><th>부적정의견 단락</th></tr>
<tr><td rowspan="2">내부회계
관리제도</td><td>감사</td><td>내부회계관리제도에 대한 부적정의견
우리의 의견으로는 부적정의견근거 단락에 기술된 내부회계관리제도 설계 및 운영 개념체계의 목적을 달성하기 위한 중요한 취약점의 영향 때문에 ABC주식회사의 내부회계관리제도는 20X1년 12월 31일 현재 효과적으로 설계 및 운영되고 있지 않습니다.</td></tr>
<tr><td>검토</td><td>[검토결과 표시문단]
경영자의 내부회계관리제도 운영실태보고서에 대한 우리의 검토결과, 다음과 같은 중요한 취약점이 발견되었습니다.
(1)...
(2)...</td></tr>
</table>

3. 중간재무제표에 대한 검토보고서

1) 검토보고서 구성요소의 특징

중간재무제표 검토보고서는 연간재무제표에 대한 감사보고서와 비교했을 때, 다음과 같은 특징이 있다.

구성요소	내용
제목	'독립된 감사인'의 표현 없음
검토의견의 위치	마지막 단락(미괄식)
감사인의 책임단락	다음 사항을 기재 • 분 · 반기재무제표검토준칙 • 보통수준의 확신 제공 • 질문과 분석적 절차에 의해 수행 • 감사의견을 표명하지 않음
의견단락	소극적 확신(Negative assurance) '~공정하게 표시하지 않은 사항이 발견되지 아니하였습니다.'

2) 검토보고서 사례

적정의견의 표준검토보고서

반기재무제표에 대한 검토보고서

ABC주식회사

주주 및 이사회 귀중

검토대상 재무제표

본인은 별첨된 XX 주식회사의 반기재무제표를 검토하였습니다. 동 재무제표는 20X1년 6월 30일 현재의 재무상태표, 동일로 종료되는 3개월 및 6개월 보고기간의 손익계산서, 6개월 보고기간의 자본변동표 및 현금흐름표 그리고 유의적 회계정책에 대한 요약과 기타의 서술정보로 구성되어 있습니다.

재무제표에 대한 경영진의 책임

경영진은 회계처리기준에 따라 이 재무제표를 작성하고 공정하게 표시할 책임이 있으며, 부정이나 오류에 의한 중요한 왜곡표시가 없는 재무제표를 작성하는 데 필요하다고 결정한 내부통제에 대해서도 책임이 있습니다.

감사인의 책임

본인의 책임은 상기 재무제표에 대하여 검토를 실시하고 이를 근거로 이 재무제표에 대하여 검토결과를 보고하는 데 있습니다.

본인은 분반기재무제표 검토준칙에 따라 검토를 실시하였습니다. 이 기준은 본인이 재무제표가 중대하게 왜곡표시되지 아니하였다는 것에 관해 보통수준의 확신을 얻도록 검토를 계획하고 실시할 것을 요구하고 있습니다. 검토는 주로 질문과 분석적 절차에 의거 수행되므로 감사보다는 낮은 수준의 확신을 제공합니다. 본인은 감사를 실시하지 아니하였으므로 감사의견을 표명하지 아니합니다.

검토의견

본인의 검토결과 상기 재무제표가 회계처리기준에 따라 중요성의 관점에서 공정하게 표시하지 않은 사항이 발견되지 아니하였습니다.

서울특별시 구 로 XX

XX회계법인

대표이사 X X X (인)

20X1년 X월 X일

중요 왜곡표시에 의한 한정 검토보고서 사례

반기재무제표에 대한 검토보고서

ABC주식회사

주주 및 이사회 귀중

검토대상 재무제표

본인은 별첨된 XX 주식회사의 반기재무제표를 검토하였습니다. 동 재무제표는 20X1년 6월 30일 현재의 재무상태표, 동일로 종료되는 3개월 및 6개월 보고기간의 손익계산서, 6개월 보고기간의 자본변동표 및 현금흐름표 그리고 유의적 회계정책에 대한 요약과 기타의 서술정보로 구성되어 있습니다.

재무제표에 대한 경영진의 책임

경영진은 회계처리기준에 따라 이 재무제표를 작성하고 공정하게 표시할 책임이 있으며, 부정이나 오류에 의한 중요한 왜곡표시가 없는 재무제표를 작성하는 데 필요하다고 결정한 내부통제에 대해서도 책임이 있습니다.

감사인의 책임

본인의 책임은 상기 재무제표에 대하여 검토를 실시하고 이를 근거로 이 재무제표에 대하여 검토결과를 보고하는 데 있습니다.

본인은 분반기재무제표 검토준칙에 따라 검토를 실시하였습니다. 이 기준은 본인이 재무제표가 중대하게 왜곡표시되지 아니하였다는 것에 관해 보통수준의 확신을 얻도록 검토를 계획하고 실시할 것을 요구하고 있습니다. 검토는 주로 질문과 분석적 절차에 의거 수행되므로 감사보다는 낮은 수준의 확신을 제공합니다. 본인은 감사를 실시하지 아니하였으므로 감사의견을 표명하지 아니합니다.

한정의견의 근거

경영진이 제공한 정보에 의하면, XXX 주식회사는 OO 리스계약에 대하여 회계처리기준에 따라 금융리스로 회계처리하지 아니하고 운영리스로 회계처리하였습니다. 이로 인하여 회계처리기준에 의하였을 경우보다 유형자산과 비유동부채는 각각 XXX백만 원 증가되어야 하며, 중간기간의 순이익과 처분전 이익잉여금은 각각 XXX백만 원 증가표시되어야 합니다.

한정의견

본인의 검토결과 한정의견의 근거문단에 기술된 사항이 미치는 영향을 제외하고는 상기 재무제표가 회계처리기준에 따라 중요성의 관점에서 공정하게 표시하지 않은 사항이 발견되지 아니하였습니다.

서울특별시 구 로 XX

XX회계법인

대표이사 X X X (인)

20X1년 X월 X일

중요 왜곡표시에 의한 부적정 검토보고서 사례

반기재무제표에 대한 검토보고서

ABC주식회사

주주 및 이사회 귀중

검토대상 재무제표

본인은 별첨된 XX 주식회사의 반기재무제표를 검토하였습니다. 동 재무제표는 20X1년 6월 30일 현재의 재무상태표, 동일로 종료되는 3개월 및 6개월 보고기간의 손익계산서, 6개월 보고기간의 자본변동표 및 현금흐름표 그리고 유의적 회계정책에 대한 요약과 기타의 서술정보로 구성되어 있습니다.

재무제표에 대한 경영진의 책임

경영진은 회계처리기준에 따라 이 재무제표를 작성하고 공정하게 표시할 책임이 있으며, 부정이나 오류에 의한 중요한 왜곡표시가 없는 재무제표를 작성하는 데 필요하다고 결정한 내부통제에 대해서도 책임이 있습니다.

감사인의 책임

본인의 책임은 상기 재무제표에 대하여 검토를 실시하고 이를 근거로 이 재무제표에 대하여 검토결과를 보고하는 데 있습니다.

본인은 분반기재무제표 검토준칙에 따라 검토를 실시하였습니다. 이 기준은 본인이 재무제표가 중대하게 왜곡표시되지 아니하였다는 것에 관해 보통수준의 확신을 얻도록 검토를 계획하고 실시할 것을 요구하고 있습니다. 검토는 주로 질문과 분석적 절차에 의거 수행되므로 감사보다는 낮은 수준의 확신을 제공합니다. 본인은 감사를 실시하지 아니하였으므로 감사의견을 표명하지 아니합니다.

부적정의견의 근거

주석 XX에서 설명하고 있는 바와 같이 상기 재무제표에는 해외지점의 재무제표 금액이 누락되었습니다. 회계처리기준에 의하면 해외지점의 재무제표금액도 이 재무제표에 포함되어야만 합니다.

부적정의견

본인의 검토결과 부적정의견의 근거문단에 기술된 사항이 재무제표에 미치는 광범위한 영향 때문에 상기 재무제표는 회계처리기준에 따라 중요성의 관점에서 공정하게 표시하고 있지 아니합니다.

서울특별시 구 로 XX

XX회계법인

대표이사 X X X (인)

20X1년 X월 X일

경영진의 검토범위 제한으로 인한 한정 검토보고서 사례

반기재무제표에 대한 검토보고서

ABC주식회사

주주 및 이사회 귀중

검토대상 재무제표

본인은 별첨된 XX 주식회사의 반기재무제표를 검토하였습니다. 동 재무제표는 20X1년 6월 30일 현재의 재무상태표, 동일로 종료되는 3개월 및 6개월 보고기간의 손익계산서, 6개월 보고기간의 자본변동표 및 현금흐름표 그리고 유의적 회계정책에 대한 요약과 기타의 서술정보로 구성되어 있습니다.

재무제표에 대한 경영진의 책임

경영진은 회계처리기준에 따라 이 재무제표를 작성하고 공정하게 표시할 책임이 있으며, 부정이나 오류에 의한 중요한 왜곡표시가 없는 재무제표를 작성하는 데 필요하다고 결정한 내부통제에 대해서도 책임이 있습니다.

감사인의 책임

본인의 책임은 상기 재무제표에 대하여 검토를 실시하고 이를 근거로 이 재무제표에 대하여 검토결과를 보고하는 데 있습니다.

본인은 다음 문단에서 설명하고 있는 사항을 제외하고는 분반기재무제표 검토준칙에 따라 검토를 실시하였습니다. 이 기준은 본인이 재무제표가 중대하게 왜곡표시되지 아니하였다는 것에 관해 보통수준의 확신을 얻도록 검토를 계획하고 실시할 것을 요구하고 있습니다. 검토는 주로 질문과 분석적 절차에 의거 수행되므로 감사보다는 낮은 수준의 확신을 제공합니다. 본인은 감사를 실시하지 아니하였으므로 감사의견을 표명하지 아니합니다.

한정의견의 근거

회사는 20X1년 X월 X일에 발생된 OO지점의 화재로 인하여 매출채권에 관한 회계기록이 소실되었습니다. 따라서 본인은 이 재무제표의 매출채권 금액 중 XXX원에 대하여는 검토를 수행할 수 없었습니다. 회사는 관련기록을 복구 중에 있으나, 이러한 기록이 위 매출채권 및 관련 대손충당금을 입증할 수 있을지 여부는 불확실합니다.

또한 본인이 동 매출채권에 대해 검토절차를 수행할 수 있었더라면 중간재무제표에 수정을 요하는 사항을 발견하였을 수도 있습니다.

한정의견

본인의 검토결과 한정의견의 근거문단에 기술하고 있는 매출채권 기록의 소실이 없었을 경우 발견하였을 재무제표에 대한 수정사항을 제외하고 상기 재무제표는 회계처리기준에 중요하게 위배되어 표시되었다는 점이 발견되지 아니하였습니다.

서울특별시 구 로 XX

XX회계법인

대표이사 X X X (인)

제 6 부 기출문제

Ch 1.1.1	그룹감사인 책임	600.11	2016 문제6 물음4 배점 4

부문감사와 관련하여 그룹감사인은 부문감사인에 대한 이해, 부문재무정보에 대해 수행할 업무유형의 결정, 부문감사 증거의 충분성과 적합성에 대한 평가 등을 수행하여야 한다. 그룹감사인이 부문감사를 직접 수행하는 주체가 아님에도 불구하고 이러한 업무를 수행하고 문서화하는 근본적인 이유를 서술하시오.

정답 및 해설

∵ 그룹 감사보고서 책임은 그룹감사인

▶ 600.11

그룹업무수행이사는 전문직 기준 및 법규의 요구사항에 따라 그룹 감사업무를 지휘·감독하고 수행하며 발행된 감사보고서가 상황에 적합한지 여부에 대하여 책임을 진다. 따라서 법규에서 요구하지 않는 한, 그룹재무제표에 대한 감사보고서에는 부문감사인을 언급하여서는 안 된다. 법규상 부문감사인의 언급이 요구되는 경우에도, 부문감사인을 언급하더라도 그룹업무수행이사 또는 그룹업무수행이사가 속한 회계법인의 그룹감사의견에 대한 책임이 경감되지 아니함을 그룹재무제표에 대한 감사보고서에 나타내야 한다.

Ch 1.1.2	그룹감사: 부문감사인 언급	600.11	2013 문제2 물음6 배점 4

을(주)의 재무제표를 Y회계법인이 감사를 수행한 후 X회계법인은 Y회계법인을 감사보고서에 언급하기로 하였다. 이를 위해서 다음과 같이 Y회계법인과 책임한계를 구분하는 감사보고서 초안을 작성하였다. 이 감사보고서 초안에서 수정이 필요한 사항 3가지를 아래 예시와 같이 기재하시오(예시된 사항은 제외할 것).

〈예시〉 감사인의 감사보고서 → 독립된 감사인의 감사보고서

감사인의 감사보고서

갑 주식회사와 그 종속회사 주주 및 이사회 귀중

우리는 갑(주)와 그 종속기업(이하 "연결회사")의 연결재무제표를 감사하였습니다. 해당 연결재무제표는 2X13년 12월 31일 현재의 연결재무상태표, 동일로 종료되는 보고기간의 연결손익계산서(또는 연결포괄손익계산서), 연결자본변동표, 연결현금흐름표 그리고 유의적인 회계정책의 요약을 포함한 연결재무제표의 주석으로 구성되어 있습니다.

우리의 의견으로는 별첨된 연결회사의 연결재무제표는 연결회사의 2X13년 12월 31일 현재의 연결재무상태와 동일로 종료되는 보고기간의 연결재무성과 및 연결현금흐름을 한국채택국제회계기준에

따라, 중요성의 관점에서 공정하게 표시하고 있습니다.
감사의견근거
우리는 감사기준에 따라 감사를 수행하였습니다. 이 기준에 따른 우리의 책임은 이 감사보고서의 연결재무제표감사에 대한 감사인의 책임 단락에 기술되어 있습니다. 우리는 공인회계사윤리기준에 따라 연결회사로부터 독립적이며 공인회계사윤리기준에 따른 기타 윤리적 책임들을 이행하였습니다. 우리가 입수한 감사증거가 감사의견을 위한 근거로서 충분하고 적합하다고 우리는 믿습니다. 다만, 2X13년 12월 31일 현재 을(주)의 재무제표에 대하여는 Y회계법인의 감사보고서를 의견표명의 기초로 이용하였습니다.
연결재무제표에 대한 경영진과 지배기구의 책임
경영진은 한국채택국제회계기준에 따라 이 연결재무제표를 작성하고 공정하게 표시할 책임이 있으며, 부정이나 오류로 인한 중요한 왜곡표시가 없는 연결재무제표를 작성하는 데 필요하다고 결정한 내부통제에 대해서도 책임이 있습니다.
경영진은 연결재무제표를 작성할 때, 연결회사의 계속기업으로서의 존속능력을 평가하고 해당되는 경우 계속기업 관련 사항을 공시할 책임이 있습니다. 그리고 경영진이 기업을 청산하거나 영업을 중단할 의도가 없는 한 또는 그 외에 다른 현실적인 대안이 없는 한, 회계의 계속기업전제의 사용에 대해서도 책임이 있습니다.
지배기구는 연결회사의 재무보고절차의 감시에 대한 책임이 있습니다.
연결재무제표감사에 대한 감사인의 책임
우리의 목적은 연결재무제표에 전체적으로 부정이나 오류로 인한 중요한 왜곡표시가 없는지에 대하여 합리적인 확신을 얻어 우리의 의견이 포함된 감사보고서를 발행하는 데 있습니다. 합리적인 확신은 높은 수준의 확신을 의미하며 감사기준에 따라 수행된 감사가 항상 중요한 왜곡표시를 발견한다는 것을 보장합니다. 왜곡표시는 부정이나 오류로부터 발생할 수 있으며 왜곡표시가 연결재무제표를 근거로 하는 이용자의 경제적 의사결정에 개별적으로 또는 집합적으로 영향을 미칠 것이 합리적으로 예상되면 그 왜곡표시는 중요하다고 간주됩니다.
이 독립된 감사인의 감사보고서의 근거가 된 감사를 실시한 업무수행이사는 OOO입니다.
서울특별시 OO구 OO로 OO번지
X회계법인
대표이사 OOO(인)
감사보고서 일자 2X14년 2월 20일

정답 및 해설

1. 갑 주식회사와 그 종속회사 주주 및 이사회 귀중 → 갑 주식회사 주주 및 이사회 귀중 (종속회사 삭제)
2. 다만, 2X13년 12월 31일 현재 을(주)의 재무제표에 대하여는 Y회계법인의 감사보고서를 의견표명의 기초로 이용하였습니다. → 삭제 (부문감사인 언급X)
3. 합리적인 확신은 높은 수준의 확신을 의미하며 감사기준에 따라 수행된 감사가 항상 중요한 왜곡표시를 발견한다는 것을 보장합니다. → 합리적인 확신은 높은 수준의 확신을 의미하나 감사기준에 따라 수행된 감사가 항상 중요한 왜곡표시를 발견한다는 것을 보장하지는 않습니다.

▶ 600.11
그룹업무수행이사는 전문직 기준 및 법규의 요구사항에 따라 그룹 감사업무를 지휘·감독하고 수행하며 발행된 감사보고서가 상황에 적합한지 여부에 대하여 책임을 진다. 따라서 법규에서 요구하지 않는 한, 그룹재무제표에 대한 감사보고서에는 부문감사인을 언급하여서는 안 된다. 법규상 부문감사인의 언급이 요구되는 경우에도, 부문감사인을 언급하더라도 그룹업무수행이사 또는 그룹업무수행이사가 속한 회계법인의 그룹감사의견에 대한 책임이 경감되지 아니함을 그룹재무제표에 대한 감사보고서에 나타내야 한다.

Ch 1.2.1	그룹감사보고	600.11 600.13 600.A9	2014 문제8 물음3 배점 4

다음은 회계감사기준의 그룹재무제표 감사기준에서 정한 그룹감사인의 책임 등에 대한 설명이다.

(1) 그룹업무수행이사는 전문직 기준 및 법규의 요구사항에 따라 그룹감사 업무를 지휘·감독하고 수행하며, 발행된 그룹감사보고서에 대해서 책임을 진다. 따라서 (법규에서 별도로 요구하지 않는 한) 그룹재무제표 감사보고서에는 부문감사인을 언급하지 않는다.

(2) 그룹감사의 수용과 유지(acceptance and continuance)의 과정에서, 그룹경영진에 의한 제약으로 인해 그룹업무팀이 충분하고 적합한 감사증거 입수가 불가능하고, 그 결과 그룹재무제표에 대해서 의견거절을 표명하게 될 것으로 그룹업무수행이사가 결론을 내릴 경우에는, 그룹재무제표에 대한 감사를 가능한 범위까지 수행하고 그룹재무제표 감사보고서에는 의견표명을 거절한다.

(3) 그룹업무팀이 하나 이상의 부문재무정보에 대하여 충분하고 적합한 감사증거를 입수할 수 없어 그룹감사의견을 변형시킬 경우, 그룹재무제표 감사보고서의 변형근거문단에 충분하고 적합한 감사증거를 입수하지 못한 이유를 기술한다.

(요구사항) 위 설명이 회계감사기준이 정한 내용과 일치하는지 여부를 O/X로 표시하고, X일 경우에는 잘못된 내용이 무엇인지 설명하시오.

정답 및 해설

(1) O
(2) X, 신규 감사 수임거절 or 계속 감사 계약 해지
(3) O

▶ 600.11

그룹업무수행이사는 전문직 기준 및 법규의 요구사항에 따라 그룹 감사업무를 지휘·감독하고 수행하며 발행된 감사보고서가 상황에 적합한지 여부에 대하여 책임을 진다. 따라서 법규에서 요구하지 않는 한, 그룹재무제표에 대한 감사보고서에는 부문감사인을 언급하여서는 안 된다. 법규상 부문감사인의 언급이 요구되는 경우에도, 부문감사인을 언급하더라도 그룹업무수행이사 또는 그룹업무수행이사가 속한 회계법인의 그룹감사의견에 대한 책임이 경감되지 아니함을 그룹재무제표에 대한 감사보고서에 나타내야 한다.

▶ 600.13

그룹업무수행이사가 다음과 같은 결론을 내릴 수 있다.

(a) 그룹경영진에 의한 제약으로 인하여 그룹업무팀이 충분하고 적합한 감사증거를 입수하는 것이 가능하지 않을 것이고
(b) 이러한 감사증거의 입수 불가능에 따른 발생 가능한 영향의 결과로서 그룹재무제표에 대한 의견거절을 표명하게 될 것임

그룹업무수행이사는 위와 같이 결론을 내린 경우에는 다음 중 하나의 절차를 수행하여야 한다.

(a) 신규업무인 경우 그 수임을 거절하며, 계속업무인 경우 관련 법규상 가능하다면 업무를 해지함
(b) 법규에 의해 감사업무의 수임거부가 금지되거나 해지가 가능하지 아니하다면, 그룹재무제표에 대한 감사를 가능한 범위까지 수행하고 그룹재무제표에 대하여는 의견표명을 거절함

▶ 600.A9

그룹업무팀이 하나 이상의 부문재무정보에 대하여 충분하고 적합한 감사증거를 입수할 수 없어 그룹감사의견을 변형시키는 경우, 해당 상황을 적절히 설명하기 위해 부문감사인을 언급하는 것이 필요한 것이 아닌 한 그룹재무제표에 대한 감사보고서의 변형근거문단에 부문감사인을 언급하지 않고 충분하고 적합한 감사증거를 입수하지 못한 이유를 기술한다.

Ch 1.2.2	유의적 부문 결정 및 수행 가능한 업무유형	600.26~28	2022 문제6 물음1 배점 4

주권상장법인인 (주)한국은 해외 종속기업(A, B, C)을 보유하고 있으며, 감사위원회를 구성하고 있다. 유일회계법인은 (주)한국의 연결재무제표에 대한 감사를 수행하고 있다.

〈부문 정보〉 (단위: 억 원)

구분	(주)한국	해외 종속기업			조정합계
		A	B	C	
매출액	6,000	1,000	400	200	7,440
세전이익	400	60	15	12	480
당기순손익	300	30	(-)5	2	332
자산 총계	8,000	150	120	80	8,200
부채 총계	4,000	100	140	60	4,100

- 조정합계 금액은 연결재무제표 장부금액이며, 그 외의 정보는 (주)한국과 종속기업의 별도재무제표 금액임
- 부문 A, B, C의 매출액은 모두 (주)한국이 제조한 제품을 외부고객에게 판매하여 발생한 것임
- 부문 A와 부문 B는 해외 현지 회계법인을 감사인으로 선임하였고, 부문 C는 회사 규모를 고려하여 감사인을 선임하지 않음
- 당기 중 부문 B에서 영업담당 직원에 의한 자금횡령 사실을 발견함

〈그룹업무팀의 그룹감사 업무〉

- 유일회계법인은 그룹재무제표 전체의 중요성을 세전이익의 5%(24억 원)로, 그룹에 대한 개별적인 재무적 유의성을 판단하는 기준을 총 외부 매출액의 10%로 결정함
- 그룹감사의 수임단계에서 부문에 대한 감사절차에 범위제한은 없다고 판단함. 특히, 부문 B의 부정 관련 이슈도 포렌식 전문가를 활용하여 충분한 감사 대응이 가능하다고 판단함

(물음 1) 각 부문별로 유의적 부문인지 여부, 유의적 부문 여부를 결정한 이유, 부문정보에 대해 그룹업무팀 또는 그룹업무팀을 대신하는 부문감사인이 수행 가능한 모든 업무 유형을 아래와 같은 양식으로 표현할 때, 각 칸에 포함되어야 할 내용을 기재 또는 서술하시오(단, 그룹업무팀의 그룹감사와 관련한 전문가적 판단이 유효하다고 가정함).

[유의적 부문 결정 및 수행 가능한 업무유형]

부문명	유의적 부문 여부(예, 아니오)	유의적 부문 여부 결정이유	수행 가능한 모든 업무유형
(주)한국	①	②	③
A	④	⑤	⑥
B	⑦	⑧	⑨
C	⑩	⑪	⑫

정답 및 해설

한국 ① 유의부문 Y ② 매출 6천억>7.44천억*10%, 재무적 유의부문 ③ 부문중요성 사용 부문 감사
A ④ 유의부문 Y ⑤ 매출 1천억>744억, 재무적 유의 ⑥ 부문중요성 사용 부문 감사
B ⑦ 유의부문 Y ⑧ 매출 400억<744억, but 횡령 부정발생, 유의적 RoMM 유의부문
⑨ 부문감사, 그룹FS 유의RoMM 관련 1 이상 거계공 감사, 특정 감사절차
C ⑩ 유의부문 N ⑪ 매출 200억, 성격환경상 유의RoMM 없음, ⑫ 그룹수준 분석절차

▶ 600.26
그룹에 대한 개별적인 재무적 유의성으로 인하여 유의적인 부문에 대해서는, 그룹업무팀 또는 그룹업무팀을 대신하는 부문감사인은 부문중요성을 사용하여 부문재무정보에 대한 감사를 수행하여야 한다.

▶ 600.27
부문의 고유한 성격이나 환경으로 인하여 그룹재무제표에 대하여 유의적인 중요왜곡표시위험을 포함하고 있을 것 같아서 어떤 부문이 유의적인 경우, 그룹업무팀 또는 그룹업무팀을 대신하는 부문감사인은 다음 중 하나 이상을 수행하여야 한다.
(a) 부문중요성을 사용한 부문재무정보의 감사
(b) 그룹재무제표의 발생 가능한 유의적인 중요왜곡표시위험과 관련된 하나 이상의 거래유형, 계정잔액 또는 공시에 대한 감사
(c) 그룹재무제표의 발생 가능한 유의적인 중요왜곡표시위험과 관련된 특정 감사절차

▶ 600.28
그룹업무팀은 유의적이지 않은 부문에 대하여는 그룹 수준의 분석적 절차를 수행하여야 한다.

Ch 1.2.3	그룹감사: 부문FS 업무 유형	600.26~28	2021 문제4 물음2 배점 3

한국회계법인의 그룹업무팀은 지배기업 A의 그룹재무제표 감사를 수행하고 있다. 다음은 그룹업무팀의 그룹감사 관련 조서 중 일부를 발췌한 내용이다. 아래 내용을 기초로 각 물음에 답하시오. 단, 각 물음의 상황은 서로 독립적이다.

〈지배기업 및 종속기업에 대한 정보〉
지배기업 A는 다음과 같이 4개의 종속기업을 보유하고 있으며, 지배기업 A와 각 종속기업을 부문으로 식별하였다.

• 각 부문에 대한 지배기업 A의 지분율(단위: %)

부문	B	C	D	E
지분율	100	90	60	70

<주요 재무정보>

(단위: 억 원)

구분	그룹 부문					
	A	B	C	D	E	
세전손익	100	15	110	(-)9	3	2
매출액	900	200	700	50	30	25
총자산	2,000	600	1,400	100	40	30

※ 그룹재무정보는 내부거래 등을 제외한 연결재무제표상 금액이며, 부문재무정보는 별도(개별)재무제표상 금액이다.

<그룹재무제표 전체에 대한 중요성(이하 '그룹중요성')>

1) 그룹중요성 결정 시 벤치마크: 그룹세전이익
2) 그룹중요성: 5억 원(그룹세전이익 100억 원의 5%)

<유의적 부문 및 유의적이지 않은 부문>

1) 유의적 부문: 부문 A, B, C
2) 유의적이지 않은 부문: 부문 D, E

다음은 그룹업무팀이 부문재무정보에 대하여 수행할 업무유형의 결정과 관련하여 수행한 감사절차이다.

① 그룹업무팀은 그룹에 대한 개별적인 재무적 유의성으로 인하여 부문 B를 유의적 부문으로 식별하였다. 그룹업무팀은 부문 B의 부문감사인에게 그룹재무제표의 발생 가능한 유의적인 중요왜곡표시위험과 관련된 특정 감사절차를 수행하도록 요청하였다.

② 부문 C는 그룹에 대해 개별적으로 재무적 유의성이 있지 않다. 다만, 그룹업무팀은 부문 C가 그룹재무제표에 대하여 유의적인 중요왜곡표시위험을 포함하고 있을 것 같아서 유의적 부문으로 식별하였다. 그룹업무팀은 부문 C의 부문감사인에게 부문중요성을 사용하여 부문재무정보에 대한 감사를 수행하도록 요청하였다.

③ 유의적이지 않은 부문들(D, E)에 대해서는 부문감사인에게 별도의 절차를 요구하지 않고 그룹업무팀이 그룹 수준의 분석적 절차를 수행하였다.

위의 각 항목(①~③)별로 그룹업무팀이 수행한 절차가 적절한지 여부를 기재하고, 적절하지 않은 경우 그 이유를 서술하시오.

정답 및 해설

① X: 특정X, 부문중요성 사용 부문재무정보 감사 수행 필
② O
③ O

▶ 600.26

그룹에 대한 개별적인 재무적 유의성으로 인하여 유의적인 부문에 대해서는, 그룹업무팀 또는 그룹업무팀을 대신하는 부문감사인은 부문중요성을 사용하여 부문재무정보에 대한 감사를 수행하여야 한다.

▶ 600.27

부문의 고유한 성격이나 환경으로 인하여 그룹재무제표에 대하여 유의적인 중요왜곡표시위험을 포함하고 있을 것 같아서 어떤 부문이 유의적인 경우, 그룹업무팀 또는 그룹업무팀을 대신하는 부문감사인은 다음 중 하나 이상을 수행하

여야 한다.
(a) 부문중요성을 사용한 부문재무정보의 감사
(b) 그룹재무제표의 발생 가능한 유의적인 중요왜곡표시위험과 관련된 하나 이상의 거래유형, 계정잔액 또는 공시에 대한 감사
(c) 그룹재무제표의 발생 가능한 유의적인 중요왜곡표시위험과 관련된 특정 감사절차

▶ 600.28
그룹업무팀은 유의적이지 않은 부문에 대하여는 그룹 수준의 분석적 절차를 수행하여야 한다.

Ch 1.2.4	유의적 부문 결정 및 수행 가능한 업무유형	600.26	2020 문제4 물음1 배점 2

[상황 1] 가나다회계법인의 A기업 감사팀(이하 '그룹감사팀')은 A기업의 20X1년 12월 31일로 종료하는 회계연도의 연결재무제표를 처음으로 감사하게 되어 부문감사인 활용을 고려하고 있다. 가나다회계법인은 국내에서만 업무를 수행할 수 있다.

- A기업, 국내자회사1 및 해외자회사1은 생산 및 판매를 담당하고 있으며, 개별적 · 재무적으로 유의적인 부문에 해당한다.
- 국내자회사2는 개별적 · 재무적으로 유의하지는 않으나, 그룹 내의 외환거래를 담당하는 회사이다.
- 해외자회사2는 개별적 · 재무적으로 유의하지는 않으나, 전기에 고객과의 소송으로 인한 거액의 충당부채 인식으로 인하여 손실이 발생하였으며, 해당 소송은 당기에도 진행 중이다.
- 해외자회사3과 해외자회사4는 개별적 · 재무적으로 유의하지 않은 부문이며, 해외자회사8은 전기에 설립되어 영업을 준비 중인 회사이다.

그룹감사팀이 개별적 · 재무적으로 유의한 부문의 부문재무정보에 대하여 수행할 수 있는 업무유형을 서술하시오.

정답 및 해설

▶ 600.26
그룹에 대한 개별적인 재무적 유의성으로 인하여 유의적인 부문에 대해서는, 그룹업무팀 또는 그룹업무팀을 대신하는 부문감사인은 부문중요성을 사용하여 부문재무정보에 대한 감사를 수행하여야 한다.

Ch 1.2.5	유의적 부문 결정 및 수행 가능한 업무유형	600.27	2020 문제4 물음2 배점 2

[상황 1]은 앞 문제와 동일하다.

그룹감사팀이 개별적 · 재무적으로 유의하지 않은 국내자회사2와 해외자회사2를 유의적 부문으로 결정하였다면, 이러한 부문의 부문재무정보에 대하여 수행할 수 있는 업무유형 세 가지를 서술하시오.

정답 및 해설

▶ 600.27
부문의 고유한 성격이나 환경으로 인하여 그룹재무제표에 대하여 유의적인 중요왜곡표시위험을 포함하고 있을 것 같아서 어떤 부문이 유의적인 경우, 그룹업무팀 또는 그룹업무팀을 대신하는 부문감사인은 다음 중 하나 이상을 수행하여야 한다.
(a) 부문중요성을 사용한 부문재무정보의 감사
(b) 그룹재무제표의 발생 가능한 유의적인 중요왜곡표시위험과 관련된 하나 이상의 거래유형, 계정잔액 또는 공시에 대한 감사
(c) 그룹재무제표의 발생 가능한 유의적인 중요왜곡표시위험과 관련된 특정 감사절차

Ch 1.2.6	유의적이지 않은 부문	600.28~29	2020 문제4 물음3 배점 2

[상황 1]은 앞 문제와 동일하다.

그룹감사팀이 해외자회사3, 해외자회사4 및 해외자회사5를 유의적이지 않은 부문으로 결정하였고, 그룹감사의견의 근거가 되는 충분하고 적합한 감사증거를 그룹감사팀이 입수할 수 있는 상황이라면, 효율적인 연결재무제표감사를 위하여 이러한 부문의 부문재무정보에 대하여 수행할 수 있는 가장 적합한 업무유형을 서술하시오.

정답 및 해설

▶ 600.28
그룹업무팀은 유의적이지 않은 부문에 대하여는 그룹 수준의 분석적 절차를 수행하여야 한다.

▶ 600.29
다음의 업무들을 통해서 그룹감사의견의 근거가 되는 충분하고 적합한 감사증거를 그룹업무팀이 입수하지 못할 것이라고 생각할 수 있다.
(a) 유의적 부문의 재무정보에 대하여 수행한 업무
(b) 그룹차원의 통제 및 연결절차에 대하여 수행한 업무
(c) 그룹수준에서 수행한 분석적 절차
이러한 경우에는, 그룹업무팀은 유의적이지 아니한 부문 중 일부를 추출한 후 추출된 개별 부문의 재무정보에 대하여 다음의 절차 중 하나 이상을 수행하거나 부문감사인에게 이를 수행하도록 요청하여야 한다.
• 부문중요성을 사용하여 해당 부문의 재무정보에 대한 감사
• 하나 이상의 거래유형, 계정잔액 또는 공시에 대한 감사
• 부문중요성을 사용하여 해당 부문의 재무정보에 대한 검토
• 특정의 절차
그룹업무팀은 기간 경과에 따라 부문의 선택을 변경하여야 한다.

Ch 1.2.7	부문FS 업무유형	600.26~29	2016 문제6 물음1 배점 4

지배회사 AtoZ(주)는 생명공학회사로서 바이오 제품을 주로 국내 및 신흥국에서 생산, 판매하고 있다. AtoZ(주)의 종속회사는 24개이며 모두 해외에 소재하고 있다. X회계법인은 20X2년도 부문감사에 대하여 사전감사계획을 수립하고 있다. AtoZ(주)의 20X1년도 재무정보는 아래와 같다. 그룹재무제표는 내부거래 등을 제외한 연결기준이며 부문정보는 별도기준이다.

(단위: 억 원)

그룹 재무제표		부문정보			
		A	B	C	D~Z(주1)
재무상태표 주요항목(12월 31일)					
현금	600	270	60	50	140
매출채권	3,500	1,000	400	200	800
재고자산	2,500	800	300	150	500
유형자산	1,200	360	120	60	290
선급비용	325	150	50	20	30
매입채무	3,400	1,020	350	170	1,200
미지급비용	800	300	100	50	100
손익계산서 주요항목					
매출	48,000	14,000	5,000	2,400	16,000
매출원가	32,000	9,600	3,000	1,600	8,000
판매관리비	6,000	1,800	230	180	1,500
세전순이익	10,000	3,000	800	1,160	3,000

(주 1) D~Z는 부문 D부터 부문 Z까지 21개 부문의 단순합산이다.

다음은 회계감사기준에 근거한 X회계법인의 내부감사매뉴얼의 일부이다.

〈내부감사매뉴얼〉

1. 유의한 부문의 식별

   그룹재무제표 벤치마크(예, 그룹세전순이익, 그룹영업이익 등) 기준으로 15%를 초과하는 부문은 재무적 유의성을 가지므로 명백한 반증이 없는 한 재무적으로 유의한 부문으로 식별한다.

   (사례)

   - 그룹재무제표 벤치마크: 그룹세전순이익
   - 그룹세전순이익: 1,000억 원
   - 부문X의 세전순이익: 160억 원 (그룹세전순이익의 16%)
   - 그룹재무제표 벤치마크의 15%를 초과하므로 부문 X를 재무적으로 유의한 부문으로 식별

2. 유의적이지 않은 부문의 감사절차

   부문정보 전체는 유의한 부문이 아니더라도 해당부문에 그룹재무제표의 수행중요성을 초과하는 계정이 있다면 해당 계정에 대하여는 적절한 감사절차를 수행하여야 한다.

김 회계사는 20X2년 AtoZ(주)의 그룹 및 그 종속회사의 부문재무제표가 20X1년과 크게 다르지 않을 것이라고 예상하였다. 이에 따라 김 회계사는 내부감사매뉴얼에 근거하여 20X2년도 그룹재무제표 수준의 중요성기준(planned materiality)을 500억 원(20X1년 세전순이익의 5%)으로, 수행중요성(performance materiality)을 250억 원으로 설정하였다. 김 회계사는 해외부문이 모두 감사인의

신뢰도가 낮은 신흥국에 위치하고 있으므로 그룹감사목적으로 그룹감사인의 관여 정도를 강화할 예정이다.
아래 자료는 그룹감사목적으로 부문정보에 대하여 수행할 업무유형을 결정(scoping)하기 위하여 김 회계사가 파악한 사실 및 결론을 문서화한 것이다.

〈자료〉
(부문 A)
파악한 사실: 부문 A의 세전순이익은 그룹세전순이익의 30%에 해당.
결론: 부문 A는 그룹에 대하여 개별적으로 재무적 유의성을 가지므로 유의적 부문으로 식별하고 부문 감사인에게 부문 A의 재무제표에 대하여 감사를 요청함.
(부문 B)
파악한 사실: 부문 B의 세전순이익은 그룹세전순이익의 8%에 해당.
결론: 부문 B의 별도재무제표는 재무적으로 유의하지 않으므로 그룹감사목적으로 부문감사인에게 별도의 감사절차를 수행하도록 요구하지 않음.
(부문 C)
파악한 사실: 부문 C의 세전순이익은 그룹세전순이익의 11.6%에 해당됨. 20X2년 3월에 주식을 취득하여 그룹재무제표에 신규 편입됨에 따라 그룹 공통의 시스템과 절차가 적용되지 않고 있으며, 내부감사업무도 수행되지 않았음.
결론: 그룹세전순이익의 15% 미만이지만, 부문의 고유한 성격과 환경을 감안하여 부문 C를 유의적 부문으로 식별하고 부문감사인에게 부문 C의 재무제표에 대하여 감사할 것을 요청함.
(부문 D~Z)
파악한 사실: 부문 D~Z의 세전순이익의 합계는 그룹세전순이익의 30%에 해당. 그러나 부문 D~Z 어느 하나의 부문도 재무적으로 유의하지 않음.
결론: 부문 D~Z 21개 각각의 부문은 재무적으로 유의하지 않으므로 감사의 효율을 고려하여 별도의 감사절차를 수행하지 않음.

업무수행이사는 김 회계사가 문서화한 부문감사인과 관련된 결론을 검토하였다. 김 회계사의 결론에서 수정이 필요한 사항과 그 이유를 각 부문별로 서술하시오. 만약 수정할 필요가 없는 경우에는 "수정 요청 사항 없음"이라고 기재하시오.

정답 및 해설

A. 수정X (그룹EBT 15%<30%→ 재무적 유의 부문, 감사 ok)
B. 수정O, 그룹FS PM(250억) 초과 계정 (매출채권, 재고자산, 매입채무, 매출, 매출원가)는 비유의적 부문의 "감사절차"를 따라야 함.
C. 수정X (재무적 유의x, but by 고유한 성격과 환경 유의부문 선정, 감사 ok)
D~Z. 수정O. 그룹 수준 분석절차 수행 → 충적감증 미입수 시 D~Z 중 일부 추출. 추출된 개별 부문 FR에 대해 ⓐⓑⓒⓓ 중 하나 이상 수행(or 부문감사인 요청)

- by 고유성격환경 유의부문 감사절차: ⓐ 부문중요성을 사용하여 해당 부문의 재무정보에 대한 감사 / ⓑ 하나 이상의 거래유형, 계정잔액 또는 공시에 대한 감사 / ⓒ 특정의 절차
- ⓓ 부문중요성을 사용하여 해당 부문의 재무정보에 대한 검토

▶ 600.26
그룹에 대한 개별적인 재무적 유의성으로 인하여 유의적인 부문에 대해서는, 그룹업무팀 또는 그룹업무팀을 대신하는

부문감사인은 부문중요성을 사용하여 부문재무정보에 대한 감사를 수행하여야 한다.

▶ 600.27

부문의 고유한 성격이나 환경으로 인하여 그룹재무제표에 대하여 유의적인 중요왜곡표시위험을 포함하고 있을 것 같아서 어떤 부문이 유의적인 경우, 그룹업무팀 또는 그룹업무팀을 대신하는 부문감사인은 다음 중 하나 이상을 수행하여야 한다.

(a) 부문중요성을 사용한 부문재무정보의 감사

(b) 그룹재무제표의 발생 가능한 유의적인 중요왜곡표시위험과 관련된 하나 이상의 거래유형, 계정잔액 또는 공시에 대한 감사

(c) 그룹재무제표의 발생 가능한 유의적인 중요왜곡표시위험과 관련된 특정 감사절차

▶ 600.28

그룹업무팀은 유의적이지 않은 부문에 대하여는 그룹 수준의 분석적 절차를 수행하여야 한다.

▶ 600.29

다음의 업무들을 통해서 그룹감사의견의 근거가 되는 충분하고 적합한 감사증거를 그룹업무팀이 입수하지 못할 것이라고 생각할 수 있다.

(a) 유의적 부문의 재무정보에 대하여 수행한 업무

(b) 그룹차원의 통제 및 연결절차에 대하여 수행한 업무

(c) 그룹수준에서 수행한 분석적 절차

이러한 경우에는, 그룹업무팀은 유의적이지 아니한 부문 중 일부를 추출한 후 추출된 개별 부문의 재무정보에 대하여 다음의 절차 중 하나 이상을 수행하거나 부문감사인에게 이를 수행하도록 요청하여야 한다.

- 부문중요성을 사용하여 해당 부문의 재무정보에 대한 감사
- 하나 이상의 거래유형, 계정잔액 또는 공시에 대한 감사
- 부문중요성을 사용하여 해당 부문의 재무정보에 대한 검토
- 특정의 절차

그룹업무팀은 기간 경과에 따라 부문의 선택을 변경하여야 한다.

Ch 1.2.8	유의적 부문	600.9 (m) 600.A5~6	2015 문제6 물음1 배점 3

(상황) 대한민국에 소재하고 있는 지배회사인 ABC(주)는 3개의 종속회사를 보유하고 있다. ABC(주) 및 종속회사의 결산일은 모두 12월 31일이다. 지배회사 및 종속회사의 20X5년 주요 정보는 다음과 같다.

(단위: 억 원)

회사명	ABC(주)	A(주)	B(주)	C(주)
구분	지배회사	종속회사	종속회사	종속회사
매출액	5,000	2,000	400	-
세전손익	400	160	(-)18	(-)2
당기순손익	320	120	(-)15	(-)2
자산총계	6,000	3,000	500	50
자본총계	1,500	600	(-)100	48
외부감사인	X회계법인	Y회계법인	Z회계법인	감사받지 않음

상기 재무정보는 별도재무제표 기준이며, 연결실체 간의 내부거래(매출 · 매입 및 채권 · 채무 등)는 없지만, ABC(주)는 B(주)의 금융기관 차입금 400억 원에 대하여 지급보증을 제공하고 있다. C(주)는 신규사업을 위해 당기에 설립되었으며, 당기말 현재 사업을 준비 중이다.

(물음) X회계법인은 ABC(주)에 대한 20X5년 그룹감사를 수행하고 있으며, 중요성 기준은 세전이익의 5%로 설정하였다. 회계감사기준에서 규정하고 있는 그룹재무제표를 감사할 때 유의적 부문으로 식별하기 위한 2가지 특성을 서술하시오.

정답 및 해설

▶ 600.9

(m)유의적 부문 – 그룹업무팀이 다음 중 하나의 특성을 갖는 것으로 식별한 부문

(i) 그룹에 대하여 개별적으로 재무적 유의성을 가짐 → 금액(양)

(ii) 고유한 성격이나 상황으로 인하여 그룹재무제표의 유의적인 중요왜곡표시위험을 포함할 것 같음 → 성격환경(질)

▶ 600.A5

일반적으로 개별 부문의 재무적 유의성이 증가하면 그룹재무제표의 중요왜곡표시위험도 증가된다. 그룹업무팀은 개별적으로 재무적 유의성이 있는 부문을 식별하는 수단으로서, 선택한 벤치마크에 백분율을 적용할 수 있을 것이다. 벤치마크를 식별하고 여기에 적용할 백분율을 결정하는 것은 전문가적 판단을 수반한다. 그룹의 성격 및 상황에 따라 그룹의 자산, 부채, 현금흐름, 이익 또는 매출액 등이 적절한 벤치마크에 포함될 수 있다. 예를 들어 그룹업무팀은 선택한 벤치마크의 15%를 초과하는 부문을 유의적 부문으로 간주할 수 있을 것이다. 해당 상황에 따라서는 더 높거나 낮은 백분율 값도 적합한 것으로 볼 수 있을 것이다.

▶ 600.A6

또한 그룹업무팀은 특정 부문의 고유한 성격이나 상황(즉, 감사상 특별한 고려가 요구되는 위험)으로 인하여 해당 부문을 그룹재무제표의 유의적인 중요왜곡표시위험을 포함하고 있을 가능성이 있는 부문으로 식별할 수도 있을 것이다. 예를 들어 어떤 부문이 개별적으로 재무적 유의성을 갖지 않지만, 그룹의 외환거래를 수행하고 있는 부문이라면 해당 그룹을 유의적인 중요왜곡표시위험에 노출시킬 수 있을 것이다.

Ch 1.2.9	유의적 부문		2015 문제6 물음2 배점 3

(상황)은 앞 문제와 동일하다.

X회계법인은 ABC(주)에 대한 20X5년 그룹감사를 수행하고 있으며, 중요성 기준은 세전이익의 5%로 설정하였다.

X회계법인이 ABC(주)에 대한 그룹재무제표를 감사할 때 유의적 부문을 식별하고 그 이유를 서술하시오.

정답 및 해설

A. 유의부문: 재무적 유의성(160 > 540×5%)

B. 유의부문: 고유 성격이나 상황(B 차입금 400억 지급보증)

C. 유의부문X: 재무적 유의성 X & 고유 성격 상황상 유의적RoMM 포함 가능성 낮음.(신규설립 & 영업 X)

Ch 1.2.10	그룹 중요성	600.21~23	2023 문제7 물음3 배점 3

(주)A는 국내외 종속기업 12개를 보유하고 있다. 한국회계법인의 그룹업무팀은 (주)A의 연결재무제표 감사를 수행하고 있다.

- 그룹업무팀은 (주)A와 각 종속기업을 부문으로 식별하였다. 부문의 개별적인 재무적 유의성을 판단하는 벤치마크를 매출로 정하고 매출의 15%를 초과하는 부문을 유의적 부문으로 간주하기로 하였다.
- 부문 (주)A와 (주)B는 개별적인 재무적 유의성을 가진다.
- 부문 (주)C는 개별적인 재무적 유의성이 없다. 그룹업무팀은 (주)C가 연결재무제표에 유의적인 중요왜곡표시위험을 포함하고 있을 것으로 판단하여 유의적 부문으로 식별하였다.
- 나머지 10개 부문은 유의적이지 않은 부문이다. 다만, 10개 부문의 매출을 합하면 연결재무제표에서 차지하는 비중이 20%이다. 따라서 그룹업무팀은 유의적이지 않은 부문 중 (주)D를 추출하여 부문재무정보에 대한 업무를 수행하기로 하였다.

다음은 그룹업무팀이 중요성과 관련하여 수행한 감사절차이다.

① 그룹업무팀은 연결재무제표 전체에 대한 중요성을 세전이익 200억 원의 5%인 10억 원으로 결정하였다.

② 그룹업무팀은 모든 부문에 대하여 부문중요성의 합이 연결재무제표 전체에 대한 중요성과 일치하도록 각 부문중요성을 결정하였다.

③ 그룹업무팀은 부문 (주)B, (주)C, (주)D의 부문감사인이 부문 수준에서 설정한 수행중요성의 적합성을 평가하였다.

④ 그룹업무팀은 각 부문감사인에게 왜곡표시가 그 기준을 초과하면 연결재무제표에 대하여 명백하게 사소하다(clearly trivial)고 간주할 수 없는 한도기준을 정하도록 요청하였다.

위의 각 항목별로 그룹업무팀이 수행한 절차가 적절한지 여부를 기재하고, 적절하지 않은 경우 그 이유를 서술하시오.

정답 및 해설

① 적절O,

② 적절X, 부문중요성은 그룹재무제표 전체에 대한 중요성의 일정 비율로 설정되어야 할 필요가 없으므로 모든 부문중요성의 합계는 그룹재무제표 전체에 대한 중요성을 초과할 수 있다. (600.A43) (부문중요성은 부문감사인이 결정 & 그룹감사인이 적합성 평가 600.22)

③ 적절O,

④ 적절X, CT는 그룹감사팀 결정사항(600.21)

◈ 그룹 감사 중요성

▶ 600.21

그룹업무팀은 다음 사항을 결정하여야 한다. (문단 A42 참조)

(a) 전반그룹감사전략을 수립할 때 그룹재무제표 전체에 대한 중요성

(b) 그룹의 특정 상황에서 그룹재무제표 전체에 대한 중요성보다 적은 금액의 왜곡표시가 그룹재무제표에 근거한 이용자의 경제적 의사결정에 영향을 줄 것으로 합리적으로 예상될 수 있는 거래유형, 계정잔액 또는 공시가 그룹재무제표에 존재하면, 이러한 특정 유형의 거래, 계정잔액 또는 공시에 적용될 중요성 수준(들).

(c) 부문감사인이 그룹감사의 목적으로 감사 또는 검토를 수행할 예정인 경우, 그러한 부문들에 대한 부문중요성은 그룹재무제표 내의 미수정왜곡표시와 미발견왜곡표시의 합계가 그룹재무제표 전체에 대한 중요성을 초과할 확률을 적절하게 낮은 수준으로 감소시키기 위해, 그룹재무제표 전체에 대한 중요성보다 낮아야 한다.
(d) 왜곡표시가 그 기준을 초과하면 그룹재무제표에 대하여 명백하게 사소하다(clearly trivial)고 간주할 수 없는 한도 기준

▶ 600.22
그룹감사의 목적으로 부문감사인이 감사를 수행할 예정인 경우, 그룹업무팀은 부문 수준에서 결정된 수행중요성의 적합성을 평가하여야 한다. (문단 A46 참조)

▶ 600.23
부문이 법규 또는 기타의 이유로 감사를 받아야 하고 그룹업무팀이 그룹감사 목적의 감사증거를 입수하기 위해 해당 부문 감사를 이용하기로 결정하는 경우, 그룹업무팀은 다음의 중요성들이 이 기준서의 요구사항을 충족시키는지 여부를 결정하여야 한다.
(a) 해당 부문재무제표 전체에 대하여 결정된 중요성
(b) 부문 수준에서 결정된 수행중요성

▶ 600.A43
그룹재무제표의 미수정왜곡표시와 미발견왜곡표시의 합계가 그룹재무제표 전체에 대한 중요성을 초과할 확률을 적절하게 낮은 수준으로 감소시키기 위해서 부문중요성은 그룹재무제표 전체에 대한 중요성보다 낮게 설정된다. 부문중요성은 각 부문마다 다르게 설정될 수 있다. 부문중요성은 그룹재무제표 전체에 대한 중요성의 일정 비율로 설정되어야 할 필요가 없으므로 모든 부문중요성의 합계는 그룹재무제표 전체에 대한 중요성을 초과할 수 있다. 부문중요성은 부문의 전반감사전략 수립 시 이용된다.

▶ 600.A44
부문중요성은 문단 26, 27(a) 및 29에 따라 그룹감사의 일부로 재무정보에 대한 감사나 검토가 수행될 부문만을 대상으로 설정된다. 부문중요성은 발견된 미수정왜곡표시가 개별적으로 또는 집합적으로 중요한지 여부를 부문감사인이 평가할 때 이용된다.

Ch 1.2.11	그룹감사: 중요성	600.40 600.21~22	2021 문제4 물음1 배점 3

한국회계법인의 그룹업무팀은 지배기업 A의 그룹재무제표 감사를 수행하고 있다. 다음은 그룹업무팀의 그룹감사 관련 조서 중 일부를 발췌한 내용이다. 아래 내용을 기초로 각 물음에 답하시오. 단, 각 물음의 상황은 서로 독립적이다.

〈지배기업 및 종속기업에 대한 정보〉
지배기업 A는 다음과 같이 4개의 종속기업을 보유하고 있으며, 지배기업 A와 각 종속기업을 부문으로 식별하였다.

• 각 부문에 대한 지배기업 A의 지분율(단위: %)

부문	B	C	D	E
지분율	100	90	60	70

〈주요 재무정보〉 (단위: 억 원)

구분	그룹	부문				
		A	B	C	D	E
세전손익	100	15	110	(-)9	3	2
매출액	900	200	700	50	30	25
총자산	2,000	600	1,400	100	40	30

※ 그룹재무정보는 내부거래 등을 제외한 연결재무제표상 금액이며, 부문재무정보는 별도(개별)재무제표상 금액이다.

〈그룹재무제표 전체에 대한 중요성(이하 '그룹중요성')〉
1) 그룹중요성 결정 시 벤치마크: 그룹세전이익
2) 그룹중요성: 5억 원(그룹세전이익 100억 원의 5%)

〈유의적 부문 및 유의적이지 않은 부문〉
1) 유의적 부문: 부문 A, B, C
2) 유의적이지 않은 부문: 부문 D, E

다음은 그룹업무팀이 중요성과 관련하여 수행한 감사절차이다.
① 그룹업무팀은 왜곡표시가 그 기준을 초과하면 그룹재무제표에 대하여 명백하게 사소하다(clearly trivial)고 간주할 수 없는 한도기준을 결정하였다.
② 부문 B는 그룹감사의 목적으로 부문감사인이 감사를 수행할 예정이다. 그룹업무팀은 이러한 부문 B에 대해 부문 수준에서 결정된 수행중요성의 적합성을 평가하였다.
③ 부문 B는 그룹감사의 목적으로 부문감사인이 감사를 수행할 예정이다. 그룹업무팀은 부문 B의 부문중요성을 부문 B 세전이익(110억 원)의 5%인 5.5억 원으로 결정하였다.

위의 각 항목(①~③)별로 그룹업무팀이 수행한 절차가 적절한지 여부를 기재하고, 적절하지 않은 경우 그 이유를 서술하시오.

정답 및 해설

① O
② O
③ X: 그룹중요성보다 낮아야

▶ 600.40
그룹업무팀은 부문감사인에게 요구사항을 적시에 커뮤니케이션하여야 한다. 그룹업무팀은 이러한 커뮤니케이션을 통하여 부문감사인이 수행할 업무, 그 업무의 활용, 그리고 부문감사인이 그룹업무팀과 커뮤니케이션할 사항의 형식과 내용을 정하여야 한다. 그룹업무팀의 커뮤니케이션에는 다음의 사항도 포함되어야 한다.
(a) 그룹업무팀이 자신의 업무를 활용할 것을 알고 있는 부문감사인이 그룹업무팀에 협조할 것을 확인해 주도록 하는 요청
(b) 그룹감사와 관련된 윤리적 요구사항, 특히 독립성 요구사항
(c) 부문의 재무정보에 대한 감사나 검토를 수행하는 경우, 부문중요성(그리고 적용 가능한 경우, 특정 거래유형, 계정잔액 또는 공시에 대한 중요성 수준들) 및 한도기준[즉, 왜곡표시가 그 기준을 초과하면 그룹재무제표에 대하여 명백하게 사소하다(clearly trivial)고 간주할 수 없는 한도기준]
(d) 부문감사인의 업무와 관련성이 있는 부정이나 오류로 인한, 그룹재무제표의 식별된 유의적인 중요왜곡표시위험. 부문에서 부정이나 오류로 인하여, 그룹재무제표에 대하여 기타의 유의적인 중요왜곡표시위험이 식별된 경우,

그룹업무팀은 부문감사인에게 그러한 식별된 유의적 위험과 그러한 위험에 대한 부문감사인의 대응을 적시에 커뮤니케이션하도록 요청하여야 한다.

(e) 그룹경영진이 작성한 특수관계자 목록 및 그룹업무팀이 알고 있는 기타의 특수관계자. 그룹업무팀은 부문감사인에게 그룹경영진이나 그룹업무팀이 이전에 식별하지 못한 특수관계자를 적시에 커뮤니케이션할 것을 요청하여야 한다. 그룹업무팀은 다른 부문감사인들에게 이러한 추가적인 특수관계자를 알릴 것인지 여부를 결정하여야 한다.

▶ 600.22

그룹감사의 목적으로 부문감사인이 감사를 수행할 예정인 경우, 그룹업무팀은 부문 수준에서 결정된 수행중요성의 적합성을 평가하여야 한다.

▶ 600.21

그룹업무팀은 다음 사항을 결정하여야 한다.

(a) 전반그룹감사전략을 수립할 때 그룹재무제표 전체에 대한 중요성

(b) 그룹의 특정 상황에서 그룹재무제표 전체에 대한 중요성보다 적은 금액의 왜곡표시가 그룹재무제표에 근거한 이용자의 경제적 의사결정에 영향을 줄 것으로 합리적으로 예상될 수 있는 거래유형, 계정잔액 또는 공시가 그룹재무제표에 존재하면, 이러한 특정 유형의 거래, 계정잔액 또는 공시에 적용될 중요성 수준(들).

(c) 부문감사인이 그룹감사의 목적으로 감사 또는 검토를 수행할 예정인 경우, 그러한 부문들에 대한 부문중요성은 그룹재무제표 내의 미수정왜곡표시와 미발견왜곡표시의 합계가 그룹재무제표 전체에 대한 중요성을 초과할 확률을 적절하게 낮은 수준으로 감소시키기 위해, 그룹재무제표 전체에 대한 중요성보다 낮아야 한다.

(d) 왜곡표시가 그 기준을 초과하면 그룹재무제표에 대하여 명백하게 사소하다(clearly trivial)고 간주할 수 없는 한도기준

Ch 1.2.12	최소한의 그룹감사	600.29	2023 문제7 물음1 배점 2

(주)A는 국내외 종속기업 12개를 보유하고 있다. 한국회계법인의 그룹업무팀은 (주)A의 연결재무제표 감사를 수행하고 있다.

- 그룹업무팀은 (주)A와 각 종속기업을 부문으로 식별하였다. 부문의 개별적인 재무적 유의성을 판단하는 벤치마크를 매출로 정하고 매출의 15%를 초과하는 부문을 유의적 부문으로 간주하기로 하였다.
- 부문 (주)A와 (주)B는 개별적인 재무적 유의성을 가진다.
- 부문 (주)C는 개별적인 재무적 유의성이 없다. 그룹업무팀은 (주)C가 연결재무제표에 유의적인 중요왜곡표시위험을 포함하고 있을 것으로 판단하여 유의적 부문으로 식별하였다.
- 나머지 10개 부문은 유의적이지 않은 부문이다. 다만, 10개 부문의 매출을 합하면 연결재무제표에서 차지하는 비중이 20%이다. 따라서 그룹업무팀은 유의적이지 않은 부문 중 (주)D를 추출하여 부문재무정보에 대한 업무를 수행하기로 하였다.

그룹업무팀은 회계감사기준에 따른 최소한의 그룹감사절차로는 그룹감사의견의 근거가 되는 충분하고 적합한 감사증거를 입수하지 못할 것이라고 판단하여, 유의적이지 않은 부문인 (주)D의 재무정보에 대한 업무를 수행하기로 하였다. 여기서 최소한의 그룹감사절차란 어떤 업무를 말하는지 세 가지를 기재하시오.

정답 및 해설

최소한의 그룹감사절차

ⓐ 유의적 부문의 재무정보에 대하여 수행한 업무

ⓑ 그룹차원의 통제 및 연결절차에 대하여 수행한 업무
ⓒ 그룹수준에서 수행한 분석적 절차

▶ 600.29
다음의 업무들을 통해서 그룹감사의견의 근거가 되는 충분하고 적합한 감사증거를 그룹업무팀이 입수하지 못할 것이라고 생각할 수 있다.
(a) 유의적 부문의 재무정보에 대하여 수행한 업무
(b) 그룹차원의 통제 및 연결절차에 대하여 수행한 업무
(c) 그룹수준에서 수행한 분석적 절차
이러한 경우에는, 그룹업무팀은 유의적이지 아니한 부문 중 일부를 추출한 후 추출된 개별 부문의 재무정보에 대하여 다음의 절차 중 하나 이상을 수행하거나 부문감사인에게 이를 수행하도록 요청하여야 한다. (문단 A51 – A53 참조)
• 부문중요성을 사용하여 해당 부문의 재무정보에 대한 감사
• 하나 이상의 거래유형, 계정잔액 또는 공시에 대한 감사
• 특정의 절차
• 부문중요성을 사용하여 해당 부문의 재무정보에 대한 검토
그룹업무팀은 기간 경과에 따라 부문의 선택을 변경하여야 한다.

Ch 1.2.13	부문 업무유형 결정	600.26~29 600.A47	2023 문제7 물음2 배점 3

(주)A는 국내외 종속기업 12개를 보유하고 있다. 한국회계법인의 그룹업무팀은 (주)A의 연결재무제표 감사를 수행하고 있다.
• 그룹업무팀은 (주)A와 각 종속기업을 부문으로 식별하였다. 부문의 개별적인 재무적 유의성을 판단하는 벤치마크를 매출로 정하고 매출의 15%를 초과하는 부문을 유의적 부문으로 간주하기로 하였다.
• 부문 (주)A와 (주)B는 개별적인 재무적 유의성을 가진다.
• 부문 (주)C는 개별적인 재무적 유의성이 없다. 그룹업무팀은 (주)C가 연결재무제표에 유의적인 중요왜곡표시위험을 포함하고 있을 것으로 판단하여 유의적 부문으로 식별하였다.
• 나머지 10개 부문은 유의적이지 않은 부문이다. 다만, 10개 부문의 매출을 합하면 연결재무제표에서 차지하는 비중이 20%이다. 따라서 그룹업무팀은 유의적이지 않은 부문 중 (주)D를 추출하여 부문재무정보에 대한 업무를 수행하기로 하였다.

다음은 부문재무정보에 대하여 수행할 업무유형의 결정과 관련하여 그룹업무팀이 수행한 절차이다.
① 그룹업무팀은 부문 (주)B의 부문감사인에게 부문중요성을 사용하여 해당 부문의 재무정보에 대한 검토를 수행하도록 요청하였다.
② 그룹업무팀은 부문 (주)C의 부문감사인에게 연결재무제표의 발생 가능한 유의적인 중요왜곡표시위험과 관련된 하나 이상의 거래유형, 계정잔액 또는 공시에 대한 감사를 수행하도록 요청하였다.
③ 그룹업무팀은 부문 (주)D의 부문감사인에게 부문중요성을 사용하여 해당 부문의 재무정보에 대한 감사를 수행하도록 요청하였다.

위의 각 항목별로 그룹업무팀이 수행한 절차가 적절한지 여부를 기재하고, 적절하지 않은 경우 그 이유를 3줄 이내로 서술하시오.

정답 및 해설

① 적절X, B 재무적 유의 부문 → 부문중요성을 사용하여 해당 부문의 재무정보에 대한 "감사"
② 적절O, C 고유성격 유의 부문 → 하나 이상의 거계공 감사
③ 적절O, D 비유의적 부문이나 부문 감사 수행 가능, D를 제외한 잔여 비유의적 부문합계가 매출 15% 미만인 경우 잔여부문에 대해 그룹수준의 분석적 절차 가능

◈ 부문재무정보에 대하여 수행할 업무유형의 결정 (문단 A47 참조)

▶ 600.26 재무적 유의
그룹에 대한 개별적인 재무적 유의성으로 인하여 유의적인 부문에 대해서는, 그룹업무팀 또는 그룹업무팀을 대신하는 부문감사인은 부문중요성을 사용하여 부문재무정보에 대한 감사를 수행하여야 한다.

▶ 600.27 고유성격 · 환경으로 인한 유의 부문
부문의 고유한 성격이나 환경으로 인하여 그룹재무제표에 대하여 유의적인 중요왜곡표시위험을 포함하고 있을 것 같아서 어떤 부문이 유의적인 경우, 그룹업무팀 또는 그룹업무팀을 대신하는 부문감사인은 다음 중 하나 이상을 수행하여야 한다.
(a) 부문중요성을 사용한 부문재무정보의 감사
(b) 그룹재무제표의 발생 가능한 유의적인 중요왜곡표시위험과 관련된 하나 이상의 거래유형, 계정잔액 또는 공시에 대한 감사 (문단 A48 참조)
(c) 그룹재무제표의 발생 가능한 유의적인 중요왜곡표시위험과 관련된 특정 감사절차

▶ 600.28 유의적이지 않은 부문들
그룹업무팀은 유의적이지 않은 부문에 대하여는 그룹 수준의 분석적 절차를 수행하여야 한다.

Ch 1.3.1	부문감사인 적격성	600.A38	2022 문제6 물음2 배점 4

주권상장법인인 (주)한국은 해외 종속기업(A, B, C)을 보유하고 있으며, 감사위원회를 구성하고 있다. 유일회계법인은 (주)한국의 연결재무제표에 대한 감사를 수행하고 있다.

〈부문 정보〉 (단위: 억 원)

구분	(주)한국	해외 종속기업			조정합계
		A	B	C	
매출액	6,000	1,000	400	200	7,440
세전이익	400	60	15	12	480
당기순손익	300	30	(-)5	2	332
자산 총계	8,000	150	120	80	8,200
부채 총계	4,000	100	140	60	4,100

- 조정합계 금액은 연결재무제표 장부금액이며, 그 외의 정보는 (주)한국과 종속기업의 별도재무제표 금액임
- 부문 A, B, C의 매출액은 모두 (주)한국이 제조한 제품을 외부고객에게 판매하여 발생한 것임
- 부문 A와 부문 B는 해외 현지 회계법인을 감사인으로 선임하였고, 부문 C는 회사 규모를 고려하여 감사인을 선임하지 않음
- 당기 중 부문 B에서 영업담당 직원에 의한 자금횡령 사실을 발견함

〈그룹업무팀의 그룹감사 업무〉

- 유일회계법인은 그룹재무제표 전체의 중요성을 세전이익의 5%(24억 원)로, 그룹에 대한 개별적인 재무적 유의성을 판단하는 기준을 총 외부 매출액의 10%로 결정함
- 그룹감사의 수임단계에서 부문에 대한 감사절차에 범위제한은 없다고 판단함. 특히, 부문 B의 부정 관련 이슈도 포렌식 전문가를 활용하여 충분한 감사 대응이 가능하다고 판단함

그룹업무팀이 부문감사인의 적격성을 파악하기 위해 확인해야 하는 항목 두 가지를 각각 1줄 이내로 서술하시오(단, 아래 〈예시〉는 제외할 것).

〈예시〉
부문감사인이 해당 부문재무정보에 대한 업무를 수행하는 데 필요한 전문기술을 보유하고 있는지 여부

정답 및 해설

▶ 600.A38
부문감사인의 전문가적 적격성에 대한 그룹업무팀의 이해사항에는 다음의 정보가 포함될 수 있다.
- 부문감사인이 그룹감사에서 부문감사인의 책임을 완수하는 데 충분할 만큼 그룹감사에 적용되는 감사기준과 기타의 기준에 대하여 지식을 보유하고 있는지 여부
- 부문감사인이 해당 부문재무정보에 대한 업무를 수행하는 데 필요한 전문기술(예를 들어 해당 산업에 고유한 지식)을 보유하고 있는지 여부
- 해당되는 경우, 부문감사인이 그룹감사에서 부문감사인의 책임을 완수하는 데 충분할 만큼 해당 재무보고체계를 이해하고 있는지 여부 (그룹경영진이 부문에 내리는 지침에는 종종 해당 재무보고체계에 대한 특성이 기술된다)

Ch 1.3.2	부문감사인에 대한 이해	600.19	2017 문제7 물음2 배점 4

유의적 부문을 담당하는 부문감사인에게, 그룹감사목적으로 부문재무정보에 대한 감사업무 수행을 요청할 계획이다. 이처럼 부문감사 결과의 이용 가능 여부를 판단하기 위해서 그룹업무팀은 부문감사인을 이해하여야 한다.

(요구사항) 부문감사인 활용 목적으로 부문감사인에 대하여 그룹감사인이 이해하여야 할 사항 네 가지를 서술하시오.

정답 및 해설

▶ 600.19
그룹업무팀이 부문감사인에게 부문재무정보에 대한 업무의 수행을 요청하기로 계획하는 경우, 그룹업무팀은 다음 사항을 이해하여야 한다.

(a) 부문감사인이 그룹감사와 관련된 윤리적 요구사항을 이해하고 있으며 이를 준수할 것인지 여부, 특히 부문감사인이 독립적인지 여부
(b) 부문감사인의 전문가적 적격성
(c) 그룹업무팀이 충분하고 적합한 감사증거를 입수하는 데 필요한 만큼 부문감사인들의 업무에 관여할 수 있을 것인지 여부
(d) 감사인을 적극적으로 감독하는 규제환경하에서 부문감사인이 업무를 수행하는지 여부

Ch 1.3.3	부문감사인 종합	600.19~20 600.A39~A40	2016 문제6 물음2 배점 4

지배회사 AtoZ(주)는 생명공학회사로서 바이오 제품을 주로 국내 및 신흥국에서 생산, 판매하고 있다. AtoZ(주)의 종속회사는 24개이며 모두 해외에 소재하고 있다. X회계법인은 20X2년도 부문감사에 대하여 사전감사계획을 수립하고 있다. AtoZ(주)의 20X1년도 재무정보는 아래와 같다. 그룹재무제표는 내부거래 등을 제외한 연결기준이며 부문정보는 별도기준이다.

(단위: 억 원)

그룹 재무제표		부문정보			
		A	B	C	D~Z(주1)
재무상태표 주요항목(12월 31일)					
현금	600	270	60	50	140
매출채권	3,500	1,000	400	200	800
재고자산	2,500	800	300	150	500
유형자산	1,200	360	120	60	290
선급비용	325	150	50	20	30
매입채무	3,400	1,020	350	170	1,200
미지급비용	800	300	100	50	100
손익계산서 주요항목					
매출	48,000	14,000	5,000	2,400	16,000
매출원가	32,000	9,600	3,000	1,600	8,000
판매관리비	6,000	1,800	230	180	1,500
세전순이익	10,000	3,000	800	1,160	3,000

(주 1) D~Z는 부문 D부터 부문 Z까지 21개 부문의 단순합산이다.

다음은 회계감사기준에 근거한 X회계법인의 내부감사매뉴얼의 일부이다.

〈내부감사매뉴얼〉

1. 유의한 부문의 식별
   그룹재무제표 벤치마크(예, 그룹세전순이익, 그룹영업이익 등) 기준으로 15%를 초과하는 부문은 재무적 유의성을 가지므로 명백한 반증이 없는 한 재무적으로 유의한 부문으로 식별한다.
   (사례)
   - 그룹재무제표 벤치마크: 그룹세전순이익
   - 그룹세전순이익: 1,000억 원
   - 부문X의 세전순이익: 160억 원(그룹세전순이익의 16%)
   - 그룹재무제표 벤치마크의 15%를 초과하므로 부문 X를 재무적으로 유의한 부문으로 식별
2. 유의적이지 않은 부문의 감사절차
   부문정보 전체는 유의한 부문이 아니더라도 해당부문에 그룹재무제표의 수행중요성을 초과하는 계정이 있다면 해당 계정에 대하여는 적절한 감사절차를 수행하여야 한다.

김 회계사는 20X2년 AtoZ(주)의 그룹 및 그 종속회사의 부문재무제표가 20X1년과 크게 다르지 않을 것이라고 예상하였다. 이에 따라 김 회계사는 내부감사매뉴얼에 근거하여 20X2년도 그룹재무제표 수준의 중요성기준(planned materiality)을 500억 원(20X1년 세전순이익의 5%)으로, 수행중요성(performance materiality)을 250억 원으로 설정하였다. 김 회계사는 해외부문이 모두 감사인의

신뢰도가 낮은 신흥국에 위치하고 있으므로 그룹감사목적으로 그룹감사인의 관여 정도를 강화할 예정이다.

김 회계사는 그룹감사목적으로 해외에 소재한 부문감사인에게 부문정보에 대한 감사수행을 요청하기로 결정하였다. 김 회계사는 부문감사인에 대하여 대한민국의 윤리적 요구사항, 전문가적 적격성, 부문감사인의 업무에 관여할 수 있는지 여부, 감사인을 적극적으로 감독하는 규제환경인지 여부 등을 이해하고 그 결론을 아래 자료와 같이 문서화하였다.

〈자료〉

(부문 A)

부문감사인 이해결과: 부문감사인이 20X2회계연도의 재무제표를 작성해 주고 있음을 확인하였다.

결론: 부문감사인의 독립성이 훼손되었음. 이를 극복하기 위하여 그룹감사인이 부문감사인의 모든 감사조서를 제공받아 검토함.

(부문 C)

부문감사인 이해결과: 부문감사인은 그룹재무보고체계인 K-IFRS에 대한 이해가 없어, 해당국가의 GAAP에 따른 감사의견만을 제시할 수 있는 것으로 확인되었다. 또한 해당 국가의 독립된 감독기관에 의한 감사품질 모니터링이 취약하여 감사인의 신뢰도가 전반적으로 낮은 것으로 파악되었다.

결론: 그룹경영진에게 질문한 결과, 해당 국가의 GAAP과 K-IFRS 간에 차이가 발생하는 항목은 몇 가지 되지 않고 그룹재무제표에 미치는 영향은 중요하지 않을 것이라고 진술함. 이러한 내용을 향후 서면진술에 기재하고, 부문감사인이 해당국가의 GAAP에 의하여 수행한 감사결과를 신뢰하고 그룹감사 목적으로 수정 없이 사용하기로 함.

업무수행이사는 김 회계사가 문서화한 부문감사인과 관련된 결론을 검토하였다. 김 회계사의 결론에서 수정이 필요한 사항과 그 이유를 부문 A와 C에 대해 서술하시오. 만약 수정할 필요가 없는 경우에는 "수정 요청 사항 없음"이라고 기재하시오.

정답 및 해설

A. 독립성X → 그룹감사인이 직접 감사절차 수행 (부문감사인 업무관여, FRA, FAP로 극복 불가)
C. 적격성, 감독비활발 우려 → 그룹감사인이 부문감사인 업무관여, FRA, FAP수행 (극복 가능)

▶ 600.19

그룹업무팀이 부문감사인에게 부문재무정보에 대한 업무의 수행을 요청하기로 계획하는 경우, 그룹업무팀은 다음 사항을 이해하여야 한다.

(a) 부문감사인이 그룹감사와 관련된 윤리적 요구사항을 이해하고 있으며 이를 준수할 것인지 여부, 특히 부문감사인이 독립적인지 여부
(b) 부문감사인의 전문가적 적격성
(c) 그룹업무팀이 충분하고 적합한 감사증거를 입수하는 데 필요한 만큼 부문감사인들의 업무에 관여할 수 있을 것인지 여부
(d) 감사인을 적극적으로 감독하는 규제환경하에서 부문감사인이 업무를 수행하는지 여부

▶ 600.20

부문감사인이 그룹감사 관련 독립성 요구사항을 충족시키지 못하거나 그룹업무팀이 문단 19의 (a) – (c)에 열거된 기타의 사항에 대하여 심각한 우려를 갖고 있다면, 부문재무정보에 관한 부문감사인의 업무수행을 요청하지 말고, 해당 부문의 재무정보에 관하여 충분하고 적합한 감사증거를 그룹감사인이 입수하여야 한다.

▶ 600.A39

부문감사인이 독립적이지 않을 경우, 그룹업무팀은 부문감사인의 업무에 관여하거나 부문재무정보에 대한 추가적인 위험평가나 추가감사절차를 수행하는 것으로 이를 극복할 수 없다.

▶ 600.A40

그러나 부문감사인의 전문가적 적격성에 대한 우려(예를 들어 해당 산업에 고유한 지식의 결여), 또는 부문감사인이 속한 국가의 감사인 감독환경이 활발하지 않다는 사실과 같이 심각하지는 않은 우려는, 그룹업무팀이 부문감사인의 업무에 관여하거나 부문재무정보에 대하여 추가적인 위험평가나 추가감사절차를 수행함으로써 이를 극복할 수 있을 것이다.

Ch 1.3.4	부문감사인 커뮤니케이션	600.19 600.40 600.20 600.28	2013 문제2 물음5 배점 3

X회계법인은 갑(주)의 2X13년 재무제표 감사계획의 수립과정에서, 을(주)의 2X13년 12월 31일 종료 회계연도 재무제표에 대한 외부감사인으로 Y회계법인이 선임되었음을 확인하였다. X회계법인은 을(주)의 재무제표에 대한 감사는 부문감사인을 활용하기로 결정하였다.

[요구사항]

(1) X회계법인이 Y회계법인에 을(주)의 부문감사인으로서의 역할을 수행하기에 충분한지 업무의 참여정도를 결정할 때 고려해야 할 사항들 중 대표적인 3가지를 기재하시오.

(2) X회계법인이 Y회계법인과 그룹감사 관련하여 적시에 커뮤니케이션하여야 할 대표적인 2가지 항목을 기재하시오.

(3) X회계법인이 Y회계법인을 부문감사인으로서 활용을 하지 않을 수 있는 경우는 어떠한 경우인지 2가지를 서술하시오.

정답 및 해설

(1) 부문감사인 참여 결정 고려사항 600.19

(2) 부문감사인 커뮤니케이션 (계획 시) 600.40 (결론 시) 600.41

(3) 부문감사인 활용X 그룹감사인이 직접 입수 경우 600.20

유의직이지 않은 부문: 600.28

▶ 600.19

그룹업무팀이 부문감사인에게 부문재무정보에 대한 업무의 수행을 요청하기로 계획하는 경우, 그룹업무팀은 다음 사항을 이해하여야 한다.

(a) 부문감사인이 그룹감사와 관련된 윤리적 요구사항을 이해하고 있으며 이를 준수할 것인지 여부, 특히 부문감사인이 독립적인지 여부

(b) 부문감사인의 전문가적 적격성

(c) 그룹업무팀이 충분하고 적합한 감사증거를 입수하는 데 필요한 만큼 부문감사인들의 업무에 관여할 수 있을 것인지 여부

(d) 감사인을 적극적으로 감독하는 규제환경하에서 부문감사인이 업무를 수행하는지 여부

▶ 600.40

그룹업무팀은 부문감사인에게 요구사항을 적시에 커뮤니케이션하여야 한다. 그룹업무팀은 이러한 커뮤니케이션을 통하여 부문감사인이 수행할 업무, 그 업무의 활용, 그리고 부문감사인이 그룹업무팀과 커뮤니케이션할 사항의 형식과 내용을 정하여야 한다. 그룹업무팀의 커뮤니케이션에는 다음의 사항도 포함되어야 한다.

(a) 그룹업무팀이 자신의 업무를 활용할 것을 알고 있는 부문감사인이 그룹업무팀에 협조할 것을 확인해 주도록 하는 요청

(b) 그룹감사와 관련된 윤리적 요구사항, 특히 독립성 요구사항

(c) 부문의 재무정보에 대한 감사나 검토를 수행하는 경우, 부문중요성(그리고 적용 가능한 경우, 특정 거래유형, 계정잔액 또는 공시에 대한 중요성 수준들) 및 한도기준[즉, 왜곡표시가 그 기준을 초과하면 그룹재무제표에 대하여 명백하게 사소하다(clearly trivial)고 간주할 수 없는 한도기준]

(d) 부문감사인의 업무와 관련성이 있는 부정이나 오류로 인한, 그룹재무제표의 식별된 유의적인 중요왜곡표시위험. 부문에서 부정이나 오류로 인하여, 그룹재무제표에 대하여 기타의 유의적인 중요왜곡표시위험이 식별된 경우, 그룹업무팀은 부문감사인에게 그러한 식별된 유의적 위험과 그러한 위험에 대한 부문감사인의 대응을 적시에 커뮤니케이션하도록 요청하여야 한다.
(e) 그룹경영진이 작성한 특수관계자 목록 및 그룹업무팀이 알고 있는 기타의 특수관계자. 그룹업무팀은 부문감사인에게 그룹경영진이나 그룹업무팀이 이전에 식별하지 못한 특수관계자를 적시에 커뮤니케이션할 것을 요청하여야 한다. 그룹업무팀은 다른 부문감사인들에게 이러한 추가적인 특수관계자를 알릴 것인지 여부를 결정하여야 한다.

▶ 600.20
부문감사인이 그룹감사 관련 독립성 요구사항을 충족시키지 못하거나 그룹업무팀이 문단 19의 (a) – (c)에 열거된 기타의 사항에 대하여 심각한 우려를 갖고 있다면, 부문재무정보에 관한 부문감사인의 업무수행을 요청하지 말고, 해당 부문의 재무정보에 관하여 충분하고 적합한 감사증거를 그룹감사인이 입수하여야 한다.

▶ 600.19
그룹업무팀이 부문감사인에게 부문재무정보에 대한 업무의 수행을 요청하기로 계획하는 경우, 그룹업무팀은 다음 사항을 이해하여야 한다.
(a) 부문감사인이 그룹감사와 관련된 윤리적 요구사항을 이해하고 있으며 이를 준수할 것인지 여부, 특히 부문감사인이 독립적인지 여부
(b) 부문감사인의 전문가적 적격성
(c) 그룹업무팀이 충분하고 적합한 감사증거를 입수하는 데 필요한 만큼 부문감사인들의 업무에 관여할 수 있을 것인지 여부

▶ 600.28
그룹업무팀은 유의적이지 않은 부문에 대하여는 그룹 수준의 분석적 절차를 수행하여야 한다.

Ch 1.3.5	부문감사인 위험평가 관여	600.3	2020 문제4 물음4 배점 2

[상황 1] 가나다회계법인의 A기업 감사팀(이하 '그룹감사팀')은 A기업의 20X1년 12월 31일로 종료하는 회계연도의 연결재무제표를 처음으로 감사하게 되어 부문감사인 활용을 고려하고 있다. 가나다회계법인은 국내에서만 업무를 수행할 수 있다.

- A기업, 국내자회사1 및 해외자회사1은 생산 및 판매를 담당하고 있으며, 개별적 · 재무적으로 유의적인 부문에 해당한다.
- 국내자회사2는 개별적 · 재무적으로 유의하지는 않으나, 그룹 내의 외환거래를 담당하는 회사이다.
- 해외자회사2는 개별적 · 재무적으로 유의하지는 않으나, 전기에 고객과의 소송으로 인한 거액의 충당부채 인식으로 인하여 손실이 발생하였으며, 해당 소송은 당기에도 진행 중이다.
- 해외자회사3과 해외자회사4는 개별적 · 재무적으로 유의하지 않은 부문이며, 해외자회사8은 전기에 설립되어 영업을 준비 중인 회사이다.

그룹감사팀이 연결재무제표의 유의적인 중요왜곡표시위험을 식별하기 위하여 유의적 부문의 부문재무정보에 대한 업무를 수행하려는 부문감사인의 위험평가에 관여해야 하는 경우, 최소한 수행하여야 할 절차 세 가지를 서술하시오.

정답 및 해설

부문감사인이 유의적 부문의 재무정보에 대하여 감사를 수행하면, 그룹업무팀은 그룹재무제표의 유의적인 중요왜곡표시위험을 식별하기 위하여 부문감사인의 위험평가에 관여하여야 한다. 그룹감사인의 이러한 관여의 성격, 시기 및

범위는 부문감사인에 대한 이해 정도에 영향을 받지만, 최소한 다음의 절차는 포함되어야 한다.
(a) 그룹에 유의적인 부문사업활동에 대하여 부문감사인이나 부문경영진과 토의함
(b) 부정이나 오류로 인한 재무정보의 중요한 왜곡표시에 대한 부문의 취약성에 대하여 부문감사인과 토의함
(c) 그룹재무제표의 식별된 유의적인 중요왜곡표시위험에 대한 부문감사인의 문서화 내용을 검토함. 그러한 문서화는 식별된 유의적 위험에 대한 부문감사인의 결론을 반영하는 비망록의 형태를 취할 수도 있다.

▶ 600.3
부문감사인은 법규나 규정 또는 기타의 이유로 부문재무제표에 대하여 감사의견을 표명하도록 요구될 수 있다. 이때 그룹업무팀은 그룹감사를 위한 감사증거를 제공하기 위해 부문재무제표에 대한 감사의견의 근거가 되는 감사증거를 이용하기로 결정할 수 있을 것이다. 그러나 이 경우에도 이 감사기준서의 요구사항들은 여전히 적용된다.

Ch 1.3.6	부문감사인 커뮤니케이션	600.40~41	2015 문제6 물음3 배점 3

대한민국에 소재하고 있는 지배회사인 ABC(주)는 3개의 종속회사를 보유하고 있다. ABC(주) 및 종속회사의 결산일은 모두 12월 31일이다. 지배회사 및 종속회사의 20X5년 주요 정보는 다음과 같다.

(단위: 억 원)

회사명	ABC(주)	A(주)	B(주)	C(주)
구분	지배회사	종속회사	종속회사	종속회사
매출액	5,000	2,000	400	-
세전손익	400	160	(-)18	(-)2
당기순손익	320	120	(-)15	(-)2
자산총계	6,000	3,000	500	50
자본총계	1,500	600	(-)100	48
외부감사인	X회계법인	Y회계법인	Z회계법인	감사받지 않음

상기 재무정보는 별도재무제표 기준이며, 연결실체 간의 내부거래(매출·매입 및 채권·채무 등)는 없지만, ABC(주)는 B(주)의 금융기관 차입금 400억 원에 대하여 지급보증을 제공하고 있다. C(주)는 신규사업을 위해 당기에 설립되었으며, 당기말 현재 사업을 준비 중이다.
X회계법인은 ABC(주)에 대한 20X5년 그룹감사를 수행하고 있으며, 중요성 기준은 세전이익의 5%로 설정하였다.
X회계법인이 부문감사인과 커뮤니케이션할 사항을 감사계획단계 및 감사종결단계로 구분하여 각각 4가지씩 열거하시오.

정답 및 해설

1. 계획단계: 600.40
2. 종결단계: 600.41

▶ 600.40
그룹업무팀은 부문감사인에게 요구사항을 적시에 커뮤니케이션하여야 한다. 그룹업무팀은 이러한 커뮤니케이션을 통하여 부문감사인이 수행할 업무, 그 업무의 활용, 그리고 부문감사인이 그룹업무팀과 커뮤니케이션할 사항의 형식과 내용을 정하여야 한다. 그룹업무팀의 커뮤니케이션에는 다음의 사항도 포함되어야 한다.
(a) 그룹업무팀이 자신의 업무를 활용할 것을 알고 있는 부문감사인이 그룹업무팀에 협조할 것을 확인해 주도록 하는 요청

(b) 그룹감사와 관련된 윤리적 요구사항, 특히 독립성 요구사항
(c) 부문의 재무정보에 대한 감사나 검토를 수행하는 경우, 부문중요성(그리고 적용 가능한 경우, 특정 거래유형, 계정잔액 또는 공시에 대한 중요성 수준들) 및 한도기준[즉, 왜곡표시가 그 기준을 초과하면 그룹재무제표에 대하여 명백하게 사소하다(clearly trivial)고 간주할 수 없는 한도기준]
(d) 부문감사인의 업무와 관련성이 있는 부정이나 오류로 인한, 그룹재무제표의 식별된 유의적인 중요왜곡표시위험. 부문에서 부정이나 오류로 인하여, 그룹재무제표에 대하여 기타의 유의적인 중요왜곡표시위험이 식별된 경우, 그룹업무팀은 부문감사인에게 그러한 식별된 유의적 위험과 그러한 위험에 대한 부문감사인의 대응을 적시에 커뮤니케이션하도록 요청하여야 한다.
(e) 그룹경영진이 작성한 특수관계자 목록 및 그룹업무팀이 알고 있는 기타의 특수관계자. 그룹업무팀은 부문감사인에게 그룹경영진이나 그룹업무팀이 이전에 식별하지 못한 특수관계자를 적시에 커뮤니케이션할 것을 요청하여야 한다. 그룹업무팀은 다른 부문감사인들에게 이러한 추가적인 특수관계자를 알릴 것인지 여부를 결정하여야 한다.

▶ 600.41
그룹업무팀은 그룹감사에 대한 그룹업무팀의 결론과 관련성이 있는 사항을 커뮤니케이션하도록 부문감사인에게 요청하여야 한다. 이러한 커뮤니케이션에는 다음 사항들이 포함된다.
(a) 부문감사인이 그룹감사와 관련된 윤리적 요구사항(독립성 및 전문가적 적격성 포함)을 준수했는지 여부
(b) 부문감사인이 그룹업무팀의 요구사항을 준수했는지 여부
(c) 부문감사인의 보고대상인 부문재무정보의 식별
(d) 그룹재무제표에 중요한 왜곡표시를 초래할 수 있는 법규위반 사례에 대한 정보
(e) 부문재무정보에 대한 미수정왜곡표시의 목록[이 목록에는 그룹업무팀이 커뮤니케이션한, 명백하게 사소한(clearly trivial) 왜곡표시의 한도기준에 미달되는 왜곡표시는 포함될 필요가 없다.]
(f) 경영진의 편의가능성을 나타내는 징후
(g) 부문수준에서 식별된 유의적인 내부통제 미비점에 대한 설명
(h) 부문감사인이 지배구조에 커뮤니케이션했거나 커뮤니케이션할 것으로 기대되는 기타의 유의적 사항들(부문경영진, 부문수준 내부통제에 유의적 역할을 하는 직원, 또는 부문재무정보의 중요한 왜곡표시를 발생시키는 부정과 관련된 기타의 사람들이 연루되어 있는 부정이나 의심되는 부정 포함)
(i) 그룹감사와 관련성이 있을 수 있거나, 부문감사인이 그룹업무팀의 주의를 끌고 싶어 하는 기타사항들(부문감사인이 부문경영진에게 요청한 서면진술에 나타난 예외사항 포함)
(j) 부문감사인의 전반적 발견사항, 결론 또는 의견

Ch 1.3.7	부문감사인 업무 불충분	600.43 600.A62, 600.45	2017 문제7 물음4 배점 3

그룹재무제표에 대한 감사증거의 충분성과 적합성을 평가하는 과정과 관련한 다음 질문에 답하시오.
(1) 그룹업무팀이 부문감사인과의 커뮤니케이션 결과를 평가한 결과, 해당 부문 때문에 그룹재무제표에 대한 충분하고 적합한 감사증거를 입수하지 못할 것으로 판단하였다. 이 경우에 (감사범위제한을 사유로 감사의견 변형 여부를 결정하기 이전에) 그룹업무팀이 취해야 할 절차 두 가지를 서술하시오.
(2) 부문감사인과의 커뮤니케이션 결과까지 종합한 후, 그룹재무제표가 전체적으로 중요하게 왜곡표시되었는지 여부를 결정하기 위하여 그룹차원의 미수정왜곡표시를 평가할 때 그룹업무팀이 유의해야 할 사항을 서술하시오.

정답 및 해설

(1) 600.43과 600.A62 참조
(2) 600.45 참조

▶ 600.43

만약 그룹업무팀이 부문감사인의 업무가 불충분하다고 결론을 내린 경우에는, 어떠한 추가적인 절차가 수행되어야 할지 그리고 이 절차를 부문감사인이 수행할지 그룹업무팀이 수행할지 여부를 결정하여야 한다.

▶ 600.A62

그룹업무팀이 그룹감사의견의 근거가 되는 충분하고 적합한 감사증거를 입수하지 못하였다고 결론을 내리는 경우, 그룹업무팀은 부문감사인에게 추가적인 절차를 수행하도록 요청할 것이다. 부문감사인에 의한 추가적인 절차의 수행이 실행 가능하지 않은 경우, 그룹업무팀은 부문재무정보에 대하여 직접 그 자신의 절차를 수행할 것이다.

▶ 600.45

그룹업무수행이사는 (그룹업무팀이 식별하였거나 부문감사인이 커뮤니케이션한) 미수정왜곡표시들과, 충분하고 적합한 감사증거를 입수할 수 없었던 각 상황들이 그룹감사의견에 미치는 영향을 평가하여야 한다.

Ch 1.3.8	부문감사인 업무 불충분	600.43 600.A62, 600.45	2015 문제6 물음4 배점 3

대한민국에 소재하고 있는 지배회사인 ABC(주)는 3개의 종속회사를 보유하고 있다. ABC(주) 및 종속회사의 결산일은 모두 12월 31일이다. 지배회사 및 종속회사의 20X5년 주요 정보는 다음과 같다.

(단위: 억 원)

회사명	ABC(주)	A(주)	B(주)	C(주)
구분	지배회사	종속회사	종속회사	종속회사
매출액	5,000	2,000	400	-
세전손익	400	160	(-)18	(-)2
당기순손익	320	120	(-)15	(-)2
자산총계	6,000	3,000	500	50
자본총계	1,500	600	(-)100	48
외부감사인	X회계법인	Y회계법인	Z회계법인	감사받지 않음

상기 재무정보는 별도재무제표 기준이며, 연결실체 간의 내부거래(매출 · 매입 및 채권 · 채무 등)는 없지만, ABC(주)는 B(주)의 금융기관 차입금 400억 원에 대하여 지급보증을 제공하고 있다. C(주)는 신규사업을 위해 당기에 설립되었으며, 당기말 현재 사업을 준비 중이다.

X회계법인은 ABC(주)에 대한 20X5년 그룹감사를 수행하고 있으며, 중요성 기준은 세전이익의 5%로 설정하였다.

X회계법인의 김 회계사는 B(주)의 부문감사인인 Z회계법인의 박 회계사와 커뮤니케이션 과정에서 매출채권조회서 중 50%가량이 회수되지 않았으며, 대체적인 절차도 수행하지 않았다는 것을 확인하였다. 미회수된 매출채권조회서의 금액은 그룹재무제표 관점에서 중요성 기준을 초과하며, X회계법인의 김 회계사는 Z회계법인의 매출채권에 대한 감사절차가 충분하지 않다고 판단하였다. 이러한 상황에서 ABC(주)의 그룹감사팀이 추가로 수행해야 할 감사절차를 서술하시오.

정답 및 해설

ⓐ 어떠한 추가 절차 수행할지 결정

ⓑ 부문감사인에게 추가절차 수행요청하거나 그룹업무팀이 직접 추가절차 수행

▶ 600.43

만약 그룹업무팀이 부문감사인의 업무가 불충분하다고 결론을 내린 경우에는, 어떠한 추가적인 절차가 수행되어야 할지 그리고 이 절차를 부문감사인이 수행할지 그룹업무팀이 수행할지 여부를 결정하여야 한다.

▶ 600.A62

그룹업무팀이 그룹감사의견의 근거가 되는 충분하고 적합한 감사증거를 입수하지 못하였다고 결론을 내리는 경우, 그룹업무팀은 부문감사인에게 추가적인 절차를 수행하도록 요청할 것이다. 부문감사인에 의한 추가적인 절차의 수행이 실행 가능하지 않은 경우, 그룹업무팀은 부문재무정보에 대하여 직접 그 자신의 절차를 수행할 것이다.

▶ 600.45

그룹업무수행이사는 (그룹업무팀이 식별하였거나 부문감사인이 커뮤니케이션한) 미수정왜곡표시들과, 충분하고 적합한 감사증거를 입수할 수 없었던 각 상황들이 그룹감사의견에 미치는 영향을 평가하여야 한다.

Ch 1.4.1	연결 감사절차	600.32 600.25	2017 문제7 물음3 배점 4

그룹업무팀은 연결절차에 대한 그룹차원 통제가 효과적이라고 판단하고, 부문감사인의 감사결과를 활용하는 감사계획을 수립하고자 한다.

(요구사항) 그룹업무팀은 연결절차에 대한 그룹차원의 통제가 효과적인지 테스트하고자 한다. 이때 부문감사인 활용까지 고려하여, 그룹업무팀이 수행하여야 할 세 가지 사항을 서술하시오.

정답 및 해설

ⓐ 그룹업무팀: 그룹차원 통제 및 연결절차 이해
ⓑ 그룹업무팀: 그룹차원 통제 직접 TOC
ⓒ or 부문감사인에 TOC 요청

▶ 600.32

그룹업무팀은 문단 17에 따라 그룹차원의 통제 및 연결절차(그룹경영진이 부문들에 내린 지침 포함)를 이해한다. 연결절차에 대하여 수행할 업무의 성격, 시기 및 범위가 그룹차원의 통제가 효과적으로 운영되고 있다는 기대에 근거하거나, 실증절차만으로는 경영진주장 수준의 충분하고 적합한 감사증거가 제공될 수 없는 경우, 그룹업무팀은 문단 25에 따라 그룹차원의 통제의 운영효과성을 테스트하거나, 또는 그룹업무팀의 요청을 받은 부문감사인이 이를 테스트한다.

▶ 600.25

연결절차 또는 부문재무정보에 대하여 수행할 업무의 성격, 시기 및 범위가 그룹차원의 통제가 효과적으로 운영되고 있다는 기대에 근거하는 경우, 또는 실증절차만으로는 경영진주장 수준의 충분하고 적합한 감사증거가 제공될 수 없는 경우에는, 그룹업무팀은 그와 같은 그룹차원의 통제의 운영효과성을 테스트하거나 부문감사인에게 테스트하도록 요청하여야 한다.

Ch 1.4.2	연결조정분개 ST	600.32~35 600.A56	2013 문제2 물음1 배점 3

〈기본정보〉

X회계법인은 갑(주)의 2X13년 12월 31일로 종료하는 회계연도 연결재무제표 감사과정에서 다음의 상황을 파악하였다.

(1) 2X13년 1월 1일에 갑(주)는 을(주) 발행주식의 60%를 ₩54,000에 취득하였다. 이 주식취득 시점의 갑(주)와 을(주)의 재무상태표는 다음과 같다.

(금액단위: 원)

	갑(주)	을(주)	
	장부금액	장부금액	공정가치
현금	₩30,000	₩27,000	₩27,000
재고자산	15,000	21,000	24,000
투자주식	54,000	-	-
건물(순액)	75,000	30,000	45,000
자산총계	₩174,000	₩78,000	
차입금	₩30,000	₩15,000	₩15,000
자본금(1주당 액면금액 ₩5,000)	75,000	30,000	
자본잉여금	24,000	15,000	
이익잉여금	45,000	18,000	
부채와 자본총계	₩174,000	₩78,000	

* 갑(주)의 재무상태표는 을(주) 주식 취득거래에 따른 회계처리 분개를 반영한 후의 재무상태표임.
* 갑(주)와 을(주)의 결산일은 12월 31일임.

(2) 〈기본정보〉와 각 물음 항목에서 제시된 갑(주)와 을(주)의 재무정보와 연결조정분개의 금액은 회사가 제시하였으며, 이에 대한 감사인의 연결감사절차 결과에서 추가적 수정사항은 발견되지 않았다.

[요구사항] 각 물음에서 제시된 연결조정분개와 추가 정보를 읽고, 감사인이 추가적 수정사항이 없다고 결론 내리기 위해서 수행하였을 것으로 판단되는 구체적 입증절차의 내용을 물음번호별로 해당 연결조정분개의 내용과 구체적 입증절차의 내용을 답하시오.

※ 〈기본정보〉와 물음에서 제시된 상황을 제외하고는 추가적 연결조정 분개가 필요한 사항은 없다고 가정한다.

※ 개별재무제표상 계정금액 및 주식취득거래 자체에 대한 입증절차는 언급하지 마시오.

다음 연결조정 회계처리의 적정성을 확인하기 위해서 감사인이 수행하였을 것으로 판단되는 구체적 입증절차의 내용 3가지를 기재하시오.

[연결조정 분개]

(차)	자본금	30,000	(대)	투자주식	54,000
	자본잉여금	15,000		비지배지분	32,400
	이익잉여금	18,000			
	재고자산	3,000			
	건물(순액)	15,000			
	영업권	5,400			

(차)	매출원가	3,000	(대)	재고자산	3,000
	감가상각비	1,500		감가상각누계액	1,500

[추가적 관련 정보]

- 상기 재고자산은 당기 중에 전액 외부 판매되었다.
- 상기 건물의 감가상각은 정액법을 적용하고, 내용연수는 취득시점부터 10년, 잔존가치는 ₩0임.

정답 및 해설

1. 피투자회사 재고자산 & 유형자산의 FV 평가 ST
2. 투자 및 자본 상계의 적절성 ST
3. 재고자산 판매여부 및 건물 감가상각 계산 적정성 ST

▶ 600.32

그룹업무팀은 문단 17에 따라 그룹차원의 통제 및 연결절차(그룹경영진이 부문들에 내린 지침 포함)를 이해한다. 연결절차에 대하여 수행할 업무의 성격, 시기 및 범위가 그룹차원의 통제가 효과적으로 운영되고 있다는 기대에 근거하거나, 실증절차만으로는 경영진주장 수준의 충분하고 적합한 감사증거가 제공될 수 없는 경우, 그룹업무팀은 문단 25에 따라 그룹차원의 통제의 운영효과성을 테스트하거나, 또는 그룹업무팀의 요청을 받은 부문감사인이 이를 테스트한다.

▶ 600.33

그룹업무팀은 연결절차에서 발생하는 그룹재무제표의 평가된 중요왜곡표시위험에 대응하여 연결절차에 대한 추가감사절차를 설계하고 수행하여야 한다. 여기에는 그룹재무제표에 모든 부문들이 포함되어 있는지에 대한 평가도 포함되어야 한다.

▶ 600.34

그룹업무팀은 연결조정과 재분류의 적합성, 완전성 및 정확성을 평가하여야 하며, 또 부정위험요소나 경영진의 편의가능성 징후가 존재하는지 여부를 평가하여야 한다.

▶ 600.35

만약 어떤 부문재무정보가 그룹재무제표에 적용된 것과 동일한 회계정책에 따라 작성되지 아니한 경우에는, 그룹업무팀은 해당 부문의 재무정보가 그룹재무제표의 작성과 표시 목적을 위하여 적절하게 수정되었는지 여부를 평가하여야 한다.

▶ 600.A56

일상적인 거래처리 시스템을 거치지 않으면서 다른 재무정보에 적용되는 내부통제와 동일한 통제가 적용되지 않는 그룹재무제표의 보고금액은 연결절차상 그 조정이 요구될 수 있다. 이러한 조정사항의 적절성, 완전성 및 정확성에 대한 그룹업무팀의 평가에는 다음이 포함될 것이다.

- 유의적 조정사항은 그 근거가 되는 사건이나 거래를 적합하게 반영하고 있는지 여부를 평가함
- 그룹경영진, 그리고 해당되는 경우 부문경영진이 유의적 조정사항을 올바르게 계산, 처리 및 승인하였는지 여부를 결정함
- 유의적 조정사항은 적절히 뒷받침되고 충분히 문서화되었는지 여부를 결정함
- 그룹 내부거래 및 미실현이익 그리고 그룹내부거래 계정잔액은 조정 및 제거되었는지를 점검함

Ch 1.4.3	연결조정분개 ST		2013 문제2 물음2 배점 3

다음 연결조정 회계처리의 적정성을 확인하기 위해서 감사인이 수행하였을 것으로 판단되는 구체적 입증절차의 내용 2가지를 기재하시오.

[연결조정 분개]

(차) 이익잉여금	10,200	(대) 비지배지분	10,200

[추가적 관련 정보]

- 을(주)의 2X13년 당기순이익은 ₩30,000임.
- 위 연결조정분개 금액은 (물음 1)과 (물음 2)의 다른 연결조정분개에서 발생한 비지배지분 영향항목의 효과를 모두 적절하게 고려한 후 산출되었음.

정답 및 해설

1. 내부거래 제거 적정성 ST
2. 미실현 손익 제거 적정성 ST

Ch 1.4.4	연결조정분개 ST		2013 문제2 물음3 배점 3

다음 연결조정 회계처리의 적정성을 확인하기 위해서 감사인이 수행하였을 것으로 판단되는 구체적 입증절차의 내용 2가지를 기재하시오.

[연결조정 분개]

(차) 이익잉여금	10,200	(대) 비지배지분	10,200

[추가적 관련 정보]

- 을(주)의 2X13년 당기순이익은 ₩30,000임.
- 위 연결조정분개 금액은 (물음 1)과 (물음 2)의 다른 연결조정분개에서 발생한 비지배지분 영향항목의 효과를 모두 적절하게 고려한 후 산출되었음.

정답 및 해설

1. 피투자회사 당기순이익 ST
2. 비지배지분 인식 적정성 ST

Ch 1.5.1	그룹감사 종합	600.37, 600.22 600.30~31	2017 문제7 물음1 배점 4

지배회사 갑(주)는 코스닥상장기업으로, 20X2년 12월 31일로 종료하는 그룹재무제표에 대하여 X회계법인(그룹업무팀 또는 그룹감사인)과 감사계약을 체결하였다. 을(주)는 갑(주)의 전액출자(100%) 종속기업으로서, 을(주)의 외부감사인은 Y회계법인이다. X회계법인은 그룹재무제표 감사 목적으로 을(주) 재무정보에 대하여 Y회계법인(부문감사인)의 감사결과를 이용하려고 한다. 아래 그룹감사절차와 관련된 각 물음에 답하시오(각 물음은 독립적이다).

다음은 X회계법인의 그룹감사 수행과 관련된 부문감사인의 이용과 관련한 설명이다.

① 그룹업무팀은 부문감사를 요청하는 감사지침서(audit instruction)를 20X3년 1월 15일에 발송하였다.

② 그룹업무팀은 20X3년 1월 26일에 부문감사인으로부터 부문감사지침서의 수령을 확인하는 서한을 받았다.

③ X회계법인은 20X2년 4월 감사계약 체결 시 갑(주)로부터 20X2회계연도 정기주주총회 예정일이 20X3년 3월 10일이라고 연락받았다. 이에 따라 그룹재무제표에 대한 실증감사 종결일자는 20X3년 2월 말로 계획하고 있다.

④ 을(주)의 회계연도 종료일은 20X3년 2월 28일이다. 이를 고려하여, 부문감사인은 20X3년 2월 28일로 종료하는 보고기간에 대한 감사 절차의 완료 후 부문감사 결과를 그룹업무팀에 보고하겠다는 답변을 보내왔다.

⑤ 부문감사인은 그룹재무제표의 감사에 필요한 을(주)에 대한 부문중요성을 적절하게 결정하여 감사를 수행하고, 부문 감사결과를 그룹업무팀에 보고할 예정이다. 그룹업무팀은 Y회계법인이 결정한 부문 중요성을 추가적인 검토 없이 수용할 예정이다.

⑥ 부문감사인의 감사절차는 전적으로 부문감사인의 책임하에 철저하게 수행되고 부문감사보고서가 발행될 예정이다.

⑦ X회계법인은 갑(주)의 그룹재무제표에 대한 감사보고서에 을(주)의 부문정보에 대한 Y회계법인의 책임을 구분하여 기재할 예정이다.

(요구사항)

X회계법인은 Y회계법인(부문감사인)의 감사결과를 활용하고자 한다. 위 ①~⑥ 중 감사절차상 문제점이 있는 번호 세 개를 찾아서 기재하고, 그 판단이유(문제점과 올바른 감사절차)를 서술하시오(예시로 제시한 ⑦번 내용은 제외할 것).

※ 유의사항: 위에 언급되지 않은 감사절차는 감사기준에 따라 적절하게 수행되었다고 가정한다.

[예시] ⑦ 부문 감사결과를 이용하더라도, 감사보고서에 부문감사인에 대한 책임 구분을 언급할 수 없으며, 그룹감사인의 단독책임으로 하는 감사의견의 감사보고서를 작성해야 함.

정답 및 해설

④ 보고기간말이 다른 부문FS가 해당 FR체계에 따라 적합하게 조정되었는지 여부를 평가해야 함.(2년말 FS감사 결과 필요)

⑤ 600.22 부문감사인 PM 적합성 평가 필요

⑥ 600.30~31 부문감사인의 RA 및 대응 FAP 적합성 평가 필요

▶ 600.37

그룹과 보고기간말이 다른 부문재무제표가 그룹재무제표에 포함된 경우, 그룹업무팀은 그러한 재무제표가 해당 재무보고체계에 따라 적합하게 조정되었는지 여부를 평가하여야 한다.

▶ 600.22

그룹감사의 목적으로 부문감사인이 감사를 수행할 예정인 경우, 그룹업무팀은 부문 수준에서 결정된 수행중요성의 적합성을 평가하여야 한다.

▶ 600.30

부문감사인이 유의적 부문의 재무정보에 대하여 감사를 수행하면, 그룹업무팀은 그룹재무제표의 유의적인 중요왜곡표시위험을 식별하기 위하여 부문감사인의 위험평가에 관여하여야 한다. 그룹감사인의 이러한 관여의 성격, 시기 및 범위는 부문감사인에 대한 이해 정도에 영향을 받지만, 최소한 다음의 절차는 포함되어야 한다.

(a) 그룹에 유의적인 부문사업활동에 대하여 부문감사인이나 부문경영진과 토의함

(b) 부정이나 오류로 인한 재무정보의 중요한 왜곡표시에 대한 부문의 취약성에 대하여 부문감사인과 토의함

(c) 그룹재무제표의 식별된 유의적인 중요왜곡표시위험에 대한 부문감사인의 문서화 내용을 검토함. 그러한 문서화는 식별된 유의적 위험에 대한 부문감사인의 결론을 반영하는 비망록의 형태를 취할 수도 있다.

▶ 600.31

부문감사인이 업무를 수행하는 부문에서 그룹재무제표의 유의적인 중요왜곡표시위험이 식별된 경우, 그룹업무팀은 해당 위험에 대응하여 수행할 추가감사절차의 적합성을 평가하여야 한다. 그룹업무팀은 부문감사인에 대한 이해를 바탕으로 하여 추가감사절차에 관여할 필요가 있는지 여부를 결정하여야 한다.

Ch 2.2.1	내부회계 감사대상	외8조(부칙3조)	2022 문제9 물음1 배점 3

주권상장법인의 감사인은 외부감사법에 따라 외부감사법 제8조(내부회계관리제도의 운영 등)에서 정한 사항을 준수했는지 여부 및 내부회계관리제도의 운영실태에 관한 보고내용을 감사하여야 한다. 다음은 각 감사대상회사에 관한 설명이다. 2022년 12월 31일로 종료되는 보고기간에 대하여 각 회사가 외부감사법에 따른 내부회계관리제도 감사 대상인지 여부를 기재하고, 감사대상이 아닌 경우 그 이유를 서술하시오.

① (주)대한은 유가증권시장 상장법인으로, 2021년 말 현재 자산총액은 1조 5천억 원이다.

② (주)민국은 위 (주)대한의 종속기업이며 비상장 주식회사이다. (주)민국의 2021년 말 현재 자산총액은 7천억 원이다.

③ (주)만세는 코스닥 상장법인으로, 2021년 말 현재 자산총액은 8백억 원이다.

④ (주)한국은 2023년 중 신규상장을 예정하여 2022년 감사인을 지정받았으며, 2021년 말 현재 자산총액은 6천억 원이다.

정답 및 해설

① Y ② N ③ N ④ N

▶ 외8조(내부회계관리제도의 운영 등)

① 회사는 신뢰할 수 있는 회계정보의 작성과 공시(公示)를 위하여 다음 각 호의 사항이 포함된 내부회계관리규정과 이를 관리·운영하는 조직(이하 "내부회계관리제도"라 한다)을 갖추어야 한다. 다만, 주권상장법인이 아닌 회사로서 직전 사업연도 말의 자산총액이 1천억 원 미만인 회사와 대통령령으로 정하는 회사는 그러하지 아니하다.

1. 회계정보(회계정보의 기초가 되는 거래에 관한 정보를 포함한다. 이하 이 조에서 같다)의 식별·측정·분류·기록 및 보고 방법에 관한 사항
2. 회계정보의 오류를 통제하고 이를 수정하는 방법에 관한 사항
3. 회계정보에 대한 정기적인 점검 및 조정 등 내부검증에 관한 사항

4. 회계정보를 기록·보관하는 장부(자기테이프·디스켓, 그 밖의 정보보존장치를 포함한다)의 관리 방법과 위조·변조·훼손 및 파기를 방지하기 위한 통제 절차에 관한 사항
5. 회계정보의 작성 및 공시와 관련된 임직원의 업무 분장과 책임에 관한 사항
6. 그 밖에 신뢰할 수 있는 회계정보의 작성과 공시를 위하여 필요한 사항으로서 대통령령으로 정하는 사항

② 회사는 내부회계관리제도에 의하지 아니하고 회계정보를 작성하거나 내부회계관리제도에 따라 작성된 회계정보를 위조·변조·훼손 및 파기해서는 아니 된다.

③ 회사의 대표자는 내부회계관리제도의 관리·운영을 책임지며, 이를 담당하는 상근이사(담당하는 이사가 없는 경우에는 해당 이사의 업무를 집행하는 자를 말한다) 1명을 내부회계관리자(이하 "내부회계관리자"라 한다)로 지정하여야 한다.

④ 회사의 대표자는 사업연도마다 주주총회, 이사회 및 감사(감사위원회가 설치된 경우에는 감사위원회를 말한다. 이하 이 조에서 같다)에게 해당 회사의 내부회계관리제도의 운영실태를 보고하여야 한다. 다만, 회사의 대표자가 필요하다고 판단하는 경우 이사회 및 감사에 대한 보고는 내부회계관리자가 하도록 할 수 있다.

⑤ 회사의 감사는 내부회계관리제도의 운영실태를 평가하여 이사회에 사업연도마다 보고하고 그 평가보고서를 해당 회사의 본점에 5년간 비치하여야 한다. 이 경우 내부회계관리제도의 관리·운영에 대하여 시정 의견이 있으면 그 의견을 포함하여 보고하여야 한다.

⑥ 감사인은 회계감사를 실시할 때 해당 회사가 이 조에서 정한 사항을 준수했는지 여부 및 제4항에 따른 내부회계관리제도의 운영실태에 관한 보고내용을 검토하여야 한다. 다만, 주권상장법인(직전 사업연도 말의 자산총액이 1천억 원 미만인 주권상장법인은 제외한다)의 감사인은 이 조에서 정한 사항을 준수했는지 여부 및 제4항에 따른 내부회계관리제도의 운영실태에 관한 보고내용을 감사하여야 한다.

⑦ 제6항에 따라 검토 또는 감사를 한 감사인은 그 검토결과 또는 감사결과에 대한 종합의견을 감사보고서에 표명하여야 한다.

⑧ 제1항부터 제7항까지에서 규정한 사항 외에 내부회계관리제도의 운영 등에 필요한 사항은 대통령령으로 정한다.

▶ (부칙3조) (내부회계관리제도 감사에 관한 적용례)

제8조 제6항 단서의 개정규정에 따른 감사인의 내부회계관리제도 감사는 감사보고서 작성일 기준 전년 말 자산총액 2조 원 이상의 주권상장법인에 대해서는 2019년 감사보고서부터, 자산총액 5천억 원 이상의 주권상장법인에 대해서는 2020년 감사보고서부터, 자산총액 1천억 원 이상의 주권상장법인에 대해서는 2022년 감사보고서부터 적용한다.

Ch 2.2.2	ICFR 실효성 제고		2018 문제8 물음2 배점 5

현재 우리나라는 사회 전반적으로 회계투명성 및 신뢰성을 제고하고자 여러 가지 회계제도 개혁 방안을 마련하고 있다. 이러한 제도 개혁의 핵심은 높은 감사품질을 확보할 수 있는 감사환경을 조성하고, 신뢰성 높은 회계정보를 생산하여 이해관계자들에게 제공하도록 기업의 자발적인 투명한 회계처리를 유인하는 것이다.

회사의 분식가능성을 최소화하기 위한 기본적인 사항으로서 재무제표 작성에 대한 내부관리를 강화하고자 하는 움직임이 있다. 이런 취지에서 우리나라 기업들은 내부회계관리제도를 운영하고 있다.

외감법 제2조의2에 따라 회사(주권상장법인이 아닌 회사로서 직전 사업연도 말의 자산총액이 1천억 원 미만인 회사는 제외)는 신뢰할 수 있는 회계정보의 작성과 공시를 위하여 내부회계관리제도를 갖추어야 한다. 또한 외감법 제2조의3에 의하면, 감사인은 연차재무제표의 외부감사를 실시할 때 기업의 내부회계관리제도 운영 규정 사항의 준수 여부 및 내부회계관리제도의 운영실태에 관한 보고내용을 검토하고 검토결과에 대한 종합의견을 감사보고서에 표명하도록 규정하고 있다.

[요구사항]

현행 내부회계관리제도는 제도의 취지와는 다르게 기업에서 실질적으로 운용되지 못하고 있다는 비판이 제기되고 있다. 우리나라에서 내부회계관리제도가 실질적으로 운용되어 제도의 실효성을 제고할 수 있는 방안을 서술하시오.

정답 및 해설

ⓐ 감독당국의 일관성 있는 정책 추진: 감리 및 제재 강화
ⓑ 기업 경영진에게 실질적 의무와 제재 부과
ⓒ 지배기구: 독립성과 적격성 강화

Ch 2.2.3	ICFR 감사 대상	외8조 외시9조	2016 문제3 물음1 배점 2

주식회사의 외부감사에 관한 법률(이하 '외감법')에 따르면 일정한 요건에 해당하는 회사는 신뢰할 수 있는 회계정보의 작성과 공시를 위하여 내부회계관리제도를 갖추어야 한다. 또한 감사인은 회사의 내부회계관리제도가 적정하게 설계 · 운영되고 있는지를 검토하고 그 결과를 감사보고서에 첨부하여야 한다.
외감법에 따라 내부회계관리제도를 의무적으로 적용해야 하는 회사의 범위(적용대상)를 제시하시오.

정답 및 해설

주권상장사 & 대형비상장주식회사(직전기 자산 5천억 이상)

▶ 외감법 제8조(내부회계관리제도의 운영 등)

① 회사는 신뢰할 수 있는 회계정보의 작성과 공시(公示)를 위하여 다음 각 호의 사항이 포함된 내부회계관리규정과 이를 관리 · 운영하는 조직(이하 "내부회계관리제도"라 한다)을 갖추어야 한다. 다만, 주권상장법인이 아닌 회사로서 직전 사업연도 말의 자산총액이 1천억 원 미만인 회사와 대통령령으로 정하는 회사는 그러하지 아니하다.

▶ 외감법 시행령 제9조(내부회계관리제도의 운영 등)

① 법 제8조 제1항 각 호 외의 부분 단서에서 "대통령령으로 정하는 회사"란 다음 각 호의 어느 하나에 해당되는 회사를 말한다.
1. 유한회사
2. 「법인세법」 제51조의2제1항 각 호의 어느 하나에 해당하거나 「조세특례제한법」 제104조의31제1항에 해당하는 회사
3. 직전 사업연도 말의 자산총액이 5천억 원 미만인 회사. 다만, 다음 각 목의 어느 하나에 해당하는 회사는 제외한다.
   가. 주권상장법인
   나. 직전 사업연도 말 기준 공시대상기업집단에 속하는 국내 회사
   다. 직전 사업연도 말 기준 사업보고서 제출대상법인
   라. 금융회사
4. 그 밖에 회사의 특성을 고려할 때 법 제8조 제1항에 따른 내부회계관리제도(이하 "내부회계관리제도"라 한다)를 운영하기가 어려운 회사로서 금융위원회가 정하여 고시하는 기준에 맞는 회사

Ch 2.2.4	ICFR R & R	외8조	2016 문제3 물음2 배점 2

주식회사의 외부감사에 관한 법률(이하 '외감법')에 따르면 일정한 요건에 해당하는 회사는 신뢰할 수 있는 회계정보의 작성과 공시를 위하여 내부회계관리제도를 갖추어야 한다. 또한 감사인은 회사의 내부회계관리제도가 적정하게 설계 · 운영되고 있는지를 검토하고 그 결과를 감사보고서에 첨부하여야 한다.

내부회계관리제도의 설계 · 운영과 관련하여 회사의 경영진 예시와 같이, 내부회계관리자, 감사(감사위원회)의 주요 역할 또는 책임을 서술하시오.

(예시) 경영진: 효과적인 내부회계관리제도의 설계 및 운영에 대한 최종 책임을 지며, 내부회계관리제도 운영을 담당하는 내부회계관리자를 지정한다.

정답 및 해설

- 내부회계관리자: 내부회계관리제도 설계와 운영 업무를 관리하고, 대표자를 대신하여 운영실태를 이사회 및 감사에 보고할 수 있다.
- 감사(감사위원회): ICFR 운영실태 평가(시정의견 포함) & 이사회에 보고 & 평가보고서 본점에 5년 비치

▶ 외감법 제8조(내부회계관리제도의 운영 등)

③ 회사의 대표자는 내부회계관리제도의 관리 · 운영을 책임지며, 이를 담당하는 상근이사(해당 이사의 업무를 집행하는 자) 1명을 내부회계관리자로 지정하여야 한다.

④ 회사의 대표자는 사업연도마다 주주총회, 이사회 및 감사(감사위원회)에게 해당 회사의 내부회계관리제도의 운영실태를 보고하여야 한다. 다만, 회사의 대표자가 필요하다고 판단하는 경우 이사회 및 감사에 대한 보고는 내부회계관리자가 하도록 할 수 있다.

⑤ 회사의 감사는 내부회계관리제도의 운영실태를 평가하여 이사회에 사업연도마다 보고하고 그 평가보고서를 해당 회사의 본점에 5년간 비치하여야 한다. 이 경우 내부회계관리제도의 관리 · 운영에 대하여 시정 의견이 있으면 그 의견을 포함하여 보고하여야 한다.

⑥ 감사인은 회계감사를 실시할 때 해당 회사가 이 조에서 정한 사항을 준수했는지 여부 및 제4항에 따른 내부회계관리제도의 운영실태에 관한 보고내용을 검토하여야 한다. 다만, 주권상장법인(직전 사업연도 말의 자산총액이 1천억원 미만인 주권상장법인은 제외한다)의 감사인은 이 조에서 정한 사항을 준수했는지 여부 및 제4항에 따른 내부회계관리제도의 운영실태에 관한 보고내용을 감사하여야 한다.

⑦ 제6항에 따라 검토 또는 감사를 한 감사인은 그 검토결과 또는 감사결과에 대한 종합의견을 감사보고서에 표명하여야 한다.

Ch 2.3.1	지배기구 커뮤니케이션(통제 미비점)	1100.5 1100.63	2022 문제9 물음4 배점 3

C회계법인은 전기자동차 임대업을 영위하는 주권상장법인(대기업) (주)국민의 2022 회계연도 재무제표 및 내부회계관리제도에 대한 통합감사를 수행하고 있다.

C회계법인은 (주)국민의 내부회계관리제도에 대한 감사를 수행하고 그 결과를 (주)국민의 감사위원회와 논의하였다. 다음의 설명이 내부통제의 미비점 및 그에 대한 지배기구 커뮤니케이션에 관한 내용으로 적절한지 여부를 기재하고, 적절하지 않은 경우 그 이유를 서술하시오.

① 중요한 취약점이 하나만 존재하는 경우에도 기업의 내부통제는 효과적이라고 간주될 수 없다.

② 감사인의 목적은 내부회계관리제도의 효과성에 대한 의견을 감사위원회와 커뮤니케이션하는 것을 포함한다.

③ 감사인은 통합감사 중 식별된 내부회계관리제도의 모든 미비점을 감사위원회에 서면으로 커뮤니케이션하여야 한다.

정답 및 해설

1) Y, 2) Y, 3) N 1100.63

▶ 1100.5

내부회계관리제도감사에서 감사인의 목적은 다음을 모두 포함한다.

(a) 내부회계관리제도의 효과성에 관한 경영진 평가(내부회계관리제도 운영실태보고서에 포함됨)에 명시된 일자(이하 "평가기준일"이라고 함) 현재 중요한 취약점이 존재하는지 여부에 대한 합리적인 확신을 얻음

(b) 감사인의 발견사항에 근거하여, 이 감사기준서에서 요구하는 바에 따라 내부회계관리제도의 효과성에 대한 의견을 내부회계관리제도 감사보고서에 표명하고 경영진 및 지배기구[외부감사법에 따른 내부회계관리제도감사업무에서는 감사(감사위원회가 설치된 경우에는 감사위원회)를 말한다(외부감사법 제8조 제4항)].

하나 이상의 중요한 취약점이 존재하는 경우 기업의 내부통제는 효과적이라고 간주될 수 없기 때문에, 감사인은 의견표명의 기초를 형성하기 위하여, 평가기준일 현재 중요한 취약점이 존재하는지 여부에 대한 합리적인 확신을 얻기에 충분하고 적합한 증거를 입수하기 위해 계획을 수립하고 감사를 수행하여야 한다. 내부회계관리제도의 중요한 취약점은 재무제표가 중요하게 왜곡표시되지 않더라도 존재할 수 있다.

▶ 1100.63

감사인은 통합감사 중에 시정되었거나 이전에 커뮤니케이션되었으나 아직 시정되지 않은 유의적 미비점과 중요한 취약점을 포함하여, 통합감사 중 식별된 유의적 미비점과 중요한 취약점을 경영진과 지배기구에 서면으로 커뮤니케이션하여야 한다.

Ch 2.3.2	ICFR감사 vs IC평가	1100.11	2016 문제3 물음3 배점 3

주식회사의 외부감사에 관한 법률(이하 '외감법')에 따르면 일정한 요건에 해당하는 회사는 신뢰할 수 있는 회계정보의 작성과 공시를 위하여 내부회계관리제도를 갖추어야 한다. 또한 감사인은 회사의 내부회계관리제도가 적정하게 설계·운영되고 있는지를 검토하고 그 결과를 감사보고서에 첨부하여야 한다.

감사인의 내부회계관리제도 검토와 감사인이 재무제표감사의 일환으로 수행하는 내부통제 평가는 그 업무범위와 성격에 있어 어떠한 차이점이 있는지 서술하시오.

정답 및 해설

FS감사 일환의 IC 평가는 ST 성시범을 결정하기 위한 선택적 성격의 업무이며,
ICFR 감사는 ICFR 설계 및 운영 효과성 그 자체에 대한 합리적 확신에 대한 의견 표명 업무이다.
ICFR 감사의견 표명을 위해서는 고유위험에 근거한 모든 "관련경영진주장"에 대하여 선정된 통제의 효과성에 대한 증거를 입수하여야 하며, FS감사의 IC평가보다 일반적으로 범위가 넓다.

▶ 1100.11
내부회계관리제도에 대하여 전체적으로 의견을 표명하기 위해서는, 감사인은 "모든 관련경영진주장"에 대하여 선정된 통제의 효과성에 대한 증거를 입수하여야 한다. 따라서 재무제표에 대해서만 의견을 표명할 때는 일반적으로 테스트하지 않는 통제의 설계 및 운영 효과성을 테스트하도록 감사인에게 요구된다.

▶ 1100.6(a)
관련경영진주장(relevant assertion). 재무제표의 중요한 왜곡표시를 야기할 왜곡표시 또는 왜곡표시들을 포함할 가능성이 낮지 않은(more than remote) 재무제표 주장. 경영진주장이 "관련경영진주장"인지 여부에 대한 결정은 통제의 효과와 상관없이, "고유위험"에 근거하여야 한다.

Ch 2.3.3	ICFR 개선 OE	1100.43 1100.A66	2023 문제3 물음2 배점 3

(주)A는 주권상장법인으로서 내부회계관리제도감사를 포함한 통합감사 대상이며, 보고기간말은 12월 31일이다.

(주)A는 설계평가 결과 미흡한 통제활동을 다음과 같이 개선하고 내부회계관리제도 운영효과성을 평가하였다.

- 미흡한 통제활동의 설계 개선은 12월 15일에 완료되었다. 개선된 통제활동은 수동통제로서 핵심통제로 분류되며, 통제빈도는 주간 단위이다.
- 개선된 통제활동 관련 거래는 12월 31일까지 2건이 발생하였고, 이후 한국회계법인의 기말감사 현장 착수일인 2월 20일까지 추가로 7건의 거래가 발생하였다.
- (주)A는 해당 통제활동의 빈도가 주간 단위이므로 8건의 거래에 대한 통제 운영효과성 평가가 필요함을 확인하고, 설계 개선 이후부터 한국회계법인의 감사현장 착수일 이전까지 발생한 총 9건의 거래 중 8건을 표본으로 추출하여 운영효과성을 평가하였다.
- (주)A는 상기와 같이 운영효과성을 평가한 결과, 예외사항이 발견되지 않음에 따라 내부회계관리제도 운영상 미비점이 발생하지 않았다고 결론 내렸다.

나 회계사는 (주)A의 내부회계관리제도 운영효과성 평가 결과가 적절하지 않다고 판단하고 있는데, 그 이유가 무엇인지 3줄 이내로 서술하시오.

정답 및 해설

FS일 이전 필요한 TOC표본이 부족(충분한 기간x). FS일 이후분은 차기의 TOC

▶ 1100.43

일정 시점의 내부회계관리제도에 대한 의견을 표명하기 위하여, 감사인은 내부회계관리제도가 충분한 기간 동안 효과적으로 운영되었다는 증거를 입수하여야 한다. 이때, 충분한 기간은 기업의 재무제표의 대상기간인 전체 기간(일반적으로 1년)보다 짧을 수 있다. 감사인은 운영효과성에 대한 충분하고 적합한 감사증거를 얻기 위하여, 평가기준일에 가깝게 통제테스트를 수행하는 것과 충분한 기간에 걸쳐 통제를 테스트할 필요성이 있다는 것 간에 균형을 맞추어야 한다.

▶ 1100.A66

평가기준일 전에, 내부통제의 효과성 또는 효율성을 높이기 위하여 또는 통제미비점에 대처하기 위하여 경영진이 기업의 통제를 변경하여 실행할 수 있다. 만약 감사인이 새로운 통제가 통제 준거기준의 관련 목적을 달성하고 통제테스트를 수행하여 감사인이 새로운 통제의 설계 및 운영 효과성을 평가할 수 있을 정도로 새로운 통제가 충분한 기간 동안 시행되어 왔다고 결정한다면, 감사인은 내부회계관리제도에 대한 의견을 표명할 목적으로 변경 전 통제의 설계 및 운영 효과성을 테스트할 필요가 없을 것이다. 만약 변경 전 통제의 운영효과성이 재무제표감사 시 감사인의 위험평가에 중요하다면, 감사인은 그러한 변경 전 통제의 설계 및 운영 효과성을 적합하게 테스트하여야 한다.

Ch 2.3.4	TOC	1100.38 1100.A50	2023 문제3 물음3 배점 3

(주)A는 주권상장법인으로서 내부회계관리제도감사를 포함한 통합감사 대상이며, 보고기간말은 12월 31일이다.

나 회계사는 한국회계법인의 모집단별 테스트 표본 수에 근거하여 (주)A의 내부회계관리제도 운영효과성을 평가하고 있다.

[모집단별 테스트 표본 수]

통제빈도	일별 상시	일별	주별	월별
표본 수	40	25	8	4

나 회계사가 수행한 다음의 내부통제 운영효과성 평가 절차가 적절한지 여부를 기재하고, 적절하지 않은 경우 그 이유를 3줄 이내로 서술하시오.

(주)A의 업무 활동

- 원재료 구매활동은 수시로 발생한다.
- 자금팀 담당자는 구매부서로부터 전달된 구매요청서, 구매주문서, 검수보고서, 지급결의서와 공급자로부터 받은 세금계산서, 거래명세서를 비교 검증한다.
- 자금팀 담당자는 지급결의서상 거래처 및 계좌번호가 시스템에 입력된 내역과 일치하는지 여부를 확인하고, 자금이체신청서를 작성하여 자금팀장에게 승인을 요청한다.
- 전결권자가 자금이체신청서를 승인하면 거래처에 자금이체가 실행된다.

나 회계사의 운영효과성 테스트 내역

- 나 회계사는 1월부터 12월까지 원재료 매입 중 지급된 목록을 입수하여 40개의 표본을 선정하고, 구매주문서, 세금계산서, 자금이체내역상 금액이 일치하는지 문서검사하였다.

정답 및 해설

TOC대상은 CA임. CA인 검토/승인 여부에 대한 OE테스트(질문, 관찰, 문서검사, 재수행의 결합)를 하여야 함.

▶ 1100.38

감사인은 통제가 설계된 대로 운영되는지 여부와 통제를 수행하는 사람이 통제를 효과적으로 수행하는 데 필요한 권한과 적격성을 갖추었는지 여부를 결정하여 통제의 운영효과성을 테스트하여야 한다.

▶ 1100.A50

운영효과성을 테스트하기 위해 수행되는 절차는 적합한 기업 담당자에 대한 질문, 특정 통제의 운영에 대한 관찰, 관련 문서의 검사 그리고 통제의 재수행의 결합으로 이루어질 수 있다. 그러나, 질문만으로는 그러한 목적을 달성하기에 충분하지 않다.

▶ 1100.11

내부회계관리제도에 대하여 전체적으로 의견을 표명하기 위해서는, 감사인은 모든 "관련경영진주장"에 대하여 선정된 통제의 효과성에 대한 증거를 입수하여야 한다. 따라서 재무제표에 대해서만 의견을 표명할 때는 일반적으로 테스트하지 않는 통제의 설계 및 운영 효과성을 테스트하도록 감사인에게 요구된다.

▶ 1100.12

감사인은 재무제표감사와 관련하여 평가된 통제위험의 수준이나 평가된 중요왜곡표시위험에 관계없이, 모든 관련경영진주장에 대하여 실증절차를 수행하여야 한다. 내부회계관리제도에 대한 의견을 표명하기 위한 절차를 수행한 경우에도 이 요구사항을 경감시키지 않는다.

▶ 1100.6(a)

관련경영진주장(relevant assertion). 재무제표의 중요한 왜곡표시를 야기할 왜곡표시 또는 왜곡표시들을 포함할 가능성이 낮지 않은(more than remote) 재무제표 주장. 경영진주장이 "관련경영진주장"인지 여부에 대한 결정은 통제의 효과와 상관없이, "고유위험"에 근거하여야 한다.

Ch 2.3.5	ICFR감사: 통합감사	1100.22 1100.A63 1100.39 1100.37, 1100.43	2019 문제5 물음1 배점 2

Y회계법인은 최고(주)의 2019년(1.1.~12.31.) 재무제표 감사를 수행하고 있다. 최고(주)는 유가증권시장 상장기업이며 자산총액 2조 원 이상 회사이므로 Y회계법인은 2019년부터 내부회계관리제도 감사를 동시에 수행하여야 한다.

Y회계법인의 업무수행이사와 현장책임회계사는 재무제표 감사와 내부회계관리제도 감사 각각의 목적을 동시에 달성할 수 있도록 통합감사를 계획하고 있다.

현장책임회계사는 통합감사를 수행하기 위해서 다음과 같이 전반적인 감사계획을 수립하였다.

가. 내부회계관리제도 감사와 재무제표 감사에서 사용할 중요성 금액은 각각의 목적을 고려하여 다르게 설정하기로 계획하였다.

나. 내부회계관리제도 감사를 위해서 재무제표에 대해서만 의견을 표명할 때와 달리 더 많은 통제의 설계 및 운영효과성에 대한 테스트를 수행하기로 계획하였다.

다. 테스트할 통제의 위험이 증가할수록 감사증거의 충분성과 적합성도 증가하도록 계획하였다.

라. 설계효과성 테스트 시 해당 통제가 통제목적을 충족하고 재무제표의 중요한 왜곡표시를 초래할 수 있는 부정이나 오류로 인한 왜곡표시를 효과적으로 예방하거나 발견 · 수정할 수 있는지를 테스트할 예정이다.

마. 운영효과성 테스트 시 평가기준일(12월 31일)에 가깝게 테스트하는 통제와 회계기간(1.1.~12.31.)에 걸쳐 테스트하는 통제로 구분하지 않고, 모두 회계기간에 걸쳐 테스트하기로 계획하였다.

상기 감사계획(가~마)별로 수정되어야 할 사항이 있다면 그 내용을 기술하고, 없으면 "없음"이라고 기술하시오.

정답 및 해설

가. 동일한 중요성을 사용해야
나. 없음. 다. 없음. 라. 없음.
마. 평가기준일에 가까운 TOC와 충분한 기간에 걸친 TOC 간에 균형을 맞춰야

▶ 1100.22
감사인은 내부회계관리제도감사와 재무제표감사의 계획수립과 수행을 위해 동일한 중요성을 사용하여야 한다.

▶ 1100.A63
내부회계관리제도감사에서 통제테스트의 목적은 기업의 내부회계관리제도에 대한 감사의견을 뒷받침하기 위해 통제의 효과성에 대한 증거를 입수하는 것이다. 감사의견은 일정 시점의 그리고 전체적인 기업의 내부회계관리제도의 효과성과 관련된다.
따라서, 내부회계관리제도감사에서는 재무제표에 대해서만 의견을 표명할 때는 테스트하지 않는 통제의 설계 및 운영효과성에 대한 테스트가 수반될 수 있다. 그러나, 내부회계관리제도감사뿐 아니라 재무제표감사를 수행할 때에도, 감사인은 누락되거나 미비할 경우에 재무제표의 중요한 왜곡표시를 발생시킬 가능성이 낮지 않은(more than remote) 통제에 주의를 기울인다.

▶ 1100.39
테스트되고 있는 통제와 연관된 위험이 증가할수록, 감사인이 입수해야 할 증거의 충분성과 적합성도 증가하여야 한다.

▶ 1100.37
기업의 통제가 통제를 효과적으로 수행하는 데 필요한 권한과 적격성을 보유한 사람에 의해 규정된 대로 운영되는 경우, 감사인은 해당 통제가 기업의 통제목적을 충족하고 재무제표의 중요한 왜곡표시를 초래할 수 있는 부정이나 오류로 인한 왜곡표시를 효과적으로 예방하거나 발견 및 수정할 수 있는지 여부를 결정하여 통제의 설계효과성을 테스트하여야 한다.

▶ 1100.43
일정 시점의 내부회계관리제도에 대한 의견을 표명하기 위하여, 감사인은 내부회계관리제도가 충분한 기간 동안 효과적으로 운영되었다는 증거를 입수하여야 한다. 이때, 충분한 기간은 기업의 재무제표의 대상기간인 전체 기간(일반적으로 1년)보다 짧을 수 있다. 감사인은 운영효과성에 대한 충분하고 적합한 감사증거를 얻기 위하여, 평가기준일에 가깝게 통제테스트를 수행하는 것과 충분한 기간에 걸쳐 통제를 테스트할 필요성이 있다는 것 간에 균형을 맞추어야 한다.

Ch 2.3.6	통제 미비점(왜곡표시)	265.6 1100.6 330.16 330.A40	2020 문제6 물음4 배점 3

W회계법인은 식료품을 생산하는 L(주)의 20X1년 재무제표와 내부회계관리제도에 대한 통합감사를 최초로 수행하고 있다. L(주)는 20X2년 1월 25일 증권선물위원회에 20X1년 재무제표를 사전제출하였다. W회계법인은 기말감사 기간 중 다음과 같은 조정사항을 반영하여 수정된 재무제표를 L(주)로부터 추가로 제시받았다.

① 성과급: 이사회에서 20X2년 2월 10일에 임직원에 대한 20X1년분 성과급을 최종 확정함에 따라, 최초 비용인식액 대비 50억 원을 추가로 인식하였다. 이사회에서 정하는 상여금 지급률은 사전 예측이 어려워, L(주)의 통제기술서에는 사전재무제표 제출 이후 성과급 확정시점에 관련 통제를 수행하는 것으로 설계되어 있다.

② 지분법 조정: L(주)의 관계기업인 S(주)가 외부감사인의 수정권고사항을 받아들여 재무제표를 20X2년 2월 9일에 수정하면서, L(주)는 최초로 수령하였던 S(주) 재무정보와의 차이 30억 원을 지분법손실로 추가 반영하였다.

③ 소송사건종결: 20X2년 2월 5일 W회계법인이 회수한 변호사 조회서에, L(주)가 유럽에서 피소된 소송에서 20X2년 1월 5일에 최종 패소하였다고 기재되었다. L(주)는 W회계법인의 수정권고를 받아들여 25억 원의 충당부채를 추가로 반영하였으며, 이 외에 L(주)가 피소되어 계류 중인 다른 소송은 없었다.

감사의견 형성 시 사용되는 중요성 금액이 40억 원일 경우, ①~③ 항목의 통제미비점 해당 여부, 통제미비점에 해당한다면 그 통제미비점의 종류와 판단 사유를 다음 양식에 따라 서술하시오(단, '통제미비점의 종류'란에는 '미비점', '유의적 미비점', '중요한 취약점' 중의 하나를 기재함).

정답 및 해설

① X ② X ③ O 유의적 미비점 (SD) 1/25 사전제출 전에 소송결과 확정되었으나, 반영 통제 부족.

- 감사기준에서 사용하는 용어의 정의는 다음과 같다.

(a) 내부통제의 미비점 – 이는 다음의 경우에 존재한다.
  (i) 어떠한 통제가 재무제표의 왜곡표시를 적시에 예방 또는 발견 및 수정할 수 없게 설계, 실행 또는 운영되는 경우
  (ii) 재무제표의 왜곡표시를 적시에 예방 또는 발견 및 수정하기 위해 필요한 통제가 누락된 경우

(b) 유의적 내부통제 미비점 – 감사인의 전문가적 판단에 따라, 지배기구가 주의를 기울일 만큼 충분히 중요하다고 판단되는 내부통제의 미비점 또는 미비점들의 결합

- 중요한 취약점(Material weakness). 내부회계관리제도 미비점 혹은 미비점들의 결합으로, 기업의 연차재무제표 또는 중간재무제표의 중요한 왜곡표시가 적시에 예방되거나 발견 · 수정되지 못할 가능성이 낮지 않은(more than remote) 경우에 존재한다.
- 감사인은 관련 통제의 운영효과성을 평가할 때, 실증절차에서 발견된 왜곡표시가 통제가 효과적으로 운영되지 않고 있음을 나타내는 것인지 여부를 평가하여야 한다. 그러나 실증절차에서 왜곡표시가 발견되지 않았다고 하여 테스트 중인 경영진주장과 관련된 통제가 효과적이라는 감사증거를 제공하는 것은 아니다.
- 감사인의 절차에 의해 발견된 중요한 왜곡표시는 내부통제에 유의적 미비점이 있다는 강한 징후가 된다.
- 내부회계관리제도감사는 일반적으로 지분법으로 회계처리하는 피투자회사(관계기업, 공동기업 및 별도재무제표에서 지분법으로 회계처리하는 종속기업)의 통제로 확대되지 않는다.

▶ 265.6

감사기준에서 사용하는 용어의 정의는 다음과 같다.

(a) 내부통제의 미비점 – 이는 다음의 경우에 존재한다.
  (i) 어떠한 통제가 재무제표의 왜곡표시를 적시에 예방 또는 발견 및 수정할 수 없게 설계, 실행 또는 운영되는 경우
  (ii) 재무제표의 왜곡표시를 적시에 예방 또는 발견 및 수정하기 위해 필요한 통제가 누락된 경우

(b) 유의적 내부통제 미비점 – 감사인의 전문가적 판단에 따라, 지배기구가 주의를 기울일 만큼 충분히 중요하다고 판단되는 내부통제의 미비점 또는 미비점들의 결합

▶ 1100.6

이 감사기준에서 사용하는 용어의 정의는 다음과 같다.

(a) 관련경영진주장(relevant assertion). 재무제표의 중요한 왜곡표시를 야기할 왜곡표시 또는 왜곡표시들을 포함할 가능성이 낮지 않은(more than remote) 재무제표 주장. 경영진주장이 관련경영진주장인지 여부에 대한 결정은 통제의 효과와 상관없이, 고유위험에 근거하여야 한다.

(b) 내부회계관리제도(Internal control over financial reporting). 기업의 재무제표가 해당 재무보고체계에 따라 신뢰성 있게 작성되었는지에 대한 합리적인 확신을 제공하기 위해 설계되어, 지배기구, 경영진 및 그 밖에 다른 직원에 의해 시행되는 프로세스로서 다음 내용의 정책과 절차를 포함한다.

(i) 기업 자산의 거래와 처분을 합리적으로 상세하게 그리고 정확하고 공정하게 반영하는 기록의 유지와 관련됨

(ii) 해당 재무보고체계에 따른 재무제표의 작성을 위하여 필요에 맞게 거래가 기록되고, 경영진과 지배기구의 승인에 의해서만 기업의 수입과 지출이 이루어지고 있다는 합리적인 확신을 제공함

(iii) 재무제표에 중요한 영향을 미칠 수 있는 기업 자산의 승인되지 않은 취득, 사용 또는 처분을 예방하거나 적시에 발견・수정하는 것에 대한 합리적인 확신을 제공함

내부회계관리제도는 고유한계를 가지고 있다. 내부회계관리제도는 인간의 성실성과 준법성이 관련되는 프로세스이며, 인적 오류로 인하여 판단 착오가 발생하거나 와해될 수 있다. 또한 공모 또는 부적절한 경영진의 통제무력화로 내부회계관리제도를 우회할 수 있다. 이러한 한계 때문에, 내부회계관리제도에 의해 중요한 왜곡표시가 적시에 예방되거나 발견・수정되지 못할 위험이 존재한다. 그러나, 이 고유한계는 재무보고 프로세스의 잘 알려진 특성이다. 따라서, 프로세스 내에 안전장치를 설계함으로써 이러한 위험을 제거할 수는 없지만, 줄일 수는 있다.

(c) 내부회계관리제도감사(Audit of Internal control over financial reporting). 기업의 내부회계관리제도의 설계 및 운영 효과성에 대한 감사

(d) 내부회계관리제도에 대한 경영진 평가(Management's assessment about internal control over financial reporting). 적합하고 이용 가능한 준거기준에 기초하여 기업의 내부회계관리제도의 효과성에 대해 경영진이 내린 결론. 경영진 평가는 내부회계관리제도 운영실태보고서에 포함된다.

(e) 예방통제(Preventive control). 재무제표의 왜곡표시를 초래할 수 있는 오류나 부정을 예방하는 목적을 가진 통제

(f) 유의적인 거래유형, 계정잔액 및 공시(significant class of transaction, account balance or disclosure). 과대표시와 과소표시 위험을 모두 고려하여, 거래유형, 계정잔액 및 공시가, 개별적으로 또는 집합적으로, 재무제표에 중요한 영향을 미치는 왜곡표시를 포함할 가능성이 낮지 않은(more than remote) 경우의 거래유형, 계정잔액 및 공시. 거래유형, 계정잔액 및 공시가 유의적인지 여부에 대한 결정은 통제의 효과와 상관없이, 고유위험에 근거하여야 한다.

(g) 적발통제(Detective control). 이미 발생하여 이로 인해 재무제표의 왜곡표시를 가져올 것으로 예상되는 경우 해당 오류나 부정을 발견하고 수정하는 목적을 가진 통제

(h) 준거기준(Criteria). 인증대상을 측정하거나 평가하는 데 사용되는 기준

(i) 중요한 취약점(Material weakness). 내부회계관리제도 미비점 혹은 미비점들의 결합으로, 기업의 연차재무제표 또는 중간재무제표의 중요한 왜곡표시가 적시에 예방되거나 발견・수정되지 못할 가능성이 낮지 않은(more than remote) 경우에 존재한다. 내부회계관리제도 미비점과 유의적 미비점의 용어의 정의에 대한 설명은 문단 A7에 포함되어 있다.

(j) 통제목적(Control objective). 통제의 목표 또는 목적. 통제목적은 통제가 완화하고자 하는 위험에 대처하는 것이다. 내부회계관리제도의 상황에서, 통제목적은 일반적으로 유의적인 거래유형, 계정잔액 및 공시에 대한 관련경영진주장과 관련되어 있으며 특정 영역의 통제가 관련경영진주장의 왜곡표시 또는 누락을 적시에 예방하거나 발견・수정한다는 합리적인 확신을 제공하지 못할 위험에 대처한다.

▶ 330.16

감사인은 관련 통제의 운영효과성을 평가할 때, 실증절차에서 발견된 왜곡표시가 통제가 효과적으로 운영되지 않고 있음을 나타내는 것인지 여부를 평가하여야 한다. 그러나 실증절차에서 왜곡표시가 발견되지 않았다고 하여 테스트 중인 경영진주장과 관련된 통제가 효과적이라는 감사증거를 제공하는 것은 아니다.

▶ 330.A40

감사인의 절차에 의해 발견된 중요한 왜곡표시는 내부통제에 유의적 미비점이 있다는 강한 징후가 된다.

Ch 2.3.7	통제 미비점 평가	1100.A74	2020 문제6 물음5 배점 3

내부회계관리제도 감사를 수행하고 있는 W회계법인은 발견된 통제미비점이 중요한 취약점에 해당되는지 여부에 대한 평가를 수행하고 있다. 통제미비점의 심각성을 평가하는 데 영향을 미치는 요소 두 가지를 서술하시오.

정답 및 해설

▶ 1100.A74

내부회계관리제도 미비점 혹은 미비점들의 결합의 심각성은 다음에 따라 달라진다.

- 미비점 혹은 미비점들로부터 초래되는 잠재적 왜곡표시의 크기
- 기업의 통제가 거래유형, 계정잔액이나 공시의 왜곡표시의 예방 또는 발견·수정에 실패할 가능성이 낮지 않은지 (more than remote) 여부

미비점의 심각성은 왜곡표시가 실제로 발생하였는지 여부가 아니라, 오히려 기업의 통제가 왜곡표시를 예방 또는 발견·수정에 실패할 가능성이 낮지 않은지(more than remote) 여부로 결정된다.
감사인이 통합감사를 수행하는 동안에 왜곡표시를 식별하지 않았다고 하더라도 중요한 취약점은 존재할 수 있다.
중요한 취약점의 지표는 A83에 기술되어 있다.

▶ 1100.A82

내부회계관리제도의 중요한 취약점을 나타내는 지표는 다음을 포함한다.

- 고위 경영진이 저지른 부정을 식별함(부정이 중요한지 여부는 관계없음). 여기서 고위 경영진은 대표이사, 재무담당 임원, 그 밖에 기업의 재무보고프로세스에 유의적인 역할을 하는 다른 고위 경영진을 포함한다.
- 부정이나 오류로 인한 중요한 왜곡표시의 수정을 반영하기 위해 이전에 발행된 재무제표를 재작성함
- 재무제표의 중요한 왜곡표시가 기업의 내부회계관리제도에 의해 발견·수정되지 못하였을 상황에서 감사 중 감사인에 의해 해당 왜곡표시가 식별됨
- 기업의 재무보고 및 내부회계관리제도에 대한 지배기구의 감시가 효과적이지 않음

Ch 2.3.8	ICFR 미비점	265.9~10 1100.63	2019 문제5 물음3 배점 3

업무수행이사와 현장책임회계사는 "회계감사기준서 1100(내부회계관리제도의 감사)"에 따라서 내부회계관리제도 감사 중 발견된 미비점, 유의적 미비점, 중요한 취약점을 경영진 및 지배기구와 커뮤니케이션을 수행하여야 한다. 커뮤니케이션 대상별로 보고하여야 할 미비점의 종류를 모두 기재하시오.

〈미비점의 종류〉 ① 미비점, ② 유의적 미비점, ③ 중요한 취약점

〈커뮤니케이션 대상〉 (①, ②, ③ 중 해당되는 사항 모두 선택) (1) 경영진: (2) 지배기구:

정답 및 해설

(1) 경영진: ① 미비점, ② 유의적 미비점, ③ 중요한 취약점
(2) 지배기구: ② 유의적 미비점, ③ 중요한 취약점

▶ 265.9

감사인은 감사 중에 식별된 유의적 내부통제 미비점들을 지배기구에 적시에 서면으로 커뮤니케이션하여야 한다.

▶ 265.10

감사인은 적합한 수준의 책임을 가진 경영진에게 다음과 같은 사항들을 적시에 커뮤니케이션하여야 한다.

(a) 해당 상황에서 경영진에게 직접 커뮤니케이션하는 것이 부적합하지 않는 한, 감사인이 지배기구에 커뮤니케이션하였거나 커뮤니케이션하려는 유의적 내부통제 미비점들을 경영진과 서면으로 커뮤니케이션함

(b) 감사 중에 식별된 내부통제의 기타 미비점들로서 다른 관계자가 경영진에게 커뮤니케이션하지 않았고, 감사인의 전문가적 판단에 따라, 경영진이 주의를 기울일 만큼 충분한 중요성이 있다고 판단되는 미비점들을 경영진과 커뮤니케이션함

▶ 1100.63

감사인은 통합감사 중에 시정되었거나 이전에 커뮤니케이션되었으나 아직 시정되지 않은 유의적 미비점과 중요한 취약점을 포함하여, 통합감사 중 식별된 유의적 미비점과 중요한 취약점을 경영진과 지배기구에 서면으로 커뮤니케이션하여야 한다.

Ch 2.4.1	ICFR 감사의견	265.6, 1100.6, 1100.73 100.77, 1100.78	2019 문제5 물음4 배점 3

현장책임회계사는 내부회계관리제도를 감사한 결과 유의적 미비점(1개)을 발견하였으나 최고(주)의 경영진은 내부회계관리제도 운영실태보고서에 동 유의적 미비점의 내용을 별첨에 기재하지 않았다. 또한, 감사과정에서 업무범위의 제한은 없었다. 이러한 상황에서 업무수행이사와 감사팀이 내부회계관리제도에 대해서 최종적으로 표명할 [A] 감사의견과 [B] 그 이유를 기재하시오.

정답 및 해설

(A) 적정의견 (B) ICFR 감사 목적은 중요한 취약점 존재여부에 대한 합리적 확신을 얻어 의견 표명하는 것. ⓐ 업무범위 제한 없었고, ⓑ 유의적 미비점은 의견 영향X, ⓒ 운영실태 보고서 불완전 표시는 의견영향X & 기타사항문단 포함 사항.

▶ 265.6

감사기준에서 사용하는 용어의 정의는 다음과 같다.

(a) 내부통제의 미비점 – 이는 다음의 경우에 존재한다.

- (i) 어떠한 통제가 재무제표의 왜곡표시를 적시에 예방 또는 발견 및 수정할 수 없게 설계, 실행 또는 운영되는 경우
- (ii) 재무제표의 왜곡표시를 적시에 예방 또는 발견 및 수정하기 위해 필요한 통제가 누락된 경우

(b) 유의적 내부통제 미비점 – 감사인의 전문가적 판단에 따라, 지배기구가 주의를 기울일 만큼 충분히 중요하다고 판단되는 내부통제의 미비점 또는 미비점들의 결합

▶ 1100.6

이 감사기준에서 사용하는 용어의 정의는 다음과 같다.

(a) 관련경영진주장(relevant assertion). 재무제표의 중요한 왜곡표시를 야기할 왜곡표시 또는 왜곡표시들을 포함할 가능성이 낮지 않은(more than remote) 재무제표 주장. 경영진주장이 관련경영진주장인지 여부에 대한 결정은 통제의 효과와 상관없이, 고유위험에 근거하여야 한다.

(b) 내부회계관리제도(Internal control over financial reporting). 기업의 재무제표가 해당 재무보고체계에 따라 신뢰성 있게 작성되었는지에 대한 합리적인 확신을 제공하기 위해 설계되어, 지배기구, 경영진 및 그 밖에 다른 직원에 의해 시행되는 프로세스로서 다음 내용의 정책과 절차를 포함한다.

- (i) 기업 자산의 거래와 처분을 합리적으로 상세하게 그리고 정확하고 공정하게 반영하는 기록의 유지와 관련됨
- (ii) 해당 재무보고체계에 따른 재무제표의 작성을 위하여 필요에 맞게 거래가 기록되고, 경영진과 지배기구의 승인에 의해서만 기업의 수입과 지출이 이루어지고 있다는 합리적인 확신을 제공함
- (iii) 재무제표에 중요한 영향을 미칠 수 있는 기업 자산의 승인되지 않은 취득, 사용 또는 처분을 예방하거나 적시에 발견・수정하는 것에 대한 합리적인 확신을 제공함

내부회계관리제도는 고유한계를 가지고 있다. 내부회계관리제도는 인간의 성실성과 준법성이 관련되는 프로세스이며, 인적 오류로 인하여 판단 착오가 발생하거나 와해될 수 있다. 또한 공모 또는 부적절한 경영진의 통제무력화로 내부회계관리제도를 우회할 수 있다. 이러한 한계 때문에, 내부회계관리제도에 의해 중요한 왜곡표시가 적시에 예방되거나 발견·수정되지 못할 위험이 존재한다. 그러나, 이 고유한계는 재무보고 프로세스의 잘 알려진 특성이다. 따라서, 프로세스 내에 안전장치를 설계함으로써 이러한 위험을 제거할 수는 없지만, 줄일 수는 있다.

(c) 내부회계관리제도감사(Audit of Internal control over financial reporting). 기업의 내부회계관리제도의 설계 및 운영 효과성에 대한 감사

(d) 내부회계관리제도에 대한 경영진 평가(Management's assessment about internal control over financial reporting). 적합하고 이용 가능한 준거기준에 기초하여 기업의 내부회계관리제도의 효과성에 대해 경영진이 내린 결론. 경영진 평가는 내부회계관리제도 운영실태보고서에 포함된다.

(e) 예방통제(Preventive control). 재무제표의 왜곡표시를 초래할 수 있는 오류나 부정을 예방하는 목적을 가진 통제

(f) 유의적인 거래유형, 계정잔액 및 공시(significant class of transaction, account balance or disclosure)(감사기준서 330에서 사용되는 "중요한(material) 거래유형, 계정잔액 및 공시"와 동일한 의미임). 과대표시와 과소표시 위험을 모두 고려하여, 거래유형, 계정잔액 및 공시가, 개별적으로 또는 집합적으로, 재무제표에 중요한 영향을 미치는 왜곡표시를 포함할 가능성이 낮지 않은(more than remote) 경우의 거래유형, 계정잔액 및 공시. 거래유형, 계정잔액 및 공시가 유의적인지 여부에 대한 결정은 통제의 효과와 상관없이, 고유위험에 근거하여야 한다.

(g) 적발통제(Detective control). 이미 발생하여 이로 인해 재무제표의 왜곡표시를 가져올 것으로 예상되는 경우 해당 오류나 부정을 발견하고 수정하는 목적을 가진 통제

(h) 준거기준(Criteria). 인증대상을 측정하거나 평가하는 데 사용되는 기준

(i) 중요한 취약점(Material weakness). 내부회계관리제도 미비점 혹은 미비점들의 결합으로, 기업의 연차재무제표 또는 중간재무제표의 중요한 왜곡표시가 적시에 예방되거나 발견·수정되지 못할 가능성이 낮지 않은(more than remote) 경우에 존재한다. 내부회계관리제도 미비점과 유의적 미비점의 용어의 정의에 대한 설명은 문단 A7에 포함되어 있다.

(j) 통제목적(Control objective). 통제의 목표 또는 목적. 통제목적은 통제가 완화하고자 하는 위험에 대처하는 것이다. 내부회계관리제도의 상황에서, 통제목적은 일반적으로 유의적인 거래유형, 계정잔액 및 공시에 대한 관련경영진주장과 관련되어 있으며 특정 영역의 통제가 관련경영진주장의 왜곡표시 또는 누락을 적시에 예방하거나 발견·수정한다는 합리적인 확신을 제공하지 못할 위험에 대처한다.

▶ 1100.73

평가기준일 현재에 개별적으로 혹은 결합적으로 하나 이상의 중요한 취약점이 존재한다면, 감사인은 업무 범위에 대한 제한이 없는 한, 내부회계관리제도에 대해 부적정의견을 표명하여야 한다.

▶ 1100.77

만약 문단 59에 기술된 내부회계관리제도 운영실태보고서의 필수 구성요소가 불완전하거나 부적절하게 표시되어 있다고 감사인이 결정하고, 경영진이 이를 수정하지 않는다면, 감사인은 내부회계관리제도 감사보고서를 변형하여 해당 결정의 사유를 기술하는 기타사항문단을 포함하여야 한다. 만약 감사인이 중요한 취약점에 대하여 요구된 공시가 중요성의 관점에서 공정하게 표시되지 않았다고 결정한다면, 감사인은 문단 75의 요구사항을 적용하여야 한다.

▶ 1100.78

감사인은 감사업무 범위에 대한 제한이 없는 경우에만 내부회계관리제도의 효과성에 대한 의견을 형성할 수 있다. 만약 통합감사 업무를 수임한 후에, 내부회계관리제도감사의 업무범위에 대한 제한이 있다면, 감사인은 법규에 의해 가능한 경우 통합감사 계약을 해지하거나 내부회계관리제도에 대한 의견을 거절하여야 하고, 재무제표 감사에 미치는 영향을 고려하여야 한다.

Ch 3.1	반기검토OX	검토준칙 20 검토준칙 36, 검토준칙 49	2015 문제8 물음1 배점 6

「자본시장과 금융투자업에 관한 법률」에서는 주권상장법인의 중간재무제표에 대해 감사인의 검토를 받도록 규정하고 있다. 중간재무제표에 대한 검토업무는 감사보다는 낮은 수준의 확신인 소극적 확신을 제공한다.

다음은 감사인의 재무제표 검토업무에 대한 설명이다. 다음 중 적절하지 않은 항목 3가지를 지적하고 항목별 올바른 내용으로 수정하여 서술하시오.

(1) 감사업무와 동일하게 검토업무 수행 시에도 감사인의 독립성은 반드시 만족되어야 한다.
(2) 일반적으로 검토업무에서는 검사, 관찰 또는 조회를 통한 계정잔액 테스트가 요구되지 않는다.
(3) 검토업무는 소극적 확신을 제공하므로 적극적 확신을 제공하는 감사업무에 비해 중요성 기준을 완화하여 적용한다.
(4) 감사인은 검토보고서일 후에 발생된 후속사건을 확인하는 다른 절차를 수행할 필요는 없다.
(5) 검토업무는 감사를 실시한 것이 아니므로 경영진의 서면진술을 반드시 입수할 필요는 없다.
(6) 감사인은 업무의 편의와 효율을 위하여 연간재무제표에 대한 특정 감사절차를 중간재무제표에 대한 검토절차와 동시에 수행할 수 있다.
(7) 검토의견의 종류는 감사의견과 달리 적정의견과 부적정의견 두 가지만 존재한다.

정답 및 해설

(3) 검토업무도 중요성기준은 감사와 동일하게 고려
(5) 검토업무도 경영진 서면진술 반드시 입수
(7) 검토의견의 종류는 감사와 동일: 적정, 한정, 부적정, 의견거절 모두 존재

▶ 분반기재무제표 검토준칙 20.
감사인은 검토업무 수행 시에도 재무제표에 대한 감사의견 표명 시 적용하였을 중요성에 관한 사항을 동일하게 고려하여야 한다. 감사와 비교할 경우 검토업무는 왜곡표시를 발견하지 못할 위험이 더욱 크다. 그러므로 감사인은 보고해야 하는 정보와 이런 정보를 신뢰하고 이용하는 측의 요구에 의거하여 무엇이 중요한 것인지를 판단해야 하며, 검토업무라고 하여 감사업무 수행 시에 비하여 중요성의 판단기준을 완화해서는 안 된다.

▶ 분반기재무제표 검토준칙 36.
감사인은 경영진으로부터 다음과 같은 내용이 포함된 서면진술을 입수하여야 한다. 다만 (3)의 경우 경영진은 수정반영하지 아니한 사항들을 요약하여 서면진술에 기재하거나 별도로 첨부하여야 한다.
(1) 경영진은 부정과 오류의 예방과 적발을 위한 내부통제제도를 수립하고 운영할 책임이 있다는 사실을 인정함
(2) 중간재무제표는 회계처리기준에 따라 작성·표시되었음
(3) 경영진은 감사인이 집계하여 제시한 중간재무제표의 왜곡표시 중 회사가 이를 수정반영하지 않은 사항들은 그 개별금액 또는 합계금액의 영향이 재무제표 전체적으로 중요하지 않다고 믿음
(4) 경영진은 회사에 영향을 미칠 수 있는 부정이나 부정으로 의문시되는 사항으로서 경영진이 알고 있는 유의적 사실들을 감사인에게 모두 공개하였음
(5) 경영진은 부정으로 인해 중간재무제표가 중요하게 왜곡표시될 수 있는 위험의 평가결과를 감사인에게 공개하였음
(6) 경영진은 중간재무제표의 작성 시 그 영향을 고려해야 할 법규 위반이나 그 위반가능성이 있는 사항으로서 경영진이 알고 있는 것을 감사인에게 모두 공개하였음
(7) 경영진은 재무상태표일 후 검토보고서일까지 발생된 사건으로서 중간재무제표의 수정이나 공시를 요하는 유의적인 사건을 감사인에게 모두 공개하였음

▶ 분반기재무제표 검토준칙 49.
중간재무제표가 중요성의 관점에서 회계처리기준에 따라 표시되기 위해 중요한 수정이 필요하다는 사실을 알게 된 경우, 감사인은 한정의견 또는 부적정의견을 표명해야 한다.

「자본시장과 금융투자업에 관한 법률」에서는 주권상장법인의 중간재무제표에 대해 감사인의 검토를 받도록 규정하고 있다. 중간재무제표에 대한 검토업무는 감사보다는 낮은 수준의 확신인 소극적 확신을 제공한다.
다음은 적정의견이 표명된 검토보고서의 일부 내용이다. 다음 (①)20X(③)에 들어갈 적절한 용어나 표현을 기재하시오.
반기재무제표에 대한 검토보고서
(적절한 수신인)
검토대상 재무제표
-생략 -
재무제표에 대한 경영진의 책임
-생략 -
감사인의 책임
본인의 책임은 상기 재무제표에 대하여 검토를 실시하고 이를 근거로 이 재무제표에 대하여 검토결과를 보고하는 데 있습니다.
본인은 (①)에 따라 검토를 실시하였습니다. 이 기준은 본인이 재무제표가 중대하게 왜곡표시되지 아니하였다는 것에 관해 보통수준의 확신을 얻도록 검토를 계획하고 실시할 것을 요구하고 있습니다. 검토는 주로 질문과 (②)에 의거 수행되므로 감사보다는 낮은 수준의 확신을 제공합니다. 본인은 감사를 실시하지 아니하였으므로 감사의견을 표명하지 아니합니다.
검토의견
본인의 검토결과 상기 재무제표가 회계처리기준에 따라 중요성의 관점에서 (③).
서울특별시 OO구 OO동 OO로 OO
X회계법인 대표이사 김 O O (인)
20X1년 OO월 OO일

정답 및 해설

① 분반기재무제표 검토준칙
② 분석적 절차
③ 공정하게 표시하지 않은 사항이 발견되지 아니하였습니다.

▶ 분반기재무제표 검토준칙 9
검토는 중간재무제표가 중요하게 왜곡표시되지 아니하였다는 점과 관련하여 감사와 같은 합리적 수준의 확신을 얻도록 설계되지는 않는다. 검토는 주로 재무 및 회계담당자에 대한 질문, 분석적 절차 및 기타 검토절차로 구성된다. 검토에서도 중간재무제표에 영향을 미치는 유의적인 문제들이 도출될 수 있으나, 감사에서 요구되는 것과 같은 모든 증거를 제공하는 것은 아니다.

▶ 반기재무제표에 대한 검토보고서
(적절한 수신인)

검토대상 재무제표
본인은 별첨된 XX 주식회사의 반기재무제표를 검토하였습니다. 동 재무제표는 20X1년 6월 30일 현재의 재무상태표, 동일로 종료되는 3개월 및 6개월 보고기간의 손익계산서, 6개월 보고기간의 자본변동표 및 현금흐름표 그리고 유의적 회계정책에 대한 요약과 기타의 서술정보로 구성되어 있습니다.

재무제표에 대한 경영진의 책임

경영진은 회계처리기준에 따라 이 재무제표를 작성하고 공정하게 표시할 책임이 있으며, 부정이나 오류에 의한 중요한 왜곡표시가 없는 재무제표를 작성하는 데 필요하다고 결정한 내부통제에 대해서도 책임이 있습니다.

감사인의 책임

본인의 책임은 상기 재무제표에 대하여 검토를 실시하고 이를 근거로 이 재무제표에 대하여 검토결과를 보고하는 데 있습니다.

본인은 분반기재무제표 검토준칙에 따라 검토를 실시하였습니다. 이 기준은 본인이 재무제표가 중대하게 왜곡표시되지 아니하였다는 것에 관해 보통수준의 확신을 얻도록 검토를 계획하고 실시할 것을 요구하고 있습니다. 검토는 주로 질문과 분석적 절차에 의거 수행되므로 감사보다는 낮은 수준의 확신을 제공합니다. 본인은 감사를 실시하지 아니하였으므로 감사의견을 표명하지 아니합니다.

검토의견

본인의 검토결과 상기 재무제표가 회계처리기준에 따라 중요성의 관점에서 공정하게 표시하지 않은 사항이 발견되지 아니하였습니다.

서울특별시 구 로 XX
××회계법인
대표이사 ×××(인)
20×1년 ×월 ×일

Ch 3.3	중간FS 검토	분반기FS검토준칙	2023 문제2 물음5 배점 3

주권상장법인 등은 「자본시장과 금융투자업에 관한 법률」에 따라 분·반기재무제표를 제출하여야 한다. 다음은 주권상장법인 중간재무제표 검토에 대한 설명이다. 각 항목별로 설명이 적절한지 여부를 기재하고, 적절하지 않은 경우 그 이유를 서술하시오.

① 중간재무제표 검토의 업무수행기준은 회계감사기준이다.
② 중간재무제표 검토업무에서는 내부통제 테스트를 수행하지 않는 것이 일반적이다.
③ 중간재무제표의 검토업무는 감사와 동일한 수준의 적극적 확신을 제공한다.
④ 중간재무제표에 대한 검토의견의 종류는 연간재무제표에 대한 감사의견의 종류와 동일하다.
⑤ 중간재무제표 검토의 경우에도 연간재무제표에 대한 감사와 마찬가지로 경영진으로부터 서면진술을 수령한다.

정답 및 해설

① N, 분반기재무제표검토준칙 ② Y, ③ N, 감사보다 낮은 소극적 확신 ④ Y, 의견종류는 동일. 표현은 차이 ⑤ Y

07

표본감사와 IT환경 감사절차

7부에서는 최근 강조되고 있는 정보기술(IT)하에서의 표본감사와 IT환경 감사절차에 대하여 학습한다. 테스트 항목의 범위 결정과 표본감사, 정보시스템환경하에서의 통제테스트에 대하여 소개한다. 그리고 외부서비스조직을 이용하는 회사에서 아웃소싱 부문에 대한 통제테스트 방법에 대하여 설명한다.

제 1 장

테스트항목의 범위와 표본감사

1. 테스트항목의 추출범위

1) 전수조사

대기업의 경우 대규모 거래의 발생으로 전수조사는 매우 드물지만, 전수조사가 수행되는 상황은 다음과 같다(500-A53).

① 모집단이 금액이 큰 소수의 항목으로 구성되어 있을 때

② 유의적 위험이 존재하며 다른 방법으로는 충분하고 적합한 감사증거를 제공하지 못할 때

③ 정보시스템에 의해 자동적으로 수행되는 계산이나 기타처리(그 반복적 특성으로 인하여 전수조사가 비용측면에서 효과적임)

2) 일부조사

일부조사는 그 일부가 모집단을 대표하는지 여부에 따라 '특정항목의 추출'과 '표본감사'로 구분할 수 있다.

특정항목의 추출은 그 항목이 모집단을 대표하는지에 대하여 고려하지 않은 판단적 추출로서, 비표본위험만 존재한다.

특정항목 추출의 예(500-A54)

예시	내용
금액이 크거나 주요한 항목	모집단 내의 특정 항목을 추출할 때 그 금액이 큰 항목, 또는 예를 들어 의심스럽고 비경상적이며 특별히 위험성이 있거나 과거에 오류가 발생되었던 항목과 같이 어떤 특성을 보이고 있기 때문에 그러한 항목을 추출하기로 결정할 수 있다.
일정금액 이상의 모든 항목	거래유형이나 계정잔액의 전체금액에서 많은 부분을 검증하기 위하여 일정 금액을 초과하는 항목을 조사하기로 결정할 수 있다.
정보를 입수하기 위한 항목	감사인은 기업의 성격이나 거래의 성격과 같이 어떤 사항에 대한 정보를 입수하기 위하여 관련 항목을 조사할 수 있다.

표본감사란 감사인에게 모집단 전체에 대한 결론을 도출할 수 있는 합리적 근거를 제공하기 위해 감사와 관련이 있는 모집단에 속한 모든 표본단위가 추출될 기회를 가지도록 하여 전체항목보다 적은 수의 항목에 대하여 감사절차를 적용하는 것을 말한다(530-5).

통계적 표본감사와 비통계적 표본감사의 비교

통계적 표본감사	비통계적 표본감사
다음의 특성을 모두 갖는 표본감사의 접근법 ① 추출방법: 표본항목을 무작위로 추출함 ② 결과평가: 표본위험의 측정 등 표본결과의 평가에 확률이론을 적용함	통계적 표본감사의 ①과 ②의 특성을 하나라도 갖추지 않은 표본감사의 접근법

통계적 표본감사와 비통계적 표본감사의 구분과 관련하여 유의할 사항(530-A9, A11)은,

① 표본규모는 통계적 접근법과 비통계적 접근법을 구분하는 타당한 기준은 아니다.

② 표본규모는 통계학적 공식이나 전문가적인 판단에 의해 결정될 수 있다.

③ 표본규모에 영향을 미치는 요소들이 표본규모에 미치는 영향은 상황이 유사할 경우 통계적 또는 비통계적 방법에 관계없이 유사하다.

통계적 표본감사접근법과 비통계적 표본감사 접근법 중 어느 것을 선택할지는 감사인의 판단사항이며, 양 방법의 장·단점은 다음과 같다.

구분	통계적 표본감사	비통계적 표본감사
장점	• 표본추출방법이 객관적임 • 표본결과의 평가가 객관적임 • 표본추출방법과 결과의 평가가 객관적이므로 법률적인 문제가 발생할 경우 유리함	• 시간과 비용이 적게 투입됨 • 숙련된 감사인에게 효과적임
단점	• 표본감사의 결과평가 등 감사인의 주관적 판단을 완전히 배제할 수 없으므로 표본위험을 완전히 제거할 수 없음 • 시간과 비용이 많이 투입됨	• 표본추출방법이 주관적임 • 표본결과의 평가가 주관적임 • 표본추출방법과 결과의 평가가 주관적이므로 법률적인 문제가 발생할 경우 불리함

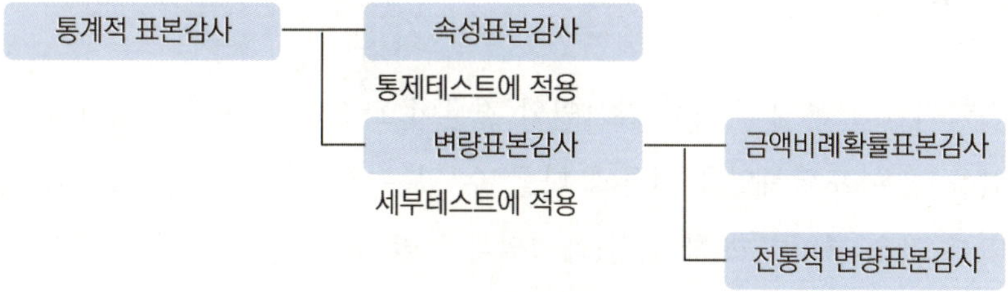

통계적 표본감사의 분류

(1) 속성표본감사

속성표본감사란 통제테스트에서 사용하는 통계적 표본감사방법으로서 속성은 감사인이 확인하고자 하는 관련 내부통제의 이탈이나 오류를 의미한다. 속성표본감사는 이탈률을 추정하므로 왜곡표시금액을 추정하는 변량표본감사와 큰 차이가 있다.

(2) 변량표본감사

변량표본감사란 세부테스트단계에서 거래유형 및 계정잔액에 존재하는 중요한 왜곡표시금액을 확인하기 위해 적용하는 통계적 표본감사방법이다. 여기에서는 금액비례확률표본감사와 전통적 변량표본감사로 구분되며 양 방법을 비교하면 다음과 같다.

금액비례확률표본감사	전통적 변량표본감사
속성표본감사를 변량표본감사에 응용한 방법으로서, 속성표본감사와 마찬가지로 모집단에서의 계정잔액은 **푸아송분포**를 따른다고 가정한다.	모집단에서의 계정잔액은 **정규분포**를 따른다는 가정하에, 모집단에 포함된 왜곡표시 또는 감사금액의 평균액 및 분산을 금액으로 추정함으로써 계정잔액에 중요한 왜곡표시가 존재하는지 여부를 판단하는 방법이다.

속성표본감사와 금액비례확률표본감사에서 푸아송분포를 가정하는 이유

① 모집단을 구성하고 있는 거래처별 계정잔액의 특성이 푸아송분포의 특성과 유사하다.

② 푸아송분포는 모수가 하나이므로 적용하기가 쉽다.

2. 표본감사와 표본위험

1) 표본위험

표본위험이란 표본에 근거한 감사인의 결론이 모집단 전체에 동일한 감사절차를 적용하였을 경우 도달하였을 결론과 다를 수 있는 위험을 말한다. 표본위험은 다시 α위험(맞는 것을 틀리다고 할 위험)과 β위험(틀린 것을 맞다고 할 위험)으로 구분할 수 있다.

표본위험의 2가지 유형(530-5)

구분	α위험 (맞는 것을 틀리다고 할 위험)	β위험 (틀린 것을 맞다고 할 위험)
통제테스트	**과소신뢰위험**: 통제가 실제보다 덜 효과적이라고 평가함(효과적인 통제에 대해 효과적이지 않다고 평가함)	**과대신뢰위험**: 통제가 실제보다 더 효과적이라고 평가함(효과적이지 않은 통제에 대해 효과적이라고 평가함)
세부테스트	**부당거부위험**: 실제로 중요한 왜곡표시가 존재하지 않음에도 불구하고 중요한 왜곡표시가 존재한다고 결론을 내림	**부당수용위험**: 실제로 중요한 왜곡표시가 존재함에도 불구하고 중요한 왜곡표시가 존재하지 않는다고 결론을 내림
결과	회사가 최초 테스트의 결론을 인정하지 않아서, 그 결론이 정확한지 확인하기 위한 추가적인 업무(표본 확대)로 이어지기 때문에 감사의 효율성에 영향을 미침	감사의 효과성에 영향을 미치면 부적합한 감사의견에 이르게 할 수 있음(감사인이 가장 경계해야 할 표본위험)
고려되는 통계적 표본감사	전통적 변량표본감사	속성표본감사, 금액비례확률표본감사, 전통적 변량표본감사

2) 비표본위험

비표본위험이란 감사인이 표본위험과 관련이 없는 다른 이유에 의해 잘못된 결론에 도달할 위험을 말한다. 즉 표본위험 외의 모든 위험이 비표본위험이며, 표본감사뿐만 아니라 모든 감사에서 발생하는 위험이다.

비표본위험이 발생하는 이유와 감소방안

구분	비표본위험의 발생 이유	비표본위험의 감소방안
감사의 고유한계 관련	감사증거가 결론적이라기보다 설득적임	전문가적 의구심의 유지 등
잘못된 감사절차 관련	(530-A1) • 부적합한 감사절차의 적용 • 왜곡표시 또는 이탈을 인식하지 못함 • 감사증거를 잘못 해석	• 적절한 감사절차의 선택 • 감사보조자에 대한 적절한 감독 • 감사업무에 대한 품질관리정책의 수립과 실시 • 품질관리제도에 대한 자체모니터링 등

3. 통계적 표본감사의 단계별 적용

속성표본감사와 금액비례표본감사의 단계별 적용 예는 다음과 같다.

단계		속성표본감사	금액비례확률표본감사
1. 표본의 설계	감사절차 목적	매출의 승인 관련 통제가 효과적인가?	매출채권금액이 적정한가?
	모집단의 특성 (목적적합성, 완전성)	판매지시서(관련 증빙)	거래처별 매출채권명세서(보조장부)
	표본단위의 결정	판매지시서	화폐단위 1원(화폐적 단위)
2. 표본규모의 결정		$\frac{RF}{TR}$ 또는 조건표 RF: 신뢰계수 TR: 이탈률	$\frac{BV \times RF}{TM - EM \times EF}$ BV: 장부금액 RF: 신뢰계수 TM: 허용왜곡표시 EM: 모집단예상왜곡표시 EF: 확장계수

단계	속성표본감사	금액비례확률표본감사
3. 표본의 추출	통계적 표본추출방법	필수: 계층화/체계적/금액단위 선택: 무작위/임의적
4. 감사절차의 수행	판매지시서상의 승인 유무 확인	채권채무조회서 발송
5. 이탈과 왜곡표시의 성격과 원인 조사	승인이 누락된 경우 그 성격과 원인조사	회사 매출채권이 왜곡표시된 경우 그 성격과 원인 조사
6. 왜곡표시의 투영	해당 없음	변이 외의 왜곡표시의 경우 모집단으로 투영
7. 표본감사결과의 평가	추정이탈상한율과 허용이탈률 비교	추정왜곡표시상한액과 허용왜곡표시금액 비교

1) 표본의 규모에 영향을 미치는 요소(530-보론1, 보론2)

구분	통제테스트	세부테스트	요소가 증가할 경우 표본규모의 영향
(1)	허용이탈률(TR)	허용왜곡표시(TM)	감소
(2)	예상이탈률(ER)	예상왜곡표시(EM)	증가
(3)	확신의 수준	확신의 수준	증가
(4)	모집단의 표본단위 수	모집단의 표본단위 수	-
(5)	위험평가 시 통제의 고려정도	중요왜곡표시위험	증가
(6)	-	대체적 절차	감소
(7)	-	모집단의 계층화	감소

(1) 허용이탈률과 허용왜곡표시

허용이탈률이란 모집단의 실제 이탈률이 감사인이 설정한 이탈률을 초과하지 않는다는 적합한 수준의 확신을 얻기 위한 관점에서 감사인이 설정한 내부통제절차의 이탈률을 말하며, 허용왜곡표시란 모집단의 실제 왜곡표시가 감사인이 설정한 화폐금액을 초과하지 않는다는 적합한 수준의 확신을 얻기 위한 관점에서 감사인이 설정한 화폐금액을 말한다(530-5). 허용왜곡표시는 수행중요성과 같거나 적은 금액이 된다(530-A3).

(2) 예상이탈률과 예상왜곡표시

예상이탈률이 높을수록 감사인이 실제 이탈률에 대한 합리적인 추정을 할 수 있도록 표본규모는 커져야 한다. 예상이탈률이 너무 높은 경우에는 회사의 내부통제가 효과적이지 않다고 기대되는 상황이므로 통제테스트를 생략하고 실증절차의 감사절차를 수행하여야 한다.

(3) 확신의 수준

표본규모가 사실상 모집단의 실제 이탈이나 실제 왜곡표시를 나타내고 있다는 것에 대하여 감사인이 더 높은 수준의 확신을 요구할수록 표본규모는 더 커져야 한다.

(4) 모집단의 표본단위의 수

대규모 모집단의 경우 모집단의 실제규모는 표본규모에 거의 영향을 주지 않는다. 다만 금액비례확률표본감사는 모집단의 표본단위가 증가하면 모집단의 장부금액도 증가하므로 모집단의 화폐가액의 증가는 표본규모를 증가시킬 수 있지만, 모집단의 장부금액이 커지게 되면 재무제표 전체의 중요성이 증가하여 수행중요성과 허용왜곡표시의 증가로 표본규모의 증가효과는 상쇄될 수 있다.

$$\frac{\text{장부금액}(BV)\times\text{신뢰계수}(RF)}{\text{허용왜곡표시}(TM)-\text{모집단예상왜곡표시}(EM)\times\text{확장계수}(EF)}$$

(5) 위험평가 시 통제의 고려정도와 중요왜곡표시위험

감사인의 통제의 운영효과성에 대하여 보다 많은 확신을 얻고자 할수록 중요왜곡표시위험에 대한 감사인의 평가는 더 낮아지게 될 것이며, 필요한 표본규모는 더 커지게 된다. 마찬가지로 감사인이 중요왜곡표시위험을 높게 평가할수록 필요한 표본규모는 커져야 한다. 중요왜곡표시위험에 대한 감사인의 평가는 고유위험과 통제위험에 영향을 받는다.

(6) 대체적 절차(▶세부테스트에서만 적용)

감사인이 특정 모집단에 대한 적발위험을 수용 가능한 수준까지 감소시키기 위하여 세부테스트나 실증적인 분석적 절차와 같은 대체적 절차에 더 많이 의존할수록 표본감사를 통하여 얻어야 할 확신의 수준은 낮아지므로 표본규모는 감소된다.

(7) 모집단의 계층화(▶세부테스트에서만 적용)

모집단이 적절히 계층화될 수 있다면 각 계층으로부터 추출한 표본규모의 합계는 전체모집단으로부터 단일표본을 추출한 경우의 표본규모보다 일반적으로 작다.

2) 표본추출방법

표본의 추출방법은 통계적표본추출방법과 기타의 표본추출방법이 있다(530-보론1, 보론4).

<table>
<tr><th colspan="2">추출방법</th><th>적용방법</th></tr>
<tr><td rowspan="4">통계적</td><td>무작위추출</td><td>난수표와 같은 난수발생도구를 이용한다.</td></tr>
<tr><td>금액단위 추출</td><td>• 금액가중추출의 한 종류로서 표본규모, 표본추출 그리고 이에 대한 평가에 있어 그 결론이 화폐금액의 형태로 나타나며, 체계적 추출법이나 무작위추출법과 함께 이용될 때 가장 효율적이다(▶금액비례확률표본감사).
• 장점: 잔액이 더 큰 항목의 추출기회를 높임으로써, 이들 항목에 감사가 집중되도록 하고, 표본규모를 줄일 수 있다는 점이다.</td></tr>
<tr><td>계층화추출</td><td>• 계층화란 모집단을 동일한 특성을 가진 여러 개의 하위모집단으로 나누는 과정으로서 각각의 하위모집단은 비슷한 특성(종종 화폐가액)을 갖는 표본단위들의 집단으로 구성된다.
• 계층화의 이유: 각 계층 내 항목들의 변동성을 감소시키는 것이며, 그 결과 표본위험을 증가시키지 않고 표본규모를 감소시킬 수 있다.</td></tr>
<tr><td>체계적 추출</td><td>• 모집단의 표본단위수를 추출하고자 하는 표본규모로 나눈 표본추출간격, 예를 들어 표본추출간격이 50으로 계산되었다면 최초 50개의 항목 안에서 출발점을 결정한 후 이로부터 매 50번째 표본단위를 선택하는 것을 말한다.
• 출발점은 임의적으로 정할 수도 있지만, 컴퓨터의 난수발생프로그램이나 난수표를 이용하여 정할 때 보다 더 무작위의 표본이 된다.
• 유의점: 감사인은 모집단의 표본단위에 내재된 특정한 유형이 표본추출간격과 상응하는 방식으로 구성되어 있지는 않다는 것을 결정해야 한다.</td></tr>
</table>

추출방법		적용방법
기타	임의추출	• 감사인이 구조적인 기법을 따르지 않고 표본을 추출하는 것을 말한다. • 비록 구조적인 기법이 적용되지 않더라도 감사인은 의도적인 편의나 예측가능성을 피하고 모집단 내의 모든 항목이 추출 기회를 갖도록 하고자 할 것이다. **통계적 표본감사에서 임의추출은 부적합하다.**
	구획추출	• 모집단 내의 이웃하는 항목으로 구성된 하나(또는 복수)의 구획을 선택하는 방법을 말한다(예: 12월의 모든 거래를 표본으로 추출). • 대부분의 모집단은 연속된 항목들은 서로 유사한 특성을 가지며 모집단의 다른 부분에 있는 항목들은 다른 특징을 가지도록 구성되어 있으므로 **구획추출은 일반적으로 표본감사에 사용될 수 없다.**

4. 통제테스트로서의 속성표본감사

속성표본감사(attribtes sampling)는 통제테스트의 단계에서 특정 통제가 효과적인지 여부를 결정하기 위해 사용되는 통계적 표본감사방법으로서, 다음과 같이 6단계의 절차를 통해 수행한다.

표본의 설계 → 표본규모의 결정 → 표본의 추출 → 감사절차의 수행 → 이탈의 성격과 원인에 대한 조사 및 평가 → 표본감사 결과의 평가

1) 표본의 설계

통제테스트에서 표본의 설계 시 감사인이 고려해야 할 사항은 다음과 같다(530-A4~A8).

고려사항	구체적인 내용
감사절차의 목적	• 감사절차의 목적을 가장 잘 달성할 수 있는 감사절차를 고려함(예: 승인절차의 효과성을 테스트하기 위한 문서검사) • 감사증거의 성격을 고려함(예: 문서형태의 결재도장 날인) • 검증하고자 하는 대상의 속성과 이탈을 규정함(예: 승인절차의 누락)

고려사항	구체적인 내용
모집단의 특성	• 모집단의 목적적합성과 완전성을 고려함(예: 모든 판매지시서) • 관련통제에 대한 이해와 소수항목에 대한 조사를 통해 예상이탈률을 평가함. (만약 예상이탈률이 너무 높은 경우 통제테스트를 수행하지 않음)
표본단위의 결정	물리적 항목(예: 각 판매지시서)

2) 표본규모의 결정

속성표본감사에서 표본규모를 결정하는 방법은 조견표를 이용하는 방법과 신뢰계수를 이용하는 방법이 있다.

(1) 조견표를 이용하는 방법

미국공인회계사협회에서 사전에 설정된 조견표에서 과대신뢰위험(β위험), 허용이탈률, 예상이탈률을 고려하여 적절한 표본규모를 찾는 방법이다.

과대신뢰위험(β위험)이 5%일 때 표본규모 조견표

모집단 예상이탈률	허용이탈률(TR)								
	2%	3%	4%	5%	6%	7%	8%	9%	10%
0.00%	149	99	74	59	49	42	36	32	29
0.25	236	157	117	93	78	66	58	51	46
0.50	-	157	117	93	78	66	58	51	46
0.75	-	208	117	93	78	66	58	51	46
1.00	-	-	156	93	78	66	58	51	46
1.25	-	-	156	124	78	66	58	51	46
1.50	-	-	192	124	103	66	58	51	46
1.75	-	-	227	153	103	88	77	51	46
2.00	-	-	-	181	127	88	77	68	46
:	:	:	:	:	:	:	:	:	:

만약 과대신뢰위험이 5%이고, 허용이탈률과 모집단예상오류률이 각각 6%와 1%라면 적절한 표본규모는 78개가 된다. 그런데 허용이탈률이 2%, 모집단예상오류율이

4%, 모집단예상오류율이 2%라면 통제가 효과적으로 운영되고 있지 않다고 예상되어 통제테스트를 생략하고 실증절차 위주로 감사를 수행하여야 한다.

(2) 신뢰계수를 이용하는 방법

신뢰계수란 '주어진 표본규모와 허용이탈률하에서 사전에 정해놓은 표본이탈수'로서,

$$\text{표본규모}(n) = \frac{\text{신뢰계수}(RF)}{\text{허용이탈률}(TR)}$$

허용이탈률이란 '모집단의 실제이탈률이 감사인이 설정한 이탈률을 초과하지 않는다는 적합한 수준의 확인을 얻기 위한 관점에서 감사인이 설정한 내부통제절차의 이탈률'을 말한다.

신뢰계수표

예상 이탈수	과대신뢰위험수준(β위험)						
	1%	5%	10%	15%	20%	25%	30%
0	4.61	3.00	2.31	1.90	1.61	1.39	1.21
1	6.64	4.75	3.89	3.38	3.00	2.70	2.44
2	8.41	6.30	5.32	4.72	4.28	3.92	3.62

과대신뢰위험이 5%, 허용이탈률이 6%, 예상이탈의 수가 1개인 경우 적절한 표본규모는 4.75/6%=79개가 된다.

(3) 표본의 추출

속성표본감사는 통계적 표본감사에 해당하므로 2)에서 통계적 표본추출법인 무작위추출법, 금액단위추출법, 계층화추출법, 체계적 추출법에 따라 표본을 추출한다.

(4) 감사절차의 수행

감사인은 추출된 각각 항목에 대하여 해당 목적에 부합하는 감사절차를 수행해야 한다. 예를 들어 승인절차의 효과성을 테스트하기 위하여 판매지시서의 결재도장이

날인되었는지를 문서검사하는 방식이다.

한편 감사인이 추출된 항목에 대하여 감사절차를 수행할 수 없을 경우 상황별로 대체항목에 대한 감사절차를 수행한다(530-A14, A15).

구분	대체항목에 대해 감사절차를 수행할 수 있는 경우	대체항목에 대해 감사절차를 수행할 수 없는 경우
사례	매출승인에 내부통제테스트 중에 거래가 무효화된 매출거래가 표본으로 추출되었으나 해당 매출거래가 적절하게 무효화된 경우	해당 매출거래에 대한 서류를 분실하게 된 경우
감사절차	대체항목에 대하여 동일한 감사절차를 수행함	이탈로 처리함

(5) 이탈의 성격과 원인에 대한 조사 및 평가

감사인은 식별된 이탈의 성격과 원인을 조사하고 감사절차의 목적과 타 감사분야에 미칠 수 있는 영향을 평가해야 한다. 감사인이 식별된 이탈이 어떤 공통된 특징(거래의 형태, 장소 등)을 갖고 있는 것으로 관찰될 때 공통된 특징을 가지고 있는 모든 항목에 대한 감사절차를 확대하기로 결정할 수 있다.

드문 상황에서 감사인이 발견한 이탈을 '변이'로 볼 수 있다. 변이란 '모집단의 왜곡표시나 이탈을 명백하게 대표하지 않는 왜곡표시나 이탈'을 말하는 것으로 단순한 예외로 처리하는 것으로 이렇게 분류하기 위해서는 높은 수준의 확실성을 가져야 한다.

(6) 표본감사결과의 평가

통제테스트에서는 모집단을 투영하는 절차를 거치지 않고 표본이탈률이 곧 모집단 전체의 투영이탈률이다. 다만 표본감사에는 표본위험이 존재하므로 감사인은 추정이탈상한율(UDR)을 허용이탈률과 비교하여 관련통제가 효과적인지에 대한 결론을 내린다.

추정이탈상한율(UDR) = 표본이탈률 + 표본위험의 허용치

추정이탈상한율과 허용이탈률의 비교와 결론

상황	결론
추정이탈상한율(UDR) > 허용이탈률(TR)	관련 통제는 비효과적임
추정이탈상한율(UDR) < 허용이탈률(TR)	관련 통제는 효과적임

추정이탈상한을 결정하는 방법도 조견표를 이용하는 방법과 신뢰계수를 이용하는 방법이 있다.

① 조견표를 이용하는 방법

과대신뢰위험(β위험)이 5%일 때 추정이탈상한율 조견표

표본 규모	발견된 이탈의 수								
	0	1	2	3	4	5	6	7	8
25	11.3	17.6	-	-	-	-	-	-	-
30	9.5	14.9	19.5	-	-	-	-	-	-
35	8.2	12.9	16.9	-	-	-	-	-	-
40	7.2	11.3	14.9	18.3	-	-	-	-	-
45	6.4	10.1	13.3	16.3	19.2	-	-	-	-
50	5.8	9.1	12.1	14.8	17.4	19.9	-	-	-
55	5.3	8.3	11.0	13.5	15.9	18.1	-	-	-
60	4.9	7.7	10.1	12.4	14.6	16.7	18.8	-	-
65	4.5	7.1	9.4	11.5	13.5	15.5	17.4	19.3	-
70	4.2	6.6	8.7	10.7	12.6	14.4	16.2	18.0	19.7
75	3.9	6.2	8.2	10.0	11.8	13.5	15.2	16.9	18.4
80	3.7	5.8	**7.7**	9.4	11.1	12.7	14.3	15.8	17.3
90	3.3	5.2	6.8	8.4	9.9	11.3	12.7	14.1	15.5
100	3.0	4.7	6.2	7.6	8.9	10.2	11.5	12.7	14.0
125	2.4	3.7	4.9	6.1	7.2	8.2	9.3	10.3	11.3
150	2.0	3.1	4.1	5.1	6.0	6.9	7.7	8.6	9.4
:	:	:	:	:	:	:	:	:	:

만약 과대신뢰위험이 5%이고 허용이탈률이 6%인 상황에서 적절한 표본규모가 약 80개(실제로는 78개)이고, 그중 2개의 이탈이 발견되었다면 추정이탈상한율은 7.7%가 된다. 이 경우 추정이탈상한율(UDR)이 허용이탈률 6%를 초과하므로 감사인은 관련 통제가 효과적이지 않다는 결론을 내리게 된다.

② 신뢰계수를 이용하는 방법

신뢰계수를 이용한 추정이탈상한율(UDR)은 다음과 같이 결정된다.

$$\text{추정이탈상한율}(UDR) = \frac{\text{사후적 신뢰계수}(RF)}{\text{표본규모}(n)}$$

신뢰계수표

예상 이탈수	과대신뢰위험수준(β위험)						
	1%	5%	10%	15%	20%	25%	30%
0	4.61	3.00	2.31	1.90	1.61	1.39	1.21
1	6.64	4.75	3.89	3.38	3.00	2.70	2.44
2	8.41	6.30	5.32	4.72	4.28	3.92	3.62

앞의 (2)의 ②에서 표본규모 79개를 추출하여 감사절차를 수행한 결과 2개의 이탈이 발견되었다면 추정이탈상한율은 다음과 같이 계산된다.

$$\text{추정이탈상한율}(UDR) = \frac{\text{사후적 신뢰계수}(RF)}{\text{표본규모}(n)} = \frac{6.30}{79} = 7.9\%$$

위의 추정이탈상한율 7.9%가 허용이탈률 6%를 초과하므로 관련 통제는 비효과적이라고 결론을 내려야 한다.

5. 세부테스트로서의 금액비례확률표본감사

금액비례확률표본감사(sampling with probability proportional to size: PPS)는 계정잔액의 세부테스트단계에서 실무적으로 간편하게 이용하기 위하여 속성표본감사를 응용하여 개발된 통계적 표본감사방법으로 실무적으로 화폐단위표본감사(Monetary Unit Sampling)로 혼용하여 칭한다. 금액비례확률표본감사와 전통적 변량표본감사(classical variable sampling: CVS)의 장·단점을 비교하면 다음과 같다.

구분	금액비례확률표본감사(PPS)	전통적 변량표본감사(CVS)
장점	• 전통적 변량표본감사보다 적용하기가 쉬움(왜냐하면 표준편차를 계산할 필요가 없음) • 표본이 화폐금액에 비례하여 추출되므로 자동적으로 계층화되는 결과를 가져옴 • 모집단이 예상왜곡표시가 작을 때 표본규모가 작아서 경제적임 • 모집단에 일련번호가 부여되어 있지 않아도 표본추출이 가능함	• 실물단위로 표본이 추출되므로 금액이 0이거나 부수(-)인 금액을 추출할 때도 적용할 수 있음 • 모집단의 예상왜곡표시가 크더라도 표본규모가 상대적으로 작아서 경제적임
단점	• 잔액이 0이거나 부수(-)인 항목은 표본으로 추출되지 않으므로 주로 과소계상의 왜곡표시를 적발하기 위한 부채항목에는 적절하지 않음 • 감사결과 과대계상과 과소계상이 동시에 존재하면 표본결과의 평가 시 이들을 별도로 분리하여 계산해야 함 • 모집단의 예상왜곡표시가 증가하면 표본규모가 전통적 변량표본감사보다 커지게 되어 비경제적임	• 표준편차 등을 계산해야 하므로 금액비례확률표본감사보다 상대적으로 적용하기가 어려움 • 모집단의 예상왜곡표시가 작을 경우 금액비례확률표본감사보다 표본규모가 커지게 되어 비경제적임

위의 장단점을 비교할 때, 금액비례확률표본감사가 보다 효과적인 상황은 다음과 같다.

① 과대계상 가능성이 높은 자산을 테스트할 때, 즉 금액단위가 큰 표본을 반드시 추출하고자 할 때

② 모집단의 왜곡표시가 거의 없을 것으로 예상되는 계정잔액을 테스트하고자 할 때

③ 확률분포나 표준편차와 같은 모집단의 특성을 파악하기 어려울 때

금액비례확률표본감사는 표본감사의 결과를 모집단으로 투영하는 절차를 포함하여 7단계의 절차를 거친다.

표본의 설계 → 표본규모의 결정 → 표본의 추출 → 감사절차의 수행 → 이탈의 성격과 원인에 대한 조사 및 평가 → 이탈의 투영 → 표본감사 결과의 평가

1) 표본의 설계

세부테스트에서 표본의 설계 시 감사인이 고려해야 할 사항은 다음과 같다(530-A4~A8).

고려사항	구체적인 내용
감사절차의 목적	• 감사절차의 목적을 가장 잘 달성할 수 있는 감사절차를 고려함(예: 매출채권잔액의 적정성을 검토하기 위한 외부조회) • 감사증거의 성격을 고려함(예: 외부조회로서 신뢰성이 높음) • 검증하고자 하는 대상의 속성과 이탈을 규정함(예: 거래처별 매출채권잔액의 불일치)
모집단의 특성	• 모집단의 목적적합성과 완전성을 고려함(예: 거래처별 매출채권명세서) • 관련통제에 대한 이해나 소수항목에 대한 조사를 통해 예상왜곡표시를 평가함. 만약 예상왜곡표시가 높다면 전수조사 또는 표본규모를 확대함 • 계층화 또는 금액가중추출이 적합할 것인지를 결정함(예: PPS를 적용할 예정이므로 적합함)
표본단위의 결정	화폐단위(₩1)

2) 표본규모(Sample Size: SS)의 결정

금액비례확률표본감사의 표본규모는 속성표본감사의 신뢰계수를 이용하는 방법을 응용하여 다음과 같이 산정된다. 보수적인 PPS(MUS)에서는 모집단예상왜곡표시가 없다는 가정을 사용하여, 효율성을 제고하기도 한다.

$$\text{표본규모} = \frac{\text{장부금액}(BV) \times \text{신뢰계수}(RF)}{\text{허용왜곡표시}(TM) - \text{모집단예상왜곡표시}(EM) \times \text{확장계수}(EF)}$$

3) 표본의 추출

금액비례확률표본감사에서는 금액단위추출법, 계층화추출법, 체계적 추출법을 이용하여 테스트 항목을 추출한다. 표본추출간격(Sample Interval: SI)은 다음과 같이 계산된다.

$$\text{표본추출간격} = \frac{\text{장부금액}(BV)}{\text{표본규모}(n)}$$

예를 들어 표본규모가 3개이고 매출채권의 모집단이 다음과 같은 항목으로 구성되어 있을 때,

거래처	A거래처	B거래처	C거래처	D거래처	합계
장부금액	₩1,000,000	₩300,000	₩100,000	₩100,000	₩1,500,000

① 표본추출가격 = ₩1,500,000/3 = ₩500,000

② 테스트항목의 추출

㉠ 1차 추출: 임의출발점(Random Seed) 선택 ₩200,000(A거래처)

㉡ 2차 추출: ₩200,000 + ₩500,000 = ₩700,000(A거래처)

㉢ 3차 추출: ₩700,000 + ₩500,000 = ₩1,200,000(B거래처)

그러므로 A거래처가 두 번 추출되고 B거래처가 한 번 추출되어 실제표본규모는 2개가 된다. 임의출발점은 표본추출간격보다 클 수 없으며, 표본추출간격보다 큰 장부금액을 가진 거래처는 모두 추출된다.

4) 감사절차의 수행

감사인은 추출된 표본에 대하여 해당 목적에 부합하는 감사절차를 수행해야 한다. 예를 들어 매출채권의 실재성을 확인하기 위해 외부조회절차를 수행하기로 하였다면 추출된 표본 거래처에 대하여 외부조회서를 발송한다.

5) 왜곡표시의 성격과 원인에 대한 조사 및 평가

감사인은 식별된 왜곡표시의 성격과 원인을 조사하고 감사절차의 목적과 타 감사분야에 미칠 수 있는 영향을 평가하여야 한다. 식별된 왜곡표시에 공통된 특징을 가지고 있는 항목에 대하여 감사절차를 확대하거나 전수조사를 할 수 있다.

6) 왜곡표시의 투영: 모집단투영왜곡표시의 계산

감사인은 왜곡표시의 규모에 대한 왜곡표시를 모집단에 투영해야 한다. 그러나 변이로 밝혀진 왜곡표시는 모집단으로 투영하지 않는다. 금액비례확률표본감사에서 체계적 추출법을 적용하게 되면 표본의 장부금액과 표본추출간격의 크기를 비교하여 다음과 같이 모집단투영왜곡표시금액을 결정한다.

상황	모집단투영왜곡표시(PM)를 포함한 금액
표본의 장부금액 ≥ 표본추출간격	실제오류액(투영 결과와 동일)
표본의 장부금액 ≤ 표본추출간격	표본추출간격 × 왜곡표시율

7) 표본감사결과의 평가

표본감사에는 표본위험이 존재하므로 모집단투영왜곡표시(PM)에 표본위험의 허용치를 가산한 추정왜곡표시상한액(Upper Misstatement: UM)을 계산하여 허용왜곡표시와 비교한다.

추정왜곡표시상한액(UM) = 모집단투영왜곡표시(PM) + 표본위험의 허용치

회계감사기준에서 표본위험의 허용치는 '감사인은 왜곡표시의 규모에 대해 개괄적 관점을 얻기 위해 왜곡표시를 모집단에 투영하여야 한다. 그러나 이러한 투영은 기록될 금액을 결정하는 데는 충분하지 않을 수 있을 것이다'라고만 언급되어 있다(530-A18).

표본위험의 허용치는 왜곡표시가 전혀 발견되지 않은 경우에도 적용해야 하는 기본정도와 발견된 왜곡표시가 증가할 때마다 추가되는 증분허용치로 구분된다.

표본위험의 허용치=① 기본정도+② 증분허용치

① 기본정도=표본추출간격×최초신뢰계수

② 증분허용치=∑ 표본추출간격×항목당 오류율(▶큰 순서)×(증분신뢰계수−1)

추정왜곡표시상한액과 허용왜곡표시의 비교를 통한 결과 평가

상황	결론
추정왜곡표시상한액(UM) > 허용왜곡표시(TM)	관련 계정과목은 적정하지 않음(기각)
추정왜곡표시상한액(UM) ≤ 허용왜곡표시(TM)	관련 계정과목은 적정함(수용)

감사인의 표본감사결과가 모집단에 대한 합리적인 근거를 제공하지 못할 경우 수행절차는 다음과 같다(530-A23).

① 경영진에게 식별된 왜곡표시 및 잠재적인 추가왜곡표시에 대하여 조사를 수행하고 필요한 수정을 하도록 요구함

② 요구되는 확신을 가장 잘 달성할 수 있도록 추가감사절차의 성격, 시기 및 범위를 조정함

8) 적용예제

허용왜곡표시금액이 ₩100,000인 상황에서 표본추출간격이 ₩20,000, 부당수용위험이 5%이고 왜곡표시(과대계상)로 확인된 매출채권의 거래처별 차이금액이 다음과 같을 때, 추정왜곡표시상한액(UM)을 구하고 매출채권의 적정성 여부를 판단하시오. 단, 변이왜곡표시는 없는 것으로 가정한다.

① 왜곡표시로 확인된 거래처와 그 차이금액

거래처명	장부금액	감사금액	왜곡표시금액	왜곡표시율
A	₩25,000	₩22,000	₩3,000	12%
B	15,000	9,000	6,000	40%
C	8,000	4,000	4,000	50%
D	6,000	4,500	1,500	25%
합계	₩54,000	₩39,500	₩14,500	

② 신뢰계수표

오류수	부당수용위험(β위험)	
	5%	10%
0	3.00	2.30
1	4.75	3.89
2	6.30	5.32
3	7.76	6.68

〈답안〉

① 모집단투영왜곡표시

거래처명	표본추출간격비교	표본추출간격	왜곡표시율	투영왜곡표시
A	이상	-	-	₩3,000
B	미만	₩20,000	40%	8,000
C	미만	20,000	50%	10,000
D	미만	20,000	25%	5,000
합계				₩26,000

② 표본위험의 허용치: ₩60,000＋₩14,200＝₩74,200

ⓛ 기본정도: ₩20,000×3(최종신뢰계수)＝₩60,000,

ⓒ 증분허용치: ₩14,200

거래처명	표본추출간격	왜곡표시율	증가신뢰계수-1	증분허용치
C	₩20,000	50%	(4.75-3)-1 = 0.75	₩7,500
B	20,000	40%	(6.30-4.75)-1 = 0.55	4,400
D	20,000	25%	(7.76-6.30)-1 = 0.46	2,300
합계				₩14,200

③ 추정왜곡표시상한액(UM): ₩26,000 + ₩74,200 = ₩100,200

④ 결론: 추정왜곡표시상한액 ₩100,200이 허용왜곡표시 ₩100,000을 초과하므로 매출채권계정은 적정하지 않다(기각).

9) 실무사례

실제 회계법인(BakerTilly Korea, 우리회계법인)에서 사용하는 MUS도구 사용 및 문서화 사용 사례를 살펴보자. 소속 회계사의 로그인 절차를 거친 후 표본감사 대상 모집단을 업로드한 후 표본규모를 결정한다.

화폐단위표본감사 (MUS: Monetary Unit Sampling, 금액비례표본감사 Probability Proportional to Size: PPS)

0. 기초정보

MUS대상 계정과목	PM (수행중요성)	고유위험수준 (IR: 2500)	통제의존수준 (TOC결과 RoMM:3100)	실증분석수준 (ST_SAP)	기타추가증거 (ST_OFE)
매출	10,000	High	None	None	활용가능

1.표본크기의 결정

모집단 sheet에 원본 붙이기 이후 "표본수" click하세요.

입력변수	금액	속성표본Input	TM대비율 Ratio of Expected to Tolerable Misstatement	기대 오류율 합계 Expected Sum of Taints
모집단 금액(PV:Population Value)	1,000,000	1,460건		
허용가능오류액(TM: Tolerable Misstatement)	10,000	1.00%		
모집단기대오류금액(EM: Expected Population Exception Rate)	-	0.00%	0.0%	-
부당수용위험(β)(ARIA: Acceptable Risk of Incorrect Acceptance)		5.00%		

속성 표본수(=RF/TR)	300
표본추출간격(SI: Sampling Interval: 체계적추출법)	3,333
Random Seed (SI보다 작아야 함)	1,566

표본수

bakertilly WOORI

2. 표본추출 및 감사수행 표본추출

	표본합계금액	MUS표본건수
	870,371	63건
모집단 coverage →	87.0%	4.3%

MUS대상 계정과목, 수행중요성, 고유위험수준, 통제의존도, 실증분석절차 수준, 기타증거 활용도를 고려하여 모집단금액, 허용오류금액, 모집단기대오류금액, 부당수용

위험(1-신뢰도)의 변수를 입력하고 있다. 최초 표본규모 300개에서 표본추출간격으로 체계적 추출결과 실제표본규모는 63건으로 줄어든 사례이다. 내부통제시스템의 설계와 운영의 효과성이 높아서 통제의존 감사전략을 취하는 경우와 실증적 분석절차(SAP) 수준이 높아 감사증거력이 높은 경우 표본규모는 더욱 감소될 수 있다.

3. 표본감사결과의 평가 모집단평가

오류건수	장부금액	감사금액	오류금액	항목당 오류율 (Tainting)	신뢰도 계수	RF 증분	추정오류상한액(Upper Error Limit)
0					3.00		10,000
1	800	500	300	37.5%	4.74	1.74	2,175
2	2,000	1,800	200	10.0%	6.30	1.56	520
3	3,500	2,100	1,400	간격초과	7.75	1.45	1,400
	6,300	**4,400**	**1,900**				**14,095**

CONCLUSION: Reject the population as materially misstated
모집단은 10,000 원 이상으로 과대계상되어 있음.

표본에 대한 발생사실 테스트 후 오류사항에 대한 평가 시 추정오류상한액은 산출 시 표본추출간격 초과분은 모집단 투영과 표본위험의 허용치를 고려하지 않고 있으며, 표본추출간격 미달분은 오류율(Tainting)의 내림차순으로 증분신뢰도계수를 고려하고, 실무상 모집단투영금액과 표본위험의 허용치를 구분하지 않고 일시에 산출되어 있음을 알 수 있다.

6. 세부테스트로서의 전통적 변량표본감사

전통적 변량표본감사(CVS)는 정규분포이론을 기초로 하여 모집단을 화폐금액으로 추정하는 전통적인 실물단위 표본감사방법으로서 표본단위는 물리적 단위인 개별거래처나 개별항목이 된다. 전통적 변량표본감사에서는 모집단에 포함된 왜곡표시나 감사금액의 평균 및 표준편차를 금액으로 추정하여 계정잔액에 중요한 왜곡표시가 존재하는지 여부를 판단한다.

금액비례확률표본감사와 전통적 변량표본감사를 비교하면 다음과 같다.

구분	금액비례확률표본감사	전통적 변량표본감사
분포이론	푸아송분포	정규분포
표본위험	β위험만 고려	α위험과 β위험 모두 고려
표본단위	화폐단위	물리적 단위

1) 표본규모의 결정

전통적 변량표본감사의 표본규모는 복원추출의 경우와 비복원추출의 경우에 따라 달라진다.

(1) 복원추출

복원추출이란 표본을 추출할 때 추출된 표본을 다시 모집단에 포함시켜 반복해서 표본을 추출하는 방법으로 다음의 산식을 통해 표본규모를 산출한다.

$$\text{표본규모}(n) = [\frac{N(Z_\alpha + Z_\beta)\sigma}{TM}]^2$$

여기서, N: 모집단의 크기
Z_α: 부당거부위험에 대한 신뢰계수
Z_β: 부당수용위험에 대한 신뢰계수
σ: 모집단의 예상표준편차
TM: 허용오류액

(2) 비복원추출

비복원추출이란 표본을 추출할 때 한 번 표본으로 추출된 표본을 모집단에서 제외시켜서 다시 표본으로 추출되지 않도록 하는 방법으로서 다음의 산식을 통하여 표본규모를 산출한다. 세부테스트를 수행할 때 외부조회대상으로 선정된 거래처를 다시 표본으로 추출할 필요는 없으므로 비복원추출이 더 적절하다.

$$\text{표본규모}(n') = \frac{N \times n}{N + n}$$

여기서, n': 비복원추출의 표본규모
N: 모집단의 크기
n: 복원추출의 경우 표본규모

2) 표본감사결과의 평가

감사인은 모집단의 신뢰구간을 산출하고 이를 모집단의 장부금액과 비교하여 다음과 같이 결론을 내린다.

상황	결론
모집단의 장부금액이 신뢰구간에 포함되는 경우	관련 계정과목은 적정함(수용)
모집단의 장부금액이 신뢰구간을 벗어나는 경우	관련 계정과목은 적정하지 않음(기각)

모집단의 신뢰구간은 모집단의 점추정치(모집단의 장부금액 추정액)에 정도(표본위험의 허용치)를 가감한 구간을 말한다.

$$\text{모집단의 신뢰구간} = \text{모집단의 점추정치} \pm \text{정도}$$

(1) 모집단의 점추정치

모집단의 점추정치를 구할 때 다음과 같은 세 가지 방법을 적용할 수 있다.

구분	적용 상황	산출 방법
비율 추정법	각 항목이 실제장부금액의 일정비율만큼(비례) 왜곡표시되어 있을 때 적용하는 방법	표본의 감사금액과 장부금액의 비율을 계산하여 모집단의 점추정치를 계산한다.
차이 추정법	각 항목과 실제장부금액의 차이가 일정할 때 적용하는 방법	표본의 평균왜곡표시금액을 계산하여 모집단의 왜곡표시금액을 점추정하고, 그 금액을 장부금액에 차감하여 모집단의 점추정치를 계산한다.
평균 추정법	모집단의 장부금액을 알지 못하거나 신뢰할 수 없을 때 적용하는 방법	표본의 평균감사금액을 계산하여 그 금액에 전체거래처수를 곱하여 모집단의 점추정치를 계산한다.

상황별 적용방법

실제장부금액		Case 1	Case 2	Case 3
A	₩100	₩110(10% 과대)	₩120(20 과대)	₩110(10%, 10 과대)
B	₩200	₩220(10% 과대)	₩220(20 과대)	₩230(15%, 20 과대)
가장 적절한 방법		비율추정법	차이추정법	평균추정법

(2) 정도

정도란 추출된 표본의 결과가 모집단을 대표하지 못하여 발생하는 표본위험의 허용치로서 특정의 신뢰수준에서 점추정치의 좌우로 실제모집단의 장부금액이 포함될 것으로 기대되는 범위를 말한다.

$$정도 = N \times Z_{\alpha} \times \frac{SD}{\sqrt{N}} \times \sqrt{\frac{N-n}{N}}$$

여기서, N: 모집단의 크기
Z_{α}: 부당거부위험에 대한 신뢰계수
SD: 표본의 표준편차
n: 표본규모

제2장 정보시스템환경하에서의 통제테스트

1. IT의 효익과 위험

1) 정보기술이 내부통제에 미치는 효익(315-A63)

① 사전에 정의된 사업규칙을 일관되게 적용하고 방대한 양의 거래나 데이터를 처리할 때 **복잡한 계산을 수행할 수 있음.**

② 정보의 **적시성, 이용가능성, 정확성을 향상**시킬 수 있음.

③ 정보의 **추가적인 분석을 용이**하게 함.

④ 기업의 활동과 정책 및 절차의 수행에 대한 **모니터링 능력을 향상**시킬 수 있음.

⑤ **통제가 무력화될 위험을 감소**시킬 수 있음.

⑥ 응용소프트웨어, 데이터베이스, 운영시스템에 대한 **보안통제의 실행을 통해 효과적인 업무분장을 달성하는 능력을 향상**시킬 수 있음.

2) 정보기술이 내부통제에 미치는 위험(315-A64)와 관련 통제

① **데이터를 부정확하게 처리**하거나, 부정확한 데이터를 처리하는(또는 두 가지 모두에 해당되는) 시스템이나 프로그램에 의존 → 응용통제: 입력/처리

② **승인받지 않고 데이터에 접근하여 승인되지 않았거나 발생하지 않은 거래를 기록하거나 부정확하게 거래를 기록하는 등 데이터의 파괴나 부당한 변경을 초래할 수 있음.** 다수의 사용자가 하나의 공통된 데이터베이스를 사용하는 경우 특별한 위험이 발생할 수 있다.→ 일반통제: 접근 보안

③ 정보기술담당자가 자신의 직무수행에 필요한 수준을 넘어서는 특권적인 접근권한을 가지게 됨으로써 **업무분장이 와해될 가능성** → 일반통제: 접근 보안

④ 마스터파일 내 데이터의 **승인받지 않은 변경** → 일반통제: 접근 보안

⑤ 시스템과 프로그램의 **승인받지 않은 변경** → 일반통제: 프로그램 변경

⑥ 시스템과 프로그램에 대하여 **필요한 변경을 하지 못함** → 일반통제: 응용시스템의 취득, 개발 및 유지

⑦ **부적합한 수작업의 개입** → 일반통제: 접근 보안

⑧ **데이터의 잠재적 손실 또는 필요한 데이터에 대한 접근 불가**→ 일반통제: 데이터센터와 네트워크 운용

2. IT 일반통제와 응용통제

정보시스템의 통제는 정책과 절차와 관련된 일반통제와 개별 응용프로그램과 관련된 응용통제로 구분된다.

일반통제와 응용통제의 개념(315-9, A104)

일반통제	응용통제
여러 응용프로그램과 관련되어 있는 정책과 절차로서, 정보시스템이 계속하여 적절히 운영되게 함으로써 응용통제의 효과적인 작동을 지원함	개별 응용프로그램의 처리과정에 적용하는 통제활동을 말함(예: 기록의 수리적 정확성 점검, 장부와 시산표의 유지와 검토, 입력데이터의 편집점검, 일련번호점검 같은 자동화된 통제 그리고 예외보고서에 대한 수작업 후속조치 등).

1) 일반통제의 유형별 구체적 사례

통제의 유형	구체적 내용
① 응용시스템의 취득, 개발 및 유지	• 새로운 시스템 소프트웨어가 기존 하드웨어 및 소프트웨어와 호환이 가능한지 검증한다. (② → 실무상 시스템 소프트웨어는 일반적으로 별도 구분하지 않음) • 새로운 시스템의 개발 및 도입은 적절한 경영진에 의해 승인된다. • 전산시스템 및 응용 프로그램의 개발은 적절한 통제가 내재된 개발방법론을 적용하여 수행한다.
② 시스템 소프트웨어의 취득, 변경 및 유지	• 새로운 시스템의 구축에 의해 영향을 받을 수 있는 기존의 통제는 수정되거나 완전성의 유지를 위해 재설계한다. • 전산시스템 및 응용프로그램의 개발은 현업부서 및 전산 관련 부서의 적절한 테스트 과정을 거친다. • 새로운 전산시스템과 응용프로그램에 대해 시스템, 사용자, 관련 통제에 대한 적절한 문서화가 이루어진다. • 새로운 시스템을 운영환경으로 이전함에 있어서 접근통제가 수행된다. • 새로운 시스템으로 이전된 데이터는 완전성을 유지한다. • 시스템 사용자는 새로운 시스템과 응용프로그램을 사용하기에 적절한 수준의 지식을 보유하고 있다. → 사업의 구조가 단순하고 복잡한 정보시스템이 요구되지 않는 중소기업에서 회사의 개별적인 수정이 허용되지 않는 범용소프트웨어를 도입하는 경우의 일반적인 프로그램 개발방법론의 모든 영역을 고려하지 않을 수 있다.

통제의 유형	구체적 내용
③ 프로그램 변경	• 시스템에 대한 변경 요청은 적절한 경영진의 승인을 받는다. • 시스템 변경의 영향을 적절히 반영하기 위해 관련 시스템, 사용자, 관련 통제문서 등을 적절히 수정한다. • 시스템의 변경을 적절히 테스트하고, 그 결과를 문서화한다. • 운영환경에 적용된 시스템은 적절한 관리자의 승인 없이 변경되지 않는다. • 변경된 시스템과 응용 프로그램을 운영환경으로 이전되기 전에 적절한 관리자가 승인한다. • 각 사용자는 변경된 시스템 및 응용프로그램을 사용하기에 적절한 지식을 보유하고 있다. → 범용소프트웨어를 사용하는 경우, 회사의 재무보고 프로세스에 직접적인 영향을 미치는 사항의 변경이 있는지를 확인하고 기존에 설계 및 운영 중인 내부회계관리제도의 변경 필요성을 판단하여 조치하는 것으로 시스템 변경에 대한 통제를 수행할 수 있으며, 동 과정의 문서화가 대기업에 비해 덜 공식적일 수 있다.
④ 접근 보안	• 정보보안 정책을 수립하고 있으며, 보안실무를 고려하여 그 적정성을 정기적으로 검토한다. • 구성원이 수행하는 업무의 내용 및 직무기술서 등을 고려하여 시스템 접근권한의 적정성을 정기적으로 검토한다. • IT 자원(하드웨어, 소프트웨어, 데이터를 포함)에 대한 접근을 관리하기 위한 물리적인 접근통제 및 논리적인 접근통제(식별, 인증, 승인 메커니즘 등)를 수립하고 적용하고 있다. • 적시에 사용자 계정을 추가, 수정, 삭제할 수 있는 절차를 수립하고 적용하고 있다. • 보안활동에 대한 기록, 발생 가능한 보안위반 사항에 대한 식별, 이에 대한 전달 및 적시대응 등을 포함한 효과적인 보안체제를 구축하고 있다. → 소규모의 덜 복잡한 정보기술 환경에서는 보안관리가 중앙집중화되고 규정과 절차의 문서화 수준이 높지 않으며, 소수의 인원 또는 한 명의 개인이 파트타임으로 보안 관리와 모니터링을 지원하는 경우도 있다. 이러한 경우 운영체제, 데이터, 응용 프로그램에 대한 접근제한 및 업무분장의 결여에 의해 야기되는 위험은 관련 업무에 대한 적발통제 혹은 모니터링 절차 등을 통해 보완할 수 있다.
⑤ 데이터 센터와 네트워크 운용	• 재무보고에 필요한 데이터, 거래, 프로그램을 복구하기 위해 적절한 백업 및 복구절차가 존재한다. • 복구절차의 효과성과 백업자료의 질을 정기적으로 테스트하기 위한 절차가 존재한다. • 백업자료에 대한 접근을 승인된 구성원에게만 허용할 수 있는 통제절차가 존재한다. • 시스템과 관련된 장애나 오류 등을 기록하고 분석하여 동일한 문제의 재발을 방지할 수 있는 절차가 존재한다. • 재무보고와 관련된 응용 프로그램이나 데이터에 관한 일괄처리(Batch Job) 및 온라인(On - Line) 거래가 정확하며 완전하고 적시에 처리된다. → 소규모의 덜 복잡한 정보기술 환경에서는 공식적인 정보시스템 운영기능이나, 장애 관리 또는 데이터의 저장 및 보존에 관한 공식적인 정책이 존재하지 않거나 관련 절차들이 수작업으로 진행될 수도 있다.

2) 응용통제의 유형별 구체적 사례

구분	통제의 유형	구체적 내용
응용 통제	① 입력	• 적절하게 승인된 정보가 입력되어야 한다. • 정보는 완전하고 정확하게 입력되어야 한다(예: 매출거래의 사전승인절차를 수행한다).
	② 처리	• 적절하게 입력된 모든 정보가 적절하게 처리되어야 한다(예: 매출단가의 합리성을 검증한다).
	⑧ 출력	• 출력정보는 승인된 사람만이 접근할 수 있다. • 출력정보는 적시에 승인된 사람에게 제공되어야 한다. • 출력정보가 정확한지 사후적으로 검토한다(예: 매출부서는 매출거래를 사후적으로 검토하는 절차를 수행한다).

정보시스템부서는 이용자부서의 업무에 관여해서는 안 되며, 정보시스템부서 내에서도 프로그래밍, 컴퓨터 운용, 자료보관기능은 반드시 분리되어야 한다.

구분	정보시스템부서			이용자부서
	프로그래밍	컴퓨터 운용	자료보관	
담당자	프로그래머	오퍼레이터 네트워크관리자	데이터베이스 관리자	전산부서 외 현업부서
기능	프로그램 개발	프로그램 작동 네트워크 관리	데이터베이스 유지와 접근 관리	자료입력 및 검토

실무상 정보시스템부서내부 및 이용자부서와의 업무분장은 모두 "접근보안" 영역에서 다루거나, "계획수립 및 조직화" 등의 COBIT(Control Objective for Information and related Technology) 5 domain을 이용하는 것이 일반적이다. 또한 많은 교재들이 "데이터센터 운영" 영역에서 오퍼레이터 입장의 업무분장 설계 및 운영 테스트 측면에서 다루기도 한다. 참조로 COBIT5의 도메인은 ① 계획수립 및 조직화, ② 도입 및 구축, ③ 운영 및 지원, ④ 감시 및 평가로 나누고 있다.

3. IT 환경하 통제테스트 기법

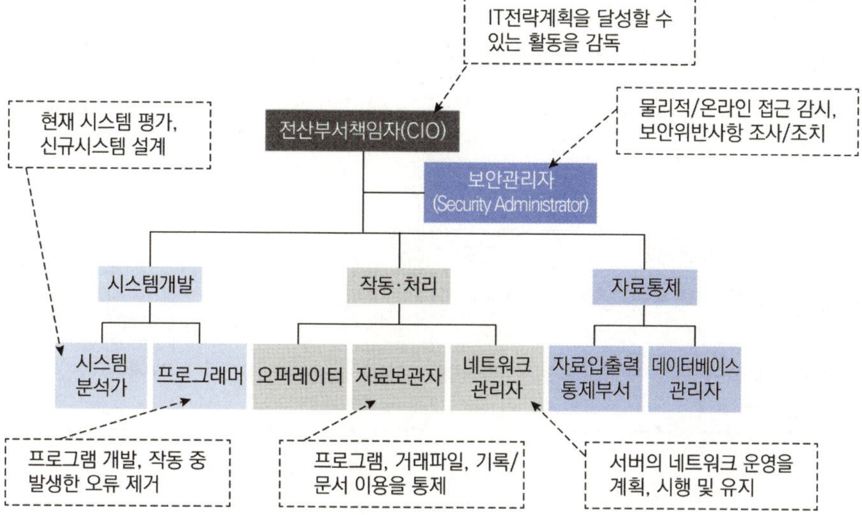

정보시스템환경하에서 통제테스트는 컴퓨터 주변감사와 컴퓨터자체감사가 있으며 컴퓨터자체감사는 모의자료법, 병행처리법, 통합자료법, 감사모듈법으로 구분된다.

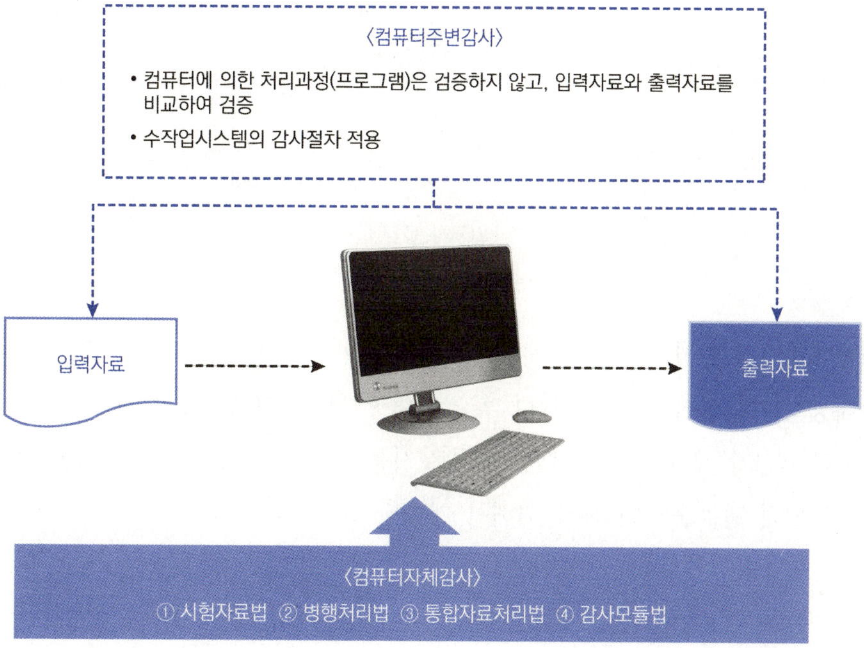

컴퓨터 주변감사는 정보시스템을 직접적으로 검증하지 않고 정보시스템과 관련된 입력자료, 출력자료, 프로그램문서 등을 검증하여 회사프로그램의 운영효과성을 검증하는 방법이다.

모의자료법(시험자료법)은 감사인이 작성한 모의자료를 회사의 컴퓨터프로그램을 이용하여 처리한 후 그 처리결과가 감사인의 예상결과와 일치하는지를 비교해 보는 방법이다.

모의자료법의 장점	단점
• 프로그램에 대한 직접적인 검증이 이루어지게 된다. • 병행처리법과 같이 별도의 프로그램을 개발할 필요가 없다.	• 회사가 제시한 프로그램이 실제로 사용하는 프로그램인지 확인할 수 없다. • 모의자료를 작성하고 삭제해야 하는 번거로움이 있다.

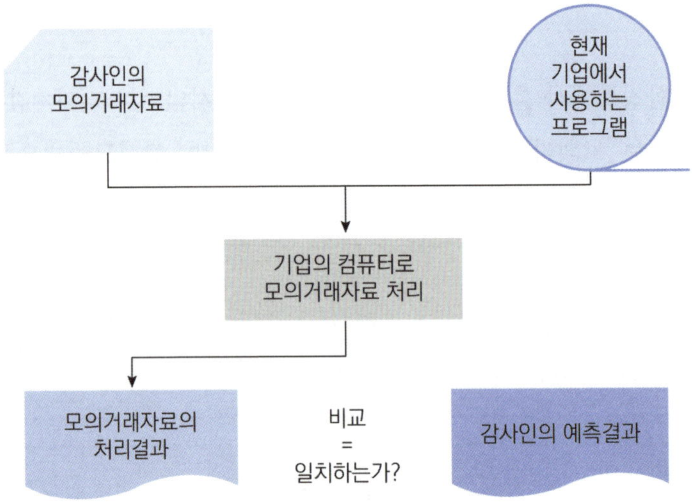

병행처리법은 감사인이 직접 개발한 프로그램이나 범용감사프로그램을 이용하여 감사대상회사의 실제자료를 처리한 후 감사대상회사의 실제회계기록과 비교하는 방법으로서 회사가 제시한 프로그램이 실제로 사용하는 프로그램인지를 확인할 수 없는 모의자료법의 단점을 보완하기 위해서 개발된 방법이다.

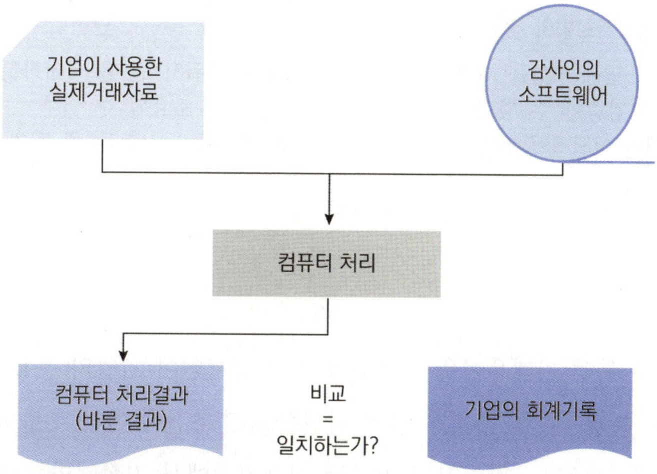

병행처리법의 장점	단점
• 감사대상회사의 실제자료를 이용하므로 회사가 실제로 사용한 프로그램과 통제절차의 운영효과성을 간접적으로 검증할 수 있다. • 실제자료를 이용하므로 모의자료를 작성하거나 삭제해야 하는 번거로움이 없다.	• 감사대상회사가 사용하고 있는 프로그램에 대한 직접적인 검증이 이루어지지 않는다. • 별도 프로그램의 개발에 시간과 비용이 많이 소요될 수 있다.

통합자료법은 감사대상회사의 정보시스템 내부에 별도의 하위시스템을 설치하여 그 하위시스템에 감사인이 작성한 모의자료를 처리한 후 그 처리결과가 감사인의 예상결과와 일치하는지를 비교해 보는 방법이다.

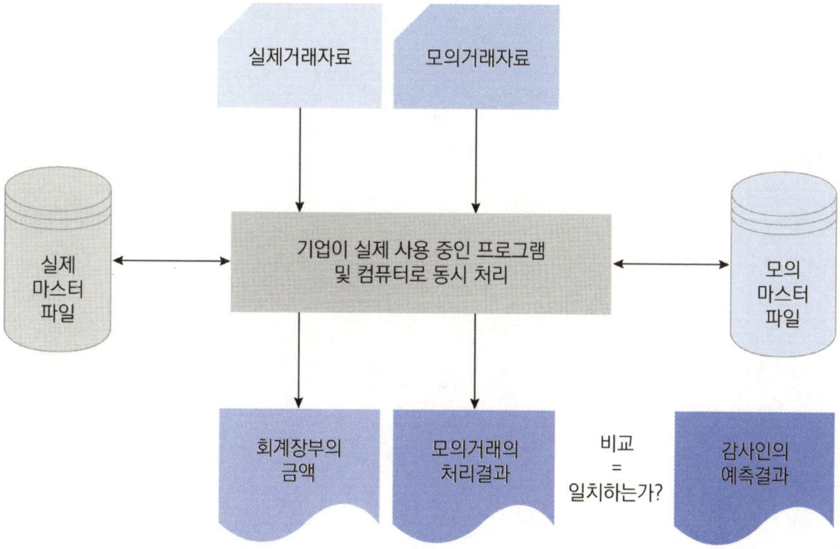

통합자료법의 장점	단점
• 회사의 실제시스템에 영향을 미치지 않으면서 시스템을 직접 검증할 수 있다. • 프로그램에 대한 직접적인 검증이 이루어지게 된다. • 병행처리법과 같이 별도의 프로그램을 개발할 필요가 없다.	• 별도의 하위시스템을 설치하는 데 시간과 비용이 많이 소요될 수 있다. • 모의자료를 작성하는 데 번거로움이 있다.

감사모듈법은 특정 거래유형을 인식하기 위해 감사인이 기업의 응용시스템에 감사모듈(감사인이 특정 데이터를 감사인이 지정한 추출조건에 따라 추출하는 프로그램)을 설치하는 방법으로서, 기업이 처리하는 실제거래에서 지속적인 감사증거 획득이 가능하다.

제3장 외부서비스조직을 이용하는 회사에 대한 통제테스트

회사가 외부서비스조직으로부터 서비스를 아웃소싱하고 있을 때 회사의 감사인은 서비스조직의 서비스가 회사의 재무보고와 관련성이 있는 정보시스템의 일부인 경우에 해당되는 경우에는 회사의 재무제표 감사와 관련이 있게 된다.

서비스조직의 서비스 및 통제와 관련하여 이해할 사항은(402-9),

① 서비스조직이 제공하는 **서비스의 성격**과 그러한 서비스가 **이용자기업에 미치는 유의성**(이용자기업의 내부통제에 대한 영향 포함)

② 서비스조직이 처리한 거래 또는 해당 조직에 의해 영향을 받는 **계정이나 재무보고절차의 성격과 중요성**

③ 서비스조직이 수행하는 활동과 이용자기업이 수행하는 활동의 **상호작용정도**

④ 서비스조직이 수행하는 활동에 대한 관련 **계약조건 등** 이용자기업과 서비스조직간 관계의 성격

이용자기업을 통해 충분히 이해하지 못한 경우 추가수행절차는(402-12),

① 입수 가능한 경우, 유형 1(기술과 설계) 또는 유형 2(기술과 설계 및 운영효과성) 보고서를 입수함

② 특정 정보를 얻기 위하여 **이용자기업을 통하여 서비스조직과 접촉함**

③ 서비스조직을 방문하여 **서비스조직의 관련 통제에 대하여 필요한 정보를 제공할 절차를 수행함**

④ **타 감사인이 수행한 업무를 활용**하여 서비스조직의 관련 통제에 대하여 필요한 정보를 제공할 절차를 수행함

감사인이 유형1 또는 유형2보고서를 감사증거로 이용할 계획이면, 다음의 절차를 수행하여야 한다(402-14).

① 서비스조직의 통제에 대한 기술과 설계가 이용자기업 감사인의 감사목적에 적합한 일자 또는 적합한 기간에 대한 것인지 여부를 평가함

② 감사와 관련된 이용자기업의 내부통제의 이해를 위해 **해당 보고서가 제공하는 증거의 충분성과 적합성을 평가함**

③ 서비스조직에 의해 식별된 보충적인 이용자기업 통제가 이용자기업과 관련성이 있는지 여부를 결정함. 관련성이 있다면, **이용자기업이 그러한 통제를 설계하였고 실행하였는지 여부를 이해함**

유형1 또는 유형2 보고서에 의해 제공되는 감사증거의 충분성과 적합성 결정 시 만족하여야 할 사항(402-13)**은,**

① 서비스감사인의 전문가적 적격성 및 서비스조직으로부터의 **독립성**

② 유형 1 또는 유형 2 보고서에 **적용된 기준(서비스조직 통제에 대한 인증업무기준)의 적절성**

서비스조직의 통제에 대한 통제테스트 수행방법(402-16)**은,**

① 입수 가능한 경우, **유형 2 보고서를 입수함**(유형 1 보고서는 운용효과성테스트로 사용할 수 없다)

② 서비스조직의 통제에 대하여 **적합한 통제테스트를 수행함**

③ 서비스조직의 통제에 대하여 통제테스트를 수행한 **타 감사인의 업무를 활용함**

통제테스트로서 유형 2 보고서를 이용할 경우 추가절차(402-17)**,**

① 서비스조직 통제에 대한 기술, 설계 및 운영효과성이 이용자기업 **감사인의 감사목적에 적합한 일자 또는 적합한 기간에 대한 것인지 여부를 평가함**

② 서비스조직에 의해 식별된 보충적인 이용자기업 통제가 이용자기업과 관련성이 있는지 여부를 결정하고, 관련성이 있다면 **이용자기업이 그러한 통제를 설계하였고 실행하였는지 여부를 이해하고 통제의 운영효과성을 테스트함**

③ **통제테스트의 대상기간** 및 그러한 통제테스트를 수행한 후 경과된 시간의 적절성을 평가함

④ 서비스감사인의 감사보고서에 기술된 해당 감사인의 통제테스트와 그 결과가 이용자기업 재무제표의 경영진주장과 관련이 있으며 이용자기업 감사인의 위험평가에 도움이 되도록 **충분하고 적합한 감사증거를 제공하는지 여부를 평가함**

유형 2 보고서가 제공하는 증거의 충분성과 적합성 결정 시 만족하여야 할 사항(402-13)은,

① 서비스감사인의 전문가적 적격성 및 서비스조직으로부터의 **독립성**

② 유형 2 보고서에 **적용된 기준의 적절성**

서비스에 대해서 충분하고 적합한 감사증거를 입수하지 못한 경우 비적정감사의견을 표명하여야 한다.

감사인의 적정의견의 감사보고서에 서비스감사인이 수행한 업무를 언급하면 안 된다. 다만 법규상 언급한 경우라도 감사인의 감사의견에 대한 책임을 경감시키지 않는다.

제 7 부 기출문제

Ch 1.1	테스트항목추출방법: 전수 · 특정 · 표본	500.A54	2020 문제8 물음3 배점 2

감사인은 감사절차를 수행할 때 표본감사를 이용하여 테스트를 수행하며 그 결과를 평가한다. 다음 물음에 답하시오.

감사인은 감사표본을 설계할 때 감사절차의 목적과 표본을 도출할 모집단의 특성을 고려하여야 하며, 상황에 따라 거래유형이나 계정잔액에 대해 전수조사를 하는 것이 더 적합하다고 결정할 수 있다. 이때 표본감사 대신 전수조사를 하는 것이 더 적합한 경우 두 가지를 각각 1줄 이내로 서술하시오.

정답 및 해설

▶ 500.A54 전수조사

감사인은 어떤 거래유형이나 계정잔액을 구성하는 항목의 전체 모집단(또는 모집단 내의 계층화된 집단)을 조사하는 것이 가장 적절하다고 결정할 수 있을 것이다. 통제테스트에서는 전수조사가 거의 이용되지 않는다. 반면, 세부테스트에서는 전수조사가 더 일반적으로 사용된다. 전수조사는 예를 들어 다음과 같은 경우에 적합할 것이다.

- 모집단이 금액이 큰 소수의 항목으로 구성되어 있을 때
- 유의적 위험이 존재하며 다른 방법으로는 충분하고 적합한 감사증거를 제공하지 못할 때

정보시스템에 의해 자동적으로 수행되는 계산이나 기타 처리는 그 반복적 특성으로 인하여 전수조사가 비용 측면에서 효과적이다.

Ch 1.2	테스트항목추출방법: 전수 · 특정 · 표본	500.A54 500.A55	2014 문제4 물음1 배점 3

테스트 항목의 추출 관련 회계감사기준의 내용에 대한 다음 물음을 읽고 요구사항에 답하시오.

회계감사기준에서는 통제테스트와 세부테스트를 설계할 때 테스트 항목의 추출과 관련하여 해당 감사절차의 목적을 충족시키는 데 효과적인 방법을 결정하도록 정하고 있다. 이에 따라 동 기준에서는 테스트 항목 추출에 이용 가능한 방법으로 (1) 모든 항목의 추출(전수조사), (2) 특정항목의 추출, (3) 표본감사의 3가지 방법을 제시하고 있다.

(요구사항)

위 세 가지 방법 중에서 (1) 전수조사와 (2) 특정항목의 추출 방법 적용이 적합한 경우를 각각 2개씩 기재하시오.

정답 및 해설

▶ 500.A54 전수조사

감사인은 어떤 거래유형이나 계정잔액을 구성하는 항목의 전체 모집단(또는 모집단 내의 계층화된 집단)을 조사하는 것이 가장 적절하다고 결정할 수 있을 것이다. 통제테스트에서는 전수조사가 거의 이용되지 않는다. 반면, 세부테스트에서는 전수조사가 더 일반적으로 사용된다. 전수조사는 예를 들어 다음과 같은 경우에 적합할 것이다.

- 모집단이 금액이 큰 소수의 항목으로 구성되어 있을 때
- 유의적 위험이 존재하며 다른 방법으로는 충분하고 적합한 감사증거를 제공하지 못할 때

정보시스템에 의해 자동적으로 수행되는 계산이나 기타 처리는 그 반복적 특성으로 인하여 전수조사가 비용 측면에서 효과적이다.

▶ 500.A55 특정항목 추출

감사인은 모집단으로부터 특정항목들을 추출하기로 결정할 수도 있다. 이러한 결정을 할 때 관련성이 있는 요소로는 감사인의 기업에 대한 이해, 평가된 중요왜곡표시위험, 그리고 테스트할 모집단의 특성이 포함된다. 특정 항목에 대한 판단적 추출은 비표본위험을 낳는다. 추출될 특정 항목에는 다음과 같은 것이 포함될 수 있을 것이다.

- 금액이 크거나 주요한 항목. 감사인은 모집단 내의 특정 항목을 추출할 때 그 금액이 큰 항목, 또는 예를 들어 의심스럽고 비경상적이며 특별히 위험성이 있거나 과거에 오류가 발생되었던 항목과 같이 어떤 특성을 보이고 있기 때문에 그러한 항목을 추출하기로 결정할 수 있을 것이다.
- 일정금액 이상의 모든 항목. 감사인은 거래유형이나 계정잔액의 전체금액에서 많은 부분을 검증하기 위하여 일정금액을 초과하는 항목을 조사하기로 결정할 수 있을 것이다.
- 정보를 입수하기 위한 항목. 감사인은 기업의 성격이나 거래의 성격과 같이 어떤 사항에 대한 정보를 입수하기 위하여 관련 항목을 조사할 수 있을 것이다.

▶ 500.A56

어떤 거래유형이나 계정잔액에서 특정 항목을 선택적으로 조사하는 것은 감사증거를 얻는 효율적인 수단이 될 수 있지만, 그것이 표본감사를 구성하는 것은 아니다. 이러한 방법으로 추출된 항목에 감사절차를 적용한 결과는 전체 모집단으로 투영될 수 없으며, 따라서 특정 항목에 대한 선택적 조사는 모집단의 잔여 부분과 관련하여 감사증거를 제공하지 않는다.

Ch 1.3	통계적 · 비통계적 구분 기준	530.5	2014 문제4 물음2 배점 3

회계감사기준에서는 표본감사 접근법을 통계적 표본감사와 비통계적 표본감사로 분류하고, 2가지 특성을 모두 갖는 경우에는 통계적 표본감사, 이 특성들을 갖추지 않은 경우에는 비통계적 표본감사라고 정의하고 있다.

(요구사항)

위에 언급된 통계적 · 비통계적 표본감사를 구분하는 기준이 되는 2가지 특성을 기재하시오.

정답 및 해설

▶ 530.5

(g) 통계적 표본감사 – 다음의 특성을 모두 갖는 표본감사 접근법

(i) 표본항목을 무작위로 추출함

(ii) 표본위험의 측정 등 표본결과의 평가에 확률이론을 적용함

(i)과 (ii)의 특성을 갖추지 않은 표본감사 접근법은 비통계적 표본감사로 간주된다.

Ch 1.4	비표본위험	530.A1	2022 문제2 물음1 배점 2

정보기술의 발달로 외부감사 시 전산감사기법을 활용한 전수조사가 확대되는 추세다. 그러나 전수조사를 실시하더라도 적발위험은 완전히 제거되지 않는다. 이처럼 전수조사에도 불구하고 적발위험이 발생할 수 있는 이유(혹은 경우)를 비표본위험과 연계하여 두 가지만 서술하시오(단, 아래 〈예시〉는 제외할 것).

〈예시〉
감사인의 부주의 또는 전문지식 부족

정답 및 해설

비표본위험은 예를 들어 ⓐ 부적합한 감사절차를 적용하는 경우, 또는 ⓑ 감사증거를 잘못 해석하는 경우와 ⓒ 왜곡표시 또는 이탈을 인식하지 못하는 경우가 포함된다.

▶ 530.A1
비표본위험은 예를 들어 부적합한 감사절차를 적용하는 경우, 또는 감사증거를 잘못 해석하는 경우와 왜곡표시 또는 이탈을 인식하지 못하는 경우가 포함된다.

Ch 1.5	표본위험	530.5	2016 문제4 물음1 배점 2

감사는 기본적으로 표본감사를 전제로 하며, 표본감사는 크게 통계적 표본감사와 비통계적 표본감사로 구분할 수 있다.

〈자료〉
(1) 표본위험이란 표본에 근거한 감사인의 결론이 모집단 전체에 동일한 감사절차를 적용하였을 경우 도달하였을 결론과 다를 수 있는 위험을 의미한다.
(2) 표본위험은 제1종오류(α위험)와 제2종오류(β위험)의 두 가지 형태로 구분할 수 있다.

세부테스트를 수행하는 과정에서 발생할 수 있는 두 가지 형태의 표본위험을 설명하고, 이들 감사위험이 감사의 효율성 또는 효과성에 미치는 영향을 서술하시오.

정답 및 해설

표본위험 – 표본에 근거한 감사인의 결론이 모집단 전체에 동일한 감사절차를 적용하였을 경우 도달하였을 결론과 다를 수 있는 위험. 표본위험은 다음 두 가지 형태의 잘못된 결론에 이르게 할 수 있다.

(i) 과대신뢰위험(TOC), 부당수용위험(TOD): β 위험(2종오류) →감사위험
통제가 실제보다 더 효과적이라고 평가하거나, 세부테스트에서 실제로 중요한 왜곡표시가 존재함에도 불구하고 중요한 왜곡표시가 존재하지 않는다고 결론을 내림. 이것은 감사의 효과성에 영향을 미치며 부적합한 감사의견에 이르게 할 수 있으므로 감사인은 주로 이런 형태의 잘못된 결론에 유의하여야 한다.

(ii) 과소신뢰위험(TOC), 부당거부위험(TOD): α 위험(1종오류)
통제테스트에서 통제가 실제보다 덜 효과적이라고 평가하거나, 세부테스트에서 실제로 중요한 왜곡표시가 존재하지 않음에도 불구하고 중요한 왜곡표시가 존재한다고 결론을 내림. 이러한 형태의 잘못된 결론에 대하여는 일반적으로 최초의 결론이 부정확한지 확인하기 위한 추가적인 업무로 이어지기 때문에 감사의 효율성에 영향을 미친다.

▶ 530.5

감사기준에서 사용하는 용어의 정의는 다음과 같다.

(a) 표본감사 – 감사인에게 모집단 전체에 대한 결론을 도출할 수 있는 합리적인 근거를 제공하기 위해, 감사와 관련이 있는 모집단에 속한 모든 표본단위가 추출될 기회를 가지도록 하여 전체항목(100%)보다 적은 수의 항목에 대하여 감사절차를 적용하는 것

(b) 모집단 – 감사인이 표본을 추출하고 결론을 도출하려고 하는 데이터의 전체집합

(c) 표본위험 – 표본에 근거한 감사인의 결론이 모집단 전체에 동일한 감사절차를 적용하였을 경우 도달하였을 결론과 다를 수 있는 위험. 표본위험은 다음 두 가지 형태의 잘못된 결론에 이르게 할 수 있다.

  (i) 통제가 실제보다 더 효과적이라고 평가하거나, 세부테스트에서 실제로 중요한 왜곡표시가 존재함에도 불구하고 중요한 왜곡표시가 존재하지 않는다고 결론을 내림. 이것은 감사의 효과성에 영향을 미치며 부적합한 감사의견에 이르게 할 수 있으므로 감사인은 주로 이런 형태의 잘못된 결론에 유의하여야 한다.

  (ii) 통제테스트에서 통제가 실제보다 덜 효과적이라고 평가하거나, 세부테스트에서 실제로 중요한 왜곡표시가 존재하지 않음에도 불구하고 중요한 왜곡표시가 존재한다고 결론을 내림. 이러한 형태의 잘못된 결론에 대하여는 일반적으로 최초의 결론이 부정확한지 확인하기 위한 추가적인 업무로 이어지기 때문에 감사의 효율성에 영향을 미친다.

(d) 비표본위험 – 감사인이 표본위험과 관련이 없는 다른 이유에 의해 잘못된 결론에 도달할 위험

(e) 변이 – 모집단의 왜곡표시나 이탈을 명백하게 대표하지는 아니하는 왜곡표시나 이탈

(f) 표본단위 – 모집단을 구성하는 개별 항목

(g) 통계적 표본감사 – 다음의 특성을 모두 갖는 표본감사 접근법

  (i) 표본항목을 무작위로 추출함

  (ii) 표본위험의 측정 등 표본결과의 평가에 확률이론을 적용함

  (i)과 (ii)의 특성을 갖추지 않은 표본감사 접근법은 비통계적 표본감사로 간주된다.

(h) 계층화 – 모집단을 여러 개의 하위모집단으로 나누는 과정으로서 각각의 하위모집단은 비슷한 특성(종종 화폐가액)을 갖는 표본단위들의 집단으로 구성된다.

(i) 허용왜곡표시 – 모집단의 실제 왜곡표시가 감사인이 설정한 화폐금액을 초과하지 않는다는 적합한 수준의 확신을 얻기 위한 관점에서 감사인이 설정한 화폐금액

(j) 허용이탈률 – 모집단의 실제 이탈률이 감사인이 설정한 이탈률을 초과하지 않는다는 적합한 수준의 확신을 얻기 위한 관점에서 감사인이 설정한 내부통제절차의 이탈률

Ch 1.6	표본위험	530.5	2016 문제4 물음2 배점 2

감사는 기본적으로 표본감사를 전제로 하며, 표본감사는 크게 통계적 표본감사와 비통계적 표본감사로 구분할 수 있다.

〈자료〉

(1) 표본위험이란 표본에 근거한 감사인의 결론이 모집단 전체에 동일한 감사절차를 적용하였을 경우 도달하였을 결론과 다를 수 있는 위험을 의미한다.

(2) 표본위험은 제1종오류(α위험)와 제2종오류(β위험)의 두 가지 형태로 구분할 수 있다.

제1종오류(α위험)와 제2종오류(β위험) 중 감사인이 보다 통제하려는 표본위험이 무엇인지를 선택하고, 그 이유를 서술하시오.

정답 및 해설

(i) 과대신뢰위험(TOC), 부당수용위험(TOD): β 위험(2종오류) →감사위험 관련으로 감사인의 관심사[∵ 1종오류 회피 목적 추가 감사절차 비용보다 2종오류로 인한 소송비용(손해배상금액포함)이 더 크기 때문]

▶ 200.13(c)

감사기준에서 사용하는 용어의 정의는 다음과 같다.

(c) 감사위험 – 재무제표가 중요하게 왜곡표시되어 있을 경우에 감사인이 부적합한 감사의견을 표명할 위험. 감사위험은 중요왜곡표시위험과 적발위험의 함수이다.

Ch 1.7	계층화 추출 효익	530.B1	2023 문제6 물음1 배점 3

한국회계법인은 주권상장법인인 (주)A에 대한 재고자산 실사 입회를 계획하고 수행하였다. 다음 내용은 (주)A의 자체 실사 계획이다.

- (주)A의 재고 실물 보관장소는 물류센터 세 곳과 주로 반품된 제품을 보관하는 본사창고로 구성되어 있으며 해당 창고들이 각각 회사의 창고관리시스템에 등록되어 있다.
- 물류센터는 물류팀이 통합하여 관리하고 있고, 본사창고는 영업팀 물류담당자가 별도로 관리하고 있다.
- (주)A는 연말 재고 이동량을 고려하여 창고별로 다른 날짜에 각각 다른 실사팀이 실사할 계획이다.

한국회계법인은 (주)A의 재고실사 입회 세부계획을 수립하면서 물류센터 세 곳과 본사창고를 하나의 모집단으로 하여 테스트 실사 수량을 결정하였으며, 이는 각 실사장소를 구분했을 때보다 작은 수량이다. 여러 곳의 창고를 하나의 모집단으로 결정한 것이 적절한지 여부를 기재하고 그 이유를 두 가지만 서술하시오.

정답 및 해설

ⓐ 이질적인(heterogeneous) 물류센터와 본사창고를 하나의 모집단으로 하는 경우 표본 변동성이 증대됨. (모집단 대표성 ↓)

ⓑ 표본위험이 증가됨에 따라 표본규모는 확대되어야 함에도, 표본규모가 더 작음.

※ Stratified Sampling(계층화 추출 표본) 장단점

ⓐ 단순임의 추출보다 신뢰성이 높은 추정: 동질적(homogeneous) 계층(stratum)별 추출은 단순임의추출보다 추정치 분산이 적기 때문에 보다 신뢰성이 높은 추정 가능(모집단 대표성이 높음)

ⓑ 비용 절감 및 자료분석이 용이 & 각 계층에 대한 추정이 가능

ⓒ 계층 분리의 어려움: 계층 내 동질성, 계층 간 이질성을 나타내도록 구분이 어려운 경우가 많음.

▶ 530.B1 계층화

감사인이 모집단을 동일한 특성을 가진 하위 모집단으로 나누어 모집단을 계층화하면 감사의 효율성이 향상될 것이다. 계층화의 목적은 각 계층 내 항목들의 변동성을 감소시키는 것이며, 이 결과 표본위험을 증가시키지 않고 표본규모를 감소시킬 수 있다.

▶ 530.B4

어떤 거래유형이나 계정잔액을 여러 개의 계층으로 나눈 경우에는 각 계층별로 분리하여 왜곡표시를 투영한다. 왜곡표시가 해당 거래유형이나 계정잔액의 전체에 미칠 수 있는 영향을 고려할 때는 각 계층별로 투영된 왜곡표시를 합산한다.

Ch 1.8	표본추출방법: 무작위/계층화/체계적/PPS	530.B1	2017 문제4 물음2 배점 2

감사인은 외부조회를 실시할 때 매출채권 금액별로 계층화한 후, 하위 모집단인 매출채권 잔액에서 특정 금액단위를 표본단위로 선택할 수 있다. 감사인이 이러한 방법으로 여러 개의 하위 모집단을 구분하는 목적을 서술하시오.

정답 및 해설

▶ 530.B1

감사인이 모집단을 동일한 특성을 가진 하위 모집단으로 나누어 모집단을 계층화하면 감사의 효율성이 향상될 것이다. 계층화의 목적은 각 계층 내 항목들의 변동성을 감소시키는 것이며, 이 결과 표본위험을 증가시키지 않고 표본규모를 감소시킬 수 있다.

▶ 530.B2

세부테스트를 수행할 때 모집단은 종종 화폐가치로 계층화된다. 이는 과대계상의 측면에서 금액이 큰 항목이 가장 큰 왜곡표시의 가능성을 가지고 있으므로 금액이 더 큰 항목에 더 큰 감사노력이 집중되도록 한다. 마찬가지로 모집단을 높은 왜곡표시위험을 시사하는 특정의 속성에 따라 계층화할 수도 있을 것이다. 예를 들어, 회수가 불확실한 채권에 대한 대손추정액을 테스트하는 경우 경과기간에 따라 채권잔액을 계층화할 수 있을 것이다.

Ch 1.9	표본추출방법: 무작위/계층화/체계적/PPS	530.보4	2017 문제4 물음3 배점 2

감사인은 모집단의 표본단위가 균등하게 추출될 수 있도록 표본추출방법을 설계해야 한다. 모집단이 어떠한 상황일 때 체계적 추출법을 사용할 수 있는지 서술하시오.

정답 및 해설

체계적 추출법을 사용하는 경우, 감사인은 모집단의 표본단위에 내재된 특정한 유형이 표본추출 간격과 상응하는 방식으로 구성되어 있지는 않다는 것을 결정할 필요가 있을 것이다.

▶ 530.보4 표본을 추출하는 주요 방법은 다음과 같다.

(1) (난수표와 같은 난수발생도구를 이용한) 무작위추출 (→ 통계적 표본감사)

(2) 체계적 추출. 이 방법은 모집단의 표본단위 수를 추출하고자 하는 표본규모로 나누어 표본추출 간격, 예를 들어 50을 정하고 최초 50개의 항목 안에서 출발점을 결정한 후, 이로부터 매 50번째 표본단위를 선택하는 것이다. 출발점은 임의적으로 정할 수도 있지만, 컴퓨터의 난수발생 프로그램이나 난수표를 이용하여 정할 때 보다 더 무작위의 표본이 될 것이다. 체계적 추출법을 사용하는 경우, 감사인은 모집단의 표본단위에 내재된 특정한 유형이 표본추출 간격과 상응하는 방식으로 구성되어 있지는 않다는 것을 결정할 필요가 있을 것이다. (→ 통계적 표본감사)

(3) 금액단위추출. 금액단위추출은 보론 1에서 설명된 금액가중추출법의 한 종류이며, 표본규모, 표본추출 그리고 이에 대한 평가에 있어 그 결론이 화폐금액 형태로 나타난다. (→ 통계적 표본감사, PPS, MUS, 거래처별 계층화 & 체계적 추출 시 표본수 ↓)

(4) 임의추출. 임의추출은 감사인이 구조적인 기법을 따르지 않고 표본을 추출하는 것이다. 비록 구조적인 기법이 적용되지 않더라도 감사인은 의도적인 편의나 예측가능성(예를 들어, 추출하기 어려운 항목은 회피하거나, 각 페이지의 최초 또는 최종 항목만을 선택하거나 배제하는 것)을 피하고 모집단 내의 모든 항목이 추출의 기회를 갖도록 하고자 할 것이다. 통계적 표본감사에서 임의추출은 부적합하다. (→ 비통계적 표본감사)

(5) 구획추출. 구획추출은 모집단 내의 이웃하는 항목으로 구성된 하나(또는 복수)의 구획을 선택하는 방법이다. 대부분의 모집단은 연속된 항목들은 서로 유사한 특성을 가지며 모집단의 다른 부분에 있는 항목들은 다른 특징을 가지도록 구성되어 있으므로, 구획추출은 일반적으로 표본감사에서 사용될 수 없다. 비록 경우에 따라 특정 구획의 항목을 조사하는 감사절차가 적합할 수 있으나, 감사인이 표본에 근거하여 전체 모집단에 대하여 유효한 추론을 하고자 할 경우 구획추출이 적절한 표본추출 기법이 되는 경우는 드물 것이다. (→ 비통계적 표본감사)

Ch 1.10	비통계 추출: 구획추출법	530.보론4(5)	2020 문제8 물음2 배점 2

감사인은 감사절차를 수행할 때 표본감사를 이용하여 테스트를 수행하며 그 결과를 평가한다. 다음 물음에 답하시오.

표본을 추출하는 방법은 통계적 표본추출방법과 비통계적 표본추출방법으로 구분된다. 비통계적 표본추출방법 중 '구획추출' 방법의 ① 개념, 그리고 이 방법이 일반적인 표본감사에서 사용하는 것이 적합하지 않은 ② 이유에 대해 각각 1줄 이내로 서술하시오.

정답 및 해설

특정 구획 선택 & 구획 내 모든 항목 표본으로 추출 → 구획 내 특성만 반영되고 다른 구획 특성은 제외되는바 모집단 대표성이 결여됨.→ 비통계적 표본감사로 일반적 표본감사 시 사용x

▶ 530.보론4(5) 비통계적 표본감사

(4) 임의추출. 임의추출은 감사인이 구조적인 기법을 따르지 않고 표본을 추출하는 것이다. 비록 구조적인 기법이

적용되지 않더라도 감사인은 의도적인 편의나 예측가능성(예를 들어, 추출하기 어려운 항목은 회피하거나, 각 페이지의 최초 또는 최종 항목만을 선택하거나 배제하는 것)을 피하고 모집단 내의 모든 항목이 추출의 기회를 갖도록 하고자 할 것이다. 통계적 표본감사에서 임의추출은 부적합하다. (→ 비통계적 표본감사)

(5) 구획추출. 구획추출은 모집단 내의 이웃하는 항목으로 구성된 하나(또는 복수)의 구획을 선택하는 방법이다. 대부분의 모집단은 연속된 항목들은 서로 유사한 특성을 가지며 모집단의 다른 부분에 있는 항목들은 다른 특징을 가지도록 구성되어 있으므로, 구획추출은 일반적으로 표본감사에서 사용될 수 없다. 비록 경우에 따라 특정 구획의 항목을 조사하는 감사절차가 적합할 수 있으나, 감사인이 표본에 근거하여 전체 모집단에 대하여 유효한 추론을 하고자 할 경우 구획추출이 적절한 표본추출 기법이 되는 경우는 드물 것이다. (→ 비통계적 표본감사)

Ch 1.11	표본규모(속성)	530.보2	2023 문제8 물음1 배점 3

감사인은 감사절차를 수행할 때 표본감사를 이용하여 테스트를 수행하며 그 결과를 평가한다. 다음은 감사인이 통제테스트를 수행하기 위한 표본규모를 결정할 때 고려하는 요소이다. 각 요소가 표본규모에 미치는 영향을 '증가', '감소' 또는 '영향을 무시할 수 있음'으로 기재하시오.

① 모집단의 표본단위 수가 매우 크다.

② 표본결과가 사실상 모집단의 실제 이탈을 나타내고 있다는 것에 대하여 감사인이 더 높은 수준의 확신을 요구한다.

③ 허용이탈률이 높다.

④ 감사인이 위험을 평가할 때 관련 통제의 운영효과성에 대한 의존도가 크다.

정답 및 해설

① 무시 가능 ② 증가 ③ 감소 ④ 증가

◈ 표본규모(SS: Sample Size)에 영향을 미치는 요소

▶ 530.보론2 통제테스트(TOC)

1. 감사인이 위험을 평가할 때 관련 통제의 고려 정도(통제 운용효과성 의존도)가 증가함 → SS 증가 → 감사인이 통제의 운영효과성에 대하여 보다 많은 확신을 얻고자 할수록 중요한 왜곡표시 위험에 대한 감사인의 평가는 더 낮아지게 될 것이며, 필요한 표본규모는 더 커지게 될 것이다. 감사인이 경영진주장 수준의 중요왜곡표시위험을 평가할 때 통제의 운영효과성에 대한 기대를 포함하고 있는 경우에는 통제테스트를 수행하도록 요구된다. 다른 사항들이 동일하다면, 위험평가에 있어서 통제의 운영효과성에 대한 감사인의 의존도가 클수록 감사인의 통제테스트의 범위는 더 확대된다(그러므로, 표본규모는 증가한다).
2. 허용이탈률의 증가 → SS 감소 → 허용이탈률이 감소할수록 표본규모는 커져야 한다.
3. 테스트대상 모집단의 예상이탈률의 증가 → SS 증가 → 예상이탈률이 높을수록 감사인이 실제 이탈률에 대한 합리적인 추정을 할 수 있도록 표본규모는 커져야 한다. 예상이탈률과 관련하여 감사인이 고려할 요소에는 기업에 대한 이해(특히, 내부통제를 이해하기 위해 수행한 위험평가절차), 인원의 변동이나 내부통제의 변동, 이전 보고기간에 적용된 감사절차의 결과, 그리고 다른 감사절차의 결과 등이 있다. 통제에 대한 예상이탈률이 높은 경우에는, 일반적으로 평가된 중요왜곡표시위험이 거의 감소되지 아니한다.
4. 모집단의 실제이탈률이 허용이탈률을 초과하지 않는다는 감사인의 요구수준이 증가함→SS 증가 → 표본결과가 사실상 모집단의 실제 이탈을 나타내고 있다는 것에 대하여, 감사인이 더 높은 수준의 확신을 요구할수록 표본규모는 더 커져야 한다.
5. 모집단의 표본단위수의 증가 → SS 영향을 무시할 수 있음 → 대규모 모집단의 경우, 모집단의 실제 규모는 표본규모에 거의 영향을 주지 않는다. 그러나 소규모 모집단에서는 표본감사가 충분하고 적합한 감사증거를 입수하기 위한 대체적인 방법만큼 효율적이지 않을 것이다.

Ch 1.12	속성표본감사	530.A7 530.보4 530.11, 530.A20~A21	2018 문제3 물음5 배점 3

김 회계사는 매출거래 내부통제의 효과성을 검증하기 위해 통계적 표본감사 중 속성표본감사(attributes sampling)를 적용하였다. 다음은 김 회계사가 수행한 감사업무의 내용이다.

① 고객주문서에 기재된 수량대로 올바르게 출고되고 있는지를 확인하기 위하여 출고지시서를 표본단위로 결정하였다.

② 관련 통제에 대한 감사인의 이해를 근거로 예상이탈률을 평가하였다.

③ 표본규모를 결정할 때 과소신뢰위험(α위험)은 무시하고 과대신뢰위험(β위험)만 고려하였다.

④ 매출거래는 연속되고 서로 유사한 특성을 가지고 있어 2월과 11월의 모든 거래를 추출하는 구획추출(block sampling)로 표본을 선택하였다.

⑤ 추출항목을 대상으로 감사절차나 대체적인 절차를 적용해도 통제의 존재를 확인할 수 없어 해당 항목을 이탈로 분류하였다.

⑥ 표본이탈률에 명시적인 투영을 반영하여 모집단 전체의 투영이탈률을 계산하고, 해당 통제의 운용효과성에 대한 판단을 내렸다.

⑦ 최초 평가와는 달리 예상보다 표본이탈률이 높은 것으로 판단되어 감사인은 최초에 평가한 중요한 왜곡표시위험을 증가시켰다.

[요구사항] 김 회계사가 수행한 감사업무 중에 가장 적절하지 않은 항목 세 가지를 지적하고, 그 이유를 서술하시오.

정답 및 해설

① 고객주문서를 모집단으로 표본추출, 이후 출고지시서 등 대사

④ 구획추출은 비통계적 표본추출방법임

⑥ 표본이탈률이 모집단 전체 투영이탈률인바, 명시적 투영은 불필요함. (다만, 표본위험을 더한 모집단이탈상한율을 결정하여 판단함.)

▶ 근거

② 530.A7 통제테스트에서 모집단의 특성을 고려할 때, 감사인은 관련 통제에 대한 감사인의 이해 또는 모집단의 소수 항목에 대한 조사를 근거로 예상이탈률을 평가한다. 이러한 평가는 감사표본을 설계하고 표본규모를 결정하기 위해 실시한다. 예를 들어, 만약 예상이탈률이 수용할 수 없을 정도로 높은 경우, 감사인은 일반적으로 통제테스트를 수행하지 않을 것이다. 마찬가지로 감사인은 세부테스트에서 모집단의 예상왜곡표시에 대하여 평가를 실시한다. 예상왜곡표시가 높다면 세부테스트를 수행할 때 전수조사 또는 표본규모를 크게 하는 것이 적합할 것이다.

④ 530.보4 (5) 구획추출. 구획추출은 모집단 내의 이웃하는 항목으로 구성된 하나(또는 복수)의 구획을 선택하는 방법이다. 대부분의 모집단은 연속된 항목들은 서로 유사한 특성을 가지며 모집단의 다른 부분에 있는 항목들은 다른 특징을 가지도록 구성되어 있으므로, 구획추출은 일반적으로 표본감사에서 사용될 수 없다. 비록 경우에 따라 특정 구획의 항목을 조사하는 감사절차가 적합할 수 있으나, 감사인이 표본에 근거하여 전체 모집단에 대하여 유효한 추론을 하고자 할 경우 구획추출이 적절한 표본추출 기법이 되는 경우는 드물 것이다.

⑤ 530.11 감사인이 추출된 항목에 대하여 설계된 감사절차 또는 적절한 대체적 절차를 적용할 수 없다면, 감사인은 해당 항목을 통제테스트의 경우에는 규정된 통제로부터의 이탈로, 세부테스트의 경우에는 왜곡표시로 취급하여야 한다.

⑥ 530.A20 통제테스트에서는 대부분 표본이탈률이 곧 모집단 전체의 투영 이탈률이기 때문에 이탈에 대한 명시적인 투영이 필요 없다.

⑦ 530.A21 통제테스트의 경우 예상과 다른 높은 표본이탈률은 최초의 평가를 입증할 수 있는 추가적인 감사증거가 입수되지 않는 한 평가된 중요왜곡표시위험을 증가시킨다. 세부테스트의 경우 예상과 다른 큰 표본왜곡표시 금액은 중요한 왜곡표시가 존재하지 않는다는 추가적인 감사증거가 없는 한 감사인은 특정 거래유형이나 계정잔액이 중요하게 왜곡표시되어 있다고 믿을 것이다.

Ch 1.13	속성표본감사	530.보4 530.A20	2016 문제4 물음3 배점 3

김 회계사는 A(주)의 20X1년 감사업무에 참여하고 있다. 다음은 김 회계사가 A(주)의 매출 및 대금청구활동에 대하여 통제테스트를 수행한 내역이다.
김 회계사는 통계적 표본감사를 수행하기로 하고, 구체적으로 ① 속성표본감사방법을 적용하였다. 김 회계사는 A(주)의 매출송장(세금계산서) 발행에 담당부장의 검토와 승인이 적절하게 수행되었는지 여부를 관심속성으로 정의하였으며, 적절한 검토와 승인이 이루어지지 않은 ② 매출송장의 금액이 중요성기준을 초과하는 경우를 이탈사항으로 정의하였다.

김 회계사는 20X1년 초부터 통제테스트를 수행하는 시점까지 발행된 ③ 모든 매출송장(6,000장)을 모집단으로 설정하였다. 또한 표본규모를 결정하기 위해 표본감사의 신뢰수준을 90%, ④ 모집단의 예상이탈률을 4%, 모집단 허용이탈률을 8%로 설정하였다. 이에 따라 결정된 표본규모는 100개이다. 김 회계사는 A(주)의 매출송장에 일련번호가 부여되어 있지 않은 관계로 ⑤ 임의추출법에 따라 100개의 표본을 추출하였다.
김 회계사는 ⑥ 표본에 대해 질문과 문서검사를 수행한 결과, 5개의 표본에서 담당부장의 승인이 누락되어 있음을 발견하였다. 또한 2개의 표본에서는 담당부장의 승인이 있었으나 매출송장상의 수량이 적송서류(거래명세서)와 일치하지 않는 것을 발견하였다. 이에 김 회계사는 ⑦ 표본이탈률을 7% (=(5개+2개)/100개)로 계산하였다. 또한 표본이탈률에 ⑧ 표본위험 허용치를 가산하여 모집단 투영이탈률을 계산하였다. 이렇게 산출된 수치는 모집단 허용이탈률을 초과하므로 김 회계사는 매출 및 대금청구활동의 통제위험이 높은 것으로 판단하였다.
밑줄 친 ① 20X ⑧의 내용 중에서 적절치 않은 내용이나 표현 세 가지를 지적하고, 그 이유를 서술하시오. 단, ① 20X ⑧에 포함된 오류내용과 관계없이 다른 문장이나 표현은 오류가 없는 것으로 가정한다.

정답 및 해설

② 이탈사항: 검토와 승인절차가 부적절한 경우로 정의해야 (not 중요성)
⑤ 임의추출은 비통계적 표본추출방법.
⑥ 속성표본감사는 모집단 투영 불필요.

▶ 530.보4 (4)
임의추출. 임의추출은 감사인이 구조적인 기법을 따르지 않고 표본을 추출하는 것이다. 비록 구조적인 기법이 적용되지 않더라도 감사인은 의도적인 편의나 예측가능성(예를 들어, 추출하기 어려운 항목은 회피하거나, 각 페이지의 최초 또는 최종 항목만을 선택하거나 배제하는 것)을 피하고 모집단 내의 모든 항목이 추출의 기회를 갖도록 하고자 할 것이다. 통계적 표본감사에서 임의추출은 부적합하다. (→ 비통계적 표본감사)

▶ 530.A20
통제테스트에서는 대부분 표본이탈률이 곧 모집단 전체의 투영 이탈률이기 때문에 이탈에 대한 명시적인 투영이 필요 없다.

▶ 530.11
감사인이 추출된 항목에 대하여 설계된 감사절차 또는 적절한 대체적 절차를 적용할 수 없다면, 감사인은 해당 항목을 통제테스트의 경우에는 규정된 통제로부터의 이탈로, 세부테스트의 경우에는 왜곡표시로 취급하여야 한다.

Ch 1.14	속성표본감사		2015 문제7 물음1 배점 4

박 회계사는 ABC(주)의 20X1년 감사업무에 참여하고 있다. 박 회계사는 감사팀 매니저회계사로부터 매출액 및 매출채권에 대한 감사업무를 배정받았다.

다음은 박 회계사가 ABC(주)의 매출 관련 통제테스트를 수행하는 과정에서 판단하거나 수행한 절차이다. 박 회계사의 판단(또는 이해)이 잘못되었거나 수행한 절차가 적절치 않은 항목 3가지를 지적하고, 그 이유를 그 항목별로 서술하시오.

(1) 박 회계사는 ABC(주)의 내부통제를 이해한 후 매출활동 관련 계정의 중요한 왜곡표시위험이 낮다는 것을 인지하고, 통제테스트를 수행하는 것이 효율적이라고 판단하였다.

(2) 박 회계사는 매출전표에 선적서류 등의 증빙자료가 적절하게 첨부되어 있는지를 확인하기로 하였으며, 이러한 감사절차를 통해 매출거래의 실재성과 발생사실을 검증할 수 있을 것으로 판단하였다.

(3) 박 회계사는 통계적 표본감사방법을 이용하여 통제테스트를 수행하기로 하였으며, 푸아송분포를 가정한 속성표본감사를 적용하기로 하였다.

※ 다음 자료는 (4)부터 (6)까지 관련된 것이다.
통제테스트의 대상이 된 매출전표는 모두 5,000건이며, 매출액은 ₩125,000,000이다. 박 회계사는 표본크기를 결정하기 위해 모집단 예상이탈률 2%, 허용이탈률 6%, 신뢰수준 95%를 설정하였다. 이에 따른 표본크기는 125개로 가정한다.

(4) 박 회계사는 표본추출간격을 ₩1,000,000(=매출액 ₩125,000,000/표본크기 125개)로 산출하였으며, 체계적 추출법을 활용하여 125개 표본을 추출하였다.

(5) 박 회계사는 125개의 표본에 대해 문서검사와 분석적 절차를 수행하였으며, 그 결과 5개의 표본에서 이탈사항을 발견하였다.

(6) 박 회계사는 표본이탈률 4%(=5개/125개)가 허용이탈률 6%에 미달하므로 매출 관련 계정의 중요한 왜곡표시위험이 높지 않은 것으로 판단하였다.

정답 및 해설

④ 표본단위를 물리적 단위(개수)로 해야. 표본규모는 5000건/125개=40개

⑤ TOC는 분석적 절차와 무관함.

⑥ 최대이탈률(추정이탈상한율)과 허용이탈률 비교해야. 최대이탈률(UDR)=표본이탈률(SDR)+표본위험의 허용치(Allowance for SR)

Ch 1.15	표본규모 영향	530.보2 530.보3	2020 문제8 물음1 배점 2

감사인은 감사절차를 수행할 때 표본감사를 이용하여 테스트를 수행하며 그 결과를 평가한다. 다음 물음에 답하시오.

다음은 감사인이 표본규모를 결정할 때 고려할 요소이다. 각 요소가 표본규모에 미치는 영향을 기재하시오. ('증가' 또는 '감소'로 답할 것)

① 동일한 경영진주장에 대한 다른 실증절차의 적용을 증가시킴
② 모집단의 실제 이탈률이 허용이탈률을 초과하지 않을 것이라는 점에 대하여 감사인이 원하는 확신의 수준이 증가함
③ 감사인이 위험을 평가할 때 관련 통제의 고려 정도가 증가함
④ 모집단에서 감사인이 발견할 것으로 예상하는 왜곡표시금액의 증가

정답 및 해설

① 감소 ② 증가 ③ 증가 ④ 증가

Ch 1.16	표본규모 영향	530.보론3	2016 문제4 물음4 배점 3

다음은 감사인이 세부테스트를 수행하기 위한 표본규모를 결정할 때 고려하는 요소들이다.

① 감사인은 표본결과가 모집단의 실제 왜곡표시 금액을 나타내고 있다는 것에 대하여 더 높은 수준의 확신을 요구하고 있다.
② 감사인은 모집단에서 발견할 것으로 예상하는 왜곡표시금액이 클 것으로 예상하고 있다.
③ 감사인은 모집단항목들의 금액크기의 범위가 넓어 모집단을 계층화하였다.
④ 감사인은 특정 모집단에 대한 적발위험을 수용 가능한 수준까지 감소시키기 위하여 세부테스트나 실증적인 분석적 절차와 같은 다른 실증절차에 더 많이 의존하고자 한다.

위 요소들이 표본규모에 미치는 영향을 각 요소별로 '증가' 또는 '감소'로 표기하시오.

정답 및 해설

① 증가 ② 증가 ③ 감소 ④ 감소

◈ **표본규모(SS: Sample Size)에 영향을 미치는 요소**

▶ **530.보론2 통제테스트(TOC)**

1. 감사인이 위험을 평가할 때 관련 통제의 고려 정도가 증가함 → SS 증가 → 감사인이 통제의 운영효과성에 대하여 보다 많은 확신을 얻고자 할수록 중요한 왜곡표시 위험에 대한 감사인의 평가는 더 낮아지게 될 것이며, 필요한 표본규모는 더 커지게 될 것이다. 감사인이 경영진주장 수준의 중요왜곡표시위험을 평가할 때 통제의 운영효과성에 대한 기대를 포함하고 있는 경우에는 통제테스트를 수행하도록 요구된다. 다른 사항들이 동일하다면, 위험평가에 있어서 통제의 운영효과성에 대한 감사인의 의존도가 클수록 감사인의 통제테스트의 범위는 더 확대된다(그러므로, 표본규모는 증가한다).
2. 허용이탈률의 증가 → SS 감소 → 허용이탈률이 감소할수록 표본규모는 커져야 한다.
3. 테스트대상 모집단의 예상이탈률의 증가 → SS 증가 → 예상이탈률이 높을수록 감사인이 실제 이탈률에 대한

합리적인 추정을 할 수 있도록 표본규모는 커져야 한다. 예상이탈률과 관련하여 감사인이 고려할 요소에는 기업에 대한 이해(특히, 내부통제를 이해하기 위해 수행한 위험평가절차), 인원의 변동이나 내부통제의 변동, 이전 보고기간에 적용된 감사절차의 결과, 그리고 다른 감사절차의 결과 등이 있다. 통제에 대한 예상이탈률이 높은 경우에는, 일반적으로 평가된 중요왜곡표시위험이 거의 감소되지 아니한다.

4. 모집단의 실제이탈률이 허용이탈률을 초과하지 않는다는 감사인의 요구수준이 증가함 → SS 증가 → 표본결과가 사실상 모집단의 실제 이탈을 나타내고 있다는 것에 대하여, 감사인이 더 높은 수준의 확신을 요구할수록 표본규모는 더 커져야 한다.
5. 모집단의 표본단위수의 증가 → SS 영향을 무시할 수 있음 → 대규모 모집단의 경우, 모집단의 실제 규모는 표본규모에 거의 영향을 주지 않는다. 그러나 소규모 모집단에서는 표본감사가 충분하고 적합한 감사증거를 입수하기 위한 대체적인 방법만큼 효율적이지 않을 것이다.

▶ 530.보론3 세부테스트(TOD)

1. 감사인이 중요왜곡표시위험을 높게 평가함 → SS 증가 → 감사인이 중요왜곡표시위험을 높게 평가할수록, 필요한 표본규모는 커져야 한다. 중요왜곡표시위험에 대한 감사인의 평가는 고유위험과 통제위험에 영향을 받는다. 예를 들어, 만약 감사인이 통제테스트를 수행하지 않는다면, 특정 경영진주장과 관련된 감사인의 위험평가는 내부통제의 운영효과성을 이유로 감소될 수 없다. 그러므로 감사인은 수용 가능한 수준까지 감사위험을 감소시키기 위하여는, 낮은 적발위험이 요구되며 따라서 실증절차에 더욱 의존할 것이다. 세부테스트로부터 입수할 감사증거가 많을수록(즉 적발위험을 낮출수록) 표본규모는 커질 것이다.
2. 동일한 경영진주장에 대한 다른 실증절차의 적용을 증가시킴 → SS 감소 → 감사인이 특정 모집단에 대한 적발위험을 수용 가능한 수준까지 감소시키기 위하여 세부테스트나 실증적 분석절차 같은 다른 실증절차에 더 많이 의존할수록, 표본감사를 통하여 얻어야 할 확신수준은 낮아지므로 표본규모는 감소될 수 있다.
3. 모집단의 실제 왜곡표시가 허용왜곡표시를 초과하지 않는다는 확신에 대한 감사인의 요구수준이 증가함 → SS 증가 → 표본결과가 사실상 모집단의 실제 왜곡표시 금액을 나타내고 있다는 것에 대하여, 감사인이 더 높은 수준의 확신을 요구할수록 표본규모는 더 커져야 한다.
4. 허용왜곡표시의 증가 → SS 감소→허용왜곡표시가 낮을수록 표본규모는 커져야 한다.
5. 모집단에서 감사인이 발견할 것으로 예상하는 왜곡표시 금액의 증가 → SS 증가 → 감사인이 모집단에서 발견할 것으로 예상하는 왜곡표시금액이 더 클수록, 모집단의 실제 왜곡표시금액을 합리적으로 추정하기 위해서는 표본규모가 더 커져야 한다. 예상되는 왜곡표시금액과 관련하여 감사인이 고려할 요소에는 표본항목 가액의 결정 시 수반되는 주관성의 정도, 위험평가절차의 결과, 통제테스트의 결과, 과거 보고기간에 적용된 감사절차의 결과, 그리고 다른 실증절차의 결과 등이 있다.
6. 적절한 경우, 모집단의 계층화 → SS 감소 → 모집단항목들의 금액크기의 범위가 넓은 경우(즉, 변동성이 보다 큰 경우), 모집단을 계층화하는 것이 유용하다. 모집단이 적절히 계층화될 수 있다면, 주어진 수준의 표본위험을 유지하기 위해 각 계층으로부터 추출한 표본규모의 합계는, 이를 위하여 전체모집단으로부터 단일표본을 추출한 경우의 표본규모보다 일반적으로 작을 것이다.
7. 모집단의 표본단위의 수 → SS 영향을 무시할 수 있음 → 대규모 모집단의 경우, 모집단의 실제 규모는 표본규모에 거의 영향을 주지 않는다. 그리고 소규모 모집단에서는 표본감사가 충분하고 적합한 감사증거를 입수하기 위한 대체적인 방법들만큼 효율적이지 않은 경우가 종종 있다. (그렇지만 금액단위추출을 사용하는 경우 모집단의 화폐가액의 증가는 재무제표전체의 중요성[그리고 경우에 따라서는, 특정거래유형과 계정잔액 및 공시에 대한 중요성 수준(들)]의 비례적인 증가에 의하여 그 효과가 상쇄되지 않는 한 표본규모를 증가시킨다.)

Ch 1.17	PPS 표본규모 계산		2023 문제8 물음2 배점 3

감사인은 감사절차를 수행할 때 표본감사를 이용하여 테스트를 수행하며 그 결과를 평가한다. 다음 자료를 이용하여 매출채권 실재성을 확인하기 위해 테스트할 항목의 수와 표본간격을 계산하시오.

- 김 회계사는 (주)A의 매출채권 실재성을 확인하기 위해 테스트할 항목을 선정하고 있다.
- 김 회계사는 위험평가단계에서 매출채권 실재성에 유의적 위험을 식별하였기 때문에 허용오류액의 50% 금액 이상인 항목(특정 항목)은 모두 테스트하기로 하였다.
- 김 회계사는 잔여 모집단에 대해 금액가중확률 표본감사방법(PPS: probability proportional to size sampling)을 이용하기로 하였다.

(1) 매출채권 장부금액: 250,000,000원

(2) 부당수용위험: 5%

과대계상 오류의 수	0	1	2	3	4
신뢰계수	3.00	4.75	6.30	7.76	9.16

(3) 허용오류액: 12,000,000원

(4) 특정 항목 수: 3개

(5) 특정 항목의 합계액: 50,000,000원

정답 및 해설

- 표본규모(Sample Size)=(250백만–50백만)/12백만×3=50
  테스트할 항목수=특정항목 3건, 표본추출 50건=53건(SI 4백만으로 체계적 추출 시 6백만 원 초과는 모두 추출하였음에도, SS 감소가 발생 가능함.)
- 표본간격(Sample Interval)=200백만/50=4백만 원

Ch 1.18	PPS UM		2023 문제8 물음3 배점 4

감사인은 감사절차를 수행할 때 표본감사를 이용하여 테스트를 수행하며 그 결과를 평가한다.

- 김 회계사는 (주)A의 매출채권 실재성을 확인하기 위해 테스트할 항목을 선정하고 있다.
- 김 회계사는 위험평가단계에서 매출채권 실재성에 유의적 위험을 식별하였기 때문에 허용오류액의 50% 금액 이상인 항목(특정 항목)은 모두 테스트하기로 하였다.
- 김 회계사는 잔여 모집단에 대해 금액가중확률 표본감사방법(PPS: probability proportional to size sampling)을 이용하기로 하였다.

(1) 매출채권 장부금액: 250,000,000원

(2) 부당수용위험: 5%

과대계상 오류의 수	0	1	2	3	4
신뢰계수	3.00	4.75	6.30	7.76	9.16

(3) 허용오류액: 12,000,000원

(4) 특정 항목 수: 3개

(5) 특정 항목의 합계액: 50,000,000원

이전 물음에서 계산한 표본간격이 3,000,000원이라고 가정한다. 다음 추가자료를 이용하여 추정오류상한액을 구하고, 매출채권 조회절차가 매출채권 실재성에 대한 결론을 내리는 데 합리적인 근거를 제공하는지 여부를 기재하고 그 이유를 서술하시오.

김 회계사가 테스트할 매출채권 항목에 대해 적극적 조회를 수행한 결과 다음과 같은 왜곡표시가 발견되었다. 이 중 변이는 없다고 가정한다.

(단위: 원)

거래처	장부금액	감사금액	왜곡표시금액
갑	15,000,000	12,000,000	3,000,000
을	2,000,000	1,900,000	100,000
병	1,000,000	800,000	200,000

(1) 추정오류상한액은?

(2) 합리적인 근거를 제공하는가? (예, 아니오)

(3) 이유?

정답 및 해설

(1) 추정오류상한(UM)=갑 3,000,000+(BP 3+을 20%*1.75+병 5%*1.55)*3,000,000=13,282,500

- 상기는 UM 계산 시 표본위험 허용치 미구분 방식이며, *갑의 BV>SI → 모집단 투영X
  투영왜곡표시와 표본위험 허용치 구분 시는 다음과 같다.
- 투영왜곡표시=3,000,000+(5%+20%)*SI=3,750,000
- 표본위험 허용치=(5%*0.55+20%*0.75+3)*SI=9,532,500
- UM=투영왜곡표시(PM)+표본위험 허용치(Allowance for SR)=13,282,500

(2) 아니오

(3) ∵ 모집단 평가: UM 13.3백만>TM 12백만 → 모집단 기각 as MM → 합리적 근거X

Ch 1.19	추정오류상한		2015 문제7 물음3 배점 5

〈자료〉 박 회계사는 20X1년 말 매출채권 잔액의 실재성을 확인하기 위해 금액가중확률표본감사(PPS: probability proportional to size sampling)를 수행하였으며, 세부내역은 다음과 같다.

(1) 매출채권 장부금액: ₩25,000,000

(2) 부당수용위험: 5%

과대계상 오류의 수	0	1	2	3	4
신뢰계수	3.00	4.75	6.30	7.76	9.16

(3) 허용왜곡표시액(허용오류액): 1,000,000

(4) 표본크기: 125개

(5) 발견된 왜곡표시

거래처	장부금액	감사금액	왜곡표시금액
A	500,000	400,000	100,000
B	150,000	105,000	45,000
C	50,000	45,000	5,000

상기 자료를 이용하여 1) 매출채권의 추정왜곡표시상한액(추정오류상한액)을 산출하고, 2) 감사인의 판단(매출채권 장부금액이 적정하다는 것을 수용 또는 기각)과 그 근거를 서술하시오. 다만, 추정왜곡표시상한액(추정오류상한액)은 추정왜곡표시액(추정오류액)과 표본위험의 허용치로 구분하여 산출하시오.

정답 및 해설

(1) 추정왜곡표시상한액(UM) = 추정왜곡표시(모집단투영액) + 표본위험 허용치
= 180,000원 + 656,000원
= 836,000원

① 추정왜곡표시(모집단투영액)

ⓐ SI(표본간격) = 25,000,00원/125개 = 200,000원

ⓑ 추정왜곡표시액 = A 100,000원(∵ 표본BV > SI) + 200,000원×(B 45,000/150,000 + C 5,000/50,000)
= 180,000원

② 표본위험 허용치(= ⓐ + ⓑ = 656,000원)

ⓐ 기본정도 = 200,000원×3 = 600,000원

ⓑ 증분허용치 = 200,000원×(B 45,000/150,000×(4.75 − 3 − 1) + C 5,000/50,000×(6.3−4.75−1)) = 56,000원

(2) 감사인 판단: 수용 ∵ 추정왜곡표시상한액 836,000원이 허용왜곡표시액 1,000,000원 미만임.

Ch 1.20	변이 왜곡표시	530.A17 530.A19 530.A20 530.13	2015 문제7 물음4 배점 5

〈자료〉는 앞 문제와 동일하다.

박 회계사는 발견된 왜곡표시의 발생원인을 조사하는 과정에서, 해당 오류가 회계부서 담당직원의 휴가기간에 대체인력이 처리한 거래에서 집중적으로 발생한 사실을 알게 되었다. 이러한 상황에서 박 회계사가 수행해야 할 추가감사절차를 서술하시오.

정답 및 해설

ⓐ 대체인력 처리 거래 모두 식별하여 감사절차 확대. 부정 가능성에 유의

ⓑ 해당 오류가 모집단 대표성이 없는 "변이"라고 결정할 수 있도록 추가 절차 수행하여 높은 수준의 확실성을 가져야 함. 모집단 투영 시 제외하고 변이왜곡표시 금액을 모집단투영된 추정오류금액과 합하여 모집단 왜곡표시를 추정한다.

▶ 530.A17

감사인은 식별된 이탈과 왜곡표시를 분석할 때, 예를 들어 거래의 형태, 장소, 제품라인 혹은 시기 등에 있어 대부분 어떤 공통된 특징을 갖고 있는 것을 관찰할 수도 있을 것이다. 이 경우 감사인은 모집단에서 해당 공통된 특징을 가지고 있는 모든 항목을 식별하여 이에 대하여 감사절차를 확대하기로 결정할 수 있을 것이다. 뿐만 아니라 이와 같은 종류의 이탈과 왜곡표시는 의도적인 것일 수 있고 따라서 부정의 가능성을 나타내는 것일 수도 있다.

▶ 530.A19

특정의 왜곡표시가 변이로 밝혀진 경우에는 왜곡표시를 모집단으로 투영할 때 이 왜곡표시는 제외될 것이다. 그렇지만, 변이로 밝혀진 왜곡표시가 수정되지 않는 경우에는, 변이가 아닌 왜곡표시의 투영값에 가산하여 그 왜곡표시의 효과를 고려할 필요가 있을 것이다.

▶ 530.A20

통제테스트에서는 대부분 표본이탈률이 곧 모집단 전체의 투영 이탈률이기 때문에 이탈에 대한 명시적인 투영이 필요 없다.

▶ 530.A22

세부테스트에 있어서, 모집단의 왜곡표시에 대한 감사인의 최선의 추정치는 투영된 왜곡표시와 변이왜곡표시의 합이다. 투영된 왜곡표시와 변이왜곡표시를 합한 것이 허용왜곡표시를 초과한다면, 표본은 테스트된 모집단에 관한 결론에 합리적인 근거를 제공하지 못한다. 투영된 왜곡표시와 변이왜곡표시를 합한 것이 허용왜곡표시에 근접할수록 모집단의 실제의 왜곡표시가 허용왜곡표시를 초과할 가능성은 더욱 높아진다. 또한 투영된 왜곡표시가 표본규모를 결정하기 위해 적용하였던 감사인의 예상왜곡표시보다 큰 경우, 감사인은 모집단의 실제 왜곡표시가 허용왜곡표시를 초과한다는 수용할 수 없는 표본위험이 존재한다고 결론을 내릴 수 있을 것이다. 다른 감사절차들의 결과를 고려하는 것은 감사인이 모집단의 실제 왜곡표시가 허용왜곡표시를 초과하는 위험을 평가할 때도 도움을 주며, 추가적인 감사증거가 입수될 경우 그러한 위험이 감소될 수도 있을 것이다.

▶ 530.13

극히 드문 상황에서, 감사인이 표본에서 발견된 어떤 왜곡표시나 이탈이 변이라고 고려하는 경우, 감사인은 그러한 왜곡표시나 이탈이 모집단을 대표하는 것이 아니라는 것에 대하여 높은 수준의 확실성을 가져야 한다. 이러한 왜곡표시나 이탈이 모집단의 잔여 부분에는 영향을 미치지 않는다는 것에 대하여 충분하고 적합한 감사증거를 입수하기 위하여는, 추가적인 감사절차를 수행함으로써 마찬가지로 높은 수준의 확실성을 가져야 한다.

Ch 1.21	변이 왜곡표시	530.A17 530.A19 530.A20 530.13	2017 문제4 물음4 배점 2

다음은 실증감사절차에 대한 상황 설명이다.

감사인은 매출채권의 실재성을 확인하기 위하여 감사절차를 수행하던 중 변이(anomaly)로 밝혀진 왜곡표시를 발견하였다. 감사인은 이러한 변이를 경영진에게 수정 요구하였으나, 경영진은 수정을 거부하였다.

위 상황에서 모집단의 수용여부를 결정할 때, 감사인이 발견한 변이를 어떻게 처리할지 서술하시오.

정답 및 해설

ⓐ 변이왜곡표시와 공통된 특징 항목을 모두 식별하여 감사절차 확대. 부정 가능성에 유의

ⓑ 해당 오류가 모집단 대표성이 없는 "변이"라고 결정할 수 있도록 추가 절차 수행하여 높은 수준의 확실성을 가져야 함. 모집단 투영 시 제외하고 변이왜곡표시 금액을 모집단투영된 추정오류금액과 합하여 모집단 왜곡표시를 추정한다.

Ch 1.22	PPS 평가	530.5 530.13 530.A19 530.A22	2022 문제4 물음3 배점 3

A회계법인의 나잘해 회계사는 매출채권의 실재성에 대한 감사절차를 수행하고 있다. 다음의 [상황 1]은 (물음 1)과 관련된다.

[상황 1]

- 나잘해 회계사는 매출채권의 실재성 관련 중요왜곡표시위험을 식별 및 평가하였으며, 이에 대응하는 감사절차로 회사의 매출채권에 대한 외부조회를 실시하기로 함
- 외부조회 대상 선정을 위해 나잘해 회계사는 회사가 작성한 결산일 현재의 거래처별 매출채권 잔액명세서와 총계정원장을 수령함
- 거래처별 매출채권 잔액명세서에는 결산일 현재 거래처명, 대손충당금 설정 전 매출채권의 거래처별 금액과 합계금액이 기재되어 있음
- 나잘해 회계사는 총 50개의 거래처를 외부조회 대상으로 선정하고, 조회서 발송을 위하여 회사담당자로부터 50개 거래처에 대한 외부조회목록표를 입수함
- 외부조회목록표에는 거래처별 주소, 담당자 이름과 연락처가 기재되어 있음

다음의 [상황 2]는 [상황 1]에 연속되는 상황으로, (물음 2)와 (물음 3)과 관련된다.

[상황 2]

- 나잘해 회계사는 A회계법인의 통계적 표본추출 프로그램을 이용하여 표본을 추출하였으며, 직접 조회서를 발송함
- 매출채권 잔액명세서의 합계금액은 4,000,000원이며, 감사인의 수행중요성 금액은 60,000원임
- 나잘해 회계사는 수행중요성 금액을 허용왜곡표시금액으로 결정함
- 발송한 조회서 중 45개는 감사인이 직접 원본을 회수하고, 3개는 회사를 통해 원본을 회수하였으며, 나머지 2개는 미회수됨

나잘해 회계사는 표본감사 결과를 평가하려고 한다. 조회서상 차이금액(항목 ②, ③)은 변이가 아니었다. 다음 요구사항별로 답하시오.

〈요구사항 1〉
모집단에 투영된 왜곡표시금액(추정왜곡표시금액)을 구하시오.

〈요구사항 2〉
위 〈요구사항 1〉에서 계산된 '모집단에 투영된 왜곡표시금액'을 18,000원으로 가정하여, 표본위험의 허용치가 각각 ① 35,000원, ② 45,000원, ③ 55,000원인 상황별로 표본감사 결과를 통해 (1) 충분하고 적합한 감사증거를 획득하였는지 여부를 평가하고, (2) 평가 근거를 '추정왜곡표시상한액'과 '허용왜곡표시금액'을 비교하여 서술하시오. 한편, 감사인은 발견된 왜곡표시금액을 수정권고하였으며, 경영진은 이를 수용하였다.

정답 및 해설

(1) 모집단투영 왜곡표시액(추정왜곡표시금액)
- SI = 4,000,000/50 = 80,000
- 오류발견 표본BV은 모두 SI 미만
- 모집단투영왜곡표시 = SI×(5,000/25,000 + 1,000/20,000) = 16000 + 4000 = 20,000원

(2) TM = 60,000원
① UM(= 53,000) < TM: Faily stated로서 모집단 수용 (충적감증 획득)
②, ③ UM > TM: 중요왜곡표시로 모집단 기각 (충적감증 획득X)

▶ 530.5
감사기준에서 사용하는 용어의 정의는 다음과 같다.
(a) 표본감사 – 감사인에게 모집단 전체에 대한 결론을 도출할 수 있는 합리적인 근거를 제공하기 위해, 감사와 관련이 있는 모집단에 속한 모든 표본단위가 추출될 기회를 가지도록 하여 전체항목(100%)보다 적은 수의 항목에 대하여 감사절차를 적용하는 것
(b) 모집단 – 감사인이 표본을 추출하고 결론을 도출하려고 하는 데이터의 전체집합
(c) 표본위험 – 표본에 근거한 감사인의 결론이 모집단 전체에 동일한 감사절차를 적용하였을 경우 도달하였을 결론과 다를 수 있는 위험. 표본위험은 다음 두 가지 형태의 잘못된 결론에 이르게 할 수 있다.
  (i) 통제가 실제보다 더 효과적이라고 평가하거나, 세부테스트에서 실제로 중요한 왜곡표시가 존재함에도 불구하고 중요한 왜곡표시가 존재하지 않는다고 결론을 내림. 이것은 감사의 효과성에 영향을 미치며 부적합한 감사의견에 이르게 할 수 있으므로 감사인은 주로 이런 형태의 잘못된 결론에 유의하여야 한다.
  (ii) 통제테스트에서 통제가 실제보다 덜 효과적이라고 평가하거나, 세부테스트에서 실제로 중요한 왜곡표시가 존재하지 않음에도 불구하고 중요한 왜곡표시가 존재한다고 결론을 내림. 이러한 형태의 잘못된 결론에 대하여는 일반적으로 최초의 결론이 부정확한지 확인하기 위한 추가적인 업무로 이어지기 때문에 감사의 효율성에 영향을 미친다.
(d) 비표본위험 – 감사인이 표본위험과 관련이 없는 다른 이유에 의해 잘못된 결론에 도달할 위험
(e) 변이 – 모집단의 왜곡표시나 이탈을 명백하게 대표하지는 아니하는 왜곡표시나 이탈
(f) 표본단위 – 모집단을 구성하는 개별 항목
(g) 통계적 표본감사 – 다음의 특성을 모두 갖는 표본감사 접근법
  (i) 표본항목을 무작위로 추출함
  (ii) 표본위험의 측정 등 표본결과의 평가에 확률이론을 적용함
  (i)과 (ii)의 특성을 갖추지 않은 표본감사 접근법은 비통계적 표본감사로 간주된다.
(h) 계층화 – 모집단을 여러 개의 하위모집단으로 나누는 과정으로서 각각의 하위모집단은 비슷한 특성(종종 화폐가액)을 갖는 표본단위들의 집단으로 구성된다.
(i) 허용왜곡표시 – 모집단의 실제 왜곡표시가 감사인이 설정한 화폐금액을 초과하지 않는다는 적합한 수준의 확신을 얻기 위한 관점에서 감사인이 설정한 화폐금액

(j) 허용이탈률 – 모집단의 실제 이탈률이 감사인이 설정한 이탈률을 초과하지 않는다는 적합한 수준의 확신을 얻기 위한 관점에서 감사인이 설정한 내부통제절차의 이탈률

▶ 530.13

극히 드문 상황에서, 감사인이 표본에서 발견된 어떤 왜곡표시나 이탈이 변이라고 고려하는 경우, 감사인은 그러한 왜곡표시나 이탈이 모집단을 대표하는 것이 아니라는 것에 대하여 높은 수준의 확실성을 가져야 한다. 이러한 왜곡표시나 이탈이 모집단의 잔여 부분에는 영향을 미치지 않는다는 것에 대하여 충분하고 적합한 감사증거를 입수하기 위하여는, 추가적인 감사절차를 수행함으로써 마찬가지로 높은 수준의 확실성을 가져야 한다.

▶ 530.A19

특정의 왜곡표시가 변이로 밝혀진 경우에는 왜곡표시를 모집단으로 투영할 때 이 왜곡표시는 제외될 것이다. 그렇지만, 변이로 밝혀진 왜곡표시가 수정되지 않는 경우에는, 변이가 아닌 왜곡표시의 투영값에 가산하여 그 왜곡표시의 효과를 고려할 필요가 있을 것이다.

▶ 530.A22

세부테스트에 있어서, 모집단의 왜곡표시에 대한 감사인의 최선의 추정치는 투영된 왜곡표시와 변이왜곡표시의 합이다. 투영된 왜곡표시와 변이왜곡표시를 합한 것이 허용왜곡표시를 초과한다면, 표본은 테스트된 모집단에 관한 결론에 합리적인 근거를 제공하지 못한다. 투영된 왜곡표시와 변이왜곡표시를 합한 것이 허용왜곡표시에 근접할수록 모집단의 실제의 왜곡표시가 허용왜곡표시를 초과할 가능성은 더욱 높아진다. 또한 투영된 왜곡표시가 표본규모를 결정하기 위해 적용하였던 감사인의 예상왜곡표시보다 큰 경우, 감사인은 모집단의 실제 왜곡표시가 허용왜곡표시를 초과한다는 수용할 수 없는 표본위험이 존재한다고 결론을 내릴 수 있을 것이다. 다른 감사절차들의 결과를 고려하는 것은 감사인이 모집단의 실제 왜곡표시가 허용왜곡표시를 초과하는 위험을 평가할 때도 도움을 주며, 추가적인 감사증거가 입수될 경우 그러한 위험이 감소될 수도 있을 것이다.

Ch 1.23	PPS 후속절차	530.A23	2022 문제4 물음4 배점 3

나잘해 회계사는 '표본감사 결과가 모집단에 관한 결론에 합리적인 근거를 제공하지 못한다'는 결론을 얻었다. 감사현장책임자는 나잘해 회계사에게 후속 절차의 수행을 지시하였다. 나잘해 회계사가 취할 수 있는 절차 두 가지를 서술하시오.

정답 및 해설

▶ 530.A23

감사인은 테스트 대상인 모집단에 대한 결론을 내리는 데 표본감사가 합리적인 근거를 제공하지 못하고 있다고 결론을 내린다면, 감사인은 다음의 절차 중 하나를 취할 수 있을 것이다.

- 경영진에게 식별된 왜곡표시 및 잠재적인 추가 왜곡표시에 대하여 조사를 수행하고 필요한 수정을 하도록 요구함
- 요구되는 확신을 가장 잘 달성할 수 있도록 추가감사절차의 성격, 시기 및 범위를 조정함. 예를 들어 통제테스트의 경우, 감사인은 표본규모를 확대하거나 대체적인 통제를 테스트할 수 있고 또는 관련된 실증절차를 변경시킬 수도 있다.

Ch 1.24	PPS	530.B5	2017 문제4 물음1 배점 3

표본감사란 감사인이 모집단에 속한 표본단위를 대상으로 하여 추출한 일정 수의 표본항목에 감사절차를 적용하여 전체 모집단의 적절성 여부를 추론하는 방법이다.

감사인은 매출채권 계정잔액의 실재성을 검증하기 위하여 금액단위표본감사(Monetary Unit Sampling: MUS) 또는 금액가중확률 표본감사(Probability Proportional to Size Sampling: PPS)를 적용하여 통계적 표본감사를 수행하였다. 다음은 매출채권 계정과 관련하여 감사인이 수행한 감사절차이다.

1. 감사목표의 결정: 외부조회를 수행하여 매출채권 계정잔액의 실재성을 검증한다. 이를 위하여 ① 거래증빙에서 표본을 추출하여 매출채권 원장에 반영되었는지를 확인하고, 매출채권 계정잔액에서 표본을 추출하여 외부조회를 실시한다.
2. 모집단과 표본단위의 결정: ② 매출채권 장부잔액인 4,000,000을 모집단으로 결정하고, 표본단위는 화폐단위 1원으로 결정하여 ③ 모든 거래처가 표본으로 추출될 확률이 동일하도록 설계하였다.
3. 표본규모의 결정: ④ 신뢰계수표를 이용하여 표본규모를 계산하기 위하여 부당수용위험(β위험), 부당기각위험(α위험), 모집단의 예상왜곡표시액과 장부금액, 확장계수, 허용왜곡표시액을 고려하였다. 표본규모는 200개로 결정하였다.
4. 표본추출방법의 선택: ⑤ 거래처별 매출채권 기말잔액을 누계한 다음 누적금액을 모집단으로 하여 표본을 체계적 추출법으로 추출하였다. ⑥ 표본간격은 ₩20,000(모집단 장부금액÷표본규모)으로 계산하였으며, ⑦ 임의의 출발점을 선택하여 이로부터 표본추출 간격대로 누적금액에서 표본을 추출하였다.
5. 감사절차의 수행: 외부조회를 통해 확인한 금액과 기업의 장부금액 간에 차이가 나는 항목은 다음과 같다.

   항목 1: ⑧ 거래처(조회대상자)는 확인기준일 전에 지급하였으나 갑(주)는 확인기준일 직후 회수한 사실을 알게 되었다. 감사인은 동 항목을 왜곡표시로 보지 않았다.

   항목 2: ⑨ 적극적 확인요청에 대한 회신이 없었던 항목에 대해서 후속입금의 원천과 입금거래를 조사하여 잔액을 확인하였다. 감사인은 동 항목을 왜곡표시로 보지 않았다.
6. 표본감사결과의 평가: 신뢰계수표를 이용하여 모집단 투영왜곡표시 상한액을 계산하였다. 투영왜곡표시상한액은 투영왜곡표시액을 구한 후 표본위험의 허용치를 가산하여 추정하였다.

위 ①~⑥ 중에서, 감사인이 금액단위표본감사를 (1) 잘못 적용한 세 개의 번호를 쓰고, (2) 그렇게 판단한 이유를 서술하시오.

정답 및 해설

① 실재성 검증은 매출채권 원장에서 표본 추출해서 증빙일 확인해야 함.
③ 잔액이 큰 거래처가 표본 추출 확률이 높도록 설계해야 함.
④ PPS(MUS)에서는 부당기각위험(α위험)은 고려하지 않음.

▶ 530.B5 PPS 금액가중확률표본감사

세부테스트를 수행할 때, 모집단을 구성하는 개별 금액단위로 표본단위를 식별하면 효율적일 것이다. 예를 들어, 매출채권 잔액 같은 모집단에서 특정 금액단위를 선택한 경우, 감사인은 그 금액단위를 포함하고 있는 개별 인명계정의 잔액과 같은 특정 항목을 조사할 수 있을 것이다. 표본단위를 금액단위로 정의하는 이러한 접근법의 장점은 잔액이 더 큰 항목의 추출기회를 높임으로써 이들 항목에 감사가 집중되도록 하고, 표본규모를 줄일 수 있다는 점이다. 이 접근법은 보론 4에 기술한 체계적 추출법과 함께 이용될 수도 있으며 무작위 추출법으로 표본을 추출할 때 가장 효율적이다.

Ch 1.25	PPS		2016 문제4 물음5 배점 3

박 회계사는 B(주)의 20X1년 감사업무에 참여하고 있다. 박 회계사는 20X1년 말 현재 매출채권 장부금액의 실재성을 확인하고자 통계적인 표본감사방법을 사용하였다. 박 회계사는 무작위추출법을 통해 25개 표본을 추출하고, 이들 거래처에 적극적 조회서를 발송하였다.
박 회계사가 발송한 25개 조회서는 모두 회신되었으나, 이 중 4개의 표본은 장부금액(조회금액)과 회신금액이 일치하지 않았다. 다음은 박 회계사가 금액차이를 검토한 내역이다.
〈차이내역〉

거래처	장부금액	회신금액	차이금액
① 갑(주)	5,000	0	5,000
② 을(주)	10,000	16,000	(6,000)
③ 병(주)	15,000	0	15,000
④ 정(주)	20,000	18,000	2,000
합계	50,000	34,000	16,000

〈차이금액의 검토결과〉

① 갑(주): 갑(주)는 조회기준일 전에 수표를 우편으로 발송하였고, B(주)는 조회기준일 후에 이를 수령하였다.
② 을(주): 변이(anomaly)로 판단되는 차이금액이며, B(주) 경영진은 장부금액을 수정하였다.
③ 병(주): 변이로 판단되는 차이금액이며, B(주) 경영진은 장부금액 수정을 거부하였다.
④ 정(주): 원인불명의 소액차이로서, B(주)의 경영진은 해당 장부금액을 수정하였다.

박 회계사가 표본에서 발견한 왜곡표시금액을 계산하시오(계산근거를 함께 제시하시오).

정답 및 해설

왜곡표시: 갑은 왜곡표시가 아님
순액: −6,000+15,000+2,000=11,000원
절대값: 6,000+15,000+2,000=23,000원

Ch 1.26	PPS	530.A19	2016 문제4 물음6 배점 3

〈차이금액의 검토결과〉는 앞의 문제와 동일하다.

감사인은 왜곡표시규모에 대한 개괄적 관점을 얻기 위해 왜곡표시를 모집단으로 투영하여야 한다. 위 차이금액에 대하여 모집단 투영여부를 판단하고, 그 이유를 [답안양식]에 따라 서술하시오.

[답안양식]

거래처	차이금액	투영 여부(O 또는 X)	이유
① 갑(주)	5,000		
② 을(주)	(6,000)		
③ 병(주)	15,000		
④ 정(주)	2,000		

정답 및 해설

① 투영 X (∵ 왜곡표시X) ② 투영 X (∵ 변이) ③ 투영 X (∵ 변이) ④ 투영 O (∵ 변이X → 수정과 무관하게 투영)

▶ 530.A19

특정의 왜곡표시가 변이로 밝혀진 경우에는 왜곡표시를 모집단으로 투영할 때 이 왜곡표시는 제외될 것이다. 그렇지만, 변이로 밝혀진 왜곡표시가 수정되지 않는 경우에는, 변이가 아닌 왜곡표시의 투영값에 가산하여 그 왜곡표시의 효과를 고려할 필요가 있을 것이다.

Ch 2.1	IT환경의 영향		2013 문제4 물음3 배점 3

다음은 갑(주)의 전산시스템 현황에 대한 설명이다.

• 갑(주)는 아래와 같이 과거 수작업 위주의 업무 수행방식에서 전환하여 전산시스템의 도입 및 조직을 변경 중이다.

• 과거 갑(주)는 거래의 대부분을 전산으로 처리하지 않고 수작업에 의존하여 왔으나 올해 10월 1일 시행을 목표로 정보시스템을 도입하기 위해 개발 중이다. 회사는 전산시스템의 도입을 통해 Paperless 구현과 부서 통폐합을 통한 업무 효율성 강화 및 비용 절감을 달성할 수 있을 것으로 기대하고 있다.

[요구사항] 감사증거, 업무분장, 오류와 부정이라는 3가지 측면에서, 위에 제시된 전산화된 내부통제 환경으로의 변경이 감사에 미치는 부정적인 영향을 각각 2줄 이내로 설명하시오(위 상황에 해당되는 내용을 구체적으로 거명하여 설명할 것).

정답 및 해설

1. 감사증거: 재무보고절차에 정보기술이 이용될 경우 재무정보와 관련 data들은 대부분 전자적인 형태로만 존재할 것이다. 특히 연속성계획, 백업 등 일반통제 등이 미비한 경우, 수작업환경(문서 등)보다 감사증거의 입수가 제한적이며, 추적이 어려울 수 있다.

2. 업무분장: IT환경의 생산성 향상으로 동일한 인력이 여러 업무를 동시에 수행 가능할 수 있다. 또한, IT환경 내 부당한 특권적 접근권한 존재를 식별하지 못할 수도 있다. 따라서, 일반통제와 응용통제가 미비한 경우 업무분장의 축소로 부정 개연성이 상대적으로 올라갈 수 있다.
3. 부정과 오류: IT 일반통제와 응용통제가 미비한 경우 ⓐ 시스템 개발 또는 변경 시 인적 오류로 인한 체계적 오류 존재 시 모든 반복적 거래에 오류가 개입될 수 있으며, ⓑ 부정으로 인한 Data 조작이나 정보 유출 등의 영향이 수작업 환경보다 더 높을 수 있다.

Ch 2.2	IT일반통제 미비점		2022 문제9 물음2 배점 3

C회계법인은 전기자동차 임대업을 영위하는 주권상장법인(대기업) (주)국민의 2022 회계연도 재무제표 및 내부회계관리제도에 대한 통합감사를 수행하고 있다.

C회계법인의 전산감사 전문가인 나정보 회계사는 전반적인 감사계획을 수립하는 과정에서 (주)국민의 통제환경 및 정보기술(IT) 일반통제 등에 대해 다음과 같이 이해하였다.

- (주)국민은 재무보고 목적으로 ERP를 도입하여 사용하고 있음
- (주)국민에는 전사 IT팀이 조직되어 있으며, 구매팀 내에도 업무의 효율성 향상을 위해 IT담당자가 배치되어 있음
- ERP에 대한 쓰기와 읽기 권한은 구매팀 구성원 모두에게 부여되어 있음
- 구매팀 내 해외구매 담당자는 미국에서 출시된 전기자동차를 구매하고자, 차량 구매단가를 외화로 등록하기 위한 ERP상 추가 기능 변경을 구매팀 내 IT담당자에게 요청하였음
- 구매팀 내 IT담당자는 이와 같은 ERP 변경 요청을 실행하고, 운영환경으로 이전 후 외화 구매단가 등록을 진행하면서 변경사항이 적용되었는지 확인하였음

위의 사항에서 정보기술 일반통제와 관련하여 식별 가능한 통제미비점을 세 가지만 각각 2줄 이내로 서술하시오.

정답 및 해설

① 쓰기와 읽기 권한 → R & R별 권한 부여 (접근통제)
② 변경요청 → 팀장 등 전결권자 승인 후 요청 (프로그램 변경 통제)
③ 운영환경 변경 확인 → 개발환경에 test 현업 검수 · 승인 후 운영이관 (개발vs운영 환경 분리 필수) (프로그램 변경 통제)
④ 프로그램 개발자가 data입력업무를 수행하면 안 된다.

Ch 2.3	IT 통제	ICFR 평가보고적용기법	2017 문제5 물음2 배점 3

감사인은 기업의 통제활동을 이해할 때, 정보기술로부터 발생하는 위험에 기업이 어떻게 대응하는지 이해하여야 한다. 다음은 정보기술과 관련한 〈주요 통제유형〉과 〈통제 예〉, 그리고 이들의 〈대응관계〉를 기술한 것이다.

〈주요 통제유형〉 ① 데이터센터와 네트워크운용 ② 시스템소프트웨어의 취득, 변경 및 유지 ③ 프로그램 변경 ④ 접근보안 ⑤ 응용시스템의 취득, 개발 및 유지 ⑥ 입력통제 ⑦ 처리통제 ⑧ 출력통제

〈통제 예〉

A. 프로그램은 적절한 승인이 있어야 변경할 수 있다.
B. 정보시스템부서가 거래를 시작하거나 승인하지 못한다.
C. 컴퓨터 단말기를 조작하기 위해서는 승인된 암호(password)가 필요하다.
D. 새로운 소프트웨어가 기존 하드웨어 및 소프트웨어와 호환이 가능한지 검증한다.
E. 매출부서는 매출거래를 사후적으로 검토하는 절차를 수행한다.
F. 매출단가의 합리성을 검증한다.
G. 매출거래의 사전승인절차를 수행한다.
H. 백업파일을 유지한다.
I. 정보시스템부서 내에 프로그래밍, 컴퓨터 운용 및 자료보관기능은 분리한다.
J. 시스템 변경을 위해서는 적절한 승인이 필요하다.

〈주요 통제유형〉과 〈통제 예〉의 대응: ① -B, ② -D, ③ -A, ④ -C, ⑤ -J, ⑥ -G, ⑦ -H, ⑧ -E
상기 기술에서 〈주요 통제유형〉과 〈통제 예〉는 서로 관련이 있는 사항들이다. 하단에 표시된 "〈주요 통제유형〉과 〈통제 예〉의 대응"란은 서로 관련된 항목의 대응 관계를 표시하였다(하나의 〈주요 통제유형〉에 복수의 〈통제 예〉가 관련될 수도 있음).

(요구사항) 위 "〈주요 통제유형〉과 〈통제 예〉의 대응"란에 표시된 대응관계 중에서 관계표시가 잘못 짝지어진 세 개를 선택하여 해당 〈주요 통제유형〉 번호를 기재하고, 맞는 〈통제 예〉의 대응과 그 판단 이유를 서술하시오.

정답 및 해설

① 운영 H ④ 접근보안 B, C, I ⑦ 처리 F

A. 프로그램은 적절한 승인이 있어야 변경할 수 있다. → 일반통제: ③ 프로그램 변경
B. 정보시스템부서가 거래를 시작하거나 승인하지 못한다. → 일반통제: ④ 접근 보안
C. 컴퓨터 단말기를 조작하기 위해서는 승인된 암호(password)가 필요하다. → 일반통제: ④ 접근 보안
D. 새로운 소프트웨어가 기존 하드웨어 및 소프트웨어와 호환이 가능한지 검증한다. → 일반통제: ② 시스템 소프트웨어의 취득, 변경 및 유지
E. 매출부서는 매출거래를 사후적으로 검토하는 절차를 수행한다. → ⑧ 출력통제
F. 매출단가의 합리성을 검증한다. → ⑦ 처리통제
G. 매출거래의 사전승인절차를 수행한다. → ⑥ 입력통제
H. 백업파일을 유지한다. → 일반통제: ① 데이터 센터와 네트워크 운용
I. 정보시스템부서 내에 프로그래밍, 컴퓨터 운용 및 자료보관기능은 분리한다. → 일반통제: ④ 접근 보안(① 운용관점도 존재)
J. 시스템 변경을 위해서는 적절한 승인이 필요하다. → 일반통제: ② 시스템 소프트웨어의 취득, 변경 및 유지

◈ IT 일반통제 (중소기업 – ICFR 평가 및 보고 적용기법)

▶ 프로그램 개발(Program Development) 관련 통제활동

- 새로운 시스템의 개발 및 도입은 적절한 경영진에 의해 승인된다.
- 전산시스템 및 응용 프로그램의 개발은 적절한 통제가 내재된 개발방법론을 적용하여 수행한다.
- 새로운 시스템의 구축에 의해 영향을 받을 수 있는 기존의 통제는 수정되거나 완전성의 유지를 위해 재설계한다.
- 전산시스템 및 응용프로그램의 개발은 현업부서 및 전산 관련 부서의 적절한 테스트과정을 거친다.
- 새로운 전산시스템과 응용프로그램에 대해 시스템, 사용자, 관련 통제에 대한 적절한 문서화가 이루어진다.
- 새로운 시스템을 운영환경으로 이전함에 있어서 접근통제가 수행된다.
- 새로운 시스템으로 이전된 데이터는 완전성을 유지한다.
- 시스템 사용자는 새로운 시스템과 응용프로그램을 사용하기에 적절한 수준의 지식을 보유하고 있다.
  → 사업의 구조가 단순하고 복잡한 정보시스템이 요구되지 않는 중소기업에서 회사의 개별적인 수정이 허용되지 않는 범용소프트웨어를 도입하는 경우의 일반적인 프로그램 개발방법론의 모든 영역을 고려하지 않을 수 있다.

▶ 프로그램 변경(Program Changes)

프로그램(하드웨어 및 네트워크 포함) 변경 과정이 적절하게 통제되지 않는 경우 재무제표의 신뢰성에 중요한 영향을 미칠 수 있으며, '프로그램 변경'과 관련된 통제활동은 일반적으로 다음의 사항들을 충족시킬 수 있도록 설계 및 운영한다.

- 시스템에 대한 변경 요청은 적절한 경영진의 승인을 받는다.
- 시스템 변경의 영향을 적절히 반영하기 위해 관련 시스템, 사용자, 관련 통제문서 등을 적절히 수정한다.
- 시스템의 변경을 적절히 테스트하고, 그 결과를 문서화한다.
- 운영환경에 적용된 시스템은 적절한 관리자의 승인 없이 변경되지 않는다.
- 변경된 시스템과 응용 프로그램을 운영환경으로 이전되기 전에 적절한 관리자가 승인한다.
- 각 사용자는 변경된 시스템 및 응용프로그램을 사용하기에 적절한 지식을 보유하고 있다.
  → 범용소프트웨어를 사용하는 경우, 회사의 재무보고 프로세스에 직접적인 영향을 미치는 사항의 변경이 있는지를 확인하고 기존에 설계 및 운영 중인 내부회계관리제도의 변경 필요성을 판단하여 조치하는 것으로 시스템 변경에 대한 통제를 수행할 수 있으며, 동 과정의 문서화가 대기업에 비해 덜 공식적일 수 있다.

▶ 프로그램과 데이터에 대한 접근보안(Access to Program and Data)

재무제표의 신뢰성을 유지하기 위해서는 프로그램 및 데이터에 대한 접근보안이 전제되어야 한다. '프로그램과 데이터에 대한 접근보안'과 관련된 통제활동은 일반적으로 다음의 사항들을 충족시킬 수 있도록 설계 및 운영한다.

- 정보보안 정책을 수립하고 있으며, 보안실무를 고려하여 그 적정성을 정기적으로 검토한다.
- 구성원이 수행하는 업무의 내용 및 직무기술서 등을 고려하여 시스템 접근권한의 적정성을 정기적으로 검토한다.
- IT 자원(하드웨어, 소프트웨어, 데이터를 포함)에 대한 접근을 관리하기 위한 물리적인 접근통제 및 논리적인 접근통제(식별, 인증, 승인 메커니즘 등)를 수립하고 적용하고 있다.
- 적시에 사용자 계정을 추가, 수정, 삭제할 수 있는 절차를 수립하고 적용하고 있다.
- 보안활동에 대한 기록, 발생 가능한 보안위반 사항에 대한 식별, 이에 대한 전달 및 적시대응 등을 포함한 효과적인 보안체제를 구축하고 있다.
  → 소규모의 덜 복잡한 정보기술 환경에서는 보안관리가 중앙집중화되고 규정과 절차의 문서화 수준이 높지 않으며, 소수의 인원 또는 한 명의 개인이 파트타임으로 보안 관리와 모니터링을 지원하는 경우도 있다. 이러한 경우 운영체제, 데이터, 응용 프로그램에 대한 접근제한 및 업무분장의 결여에 의해 야기되는 위험은 관련 업무에 대한 적발통제 혹은 모니터링 절차 등을 통해 보완할 수 있다.

▶ 컴퓨터 운영(Computer Operation)

재무제표의 신뢰성을 확보하기 위해서는 재무정보가 입력, 처리 및 산출되는 제반 정보시스템을 적절히 운영하여야 한다. '컴퓨터 운영'과 관련된 통제는 다음의 사항을 충족시킬 수 있는 통제활동을 설계 및 운영한다.

- 재무보고에 필요한 데이터, 거래, 프로그램을 복구하기 위해 적절한 백업 및 복구절차가 존재한다.
- 복구절차의 효과성과 백업자료의 질을 정기적으로 테스트하기 위한 절차가 존재한다.
- 백업자료에 대한 접근을 승인된 구성원에게만 허용할 수 있는 통제절차가 존재한다.
- 시스템과 관련된 장애나 오류 등을 기록하고 분석하여 동일한 문제의 재발을 방지할 수 있는 절차가 존재한다.
- 재무보고와 관련된 응용 프로그램이나 데이터에 관한 일괄처리(Batch Job) 및 온라인(On – Line) 거래가 정확하며 완전하고 적시에 처리된다.
  → 소규모의 덜 복잡한 정보기술 환경에서는 공식적인 정보시스템 운영기능이나, 장애 관리 또는 데이터의 저장 및 보존에 관한 공식적인 정책이 존재하지 않거나 관련 절차들이 수작업으로 진행될 수도 있다.

Ch 2.4	일반통제	315.A64 315.A108	2017 문제5 물음3 배점 3

기업은 하나의 공통된 데이터베이스(data base) 내에 데이터를 저장하여 다수의 사용자가 함께 사용하고 있다.

(요구사항) 이러한 상황에서 감사인이 통제위험평가를 위하여 일반통제에서 고려해야 할 주요 통제는 무엇이며, 일반통제가 적절하게 설계·운영되지 않을 때 발생할 수 있는 위험을 서술하시오.

정답 및 해설

승인받지 않고 데이터에 접근하여 승인되지 않았거나 발생하지 않은 거래를 기록하거나 부정확하게 거래를 기록하는 등 데이터의 파괴나 부당한 변경을 초래할 수 있음. 다수의 사용자가 하나의 공통된 데이터베이스를 사용하는 경우 특별한 위험이 발생할 수 있다. → 일반통제: ⓓ 접근 보안

▶ 315.A64
정보기술은 예를 들어 다음과 같이 내부통제의 특유한 위험을 발생시키기도 한다.

- 데이터를 부정확하게 처리하거나, 부정확한 데이터를 처리하는 (또는 두 가지 모두에 해당되는) 시스템이나 프로그램에 의존 → 응용통제: 입력/처리
- 승인받지 않고 데이터에 접근하여 승인되지 않았거나 발생하지 않은 거래를 기록하거나 부정확하게 거래를 기록하는 등 데이터의 파괴나 부당한 변경을 초래할 수 있음. 다수의 사용자가 하나의 공통된 데이터베이스를 사용하는 경우 특별한 위험이 발생할 수 있다. → 일반통제: ⓓ 접근 보안 & ⓐ 데이터 센터와 네트워크 운용
- 정보기술 담당자가 자신의 직무수행에 필요한 수준을 넘어서는 특권적인 접근권한을 가지게 됨으로써 업무분장이 와해될 가능성 → 일반통제: ⓓ 접근 보안
- 마스터파일 내 데이터의 승인받지 않은 변경 → 일반통제: ⓓ 접근 보안
- 시스템과 프로그램의 승인받지 않은 변경 → 일반통제: ⓒ 프로그램 변경 ⓑ시스템 소프트웨어의 취득, 변경 및 유지
- 시스템과 프로그램에 대하여 필요한 변경을 하지 못함 → 일반통제: ⓔ 응용시스템의 취득, 개발 및 유지 ⓑ 시스템 소프트웨어의 취득, 변경 및 유지
- 부적합한 수작업의 개입 → 일반통제: ⓓ 접근 보안
- 데이터의 잠재적 손실 또는 필요한 데이터에 대한 접근 불가 → 일반통제: ⓐ 데이터 센터와 네트워크 운용

▶ 315.A108
정보기술 일반통제는 다수의 응용소프트웨어와 응용통제의 효과적인 작동을 지원하는 정책과 절차이다. 이들은 메인프레임, 미니프레임 및 최종사용자 환경 모두에 적용된다. 정보의 완전성과 데이터의 보안을 유지하는 정보기술 일반통제는 공통적으로 다음 사항에 대한 통제를 포함한다.
ⓐ 데이터 센터와 네트워크 운용 ⓑ 시스템 소프트웨어의 취득, 변경 및 유지 ⓒ 프로그램 변경 ⓓ 접근 보안 ⓔ 응용시스템의 취득, 개발 및 유지
이러한 정보기술 일반통제는 일반적으로 문단 A64에서 언급된 위험을 다루기 위해 실행된다.

▶ A109
응용통제는 수작업 또는 자동화된 절차로서 전형적으로 사업프로세스 수준에서 운영되며 개별 응용시스템에 의한 거래를 처리할 때 적용된다. 응용통제는 본질적으로 예방 또는 발견 기능을 수행할 수 있고, 회계기록의 완전성이 확보되도록 설계된다. 따라서, 응용통제는 거래나 기타 재무정보의 개시, 기록, 처리 및 보고에 사용되는 절차들과 관계가 있다. 이러한 통제들은 발생된 거래가 승인되고, 완전하고 정확하게 기록되며 처리되도록 도와준다. 이러한 예로는 입력데이터의 편집점검이나 일련번호 점검, 그리고 이에 따른 예외보고서의 수작업 후속조치나 데이터 입력시점의 수정이 있다.

Ch 2.5	IT일반통제 미비점		2015 문제2 물음1 배점 3

기업의 내부통제는 수작업 요소뿐만 아니라 자동화된 요소를 포함한다. 회계시스템에 정보기술(IT)을 적용하는 기업의 전산통제와 관련된 다음의 물음에 답하시오.

A(주)는 대부분의 소프트웨어를 자체적으로 개발해서 사용하고 있다. 다음은 X회계법인의 김 회계사가 전산부서의 내부통제에 대해 파악한 사항이다. 아래에서 감사인이 파악한 전산부서 내의 기능과 관련한 취약점과 개선안을 서술하시오.

전산부서장은 IT전략계획을 달성할 수 있는 활동을 감독하는 책임을 지고 있다. 보안관리자는 물리적·온라인 접근을 감시하며, 보안위반사항을 조사하여 적절한 조치를 취하는 기능을 수행한다. 전산부서 내 기능은 다음과 같이 시스템개발, 작동 및 처리, 자료통제 등으로 구분된다.

(1) 시스템개발: 시스템분석가와 프로그래머로 구성되어 있으며, 원칙적으로 이들은 자료입력 및 컴퓨터 작동업무(Operating)를 수행하지 못한다. 그러나 오퍼레이터가 다루기 힘들거나 긴급하게 처리해야 할 사항이 발생하면 업무효율을 위하여 전산부서장과 보안관리자의 승인하에 프로그래머가 자료입력 및 컴퓨터 작동업무를 수행할 수 있다.

(2) 작동 및 처리: 오퍼레이터와 네트워크관리자로 구성되어 있으며, 오퍼레이터는 전산부서장이 수립한 일정에 따라 컴퓨터를 작동할 책임을 진다. 또한 프로그램, 거래파일, 기록 및 문서 이용과 관련된 통제를 담당한다.

(3) 자료통제: 자료입출력통제부서와 데이터베이스 관리자로 구성되어 있다. 자료입출력통제부서는 독립적으로 입력 및 출력자료의 타당성을 검증하며, 데이터베이스관리자는 공유된 데이터베이스의 안전한 유지와 접근관리에 대한 책임을 진다.

정답 및 해설

(1) O, 프로그래머, 오퍼레이팅 업무구분 필수, 예외승인 시 보완통제가 되려면, 공동참여 등 모니터링 강화 등 보완통제 강화 필요

(2) O, 오퍼레이터는 프로그램, 거래파일, 기록 및 문서 이용 수행업무 별도 구분 필요.

(3) X.

Ch 2.6	컴퓨터자체감사		2018 문제3 물음4 배점 3

A(주)의 회계처리는 전산으로 이루어져 원장이나 시산표 등을 별도로 작성하지 않으며, 거래파일을 생성시키고 이를 이용해 마스터파일(master file)을 갱신하는 작업이 컴퓨터에서 자동적으로 수행된다. A(주)의 회계담당자는 자료 처리내용을 사후적으로 검토하고, 육안으로 확인 가능한 형태로 보관하기 위해 원장을 출력하여 보관하고 있다.

김 회계사는 컴퓨터자체감사(auditing through the computer)를 통하여 처리시스템 및 처리과정의 신뢰성을 확인하기로 하였다. 김 회계사가 고려 중인 컴퓨터자체감사 기법에는 다음과 같이 세 가지가 있다.

[컴퓨터자체감사 기법의 종류]

A. 모의거래자료를 기업이 사용하고 있는 프로그램으로 처리한 후 감사인의 예상결과와 비교하는 방법
B. 기업의 실제자료를 감사인의 프로그램으로 처리한 후 회계기록과 비교하는 방법
C. 기업의 전산시스템에 별도의 하위시스템을 설치한 후 모의자료와 실제자료를 처리하는 방법

[상황]

1. 감사인은 기업이 승인받지 않은 프로그램을 부정한 목적으로 사용하는 것을 적발하고자 한다.
2. 감사인은 기업 전산부서의 도움 없이 독립적으로 감사를 수행하고자 한다.
3. 감사인은 기업이 실제 사용하고 있는 프로그램을 검증하고자 한다.

[요구사항]

위의 각 상황은 서로 독립적이다. 각 상황에 적절한 컴퓨터자체감사 기법을 A, B, C 중 선택하여 기재하시오. 단, 어떤 상황에서는 하나 이상의 기법이 선택될 수 있다.

정답 및 해설

1. B병행(독립성), A모의자료, C통합(가능하나 상대적 효과↓)
2. B병행(감사인자체프로그램)
3. A모의자료, C통합(회사 프로그램)

Ch 2.7	컴퓨터자체감사		2015 문제2 물음2 배점 3

A(주)는 감사대상 회계기간 중 전산시스템의 프로그램을 변경하였다. 감사인은 변경된 프로그램을 검증하기 위해 두 가지 방법을 고려할 수 있다. "방법 1"은 모의거래자료를 이용하여 전산시스템의 처리과정통제를 검증하는 것이며, "방법 2"는 기업의 실제자료를 감사인의 프로그램으로 처리하여 비교하는 것이다. 통제테스트와 세부테스트의 감사절차 각각의 관점에서 적용할 수 있는 방법을 선택하고, 그 이유를 서술하시오.

정답 및 해설

1. 통제테스트-방법1 –프로그램의 특정 통제절차의 TOC에 적합
2. 세부테스트-방법2 –실 데이터를 이용하여 기업 전산부서 도움 없이 독립적으로 거래 정당성 검증 가능한바 TOD에 더 적합

◈ 모의자료법

모의자료를 감사대상회사의 프로그램에 적용하여 처리과정 및 출력결과를 검증하는 절차

▶ 장점

ⓐ 특정통제절차의 유효성을 검토하는 데 효과적
ⓑ 입·출력자료가 문서화되지 않아도 직접적으로 유효성 검증 가능
ⓒ 프로그램에 대한 직접적인 검증절차 이루어짐

▶ 단점

데이터 관련:
ⓐ 업무용프로그램의 적정성만을 검증하는 것으로 실제거래를 직접 감사 X
ⓑ 테스트를 마치고 모의자료를 삭제해야 하는 번거로움
프로그램 관련:
ⓒ 감사인이 검증하는 프로그램과 실제 프로그램이 일관성 있는지 확인 불가
ⓓ 프로그램이 회계기간 중 변경되었을 경우 변경 전, 후의 프로그램을 모두 검증해야 한다.
ⓔ 전산담당자가 프로그램을 변경시켜 부정이나 오류를 은폐시킬 가능성
ⓕ 은행업무, 항공사 발권업무 등 온라인으로 운영된 업무에 대하여 통제된 환경을 만들기가 어렵다.

◈ 병행처리법

회사의 실제데이터를 이용하여 감사인이 개발한 프로그램에 적용하여 통제의 유효성을 검증하는 방법

▶ 장점

ⓐ 입력된 자료를 삭제해야 하는 번거로움 X
ⓑ 감사대상회사의 시스템에 영향을 미치지 않으며 시스템검증이 가능

▶ 단점

ⓐ 프로그램 제작에 대해 사전적인 지식과 경험이 많이 요구됨
ⓑ 자체프로그램 제작에 많은 시간과 비용이 요구됨
ⓒ 감사대상회사의 프로그램을 직접 검증하는 것이 아니기 때문에 해당프로그램의 오류나 비정상적인 거래를 처리하는 방법에 대한 확신 제공 X
ⓓ 감사대상 전체기간에 대한 확신 제공 X

◈ 통합자료처리법

회사가 사용 중인 시스템 내부에 하위시스템을 설치, 모의자료와 실제자료를 동시에 처리하는 방법 → 모의자료법에서 감사인이 검증하는 프로그램과 실제 업무처리용 프로그램이 일관성 있는지에 대한 의문을 보완

Ch 2.8	IT내부통제 고려사항	315.A27 315.A31	2017 문제5 물음1 배점 2

많은 기업이 전사적 자원관리(ERP)를 활용하는 회계시스템을 운용하고 있다. ERP시스템은 경영활동에 필요한 내부통제가 정보시스템 내부로 내재화되고, 회계자료의 저장과 업무흐름과 통제활동 작동도 시스템 내에서 이루어진다. 다음은 이에 대한 물음이다.

기업의 정보시스템에는 반복적으로 발생하는 거래를 기록할 때 요구되는 표준적 분개가 전형적인 방식으로 내장되어 있다. 이러한 상황에서 감사인이 전산내부통제를 평가할 때 고려해야 할 사항을 서술하시오.

정답 및 해설

IT처리에 내재된 일관성 때문에, IT 일반통제(특히, 변경통제)의 TOC와 결합하여 자동화된 응용(App)통제 실행에 대한 TOC를 수행하여 그 운영효과성에 대한 실증적 감사증거를 입수한다. 컴퓨터에 의해 수행되는 통제활동에서는 컴퓨터를 이용한 감사기법(CAAT)의 사용 등 다른 감사절차 수행과 결합하여 질문을 수행함으로써 운영효과성에 관한 감사증거를 입수할 수 있을 것이다.

〈참조〉

▶ 315.107

정보기술의 사용은 통제활동이 실행되는 방식에 영향을 준다. 기업이 정보의 완전성과 시스템이 처리하는 데이터의 보안을 유지하고 있고, 효과적인 정보기술 일반통제와 응용통제를 포함하고 있는 경우, 감사인의 관점상 정보기술시스템에 대한 통제는 효과적이다.

▶ 330.A27

권한과 책임의 위임과 같은 통제환경의 어떠한 요소들, 또는 컴퓨터에 의해 수행되는 통제활동과 같이 어떤 유형의 통제활동에 대해서는 운영에 대한 문서화가 존재하지 않을 수도 있다. 이러한 환경에서는 관찰 또는 컴퓨터를 이용한 감사기법의 사용 등 다른 감사절차 수행과 결합하여 질문을 수행함으로써 운영효과성에 관한 감사증거를 입수할 수 있을 것이다.

▶ 330.A31

정보기술 처리에 내재된 일관성 때문에, 일반통제(특히, 변경통제)의 운영효과성에 관한 감사증거와 결합하여 고려할 때 자동화된 응용통제의 실행에 대한 감사증거는 그 운영효과성에 대한 실증적 감사증거도 제공할 것이다.

▶ 315.A93

기업의 정보시스템에는 반복적으로 발생하는 거래를 기록할 때 요구되는 표준적 분개가 전형적으로 내장되어 있다. 매출, 매입 및 현금지출을 총계정원장에 기록하는 분개, 또는 회수 불능 채권에 대한 추정의 변경과 같이 경영진에 의해 주기적으로 이루어지는 회계추정을 기록하기 위한 분개들이 이러한 예이다.

▶ 315.A94

기업의 재무보고절차에는 비반복적이고 비경상적인 거래 또는 조정사항을 기록하기 위한 비표준적인 분개가 포함되기도 한다. 이러한 분개는 예를 들어 연결조정이나 기업합병 또는 매각을 위한 분개, 또는 자산손상과 같은 비반복적인 추정 등이 포함된다. 수작업 총계정원장 시스템에서 비표준적인 분개는 원장, 분개장 및 관련 증빙에 대한 검사를 통해 식별될 수 있다. 총계정원장을 유지하고 재무제표를 작성하는 데 자동화된 절차가 사용되는 경우, 이러한 분개는 전자적 형태로만 존재하므로 컴퓨터를 이용한 감사기법을 사용하여 보다 용이하게 식별될 수 있을 것이다.

Ch 3.1	서비스조직 이해	402.9	2015 문제2 물음3 배점 3

A(주)는 재무보고와 관련된 정보시스템의 일부를 B(주)로부터 아웃소싱받고 있다. A(주)는 당기부터 X회계법인과 감사계약을 체결하여 감사를 진행 중이다.

X회계법인은 B(주)로부터 제공받는 서비스를 A(주)가 어떻게 활용하고 있는지 이해해야 한다. 이를 이해하기 위하여 감사인(X회계법인)이 파악해야 할 사항을 서술하시오.

정답 및 해설

이용자기업 감사인은 315[기업(& 환경) 이해를 통한 FS RoMM 식별・평가]에 따라 이용자기업을 이해할 때, 이용자기업이 자신의 사업에 서비스조직의 서비스를 어떻게 이용하는지를 이해하여야 하며, 이에는 다음과 같은 내용이 포함되어야 한다.

(a) 서비스조직이 제공하는 서비스의 성격과 그러한 서비스가 이용자기업에 미치는 유의성(이용자기업의 내부통제에 대한 영향 포함)
(b) 서비스조직이 처리한 거래 또는 해당 조직에 의해 영향을 받는 계정이나 재무보고절차의 성격과 중요성
(c) 서비스조직이 수행하는 활동과 이용자기업이 수행하는 활동의 상호작용 정도
(d) 서비스조직이 수행하는 활동에 대한 관련 계약조건 등 이용자기업과 서비스조직 간 관계의 성격

▶ 402.12
이용자기업 감사인이 이용자기업으로부터 충분한 이해를 얻을 수 없는 경우, 이용자기업 감사인은 다음 중 하나 이상의 절차를 통하여 이를 충분히 이해하여야 한다.
(a) 입수 가능한 경우, 유형 1 또는 유형 2 보고서를 입수함
(b) 특정 정보를 얻기 위하여 이용자기업을 통하여 서비스조직과 접촉함
(c) 서비스조직을 방문하여 서비스조직의 관련 통제에 대하여 필요한 정보를 제공할 절차를 수행함
(d) 타 감사인이 수행한 업무를 활용하여 서비스조직의 관련 통제에 대하여 필요한 정보를 제공할 절차를 수행함

▶ 인증업무기준서 IASE 3402(서비스조직 통제에 대한 인증업무기준)

ⓐ 유형 1 보고서(Type 1): 서비스조직 통제에 대한 기술과 설계에 관한 보고서
  (i) 서비스조직의 시스템기술서
  (ii) 적절한 준거기준과 중요성의 관점에 따른 다음 사항에 대한 서비스조직의 서면 주장
    a. 서비스 조직의 시스템기술서는 특정일 현재 설계되고 실행된 대로 해당 시스템을 공정하게 표시하고 있음
    b. 서비스조직의 시스템기술서에 기재된 통제목적의 관련 통제들은 특정일 현재 적합하게 설계되었음
  (iii) a와 b에 대한 합리적 확신을 포함하는 감사인의 인증보고서

ⓑ 유형 2 보고서(Type 2): 서비스조직 통제에 대한 기술과 설계 및 운영효과성에 대한 보고서
  (i) 서비스조직의 시스템기술서
  (ii) 적절한 준거기준과 중요성의 관점에 따른 다음 사항에 대한 서비스조직의 서면 주장
    a. 서비스 조직의 시스템기술서는 특정 기간 동안 설계되고 구축된 대로 해당 시스템을 공정하게 표시하고 있음
    b. 서비스조직의 시스템기술서에 기재된 통제목적의 관련 통제들은 특정 기간 동안 적합하게 설계되었음
    c. 서비스조직의 시스템기술서에 기재된 통제목적의 관련 통제들은 특정 기간 동안 효과적으로 운영되었음
  (iii) 다음 사항을 포함하는 감사인의 인증보고서
    a. a, b, c에 대한 합리적 확신
    b. 통제 테스트의 기술 및 그 결과

Ch 3.2	서비스조직 TOC(3402 SOC보고서 이용)	402.13	2015 문제2 물음4 배점 3

A(주)는 재무보고와 관련된 정보시스템의 일부를 B(주)로부터 아웃소싱받고 있다. A(주)는 당기부터 X회계법인과 감사계약을 체결하여 감사를 진행 중이다.

X회계법인은 A(주)가 아웃소싱받고 있는 정보시스템의 내부통제에 대하여 충분하게 이해할 수 없었다. 이에 따라 X회계법인은 B(주)의 서비스감사인으로부터 통제에 대한 보고서(통제에 대한 기술과 설계 및 운영 효과성을 포함)를 확보하여 이용하기로 하였다. 감사인(X회계법인)이 동 보고서에 의해 제공되는 감사증거의 충분성과 적합성을 판단하기 전에, 어떤 사항을 고려해야 하는지 서술하시오.

정답 및 해설

402.13
이용자기업 감사인은 유형 1 또는 유형 2 보고서에 의해 제공되는 감사증거의 충분성과 적합성을 결정할 때, 다음에 대하여 만족할 수 있어야 한다.
(a) 서비스감사인의 전문가적 적격성 및 서비스조직으로부터의 독립성
(b) 발행된 유형 1 또는 유형 2 보고서에 적용된 기준의 적절성

402.14
이용자기업 감사인은 서비스조직의 통제의 설계 및 실행에 대한 이해를 뒷받침하기 위하여 유형 1 또는 유형 2 보고서를 감사증거로 이용할 계획이면, 다음의 절차를 수행하여야 한다.
(a) 서비스조직의 통제에 대한 기술과 설계가 이용자기업 감사인의 감사목적에 적합한 일자 또는 적합한 기간에 대한 것인지 여부를 평가함
(b) 감사와 관련된 이용자기업의 내부통제의 이해를 위해 해당 보고서가 제공하는 증거의 충분성과 적합성을 평가함
(c) 서비스조직에 의해 식별된 보충적인 이용자기업 통제가 이용자기업과 관련성이 있는지 여부를 결정함. 관련성이 있다면, 이용자기업이 그러한 통제를 설계하였고 실행하였는지 여부를 이해함

402.17
서비스조직의 통제가 효과적으로 운영되는지에 대한 감사증거로 유형 2 보고서를 이용할 계획이라면, 이용자기업 감사인은 다음의 절차를 수행함으로써 서비스감사인의 감사보고서가 이용자기업 감사인의 위험평가를 뒷받침하는 데 통제의 효과성에 대한 충분하고 적합한 감사증거를 제공하는지 여부를 결정하여야 한다.
(a) 서비스조직 통제에 대한 기술, 설계 및 운영효과성이 이용자기업 감사인의 감사목적에 적합한 일자 또는 적합한 기간에 대한 것인지 여부를 평가함
(b) 서비스조직에 의해 식별된 보충적인 이용자기업 통제가 이용자기업과 관련성이 있는지 여부를 결정하고, 관련성이 있다면 이용자기업이 그러한 통제를 설계하였고 실행하였는지 여부를 이해하고 통제의 운영효과성을 테스트함
(c) 통제테스트의 대상기간 및 그러한 통제테스트를 수행한 후 경과된 시간의 적절성을 평가함
(d) 서비스감사인의 감사보고서에 기술된 해당 감사인의 통제테스트와 그 결과가 이용자기업 재무제표의 경영진주장과 관련이 있으며, 이용자기업 감사인의 위험평가에 도움이 되도록 충분하고 적합한 감사증거를 제공하는지 여부를 평가함

▌참고문헌▐

회계감사기준 국어전문(2023년 개정). 회계감사기준위원회.

내부회계관리제도 평가 및 보고 적용기법. 2022. 2. 7. 내부회계관리제도운영위원회.

내부회계관리제도 검토기준. 2023년 2월 개정. 한국공인회계사회.

주식회사등의외부감사에관한법률(시행 2021. 5. 20). 금융위원회.

주식회사등의외부감사에관한법률 시행령(시행 2021. 2. 17). 금융위원회.

강인준, 정병무, 최정혜. 내부감사 매뉴얼. (주)조세통람. 2022.

공경태. 감사의견구매 목적의 감사인 변경이 이익지속성에 미치는 영향. 회계정보연구(제39권 제2호): 55-75. 2021.

공경태. 신국제감사기준의 도입효과에 대한 외부감사인의 견해에 관한 연구. 회계정보연구(제33권 제2호): 323-350. 2015.

공경태. 주기적 감사인 지정제도가 감사의견구매목적의 감사인 변경에 미치는 영향. 회계·세무와 감사연구(제64권 제2호): 153-183. 2022.

노준화, 2023 New ISA 회계감사. 도서출판 탐진. 2022.

도정환. 2023 회계감사. 나우퍼블리셔. 2022.

신일항. 회계감사 바이블. 도서출판. 탐진. 2022.

이창우, 송혁준, 전규안, 권오상. 2023 회계감사 Study Guide. 도서출판 경문사. 2022.

이효익, 김한수. 최신 회계감사. (주)신영사. 2021.

❚ 저자약력 ❚

공경태 부산대학교 경영학과 졸업(학사, 박사)
서울대학교 대학원 경영학과 졸업(석사)
현, 전주대학교 회계세무학과 교수
현, 한국회계학회 이사
현, 한국회계정보학회 부회장
전. 딜로이트 안진회계법인 감사부문 파트너
전, 부산지방국세청 국세심사위원
한국공인회계사, 세무사

박순욱 연세대학교 경제학과 졸업
서울대학교 대학원 경영학과 수료
현, 우리회계법인 Risk & Valuation 리더
현, 한공회 내부회계관리제도 자문 위원
현, 한공회 공정가치 평가 검토그룹
현, 한공회 Data Analytics 강사
현, 서울사이버대 경영학과 겸임교수
전. 딜로이트 안진회계법인 ERS 파트너
한국 · 미국공인회계사(KICPA & AICPA)
공인정보시스템감사사(CISA)

최신 ISA 회계감사 2024

2023년 10월 20일 1판 1쇄 인쇄
2023년 10월 25일 1판 1쇄 발행

저 자: 공 경 태 · 박 순 욱
발행자: 한 정 주
발행처: 교 육 과 학 사

저자와의 협의하에 인지생략

경기도 파주시 광인사길 71
전화 (031)955-6956~8/팩스 (031)955-6037
Home-page: www.kyoyookbook.co.kr
E-mail: kyoyookbook@daum.net, kyoyook@chol.com
등록: 1970년 5월 18일 제2-73호

낙장 · 파본은 교환해 드립니다.
Printed in Korea.

정가 34,000원
ISBN 978-89-254-1834-6